バイオメカニクス
－身体運動の科学的基礎－

大阪体育大学名誉教授　鹿屋体育大学学長
金子　公宥　福永　哲夫 編

株式会社 **杏林書院**

執筆者一覧 (50音順)

阿江 通良	筑波大学大学院人間総合科学研究科
秋間 広	名古屋大学総合保健体育科学センター
飯干 明	鹿児島大学教育学部
池上 久子	南山大学総合政策学部
池上 康男	名古屋大学総合保健体育科学センター
磯川 正教	首都大学東京基礎教育センター
伊藤 章	大阪体育大学大学院スポーツ科学研究科
植屋 清見	帝京科学大学総合教育センター
榎本 靖士	京都教育大学
大築 立志	東京大学名誉教授
大橋 二郎	大東文化大学文学部
尾縣 貢	筑波大学大学院人間総合科学研究科
岡本 敦	名古屋経営短期大学
岡本 勉	関西医科大学名誉教授
岡本 香代子	歩行開発研究所
小田 伸午	京都大学高等教育研究開発推進センター
加藤 謙一	宇都宮大学教育学部
加藤 守匡	山形県立米沢女子短期大学健康栄養学科
金子 公宥	大阪体育大学名誉教授
川上 泰雄	早稲田大学スポーツ科学学術院
川島 一明	日本大学生物資源科学部
久野 譜也	筑波大学大学院人間総合科学研究科
後藤 幸弘	兵庫教育大学学校教育学部
小林 寛道	東京大学大学院新領域創成科学研究科
桜井 伸二	中京大学体育学部
沢井 史穂	女子美術大学芸術学部
高木 英樹	筑波大学大学院人間総合科学研究科
高松 潤二	流通経済大学スポーツ健康科学部
辻野 昭	兵庫教育大学名誉教授
土屋 純	早稲田大学スポーツ科学学術院
寺島 徹	鈴鹿医療科学大学
湯 海鵬	愛知県立大学文学部
戸苅 晴彦	平成国際大学スポーツ科学研究所
友末 亮三	安田女子大学
中澤 公孝	東京大学大学院総合文化研究科
西薗 秀嗣	鹿屋体育大学スポーツトレーニング教育研究センター
野村 照夫	京都工芸繊維大学繊維学部
平野 裕一	国立スポーツ科学センター
黄 仁官	日本体育大学
深代 千之	東京大学大学院情報学環
福永 哲夫	鹿屋体育大学学長
藤井 範久	筑波大学大学院人間総合科学研究科
淵本 隆文	大阪体育大学大学院スポーツ科学研究科
法元 康二	茨城県立医療大学保健医療学部
堀居 昭	日本体育大学
政二 慶	トロント大学／トロントリハビリテーションセンター
宮西 智久	仙台大学体育学部
森下 はるみ	お茶の水女子大学名誉教授
矢部 京之助	大阪体育大学大学院スポーツ科学研究科
結城 匡啓	信州大学教育学部
吉岡 伸彦	千葉大学教育学部
吉福 康郎	中部大学工学部
若山 章信	東京女子体育大学体育学部
若吉 浩二	びわこ成蹊スポーツ大学スポーツ学部
渡部 和彦	広島大学大学院教育学研究科

序　文

　　オリンピックに象徴される華やかなスポーツ文化の陰に，縁の下の力持ち的存在のスポーツ科学がある．「スポーツ科学」はその文字面から想像されるものより遙かに裾野が広く，日常の運動からスポーツ活動までのあらゆる身体運動を含んで，さながら「身体運動の科学」と呼ぶに相応しい領域を構成している．その一翼を担う学問分野がバイオメカニクス（スポーツバイオメカニクス）であり，その特徴は，生理・解剖学的な生体（バイオ）の運動現象を力学（メカニクス）に照らして解明するところにある．

　　バイオメカニクスの歴史は，しばしばギリシャ時代やルネッサンスにまで遡って語られるが，敢えて「近代における元祖」を考えると，その最有力候補に A.V. Hill（1866–1977）が思い浮かぶ．Hill はノーベル賞を受賞した筋生理学の研究に軸足を置きながらも，運動生理学，運動力学，バイオメカニクスなどに関するさまざまの応用学的研究を行い，"スプリントランニング（疾走）" "最大酸素摂取量" "酸素負債" といった数々の術語を創出しつつ，今日のスポーツ科学（とりわけバイオメカニクスや運動生理学）の基礎を築いた．

　　スポーツ科学としてのバイオメカニクスは，戦後，機能解剖学的な色彩の濃いアメリカのキネシオロジーと，力学に重点をおくヨーロッパのバイオメカニクスとを全面的に取り込んだかたちで誕生した．われわれのバイオメカニクス領域に，かくも豊かな土壌が与えられたのはそのためであり，またその後に名称がキネシオロジーからバイオメカニクスに改称しても何ら混乱が生じなかったのもそのためである．誕生に立ち会われた先人の高遠な識見と度量に感謝したい．

　　日本体育学会の発足（1950）とともにスタートしたキネシオロジー分科会は，1972 年から分科会独自で国内セミナーを開催し，その成果を「身体運動の科学 I—V」（杏林書院）に収録した（その後の学会大会論集も主管校により刊行されている）．こうした発展を背景に 1978 年，日本バイオメカニクス学会が発足，機関誌「スポーツサイエンス（JJSS）」を発行した．機関誌はその後（1982 年から）「バイオメカニクス研究（JJBSE）」にバトンタッチして今日に至っている．

　　科学技術が未発達であった草創期の研究は，技術的には素朴ながら中世の博学にも似た温もり（ぬくもり）を感じさせる．研究の視点がつねに身体運動の全体像に向けられていたためかも知れない．やがてコンピューターとエレクトロニクスの時代を迎え，バイオメカニクス研究はまさに劇的かつ革命的な発展を遂げた．手作業では手を付ける気になれなかった課題が，精密かつ迅速に分析できるようになった．必然的に研究内容は細部化され，精緻な分析を通して新知見が次々と明らかにされるようになり，膨大な知識が蓄積されてきた．

本書は，こうした20世紀におけるバイオメカニクス研究の成果を多くの執筆者とともにロケットに積み込み，新世紀に向けて打ち上げる言わば「21世紀への贈り物」である．

　体育・スポーツ科学の更なる発展の礎として，本書が大いに活用されることを切望する．

　　2004年7月

　　　　　　　　　　　　　　　　　　　　　　　　　　　金子　公宥
　　　　　　　　　　　　　　　　　　　　　　　　　　　福永　哲夫

CONTENTS

はじめに ……………… 金子公宥・福永哲夫

第Ⅰ部 基礎編

第1章 バイオメカニクスの成立
……………………… 金子公宥 …… 2

1. バイオメカニクスの定義と領域 …………… 2
   1) 一般のバイオメカニクス ……………… 2
   2) スポーツ・バイオメカニクス ………… 2
   3) バイオメカニクスの総合システム …… 3
2. バイオメカニクスの歴史 ………………… 5
   1) バイオメカニクスの源流 ……………… 5
   （1） 筋の力学と筋電図 ………………… 5
   （2） 運動力学の成立 …………………… 7
   （3） 動作学と運動力学 ………………… 8
   （4） 解剖・生理・力学の総合化 ……… 10
   2) 国際的にみたバイオメカニクス研究の動向
   …………………………………………… 11
   3) 国内におけるバイオメカニクス研究の動向
   …………………………………………… 12
   （1） 研究会・分科会から学会へ ……… 12
   （2） 研究内容の動向 ………………… 14

第2章 運動体としての身体の構造
……………………… 堀居 昭 … 16

1. 身体部位の名称 …………………………… 16
2. 人体の部位 ………………………………… 16
   （1） 頭　部 …………………………… 16
   （2） 頚　部 …………………………… 16
   （3） 胸　部 …………………………… 16
   （4） 腹　部 …………………………… 16
   （5） 背　部 …………………………… 17
   （6） 上肢部 …………………………… 17
   （7） 下肢部 …………………………… 17
3. 筋・骨格系の構造と名称 ………………… 17

   1) 筋の構造と名称 ……………………… 17
   （1） 骨格筋と皮筋 …………………… 17
   （2） 筋の起始と停止 ………………… 18
   （3） 筋の付属器 ……………………… 18
   2) 骨格筋の構造と名称 ………………… 20
   （1） 骨格筋の構造 …………………… 20
   （2） 骨格筋の名称 …………………… 20
   （3） 骨格筋の形態による分類 ……… 20
   （4） 筋機能による骨格筋の分類 …… 21
   （5） 動作学的な骨格筋の分類 ……… 21
   3) 骨格筋の名称 ………………………… 22
   （1） 各部位における筋の名称 ……… 22
   4) 骨格系の構造と名称 ………………… 27
   （1） 骨の構造 ………………………… 27
   （2） 四肢（extremity）の骨 ………… 30
4. 関節の名称と可動性 ……………………… 32
   1) 骨の結合 ……………………………… 32
   （1） 可動結合（diarthrosis） ………… 32
   （2） 不動結合（synarthrosis） ……… 33
   2) 関節の形状と関節の運動による分類 … 33

第3章 筋組織のバイオメカニクス …… 35

1. 筋の構造と力発生のメカニズム
   ……………………… 福永哲夫 … 35
   1) 筋の解剖学的構造 …………………… 35
   2) 筋原線維の構造 ……………………… 36
   3) 筋線維の収縮 ………………………… 36
   4) 筋線維の太さと長さ ………………… 37
   5) サルコメアの長さ―力関係 ………… 37
   6) 筋線維の長さと断面積 ……………… 39
   7) 筋線維と腱組織の相互作用 ………… 39
   8) 関節を介して測定される「等尺性筋力」の
      生理学的意味 ………………………… 40
   9) 関節角度と筋線維長 ………………… 41
   10) ヒト外側広筋にみられる筋線維の
      長さ―張力関係 ……………………… 42

2．骨格筋の形状と力発揮特性
　　　　　　　　　　　　……………川上泰雄 … 43
　1）筋形状 ……………………………………… 43
　2）筋―腱相互作用 …………………………… 45
　3）共働筋の貢献度 …………………………… 48

3．筋の収縮様式と筋力　……福永哲夫 … 50
　1）筋線維の収縮特性 ………………………… 50
　　（1）筋線維の力―速度関係 ………………… 50
　　（2）短縮性収縮にみられる力―速度関係 … 50
　　（3）伸張性収縮にみられる力―速度関係 … 51
　　（4）長さ―力―速度関係 …………………… 51
　　（5）異なる筋形状の力―速度関係 ………… 51
　　（6）異なる筋線維タイプの力―速度関係 … 52
　2）ヒト生体でみられる関節の力―速度関係 … 53
　　（1）人体筋の力―速度関係にみられる
　　　　スポーツ競技選手の特性 ……………… 54
　　（2）発育期の力―速度関係 ………………… 54
　　（3）等速性筋力測定装置による
　　　　関節の力―速度関係 …………………… 55
　　（4）身体運動中の力―速度関係 …………… 57

第4章　筋活動のためのエネルギー供給 … 59

1．エネルギー供給機構　………久野譜也 … 59
　1）ヒト骨格筋のATP含量 …………………… 59
　2）ATP再合成系 ……………………………… 59
　3）高強度運動時のATP収支 ………………… 60
　4）高強度運動開始時のATP供給系 ………… 62
　5）インターバル運動中のATP供給系 ……… 62
　6）低強度運動時におけるPCrの役割 ……… 63
　7）トレーニングおよび加齢がリン化合物に
　　 及ぼす影響 ………………………………… 63
　8）酸素利用能力と基質利用との関係 ……… 65
　9）筋のエネルギー産生系としての
　　 ミトコンドリアの役割 …………………… 65
　10）ADPによるミトコンドリア呼吸調節 … 66
　11）トレーニングによるミトコンドリア容量の
　　　変化 ………………………………………… 69
　　（1）筋線維タイプとの関係 ………………… 69

2．各種運動におけるエネルギー供給
　　　　　　　…………久野譜也・加藤守匡 … 71
　1）無酸素性エネルギー供給機構を主体とする
　　 運動種目 …………………………………… 71
　2）無酸素性および有酸素性によるエネルギー
　　 供給機構を主体とする運動種目 ………… 73
　3）有酸素性エネルギー機構を主体とする
　　 運動種目 …………………………………… 74

第5章　身体運動を指令・調節する神経機構
　　　　　　　　　　　　　　　　　　　　 77

1．神経系の構成―中枢・末梢神経系の役割―
　　　　　　　　　　　　……矢部京之助 … 77
　1）神経系の分類 ……………………………… 77
　2）大脳皮質の機能分化 ……………………… 78
　3）興奮の伝導と伝達 ………………………… 79
　4）運動を発現する経路 ……………………… 80

2．反射による運動の調節　……矢部京之助 … 81
　1）中枢神経における反射の経路 …………… 81
　2）α運動系とγ運動系 ……………………… 82
　3）相反性神経支配による動作の調整 ……… 83
　4）反射の抑制と反射の促通による運動 …… 84

3．随意による運動の調節　……矢部京之助 … 85
　1）フィードバック系とフィードフォワード系
　　 による調整 ………………………………… 85
　2）運動発現の脳内機序 ……………………… 86
　3）運動の予測と修正 ………………………… 87
　4）動作の習熟パターン ……………………… 88

4．身体運動における左右肢の協調
　　　　　　　　　　　　　　……小田伸午 … 89
　1）右と左 ……………………………………… 89
　2）左右肢同時筋力発揮 ……………………… 90
　3）半球間抑制機構 …………………………… 92
　4）補足運動野 ………………………………… 93
　5）左右肢の協調 ……………………………… 94

5．運動とゆらぎ　………………政二　慶 … 97
　1）運動のゆらぎを解析する意義 …………… 97
　2）立位のゆらぎ ……………………………… 98
　3）歩行のゆらぎ ……………………………… 100
　4）赤ちゃんの動作のゆらぎ ………………… 101
　5）感覚系のゆらぎ …………………………… 102

6．方向変更の運動調節　………大築立志 … 103

1）方向変更動作の必要性とその特性 …… 103
 2）方向変更動作 ……………………… 104
 3）素早い走方向変更動作のための筋活動… 105
 4）オープンステップとクロスステップの効果
  ………………………………………… 106
7．運動学習の実際 ………… 後藤幸弘…107
 1）走動作の習熟過程の解明 ……………… 108
 2）クラウチングスタート技術の解明 …… 109
 3）技術の評価 ……………………………… 110
 4）学習課題を明確にするために…………… 111

第6章　身体運動の力学的基礎
………… 池上康男・桜井伸二 …114

1．運 動 ……………………………………114
 1）運動とは ………………………………… 114
 2）並進運動 ………………………………… 114
 3）回転運動 ………………………………… 115
2．力と運動 ………………………………116
 1）力とは …………………………………… 116
 2）力の合成と分解 ………………………… 117
 3）ベクトルの表示 ………………………… 117
 4）運動量 …………………………………… 118
 5）力 積 …………………………………… 118
 6）力と運動の関係 ………………………… 118
 7）力学系 …………………………………… 119
 8）内力と外力 ……………………………… 120
 9）身体がもつ運動量 ……………………… 120
3．運動中にはたらく力 …………………120
 1）重 力 …………………………………… 120
 2）重 心 …………………………………… 120
 3）身体重心 ………………………………… 121
 4）重心の運動 ……………………………… 122
 5）放物運動 ………………………………… 122
 6）地面反力，床反力 ……………………… 123
 7）摩擦抵抗 ………………………………… 123
 8）空気・水の抵抗 ………………………… 124
 9）揚 力 …………………………………… 125
4．回転運動 ………………………………125
 1）回転運動とトルク ……………………… 125
 2）慣性能率 ………………………………… 126

 3）角運動量 ………………………………… 127
 4）トルクと回転運動の関係 ……………… 128
 5）並進運動と回転運動の対称性…………… 128
 6）身体のもつ角運動量 …………………… 129
5．仕事とエネルギー ……………………130
 1）仕事とは ………………………………… 130
 2）ベクトルの内積 ………………………… 130
 3）回転運動における力学的仕事 ………… 130
 4）エネルギーとは ………………………… 131
 5）運動エネルギー ………………………… 131
 6）位置エネルギー ………………………… 131
 7）力学的エネルギー ……………………… 132
 8）運動中の身体がもつ力学的エネルギー… 132
 9）力学的エネルギーの保存 ……………… 132
 10）仕事率（パワー） ……………………… 133
 11）筋収縮における仕事とパワー………… 133
6．リンクセグメントモデル ……………133
 1）セグメントに加わる力とトルク ……… 134
 2）リンクセグメントモデルの運動方程式… 134

第II部　応用篇

第7章　歩動作 ……………………………138

1．歩行のメカニズム―筋活動からみた歩行変化―
  ………… 岡本　勉・岡本香代子 …138
 1）歩行の起源―0歳児の支持歩行― ……… 138
 （1）新生児原始歩行 ……………………… 138
 （2）乳児原始歩行 ………………………… 139
 （3）乳児随意支持歩行 …………………… 140
 2）歩行の発達―1～3歳児の独立歩行― …… 140
 （1）乳児型歩行パターン ………………… 140
 （2）幼児型歩行パターン ………………… 141
 （3）成人型歩行パターン ………………… 142
 3）歩行の退行 ……………………………… 142
 （1）乳児・幼児型歩行パターンへの退行… 142
 （2）歩行退行の兆候とその予防………… 142
2．歩行運動の仕事と効率 …… 淵本隆文…145
 1）重心の動きからみたエネルギー変化 … 146
 2）歩行の外的仕事量 ……………………… 147
 3）歩行の内的仕事 ………………………… 148

4）歩行の効率 …………………………… 149
3．競　歩 ……………法元康二・阿江通良…150
　1）ルールによる競歩の定義 …………… 150
　2）競歩競技における記録の変遷 ……… 150
　3）競歩のバイオメカニクス …………… 151
　　（1）歩行速度，ストライド，ピッチ …… 151
　　（2）競歩のキネマティクス …………… 151
　　（3）競歩のキネティクス ……………… 152
　　（4）競歩における力学的エネルギーの流れ
　　　　 ……………………………………… 154
　　（5）筋電図学的研究 …………………… 154
4．身障者の歩行—脊髄損傷者の歩行—
　　　　 ……………………中澤公孝…156
　1）種々の異常歩行 ……………………… 156
　2）脊髄損傷者の歩行 …………………… 156
　　（1）脊髄パターン発生器とその可塑性 … 157
　　（2）脊髄損傷高位と歩行様筋活動発生能力
　　　　 ……………………………………… 158
　　（3）脊髄神経回路の可塑性 …………… 160
　　（4）装具歩行 …………………………… 161
　　（5）装具歩行のバイオメカニクス …… 161

第8章　走動作 …………………………… 166

1．走動作のメカニズム ……… 阿江通良…166
　1）疾走速度＝ピッチ×ストライド …… 166
　2）疾走速度とフォームの変化 ………… 168
　　（1）定速疾走動作 ……………………… 168
　　（2）100m走における疾走動作 ……… 170
　3）走運動の地面反力 …………………… 172
　4）疾走における身体各部の貢献度 …… 172
　　（1）疾走速度と身体各部の力積 ……… 173
　　（2）身体各部の相対運動量の変化 …… 173
　　（3）支持脚各部の相対加速力の変化パターン
　　　　 ……………………………………… 174
　　（4）上半身の貢献度 …………………… 176
2．走能力の発育発達 ………… 加藤謙一…178
　1）走運動の出現 ………………………… 178
　2）疾走能力の横断的発達 ……………… 179
　3）走動作の発達 ………………………… 180
　4）疾走能力および疾走動作の縦断的発達 … 181
　5）疾走能力の優れた子どもの発達的特徴 … 182
3．走動作における下肢の関節トルクと
　　関節トルクパワー ………… 阿江通良…185
　1）関節トルクと関節トルクパワーの意義 … 185
　2）短距離疾走における下肢の関節トルク … 185
　3）加速および減速局面における下肢関節トルク
　　　　 ……………………………………… 186
　4）速度の異なる走動作における下肢の
　　関節トルクおよび関節トルクパワー … 189
　　（1）支持期 ……………………………… 189
　　（2）回復期 ……………………………… 191
　5）一流スプリンターの下肢関節トルク … 191
4．慣性モーメントからみた走運動
　　　　 ………………………湯　海鵬…192
　1）慣性モーメントと走運動 …………… 192
　2）慣性モーメントの調整 ……………… 193
　3）走行中における慣性モーメントの算出 … 194
　4）慣性モーメント，パワーおよびエネルギー
　　　　 ……………………………………… 195
5．スプリンターの走動作と筋活動
　　　　 ………………………伊藤　章…197
　1）スプリンターの走動作 ……………… 197
　　（1）スイング動作 ……………………… 197
　　（2）キック動作 ………………………… 197
　2）スプリンターの筋活動 ……………… 198
　　（1）中間疾走における筋活動様式と
　　　　動作に及ぼすはたらき ………… 198
　　（2）スタートダッシュの筋活動様式と
　　　　収縮速度 ………………………… 200
6．走運動の力学的エネルギー … 榎本靖士…202
　1）力学的エネルギーの変化 …………… 202
　2）力学的エネルギーからみた走動作の評価 … 203
　3）疾走中の脚における力学的エネルギーの流れ
　　　　 ……………………………………… 205
　　（1）脚の力学的エネルギー …………… 205
　　（2）回復脚における力学的エネルギーの流れ
　　　　 ……………………………………… 205
　　（3）支持脚における力学的エネルギーの流れ
　　　　 ……………………………………… 206
7．走運動の効率 ……………… 金子公宥…207
　1）身体運動におけるエネルギー変換 …… 207

2）効率の定義 ……………………… 208
　　3）走運動の効率 …………………… 209
　　　（1）走運動の効率研究—その開始と再燃— … 209
　　　（2）走速度と効率 ………………… 210
　　　（3）長距離と短距離ランナーの効率 … 210
8．走運動学習の実際 ………… 尾縣　貢 … 212
　　1）疾走スピード曲線を知る ……… 212
　　2）スタートダッシュの学習指導 …… 213
　　3）全力疾走の学習指導 …………… 214

第9章　跳動作 …………………… 217

1．跳躍のバイオメカニクス … 深代千之 … 217
　　1）跳躍のメカニクス ……………… 217
　　2）体力テストとしての垂直跳 …… 217
　　3）身体運動のメカニズム解明の
　　　対象動作として ………………… 218
　　4）シミュレーション動作としての垂直跳 … 222
2．走高跳のバイオメカニクス
　　　………………………… 飯干　明 … 223
3．走幅跳・三段跳のバイオメカニクス
　　　………………………… 飯干　明 … 228
　　1）走幅跳 …………………………… 228
　　2）三段跳 …………………………… 231
4．棒高跳の力学 ……………… 高松潤二 … 234
　　1）キネマティクス的研究 ………… 234
　　2）ポールの力学的特性に関する研究 … 234
　　3）ボックス反力 …………………… 235
　　4）力学的エネルギーの変化 ……… 235
　　5）棒高跳の跳躍技術 ……………… 237
　　6）棒高跳のシミュレーション …… 237

第10章　投動作 …………………… 239

1．投動作のメカニズム ……… 桜井伸二 … 239
　　1）力学的にみた合理的な投げ動作 … 239
　　　（1）加速における力学的な原理 …… 239
　　　（2）実際の力の加え方 …………… 240
　　　（3）ボールに与える仕事量を大きくするために
　　　　　………………………………… 240
　　　（4）ボールの重量と初速 ………… 241

　　　（5）投げ出しの方向 ……………… 242
　　　（6）エネルギーを効率よくボールに伝える … 243
　　2）合理的な「投げ」動作の実際 …… 244
　　　（1）身体各部の速度変動 ………… 244
　　　（2）むち動作 ……………………… 245
　　　（3）よい投動作 …………………… 245
　　　（4）打動作との比較 ……………… 246
2．砲丸投のバイオメカニクス
　　　………………………… 植屋清見 … 247
　　1）砲丸投の歴史と特性 …………… 247
　　2）記録の変遷からみた砲丸投 …… 247
　　　（1）世界記録と日本記録の変遷 …… 247
　　　（2）投擲技術の変遷 ……………… 247
　　3）砲丸投の力学とバイオメカニクス …… 249
　　　（1）飛行距離決定の放物線の力学 …… 249
　　　（2）身長が10cm高くなったら
　　　　　大幅な記録更新が可能か ……… 249
　　　（3）投射角度45°は最大距離を与える角度か
　　　　　………………………………… 250
　　　（4）いかに投射初速度を高めるかの動作学 … 250
　　　（5）投擲動作に伴う2次元的な砲丸の速度およ
　　　　　び砲丸に与える力・パワー …… 250
　　4）グライド投法と回転式投法の比較 …… 250
　　　（1）野口選手にみる投擲フォームの比較 … 250
　　　（2）エネルギー示性式からみた比較 …… 250
　　　（3）「上体の起こし動作」と
　　　　　「上体の捻り動作」 ……………… 251
　　　（4）回転式投法への移行 ………… 252
3．円盤投のバイオメカニクス
　　　………………………… 宮西智久 … 253
　　1）円盤投と角運動量 ……………… 253
　　2）円盤投の動作局面の定義 ……… 253
　　3）一流選手の身体の角運動量 …… 253
　　4）身体の角運動量の発生メカニズム …… 254
　　　（1）Dapena説 …………………… 254
　　　（2）ジャイロモデル説 …………… 254
4．槍投のバイオメカニクス … 若山章信 … 257
　　1）飛距離を決定する主要因—初速度，
　　　投射角度および投射高— ……… 257
　　2）迎え角と空気抵抗の影響 ……… 259
　　3）短軸回りの回転角速度 ………… 260

4）槍に大きな初速度を与える ……………… 261
5．野球のピッチング―キネマティクス―
　　　　　　　　　………………… 宮西智久 …262
　1）野球のピッチング動作 ………………… 262
　2）ピッチング動作局面の定義 …………… 262
　3）キネマティクス ………………………… 264
　　（1）投球腕各部の速度変化 ……………… 264
　　（2）投球腕の動き ……………………… 264
　　（3）身体部分の動きに起因するボール速度
　　　　貢献度 ……………………………… 267
6．野球のピッチング―キネティクス―
　　　　　　　　　………………… 宮西智久 …268
　1）キネティクス …………………………… 268
　　（1）関節トルク・関節力分析 …………… 269
　　（2）セグメント間分析 ………………… 273
　2）最近の3次元動作研究 ………………… 277
7．投運動の発達 …… 後藤幸弘・辻野　昭 …281
　1）遠投能力の加齢的変化 ………………… 282
　2）正確性の発達 ………………………… 283
　3）投動作パターンの発達 ………………… 284
　4）投運動学習の適時期―練習効果の年齢差―
　　　　　　　　　…………………………… 284

第11章　打動作　　　　　　　　　288

1．打つ動作のメカニズム
　　　　　　　　　………………… 平野裕一 …288
　1）eye-hand coordination ……………… 288
　2）当てることと強く打つこと …………… 289
　3）打球の向きと打撃位置の特性 ………… 292
2．バットで打つ―野球― …… 平野裕一 …294
　1）下肢の動きとそのはたらき …………… 294
　2）体幹の動きとそのはたらき …………… 297
　3）上肢の動きとそのはたらき …………… 298
3．ラケットで打つ―テニス― … 友末亮三 …300
　1）テニス・ストロークの動作分析 ……… 300
　2）フーリエ・ウェブレット変換法 ……… 301
　3）テニス・ラケットの機械的特性 ……… 304
4．ゴルフクラブで打つ ……… 川島一明 …306
　1）体重移動からみたスイング …………… 307
　2）スイング中の眼の動き ………………… 307

　3）スイング中の足の役割 ………………… 308
　4）スイング中のシャフトの挙動 ………… 309
5．ゴルフスイングの力と運動
　　　　　　　　　………………… 池上久子 …310
　1）ゴルフスイングに必要な力 …………… 310
　2）ゴルフスイングにおけるクラブと身体の運動
　　　　　　　　　………………………… 310
　3）ゴルフスイングにおける肩と腰の回転運動
　　　　　　　　　………………………… 311
　4）ゴルフスイングにおけるコック ……… 313
　5）クラブヘッド速度と身体各部の速度 … 315

第12章　蹴動作　　　　　　　　　318

1．蹴動作のメカニズム ……… 磯川正教 …318
　1）映像からのフォーム分析 ……………… 318
　2）蹴り脚各部位の関節力および仕事率の変化
　　　　　　　　　………………………… 318
　3）蹴り脚の各関節回りのトルクおよび
　　　仕事率の変化 ………………………… 319
　4）蹴り脚のエネルギー移動 ……………… 320
2．サッカーのキック ………… 戸苅晴彦 …321
　1）キックの研究とその流れ ……………… 321
　2）ボールスピード測定の関心 …………… 321
　3）キックの筋活動―筋電図学的研究― …… 321
　4）ボールスピードを規制する因子 ……… 322
　　（1）physical resources と performance の関係
　　　　　　　　　………………………… 322
　　（2）関節の固定 ………………………… 323
　　（3）インパクト ………………………… 323
　　（4）立ち足 ……………………………… 324
　5）インサイドキック―最近の考え方― …… 324
　6）キックの効率 ………………………… 324
　7）変化球―カーブキックの解明― ……… 326
3．格闘技の蹴りの衝撃力と合理的なフォーム
　　　　　　　　　………………… 吉福康郎 …326
　1）衝撃力発生の原理 …………………… 326
　2）「突き型」の蹴りと「打ち型」の蹴り …… 326
　3）蹴りの衝撃力 ………………………… 328
　4）エネルギーからみた蹴りのフォーム … 328

5）エネルギーと角運動量からみた
　合理的なフォーム ………………… 329
　（1）左の前蹴り ………………… 329
　（2）右の前蹴り ………………… 329
　（3）右の回し蹴り ……………… 329

第13章　滑動作 ………………… 331

1．滑動作のメカニズム ……… 渡部和彦 …331
1）姿勢の安定 ………………………… 331
　（1）滑る条件における姿勢の保持機構 …331
2）滑る条件における姿勢の乱れと対策 …332
　（1）外乱に対する適応（学習）による対策…332
　（2）外乱に対する予測的な制御の対策
　　　―予告シグナルの効果― ………… 333

2．スケート競技のバイオメカニクス
　　　　　　　　　　　　…… 結城匡啓 …333
1）スピードスケートの推進力 ……… 334
2）優れた選手のスタート動作 ……… 335
3）世界一流選手のカーブ滑走動作 … 336

3．フィギュアスケート …… 吉岡伸彦 …339
1）強化部の立場から ………………… 339
2）研究の流れ ………………………… 340
3）ストローキング …………………… 340
4）スピン ……………………………… 341
5）ジャンプ …………………………… 341
　（1）成功率 ……………………… 341
　（2）滞空時間と回転速度 ……… 341
　（3）助走速度 …………………… 343
　（4）踏切動作と回転を生み出す力 ……… 343
　（5）ジャンプのパワー ………… 344

4．スキー滑走の力学 ……… 渡部和彦 …344
1）スキー選手に作用する力 ………… 344
　（1）推進力 ……………………… 344
　（2）雪面抵抗 …………………… 344
　（3）空気抵抗 …………………… 345
2）流体における力の発生とその仕組み … 345
　（1）抵抗係数 …………………… 345
　（2）揚力の発生 ………………… 345
　（3）マグヌス効果 ……………… 346

　（4）境界層と気流の剥離―ディンプルの効果―
　　　……………………………………… 346

5．スキーにおけるターンのメカニズム
　　　　　　　　　　　　…… 池上康男 …347
1）スキーターン ……………………… 347
　（1）運動学的にみたターン …… 347
　（2）ターンのための力学的条件 …… 347
2）スキーターンのメカニズム ……… 348
　（1）曲線運動のための求心力 … 348
　（2）回転運動のためのトルク … 349
3）スキーターンのメカニズムに関する研究… 349
　（1）スキーロボットによる研究… 349
　（2）ターン中のスキーと身体の動き … 349
4）スノーボードによるターン ……… 351
　（1）スノーボードとスキーによる
　　　ターンの比較 ………………… 351

6．スキージャンプ ………… 渡部和彦 …353
1）スキージャンプ種目の概要と
　バイオメカニクス ………………… 353
2）スキージャンプの踏切力の分析 … 354
3）スキージャンプ空中姿勢の力学 … 355
　（1）風洞実験 …………………… 355
　（2）煙風洞 ……………………… 356

第14章　泳動作 ………………… 357

1．泳ぐ動作のメカニズム―浮力，抵抗，推進力
　　　　　　　　　　　　…… 池上康男 …357
1）水中で身体にはたらく力 ………… 357
　（1）水中で静止している身体にはたらく力
　　　……………………………………… 357
　（2）水中を動くときにはたらく力 …… 359
2）水泳中の力学的仕事とパワー …… 360
　（1）仕事とパワー ……………… 360
　（2）泳速の変動と仕事，パワー …… 360
　（3）水泳の効率 ………………… 361

2．水泳競技のバイオメカニクス
　　　　　　　　　　　　…… 高木英樹 …361
1）上肢ストローク動作と推進力…… 361
　（1）水中ストローク動作 ……… 361
　（2）手部の流体力学的特性 …… 361

（3）手部で発揮される流体力 ………… 364
　2）泳動作に伴う抵抗とその節減方法 …… 364
　　（1）自己推進時抵抗 ………………… 364
　　（2）姿勢制御による圧力抵抗の削減 … 366
　　（3）潜行による造波抵抗の削減 ……… 366
3．水泳のストロークと速度
　　　　　　　　　　　　……若吉浩二 …367
　1）速度とストロークインディックス …… 367
　2）速度の変化に伴うストローク
　　　インディックスの変化 …………………… 368
　3）200mレース中における速度とストローク
　　　インディックスの変化 …………………… 369
　4）短距離レース中における速度とストローク
　　　インディックスの変化 …………………… 369
　5）エネルギー代謝とストロークインディックス
　　　　　　　　　　　　　　　　　……………… 371

第15章　漕動作（ボート） ……………… 373

1．ローイングの力とパワー …川上泰雄 …373
2．ボート競技のバイオメカニクス
　　　　　　　　　　　……川上泰雄 …379
　1）オールによるパワーの伝達 …………… 379
　2）ボートの力学的特徴 …………………… 383
　3）ボートと漕手の相互作用 ……………… 385

第16章　漕動作（自転車） ……………… 390

1．ペダリングの力，トルク，パワー
　　　　　　　　　　　……淵本隆文 …390
　1）ペダリングの力・速度・パワー関係 … 390
　2）固定自転車における踏力とパワー …… 390
　3）実走行中のトルクとパワー …………… 392
2．走行速度と空気抵抗 ………淵本隆文 …394
　1）自転車にかかる抵抗 …………………… 394
　2）空気抵抗 ………………………………… 394

第17章　体操のバイオメカニクス …… 396

1．体操のエナジェティクス
　　　　　　　　　　　　……岡本　敦 …396

　1）鉄棒の順手車輪のエナジェティクス … 396
　2）鉄棒の後方かかえ込み2回宙返り下りの
　　　エナジェティクス ………………………… 399
2．体操のバイオメカニクス …土屋　純 …402
　1）ゆ　か ……………………………………… 402
　2）あん馬 ……………………………………… 403
　3）つり輪 ……………………………………… 403
　4）跳　馬 ……………………………………… 404
　5）平行棒 ……………………………………… 405
　6）鉄　棒 ……………………………………… 405

第18章　ダンスのバイオメカニクス … 408

1．ダンスの動作学 ………森下はるみ …408
　1）舞踊とスポーツの動作の違い ………… 408
　2）からだつき ……………………………… 408
　3）姿　勢 …………………………………… 408
　4）演じる動きの特徴 ……………………… 409
　5）ポーズ …………………………………… 410
　6）歩　行 …………………………………… 410
　7）回　転 …………………………………… 410
　8）跳　躍 …………………………………… 412
2．ダンス運動の筋活動とエネルギー
　　　　　　　　　　　……沢井史穂 …413
　1）ダンス運動の筋活動 …………………… 414
　　（1）ダンス特有の動きとそれを引き起こす
　　　　筋活動 ………………………………… 414
　　（2）ダンス運動中のEMG ………………… 414
　2）ダンス運動のエネルギー ……………… 417
　　（1）ダンスのエネルギー消費量 ………… 417
　　（2）ダンス運動におけるエネルギー供給系と
　　　　ダンサーの能力 ……………………… 419
　3）ダンス運動中の筋活動量や
　　　エネルギー量を決める要因 …………… 420

第19章　スポーツ障害とバイオメカニクス
　　　　　　　　　………堀居　昭・黄　仁官 …423

1．部位別スポーツ障害 ……………………… 423
　1）腰部のスポーツ障害 …………………… 423
　　（1）脊椎分離症のメカニズム ……………… 423

(2) 脊椎こり症のメカニズム……………424
(3) ストレッチング ……………………424
2) 膝のスポーツ障害 ……………………424
(1) ランナー膝のメカニズム……………424
(2) ジャンパー膝のメカニズム…………425
(3) ランナー膝とジャンパー膝予防の
　　サーキットストレッチング…………426
3) 下腿のスポーツ障害 …………………426
(1) シンスプリント……………………427
(2) シンスプリント予防のストレッチング
　　およびマッサージ…………………427
4) 肘のスポーツ障害 ……………………428
(1) 野球肘のメカニズム………………428
(2) 上腕骨内側上顆炎(野球肘・テニスなど)
　　予防のストレッチング………………428
5) 肩のスポーツ障害 ……………………430
(1) 五十肩のメカニズムと予防ストレッチング
　　…………………………………………430

第Ⅲ部　バイオメカニクスの研究法

第20章　キネマティクスとキネティクス
　　　　　　　　　　　　阿江通良 …432

1．キネマティクスとキネティクスの関係
　　…………………………………………432
2．並進運動と回転運動の関係 ……………432
3．キネマティクス …………………………433
1) 座標系の決定と座標変換 ……………433
(1) 移動座標系の決定…………………433
(2) 座標変換……………………………434
2) 速度と加速度の算出 …………………434
3) 角速度と角加速度の算出 ……………434
(1) オイラー角の微分による方法……434
(2) Dapena の方法 ……………………435
(3) V=ω×r による方法………………436
(4) 直交単位ベクトルの微分による方法…436
4．キネティクス ……………………………436
1) 並進運動のキネティクス ……………436
(1) 力……………………………………436
(2) 運動量と力積………………………436

(3) 力学的エネルギーと仕事…………436
2) 回転運動のキネティクス ……………437
(1) 角運動量の算出……………………437
(2) 慣性モーメント……………………438
(3) 力とトルク…………………………439
(4) 力学的エネルギー…………………440
(5) 身体運動における閉ループ問題 …440

第21章　筋電図 ……………西薗秀嗣 …444

1．筋電図波形の成因 ………………………444
2．筋力の構成要素―運動単位の発揮能力―…445
3．筋電図の波形(運動単位の活動電位：MUAP)は
　　多くの要因によって影響を受ける ……445
1) 導出時の技術的要因 …………………445
2) 生理学的要因 …………………………447
4．筋電図記録・処理システム ……………447
5．筋電図をどう利用するか ………………448
1) 筋活動(休止)のタイミングに関する
　　検出(時系列分析) ……………………448
(1) 投動作と打動作……………………448
(2) 獲得された筋の制御様式は簡単に消えない
　　…………………………………………448
2) 筋力と筋電図の定量的分析 …………448
(1) 筋力と筋電図積分値(iEMG) ………448
(2) 筋トレーニングの神経系への適応―筋の
　　肥大なしに筋力が増加するか― ……450
3) 加算平均処理 …………………………450
4) 疲労に関する分析―周波数分析― ……451
(1) 表面筋電図の周波数分析…………451
5) 今後の新しい研究法と筋電図法の
　　標準化に向けて ………………………451

第22章　超音波法 ……………川上泰雄 …452

1．超音波法の原理 …………………………452
2．超音波法による筋横断面積の計測 ……452
3．超音波法による筋形状の計測 …………454
1) 羽状角と筋束長 ………………………454
2) モーメントアーム ……………………455

4．超音波法による収縮中の筋・腱の動態の計測 457

第23章　MRI .... 秋間　広 ... 460

1．MRI 460
2．mfMRI 462

第24章　シミュレーション ... 藤井範久 ... 466

1．スポーツバイオメカニクスにおける
　シミュレーション 466
2．スポーツバイオメカニクスにおける
　シミュレーションを用いた研究 466
3．シミュレーションとモデリング 470
4．剛体リンクモデルを用いた
　シミュレーション手法 471
　1）運動方程式と制約式 471
　2）目的関数と最適化 473
5．今後のシミュレーション 473

第25章　競技力向上のバイオメカニクス ... 475

1．陸　上 .... 小林寛道 ... 475
　1）100m 走 475
　2）高速度で走るためのトレーニング対象筋 ... 476
　3）走動作での腰の動きの重要性への開花 ... 477
　4）短距離を世界レベルに引き上げたバトンパス 478
　5）ピッチとストライドのバイオメカニクス ... 479
　6）インターハイの継続的測定から 481
2．水　泳 .... 野村照夫 ... 482
　1）局面所要時間の目標設定 483
　2）疲労特性を考慮した 100m 競技記録からの
　　200m 競技記録の推定 485
3．サッカー .... 大橋二郎 ... 488
　1）サッカープレイヤーの技術と動き ... 488
　2）技術を発揮する時間 488
　3）運動量としての移動距離 489
　4）動きの種類とスピード 490
　5）ゲームから得られた情報の有用性 493

SI 単位 .... 寺島　徹・桜井伸二 ... 497

1．国際単位系 SI 497
2．SI による記号の表記のルール 497
3．SI 組立単位 498
4．非 SI 単位 499
5．SI では取り扱われない単位 500
6．バイオメカニクスでよく扱われる量と単位 500
7．スポーツ科学でよく扱われる量と単位 ... 501

索引 504

第Ⅰ部　基礎篇

1章　バイオメカニクスの成立
2章　運動体としての身体の構造
3章　筋組織のバイオメカニクス
4章　筋活動のためのエネルギー供給
5章　身体運動を指令・調節する神経機能
6章　身体運動の力学的基礎

第1章 バイオメカニクスの成立

1. バイオメカニクスの定義と領域

1）一般のバイオメカニクス

われわれの身体は常に力学的環境のもとに曝されており，その物理環境の下でさまざまな運動を展開する．運動（motion, movement, exercise）には，分子・細胞レベルの運動，心臓や血管あるいは胃腸の動きにみられるような組織・器官の運動，全身で歩く，走る，跳ぶ，投げるなどの固体レベルの運動があり，それらの目的に着目すれば，生きていく上で必要な日常生活の運動から健康・体力づくりの運動，レクリエーションの運動，競技スポーツの運動までさまざまなものがある．また，種々の動物の運動も含まれる．そうした運動のすべてが力学の法則に従ってなされるわけであるから，一般のバイオメカニクス（生体力学：general biomechanics）とは要するに，運動に関係する生体系（biological system）の構造や機能を力学（mechanics）の法則に照らして研究するひとつの応用学である，といえよう．

このように，バイオメカニクスをひとつの応用学として定義すると，「何に応用するのか」によって研究の目的や対象が異なり，その領域も多岐にわたることとなる．現に，たとえば次のような領域が「バイオメカニクス」の下に存在し，活発な学際的・総合的研究活動を展開している．

①生体の組織構造に関するバイオメカニクス：生体の筋，腱，骨などの組織構造を材料力学的に分析して運動に伴う変化（損傷や改善）を調べ，運動器の仕組みを明かにするとともに人口関節や義手義足の開発などに役立てる領域[1]．

②動物の運動に関するバイオメカニクス：原生動物の繊毛運動，魚の泳運動，鳥の飛翔運動，哺乳類の陸上におけるロコモーション（移動運動）など，動物の運動の仕組みを解明して，動物の運動の理解に役立てる領域[2,3]．

③人間の身体運動に関するバイオメカニクス：健常者や障害者の日常生活やスポーツにおけるさまざまな運動を取り上げて，障害の原因や優れた運動などの仕組みを明らかにし，人間の運動についての理解を深めてその改善に役立てる領域[4,5]．

ちなみに，国際学会での発表分類から領域区分をみると，第8回の名古屋大会ではスポーツのバイオメカニクスに加えて，医学的バイオメカニクス，リハビリテーションバイオメカニクス，人間工学バイオメカニクス等があり，第13回の豪州パース大会では，職場バイオメカニクス（occupational biomechanics），筋バイオメカニクス，運動制御バイオメカニクス，歩行分析，コンピュータ・モデリングなどの領域区分がみられた．

2）スポーツ・バイオメカニクス

体育・スポーツの分野が深くかかわっているのは，主として上記③の健常者や障害者の日常生活やスポーツにおけるさまざまな運動を取り上げて，障害の原因や優れた運動などの仕組みを明らかにし，人間の運動についての理解を深めてその改善に役立てる領域である．この領域を著者はスポーツ・バイオメカニクス（sport biomechanics）と呼び，「スポーツ・バイオメカニクスとは，力学，生理学，解剖学などの基礎知識を応用して身体運動の仕組みをよりよく理解するための応用学である」と定義した[4]．すなわち，広

義のバイオメカニクスに「スポーツ」という言葉を付して一定の枠をはめたわけだが，ここでいう「スポーツ」は（定義が示すように）広く身体運動を意味する象徴的な言葉として用いたものである．したがって，スポーツ・バイオメカニクスの対象には，日常生活における立ち居振舞いから高度なスポーツ活動に至るまでの広範な身体運動が含まれ，障害者や高齢者の運動，「スポーツ」を動機とした筋骨などに関する組織バイオメカニクス（tissue biomechanics）などもその対象に含まれる．

　こうしたスポーツ関連のバイオメカニクスは，「スポーツ科学」の一翼を担う領域であるとともに，「運動科学」として広く他分野とも密接なかかわりをもつ分野と考えられる（図1-1）[6]．図1-1では，簡略化のため「スポーツ」または「運動」の文字を省いてあるので，バイオメカニクスを「スポーツ・バイオメカニクス」に置き換えると，それを支える直接的な領域として，バイオ（生体）系には運動生理学と運動解剖学があり，メカニクス（力学）系には運動力学がある．この3領域が鼎（かなえ）となってバイオメカニクスを支えていると考えられる．さらにその周縁に配した学問領域は，将来において密接な関係が生じるであろうと思われる領域である．スポーツ・バイオメカニクスのさらなる発展を考えるとき，運動するのは人間であることを忘れてはならない．人間学，医学，心理学などを配置したのはそのためである．また，運動施設や運動器具の開発に当たっては，製品が人間の特性に真にフィットしたものでないと効果が上がらないばかりか，傷害の原因ともなる．スポーツと工学バイオメカニクスとの共同作業が不可欠である．また，生命科学の筋収縮機構に関する研究では，一分子のミオシンの発生する収縮力とATP分解のエネルギーの関係が明らかにされているが，体育学の分野でも細胞・分子レベルでの研究が活発化している．スポーツタレントの発掘とその養成など，遺伝子の問題にまで発展する可能性がある．バイオメカニクスの発展には，こうした周辺科学との融合反応が必要である．

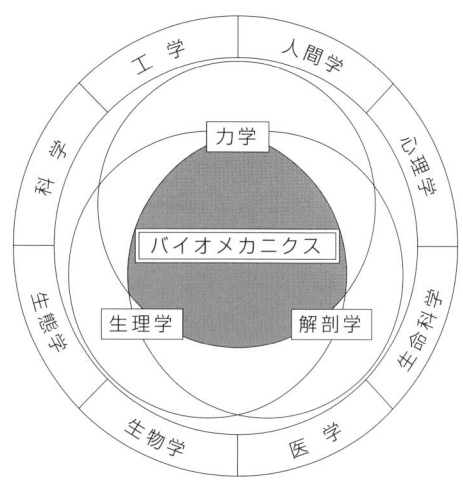

図1-1　スポーツ科学としてのバイオメカニクスとその関連領域
（金子公宥：バイオメカニクスからみた21世紀のスポーツ科学．体育の科学，51：6-11，2001）

3）バイオメカニクスの総合システム

　スポーツ・バイオメカニクスにおける研究を促進し，得られた成果を速やかに役立てるためには相応のシステムを必要とする．一旦システムが構築されれば，自動的・日常的に事柄が進行するからである．図1-2[6]はその素朴な一案である．すでに一部が実現したケースもあるが，全国的な展開はこれからの課題である．図1-2の基底部は，バイオメカニクス研究に必要なデータ収集の施設・設備を示している．陸上競技を例にとると，走路に沿って速度計測が可能な装置（フォトセルなど）を敷設し，同時にビデオカメラやフォースプレートを常設しておけば，競技会やトレーニングにおける走者のペースや動作の記録をコンピュータに収録することができる．フォースプレートで検出される地面反力からは，キック力やブレーキ抵抗が即刻わかり，コンピュータのプログラムで処理すれば力学的なパワーを知ることもできる．障害者や高齢者などの運動では，心電図や筋電図などの情報をテレメトリーによって入手する必要があろう．

　次に，バイオメカニクスは医学や工学と同様に「実学」であるから，得られたデータをいかに役立てるかが重要である．その方策の第1は，デー

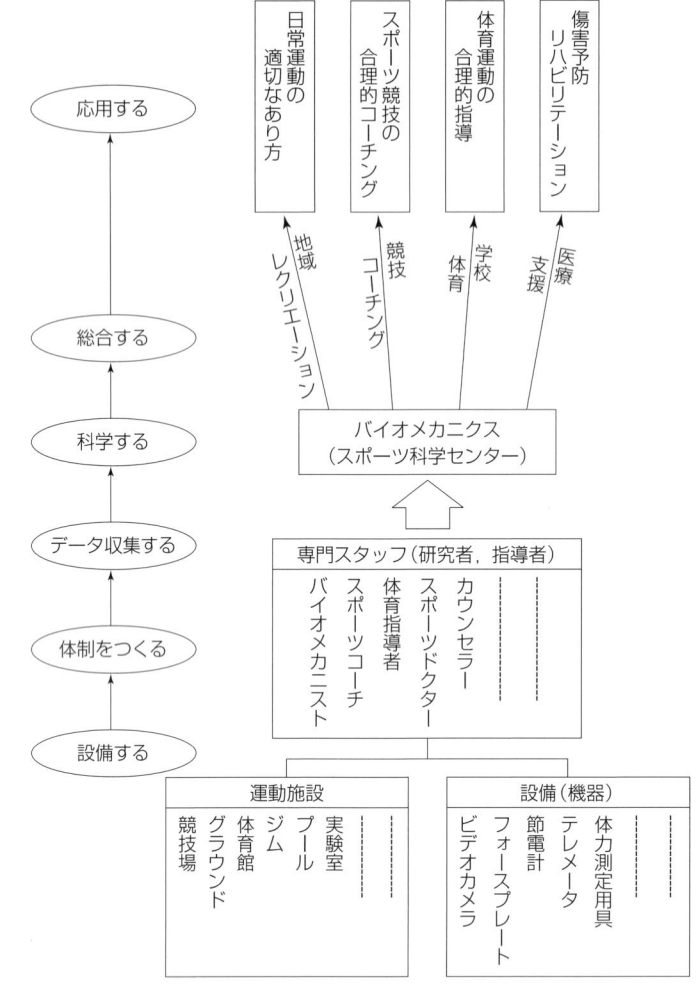

図 1-2　スポーツ科学を推進するバイオメカニクス総合システム
（金子公宥：バイオメカニクスからみた 21 世紀のスポーツ科学．体育の科学，51：6-11，2001）

タを速やかに解析してその結果を被験者や指導者にフィードバックすることである．かつては至難の業であったこの作業が，コンピュータシステムの発達により格段の進歩を遂げた．動作のスティックピクチャーなどはリアルタイムでフィードバックされ，身体部位の変位や速度を，測定点の自動的な読み取りと既製プログラムによって短時間に知ることができるようになった．したがってデータの有用性を高める第 2 のポイントは，各種のデータから得られる断片的な情報を総合し体系化して，より有用な知識に変換することである．そのためには優れたスタッフが不可欠であり，また同時にコーチ，バイオメカニスト，スポーツドクターといったスタッフ間の密接な連携が必要である．すなわち，客観的なデータに基づいて法則性を発見したり，因果律によってスポーツ技術や運動効果の原因を究明する．そして，その結果を被験者にフィードバックするだけでなく，報告書や論文にして広く公表する．この段階に至ってはじめてスポーツ科学が成立し発展することとなるからである．

文　献

1) 島津　晃編著：キネシオロジよりみた運動器の外傷．金原出版，1999．
2) Nigg BM and Herzog W: Biomechanics of the Musculo-Skeletal System. John Wiley & Sons, 1994.

3) Williams M and Lissner HR: Biomechanics of Human Motion. WB Saunders, 1962. ＜日本機械学会編：バイオメカニクス概説．オーム社，1993＞
4) 金子公宥：スポーツバイオメカニクス入門 第3版．杏林書院，2006．
5) 松井秀治：身体運動学入門．杏林書院，1967．
6) 金子公宥：バイオメカニクスからみた21世紀のスポーツ科学．体育の科学，51：6-11, 2001．
7) 浅見俊雄ほか編著：身体運動学概論．大修館書店，1976．

[金子　公宥]

2．バイオメカニクスの歴史

　故きを温ねて新しきを知る「温故知新」の諺や「歴史をかがみに未来に向かう」といった言葉は，歴史を疎かにしてはならないことを諭した中国人の叡智である．この叡智にならってバイオメカニクスの歴史をたどってみることとする．ただし，バイオメカニクスは力学の知識と方法を用いて生物系（biological system）の構造と機能，特に生物の運動を研究する総合科学であるから，その歴史は医学，生物学，物理学などの自然科学史のすべてにかかわり，それらを網羅することは不可能なので，ここではヒトの運動に直接かかわりをもつ自然科学にしぼり，はじめに自然科学史の立場からバイオメカニクスの源流を探り，次に現代の世界と日本におけるバイオメカニクス研究の動向を探ってみることとする．

1）バイオメカニクスの源流

　科学史では，いつ誰がどんな方法でさまざまなことがらを明らかにしたかが語られる．ここでは，バイオメカニクスの主要研究手段である筋電図学（EMG），動作学（kinematics），運動力学（kinetics）の歴史に深くかかわったキーマンに重点をおいて，その方法論からバイオメカニクスの源流を辿ってみたい．

（1）筋の力学と筋電図

　科学の萌芽は，古代文明やギリシャ時代にもみられるが[1]，人体に関する機能解剖学的な科学の開花は，13世紀から15世紀にイタリアからヨーロッパ全土に広がったルネッサンスの時代においてであった．その代表がレオナルド・ダ・ヴィンチ（Leonaldo da Vinci, 1452—1519）である[2]．ダ・ヴィンチは，絵画や彫刻で知られる芸術家であると同時に，梃子や歯車を組み合わせた兵器や文明の利器の発明家であり，また筋・腱・骨などの精緻な人体解剖図でもよく知られる科学者であった（それらの多くはミラノのダ・ヴィンチ博物館で見ることができる）．解剖学におけるダ・ヴィンチの特徴は，単なる解剖学ではなく，四肢の長さのバランスや動きの範囲・方向などをも考察した，運動に関係した機能解剖学的色彩の濃いものであった．

　この方面では同じくイタリアのボレリ（Alfonso Giovanni Borelli, 1608—1679）が特筆に値する．著者の書棚にあるBastholm（1950）の「筋生理学史」[3]には次のようなボレリの紹介がある．彼はピサで数学の教授をしていたが，友人のマルピギー（マルピギー小体などで知られる解剖学者）の影響で解剖生理学に興味をもち，やがて「De motu animalium（動物の運動）」を著した．その中で彼は，筋肉がてこの原理で力を外部に作用させることをはじめて正しく解説した（図1-

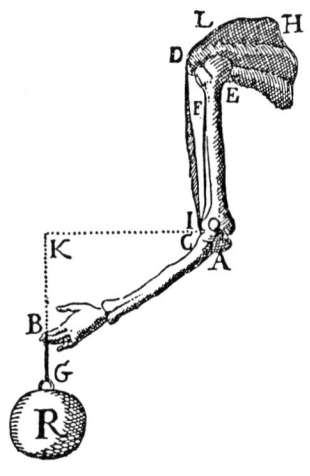

図1-3　Borelli AGは筋の生み出す力が骨を介して関節運動を惹起すると考えた
（Bastholm E: The History of Muscle Physiology. Ejnar Munksgaard, 1950）

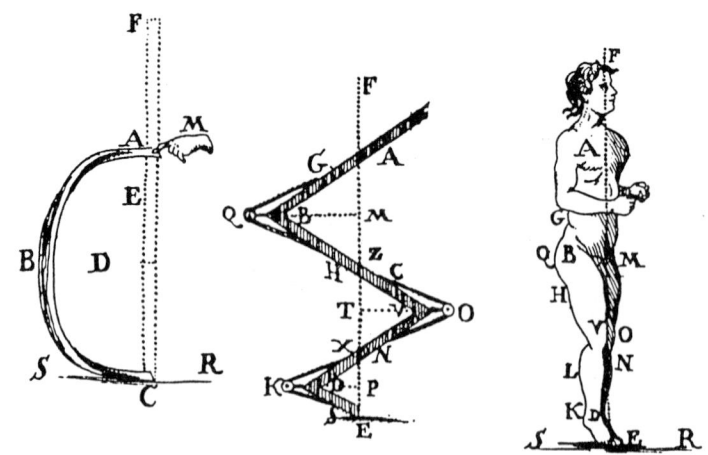

図 1-4　Borelli AG は跳躍の運動量（momentum）が弓を地面に押しつける力の急速な解放によって生み出されると考えた
（Cappozzo A and Marquetti M: Borelli' Heritage. In: Cappozzo A eds, Biolocomotion: A century of research using moving pictures. pp33-47, Promograph, 1992）

3）．また，ヒトの歩・走・跳・泳などの運動についても幾何学的な手法で解説した．図 1-4 は跳躍のメカニズムを弓のバネによって説明したもので[4]，今日でいうところの「筋腱複合体のバネ作用」を思わせる．まさに筋の力学（muscle mechanics）のさきがけというべきか．

筋活動の状況を電気的に外部から知ることができる筋電図（electromyogram）は，筋運動の要因分析に欠かせない研究手段として，バイオメカニクス的研究の有力な手段として用いられてきた．この生体電気のはじまりについては諸説があるようだが，一般にこの方面の元祖として知られているのは，イタリアのガルヴァニ（Luigi Galvani, 1737—1798）である[5]．彼は 1786 年に胴体から切り離したカエルの脚が，ライデン瓶（ガラス瓶の内外壁に錫箔を貼った一種のコンデンサーで放電実験に用いる）からの電気刺激で収縮することを発見した．また，カエルの脚を金属板の上に置いたら雷雨のときに収縮したことや，銅製のカギにひっかけてベランダの鉄柵に押し付けると収縮することを観察し，筋収縮の原因が電気であって，通常はその電気が生体組織から発生して筋収縮を起こすと結論した（科学と実験の歴史）[6]．まさに電気生理学の祖というべきである（ちなみにガルバノメーターは同氏の名にちなんで名付けられた）．

筋電図の歴史については，フンボルトによる電極の開発（1798）やデュボア・レイモンによる随意収縮と電気刺激の比較などの歴史が Basmajian と De Luca[7] によって詳しく述べられているが，ここでは 1866 年に「運動の生理学」と題するドイツ語の本を出版し，表面電極を用いた筋電図法を確立したとされるデュシェーン・ド・ボロン（Duchenne de Boulogne, 1806—1875）を紹介する．図 1-5 は Clarys[5] から引用したもので，1872 年にベストセラーとなった「ブローニュの Duchenne 博士」の中にあるものの一部だそうである．図 1-5a は電気刺激によって筋電図が発生し筋運動が起こることを示し，図 1-5b は筋運動がもっとも誘発されやすい motor point（運動神経が筋肉に入る点）の位置を示している．生体電気を手がかりとした神経生理学は，1900 年代に入って，「神経系の統合作用」を著して神経生理学の父と称されるシェリントン（Sir Charles Scott Sherrington CS, 1859—1952）や，エイドリアンの法則（感覚の大きさは興奮している感覚細胞の数とその活動の強さで決まる）で知られるエイドリアン（Edgar Douglas Adrian, 1889—1977）らに受け継がれた．一方，筋電図の研究も国際筋電図キネシオロジー学会（ISEK

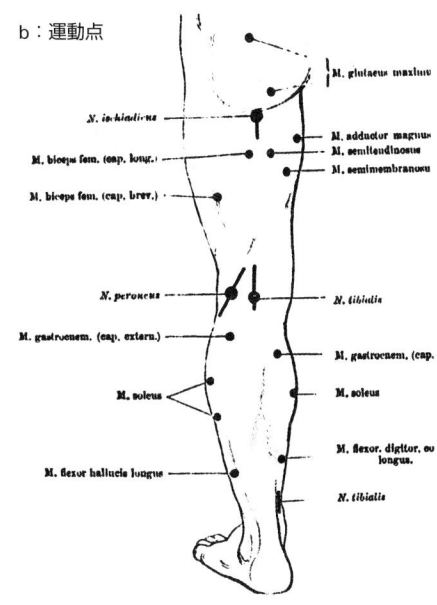

図1-5 Duchenne GB (1867)による電気刺激と筋電図の記録実験風景(A)と運動点(motor point)
(Clarys JP and Lewill L: Clinical Kinesiological Electromyography by "Le Docteur Duchenne (de Bologne)" In: Cappozzo A eds, Biolocomotion: A century of research using moving pictures. pp89-114, Promograph, 1992)

を舞台に発展しつづけている.

(2) 運動力学の成立

バイオメカニクスの要である力学の歴史は古い.たとえば,ピタゴラスの定理などで知られるピタゴラス (Pytahgoras, BC582頃) が,風呂に入っているときに浮力の法則を発見したという話や,アルキメデス (Archimedes, BC287-212) が,「われに足場を与えよ.しからばてこ(梃子)と滑車の原理で地球をも動かしてみせる」と豪語したという[6].この話は逸話かもしれないが,力学の原流がエジプトやギリシャ時代から存在していたことを物語っている.

しかし,それまでの力学法則には天動説をはじめ誤ったものが多く,古代ギリシャの哲学者アリストテレスの説がまことしやかに信じられていた.たとえば,落下する物体の速度はその重さに比例し,10ポンドの石は1ポンドの石より10倍速く落下すると信じられていたこともその一例である[8].ガリレオ・ガリレイ (Galileo Galilei, 1566-1642) はそれが誤りであることを示すために,重さが異なる2つの物体を高い場所から何度も落としてみせた.厳密には真空中でないと同時には落下せず,幾分かは重い方が速く落下するのだが,当時としては真空環境を用意することはもとより,確かな時間を測ることさえ困難で

あった[2].それでもガリレオは実験科学の父といわれるほど,すべてを実験によって明らかにしようとした.ガリレオは,落下の法則のほかにも温度計を発明したり,一定の長さの振子の周期は振幅に関係なく一定であることなどの発見をしている.コペルニクス (Nicolaus Copernicus, 1473-1543) の地動説を支持して裁判にかけられた話は有名である.コペルニクスが円軌道と考えていた天体の軌道を楕円軌道に軌道修正したのがケプラー (Johannes Kepler, 1571-1630) である.デカルト (Rene Decartes, 1596-1658) は哲学者として有名であるが,慣性の法則の提唱者でもあった.

こうしたデカルトの慣性の法則,ケプラーの天体の法則,ガリレオ・ガリレイの落下の法則などを統合し整理して,あたかもオーケストラの指揮者のように「運動の3法則」にまとめたのがニュートン (Isaac Newton, 1642-1727) である[6].ニュートンは,リッツ大学を追われてレーゲンスブルグで客死したケプラー,晩年は失明し幽閉同然の中で亡くなったガリレオ,冬のストックホルムで道半ばに息を引きとったデカルトにくらべると,84歳で亡くなるまで王立協会会長の地位にありナイトの称号も得た華やかなものであった[2].やがて慣性系をそのまま適用した相対性理論をもっ

て華々しくアインシュタイン（Albert Einshein, 1879—1955）が登場するが，今日われわれが研究に用いている運動力学はすべて，慣性系を静止系とみなしているニュートンの法則であり，その意味でニュートンは今日のバイオメカニクスの礎を築いた人といえよう．

(3) 動作学と運動力学

エジプトやアッシリアなどの古代文明の遺跡には狩りをする人の姿が描かれ，競技スポーツの展開されたギリシャ時代には，Aristotle が「動物の運動について」を著して歩行運動と地面反力との関係を科学的に論じたといわれる[1,6]．1800年代には，解剖・生理学を専門とするウェーバー兄弟（Weber brothers）の長兄（Ernst）と末弟（Edward）が，人の歩行運動に関する著書を著して歩行のメカニズムを論じたが，その多くは「理論的な仮説」に類するものであった[6]．実際にさまざまな運動を映画に記録したのは，マレーとマイブリッジの時代で，映画撮影に最初に成功したのはマイブリッジだという[1,9]．

マイブリッジ（Edward J Muybridge, 1830—1904）の友人，大金持ちのスタンフォードは熱狂的な競馬好きで，トロット中の馬の足がすべて宙に浮く瞬間があるかどうかに疑問をもっていた．このことをマイブリッジに賭けの対象として持ちかけたところ，マイブリッジは走路に12台とも24台ともいわれる多数のカメラを並べ，ウマが通過するときにシャッターが切れる仕掛けをつくり，見事に連続写真（映画）を撮ることに成功した．分析の結果，トロット中にすべての馬の足が宙に浮く瞬間のあることが確かめられた[10,11]．彼は科学者ではなかったが，「馬の運動の科学」と題して Scientific American（1878）に馬の走る連続写真を発表したり，「動物のロコモーション」や「運動する動物」，さらにはヒトの運動をまとめた「The Human Figure in Motion」[11]を発表した．図1-6はその中の一枚で，ボールを投げる女性の姿を捉えたものである．

映画撮影はマイブリッジが最初だったかも知れないが，映画撮影と力の発生を同時記録したのはマレー（Etienne Jules Marey, 1839—1904）が最

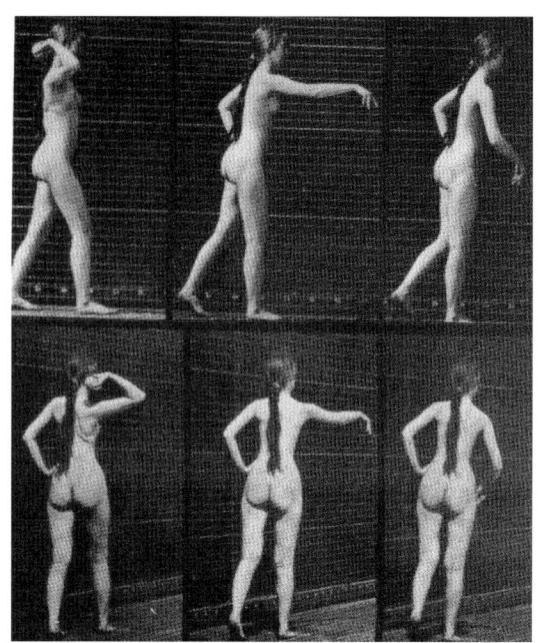

図1-6　Muybridge（1878）が多数のカメラの連写により撮影した女性のボール投げ
（Muybridge E: The Human Figure in Motion. Dover Publications Inc, 1955）

初である．マレーは，マイブリッジと親交があって昆虫に関する共同研究をパリで行ったこともあるが，独自の連続写真撮影技術の開発に取り組み，コダック社の円盤カメラに似たカメラ（写真銃）や，フィルムの1コマ1コマを写し込むシネカメラを作製した[2,9]．後者のカメラは医学，工学などの各方面の研究に用いられたという[7]．マレーの運動対象も広く，人，馬，鳥，魚，クラゲなどに及んだ．マイブリッジが馬の走路に仕掛けたものと同様のバーをセットして人が走る地点を記録し走行速度を求めた（図1-7）[2]．マレーについて特筆すべきは，彼が空気圧を利用して今日の力量計に相当する空気圧を利用したタンブール形式の力量計（pneumatic system）を開発し，それを馬のひづめに取り付けたり，靴底に埋め込んで足圧を記録したり（図1-8），渦巻型の空気圧チューブを多数組み込んだフォースプレートを作成してキック力を記録したりしたことである（図1-9）．こうしたマレーの実験こそ，まさしく kinematics と kinetics を結合したバイオメカニクス研究の源流である．

図1-7　オドグラフ(odograph)によるMarey (1888)のランニング実験
コースに突き出た5m間隔のバーを押すとスイッチが入り，ドラムに記録される
(Marey EJ: Movement. ＜ Translated into English by Pritchard E. of the original book entitled "Le mouvement",
Arno Press Inc. 1895 ＞ Arno Press & theee New York Times, 1972)

図1-8　Marey (1891)は空気圧伝達シューズを使ってランニング中の着地圧(ニューモグラフ)を記録した
(Cappozzo A and Marquetti M: Borelli' Heritage. In: Cappozzo A eds, Biolocomotion: A century of research using moving pictures. pp33-47, Promograph, 1992)

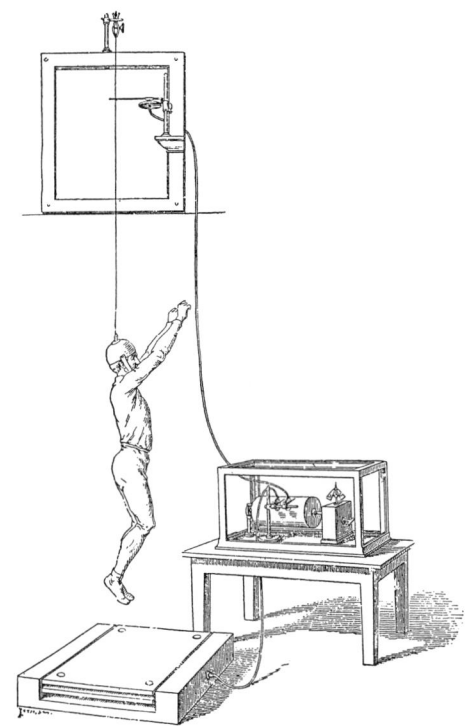

図1-9　空気圧式フォースプレート(spiral dynamograph)を用いたMarey (1895)の跳躍実験
(Marey EJ: Movement. ＜ Translated into English by Pritchard E. of the original book entitled "Le mouvement", Arno Press Inc. 1895 ＞ Arno Press & theee New York Times, 1972)

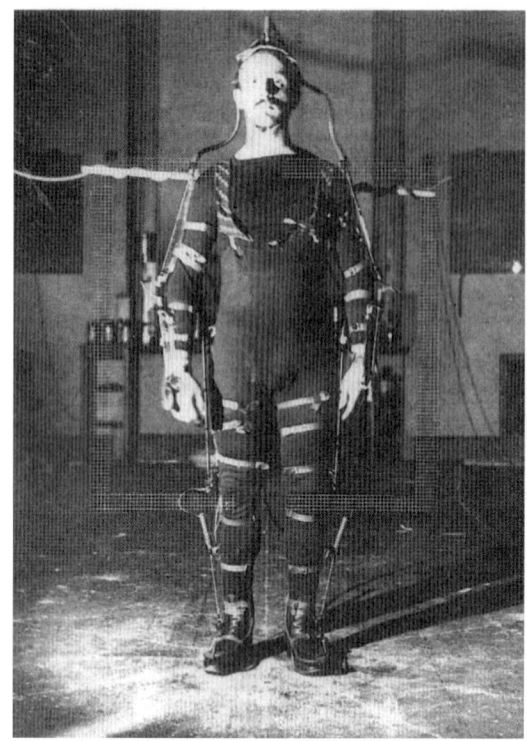

図1-10 BraüneとFischer (1891) による歩行実験の装備
暗室で4台のカメラを使い，美しいストロボ写真を撮った
(Marquet P: "The human gait" by Braune and Fisher. Biolocomotion: A cencury of research using moving picture. In: Cappozzo A eds, Biolocomotion: A century of research using moving pictures. pp115-126, Promograph, 1992)

(4) 解剖・生理・力学の総合化

19世紀から20世紀（1889—1904）にかけて歩行と身体重心に関する多数の研究を行ったブラウネとフィッシャー（Braune W and Fischer O, 生存年齢不詳）については, Marquet[12,13]の詳細なレビューがある．ブラウネとフィッシャーは，先述のウェーバー兄弟が唱えた仮説を証明するため，凍結標本の屍体を用いて身体各部の重心と慣性モーメントを3次元的に振子法によって求め，それを100人の兵士に適用して妥当性を検討した．次に歩行のストロボ型の連続写真を用いて3次元的な分析を行い（図1-10），身体重心の周期的な運動軌跡や身体部位の動きを明らかにした（彼らの研究でフィッシャーの単著論文が多いのはブラウネが早世したためである）．彼らの重心値は今日もなおバイオメカニクス研究に用いられている．

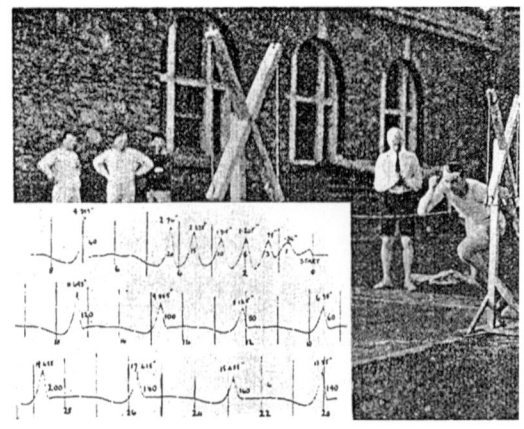

図1-11 Furusawaらの実験風景
(Furusawa K et al.: The dynamics of "sprnt running". Proc Roy Soc, B102: 29-42, 1927, 写真は，東龍太郎：スポーツとともに．旺文社, 1953)

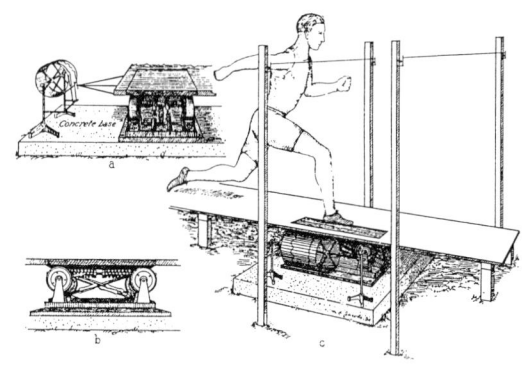

図1-12 走運動中の前後方向の力の測定装置
(Fenn WO: Frictional and kinetic factors in the work of sprint running. Am J Physiol, 92: 583-611, 1930)

20世紀前半には，バイオメカニクスのさきがけとなる研究がロンドン大学のヒル（Archibald Vivian Hill, 1866—1977）の研究室で行われた．ヒルは筋の熱力学的研究によりノーベル賞を受賞（1923）した後，Furusawaらとの共同研究[14]で短距離疾走に関する力学的・生理学的研究を行った．走路に沿ってコイルが取り付けられた柱を何本も立て，走者が電磁石を胸につけてコイルの前を通過するとコイルに電流が流れる．このシグナルから疾走速度を求め，運動方程式を基に力学的パワーを算出した（図1-11）．一方，エネルギー消費量をダグラスバッグ法で測定し，この生理学的エネルギーで力学的エネルギーを除すことにより人体の機械的効率を算出した．ヒル研究室へ

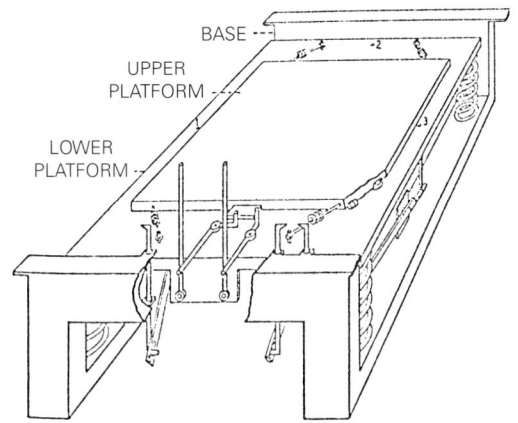

図1-13 歩行の外力測定用フォースプレート
下段のプラットホームで鉛直方向の力を，上段のプラットホーム（ベアリングで滑る）で水平方向の力を測定する仕組みになっている．
(Elftman H: Scientific apparatus and laboratory methods; The measurement of the external force in walking. Science, 88: 152-153, 1938)

の留学から米国に戻ったフェン（Fenn WO）は，疾走中のトップスピードにおける力学的仕事を測定した[15]．図1-12はバネ式のフォースプレートを用いた地面反力の測定風景で，この地面反力から身体重心を移動するための力学的仕事（外的仕事）を算出した．また，高速度写真を分析して身体重心回りの力学的仕事（内的仕事）をもとめ，外的仕事とを加えて総仕事量を算出した．エルフトマン（Elftman H）は，歩行や走行中の関節パワーから全身の力学的パワーを求める方法を開発し（図1-13），Fennの方法による力学的総仕事とよく一致することを示した[16]．

近代のバイオメカニクス史は，Gait Century[6]ともいわれるように，動物のロコモーション（移動運動）を中心とした足跡を残してきたといえよう．

2）国際的にみたバイオメカニクス研究の動向

バイオメカニクス学会は，機械工学や人類学，医療などさまざまな学問分野に存在するが，日本バイオメカニクス学会が加盟している国際学会は，スイスのWartenweiler博士を初代会長として1973年に発足した国際バイオメカニクス学会（International Society of Biomechanics: ISB）である．その前身はユネスコの国際体育・スポーツ会議（ICSPE）のワーキンググループである．学会大会は2年に1回の隔年開催で，日本においても1981年に名古屋大学が，1997年には東京大学（駒場）がそれぞれ主催して国際大会を開催した．日本のバイオメカニストたちは，国際学会の発足当初から積極的に国際大会に参加していたが，日本バイオメカニクス学会（JSB）が正式に国際学会（ISB）に加盟したのは1993年のことである．

国際的なバイオメカニクス研究の成果は，学会発足以前の1967年に発行されたBiomechanics I（Waltenweiler J, Jokl E and Hebbelink M編；バーゼルのKarger社刊）を皮切りに，大会毎に分厚い報告書が出版されてきた．出版社もKarger社（Biomechanics I・II）からUniversity Park Press社（Biomechanics III～VII）へ，そしてHuman Kinetics社（Biomechanics VIII・IX）がアンカーをつとめ，1985年のIX号をもってこのシリーズに幕を降ろした．この大会号は単なるProceedingsというより，一定の審査が行われた準論文として多くの研究に引用され，バイオメカニクスの発展に大きく貢献した．以後のバイオメカニクス研究の成果は，Journal of Biomechanics誌，International Journal of Biomechanics誌，International Journal of Sport Biomechanics誌などに発表され，今日に至っている．

著者ら[17]は，国際的な研究の動向をBiomechanics I～Xにおける研究報告からまとめ，その一部を図1-14，15に示した．研究対象のスポーツ種目は，陸上競技の走・跳・投が多く，水泳（競泳・飛び込み），スキー・スケートがこれに次いでいた．ただし水泳については，ISBの中のワーキンググループが発行したBiomechanics of Swimmingに多数の研究成果が報告されている．スポーツ種目という分類ではない研究対象の論文数の推移が図1-14である．身体の＜構造と機能＞では，「人体の構造」を対象とする研究がもっとも多く，次いで静的動作，関節運動の順である．いずれも増加の傾向が明らかであるが，その要因のひとつに解剖学関係者を含むバイオメカ

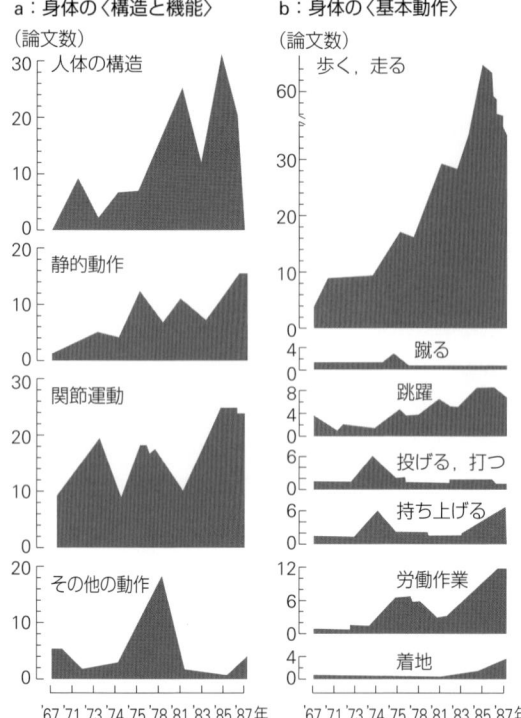

図 1-14 国際学会における対象別論文数の年次推移
（金子公宥ほか：日本と世界におけるバイオメカニクス研究の動向．Jpn J Sport Sci, 12：398-408, 1993）

ニストの増加があるとみられる．〈基本動作〉では「歩・走運動」が圧倒的に多く，その増加も急峻である．「労働作業」の発表が増えているのは，欧州のバイオメカニストに労働科学者が多いためと思われる．〈研究方法〉における「測定・分析の方法論」，「機器の開発」，「用具・設備の開発」などは，会社の研究所に所属する研究者や，会社がスポンサーとなった研究の多いことを反映しているとみられる．

図 1-15 の視点別論文分類は，「動作分析」「神経支配」「力学的特性」が多い中で，特に力学的特性研究の急増が目立つ．また，「生理・解剖学的特性」と「傷害・障害」の増加は，整形外科やリハビリテーション関係者の研究増を示している．シミュレーション（モデリングを含む）の増加は，エレクトロニクスとコンピュータの発展を反映したものといえる．日本バイオメカニクス学会（JSB）との大きな違いは，国際学会（ISB）の方が「スポーツ」より「スポーツ以外」を対象

とする研究が 5 倍も多い（日本は 40％）ことである．

3）国内におけるバイオメカニクス研究の動向
（1）研究会・分科会から学会へ

わが国のスポーツに関連したバイオメカニクス研究の歴史を「研究組織」の点から振り返ると，その歴史は日本体育学会（1950 設立）の分科会としてスタートした「キネシオロジー分科会（後にバイオメカニクス分科会と改称）」に遡る．同時にまた，これと平行して活動したもうひとつの研究会組織「キネシオロジー研究会」を忘れることはできない．キネシオロジー研究会は，誰もが自由に参加できる同好会的組織として 1957 年に発足し，東京大学（猪飼研究室）に事務局をおいて研究会を開催するとともに，ガリ版刷りの機関紙「ひろば」を発行．この「ひろば」は 1982 年の No.113 号まで続いた[18]．

日本バイオメカニクス学会の発足は 1978 年であるが，その実際上の先駆けとなったのが 1972 年に名古屋大学で開催された第 1 回キネシオロジー国内セミナーである．学会大会の回数はこのセミナーを第 1 回としてカウントされている．またキネシオロジー国内セミナーの大会論集が，「身体運動の科学」（杏林書院）のシリーズとして第 1 回大会から第 5 回大会まで刊行され，その後は各大会の主管校が自由なかたちの大会論集を刊行してきている．学会の機関誌としては，Japanese Journal of Sport Science（JJSS）の第 1 巻第 1 号をソニー（株）の支援の下で 1982 年 8 月に発刊し，月刊誌から隔月刊誌に移行する中で，やがて 1997 年 16 巻 1 号をもって廃刊となった．それを引き継いだのが 1997 年 7 月に創刊した「バイオメカニクス研究（Japanese Journal of Biomechanics in Sports and Exercise: JJBSE）」である．このように組織としては，研究会および日本体育学会の分科会からスタートし，独立学会としての日本バイオメカニクス学会に発展してきた．また，名称をキネシオロジーからバイオメカニクスとしたのは，1973 年発足の国際バイオメカニクス学会（ISB）への加盟（1993）を視野

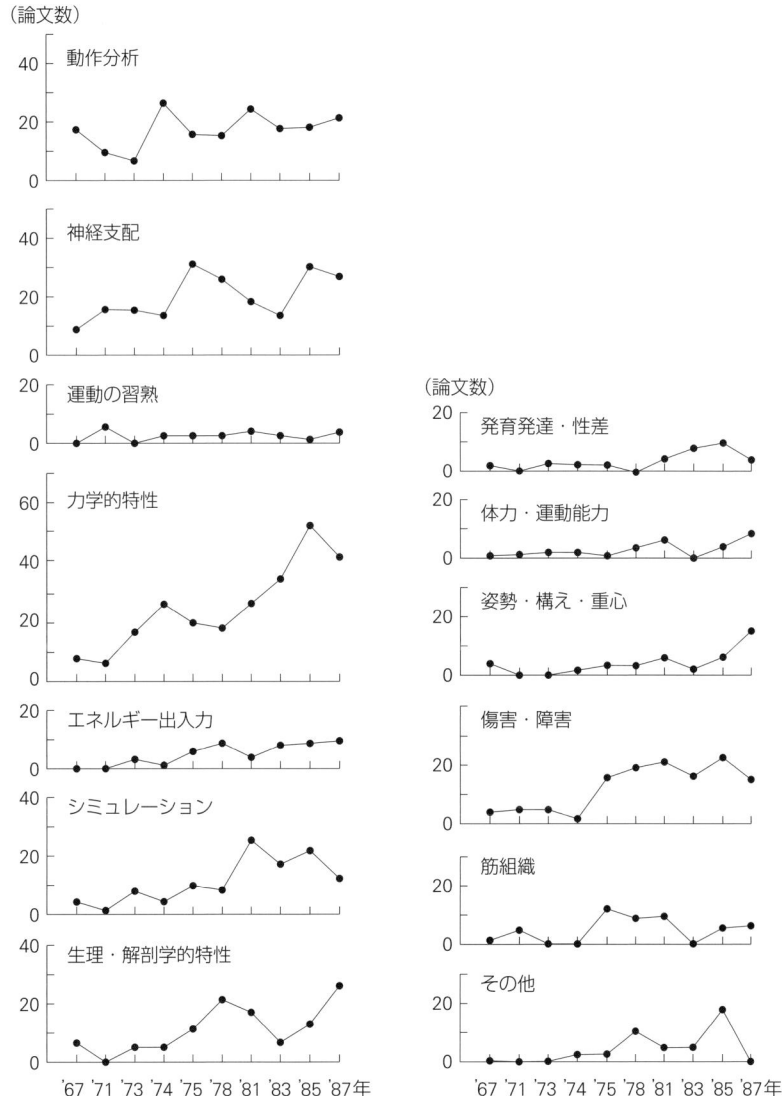

図 1-15　国際学会における視点別論文数の年次推移
（金子公宥ほか：日本と世界におけるバイオメカニクス研究の動向. Jpn J Sport Sci, 12：398-408, 1993）

に入れてのことであった[19]．

バイオメカニクス研究は，上記のようにキネシオロジー（kinesiology）の名ではじまり，28年間にわたってこの名称が用いられてきた．その歴史の草創期を文献的に回顧した1970年の拙稿「キネシオロジー20年の回顧と展望」[20]をみると，先人の苦労とともに当時の研究動向が蘇える．わが国のキネシオロジー研究は，機能解剖学的な色彩の濃い米国のキネシオロジーと，力学と工学を主体とした欧州のバイオメカニクスの両者を取り込みながら，力学・生理学・解剖学などのさまざまな側面を包含する広領域の応用学として独自の歩みをはじめた．キネシオロジーないしバイオメカニクスの内容を含む「身体運動の科学」[21]，「体育生理学序説」[22]，「身体運動学」[23]，「身体運動学入門」[13]，「運動力学」[24]などが続々と刊行され，この方面の大きな推進力となった．初期にあっては「キネシオロジーとは何か」が盛んに議論され，学会のシンポジウム（1958）では「解剖学，生理学，物理学，心理学を応用して身体運動を研

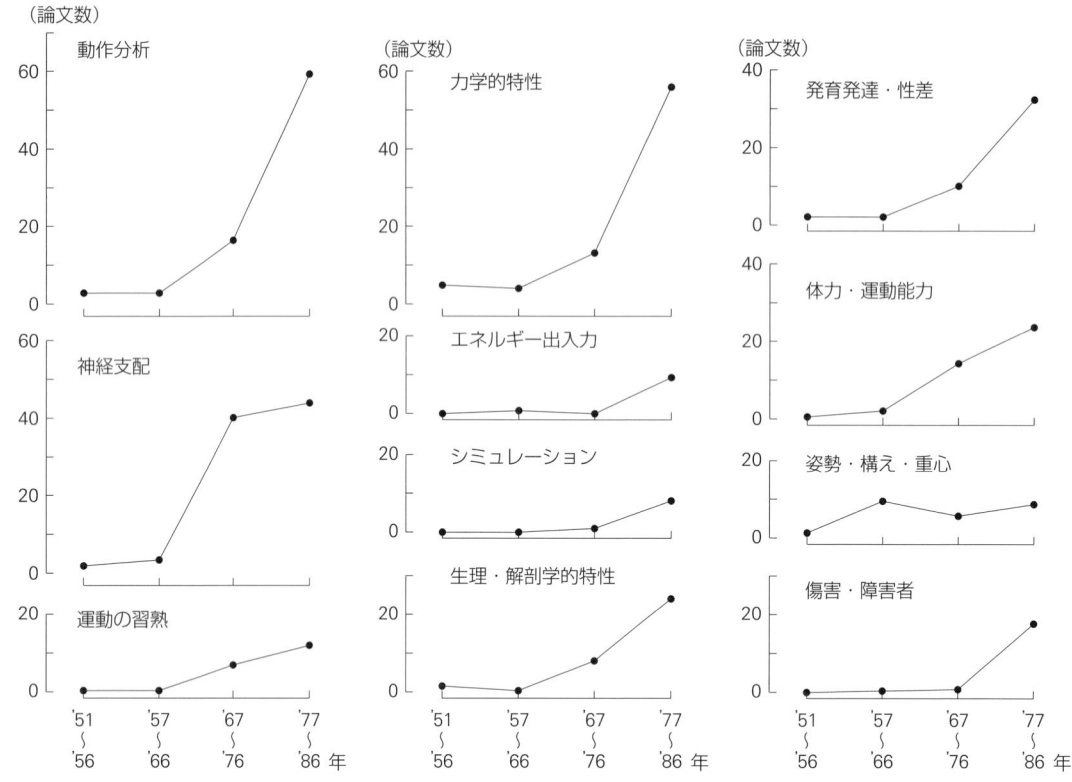

図 1-16　国内における視点別論文数の年次推移
（金子公宥ほか：日本と世界におけるバイオメカニクス研究の動向．Jpn J Sport Sci，12：398-408，1993）

究する学問」が結論とされた．後になって松井は「身体運動学入門」[13]の中で，「自然科学的手法で研究する分野」とする考え方を示した．

(2) 研究内容の動向

草創期には，コンピュータどころか計算機さえなく，したがって計算はもっぱらソロバンと計算尺でなされた．作図もコンピュータで描く今日と違い，レタリングやロットリングが用いられた．実験器具も手作りのものが多く，ストレンゲージをベニヤ板に張ったフォースプレート，木材の頭に紙筒をつけたフォトセル，可変抵抗に2本のへらを付けたゴニオメータ，それと16mm高速度写真，筋電図などがおもなもので，動作学的研究がその主流であった．研究テーマも素朴な疑問から出発した総合的なものが多かったが，そうした古き良き時代の研究の特徴は，あたかも中世の博学のように，動作分析に加えて筋電図分析や体力測定を同時的に行い，動作のメカニズムを総合的に捉えようとしたことである．図1-16に著者ら[17]のまとめた視点別論文数の推移（一部）を示した．

バイオメカニクスの領域は，その分析視点からしばしば動作学的なキネマティクス（kinematics），動力学的なキネティクス（kinetics），エネルギーに着目するエナジェティクス（energetics）に分けられるが，図1-16にはそれらに加えて筋電図学的分析，シミュレーション，生理・解剖学的分析を加えて示した．興味深いのは，動作学的研究がやや減少ないし停滞する一方で，動力学的研究やエネルギー学的研究，シミュレーション研究が増加の傾向を示していることである．あらゆるバイオメカニクス研究が，多かれ少なかれエレクトロニクスとコンピュータの発達に支えられて発展してきた経緯を考えると，上記の傾向は今後とも持続するものと推測される．たとえば，力学的研究では，水晶圧電式フォー

スプレットの開発によって地面反力の計測精度が飛躍的に向上し，キック力や関節モーメント（関節回転力）に関する研究が急増した．コンピュータの画期的な発達も，バイオメカニクス研究に革命的な変化をもたらした．シミュレーション研究はいうまでもなく，関節モーメントの計算を必要とするキネティクスは，コンピュータのデータ処理を武器として発展した分野といえる．ますます研究の分化が進んでいるが，「歴史は繰り返される」の諺を参考に，21世紀のバイオメカニクスは「総合化」に配慮することによって，実学としてのバイオメカニクスの本領が発揮されることとなろう．

文 献

1) Asmussen E: Movement of man and study of man in motion: a scnning reviw of the development of biomechanics. In: Komi PV ed, Biomechanics V-A. pp23-40, University Park Press, 1976.
2) Marey EJ: Movement. (Translated into English by Pritchard E. of the original book entitled "Le mouvement", Arno Press Inc. 1895), Arno Press & theee New York Times, 1972.
3) Bastholm E: The History of Musle Physiology. Ejnar Munksgaard, 1950.
4) Cappozzo A and Marquetti M: Borelli' heritage. In: Cappozzo A et al eds, Biolocomotion: A Century of research using moving pictures. pp33-47, Promograph, 1992.
5) Clarys JP and Lewill L: Clinical kinesiological electromyography by "Le docteur duchenne (de Bologne)". In: Cappozzo A et al eds, Biolocomotion: A Century of research using moving pictures. pp89-114, Promograph, 1992.
6) Taylor FS, 平田寛，稲沼瑞穂訳：科学と実験の歴史 世界教養全集29. pp31-218, 平凡社，1961．
7) Basmajian JV and De Luca CJ: Muscles Alive, 5th ed. Williams & Wilkins, 1985.
8) 小山慶太：ニュートンの秘密の箱．丸善，1988．
9) Tosi V: Marey and Muybridge: How modern biolocomotion analysis started. In: Cappozzo A et al eds, Biolocomotion: A Century of research using moving pictures. pp51-69, Promograph, 1992.
10) Bunnell PC and Sobieszeck RA eds: Animal Locomotion; the Muybridge Work at the University of Pennsylvania; The method and result. (Original publication in 1888), Arno Press, New York Times, 1973.
11) Muybridge E: The Human Figure in Motion. Dover Publications Inc. 1955.
12) Marquet P: "The human gait" by Braune and Fisher. In: Cappozzo A et al eds, Biolocomotion: A Century of research using moving pictures. pp115-126, Promograph, 1992.
13) 松井秀治：身体運動学入門．杏林書院，1967．
14) Furusawa K et al.: The dynamics of "sprnt running". Proc Roy Soc B, 102: 29-42, 1927.
15) Fenn WO: Frictional and kinetic factors in the work of sprint running. Am J Physiol, 92: 583-611, 1930.
16) Elftman H: Scientific apparatus and laboratory methods; The measurement of the external force in walking. Science, 88: 152-153, 1938.
17) 金子公宥ほか：日本と世界におけるバイオメカニクス研究の動向．Jpn J Sport Sci，12：398-408，1993．
18) 松井秀治：バイオメカニクス研究の歩み．体育の科学，40：18-21，1990．
19) 宮下充正：キネシオロジーからバイオメカニクスへ．体育の科学，29：752-754，1979．
20) 金子公宥：キネシオロジー20年の回顧と展望．体育の科学，20：28-33，1970．
21) 宮畑虎彦ほか編：身体運動の科学．学芸出版社，1960．
22) 猪飼道夫：体育生理学序説．杏林書院，1961．
23) 宮畑虎彦，高木公三郎：身体運動学．学芸出版社，1957．
24) 渋川侃二：運動力学．大修館書店，1969．
25) 東龍太郎：スポーツとともに．旺文社，1953．
26) Bouisset S: Etienne-Jules Marey, or shen motion biomechanics emerged as a sciience. In: Cappozzo A et al eds, Biolocomotion: A Century of research using moving pictures. pp71-88, Promograph, 1992.
27) Nigg BM and Herzog W: Biomechanics of the Muscolo-Skeletal System. John Wiley & Sons, 1994.

［金子　公宥］

第2章 運動体としての身体の構造

1. 身体部位の名称

解剖学の用語は，1895年にバーゼルで開かれたドイツ解剖学会で統一化された．これがバーゼルの解剖学用語（Basler Nomina Anatomica: BNA）である．その後，1935年にイエナで行われたドイツ解剖学会で用語の改定がなされた．これがイエナ解剖学用語（Jenaische Nomina Anatomica: JNA）である．

現在用いられている解剖学用語は1955年にパリで行われた国際解剖学会で決定されたものであり，日本語の解剖学用語はPNA（Paris Nomina Anatomica）に基づいて翻訳されたものである．

人体の部位の名称は，解剖学的に頭，頸，胸，腹，上肢，下肢の6つの部位に分けられている．このうち頭，頸，胸，腹の4つを合わせたものを体幹としているが，頭を除いて，頸，胸，腹を体幹ということもある．特にPNAでは頭，頸を除いた部位を体幹としている．このことは一般的に胴を指している．しかし，胴という言葉は一般用語であって，解剖学的な専門用語ではない．

解剖学では身体の部位を，頭，頸，胸，腹，上肢，下肢の6つの部位としている．しかし，機能解剖学的および身体動作学的に背部は重要であるにもかかわらず，解剖学的には分類されていない．そこで，身体動作学的には背部を体幹の構成部位に加えることを提案するものである．

表2-1に解剖学と身体動作学との対比でみた身体部位の違いを列挙した．

運動処方学，機能解剖学および身体動作学的観点から人体をみると，必ずしもPNAの解剖用語では対処できないことが多い．今後，身体を動かす機能解剖学，身体動作学的観点から解剖学用語を検討する必要がある．

表2-1 解剖学と身体動作学との対比でみた身体部位の違い

解剖学	身体動作学
①頭	①頭
②頸	②頸
③胸	③胸
④腹	④腹
⑤上肢	⑤背
⑥下肢	⑥上肢
	⑦下肢

2. 人体の部位（図2-1）

(1) 頭部

頭部の前面の部位は，上から頭頂部（1），側頭部（2），眼窩部（3），鼻部（4），口部（5），オトガイ部（6）などであり，後面は上から頭頂部，側頭部，後頭部，乳様部，項窩などである．

(2) 頸部

頸部の前面には，前頸部（7），胸鎖乳突筋部（8）があり，後面に項部（9）などがある．

(3) 胸部

胸部には，鎖骨部（10），前胸部（11），胸骨部（12），三角筋大胸筋三角部（13），腋窩（14），腋窩部（15），乳房部（16，大胸部），側胸部（17），乳房下部（18，大胸部下部），下肋部（19）などがある．

(4) 腹部

腹部には，上胃部（20，腹部上部），中腹部（21），側腹部（22），臍部（23），下腹部（24），鼠径下窩（25），外陰部（26）などがある．

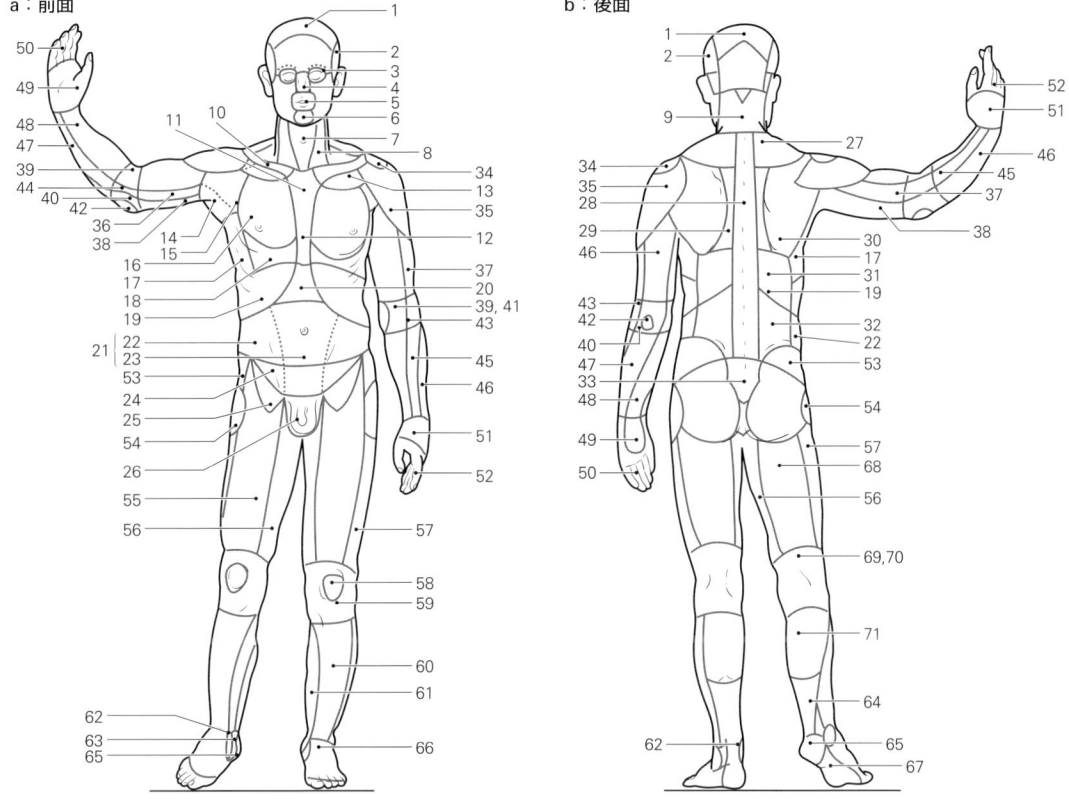

図 2-1 人体の部位(a：前面，b：後面)（三井但夫ほか：岡嶋解剖学．pp8-9，杏林書院，1993）

(5) 背　部

背部には，肩甲上部（27），脊柱部（28），肩甲間部（29），肩甲部（30），肩甲下部（31），腰部（32），仙骨部（33）などがある．

(6) 上肢部

上肢部には，肩峰部（34），三角筋部（35），内側上腕部（36），外側上腕部（37），後上腕部（38），前肘部（39），後肘部（40），肘窩部（41），肘頭部（42），外側肘部（43），内側肘部（44），橈側前腕部（45），後前腕部（46），尺側前腕部（47），前前腕部（48），手掌（49），指掌側部（50），手背（51），指背部（52）などがある．

(7) 下肢部

下肢部には，寛部（53），転子部（54），前大腿部（55，大腿伸筋部），内側大腿部（56），外側大腿部（57），前膝部（58），膝蓋部（59），前下腿部（60），内側下腿部（61），内果部（62），内果後部（63），外果後部（64），踵部（65），足背（66），足底部（67），後大腿部（68，大腿屈筋部），後膝部（69），膝窩部（70），腓腹部（71，内側腓腹部，外側腓腹部）などがある．

3．筋・骨格系の構造と名称

1) 筋の構造と名称

筋には，横紋筋，平滑筋，心筋の3種がある．横紋筋は筋線維に横紋があり，機能的には随意筋である．平滑筋は横紋がなく，不随意筋で胃，腸の壁および血管の壁にみられ，内臓筋ともいわれる．心筋の筋線維には細かい横紋があり，心臓だけに存在する．通常，筋学で学ぶ筋とは横紋筋のことである．

(1) 骨格筋と皮筋

横紋筋は，運動形式によって骨格筋（skeletal muscle）の他に皮筋（cutaneous muscle）と関

節筋（joint muscle）がある．骨格筋は骨から起こって他の骨に付着している．皮筋は骨や筋膜，腱から端を発し，皮膚や軟骨に付着している．皮筋は顔面と頚部に多くみられる（顔面：オトガイ筋，眉毛下制筋，皺眉筋など．頚部：広頚筋，舌骨下筋など）．関節筋は骨から端を発し，関節包に付着している．

筋が骨に付着するところは腱であり，腱は筋線維の性質を失い，光沢のある膠原線維からなる結合組織である．前述の皮筋の場合には，皮膚で終わって筋の末端に腱はみられない．

(2) 筋の起始と停止

筋は，同じ骨に2点の間で張り巡らされていることはなく，必ずひとつの骨から他の骨に付着している．ひとつの骨から出て，すぐ隣の骨に付いている筋が一関節筋といわれている．ひとつあるいは数個の骨を超えて付着している筋は，二関節筋または多関節筋といわれている（図2-2）．

筋の外形はいろいろあるが，紡錘状筋が基本型である．いずれの筋も，もっとも膨らんでいる中央部は筋腹（muscular belly）といわれ，一端は筋頭（head），他端を筋尾（tail）という．筋頭が骨に付着する部分を起始（origin）と呼び，筋尾が骨と結合する部分を停止（insertion）という．起始と停止は次のように区別させる．筋の両端のうちで，収縮の時に固定されている（動きの少ない方）方が起始（origin），他方の動きの大きい方が停止（insertion）である．一般的には，体幹に近い方（近位端）が起始で，遠い方が停止である（図2-2）．しかし，体幹に近い筋では明確に区別できないこともある．

(3) 筋の付属器

筋だけでは筋の機能を円滑に動かすことができないが，筋をスムーズに動かすために次のような付属器がある．

① 滑液包（synovial bursa）

筋と骨との間には，滑液が入った小さな袋の滑液包がある．その滑液包の内面にあるうすい膜からなる滑膜から滑液が分泌される．この滑液包のはたらきによって，筋は固い骨との摩擦を防ぎ，骨の上をスムーズに滑走することができる．

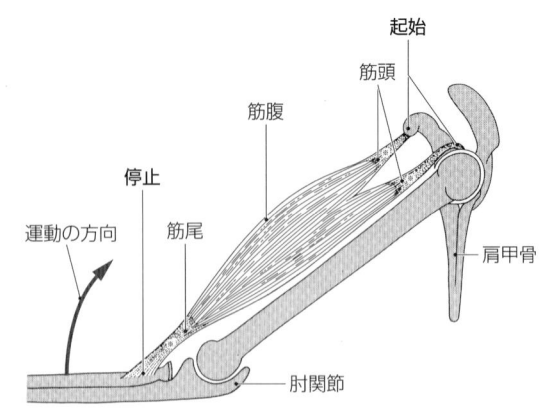

図2-2 筋の起始と停止
（三井但夫ほか：岡嶋解剖学，p171，杏林書院，1993）

滑液包には，筋下滑液包，筋膜下滑液包，腱下滑液包および皮下滑液包がある（図2-3a～d）．

② 滑液鞘（腱鞘：tendon sheath）

滑液包が長く伸びて腱の周りを鞘のように取り囲んだものが腱鞘である．腱鞘も滑液包と同様に内膜には薄い膜からなる滑膜があり，滑液を分泌している．腱は，滑液のはたらきによって腱鞘の中をスムーズに動くことができる（図2-4）．

③ 種子骨（sesamoid bone）

腱の中にある小骨が種子骨である．種子骨は，手足の関節に多くみられ，腱の摩擦を軽減し，筋の動きを助ける．また，腱の方向を変えるはたらきを有し，筋の停止部となる．人体でもっとも大きい種子骨は膝蓋骨である．

④ 滑車（trochlea）

滑車は，軟骨，結合組織，骨などからできていて，腱を方向転換させるものである．眼球の上斜筋，口蓋帆張筋などにみられ，腱を曲げるはたらきをしている（図2-5）．

⑤ 筋膜（deep fascia）

筋または筋群の表面を結合組織の薄い膜で被っているのが筋膜である．筋を保護したり，筋収縮時に隣接する筋との摩擦を軽減するはたらきがある．さらに筋が収縮する際，筋腹が膨れ過ぎないようにするはたらきもある．

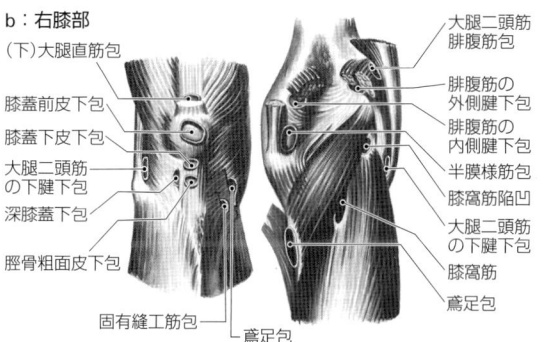
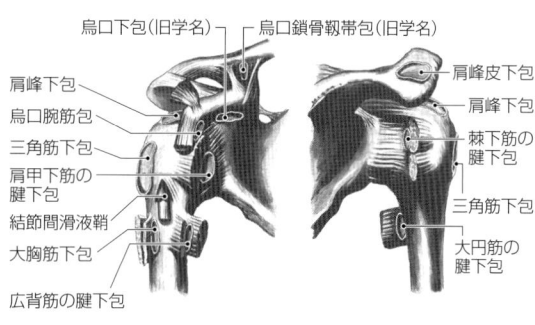
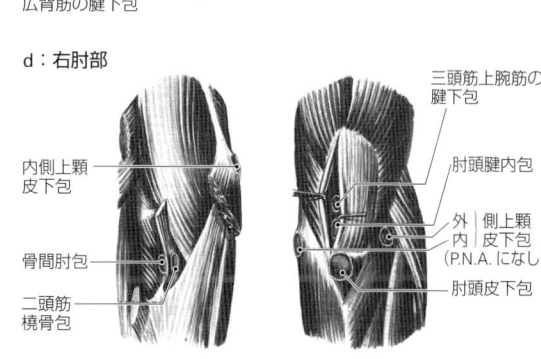

図 2-3　滑液包（a：右の寛部と大腿，b：右膝部，c：右肩部，d：右肘部）
（三井但夫ほか：岡嶋解剖学．pp312-313，杏林書院，1993）

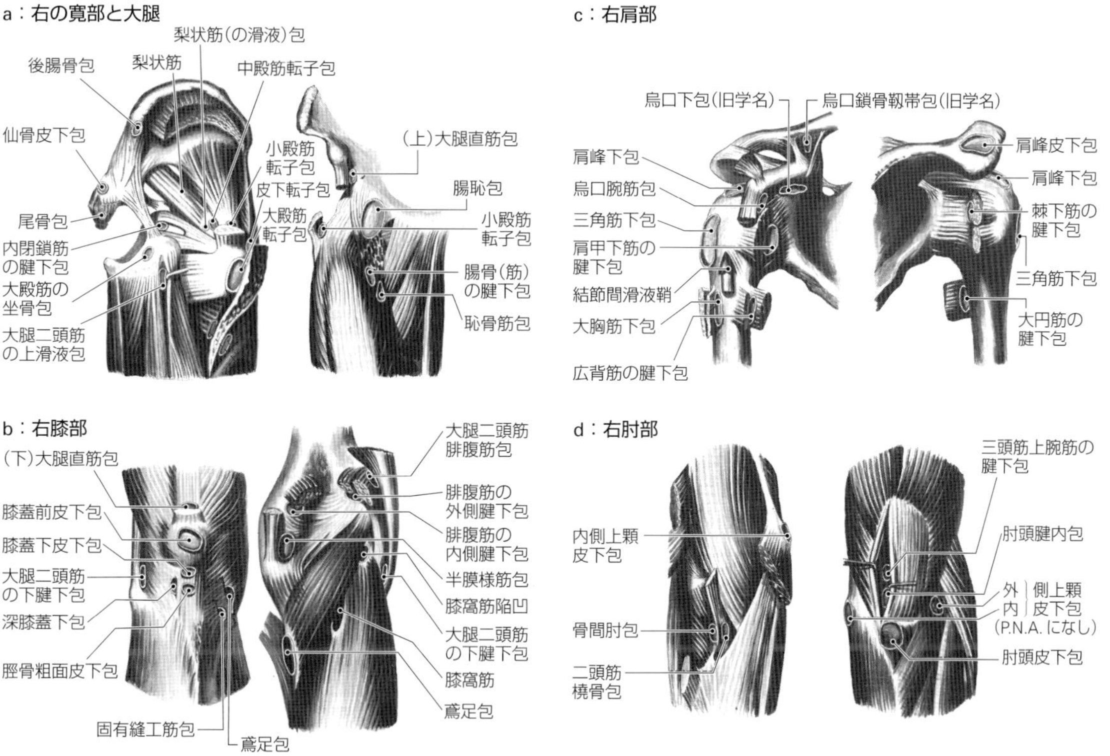

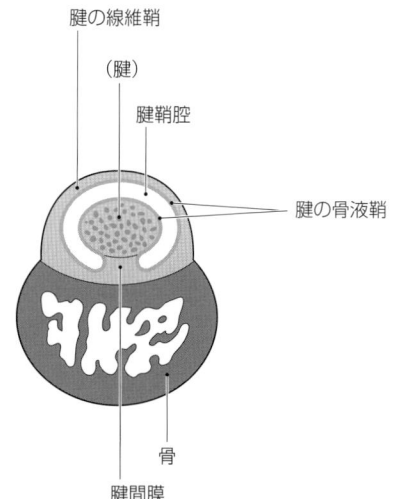

図 2-4　腱鞘の横断面の模式図
（三井但夫ほか：岡嶋解剖学．p170，杏林書院，1993）

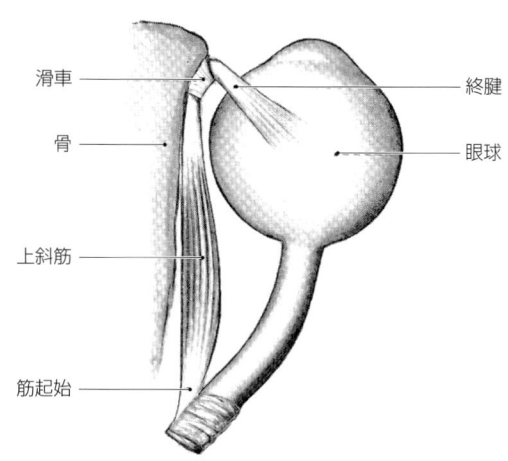

図 2-5　眼球の上斜筋の筋滑車
（三井但夫ほか：岡嶋解剖学．p170，杏林書院，1993）

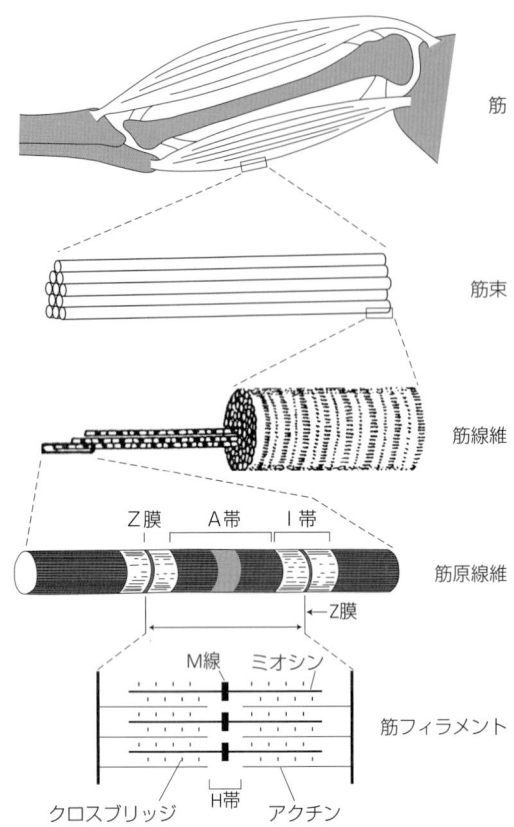

図2-6 筋の構造
（田口貞善ほか監訳：運動生理学．p292，杏林書院，1992より引用改変）

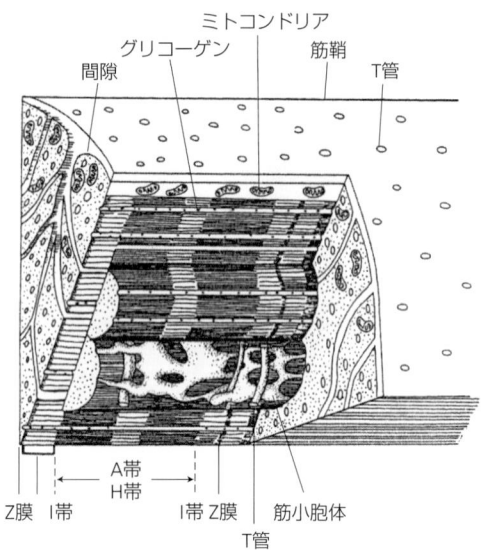

図2-7 T管，筋小胞体の構造
（Hoile G: How is muscle turned on and off? Sci Am, 222: 84—93, 1970）

れ，その長さは約 2.2〜2.5μm（生体長）であり，この筋節が筋収縮の最小単位である（図2-6）．

筋原線維と筋鞘間には，ミトコンドリア，リソソーム，リボソーム，グリコーゲン顆粒，脂肪球，水溶性タンパク，さらに酵素，代謝産物などが存在している．

筋収縮を誘起させる Ca^{2+} が貯蔵されているのが筋小胞体（sarcoplasmic reticulum）である．筋小胞体の終末槽のところで，横行小管（T管）が内部に嵌入しているのでこの部分は筋細胞の三連構造といわれ，筋収縮と関連深いところである（図2-7）．

(2) 骨格筋の名称

骨格筋を収縮させ，関節を介して骨を移動させるのが身体運動である．その骨格筋の数は大小合わせて600個ほどあり，そのうち身体運動で重要なはたらきをする筋は100個程である．骨格筋が人体で占める割合は，体重の約35〜45％である．

骨格筋の分類の仕方は形態によるもの，機能によるもの，動作学的によるものとに分けられる．

(3) 骨格筋の形態による分類

筋における形態の基本型は紡錘筋であるが，その他に羽状筋，半羽状筋，多頭筋，多腹筋，単関

2）骨格筋の構造と名称

(1) 骨格筋の構造

骨格筋は，直径20〜150μm，長さ数mm〜数十cmの細長型の筋線維の束（筋束）からなっている．1本の筋線維（muscle fiber）は，筋鞘（sarcolemma）と呼ばれる形質膜で包まれ，その中に直径が約1μmの筋原線維（myofibril）が数多く線維の長軸に沿って走行している．

骨格筋は，筋原線維に明暗の横紋がみられ，この横紋構造が規則的に並んでいることから，横紋筋ともいわれる（図2-6）．

そのうち明るい帯の方は明帯（I帯），暗い帯は暗帯（A帯）と呼ばれ，A帯の中央部に少し明るくみえるのがH帯である．H帯の中央にM線があり，I帯の中央にZ膜がある．

Z膜からZ膜までは筋節（sarcomere）と呼ば

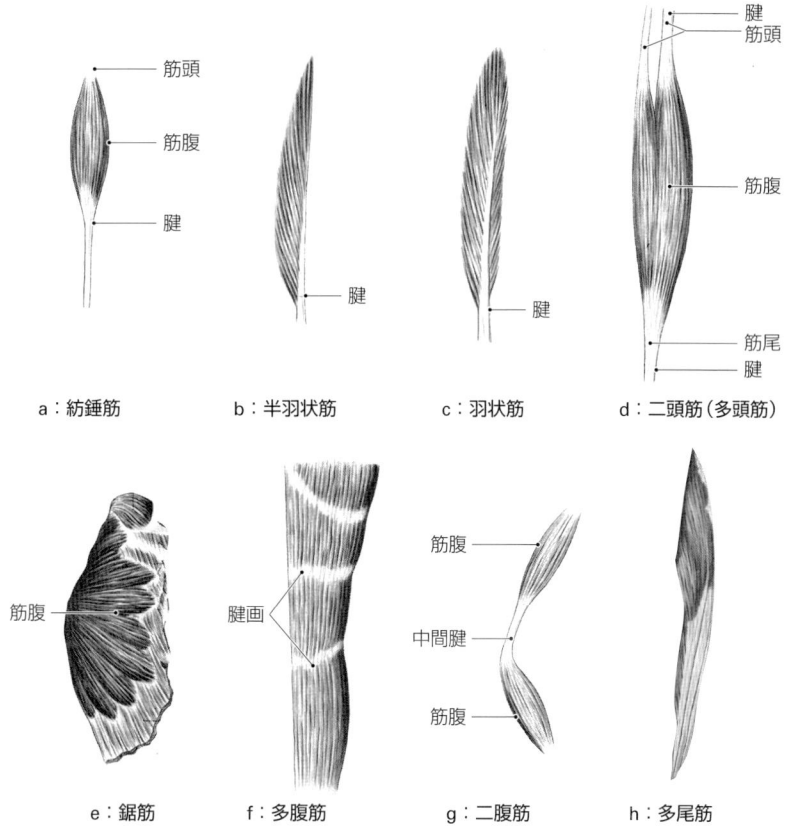

a：紡錘筋　　b：半羽状筋　　c：羽状筋　　d：二頭筋（多頭筋）

e：鋸筋　　f：多腹筋　　g：二腹筋　　h：多尾筋

図2-8　筋の種類（形状）（三井但夫ほか：岡嶋解剖学，p169，杏林書院，1993）

表2-2　形態による骨格筋の分類

名　称	内　容	例
① 紡錘筋	筋線維の走行方向が腱に平行な筋	上腕二頭筋
② 羽状筋	筋線維の走行方向が腱に対して斜めに付いている筋	大腿直筋
③ 半羽状筋	②の条件で1本の腱から筋線維が出ている筋	半膜様筋
④ 多頭筋	筋頭が二頭，三頭，四頭に分かれている筋	上腕二頭筋，上腕三頭筋，大腿四頭筋
⑤ 多腹筋	筋腹が腱画によって複数に分かれている筋	二腹筋：顎二腹筋，多腹筋：腹直筋
⑥ 単関節筋	1関節にまたがっている筋	上腕筋
⑦ 多関節筋	2つ以上の関節にまたがっている筋	上腕二頭筋，大腿直筋
⑧ 鋸筋	筋頭が鋸歯状をなしている筋	前鋸筋
⑨ 多尾筋	筋尾が複数ある筋	深指屈筋

節筋，多関節筋，鋸筋，多尾筋とに分けられ（図2-8），形態によって分けると表2-2のようになる．

(4) 筋機能による骨格筋の分類

筋の機能によって骨格筋を分けると，伸筋（extensor），屈筋（flexor），内転筋（adductor），外転筋（abductor），回内筋（pronator），回外筋（supinator），回旋筋（rotator），挙筋（levator），散大筋（dilatator），括約筋（sphincter）に分けられる（表2-3）．

(5) 動作学的な骨格筋の分類

骨格筋を動作学的に分類すると，主働筋（agonist），共働筋（共同筋，協同筋，協力筋ともいう，synergist），拮抗筋（antagonist）となる（表2-4）．

表 2-3　筋機能による骨格筋の分類

名　称	内　容	例
① 伸筋	関節角度を180°に近づけるように伸ばす筋，または体幹，体肢を一側方向に伸ばす筋	大腿四頭筋
② 屈筋	関節角度を0°に近づけるように曲げる筋，または体幹，体肢を一側方向に曲げる筋	大腿二頭筋
③ 内転筋	体肢を体幹に近づけようとする筋	大内転筋
④ 外転筋	体肢を体幹から遠ざけようとする筋	小指外転筋
⑤ 回内筋	尺骨を軸として前腕を内側に回す筋	円回内筋
⑥ 回外筋	尺骨を軸として前腕を外側に回す筋	円外筋
⑦ 回旋筋	体幹，体肢を長軸として捻る筋	双子筋
⑧ 挙筋	部位を挙上させようとする筋	肩甲挙筋
⑨ 散大筋	瞳孔などの開口部を散大させようとする筋	瞳孔散大筋
⑩ 括約筋	腸管などの開口部を括約させようとする筋	肛門括約筋

表 2-4　動作学的な骨格筋の分類

名　称	内　容	例
①主働筋	目的とする動作の主働としてはたらく筋	大腿四頭筋
②共働筋	主働筋の補助としてはたらく筋	肘屈曲運動では，上腕二頭筋と上腕筋が主働筋で，腕橈骨筋が共働筋
③拮抗筋	主働筋と逆のはたらきをする筋	伸筋と屈筋，外転筋と内転筋，回外筋と回内筋はいずれも拮抗筋

表 2-5　身体部位と筋の名称

部　位	筋の名称
① 頭　部	顔面筋，咀嚼筋
② 頚　部	皮下頚筋，側頚筋，前頚筋，後頚筋
③ 胸　部	浅胸筋，深胸筋，横隔膜
④ 腹　部	前腹筋，側腹筋，後腹筋
⑤ 背　部	浅背筋，深背筋
⑥ 上　肢	肩甲筋，上肢の筋，前腕の筋，手の筋
⑦ 下　肢	骨盤筋（寛骨筋），大腿の筋，下肢の筋，足の筋

3）骨格筋の名称

骨格筋は身体部位に分けられ，部位別に名称が付いている（表2-5）．

(1) 各部位における筋の名称

① 頭部（図2-9, 10）

頭部の筋
- 顔面筋
  - 耳介周囲の筋……前耳介筋，上耳介筋，後耳介筋
  - 眼瞼裂の周囲の筋……鼻根筋，皺眉筋，眼窩筋，眼輪筋
  - 鼻の周囲の筋……鼻筋
  - 口の周囲の筋……小頬骨筋，大頬骨筋，笑筋，口角下制筋，口角挙筋，下唇下制筋，頬筋，口輪筋，オトガイ筋
- 咀嚼筋……咬筋，側頭筋，外側翼突筋，内側翼突筋

※顔面筋は，表情を現すので別名表情筋ともいわれる．

② 頚部（図2-10）

頚部の筋
- 皮下頚筋……広頚筋
- 側頚筋……胸鎖乳突筋
- 前頚筋……顎二腹筋（前・後），茎突舌骨筋，顎舌骨筋，オトガイ舌骨筋，肩甲舌骨筋，胸骨舌骨筋，胸骨甲状筋，甲状舌骨筋
- 後頚筋……前斜角筋，中斜角筋，後斜角筋，頭長筋，頚長筋，前頭長筋

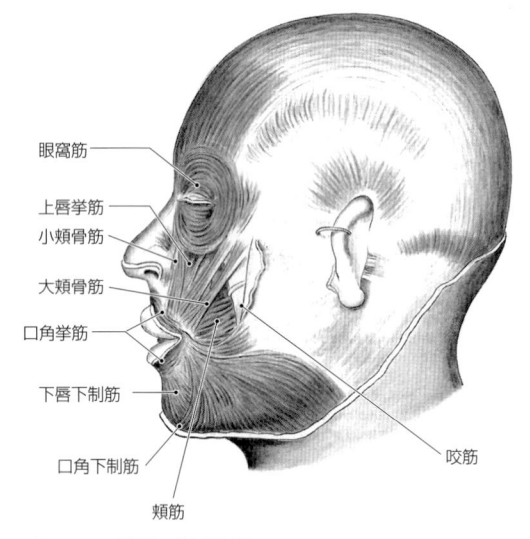

図 2-9　顔面における筋
(三井但夫ほか：岡嶋解剖学．p191，杏林書院，1993)

③ 胸部（図2-11, 12）

胸部の筋
- 浅胸筋……大胸筋，小胸筋，鎖骨下筋，前鋸筋
- 深胸筋……外肋間筋，内肋間筋，胸鋸筋
- 横隔膜……円蓋状の筋板

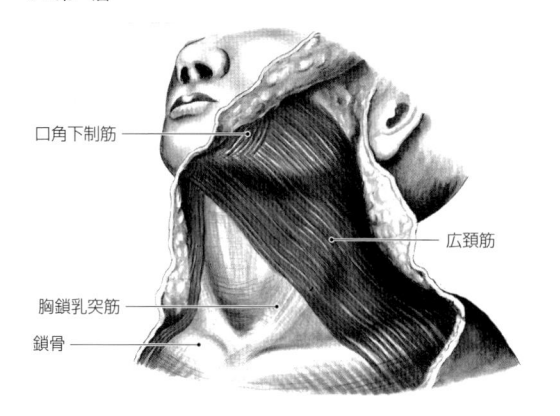

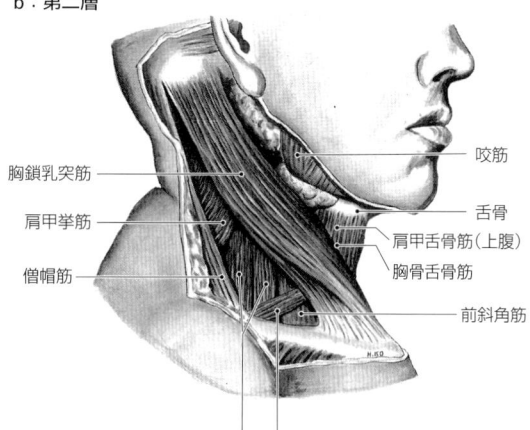

a：第一層
口角下制筋
胸鎖乳突筋
鎖骨
広頚筋

b：第二層
胸鎖乳突筋
肩甲挙筋
僧帽筋
咬筋
舌骨
肩甲舌骨筋（上腹）
胸骨舌骨筋
前斜角筋
中，後斜角筋　肩甲舌骨筋（下腹）

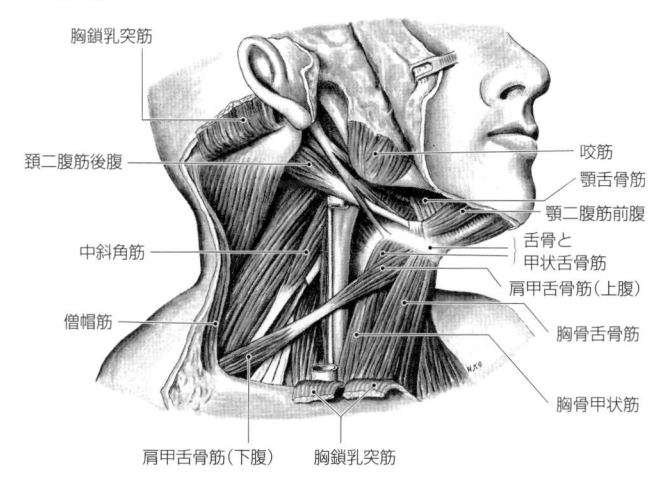

c：第三層
胸鎖乳突筋
顎二腹筋後腹
中斜角筋
僧帽筋
肩甲舌骨筋（下腹）　胸鎖乳突筋
咬筋
顎舌骨筋
顎二腹筋前腹
舌骨と甲状舌骨筋
肩甲舌骨筋（上腹）
胸骨舌骨筋
胸骨甲状筋

図2-10　頚部における筋（a：第一層，b：第二層，c：第三層）
（三井但夫ほか：岡嶋解剖学．pp202-204，杏林書院，1993）

④腹部（図2-13）

腹部の筋
- 前腹筋……腹直筋（腱画が3〜4個ある），錐体筋
- 側腹筋……外腹斜筋，内腹斜筋，腹横筋，精巣挙筋
- 後腹筋……腰方形筋

⑤背部（図2-14）

背部の筋
- 浅背筋……僧帽筋，広背筋，大菱形筋，小菱形筋，肩甲挙筋
- 深背筋
  - 鋸筋……上後鋸筋，下後鋸筋
  - 固有背筋*
    - 長背筋群……板状筋，脊柱起立筋**
    - 短背筋……横突棘筋群，棘間筋，横突間筋，後頭下筋群

＊：固有背筋は長背筋と短背筋に分かれる
＊＊：脊柱起立筋は長背筋のひとつである

脊柱起立筋（固有背筋の長背筋）
- 腸肋筋……頚腸肋筋，胸腸肋筋，腰腸肋筋
- 最長筋……頭最長筋，頚最長筋，胸最長筋
- 棘　筋……頭棘筋，頚棘筋，胸棘筋

固有背筋の短背筋*
- 横突棘筋群
  - 半棘筋……胸半棘筋，頚半棘筋，頭半棘筋
  - 多裂筋
  - 回旋筋……頚回旋筋，胸回旋筋，腰回旋筋
- 棘間筋……頚棘間筋，胸棘間筋，腰棘間筋
- 横突間筋
  - 頚横突筋……頚前横突間筋，頚後横突間筋
  - 腰横突筋……腰外側横突間筋，腰内側横突間筋
- 後頭下筋群……大後頭直筋，小後頭直筋，外側頭直筋，上頭斜筋，下頭斜筋

＊：固有背筋の短背筋（後頭下筋を除いて）は脊柱に沿って付着し，深部にあるので観察し難い．

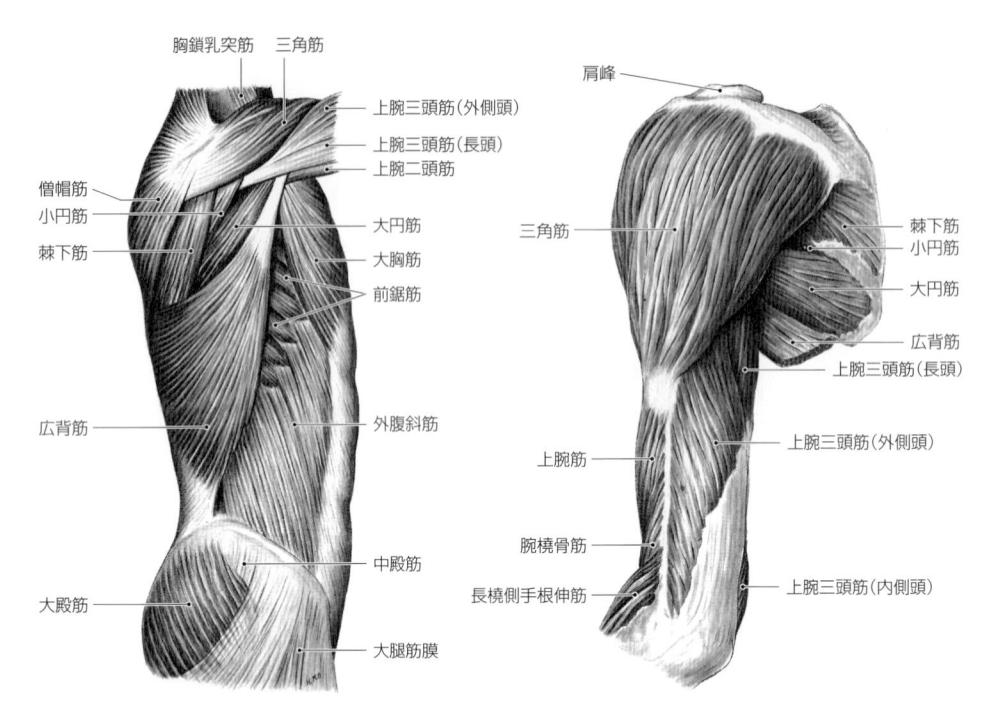

図 2-11　胸部と腹部における筋（三井但夫ほか：岡嶋解剖学．p226，235，杏林書院，1993）

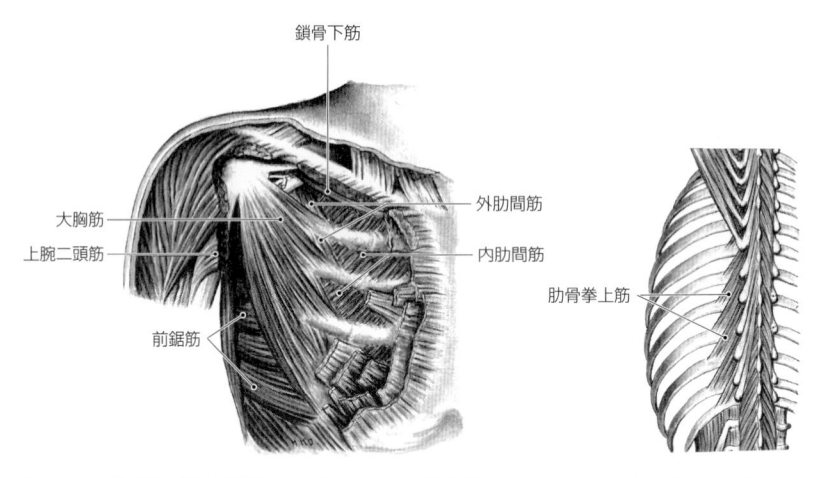

図 2-12　胸部における筋（三井但夫ほか：岡嶋解剖学．p180，214，杏林書院，1993）

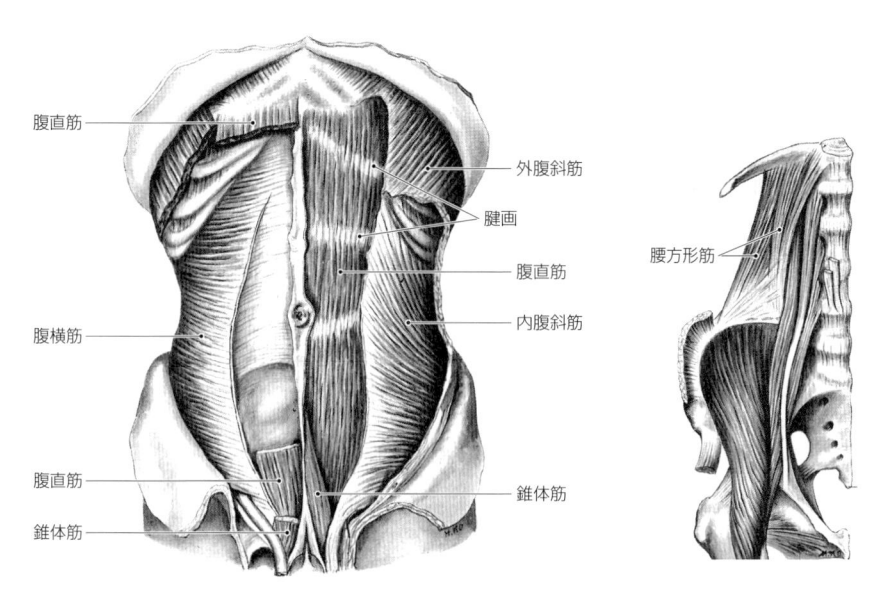

図2-13 腹部における筋(三井但夫ほか：岡嶋解剖学. p224, 228, 杏林書院, 1993)

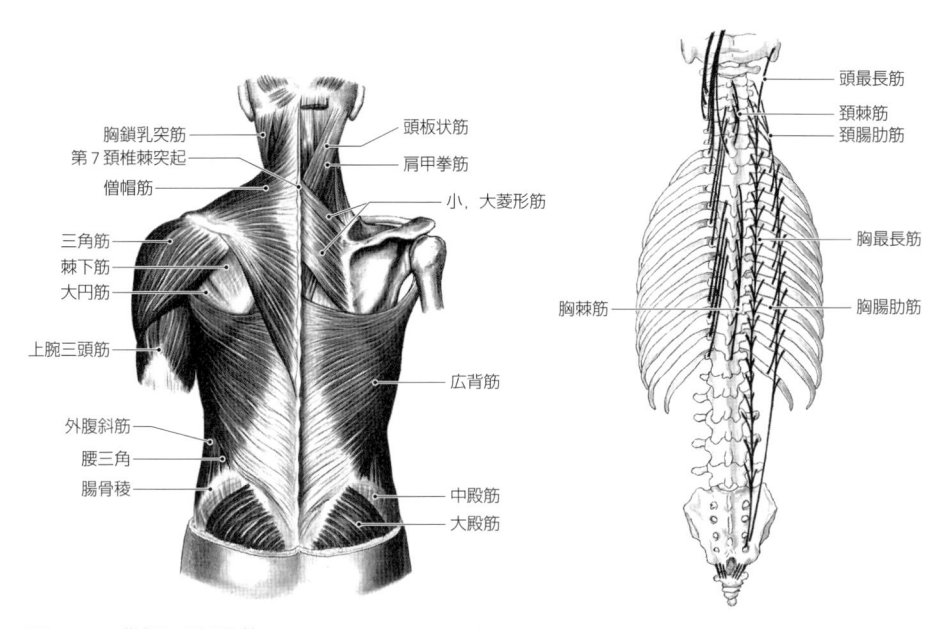

図2-14 背部における筋(三井但夫ほか：岡嶋解剖学. p174, 183, 杏林書院, 1993)

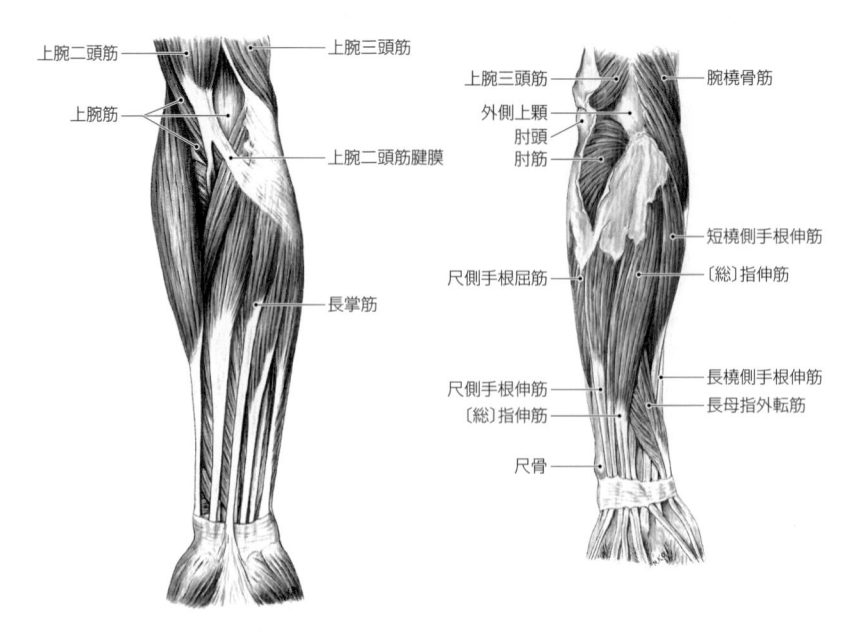

図 2-15　上肢における筋（三井但夫ほか：岡嶋解剖学．p244，251，杏林書院，1993）

⑥上肢（図 2-15，11）

上肢の筋 ｛ 肩甲筋……三角筋，棘上筋，棘下筋，小円筋，大円筋，肩甲下筋
　　　　　上腕の筋……上腕二頭筋，烏口腕筋，上腕筋，上腕三頭筋，肘筋

前腕の筋 ｛ 屈筋……円回内筋，橈側手根屈筋，長掌筋，尺側手根屈筋，浅指屈筋，長掌筋，長母指屈筋，浅指屈筋，深指屈筋，方形回内筋
　　　　　伸筋……腕橈骨筋，長橈側手根伸筋，短長橈側手根伸筋，「総」指伸筋，小指伸筋，尺側手根伸筋，回外筋，長母指外転筋，短母指伸筋，長母指屈筋，示指伸筋

⑦下肢（図 2-16）

骨盤の筋 ｛ 内骨盤筋……腰筋（大腰筋，小腰筋），腸骨筋，腸腰筋（腰筋＋腸骨筋）
　　　　　外骨盤筋……大殿筋，中殿筋，小殿筋，梨状筋，内閉鎖筋，双子筋，大腿方形筋，大腿筋膜張筋

大腿の筋 ｛ 伸　筋……縫工筋，大腿四頭筋（大腿直筋，中間広筋，外側広筋，内側広筋）
　　　　　屈　筋……大腿二頭筋，半腱様筋，半膜様筋
　　　　　内転筋……恥骨筋，薄筋，長内転筋，短内転筋，大内転筋，外閉鎖筋

下腿の筋 ｛ 伸　筋……前脛骨筋，長母指伸筋，長指伸筋，第三骨腓骨筋
　　　　　腓骨筋……長腓骨筋，短腓骨筋
　　　　　屈　筋……下腿三頭筋（腓腹筋内側頭，外側頭，ヒラメ筋），足底筋，膝窩筋，後脛骨筋，長母指屈筋，長指屈筋

足の筋 ｛ 足背筋……短母指伸筋，短指伸筋
　　　　母指筋……母指外転筋，短母指屈筋，母指内転筋
　　　　小指筋……小指外転筋，短小指屈筋，小指対立筋
　　　　中足筋……短指屈筋，足底方形筋，虫様筋，骨間筋

足底には分厚い足底腱膜がある

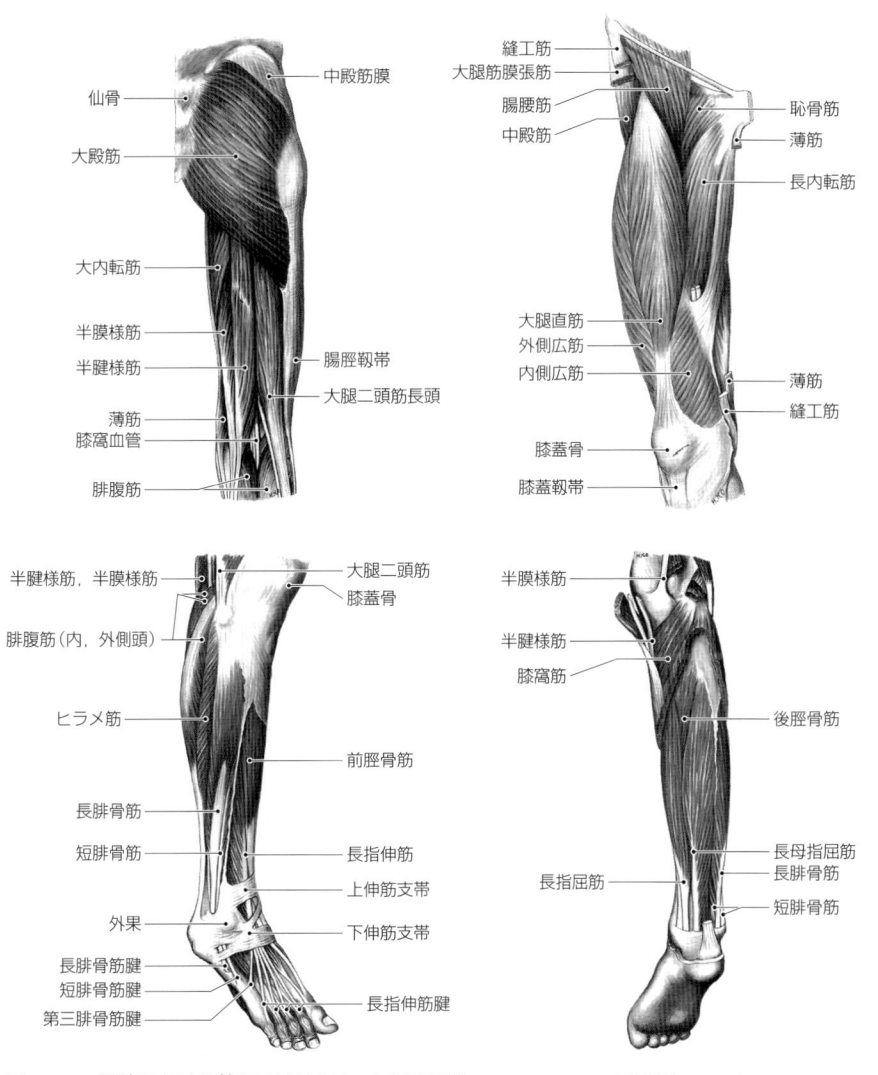

図 2−16　下肢における筋(三井但夫ほか：岡嶋解剖学. pp267—290, 杏林書院, 1993)

4）骨格系の構造と名称

成人の骨格（skeleton）は，体幹の骨（中軸性骨格）80 個と四肢の骨（付属性骨格）126 個の計 206 個の骨からなっている．さらに体幹の骨は，頭蓋骨（29 個）・椎骨（26 個）・胸骨（25 個）からなり，四肢の骨は，上肢骨（64 個）・下肢骨（62 個）からなっている（図 2–17）．

骨格の重さは体重の約 18％を占めている．これらの骨は，いろいろ組み合わされて腔を形成し，身体を支持したり内臓を保護する役目をしている．また，骨の内部には骨髄があり，赤血球，白血球，血小板を産生する造血機能がある．

身体運動は筋を収縮させ，骨を動かすことによって成り立つことから，骨格と筋をあわせて運動器系といわれている．骨を動かす骨格筋は能動的運動器といわれるのに対して，骨は受動的運動器といわれる．

(1) 骨の構造
①骨の形状と骨の発生様式
　a．骨の形状

骨の形態には，長骨，短骨，扁平骨，含気骨の 4 種類がある．長骨（long or tubular bone）は，円形状の長い骨で大腿骨，脛骨，腓骨，上腕骨，橈骨，尺骨などである．

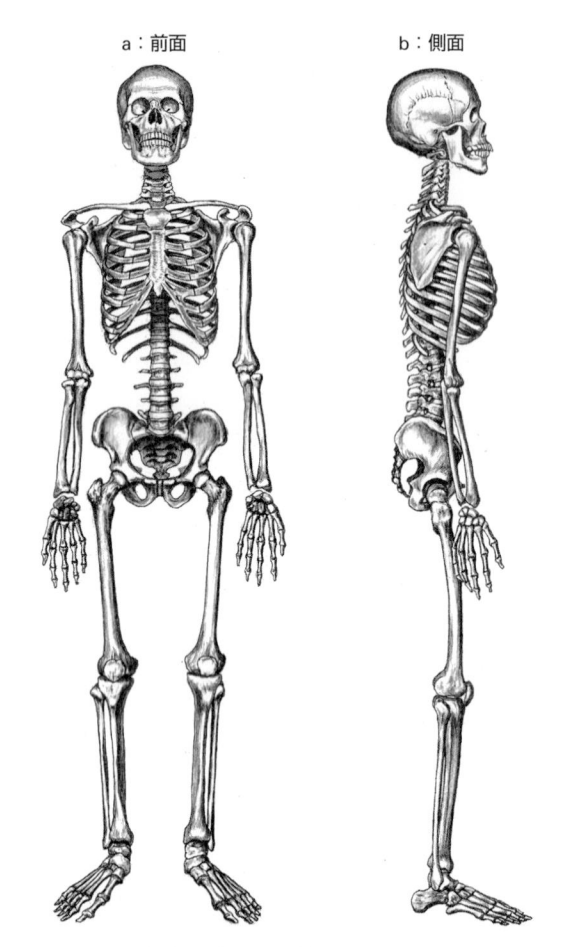

図 2-17　骨格（a：前面, b：側面）
（三井但夫ほか：岡嶋解剖学. p24, 杏林書院, 1993）

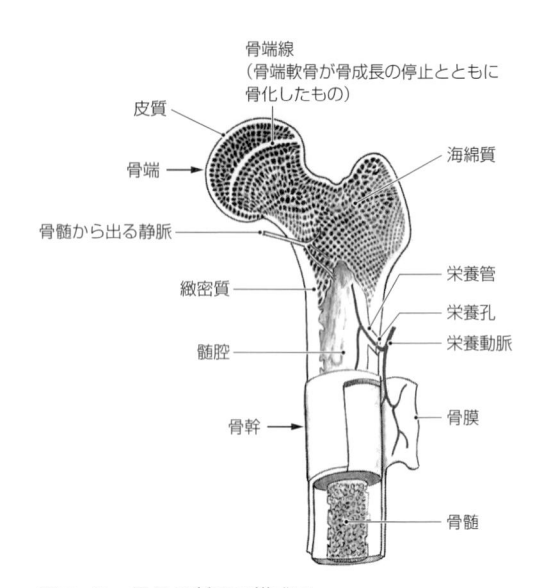

図 2-18　長骨の断面の模式図
（三井但夫ほか：岡嶋解剖学. p23, 杏林書院, 1993）

骨の長くくびれた中央部は骨幹といわれ，両端の膨れた部位は骨端といわれる．子どもの頃には，骨幹と骨端の境に骨端軟骨の層がくっきりとみられる．骨端軟骨の軟骨が両端に向かって増殖し，その増殖した軟骨が骨化したものが大人の骨である．成人に達して骨の成長が止まると，骨端軟骨の部分は骨端線として残ることになる．

短骨（short bone）は，手根骨，足根骨などのように短く不規則な形をしている．

扁平骨（flat bone）は，胸骨，頭蓋骨，肩甲骨のように扁平な形をしている．含気骨（pneumatic bone）は，上顎骨，蝶形骨などのように骨の内部に空気を含む空洞をもつ骨である．

なお，以上の分類には入らない不規則形骨がある（椎骨，下顎骨など）．

b．骨の発生様式

骨には膜内骨化（intramembranous ossification）と軟骨内骨化（endochondral ossification）の2種類の発生様式がある．膜内骨化は，まず，結合組織ができ，次いでその組織内に骨芽細胞ができ，しだいに骨化が進み，骨が形成されていくものである．この骨は付加骨といわれ，膜内骨化の代表は頭蓋冠，顔面の骨，鎖骨などである．

軟骨内骨化は，まず，軟骨中に骨芽細胞が現れ，しだいに骨化が進み全体が骨に置換されていくものである．この骨は置換骨といわれ，ほとんどの骨は軟骨内骨化によって形成される．

②骨の構造

一般に骨の構造は，骨膜，骨質（緻密質，海綿質），骨髄（赤色骨髄，黄色骨髄），関節軟骨からなっている（図2-18）．

a．骨膜（periosteum）

骨の外面（関節面は除く）は，線維性の骨膜で被われている．骨膜の外層（外骨膜）は，コラーゲン線維と線維芽細胞からなる線維層，内層（内骨膜）には骨芽細胞があって造骨能を有し，骨の形成を行っている．骨膜は血管や知覚神経が入り混じった結合組織性の膜であり，骨を保護するはたらきをするとともに栄養を司り，骨の成長と再

生（リモデリング）に重要なはたらきをしている．

b．骨質（bone）

骨質は，歯のエナメル質に次いで硬い骨組織からなり，緻密質（compact tissue）と海綿質（spongy tissue）からなっている．一般的には，骨の表面の硬い部分を緻密質が占め，海綿質は内部にみられる．長骨の骨幹と扁平骨の表面は緻密質があり，長骨の骨端と扁平骨の中間部はおもに海綿質からなっている．

・緻密質（compact tissue）

緻密質は，緻密骨または皮質骨ともいわれ，多数の同心円筒状のハバース管（havers canal）とそれを取り囲むハバース層板からなる骨単位（osteon）の構造からできている．このハバース管の中には血管や神経が通っている．フォルクマン管（volkmann canal）はハバース管同士をつなぎ，さらに，緻密質外の血管ともつながっている（図2-19）．このフォルクマン管には神経，血管，リンパ管とが走行し，緻密質に栄養を供給するはたらきをしている．

緻密骨を微細的にみると，骨を形成する骨芽細胞と骨を吸収する破骨細胞がある．骨芽細胞は骨小腔（lacuna）で骨細胞となる．骨細胞は多くの細胞突起を出し，骨小腔間をつなぎ，他の骨小腔を通じて相互に連絡している．

一方，破骨細胞（osteoclast）は骨を解体する役目を担っている．破骨細胞は多核巨大細胞でしばしば侵食窩（howship's lacunae）と呼ばれる骨表面の浅い陥凹部にみられる．破骨細胞は多くの細胞突起を出している．

骨芽細胞（osteoblast）は，骨小腔で扁平卵形の骨細胞となり，多くの細胞突起を出し，骨小腔間をつないでいる．骨小腔は，細胞間の情報の他にカルシウム・リンなどの能動輸送をも担っている．骨細胞のはたらきは，骨基質間と血管間の物質交換，副甲状腺ホルモンやビタミンD，カルシトニンなどの関与を受けて体液のカルシウムの恒常性を維持することである．

骨組織は，新陳代謝を繰り返し，形成，吸収，再形成を行っている．その過程は骨の改変リモデリングといわれている．侵食窩にある破骨細胞

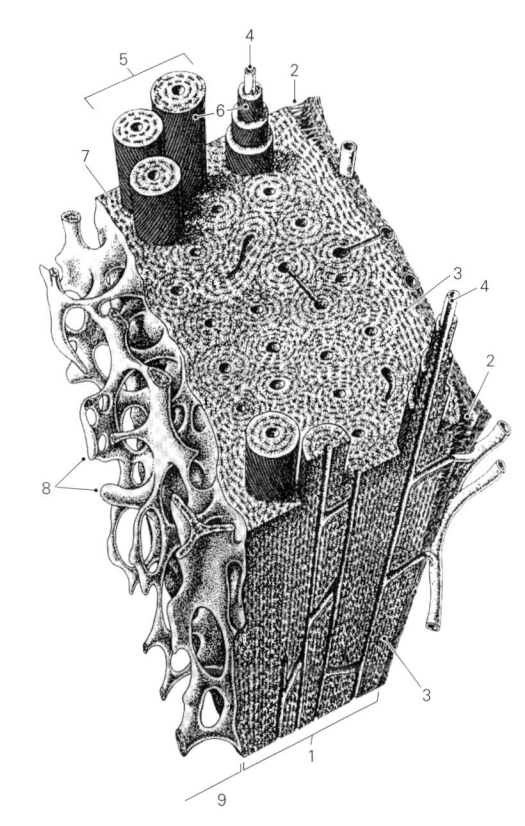

図2-19　皮質骨の立体構築図
1：皮質骨（緻密骨），2：シャーピー線維，3：外基礎層板，4：ハバース管，5：オステオン（骨単位），6：ハバース層板のコラーゲン線維の走行，7：内基礎層板，8：海綿体，9：骨梁
(Krstic RV: Die Gewebe des Menschen und der Säugesiere. Springer-Verlag, 1978)

は，細胞突起を出し，酸性水分解酵素で骨塩やコラーゲン線維を分解し，その分解産物を貪食し，除去しながら骨組織の解体を図っている．

・海綿質（spongy tissue）

海綿質（海綿骨ともいう）は，棘状または梁状に張り巡らされ，網目構造の骨梁を形成している．海綿質の硬さは皮質骨と変わらないが，ハバース管や層板構造の数も少なく，骨単位も形成されていない．不規則な構造になっているものの，力学的には強く，大きな外力にも十分に耐えられる構造になっている．骨梁の網目構造には小腔（髄腔）があり，この髄腔に骨髄が入っている．

c．骨髄（bone marrow）

骨髄は，長骨の骨幹の中央部や海綿骨の髄腔の中にあり，血管の多い細胞組織で，赤色骨髄と黄

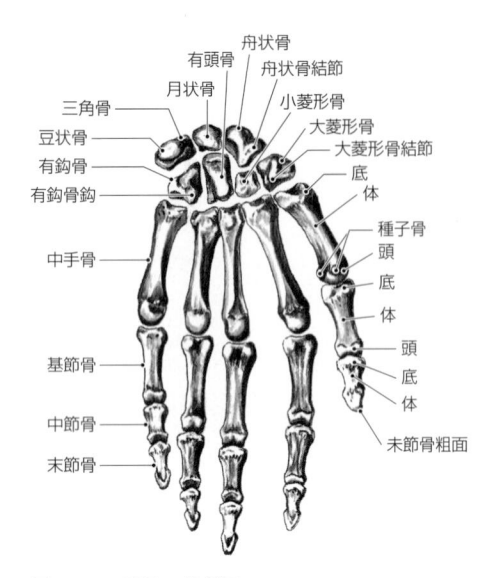

図 2-20 手骨, 掌側面
(三井但夫ほか：岡嶋解剖学. p98, 杏林書院, 1993)

色骨髄に分けられる.

　成人の赤色骨髄（red bone marrow）は, 長骨の骨端や海綿質内さらに椎骨, 肋骨, 胸骨および腸骨などの中にある. 骨髄には多数の血管が分布している. 骨髄組織には多くの骨髄芽球（白血球の母細胞）, 白血球, 赤芽細胞, 赤血球などとわずかな脂肪細胞が含まれている. この赤色骨髄は, 活発に造血機能を営んでいる.

　長骨の骨幹部の髄腔の中には, 血球が少なく脂肪細胞が多く蓄積しているために黄色になっている. 骨髄は幼児期にはすべて赤色骨髄であるが, 加齢とともに脂肪細胞が増加するために黄色骨髄（yellow bone marrow）に変化する. そのために中高年期になると赤色骨髄が少なくなり, 黄色骨髄となる. 黄色骨髄には造血機能がなく, 単なる脂肪の蓄積場所となっている.

(2) 四肢（extremity）の骨

　上肢と下肢には, それぞれの体幹から突出した自由肢と, 体幹と自由肢を連絡している肢帯とがある.

①上肢骨（bones of upper limb）

　上肢骨は, 自由上肢骨（60個）と上肢帯（4個）の計64個の骨からなっている.

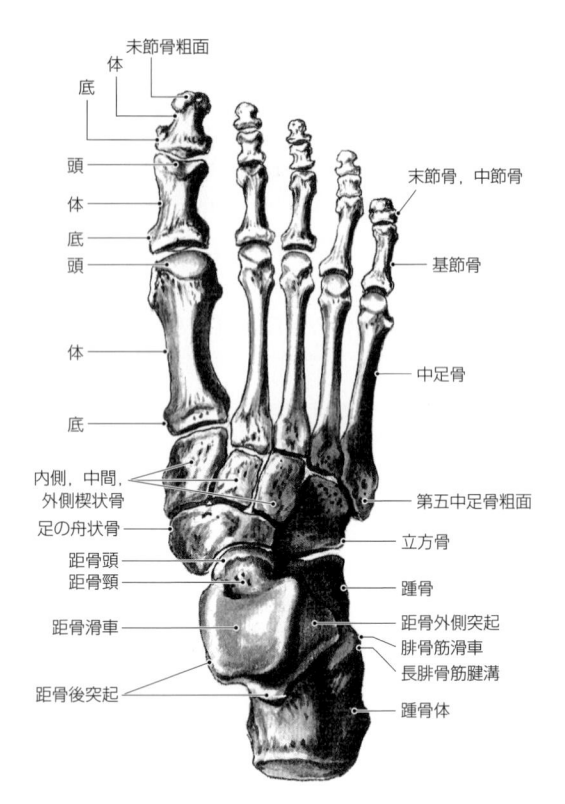

図 2-21 足骨, 背側面
(三井但夫ほか：岡嶋解剖学. p112, 杏林書院, 1993)

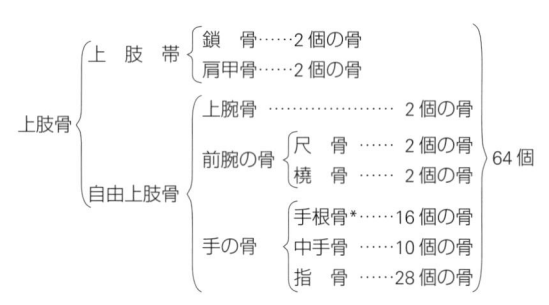

```
        ┌ 上肢帯 ┌ 鎖　骨……2個の骨
        │       └ 肩甲骨……2個の骨
上肢骨 ┤                                            ┐
        │       ┌ 上腕骨……………2個の骨            │
        │       │ 前腕の骨 ┌ 尺　骨……2個の骨      │
        └ 自由上肢骨      └ 橈　骨……2個の骨      ├ 64個
                │       ┌ 手根骨*……16個の骨       │
                └ 手の骨 ┤ 中手骨……10個の骨       │
                        └ 指　骨……28個の骨       ┘
```

*：手根骨（図2-20）は, 前の列の骨（近位列）4個と後ろの列の骨（遠位列）4個の計8個である. 近位列は橈骨側から舟状骨・月状骨・三角骨・豆状骨（三角骨の上にある）で, 遠位列は橈骨側から大菱形骨・小菱形骨・有頭骨・有鈎骨である.

②下肢骨（bones of lower limb）

　下肢骨は, 自由下肢骨（60個）と下肢対（2個）の計62個の骨からなっている.

a：男性

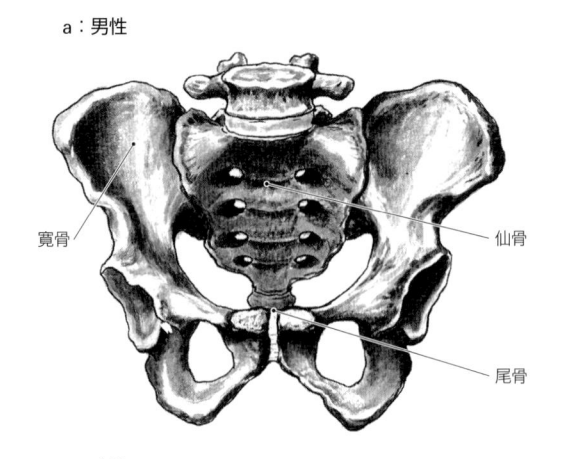

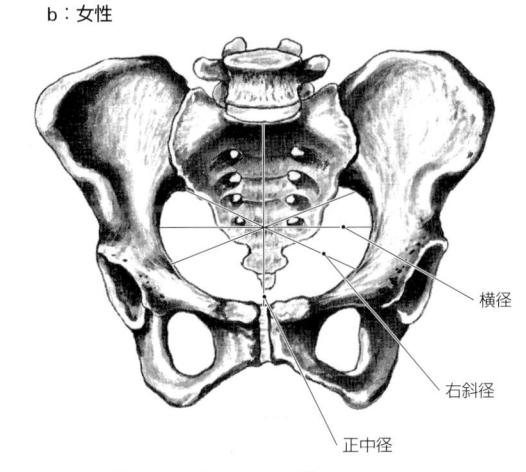

寛骨
仙骨
尾骨

b：女性

横径
右斜径
正中径

図 2-22　骨盤（a：男性，b：女性）
（三井但夫ほか：岡嶋解剖学．pp104-105，杏林書院，1993）

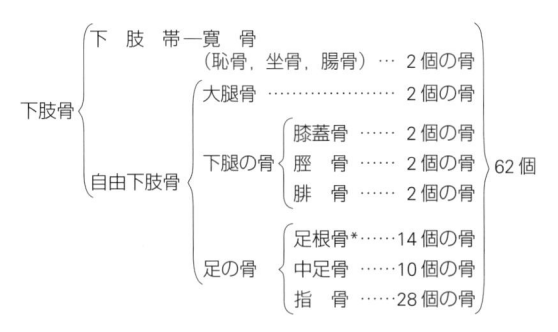

```
          ┌ 下肢帯─寛骨
          │     （恥骨，坐骨，腸骨）… 2個の骨
          │       大腿骨 ……………… 2個の骨
下肢骨 ┤          ┌ 膝蓋骨 …… 2個の骨
          │ 自由下肢骨 ┤ 下腿の骨 ┤ 脛骨 …… 2個の骨 ├ 62個
          │          │         └ 腓骨 …… 2個の骨
          │          │       ┌ 足根骨* …… 14個の骨
          └          └ 足の骨 ┤ 中足骨 …… 10個の骨
                              └ 指骨 …… 28個の骨
```

＊：足根骨（図2-21）は，7個の骨からなっている（距骨・踵骨・舟状骨・内側楔状骨・中間楔状骨・外側楔状骨・立方骨）．

③骨盤（pelvis）

骨盤は，2つ（左右）の寛骨とその寛骨に挟まれている仙骨と尾骨からなり，底のない鉢のような形をなしている（図2-22）．

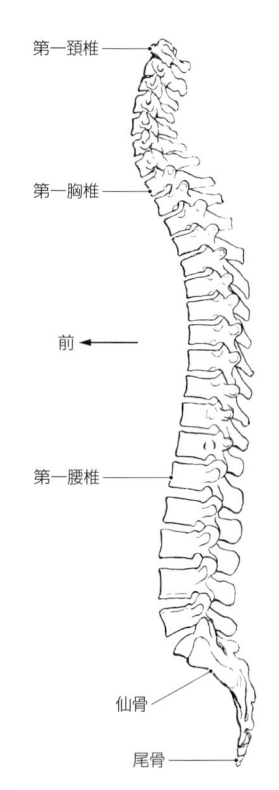

第一頸椎
第一胸椎
前 ←
第一腰椎
仙骨
尾骨

図 2-23　脊柱
（三井但夫ほか：岡嶋解剖学．p36，杏林書院，1993）

骨盤には男女差がみられ，男性の骨盤腔の形や大きさは三角形で狭いが，女性では楕円形で広くなっている．骨盤は全体として女性よりも男性の方が頑丈にできている．

④脊柱（vertebral column）

脊柱は，頸椎（7個），胸椎（12個），腰椎（5個），仙椎（5個），尾椎（3～5個）の計32～35個の椎骨からなっている（図2-23）．成人では，仙椎と尾椎はそれぞれ癒合して仙骨と尾骨になっている．

脊柱は弯曲した特殊な形をしている．弯曲は，頸部，胸部，腰部の3つに分かれ，全体としてS字状をなしている．もっとも弯曲が深いのは腰部の弯曲である．これは脊椎の生理学的弯曲（自然弯曲ともいう）といわれているもので，衝撃力を分散するのにもっとも適した型である．

椎骨（vertebra）は，短い円柱状の椎体と4種7個の突起を有する椎弓からできている（図2-24）．椎弓は棘突起（1個），横突起（肋骨突起

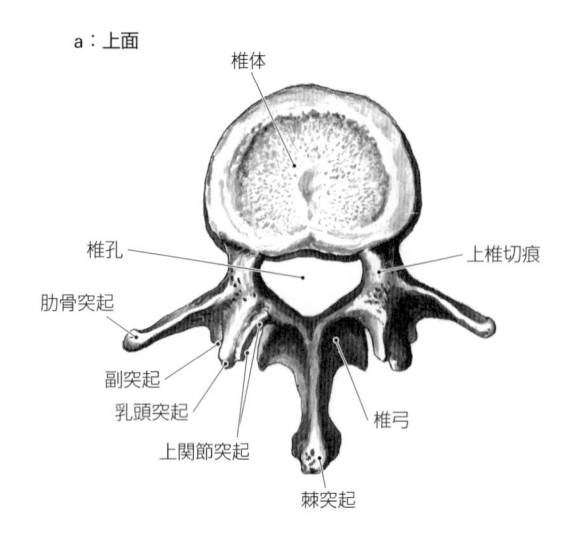

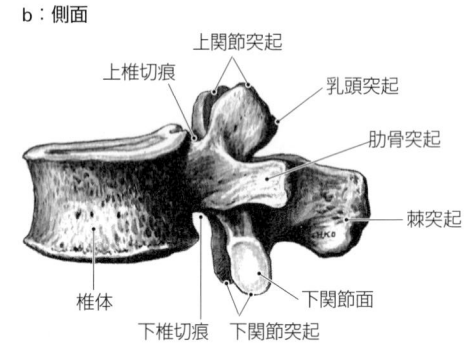

図 2-24　腰椎 (a：上面，b：側面)
(三井但夫ほか：岡嶋解剖学. p36, 杏林書院, 1993)

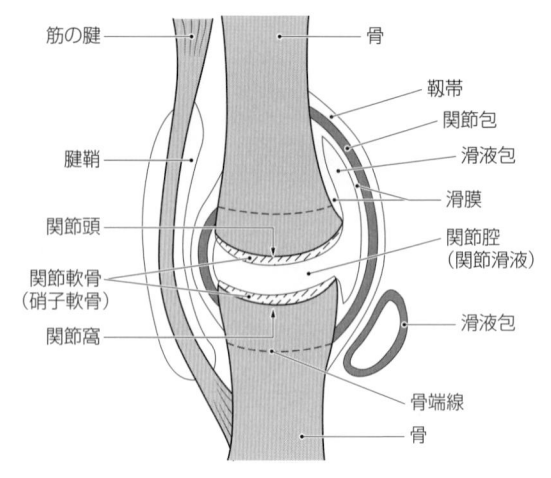

図 2-25　関節の構造
(三井但夫ほか：岡嶋解剖学. p120, 杏林書院, 1993)

ともいう：2個)，上関節突起（2個），下関節突起（2個）の4種7個の突起からなっている．椎体と椎弓の境にある孔は椎孔といわれ，この椎孔の中を脊髄が通っている．

椎体と椎体との間には，弾力性のある軟骨からなる椎間円板が挟まり，上・下の椎体を連結している．これは，椎間板といわれ，軟骨終板，髄核，線維輪からなり，椎体に加えられた外力を緩衝するショックアブソーバの作用がある．

上・下の椎体の間に形成される孔は椎間孔といわれるものである．この椎間孔に脊髄神経の神経根が入っている．腰部にある椎間板は腰部椎間板といわれる．

4．関節の名称と可動性

1）骨の結合

骨が連結して骨格を形成している．骨の結合の仕方は，相互の骨が可動する可動結合と可動しない不動結合とに分かれる．

(1) 可動結合 (diarthrosis)

一般的にほとんどの関節は可動結合である．可動結合には結合される2つの骨の間に滑液が入る小さい空隙の関節腔があり，結合部位における可動範囲が大きい（図2-25）．

関節を形成する骨の骨端には関節軟骨がある．この関節軟骨は，薄い軟骨層で被われ滑らかで弾性があるために，関節に加わった外力を緩衝する作用がある．

関節内で向かい合う骨端は，一方が膨らみのある関節頭で，もう一方が窪みのある関節窩である．両者との間には関節腔があり，これを関節包が包んでいる．関節包の内面は滑膜で被われ，そこから滑液を分泌して関節面の摩擦を少なくするはたらきをしている．

関節包の周囲には，強い結合組織からなる靱帯があり，それらの周囲にある筋，腱などとともに関節の支持能力を高めるはたらきしている．関節に過度な外力が荷重され，靱帯が伸ばされ過ぎた

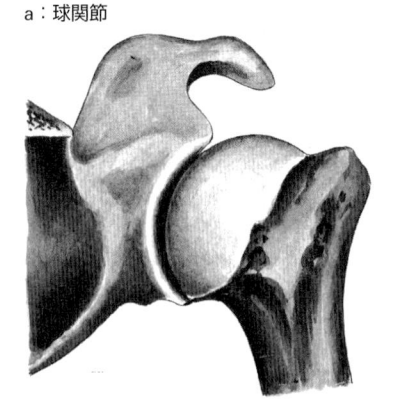

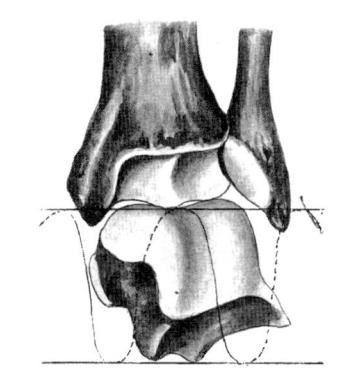

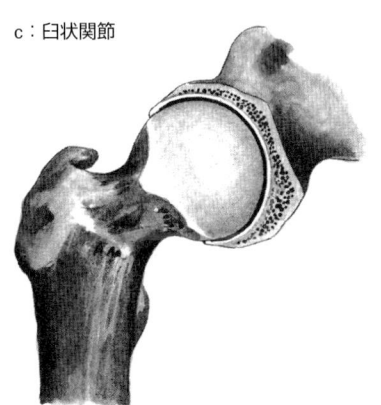

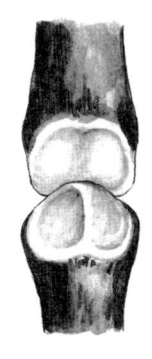

図2-26　関節の諸型(a:球関節，b:ラセン関節，c:臼状関節，d:蝶番関節)
(三井但夫ほか:岡嶋解剖学. p119, 杏林書院, 1993)

状態，または裂けた状態が捻挫であり，さらに，関節面が正常の位置からずれたり，完全に離された状態が脱臼である．

(2) 不動結合(synarthrosis)

この結合は，骨同士の間にすきまがなく，ほとんど動きがみられない様式のことをいい，線維結合と軟骨結合の2種類に分かれる．線維結合とは，骨同士を結合組織線維で連結するもので，頭蓋骨にみられる縫合が典型例である．

軟骨結合とは，椎間関節や恥骨結合などのように線維軟骨で連結されたものと，幼児期の頭蓋底のように硝子軟骨で結合されたものである．

2) 関節の形状と関節の運動による分類

関節は，運動軸の数によって一軸性関節(蝶番関節・ラセン関節・車軸関節)，二軸性関節(顆状関節・鞍関節)，多軸性関節(球関節・臼状関節・平面関節・半関節)に分けられる．また，関節頭と関節窩の形によっても分けられる(図2-26)．

球関節(ball and socket joint)は，関節頭が球状であり，それに対応する関節窩が比較的浅い窪みの形をしたものと関節窩の窪みが深いものがある．関節窩の窪みが浅いのは，肩関節に代表され，回転が自由ですべての方向に運動ができる多軸性の関節であるためである．

球関節の中で関節窩の窪みが深いものは，股関節に代表され，関節窩が臼状になっているので運動が制限され，可動範囲が肩関節よりも狭くなる．

蝶番関節(hinge joint)の関節頭は滑車で，関節窩は溝の形をなしている．この関節は，指節間関節・膝関節・腕尺関節のように，蝶番と同じはたらきをし，一方向だけの屈伸運動を行う一軸性関節である．このうち，腕尺関節はネジのラセン

のように動くのでラセン関節ともいわれる．

鞍関節（saddle joint）は，関節頭に対応する関節窩の骨端面が鞍状となっている関節である．この関節は足根中足関節・手根中手関節であり，二方向に動く二軸性関節である．

車軸関節（pivot joint）は，関節頭が円柱状で，その側面に関節窩が入る窪みの形をなしている関節である．この関節は，関節窩を固定して関節頭が運動軸となって動くために可動性が大きく，一方向に動く一軸性関節である．上・下橈尺関節がこの形態を取り，前腕の回外・回内運動を行うものである．

解剖学名は冒頭で述べたように「変遷」の歴史を経て今日に至っているため，困難を招くことが少なくない．そこで本項では，国際解剖学会で決定されたPNA（Paris Nomina Anatomica）に基づく三井らの文献を中心として記載した．

文　献

1) 三井但夫ほか：岡嶋解剖学．杏林書院，1993．

［堀居　昭］

第3章 筋組織のバイオメカニクス

1. 筋の構造と力発生のメカニズム

筋はあらゆる運動を生み出すもっとも直接的な組織である．筋は筋線維の集合体であり，筋線維は筋原線維により構成されている．筋原線維は，アクチンフィラメントとミオシンフィラメントにより成り立ち，この両フィラメント間に生じる張力により筋線維の発揮張力が決まる．

1）筋の解剖学的構造

筋線維は1個の細胞であり，その大きさは直径10～150μm（ヒトの髪の毛の太さ），長さは0.1～30cmである．筋線維の太さは筋線維の張力を決定し，長さは筋線維の収縮する速さ（距離）を決定する解剖学的因子である．筋全体は筋外膜（epimysium）と呼ばれる結合組織で束ねられ，腱に接続している．腱は骨膜（periosteum）に接続しているので，筋収縮により発揮した力は腱を介して骨に伝達される．筋外膜の中では100本以上の筋線維が筋周膜（perimysium）と呼ばれる結合組織で束ねられ筋束（fasciculus）を形成している．筋線維は筋線維鞘（sarcolemma）と呼ばれる厚さ100Å以下の薄い弾力性のある膜でおおわれている．これらすべての結合組織は，腱組織に接続しているので筋収縮による張力は腱に伝達される．この薄い膜の生理学的意味は未だ十分に理解されていないが，筋線維を筋損傷から守ったり，損傷からの回復に重要な役割を果たしているものと考えられている．筋線維鞘は筋線維の収縮張力に関係して，その機械的特性を決めるときに重要なはたらきをすると考えられているが，未だ十分には明らかにされていない．この筋線維鞘は複数の筋線維を束ねる（筋束）役割も果たしている．最近の研究によると筋線維は結合組織と複雑なマトリクスを構成しており，筋線維が単純に腱から腱へつながっているものではないことが明らかになってきている（図3-1）．

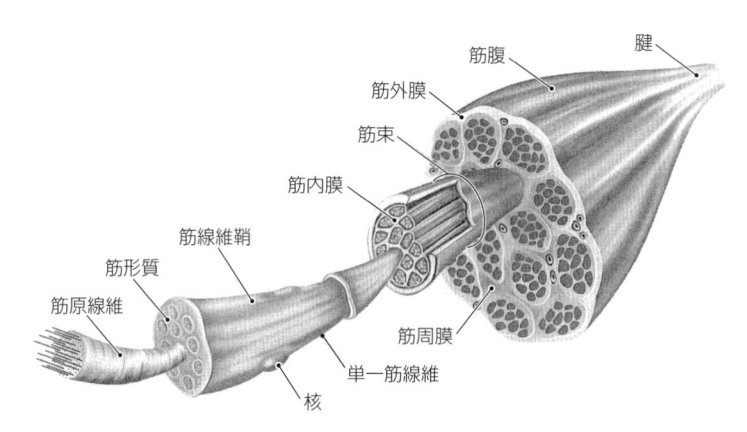

図3-1 筋の構造
筋は筋線維の集合体であり，筋線維は筋原線維の集合体である．
（Baechle TR and Earle RW: Essentials of Strength Training and Conditioning. Human Kinetics, 2000）

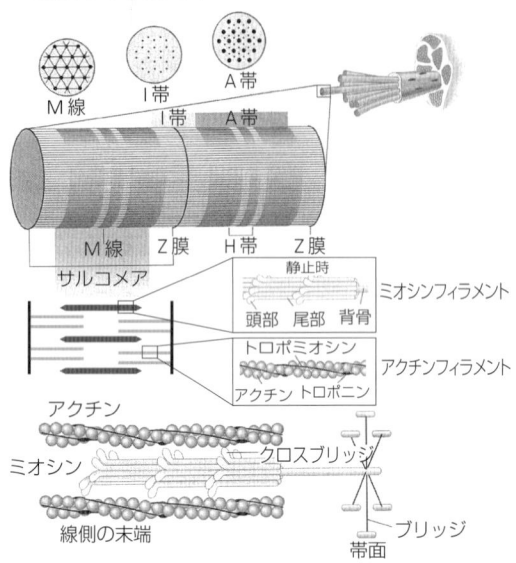

図3-2 筋原線維の構造
(Baechle TR and Earle RW: Essentials of Strength Training and Conditioning. Human Kinetics, 2000)

2) 筋原線維の構造

筋線維の収縮要素は筋原線維である．筋原線維の太さは1～3μmでお互いに平行に配列されている．1本の筋線維には数千本の筋原線維が筋線維鞘の中に整列している．また，筋線維のどの部分においても円形をしている．筋原線維はZ膜により分節に切られており，この分節をサルコメア（筋節，sarcomere）という．筋原線維を顕微鏡で観察すると暗く見える部分（暗帯，A帯）と明るく見える部分（明帯，I帯）とが交互に観察される．A帯は筋節の中央部に見え，Z膜はI帯のほぼ中央部に位置する．A帯の中心領域はH帯と呼ばれ，少し明るく見える．このような顕微鏡で観察される現象は，筋原線維を構成するフィラメントの配列に由来するものである（図3-2）．

A帯はミオシンフィラメント（長さが約1.5μm，太さ約150Å）が配列している．一方，I帯はミオシンより細いアクチンフィラメント（長さが約2μm，太さ約50Å）により構成されている．ミオシンフィラメントは，Z膜の領域からはじまりA帯の中まで伸び，H帯の端までおよぶ．

1本の筋原線維には約3,000のアクチンと1,500のミオシンフィラメントが重なり合っている．

筋線維の収縮張力は，筋原線維内においてアクチンフィラメントがミオシンフィラメントの間に滑り込むことにより生じると考えられている．これをフィラメント滑走説（sliding-filament theory）という．そのときアクチンとミオシンのフィラメント間に力が生じ，サルコメアの長さを短くするように作用する．この張力は両フィラメント間のクロスブリッジ（cross bridge）の数により決まるといわれている．筋線維の長さが変化するとき，A帯の長さは一定であるが，I帯の長さが変化する．この場合，アクチンフィラメントとミオシンフィラメントとの長さは一定である．最大短縮時にはZ膜は隣接した2つのA帯の末端に接触し，フィラメントは折り重なったりする．このような場合にはI帯はほとんど見えなくなる．一方，筋線維が長さを変えないで収縮している場合（等尺性収縮）には，A帯とI帯の長さは一定のままである（図3-3）．

3) 筋線維の収縮

すべての筋線維は運動神経に接続している．神経と筋線維との接合部は運動終盤（motor end plate）あるいは神経筋接合部（neuromusclar junction）と呼ばれ，各線維は1個の神経筋接合部を有している．一方，1個の運動神経は多くの筋線維に接続している．1個の運動神経とそれによって支配されている筋線維は単体として機能することから運動単位（motor unit）と呼ばれる．運動神経細胞が刺激されるとそれにより支配されている筋線維はすべて収縮する（図3-4）．

運動単位が刺激されると，神経筋接合部ではアセチルコリン（ACh）と呼ばれる神経伝達物質が放出される．十分なAChが受容器に伝達されると電気的信号が筋線維全体に伝わる．これは活動電位といわれるものである．筋線維が収縮するにはこの活動電位が筋細胞の中で発生し，脱分極が起こらなければならない．さらに，分極に加えて，電気的衝撃がT管と筋小胞体を通じて筋全体に伝わる．電気的衝撃が伝わると筋小胞体に蓄

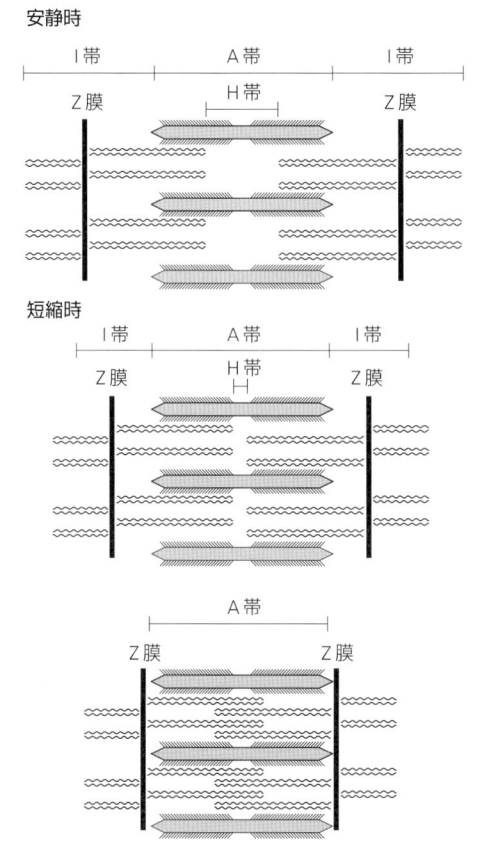

図 3-3 収縮に伴うフィラメントの重なり合いの変化
（Baechle TR and Earle RW: Essentials of Strength Training and Conditioning. Human Kinetics, 2000）

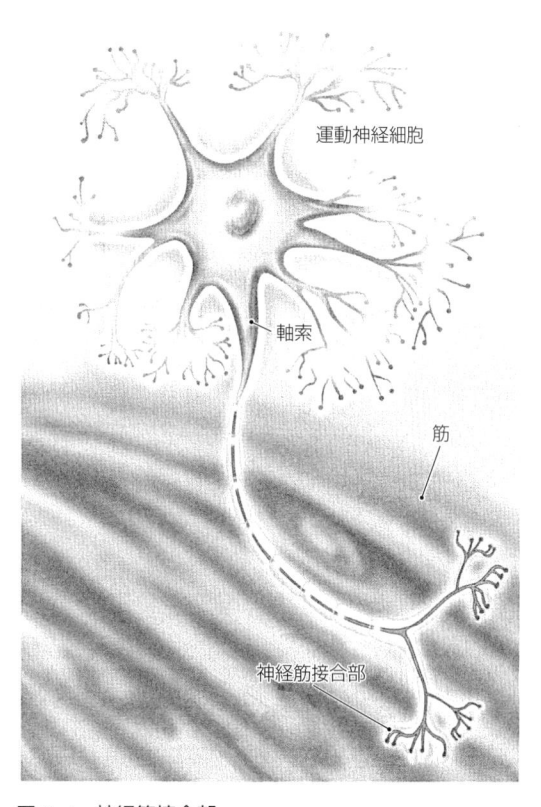

図 3-4 神経筋接合部
（Baechle TR and Earle RW: Essentials of Strength Training and Conditioning. Human Kinetics, 2000）

えられているカルシウムイオンが放出される．放出されたカルシウムイオンはアクチンフィラメントのトロポニンと結合し，アクチンフィラメントからトロポミオシン分子を引き離すことにより活動が起こると考えられている．

筋収縮にはエネルギーを必要とする．ミオシンヘッドは ATP（アデノシン3リン酸）を有している．ATPase 酵素は，ATP を ADP に分解し Pi とエネルギーを産出する．この ATP 分解により生じたエネルギーがミオシンヘッドをアクチンに結合させるために利用される．筋収縮はカルシウムが枯渇すると続けられなくなる．その後，カルシウムは新しい神経衝撃が筋線維膜に到達するまで，カルシウムポンプ系により小胞体に蓄えられる．

4）筋線維の太さと長さ

筋線維の収縮張力は筋原線維におけるアクチンとミオシンのクロスブリッジにおいて発生する．この収縮張力の大きさは平行するクロスブリッジの数に依存する．筋線維断面積が大きいほど平行するクロスブリッジの数が多く，したがって，強い力を発揮することができる．つまり，筋線維の断面積が太いほど張力は高い．

一方，筋線維の長さは直列するサルコメアの数により決まる．このことは長い筋線維ほど多くのサルコメアを有し，その結果，収縮時の長さ変化が大きく，短縮速度が大きいことを意味する．つまり，筋線維の太さが力を，長さが速度を決める解剖学的要因といえる（図3-5）．

5）サルコメアの長さ—力関係

筋線維がその長さを変えないで収縮（等尺性収縮）したときの発揮張力は，筋線維の長さに依存

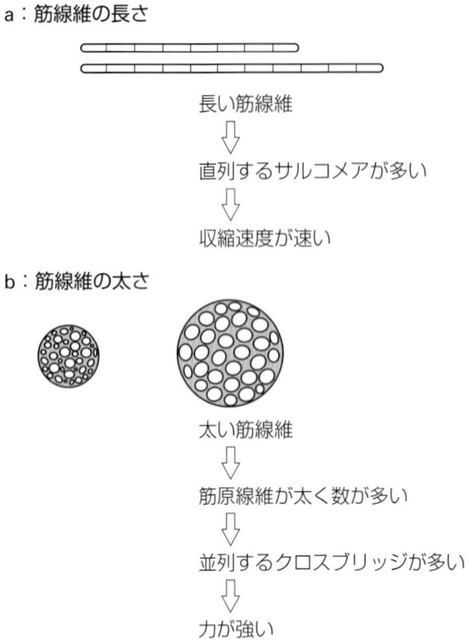

図3-5 筋線維の長さと太さ

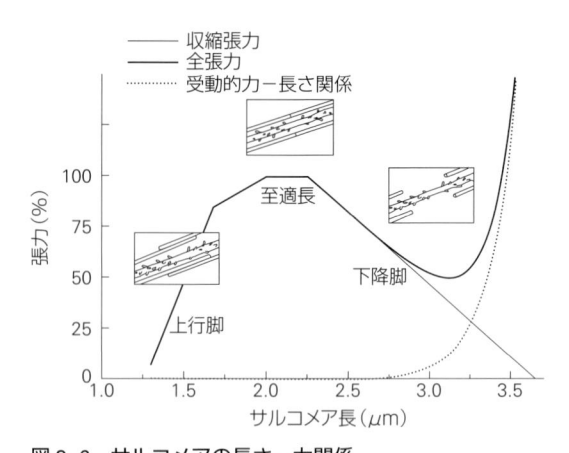

a：筋線維の長さ
長い筋線維
↓
直列するサルコメアが多い
↓
収縮速度が速い

b：筋線維の太さ
太い筋線維
↓
筋原線維が太く数が多い
↓
並列するクロスブリッジが多い
↓
力が強い

図3-6 サルコメアの長さ―力関係
（Lieber R: Skeletal Muscle Structure and Function. Williams & Willkins, 1992）

する．このことは，サルコメアの長さにより力が左右されることによる．図3-6は，サルコメアの長さ―力関係を示したものである．サルコメアの張力は一定の長さ（至適長）のときがもっとも高い値を示し，それよりサルコメアが長くても短くても発揮張力は低くなる．

筋節の長さが2.0～3.0μmのとき（plateau）に張力は最大を示し，それより長いとき（下降脚，descending limb）および短いとき（上行脚，ascending limb）には張力は低くなる．その現象はアクチンフィラメントとミオシンフィラメントとの重なり具合で説明される．つまり，両フィラメントの重なり部分がもっとも多いとき（plateau）に張力が最大になり，少なくなると（descending limb）低く，また，アクチンフィラメント同士が重なってしまっても（ascending limb）張力は低下する．

①下降脚（descending limb）：サルコメアが3.65μm以上の長さになると力が発生しなくなる．つまり，アクチンフィラメントの長さは2.0μm，ミオシンフィラメントの長さは1.65μmであるので，両フィラメントの長さを加えた3.65μm以上の長さでは両フィラメントの重なりがみられなくなり，力が発生できなくなる．つまり，両フィラメントの重なり合う部分が長くなるに伴い（サルコメア長が短くなるに伴い），力が大きくなる．しかし，2.2μmを超えて短くなると力の減少がはじまる．つまり，サルコメア長が2.2～3.65μmではアクチンとミオシンの間のクロスブリッジ数が減少し，その結果力が減少する．

②至適長（plateau region）：サルコメア長が2.0～2.2μmではもっとも強い力を発生することができる．これはミオシンフィラメントとアクチンフィラメントとの重なり合う部分がもっとも多く，クロスブリッジの数が最多であることによる．この長さを至適長という．

③上行脚（ascending limb）：サルコメア長が2.0μm以下の短い部分では，サルコメアが短縮するに伴い発揮張力が減少する傾向がみられる．この部分ではアクチンフィラメント同士が重なり合う．この状態では発揮される張力が減少する．

④受動的力―長さ関係：筋線維が活動しない状態でその長さを引き伸ばされたときにも張力（受動張力）が発生する．筋線維が至適長の場合には受動張力がほぼ0である．しかし，筋線維がさらに伸長されたときにはその受動張力は急激に増大する．このときには，筋線維は収縮していなくても張力が発生し，その力は筋線維の伸張に抗するように作用する．この受動張力が生じる原因は明らかにクロスブリッジ以外の構造の影響によるも

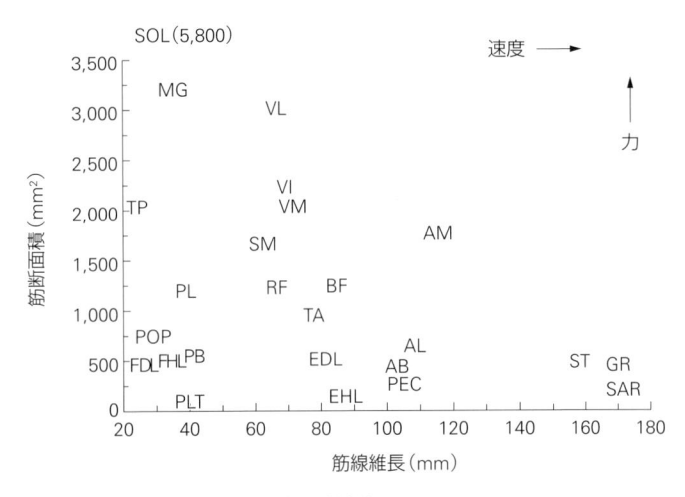

図3-7 各筋群にみられる断面積と筋線維長

AB：短内転筋，AL：長内転筋，AM：大内転筋，BF：大腿二頭筋，EDL：長指伸筋，EHL：長母指伸筋，FDL：長指屈筋，GR：薄筋，FHL：長母指屈筋，LG：腓腹筋（外側），MG：腓腹筋（内側），PEC：恥骨筋，PB：短腓骨筋，PL：長腓骨筋，PLT：足底筋，POP：膝窩筋，RF：大腿直筋，SAR：縫工筋，SM：半膜様筋，SOL：ヒラメ筋，ST：半腱様筋，TA：前脛骨筋，TP：後脛骨筋，VL：外側広筋，VI：中間広筋，VM：内側広筋

（Lieber R: Skeletal Muscle Structure and Function. Williams & Willkins, 1992）

のである．その原因はフィラメント内に存在する非常に大きなタンパク質であり，それはタイチン（コネクチン）とも呼ばれている．タイチンはサルコメアを受動的に保護する役割を果たすとともに，ミオシンを格子状に維持することにより，強い筋張力が発揮されたときでも規則的な6角形構造を壊さないようにすることができる．

6）筋線維の長さと断面積

筋線維の長さは筋が収縮するときの移動距離を決め，その断面積は力を決める．そこでさまざまなヒト骨格筋の断面積（生理学的断面積）と筋線維長との関係をみたのが図3-7である．

このような観点からヒトの筋を考えてみると興味深い．たとえば，大腿の前面（大腿四頭筋）および後面（ハムストリングス），下腿の前面（前脛骨筋）および後面（腓腹筋）をみてみよう．大腿四頭筋は大きな生理学的断面積と，筋長に比較して短い筋線維長を有している．このことは力発揮に有利な筋といえよう．一方，ハムストリングスの場合には比較的筋線維長が長く，生理学的断面積はそれほど大きくないので速度に有利な筋である．同じことは下腿の筋群についてもいえる．腓腹筋は大きな生理学的断面積と短い筋線維長，前脛骨筋は少ない生理学的断面積と長い筋線維長を有しているので，腓腹筋は力発揮に，前脛骨筋は速度発揮に有利な筋である．概して抗重力筋は力発揮に有利なようにデザインされているようである．

7）筋線維と腱組織の相互作用

筋線維は腱組織に接続し関節を構成している（筋腱複合体，muscle-tendon complex，図3-8）．したがって，関節の機能は筋と腱の相互作用として現れる．筋線維が腱に付着する角度を羽状角（pennation angle）という．ここで，腱は弾性体であり，力が作用することにより伸張する．その伸張率は腱の部位により異なる．図3-9は，腱に力を加えたときの伸張量—負荷関係を示したものである．負荷量の増大に伴い腱が伸張され，その伸張量は部位により異なることが明らかである．

このように，腱が弾性体であることは，筋の収縮により張力を発揮したときには筋に接続する腱

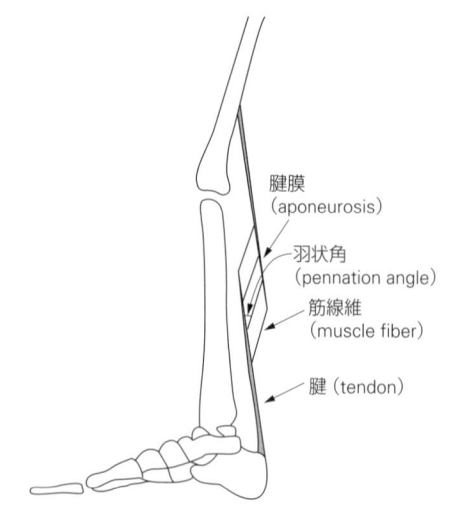

図3-8　関節を構成する筋と腱

　腱膜（aponeurosis）
　羽状角（pennation angle）
　筋線維（muscle fiber）
　腱（tendon）

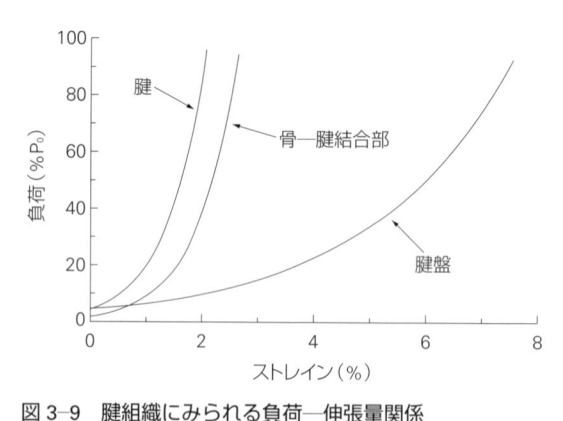

図3-9　腱組織にみられる負荷─伸張量関係
（Lieber R: Skeletal Muscle Structure and Function. Williams & Willkins, 1992）

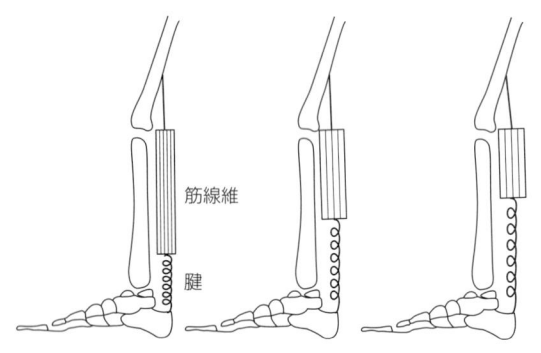

図3-10　関節角度一定での筋活動（等尺性筋活動）における筋の短縮と腱の伸張

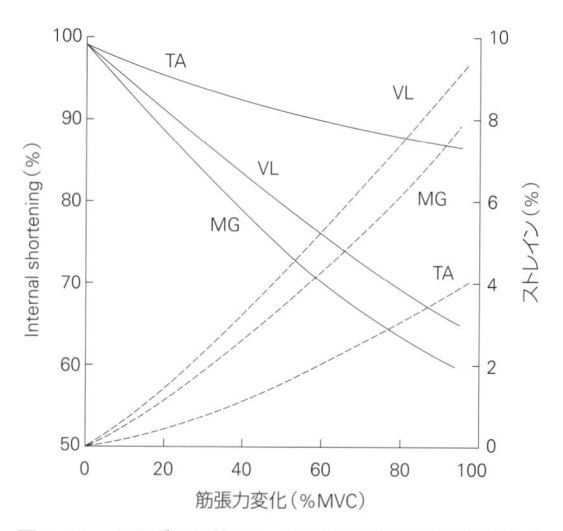

図3-11　さまざまな筋にみられる腱組織の伸展性および筋線維の短縮量
TA：前脛骨筋，MG：腓腹筋（内側），VL：外側広筋
（Fukunaga T et al.: Muscle and tendon interaction during human movements. Exerc Sport Sci Rev, 30: 106–110, 2002.）

が伸張されることになる．つまり，関節角度が一定でも，腱が伸張することにより筋線維が短縮する（図3-10）．

　腱が弾性体であることから，腱の弾性特性により腱の振る舞いが異なることが考えられる．超音波により腱の弾性特性を測定した結果によると，異なる部位の腱は弾性特性が異なることが明らかになった．図3-11は腓腹筋，外側広筋および前脛骨筋を構成する腱組織についてさまざまな筋力を発揮したときの腱組織の伸展率および筋線維の短縮をみたものである．前脛骨筋はもっとも伸展性が低く，したがって筋線維の短縮量も少ない．一方，腓腹筋は伸展性が高く筋線維の短縮量も多い．

8）関節を介して測定される「等尺性筋力」の生理学的意味

　関節の角度を一定にして筋が張力を発揮する場合には（一般には「等尺性収縮あるいは等尺性筋活動」といわれる），筋線維の動態に腱の弾性特性が大きく影響することを考慮しなければならない．図3-12は，足関節を固定した状態で前脛骨筋を収縮させたときの超音波画像である．「等尺性収縮」により，筋束と腱盤との交わる点（η）が画面の右側に移動する様子（膝関節方向，近位方向，$\eta 0 \sim \eta 50$）が観察される．このηの移動

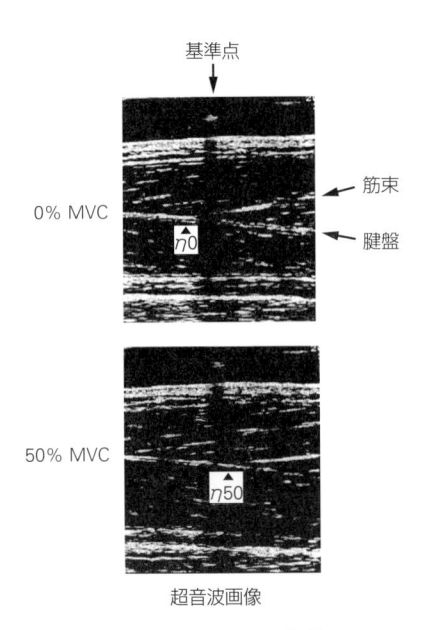

図3-12 「等尺性」収縮中の筋線維の短縮
(Fukashiro S et al.: Ultrasonography gives directly but noninvasively elastic characteristic of human tendon *in vivo*. Eur J Appl Physiol Occup Physiol, 71: 555-557, 1995)

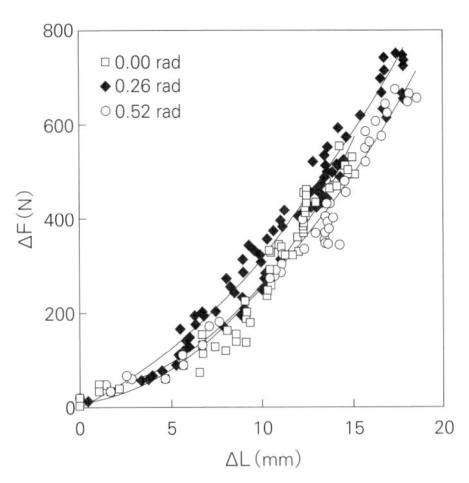

図3-13 「等尺性」収縮時にみられる力(ΔF)と腱(ΔL)の伸張量との関係
(Fukashiro S et al.: Ultrasonography gives directly but noninvasively elastic characteristic of human tendon *in vivo*. Eur J Appl Physiol Occup Physiol, 71: 555-557, 1995)

距離は腱の伸張量を表すものと考えられる．そこで，筋の発揮張力と腱の伸張量との関係を明らかにするために，このηの移動距離をΔLとし，前脛骨筋の発揮張力（ΔF）との関係をみる実験を行った．この実験で被験者の足関節角度は，3種の異なる角度（90°（0rad），105°（0.26rad）および120°（0.52rad）底屈した状態）でそれぞれ固定された．図3-13は関節角度に伴う腱の移動を考慮し，力の増大に伴う腱の伸張量の変化をみたものである．

ΔFとΔLとの関係は，ほぼ2次曲線に近似されることがわかる．腱は弾性体であり，張力が作用すると伸張し，その伸張量は腱の断面積と長さに比例する．関節が固定されている場合，筋腱複合体の長さは一定であるのでこの状態で筋が収縮する場合，見かけ上は「等尺性」収縮をしていることになる．これまでは，この状態での筋力測定は「等尺性」筋力，あるいは「静的」筋力として呼ばれてきた．しかし，力の発揮水準が変化する場合には腱の伸張量が変化し，したがって筋線維の長さの変化（短縮）がみられ，かつ，筋張力水準により筋線維の短縮量が異なることを考慮しなければならない．

9）関節角度と筋線維長

関節は筋と腱により構成されている（筋腱複合体）．筋腱複合体（MTC）は，収縮要素（contractile element: CE）としての筋線維と，弾性要素（elastic element: EE）としての腱組織とが直列に配列している．筋線維は腱組織に接続する角度を羽状角（pennation angle）という．したがって，CEの発揮張力はEEの伸張とCEの短縮を引き起こす．図3-14は，膝関節角度変化に伴う筋線維長および羽状角の変化をみたものである．

安静時および筋収縮ともに膝関節が伸展するに伴い筋線維は短くなる様子がみられる．また，各関節角度において「等尺性収縮（10%MVC）」を実施した場合には，筋線維の短縮がみられるが，その短縮量は膝関節が伸展位（40°以内）において，顕著である傾向を示した．一方，羽状角は膝伸展に伴い増加する傾向を示した．また，羽状角に及ぼす筋収縮の影響をみると，膝関節屈曲位（100～40°）では，安静時と筋収縮時とでは羽状角に有意な差はみられなかったが，膝関節の伸展位（30°以内）では筋収縮に伴い羽状角は有意に増加する傾向を示した．

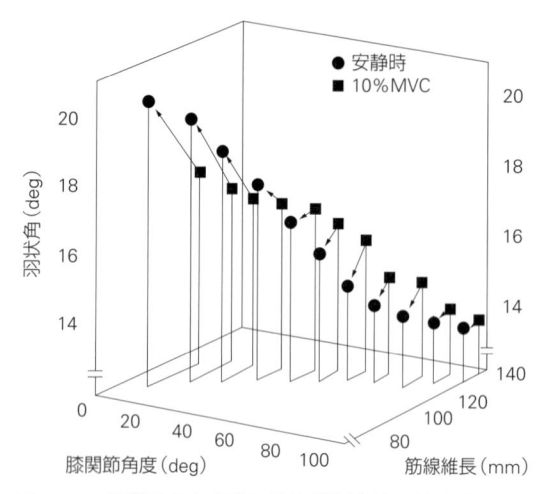

図3-14　膝関節角度変化に伴う外側広筋の筋線維長および羽状角の変化
(福永哲夫：身体運動における筋収縮のバイオメカニクス．体育学研究，42：337-348，1998)

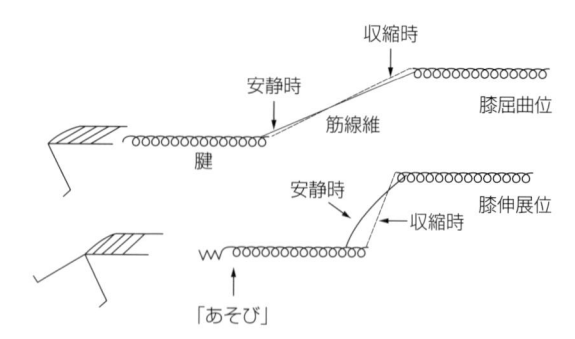

図3-15　膝関節の角度変化に伴う筋腱複合体の動態
(福永哲夫：身体運動における筋収縮のバイオメカニクス．体育学研究，42：337-348，1998)

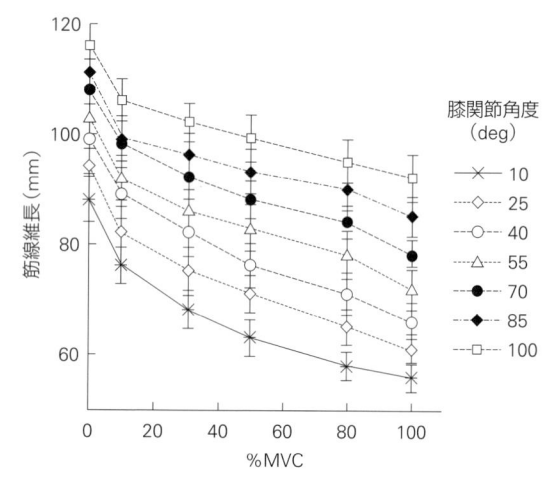

図3-16　膝関節角度変化および等尺性筋力変化に伴う外側広筋の筋線維長変化
(Ichinose Y et al.: Estimation of active force-length characteristics of human vastus lateralis muscle. Acta Anat (Basel), 159: 78-83, 1997)

以上のことから，膝関節における伸展筋（外側広筋）の筋線維は屈曲位では長く，伸展に伴い短くなり，かつ，より筋線維の付着角度（羽状角）が大きくなる傾向を示すといえよう．さらに，「等尺性収縮」時の筋線維長の短縮と羽状角の増加は膝関節の伸展位においてより強くなると考えられる．

模式的には，図3-15にみられるように，膝関節が伸展位（すなわちMTC長が短い場合）の場合，安静状態では関節回り等に「あそび（slack）」状態があり，かつ筋線維は曲線的に走行している．この状態で筋が収縮した場合，筋張力よりこの「あそび」が消失し，筋線維の走行は直線的になる．膝屈曲位ではこの「あそび」は非常に少ないと考えられる．伸展位では「あそび」に加えて，さらに，腱が伸張されることで，より多くの筋線維の短縮がみられる．逆に，外界からの強い力が生体（関節）に作用したときにはこの「あそび」が力を吸収し，関節回りの組織を保護するはたらきをするものと考えられる．走行中の着地時には膝関節は伸展位にあり，そのとき地面からの強い衝撃は「あそび」によりいくらか吸収されるのかもしれない．

10）ヒト外側広筋にみられる筋線維の長さ―張力関係

随意最大努力で発揮される関節トルクは，関節の角度が変われば変化する．この関節角度変化に伴う関節トルクの変化は，筋線維の力―長さ関係，モーメントアームおよび羽状角が関節角度の変化により影響されることに由来する．図3-16は，さまざまな膝関節角度における「等尺性」膝伸展筋力発揮時に，外側広筋の筋線維が短縮する様子を各関節角度でみたものである．筋線維の短縮量は，膝関節が伸展位ほど大きい傾向がみられる．このことは，MTC長が短いとき（膝関節伸展位）の方が腱の伸張量や関節のあそび等が大きいこと

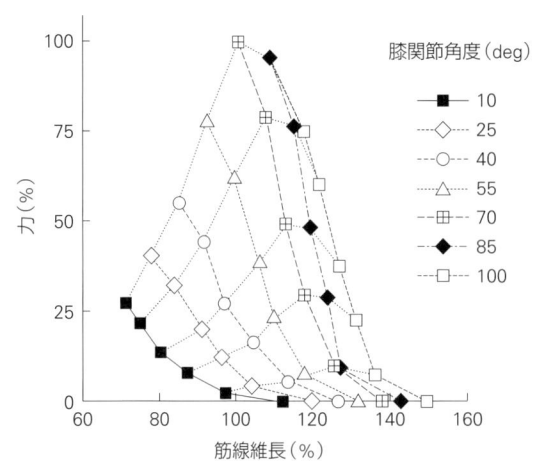

図3-17 外側広筋にみられる筋線維の力─長さ関係
(Ichinose Y et al.: Estimation of active force-length characteristics of human vastus lateralis muscle. Acta Anat (Basel), 159: 78-83, 1997)

を示している．そして，図3-17は筋張力と筋線維長との関係をみたものである．筋張力が最大のとき（関節角度が70°）の筋線維長を100%として，両者の関係を%で示すと，関節角度が10°のときには張力約25%であり，筋線維長は約70%であった．そして，関節角度85°および100°と伸展位になるに伴い張力も減少する傾向を示した．このことは，膝関節角度が70°で，かつ最大努力で脚伸展を行っている状態が筋線維の至適長であることを示す．それより膝関節が伸展位では筋線維の力─長さ関係の上行脚（ascending limb）を，また，70°より屈曲位では下降脚（descending limb）を用いて収縮していることが観察された．

2．骨格筋の形状と力発揮特性

1）筋形状

骨格筋において筋線維は集合して筋束を構成し，他の結合組織とともに腱組織や靱帯を介して骨に付着する．腱組織に対する筋束の配置の仕方（筋形状）は筋によってさまざまであり，平行筋，紡錘状筋，羽状筋，板状筋，輪状筋というようにバリエーションに富む筋形状を生み出す[1]．なか

身体運動は筋骨格系が直接機能することになる．ヒトの身体には，400以上に及ぶ骨格筋があり部位によりそれぞれの特徴ある機能を発揮する．筋は腱に接続し神経の支配を受けながら収縮力を発揮し，関節の運動を引き起こす．さまざまな関節が複雑に作用することにより身体運動が成り立つ．したがって，ヒトの身体運動を対象にするバイオメカニクスの研究分野においては，筋線維，腱組織，神経支配，関節などのさまざまな因子を総合的に分析統合しなければならない．つまり，1個の筋細胞の機能特性が身体全体の運動特性にいかにかかわり，相互作用するかはバイオメカニクス研究の非常に興味深い部分であろう．

文　献

1) Baechle TR and Earle RW: Essentials of Strength Training and Conditioning. Human Kinetics, 2000.
2) Lieber R: Skeletal Muscle Structure and Function. Williams & Willkins, 1992.
3) Fukunaga T et al.: Muscle and tendon interaction during human movements. Exerc Sport Sci Rev, 30: 106-110, 2002.
4) Fukashiro S et al.: Ultrasonography gives directly but noninvasively elastic characteristic of human tendon *in vivo*. Eur J Appl Physiol Occup Physiol, 71: 555-557, 1995.
5) 福永哲夫：身体運動における筋収縮のバイオメカニクス．体育学研究，42：337-348，1998
6) Ichinose Y et al.: Estimation of active force-length characteristics of human vastus lateralis muscle. Acta Anat (Basel), 159: 78-83, 1997.

［福永　哲夫］

でも，身体運動にかかわる体肢の筋群は，平行筋（もしくは紡錘状筋）と羽状筋が大部分を占める[2]．平行筋の場合，筋束はその大部分が筋の長軸方向に対して平行に配列しているが，羽状筋では筋長よりも短い筋束が筋内に斜めに配列している（図3-18）．

図3-19はいくつかの体肢筋について，その形状の特徴を示したものである[3]．羽状筋は筋線維長が短いために筋線維長／筋長比が低く，一方，平行筋は筋束長が筋長にほぼ等しく，筋線維数が少ないのが特徴である．筋線維数が多いほど生

a：平行筋（上腕二頭筋）

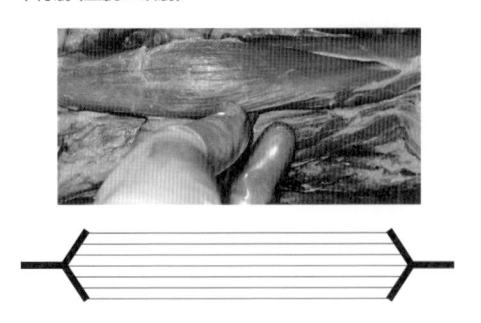

b：羽状筋（外側広筋）

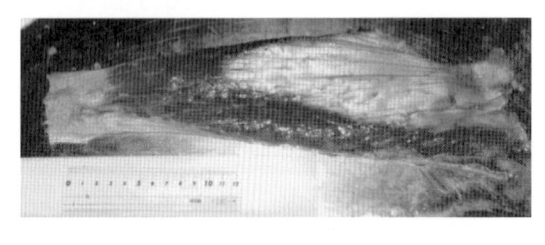

図 3-18　平行筋（a）と羽状筋（b）の例
屍体から取り出した筋の写真の下にはそれぞれの筋束配置のモデル図を示した．細い線は筋束，太い線は腱組織を示す．
（川上泰雄：骨格筋の形状と機能．In：福永哲夫編，筋の科学事典．pp37-64，朝倉書店，2002）

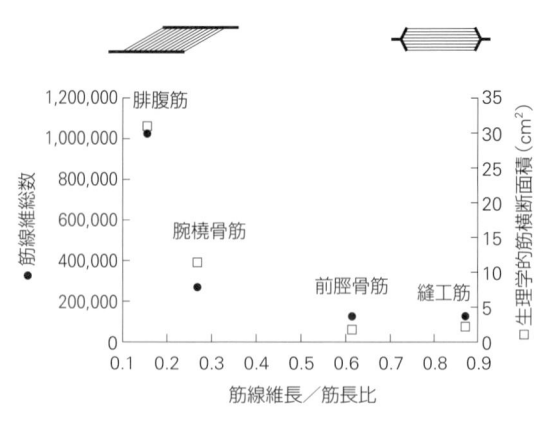

図 3-19　筋線維／筋長比と筋線維数および生理学的筋横断面積との関係
横軸は羽状筋←→平行筋の程度を示している．羽状筋の程度が高い筋ほど筋線維数が多く，生理学的筋横断面積が大きい．図の横軸は筋の速度ポテンシャルを，縦軸は力ポテンシャルを現すと考えられる．
（川上泰雄：骨格筋の形状と機能．In：福永哲夫編，筋の科学事典．pp37-64，朝倉書店，2002）

理学的筋横断面積が大きくなるので，羽状筋の程度が高いほど力発揮の点で有利である．足関節のホッピング運動中に，腓腹筋が発揮する力は 0.5 トン近くに達し，膝関節伸展動作中に大腿四頭筋は 1〜2 トンもの力を発揮するが[3〜5]，羽状筋はこのように強大な力を発揮する伸筋群に配置されることが多い．また，伸筋はモーメントアームが短く，車でいえばギア比の高い筋である．一方，平行筋は筋線維長が長いために短縮速度が高く，また，より大きな距離にわたって短縮することが可能である．屈筋には平行筋が多く，体肢の遠位端を大きな可動範囲で引き寄せる動作が容易に行えるデザインになっている[6,7]．

図 3-20 は，筋形状を考慮したモデルより得られた筋の長さ―力関係（a）と力―速度関係（b）を示したものである[8]．同じ体積の筋という条件で筋線維長が短くなると，生理学的筋横断面積が大きくなるため，筋の発揮する力は大きくなる．そのかわり，筋が力を発揮できる長さ変化の範囲が減少する．これは直列サルコメア数が少なくなるためである．その結果，長さ―力関係は平行筋のように筋線維長が長い場合に比べると急峻になる（図 3-20a）．逆に，筋線維長が長い場合，発揮できる力は小さくなるが大きな長さ範囲で力を発揮し得る．また，筋線維長が長くなると短縮速度が高くなり，力―速度関係が速度軸のプラス側にシフトする（図 3-20b）．筋線維組成の違いが最大短縮速度にして数倍の違いをもたらす一方，筋線維長の違いは十数倍もの最大短縮速度の違いにつながる[9]．外部からの伸長に対する抵抗力も筋線維長の影響を受ける（短いほど抵抗力が大きい）ことが報告されている[8,10]．

羽状筋において，筋の力発揮方向に対する筋束の傾斜角度は羽状角（pennation angle）と呼ばれる[2]．羽状角は筋によって異なっているが，これは各筋の形状の違い（主として筋長，筋線維長，腱組織の長さ，筋線維の横断面積の違い）を反映する．筋線維はその長軸方向に力を発揮するので，筋線維と筋の方向が異なる羽状筋の場合，腱方向に伝えられるのは筋線維が発揮した力のすべてではない．羽状角を α とすると，筋線維の発揮した力 F のうち，$F\cos\alpha$ で計算される分力が

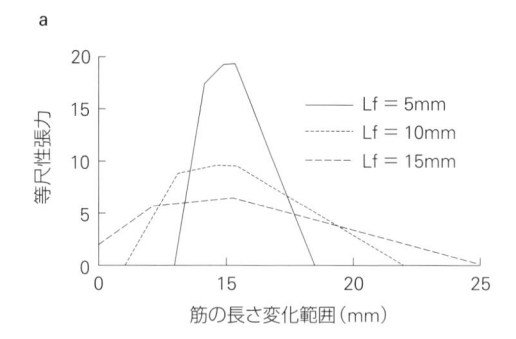

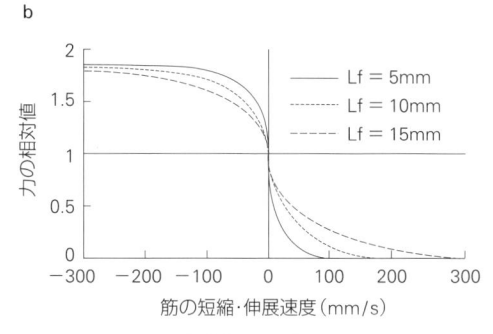

図 3-20 長さ―力関係(a)および力―速度関係(b)に及ぼす筋形状の影響
同じ筋体積の場合,筋線維長(Lf)が短いほど生理学的筋横断面積が大きくなるので張力が大きくなる.一方,筋長変化の範囲は少なくなるため,長さ―力関係は急峻になる.筋の最大短縮速度は筋線維が長いほど速い.
(Burkholder TJ et al.: Relationship between muscle fiber types and sizes and muscle architectural properties in the mouse hindlimb. J Morphol, 221: 177-190, 1994)

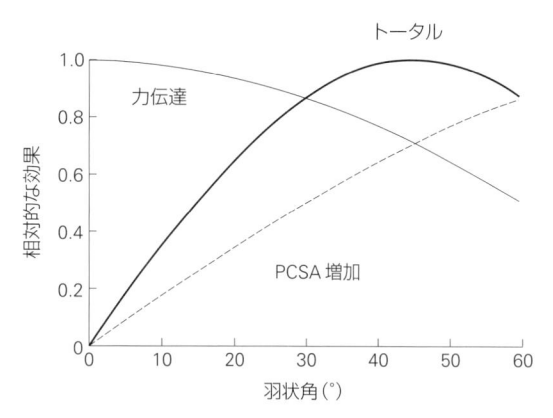

図 3-21 羽状角が筋力発揮特性に及ぼす効果
羽状角増加は生理学的筋横断面積(PCSA)の増加を促すが,筋線維から腱への力伝達効率を低下させる.腱における力は両者の効果の合計となる.
(川上泰雄:骨格筋トレーニングによる筋のマクロ的変化.バイオメカニクス研究,6:220-226,2002)

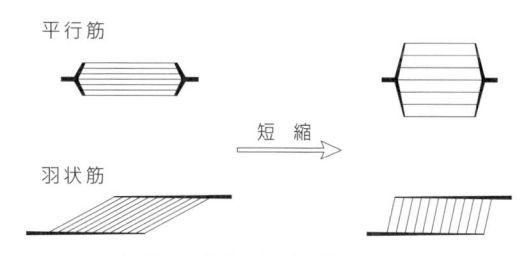

図 3-22 平行筋と羽状筋の短縮の模式図
平行筋は,筋線維の短縮によって解剖学的横断面積が大きくなるが,羽状筋は短縮によって筋束の傾斜角度が増加し,解剖学的横断面積や筋厚(腱膜と腱膜の間の距離)は変化しない.腱膜はモデルのために単純化した.
(川上泰雄:骨格筋の形状と機能.In:福永哲夫編,筋の科学事典.pp37-64,朝倉書店,2002)

有効に腱方向に伝えられる[11~13].すなわち,羽状角の存在は筋線維から腱への力伝達効率を低下させる.つまり,筋線維から腱への力の伝達を考えると,羽状角は小さいほど有利である.一方,羽状角を大きくすることによって,生理学的筋横断面積を大きくすることができる.この両者のプラスマイナスの効果の結果として全筋としての発揮筋力が決定される.図 3-21 は両者の影響を計算したものである[14].45°までは羽状角増加による生理学的筋横断面積の増加効果が打ち勝って,羽状角が高くなればなるほど発揮筋力は大きくなる.ところが,45°以上の羽状角では逆に力伝達効率の低下の影響が大きくなって,たとえ生理学的筋横断面積が増加しても逆に筋力が低下してしまう[2,11].羽状角は人間の筋の場合 5~25°の範囲であるが[15],高度に鍛錬されたボディビルダーの筋では 50°を越える羽状角が観察される[13].これほどまで極度に筋肥大が進むと,筋の力が腱に伝えられるときのロスが無視できないほど大きくなり,力発揮の点で不利である.また,短縮によって羽状角は増加し(図 3-22),典型的な羽状筋である腓腹筋の場合,筋長が短い状態で最大収縮を行うと 70°近い羽状角が観察される[16].

2) 筋―腱相互作用

筋形状の別にかかわりなく,骨格筋は腱組織(腱・腱膜)を介して骨と結合する.このことから,筋組織と腱組織を合わせた「筋腱複合体」(muscle-tendon complex, muscle-tendon unit)

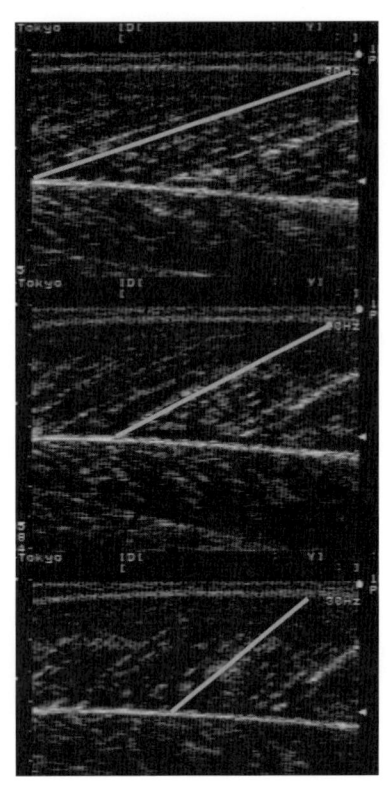

図3-23 等尺性収縮中の腓腹筋内側頭の超音波縦断画像
上より、安静時、最大収縮レベルの50％、最大収縮レベル．収縮レベルの増加とともに筋束（図中の線）が徐々に短縮していく．
（川上泰雄：骨格筋トレーニングによる筋のマクロ的変化．バイオメカニクス研究，6：220-226，2002）

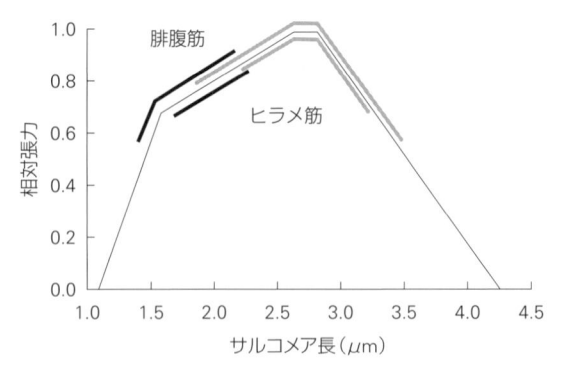

図3-24 下腿三頭筋の長さ―力関係
腓腹筋（内側頭）とヒラメ筋の安静時（薄線）および最大収縮時（濃線）の筋線維長から推定．生理的範囲で使われるのは長さ―力関係の一部であり，収縮によってその範囲が短縮位にシフトする．
(Kawakami Y et al.: The length force characteristics of human gastrocnemius and soleus muscles in vivo. In: Herzog W ed, Skeletal Muscle Mechanics. pp327-341, John Wiley & Sons, 2000)

という解剖学的単位から骨格筋の機能を評価するのが適切である[17]．羽状筋の場合，腱組織の量が多いために，その特性が筋機能に顕著に現れる．図3-23は超音波法による腓腹筋の縦断画像である．上より，安静時，最大下・最大等尺性収縮時のものである．このように，腱組織は筋収縮によって伸長され，筋束は短縮する．等尺性収縮であっても筋腱複合体の中では筋線維はダイナミックな短縮を行っているわけである．このために，収縮中の筋線維の長さ―力関係は筋長の長い側にシフトする[18,19]．つまり，同じ関節角度であっても筋線維長が収縮強度によって変化する．人間の下腿三頭筋の長さ―力関係のうち，生体内で使いうる範囲を図3-24に示す[20]．筋―腱相互作用の存在によって，長さ―力関係の範囲が収縮レベルによって異なることがわかる．

腱組織は外力によって受動張力を発生させながらバネのように伸展し，そのときに蓄えた弾性エネルギーをその後の反跳による短縮の間に放出することができる．腱組織の多い羽状筋は弾性エネルギーの利用の点からみて有利である．動物のランニング中の腓腹筋の筋束長を調べた報告では，脚が接地している間になされる仕事量のうち60％以上は腱に蓄えられた弾性エネルギーによってまかなわれる[21]．

人間でも同様の筋―腱相互作用が確認されている．足関節底屈筋群を用いたホッピング動作を行ったときの筋線維のふるまいを観察した結果を図3-25に示す[22]．反動のない条件の場合，筋線維の短縮と関節角度の変化の様相は一致しており，筋線維は短縮性筋活動を行いながら力を発揮する．ところが，反動ありの条件の場合，筋線維は筋活動が認められたときには等尺性筋活動を維持し，その後急激な短縮とともに足関節が回転する．反動動作によるパフォーマンスの向上は，筋線維の伸長―短縮サイクルによる筋力増強効果によるものではなく，効率が高く発揮筋力の大きい等尺性筋活動に，腱組織の伸長―短縮によるスピード向上効果が加わることによるパワー発揮によるものであることが明らかになった．このような筋―腱相互作用はネコの四足歩行[23-25]や人間

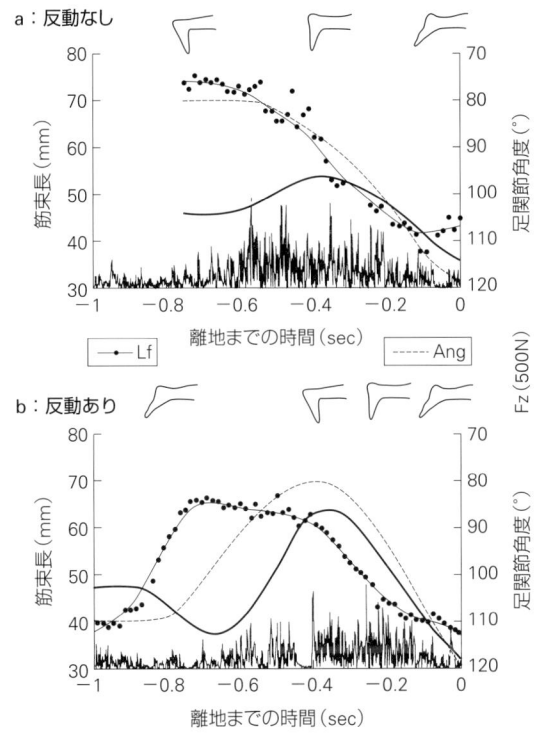

図3-25 足関節のみを用いた反動なし(a)およびあり(b)の条件のジャンプ中の関節角度(Ang),筋束長(Lf),床反力(Fz),および腓腹筋筋放電(横軸上)
反動ありの場合,足関節(図中破線)背屈時(筋腱複合体伸長中)に筋放電(図中横軸上)が大きくなるとき,筋線維(図中●および実線)は等尺性収縮を維持し,その後一気に短縮する.反動なしの場合,関節角度変化と筋束長変化の位相は一致する.
(Kawakami Y et al.: *In vivo* muscle-fibre behaviour during counter-movement exercise in humans reveals significant role for tendon elasticity. J Physiol, 540: 635-646, 2002)

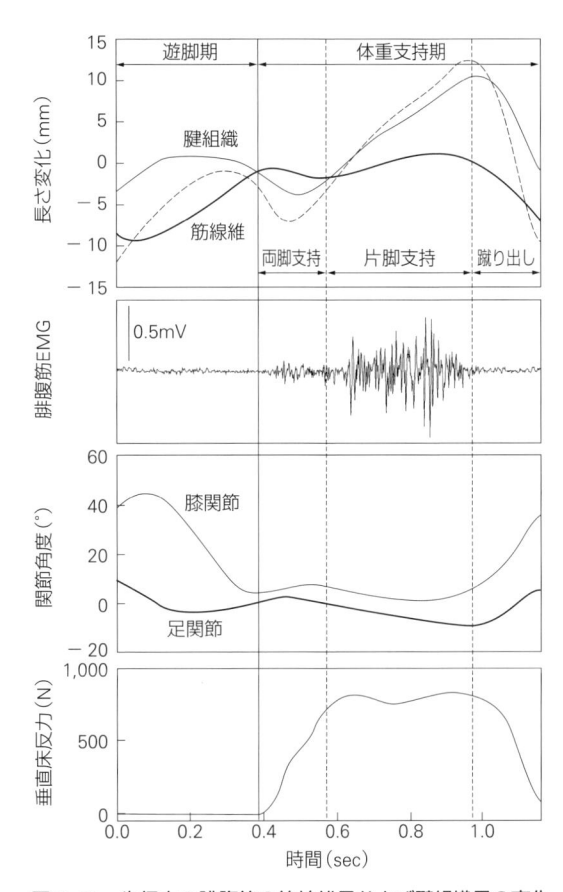

図3-26 歩行中の腓腹筋の筋線維長および腱組織長の変化
片脚支持期で筋腱複合体(点線)の全長が長くなるときに筋線維(太線)は等尺性収縮を維持し,腱組織が伸長(細線)される.蹴り出し時には両者の急激な短縮が生じる.
(Fukunaga T et al.: *In vivo* behaviour of human muscle tendon during walking. Proc R Soc Lond B Biol Sci, 268: 229-233, 2001)

の二足歩行(図3-26)[26]のような強度の低い運動においても観察されている.羽状筋は平行筋に比べて長さ変化のポテンシャルは低いが,この特性は決して不利なものではなく,むしろ,パワーや効率を高めるうえで極めて合目的なデザインなのである.歩行やジャンプ中の主働筋は,至適長を中心とした比較的狭い範囲で活動している(図3-27)[27].このことも高い力発揮効率につながる.

遠位部に長い腱組織をもつことはまた,質量の大きい筋腹部を近位側,すなわち関節の回転中心近くにすることにつながる[28,29].上肢や下肢のように,身体運動において大きく動く部分の末端部の質量を減らすことによって,素早い動きが可能になり,それを動かす筋の負担を減らすことができる.

腱組織の弾性には筋形状同様,大きな個人差が存在することがわかってきた.いわゆる固いバネ(腱組織)と柔らかいバネをもつ人が存在し,柔らかいバネをもつ人ほど,反動つきのジャンプのパフォーマンスが高く[30],100m走のパフォーマンスが優れている[31].スポーツ活動にはこのような反動動作を伴った運動(伸張—短縮サイクル運動,stretch-shortening cycle exercise)が多用されることから,スポーツパフォーマンスは腱組織の力学的特性の影響を大きく受けることが予想される.

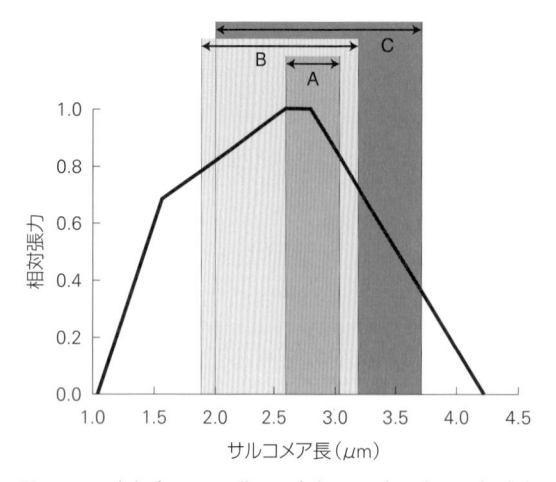

図3-27 歩行(A)，反動あり(B)および反動なし(C)条件の足関節を用いたジャンプ動作中の腓腹筋のサルコメア長の変化範囲

歩行は至適長付近で行われていることがわかる．反動なしのジャンプは反動あり条件に比べて，サルコメア長が長く，力発揮ポテンシャルが低い状態から運動を開始する．このために運動初期の力レベルが低い．

（川上泰雄：運動中の筋線維収縮動態．バイオメカニズム会誌，27：67-71，2003）

3）共働筋の貢献度

多くの場合，関節には複数の筋がまたいでおり，共働筋（協働筋，synergistic muscles）と呼ばれる．これらの共働筋は，生理学的筋横断面積，筋線維組成，モーメントアーム，長さ—力関係や力—速度関係が異なり，協働筋の中には，ひとつの関節だけをまたぐもの（単関節筋）と複数の関節をまたぐもの（多関節筋）が混在することが多い．関節角度と関節トルクの間の関係は，各筋の角度—トルク関係が組み合わされたものになる．各筋の長さ—力関係および力—速度関係の違いから，関節トルクに対する各筋の貢献度は関節角度・角速度によって異なる[20, 32]．

共働筋の貢献度は運動強度によっても異なる．たとえばネコの場合，遅い速度での歩行では主としてヒラメ筋がはたらき，駆け足やジャンプになると腓腹筋の活動が飛躍的に大きくなる（図3-28）[33]というように，筋線維組成の異なる，すなわち力発揮特性の異なる筋を運動強度に応じて効果的に使い分けるように中枢・末梢神経系によってコントロールされている．バラエティに富む筋形状は，こうした神経系による筋のコントロール

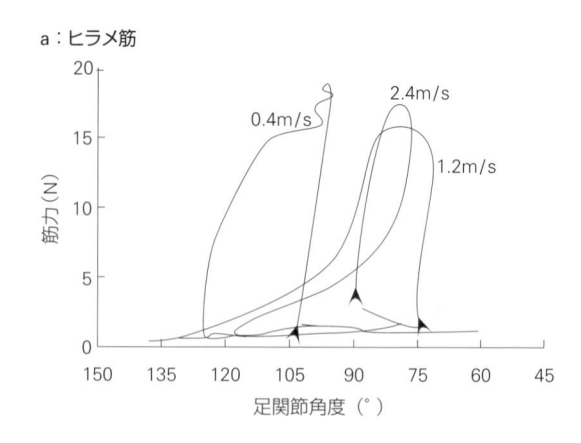

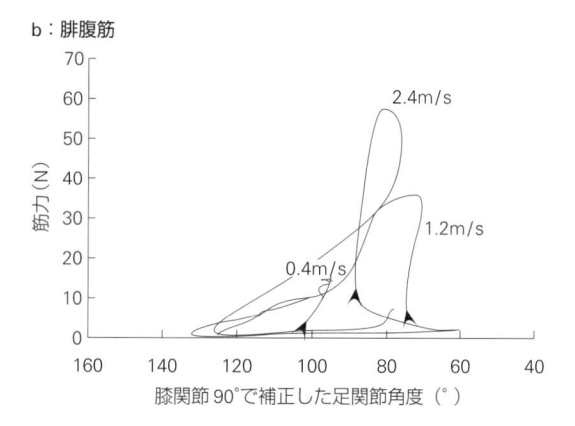

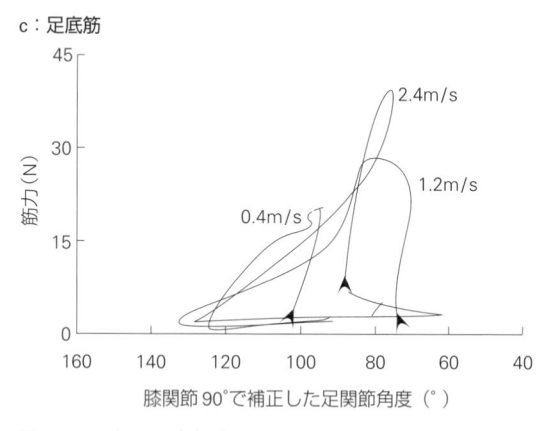

図3-28 ネコの歩行中の足関節角度とヒラメ筋(a)，腓腹筋(b)，足底筋(c)の発揮する力の関係

遅筋線維の割合の高いヒラメ筋は速度によらずほぼ同じ力を発揮しているが，速筋線維の割合の高い腓腹筋や足底筋はスピードが高くなるにつれて力が大きくなり，貢献度が高くなる．

（Herzog W et al.: Force-length properties and functional demands of cat gastrocnemius, soleus and plantaris muscles. J Biomech, 25: 1329-1335, 1992）

の複雑性を低減させ，微妙な動きからパワフルな力発揮までをスムーズに行うことを可能にする．形態・機能両面にみられる骨格筋の高い可塑性は，身体運動において発現される力や技の多様性や個人差を生み出す原因となっている．

文　献

1) 小堀かおる：筋の構造：身体はどのようなエンジンで動くか．In：東京大学身体運動科学研究室編，教養としてのスポーツ・身体運動．p27，東京大学出版会，2000．
2) 川上泰雄：骨格筋の形状と機能．In：福永哲夫編，筋の科学事典．pp37-64，朝倉書店，2002．
3) McComas AJ: Skeletal Muscle Form and Function. Human Kinetics, 1996.
4) Fukashiro S et al.: Comparison between the directly measured Achilles tendon force and the tendon force calculated from the ankle joint moment during vertical jumps. Clin Biomech, 8: 25-30, 1993.
5) Nisell R and Ekholm J: Joint load during the parallel squat in powerlifting and force analysis of in vivo bilateral quadriceps tendon rupture. Scand J Sports Sci, 8: 63-70, 1986.
6) Lieber RL: Skeletal Muscle Structure, Function, & Plasticity. Lippincott Williams & Wilkins, 1992.
7) Wickiewicz TL et al.: Muscle architecture of the human lower limb. Clin Orthop, 179: 275-283, 1983.
8) Burkholder TJ et al: Relationship between muscle fiber types and sizes and muscle architectural properties in the mouse hindlimb. J Morphol, 221: 177-190, 1994.
9) Sacks RD and Roy RR: Architecture of the hind limb muscles of cats: functional significance. J Morphol, 173: 185-195, 1982.
10) Woittiez RD et al.: Influence of muscle architecture on the length-force diagram of mammalian muscle. Pflugers Arch, 399: 275-279, 1983.
11) Alexander RM and Vernon A: The dimensions of knee and ankle muscles and the forces they exert. J Human Mov St, 1: 115-123, 1975.
12) Gans C and de Vree F: Functional bases of fiber length and angulation in muscle. J Morphol, 192: 63-85, 1987.
13) Kawakami Y et al.: Muscle-fiber pennation angles are greater in hypertrophied than in normal muscles. J Appl Physiol, 74: 2740-2744, 1993.
14) 川上泰雄：骨格筋トレーニングによる筋のマクロ的変化．バイオメカニクス研究，6：220-226，2002．
15) Yamaguchi GT et al.: A survey of human musculotendon actuator parameters. In: Winters JM and Woo S L-Y eds, Multiple Muscle Systems. pp717-773, Biomechanics and Movement Organization, Springer-Verlag, 1990.
16) Kawakami Y et al.: Architectural and functional features of human triceps surae muscles during contraction. J Appl Physiol, 85: 398-404, 1998.
17) Zajac FE: Muscle and tendon: properties, models, scaling and application to biomechanics and motor control. Crit Rev Biomed Eng, 17: 359-411, 1989.
18) Kawakami Y and Lieber RL: Interaction between series compliance and sarcomere kinetics determines internal sarcomere shortening during fixed-end contraction. J Biomech, 33: 1249-1255, 2000.
19) Otten E: Concepts and models of functional architecture in skeletal muscle. Exerc Sport Sci Rev, 16: 89-137, 1988.
20) Kawakami Y et al.: The length-force characteristics of human gastrocnemius and soleus muscles *in vivo*. In: Herzog W ed, Skeletal Muscle Mechanics. pp327-341, John Wiley & Sons, 2000.
21) Roberts TJ et al.: Muscular force in running turkeys: the economy of minimizing work. Science, 275: 1113-1115, 1997.
22) Kawakami Y et al.: *In vivo* muscle-fibre behaviour during counter-movement exercise in humans reveals significant role for tendon elasticity. J Physiol, 540: 635-646, 2002.
23) Goslow GE Jr et al.: Physiological extent, range and of muscle stretch for soleus, medial gastrocnemius and tibialis anterior in the cat. Pflugers Arch, 341: 77-86, 1973.
24) Griffiths RI: Shortening of muscle fibres during stretch of the active cat medial gastrocnemius muscle: the role of tendon compliance. J Physiol, 436: 219-236, 1991.
25) Hoffer JA et al.: Roles of muscle activity and load on the relationship between muscle spindle length and whole muscle length in the freely walking cat. Prog Brain Res, 80: 75-85, 1989.
26) Fukunaga T et al.: *In vivo* behaviour of human muscle tendon during walking. Proc R Soc Lond B Biol Sci, 268: 229-233, 2001.
27) 川上泰雄：運動中の筋線維収縮動態．バイオメカニズム会誌，27：67-71，2003．
28) Alexander RM and Ker RF: The architecture of leg muscles. In: Winters JM, and Woo S L-Y eds, Multiple Muscle Systems. pp568-577, Springer-Verlag, 1990.
29) Lieber RL and Blevins FT: Skeletal muscle architecture of the rabbit hindlimb: functional

implications of muscle design. J Morphol, 199: 93-101, 1989.
30) Kubo K et al.: Influence of elastic properties of tendon structures on jump performance in humans. J Appl Physiol, 87: 2090-2096, 1999.
31) Kubo K et al.: Elasticity of tendon structures of the lower limbs in sprinters. Acta Physiol Scand, 168: 327-335, 2000.
32) Herzog W et al.: A comparison of knee extensor strength curves obtained theoretically and experimentally. Med Sci Sports Exerc, 23: 108-114, 1991.
33) Herzog W et al.: Force-length properties and functional demands of cat gastrocnemius, soleus and plantaris muscles. J Biomech, 25: 1329-1335, 1992.
34) Kawakami Y et al.: Architecture of contracting human muscles and its functional significance. J Appl Biomech, 16: 88-97, 2000.
35) Narici MV: Assessment of human knee extensor muscles stress from in vivo physiological cross-sectional area and strength measurements. Eur J Appl Physiol, 65: 438-444, 1992.

［川上　泰雄］

3．筋の収縮様式と筋力

　筋線維は束になり筋束を形成し，腱組織に接続し関節を動かすことになる．ヒト生体を対象とする場合には，関節を介して力（関節トルク）や速度（関節角速度）を測定することになる．このことは，ヒト生体における筋線維の収縮特性は関節の機能特性を測定することにより類推することが可能であることを意味する．これまで，筋線維の特性と関節の機能特性との関係に関する数多くの研究がなされてきた．
　本項では，筋の収縮特性を，1）筋線維の収縮特性，2）関節の機能特性から検討したものである．

1）筋線維の収縮特性

(1) 筋線維の力―速度関係

　筋線維が収縮することにより発揮することができる張力（筋線維張力）は，その短縮速度の関数として表すことができる．歴史的にみても，筋線維の力―速度関係は，クロスブリッジの動的特性を反映していると考えられている．Hill は，筋収縮における力―速度関係を表す特性方程式を作成した．この式は今日まで多くの研究者により利用されている．実験的には，一定の負荷に対して最大収縮時の筋の速度を測定することにより得られる（図3-29）．

(2) 短縮性収縮にみられる力―速度関係

　筋は，与えられる負荷がその筋線維の最大強縮

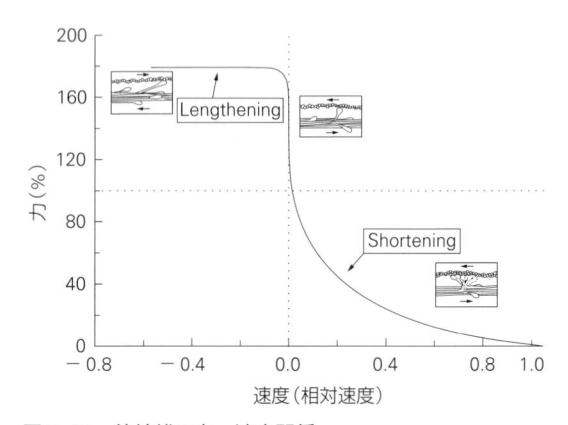

図3-29　筋線維の力―速度関係
（Lieber R: Skeletal Muscle Structure and Function. Williams & Willkins, 1992）

力よりも低い場合に短縮する．このように，筋がその長さを短くしながら収縮することを短縮性収縮という．短縮性収縮において，筋が発揮する力は常に最大張力よりも低い．負荷が減少するに伴い短縮速度は増大する．そして，負荷が0のときの短縮速度が最大速度になる．最大短縮速度は，筋線維のタイプと筋の形状により影響される．筋の力―速度関係は直角双曲線で以下のような式に表される．

$$(P+a)v = b(P_0-p)$$

　ここで，aとbは定数であり，実験的に約0.25となり，Pは筋力，P_0は最大強縮力，vは筋の収縮速度である．
　この筋の力―速度関係を生理学的に考えてみよう．アクチンとミオシンとの間のクロスブリッジが，ある速度で接近したり離れたりする．基本的に筋収縮力は，接続するクロスブリッジの数によ

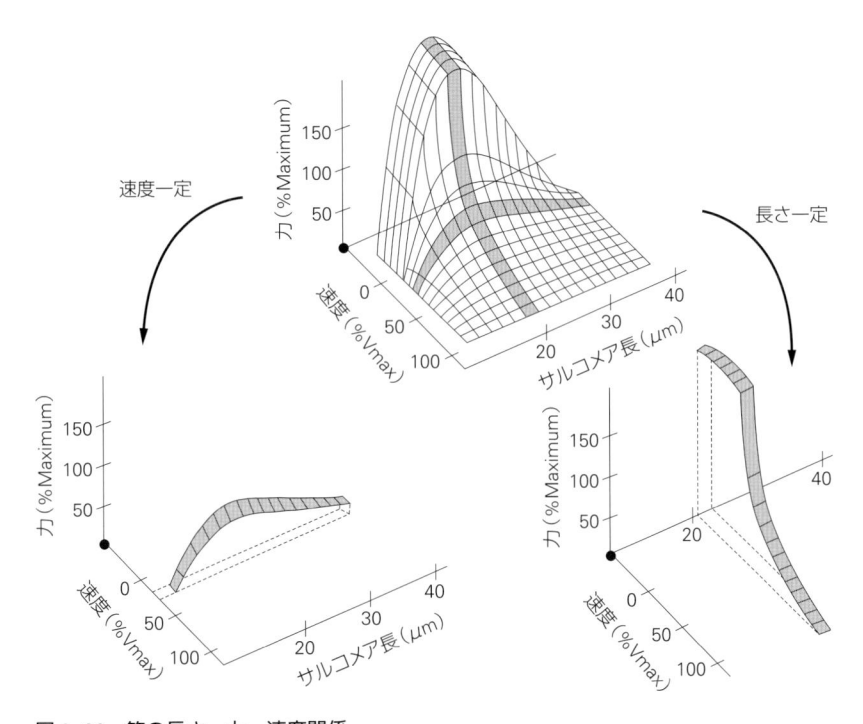

図3-30 筋の長さ―力―速度関係
(Lieber R: Skeletal Muscle Structure and Function. Williams & Willkins, 1992)

り決まる．クロスブリッジが接続するには，一定の時間を要するので，フィラメントが素早く滑走するにしたがって，接続するクロスブリッジの数が少なくなり，それにより力が減少する．逆に，フィラメントの速度が落ちるとより多くのクロスブリッジが接触する時間をもつことができ，強い力を発揮できる．

(3) 伸張性収縮にみられる力―速度関係

筋に与える負荷を増加させていくと，負荷が筋が発揮できる力を超えることになる．その場合には，筋は力を発揮しているにもかかわらず，それよりも強い負荷により筋の長さが伸ばされる．これは伸張性収縮といわれるものである．伸張性収縮には次の特徴がみられる．すなわち，筋が最大強縮で発揮できる力よりも強い力を発揮することができることである．

伸張性収縮は現在のところ次のような観点から研究されている．すなわち，一般的な活動においては，筋が収縮するときは伸張される場合が多い．そのため，伸張性収縮はごく一般的な生理学的な現象である．次に，筋損傷や筋痛は特に伸張性収縮に関連して生じる場合が多い．最後に，筋が肥大する場合には伸張性収縮を伴う運動を用いた場合により顕著である．

(4) 長さ―力―速度関係

前述のように，筋の発揮する張力はその長さおよび速度が変化することにより変化する．図3-30は，筋の長さ，力，速度の関係をみたものである．図3-30から考えられることは，もし筋の速度が非常に速い場合には筋の発揮張力はその長さに関係なく非常に低い．言い換えると，非常に速い速度では筋長は重要ではない．一方，速度が低い場合には，筋長は力を決める重要な要因となる．伸張性収縮においては力を決定するのは筋長よりも速度である．

(5) 異なる筋形状の力―速度関係

ヒトの筋は，数多くの筋線維が集合して形成されている．前述のように筋線維の力―速度特性は，アクチンフィラメントとミオシンフィラメントで構成されるクロスブリッジの数により影響される．筋はその太さと長さがさまざまである．筋の発揮する収縮特性はその太さと長さにより影響

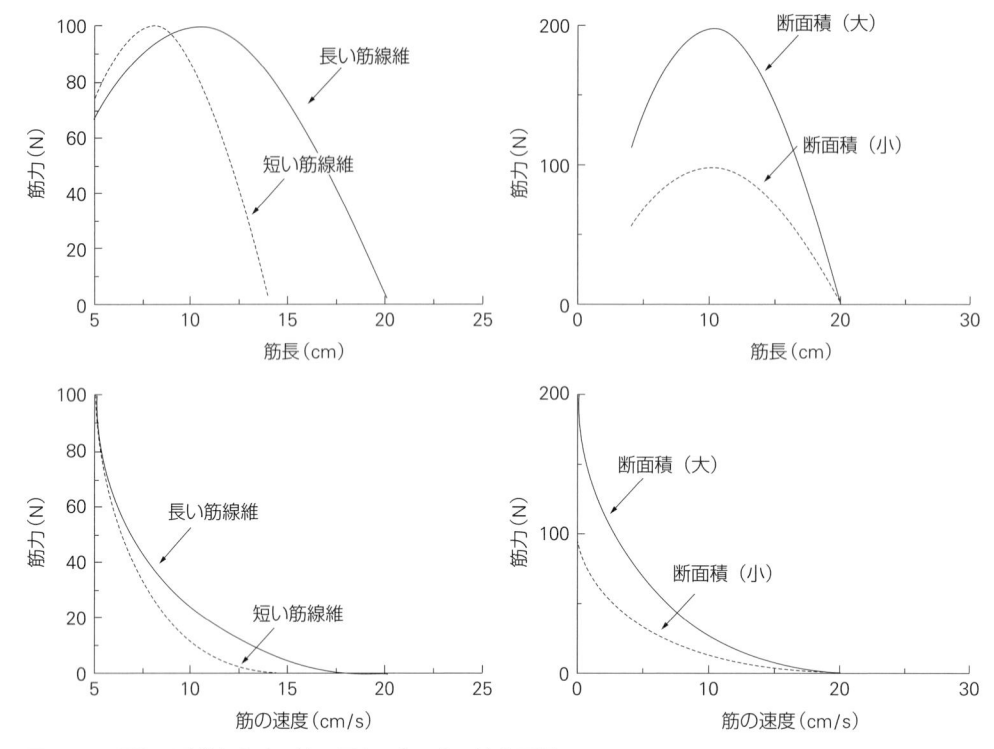

図 3-31 異なる形状を有する筋の長さ—力，力—速度関係
(Lieber R: Skeletal Muscle Structure and Function. Williams & Willkins, 1992)

される．太さは発揮張力に比例し，長さは収縮速度に比例する．たとえば，太さと長さが異なる筋があったとすると，その長さ—力関係は図3-31のようになる．つまり，筋線維が長い筋の場合には力—速度関係はより速度の速いほうへシフトする．一方，筋線維長が同じで断面積が異なる場合には，断面積が大きな筋は力が強い方へ力—速度関係がシフトする．

たとえば，前脛骨筋やハムストリングス等の比較的長い筋線維を有する筋は，高い収縮速度を発揮することができ，一方，大腿四頭筋や腓腹筋等のように生理学的断面積が大きな筋は強い力を発揮することができる．このように，筋の収縮特性が同じであってもその形状が異なる場合には，筋の発揮特性が異なることを考慮しなければならない．

(6) 異なる筋線維タイプの力—速度関係

筋線維はその収縮特性と代謝特性によりタイプが異なることが明らかにされている．一般的には2つのタイプに分けられる．タイプⅠ（遅筋線維，SO線維ともいう）とタイプⅡ（速筋線維，FG線維，FOG線維ともいう）である．概していえば，タイプⅠ線維は収縮速度は遅い．一方，多くのミトコンドリアを有し，有酸素的酵素活性が高く，毛細血管密度が高い筋線維であり，疲労しにくい．タイプⅡ線維は，さらにタイプⅡb（FG線維）とタイプⅡa線維（FOG線維）の2つのタイプに分けられる．タイプⅡb線維は収縮が速いが，ミトコンドリアが比較的少なく，有酸素的活性が低く，毛細血管が少ないので，疲労しやすい．タイプⅡa線維は素早い収縮ができ，タイプⅠ線維の疲労しにくい特性を有し，多くのミトコンドリアと毛細血管を有している．

筋線維タイプにより力—速度関係は異なる．図3-32は速筋線維と遅筋線維にみられる力—速度—パワー関係をみたものである．図3-32にみられるように速筋線維は速度とパワーが遅筋線維に比較して非常に高いことがわかる．

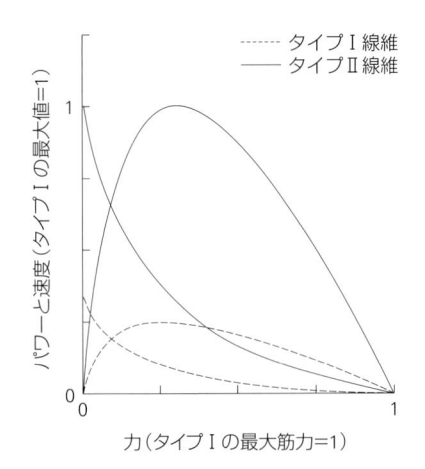

図 3-32　筋線維タイプによる力―速度―パワー曲線の違い
(Faulkner JA et al.: Power output of fast and slow fibers from human skeletal muscles. In: Jones NL et al. eds, Human Muscle Power. pp81-94, Human Kinetics, 1986)

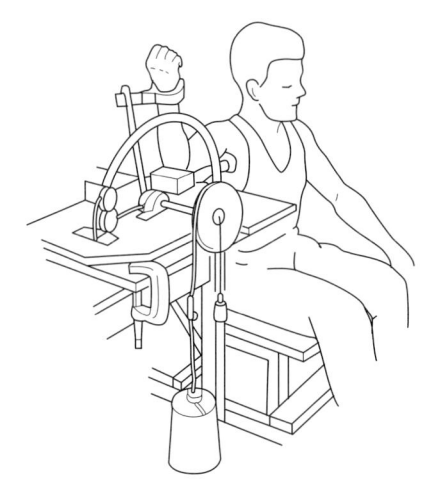

図 3-33　肘屈筋の力―速度関係測定装置
(Kaneko M: The relation between force, velocity and mechanical power in human muscle. Res J Phys Ed, 14: 143-147, 1970)

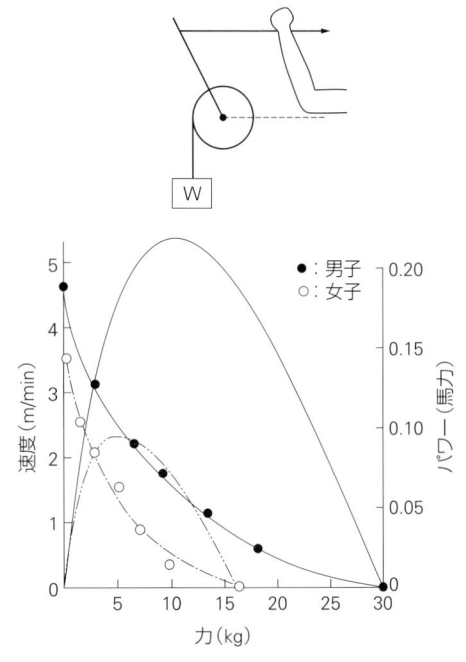

図 3-34　肘屈筋の力―速度関係
(Kaneko M: The relation between force, velocity and mechanical power in human muscle. Res J Phys Ed, 14: 143-147, 1970)

2) ヒト生体でみられる関節の力―速度関係

Wilkieはヒト生体での肘屈曲動作における力―速度関係を測定し，筋線維のそれに非常によく一致することを明らかにした．その後，金子により人体筋の力―速度関係が腕や脚の関節を用いてさまざまな条件下で精力的に研究が続けられた．図3-33は金子により考案された肘屈筋の力―速度関係を測定する装置である．この装置を用いて肘屈筋の力―速度関係を男女についてみたのが図3-34である．男女とも明らかに，肘関節屈曲でみられた力―速度関係は筋線維でみられたものとほぼ同じような傾向を示した．さらに興味ある点は，女性は男性よりも身長，体重といった身体の大きさは小さく，したがって，筋断面積は少なく筋長も短いので，最大筋力や最大収縮速度も低いことは意外なことではない．最大パワーが出現する条件をみると，男女ともに最大筋力の1/3相当の負荷が課せられたときである．

この力―速度関係の男女差から金子は興味ある推定をしている．前腕の質量を算出し，上腕屈筋の付着点を計測して，かつ，上腕屈筋の長さを推定して，上腕屈筋の筋長当たりの最大短縮速度を推定した結果，男女でほとんど差がみられなかった（男女ともに最大速度は約4cm/s）．一方で，筋が発揮できる最大筋力はその断面積に比例し，固有筋力（断面積当たりの力）には男女差がみられない．このことは，筋の速度が筋長に比例することから関節を介して，身体外部に現れる筋の収縮特性は筋の構造的特性によるものであり，筋の質的な特性には男女差はみられないことを意味し

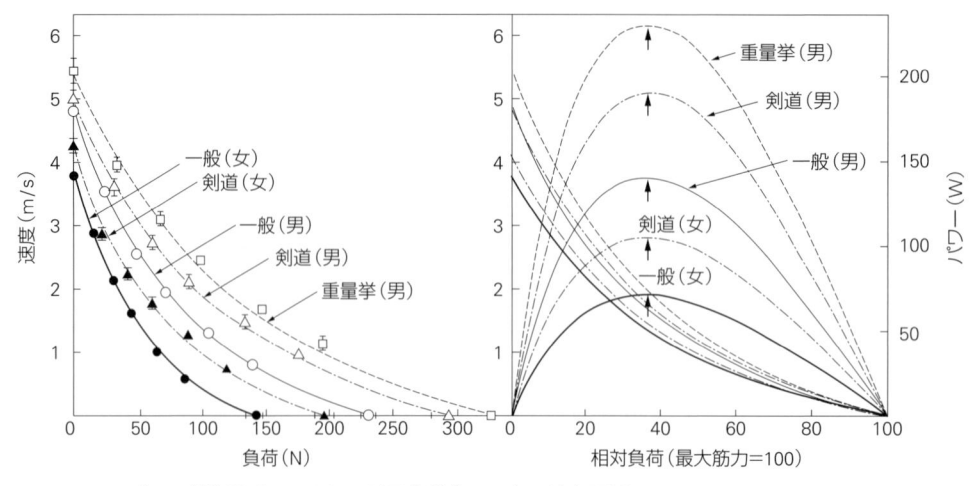

図3-35 スポーツ競技選手にみられる肘屈曲動作での力―速度関係
(金子公宥,淵本隆文:腕屈曲の力・速度・パワーにおける性差と運動種目差.日本体育学会第32回大会号,p369,1981)

ている.金子のこの発表は1988年になされたものである.最近,川上らは超音波法を用いて,荷重法による力―速度関係を測定するとともに,筋収縮中の筋長変化を測定し,肘伸展筋についての筋レベルでの力―速度関係をみた結果,金子の方法による力―速度関係と筋自体の力―速度関係がほとんど同じになることが明らかにされてきた.この場合には,荷重法を用いて力が一定条件での速度との関係を観察した結果であることに注意しておかなければならない.関節の動きが加速や減速状態では,腱の弾性特性が大きく影響し,筋の特性と関節の特性とは異なるものと思われる.いずれにせよ,川上らの実験結果は長年にわたって金子らが行ってきた荷重法による力―速度の実験結果が,筋自体の機能特性を表していたことを,約20年の歳月を経て実験的に証明したものとして貴重である.この異なる手法で同じ現象をみた結果が当初推定したメカニズムを追試したことになるものとして,スポーツ科学を目指すものにとっては大変興味深いとともに,人体筋を扱う研究の奥深さを感じるものである.これらの一連の研究は,人体筋の力―速度関係にみられる特性が,人体の複雑な構造をしているにもかかわらず,筋自体の機能特性をよく表しているものとして非常に興味深いといえよう.

(1) 人体筋の力―速度関係にみられるスポーツ競技選手の特性

スポーツ競技においては,力強い動きから素早い動きまでさまざまな動作が繰り返される.その結果,異なる種目の選手はその種目に特有な筋の特性を発揮できるものと考えられる.そこで,異なるスポーツ競技種目の選手を対象に力―速度関係を測定した.図3-35にみられるように,種目により力―速度特性が異なることが明らかである.さらに興味あることには,いずれの種目の選手においても,パワーが最大値を示すのは負荷が最大筋力の約30~40%であることである.

(2) 発育期の力―速度関係

発育に伴い筋はその断面積と長さが増大する.このことは筋の発揮することができる力と速度が増大することを意味する.そこで,肘屈曲動作における力―速度関係の発育に伴う変化を測定した.図3-36にみられるように,10歳から年齢が進むに伴って,力および速度ともに増加する傾向がみられる.ここでも,最大パワーが出現する負荷は最大筋力の約30~40%である.このような機能特性にみられる発育の影響は,関節の発揮する最大の力,速度,パワーの発育変化にもみられる.図3-37は発育期の子どもについて肘屈曲動作で測定された反応時間,最大速度,最大筋力および最大パワーの変化をみたものである.図3-

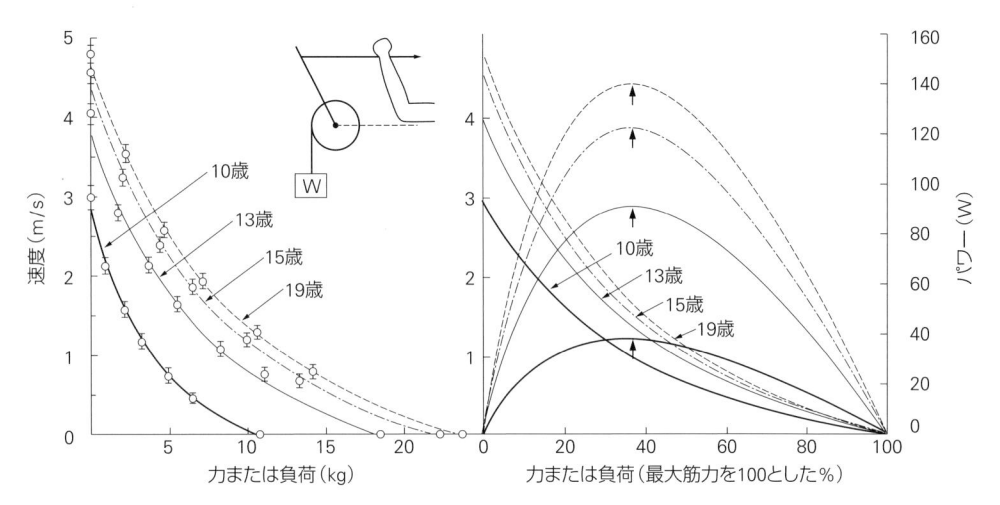

図 3-36　発育期男子の肘屈曲動作にみられる力―速度関係
(淵本隆文, 金子公宥：人体筋の力・速度・パワー関係における年齢差. 体育学研究, 25：273-279, 1981)

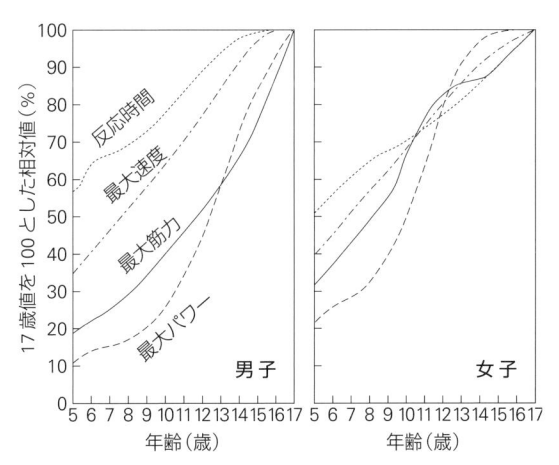

図 3-37　肘屈筋における最大パワー, 最大速度, 最大筋力, 反応時間の発達経過
(Kaneko M et al.: Growth and development of mucular power and shortening velocity in single contraction of elbow flexors. In: Ruskin H and Simkin A eds, Physical Fitness and the Ages of Man. pp93-105, Academon Press, 1987)

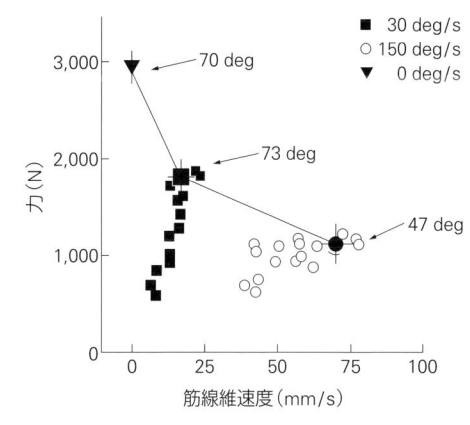

図 3-38　等速性膝伸展動作にみられる筋線維(外側広筋)の力―速度関係
(Ichinose Y et al.: In vivo estimation of contraction velocity of human vastus lateralis muscle during "isokinetic" action. J Appl Physiol, 88: 851-856, 2000)

37から明らかなように, 10歳以下の子どものときに, もっとも17歳に近い値を示したのは反応時間であり, もっとも低い値を示したのは最大パワーであった. このことは, 思春期に最大パワーの発育がもっとも著しいことを意味している.

(3) 等速性筋力測定装置による関節の力―速度関係

近年, 等速性筋力測定装置が開発されたことにより, 比較的簡単に各関節におけるトルク―角速度関係が測定できるようになった. 理論的には関節トルクは筋の収縮張力を, 関節角速度は筋の収縮速度に関係することから, 関節のトルク―角速度関係から筋の力―速度関係を推定する研究が多くみられる. この場合, 関節角度によりトルクが変化することから, 一定角度における角速度変化時のトルクを比較する試みが多い (angle specific torque). つまり, 筋長を一定条件で力―速度関係をみようとする試みである. このことを確かめるために, 等速性膝伸展動作をさまざまな角速度で実施したときの外側広筋の筋線維長を超音波法で測定し, 発揮張力 (関節トルク／モーメントアー

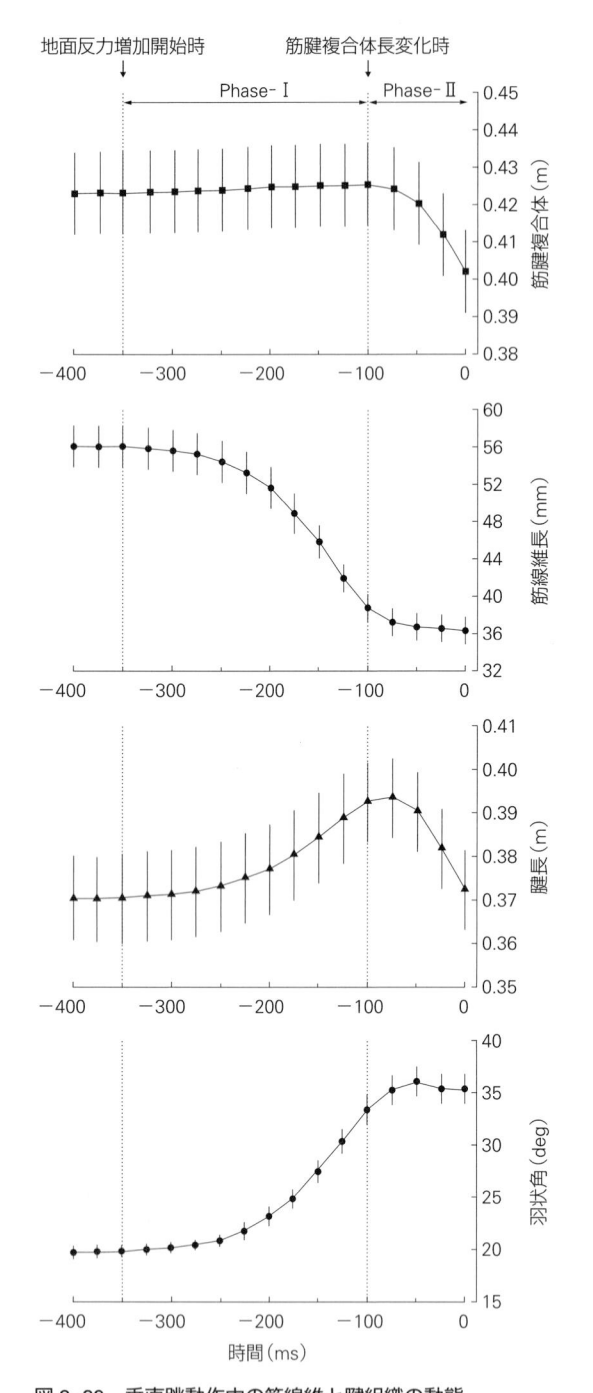

図 3-39　垂直跳動作中の筋線維と腱組織の動態
(Kurokawa S et al.: Behavior of fascicles and tendinous structures of human gastrocnemius during vertical jumping. J Appl Physiol, 90: 1349-1358, 2001)

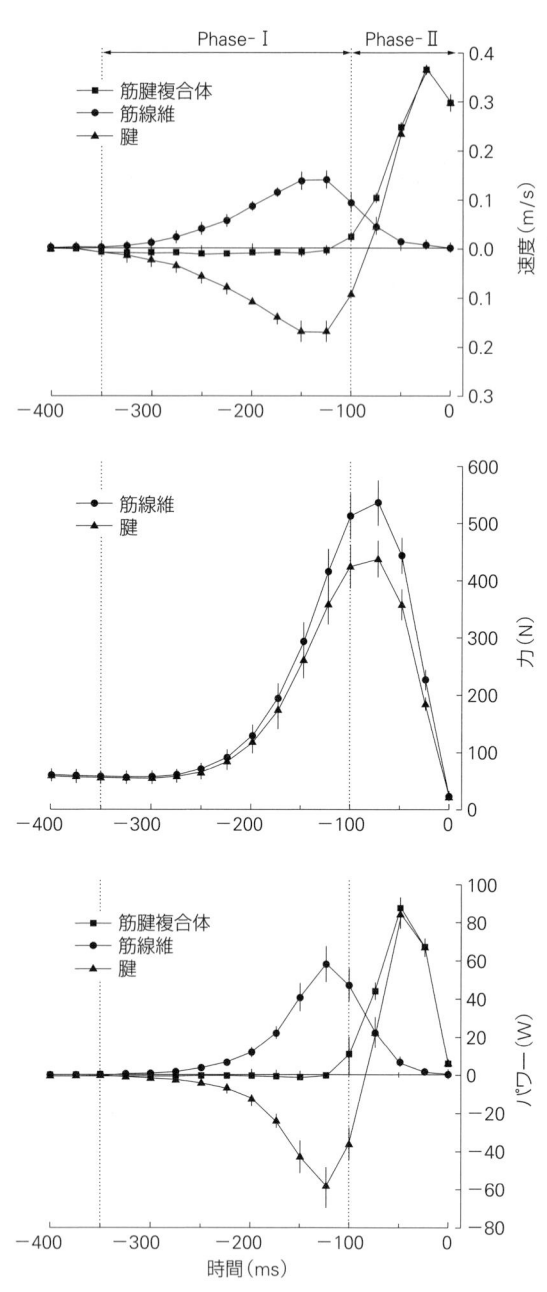

図 3-40　垂直跳動作中の筋線維および腱の力，速度，パワーの変化
(Kurokawa S et al.: Behavior of fascicles and tendinous structures of human gastrocnemius during vertical jumping. J Appl Physiol, 90: 1349-1358, 2001)

ム）との関係をみた．図3-38は筋線維の短縮速度と力との関係をみたものである．いずれの角速度においても，最大トルクが出現するときの筋線維長はほぼ一定（約90mm）であった．逆に，角度が一定のときの筋線維長は角速度によって異なることが明らかになった．このことは，一定の角度でトルク―角速度関係をみることは，異なる筋

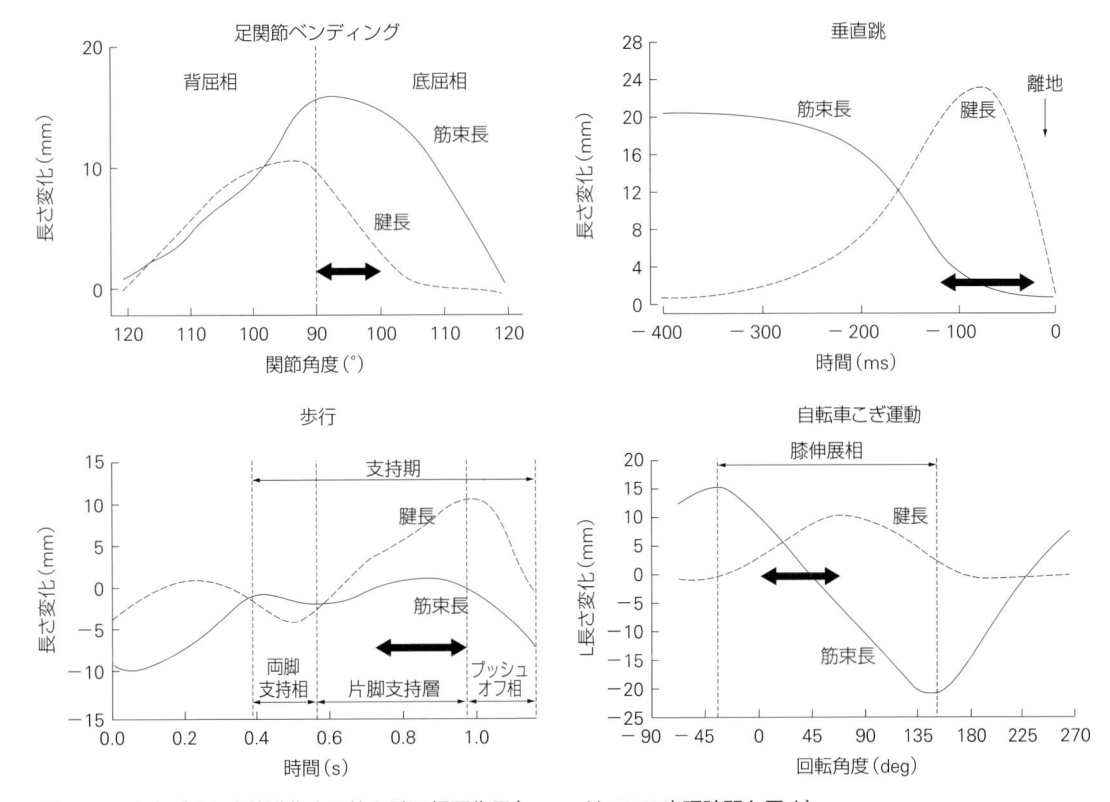

図 3-41　さまざまな身体動作中の筋と腱の相互作用（◆──▶はEMG出現時間を示す）
（Fukunaga T et al.: Muscle and tendon interaction during human movements. Exerc Sport Sci Rev, 30: 106-110, 2002）

線維長での力―速度関係をみることになる．したがって，同一筋線維長での力―速度関係を測定するならば，角度にとらわれないで最大トルク―角速度関係を採用すべきであると考えられる．

(4) 身体運動中の力―速度関係

　筋は歩行や走行などの身体運動中に力を発揮するが，そのときにも収縮の速度の影響を受けながら力を発揮することになる．このときは，腱の弾性特性により，筋線維の力―速度関係は著しく影響される．超音波法を用いれば，垂直跳動作中の筋線維と腱組織の長さ変化を測定することができる．図 3-39 は，垂直跳動作中の筋線維長と腱長および羽状角を超音波法を用いてリアルタイムで測定した結果である．垂直跳動作開始後，筋腱複合体の長さは変わらないが，筋線維は収縮し，腱組織は伸張する（phase-Ⅰ）．その後，離地直前では急激な腱組織の短縮がみられるが，そのときの筋線維の長さはほとんど変化しない．このときみられた高い筋放電は筋の等尺性収縮によるもので

あるといえる．図 3-40 にみられるように，垂直跳動作の前半では筋線維は短縮速度が増加し，腱は伸張速度が増大する．このとき筋腱複合体は速度がほとんどゼロである．一方，離地前では，筋線維は短縮速度がほとんどゼロになり，腱および筋腱複合体の短縮速度が急激に増大する．腱および筋に作用する力は，動作中いずれも離地前の約 100ms くらいで最大値を示す．したがって，パワーは速度曲線と同じ傾向を示し，前半では筋の短縮および腱の伸張によるパワー発揮がみられ，離地の前には腱および筋腱複合体の急激な短縮によるパワー発揮がみられる．このとき筋はほとんど機械的パワーを発揮していない．

　そこで，さまざまな身体運動中の筋線維長と腱長を超音波法を用いて測定し，その振る舞いをみてみた（図 3-41）．図 3-41 にみられるように，いずれの動作においても筋が強く収縮するとき（図中の矢印）には筋線維長はあまり大きな変化がみられず，一方，腱長の著しい変化がみられる．

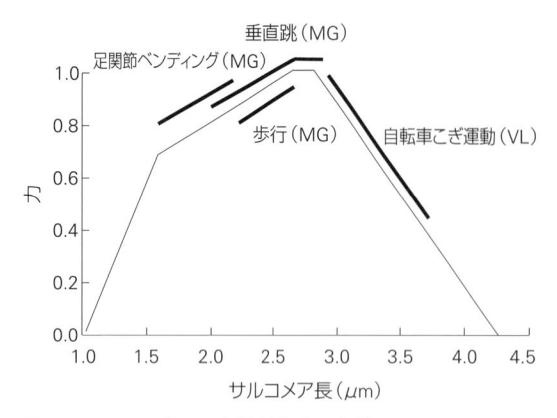

図3-42 さまざまな身体動作中の各筋のサルコメア長―力関係
（Fukunaga T et al.: Muscle and tendon interaction during human movements. Exerc Sport Sci Rev, 30: 106-110, 2002）

以上のように，いずれの動作においても筋がもっとも強く放電する相においてその長さ変化がほとんどない，つまり収縮速度がゼロに近い状態で力を発揮していることは，力―速度関係においてもっとも力発揮に有利な条件で身体動作が遂行されていることを示すものである．このことは，筋の活動が非常に効率的になされることを意味する．身体動作中のこのような効率的な筋活動を生み出すことができるのは，弾性体としての腱組織の存在であることが明らかである．

さらに，筋線維長が測定できたことから，サルコメアの長さを推定することが可能である．そこで，これまでに報告されているサルコメアの長さ―力関係に身体運動中の各筋群の長さ変化を加えてみた．図3-42にみられるように，いずれの動作においても筋線維はサルコメアの長さ―力関係のほぼプラトー領域か，少し下降脚にあることがわかる．つまり，いずれの動作においても筋線維の力発揮にもっとも有利な長さ変化の領域で筋が収縮しているものと推察される．

筋線維の発揮張力は，腱の弾性特性の影響を受けながら関節を動かす．多くの身体運動においては，筋は力―速度特性の影響を受けながらパワーを出力することができる．しかし，運動中，筋腱複合体に作用する力が変化するときには，腱の弾性特性が関節の運動に強く影響することになる．

概していえば，身体運動中に筋線維は力を発揮し，一方，腱組織は速度を生み出すはたらきをし，その結果，筋腱複合体としてはパワーを発揮できることになる．身体運動を行う関節の構造と機能に関しては，筋線維が腱組織に直列に接続する機能的な意義をここに考えることができる．

文　献

1) Lieber R: Skeletal Muscle Structure and Function. Williams & Willkins, 1992.
2) Faulkner JA et al.: Power output of fast and slow fibers from human skeletal muscles. In: Jones NL et al. eds, Human Muscle Power. pp81-94, Human Kinetics, 1986.
3) Kaneko M: The relation between force, velocity and mechanical power in human muscle. Res J Phys Ed, 14: 143-147, 1970.
4) 金子公宥，淵本隆文：腕屈曲の力・速度・パワーにおける性差と運動種目差．日本体育学会第32回大会号，p369，1981．
5) 淵本隆文，金子公宥：人体筋の力・速度・パワー関係における年齢差．体育学研究，25：273-279，1981．
6) Ichinose Y et al.: *In vivo* estimation of contraction velocity of human vastus lateralis muscle during "isokinetic" action. J Appl Physiol, 88: 851-856, 2000.
7) Kurokawa S et al.: Behavior of fascicles and tendinous structures of human gastrocnemius during vertical jumping. J Appl Physiol, 90: 1349-1358, 2001.
8) Fukunaga T et al.: Muscle and tendon interaction during human movements. Exerc Sport Sci Rev, 30: 106-110, 2002.

［福永　哲夫］

第4章 筋活動のためのエネルギー供給

1. エネルギー供給機構

1）ヒト骨格筋のATP含量

運動の仕組みを筋レベルで考えると，筋の収縮系，情報伝達系そしてエネルギー産生系に分類することができる．そして筋の唯一のエネルギー源がアデノシン5'-3リン酸（adenosine 5'-triphosphate: ATP）であるので，エネルギー産生系，すなわち運動中（筋収縮中）のATP再合成系に関する情報は，運動の仕組みを理解するうえで非常に重要である．

1）ヒト骨格筋のATP含量

筋が収縮する場合，筋細胞内に存在するATPが直接的に用いられる．このときの反応で，ATPは無機リン酸（Pi）とアデノシン5'-2リン酸（adenosine 5'-diphosphate: ADP）に分解される．ATP1分子当たりにおける発生エネルギーはわずかであり，しかも筋中にもともとあるATP量だけでは，筋収縮は数秒も持続しない．しかしながら，たとえば100mの全力疾走では少なくとも1,020molのATPが1歩1歩で必要となる．そのため，わずか10秒あまりの運動であってもそれを持続するためには，運動中の筋内においてATPの消費と合成を同時に行わなければならない．表4-1は安静時におけるヒト骨格筋の筋中グリコーゲン，クレアチンリン酸（PCr）およびATP含量を筋線維タイプ別に示したものである．ここに示された報告は1本の筋線維に対し組織化学（筋線維タイプの検討）と生化学的分析（濃度の検討）を施しているので，より正確なデータであると考えられる．グリコーゲンおよびPCrは速筋であるタイプⅡ線維が有意に高値を示しているのに対し，ATPにおいては筋線維タイプによる差はほとんど認められない．

2）ATP再合成系

ATPを再合成する主要なエネルギー供給系は，運動の強度，時間，トレーニング状態および基質の利用能力などの影響を受けるが，運動生理学ではよく3つに分類される．この3つのエネルギー供給系は，①PCrの分解，②解糖系，③酸化系である．PCrの分解と解糖によるATP供給は無酸素的過程（anaerobic）で進められるのに対し，酸化による供給は有酸素的過程（aerobic）で進行する．さらに解糖系によるATP供給に関しては，

表4-1 ヒト骨格筋・筋線維タイプ別のグリコーゲン，PCr，ATP含量（安静時）

報告者	グリコーゲン		PCr		ATP	
	Ⅰ	Ⅱ	Ⅰ	Ⅱ	Ⅰ	Ⅱ
Teschら（1989）[1]	—	—	73.1±9.5	82.7±11.2*	—	—
SoderlundとHultman（1990）[2]	—	—	—	—	25.2±4.0	25.9±3.6
SoderlundとHultman（1991）[3]	—	—	72.3±4.5	83.3±9.8*	23.9±1.4	25.0±1.2
Soderlundら（1992）[4]	399±28	480±33*	79.4±2.4	89.6±5.2*	23.7±0.6	25.2±0.6*
Greenhaffら（1991）[5]	399±47	445±47*	67.7	71.2	24.1	25.5
Greenhaffら（1993）[6]	364±23	480±24*	85.4±2.8	88.5±4.9	25.5±0.5	25.7±0.5

単位：mmol/kg dry muscle
Ⅰ：タイプⅠ線維，Ⅱ：タイプⅡ線維．＊：タイプⅠ線維に対して統計的に有意差が認められる．

① グリコーゲンおよびグルコースが解糖系でピルビン酸にまで転換されていく過程でのATP生成,
② グリコーゲンあるいはグルコースがピルビン酸に転換され,その後TCA回路に進み,有酸素的過程でのATP生成,
③ グリコーゲンあるいはグルコースがピルビン酸さらに乳酸まで転換され,その乳酸が総乳酸脱水素酵素（lactic acid dehydrogenase: LDH）活性の低下によりピルビン酸に再転換され,その後TCA回路に進み有酸素的過程でATPを生成する,

の3つに分類される.

ここで注目してほしいのは,いずれのATP合成過程においても,ADPからATPというリン酸化の仕組みによって変換されていることである（図4-1）.基本的にはADPからATPへの転換は有酸素的代謝経路が中心である.しかしながら,運動中のさまざまな場面で無酸素的代謝経路による供給過程（乳酸の酸化,PCrの分解）もまた重要である.無酸素的なADPからATPへの合成の割合が最大のとき,有酸素的代謝経路と比較すると2～3倍もそれの割合が高い.しかしながら,そのときのトータルなATP合成量を比較すると無酸素的代謝経路は相対的に低くなってしまう.したがって,無酸素的代謝経路によるATP再合成は,単時間で高強度の運動時に非常に重要となるわけである.そこで無酸素的代謝経路によるATP再合成過程を以下にまとめた.

$$PCr + ADP + H^+ \overset{CK}{\rightleftarrows} ATP + Cr \cdots\cdots (1)$$

$$グリコーゲン + 3ADP + 3Pi \rightarrow 3ATP + 2lactate^- + 2H^+ \cdots\cdots (2)$$

$$2ADP \overset{AK}{\rightleftarrows} ATP + AMP \cdots\cdots (3)$$

$$AMP + H^+ \overset{AMP\ deaminase}{\rightleftarrows} IMP + NH_4^+ \cdots (4)$$

筋はもうひとつの短時間によるATP再合成系をもっている.これはアデニレートキナーゼ（adenylate kinase: AK）活性という酵素により触媒される（式3）.この反応で産生されたアデノシン5'-リン酸（adenosine 5'-monophosphate: AMP）は,解糖系によりATPの供給を調節しているとされるホスフォフルクトキナーゼ（phospho-fructokinase: PFK）活性を高めるはたらきをもっていることが知られている.

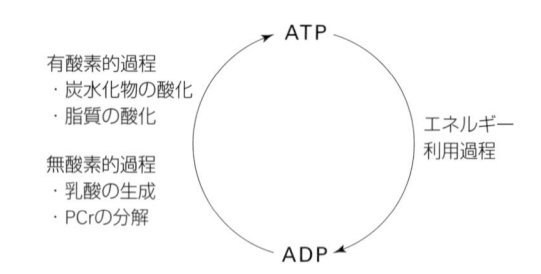

図4-1 ATP再合成系の基本はATP—ADPサイクル
ATP合成系を理解するためにはこのサイクルを回転させるためにどの系が中心に動員されているかを考えることが重要となる.

3) 高強度運動時のATP収支

非常に高強度な活動が行われると,多量のATPが消費され細胞内では相対的にADP濃度が高まっていく.上述してきたように,筋の代謝調節は基本的にはATPの消費と再合成の収支を同じにするようはたらく.消費が再合成を上まわる状態が継続されると筋疲労に達することになる.たとえば,消費が上まわり細胞内にADP濃度が上昇していくと,筋はADP濃度を一定レベルに維持するためにAK活性によるATP合成を促進する.しかしながら,この合成系はAMPを生成する.AMPは細胞内に多量に蓄積しはじめている多量のH^+と結合し,イノシン5'-リン酸（inosine 5'-monophosphate: IMP）とアンモニアに変換される（脱アミノ化）.細胞内におけるアンモニアの蓄積が筋疲労を引き起こすことはよく知られている事実である.したがって,ATPの消費と再合成の収支を測定することは,筋運動の仕組みを理解する上では重要と考えられる.Hochachka と Matheson[7] は,この収支を imbalance（不均衡）として以下の式に表している.

$$\% \text{imbalance} = \frac{\Delta [ATP] \times 100\%}{\text{total ATP turnover}}$$

しかしながら,筋のATP濃度を測定することは非常にむずかしいのが現状である.なぜなら

表 4-2 運動時間(高強度運動)と PCr,解糖系からの ATP 供給の関係

運動時間(sec)	PCr	解糖系	PCr+解糖系
1.28～10	～6.0～9.0	6.0～9.3	—
6～10			10.8～13.7
30	1.59	4.38(5.84*)	
50～90	0.86	1.67	

単位:mmol ATP/kg dm/s
*:30秒間の運動で筋中から血中へ出た乳酸が総乳酸の25%あると仮定して計算した場合の値.

表 4-3 短時間・高強度運動開始時に解糖系による ATP 供給を示すデータ

報告者	運動	期間(sec)	PCr	解糖系
			ATP provision (mmol/kg/dm/s)	
HultmanとSjohlm(1983)[9]	電気刺激 (50Hz)	0～1.28	～9.0	～2.0
		0～2.56	～5.0	～5.3
	(20Hz)	0～3	～5.0	～2.8
HultmanとSjohlm(1983)[9]	電気刺激 (20Hz)	0～5	～3.1	～2.1
		0～10	～3.3	～2.3
		10～20	～2.0	～3.0
		20～30	～0.9	～3.8
		30～40	～0.7	～3.8
		40～50	～0.4	～4.1
		0～30	～2.1	～3.0
		0～50	～1.5	～3.4
Boobisら(1983)[10]	サイクリング	0～6	6.0	4.8
		0～30	1.9	4.0
Jacobsら(1983)[11]	サイクリング(男)	0～10	—	6.0
	サイクリング(女)	0～10	—	2.9
	サイクリング(男)	0～30	—	3.4
	サイクリング(女)	0～30	—	2.1
Jonesら(1985)[12]	アイソキネティック サイクリング(60rpm)	0～30	5.1	8.0
		0～30	1.4	5.8
	(140rpm)	0～10	4.4	9.3
		0～30	0.7	6.5
Boobisら(1983)[11]	サイクリング	0～30	2.0	4.4
McCartneyら(1986)[13]	アイソキネティック サイクリング(100rpm)	0～30	1.4	5.9
Cheethamら(1986)[14]	ランニング	0～30	1.9	3.8
Jacobsら(1981)[15]	サイクリング	0～30	1.3	2.6
Nevillら(1989)[16]	ランニング	0～30	1.9	4.1
Withersら(1991)[17]	サイクリング	0～30	1.3	3.7
		0～60	0.9	2.5
		0～90	0.5	1.7
Sprietら(1995)[18]	電気刺激	0～50	1.3	1.8
		50～150	0.1	1.1
		150～200	0.0	0.3
Costillら(1983)[19]	ランニング,125% $\dot{V}O_2max$(G)	0～60	—	1.2
		0～60	—	1.3
	ランニング400m	0～60	—	2.1
Hultmanら(1983)[20]	サイクリング	0～77	0.8	—
Karlssonら(1975)[21]	アイソメトリック (50%MVC)	0～90	0.8	1.1
KarlssonとSaltin(1970)[22]	サイクリング	0～143	0.4	0.7
Bangsboら(1990)[23]	アイソキネティック 膝伸展	0～192	0.3	1.6

ば消費と同時に再合成がなされるため、みかけ上の変化は非常に小さいためである。これに対してHochachka と Matheson[7]は、%imbalance を推定するのに IMP 濃度がよい指標であるとしている。その理由として、①ATP が安静時レベルより低下していくと蓄積しはじめること、②安静時の濃度が非常に低いこと、および③ATP 濃度の変化（減少）よりその変化がより大きいこと、をあげている。

4）高強度運動開始時の ATP 供給系

前述したように ATP 再合成のための運動中のエネルギー利用は、運動強度、運動時間、トレーニング状態および基質の利用能力に依存している。たとえば、50% $\dot{V}O_2max$ を超えるような運動強度のとき、解糖によるエネルギー供給が中心となる。さらに、短時間高強度運動になると PCr が重要な役割を果たす。表4-2に示したように10秒以内の全力運動の場合、PCr と解糖によるATP 供給量が等量を示す。運動時間がさらに短くなれば、より PCr による供給の割合が高くなると考えられる。一方、運動時間が長くなると解糖系による貢献の割合が増すことになる。たとえば、運動時間が30秒になると解糖による供給量は PCr の2倍以上になる。

ここで注意したいのは、Margariaら[8]以来多くの運動生理学の教科書に、「10秒以内の激しい運動のとき、PCr による ATP 供給が枯渇することにより解糖系が活性されて、グリコーゲン分解による ATP 供給が開始される」と記述されていることである。しかしながら、10秒以内の全力運動で解糖による ATP 供給量が PCr 分解による供給量とほぼ同量であるということは、これまでの仮説との矛盾を示すものである（表4-2）。さらに、運動開始と同時に解糖系が動員されていることを示唆する多くの結果がこれまでに報告されている（表4-3）。

短時間高強度運動は、PCr 分解と解糖系による ATP 供給の合算のもとになされるわけだが、有酸素的代謝経路による ATP 供給はなされていないのであろうか。100m 全力疾走中の ATP 供給系の

表4-4 運動中の ATP 再合成に占める有酸素的代謝経路、無酸素的代謝経路の割合（%）

	有酸素的代謝経路	無酸素的代謝経路
0〜30秒	20	80
60〜90秒	55	45
120〜180秒	70	30

運動はそれぞれの時間において疲労困憊に達するような強度と仮定した場合。
(Spriet LL et al.: Anaerobic energy release in skeletal muscle during electrical stimulation in men. J Appl Physiol, 62: 611-615, 1987)

割合について検討した研究によると、酸化系による ATP 供給は約17%にものぼることが報告されている。表4-4にはこれまでの報告から、運動中の ATP 供給に占める有酸素的代謝経路と無酸素的代謝経路の割合をまとめたものを示した[24]。それによると有酸素的代謝経路の貢献度は0〜30秒の運動で20%、60〜90秒の運動で55%、120〜180秒の運動で70%であった。

5）インターバル運動中の ATP 供給系

図4-2[24]には、3回の間欠的な30秒間の全力運動時における総仕事量（＝ATP 消費量）と ATP 消費量に対する3つの供給系（有酸素的代謝経路、解糖および PCr の分解）の占める割合が示されている。1回目と3回目では総仕事量で約40%の減少がみられたが、ATP 供給系の観点からみると PCr 分解と有酸素的代謝経路による貢献度には変化がみられない。それに対し、解糖（グリコーゲン）による割合が著しく低下している。したがって、疲労に伴うパフォーマンスの低下は、解糖系による ATP 供給能の低下により導かれていることと理解することができる。NMR (nuclear magnetic resonance) を用いた研究より PCr は運動中止後の比較的早い段階で安静レベルまで回復することが知られている（この運動でも2分間の休息のうちに安静レベルまで回復したと考えられる）。一方、グリコーゲンの回復は2分間の休息ではほとんど回復しないため、3回目の運動時の ATP 供給における解糖の割合が著しく減少している。3回の運動をそれぞれ単独として考えると、1回目の運動における解糖系の占める割合が

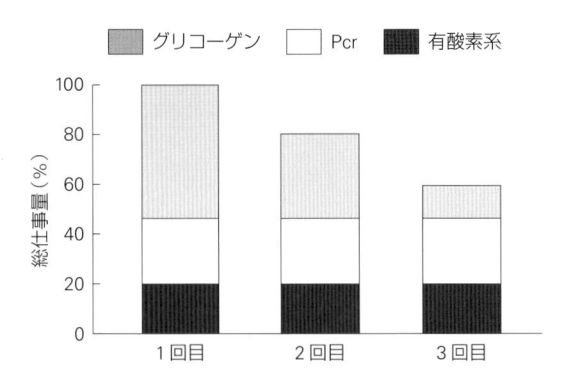

図4-2 間欠的な30秒間全力運動時におけるATP消費量(=仕事量)と3種類(グリコーゲン分解，PCr分解，有酸素系)のATP供給系の貢献度
運動間の休息には2分があてられた．1回目の仕事量を100%として2回目以降相対的に表している．PCr，有酸素系によるATP供給率は3回の運動で変化しない．これは，もし運動中にこれらのエネルギー源が安静時より減少しても，2分間の休息期に安静レベルまで回復していることを示している．一方，グリコーゲンはこの間に回復することはできず，結果的に総仕事量の減少が生じる．
(Spriet LL et al.: Anaerobic energy release in skeletal muscle during electrical stimulation in men. J Appl Physiol, 62: 611-615, 1987)

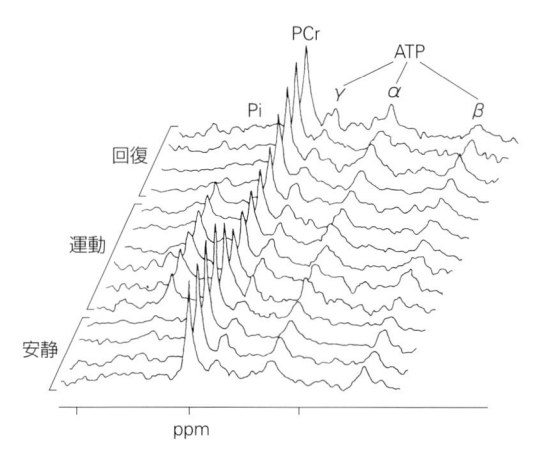

図4-3 ラット後肢筋の安静→運動→回復の各期における31P NMRスペクトル
下4列：安静期，中6列：1Hzの電気刺激による運動期，上4列：回復期．各スペクトルは積算32回（パルス繰り返し時間3秒）により測定．α，β，γ：ATPの3個のリン酸基．
(Kuno S et al.: Phosphorus-31 nuclear magnetic resonance study on the effects of endurance training in rat skeletal muscle. Eur J Appl Physiol Occup Physiol, 65: 197-201, 1992)

約50%であったのに対し，3回目には約20%まで低下している．したがって，間欠的高強度運動におけるパフォーマンスの向上をATP供給系の観点からみると，2回目以降の運動時において解糖系による供給率を低下させないことが重要となる．

6) 低強度運動時におけるPCrの役割

今度は逆に，低強度運動時のATP供給系におけるPCr分解や解糖系による貢献について考えてみたい．まず，解糖系については低強度時には脂質の酸化によるATP供給が中心となるので，一定時間内であればほとんど貢献しないと考えられる．一方，PCrの分解は非常に低強度な運動時（40%$\dot{V}O_2$max以下；この強度以下では脂質の酸化による供給が中心となる）でもなされる．これについては著者らもNMR法により確認している（図4-3）[24]．ただし，ここでいうPCrの貢献とは，運動開始時に脂質酸化によるATP供給が間に合わないために代償的になされるというものではなく，数分以上の運動であってもPCr分解によるATP供給がなされていることをさしている．これは，たとえ低強度な運動であっても筋が収縮するということはATPが消費されADPとPiに分解されるため，PCr分解によるATP合成がなされるためである．なおこの反応はクレアチンキナーゼ（creatine kinase : CKまたはCPK）という酵素により触媒される．

$$ADP + PCr \underset{\leftarrow}{\overset{CK}{\rightarrow}} ATP + Cr$$

7) トレーニングおよび加齢がリン化合物に及ぼす影響

トレーニングが，リン化合物あるいは無酸素的代謝経路からのATP供給系能に，効果を及ぼすのかどうかについてはいまだに明らかにされていない．MacDougallら[26]は，長期にわたるウェイトトレーニングにより安静時レベルで筋内のPCr（5%），ATP（18%）およびグリコーゲン（32%）含量が有意に増加することを報告している．この報告をもとに教科書的には，これまで無酸素的代謝経路を活性化するようなトレーニングにより，筋内のリン化合物含量が増加すると考えられてきた．しかしながら，グリコーゲン量を除いて，無酸素的なトレーニングによりPCrおよびATP量

表 4-5 安静時の PCr，ATP，グリコーゲン含量および短時間高強度運動中の ATP 供給系能とトレーニングとの関係

報告者	トレーニング内容	安静			無酸素的代謝経路からのATP供給系		
		PCr	ATP	グリコーゲン	ATP	PCr	解糖
MacDougallら (1977)[28]	4〜5カ月ウェイトトレーニング	〜5%	〜18%	〜32%			
Boobisら (1983)[14]	8週, 5/週サイクリング						
	30秒	9%		36%			8%*
Nevillら (1989)[18]	8週, 4/週ランニング						
	30秒ランニング		11%*	10%*			20%
	2分 run (110% $\dot{V}O_2max$)		6%*	10%*			

空欄：測定なし，—：変化なし，*：有意差がないことを示す．
(Spriet LL: Anaerobic metabolism during high-intensity exercise. In: Hargreaves M, Exercise Metabolism. pp1-39, Human Kinetics, 1995)

についてはその効果がみられないとする報告がある（表4-5）[18]．一方，ラット骨格筋において長期にわたる持久的トレーニングが安静時のPCr量を減少させることが示されている（著者らの未発表データ）．この実験では加齢による変化であることは否定されているので，持久的トレーニングによる影響と推察される．しかしながら，ヒトにおいてこの結果が適用できるかどうかは明らかではない．さらに，無酸素的代謝経路からのATP供給系能におけるトレーニング効果についても，否定的な結果が出されている（表4-5）．したがって，これらのトレーニング効果について現時点で結論を出すにはあまりにも報告が少なく，今後の研究が待たれている．

加齢によるリン化合物の変化について簡単に触れておきたい．図4-4は，ラット骨格筋における加齢による総クレアチニン含量（Cr）とPCr含量の変化を示したものである[27]．総クレアチニン含量については，いずれの筋線維タイプともほとんど加齢による影響を受けていない．それに対し速筋線維のPCrは，加齢の影響を受け著しい減少を示している．一方，遅筋線維については減少傾向にはあるものの大きな変化はみられない．加齢により速筋線維が選択的に萎縮することはよく知られているが，速筋線維におけるPCr量の低下も無酸素的代謝経路からのATP供給能を著しく低下させることになり，典型的な加齢現象

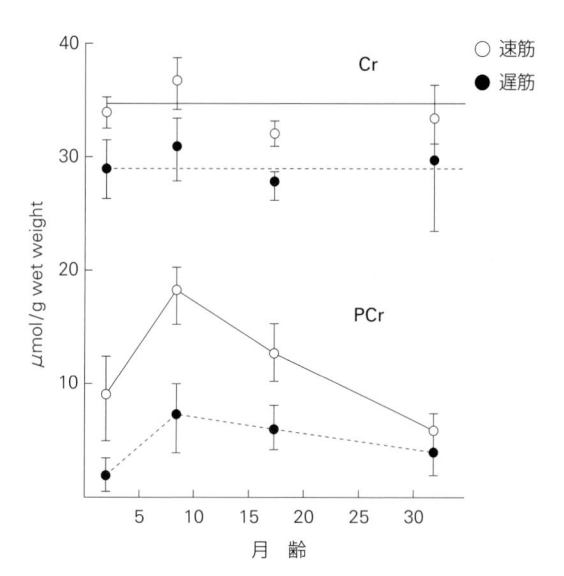

図 4-4 安静時ラット骨格筋における総クレアチニン含量（Cr）と PCr 含量の加齢による変化
PCr + Pi（無機リン酸）＝一定と仮定できるので，加齢に伴うPCrの減少は，Piの増加と捉えることができる．また，ラット骨格筋においてPCr/Pi比は，速筋＞遅筋であることが確認されているので，30月齢の結果は加齢に伴い，速筋が遅筋化していると推定できる．
(Ermini M and Verzar F: Decreased restitution of creatine phosphate in white and red skeletal muscles during aging. Experientia, 24: 902-904, 1968)

といえよう．さらに安静時のATP含量においても，加齢により低下することが示されている（図4-5）[27]．興味深いことにこのときリン酸化合物の総量には変化が認められず，ATP量が減少しADP量が増加している．これはATP合成能の低

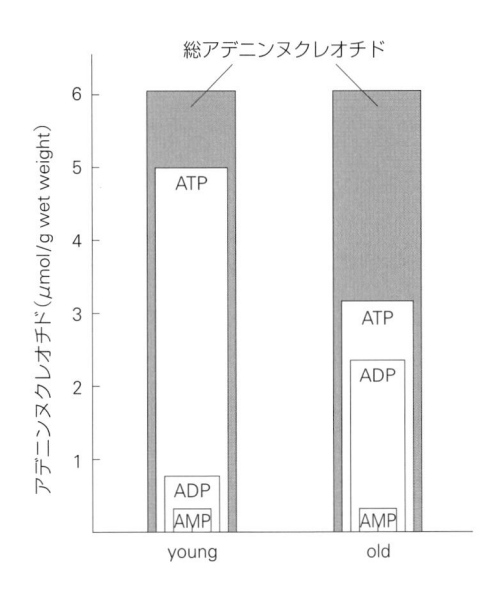

図 4-5 安静時ラット骨格筋 ATP，ADP，AMP 含量と加齢との関係
加齢に伴い骨格筋の ATP＋ADP＋AMP 量は変化しない．しかしながら，その内訳は加齢に伴い ATP 含量が低下し，ADP 含量が増加している．
(Ermini M and Verzar F: Decreased restitution of creatine phosphate in white and red skeletal muscles during aging. Experientia, 24: 902-904, 1968)

表 4-6 異なる ATP 供給系における酸素需要度

プロセス	mol O_2/mol ATP
遊離脂肪酸の酸化	0.177
グルコースの酸化	0.167
グリコーゲンの酸化	0.162
解糖	0
クレアチンリン酸の分解	0

(Spriet LL et al.: Anaerobic energy release in skeletal muscle during electrical stimulation in men. J Appl Physiol, 62: 611-615, 1987)

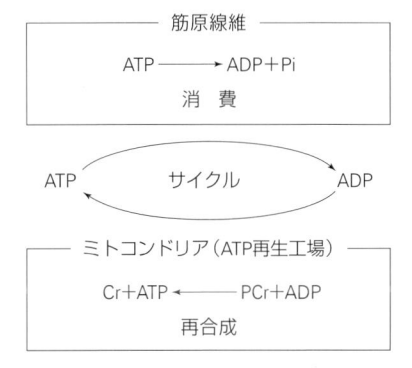

図 4-6 ATP 再合成の基本的な考え方
安静時の ATP/ADP ＞運動時の ATP/ADP の関係にある．

下を示唆するものである．しかしながら，どうしてこのような現象が起こるのか，あるいはヒトについても同様な傾向がみられるのかについてはまったくのブラックボックスであり，今後さらに多くの研究が必要であろう．

8）酸素利用能力と基質利用との関係

運動強度が高まっていくと筋の基質利用は，①脂質酸化，②血中グルコースの酸化，③グリコーゲンの酸化，の順でなされていく．酸化のための酸素利用の効率という点からみると，この順番は逆になる（表 4-6）．Sahlin ら[28]は，運動直後のヒト骨格筋の NADH（nicotinamide adenine dinucleotide : NAD の還元型）量を低強度と高強度の運動時に測定している．低強度の運動では NADH が安静時に比べて低下するのに対し，高強度のときには逆に上昇することが示された．NADH の増加は，筋ミトコンドリアの NAD の低下におおよそ反映されているので，高強度運動では酸素利用能力が低下していることを示唆し

ている．一方，解糖系の動員が高まり筋内の乳酸濃度が非常に高くなったとき，筋細胞内の酸素濃度の低下が認められなかったとする報告もみられる[29]．この論争については依然決着がついていない．

9）筋のエネルギー産生系としてのミトコンドリアの役割

酸化的リン酸化はミトコンドリアの内膜で行われる．また，解糖系とは異なり酸素の介在下で進行するため，このような一連の ATP 再合成プロセスを有酸素的過程（aerobic metabolism）とも呼ぶ．筋が収縮すると ATP を消費するが，それはミトコンドリア内ではなく細胞質（cytosolic side）で起こり，ATP はただちに ADP と Pi に分解される（ATP＋H_2O → ADP＋Pi）．したがって，ATP を再合成するためには，ADP と Pi はミトコンドリア内に，ATP は逆にミトコンドリアから細胞質方向へ移動しなければならない（図 4-6）．しかしながら，移動するためには両者はそれぞれ

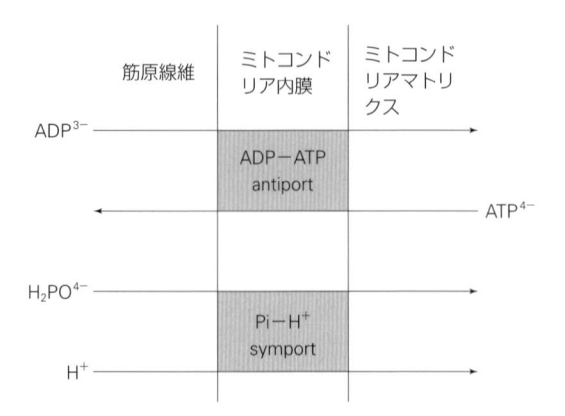

図 4-7 ATP—ADP シャトル
antiport は両側通行，symport は片側通行を意味する．この ATP—ADP シャトルのスピードを高めることがトレーニング効果を得ることになる．

内膜を通過しなければならない．外膜は大きな分子まで通過可能であるため無視できるが，内膜は輸送体をもたないものは通過できない．それではどのようにして膜を通過するのであろうか．

これを理解するためには，ADP—ATP antiport と Pi—H$^+$ symport の仕組みを理解しなければならない．antiport とは，2つの異なる物質を同時にそれぞれ反対方向に通すこと，symport とは，2つの異なる物質を同時に一方通行させることである（図4-7）．ADP—ATP antiport と Pi—H$^+$ symport はいずれもミトコンドリアの内膜内で行われる．それぞれの移動はそれぞれの媒介タンパク質によってなされる（ATP と ADP については ATP/ADP 交換輸送体）．

ミトコンドリア内のマトリクスと内膜の関係は，前者が ATP の仕込み工場であり後者が生産工場といえよう．糖質が解糖過程を通過するとピルビン酸まで分解され，マトリクス内にあるピルビン酸脱水素酵素によりアセチル CoA に分解され，TCA 回路へと進む．一方，脂質は遊離脂肪酸（free fatty acid: FFA）が同じくマトリクス内で β 酸化されることによりアセチル CoA となり，TCA 回路に進む．マトリクス内にあるこの TCA 回路とは，アセチル CoA が縮合酵素によってオキサロ酢酸と結合してクエン酸を生じ，さらに3種の TCA，5種のジカルボン酸を経て，脱水素と脱炭酸を繰り返して再びオキサロ酢酸を再

生する過程をいう（図4-8）[30]．そして，それぞれの過程から分解されたアセチル CoA は TCA 回路で分解され，その炭素部分は二酸化炭素として取り除かれ，水素部分はおもに NADH$_2$ として内膜の電子伝達系に供給される．電子伝達系は，この水素を酸素によって水まで酸化し，そのときに発生する水素イオンの電気化学ポテンシャル差を ATP 合成酵素に伝えて多量の ATP を合成することになる．

なお，ミトコンドリアの構造と機能の関係について香川[31]がシェーマにまとめたものを図4-9に示した．

10）ADP によるミトコンドリア呼吸調節

われわれは運動を開始すると口腔（肺）で行う呼吸（外呼吸と呼ぶ）が速くなることを経験する．運動が開始されると，明らかに末梢（筋）での ATP 消費が亢進するのでそれを代償しなければならない．したがって，一見この呼吸の亢進は運動による呼吸中枢の刺激による外呼吸の促進にみえる．しかしながら，実際にはミトコンドリア呼吸（これを内呼吸と呼ぶ．内呼吸とは組織での呼吸をさすが，その大部分を担っているのがミトコンドリアである）の変化に起因しているものである．このミトコンドリアの呼吸速度は，ADP の濃度によって制御されている[29]．これは酸化とリン酸化が強く共役されており，酸化反応は ADP のリン酸化反応なしには電子伝達系を通ることができないためである．そのためミトコンドリア内呼吸は，ADP のリン酸化なしには進行しない．Chance と Williams の分類によりミトコンドリアの呼吸状態は5つのステージに分類されているが，一般的に安静時の状態は stage 4 とされている．たとえば，運動からの回復中に運動時に高まった細胞内 ADP 濃度が ATP の再合成が亢進することにより低くなると，ミトコンドリアの酸素消費が遅くなる．一方，運動強度が高まり，細胞内の ADP や Pi 濃度が高まると酸素消費が促進される（stage 3）．したがって，ミトコンドリアの呼吸は細胞内の ADP を利用できるかどうかによって左右されている．また，このことは最大下

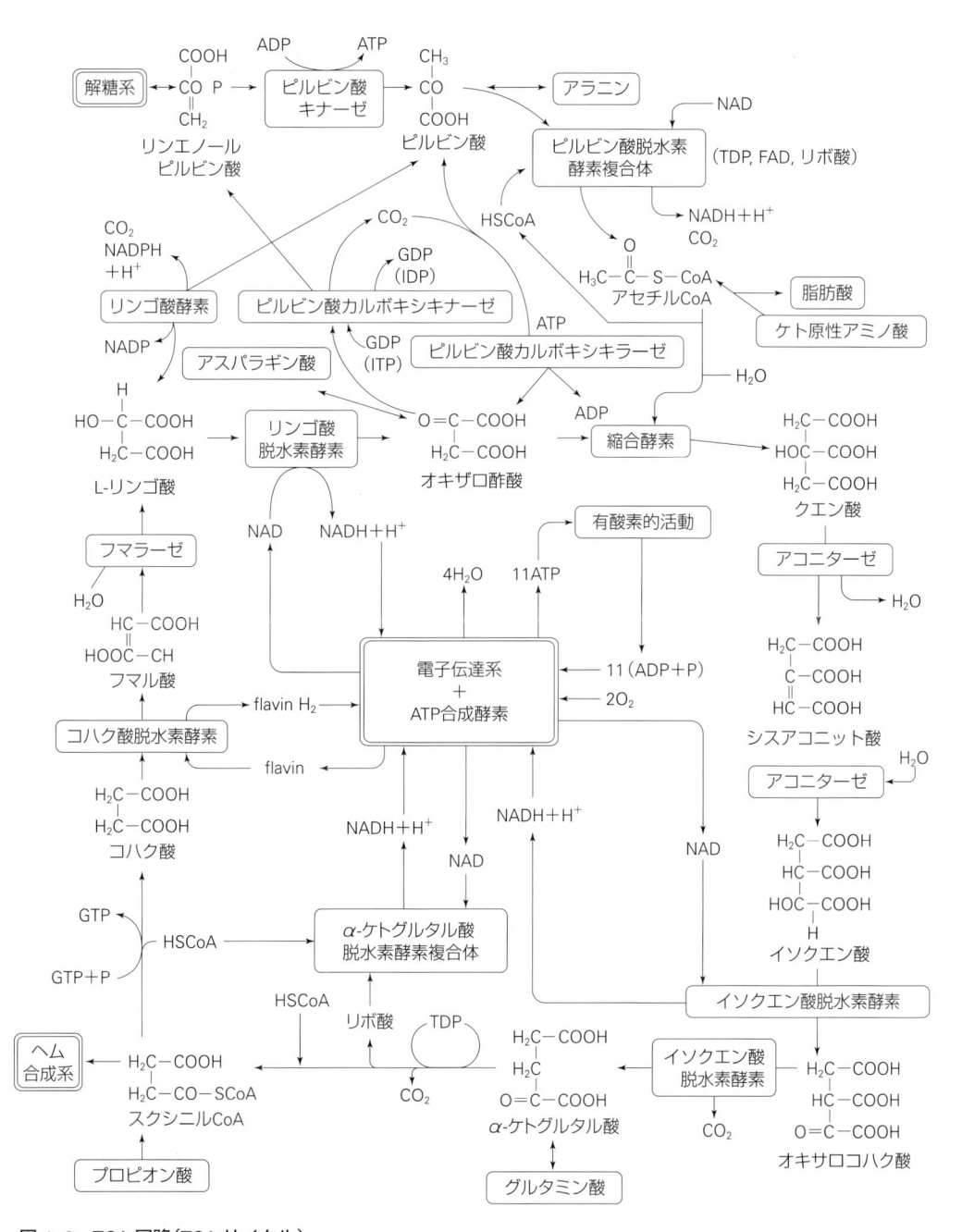

図 4-8　TCA 回路(TCA サイクル)
(香川靖雄, 野沢義則: 図説医化学第3版. 南山堂, 1995)

の強度での運動においては, 筋細胞内の ADP 濃度が筋疲労に対する規定要因と考えることができる[24,32)].

たとえ ATP 消費が高まって多量の ADP が細胞質に生じても, すぐに ATP に再変換されれば ADP 濃度の上昇は抑えられるため, ミトコンドリアの呼吸は抑制されたままのはずである. それゆえ筋のパフォーマンスをあげるためには, ミトコンドリアの酸化的リン酸化能力を向上させればよいことになる. 図 4-10 は筋のミトコンドリア容量の違いが, 筋収縮中の ADP 濃度とミトコンドリア呼吸(酸素消費)の程度との関係にどのよ

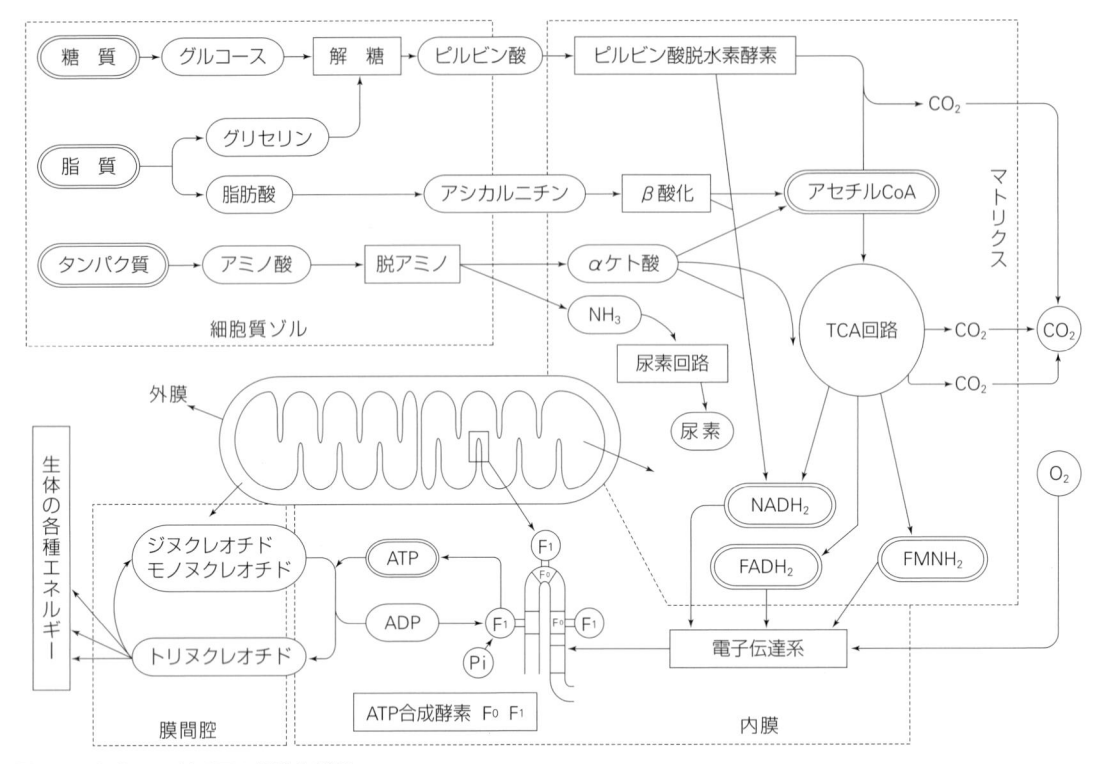

図4-9 ミトコンドリアの構造と機能
ATP供給系を理解するためには，それぞれの過程がどこでなされているのかを構造との関連で理解することが重要である．筋原線維（細胞質ゾル）がミトコンドリアなのか，さらにミトコンドリア内でもマトリクス，内膜そして膜間腔のどこでどのような役割を果たしているのかについてである．
（香川靖雄：岩波講座—分子生物科学第7巻，エネルギーの生産と運動．pp69-91，岩波書店，1990より引用改変）

うな影響を及ぼすのかを示したものである．

　安静時の酸素消費（呼吸）が同一であるにもかかわらず，低ミトコンドリア容量の筋ではミトコンドリア容量が普通および高い筋に比べてすでにより高いADP濃度を示している．酸素消費量が増加するといずれもADP濃度が増加するが，低ミトコンドリア容量の筋においてその増加の傾きがもっとも大きい．それに対して，高ミトコンドリア容量の筋では傾きが3群のなかでもっとも緩やかである．酸素消費が同量であるにもかかわらずADP濃度が異なるということは，ミトコンドリアにおける酸化的リン酸化の能力の違いがこの結果を生じさせている．言い換えれば，酸化的リン酸化能はミトコンドリア容量に左右されることを示している．これは筋の最大呼吸能力が相対的ミトコンドリア容量（volume density of mitochondria＝volume of mitochondria/volume

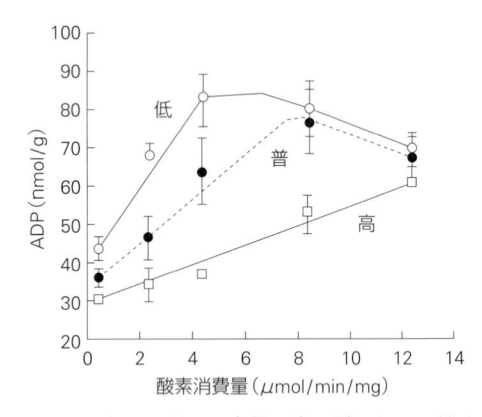

図4-10 ミトコンドリア容量の違いがミトコンドリア呼吸と細胞内ADP濃度に及ぼす影響
低，普，高はミトコンドリア容量の程度を表す．また，この場合酸素消費量は仕事量と考えてよい．ミトコンドリア容量が高い（酸化的リン酸化能が高い）と，普，低に比べて同じ仕事量における筋のADP濃度の低いことがわかる．これは，酸化的リン酸化能が高いため，他に比べてADPからATPへの変換効率がより高いと考えられる．
（Hoppeler H: The range of mitochondrial adaptation in muscle fibers. In: Pette D ed, The Dynamic State of Muscle Fibers. pp567-586, Walter de Gruyter, 1990）

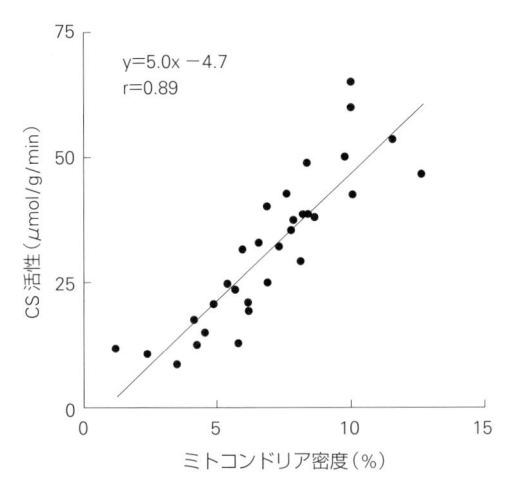

図 4–11 ミトコンドリア容量と CS 活性（酸化系酵素）の関係

ミトコンドリア容量が高いほどミトコンドリア内の酵素である CS 活性もまた高い結果が得られている．したがって，ミトコンドリア容量を求めるより酵素活性を測定するほうが安易であるので，多くの場合，ミトコンドリアの能力を推定するのにミトコンドリア系酵素活性値を用いる．

（Hoppeler H: The range of mitochondrial adaptation in muscle fibers. In: Pette D ed, The Dynamic State of Muscle Fibers. pp567–586, Walter de Gruyter, 1990）

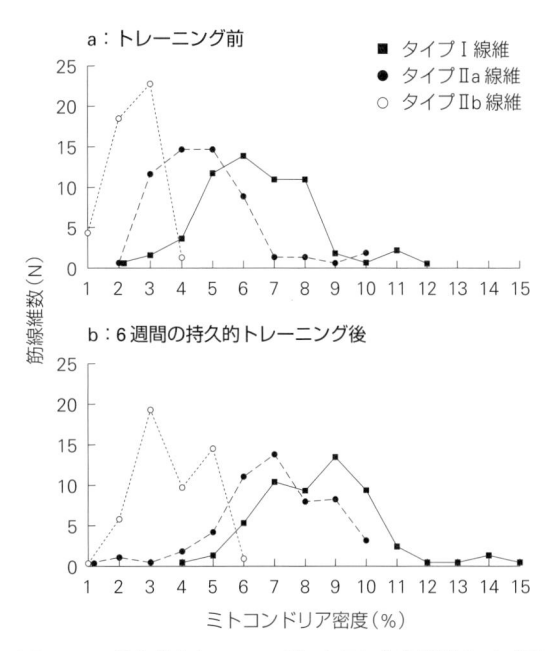

図 4–12 持久的トレーニングによるヒト筋線維タイプ別のミトコンドリア容量の変化

トレーニング前において筋線維タイプごとにミトコンドリア容量が異なり，タイプIIb＜タイプIIa＜タイプIの順である．このとき注意を要するのは，ひとつの筋線維のタイプの中でもミトコンドリア容量に差があることである．持久的トレーニングにより，いずれの筋線維タイプも容量が増す方向にシフトしている．また，それぞれのタイプごとの分布は，トレーニング前に比べて広くなっている．これはトレーニング中になされた運動における動員率の差であるかもしれない．また，典型的な速筋であるタイプIIbにおいてもトレーニング効果がみられることには注意を要する．

（Hoppeler H: The range of mitochondrial adaptation in muscle fibers. In: Pette D ed, The Dynamic State of Muscle Fibers. pp567–586, Walter de Gruyter, 1990）

of muscle fiber）と直線関係にあるという報告からも支持される．

この相対的ミトコンドリア容量を測定するためには，電子顕微鏡による検討が必要となるので，よく TCA 回路内の酸化系酵素活性を測定することによりミトコンドリア容量の変化を推定する．図 4–11 にはその根拠となるデータを示した．TCA 回路内の酵素のひとつであるクエン酸合成酵素（citrate synthase: CS）と相対的ミトコンドリア容量の関係は高い正の相関関係にあり，後者が高いほど前者も高いという結果が得られている．したがって，これまでの多くの研究において CS 活性やコハク酸脱水素酵素（succinic dehydrogenase: SDH）がミトコンドリア容量のマーカーとしてよく用いられている．

11）トレーニングによるミトコンドリア容量の変化

(1) 筋線維タイプとの関係

筋の酸化能力がミトコンドリアマーカーのひとつである SDH 活性と高い相関関係にあることから，酸化的リン酸化能を向上するためにはミトコンドリア容量を増大させればよい．このミトコンドリアの酸化能力を向上させるためには，持久的なトレーニング（endurance または aerobic training）が効果的である[33]．

図 4–12 は，ヒトに 6 週間の持久的トレーニングを実施した前後の筋線維タイプ別の相対的ミトコンドリア容量を示したものである．トレーニング前のデータが上部に示されているが，タイプIIb＜タイプIIa＜タイプIの順で相対的ミトコンドリア容量が多い．また，同一タイプ内での相対的ミトコンドリア容量を比較すると，タイプI線維がもっともそのバリエーションが大きいのが

特徴的である．持久的トレーニングを行うと，いずれの筋線維タイプも相対的ミトコンドリア容量がより多い方向にシフトしている．なかでもタイプI，タイプIIa線維の変化が大きい．このように筋線維タイプ別に変化が異なるのは，トレーニングに用いられた運動様式がタイプI，タイプIIa線維をおもに動員したための適応である可能性と，もともとタイプIIa線維の適応率が他の筋線維に比べて小さい可能性が考えられる．これについては現時点で明らかにされていないが，トレーニングされた部位においてのみトレーニング効果がみられるので，現時点では前者の仮説を支持したい．

文献

1) Tesch PA et al.: Creatine phosphate in fiber types of skeletal muscle before and after exhaustive exercise. J Appl Physiol, 66: 1756–1759, 1989.
2) Soderlund K and Hultman E: ATP content in single fibres from human skeletal muscle after electrical stimulation and during recovery. Acta Physiol Scand, 139: 459–466, 1990.
3) Soderlund K and Hultman E: ATP and phosphocreatine changes in single human muscle fibers after intense electrical stimulation. Am J Physiol, 261: E737–E741, 1991.
4) Soderlund K et al.: Energy metabolism in type I and type II human muscle fibres during short term electrical stimulation at different frequencies. Acta Physiol Scand, 144: 15–22, 1992.
5) Greenhaff PL et al.: Energy metabolism in single human muscle fibers during contraction without and with epinephrine infusion. Am J Physiol, 260: E713–E718, 1991.
6) Greenhaff PL et al.: Energy metabolism in single human muscle fibres during intermittent contraction with occluded circulation. J Physiol, 460: 443–453, 1993.
7) Hochachka PW and Matheson GO: Regulating ATP turnover rates over broad dynamic work ranges in skeletal muscle. J Appl Physiol, 73: 1697–1703, 1992.
8) Margaria R et al.: Balance and kinetics of anaerobic energy release during strenuous exercise in man. J Appl Physiol, 19: 623–628, 1964.
9) Hultman E and Sjoholm H: Energy metabolism and contraction force of human skeletal muscle in situ during electrical stimulation. J Physiol, 345: 525–532, 1983.
10) Boobis LH et al.: Influence of sprint training on muscle metabolism during brief maximal exercise in man. J Physiol(Lond), 342: 36P–37P, 1983.
11) Jacobs I et al.: Lactate in human skeletal muscle after 10 and 30 s of supramaximal exercise. J Appl Physiol, 55: 365–367, 1983.
12) Jones NL et al.: Muscle performance and metabolism in maximal isokinetic cycling at slow and fast speeds. J Appl Physiol, 59: 132–136, 1985.
13) McCartney N et al.: Muscle power and metabolism in maximal intermittent exercise. J Appl Physiol, 60: 1164–1169, 1986.
14) Cheetham ME et al.: Human muscle metabolism during sprint running. J Appl Physiol, 61: 54–60, 1986.
15) Jacobs I et al.: Muscle strength and fatigue after selective glycogen depletion in human skeletal muscle fibers. Eur J Appl Physiol Occup Physiol, 46: 47–53, 1981.
16) Nevill ME et al.: Effect of training on muscle metabolism during treadmill sprinting. J Appl Physiol, 67: 2376–2382, 1989.
17) Withers RT et al.: Muscle metabolism during 30, 60 and 90 s of maximal cycling on an air-braked ergometer. Eur J Appl Physiol Occup Physiol, 63: 354–362, 1991.
18) Spriet LL: Anaerobic metabolism during high-intensity exercise. In: Hargreaves M, Exercise Metabolism. pp1–39, Human Kinetics, 1995.
19) Costill DL et al.: Leg muscle pH following sprint running. Med Sci Sports Exerc, 15: 325–329, 1983.
20) Hultman E and Sjoholm H: Substrate availability. In: Knuttgen HG et al. eds, Biochemistry of Exercise. pp63–75, Human Kinetics, 1983.
21) Karlsson J et al.: Constituents of human muscle in isometric fatigue. J Appl Physiol, 38: 208–211, 1975.
22) Karlsson J and Saltin B: Lactate, ATP, and CP in working muscles during exhaustive exercise in man. J Appl Physiol, 29: 596–602, 1970.
23) Bangsbo J et al.: Anaerobic energy production and O2 deficit-debt relationship during exhaustive exercise in humans. J Physiol, 422: 539–559, 1990.
24) Spriet LL et al.: Anaerobic energy release in skeletal muscle during electrical stimulation in men. J Appl Physiol, 62: 611–615, 1987.
25) Kuno S et al.: Phosphorus-31 nuclear magnetic resonance study on the effects of endurance training in rat skeletal muscle. Eur J Appl Physiol Occup Physiol, 65: 197–201, 1992.
26) MacDougall JD et al.: Biochemical adaptation of human skeletal muscle to heavy resistance

training and immobilization. J Appl Physiol, 43: 700-703, 1977.
27) Ermini M and Verzar F: Decreased restitution of creatine phosphate in white and red skeletal muscles during aging. Experientia, 24: 902-904, 1968.
28) Sahlin K et al.: Redox state and lactate accumulation in human skeletal muscle during dynamic exercise. Biochem J, 245: 551-556, 1987.
29) Connett RJ et al.: Lactate efflux is unrelated to intracellular PO_2 in a working red muscle in situ. J Appl Physiol, 61: 402-408, 1986.
30) 香川靖雄, 野沢義則：図説医化学第3版. 南山堂, 1995.
31) 香川靖雄：岩波講座─分子生物科学第7巻 エネルギーの生産と運動. pp69-91, 岩波書店, 1990.
32) Kuno S et al.: Relationship between muscle oxygenation and fatigue during incremental exercise using near infrared spectroscopy (NIRS). Med Sci Sports Exerc, 27: S580, 1995.
33) Gollnick PD: Metabolic regulation in skeletal muscle: influence of endurance training as exerted by mitochondrial protein concentration. Acta Physiol Scand, 556(Suppl): 53-66, 1986.
34) Sahlin K: Muscle glucose metabolism during exercise. Ann Med, 22: 85-89, 1990.
35) Hoppeler H: The range of mitochondrial adaptation in muscle fibers. In: Pette D ed, The Dynamic State of Muscle Fibers. pp567-586, Walter de Gruyter, 1990.

［久野　譜也］

2. 各種運動におけるエネルギー供給

　各種運動に必要なエネルギーはATP分解反応によりもたらされ，その再合成のためのエネルギー供給機構はATP─PCr系，解糖系，酸化系の3機構に大別される．運動種目は非常に数多くそれぞれのエネルギー要求も多様であるため，各種運動における主要なエネルギー供給機構の貢献は，運動強度や継続時間により変化する．図4-13は，運動時間により無酸素性および有酸素性エネルギー供給の貢献率を示したものである[1]．運動時間が数十秒といった短時間の運動では，無酸素性エネルギー供給の貢献が高く，運動時間が2分経過する頃では無酸素性，有酸素性エネルギー供給の貢献は同等，それ以降では運動時間が延長するにつれて有酸素系の貢献率が高まることを示している．そして各種運動に必要とされるパワーを含め，エネルギー供給機構から運動種目を4つに区分したものが表4-7である[2]．このように各種運動におけるエネルギー供給機構については，時間の経過とともに示される連続的運動を対象に示される場合が多い．しかし，運動種目の中には，野球やテニス，バドミントン，バスケットボール，サッカーなどの競技のように，試合時間でみれば長時間であるが，実際には短時間高強度の動作が継続的に行われる間欠的運動を主体とした種目もある[3~8]．本項では，無酸素性および有酸素性，または両者を主体としたエネルギー供給機構と運動との関係について述べる．

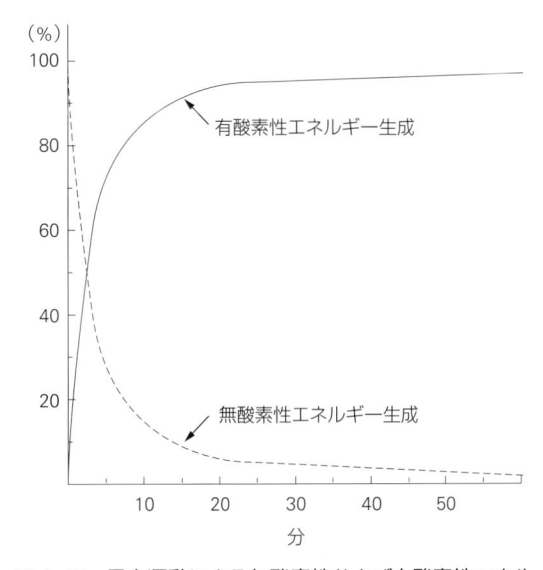

図4-13 最大運動による無酸素性および有酸素性エネルギーの相対的貢献率
（Astrand PO and Rodahl K，朝比奈一男監訳：運動生理学. p224，大修館書店，1985）

1) 無酸素性エネルギー供給機構を主体とする運動種目

　短時間に高いパワーの発揮を必要とする運動種目では，速くて大きなエネルギー供給が必要で

表 4-7 エネルギー獲得機構からみたスポーツ種目

段階	運動時間	エネルギー獲得機構	スポーツの種類（例）	パワーの種類
1	30秒以下	非乳酸性機構	砲丸投げ，100m走，盗塁，ゴルフ，テニス，アメリカンフットボールのバックスのランニング・プレー	ハイ・パワー
2	30秒～1分30秒	非乳酸性機構＋乳酸性機構	200m走，400m走，スピードスケート（500m，1,000m），100m競泳	ミドル・パワー
3	1分30秒～3分	乳酸性機構＋有酸素性機構	800m走，体操競技，ボクシング（1ラウンド），レスリング（1ピリオド）	
4	3分以上	有酸素性機構	1,500m競泳，スピードスケート（10,000m），クロスカントリースキー，マラソン，ジョギング	ロー・パワー

（宮下充正：トレーニングの科学的基礎．pp40-42, ブックハウスHD, 1993）

表 4-8 非乳酸性機構による最大無酸素パワーの比較

	スキー選手		跳躍選手		一般人	
	アルペン	クロスカントリー	走高跳	棒高跳	男性	女性
$\dot{w}$ (W/kg)	32.2±5.3	27.4±5.2	39.0±3.8	35.9±2.3	26.4±4.7	18.8±5.0
$\dot{w}^{max}$ (W/kg)	17.3±1.3	16.0±1.7	—	—	16.8±2.3	12.1±1.4
年齢（歳）	19.4±1.6	21.2±1.0	22.3±2.5	20.0±2.6	21.6±0.5	22.4±2.7
体重 (kg)	70.6±5.7	65.2±5.6	80.0±4.3	71.8±3.9	70.5±8.6	52.3±4.3
身長 (cm)	174±5.6	175±6.3	188±3.6	179±4.2	176±4.3	160±6.0
重心の上昇 (cm)	36.1±4.3	31.5±2.3	50.1±4.4	44.1±2.9	34.9±4.9	19.3±3.7
n（被験者数）	11	6	3	3	10	7

$\dot{w}$：垂直跳で地面を蹴る時の平均値
$\dot{w}^{max}$：階段を全力で駆け上がる際の5秒間の平均値

（宮村実晴，池上康男訳：スポーツとエネルギー．pp16-42, 真興交易医書出版部, 1991）

あり，その場合にはATP—PCr系といった非乳酸性機構がおもなエネルギー供給源となる．この非乳酸性機構によるエネルギー供給は，運動直後から高まるが，筋中にあるATP, PCrの含有量は非常に少ないためこの系だけでは，短時間しか運動を継続することはできない[9]．そして，このエネルギー供給系に依存したスポーツ種目としては，砲丸投等の投擲種目，野球やゴルフ，テニスのスイング，垂直跳といった数秒で爆発的なエネルギーを必要とする種目があげらる．表 4-8 は，非乳酸性最大パワーについてスキー選手と跳躍選手，一般人を比較したものである[10]．跳躍選手，スキー滑降選手の発揮パワーは一般人に比較して高いが，同じスキー選手でもクロスカントリーといった持久性能力を必要とする種目の選手ではこの値は低い．この結果は，運動種目による特性を反映しており，それぞれの運動種目に依存したエネルギー供給機構が強化されたことに由来するものである．

無酸素性エネルギー供給機構には，糖質分解からの乳酸性機構によるATP供給系が存在する．この機構は，運動開始約5秒後から数十秒間の運動において主要なエネルギー供給機構となる．このエネルギー供給系への依存が高い運動種目には，陸上競技の200m走やスピードスケート，100m水泳などがあげられる．図 4-14 は，トレッドミルにおいて走運動時のエネルギー供給を距離別に示したものであるが，200m走では無酸素性エネルギー供給機構の貢献が大きく[11]，さらにこの競技の運動時間から考えてもこの種目のおもなエネルギー供給機構は，解糖系による乳酸性エネルギー供給機構が主体になると考えられる．スピードスケートについては，自転車エルゴメータにより測定されたパワーと500m走滑走タイムについて検討されている[12]．自転車駆動とスケート運動とでは動作様式も異なるため，自転車エルゴメータによるピークパワーの測定結果を直接的に競技成績へと反映することはできないが，発揮パ

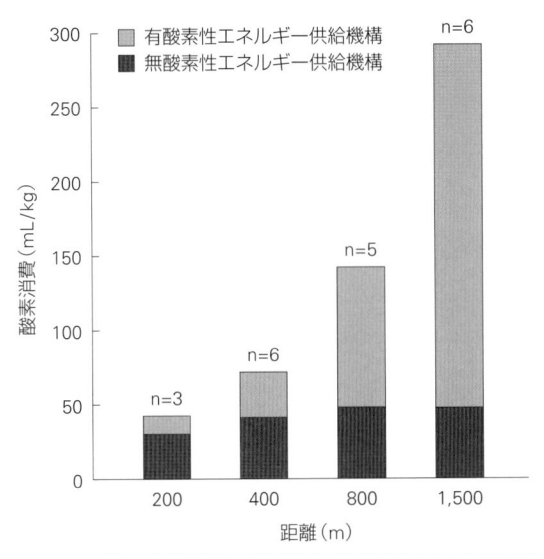

図4-14 短・中距離走における全酸素消費に対する無酸素性および有酸素性エネルギー供給機構の貢献率
(Spencer MR, Gastin PB.: Energy system contribution during 200- to 1500-m running in highly trained athletes. Med Sci Sports Exerc, 33: 157-162, 2001)

ワーと滑走タイムに相関関係が認められている．これは，スピードスケートにおいては乳酸性エネルギー供給機構から得られるパワーへの依存が大きいことを示唆している．

近年，これら無酸素性エネルギー供給機構のパフォーマンス向上を目的に，各運動種目においてサプリメントとしてのクレアチン摂取の効果が検討されている．クレアチン摂取の効果についてこれまでに数多くの研究が報告されているが，短時間で高強度運動を繰り返し行う運動形態においては概して効果が認められる傾向にある[4,13～16]．この要因としては，クレアチン摂取により筋中でのPCrの含有量が増大し，その結果として運動時のPCrの枯渇を遅延させるとともに，解糖系への依存を小さくさせ乳酸の生成が抑制されること[13,17]，運動後の回復期のPCrの再合成速度が増加すること[18]が示唆されている．

2）無酸素性および有酸素性によるエネルギー供給機構を主体とする運動種目

表4-7に示されているように，無酸素性および有酸素性によるエネルギー供給機構への依存度と各エネルギー供給間の相互作用は，運動継続時間や発揮されるパワーによりその貢献度が変動する．特に走運動，競泳，自転車などの短・中距離に分類される運動種目では，無酸素性・有酸素性エネルギー供給機構を混合させパフォーマンスを発揮する能力が必要である．そして，これらの運動種目では運動時間の延長に伴い有酸素性によるエネルギー供給の動員が重要となってくる．トラックおよびロード種目の自転車競技選手おいて，無酸素性および有酸素性パワーの発揮能力に関連する指標を測定した報告では，トラック種目の選手では5秒間の全力ペダリングによる発揮パワーは高いが，無酸素性および有酸素性エネルギー供給機構の貢献が高まる1分間の平均パワーや最大酸素摂取量はロード選手の方が好成績を示していた[19]．これは運動種目の特性として，ロード選手では競技中に高強度の運動を継続する必要があり，そのため非乳酸性によるエネルギー供給機構だけに依存するのでなく，乳酸性および有酸素性のエネルギー供給機構も必要とするといった競技特性を示した結果であると考えられる．

また，無酸素性・有酸素性エネルギー供給機構を混合させて行う運動種目には，高強度運動を休息あるいは低強度運動を挟んで何度も反復する間欠的運動タイプの種目がある．この間欠的運動タイプの運動種目には，球技（サッカー，バレーボール，バスケットボール，ハンドボール），格闘技（レスリング，ボクシングなど），武道（柔道，剣道），テニス，バドミントン，野球などがあげられる[3～8]．これら間欠的運動タイプの種目における特徴は，休息期において運動期に消費したATP-PCr系のエネルギー物質を回復させることができ，さらには運動期に消費した筋中および血中へ酸素補充もできるため，高強度運動を反復して行うことが可能なことである[20,21]．そのため，休息期の長い間欠的運動であればあるほど，より大きなパワーの発揮を維持することができることになる．図4-15は，バレーボールとバスケットボールにおける試合中の血中乳酸濃度を示したものである．バレーボール競技では，競技時間中において実際の運動期は短く休息期が長いために試合を通じてみ

a：バレーボール

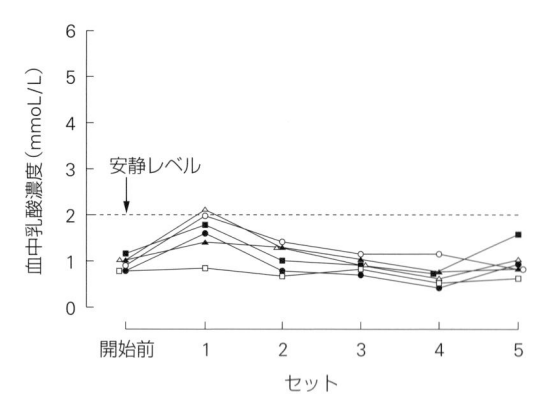

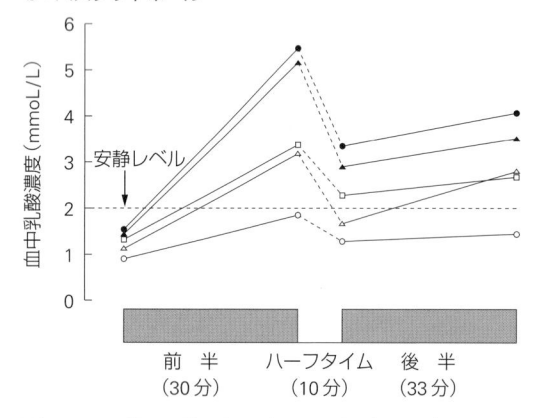

b：バスケットボール

図4-15 バレーボール，バスケットボールゲームにおける血中乳酸濃度の変化
バスケットボール（b）は，ゲーム中の血中乳酸濃度の推移を示す．
黒のsymbolは相対的に運動量の大きいポジションとされるガード・フォワード，白のsymbolは相対的に運動量の小さいポジションとされるセンター・センターフォワードの選手の値を示す．
（山本正嘉ほか：ハイパワーの持続能力と乳酸発生の関係：武道，球技における乳酸発生．武道科学研究センター年報，3：62-68，1991）

ると乳酸の蓄積はほとんどみられない．バスケットボールでは，ポジションにより乳酸蓄積に違いがみられ，ガード，フォワードといった運動量が多いとされるポジションでは乳酸の蓄積が高くみられた[20]．このように間欠的運動タイプのスポーツでは，種目の特性やポジション，戦術，競技レベルなどによりエネルギー供給特性が異なるためすべての条件を同様に説明することは難しい．しかし，一般的な種目特性としてこれらの運動では，短時間に爆発的なパワーを生み出す能力，運動期と運動期との間の休息期において枯渇した高エネルギーリン酸回復，長時間の試合に耐えるための持久的能力が必要となる．特に有酸素的能力は間欠的運動において重要とされており[3]，このことは実験室的研究からも示されている[20,21]．

3）有酸素性エネルギー供給機構を主体とする運動種目

発揮パワーが低く，競技時間の長い運動種目では有酸素性によるエネルギー供給機構の貢献が大きくなってくる．このような有酸素性エネルギー供給機構の貢献が大きい運動種目には，陸上長距離走，マラソン，クロスカントリースキー，水泳の長距離種目などがある[22~24]．これらの種目では，スタート直後およびラストスパートを除けば，有酸素性エネルギー供給への依存度が大きいため，その最大持久性パフォーマンスを評価する指標に最大酸素摂取量がよく利用されている．図4-16は，最大酸素摂取量を種目別に比較したものであるが[25]，上記のスポーツ種目は，他の種目に比較し高い数値を示していることがわかる．しかし，マラソン競技などにおける高レベルの競技者では，最大酸素摂取量を高めるだけでは競技成績を向上させることはできない．これらの持久的種目では，高い最大酸素摂取量値に加え高い酸素摂取量を維持できる能力，機械的効率を高めることが競技成績の向上に繋がる．実際，同じレベルのマラソンランナーにおいては，その記録は最大酸素摂取量よりも乳酸性・換気性閾値のペースと高い相関があることが報告されている[24]．つまり，これらの閾値が高ければ疲労物質である血中乳酸の蓄積を遅延させることができ，より高い酸素摂取量のペースで走り続けることができるのである．

これまで，各運動種目別におけるエネルギー供給機構について述べてきた．これらの運動では，あるひとつのエネルギー供給機構だけを利用して行う運動は極めて少なく，実際には多くの運動種目は，無酸素性および有酸素性の両エネルギー供給機構を複合的に用いて実施される．そして，そ

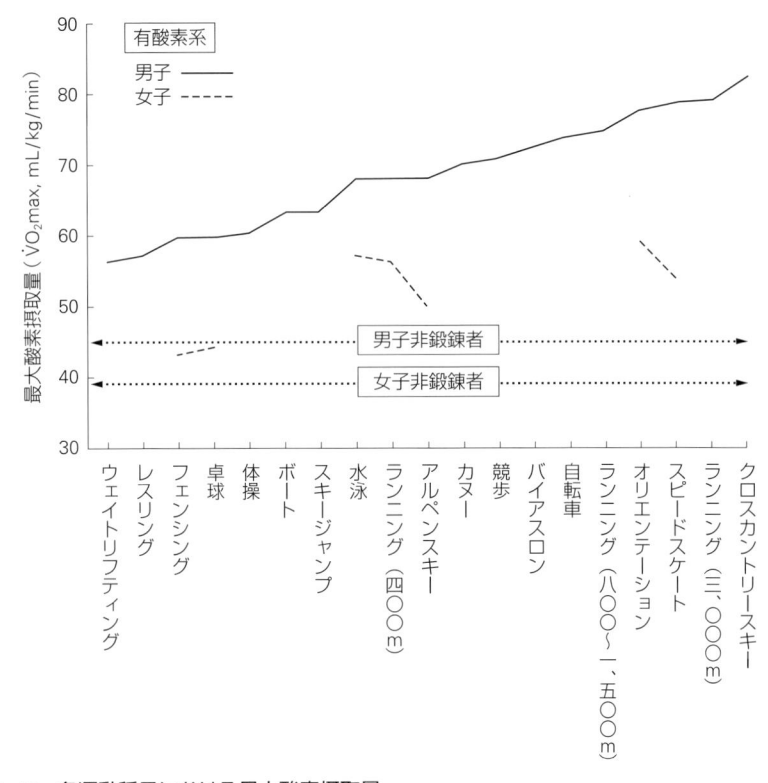

図4-16 各運動種目における最大酸素摂取量
(Fox EL，朝比奈一男監訳：選手とコーチのためのスポーツ生理学．大修館書店，1982)

それぞれの運動に必要とするエネルギー需要に応じるために，トレーニングにより3つのエネルギー供給機構の中からより適当であるエネルギー供給機構の貢献度を高めて，その種目に適応していく．したがって，競技成績を向上させる場合には，それぞれの運動に適したエネルギー供給機構を増大させることを考慮したトレーニングを実施することが非常に重要となる．しかしながら，注意を要する点として各運動種目において，エネルギー供給能の高さが必ずしも競技レベルに直接的に関与するものではないということである．これは，エネルギー供給機構以外にもそれぞれの運動に関与する要因は他にもあるという点と，現在行われているエネルギー供給能の測定では，評価できていない部分が含まれている可能性もあるためである．

文　献

1) Åstrand PO and Rodahl K，朝比奈一男監訳：運動生理学．pp223-225，大修館書店，1985．
2) 宮下充正：トレーニングの科学的基礎．pp40-42，ブックハウスHD，1993．
3) Bangsbo J: The physiology of soccer; with special reference to intense intermittent exercise. Acta Physiol Scand, 619(Suppl): 1-155, 1994.
4) Carli G et al.: Hormonal and metabolic effects following a football match. Int J Sports Med, 7: 36-38, 1986.
5) Chin MK et al.: Sport specific fitness testing of elite badminton players. Br J Sports Med, 29: 153-157, 1995.
6) Delamarche P et al.: Extent of lactic anaerobic metabolism in handballers. Int J Sports Med, 8: 55-59, 1987.
7) Kunstlinger U et al.: Metabolic changes during volleyball matches. Int J Sports Med, 8: 315-322, 1987.
8) 山本正嘉ほか：ハイパワーの持続能力と乳酸発生の関係；武道，球技における乳酸発生．武道科学研究センター年報，3：62-68，1991．
9) Newsholme EA and Leech AR: Biochemistry for the Medical Science. John Wiley & Sons, 1984.
10) 宮村実晴，池上康男訳：スポーツとエネルギー．pp16-42，真興交易医書出版部，1991．

11) Spencer MR and Gastin PB: Energy system contribution during 200- to 1500-m running in highly trained athletes. Med Sci Sports Exerc, 33: 157-162, 2001.
12) 前嶋孝ほか：スピード・スケート選手の氷上トレーニングへの移行に伴う身体諸機能の変化．日本体育協会スポーツ医・科学研究報告 No. II 競技種目別競技力向上に関する研究第4報, pp403-409, 1980.
13) Balsom PD et al.: Creatine in humans with special reference to creatine supplementation. Sports Med, 18: 268-280, 1994.
14) Birch R et al.: The influence of dietary creatine supplementation on performance during repeated bouts of maximal isokinetic cycling in man. Eur J Appl Physiol Occup Physiol, 69: 268-276, 1994.
15) Greenhaff PL et al.: Influence of oral creatine supplementation of muscle torque during repeated bouts of maximal voluntary exercise in man. Clin Sci (Lond), 84: 565-571, 1993.
16) Peyrebrune MC et al.: The effects of oral creatine supplementation on performance in single and repeated sprint swimming. J Sports Sci, 16: 271-279, 1998.
17) Soderlund K et al.: Creatine supplementation and high-intensity exercise : influence on performance and muscle metabolism. Clin Sci, 87 (Suppl): 120-121, 1994.
18) Greenhaff PL et al.: Effect of oral creatine supplementation on skeletal muscle phosphocreatine resynthesis. Am J Physiol, 265: E725-E730, 1994.
19) Shogy A et al.: Aerobic and anaerobic work capacity in adolescent road, track and cross country cyclists. Int J Sports Med, 5: 285, 1984.
20) 山本正嘉，金久博昭：間欠的運動における血中乳酸の蓄積；運動強度，休息時間，および運動時間との関連から．Jpn J Sports Sci, 10：764-770, 1991.
21) 山本正嘉：Anaerobics と Aerobics の二面性をもつ運動をとらえる―間欠的運動のエナジェティクス―．Jpn J Sports Sci, 13：607-614, 1994.
22) Gastin PB: Energy system interaction and relative contribution during maximal exercise. Sports Med, 31: 725-741, 2001.
23) Roalstad MS: Physiologic testing of the ultra-endurance triathlete. Med Sci Sports Exerc, 21 (Suppl 5): S200-S204, 1989.
24) Martin, DE and Coe PN，征矢英昭，尾縣貢監訳：中長距離ランナーの科学的トレーニング．大修館書店，2001.
25) Fox EL，朝比奈一男監訳：選手とコーチのためのスポーツ生理学．pp25-40，大修館書店，1982.
26) Casey A et al.: Creatine ingestion favorably affects performance and muscle metabolism during maximal exercise in humans. Am J Physiol, 271: E31-E37, 1996.
27) Maughan RJ et al. eds: Biochemistry of Exercise and Training. Oxford University Press, 1997.

［久野　譜也・加藤　守匡］

第5章 身体運動を指令・調節する神経機能

1．神経系の構成—中枢・末梢神経系の役割—

　身体運動の直接的な原動力は骨格筋の収縮であるが，その背景には複雑な神経系が関与している．比較的簡単にみえる運動であっても，非常に多くの筋がこれに参画し，たがいに密接な協調作用を保つことによって，円滑な身体運動がなされるのである．このような微妙な協調作用をコントロールするのが神経系のはたらきである．さらに，神経系は骨格筋の収縮に関与するばかりでなく，呼吸や循環系のはたらきとも密接に関係している．

1）神経系の分類

　神経系を構成している基本的な単位は神経細胞（ニューロン）である．典型的なニューロンは，3つの部分からなる．すなわち，①樹状突起，②細胞体，③細胞体の興奮を伝える軸索（神経線維）である（図5-1）．

　樹状突起は求心性のインパルス（神経衝撃）を受け取る場所である．軸索には厚い髄鞘で囲まれたものと，囲みのないものとがある．前者を有髄神経線維，後者を無髄神経線維と呼ぶ．有髄神経は，1～2mm ごとに髄鞘がくびれて消失している．くびれた部分をランビェーの絞輪という．この部分は，神経細胞の興奮がひとつの絞輪からつぎの絞輪へと跳躍的に伝導することに関連する．この跳躍伝導によって，興奮のエネルギー損失は少なくなり，伝導の大きさと速さは減衰しないのである．

　身体運動にかかわる神経系を形態的に分けると，中枢神経系と末梢神経系になる．中枢神経系

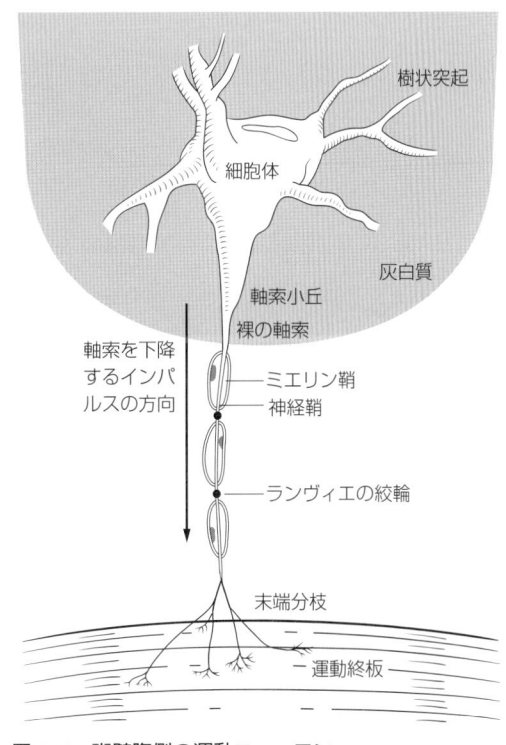

図5-1　脊髄腹側の運動ニューロン
(田口貞善ほか監訳：運動生理学．p310, 杏林書院, 1992)

は脳と脊髄に区別されるが，別々の器官ではなく形態的に連続したものである．脳と脊髄には多数の中枢と神経線維がある．末梢神経系は，運動や感覚などの動物性機能に関与する体性神経系と，呼吸や循環などの植物性機能に関与する自律神経系に分類される（図5-2）．

　体性神経系は，中枢の興奮を末梢の効果器に伝える遠心性神経線維と，末梢の受容器（感覚器）から中枢に向かって情報を伝える求心性神経線維からなる．中枢の指令を骨格筋（随意筋）に伝える遠心性神経線維を運動神経という．末梢の感覚器で受けた身体の内外の情報を，中枢神経系に伝

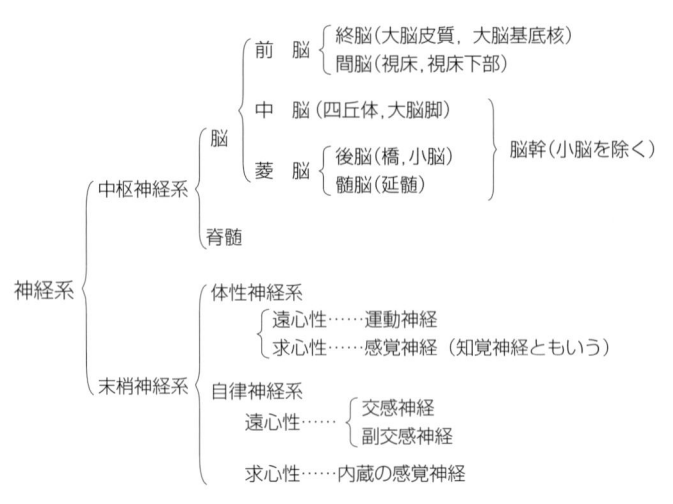

図5-2　神経系の分類
（矢部京之助：運動と神経．In：日本体力医学会学術委員会監修，スポーツ医学[基礎と臨床]．p2，朝倉書店，1998）

える求心性神経線維を感覚神経線維（知覚神経）と呼ぶ．感覚神経によって伝えられた情報は中枢神経系内で処理されて知覚が生じる．

　自律神経系は，意志による支配をうけない神経という意味であり，この神経に支配される器官の活動はほとんど反射的に行われる．自律神経系の遠心性神経線維は交感神経と副交感神経である．つまり，ひとつの末梢器官（皮膚や内臓）に対して2種の神経線維が支配していることになる．求心性神経線維としては内臓求心性神経がある．

2）大脳皮質の機能分化

　脳は大脳と小脳に分けられる．大脳は，さらに左右一対の大脳半球と，脊髄上部の脳幹から成る．脳幹は，上部から間脳，中脳，橋，延髄に区分される．大脳半球は，ほぼ半球形をしており，左右の半球は脳梁によって連絡している．大脳半球の表面には，多数の溝があって広い表面積の大脳半球を限られた容積の中におさめることに役立っている．中心溝と外側溝とがもっとも大きく，中心溝と外側溝の前方の領域を前頭葉，後方の領域を頭頂葉と後頭葉に区画される（図5-3）．

　大脳の表面には約140億の神経細胞と，これに栄養を供給するグリア細胞が密集している．大脳皮質のはたらきは，①外界から情報を関知し（知覚），②その情報を処理し（高次の統合），③行動

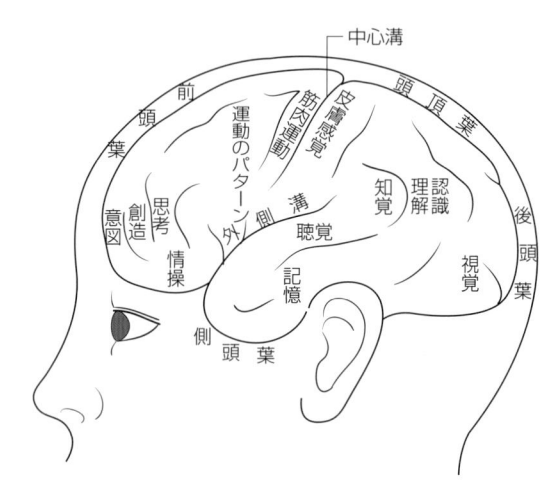

図5-3　人間の「新しい皮質」の分業状況
（時実利彦：脳と人間．p89，雷鳥社，1970）

の命令を送る（随意運動），の3つにまとめられる．これらのはたらきは，大脳皮質のさまざまな中枢の分業によって行われる．知覚は，中心溝後方の皮膚感覚野，外側溝に接した聴覚野と後頭葉の視覚野である．

　高次の統合は前頭葉の連合野（前頭前野），随意運動は中心溝前方の運動野である．運動野には運動の指令を発する神経細胞（錐体細胞）が身体の部位に従って規則正しく配列している．中心溝の表面の上から下に沿って，足，下腿，体幹，肩，手，頭の順である（図5-4）．運動野前方の運動

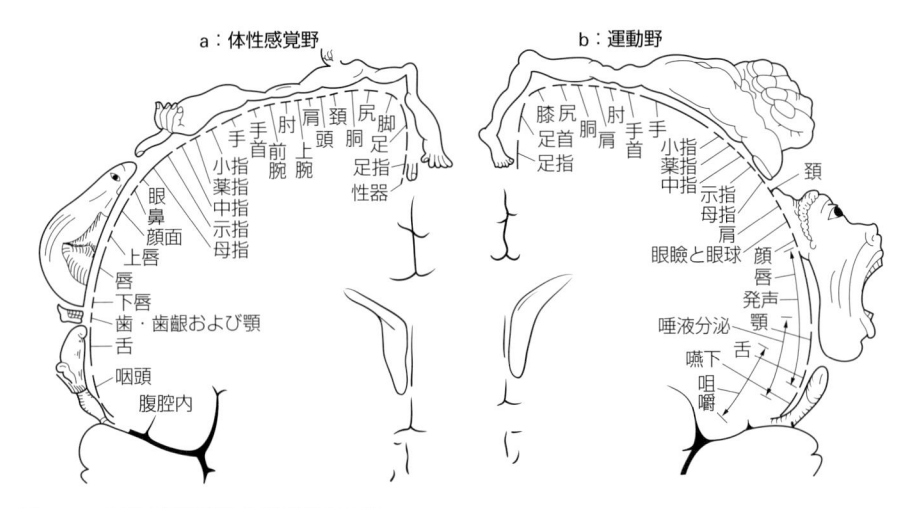

図5-4 人間の運動野と体性感覚の分業
大脳半球を中心溝に沿って縦に切った切断面（Penfield W，時実利彦訳：脳の話．p90，岩波新書，1963）．

表5-1　伝導速度に基づく神経線維の分類

分　類		直径(μm)*	伝導速度(m/s)	髄鞘	機　能
A	α	15	47.3	有髄	運動神経，筋感覚神経
	β	8	28.7	〃	触覚，圧覚
	γ	5	19	〃	錘内筋支配
	δ	3	13.6	〃	温覚，痛覚
B		3	7	有髄	交感神経節前線維
C	sC	0.5	1	無髄	交感神経節後線維
	drC	0.5	1	〃	痛覚

*平均値
（伊藤文雄ほか編：改訂生理学「図説」．p43，東西医学社，1987）

表5-2　感覚受容器に基づく求心性線維の分類

分　類	表5-1との対応	直径(μm)*	伝導速度(m/s)*	髄鞘	機　能
Ia	Aα	15	100	有髄	筋紡錘
Ib	Aα	15	100	〃	腱紡錘
II	Aβ，γ	9	50	〃	触・圧受容器
III	Aδ	3	20	〃	温・痛感覚
IV	C	0.5	1	無髄	痛覚

*平均値
（伊藤文雄ほか編：改訂生理学「図説」．p43，東西医学社，1987）

前野では，運動指令の順序（運動パターン）がつくられる．このように大脳皮質では，一定の機能を各領域が固有の機能をもって営んでいる．これを大脳皮質の機能局在（分業）と呼んでいる．

3）興奮の伝導と伝達

末梢神経の基本的なはたらきは興奮の伝導である．伝導の速さは神経線維の直径に比例し，直径の太いものほど伝導は速い．遠心性の運動神経は約47m/s，求心性の運動神経は約100m/sである（表5-1，2）．

神経線維が伝える興奮の大きさは活動電位としてとらえられるが，その経過時間と伝導時間は非常に速いので，これをひとつの衝撃とみなしてインパルス（神経衝撃）と呼んでいる．インパルスを発生させるために必要な最小の刺激を閾値という．刺激の強さが閾値より弱い場合には，インパルスを発生しないが，ひとたび刺激が閾値に達す

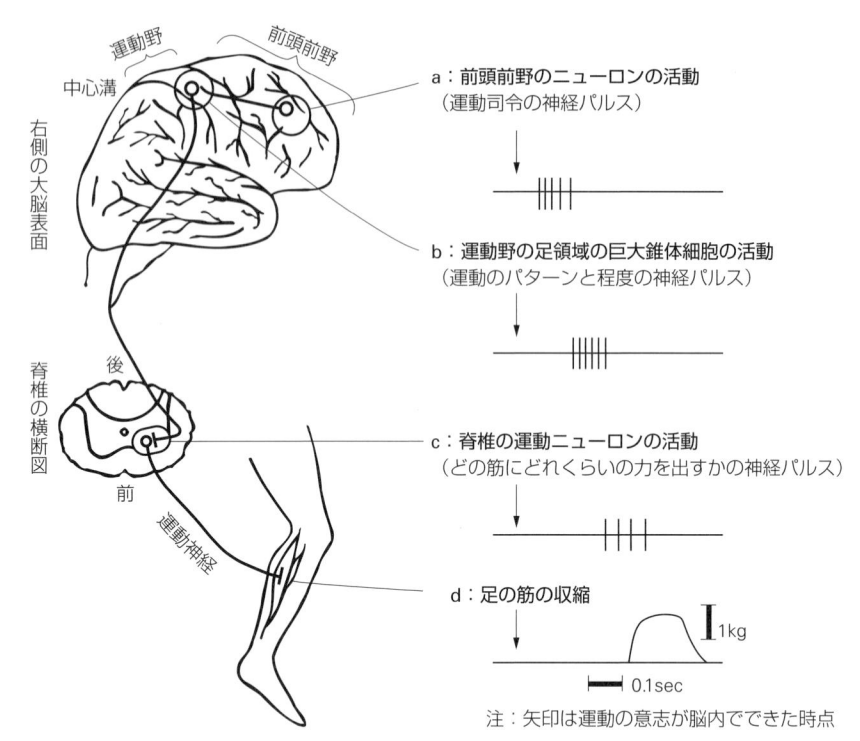

図5-5 足を動かす神経系の回路とニューロン活動の時間経過
(久保田競:ランニングと脳. p108, 朝倉書店, 1981)

a:前頭前野のニューロンの活動
（運動司令の神経パルス）

b:運動野の足領域の巨大錐体細胞の活動
（運動のパターンと程度の神経パルス）

c:脊椎の運動ニューロンの活動
（どの筋にどれくらいの力を出すかの神経パルス）

d:足の筋の収縮

注:矢印は運動の意志が脳内でできた時点

ると，インパルスを発生し，さらに刺激を強めてもインパルスの大きさと形は変らない．このようにイチかゼロかといった反応をしめす場合，その反応は全か無の法則に従うという．

単一の神経線維や筋線維はこの法則に合致するが，束や集合体になっている神経線維や筋線維にはあてはまらない．それは，線維ごとの閾値がそれぞれ異なるため，刺激の強さを高めるにつれて興奮する線維の数が増えるからである．

4）運動を発現する経路

図5-5は，足を動かす神経系の経路である．運動をはじめようとする意志がはたらくと，大脳皮質の連合野（前頭前野）に運動の指令がつくられる．その運動指令は，大脳皮質運動野の特定の錐体路細胞（運動神経細胞）に伝わり，ついで脊髄を介して足の筋を収縮させる．その結果，足が動く．運動指令が送られてから足の筋が収縮するまでに約30m/sかかる．

このように随意的な身体運動を起こす経路としては，次の3段階に分けられる．第1は筋収縮の指令を下す大脳皮質運動野であり，第2はその運動指令を伝える伝導路としての錐体路と錐体外路（非錐体路），第3は脊髄前角の運動ニューロン（運動神経細胞）である．

第1段階については，大脳皮質運動野（サル）の錐体路ニューロン（pyramidal tract neuron: PTN）の単位発射を手掛かりにすると，PTNと骨格筋とは1対1の対応をしめすこと，運動が実行される前にPTNの活動が起こることなどが確かめられている[1]．また，PTNの発射頻度は力に関係すること，反応時間の長短はPTN発射の情報処理プロセスで決まることなどが明らかにされている．

第2段階では，大脳皮質運動野から運動指令を伝える錐体路細胞と非錐体路細胞である．錐体細胞の軸索は長く，脊髄の前角まで線維を伸ばしている．これを皮質脊髄路，あるいは延髄の錐体の部分を通ることから，錐体路と呼ぶ．錐体路細胞は活動電位の伝わる速さから速錐体路細胞と遅錐

体路細胞の2つに分けられる．細胞の大きさからみると速錐体路細胞は大型であり，遅錐体路細胞は小型である．

第3段階の脊髄レベルの運動ニューロンは，ニューロンの大きさ，筋線維の太さ，筋収縮時間，張力，エネルギー代謝，耐疲労性などから，FF（fast, fatiguable）線維，FR（fast, fatigue-resistant）線維，SF（slow, fatigue-resistant）線維，の3つに大別される[2]．組織化学的分析によると，SO（slow-twitch oxidative）線維，FG（fast-twitch glycolytic）線維，FOG（fast-twitch oxidative-glycolytic）線維の3種類に分類される．SO線維（ヒトではタイプⅠ線維）は，ミトコンドリアの酵素活性が高く持久性に富んでいる．この筋線維は，直径が細く筋収縮速度は遅い．FG線維（タイプⅡb線維）は，解糖系酵素活性が高く発揮する張力は大きいが疲労しやすい．この筋線維は，直径が太く筋収縮速度は速い．FOG線維（タイプⅡa線維）はSO線維とFG線維の両方の性質をもち，収縮速度も速く疲れにくい．

脊髄の運動ニューロンから出発している軸索（神経線維）は，筋線維の近くで枝分かれをして多数の筋線維を支配している．1個の運動ニューロンに支配されている筋線維をあわせて運動単位（motor unit）や神経筋単位（neuromuscular unit: NMU）と呼んでいる．

1個の運動ニューロンに支配される筋線維の数を神経支配比という．神経支配比は，眼，手指，顔面の筋では5〜10と小さいが，体幹や四肢などの筋では70〜200と大きい．この比の小さい筋ほど，微妙な調節を行いこまかい運動ができることになる．この関係は大脳皮質の運動野にもみられる（図5-4b）．それぞれの筋に対応した皮質が占める面積は，微細な運動のできる筋ほど広い．手指，舌，口唇の筋を支配する面積は広いが，下肢や体幹の筋を支配する面積はせまい．皮膚感覚についても同じ傾向である（図5-4a）．舌，口唇，手指の部位は，下肢や体幹よりも広い範囲をしめている．皮膚感覚の鋭敏さを反映している．

2．反射による運動の調節

反射（reflex）という用語は，哲学者のデカルトが使った霊気の反映（reflection）に由来する（図5-6）．図は反射弓（反射の経路）の説明である．視神経の孔からでた霊気は松果体（H）で光線のように反射して運動神経の孔に入り，そして動作が起こるというものである．デカルトは，からだのはたらきを機械に見立てる人間機械論を背景にして，脳のはたらきを精巧な時計に当てはめている．生体を機械と比較すること自体に無理があったとしても，生体の部品がどのように機能するかを究明できると考えたからである．このようなストラテジーは，生体を構造と機能に分ける概念として今日でも活かされている．

1）中枢神経系における反射の経路

反射といえば，まず思い浮かぶのは脚気の検査に使われる膝蓋腱反射であろう．膝頭の下を叩打すると，大腿四頭筋（錐外筋線維）と，これに平行して位置する筋紡錘（錐内筋線維）はともに引

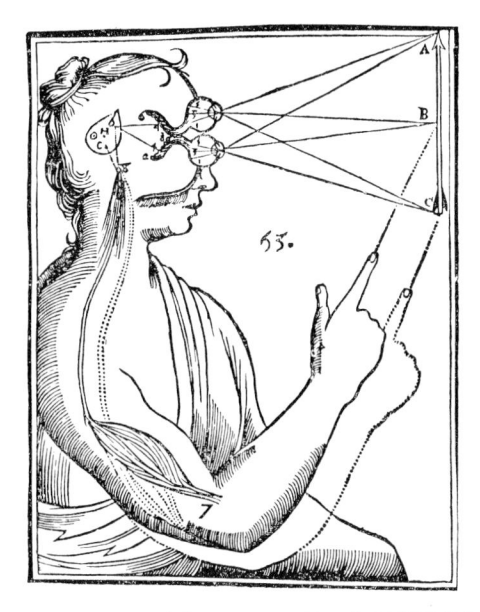

図5-6 Descartesの"Treatise on Man（1977）"からとった反射弓の最初の図
（時実利彦訳：マグーン改訂新版 脳のはたらき．p6，朝倉書店，1970）

き伸ばされる（図5-7）．すると筋紡錘からの求心性線維（Ia）の活動は高まり，単シナプス的に脊髄の同名筋と協同筋の運動ニューロンを興奮させる．その結果，膝は伸びる．つまり，骨格筋の筋線維には，引き伸ばされた分だけ元の位置に戻る自動的な調整機能を備えているのである．このはたらきを伸張反射（stretch reflex）という．

図5-8は，中枢神経系における反射弓の模式図である．感覚器（受容器）から流入した情報は，中枢神経系の脊髄レベル，脳幹レベル，大脳皮質レベルを通して多数の効果器と連携をもっている．脳幹レベルや大脳皮質レベルに向かった情報は，それぞれ適当な処理（統合）を受けた後に，脊髄を下降して運動ニューロンから効果器（筋線維）に達する．したがって，脊髄レベルの運動ニューロンは，中枢からの抑制性の指令や促通性の指令を受けることになる．また，中枢神経系に流入した情報が大脳皮質レベルを経由せずに，脊髄や脳幹レベルで短絡して流出する場合を反射という．反射運動は意志の関与しない運動である．

反射による運動の特長は，感覚器からの情報が高位の中枢を介さないので，随意の運動に比して応答が素早く，反応は一定している．

2）α運動系とγ運動系

随意による筋収縮を起こす経路は2つに分けられる．ひとつは，大脳皮質運動野から送られた運動指令が錐体路を経て直接脊髄の運動ニューロンに達し，筋収縮を起こす経路である．もうひとつは，大脳皮質運動野から発した運動指令が錐体路あるいは錐体外路（非錐体路）を経て脊髄のγ運動ニューロンに達し，γ連関を介してα運動ニューロンを活動させる経路である（図5-9）．いずれの経路もα運動ニューロンを経て筋収縮を起こすが，前者をα運動系，後者をγ運動系という．α運動系は早くて強い筋収縮に関与するといわれる．γ運動系はIa線維を介してα運動ニューロンを活動させるとともに，Ia抑制ニューロンを介して拮抗筋の運動ニューロンを抑制する．

随意による運動指令は，α運動ニューロンとγ

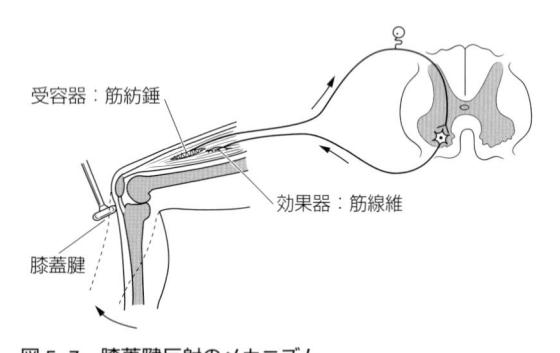

図5-7 膝蓋腱反射のメカニズム
（MacNaught AB and Callander R: Illustrated Physiology. p215, E&S Livingstone, 1970）

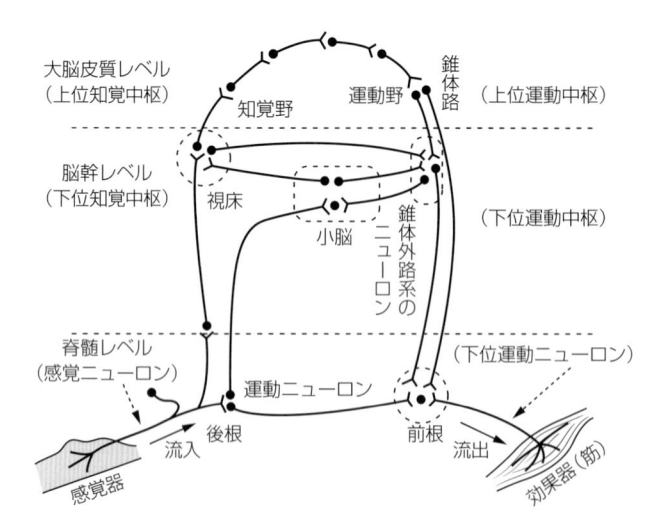

図5-8 中枢神経系の回路
（MacNaught AB and Callander R: Illustrated Physiology. p217, E&S Livingstone, 1970）

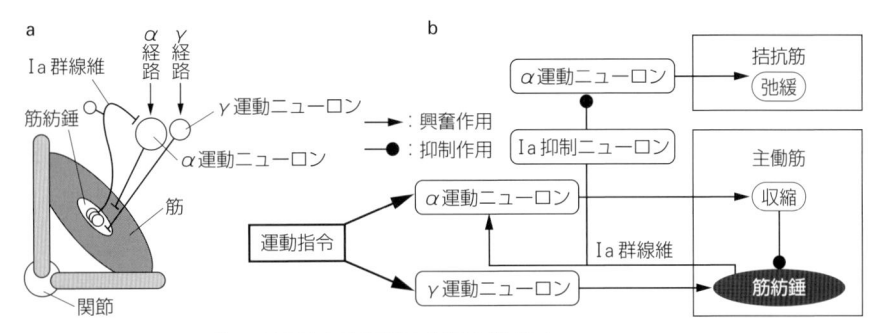

図 5-9 アルファ・ガンマ連関と反射経路の関係の模式図
（尾崎繁，工藤典雄：脊髄．In：西野仁雄，柳原大編，運動の神経科学．p9，ナップ，2000）

運動ニューロンを同時に活動させる．これをアルファ・ガンマ連関という．筋収縮によって錘外筋がたるんだ場合にも，筋紡錘はたるまないようにγ運動ニューロン活動を通して筋紡錘の感度を調整する．これをガンマ・バイアスという．

従来，随意収縮のメカニズムとしては，まずγ運動ニューロンが活動し，その支配下の筋紡錘の興奮によってIa線維の放電が引き起こされ，それが反射的にα運動ニューロンを活動させ，ついで筋収縮が起こると推察されていた．この説は，筋収縮が開始する前に筋の長さを一定に保つサーボ機構がはたらく利点をもっている．

ところが，ヒトの筋紡錘の活動様相が記録できるようになると，随意収縮中にもIa線維の活動は持続すること，活動様式は2種あること，早い随意収縮の場合でもIa線維活動は筋放電（EMG）よりもいくらか遅く活動を開始することが明らかになった[3]．このことは，α運動ニューロンとγ運動ニューロンとは同時に賦活化することを示している．

また，α運動ニューロンの活動とγ運動ニューロンの活動との間に固定した相関関係は成立しないとするアルファ・ガンマ共同賦活化（alpha gamma coactivation）が提唱されている．あるいは，α運動ニューロンとγ運動ニューロンは独立して活動（alpha gamma independence，またはdissociation）するといわれる．つまり，静的γ運動ニューロンと動的γ運動ニューロンの活動は運動課題に対応して設定されているというものである．たとえば，無拘束のネコの運動課題とγ運動ニューロン活動との関係をみると（図5-10），ゆっくり筋の長さが変化する行動では静的γ運動ニューロンが活性化され，急激に筋の長さが変わるような行動では動的γ運動ニューロンが選択的に活性化される．細い梁の上を歩くような困難な運動では，静的・動的γ運動ニューロンの両者の活動が著しく活性化されるという．

3）相反性神経支配による動作の調整

脊髄レベルには，屈筋を活動させれば拮抗筋の伸筋の活動は抑えられ，反対に，伸筋が活動すれば屈筋は弛緩するはたらきがある．このしくみを相反性神経支配あるいは相反性抑制と呼んでいる．この神経支配は反復運動の場合に重要である．たとえば，腕の屈伸によるタッピングでは，上腕三頭筋と上腕二頭筋とはたがいに拮抗的に活動しなければならないが，相反性神経支配がはたらくかぎり腕のタッピングは円滑に行われる．しかし，動作が乱れはじめた時期には，筋放電の交代性はみられず，相拮抗する2つの筋の放電が重なり合う．これが，主働筋と拮抗筋の同時収縮（co-contraction）であり，肘関節は固定された状態になる．

脊髄レベルでの相反性神経支配は相反性Ia抑制（reciprocal Ia inhibition）として知られている．筋紡錘の第1次終末からのIa線維は，同名筋と協同筋のα運動ニューロンに単シナプス結合をするとともに，1個の介在ニューロンを介して拮抗筋を抑制する（図5-11）．

筋線維が腱に移行する部位にゴルジ腱器官があ

	安静	運動の準備		ゆっくり歩行	速い歩行	受動的運動	パウシェイク*	狭い台上歩行
		座位	立位					
γ_d	○	○	○	○	+	+++	++	+++
γ_s	○	+	+	++	+++	+	+	+++

図 5-10 "fusimotor set" 仮説の模式図
さまざまな運動行動における動的γ線維活動（中段, γ_d）と静的γ線維活動（下段, γ_s）.
*：非常に素早い運動.
（小宮山伴与志：筋固有受容器による運動の近くと反射. In：西野仁雄, 柳原大編, 運動の神経科学. p115, ナップ, 2000）

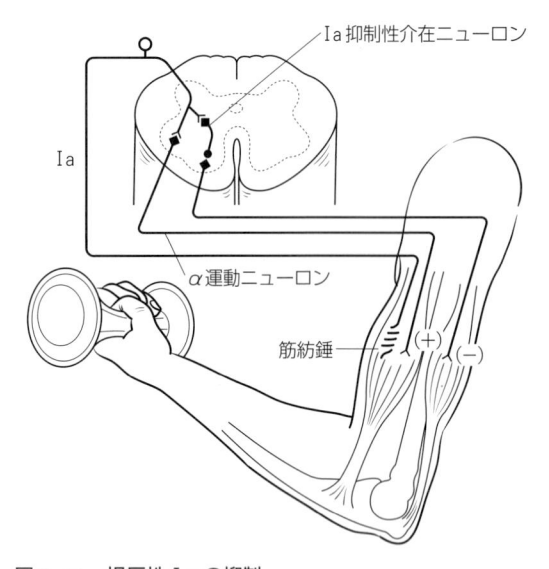

図 5-11 相反性 Ia の抑制
（Leonard CT: The Neuroscience of Human Movement. p81, Mosby-Year Book, 1998）

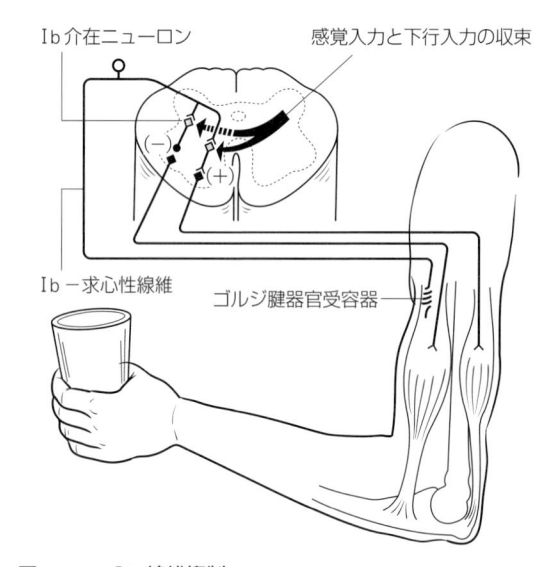

図 5-12 Ib 線維抑制
（Leonard CT: The Neuroscience of Human Movement. p84, Mosby-Year Book, 1998）

る．筋紡錘は筋の長さを検出するが，ゴルジ腱器官は力の大きさを検出する．前者は，筋が引きのばされたとき，引きちぎられないように筋紡錘由来のIa線維が活動して筋を短縮させる．後者は，大きな力が出されて筋線維が損傷しそうになると，ゴルジ腱器官からの求心性信号（Ib線維）が同名筋と協同筋のα運動ニューロンに送られ，筋収縮を抑制する（図5-12）．両者とも筋の活動状態を自動的に調整する役割を担っている．

4）反射の抑制と反射の促通による運動

直立姿勢を保つためには，下腿の関節を固定しなければならない．そのためには，下肢の伸筋と屈筋の両者を同時に収縮させる必要がある．とこ

図5-13 スポーツ動作にみられる姿勢反射
(朝比奈一男：運動とからだ．p133，大修館書店，1981)

ろが，神経系には，伸筋を収縮させると，屈筋が弛緩するといった相反性神経支配があるので，下肢全体を固定することができない．このようなはたらきに打ち勝って直立姿勢や一定の姿勢を保つためのしくみがある．このしくみを姿勢反射という．

姿勢反射の中枢は，脊髄，脳幹，大脳皮質にあり，これによって全身の筋は適当に調節される．からだを前方に傾けると，下腿三頭筋，大殿筋，背筋が引き伸ばされ，伸張反射が生じてからだを立ち直らせる．また，顔を右に向けるように頚をひねると，右腕は伸展し，左腕は屈曲する．顔を仰向けにそらすと，両腕は伸展し，顔を下げると両腕は屈曲する．

このように，頚をまげる向きと四肢の姿勢との間には一定の法則がある．これらの姿勢反射は，随意運動のかげに隠れてなかなか表に現れることがない．しかし，スポーツの場面などでは，こうした姿勢反射にそった動作が現れる（図5-13）．

人の目を意識したり，リキんだりしたときの運動では，大脳皮質の関与が強くなるために反射の形は現れにくい．このときの運動には滑らかさとか美しさがみられない．無我の境地とか無意識に行った動作では，大脳皮質の関与も少なく，反射の型に近くなる．これは姿勢反射を促進する運動パターンである．たとえば飛んでくるボールを片手でキャッチする姿勢（フォーム），ハードルを飛び越える姿勢などが，それに該当する．

一方では，姿勢反射の出現を抑制する運動発達がある．剣道の打ち込みの姿勢をみると，初心者は顔を仰向けにし姿勢反射を利用して打ち込むが，熟練者ほど顎を引いて姿勢反射を抑制するように打ち込むのである．しかし，危急存亡にかかわる状況では反射の型が出現する．

3．随意による運動の調節

身体運動には，大脳の命令によって意識的に行われる随意運動と，大脳のコントロールから離れて無意識（反射的）に行われる不随意運動とがある．

随意運動では，目，耳，皮膚などの感覚器から感覚神経を通して送られた情報が，大脳皮質の感覚野—連合野—運動野を介して運動の指令となって脊髄の運動ニューロンを興奮させて筋収縮を起こす．

不随意運動では，感覚器からの情報が大脳皮質に伝わる前に，脊髄，脳幹，小脳などの中枢で反射的に運動の指令に切り替わり，動作や姿勢などが調節される．小脳は運動の発現に関与しているが，おもなはたらきは運動のコントロールである．「何をするか」ということにかかわる大脳皮質に対して，小脳は「どのようにするか」ということを担当している．具体的には，バランスの調節，姿勢反射の調節，巧みな運動とか熟練した随意運動の調節である．

1）フィードバック系とフィードフォワード系による調整

運動神経に電流を流すと筋は収縮する．この電気刺激を利用して出した力は，随意収縮による力よりも約30％も余分にでる．ところが，車輪を回すような運動の場合には，意志による方が電気を利用するよりも余分に回転させることができる．

このようにある目的に合わせた運動を遂行するときには，いかに上手にエネルギーを動員するかということが大切である．電気刺激による筋収縮

では大きな力（エネルギー動員の量）を出せても，それは一方通行にすぎず，運動の調節や巧みさなどは表現できない．

これに対して，意志の関与する運動では，運動中の情報が中枢神経系に送られ，合目的的に運動が修正・調節される．これはフィードバック系による運動のコントロールである．この運動の修正とは別に，あらかじめ予見的に運動を調節するフィードフォワード系による運動のコントロールがある．砲丸投や槍投などはその典型例である．

随意動作に先立って上位中枢は種々のレベルで活動水準を変えている．たとえば，立位姿勢を保ったまま上肢の運動を行うとき，直立姿勢の保持に関与する筋は，身体重心の変動を予測してあらかじめ筋の活動水準を変える．これは一種のフィードフォワードによる運動である．事前に反応動作の方向を予告した場合，引き動作では上肢筋の筋放電に先行して下腿三頭筋の活動は出現するが，押し動作では下腿三頭筋の活動は抑えられる[4]．

2）運動発現の脳内機序

ヒトの随意運動の脳内機序については，古くは脳外科の開頭手術中に大脳皮質に電気刺激を加えると，支配されている反対側の筋収縮が誘発されること，全身の筋が運動野の一定の部位に対応していること，さらには感覚野にも身体部位の再現のあることが明らかにされている．この大脳に電気刺激を加える方法は，皮質脊髄路を選択的に刺激できるという長所をもつ反面，開頭手術という侵襲的な手法を加えるという短所がある．開頭手術を必要としない非侵襲的な方法として高電圧低インピーダンスの電気刺激による経皮的な大脳刺激法が開発されたが，電気刺激に伴う皮膚への疼痛は避けられない．この欠点を克服した方法が経頭蓋的磁気刺激法である．

経頭蓋的磁気刺激よって得られる誘発筋電図（motor evoked potentials: MEP）は，皮質脊髄路の興奮を示すものであり，随意収縮や収縮のイメージを描くことによってその反応は大きくなる[5,6]．たとえば，最大随意収縮力（MVC）の10％，25％，50％の持続的な筋力発揮してい

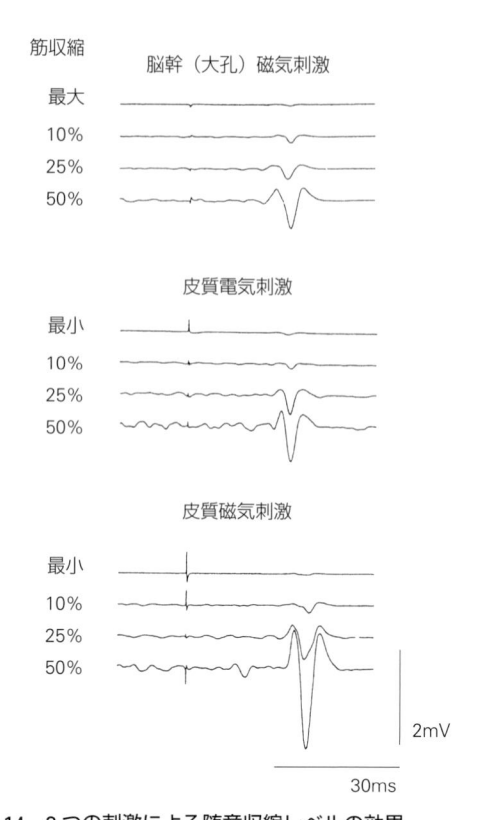

図5-14　3つの刺激による随意収縮レベルの効果
（Ugawa Y et al.: Facilitatory effect of tonic voluntary contraction on responses to motor cortex stimulation. Electroencephalogr Clin Neurophysiol, 97: 451-454, 1995）

るときに，運動領域に経頭蓋的に磁気刺激と電気刺激および脳幹レベルに磁気刺激を加えると，10％，25％の筋力発揮では3種の刺激とも同程度の反応が認められる．しかし50％MVCでは運動野の磁気刺激に対する反応が他の2種の刺激に対する反応よりも有意に増大を示す（図5-14）．つまり，低い筋力発揮では脊髄での促通効果が大きく，中程度以上の筋力発揮になると，運動野での促通効果が著しくなる．また，素早い動作に特異的に出現する動作前サイレントピリオド（pre-motion silent period: PMSP）はMEPの電位を減少させることから，動作に先だって皮質脊髄路の興奮性は一過性に低下することを示唆する[7]．

運動制御といった脳の高次機能を解析するためには非侵襲的な方法が求められるが，X線CT（コンピュータ断層撮影法）の開発以降，種々の画像診断法が開発されている．CTおよび生体に含ま

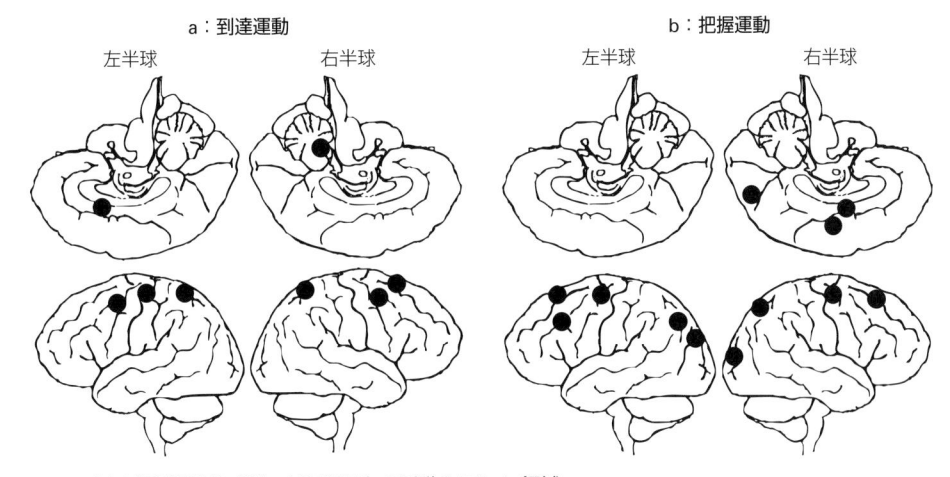

図 5–15 随意運動発現に関与する脳細胞の活動を示した領域
（Matsumura M et al.: Changes in rCBF during grasping in humans examined by PET. Neuroreport, 7: 749–752, 1996）

れる水素の磁気の帯び方を手がかりにする MRI（磁気共鳴画像診断法）は基本的には形態学的画像処理法である．これに対して脳の血流代謝量を3次元に測定できるポジトロン CT（陽電子断層画像撮影法，PET）は，生体を構成する元素と同一の陽電子（ポジトロン）の放出する放射線を測定し，脳の血流量や脳細胞の酸素の消費量をはかることができる．

たとえば，物をつかむ運動をする時に，脳はつかむべき物の大きさや形，物の位置を視覚情報として認識しながら，腕や指をどのように動かすという運動指令を出す．この運動に関与する脳細胞の活動が高まると，その細胞の周辺のごく限られた範囲の末梢血管で血流量は増加する．コントロール時の血流量に比して増加した部位は神経細胞群の活動が活発になったことを意味する．図 5–15a は 60cm 前方に設置したシリンダー上の発光ダイオードを右手の人差し指で触れた時，図 5–15b はシリンダーを右手の親指と人差し指でつまんだ際の脳細胞の活動が高まった領野を表わしている[8]．

発光ダイオードを凝視しているコントロール状態に比較して，シリンダーに指で触れる到達課題では左半球（運動と反対側）の一次運動感覚野，両側の運動前野，両側頭頂間溝領域，右前頭前野，右小脳半球，左帯状回に有意な脳細胞の活動が現われ，指でつまむ把握課題では両側の運動前野，両側前頭前野，右補足運動野，右頭頂間溝領域，両側の視覚連合野，右帯状回に有意な活動が現れている．サルを用いた研究成果を加味しても，物を正確につまむ運動では両側の運動前野と頭頂間溝領域を含む後部の頭頂葉から後頭葉の視覚連合野にかけた領域は重要な役割を果たしていることが明らかである．

3）運動の予測と修正

スポーツの場面に限らず日常生活のなかにも瞬時に運動を実行するか否かの判断を求められる場面がある．サルを用いた刺激の弁別を伴う GO/NO-GO の実験では，ただ反応するだけでは約 50％の確率になるため，サルは無報酬の刺激に対して運動しないように運動の抑制を目指すようになる．このような刺激の弁別・判断，運動の可否の決定，運動の抑制などの高次脳機能は前頭連合野が関与する[9,10]．運動を発現させないという意思の発現（運動抑制課題）は右半球前頭前野が関与しているという（図 5–16）[11]．

また，予測可能な動作で予測がはずれた場合，正しい動作を実行するためには運動指令を切り替える時間が必要になる．たとえば，選択反応に対して規則的な刺激を呈示してるところに，規則性を崩す刺激（フェイント刺激）をあたえると誤動作が現れ，動作を修正するために反応時間は遅れる（図 5–17）．フェイント刺激に対する誤動

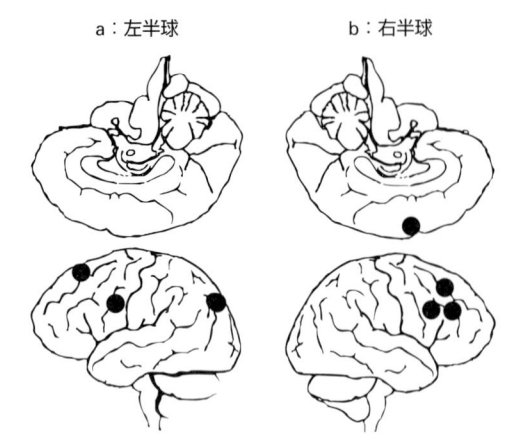

図5-16 運動の抑制に関与する脳細胞活動を示した領域
(Kawashima R et al.: Functional anatomy of GO/NO-GO discrimination and response selection - a PET study in man. Brain Res, 728: 79-89, 1996)

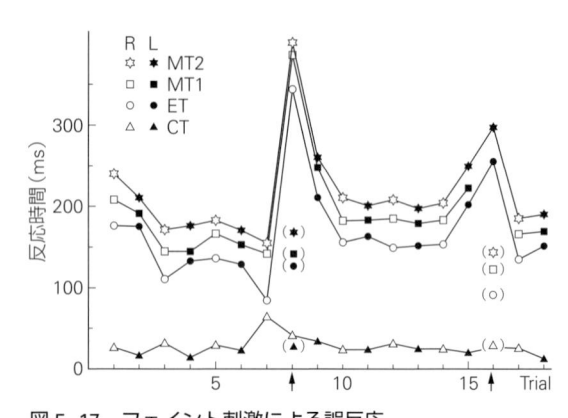

図5-17 フェイント刺激による誤反応
(河辺章子, 大築立志:フェイント刺激による誤反応の修正―対側前腕屈筋への運動指令の切り換え時間について―. 体育学研究, 27:217-227, 1982)

作の反応時間(図中の括弧の値)は正しい反応時間とほぼ同じ値をしめし,そこには規則性がみられる.しかし,誤反応から正反応に動作を修正するためには少なくとも100msを要し,強い誤反応ほど動作の切り替えに要する時間は長くなる.フェイント刺激に正しく反応した場合でも,直前の反応時間に比べて約50ms遅延することから,この切り替え時間は脳内の運動指令を修正する最小時間といえる[12].

4) 動作の習熟パターン

身体運動を繰り返し練習すると,やがて一定の動作が意識しなくても素早く正確にできるようになる.たとえば,バスケットボールで,パスを受けて,素早くジャンプ・シュートをする練習を繰り返すと,はじめは意識しなければできなかった動作が次第に意識しなくても,素早い動作でボールを正確にシュートできるようになる.これは,神経回路に一定の経路や近道ができることによって動作の命令が素早く伝わるようになり,複雑な動作が反射的に調整されるようになるからである.これを動作の反射化あるいは自動化と呼ぶ.

身体運動に習熟すると,誤った動作を素早く修正したり,次に起こる状況を的確に捉える能力も高まる.一流のスポーツマンの動作は再現性が高い.すぐれたゴルファーのスイングの軌跡は常に一定し,スイートスポットでボールを打つ確率が高い.テニスの上級者もラケットのスイートスポットでボールをとらえる確率が高い.

このような運動のプログラムは運動前野と補足運動野で形成され,実際の運動指令も大脳が発信するが,運動が正確円滑に行われるように小脳は大脳のはたらきを自動的に較正する[13].いわば小脳は運動の較正装置ともいえる.この較正を繰り返すことが練習あるいは技術トレーニングである.

身体運動の習熟には小脳が重要な役割を果たしているが,大脳と小脳の関連についてみると,図5-18のようになる.運動の指令は連合野から運動野を通じて延髄,脊髄の運動中枢に伝達される.運動の成果は,視覚,固有感覚などの知覚路を介して大脳皮質感覚野からもとの連合野にフィードバックされる(図5-18a).これは外界を通るフィードバック・ループをもつ極めて複雑な系である.このループを使うのは幼児が立ちはじめるときやピアノを習いはじめるときのように,たどたどしく精神の集中を必要とする場面である.このような運動が繰り返され,トレーニングされるとともに,小脳を通る内部ループに次第に外界を通るフィードバック・ループのモデルが形成され,ついには外界を通るフィードバック・ループが切断された開ループの状態であっても,小脳内

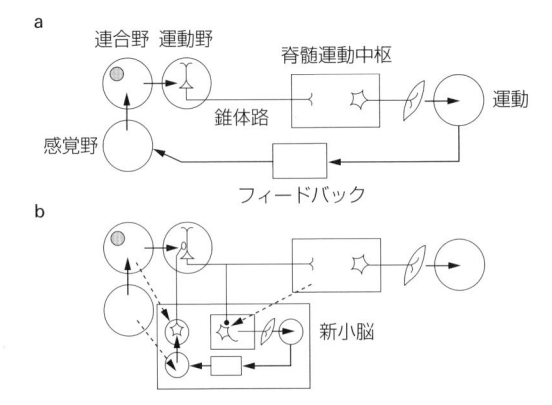

図5−18 大脳と小脳間のループ結合の意味
a:練習されていない随意運動のための制御系の構成.b:熟練した随意運動のための制御系.新小脳とラベルしたブロックにはaの一部が縮小して含めてある.
(伊藤正男:ニューロンの生理学,p138,岩波書店,1972)

ループを用いてまったく等価の運動ができるようになる(図5−18b).

この制御系が適切にはたらくためには,小脳半球に形成されたモデルが忠実に脊髄,延髄の制御部,外界を通るフィードバック・ループ,感覚系の性質をシミュレートしなければならない.小脳半球には,大脳の運動野以外の部分からも入力し(図の点線の矢印),これらの入力は小脳内のモデルの特性を時々刻々修正しているのである.これがからだで覚えることである.

文献

1) Evarts EV: Pyramidal tract activity associated with a conditioned hand movement in the monkey. J Neurophysiol, 29: 1011−1027, 1966.
2) Burke RE and Edgerton VR: Motor unit properties and selective involvement in movement. Exerc Sport Sci Rev, 3: 31−81, 1975.
3) Vallbo AB: Muscle spindle response at the onset of isometric voluntary contractions in man. J Physiol, 218: 405−430, 1971.
4) Woollacott MH et al.: Preparatory process for anticipatory postural adjustment: Modulation of leg muscles reflex pathway during preparation for arm movements in standing man. Exp Brain Res, 55: 263−271, 1984.
5) Kasai T et al.: Evidence for facilitation of motor evoked potentials(MEPs)induced by motor imagery. Brain Res, 744: 147−150, 1997.
6) Ugawa Y et al.: Facilitatory effect of tonic voluntary contraction on responses to motor cortex stimulation. Electroencephalogr Clin Neurophysiol, 97: 451−454, 1995.
7) 青木 久ほか:動作前筋放電休止期における運動誘発電位の減少について.脳波と筋電図,22:289−298,1994.
8) Matsumura M et al.: Changes in rCBF during grasping in humans examined by PET. Neuroreport, 7: 749−752, 1996.
9) Kubota K and Komatsu H: Neuron activities of monkey prefrontal cortex during the learning of visual discrimination tasks with GO/NO-GO performances. Neurosci Res, 3: 106−129, 1985.
10) Sasaki K et al.: Suppression of visually initiated hand movement by stimulation of the prefrontal cortex in the monkey. Brain Res, 495: 100−107, 1989.
11) Kawashima R et al.: Functional anatomy of GO/NO-GO discrimination and response selection -a PET study in man. Brain Res, 728: 79−89, 1996.
12) 河辺章子,大築立志:フェイント刺激による誤反応の修正―対側前腕屈筋への運動指令の切り換え時間について―.体育学研究,27:217−227,1982.
13) 伊藤正男:脳と心を考える.紀伊国屋書店,1996.
14) Kandel ER et al. eds: Plinciples of Neural Science. Appleton & Lange, 1991.
15) 松波謙一:運動と脳.紀伊国屋書店,1988.

［矢部 京之助］

4.身体運動における左右肢の協調

1)右と左

われわれ人間の身体は左右2つの部分に分かれているが,左右に分かれていながらひとつの身体を形成している.通常,右手が利き手である人が圧倒的に多いが,右利きの人は,右手の筋力が強く,器用に動かすことができる.身体の右と左に関しては,左右のサイズや機能における左右差が議論されることが多いが,そもそも右と左に分かれていなければ,身体機能の左右差は生じない.著者は左右差の研究よりも,左右に分かれていること自体に興味が向く.そして,その左右が身体運動のなかでどのようにかかわり合うのか,とい

うことに関心がある．本項では，一側肢および両側肢による静的筋力発揮を取り上げ，左右筋収縮を司る中枢神経系のはたらきについて記述する．

2）左右肢同時筋力発揮

バーベルや種々のマシンを用いて筋力を高めるために行うレジスタンストレーニングは，通常両腕あるいは両脚を同時に筋力発揮するものが多いが，片腕，片脚で行う場合もある．トレーニングの現場では，筋力トレーニングを行う場合，どの筋を鍛えるかに着目することが多いが，片腕で行うトレーニングと両腕で行うトレーニングを支配する神経系のはたらきの違いに着目する人は少ない．

1960年代の初頭から，最大筋力を左右肢同時に発揮した場合の筋力の合計値は，左右一側ずつ最大筋力を発揮した場合の合計値より低い値を示した興味深い報告がみられる．この現象は，両側性筋力低下と呼ばれている[1]．1961年にHenryとSmith[2]が両側性筋力と一側性筋力の違いを最初に報告した．彼らは，その論文の緒言のなかで，右手一側の最大握力発揮に加えて，同時に反対側も最大握力を発揮すると右手の最大握力の値は一側性発揮の場合に比較して増大するのではないかと述べている．こうした考え方は，一側肢で学習した動きが学習していない側肢にも及ぶという交叉転移効果（cross-transfer effect）を出所としている．つまり，HenryとSmith[2]は，左手の最大筋力発揮によるneural overflow（神経活動の流れ込み）が右手の筋力発揮に対して加わる分だけ右手の筋力は増大するであろうと推測したのである．

しかし，彼らの実験結果は推測とは反対であった．両側同時に最大筋力を発揮すると，利き手において統計的に有意な低下現象がみられたのである．彼らは，両側同時に最大筋力を発揮した場合にみられる現象は，interference（妨害）であって，facilitation（促通）ではないと報告した．

続いて，1965年にKroll[3]が手首の静的屈曲力について調べ，最大筋力の両側性低下を報告した．Krollの実験も，左右同時発揮時にはfacilitationが起きるという予測のもとに実験を行ったもので，結果はやはり予測とは反対で，interferenceを示した．その後，1978年にSecherら[4]の報告がみられ，1980年代になってOhtsuki[5〜7]が静的握力，静的肘屈曲力，静的肘伸展力を対象に最大両側同時筋力の実験を行い，最大筋力を両側同時に発揮した場合にみられる筋力の低下現象を示した．そこから今日まで，両側性筋力低下を報告する研究が続いている．

サルの大脳皮質運動野の単一細胞の活動電位を調べた研究[8,9]，およびヒトの運動関連脳電位を検討した研究[10〜14]によれば，手および指の一側性筋力を発揮する場合，おもに反対側半球の皮質運動野の活動が優位性を示す．したがって，最大両側同時筋収縮は，両半球の運動野を同時に活性化する中枢処理機構によって制御されるものと推測される．その場合，もし最大筋力の両側性低下が中枢性活動の低下[1,5]に起因するのであれば，左右半球から記録される運動関連脳電位の振幅においても両側性低下がみられるのではないかという疑問が生じる．

著者ら[15,16]は，一側性および両側性最大筋力を発揮したときの運動関連脳電位を記録し，筋力および筋電図活動においてみられた両側性低下が運動関連脳電位の両側性低下と結びつくか否かを検討し，最大両側同時筋収縮を制御する中枢神経機構について考えてみた．

被験者は坐位姿勢をとり，体幹部を垂直に立て，前腕部をベルトで測定台に固定し，測定台に固定された握力計を握り，最大筋力（握力）を最大立ち上がり速度で，瞬時に発揮し，その後ただちに脱力した．筋力発揮は，①一側性右，②一側性左，③両側同時の3条件下で行った．脳波の電極装着の位置は国際10-20法に基づき，左右の大脳皮質運動野に相当するC3およびC4から記録し，筋力曲線の立ち上がり開始時点を基準に加算処理を行い，被験者個人毎に各条件における運動関連脳電位（MRCP）を記録した．

全被験者の一側性および両側同時条件における，全波整流した筋電図および筋力曲線の総平均を左右肢について示した（図5-19）．左右の筋力，

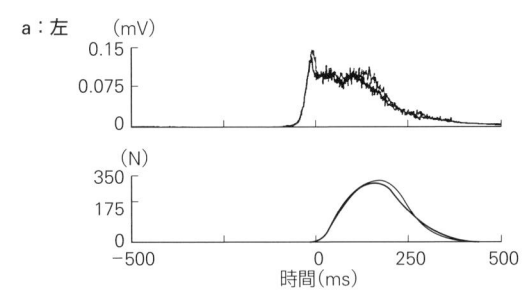

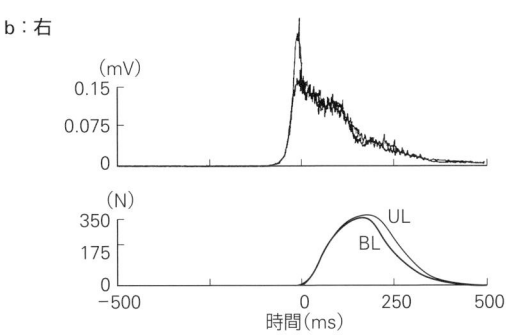

図5-19 一側性(UL)および両側性(BL)条件下における，全波整流した筋電図(浅指屈筋)，および筋力曲線
データは全被験者の全試行の総平均として示した．
(Oda S and Moritani T: Movement-related cortical potentials during hand grip contractions with special reference to force and electromyogram bilateral deficit. Eur J Appl Physiol Occup Physiol, 72: 1–5, 1995)

筋電図ともに，両側性低下がみられたが，とくに，右前腕筋の筋電図の放電初期において著しい両側性低下がみられた．

筋力立ち上がり期を50msごとに区分し，各区間の筋電図積分値および筋力積分値の平均値と標準誤差を左右肢について示した（図5-20）．右の筋電図200msの総区間では，右の筋電図積分値の両側性低下が左の両側性低下を有意に上回った（左：5.6±2.8％，右：9.5±2.2％，$p<0.05$）．筋力立ち上がり開始直前の区間（−50〜0ms）において，右の両側性低下は30％に近い値を示し，左の両側性低下率を大きく上回った．筋出力積分値（立ち上がり開始時点から200ms間の積分値）における両側性低下は，左が4.5±2.4％，右が5.2±1.1％（$p<0.05$）を示し，右の低下率において有意差が認められた．

一側性左（UL L），一側性右（UL R）および両側同時（BL）の3条件において，C3（左半球運動野）とC4（右半球運動野）から記録

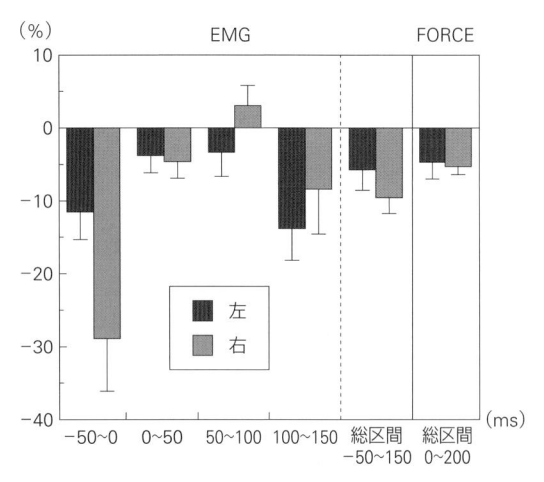

図5-20 左右の筋電図積分値と筋出力積分値の両側性低下を平均値と標準誤差で示した
(Oda S and Moritani T: Movement-related cortical potentials during hand grip contractions with special reference to force and electromyogram bilateral deficit. Eur J Appl Physiol Occup Physiol, 72: 1–5, 1995)

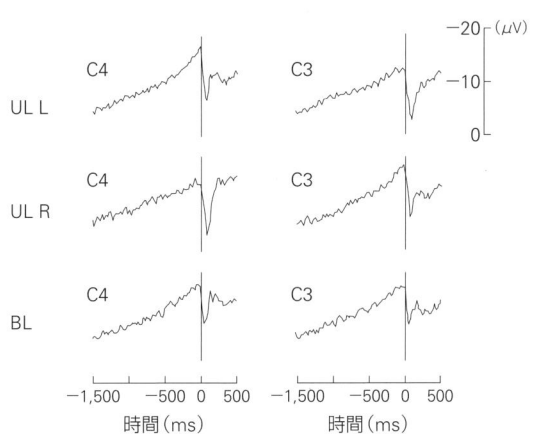

図5-21 全被験者における運動関連脳電位(C3，C4)の総平均を3条件毎に示した
一側性左；UL L，一側性右；UL R，両側性；BL
(Oda S and Moritani T: Movement-related cortical potentials during hand grip contractions with special reference to force and electromyogram bilateral deficit. Eur J Appl Physiol Occup Physiol, 72: 1–5, 1995)

した運動関連脳電位の総平均を示した（図5-21）．一側性条件では，反対側半球からのMP（motor potential）の優位性（反対側優位性）がみられたが，両側同時条件では，反対側優位性が消失し左右対称性を示した．

運動関連電位の3つのコンポーネントのうち，もっとも著しい両側性低下を示したMPをピーク

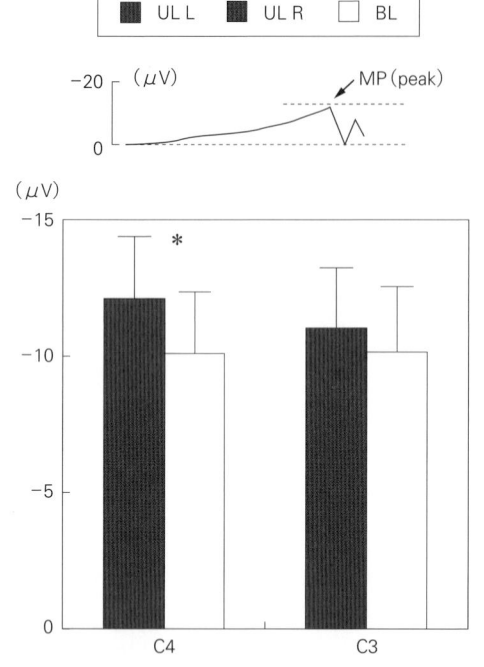

図5-22 MP（motor potential）をピーク値で評価すると，C4におけるMPの両側性低下において，有意差が認められた（*：p<0.05）
（Oda S: Motor control for bilateral muscular contractions in man. Jpn J Physiol, 47: 487-498, 1997）

値で評価すると，C4電位の両側性低下において統計的有意差がみられた（図5-22）．

3）半球間抑制機構

本研究でもっとも重要な結果のひとつは，筋力および筋電図活動の両側性低下は左右大脳半球から記録した運動関連脳電位の振幅値の低下と結びついていたことである．随意運動に先行して記録される運動関連脳電位は，運動の準備と遂行に関連する中枢内過程を反映した電位である[10〜14]．MPの起源は，おもに第1次運動野の細胞活動によるものといわれている[10, 11, 17]．

上記の頭皮上から得られた運動関連脳電位の起源に関する知見の妥当性は，サルの皮質内埋入電極による運動関連電位[18, 19]およびヒトの皮質内埋入電極による運動関連電位[20]によって支持されている．これらの先行研究は，著者[16]の実験結果であるMPにおける振幅の両側性低下が，おもに皮質運動野の神経細胞活動の低下を反映していることを示唆するものであり，したがって左右肢を同時に筋力発揮した場合における最大筋力の両側性低下の一因として，中枢性神経活動の低下をあげることができる．

AsanumaとOkuda[21]は，ネコの一側半球の錐体路細胞を電気刺激すると，反対側半球の錐体路細胞から活動電位を記録できることにより，皮質運動野において左右半球間結合が存在することを証明した．さらに彼らは，刺激強度が強すぎると，反対側半球の錐体路細胞に及ぼす効果は抑制効果であり，刺激強度が弱い場合においてのみ促通効果をもたらすことも併せて示した．Ohtsuki[5]は，上記の動物実験などを根拠に，最大筋力の両側性低下は左右の大脳半球間において互いに抑制をかけあう効果（半球間抑制）が生じるために引き起こされるという推測を提示している．

1990年代になると，磁気刺激法を用いて，ヒトの半球間交互作用として抑制効果を報告した研究がみられるようになった．たとえばFerbertら[22]は，左半球に与えた磁気刺激は同側性（左指）の筋電図を誘発するのに対して，左半球を刺激する5msから30ms前に右半球に磁気刺激を与えると，誘発筋電図の振幅が低下し，右半球に与えた磁気刺激が左半球に対して抑制効果を及ぼすことを示した．すなわち，交連線維を介して抑制効果を及ぼす半球間抑制機構の存在をヒトにおいて提示した．半球間抑制機構の存在は，交連線維に異常がある患者の場合は，時間差磁気刺激を行っても誘発筋電図の振幅値の低下はみられないという事実によって支持されている[23]．

運動関連脳電位においてみられた両側性低下は，筋力の両側性低下が中枢性の要因によって生じることを述べたが，上記の半球間作用に関する先行研究を考慮すると，筋力の両側性低下の中枢性要因のひとつとして，半球間抑制機構の関与をあげることができる（図5-23に模擬的に示した）．

1970年代には，サルの皮質運動野の手の領域において，体幹筋および近位筋の領域に比較して半球間結合が少ないという報告がみられた[24, 25]．しかしこれらの報告の後に，サルの皮質運動野の

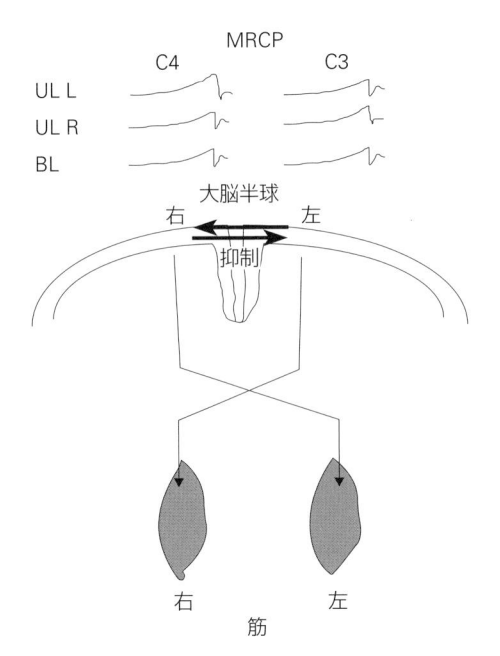

図 5-23 両側性低下を引き起こす一因として半球間抑制機構を示した模式図
(Oda S and Moritani T: Movement-related cortical potentials during hand grip contractions with special reference to force and electromyogram bilateral deficit. Eur J Appl Physiol Occup Physiol, 72: 1-5, 1995)

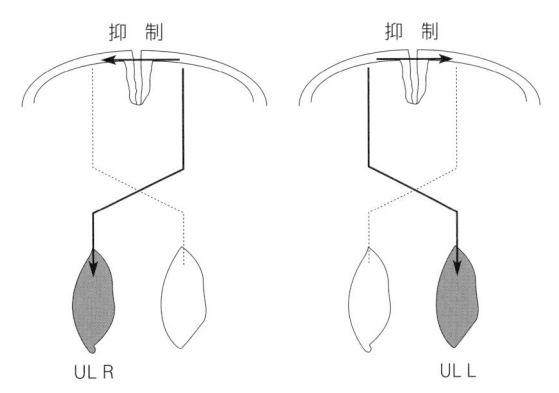

図 5-24 最大一側性運動において，一側の筋力発揮を行うときに反対側の筋力発揮を抑止することを示す模式図
一側半球の興奮が反対側半球に対して抑制効果を及ぼすことによって一側性筋収縮が成り立つという仮説を示した．
(小田伸午：身体運動における右と左．京都大学学術出版会，1998)

手の領域は，体幹筋および近位筋の領域と同等の半球間結合が存在するという解剖学的事実が報告された[26]．また，サルの脳梁線維を電気刺激し，皮質運動野の遠位筋領域における誘発電位を記録し，皮質運動野の遠位筋領域における半球間結合の存在を明らかにした報告もみられる[27]．近年の磁気刺激法が示す半球間抑制効果は，ヒトの皮質運動野の手の領域における半球間結合の存在を支持するものといえる[22,28,29]．これらの先行研究を考慮すれば，近位筋活動（肘屈曲力発揮）だけでなく遠位筋活動（握力発揮）においても，筋力と筋電図活動にみられる両側性低下の一因として半球間抑制機構の関与が考えられる．

4）補足運動野

Brinkman[30]は，サルの補足運動野の破壊実験によって，左右協調動作のために補足運動野は必要であり，両側の補足運動野が，脳梁を介して反対側の補足運動野，運動野に影響し合い，相互調節をすることによって，はじめて意味のある左右協調運動が可能になると解釈した．補足運動野を切除した一部の患者は，一側肢のみの運動を行おうとするときに反対側肢の運動を引き起こしてしまうという報告がみられる[31,32]．一側性運動を遂行する場合，左右いずれかの一側肢を動かし，同時に反対側肢の運動を抑止する左右肢の興奮と抑制の切り替え機構が必要であるが，この切り替え機構に対して補足運動野の関与が推察される[30,33]．図 5-24 は，最大一側性運動において，一側肢のみが筋力発揮を行うときに反対側肢の筋力発揮を抑止する半球間抑制機構を示した模式図である．「右手の筋力を発揮せよ」という表の運動指令には，「左手の筋力発揮は抑えよ」という裏の運動指令が含まれている．脳の興奮が筋の活動（存在）を生むのであればヒトは意識できる（存在は意識できる）．しかし，脳の興奮が筋の不活動（不存在）を導くのであれば，ヒトは意識できない（不存在は意識できない）．一側の筋力発揮が，反対側の筋に抑制をかけることで成り立っているのであれば，両側性筋低下は，互いに他方の筋力発揮を抑えようとする抑制効果がはたらくために生じるという説明が成り立つ．一側性筋力発揮にしても，両側性筋力発揮にしても，意識できない重要な神経系のはたらきが脳と身体のなかで起きている．身体運動では，意識できることと意識でき

ないことが，表裏一体となって，二重構造をとっている．

著者らの最大筋力の両側同時発揮実験において，補足運動野の活動を表すといわれている頭頂部のCzから記録した運動関連脳電位のMPの値を両側性条件と一側性条件で比較したものが図5-25である．両側性条件におけるCzは，C3およびC4の値を上回る値を示し，この値は，一側性条件下のCzの値に対してほぼ同等の値を示した．それに対してC3およびC4の値は，一側性条件において優位性を示した反対側電位の値が両側性条件下では低下している．すなわち，C3およびC4のMPにおいては両側性低下がみられたのに対して，CzのMPにおいては両側性低下はみられなかった．このCzに関するデータは，最大両側同時筋出力において，補足運動野などの高次運動野が関与することを支持するものと考えられる．

5）左右肢の協調

身体の両側を異なる速度やリズムで動かすことは難しい．たとえば，両側肢鏡像運動の途中で，どちらか一方の腕の肘屈曲運動をリバースさせて肘伸展運動を入れると，反対側の肘屈曲運動がつられて，肘伸展運動をしてしまう（図5-26）[34,35]．両手の掌を下に向けてテーブルの上に置き，両手の人差し指を同時にタッピングし，次に両手の中指で同時にタッピングし，これを繰り返すことは容易にできる．この運動は，タッピングのスピードを上げても比較的容易にできる．次に，右手の人差し指と左手の中指を同時にタッピングし，次に右手の中指と左手の人差し指を同時にタッピングし，これを繰り返すことは，簡単にはできない．速くやろうとすれば，余計難しくなる．プロのキーボードやギター奏者は，左右の異なる指を異なるリズムで動かす両側指による協調運動を容易にできる．彼らの，左右大脳半球を繋

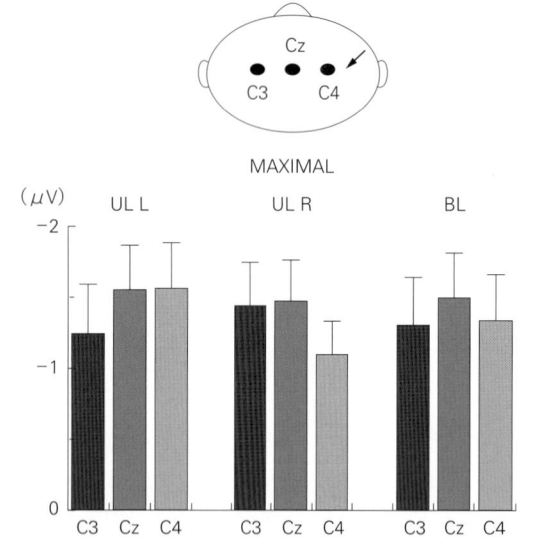

図5-25 最大筋力発揮における運動関連脳電位（MP）の値をC3，CzおよびC4について示す
左側は一側性左（UL L），中央は一側性右（UL R）そして右側は両側性条件（BL）を示す．C3およびC4のMPにおいては両側性低下がみられたのに対して，CzのMPにおいては両側性低下はみられなかった．
（小田伸午：身体運動における右と左．京都大学学術出版会，1998）

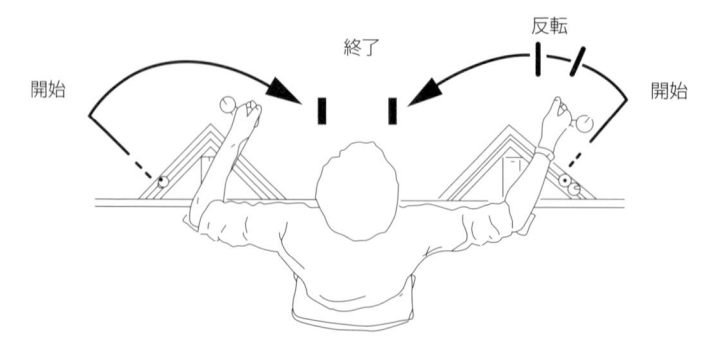

図5-26 SwinnenとWalterが行った両側性時空間課題
（Swinnen SP and Walter CB: Toward a movement dynamics perspective on dual-task performance. Human Factors, 33: 367-387, 1991）

ぐ脳梁のサイズは一般人に比較して大きいことが報告されている[36]．これは，出力タイミングや出力筋が左右で異なる左右両側肢の運動を協調的に遂行するには，左右の大脳半球が連絡を取り合う必要があるからであると考えられている．

利き腕でラケットを振るときやボールを投げるときに，目的とする側の腕から意識を外して，反対の腕の動作に意識をおくと上手くいくということがある．以前，男子テニス世界チャンピオンであったレンドル選手（右利き）は，サービスのとき，ボールを投げ上げた左腕の肘を回外しながら真下に引く動作を意識的に行うことで，サービスにおけるラケットのヘッドスピードを上げることに成功した．レンドル選手は，左腕の動きにいったん意識をおいてサービスを打つことで巧くいくようになったと語っている．とくに，右腕の直接的な操作にとらわれて悩んでいる選手には，反対側の腕の意識から入るというのは革命的効果をもたらすことがあり，なかなか優れた運動制御の対処方法である．42歳のシーズンに著しい成績を残した元広島カープの大野投手（左投げ）は，以前の投球フォームを変えることで成功した．彼はこの年，前足を打者の方向にステップするときに，グローブを着けている右腕の位置を以前より高く上げるようにした．このことで，いわゆる"ため"がよくなり，結果として球を投げる左腕の振りが鋭くなったものと考えられる．投球と直接かかわらない右腕の動きから，直接かかわる左腕の動きに繋げるという，左右肢間の協調（コーディネーション）をうまく利用した例といえる．

左右肢の協調運動を司る中枢制御メカニズムの研究は，いまだ発展途上といえる．ましてや，上記に述べたスポーツ動作における複雑な左右肢の協調性に関しては，生理学的データに基づく考察にまでは現段階では踏み込めないのが実情である．しかし，左右のかかわり合いの研究のなかから，ある種の哲学的命題を導くことができる．それは意識ということである[37,38]．一側肢で力発揮しているときには，反対側肢の筋収縮を抑制している．最大筋力を両側肢同時に発揮すると筋力が低下してしまう．これらのことは，いずれも意識して起きていることではなく，ある意識に付帯して無意識的に起きる事象である[1,37,38]．上記のスポーツにおける左右肢の協調の例も，意識という問題にかかわっている．直接球を打ったり投げたりする側の腕に意識をおかずに，そこから意識を外して，反対側の腕に意識を置くのである．直接球を打ったり投げたりする側から意識を外すために反対側の腕に意識をおくと言い換えてもよいかも知れない．

意識とは自己，すなわち主観である．科学とは客観である．科学のなかに主観がそのまま混入したら科学ではなくなってしまうが，科学研究からでてくる知見が意識と繋がってくると，科学研究の成果を実際のスポーツのなかに何らかの形で活かすことができる．主観と客観の関係は，左右四肢の協調運動における右と左の関係に似ている[38]．

文　献

1) 大築立志：たくみの科学．pp167-178，朝倉書店，1992．
2) Henry FM and Smith LE : Simultaneous vs. separate bilateral muscular contractions in relation to neural overflow theory and neuromotor specificity. Res Q, 32: 42-46, 1961.
3) Kroll W: Isometric cross-transfer effects under conditions of central facilitation. J Appl Physiol, 20: 297-300, 1965.
4) Secher NH et al.: Contralateral influence on recruitment of curarized muscle fibres during maximal voluntary extension of the legs. Acta Physiol Scand, 103: 456-462, 1978.
5) Ohtsuki T: Decrease in human voluntary isometric arm strength induced by simultaneous bilateral exertion. Behav Brain Res, 7:165-178, 1983.
6) Ohtsuki T: Decrease in grip strength induced by simultaneous bilateral exertion with reference to finger strength. Ergonomics, 24: 37-48, 1981.
7) Ohtsuki T: Increase in simple reaction time of knee extension induced by simultaneous bilateral performance. Percep Motor Skills, 53: 31-35, 1981.
8) Evarts EV: pyramidal tract neuron activity associated with a conditional hand movement in the monkey. J Neurophysiol, 29: 1011-1027, 1966.
9) Tanji J et al.: Neuronal activity in cortical motor areas related to ipsilateral ,contralateral, and bilateral digit movements of the monkey. J

Neurophysiol, 690: 325-343, 1988.
10) Deecke L et al.: Distribution of readiness potentials, pre-motion positivity and motor potential of the human cerebral cortex preceding voluntary finger movements. Exp Brain Res, 7: 158-168, 1969.
11) Gerbrandt LK et al.: Distribution of the human average movement potential. Electroenceph Clin Neurophysiol, 34: 461-474, 1973.
12) Neshige R et al.: Recording of movement-related cortical potentials from scalp and cortex in man. Brain, 111: 719-736, 1988.
13) Shibasaki H et al.: Components of the movement-related cortical potential and the scalp topography. Electroenceph Clin Neurophysiol, 49: 213-226, 1980.
14) Taylor MG: Bereitschaftspotential during the acquisition of a skilled motor task. Electroenceph Clin Neurophysiol, 45: 568-576, 1978.
15) Oda S and Moritani T: AMovement-related cortical potentials during hand grip contractions with special reference to force and electromyogram bilateral deficit. Eur J Appl Physiol Occup Physiol, 72: 1-5, 1995.
16) Oda S: Motor control for bilateral muscular contractions in man. Jpn J Physiol, 47: 487-498, 1997.
17) Singh J and Knight RT :Frontal lobe contribution to voluntary movements in humans. Brain Res, 531: 45-54, 1990.
18) Gemba H et al.: Distribution premovement slow cortical potentials associated with self-paced hand movements in monkeys. Neurosci Lett, 20: 159-163, 1980.
19) Hashimoto S et al.: Analysis of slow cortical potentials self-paced hand movements in the monkey. Exp Neurol, 65: 218-229, 1979.
20) Rektor I et al.: Intracerebral recording of movement related readiness potentials:an exploration in epileptic patients. Electroenceph Clin Neurophysiol, 90: 273-283, 1994.
21) Asanuma H and Okuda O: Effects of transcallosal volleys on pyramidal tract cell activity of cat. J Neurophysiol, 25: 198-208, 1962.
22) Ferbert A et al.: Interhemispheric inhibition of the human motor cortex. J Physiol (Lond), 453: 525-546, 1992.
23) Rothwell JC et al.: Physiological studies in a patient with mirror movements and agenesis of the corpus callosum. J Physiol (Lond), 438: 34P, 1991.
24) Jenny JB: Commissural projections of the cortical hand motor area in monkeys. J Comp Neurol, 188: 137-146, 1979.
25) Pandya DN and Vignolo LA: Intra- and interhemispheric projections of the precentral premotor and arcuate areas in the rhesus monkey. Brain Res, 26: 217-233, 1971.
26) Killackey HP et al.: The relation of corpus callosum connections to architectonic fields and body surface maps in sensorimotor cortex of new and old world monkeys. J Comp Neurol, 219: 384-419, 1983.
27) Matsunami K and Hamada I: Effects of stimulation of corpus callosum on precentral neuron activity in the awake monkey. J Neurophysiol, 52: 676-691, 1984.
28) Meyer BU et al.: Inhibitory and excitatory interhemispheric transfers between motor cortical areas in normal humans and patients with abnormalities of the corpus callosum. Brain, 118: 429-440, 1995.
29) Netz J et al.: Hemispheric asymmetry of transcallosal inhibition in man. Exp Brain Res, 104: 527-533, 1995.
30) Brinkman C: Supplementary motor area of the monkey's cerebral cortex: short-and long-term deficits after unilateral ablation and the effects of subsequent callosal section. J Neurosci, 4: 918-929, 1984.
31) Chan JL and Ross ED: Left-handed mirror writing following right anterior cerebral artery infarction: evidence for nonmirror transformation of motor program by supplementary motor area. Neurol, 38: 59-63,1988.
32) Goldberg G et al.: Medial frontal cortex infarction and the alien hand sign. Arch Neurol, 39: 683-686, 1981.
33) 丹治　順：運動意志の発現．In：伊藤正男，佐伯胖編，認識し行動する脳．pp91-111，東京大学出版会，1988．
34) Swinnen SP and Walter CB: Toward a movement dynamics perspective on dual-task performance. Human Factors, 33: 367-387, 1991.
35) Swinnen SP et al.: Control of asymmetrical bimanual movements. Exp Brain Res, 85: 163-173, 1991.
36) Schlaug G et al.: Increased corpus callosum size in musicians. Neuropsychol, 33: 1047-1055, 1995.
37) 小田伸午：身体運動における右と左．京都大学学術出版会，1998．
38) 小田伸午：運動科学—アスリートのサイエンス．丸善，2003．

［小田　伸午］

5. 運動とゆらぎ

1) 運動のゆらぎを解析する意義

昨今話題のヒト型ロボットやペットロボットは，正確に同じ動作を繰り返すことができるであろう．工業用ロボットに至っては，繰り返し正確に同じ位置にビスを打つこと，すなわち同じ動作を繰り返すこと自体が目的となる．われわれ素人がビスを打てば，毎度毎度で打つ位置が変わったり，曲がったりする．正確に繰り返すことができれば，それは職人技と呼ばれ讃えられる．逆にいえば，ほとんどの人は正確な動作を繰り返すことはできない．人間の動作は繰り返すたびに変動する，"ゆらぐ"ものなのである．

ロボットがアームを操作して何らかの作業をするとき，そのコントローラからの出力は若干の誤差を含む．

出力＝制御設定値＋制御誤差……………（1）

よく調整されたコントローラをもつロボットなら誤差は極めて小さいだろう．ところが，人間の場合はそうもいかない．たとえば，素人の大工仕事では，釘を打つための適切な金槌と釘の角度，力などの制御設定値に，制御誤差が加わった出力がなされ，釘が曲がって打たれることになる．多くの研究では，その釘打ちの動作を繰り返し測定し，被験者の制御設定値が何であるかを研究対象とする．たとえば，釘打ち動作の肘関節トルクはどの程度かといったことを知るには，肘関節トルクの平均値を求める．つまり，

測定値＝真値＋誤差…………………………（2）

とみなし，平均操作で誤差を除去するわけである．

これに対し，測定値のゆらぎが制御誤差を表すという見方をすれば，その大小を測ることで制御系の善し悪し，つまり被験者の技術の善し悪しを評価できるのではないか．このように，測定値の平均値に着目することで得られる情報のほかに，ゆらぎに着目することで新たな情報が得られることがある．

ゆらぎは，その大きさだけでなく，動的な性質（個々のゆらぎの発生順序などの時間情報も考慮した性質）を検討することで，より深い理解が得られることがある．たとえば，運動をすると心拍数は増大するが，これは心電図R―R間隔の平均値が減少することでわかる（図5-27）．ここで心拍ゆらぎの動的な性質に着目すると，運動により心拍の制御が不安定化している傾向が明らかと

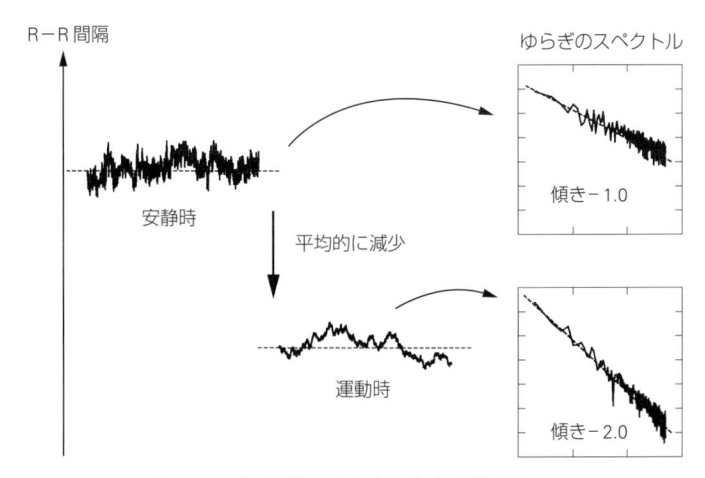

図5-27 心電図R―R間隔のゆらぎの運動による変化を表す模式図
安静から運動へと状態が変化すると，平均的なR―R間隔が減少する．これに加えて，それぞれのゆらぎの特徴も変化していることが，両者の両対数スペクトルをとると明らかとなる．スペクトルの傾きが約1.0から2.0へと変化（ハースト指数と類似の定量値で，ハースト指数で表すと$H=0$から$H=0.5$へと変化．この解釈も含めて立位の項を参照）しており，ゆらぎの反持続的な傾向が強まる．これは加齢に伴う変化と同様であり，心拍の制御が不安定化されていることを伺わせる．

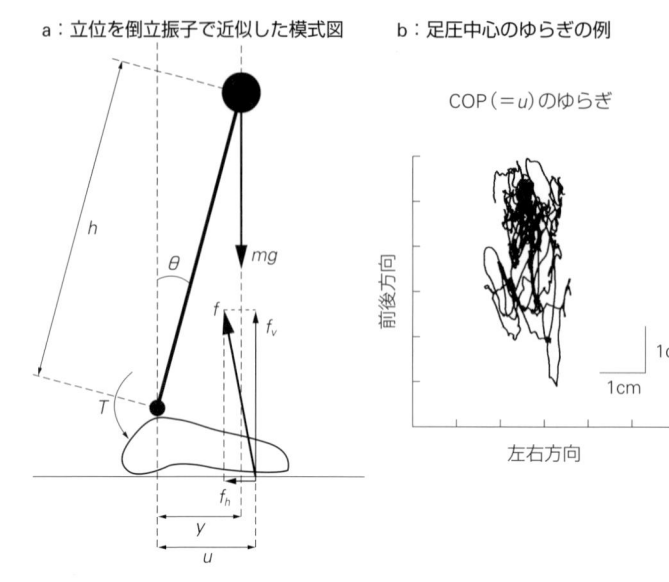

図5-28 立位のゆらぎ

a：立位を倒立振子で近似した模式図
b：足圧中心のゆらぎの例

なる（詳細は図5-27および5.2）を参照）．

心拍ゆらぎは，ゆらぎの解析でも比較的歴史が長く，ゆらぎの解析により有益な情報が得られた例である．本項では，身体運動のバイオメカニカルな測定値にみられるゆらぎを解析することで得られる知見について概観する．ゆらぎの解析により得られた知見の紹介に主点をおくこととし，用語，解析の詳細については野崎[1]，野崎と山本[2]，著者[3]などを参照してほしい．したがって，本文中の式や定量値の詳細についてより，添えてある解釈に注意して読み進めていただきたい．

2）立位のゆらぎ

立位姿勢をとったときに，身体がわずかにゆらいでいることは，古くから知られている（図5-28b）．医学分野の平衡神経科領域では，この身体のゆらぎを床反力計などで計測し，臨床検査項目として活用している．バイオメカニクス的測定項目が，社会保険診療報酬適用となっている数少ない事例ではないだろうか．この検査，すなわち重心動揺検査では，主としてゆらぎの平均的な大きさや速さなどを定量化し，大集団測定をもとにした経験的・統計的な基準値を用いて評価が行われ，成果を上げている．

ここではまず，立位のゆらぎがどのように生じ，力学的には何を意味するかについてみてみよう．ヒトの静止立位は，大まかにみれば倒立振子で近似できる（図5-28a）．系の運動方程式は，

$$I\ddot{\theta} = mgh\sin\theta + T + \varepsilon \quad \cdots\cdots (3)$$

とかける．ここでθは動揺角度，mとIは身体質量および身体慣性モーメント，hは足関節から身体重心（center of mass: COM）までの距離，gは重力加速度，Tは足関節トルク，εは微小な雑音である．COMが足関節より前方に位置するために，後方向きの足関節トルクが常に身体を保持している．したがって，静的立位中には足関節屈筋の活動は小さく，足関節伸筋のみが活動しており，倒立振子でモデル化される静的立位は足関節伸筋が主働筋であるといえる．

足の動きを無視すると，

$$T + f_v u \approx 0 \quad \cdots\cdots (4)$$

が成り立つ．ここでf_vは床反力垂直成分，uは足圧中心（center of pressure: COP）の位置である．静的立位中には$f_v \approx mg$と近似できるので，COP位置変化は足関節トルク変化にほぼ比例する．この近似，式（3），（4）および$h = h\sin\theta$より，

$$u \approx y - \frac{I}{mg}\ddot{\theta} \quad \cdots\cdots (5)$$

を得る．ここでyはCOMの位置である．COP位置とCOM位置は，静的平衡条件下（慣性項=0）

では一致すべきである（$u=y$）．しかし，足関節トルクの過不足により，COPは瞬時平衡点（$u \neq y$）から偏倚する．この足関節トルクの過不足がCOMの加速度（$\ddot{\theta} \neq 0$），すなわち立位のゆらぎを生じさせる．したがって，足関節トルクの過不足を増減して足関節トルクをCOM位置に適したものとすること，あるいはCOPとCOMを一致させることが，静的立位姿勢の制御である．

このように，重心動揺検査の測定項目として一般に用いられるCOPのゆらぎは，身体が出力する足関節トルクのゆらぎを反映している．足関節トルクは，COM位置に適したものとして時々刻々調節されている．したがって，COPゆらぎを解析することで，神経系を主体とした姿勢制御系の機能を評価できるものと期待される．

次に，COPゆらぎの動的な性質についてみてみよう．動的な性質は，まず周波数解析などで検討されることが多い．しかし，COPゆらぎは非定常性が強く，また特徴的な周波数も見いだせない[3,4]．CollinsとDelucaは，COPゆらぎを拡散過程と見なすことで，その動的な性質を巧みに定量化した[5]．彼らが用いた解析方法では，以下のように"ハースト指数H"を算出する．

時間間隔τについて，その間の拡散量の平均$R(\tau) = \langle (x(t+\tau) - x(t))^2 \rangle$を算出する．時間間隔$\tau$と$R(\tau)$の間には，指数$H$を導入して，

$$R(\tau) \sim \tau^{2H} \cdots\cdots\cdots\cdots\cdots\cdots (6)$$

が成立する．指数Hは，拡散の状態により異なり，したがってこれにより拡散の特徴を定量化できる．具体的には図5-29のように，τと$R(\tau)$を両対数プロットし，指数Hを両対数プロットの傾きの1/2として定量化する．

ハースト指数は，以下に示す非常に興味深い性質をもつ．$x(t)$が式（6）を満たす拡散過程だとすると，時刻t以前から現在の時刻（$t=0$とする）までのxの増分と，現在からt後の増分の相関$C(t)$（増分相関）は，

$$C(t) = \frac{\langle -x(-t) \cdot x(t) \rangle}{x(t)^2} = 2^{2H-1} - 1 \cdots (7)$$

と表せる．この増分相関は$H>0.5$の時には正，$H=0.5$のときには0，$H<0.5$の時には負の値を

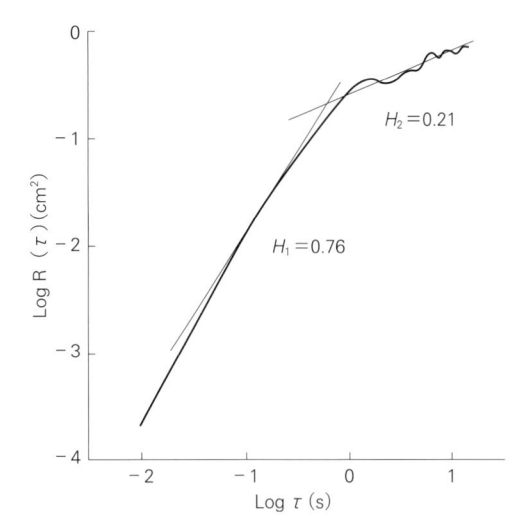

図5-29 立位のゆらぎのSDA解析

とる．すなわち，$H>0.5$の場合は，過去に増加（減少）していれば未来にも増加（減少）する可能性が高く（持続性：正のフィードバックが強い傾向を示唆する），$H<0.5$の場合は，過去に増加（減少）していれば未来には減少（増加）する可能性が高い（反持続性：負のフィードバックが強い傾向を示唆する）．$H=0.5$の場合は，過去と未来の増分が無相関であり，これはブラウン運動に相当する．COPゆらぎについては，τと$R(\tau)$の両対数プロットが屈曲するため，Hは一通りに定まらない．図5-29の例では，時間領域1秒以下で$H_1=0.76$，10秒までの領域で$H_2=0.21$と算出される．すなわち，COPゆらぎは，時間領域1秒以下では持続性を有し，それ以上10秒程度までは反持続性を有することがわかる．

持続性は過去にCOPが前方移動した場合，さらに未来にも前方へ移動しやすいことを意味する．これは姿勢調節を考えた場合，不安定性を意味するであろう．逆に反持続性は，過去に前方移動した場合，未来にはこれを後方に戻す傾向を意味する．これは調節の理にかなっており，安定化の傾向を示す．つまり人間のCOPゆらぎが短時間領域で持続性を有し，長時間領域で反持続性を有するということは，二足立位が本質的に不安定であり短時間では不安定であるが，フィードバック調節の時間遅れの後に安定化されているこ

と（安定化されなければ転倒する）を示唆する．COPゆらぎの動的特性を解析することで，このような姿勢制御の動態が明らかとなる．

巨大な質量が狭い支持面に乗っている人間の二足立位は，本質的に不安定である．人間は，二足立位を達成するために，ビルディングのように足首や脚を固めるストラテジーを選択していない．感覚系の情報を活用し，身体重心位置・重心速度をモニターすることで，これに合わせて関節トルクを時々刻々と調節するというストラテジーを選択している[6]．それゆえに立位のゆらぎは，姿勢制御系を探る大きな手がかりとなり，実際に研究成果があがりつつある．

3）歩行のゆらぎ

歩行は，ほぼ同じ動作を繰り返し行う運動である．ただし当然，まったく同じ動作を繰り返しているわけではなく，たとえば，歩行周期（右踵接地から次の右踵接地までを指す）は，およそ1秒であるが地上歩行で4％程度，トレッドミル歩行で2％程度のゆらぎを伴う．

バイオメカニクスにおける多くの歩行解析は，歩幅，足幅，関節の可動域，速度，関節トルクといったキネマティクスやキネティクスの平均値に着目している．たとえば，高齢者の転倒頻発がいかにして起こっているかを考える場合，高齢者の歩容では歩幅や足幅が小さくなっており，これが要因のひとつであると疑われている．これに対しMakiら[7]，Hausdorffら[8]は，このような歩行の平均的キネマティクスではなく，歩容のゆらぎこそが転倒経験に関連する変数であることを報告した．Hausdorffら[8]は，長期にわたる追跡研究で，転倒経験がある群とない群では，平均的な歩容変数には差がないが，歩容のゆらぎ（歩行周期の分散）に差があること，ゆらぎが大きい者ほど早期に転倒していることを報告し，ゆらぎが将来的な転倒予見に活用できると主張した．歩行のゆらぎが制御誤差と捉えられ，歩行制御系の安定性の指標となりうることを示唆している．

著者らはこれを指標とし，歩行制御系の安定性が速度に依存して変化し，通常歩いている速度で

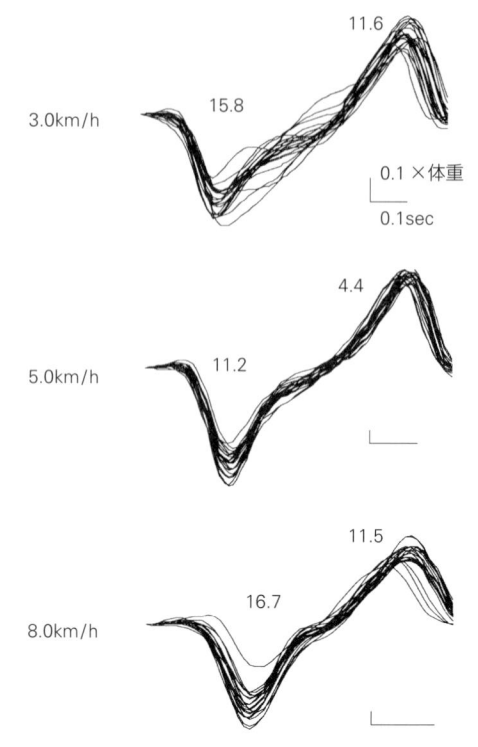

図5-30 トレッドミル歩行の前後方向床反力のゆらぎ
各ピーク値そばの数字は，20歩のピーク値の変動係数である．

もっとも安定していることを報告した[9]．図5-30は，特殊なトレッドミル装置を用いて歩行中の床反力を連続的に計測し，3，5，8km/hでのトレッドミル歩行時の床反力前後方向成分を20歩について重ね描きしたものである．定性的にも3，8km/hに比べて5km/hでのバラツキが小さいことがわかり，ピーク値の変動係数で定量化してみると，5km/hのゆらぎがもっとも小さいことが明らかとなった．

上記の歩行のゆらぎについての検討は，分散などによるゆらぎの評価，すなわち，ゆらぎの平均的な大きさを測った静的な評価である．Hausdoffら[10]は，歩行のゆらぎの動的な性質を解析している．彼らは，歩行周期のゆらぎを連続的に500歩程度計測し，このパワースペクトルを両対数軸上にプロットすると，傾きがおよそ-0.8程度の直線上にのる，いわゆる$1/f^\beta$型のゆらぎ（いわゆる$1/f$ゆらぎは，$\beta=-1.0$である．この場合は，$\beta=-0.8$）であることを報告した．もしも歩行のゆらぎが，毎歩毎歩サイコロをふってでた

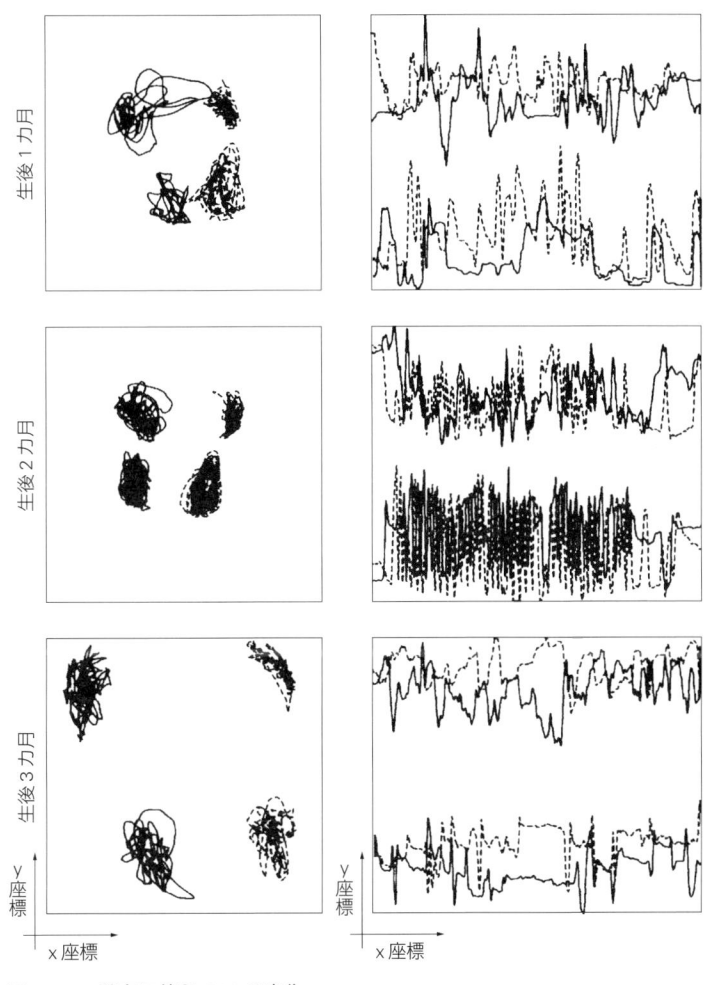

図 5-31 発育に伴う GM の変化
(多賀厳太郎:脳と身体の動的デザイン. 金子書房, 2002)

ような偶然の産物であるならば，この傾きは 0 となるはずである．ところが歩行ゆらぎでは，傾きが 0 ではなく，つまり毎歩毎歩が無関係なゆらぎというわけではない．$1/f^{\beta}$ 型のゆらぎは，長期に渡る相関があることが特徴であり，歩行ゆらぎの場合には 100 歩に及ぶ相関があった（ある任意の一歩の歩行周期が，100 歩後の歩行周期と統計的に相関している）[4]．なぜ歩行のゆらぎが $1/f^{\beta}$ 型になるのかはわかっていないが，加齢や疾患により β の値が変化することが報告されており，歩行制御系の何らかの変化を反映するものと考えられる．

毎歩同じように繰り返されるようにみえる歩行動作にも，若干のゆらぎがある．このゆらぎは，平均操作などで切り捨てるべき「無用な誤差」というよりも，歩行機能を反映した「意味のあるゆらぎ」であることは明らかであろう．

4）赤ちゃんの動作のゆらぎ[11]

新生児から生後数カ月の乳児は，外界から何の刺激が与えられなくとも，自発的に手足を動かしていることがある．Prechtl らは，この自発運動を特定の単純な反射などに還元できそうにないことから，general movement（GM）と呼んだ．GM は，自発的に生じ，一見無目的で複雑な動きを示す．式（1）で考えるなら，おそらく目的などなく制御設定値がないわけであるから，まさに運動系のゆらぎそのものの表出であるかのようで

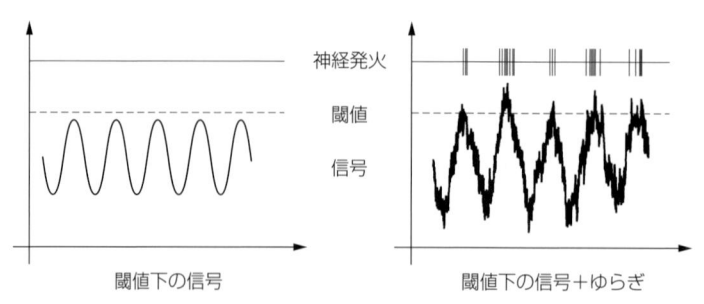

図5-32 確率共振現象の模式図
本来閾値下で神経が発火しない強度の信号であっても，外部からのゆらぎ（信号とは無相関な雑音）が加わると閾値を超えるようになり，信号のもつ周期情報が得られる．

ある．PrechtlらはGMを詳細に観察し，生後2カ月でそのゆらぎの様相に変化がみられること，脳に障害があると単純な運動にみえることに着目し，脳障害の予測に活用できることを報告した．

多賀らは，GMを定量的に解析した．図5-31は，赤ちゃんのGMを生後1，2，3カ月と計測したものである．左が仰向けに寝かせた赤ちゃんの手足先につけたマーカのゆらぎを平面でみたもので，右はそれぞれの時系列である．GM中は，両手両足が特別な協調なく，一見，無意味，無目的に動いている．ところが，月齢で見比べてみると，生後2カ月のGMは若干複雑さが低下し，規則性が高まっているようにみえる．このGMの特徴を，非線形予測法で定量化してみると，生後1カ月ではこのゆらぎが複雑（ここでの複雑とは，次の時刻が予測しにくいことを意味する）で，さらにカオス的(ゆらぎが不規則で複雑ではあるが，偶然で確率的に生じているのではなく，何らかの単純なルールに基づいて決定論的に生じている状態）であった．ところが多くの乳児は，生後2カ月で複雑性が低下し，GMが規則的になっていた．そして生後3カ月では再度複雑な動きになっていた．つまりGMは，複雑→単純→複雑というU字型の発達的変化を示すことが定量的にも明らかとなった．さらにこうした変化は脳性麻痺患児ではみられなかったという．

ゆらぎのカオス性はさておき，GMが複雑→単純→複雑という明確な変化を示し，乳児の発達過程には類似の生理的変化が散見されることから，GMは運動発達を探究する重要なヒントになると考えられる．また，他の検査では困難な脳性麻痺の早期発見の重要な手がかりとなることは，GMを解析する臨床上の大きな意義である．

5）感覚系のゆらぎ

運動とゆらぎという本論からは若干はずれるが，ゆらぎの機能的意義という観点から，興味深い現象を紹介する．これは，運動感覚統合を通じて，運動系にも関連しうるトピックである．

生体内にあるゆらぎが，確率共振現象に従い，閾値下の感覚情報を顕在化させるために貢献している可能性が指摘されている[12]．例として感覚神経を考えよう（図5-32）．刺激が感覚神経の閾値下である場合，感覚神経は発火せず，刺激は知覚されない．しかし，その感覚神経系に何らかの雑音（＝ゆらぎ）が入っている状態を考える．知覚したい刺激は，閾値下であるにもかかわらず，ゆらぎによって時に刺激は閾値を超え，知覚される．ゆらぎが適当な大きさであれば，閾値下の刺激であっても，おおよその刺激が含む情報（この場合，刺激の周期など）を感覚系が得ることができる．生体内に何らかのゆらぎがあることによって本来なら知覚されない情報が知覚され，運動の制御に役立っているという可能性が考えられるのである．

おわりに

本項で述べた事例は，自動的な運動についてのみであるが，随意運動でも，練習などでゆらぎが変化するという報告は多い．冒頭であげた通り，

何年にもわたる修練により，職人技と呼ばれる「ゆらぎの小さい動作」が得られるのである．

自発運動・随意運動にかかわらず，運動を制御する系において何らかの変化があったとき，運動の平均的なキネマティクスやキネティクスは変化するが，同時に，運動のゆらぎも変化することがある．時に，平均的なキネマティクスやキネティクスの変化ではわからない情報が，ゆらぎに含まれていることがあり，これを得ることが運動のゆらぎを解析する意義である．

運動とゆらぎについて，こんな過ぎた言い方もできよう．正確なパンチを放つボクサーは，精密機械，ロボットなどと呼ばれ冷酷無比な印象をもたれる，また，滅多に間違えないロボットよりも，時折へまをするロボットの方が親しみある主人公として描かれたりもする．運動がゆらぐ方が人間味があるということではなかろうか．すなわち，人間の運動は本質的にゆらぐものであり，運動のゆらぎに着目することは人間性の重要な一部に着目することにほかならないのではないか．

文献

1) 野崎大地：生体ゆらぎの解析法．Jpn J Sports Sci, 14：475−489，1995．
2) 野崎大地，山本義春：生体の$1/f^\beta$ゆらぎとその解析法．BME, 8：5−12，1994．
3) 政二　慶：複雑系科学のバイオメカニクス研究への応用．In：深代千之ほか編，スポーツバイオメカニクス．pp136−141，朝倉書店，2000．
4) 政二　慶：歩行周期変動のフラクタル解析．体育の科学，47：893−898，1997．
5) Collins JJ and DeLuca CJ: Open-loop and closed-loop control of posture: a random-walk analysis of center-of-pressure trajectories. Exp Brain Res, 95: 308−318, 1993.
6) Masani K et al.: Importance of body sway velocity information in controlling ankle extensor activities during quiet stance. J Neurophysiol, 90: 3774−3782, 2003.
7) Maki BE: Gait changes in older adults: predictors of falls or indicators of fear? J Am Geriat Soc, 45: 313−320, 1997.
8) Hausdorff JM et al.: Gait variability and fall risk in community-living older adults: a 1-year prospective study. Arch Phys Med Rehabil, 82: 1050−1056, 2001.
9) Masani K et al.: Variability of ground reaction forces during treadmill walking. J Appl Physiol, 92: 1885−1890, 2002.
10) Hausdorff JM et al.: Is walking a random walk? Evidence for long-range correlations in stride interval of human gait. J Appl Physiol, 78: 349−358, 1995.
11) 多賀厳太郎：脳と身体の動的デザイン．金子書房，2002．
12) Wiesenfeld K amd Moss F: Stochastic resonance and the benefits of noise: from iceages to crayfish and SQUIDs. Nature, 373: 33−36, 1995.

［政二　慶］

6．方向変更の運動調節

1）方向変更動作の必要性とその特性

スポーツのさまざまな場面において，プレーヤーはしばしば自分以外の人や物によって動きを規制される．ガードやブロック，タックルなどの障害を躱して前進する，パンチをよける，ぶちかましをすかす，逃げようとする相手をつかまえる，相手の打球に合わせてコートを走り回るなど，その例は多い．このような動作を成功させるためには，敏捷なフットワークが必要である．フットワークとはすなわち移動方向の変更動作にほかならない．

たとえば，前方から接近してくる相手を躱す動作は，生理学的，バイオメカニクス的にみると次のように表現できる．まず，自分の前方にいる相手を認識する．そして，相手の進行方向と速度を見極め，自分の進行方向と速度から判断して，いつ，どのあたりでぶつかるかという予測をたて，ぶつかるであろうと予測される時刻にタイミングを合わせて自分の進行方向を変更するための運動指令を脳の運動中枢から発令する．ちなみに，移動速度が大きい身体運動の代表格であるスポーツでは，この「タイミングを合わせて躱す」ことが重要である．なぜなら，あまり早々と進行方向を変更してしまうと，相手も容易に対応することができてしまうからである．

進行方向を変更するためには，力学的にいえば，前進方向に対して直交する方向，すなわち左右方向の力を地面に加えなければならない．そのためには，足を側方に着地する必要がある．そのための筋活動パターンは，筋の種類や活動時期を含めて自ずと前進動作のための筋活動パターンとは異なる．しかも，方向変更中には，身体重心は慣性によって前進を続けようとするのに，着地足は側方と前方からの力を受けて停止しているために，足首や膝の関節に捻りの力が加わり，捻挫や関節障害の危険性が高い．したがって，フットワークをよくするためには，特別のトレーニングが必要になるのである．

2）方向変更動作

著者らの実験データをもとにして考えると，移動方向変更のためのフットワークには次のようなオプションが考えられる．ここでは右に方向を変える場合を例にして考える[1〜4]．

①着地のために前方に振り出した右下肢を，直進の場合よりも右よりに振り出す．こうすることによって，身体全体の重心がわずかに右に寄り，身体は右へ倒れはじめ，支持足である左下肢は右へ傾く．そこで直進の場合にするのと同じ方法で左足で地面をプッシュすれば，自然とプッシュ力は斜め左下方へ加わるので，身体は右方向への速度を得ることができる．ただし，この方法では左下肢の傾きが小さいため，プッシュ力の水平左方成分も小さく，急激な方向変更はできない．

②着地のために前方に振り出した左下肢を直進の場合よりも左に振り出して着地する．それによって，左下肢を右に傾け，地面を左下方へプッシュする．いわゆるオープンステップである（図5-33a）．

③着地のために前方に振り出した右下肢を，身体重心を通る鉛直線よりも左側に（つまり身体の前方を横切って）振り出して着地することによ

a：オープンステップ　　b：クロスステップ

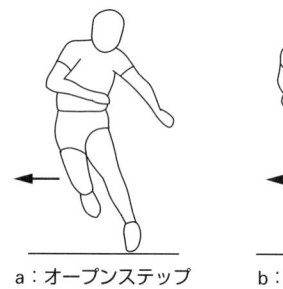

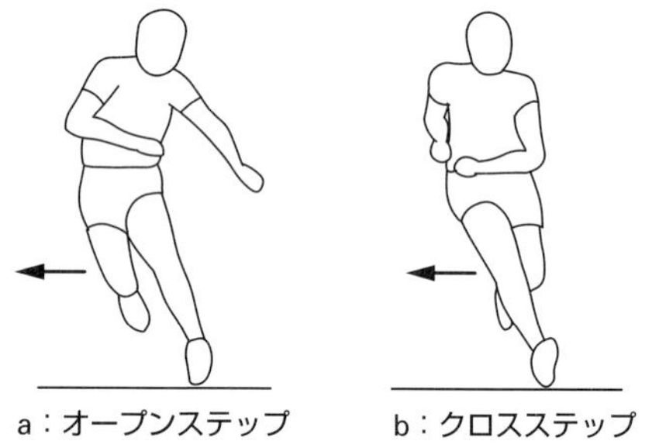

図5-33　高速走行中に矢印の方向へ急激に進路を変更する場合にみられる2種類のフットワーク
（大築立志，梁瀬素子：球技における素早い走方向の修正．In：星川　保，豊島進太郎編，走・跳・投・打・泳運動における"よい動き"とは．pp209-212，名古屋大学出版会，1984）

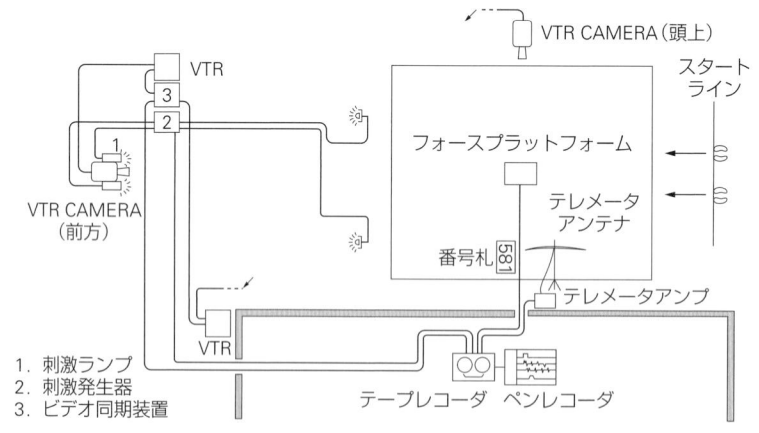

図5-34　刺激の点灯に対して走行方向を急激に変更させてその動作を解析するための実験装置
被験者はスタートラインに立ち，矢印の方向へダッシュし，VTRカメラの両側につけたランプの点灯した方向へ向きを変える．方向変更の第1歩がフォースプラットフォーム上に正しく着地する確率を増すため，スタート位置を2カ所にしてある．
（Rand MK and Ohtsuki T: EMG analysis of lower limb muscles in humans during quick change in running directions. Gait and Posture, 12: 169-183, 2000 より一部改変）

て，右下肢を右に傾け，右足で地面を左下方へプッシュする．いわゆるクロスステップである（図5-33b）．

歩行においては，普通の速度の場合ほとんどが①であるが，速度が増加するにつれて，また，相手の動きに対する予測が十分できなかった場合などには，②や③が発現する可能性がある．可能性があると言葉を濁したのは，まだ歩行中の進行方向変更に関してはそういう事実を証明する実証的データはないからである．

走行でもジョギングやマラソンのようにコースに沿って，あるいは中長距離競走のようにトラックの曲走路に沿って，徐々に方向を変える程度のゆっくりした方向変更では上記①のような方向変更動作で十分であろう．しかし，サッカーやラグビー，アメリカンフットボールなどの球技のように，走行速度が速くなり，しかも，ブロックやタックルを躱すためにできるだけ素早く方向を変更しなければならないような場合には，②または③のやり方でないと実際の役には立たない．

3）素早い走方向変更動作のための筋活動

著者は，図5-34に示したような実験装置を使って，全速疾走中に前方でランプを点灯させ，左のランプの点灯に対しては左へ，右ランプの点灯に対しては右へ，急激に方向を変更させ，そのときの動作および筋電図を記録した[5]．VTRによる動作分析の結果，全力疾走中の急激な方向の変更には②または③のステップが使われ，①のステップはみられないことがわかった．具体的には，大腿が前方へ最大に引き上げられ，着地に向かって振り下ろされはじめる頃に，オープンステップの場合は大腿が内旋しはじめ，クロスステップの場合は外旋をはじめる．つまり，走行方向を素早く変更するためには，大腿骨を長軸回りに捻る（回旋）必要がある．この大腿骨の回旋に大腿骨の外転・内転が組み合わさって（オープンステップでは内旋と外転，クロスステップでは外旋と内転），実際の方向変更のためのステップが発現する．

大腿骨の内旋を引き起こすことのできる筋は，中殿筋前部，大腿筋膜張筋など，外旋を引き起こ

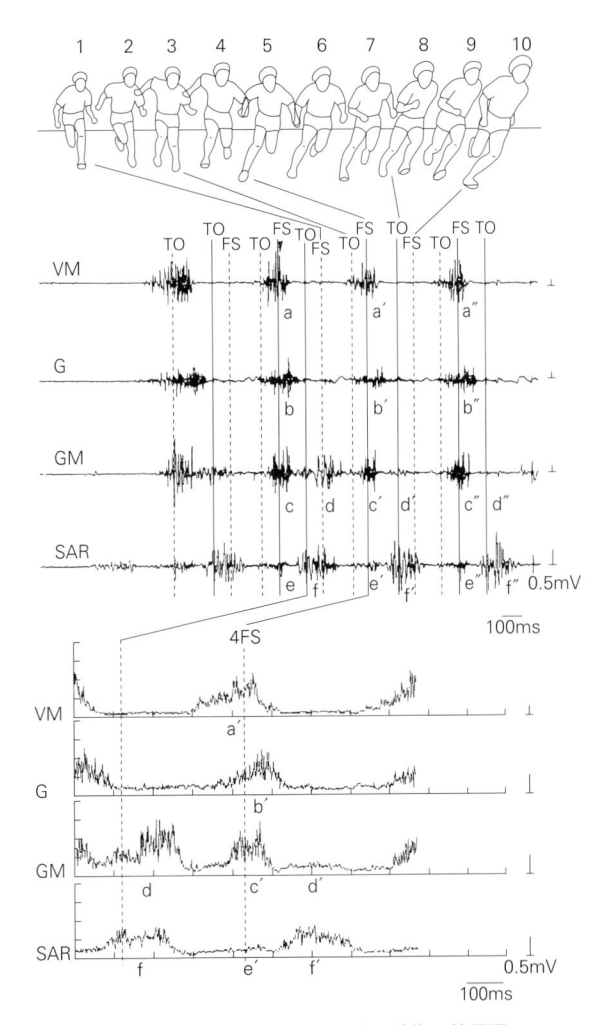

図5-35　右足のオープンステップの動作と筋電図
上段：方向変更動作，中段：スタートから方向変更終了までの筋電図原波形，下段：走方向変更のための第1歩着地（スタートから数えて4番目の着地＝4FS）時刻を揃えて7試行を加算平均した全波整流筋電図．
TO：離地，FS：着地，VM：内側広筋，G：腓腹筋，GM：中殿筋，SAR：縫工筋，▼：刺激呈示時刻
注）中段筋電図上の縦実線は右足の離地・着地時刻，縦破線は左足の離地・着地時刻を示す．
（Rand MK and Ohtsuki T: EMG analysis of lower limb muscles in humans during quick change in running directions. Gait and Posture, 12: 169–183, 2000 より一部改変）

す筋は腸腰筋，大殿筋，中殿筋後部，内閉鎖筋，外閉鎖筋，縫工筋などであるが，これらを含めて大腿骨の回旋筋はすべて骨盤に起始をもち，深部にあるため，ほとんどの筋で表面筋電図が記録できない．大殿筋は表層部の大きな筋ではあるが，股関節伸展の主働筋としての放電があまりにも大

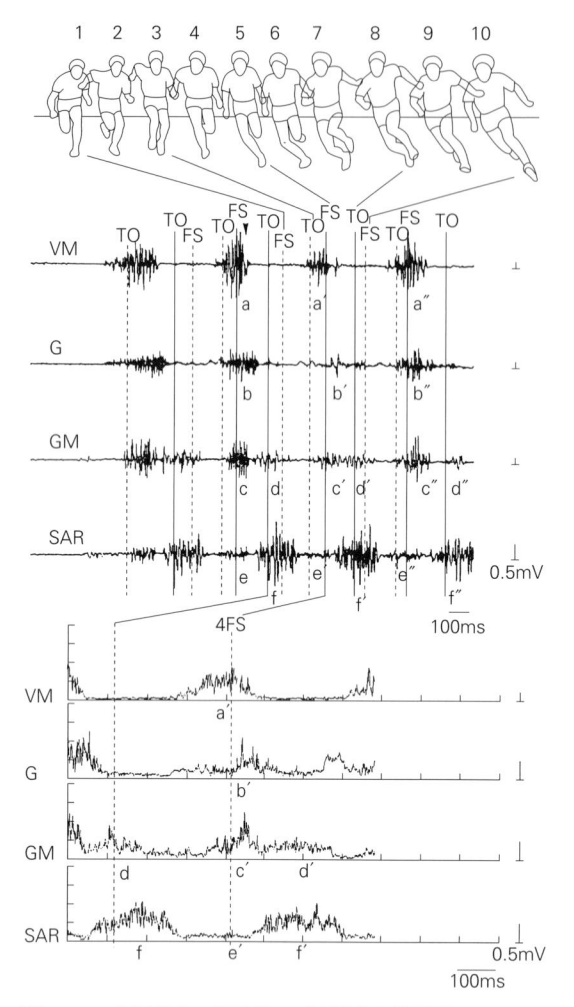

図5-36　右足のクロスステップの動作と筋電図
上段：方向変更動作，中段：スタートから方向変更終了までの筋電図原波形，下段：走方向変更のための第1歩着地（スタートから数えて4番目の着地＝4FS）時刻を揃えて7試行を加算平均した全波整流筋電図．
TO：離地，FS：着地，VM：内側広筋，G：腓腹筋，GM：中殿筋，SAR：縫工筋，▼：刺激呈示時刻
注）中段筋電図上の縦実線は右足の離地・着地時刻，縦破線は左足の離地・着地時刻を示す．
（Rand MK and Ohtsuki T: EMG analysis of lower limb muscles in humans during quick change in running directions. Gait and Posture, 12: 169-183, 2000 より一部改変）

旋が起こっている2歩目の離地と4歩目の着地の間の右脚の遊脚期に確かに右中殿筋に大きな放電（d）が発現していることが確かめられた．クロスステップの場合（図5-36）は，縫工筋に違いが現れるはずであるが，この筋は直進走行時にも活動するため，方向変更のための放電が区別しにくい．しかし，筋電図をよくみると，2歩目の離地と4歩目の着地の間の放電（f）がその前のサイクルにおける同時期の放電やオープンステップにおける放電と比べて増大している．

4）オープンステップとクロスステップの効果

オープンステップとクロスステップとではどちらが方向変更のために有効であろうか．解剖学的にみると，足首の関節は内反の可動域の方が外反の可動域よりはるかに大きい．したがって，オープンステップの方が，下肢と地面とのなす角度を小さくすることができ，キック力の水平成分を大きくすることができると考えられる．実際，フォースプラットフォームを用いて左右方向への力積を算出してみると，図5-37に示すように，明らかにオープンステップの方が大きい．このことから，方向を変更するためのステップとしては，オープンステップの方が有効であることが理解できるであろう．

したがって，刺激の直後に着地する足，すなわち方向変更のための第1歩目がオープンステップで着地できれば，走方向の変更はもっとも素早くできることになる[6]．しかし，実際には，方向変更のための第一歩がオープンになるか，クロスになるかは，走行の1サイクル（すなわち2歩）のどの時刻に刺激が発現するかで自動的に決まり，自分では決められない．たとえば，刺激が左を指示した場合，その刺激を脳が認知し，左へ方向を変えるための運動指令を発令する．その運動指令は，次の着地足が右足であれば，右足をオープンステップさせ，左足が着地する順番であれば，左足をクロスステップさせることになる．刺激を受けて方向を変える被験者はただ左へ方向を変えようと思うだけで，オープンを使おうとかクロスを使おうとかは考えないのであるが，それにもか

きく，回旋動作との関係が識別しにくい．そこで辛うじて皮膚直下に触診できる回旋筋として，中殿筋の前部と縫工筋を選び，表面筋電図を記録してみた（図5-35, 36）．オープンステップ（図5-35）のこの例では，2歩目の着地と3歩目の着地の間にランプ刺激が与えられている．大腿骨の内

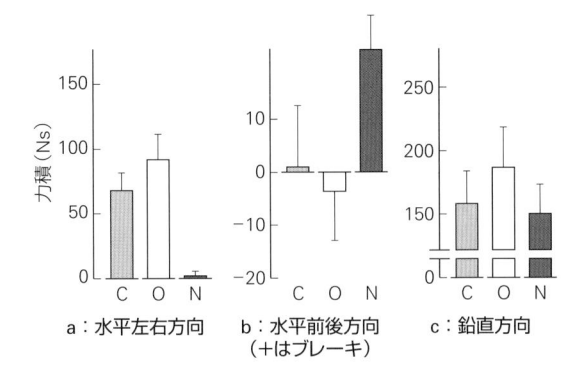

図5-37 刺激に反応して走行方向を変更する場合の，方向変更のための第1歩の着地が地面に加えられる力積
C：クロスステップ，O：オープンステップ，N：直進走行
(Ohtsuki T and Yanase M: Quick change of the forward running direction and footwork in target-catching ball games. In: de Groot G et al. eds, Biomechanics XI-B. pp820-825, Free University Press, 1988)

かわらず，オープン，クロスは自動的に選択されるのである．方向変更の第1歩がクロスステップだった場合は，あまり大幅な方向変更できず，次の反対足のオープンステップを待たざるを得ないので，実際の走行方向変更開始は大きく遅れてしまい，変更第1歩がオープンステップだったら躱せたであろう相手の突進を，避け切れずにぶつかってしまうことになるのである．

方向変更という動作は，自分が前進している場合には，身体の動きという面からみれば，大腿骨の長軸回りの回転（つまり捻り）による左右へのフットワークであり，脳神経系のはたらきという面からみれば，よける対象の確認およびその行動に関する予測や判断などの知的脳機能と，それに基づいて，適切な筋に適切な時刻に，適切な強さの運動指令を送り込む運動性脳機能の総合された高度に複雑な動作であるといえよう．

文 献

1) 大築立志，梁瀬素子：球技における素早い走方向の修正．In：星川 保，豊島進太郎編，走・跳・投・打・泳運動における"よい動き"とは．pp209-212，名古屋大学出版会，1984．
2) 大築立志ほか：球技における走方向変更の素早さとフットワーク．In：石井喜八編，動きのコツを探る．pp130-134，日本バイオメカニクス学会第8回大会事務局，1987．
3) Ohtsuki T et al.: Quick change of the forward running direction in response to unexpected changes of situation with reference to ball games. In: Jonsson B ed, Biomechanics X-B. pp629-635, Human Kinetics, 1987.
4) Ohtsuki T and Yanase M: Quick change of the forward running direction and footwork in target-catching ball games. In: de Groot G et al. eds, Biomechanics XI-B. pp820-825, Free University Press, 1988.
5) Rand MK and Ohtsuki T: EMG analysis of lower limb muscles in humans during quick change in running directions. Gait and Posture, 12: 169-183, 2000.
6) Ohtsuki T and Yanase M: Mechanical verification of the effectiveness of the first step for quick change of the forward running direction. In: Gregor RJ et al. eds, Congress Proceedings of the XII International Congress of Biomechanics. #237, 1989.

［大築　立志］

7．運動学習の実際

運動学習の目的は，新しい運動（技術）に習熟することである．その運動の制御機構の詳細は，技術の種類（開放スキルか閉鎖スキルか等）や運動環境によって異なる[1]．一般的には，まず目標とする動きを把握し，それまでの運動経験をもとに，目標とする運動のプログラム（シェーマ）が組み立てられ試行される．それまでの運動経験が豊かな場合や，類似の運動を経験している場合には，即座に目標とする動きができることもある．しかし，一般的には，目標とする動きと試行した動きには，無駄な随伴動作がみられるなどのズレが生じる．このズレを認知し，それを修正することを繰り返し，目標とする動作に収束していく過程が運動学習である．

運動構造や技術ポイント等を明らかにするバイオメカニクスは，運動学習の過程に大きく貢献できる．たとえば，学習者に対しては，フィードフォワードとして目標となる運動の情報を，フィードバックとして自己の動作認識の情報を提供でき

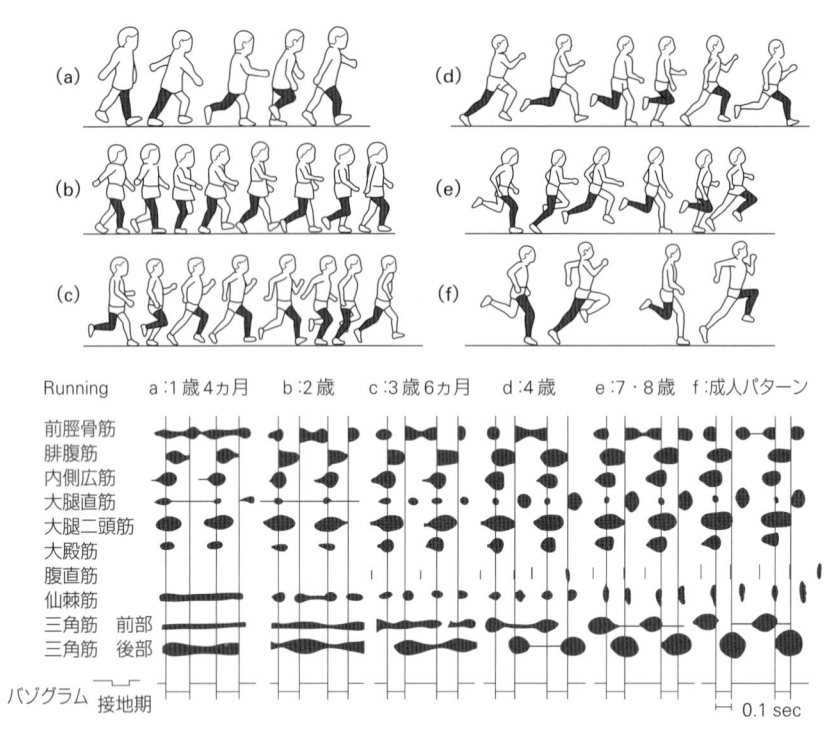

図 5-38　筋電図とフォームからみた走運動の習熟過程
・最高速度出現地点付近の1サイクルを模式的に示す．
・バゾグラムの下がっている間が被験脚の接地期を示す．
・スタート直後（4歩まで）の膝・股関節に関する大腿直筋と大腿二頭筋の放電様相は，模式図の全速時とは異なる[9]．
（後藤幸弘：バイオメカニクスからみた身体活動．In：加賀谷煕彦，麓　信義編，小学校教育のための体育学概論．pp93-113，杏林書院，1989）

る．また，指導者に対しては，指導内容・指導法や評価に対する情報を提供することができる．
　ここでは，体育の授業にバイオメカニクス的手法を取り入れた陸上運動の事例を中心に紹介する．

1）走動作の習熟過程の解明

　まず，加齢によって走運動学習がどのように進むかをみてみよう．
　疾走速度は，加齢とともに向上し，なかでも2〜8歳にかけて著しい伸びがみられる[2]．しかし，速度を構成する歩数は，4回／秒前後で，加齢による変化はみられない．このことは，加齢により速く（上手に）走れるようになることは，歩幅を大きくして走れるようになることを意味している．発育を考慮して身長比でみても，歩幅は2〜8歳にかけて増大し，8歳以降でほぼ身長と等しくなる．

　図5-38は，走動作の筋活動（動作の内部構成のパターン：運動プログラム）がどのように変化するかを観察し，模式的に示したものである[2]．
　走運動習得初期では，接地期における前脛骨筋と腓腹筋の同時放電や，三角筋前部と同後部に同時放電がみられる．すなわち，拮抗筋間に相反的神経支配がみられず動作が巧みに行われていないことを示している．しかし，4歳頃になると，腓腹筋の放電は接地前からみられ，接地期の前脛骨筋との同時放電は解消される．接地前の放電は，足先にスピードをつけてつま先から着地する動作にはたらいている．また，腓腹筋，大腿二頭筋の放電が接地期後半まで顕著にみられるようになり，足関節，股関節の伸展によるキックにより歩幅が増大されている[3]．
　大腿直筋の離地期の放電は，3歳中頃から顕著

になり，股関節の屈曲（股あげ）にはたらいている．これに呼応して走行習得初期には認められない腹直筋に放電が出現し，股あげを合理的に行うための骨盤の固定がみられるようになる．

三角筋前部と同後部の同時放電も4歳頃になると解消され相反的になり，腕の振りは，これまでの肘が側方にあがったフックモーションから合理的な前後への振りに変化する．すなわち，加齢に伴い余分な動作が解消され合目的的なものに収束し，7・8歳代で筋放電パターン・疾走フォームは一般成人のものに類似する．これらのことは，走の運動プログラムが児童前期までにおおむね完成することを示唆している．

また，幼児・児童にさまざまな速度で走らせ筋放電量を測定すると，いずれの年齢においても，単位距離を移動するのに最少の筋活動ですむ至適速度（optimum speed）が存在する[4]．

この至適速度は，加齢に伴い高速側に移行し，酸素需要量からみたもの（図5-39）と同様に，10歳頃に一般成人とほぼ同等の分速150～180mを示すようになる．この至適速度は，鍛錬によってさらに高速側に移行するとともにその最少値が下がる．これらのことは，加齢や鍛錬によって，無駄な動きが解消され効率的に走れるようになることを示している．

このことは，運動学習は必要な筋を（spacing），必要なときに（timing），必要な程度（grading），使えるようになる方向に進むことを示唆している．

すなわち，技術の習熟は，中枢性抑制の遮断，随伴動作の抑制等によって，運動パターンが収束するように動作が自動化されることといえる．したがって，運動学習によって動作効率は向上し，動作は美しく感じられるようになるのである．

2）クラウチングスタート技術の解明

「定められた距離をいかに速く走りきるか」という短距離走の運動課題を解決する技術のひとつにスタート技術がある．ところが，小学生ではクラウチングスタート法（以下，CS）を用いても，スタンディングスタート法（以下，SS）を用い

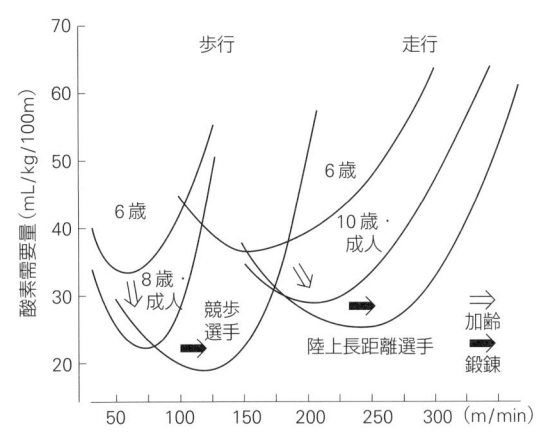

図5-39 歩行や走行の至適速度の加齢や鍛錬による変化
（後藤幸弘：「体ほぐしの運動」に関する基礎的研究―幼小児の筋活動からみたウォーキングとジョギングの境界速度，ならびに至適速度―．体育科学，30：83-101，2001）

た場合よりも，記録を向上できない実態が明らかになり，昭和53年以降，小学校の教材から除かれた．

そこで，小学生がCS法の特性を活かせない要因（運動構造）をバイオメカニクス的に検討した[5]．結果は図5-40に模式的に示すように，CS法の特性を活かせる者（以下，Cタイプ）とそうでない者（以下，Sタイプ）では，前足のみでキックしている間，膝・股関節に関係する二関節筋の大腿直筋と大腿二頭筋の放電様相に顕著な相違が認められた．しかし，膝（内側広筋）・股関節（大殿筋）に関する一関節筋には，差異はみられなかった．

膝および股関節のように，直列に繋がっている関節で脚伸展時に発揮される力は，それぞれの力が加算されるのではなく，いずれか弱い方の関節で発揮される力分だけが外部に伝達される[6]．Sタイプのように，膝関節の屈曲と股関節の伸展にはたらく大腿二頭筋に顕著な放電がみられず，拮抗筋の股関節の屈曲と膝関節の伸展にはたらく大腿直筋に顕著な放電がみられることは，膝関節の伸展力の方が股関節の伸展力よりも弱いことを示唆している．すなわち，Sタイプでは，股関節によって発揮された力を膝関節が外部に伝達していることを意味する．事実，股関節は後足離足直後も顕著に伸展されているが，膝関節の伸展に停滞

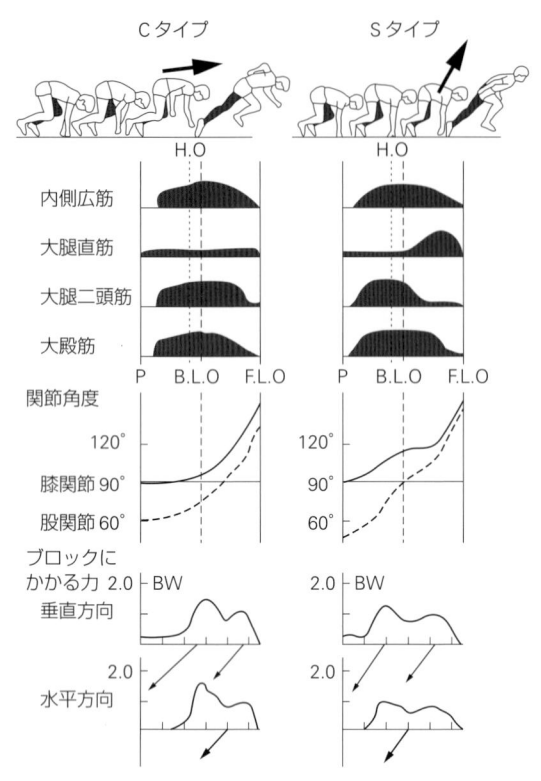

図5-40 CタイプとSタイプの筋電図, 関節角度, ならびにブロックにかかる力曲線の比較
力の下の矢印は合力を示す.
(後藤幸弘：走運動・ボール運動・バランス運動学習の適時期に関する基礎的研究—クラウチングスタート法，オーバーハンドスロー，ならびに竹馬乗りの練習効果の年齢差について—. 昭和63年度文部省科学研究費補助金研究成果報告書, 1989)

が認められる．このような脚伸展動作は，上体を起こすことに繋がり，結果としてキック力を後方よりも下方に向けることになる．事実，同時に測定したキック力（合力）の方向は，Cタイプよりも小さかった．

このような傾向は，小学生においても中・高校生においても認められた．すなわち，CS法の効果を活かせるかどうかの要因は，いずれの年齢においても力の発揮の仕方・動作により生じていたのである．

さらに，小・中学生を対象に，CS法を1週間練習させ，動作が改善されるかどうかを検討した．図5-41は，小学4年生の例であるが，学習前の筋放電様相はSタイプを示した．しかし，練習後には大腿直筋の放電が練習前よりも減少し，逆に大腿二頭筋の放電が顕著になり，Cタイプのものに変化した．キック力（合力）の最大値は減少（34.4kgf→30.5kgf）したが，キック角度は大きくなり（126°→133°），より後方に蹴れるようになった．その結果，5m地点通過タイムは1.84秒から1.71秒に短縮され，SS法による場合よりも向上した．すなわち，小学生においても学習によりCS法を活かせるように成り得ることが認められた．しかし，小学生では，1週間の練習でCS法の特性を活かせるまでに動作を習熟できるものは中学生より少なかった．

その要因は，児童において，CS法は合図に反応しやすい動作であるという特性が活かせなかったり，スタート直後の腕の振りや，前傾姿勢が不十分であったり，スタート一歩目の歩幅が大きすぎる等の問題が認められることであった．

CS法は身体を前傾し，基底面の外に重心を投げ出しバランスを保つ動的バランス能力が要求される．一般に人は不意に倒れそうになった場合，両腕を広げ倒れることに備えようとするパラシュート反応がはたらく．CS法は身体を大きく前傾しても，パラシュート反応が出現しないようにする高度な意志の統制が必要なのである．この能力の不十分さが，小学生においてCS法をマスターし難くしているのである．したがって，CS法の学習指導においては，レディネス要因としての動的バランス能力を高めることに留意しなければならない．

3）技術の評価

運動場面では，ややもすると記録としてのパフォーマンスを評価しがちである．しかし，運動学習においては，主要な教育内容である技術の伸びを評価することが重要である．その際，

運動成果（記録）＝技術×身体資源（体力）

の関係式から，今もっている身体資源をどれだけ有効に発揮できているかという観点で技術が客観的に評価できる．

たとえば，走高跳において，体格要因や体力要因（身体資源）の個人差を考慮した「ハイジャンプ・スキル（HJS）指数」は，走高跳の「踏切技術」

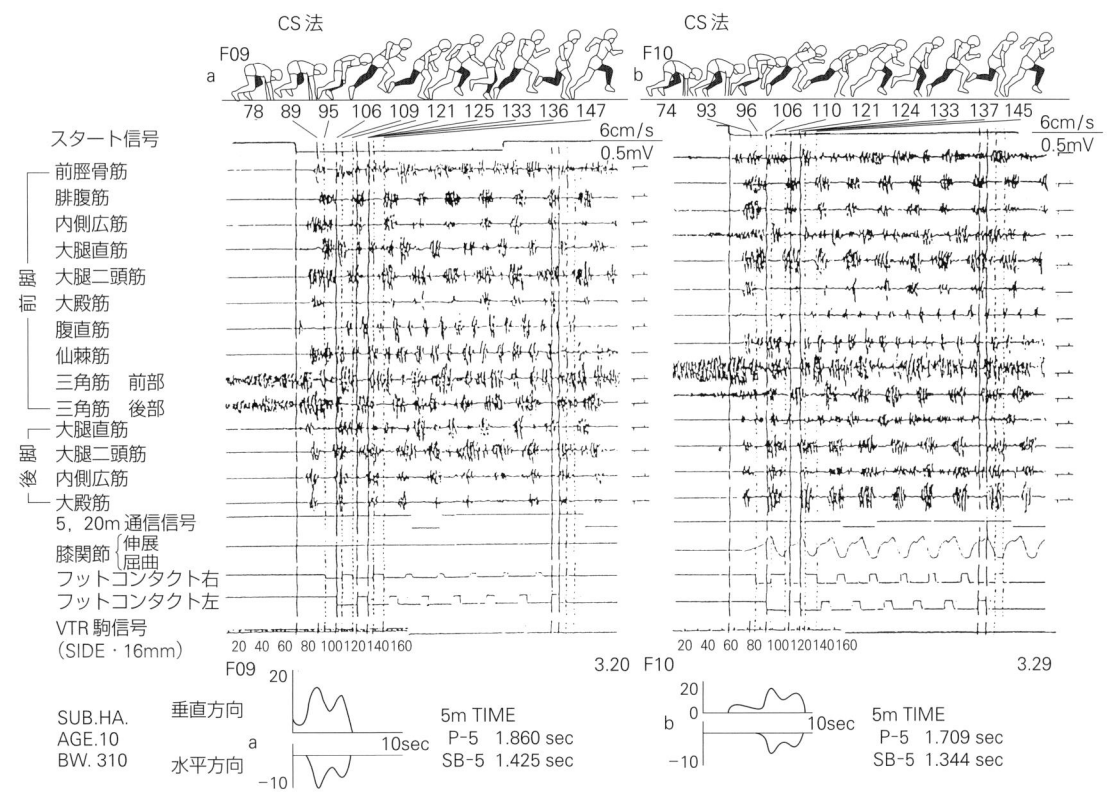

図 5-41　クラウチングスタート法の練習による筋作用機序の変化（4 年生男子児童）
実線はフォームに黒塗りで示す左足の，点線は右足の接地・離地の瞬間を示す．
P-5 は，ピストルの合図から 5m 地点，S.B.-5 は，後足がブロックを離れてから 5m 地点を通過するまでの時間を示す．
（後藤幸弘：走運動・ボール運動・バランス運動学習の適時期に関する基礎的研究—クラウチングスタート法，オーバーハンドスロー，ならびに竹馬乗りの練習効果の年齢差について—．昭和 63 年度文部省科学研究費補助金研究成果報告書，1989）

と「クリアランス技術」の総体を評価していることになる．

$$\text{HJS 指数 (点)} = \frac{(\text{記録} - 1/2\,\text{身長})}{\text{垂直跳の記録}} \times 100$$

昨今，技能特性に触れた楽しさを味わわせることが求められているが，本指数が 80 点以上（体格要因を股下ではなく 1/2 身長としているため）となって，助走を用いた跳躍という走高跳の技能特性に触れたことになる．

しかし，現行の指導要領に示されている「はさみ跳び」の学習では，小学生の学級平均値を 80 点以上にすることは困難であった．そこで，「はさみ跳び」を発展させて「仰向け跳び（背面跳び）」まで学習させると，「はさみ跳び」のみの学習よりも有意に記録が向上し，HJS 指数の学級平均値を 87.7±15.5 点（1/4 以上の児童が 100 点以上）までに高めることができた[7]．その際の，踏切鉛直初速度は，はさみ跳び群の 2.08m/s に対して，仰向け跳び群では 2.33m/s を示し，踏切技術の向上が記録の向上に 85％関与していた（はさみ跳び群：45.5％）．すなわち，仰向け跳び（背面跳び）の学習によって，助走の勢いを活かしやすい踏切技術が獲得され，技能特性に触れた楽しさを味わわせ得ることができたのである．

4）学習課題を明確にするために

運動学習のためには，「何を」学習するのかを把握する必要がある．しかし，たとえば，短距離走において，何秒で走ったかというタイムからは，「何を」学習すればよいかについての情報は得られない．学習を促進するためには，疾走速度の高

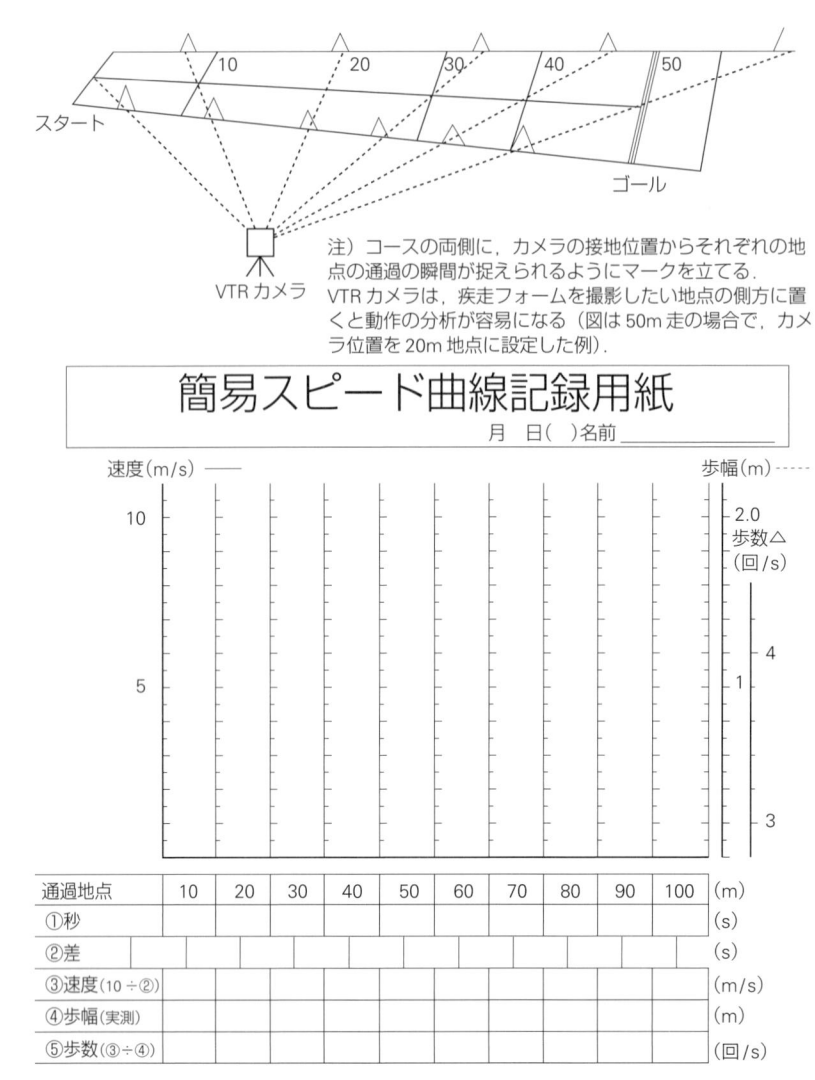

注）コースの両側に，カメラの接地位置からそれぞれの地点の通過の瞬間が捉えられるようにマークを立てる．VTRカメラは，疾走フォームを撮影したい地点の側方に置くと動作の分析が容易になる（図は50m走の場合で，カメラ位置を20m地点に設定した例）．

簡易スピード曲線記録用紙

月　日（　）名前＿＿＿＿＿＿

通過地点	10	20	30	40	50	60	70	80	90	100	(m)
①秒											(s)
②差											(s)
③速度(10÷②)											(m/s)
④歩幅(実測)											(m)
⑤歩数(③÷④)											(回/s)

気がついたこと	工夫すること

〈記録の仕方〉
① 10～100m地点通過タイムを記す．
② ①より区間の所用時間を出す．
③ 10mを②(各区間の所用時間)で割り，各区間の平均疾走速度を求め，グラフにする．
④ 各区間の真ん中あたりの2歩をそれぞれメジャーで実測し，それを2つで割ってストライドを割り出す．
⑤ ③(速度ms)÷④(歩幅m)をしてピッチ(回/s)を出す．

図5-42　VTRを用いての速度曲線の簡易記録法

め方や最高速度の維持状態を示す速度曲線，速度を構成する歩数・歩幅の実態，さらには歩数・歩幅を生み出している自己の動き（フォーム）の認識と目標の動きを理解できるバイオメカニクス的情報が必要となる．

これらの情報を授業実践の場で，ただちに得る方法として1980年代の初頭に簡易速度曲線記録法を開発した[8]．さらに，現在ではVTRが廉価に

なり時間も記録できるようになったので，図5-42に示すような設定と記録表を用いている．

この速度曲線記録法の授業への導入によって，自己の動きが具体的に認識され，最高速度出現地点でのリラックスを意識し（若干速度を抑え），ゴール手前での速度逓減を押さえて記録を向上させた例など，認識に裏打ちされた技能の向上が得られている．

また，運動中の筋活動の情報を音に変換し，フィードバック情報として運動中に与え，動作を修正させようとする方法なども開発されている[10]．

さらに，動作の終了後に，設定した時間遅れで画像を繰り返し表示できるVTRの画像遅延表示装置（スポレコと呼ばれる）も開発され，運動学習において成果が得られている．

このように，種々の工夫はなされているが，さらにバイオメカニクスが運動学習に貢献するためには，学習支援装置として用いることのできる簡易な記録方法の開発が，実践現場から求められている．

文　献

1) Schmidt RA, 調枝孝治監訳：運動学習とパフォーマンス．p308, 大修館書店, 1994.
2) 後藤幸弘：バイオメカニクスからみた身体活動. In：加賀谷熙彦, 麓 信義編, 小学校教育のための体育学概論. pp93-113, 杏林書院, 1989.
3) 後藤幸弘ほか：筋電図による走の分析. In：日本バイオメカニクス学会編, 身体運動の科学Ⅳ. pp15-33, 杏林書院, 1983.
4) 後藤幸弘：「体ほぐしの運動」に関する基礎的研究—幼小児の筋活動からみたウォーキングとジョギングの境界速度，ならびに至適速度—. 体育科学, 30：83-101, 2001.
5) 後藤幸弘：走運動・ボール運動・バランス運動学習の適時期に関する基礎的研究—クラウチングスタート法，オーバーハンドスロー，ならびに竹馬乗りの練習効果の年齢差について—. 昭和63年度文部省科学研究費補助金研究成果報告書, 1989.
6) Yamashita N: The mechanism of generation and transmission of forces in leg extension. J Human Ergol, 4: 43-52, 1975.
7) 後藤幸弘, 原田耕造：背面跳び（走り高跳び）学習の小学校段階への導入の是非について—はさみ跳びによる学習成果との比較から—. スポーツ教育学研究, 16：25-37, 1995.
8) 本間聖康ほか：中学校短距離走教材の学習指導法に関する一考察—疾走経過における速度，歩数，歩幅の簡易記録法の体育授業への導入の試み（実験校と非実験校の比較）—. 日本教科教育学会誌, 7：29-40, 1982.
9) 松下健二ほか：走の筋電図的研究. 体育学研究, 19：147-156, 1974.
10) 岡本　勉：水泳の筋電図的解析からみたフィードバック・トレーニングの適用. In：日本バイオメカニクス学会編, 身体運動の科学Ⅴ. pp24-33, 杏林書院, 1983.

［後藤　幸弘］

第6章 身体運動の力学的基礎

1. 運 動

運動を力学的に考察しようとする場合，考察の対象となるもの（運動の主体となるもの）を物体と呼ぶ．バイオメカニクスではヒトの身体やその一部，ボールやバット等，動きに関する考察のあらゆる対象物を総称して物体と呼ぶことにする．力学では物体を小さな点の集まりとして考える．この点は重さと位置だけをもち，質点と呼ばれる．ボールの運動で，ボールの中心の動きだけを問題にする場合はボールと同じ重さの質点の動きを求めればそれがボールの中心の動きとなる．しかし，ボールの回転や変形を考えるにはボールを質点の集まりと考えなければならない．

1）運動とは

物体がその位置や向き（場合によっては形）を変えることを総称して運動と呼ぶ．物体が時間の経過とともにその位置や向きを変化させているときその物体は運動しているという．時間が経過しても物体の位置も向きも変化しない場合その物体は静止しているというが，力学では静止も運動の特別な場合に含める．物体がその形を変えることも運動になる．これは物体を構成する質点の運動として扱う．

2）並進運動

物体の動きの中で物体の向きには注目しないで，物体の位置の変化だけに注目するとき，物体が時間とともにその位置を変化させる運動を並進運動と呼ぶ．物体の位置を数量として表すと運動を数学的に記述できるようになる．物体の位置は物体を代表する点（たとえばボールの中心）と，基準となる点（原点）との位置関係で表すことができる．一直線上の運動であれば原点からの距離で位置を表すことができる．原点の手前を正，反対側を負というように定めれば，原点の両側にまたがる動きについても物体の位置を決めることができる．このような物体の位置を表す原点からの距離を座標（位置座標）と呼ぶ．一直線上の動きでは，原点からの距離が決まれば物体の位置が定まるのでひとつの数値で表すことができる．これを1次元の座標という．これに対し，平面上の運動では，原点と基準になる直線をひとつ決めることで物体の位置を確定できる（図6-1a）．このとき物体の位置を決めるためには2組の距離が必要で，これを2次元座標と呼ぶ．図6-1aで原点をとおり基準となる直線に直交する第2の直線を引けば平面上の位置は2つの直線上の距離として表される．同様に考えて，空間的（3次元的）な運動ではひとつの原点と，原点をとおり，互いに直交する2つの直線が決まれば位置を確定できる（図6-1b）．2次元と同様に考えて，原点で互いに直交する3本の直線が決まれば物体の位置を3つの距離で表すことができる．これを3次元座標と呼ぶ．これらの基準となる直線を座標軸と呼ぶ．位置を表す座標は，座標軸の取り方によって異なった値をとる．特定の座標軸に対する座標の集まりを座標系と呼ぶ．互いに直交する座標軸によって表される座標系を直交座標系と呼ぶ．同じ位置でも座標系が異なれば座標値は異なったものとなる．動きを比較するには比較されるものどうしを同じ座標系で表しておかなければならない．運動を記述するための座標系は任意に設定できる．すなわち，座標系の原点や軸の向きは自由に

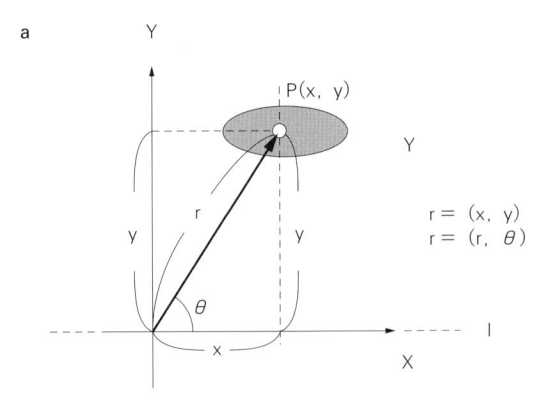

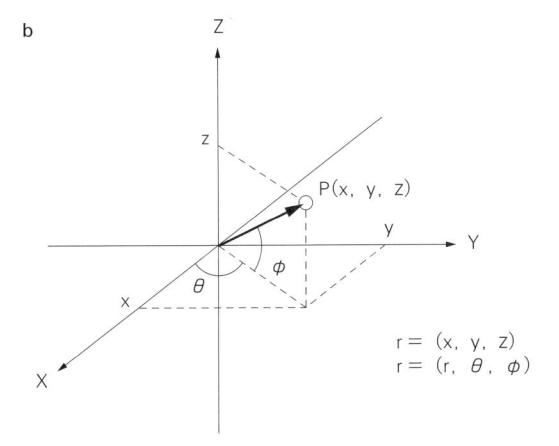

図 6-1 座標系
物体の位置を決めるには，物体を代表する点（P）を決め，その点と基準となる点（原点）との位置関係を用いる．原点を通り互いに直交する2本あるいは3本の直線の距離を使って，2次元あるいは3次元の位置を数値（座標値）で表すことができる．また，原点からの距離と方向を示す角度を使っても点の位置を決定できる．方向は，2次元ではひとつの角度（θ），3次元では2つの角度（θ, φ）によって決まる．

設定可能であるが，力学的計算が容易になるように，軸のひとつが鉛直（重力）方向を向くように設定するのが普通である．

2次元や3次元の運動では，移動距離が同じであっても移動の方向が違えば異なった運動と考える．移動の大きさと向きの両方を表すために矢印の付いた線分を用いる．線分の長さで移動距離を表し，矢印の向きで移動方向を表す．このように，大きさだけでなく向きを考慮に入れなければならない量をベクトルと呼ぶ．物体の位置そのものも原点から物体を表す点に向かう矢印で表すことができるのでベクトルになる．物体の位置を表すベクトルを位置ベクトルと呼ぶ．

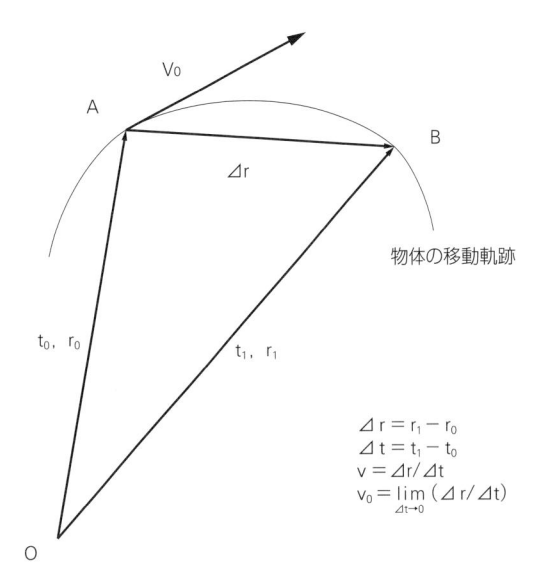

図 6-2 ベクトルとベクトルの微分
時刻 t_0 に点 A にあった物体が時刻 t_1 に点 B に移動したとすると，その間の物体の移動は，A，B の位置ベクトルをそれぞれ r_0，r_1 とすれば，$\Delta r = r_1 - r_0$（ベクトルの演算参照）で表される．したがってこの間の平均の速度ベクトルは Δr をそれに要した時間 $\Delta t = t_1 - t_0$ で割って $V = \Delta r / \Delta t$．時刻 t_0 における瞬間の速度は V の $\Delta t \to 0$ の極限値とする．図で，点 B が限りなく A に近づいた場合で，速度ベクトルの向きは物体の移動軌跡の接線方向となる．

並進運動の大きさは，単位時間当たりの移動距離の大小で表す．移動距離を移動に要した時間で割った値を平均の速度と呼ぶ．物体の移動がその移動距離だけでなく，移動方向をもっていることから速度も大きさと向きをもったベクトルで表される．

単位時間当たりの移動が時々刻々と変化する場合は，図 6-2 に示すように移動距離とそれに要した時間の比の極限値として速度を求める．これは数学的には，時間とともに変化する（時間の関数としての）位置ベクトルを時間によって微分したことになる．

3）回転運動

物体がその位置を変えるのではなく，向きだけを変える運動を回転運動と呼ぶ．回転運動の大きさを並進運動の速度と同じように表すには，回転軸の回りの物体の回転角度（角変位）を回転に要した時間で割った単位時間当たりの回転角度（角

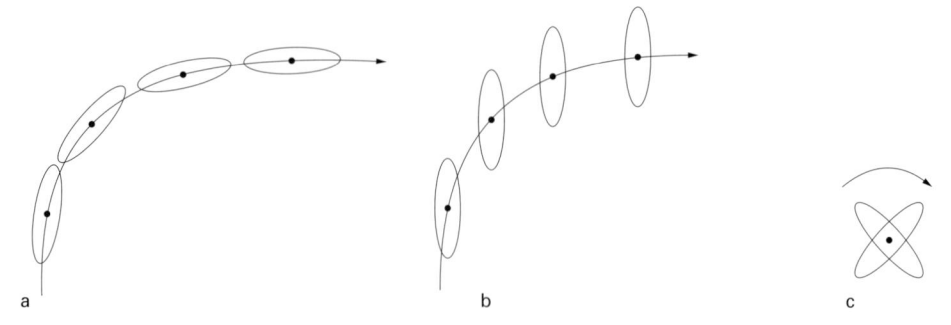

図6-3 並進運動と回転運動
物体の運動（a）は，物体がその向きを変えずに移動する並進運動（曲線運動，b）と，物体の向きだけが変わる運動（回転運動，c）とが合成されたものとなっている．

速度）で表す．速度と同様に，回転角度（角変位）を時間で微分したものとなる．同じ角変位でも回転の軸が異なれば，異なった運動となるので，角速度もベクトルで表される．角速度ベクトルの向きは回転軸の方向と一致し，大きさは角速度の大きさに一致する．

　一般的な物体の運動は，物体の並進運動と回転運動が同時に起きた（合成された）ものとなっている（図6-3）．バイオメカニクスでは身体や身体各部位の動きをその重心（後述）の並進運動と重心回りの回転運動に分けて考えることが多い．

2．力と運動

1）力とは

　物体の運動を変化させるはたらきを力と呼ぶ．たとえば，止まっている車を動き出させるためには力を加える必要があり，動いている車を加速させたり減速させたりするためにも力を加える必要がある．また，物体の移動方向や，物体の角速度を変化させるためにも力が必要である．物体の運動の変化を知ればその物体に加わった力を知ることができる．ヒトが力を実感できるのは，力を発揮するための筋収縮や力を加える際の皮膚に加わる圧力（後述）に対する圧感などからである．

　走っている車を停止させるには，ブレーキをかけることにより，後ろ向きの力を車に加えなければならないし，逆に加速するにはアクセルによっ

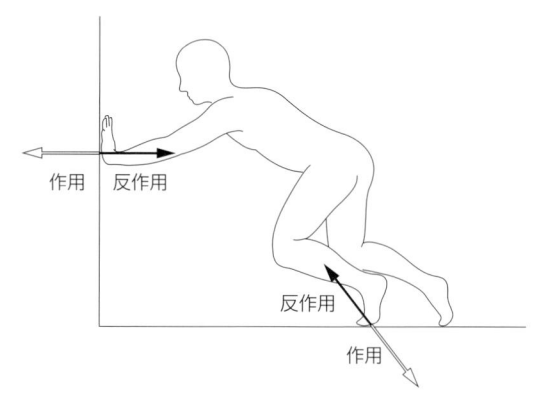

図6-4 作用・反作用
物体に力を加える（作用させる）とその物体から同じ大きさで逆向きの力を受ける．これを反作用と呼ぶ．反作用の力は反力とも呼ばれる．

てエンジンの出力を上げ，車に前向きの力を加えなければならない．ともに，力が大きいほど加速や減速も大きくなる．また，車の走行方向を変えるためにはハンドルを切る．このとき前輪には走行方向に対し斜め後ろ向きの力が加わる．このように車の走行（運動）の変化は，加えられる力の大きさと向きに関係する．このことから，力も大きさだけでなく向きをもった量であるベクトルで表されなければならないことがわかる．

　物体に力を加えるといかなる場合でも，その物体から逆向きの力を受け，力を一方的に加えることはできない．力を作用させるとその力と同じ大きさで逆向きの力が発生する．これを作用・反作用の法則と呼ぶ．反作用の力は反力とも呼ばれる（図6-4）．2つの物体が互いに力を及ぼし合う場合は，互いに押し合うか引き合うかのいずれかで

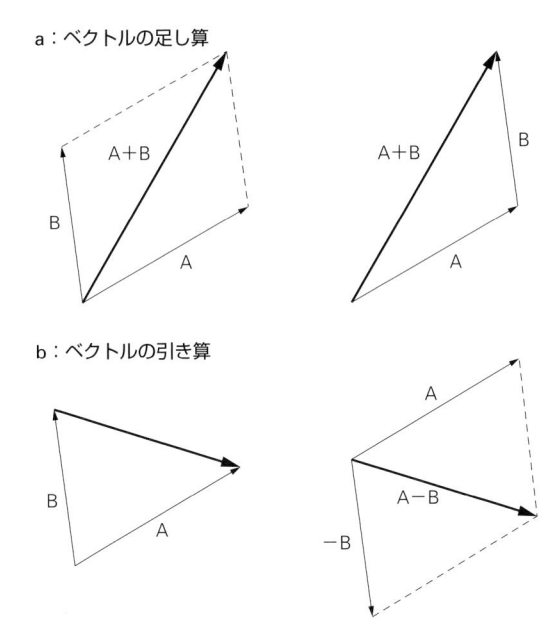

図6-5 ベクトルの足し算，引き算
a：ベクトルの和（ベクトルの合成）；2つのベクトルの和は，両ベクトルを隣り合った2辺とする平行四辺形の対角線として求められる．また，右のように加えるベクトルの始点（矢印と反対側）が加えられるベクトルの終点（矢印）に重なるように移動して，両ベクトルの始点と終点を結んだベクトルとして求めることもできる．2つ以上のベクトルの和も，まず任意の2つのベクトルの和を求めそのベクトルに残ったベクトルのうちのひとつを加える操作を繰り返すことによって求めることができる．
合成の逆が分解であり，最初にA+Bのベクトルがあったと考えれば，それを2つのベクトルに分解したことになる．しかし，分解の仕方は無数にある
b：ベクトルの差；2つのベクトルの差は両ベクトルの終点（矢印）を結んだ（引くベクトルから引かれるベクトルに向かう）ベクトルになる．-BはBと大きさが等しく逆向きのベクトルになるのでA-BをA+(-B)の足し算と考えることもできる．

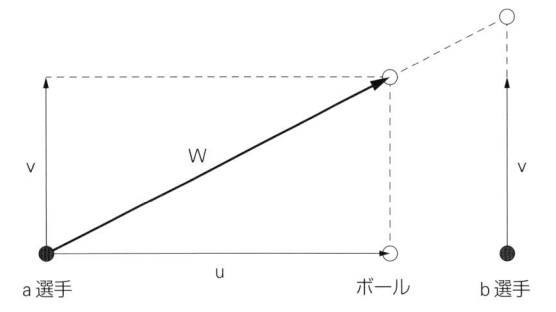

図6-6 速度の合成
速度vで走る選手（a）が自分に対して速度uでボールを投げ出すとボールはv+uの速度ベクトルで飛んで行く．同じ速度で平行して走る選手（b）にパスするためには単に相手選手方向に投げ出せばよい．
v：選手の走る速度，u：パスの速度，W：実際のボールの速度

ある．車を加速させるには，エンジンの力でタイヤを回転させようとする．すると，タイヤは地面を後方に押すことになり地面に後ろ向きの力が加わる．この力の反作用としてタイヤに前向きの力が加わり，車が加速するのである．

2）力の合成と分解
運動中の身体には多くの力が加わる．物体に複数の力が加わる場合は，これらの力を合成して，その結果であるひとつの力がはたらいたと見なすことができる．これを力の合成と呼ぶ．逆に，ひとつの力を複数の力に分解することもできる．これらはベクトルの合成，分解則に従う．図6-5にベクトルの合成や分解に必要なベクトルの算法を示す．力に限らずベクトルで表される量は，すべてベクトル算法に従って合成したり分解したりできる．複数の力を合成した結果はひとつしかないが，ひとつの力を分解する方法は無数にある．

図6-6は，速度の合成について示したものである．ラグビーで2人のプレイヤーが同じ速度で同じ向きに走っている場合，パスをするプレイヤーは自分に対して真横にボールを投げればよい．相手に届くまでに相手は前進しているが，ボールの速度はプレイヤーの走速度と投げ出す時の速度との合成になっているのでボールが相手の走方向に達したとき相手も丁度ボールの位置に到達している．

3）ベクトルの表示
ベクトルは大きさと方向をもった量である．したがって，ベクトルはその大きさと，向きを表す角度の組み合せによって表すことができる．平面内の運動であれば，大きさとひとつの角度で表される．図6-1の位置ベクトルでは，原点からの距離rと向きを表すθ，空間内の位置では向きを表すために角度が2つ必要で，距離rと2つの角度（θ, ϕ）で表すことができる．図6-1からベクトルを表すのにその大きさと向きを用いるのではなく，x軸上の距離とy軸上の距離でも表せることがわかる．このようにベクトルを表すには

さまざまな方法があり，大きさと方向で表す方法をベクトルの極表示，直交座標系の成分として表す方法を直交表示と呼ぶ．両者は互いに変換可能であり，力学計算を簡単にするために両者は使い分けられる．力や速度の直交表示では，それぞれを座標軸に平行なベクトルに分解しその大きさによって表し，各々をベクトルの成分と呼ぶ．多くの場合，座標軸のひとつを重力方向（鉛直方向）にとると便利である．そのような座標系に対しては，速度や力の鉛直成分，水平成分といった呼び方をする．空間内での物体の運動は，水平方向と垂直方向は独立なので力や速度を垂直成分と水平成分に分けると運動の記述が簡単になる．

4）運動量

力は物体の運動の状態を変化させるものであることは前に述べた．運動の変化を表すには速度の変化が用いられる．たとえば，時速100km で走っている車にブレーキをかけることにより時速30km に減速させたとすると，運動の変化は速度の変化として時速70km と表すことができる．しかし，同じ減速をするにも乗用車と重量の大きいトラックでは，必要なブレーキ力は異なることが容易に想像できる．力が運動の状態を変化させると考える場合，運動を速度で表しただけではうまくいかない．そこで，速度と物体の重量を掛け合せた量である運動量の変化を運動の変化の指標にする．運動量を使えば，同じ速度でぶつかっても，150kg の力士と200kg の力士では威力が違うことを表すことができる．運動量は正しくは物体の質量と速度の積であるが，質量が同じ物体は必ず同じ重量になるので，ここでは混乱の恐れがある場合を除き，質量と重量を区別しないことにする．

5）力　積

力についても同様で，同じ強さでブレーキを踏んでも，ブレーキを踏む時間が長ければ減速はより大きくなる．また，同じ速度の車を停止させるにも，緩いブレーキ（弱い力）でゆっくり（時間をかけて）止めることもできるし，急ブレーキ（強い力）で短時間に止めることもできる．両者とも

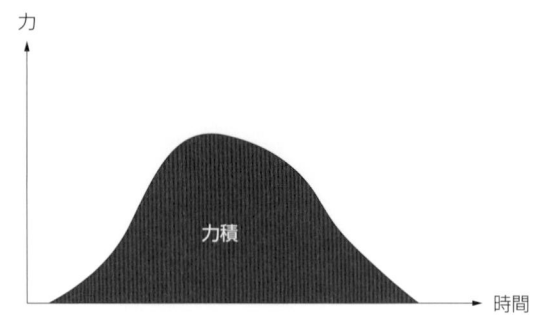

図 6-7　力　積
・力が変化しない（一定）の場合
　　力積＝力×力がはたらいた時間
・力が変化する場合
　　力積＝力の時間による積分
　　（力曲線によって囲まれた面積）

運動量の変化は同じである．これらのことから，力の運動に与える影響は単に力の大きさだけではなく，力の作用した時間にも依存することが分かる．そこで力と力がはたらいた時間を掛け合せた量である力積を考える．力が時間とともに変化する場合は，図6-7のように力の時間による積分が力積になる．

6）力と運動の関係

力と運動の関係を表すには力と速度ではなく，力積と運動量で表した方がよさそうである．ニュートンの力学によれば，力がはたらくことによる運動の変化は，運動の変化を力のはたらく前後の運動量の変化で表し，力の作用を力積として表せば，両者の間に比例関係が成立する．

　（力が作用した後の運動量）－（力が作用する前
　　の運動量）∝力×作用時間

運動量の単位を［kgm/s］，力の単位を［N］（ニュートン，1kgの物体にはたらく重力は約9.8N），作用時間を［s］（秒）として選び，運動量の変化分を Δmv で表せば，上の式は，

$$\Delta mv = FT \cdots\cdots\cdots\cdots\cdots\cdots\cdots (1)$$

と表すことができる．m は［kg］で表した物体の重さ，v は速度［m/s］，F と T は作用した力と時間である．前述のように力が時間とともに変化する場合は力積を力の時間による積分として表す必要がある．

運動中物体の重量は変化しないので，式（1）

での運動量の変化は速度の変化によっている．そこで，運動量の変化を速度の変化Δvで表し，式（1）の両辺を作用時間Tで割ると

$m\Delta v/T = F$ ……………………………………（2）

$\Delta v/T$ は，速度の変化をそれに要した時間で割ったもので，単位時間当たりの速度の変化であり，加速度と呼ばれる．加速度を a で表せば式（2）は

$F = ma$ ……………………………………（3）

となる．これはニュートンの運動方程式と呼ばれる．

式（1）から力が作用することによる速度の変化は，①力が大きいほど，②力がはたらく時間が長いほど，③物体が軽いほど，大きいことがわかる．

重要なことは，大きな速度の変化を得るためには必ずしも大きな力が必要というわけではなく，作用時間が長くなることによっても力積が増大し，速度の変化が大きくなる．

式（1）においてvとFはともにベクトルである．したがって，速度の大きさは変わらず，速度の向きだけが変わる運動の変化においても力の作用が必要になることが示される．図6-8は，走幅跳の踏切時の地面反力の求め方を模式的に示したものである．助走で水平方向に移動してきた身体は，踏切によって斜め上方へ速度の向きを変える．踏切前後の運動量をベクトルで表し，式（1）を用いると踏切時の（平均の）力が得られる．

7）力学系

身体運動では，身体全体の移動や回転の運動とともに身体が変形する（姿勢が変化する）運動も起きる．変形する身体を力学的に扱うためには，身体が比較的変形の少ない物体で構成されていて，それらの物体の位置関係が変化することにより身体全体の変形（姿勢の変化）が起きると考える．身体運動では関節を介して隣接する部位の向きが変わるので，関節と関節で挟まれた部分を変形の無視できる物体と考える．たとえば，手首と肘の関節の間の前腕は運動中形を変えず，肘関節を介して上腕に対する向きだけが変化すると近似的に考える．このように，身体を関節によって分

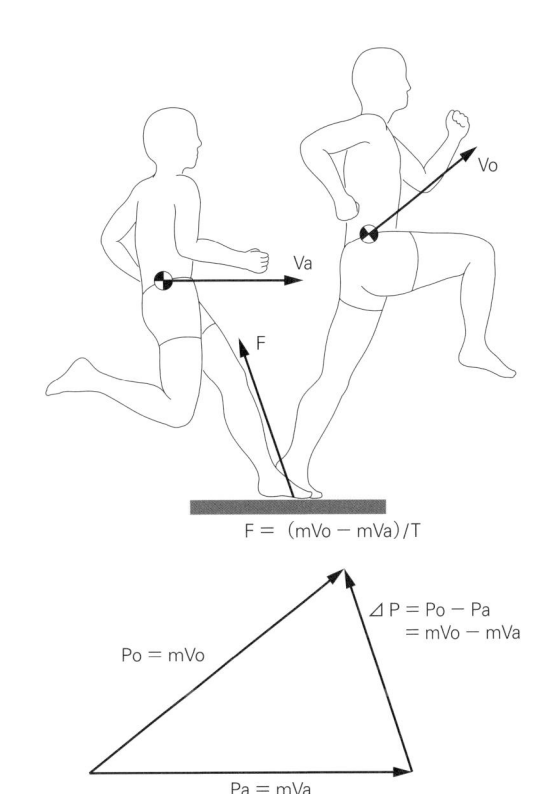

図6-8 走幅跳の踏切における運動の変化と平均の力
踏切直前，直後の運動の変化を模式的に示した（重力は無視してある）．踏切前後の身体重心のもつ運動量の変化（ΔP）から，踏切中の平均の力ベクトル（F）が求められる．

離し，運動中変形しない部分に分けた場合，それらを身体の部位（セグメント）と呼ぶ．身体を複数のセグメントが関節によって連結されたものと考えることをリンクセグメントモデルによる近似（モデル化）と呼ぶ．リンクセグメントモデルは，複数の物体の集まりと考えることができる．身体運動の力学では，あるときは各々のセグメントの動きに注目し，またあるときは身体全体をひとつの集まりとみなし，その動きについて力学的考察を行う．このように，複数の物体の集まりを力学的考察の対象とする場合，物体の集まりを力学系と呼ぶ．力学系は任意に設定できる．身体全体をひとつの力学系と考えることもできるし，身体にバットやラケット，スキーといった道具も加えてひとつの力学系と考えることもできる．逆に，走運動中の脚部だけをひとつの力学系と考える場合もある．

8）内力と外力

ひとつの力学系の中で複数の物体が互いに力を及ぼしあっている場合，これらの力を内力と呼ぶ．平らな床面で直立している場合，下腿のセグメントには膝関節を介して大腿より上の部分の重量が下向きに加わる．この力の反作用として下腿は大腿を同じ大きさで逆向きに押し返している．このような力が内力である．一方，身体に加わる重力は外力である．相撲で力士が組み合っている場合，2人の力士を別々の力学系と考えれば，各力士には相手から外力が加わっていることになる．しかし，2人の力士をひとつの力学系と考えれば互いに相手に加え合う力は内力となる．

9）身体がもつ運動量

身体全体をひとつの力学系と考えた場合，身体がもつ運動量は各セグメントがもつ運動量の和になる．各セグメントの重量と速度をそれぞれ m_i と v_i，そのセグメントに加わる外力を F_{Ei}，内力（他のセグメントから加えられる力）を F_{Ii} とすると，式（1）からそれぞれのセグメントに対し，

$$\Delta m_i v_i = F_{Ei} T + F_{Ii} T$$

が成り立つ．この式をすべてのセグメントについて足し合わせると，

$$\Sigma \Delta m_i v_i = \Sigma F_{Ei} T + \Sigma F_{Ii} T \quad \cdots \cdots (4)$$

となる．ここで Σ はすべてのセグメントについて和をとることを意味する．n個のセグメントがあったとすれば，

$$\Sigma \Delta m_i v_i = (\Delta m_1 v_1 + \Delta m_2 v_2 + \cdots + \Delta m_n v_n)$$

式（4）の右辺で $\Sigma F_{Ii} T$ は内力による力積をすべて足し合わせたものである．内力はセグメントどうしが互いに加えあう力であり，作用・反作用により，大きさが同じで逆向きの1組の力が複数集まったものであるので，

$$\Sigma F_{Ii} T = 0$$

となり，式（4）は，

$$\Sigma \Delta m_i v_i = \Sigma F_{Ei} T \quad \cdots \cdots (5)$$

となる．これは，力学系の運動量の変化は外力による力積の総和に等しいと言い表すことができる．

身体に外力がはたらかない（外力の合力が0，あるいは外力による力積の総和が0の）場合は，身体を構成するセグメントの運動量が変化しても，身体全体の運動量は変化しない．これを運動量の保存（あるいは運動量保存の法則）と呼ぶ．

一般に，時間が経過しても物理量が変化しないことをその物理量が保存されるといい，それが成り立つことを保存則（保存の法則）という．後述の角運動量や力学的エネルギーについてもある条件のもとで保存が成り立つので，角運動量保存の法則，力学的エネルギー保存の法則が存在する（4．および5．参照）．

3．運動中にはたらく力

前説の式（1）あるいは（2）から，運動中に加わる力の変化がわかれば，その力がはたらくことによって運動がどのように変化するかを予想することができる．逆に，運動（速度）の変化がわかれば運動中にはたらく力を知ることができる．運動中に身体に加わる力にはさまざまなものがある．

1）重 力

地球上のあらゆる物体は鉛直下向きの力（重力）を受ける．重力の大きさは物体の質量に比例するので，物体に加わる重力の大きさで物体の質量を表すこともできる．先に述べたように，本項では，質量と重量を特に混乱の恐れがある場合を除き区別しないのは，質量と重力が比例するためである．

2）重 心

重力は物体のあらゆる部分にその重さに比例した大きさで鉛直下向きはたらく．物体を微小な部分に分けるとそれぞれの部分にその重さに比例した力がはたらく．これらの力はひとつにまとめることができ，各部に重力がはたらく代わりに，物体のある1点にひとつの力が鉛直下向きにはたらいた場合と同じ運動になる．このとき，力の大きさは各部分にはたらく重力の大きさの総和になる．この力の作用点を重力のはたらく中心ということで，重心と呼ぶ．重心位置の求め方の原理を

図6-9に示す．物体の微小部分（物体を構成する質点）の位置を表すベクトルをr_i，その質量をm_iとすれば物体の重心の位置ベクトル（G）は，

$$G = (\Sigma m_i r_i)/(\Sigma m_i)$$

となり，物体の重量をM（$M=\Sigma m_i$）とすれば，

$$G = (\Sigma m_i r_i)/M \quad \cdots\cdots\cdots\cdots\cdots\cdots (6)$$

となる．この式は，物体の重心位置が物体を構成する微小部分の位置ベクトルの重量による加重平均になっていることを示している．したがって，物体の重心位置は，その物体の形と質量分布によって決まるといえる．質量分布とは物体内部の場所毎の重さの分布（正しくは密度分布）である．したがって，同じ重さの物体で加わる重力の大きさは同じであっても，物体の形や質量分布によって重心位置は異なってくる．式（6）は，物体を構成する微小部分の位置ベクトルを微小部分の質量によって重み付けした加重平均となっている．その意味で，重心は質量中心とも呼ばれる．

3）身体重心

複数の物体の集まりを考える場合，それぞれの物体の重心に対し，物体の集まり全体の重心を考えることができる．物体の集まり全体の重心は各物体の重心位置にその物体の質量（重さ）が集中していると考え，図6-9と同じ原理で求めることができる．物体の集まりとしての重心を合成重心と呼ぶ．身体運動では，運動中に大腿，下腿，前腕といった身体の各部位（セグメント）はほとんど変形しないと見なすことができる．変形しなければ各セグメントの重心位置は決まっている．しかし，身体全体の重心（合成重心）は，姿勢が変わり，セグメントとセグメントの位置関係が変わることにより変化する．運動中の身体の動きを映像によって記録し，各セグメントの位置からその重心位置を求め，姿勢の変化とともに時々刻々と変化する身体全体の合成重心（単に身体重心と呼ぶ）位置を求めることができる．式（6）から身体重心位置を計算するためには各セグメントの重心位置（r_i），各セグメントの質量（m_i），体重（M）を知る必要がある．人によって身長や体重が異なるように，身体を構成するセグメントの大

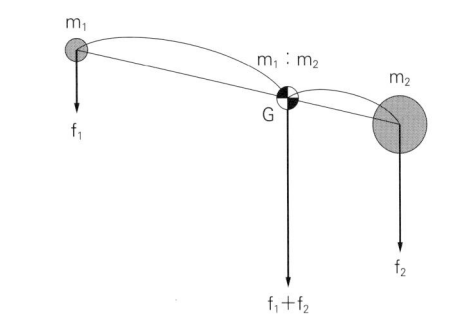

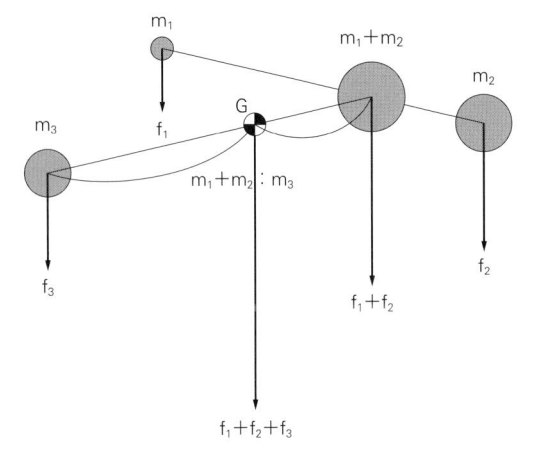

図6-9　重心の求め方
物体を微小な部分に分けその内の2つを取り出す．両者の重心は，両者を結ぶ線分を重量の逆比で内分した点になる．次に第3の微小部分を加え，最初の重心位置に2つの微小部分が集まったと考えて，最初と同じように重心を決める．このような操作を繰り返すことによって，物体全体の重心を求めることができる．

きさも人によって異なるが，身体を構成する各部位は近似的に相似な形をしていると見なすことができる．また，それぞれの部位の形は，円（楕円）柱，円（楕円）錐台，楕円体（の一部），球（の一部），といった幾何学的に単純な形で近似できる．このような立体で身体各部位をモデル化すると，各部位は立体の軸（長軸）の両端で（関節を介して）隣接する部位とつながっていると考えることができる．したがって，両端の関節の位置が決まればセグメントの位置が決まる．セグメントの大きさが異なっても，各セグメントの相対的な重心位置は同じと見なせるので，セグメントの両端からの比率がわかれば重心位置を求めることができる．図6-10に示すように，セグメントの両端からの重心位置までの割合（β_i）がわかって

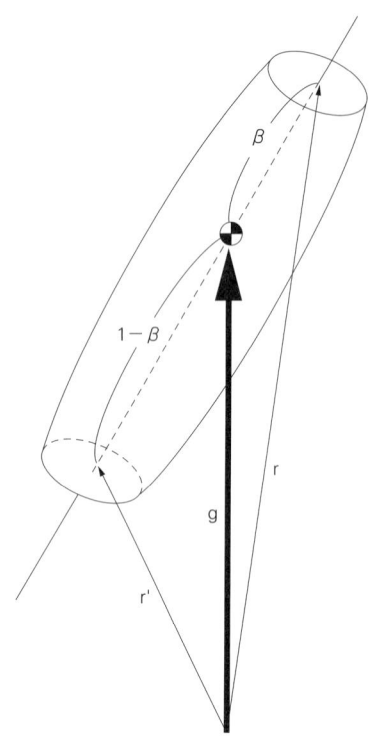

図6-10　セグメントの重心
セグメントの重心はセグメントの大きさによって異なるが，同じセグメントどうしは身体の大きさが異なっても相似であるとすると，セグメントの長軸方向の相対的重心位置はセグメントの大きさによらず一定と考えることができる．セグメント長を1としたとき，重心の相対位置が中枢端（頭に近い方）から$\beta:1-\beta（0\leq\beta\leq1）$に内分する点にある場合，セグメントの両端の位置ベクトルを$r，r'$とすれば，セグメントの重心位置を示す位置ベクトル（g）は，
$$g=(1-\beta)r+\beta r'$$
となる．

いれば，セグメントの両端の位置ベクトル（r_i, r'_i）を使ってそのセグメントの重心の位置ベクトル（g_i）が求められる．
$$g_i=(1-\beta_i)r_i+\beta_i r'_i$$
また，式（6）から，
$$G=(\sum m_i g_i)/M=\sum(m_i/M)g_i$$
m_i/Mは各セグメントの質量の体重に対する割合（相対的な重さ）であり，身体の大きさにかかわりなく，身体が相似形であるとすれば各部位によって一定の値になる．
$$\alpha_i=m_i/M$$
とおけば式（6）は，
$$G=\sum\alpha_i g_i$$

と表すことができる．画像分析等を使ってセグメントの両端の位置ベクトル（r_i, r'_i）を求めることができれば，α_i, β_iを使って身体重心を計算することができる．これまでに，さまざまな方法で各セグメントの身体に対する相対質量（α_i）と各セグメントの重心位置を示す係数（β_i）が求められている．α_iやβ_iは重心係数と呼ばれる．

4）重心の運動

身体各部のセグメントが運動中に形を変えないと見なすと，各セグメントの運動は，各セグメントの重心の並進運動と，重心回りの回転運動が合成されたものと見なすことができる（図6-3参照）．重心の並進運動は，重心に物体のすべての重量が集中したと見なした場合（重心をその物体と同じ重さの質点と見なした場合）と同じ運動をする．さらに，身体の合成重心についても同じことが成り立つ．身体運動は，身体重心の運動と身体重心に対する各セグメントの相対運動が重ね合わされたものと考えることができる．重心に対する相対運動とは，重心に固定した座標系からみた各セグメントの運動である．ある座標系からみた各セグメントの速度から，同じ系でみた重心の速度を差し引いたものが各セグメントの重心に対する相対運動となる．各セグメントの相対運動は，さらに各セグメントの身体重心に対する相対的な並進運動と各セグメント自身の重心回りの回転運動に分けることができる．

5）放物運動

空中に放り出された物体や身体には重力以外の力が加わらないので，重心は特別な運動をする．重力のみが加わる運動を放物運動と呼ぶ．重力は，物体の重量に比例するので放物運動中の物体に式（2）を当てはめると左辺は物体の重さに比例し，右辺の力も重力に比例するため，単位時間当たりの速度変化，すなわち，加速度は物体の重さによらず一定になる．したがって，空中に投げ出された瞬間の速度が同じであれば，その後の空中での運動は物体の重量に関係なく同じ運動になる．空中に投げ出された瞬間の速度の大きさと向き，投

げ出された位置を初期条件と呼ぶ．放物運動は初期条件のみによって決まる．空中に斜め上向きに投げ出された物体の重心の軌跡は上に凸の2次曲線（放物線）になる．

6）地面反力，床反力

身体運動の多くは地面や床の上で行われる．そこでは，身体に加わる重力に抗して体重を支えながらの運動になる．地面や床面上での運動では，足で地面や床面に力を加え，反作用として地面や床面から反力を受けることによって運動を変化させることにより，運動が成り立っている．脚で身体を支えている状態は，体重に等しい力が地面や床面に加えられ，大きさが等しく逆向きの反力が足に加わる．この反力と体重が釣り合う状態で，脚が発揮する力を変化させると反力も変化し，重力と反力の合力が0でなくなれば身体は合力方向に加速される．

このように，地面や床の上での運動では地面や床面から受ける反力が重要である．運動中の床反力を測定する装置として床反力計（フォースプラットフォーム）がある．フォースプラットフォームは力の検出部が平らになっており，地面や床面に埋設して検出部と地面や床面が平らになるようにして，検出部に足が乗った時の力が測れるようになっている．今日では，陸上競技場の走路や体育館にフォースプラットフォームを設置して運動中の地面反力や床反力が測定できるようになっている．

7）摩擦抵抗

平らな平面上におかれた物体に平面と平行な力を加えると，平面と物体が接触する面に物体の移動を妨げるような力が発生する．この力が発生する場合を摩擦があるといい，動きを妨げる力を摩擦力（摩擦抵抗）と呼ぶ．静止している物体に平面と平行な力を加えても力が小さければ物体は動かない．これは力と同じ大きさ（向きは逆）の摩擦抵抗が発生し力が釣り合うためである．加える力の大きさを徐々に増していくと，ある力の大きさで物体は急に動き出す．この物体が動き出す直前の摩擦力を最大静止摩擦力と呼ぶ．物体が動き出すと物体の速度と関係なく摩擦抵抗の大きさは一定であることが多い．この摩擦力を動摩擦抵抗と呼ぶ．一般に，動摩擦抵抗は最大静止摩擦抵抗より小さい．摩擦抵抗の大きさは平面の材質や形状と，平面と接する物体側の面の材質や形状によって異なる．ゴム製のソールと木の床面の間の摩擦は大きいが，水にぬれた鉄板とゴムのソールの間の摩擦はそれほど大きくない．

摩擦の大きさは，物体を平面に押しつける力である垂直抗力に比例する．比例常数をμ，垂直抗力の大きさをNとすれば摩擦の大きさ（F）は，

$F = \mu \cdot N$

で表される．この関係は最大静止摩擦力（F_s）についても，動摩擦力（F_k）についても成り立つが，比例常数μは異なるので，最大静止摩擦と動摩擦とでそれぞれ，

$F_s = \mu_s \cdot N$

$F_k = \mu_k \cdot N$

と表し，μ_sを最大静止摩擦係数（単に静止摩擦係数）と呼び，μ_kを動摩擦係数と呼ぶ．前述のように，μ_sやμ_kは相接する物体の材質や表面の形状や状態（水や油で覆われているか）により変化する．

図6-11はシューズ（のソール）に加わる力の向きとシューズの滑りの関係を示したものである．床面に加える力（F）の鉛直線に対する傾きをθとし，床とソールの静止摩擦係数をμ_sとすれば，垂直抗力（N）は，

$N = F\cos\theta$

となり，最大静止摩擦力（R）は，

$R = \mu_s \cdot N = \mu_s \cdot F\cos\theta$

となる．一方，靴を滑らせるようにはたらく力（F）の水平成分は$F\sin\theta$なので滑らないためには，

$R = \mu_s \cdot F\cos\theta > F\sin\theta$

滑る場合は，

$R = \mu_s \cdot F\cos\theta < F\sin\theta$

となる．したがって，滑らないためには，

$\mu_s > \tan\theta$

となる必要がある．θが増加，すなわち力（F）の方向が水平に近くなり，

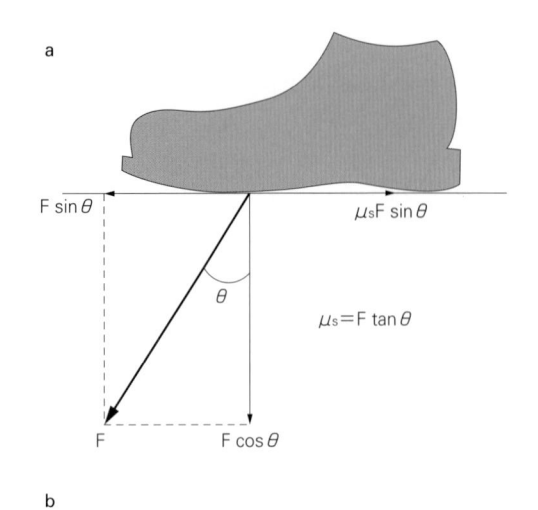

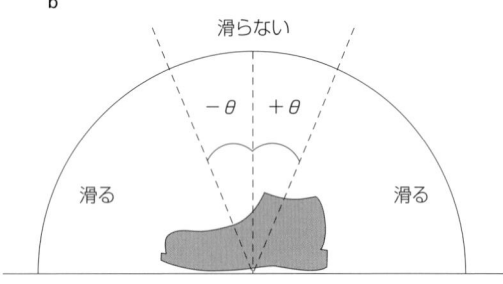

図6-11 摩擦抵抗（シューズがスリップする条件）
シューズを床や地面に斜めに押しつけると，その水平成分はシューズをスリップさせる力となり，鉛直成分は垂直抗力となり，摩擦抵抗を生み出す（a）．力の向きが，$\mu_s = \tan\theta$で決まるθより大きくなると（水平に近づくと）力の大きさに関係なくスリップする．

$\mu_s < \tan\theta$

となると滑ってしまう．このように，滑るか否かは力の大きさには関係なく，力の向きが，

$\mu_s = \tan\theta_0$

$\theta_0 = \arctan\mu_s$

で決まるθ_0より大きければ滑り，小さければ滑らない．

ここで述べたように，2つの物体がその面と面を摺り合わせるように動く場合を滑り摩擦と呼ぶ．

8）空気・水の抵抗

空気や水の中で運動する物体には，その移動を妨げる向きに力がはたらく．これらの力を空気抵抗，水の抵抗などと呼ぶ．水や空気の抵抗は，滑り摩擦抵抗と異なり，物体の移動速度に依存す

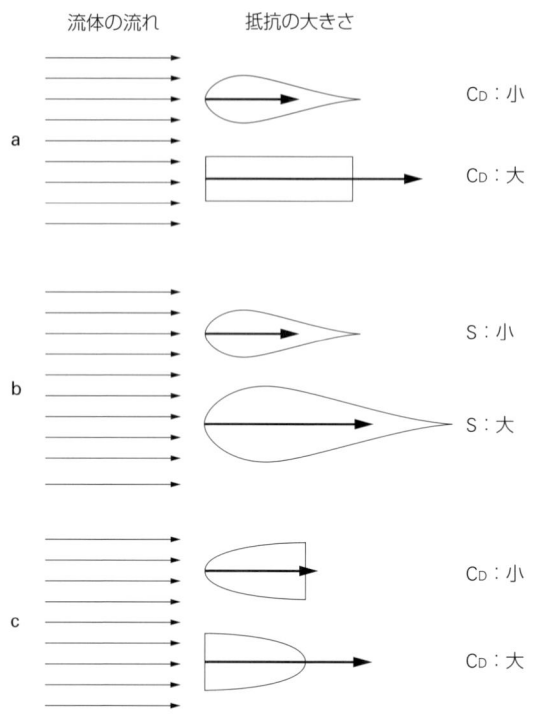

図6-12 流体中を物体が移動する場合の抵抗の大きさ
水中や空気中を物体が移動する場合の抵抗（抗力係数，C_D）は，移動速度と同じ大きさで，逆向きに流れる水や空気の中で静止している物体に加わる力と同じである．抵抗の大きさは，流れの速度と流体の密度に関係するほか，物体の形（a），物体の大きさ（b），移動の向き（c）によっても異なる．

る．一般に水や空気などは流体と呼ばれ，流体中を移動する物体に加わる力は，①物体の移動速度，②物体の形，③物体の大きさ，④（物体の形に対する）移動の向き，⑤流体の密度（単位体積当たりの空気や水の質量），に依存する（図6-12）．抵抗の大きさ（R）は物体を移動方向から見た時の面積（投射断面積）をS，移動速度をV，流体の密度をρとすれば，

$R \propto \rho C_D S V^2$

あるいは単位を選べば，

$R = 1/2 \rho C_D S V^2$

と表すことができる．ここでC_Dは抗力係数と呼ばれる定数で，物体の形と移動の向きに依存する．いわゆる流線型の形ではC_Dは小さくなる（図6-12a，c）．

9）揚　力

流体中を移動する物体が受ける力は，必ずしも進行方向と逆向きにはならない．そのような場合には，力を進行方向に平行な成分と垂直な成分に分け，平行な成分を抵抗と呼ぶ．移動方向に垂直な成分は，物体を持ち上げるようにはたらくことがあるので揚力と呼ばれる（14章参照）．

4．回転運動

物体の運動は，並進運動と回転運動に分けられることは1．で述べた．並進運動については基本的に力とその作用時間，物体の重量（質量），運動の変化（速度の変化）の間の関係として数学的に表すことができる（2．参照）．

回転運動においても並進運動と類似の関係が成り立つ．

1）回転運動とトルク

物体の回転速度（角速度）はベクトルで表されることは1．3）で述べた．物体の回転運動の変化は，ベクトルとして表した角速度の変化として表すことができる．物体を微小な質点の集まりと考えれば，物体の回転運動も質点の集まりの運動と考えられる．質点の運動を変化させるものは力であるから，物体の回転運動を変化させる源は力である．物体がある回転軸で固定されている場合（その回転軸回りにしか回転できない場合）は，回転軸と力のはたらく点の位置関係によって回転運動の変化は異なる．同じ大きさであれば回転軸から遠い位置にはたらく力の方が回転運動に与える影響は大きい．しかし，同じ点にはたらく力でも向きが異なれば回転に与える影響も異なってくる．力と物体の回転を考える場合，力を大きさと向きをもつベクトルとしてのみで考えるわけにはいかない．上記のように力がはたらく点が重要になる．力のはたらく点を力の作用点と呼ぶ．作用点を通り，力のベクトルと平行な線を力の作用線と呼ぶ（図6-13）．回転運動では，力はベクトルとしての大きさと向きだけでなく，力のはたらく場所である作用点を考慮しなければならない．

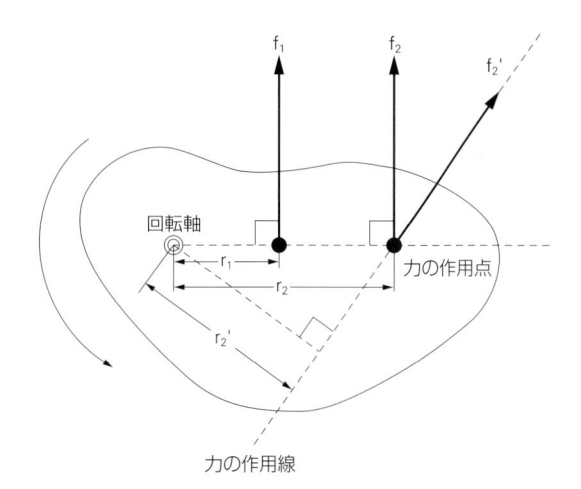

図6-13　力と物体の回転運動（力の作用点，作用線，トルク）
回転軸が固定された物体に力が加わると物体は回転を起こす，あるいは，すでに回転している物体はその回転速度を変化させる．回転運動に対する力の影響は単に力の大きさだけではなく，力の作用点，力の向きにも依存する．力の作用線と回転軸との距離（r_1, r_2 等）と力の大きさとの積をトルク（力のモーメント，回転力）と呼ぶ．物体の回転に与える影響はトルクの大きさに依存する．

力の大きさ，方向，作用点の3つを力の三要素と呼ぶ．

物体の回転に与える力の効果は，①力の大きさ，②力の向き，③回転軸から力の作用線までの距離，に依存する．

力の大きさと，力の作用線と回転軸との距離の積をトルクと呼ぶ．トルクが物体の回転運動を変化させる．そのような意味でトルクは回転力あるいは力のモーメント等とも呼ばれる．トルクの大きさは力の大きさだけでなく，作用点の位置と力の向きによって異なる．

自転車の車輪やペダルのように回転軸が常に固定されている運動と，回転軸の向きが時々刻々と変化する運動がある．また，物体の運動を並進運動と回転運動に分ける場合，軸の取り方によって回転運動と並進運動への分け方は異なってくる．関節回りの身体のセグメントの運動は，力学的結果は同じであるが，①セグメントの重心の並進運動と重心回りの回転運動，②関節の並進運動と関節回りの回転運動，の2通りの分け方が可能である．場合によって計算等が簡便になる方を選ぶ（図6-14）．

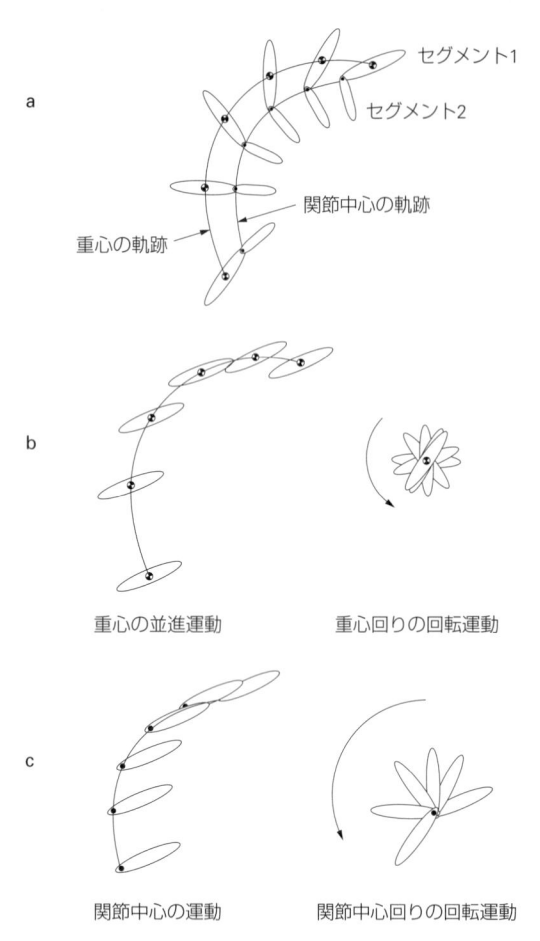

図6-14 セグメントの並進運動と回転運動
セグメント1の運動（a）は，セグメントの重心の並進運動と，重心回りの回転運動に分けることができる（b）が，関節中心の並進運動と関節中心回りの回転運動に分けることもできる（c）．いずれを用いても最終的に得られる力学的結果は同じである．

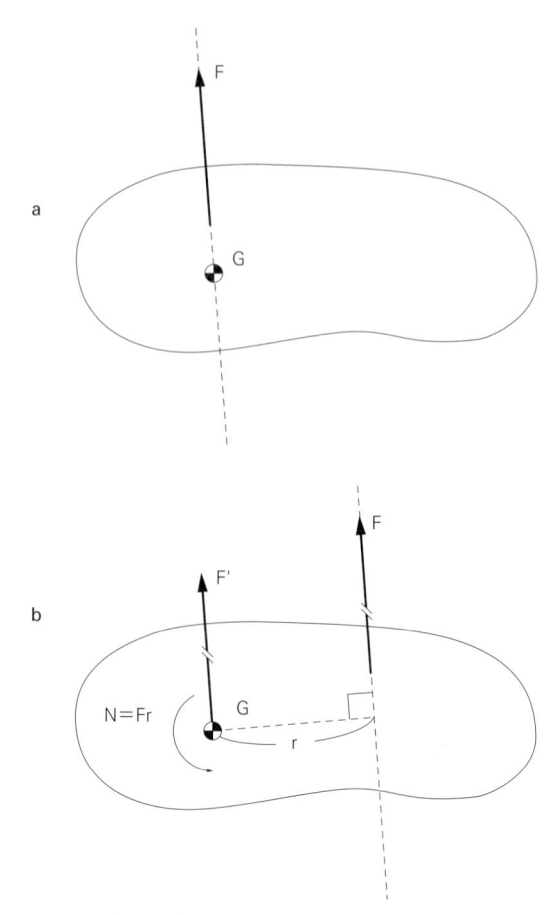

図6-15 物体に加わる力と回転運動の関係
物体に力が加わる場合，力の作用線が重心を通る場合は物体の並進運動のみが変化する（a）が，作用線が重心からずれている場合は，重心の並進運動と重心回りの回転運動の両方が変化する（b）．重心の並進運動は，重心に力Fがはたらいたのと同じ運動の変化を起こし，重心回りの回転運動はFによって生じる重心回りのトルク（N＝Fr）によって変化する．

　固定点をもたない（軸が固定されていない）物体に力がはたらく場合，物体の並進運動と回転運動の両方が変化する．物体に力が加わることによる運動の変化は，作用点を重心に移動させた場合の重心の並進運動の変化と，その力による重心回りのトルクによる回転運動の変化と同じになる．すなわち，物体にはたらく任意の力は，同じ力ベクトルで作用点を重心に移動したものと，重心回りのトルクに置き換えられる（図6-15）．

　物体に力が加わることによって生じる重心回りの回転は力の向きによって異なる回転軸になる．力によって生じる重心回りのトルクも，大きさと向きをもったベクトルになる．ベクトルの大きさは，力の大きさと力の作用線と重心との距離の積であり，ベクトルの向きは，作用線と重心に対する作用点の位置ベクトルによってできる平面に垂直となる．重心から力の作用点に向かう位置ベクトルをrとすれば数学的にはトルク（N）は位置ベクトル（r）と力（F）のベクトル積（外積）として計算される（図6-16）．

$$N = r \times F$$

2）慣性能率

　2．で述べたように，物体に力が作用すると運

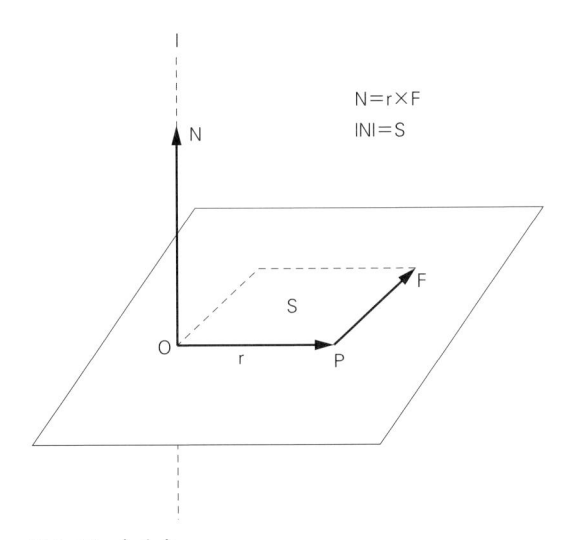

図6-16 トルク
力（F）による回転軸（l）回りのトルク（N）は，ベクトル（F）を含み軸（l）に垂直な面と軸との交点をO，Oから力の作用点（P）に向かう位置ベクトルをrとすれば，Fによる軸（l）回りのトルク（N）はrとFのベクトル積（外積）となる．外積（N）はrとFに垂直でその大きさはrとFでできる平行四辺形の面積に等しい．

動の変化が起き，運動の変化は速度と重量の積である運動量の変化になる．物体に力が加わり，その力によってトルクが生まれると物体の回転運動が変化する．しかし，同じトルクが加わっても物体によって角速度の変化は同じにはならない．並進運動においては，重量（質量）が大きければ同じ力積に対して速度の変化が少なくなる．したがって，質量は運動の変化に対して抵抗となる性質をもっている（慣性抵抗）．同様に回転運動においても同じトルクが同じ時間加わっても，角速度の変化は物体によって異なる．このとき，それぞれの物体で回転の変化に対して抵抗となる性質が異なると考える．この回転させにくさ（させやすさ）を表す量が慣性能率（慣性モーメント）である．図6-17のように腕（棒）の両端に重りが取りつけられている物体（系）を考える．棒の中央に回転軸があるとすると，重りが重い方が，また，重りが端に位置するほど回転させにくくなる．棒が重さを無視できるほど軽いとすると，慣性能率（I）は，

$I = mr^2 + mr^2 (= 2mr^2)$

となる．系全体の重量が同じでも重りの軸からの

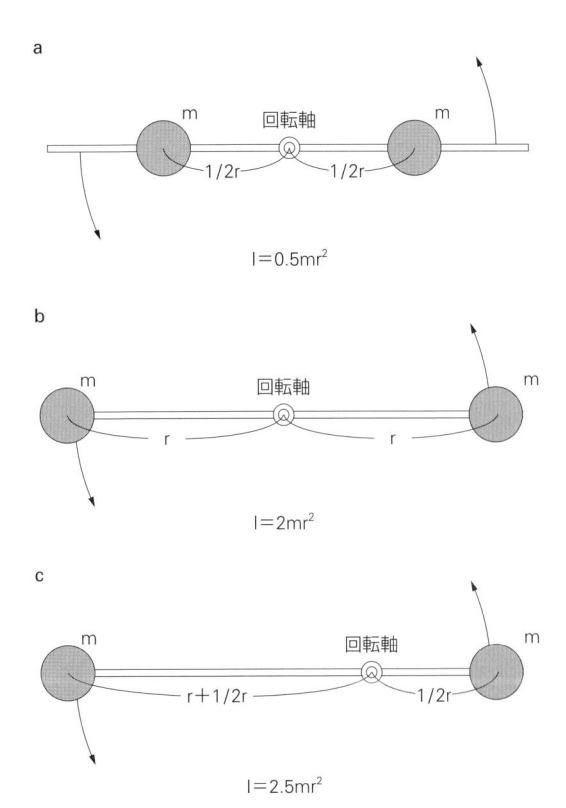

図6-17 慣性能率
重さの無視できる棒の両側に重りが取りつけられた系がある．全体の重量が同じであっても，重りの軸からの距離の違いによって慣性能率（I）は異なる．

距離によって慣性能率は異なる．
　一般の物体では物体を微小な部分に分け，それぞれの部分の重さをm_i，軸からの距離をr_iとすれば，軸回りの慣性能率（I）は，

$I = \sum m_i r_i^2$

となる（図6-18）．ここで，r_iは回転軸からの距離であるため，同じ物体であっても回転軸の位置や方向が異なれば慣性能率は異なった値となる（図6-17a, b）．野球のバットやゴルフクラブは，先端（ヘッド）の部分が重いため，グリップの回りに回転させるためには，大きなトルクが必要になるが，逆さまにしてヘッドに近い方をもてば小さなトルクで振り回せる．

3）角運動量
　回転運動に関しては，同じ角速度であっても慣性能率が大きければ回転の変化を起こすためによ

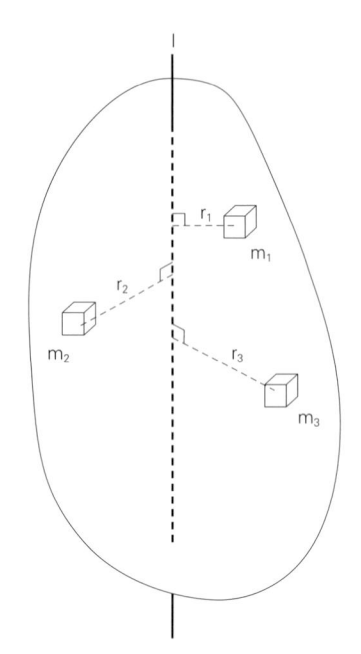

図6-18 慣性能率の計算
軸（l）回りの慣性能率（I）を求めるには，物体を微小部分に分け微小部分の質量と軸からの垂直距離の2乗を掛け合わせたものを物体のすべての部分について足し合わせることによって得られる．
$I = (m_1 r_1^2 + m_2 r_2^2 + m_3 r_3^2 + \cdots\cdots + m_n r_n^2)$

り大きなトルクとその作用時間が必要になる．これはちょうど，速度と重量，運動量の関係と同じである．回転運動では角速度（ベクトル）に回転軸回りの慣性能率をかけた値を角運動量と呼ぶ．角運動量もベクトルである．

　物体を微小部分に分け，各質点の運動を考えると，回転の軸から質点までの距離を r_i，物体の角速度を ω_i，質点の速度を v_i，質点の質量を m_i とすれば，質点 i のもつ角運動量（L_i）は，

　　$L_i = m_i r_i^2 \omega_i$

となる．剛体の回転運動ではそれを構成する質点の運動は円運動になるので，

　　$v_i = r_i \omega_i$

となる．したがって，

　　$L_i = m_i v_i r_i$

となる．これは質点の運動量に軸までの距離（腕の長さと呼ぶことがある）をかけたものとなっている．このように，ある力学量に軸からの距離である腕の長さ，あるいはその2乗を掛け合わせたものをその量の能率あるいはモーメントと呼ぶこ

とがある．質点のもつ角運動量は質点のもつ運動量のモーメントである．また，先に述べたトルクは力のモーメント（力の能率）であり，慣性能率は慣性（質量）の（2次の）モーメントである．

4）トルクと回転運動の関係

　トルクと回転運動の関係と，力と並進運動の関係の間には対称性がある．運動の変化を運動量の変化として表すと力と力の作用時間である力積との間に2.6）で示した関係が成り立つ．同様に，トルク（力のモーメント）がはたらく前後の角運動量の変化と，トルクとトルクがはたらいた時間の積との間に同じ関係が成り立つ．

　　（トルクが作用した後の角運動量）−（トルクが
　　　作用する前の角運動量）∝ トルク×作用時間

　トルクと作用時間の積は，角力積などと呼ばれる．並進運動と同様に単位を適当にとると，角運動量の変化を $\Delta I\omega$（ω は角速度），トルクを N，トルクがはたらいた時間を T とすれば，式（1）と類似の関係が成り立つ．

　　$\Delta I\omega = NT$ ……………………………（7）

　時間 T が十分短く回転軸が変化しないと考えれば I は一定と考えられるから，

　　$I(\Delta\omega/T) = N$

となる．$\Delta\omega/T$ は，単位時間当たりの角速度の変化で，角加速度と呼ばれる．角加速度を $\dot{\omega}$ で表せば，

　　$N = I\dot{\omega}$ ……………………………（8）

となる．これが並進運動におけるニュートンの運動方程式に対応する回転の運動方程式である．
　式（7），（8）からトルクがはたらくことによる角速度の変化は，①トルクが大きいほど，②トルクがはたらく時間が長いほど，③慣性能率が小さいほど，大きいことがわかる．重要なことは大きな角速度の変化を得るためには必ずしも大きなトルクが必要というわけではなく，作用時間が長くなることによっても角力積が増大し，角速度の変化が大きくなる．

5）並進運動と回転運動の対称性

　並進運動と回転運動の間には，運動を数学的に

記述した結果に対称性がある.

並進運動←→回転運動
速　度←→角速度
力　　←→ト　ル　ク
質　量←→慣性能率

などの置き換えを行うことにより，並進運動から回転運動あるいはその逆の変換ができる．運動量と角運動量や，後述する並進運動の運動エネルギーと回転運動の運動エネルギーの間にも対称性がある．

6）身体のもつ角運動量

体操の空中動作における捻りや，飛込みの動作では，身体全体の角運動量が重要な力学量になる．多くの場合，身体重心回りの角運動量が問題となる．身体がもつ重心回りの角運動量は，各セグメントの身体重心回りの角運動量の和となる．各セグメントの運動は，セグメントの重心の身体重心に対する相対運動とセグメント自身の重心回りの回転運動に分けることができる．

セグメントの角運動量はセグメントの重心回りの回転による角運動量と，セグメントの重心の並進運動による身体重心に対する角運動量の和になる．セグメントの重心（質点）の並進運動により生じる角運動量は，重心の運動量（p_i）をセグメントの質量（m_i）とセグメントの重心の速度（v_i）の積として表せば，

$$p_i = m_i v_i$$

となる．セグメントの重心の身体重心に対する位置ベクトルをr_iとすれば（図6-19），身体重心回りの角運動量ベクトル（L_{T_i}）は位置ベクトルr_iと運動量p_iとのベクトル積となる．

$$L_{T_i} = r_i \times p_i$$

速度v_iをr_iに平行な成分v_{ri}と垂直な成分v_{ti}とに分けると，角運動量の大きさ（$|L_{T_i}|$）は，

$$|L_{T_i}| = |r_i \times p_i| = |r_i| m_i |v_{ti}|$$

となる．

セグメント重心回りの回転運動の角運動量（L_{G_i}）は，重心回りの慣性能率をI_{G_i}，角速度をω_iとすれば，

$$L_{G_i} = I_{G_i} \omega_i$$

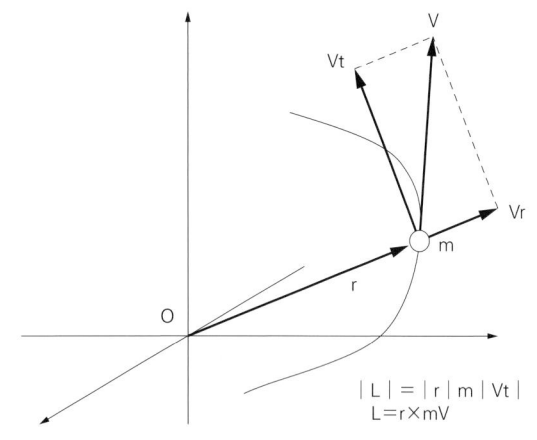

図6-19　質点のもつ角運動量
質点のもつ運動量の原点O回りの能率が角運動量となる．質点の位置ベクトル（r）と質点の運動量（mv）のベクトル積が角運動量となる．

$$|L| = |r| m |V_t|$$
$$L = r \times mV$$

となり，セグメントの身体重心回りの角運動量（L_i）は両者の和となり，

$$L_i = L_{T_i} + L_{G_i}$$

身体全体がもつ身体重心回りの角運動量（L）は，

$$L = \Sigma (L_{T_i} + L_{G_i})$$

となる．したがって，全身の角運動量を求めるには，各セグメントの重心回りの角運動量と，各セグメントの重心の身体重心に対する角運動量を求め，それらの総和をとればよい．

身体のような複数の物体からなる力学系では，系内で物体が互いに及ぼし合う力（内力）は系全体の運動量を変化させない（2.9）参照）．回転運動に関しても，内力によるトルクは系全体の角運動量を変化させないことが知られており，式（5）と対称な関係が成り立つ．

$$\Delta L = \Delta \{\Sigma (L_{T_i} + L_{G_i})\} = \Sigma N_i T \cdots\cdots (9)$$

$\Sigma N_i T$は外力による角力積（4.4））の総和である．式（9）から，外力によるトルクがはたらかない場合，あるいは，外力による角力積の総和が0の場合，系全体の角運動量は変化しない．これを角運動量保存の法則と呼ぶ．

重力は重心回りのモーメントをもたないので，重力のみが作用する系では角運動量は変化しない．したがって，空中での運動では，身体がもつ全角運動量は一定に保たれる．これは，体操や飛

び込みの選手が空中で身体の回転を変化させることと一見矛盾するように思われるが，式（9）は身体各部位の角運動量の総和としての全角運動量が変化しないことを示している．したがって，空中で身体の一部の角速度を変化させることにより，他の部分の回転の速さや回転軸の向きを変化させることができる．

5．仕事とエネルギー

1）仕事とは

重いものを高い所に運ぶことは骨の折れることであり，「仕事」と呼ぶのは自然である．より重いものをより高いところまで運び上げるのは余計に骨の折れることである．重いものを持ち上げるには，筋収縮によって発揮された力を物体に加え上向きに移動させなければならない．力学では，上向きに限らず，力を物体に加えて移動させたとき，力学的仕事をしたと呼び，力と同じ方向に移動させた場合，力と移動した距離の積を力学的仕事量（あるいは単に仕事量）と呼ぶ．したがって，20kgの荷物を2階まで持ち上げるのと，10kgの荷物を3階まで持ち上げるのは同じ仕事量となる．

2）ベクトルの内積

力学的仕事量は，加えられた力と移動の向きが同じであれば単に両者の積で表される．しかし，力の向きと移動方向は必ずしも一致しない．その場合は，力を移動方向と平行な成分と垂直な成分に分け，平行な成分と移動距離の積を仕事量とする（図6-20）．物体の移動も大きさと方向をもった量でありベクトルとして表されるので，仕事量の計算は，力と力の作用点の移動（変位）を表す2つのベクトルから一方に平行な成分を求め，その大きさと他方の大きさとの積を求める演算になる．2つのベクトルをF, S, それぞれの大きさを$|F|$, $|S|$で表し，2つのベクトルのなす角をθとするとき，

$$|F||S|\cos\theta \quad \cdots\cdots\cdots\cdots (10)$$

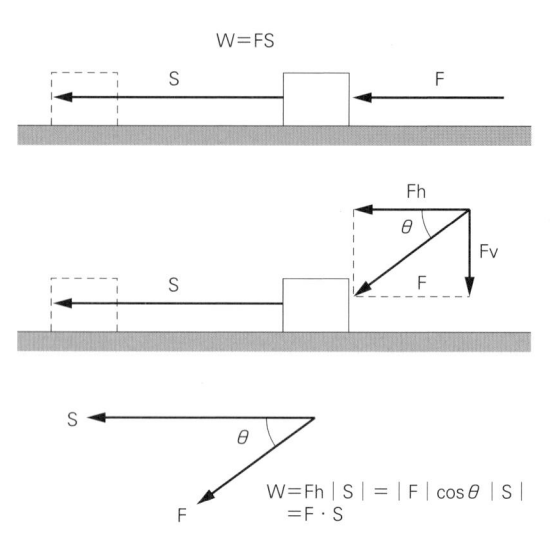

図6-20 力と仕事（ベクトルの内積）
物体に力を加えて移動させると力学的な仕事をしたことになる．力と移動の向きが同じ（平行である）場合は，両者の大きさを掛け合わせる．力と移動の向きがずれている場合はどちらかに平行な成分を求め両者を掛け合わせる．一般に向きのずれた2つのベクトル（S, F）からこのような数値を求める演算をベクトルの内積と呼ぶ．

を2つのベクトルの内積と呼び，

$$F \cdot S$$

あるいは，

$$(F, S)$$

などと表す．内積は2つのベクトルから向きをもたない大きさだけをもつ量（スカラー量）を計算する演算である．仕事量は，力と力による変位の内積として求められる．式（10）から，2つのベクトルが互いに直角であるとき内積は0である．力の方向と移動の方向が直角の場合は仕事はなされない．

3）回転運動における力学的仕事

回転運動における仕事量も，並進運動と類似の関係が成り立ち，物体にトルクを加え，ある角度回転させた場合の仕事量（W）は，トルクをN，回転角度（角変位）をθとすれば，

$$W = N \cdot \theta$$

となる．回転角度（角変位）もベクトルとして表されるので，回転運動における仕事量は，並進運動における仕事の計算式で，力をトルクに，変位を角変位に置き換えたものとなっている．

4）エネルギーとは

エネルギーとは，力学的仕事をすることができる潜在的能力である．エネルギーの大小は成し得る仕事量で表す．したがって，仕事とエネルギーの単位は同じである．エネルギーと仕事の関係はお金と支払行為にたとえることができる．相手に力を加えて移動させ仕事をすればエネルギーは減る．これは，相手にお金を支払うことと同じで，自分の財布の中身が減り，相手の財布の中身が増える．仕事をするとエネルギーの減少（消費）が伴い，仕事をされた物体のエネルギーは一般に増加する．

エネルギーにはさまざまな形態がある．言い換えれば，色々なものが潜在的に仕事をする能力をもっている．筋は化学反応に伴って仕事をするため，反応する物質（ATP，4章参照）はエネルギーをもっている．車のエンジンもガソリンや軽油の酸化によって仕事をするのでガソリンや軽油もエネルギーをもっている．これらは化学的エネルギーと呼ばれる．モーターは電気エネルギーを消費して仕事をするが，電気は石油や石炭がもつ化学的エネルギーからつくり出される．このようにエネルギは異なる形態に変換することができる．発電所では，石油や石炭の化学的エネルギーをいったん熱エネルギーに変え，その熱エネルギーによって発電に必要な仕事を取り出している．

筋収縮においても化学的（生理学的）エネルギーから仕事を取り出すが，化学的エネルギーのある部分は仕事に利用されず，熱エネルギーに変換され体温の上昇を伴って体外に散逸していく．消費されたエネルギーに対し，なされた仕事量の割合を効率と呼ぶ．筋収縮においては消費エネルギーの1/4程度しか仕事として取り出すことはできない（4章参照）．

5）運動エネルギー

平らな路面を走っている車や自転車は，エンジンやペダルの駆動がなくても，登り坂にさしかかると惰性である高さまで自らを持ち上げることができる．したがって，ある速度で動いている物体は仕事をすることができるのでエネルギーをもっているといえる．運動する物体がもつエネルギーを運動エネルギーと呼ぶ．運動エネルギーの大きさは，動いている物体が止まるまでに成し得る仕事として以下のように求めることができる．最初の運動量をmvとすれば，止まった時点で運動量は0なので，運動量の変化はmvである．vで動いている物体に一定の力（F）を加え，ある時間（T）の後に物体が止まったとすれば，

$mv = FT$ ……………………………（11）

となる．この間の物体の移動距離は最初速度vであったものが，一定の割合で減速し最後に0となるので，速度vで移動し続けた場合の丁度半分になる．したがって，移動距離（L）は，

$L = 1/2 vT$ ……………………………（12）

式（11）から，

$T = mv/F$

これを式（12）に代入して，

$L = 1/2 mv^2/F$

仕事（W）は，

$W = FL = 1/2 mv^2$

となる．物体のもつ並進運動の運動エネルギーは質量と移動速度の2乗に比例する．

移動を伴わなくても，軸回りに回転する物体も力学的仕事をすることができる．回転する物体のエネルギー（E_r）は，

$E_r = 1/2 I\omega^2$

となる．これは並進運動における質量を慣性能率で，速度を角速度で置き換えた形になっている．

並進運動と回転運動の両方を伴った運動の運動エネルギーは，並進運動のエネルギー（E_k）と回転運動のエネルギー（E_r）の和になる．

6）位置エネルギー

高いところにある物体は当然エネルギーをもっている．その大きさはその物体を持ち上げるために成した仕事に等しい．物体に加わる重力をw，持ち上げた高さをhとすれば位置エネルギー（E_p）は，

$E_p = wh$

となる．運動エネルギーと位置エネルギーで同じ単位になるように力を［N］，質量を［kg］，距

離を[m]，時間を[s]（秒）で表せば，質量 m の物体に加わる重力は mg [N]（g は重力加速度，g≒9.8 [m/s²]）となるので，

$E_p = mgh$

となる．高いところにある物体は垂直距離 h だけ落下することにより mgh だけ仕事をすることができる．

注意すべきことは，h だけ落下した物体はそれより低いところに落下することによりさらに仕事をすることができる．したがって，位置エネルギーは，高さの基準を決めておかないと測ることができない．

バネの収縮や伸びによって貯えられるエネルギーも位置エネルギーの一種である．

7）力学的エネルギー

物体のもつ運動エネルギーと位置エネルギーの和を力学的エネルギーと呼ぶ．運動エネルギーは並進によるものと回転によるものとに分けられるので全力学的エネルギー（E_{tot}）は，

$E_{tot} = E_p + E_k + E_r$

となる．

8）運動中の身体がもつ力学的エネルギー

身体をひとつの力学系と考えると，身体のもつ力学的エネルギーは各セグメントの運動エネルギーと位置エネルギーの総和になる．各セグメントの位置エネルギーは，各セグメントの質量を m_i，位置ベクトルの鉛直成分を rz_i とすれば位置エネルギーの総和（E_{pt}）は，

$E_{pt} = \sum m_i g rz_i = g \sum m_i rz_i$

重心位置を求める式（6）から，

$\sum m_i rz_i = MGz$

を用いれば，

$E_{pt} = MgGz$

となるので，系のもつ位置エネルギーは重心のもつ位置エネルギーとなることがわかる．

運動エネルギーに関しては少し複雑で，系の全運動エネルギーは重心の運動エネルギーと各セグメントの重心がもつ身体重心に対する相対速度による運動エネルギーの総和となる．相対速度とは，各セグメントの速度から重心の速度をベクトルとして引いたものである．各セグメントの重心を表す位置ベクトルを R_i，身体重心の位置ベクトルを G，身体重心に対する各セグメントの重心の相対位置を r_i とすれば，

$R_i = G + r_i$

各セグメントの速度（V_i）は上の式から，

$V_i = V_G + v_i$

となる．ここで，V_G は重心の速度，v_i は各セグメントの重心に対する相対速度である．

身体がもつ運動エネルギー（E_k）は各セグメントの運動エネルギーの総和となるので，

$E_k = \sum (1/2 m_i V_i^2) = 1/2 \sum m_i \{V_G + v_i\}^2$
$= 1/2 V_G^2 \sum m_i + V_G \sum m_i v_i + \sum 1/2 m_i v_i^2$

$\sum m_i$ は全身の重量（体重，M）になり，

$\sum m_i v_i = \sum m_i (V_i - V_G) = \sum m_i V_i - V_G \sum m_i$
$= \sum m_i V_i - M V_G$ ……………（13）

$\sum m_i V_i$ は $\sum m_i R_i$ を時間で微分したもので，

$\sum m_i R_i = M (\sum m_i R_i)/M = MG$

であるので，したがって，

$\sum m_i V_i = M V_G$

となるので式（13）から，

$\sum m_i v_i = 0$

したがって，

$E_k = 1/2 M V_G^2 + \sum 1/2 m_i v_i^2$

すなわち，全身の運動エネルギーは，重心の運動エネルギーと各セグメントの重心に対する相対運動の運動エネルギーの和になる．

各セグメントの重心回りの回転運動は並進運動とは独立なので，身体全体がもつ全力学的エネルギーは，①身体重心の位置エネルギー，②身体重心の運動エネルギー，③各セグメントの身体重心に対する相対運動のエネルギーの総和，④各セグメントのセグメント自身の重心回りの回転運動のエネルギーの総和，の合計になる．③，④を内部運動のエネルギーと呼ぶことがある．

9）力学的エネルギーの保存

重力のみがはたらく放物体の運動では，上昇中は運動エネルギーによる仕事によって物体は持ち上げられて上昇する．この上昇による位置エネ

ギーの増加は，仕事に使われた運動エネルギーに等しい．下降中も同じで，重力の仕事によって物体の速度は増し，運動エネルギーは増加するが，その増加分は下降による位置エネルギーの減少分になる．したがって，重力のみがはたらく場合（厳密には重力以外の力による仕事が0の場合），運動エネルギーと位置エネルギーの和は変化しない．これを力学的エネルギー保存の法則と呼ぶ．力学的エネルギー保存の法則を使うとさまざまな力学的問題を容易に解くことができる．

(1) 速度vで真上に投げ出された物体の最大上昇高h

物体が最初にもつ運動エネルギーは物体の質量をmとすれば，

$1/2 mv^2$

最高地点（h）で物体の速度は0となり位置エネルギーのみとなるので，

$1/2 mv^2 = mgh$

より，

$h = v^2/g$

(2) 逆にhの高さから落下した物体のもつ速度は上の関係をvについて解いて，

$v = \sqrt{(2gh)}$

となる．

10）仕事率（パワー）

同じ重さの荷物を同じ高さのところまで運び上げる場合でも，短時間で運び上げようとすれば身体にとってより負担に感じる．同じ3階まで階段を上る場合であっても，ゆっくり上がる場合と急いで駆け上がる場合では，運動としては速く上がる方がきつく感じる．これは，筋の行う仕事量が同じであっても，仕事に要する時間が異なるためである．力学では，仕事量を仕事に要した時間で割った値，すなわち，単位時間当たりの仕事量を仕事率（パワー）と呼ぶ．

物体に力（f）が作用し，その物体（力の作用点）が移動する場合，十分に短い時間（Δt）をとり，その間の変位をΔsとすれば，その間になされた仕事はΔWは，

$\Delta W = f \cdot \Delta s$ ……………………（14）

となる．その時間内の仕事率（P）は，

$P = \Delta W/\Delta t = f \cdot \Delta s/\Delta t$

$\Delta s/\Delta t$, は変位（移動）をそれに要した時間で割ったものであり作用点の速度であるから，そのベクトルをvとすれば，

$P = f \cdot v$ ……………………（15）

となる．したがって，パワーは，力のベクトルとその作用点の移動速度を表すベクトルの内積となる．

回転運動のパワーについても並進運動と対称の関係があり，力をトルク（N）で，速度を角速度（ω）で置き換えて，

$P = N \cdot \omega$

となる．

11）筋収縮における仕事とパワー

筋収縮における仕事やパワーについても仕事とパワーの計算が適用できる．短い時間Δtの間に，筋の発揮する張力をf，収縮距離をΔsとすれば上記の式（15）が成り立つ．この場合vは筋の収縮速度になる．短縮性収縮では，筋が物体（骨）に力を加え，力の方向に移動が起きるが，伸張性収縮では，外力が筋を引き伸ばすので，外力が仕事をしたことになる．伸張性収縮では，式（14）のfとΔsの向きが逆となるので，筋は負の仕事をしたことになる．短縮性収縮では筋は仕事をすることによりエネルギーを失うが，伸張性収縮では筋が外部からのエネルギーを吸収する（4章参照）．

6．リンクセグメントモデル

2．7）で述べたように，身体をリンクセグメントで近似すると比較的簡単に身体運動の力学的記述が可能になる．リンクセグメントモデルでは各セグメントは変形しない物体（剛体）であり，各セグメントは関節を介して連結されていると見なす．また，関節は1軸あるいは1点のみを共有する理想的な関節と見なす．また，筋収縮によって生み出される各セグメント間の力は，関節の中心にある仮想のトルク源が発生するトルクで置き

換えられる．このように，力学モデルを設定すると，身体の動きを測定することにより，各関節で発揮されたトルクを求めることができるようになる．

1）セグメントに加わる力とトルク

リンクセグメントモデルでは，セグメントどうしは関節で連結されていると見なすので，隣接するセグメントどうしの間には，関節の中心を作用点とし，互いのセグメントに作用・反作用として及ぼし合う力（関節間力）と関節の中心回りのトルクがはたらく．トルクは力のモーメントなので，作用・反作用の関係が成り立ち，一方のセグメントから他方のセグメントにトルクが加わると，同じ大きさで逆向きのトルクが自分自身に加わる（図6-21）．

2）リンクセグメントモデルの運動方程式

各セグメントの運動は，セグメントの重心の並進運動とセグメントの重心回りの回転運動からなり，その各々について運動方程式が成り立つ．大腿や前腕のようにセグメントの両端に他のセグメントが連結している場合は，セグメントに加わる力（F_{ti}）は両セグメントから加えられる力（f_i，f'_i）と重力（W）の和となる．

$$F_{ti}=f_i+f'_i+W$$

運動方程式はセグメントの質量をm_i，セグメントの重心の加速度ベクトルをa_iとすれば，

$$m_i a_i = F_{ti} = f_i + f'_i + W \quad \cdots\cdots\cdots (16)$$

となる．この式では，セグメントの動きが両側のセグメントから加えられる力と重力によって決まることを示している．

重心回りの回転運動については，重力は重心回りのモーメントをもたないので，重力によるトルクは0である．両側の関節から作用する力による重心回りのトルクは（N_{di}），重心を基準とした両側の関節位置を表す位置ベクトルをr_i，r'_iとすると，

$$N_{di}=r_i \times f_i + r'_i \times f'_i$$

となり，回転に関する運動方程式は，

$$I_i \dot{\omega}_i = N_i + N'_i + r_i \times f_i + r'_i \times f'_i \cdots\cdots (17)$$

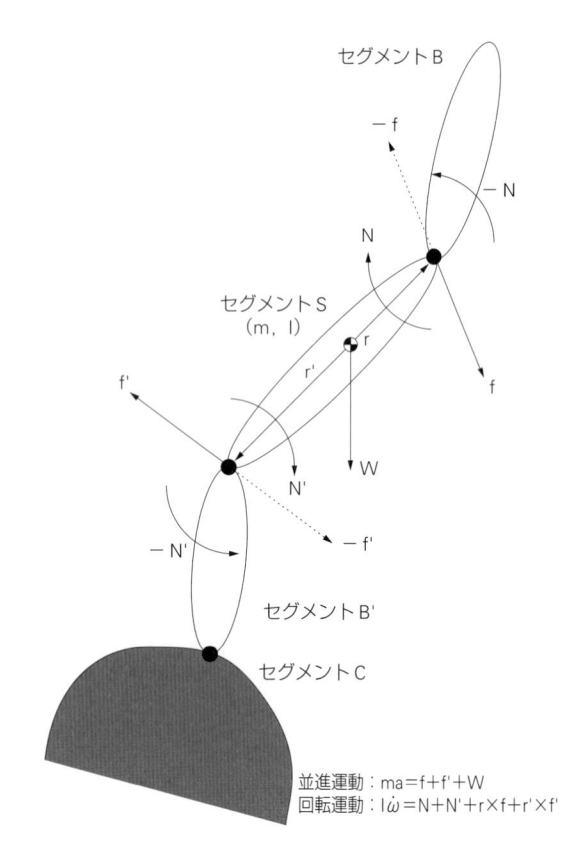

図6-21 リンクセグメントモデル

リンクセグメントモデルでは，身体は関節によって連結された変形しない物体（剛体）の集まりと見なす．筋収縮による力は，関節の中心にある（仮想の）トルク源がトルクを発揮すると考える．セグメントに加わる力とトルクは，重力などの外力によるもの以外には関節を介して隣接するセグメントから受ける力（関節間力）と，関節の中心が発揮するトルク（関節トルク）だけである．関節間力も関節トルクも，作用・反作用の法則から，隣接する2つのセグメントで，大きさが等しく逆向きになっている．

並進運動：$ma=f+f'+W$
回転運動：$I\dot{\omega}=N+N'+r\times f+r'\times f'$

となる（N_i，N'_iは関節で発揮されたトルク）．

運動中の身体の各セグメントの動きを記録し，式（16），（17）のa_i，ω_iを求めると，関節間力としての力と，関節に加わったトルクを求めることができる．身体の多くのセグメントでは，ひとつのセグメントに対し複数（2つ以上）のセグメントが連結されているので，式（16），（17）からだけでは未知数の数が多過ぎて方程式を解くことができない．ところが，身体の端のセグメントで重力以外の力が加わっていないセグメントではf_i（あるいはf'_i）とN_i（あるいはN'_i）が0となり，2つの方程式に2つの未知数となり方程式を

解くことができる．それによって次のセグメントに加わる力とトルクが作用・反作用の原理から求められるので，それらを使えば次のセグメントに対する方程式の未知数が 4 から 2 に減るので，解くことができるようになる．このような手順を繰り返せば，身体運動中のリンクセグメントモデルの関節間力とトルクを求めることができる．多くの身体運動では，手や頭はひとつのセグメントにしか連結されていないので，手や頭から解いていく．あるいは，手にもった打具などの道具もリンクセグメントモデルに含め，そこから方程式を解いていくこともできる．一方，床反力を測定できるフォースプラットフォームで足に加わる力を測定できれば，足の側から解くこともできる（2．6）参照）．

このように，運動中の身体の各セグメントの重心の加速度と角加速度が測定できれば関節間力とトルクを求めることができるが，重心の加速度と角加速度を求めるためには，セグメントの位置と向きの時間変化を測定しなければならない．今日では身体運動中のフィルムやビデオの画像を解析することにより，セグメントの動きを座標の変化として捉えることができ，得られた 2 次元あるいは 3 次元の座標データを使ってリンクセグメントモデルを解くことができる（20 章参照）．

［池上　康男・桜井　伸二］

第Ⅱ部　応用篇

- 7章　歩動作
- 8章　走動作
- 9章　跳動作
- 10章　投動作
- 11章　打動作
- 12章　蹴動作
- 13章　滑動作
- 14章　泳動作
- 15章　漕動作（ボート）
- 16章　漕動作（自転車）
- 17章　体操のバイオメカニクス
- 18章　ダンスのバイオメカニクス
- 19章　スポーツ障害とバイオメカニクス

第7章 歩動作

1. 歩行のメカニズム—筋活動からみた歩行変化—

　ヒトの歩行動作は生涯にわたり変化していく[1~17]．直立二足歩行の起源と考えられる新生児原始歩行（図7-1）からはじまり，生後1~2カ月頃の乳児原始歩行，原始歩行不能期を経て，生後6~12カ月頃の乳児随意支持歩行へと発達的に変化する．その後乳児は，1歳頃に独立歩行を習得し，3歳頃により成熟した歩行パターンを獲得する．著者らは，従来の動作分析だけでは判明しにくい詳細な歩行変化を，筋電図的手法を用いて解明してきた（図7-2）[6~12]．特に新生児原始歩行，乳幼児独立歩行，ならびに筋力・バランス機能の衰えた高齢者歩行は，成人歩行と比べ筋活動の差異が顕著である．本項では洗練し完成された成人歩行のみに焦点を当てるのではなく，安定した独立歩行を獲得する過程と，その後の歩行変化を筋の作用機序の面から解説していく．

　合理的な筋活動を示す正常成人歩行パターン（図7-5）は，離地前後では股関節屈曲のため，大腿部前面にある大腿直筋に集中した弱い放電（burst）がみられる場合が多い．また，同時期に足背屈にはたらく下腿部前面にある前脛骨筋に強いburstがみられる．着地前後では，着地時の衝撃を吸収するため，多くの下肢筋に強いburstが認められる．立脚期後半では，前進力を得るため，踵の押し上げ（push off）にはたらく腓腹筋に特に強いburstがみられる．push offの間，他の下肢筋には強い放電がみられないのが安定した成人歩行の大きな特徴である．

1）歩行の起源—0歳児の支持歩行—
（1）新生児原始歩行
　新生児原始歩行期（生後4週頃まで）：新生児は，両脇下を支えられ，テーブルの上に足底を着けられると歩行様の動作，すなわち原始歩行（反射性歩行・ステッピング）を行う[3,4,10~12,14,15]．この期は屈曲優位で，遊脚期はじめの下肢引き上

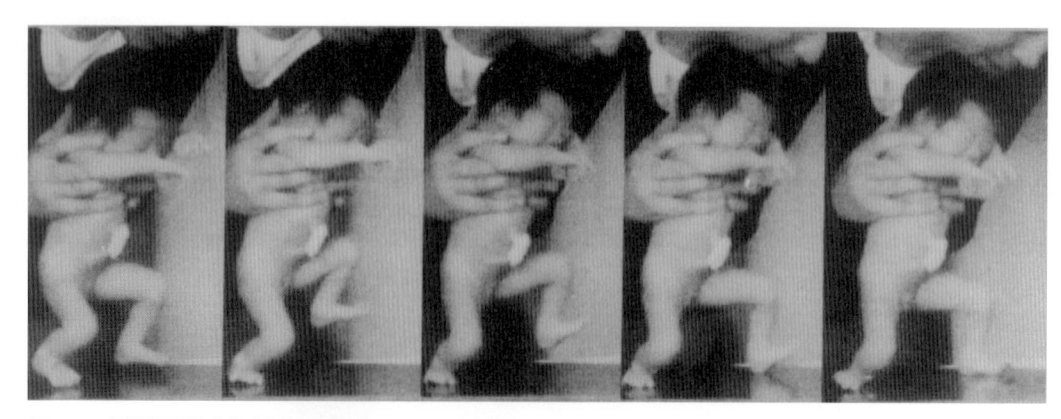

図7-1　新生児原始歩行(生後2日目)
ヒトは生まれた時から，歩行様の動作（反射性歩行）をもっている．

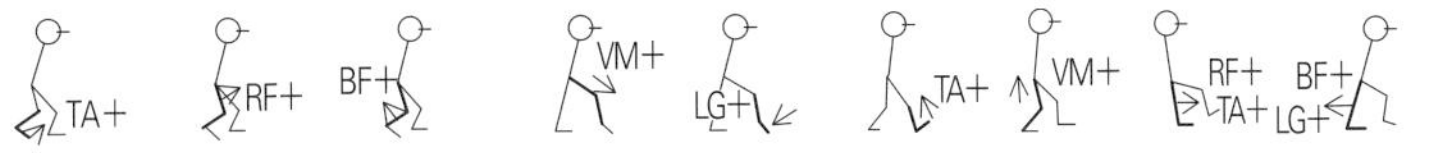

生後	歩行の発達	歩行の発達期	TA+ 遊脚期はじめ 足背屈	RF+ 遊脚期はじめ 股関節屈曲	BF+ 遊脚期はじめ 膝関節屈曲	VM+ 遊脚期後半 膝関節伸展	LG+ 遊脚期後半 足底屈	TA+ 遊脚期終わり 足背屈	VM+ 立脚期 中腰姿勢	TA+,RF+ 立脚期 体後傾	LG+,BF+ 立脚期 体前傾
誕生	 新生児原始歩行	新生児原始歩行期（生後4週頃まで）	(++)	(++)	(++)	(−)	(−)	(+),(−)	(++)	(+)	(+)
1カ月	 乳児原始歩行（原始歩行不能期）	乳児原始歩行開始期（生後1～2カ月）	(++)	(++)	(++)	(+)	(+)	(−)	(++)	(−)	(+)
2カ月		乳児原始歩行初期（生後3～5カ月）	(++)	(++)	(++)	(++)	(++)	(−)	(++)	(−)	(++)
6カ月	 乳児随意支持歩行	乳児支持歩行期（生後6～12カ月）	(++)	(+),(−)	(−)	(−)	(−)	(−)	(−)	(−)	(++)
1歳頃	 乳児型歩行	乳児独立歩行開始期（歩行習得4週まで）	(++)	(++)	(+),(−)	(++)	(++)	(+),(−)	(++)	(++)	(+)
1歳1カ月		乳児独立歩行初期（歩行習得1～2カ月まで）	(++)	(++)	(+),(−)	(−)	(−)	(−)	(−)	(−)	(++)
1歳3カ月	 幼児型歩行	幼児型歩行期（歩行習得3カ月～2年まで）	(++)	(+),(−)	(−)	(−)	(−)	(−)	(−)	(−)	(++)
3歳頃	 成人型歩行	成人型歩行期（歩行習得2年以降）	(++)	(+),(−)	(−)	(−)	(−)	(++)	(−)	(−)	(−)

図7-2 歩行発達期における下肢筋活動パターンの出現頻度
TA：前脛骨筋，LG：腓腹筋，VM：内側広筋，RF：大腿直筋，BF：大腿二頭筋，(++)：筋活動パターンの出現頻度が非常に多い，(+)：多い，(−)：非常に少ない，(+)(−)：(+)と(−)の混在．

げ時，脚の各関節は同時的に強く屈曲され，水平以上まで大腿が挙上される（図7-1）．筋活動においても，股関節屈筋（大腿直筋），膝関節屈筋（大腿二頭筋），足背屈筋（前脛骨筋）の同時放電パターンが認められる．遊脚期後半の脚伸展時，下肢の重量によって脚は受動的に降ろされ，ゆっくりと伸展される．着地は通常，踵着地あるいは足の外側縁が多く，時折，足底全面あるいは前足部で着地される．立脚期の間，支持脚は深い中腰姿勢が多く，膝関節屈曲位保持にはたらく膝伸展筋の内側広筋に持続放電が認められる．片脚支持期では，体前傾・後傾・直立姿勢を制御する拮抗筋活動，すなわち，同時放電や相反パターンが混在するのが特徴である（図7-2）．この期は，中枢神経系の下位レベルの支配下にあり平衡感覚が未熟なので，上記の反射性歩行の特徴が出現したと考える．

(2) 乳児原始歩行

乳児原始歩行開始期（生後1～2カ月）：この期のステップは，新生児期と比べよりリズミカルである．発達的変化は脚伸展が積極的になり，つま先（前足の外縁）着地が多くなることである．生後はじめてのステップにおける筋電図的変化は，生後1カ月頃より遊脚期後半の膝伸筋の内側広筋，足底屈筋の腓腹筋に強い放電が出現しはじめることである．また，体前傾姿勢保持にはたらく下肢後面の抗重力筋（腓腹筋，大腿二頭筋）の放電が増大し，下肢前面筋（前脛骨筋，大腿直筋）の放電が減少する傾向を示しはじめる．すなわち，この期から片脚支持期に拮抗筋活動が，新生児期の同時放電パターンから相反パターンへ洗練されはじめる（図7-2）．

乳児原始歩行初期（生後3～5カ月）：通常，原始歩行は生後2カ月頃に消失しはじめるといわれている[4]．しかし，われわれの縦断的実験で，

生後1～2カ月頃に比べ誘発しにくくなるが、この期においても原始歩行の発達的変化を認めた[10～12]．動作からみた変化は，遊脚期はじめの大腿挙上が低くなること，テーブルに足先が着地する時足音がはっきり聞こえるくらい積極的な脚伸展がなされること，立脚期の支持脚が伸ばされ深い中腰姿勢が浅くなりはじめることである．生後3カ月頃から認められる筋活動からみた発達的変化は，着地前の脚伸展筋である内側広筋と腓腹筋の強い筋放電が顕著にみられることである．これは，姿勢保持機構のひとつとしてとらえられている下肢のパラシュート反応がすでにこの時期から出現しはじめているのではないかと考えられる[10～12]．また，片脚支持期における拮抗筋活動は，体前傾姿勢保持にはたらく下肢後面の抗重力筋（腓腹筋，大腿二頭筋）の放電が増大する相反パターンを示し，体重を前方への移動しようとする筋活動が認められる（図7-2）．この時期から，新生児期の歩行反射に，大脳皮質が関与しはじめる歩行パターンへ変化していることが推測される[10,11]．

（3）乳児随意支持歩行

乳児支持歩行期（生後6～12カ月）：6カ月以降四つ這いをしはじめ，上体直立で支持されると比較的しっかり歩く．独立歩行開始の1カ月頃前は，直立立位維持能力が向上し，ひとり立ちが成功しはじめ，片手支持で歩けるようになる．原始歩行期からみた変化は，遊脚期前半における膝・股関節の屈曲筋の活動が生後6カ月頃より減少・消失しはじめることである．また，遊脚期後半の自己防御反応を示す積極的な脚伸展筋の活動は，消失する傾向がみられる．着地は，成人歩行と同様に踵着地が多くなる．立脚期の支持脚が伸展され，原始歩行期にみられた膝屈曲位保持筋（内側広筋）の活動が認められなくなる．さらに，生後6カ月頃から，着地前の脚伸展筋（内側広筋と腓腹筋）の強い筋活動は正常成人歩行と同様に減少・消失する傾向がみられ，立位制御機構ならびに筋力・バランス機能が発達し，安定した支持歩行へ変化する[7,10～12]．

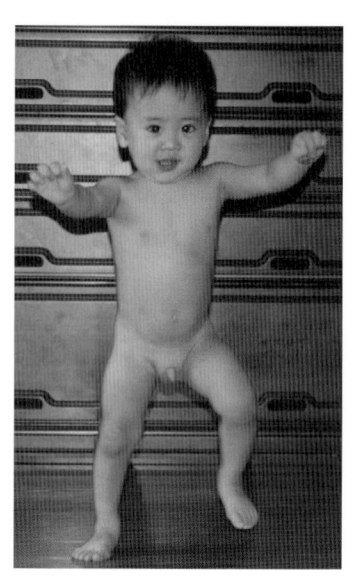

図7-3　独立歩行の開始（生後13カ月）
足幅を広く腕を上げてよちよち歩く姿は，多くの人を魅きつける．

2）歩行の発達—1～3歳児の独立歩行—

（1）乳児型歩行パターン

乳児独立歩行開始期（歩行習得4週頃まで）：この期は，片脚立位が瞬間しかできない非常に不安定な時期である．歩きはじめの乳児歩行は，成熟した歩行と共通した多くの協応要素をもつが，重大な違いも存在する．立脚期は歩隔，すなわち両足の横幅を肩幅以上に広げ[6,7,9,11,12]，軽い膝屈曲位（中腰姿勢）で重心を下げ[6,7,9,11～13]，上腕は外転挙上（ハイガード）を示す（図7-3，4a）[1,4,6,7,9,11,12]．離床後は大腿を積極的に身体の斜め外方向に挙上し，着地にかけて脚を素早く降ろす動作が多くみられ，着地動作は踵着地も一部みられるが，つま先や足底全面着地が多い．他に，歩数の増加，歩幅の減少，立脚期の過度の回転と屈曲，より単純な回転関節パターン，上腕と協応動作の欠如[13]，筋の過度の硬直や同時収縮等が代表的な違いとしてあげられる（図7-3）[4,7,9,11,12]．これは，独立歩行に耐えるわずかな筋力・バランス要素に起因すると考えられる．非常に不安定な歩行時に参画する筋活動パターンは，遊脚期後半の膝伸展を示す内側広筋，立脚期の膝屈曲位保持に参画する内側広筋と，体後傾姿勢保持にはたらく前脛骨筋・大腿直筋の放電様相である．遊脚期

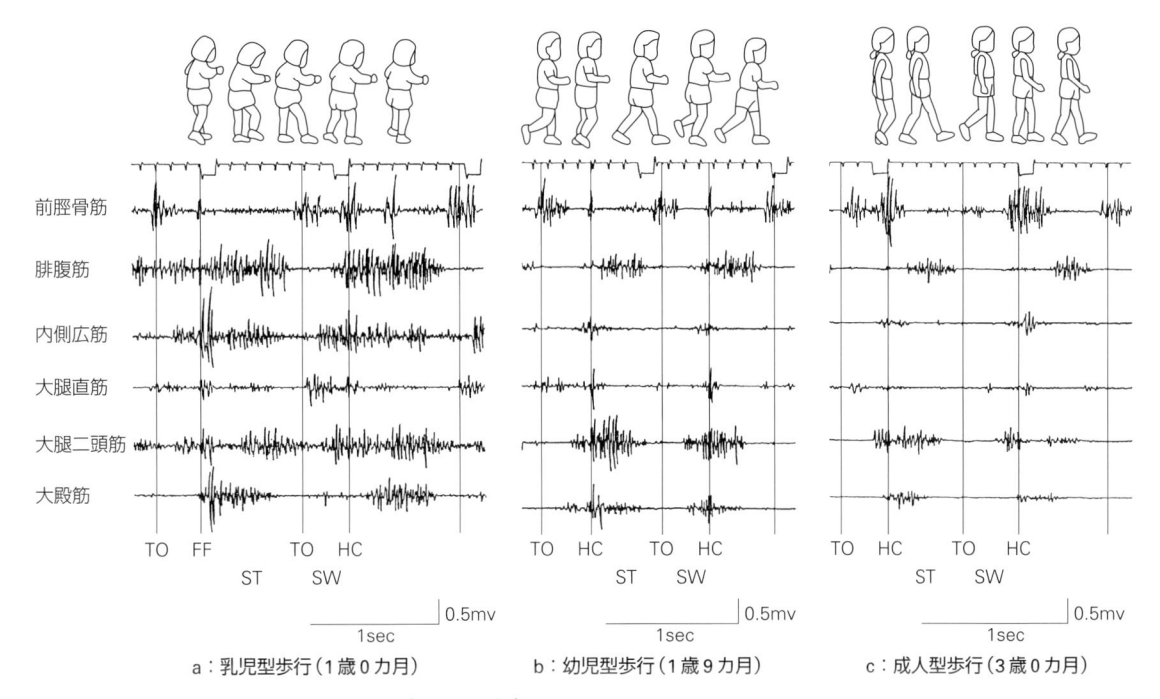

図7-4 歩行発達過程のフォームと筋電図（同一乳幼児）
a：歩行習得1週目の乳児型歩行（1歳0カ月），b：歩行習得3カ月～2年の幼児型歩行（1歳9カ月），c：3歳以降の成人型歩行（3歳0カ月）．

後半の内側広筋は，転倒防止のため積極的な膝伸展に，立脚期の内側広筋は，安定性確保のため膝屈曲位で重心低下に，立脚期の前脛骨筋・大腿直筋は，身体後方にある重心を基底面の中心に戻すために参画したと推測される（図7-2）[9,11]．また，片脚支持期における拮抗筋活動は，同時放電や相反パターンを示し，新生児原始歩行期と類似した特徴が認められる．これらのことから，ヒトは反射性歩行をその後の歩行の土台としてもちつづけ，それが独立歩行開始期のような非常に不安定な歩行時に出現するのではないかと推測される．

乳児独立歩行初期（歩行習得1～2カ月まで）：独立歩行開始期に比べ，歩隔が狭められ，腰の位置が高くなり，乳幼児なりに歩行が安定しはじめる（図7-4b）[1,4,6,9,11,12]．外転挙上されていた上腕（ハイガード）は降ろされはじめ，積極的な大腿挙上が減少・消失しはじめる（図7-4b）[1,4,9,11,12]．また，着地動作はつま先着地が多いが，時折足底全面着地がみられる[6,7,9,11~14]．歩行習得1カ月頃までは，成人歩行ではみられない独立歩行開始期の乳児特有の軽い膝屈曲位，体前傾姿勢と着地前の積極的な脚伸展を示す筋活動がみられる（図7-4a）．しかし，歩行習得1カ月以降から遊脚期後半の膝伸展筋（内側広筋），立脚期の膝屈曲位保持筋（内側広筋）の筋活動は減少・消失しはじめる[6,7,9,11,12]．体後傾姿勢保持にはたらく前脛骨筋・大腿直筋の筋活動が消失し，体前傾姿勢保持にはたらく腓腹筋・大腿二頭筋の筋活動が増大する傾向を示し，支持歩行の発達過程と同様に，この期から片脚支持期に拮抗筋活動が同時放電パターンから相反パターンへ洗練されはじめる（図7-2）．すなわち，成熟した歩行ではみられない過剰な筋活動が，生後ならびに独立歩行習得1カ月から洗練されはじめることから，支持・独立歩行においても歩行発達の類似した過程を通ることが伺える．

(2) 幼児型歩行パターン

幼児型歩行期（歩行習得3カ月頃～2年まで）：乳児型歩行期に比べ，歩隔が肩幅以下に狭められ，腰の位置がより高くなり，比較的しっかりした歩行に移行しはじめる（図7-4b）[1,4,6,9,11,12]．遊脚期前半，大腿は独立歩行の開始ほど強く挙上され

ない．その後，遊脚後半の膝伸展はより受動的となり，踵とつま先はほとんど同時に着地しはじめる．体前傾姿勢で歩行の前進力を得る．足幅は肩幅以内に狭められる．上腕は降ろされるが体側よりまだ少し離れている．体前傾姿勢を利用し前方へ移動する歩行パターンを示す．歩行習得3カ月頃以降の筋活動をみると，遊脚期後半の腓腹筋の放電様相が消失する発達的変化がみられる．立脚期では抗重力筋である腓腹筋，大腿二頭筋，大殿筋の持続放電，すなわち体前傾姿勢を示す筋活動が残存し（図7-4b）[6,7,11,12]，着地前では成人歩行にみられる足背屈筋の前脛骨筋に強いburstがみられないすり足（足底全面着地）的な筋電図パターンを示しはじめる（図7-4b）[6,7,9,11,12]．この体前傾姿勢ですり足的な幼児特有の筋電図パターンは，歩行習得3カ月頃から2歳終わり頃までみられる（図7-2，4b）[6,7,9,11,12]．

(3) 成人型歩行パターン

成人型歩行期（歩行習得2年以降）：3歳頃（図7-4c）から，母趾を地面より高く上げた踵着地の後，足底のローリング動作から踵の強い押し出しを効かし，つま先で離床する成熟した歩行パターンに変化する（図7-4c）[6,7,9,11,12]．上体姿勢は乳幼児歩行の特徴である体前傾姿勢から，成人歩行に類似した体直立姿勢に移行する（図7-4c）[4,7,9,11,12,14]．上腕はもはや挙上されず（ローガード），上下肢の協応動作を示すアームスイングも認められる[1,13]．筋活動パターンをみると，立脚期前半の腓腹筋と着地後の大腿二頭筋と大殿筋の持続放電が減少・消失しはじめ，成人歩行と同様な体直立姿勢を示すパターンに変化しはじめる（図7-2）[6,7,9,11,12]．着地前では前脛骨筋に強いburstがみられ，立脚期後半では腓腹筋に強い放電が参画しはじめる．歩行開始時から約2年の習熟後，合理的で洗練された筋活動パターン，すなわち安定した成人歩行と類似したパターンへと移行する（図7-4c）[6,7,9,11,12]．

以上，筋活動からみた歩行変化をまとめると，支持歩行と独立歩行は類似した発達過程を通るといえる．すなわち，成人歩行（図7-5）ではみられない過剰な筋活動は，生後ならびに独立歩行習得1カ月から洗練されはじめ，最終的には独立歩行開始2年頃（3歳頃）に，合理的な筋活動を示す成人型歩行パターンにまで洗練され，成熟した歩行を獲得するのである．

3) 歩行の退行

(1) 乳児・幼児型歩行パターンへの退行

筋力・バランス機能の衰えた高齢者歩行は，幼児歩行に戻る（退行する）といわれている．高齢者の歩行動作（①歩行速度が遅くなる，②小刻みに歩く，③歩隔を広げて歩く，④両足をついている時間が長くなる，⑤すり足で歩く，⑥腕の振りが小さくなる，⑦体前傾姿勢や中腰体前傾姿勢になる等）[2,5,8,12]は，乳児・幼児型歩行パターンに類似している．また，高齢者歩行の筋電図的特徴（①中腰姿勢にはたらく立脚期の内側広筋の筋電図パターン，②体前傾姿勢にはたらく立脚期の腓腹筋，大腿二頭筋，大殿筋の筋電図パターン，③積極的な足底屈にはたらく着地前の腓腹筋の筋電図パターン等）[2,8,12]も，1歳頃の独立歩行開始期から歩行習得1カ月頃までの乳児型歩行の筋電図パターンと類似している[9,12]．

上述した高齢者歩行の特徴（老人型歩行パターン）[2,8,12]は，著者らの得た独立歩行開始期の乳児型歩行パターン[9,12]や幼児型歩行パターンと類似していることから，歩行の退行過程は発達過程と逆のプロセスをたどることが予想される．そのような観点から，歩行の発達・退行過程を示したものが図7-6である．発達過程が乳児型歩行期→幼児型歩行期→成人型歩行期の3段階を経過するように，退行過程も成人型歩行期→老人型歩行への移行期→老人型歩行期というプロセスをたどるものと推測される．ヒトの歩行は，加齢に伴い筋力・バランス機能が衰え，体前傾ですり足的な幼児型歩行パターン，さらには独立歩行の開始時（歩行習得1カ月頃まで）の非常に不安定な乳児型歩行パターンにまで退行することが示唆される．

(2) 歩行退行の兆候とその予防

成人・中高年者の歩行に乳児・幼児型歩行パターン，すなわち動作からは中腰体前傾歩行やすり足歩行，また筋活動の面からは，立脚期の間に

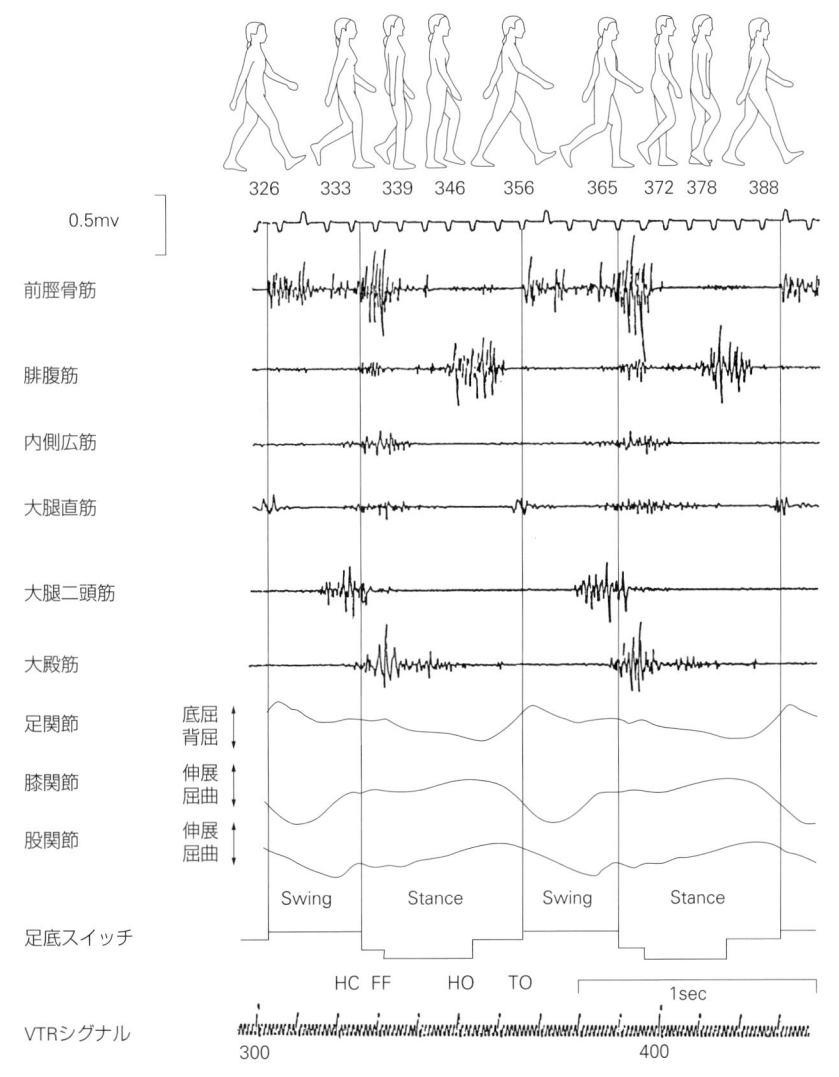

図7-5　成人歩行の筋電図
Swing（SW）：遊脚期，Stance（ST）：立脚期，HC：踵着地，FF：足底全面着地，HO：踵離地，TO：足先離地．

中腰姿勢保持にはたらく内側広筋，体前傾姿勢保持にはたらく大腿二頭筋等に強い持続放電がみられたら，筋力・バランス機能が低下し歩行退行を示しはじめたと考えてよい．

詳しく述べると，猫背姿勢が極端となった体前傾歩行では，その姿勢を保持するため抗重力筋の大腿後面筋（ハムストリングス等）に過剰な筋活動が参画する．これらを防ぐには背筋等の衰えを防ぐ必要がある．膝曲がり歩行は，その歩行姿勢を保持するため大腿前面の膝伸展筋（内・外側広筋等）にかなりの筋負担がかかる．これは加齢に伴う大腿前面筋の衰えが大きな原因である．すり足歩行は，着地前において下腿前面筋（前脛骨筋）がはたらかない場合が多いため，地面より母趾の挙上があまりなされず，つまずきの原因となる．小股スロー歩行は，踵押し上げ時において下腿後面筋（腓腹筋等）が強くはたらかないため，小股になり大きな前進力が得られず歩行速度も遅くなってしまう．このすり足・小股スロー歩行は，足関節筋等の衰えに起因するものと考えられる．また，加齢に伴い歩行バランスがかなり不安定になってくると，転倒を防ぐため遊脚期後半では

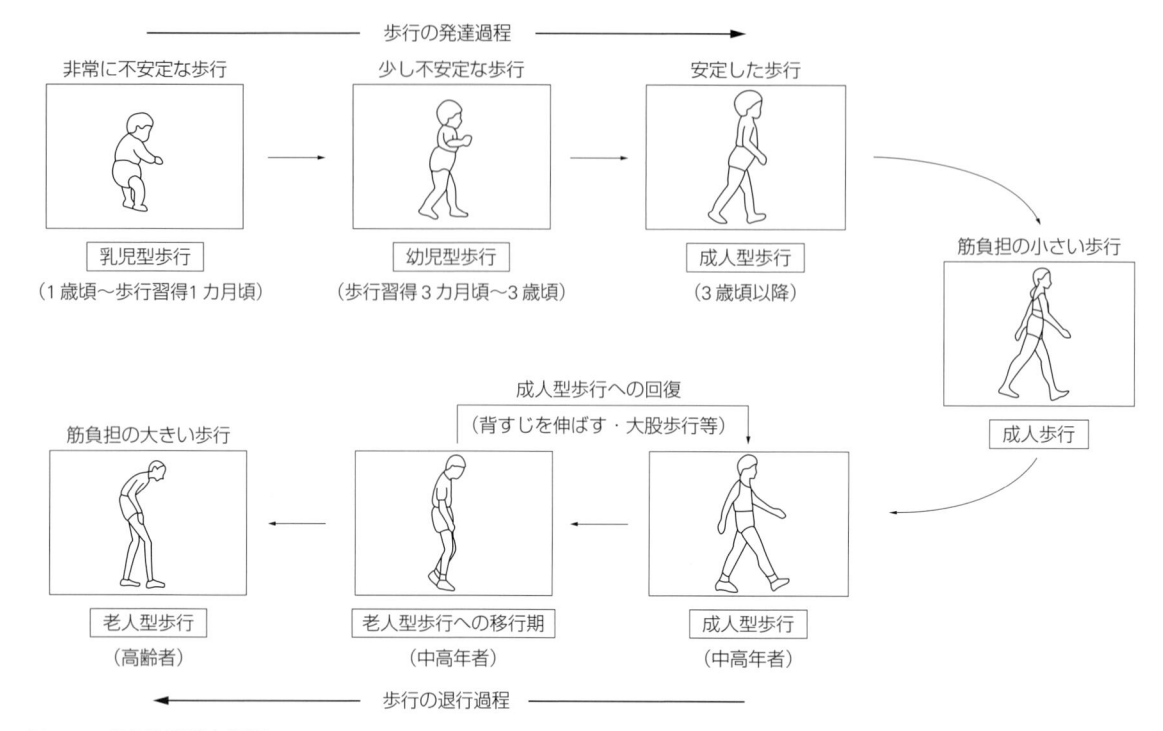

図7-6 歩行の発達と退行
幼児期に獲得した成人型歩行も，加齢に伴う筋力・バランス機能等の衰えによって，乳・幼児型歩行に類似した歩行（老人型歩行）へ退行する．

早く足を地面に着地しようとする自己防御（パラシュート）反応がみられる．この防御反応は，歩行動作からは正確に推定しにくいが，筋電図的検査法を用いると，着地前の足関節伸展筋（腓腹筋）の活動から"歩行の不安定さ"を判定できる[8, 12]．

歩行老化の兆候が成人の日常歩行にみられはじめたら，筋力・バランス機能等が低下し，歩行が乳児・幼児型歩行パターンへ退行してきたと考え，老人型歩行パターンへの移行を防ぐ必要がある．それには，加齢や運動不足に伴う筋力・バランス機能の低下を防ぎ，意識的に老人型歩行パターンと反対の歩行動作（背すじを伸ばすことや，少し大股で歩くこと等）を行うことを勧めたい．なぜなら，ほんの少しの意識と努力で歩行退行を防ぐことができ，外見上の若さはもちろんのこと，合理的な筋活動を示す成人型の歩行法をいつまでも保てるからである．

1歳前後の乳児が支持なしで独立歩行を獲得することは歩行発達の中で画期的な出来事

図7-7 歩行への第一歩（生後12カ月）
1歳の乳児は大好きなお母さんに近づくため，最初の一歩を踏み出そうとしている．

（milestone）であり，筋力とバランスがある閾値能力に達するとまさに歩行が出現する（図7-7）[12, 15]．しかし，両要素が十分でないと，成熟した成人歩行と顕著に異なり歩行動作が非常に不安定で，過剰でバリエーションのみられる筋活動を示す．独立歩行習得1カ月頃から過剰な筋活動の洗練が認められ，歩行が非常に早い時期から乳幼児なりに安定しはじめる．その後3歳頃までの約

2年間,歩行運動の反復練習を繰り返し,ほぼ一定した月年齢的な発達過程を経て,安定した歩行動作と合理的な筋活動を示す成人型の歩行パターンへと変化する.しかし,この乳幼児期に獲得した成人型歩行も,加齢や運動不足等による筋力・バランス機能の低下により,高齢者だけでなく成人においても,歩行運動が不安定になり筋負担の大きい乳児・幼児型歩行にまで退行する.

独立歩行習得のために歩行動作を繰り返す乳幼児の姿に接し,成人型歩行を維持することの重要性を実感した.今後,発達と退行という視点から高齢者の独立歩行の維持を追求し,歩行退行を防ぐ運動の開発を生涯の研究課題としたい[12].

文　献

1) Burnett CN and Johnoson EW: Development of gait in childhood, part 2. Dev Med Child Neurol, 13: 207-215, 1971.
2) Finley FR et al: Locomotion patterns in elderly women. Arch Phys Med Rehabil, 50: 140-146, 1969.
3) Forssberg H: Ontogeny of human locomotor control 1. Infant stepping, supported locomotion and transition to independent locomotion. Exp Brain Res, 57: 480-493, 1985.
4) McGraw MB: Neuromuscular development of the human infant as exemplified in the achievement of erect locomotion. J Pediat, 17: 747-771, 1940.
5) Murray MP et al.: Walking patterns in healthy old men. J Gerontol, 24: 169-178, 1969.
6) Okamoto T and Kumamoto M: Electromyographic study of the learning process of walking in infants. Electromyogr, 12: 149-158, 1972.
7) Okamoto T and Goto Y: Human infant pre-independent and independent walking. In: Kondo S ed, Primate Morphophysiology, locomotor analyses and human bipedalism. pp25-45, University of Tokyo Press, 1985.
8) Okamoto K and Okamoto T: Electromyographic case study of recovery of walking in an elderly man after cerebral infarction. J Phys Ther Sci 10: 19-25, 1998.
9) Okamoto T and Okamoto K: Electromyographic characteristics at the onset of independent walking in infancy case. Electromyogr Clin Neurophysiol, 41: 33-41, 2001.
10) Okamoto T et al.: Electromyographic study of newborn stepping in neonates and young infants. Electromyogr Clin Neurophysiol, 41: 289-296, 2001.
11) Okamoto T et al: Electromyographic developmental changes in one individual from newborn stepping to mature walking. Gait and Posture, 17: 18-27, 2003.
12) 岡本　勉,岡本香代子：ニューエクササイズウォーキング．pp51-121,歩行開発研究所,2004．
13) Sutherland DH et al.: The development of mature gait. J Bone Joint Surg, 62A: 336-353, 1980.
14) Thelen E and Cooke DW: Relationship between newborn stepping and later walking. Dev Med Child Neurol, 29: 380-393, 1987.
15) Thelen E et al.: The development origins of locomotion. In: Woollacott MH et al. eds, Development of Posture and Gait Across the Life Span. pp25-47, University of South Carolina Press, 1989.
16) 岡本　勉,岡本香代子：老化予防のウォーキング．pp8-166,歩行開発研究所,2004．
17) 岡本香代子,港野恵美：若さと健康をつくるウォーキング．pp36-120,歩行開発研究所,2005．

［岡本　勉・岡本香代子］

2. 歩行運動の仕事と効率

歩行運動において筋が行った機械的仕事(mechanical work)を計算する方法には,①外部に対してなされた仕事（外的仕事）と身体重心回りで四肢を動かすためになされた仕事（内的仕事）に分けて計算する方法,②関節ごとになされた仕事を計算する方法,③身体部分のエネルギー変化から計算する方法がある.本項では①の方法について解説する.外的仕事とは,歩行やランニングの場合では地面をキックすることによって身体重心を移動させるための仕事のことであり,自転車エルゴメータでは外部抵抗に対してなされる仕事のことである.それに対して,内的仕事とは身体重心回りで主として四肢を動かすためになされた仕事であり,外的仕事としては評価されない.内的仕事は四肢の動きが遅い場合は小さいが,四肢の動きが速くなると内的仕事の割合が増加し,無視できなくなる.歩行運動の場合,外的仕事と内的仕事に分けて考えると,そのメカニズムがよくわかる.

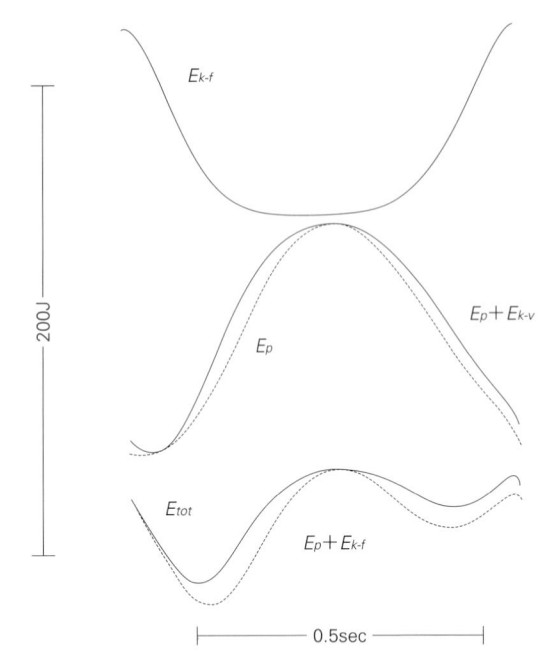

図7-8 歩行における身体重心のエネルギー変化
E_{k-f}は前方への運動エネルギー，E_{k-v}は鉛直方向の運動エネルギー，E_pは位置エネルギー，E_{tot}は全エネルギー（$E_{k-f}+E_{k-v}+E_p$）．
（Cavagna GA et al.: The two power limits conditioning setp frequency in human running. J Physiol, 437: 95-108, 1991）

1) 重心の動きからみたエネルギー変化

気持ちのよい速度で歩く時，重心の上下動（S_v）は両脚支持期の中間でもっとも低くなり，片脚支持期の中間でもっとも高くなる．一方，重心の前方への水平速度（V_f）は両脚支持期の中間でもっとも速く，片脚支持期の中間でもっとも遅くなる．これら重心の動きを，エネルギーで考えると次のようになる．

位置エネルギー（E_p）＝mgS_v
鉛直方向の運動エネルギー（E_{k-v}）＝$mV_v^2/2$
鉛直方向のエネルギー（E_v）＝E_p+E_{k-v}
前方への運動エネルギー（E_{k-f}）＝$mV_f^2/2$
重心の全エネルギー（E_{tot}）＝E_v+E_{k-f}

ここで，mは身体質量，gは重力加速度9.8m/s^2，V_vは重心の鉛直方向速度である．mgは一定なので，E_pはS_vと同じ位相変化となる．また，E_{k-f}はV_fの2乗に比例するので，E_{k-f}の位相はV_fと同じである．したがって，E_pとE_{k-f}は，逆位相となる（図7-8）．鉛直速度（V_v）は非常に小さく，重心が最高点と最低点に達した時はゼ

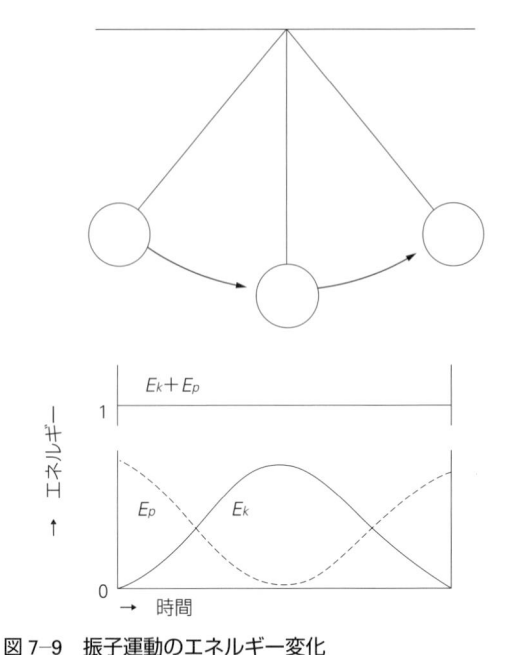

図7-9 振子運動のエネルギー変化
E_kは運動エネルギー（$E_{k-f}+E_{k-v}$），E_pは位置エネルギー．
（金子公宥：改訂スポーツ・バイオメカニクス入門．p36，杏林書院，1994）

ロになるので，E_vはE_pとほとんど変わらない．重心の全エネルギー（E_{tot}）は，互いに逆位相であるE_vとE_{k-f}の和なので，E_vやE_{k-f}の振幅の大きさと比較するとかなり平らな曲線となる．

この位置エネルギーと運動エネルギーの変化の様子は，振子のエネルギー変化に似ている（図7-9）．振子の場合，位置エネルギーE_pと運動エネルギーE_k（＝$E_{k-f}+E_{k-v}$）は振幅が等しく，完全な逆位相であり，全エネルギーE_{tot}（＝E_p+E_k）は，一定値を示す直線となる．全エネルギーは一定で変わらないが，E_pがE_kに変換されて最下点に達し，そのE_k（＝E_{k-f}）が再びE_pに変換されて高く上がり，振子運動を続けることができる．歩行も同じように，片脚支持期の中間で最高に達したE_pを両足支持期の中間で最大となるE_{k-f}（前方速度）に変換し，そのE_{k-f}の勢いを使って再び重心を持ち上げてE_pを蓄えるという運動を繰り返している．歩行では，重心のE_{tot}は振子のように一定ではなく，両足支持期中間で水平速度を増すためのキックによってエネルギーを増加させ，片脚支持期の中間では，スイング脚を地面に付かないように持ち上げることによってエネルギーを

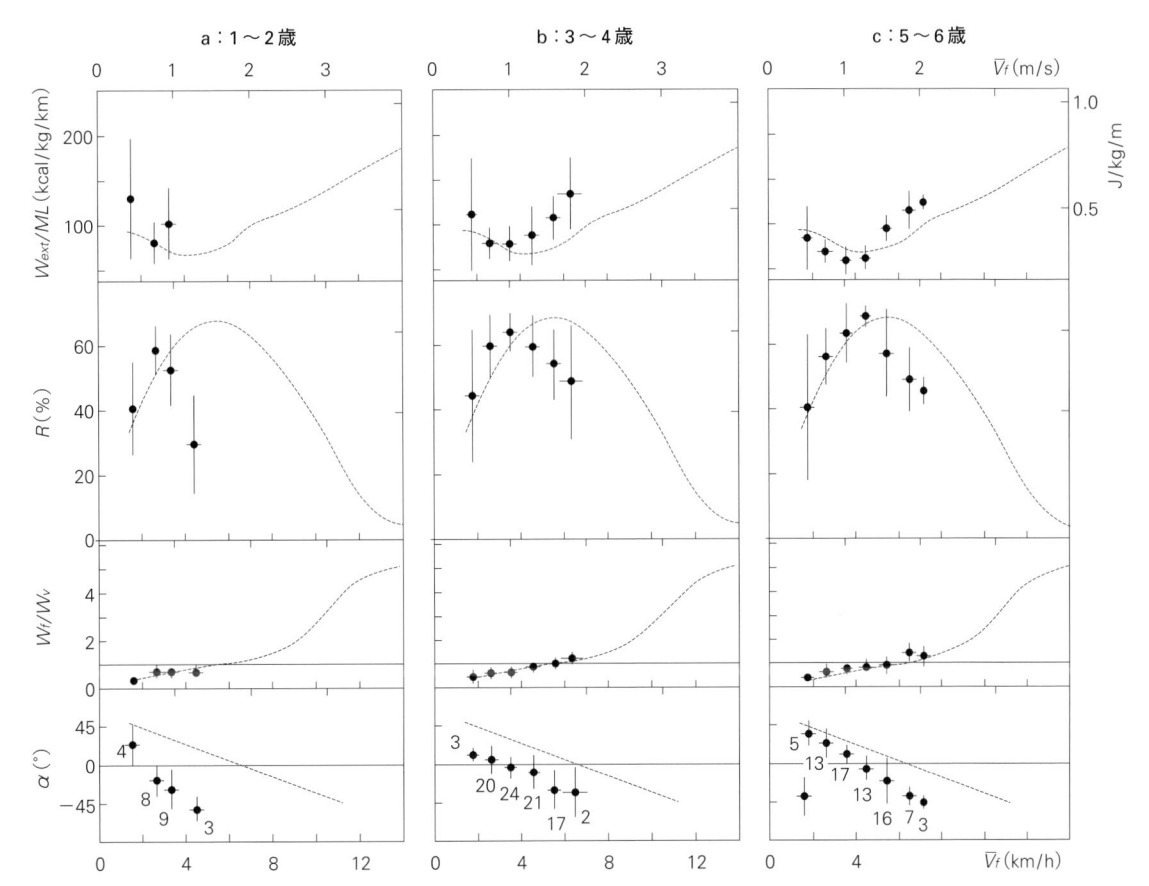

図7-10 単位距離当たりの外的仕事（W_{ext}/ML），重心の鉛直方向エネルギー（E_v）と水平前後方向エネルギー（E_f）の変換率（R），E_vとE_fの振幅（仕事量）比（W_f/W_v），とE_v位相差（α）を歩行速度（$\bar{V}_f$）に対してプロットしたもの
a（1～2歳），b（3～4歳），c（5～6歳）の被験者で，点線は成人の値．
(Cavagna GA et al.: The mechanics of walking in children. J Physiol, 343: 323-339, 1983)

増加させる．これらのわずかなエネルギーを加えることによって，歩行という移動運動を効率的に行っている．

2) 歩行の外的仕事量

重心のエネルギーは，歩行サイクルに合わせて増減を繰り返すが，その増加量は重心に対してなされた仕事量を表している．E_{k-f}の増加は水平前方速度を維持するためになされた仕事（W_f），E_vの増加は重力に対抗してなされた仕事（W_v），E_{tot}の増加は外的仕事（W_{ext}: external work）を示している．

$W_f = \Sigma \Delta E_{k-f}$
$W_v = \Sigma \Delta E_v$
$W_{ext} = \Sigma \Delta E_{tot}$

上述したように，歩行運動では前後方向の運動エネルギーと位置エネルギーの間でエネルギーの授受があり，通常歩行の場合，W_{ext}はW_fやW_vより小さい．この重心の運動エネルギーと位置エネルギーの変換率を示す指標としてCavagnaら[1]は%Recoveryを求めている．

$$\%Recovery = \frac{W_f + W_v + W_{ext}}{W_f + W_v}$$

この%Recoveryは振子のように位置エネルギーと運動エネルギーが完全に変換される場合は100％となる．歩行の%Recoveryは前方への運動エネルギーと位置エネルギーが互いに逆位相で，振幅が等しい時に最大となる．

図7-10は，1～6歳の子ども（男女混合）が種々の速度で歩いた時の単位距離当たり身体質量（M）

当たりの外的仕事（W_{ext}/ML），%Recovery（R），E_fとE_vの振幅（仕事量）比（W_f/W_v），E_fとE_vの位相差（α）を表している[2]．αは1歩の周期を360°とし，E_fとE_vが完全な逆位相の時を0°，E_vの最小値よりE_fの最大値の出現が遅い場合をプラスで表示している．点線が成人の値である．W_{ext}/MLは時速4.5km付近で最小値を示し，その歩行速度付近で，Rが最大値，W_f/W_vが1に近く，αが0に近くなる．この現象は成人と子どもの両方で共通している．速度が遅くなると最大速度の出現が両足支持期の中間（重心最下点）より遅くなり，E_vとE_fの位相がずれるとともに，速度変化によるE_fの振幅が上下動によるE_vの振幅より小さくなるためにE_vとE_fの変換率（R）が低下し，W_{ext}/MLが増加する．一方，速度が速くなると，逆に，最大速度の出現が重心最下点より早くなり，E_vとE_fの位相がずれるとともに，速度変化によるE_fの振幅が上下動によるE_vの振幅より大きくなるためにE_vとE_fの変換率（R）が低下し，W_{ext}/MLがやはり増加する．一般に歩行速度は4～5km/h前後といわれるが，その速度を選択する理由が，E_vとE_fのエネルギー変換率がもっともよくなり，エネルギー消費量や外的仕事が最小値となることと関係していると思われる．

3）歩行の内的仕事

身体重心の移動に関係せず，身体重心回りで行われる仕事を内的仕事（W_{int}: internal work）と呼ぶ．この内的仕事は，身体重心に対する四肢の相対的な運動エネルギーの増加分から求める．

四肢における部分の内的エネルギー＝
身体重心に対する並進エネルギー＋回転エネルギー
$E_{int} = 1/2\, mv^2 + 1/2\, I\omega^2$

$W_{int} = \Sigma\, \Delta E_{int}$

ただし，mは部分の質量，vは身体重心に対する部分重心の相対的並進速度，Iは部分の慣性モーメント，ωは部分の回転速度である．内的仕事はE_{int}の増加分で求めるが，Willemsら[3]によると，各肢における部分間のエネルギー転移を考慮する必要があり，上肢では上腕，前腕，手，下肢では大腿，下腿，足の内的エネルギーの総和に対して増加分を計算する必要がある．歩行の場合，部分の位置エネルギーは身体重心の位置エネルギーとして計算されているので，内的仕事を計算する時には使用しない[3]．図7-11は，各肢内でのエネルギー転移を考慮した場合の内的エネルギーと身体重心の外的エネルギーの変化である[3]．内的仕事は上肢，下肢の各肢ごとに増加分を計算しそれらの総和として求める．図7-12は，歩行速度に対する内的仕事と外的仕事の変化を体質量当たり，1km当たりで示したものである[4]．歩行の場合，時速3km以上の速度では内的仕事の方が外的仕事より大きくなる．

図7-13は，歩行速度を一定にして歩調を変化させた時の外的パワー，内的パワー，総パワーの変化を示している[5]．ここでいうパワーは，1歩当たりの仕事を1歩の時間で割って求めたものである．歩行速度が大きくなるにつれて被験者が普通に歩いたときの歩調（実線の矢印）は増加するが，総パワーの最小値（破線の矢印）も同じよ

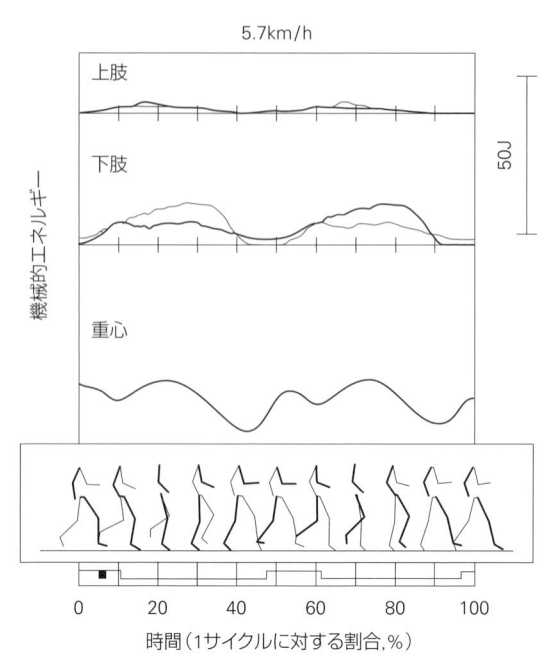

図7-11 歩行中の内的エネルギー（上段と中段）と外的エネルギー（下段）
内的エネルギーとスティックピクチャーは太線が右側肢，細線が左側肢を示す．
（Willems PA et al.: External, internal and total work in human locomotion, J Exp Biol, 198: 379-393, 1995）

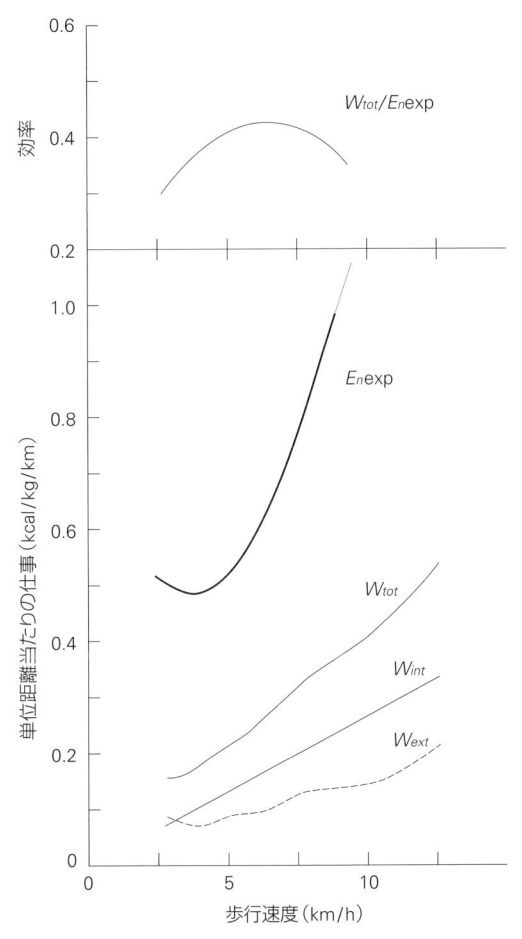

図7-12 歩行の外的仕事（W_{ext}），内的仕事（W_{int}），全機械的仕事（W_{tot}），エネルギー消費量（$E_n$exp；全消費量－立位消費量）および効率（W_{tot}/E_nexp）の歩行速度に対する変化

1kcal/kg/km＝4.18J/kg/m

(Cavagna GA and Kaneko M: Mechanical efficiency in level walking and running. J Physiol, 268: 467-481, 1977)

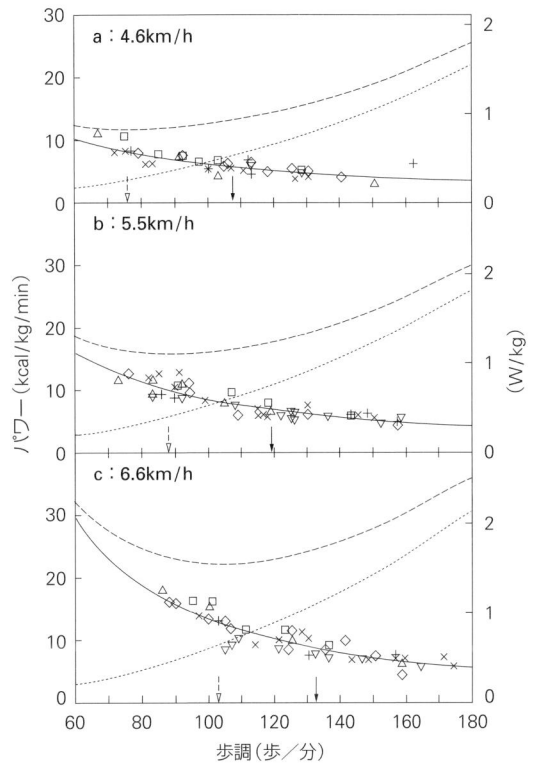

図7-13 3種類の歩行速度における歩調に対する機械的パワーの変化

実線は外的パワー，点線は内的パワー，破線が総パワー（外的パワー＋内的パワー）．

(Cavagna GA and Franzetti P: The determinants of the step frequency in walking in humans. J Physiol, 373: 235-242, 1986)

に増加する．自然歩行の歩調は毎分約120歩であるが，その理由は歩調を速くし過ぎると四肢を動かすパワーが増し，歩調を遅くし過ぎると歩幅が長くなることによって重心を動かすパワーが大きくなるので，総パワーが最小となる付近のピッチを自然に選択していると考えることができる．ランニングにおいても同様のことが確認されており[6]，水泳や自転車にもあてはまるのではないかと考えられる．

4）歩行の効率

筋の機械的効率は，筋がした仕事量を消費したエネルギー量で除して求める．摘出筋で測定した効率は0.25前後であるが，歩行の効率は0.35～0.4という報告が少なくない[7]．図7-12の下段は，外的仕事と内的仕事の和で求めた1km当たりの総仕事（$W_{tot}=W_{ext}+W_{int}$）とエネルギー消費量（$E_n$exp：総消費量から立位の消費量を引いた値），上段は効率（W_{tot}/E_nexp）を示している[4]．総仕事量は歩行速度とともに増加し，エネルギー消費量は時速4km付近で最小値を示す．効率は0.3～0.4の範囲であり，時速7km付近で最大値を示す．ここで求めた効率は，正の仕事量を全エネルギー消費量で割ったものであるが，正の仕事を行うためだけのエネルギー消費量で割ると効率は10～

20％大きくなる．Fukunagaら[8]は，歩行中の腓腹筋について筋活動時の筋束と腱の長さを調べ，筋束の長さはほとんど変化せず，主として腱が伸張されることを報告している．これらの結果は，歩行において腱に蓄えられた弾性エネルギーを再利用している可能性を示しており，高い効率が得られた一因と考えられる．

文献

1) Cavagna GA et al.: The sources of external work in level walking and running. J Physiol, 262: 639–657, 1976.
2) Cavagna GA et al.: The mechanics of walking in children. J Physiol, 343: 323–339, 1983.
3) Willems PA et al.: External, internal and total work in human locomotion, J Exp Biol, 198: 379–393, 1995.
4) Cavagna GA and Kaneko M: Mechanical efficiency in level walking and running. J Physiol, 268: 467–481, 1977.
5) Cavagna GA and Franzetti P: The determinants of the step frequency in walking in humans. J Physiol, 373: 235–242, 1986.
6) Kaneko M et al.: Optimum step frequency in constant speed running. In: Jonsson B ed, Biomechanics X-B. pp803–805, Human Kinetics, 1987.
7) 金子公宥：筋作業の機械的効率．体育の科学，28：751–758，1978．
8) Fukunaga T et al.: *In vivo* behaviour of human muscle tendon during walking. Proc R Soc Lond B Biol Sci, 268: 229–233, 2001.
9) Cavagna GA et al.: The two power limits conditioning setp frequency in human running. J Physiol, 437: 95–108, 1991
10) 金子公宥：改訂スポーツ・バイオメカニクス入門．p36，杏林書院，1994．

［淵本　隆文］

3．競　歩

1）ルールによる競歩の定義

日本陸上競技連盟競技規則第230条では，競歩の定義について「いずれかの足が常に地面から離れない（ロス・オブ・コンタクトにならない）ようにして歩くことをいう．前脚は，接地の瞬間から垂直の位置になるまでまっすぐに伸びていなければならない（ベント・ニーにならない）．」と述べられている．また，レースにおける判定は競歩審判員が視覚によって行い，競歩の定義に反していると判断した場合には競技者に警告を与え，3名の審判員が警告を行った場合，一定の手続きを経て競技者に失格が宣言される．

しかし，審判員の視覚のみでは瞬間的に両足が地面との接触を失う局面がわずかな時間だけ生じたとしても十分には判定できないという報告がある[1]．このような人間の視覚による判定の限界を認めた上で，国際陸上競技連盟では，競歩レース中における歩型判定の公正さの維持・向上には，機械装置の導入ではなく，競歩審判員の技能を向上させることやルール運用の手続きを改善することなどによって対応しようとしている[2,3]．

2）競歩競技における記録の変遷

「歩く」運動による競争は，18世紀中葉から19世紀中葉にかけてのイギリスにおいて，貴族に雇われた「ペデストリアン」同士，あるいは貴族自身同士，市民同士で争われた徒歩による賭けレースとして行われたとされている[4]．

「競歩」としての競技会は19世紀後半のイギリスにおいてはじまり，1866年にロンドンで行われた第1回全英陸上競技選手権大会の一種目として7マイル競歩が行われたという記録がある（優勝記録は59分32秒）．競歩だけの独立した競技会は，1870年にイギリスにおいて20マイル競歩会が行われ，2時間47分52秒という優勝記録が残されている．女子の競歩は1923年のイギリス女子選手権からはじまり，1926年にイエテボリで開催された世界女子選手権では10,000m競歩が実施された[4~6]．日本においては男子では1920年の第8回日本陸上競技選手権で3,000m競歩が行われたのが最初であり（優勝記録は18分19秒8），女子では1981年に5km競歩が行われた[5]．

競歩がオリンピック種目になったのは，1906年のアテネ中間大会からである．この時は男子の

みの1,500m，3,000mの2種目であった．しかし，正しい歩型についての見解が統一されないままでのオリンピック種目への採用であった．その後，大会ごとに競技距離が変更されたが，1956年メルボルン大会から20kmと50kmの2種目に定着した．女子ではバルセロナ大会（1992年）から競歩種目として10kmが実施された[4,6]．現在，オリンピック大会，世界陸上競技選手権大会，アジア大会，日本陸上競技選手権大会などではロードにおいて男子20km，50kmが行われ，女子については1998年まではロードの10kmが行われていたが，1999年から20kmに移行している．

2004年1月現在の世界最高記録は，男子20kmが1時間17分21秒（J．ペレス，エクアドル），50kmが3時間36分03秒（R．コジェニョフスキ，ポーランド），女子20kmは1時間26分22秒（Y．ワン，中国；Y．ニコライエワ，ロシア）である．また，日本最高記録は，男子20kmが1時間19分29秒（柳沢哲），50kmが3時間47分54秒（谷井孝行），女子20kmは1時間32分16秒（川崎真裕美）である．近年では，今村文男選手が世界選手権アテネ大会（1997年）男子50km競歩で6位に入賞し，柳沢哲選手が世界選手権エドモントン大会（2001年）男子20km競歩で7位に入賞するなど日本人選手の国際大会における活躍もみられるようになった．

3）競歩のバイオメカニクス
(1)歩行速度，ストライド，ピッチ
現在の男女20km競歩における世界最高記録の平均歩行速度は男子が4.28m/s，女子が3.93m/sである．男子ハーフマラソン世界最高記録（21.0975km，59分06秒，2000年3月）の平均疾走速度は5.93m/sであり，20km競歩の世界最高記録ではその約66%の速度になる．図7-14は，世界一流と日本一流を含む男子競歩選手28名（レース記録：1時間26分21秒±3分38秒）の20km競歩レースの約5km地点における歩行速度とストライド，ピッチの関係を示したものである[7]．ピッチとストライドの間には有意な負の相関があり（$N=28$，$r=-0.401$，$p<0.05$），ピッ

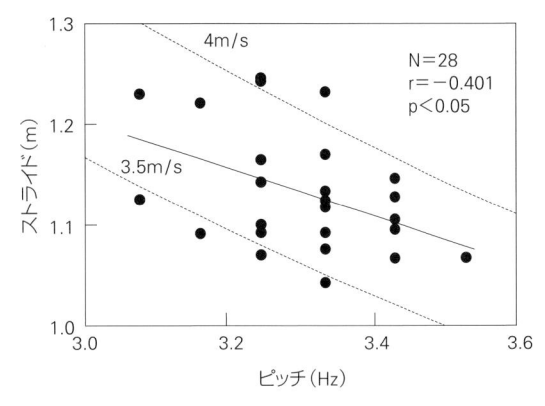

図7-14 競歩レース中における歩行速度，ストライド，ピッチの関係
（Hoga K et al.: Kinematic analysis of limiting factors of walking speed in elite racewalkers. International society of biomechanics 17th congress, book of abstract, p665, 1999より引用改変）

チが大きい場合にはストライドが小さい傾向がある．また，歩行速度とストライドとの間には有意な正の相関があったが（$N=28$，$r=0.751$，$p<0.001$），歩行速度とピッチとの間には有意な相関はなく，競歩の歩行速度はストライドの影響が大きいといえる．ストライドとピッチについて，競歩と走を比較すると，競歩の10,000mレースにおける3,000m地点付近で計測された日本一流男子競歩選手のストライドとピッチは[8]，ストライドが1.18m（身長比ストライド：0.64），ピッチが3.53Hzであるのに対し，日本一流長距離走選手の10,000mレース中におけるストライドとピッチの変化は，ストライドが1.95〜2.05m（身長比ストライド：1.05〜1.10）で，ピッチは2.95〜3.00Hzである[9]．このように，競歩のストライドは走の約60%，ピッチは約120%であり，競歩と走の速度差はストライドの差によるところが大きい．

(2)競歩のキネマティクス
図7-15は，世界一流男子競歩選手の20km競歩レース中の歩行動作をスティックピクチャーで示したものである．通常歩行に比べ，肘関節を屈曲して腕を前後に大きく振っていることがわかる．また，下肢については，股関節を大きく屈曲して回復脚を前方に振り出し，股関節と膝関節を伸展しながら接地し，支持期前半にかけて股関節

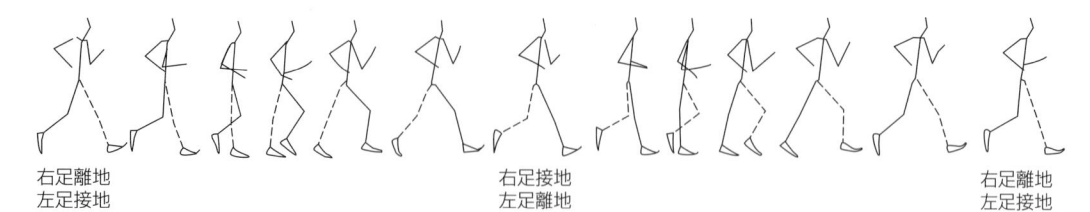

図7-15 世界一流競歩選手の20km競歩レース前半における歩行フォーム
(自己記録：1時間18分27秒，レース記録：1時間20分32秒)

右足離地
左足接地

右足接地
左足離地

右足離地
左足接地

と膝関節を伸展している．また，支持期後半から早めに股関節と膝関節を屈曲し離地している．

競歩の動作に関するバイオメカニクス的研究は，競歩と通常歩行，走との相違を明らかにするという目的で行われたものが多い．Murrayら[10]は，オリンピック米国代表の男子2名を被験者として，実験による画像撮影により3次元動作分析を行っている．その結果，競歩と通常歩行との相違点として前額面内における骨盤の傾斜と腕の大きなスイング動作をあげている．骨盤の傾斜については，支持期中盤において回復脚股関節を低くするように前額面内で骨盤を傾斜させることにより，回復脚の重心を下げて身体重心を通常歩行の場合よりも低くできるとしている．さらに，回復期後半における大きな股関節の屈曲をあげているが，これは走の場合と同じように回復脚のすばやい振り戻し動作を行うためのものであるとしている．腕については，支持脚離地と回復脚接地の前後に肘関節を大きく屈曲した状態で腕を身体の前後に大きく振り出すことで，身体重心を通常歩行の場合よりも高くでき，このような腕の動作と支持期中盤における骨盤の前額面内の傾斜によって，一歩中における身体重心の上下動が通常歩行よりも小さくなるとしている．また，体幹の動作について，水平面内の骨盤の回転によって通常歩行よりも大きなストライドを獲得していると述べている．

(3) 競歩のキネティクス

競歩の地面反力を測定し，競歩と通常歩行や走との比較を行った研究がいくつかある．Payneら[11]は，男子1名の被験者について競歩と通常歩行および走の地面反力の比較を行っている．その結果，地面反力の前後方向成分の変化パターンには，競歩と通常歩行および走との間に大きな相違はなく，競歩における地面反力の大きさは，左右，前後，鉛直のすべての成分で通常歩行のものより大きく，とりわけ，接地後の上向きの力と後ろ向きの力が大きいと報告している．しかし，競歩では支持期中盤において身体の内側方向の地面反力がみられ，接地直後における鉛直方向の地面反力のピークは競歩と走でみられるが，競歩では支持期後半に鉛直方向の地面反力が増加しているのに対し，走では増加していないと報告している．

著者ら[12]は，競歩選手を各被験者の10,000m自己記録の平均速度で歩かせ，地面反力の計測と2次元画像分析によるキネティクス的分析を行っている．図7-16は，自己記録の高い被験者における下肢関節のトルク，角速度，関節トルクパワーの変化を，右足が離地してからもう一度離地するまでの1サイクルで示したものである．回復期前半において，股関節では屈曲トルクが発揮され，屈曲角速度が増加していることから，この局面で発揮される股関節の正のトルクパワーは回復脚を前方に振り出すのに役立っていると考えられる．また，回復期中盤において，股関節トルクが屈曲から伸展へ変化するのと同じタイミングで屈曲角速度が減少しはじめ，その後伸展角速度に変化している．このことは，回復期中盤に股関節伸展筋群のエキセントリックな収縮によって負の股関節トルクパワーが発揮され，回復脚の前方への振り出しが抑えられていることを示している．また，回復期後半に股関節伸展トルクのピークを生じ，右足接地直後に急激な伸展トルクのピークを生じた後，支持期後半で屈曲トルクに変化を示している．そして，回復期後半から支持期中盤まで，股関節角速度は伸展であることから，接地前後の正

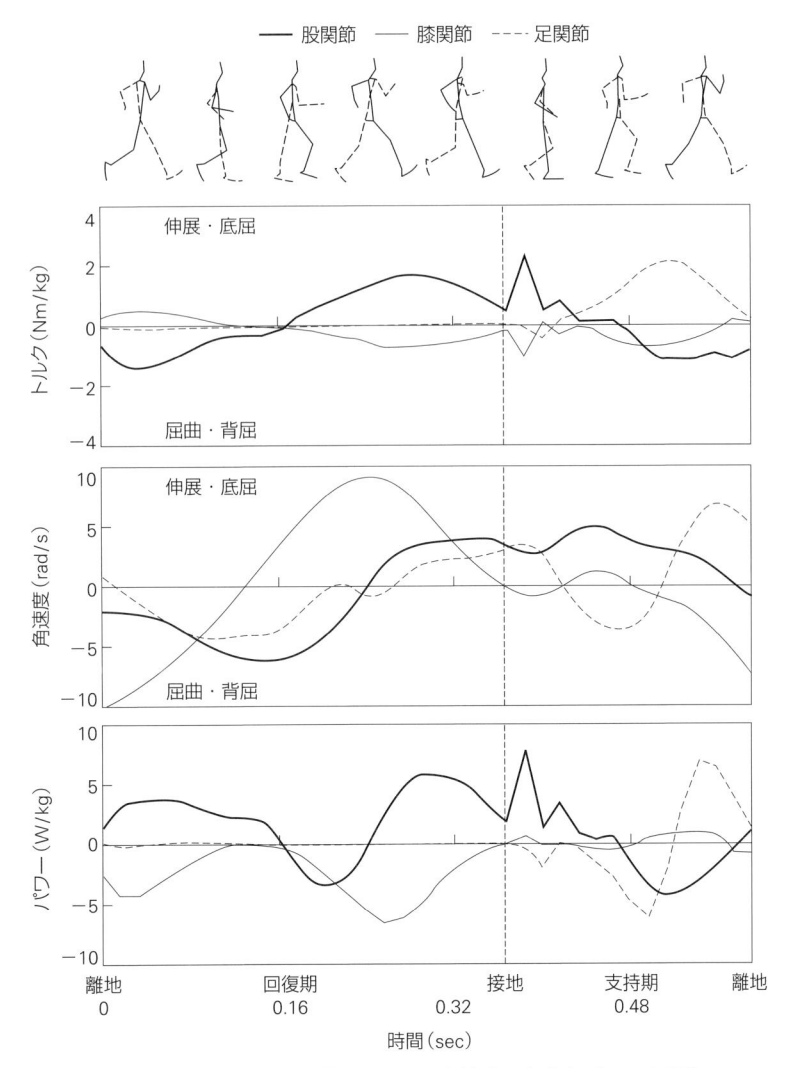

図 7-16 競歩における下肢各関節のトルク，角速度，トルクパワーの変化

の股関節トルクパワーは回復脚の後方への振り戻しによって，接地時の衝撃による歩行速度の減少を少なくすることに役立っていると考えられる．支持期後半では，股関節トルクは屈曲に変化し，伸展角速度は減少して，右足離地直前には屈曲角速度に変化していることから，この局面で股関節が発揮した負のパワーは，支持脚の後方への振り戻しを抑えて，離地前に支持脚を前方に振り出すのに役立っていると考えられる．

　膝関節では，回復期前半に小さな伸展トルクが発揮されているが，回復期後半に屈曲トルクに変化し，右足接地直後にピークを生じた後，支持期全体にわたって屈曲トルクがみられる．膝関節のトルクパワーは，回復期前半と後半でそれぞれ負であるが，膝関節の屈曲角速度は右足離地後から急激に変化し，回復期中盤に伸展角速度を示した後，右足接地まで急激に伸展角速度が減少している．したがって，膝関節では回復期前半において膝関節の屈曲を抑えるために，回復期後半において膝関節の伸展を抑えるために，負のトルクパワーが発揮されていると考えられる．

　足関節トルクは回復期では非常に小さいが，支持期前半から底屈トルクが増加し，支持期後半にピークを生じている．足関節角速度は，支持期中盤で背屈，後半で底屈であるので支持期中盤の負のトルクパワーは背屈を抑えるために，後半の正

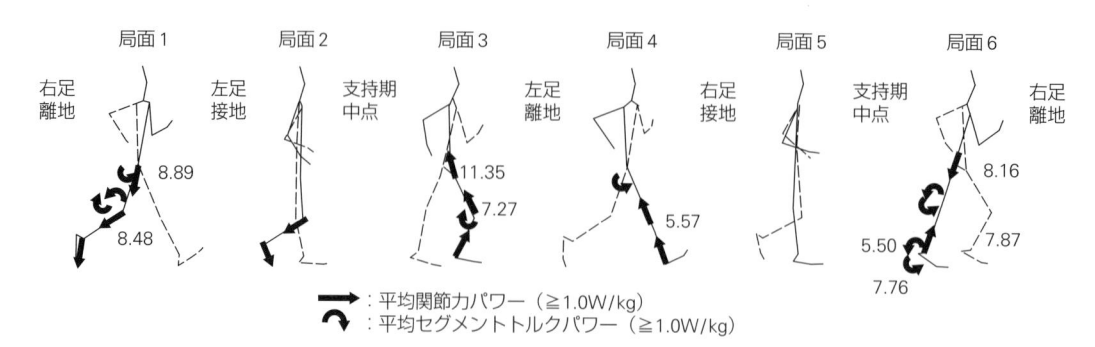

図7-17 歩行速度との間に有意な相関のみられた局面毎の平均パワー（N＝33，p<0.05）
（法元康二ほか：競歩の歩行速度に影響を及ぼすバイオメカニクス的要因．合同学会大阪2000論集，p402，2000より引用改変）

のトルクパワーは底屈を行うために発揮されていると考えられる．

(4)競歩における力学的エネルギーの流れ

関節のトルクによって発揮されたパワーは身体各部の力学的エネルギーの変化を生じるが，その身体全体への影響を検討するには，身体各部分間の力学的エネルギーの流れを調べることが有効であると考えられる．著者ら[12]は，歩行速度と下肢における力学的エネルギーの流れの関係について検討している．図7-17は，歩行速度との間に有意な相関がみられる下肢の関節力パワーとセグメントトルクパワーを示したものである．ここで，関節力パワーは関節力によるエネルギーの流れを，セグメントトルクパワーは関節トルクによるエネルギーの流れを意味する．回復脚離地後（局面1）に関節力によって体幹から回復脚足部に向かう大きな力学的エネルギーの流れがみられ，回復期後半（局面3，4）では関節力によって下腿から体幹へ流れる力学的エネルギーが大きい．また，支持期後半（局面6）では支持脚股関節の関節力によって体幹から支持脚大腿に流れる力学的エネルギーがみられるが，この局面は反対脚における回復期後半（局面3）に相当することから，左右の股関節力によって回復脚から支持脚へ大きな力学的エネルギーが流れていると推測できる．支持期後半において足関節トルクが大きなパワーを発揮しているが，下腿および足関節回りの筋群から足部に流入した力学的エネルギーは足関節力パワーによって下腿に流出していることから，足関節のトルクは下腿の力学的エネルギーを増加さ

せるのに貢献していると考えられる．

(5)筋電図学的研究

運動中の筋の活動電位を記録することによって，その筋の活動時期，活動の強さを知ることができる．そのため，競歩中の表面筋電図を計測し，競歩と通常歩行との比較を行った研究がいくつかみられる．

楠本ら[13]は，競歩選手5名と健常一般成人2名による筋電図の測定と映画撮影による動作分析を行った．その結果，競歩では，股関節を伸展および内転しながら接地し，股関節を外転しながら離地しており，股関節内転筋群と外転筋群の活動電位にはっきりとした切り替えがみられることを報告している．また，回復期前半における大腿直筋と中殿筋の筋放電パターンによって競歩動作の分類を行い，回復期前半における股関節の屈曲を特徴とするピッチ型と接地時における股関節の伸展を特徴とするストライド型とに分類している．

Murrayら[10]も筋電図の測定によって競歩と通常歩行の比較を行っている（図7-18）．その結果，大胸筋，上腕二頭筋，三角筋，上腕三頭筋の筋活動が競歩では顕著に大きく，これは，肘関節を屈曲した状態で通常歩行よりも大きく，すばやい上肢のスイングを行っていることによるとしている．また，体幹では，脊柱起立筋，外腹斜筋の筋活動が大きく，競歩に特徴的な体幹の長軸回りの回転や側屈によるものとしている．下肢では，接地直後において身体を支持するために大殿筋，ハムストリングス，股関節外転筋群の筋活動が大きくなり，支持期後半では股関節内転筋群の筋活動

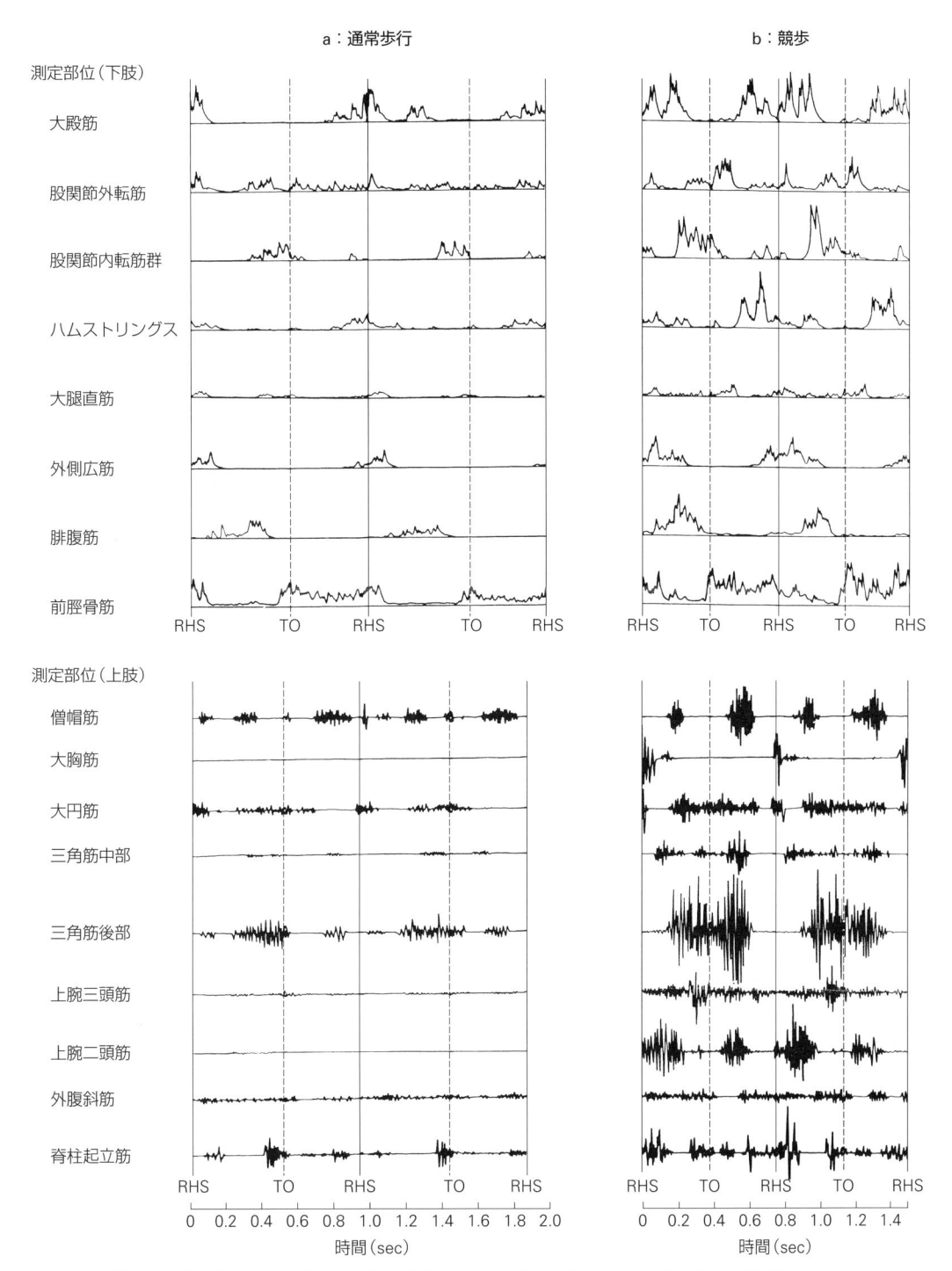

図 7-18　米国五輪代表選手の通常歩行（a）および競歩（b）中における下肢および上肢の表面筋電図
RHS：右足接地，TO：離地
（Murray MP et al.: Kinematic and electromyographic patterns of olympic racewalkers. Am J Sports Med, 11: 68-74, 1983）

が大きい．回復期前半では，股関節の屈曲を行うために，股関節内転筋群，股関節外転筋，大腿直筋の筋活動がそれぞれ大きくなっていると報告している．

このように，競歩の動作的特徴はバイオメカニクス的分析によって明らかになってきており，また得られた知見から，競技パフォーマンス向上のための示唆も得られるようになると考えられる．競歩種目ではルールに対する動作の適否を競歩審判員が肉眼で判断することを考えると，競歩のバイオメカニクス的研究は，審判員の技能向上に役立つ知見を得るためにも重要であろう．

文　献

1) Knicker A and Loch M: Race walking technique and judging - the final report of the International Athletic Foundation research project. New Studies in Athletics, 5: 25-38, 1990.
2) Lassen P: Race walking: great progress-and more to come. New Studies in Athletics, 5: 7-9, 1990.
3) Wells R et al.: NSA ROUND TABLE. New Studies in Athletics, 5: 16-17, 1990.
4) 岡尾恵市：陸上競技のルーツを探る．文理閣，1996．
5) 黒羽義治：最新陸上競技入門シリーズ11　競歩．ベースボールマガジン社，1993．
6) ケルチェターニ RL，日本陸上競技連盟監修：近代陸上競技の歴史．ベースボールマガジン社，1992．
7) Hoga K et al.: Kinematic analysis of limiting factors of walking speed in elite racewalkers. International society of biomechanics 17th congress, book of abstract, p665, 1999.
8) 法元康二ほか：日本一流競歩選手の下肢および骨盤の動作に関する三次元的研究．日本体育学会第52回大会号，p366，2001．
9) 杉田正明ほか：アジア大会における長距離走者のスピード，ピッチおよびストライドの変化．In：佐々木秀幸ほか監修，アジア一流陸上競技者の技術．pp99-110，創文企画，1997．
10) Murray MP et al.: Kinematic and electromyographic patterns of olympic racewalkers. Am J Sports Med, 11: 68-74, 1983.
11) Payne AH: A comparison of ground reaction forces in race walking with those in normal walking and running. In: Asmussen E and Jørgensen K eds, Biomechanics ⅥA. pp293-302, University Park Press, 1978.
12) 法元康二ほか：競歩の歩行速度に影響を及ぼすバイオメカニクス的要因．合同学会大阪2000論集，p402，2000．
13) 楠本秀忠ほか：競歩の筋電図的研究．体育学研究，28：43-54，1983．
14) 日本陸上競技連盟：陸上競技ルールブック2001年度版．あい出版，2001．

［法元　康二・阿江　通良］

4．身障者の歩行—脊髄損傷者の歩行—

人間の歩容には，たとえ健常者であっても多種多様な特徴がある．身体に障害がある人の場合には，障害の種類に応じてその歩容はよりいっそう特徴的なものとなる．

1）種々の異常歩行

中村と斎藤[1]は，歩容に異常がある歩行を異常歩行とし，歩行障害（歩けないなど）とは区別して，原因別に，①骨・関節障害による異常歩行，②神経筋疾患による異常歩行，の大きく2種類にまとめている．ここでは，中村と斎藤[1]の分類をもとに代表的異常歩行を簡単にまとめる．

①骨・関節障害に原因がある異常歩行

骨・関節などの整形外科的障害に起因する異常歩行である．捻挫・脱臼・骨折などの外傷，O脚，X脚，内反足，外反足，関節拘縮などが原因となる．

②神経筋疾患による異常歩行

中枢神経，末梢神経あるいは筋に原因がある異常歩行であり，代表的なものに，脳血管障害などに起因する片麻痺歩行，脊髄損傷などによる対麻痺歩行，パーキンソン病様歩行などがある．平山[2]は，それら神経・筋疾患による異常歩行の特徴を表7-1のようにまとめている．

各種歩行の病態については，前記，中村と斎藤[1]，平山[2]に詳しいのでここでは省略する．

2）脊髄損傷者の歩行

外傷などにより脊髄を損傷すると，脳から末梢および末梢から脳への神経経路が遮断されるた

表7-1 各種神経疾患と歩行の特徴

疾　患	歩行の特徴
脳性の片麻痺（痙性片麻痺） ヒステリー性片麻痺	（a）片脚の草刈り様，円書き様歩行を呈す場合． ［草刈り歩行，円書き歩行］
痙性対麻痺（脳性，脊髄性） Little病 ヒステリー性対麻痺	（b）両下肢をつっぱり，足尖を擦る歩行．アヒル様に腰から歩く． ［足尖歩行，鶏歩行，アヒル歩行］
老人性散在多発性小軟化（état lacunaire） Parkinson症候群	（c）両足を小きざみに歩く場合．［小きざみ歩行］ これに突進現象を伴う場合．
両側性小脳性障害 前庭迷路系障害	（d）体が左右によろけるように歩く場合． ［酩酊歩行，蹣跚歩行］
片側性小脳性障害	（e）一側の下腿・足を投げ出すように歩く． ［けり足歩行］
脊髄癆型運動失調 Friedreich病	（f）平衡のとりにくい，不安定な歩行．踵を地に打つような歩行．［失調歩行，踵打ち歩行］
弛緩性対麻痺 坐骨神経麻痺 Charcot-Marie筋萎縮症 肥厚性間質性神経炎　失調性間質性神経炎	（g）足先が下垂し，膝を高く上げて歩く場合． ［いわゆるsteppage馬脚歩行，鶏状歩行］
進行性筋ジストロフィー症 その他のミオパチィー	（h）登攀性起立，steppage，あるいは腹を出し足尖で歩く歩行をみる場合．
中殿筋麻痺	（i）腰，上体を左右にふる歩行． ［Duchenne歩行，Trendelenburg歩行］
脊髄血管・血流障害	（j）間欠性に脱力が下肢に起こるための跛行． ［脊髄性間欠性跛行］

（平山惠造：神経症候学．文光堂，1971より引用改変）

め，運動あるいは感覚機能の麻痺をきたす．脊髄損傷の場合には，損傷部以下の両側の運動あるいは感覚麻痺を生じることが多く，そのような麻痺を対麻痺（paraplegia）と呼ぶ．従来，脊髄損傷によって失われた機能は二度と回復しない，すなわち，歩行能力あるいは立位保持能力をいったん喪失するともはや回復することはないと考えられてきた．しかしながら1990年代以降，脊髄に関するドグマが次々に否定されるとともに，脊髄の歩行パターン発生能力や神経回路の可塑性が認められるにいたって，新たな歩行トレーニング法（免荷式トレッドミル歩行）が考案された．このトレーニング法を用いれば，対麻痺者の歩行は従来考えられてきた以上に回復することが明らかとなってきた．さらに喪失した機能を補完するために用いる補装具の技術革新も目覚しく，それらを用いることによって多くの脊髄損傷者が立位歩行を再獲得することが可能となった．

以下では，新たな歩行トレーニング方法の科学的基礎となった脊髄の歩行パターン発生器（central pattern generator）と脊髄神経回路の可塑性および免荷式トレッドミル歩行トレーニングと装具歩行の実際についてまとめる．

(1) 脊髄パターン発生器とその可塑性

脊髄より上位の中枢神経，あるいは末梢感覚器からの周期的な信号の入力なしに，屈筋および伸筋の周期的放電を発生する神経機構を脊髄中枢パターン発生器（spinal central pattern generator: CPG）と呼ぶ．CPGは，下行性および上行性の神経信号によって賦括され周期的な出力を自動的に生成する．このような神経回路がヒトの脊髄にも存在するのか否かは長い間不明であったが，近年その存在を支持する報告が次々になされるようになった．それらの研究のさきがけとなったのはCalancieら[3]である．彼らは，受傷後10年以上経つ慢性期脊髄損傷者の下肢が，仰臥位において自らの意志とはまったく無関係に，あたかも歩行をしているかのように突然動き出すという症例について，さまざまな側面から詳細に調べた．この患者は随意的に下肢を動かすことができない対

麻痺者であり，いわば脳と脊髄の連絡は遮断されていた．したがって，観察された下肢の筋活動は脊髄の運動神経回路から発せられているものに他ならないと考えられた．この報告の後，ヨーロッパや北米のグループがトレッドミルを利用した免荷式受動的ステッピングで歩行リズムと同調した筋活動が脊髄損傷者の麻痺領域に出現することを認め，上位中枢からの入力がなくても脊髄以下の神経機構のみでパターン化した筋活動を誘発可能であることが明らかとなった[4,5]．さらに，Gurfinkelら[6]は健常者において，下肢の筋あるいは腱への振動刺激でステッピングが誘発可能であることを示し，やはり求心性入力のみで脊髄からパターン化した出力が誘発可能なことを示した．これら求心性入力によるステッピング，あるいは歩行様筋活動の誘発は，CPG単独の出力というよりは，むしろCPGと他の脊髄反射回路の相互作用によって生成されると考えられている[7]．しかしながら，この点はCPGをどのように定義するかによってもその解釈は異なる．いずれにしても，これらの研究報告によって求心性入力のみでも脊髄から歩行様筋活動を誘発できることが確実となったのである．Kojimaら[8]は，さらに，交互歩行装具を用いた立位歩行時にも完全対麻痺者の下肢麻痺領域に歩行リズムと一致した筋活動が出現することを確認した．これは，装具歩行でも下肢のスイング（股関節の屈曲伸展）や交互性の荷重負荷など，トレッドミル上での免荷歩行と同様に周期的な求心性入力が得られることから，それらの入力がある条件を満たせば，脊髄から歩行様の出力を得ることができることを示唆するものである．

さらに，脊髄CPGの局在と下行性入力による賦活に関しては，Dimitrijevicら[9]が脊髄損傷者の脊髄腰膨大部を中心に硬膜外電気刺激を行い，ステッピングを誘発するという実験を行っている．Dimitrijevicらの実験はまさに対麻痺者の遮断された下行性入力を模した電気刺激を直接脊髄運動ニューロンプールに与えようという試みであった．そして，下肢麻痺筋群の歩行様筋活動と，さらに歩行のステッピングに似た下肢の屈伸様運

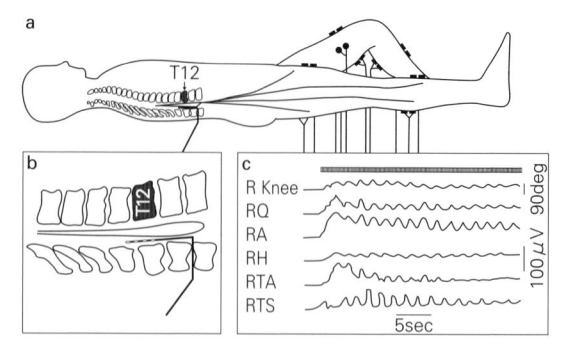

図7-19 脊髄硬膜外刺激の模式図(a, b)，誘発された筋電図および股関節角度変化の例(c)
（Dimitrijevic MR et al.: Evidence for a spinal central pattern generator in humans. Ann N Y Acad Sci, 860: 360-376, 1998）

動の導出に成功した（図7-19）．彼らによると，特定の電圧および周波数の電気刺激（5～9v, 25～60Hz）を第2腰椎レベルで与えたときにのみ歩行様筋活動の誘発が可能であった．このため歩行のCPGは第2腰椎レベルに存在すると考えられた．

(2) 脊髄損傷高位と歩行様筋活動発生能力

Dietzら[10]は，上行性入力によって歩行様の筋出力を発生する脊髄内の神経機構が脊髄内のいずれかの髄節に限局しているのか，それとも脊髄内に広く分布しているのかを明らかにするために，下行性入力が遮断されている完全対麻痺者のみを対象に，脊髄の損傷高位と受動的ステッピングで誘発される歩行様筋活動の強度および波形の関係を分析した．図7-20は，健常者と損傷高位が異なる典型的な2名の対麻痺者のトレッドミル歩行時筋活動を示したものである．図7-20bの頚髄損傷者（C5）では，健常者同様に立脚相でのヒラメ筋活動がみられ，全体的に健常者の歩行時のパターンに近いことがわかる．注目すべきことにヒラメ筋とその拮抗筋である前脛骨筋が相反的な活動パターンを示しており，両筋間に相反抑制回路が残存していることが示唆される．

両筋の立脚相，遊脚相それぞれの放電量と損傷高位との関係を図7-20dに示した．総じて，損傷高位が高い損傷者の方が筋放電量が大きい傾向が，ヒラメ筋では立脚相，前脛骨筋では遊脚相でそれぞれ観察された．両筋は，健常者においてこ

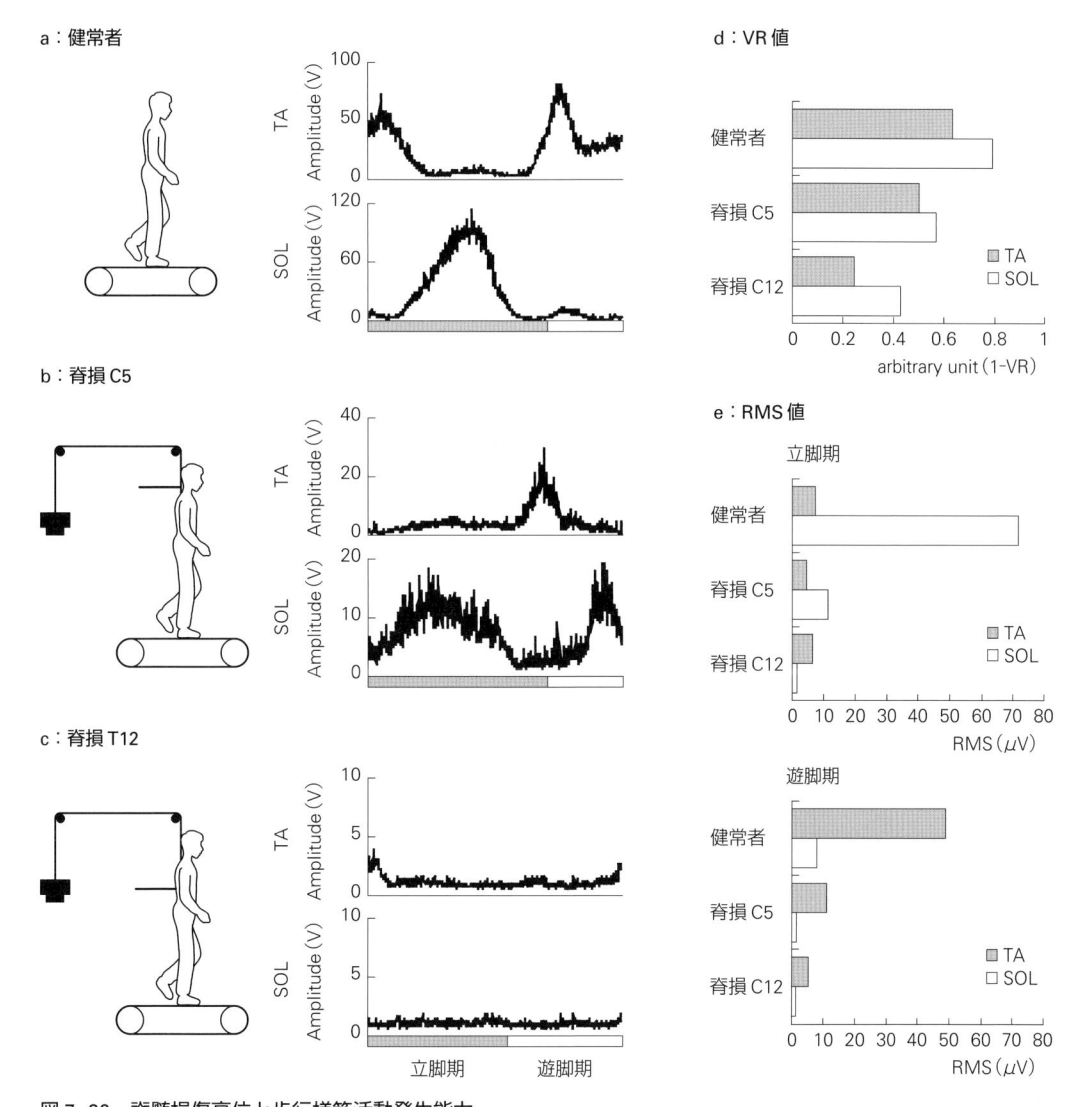

図7-20 脊髄損傷高位と歩行様筋活動発生能力
a：健常者，b：高位脊髄損傷者（頸髄5番），c：下位脊髄損傷者（胸髄12番）の歩行における前脛骨筋（TA）とヒラメ筋（SOL）の放電パターン，d：健常者の筋放電波形との類似性を表す指標（VR）の比較，e：筋放電の強度を表す指標（RMS）の比較．
（Dietz V et al.: Level of spinal cord lesion determines locomotor activity in spinal man. Exp Brain Res, 128: 405–409, 1999）

れらの歩行位相で活動することから，損傷高位が高い損傷者の歩行時筋活動の方が健常者に近いことが判明した．さらに筋放電波形の類似度を示す指標（図7-20d）でも全体的に損傷高位の高い損傷者の方が健常者のパターンに近いことが示された．Dietzら[10]は，これらの結果は末梢入力によって歩行様活動を発生する神経機構が脊髄のある髄節に限局して存在するのではなく，脊髄内広範にわたって分布していることを示唆すると考えた．先述したようにDimitrijevicの結果は，下

行性入力を模した持続的（tonic）な刺激に対して周期的な筋活動を発生するCPGは，第2腰椎レベルにあることを示している．Dietzらの結果は，Dimitrijevicの結果と矛盾するものではなく，上行性入力によってCPGからの出力を得るためにはDimitrijevicが同定した神経機構だけではなく，さらに脊髄内に広範に分布する神経回路が必要であることを示唆するものである．

一般に，頸髄損傷者では残存機能が乏しく，胸腰髄損傷者よりも日常生活において大きなハン

ディキャップを背負うことになる．しかし上記の結果は，歩行機能に限っていえば脊髄内に残存する歩行パターン発生能力は，頚髄損傷者の方が高いことを示唆している．将来，神経再生技術の進歩により，損傷脊髄神経の再結合あるいは神経再生が成功したとき，頚髄損傷者の方が歩行機能の再獲得には有利となるかもしれない．

(3) 脊髄神経回路の可塑性

従来，脊髄は他の中枢神経とは異なり神経回路に可塑性はないと考えられてきた．しかし，近年の動物や脊髄損傷者の歩行回復能力に関する研究から脊髄には従来考えられていた以上の柔軟性があり，ある程度の学習あるいは適応能力があることがわかってきた[11]．

前述のように，周期的な歩行様運動出力を生成する神経機構がヒトを含めた動物の脊髄に存在することは古くから知られていたが，脊髄神経回路の可塑性あるいは学習能力が注目されだしたのは比較的近年のことである．脊髄の可塑性は，受傷後の神経発芽（sprouting）に代表される傷害由来の可塑性（injury-induced plasticity）と特定の感覚刺激の繰り返し入力による可塑性（activity dependent plasticity）に分けることができる．ここでは，身体運動との関係が深い activity dependent plasticty に関する近年の知見をまとめてみたい．

上位中枢からの神経入力が遮断された脊髄ネコ（adult，慢性期）でも，トレーニングによって歩行機能を再獲得することができる．脊髄切断後すぐには歩行が不可能な成体ネコも，トレッドミル上での stepping 訓練によって次第に後肢の歩行様運動が改善される．このような性質が明らかとなって以来，脊髄内神経回路の可塑的性質に注目が集まるようになった．

トレーング効果の特殊性（specificity）に関し，アメリカの UCLA のグループは脊髄ネコを用いて stepping トレーニングだけを行う群と standing トレーニングを行う群とに分けてそれぞれのトレーニング効果を比較した[12]．その結果，stepping トレーニングを行ったネコは，stepping はできるようになるが standing は不可能であり，逆に stanidng を行ったネコは stepping ができなかった．これは脊髄神経回路が特定のパターンの感覚入力に対して適応することを示している．

カナダの Pearson ら[13]のグループもやはりネコを用い，脊髄の可塑的性質について調べている．彼らはネコの歩行に関する一連の研究の中で，立脚期の下腿三頭筋の放電は，歩行時にのみ open となる G1 感覚線維経由の興奮性入力で調節されること，この経路が立脚期から遊脚期への切り替えを行っていることを見出していた．彼らはさらに，外側腓腹筋とヒラメ筋（LGS）の G1 線維からの入力が，内側腓腹筋（MG）の G1 線維からの入力より効果的であることから，LGS の G1 線維の切断によって生じる脊髄神経の変化について調べた．その結果，感覚入力の効果が MG において増大し，LGS において減少するという変化が起こった．これは，LGS の切断によって MG からの入力が相対的に増大したことによって MG からの経路の興奮性が適応的に増強したことによると解釈された．そして，少なくともこの経路の適応的変化の一部は，脊髄レベルで生じると考えられた．

以上のように，動物モデルを用いたこれまでの研究は脊髄内の神経回路に学習・適応能力があることを示唆している．このような脊髄神経回路の適応変化を起こすためには，脊髄への刺激を適切なタイミングで繰り返し与える必要があると考えられている．そのような条件を満たす末梢入力を脊髄損傷者に与えたら，脊髄内神経機構が適応的に変化するのであろうか．

トレッドミル上でのステッピングトレーニングは，立脚期に体重が脚全体に加わるようにして，これを感知するあらゆる受容器を刺激する．さらに，これを繰り返し行うことで脊髄に残存する神経回路の活動を改善しようという考え方が背景にある．Wernig ら[14]は，このトレッドミル上での免荷式ステッピングトレーニングの方が，従来の歩行トレーニングに比べて有効であることを報告した．Dietz[4]は，Wernig らと同様な方法を用い，完全および不完全対麻痺者をトレーニングしたところ，下肢の拮抗筋間（腓腹筋と前脛骨筋）の活

動パターンが改善するとともに，抗重力筋である腓腹筋活動が増強したと報告している．彼らは，荷重情報の繰り返し入力が脊髄の歩行中枢を賦活し，トレーニングによってそれが増強するとした．この荷重情報の重要性に関しては，他の研究者も指摘しているところであるが，それによる脊髄歩行中枢の可塑的変化の詳細は不明である．前述したように，脊髄にも神経活動の可塑的変化があることは近年になって認知されるようになったばかりであり，これからヒトでのデータを集積し検証する必要があろう．

(4) 装具歩行

歩行装具を用いることによって，たとえ完全麻痺であっても，ある条件を満たせば自力での立位歩行が可能となる．一方，歩行装具を移動機器として捉えた場合，車椅子に比べて安全性，移動効率および装着の簡便性などの面ではるかに劣ることは自明である．しかし，立位での歩行自体が有する心身面への効果は健常者以上に大きく，装具歩行の意義はむしろそれらの点にある[15]．

・装具歩行の運動強度

歩行用装具を用いた歩行は，基本的に腕と体幹の筋力を動力源とする歩行であるため，いうまでもなく健常者の歩行に比べて運動効率は著しく低い．表7-2にこれまでに報告されている装具歩行のエネルギー消費量を示した．それによると，損傷高位や歩行速度などの条件が異なるものの，歩行速度が約10～19m/minで，0.04～0.12kcal/kg/minのエネルギー消費量が報告されている．これらの数値は，健常者でもっともエネルギー効率がよいとされる約80m/minで歩いたときのエネルギー消費量0.04～0.06kcal/kg/min[24]と比べて大差がない．しかし，energy cost (1mの移動に要したエネルギー消費量) は，5～10倍も装具歩行の方が多い．換言すれば，装具歩行の機械的効率は健常歩行に比べて著しく劣っているといえる．さらに，健常歩行の酸素摂取量は，最大酸素摂取量 ($\dot{V}O_2max$) の35％程度とされるが[25]，装具歩行に関する著者らのデータでは腕エルゴメータで測定した$\dot{V}O_2max$の80％を超える例もみられた (平均約70％$\dot{V}O_2max$)．心拍数では最大心拍数 (HRmax) を超える例もあった．これらの結果は，腕エルゴメータのような腕のみの運動に比べて，体幹などの大筋群を用いる装具歩行の方が，酸素消費量，心拍数ともに上昇しやすいことを示している．したがって，腕エルゴメータで測定した$\dot{V}O_2max$，HRmaxともに過小評価されているため，これらを基準とした装具歩行の運動強度は過大評価されるが，その強度でいずれの被験者も30分程度の連続歩行が可能であったことは，実際の運動強度は有酸素的代謝にほとんど依存した強度であったことを示すと考えられる．いずれにしても，装具歩行によって150拍/分程度の心拍数を得ることが十分可能であり，歩行速度等を適宜調節することで，目的に応じて軽度から比較的高い運動強度までカバーすることができる．

(5) 装具歩行のバイオメカニクス

図7-21に歩行用装具を用いた対麻痺者の歩行と健常者の歩行における運動学的変量と床反力の時系列変化を示した．歩行用装具を用いた歩行

表7-2 歩行用装具を用いた歩行のエネルギー消費量

報告者	n (人)	エネルギー消費量 (kcal/kg/min)	1mの移動に要したエネルギー消費量 (kcal/kg/m)	歩行速度 (m/min)	脊髄損傷レベル, Aid
Nene AV and Patrick JH (1989)[16]	10	0.044	3.46	12.84	T4-T9 HGO
Hirokawa S et al. (1990)[17]	6	0.060	5.02	12.48	T1-T10 RGO
Winchester PK et al. (1993)[18]	4	0.063	4.64	13.50	T5-T10 IsometricRGO
Bernardi M et al. (1995)[19]	10	0.062	4.78	12.78	T4-12 RGO
Felici F et al. (1997)[20]	6	0.118	7.72	15.34	T5-L1 RGO, ARGO
Massucci M et al. (1997)[21]	6	0.067	6.93	9.60	T3-T12 ARGO
Marati G et al. (2000)[22]	6	0.067	5.94	11.20	T3-T11 RGO
Kawashima N et al. (2003)[23]	4	0.078	4.09	19.00	T8-12 WBC

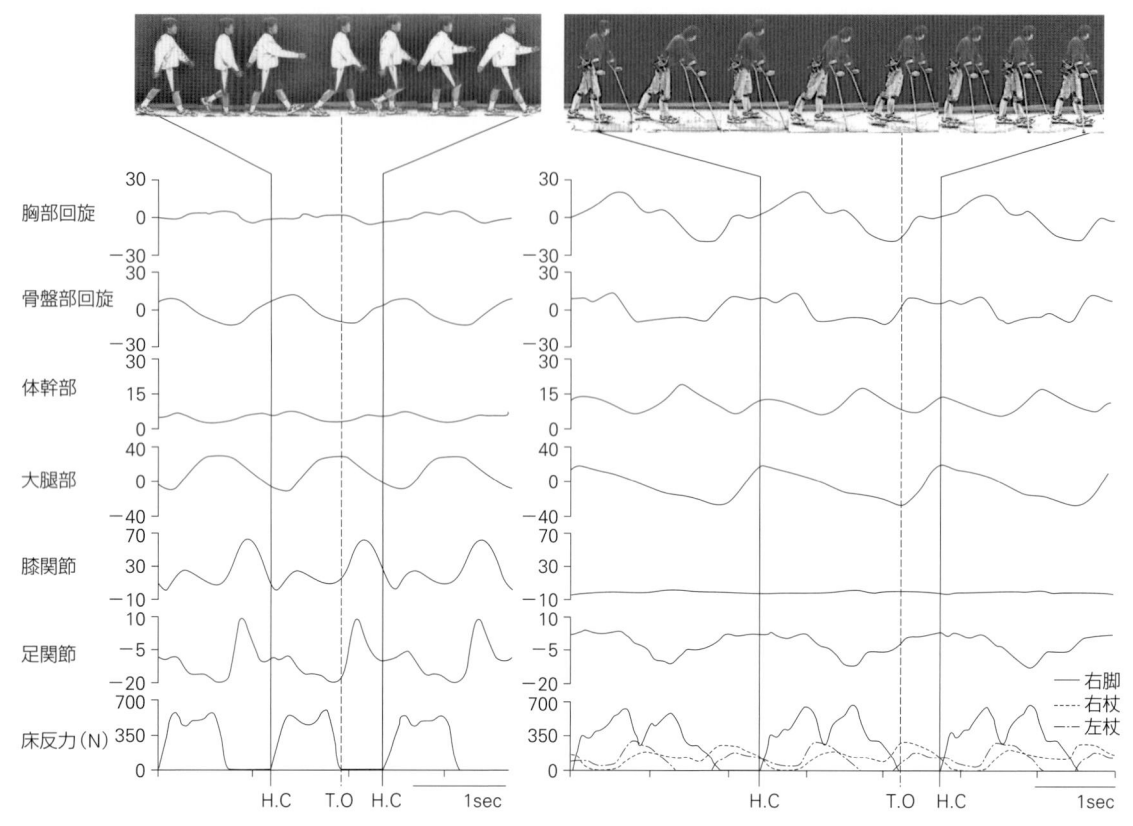

図7-21a 装具歩行と通常歩行の床反力，運動学的変量の比較

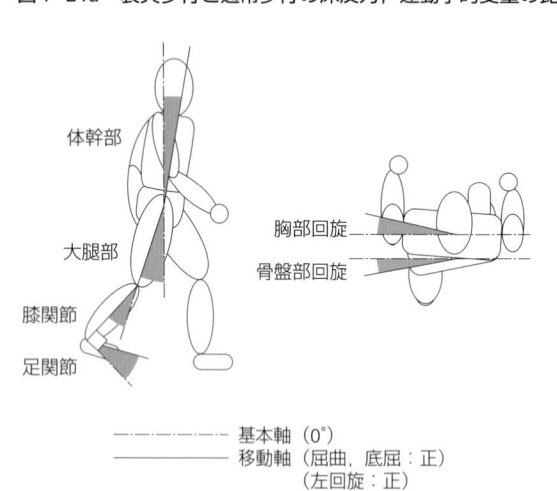

図7-21b 算出した角度の定義

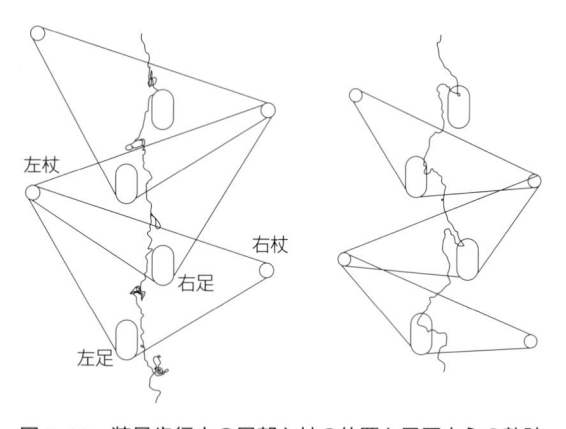

図7-22 装具歩行中の足部と杖の位置と足圧中心の軌跡の例
左側：4点支持歩行，右側：3点支持歩行の例．

は，杖と足部による3点あるいは4点支持歩行である．これに対し，健常者の歩行は2足による1点（片脚支持期）あるいは2点支持（両脚支持期）歩行である（図7-22，足圧中心の軌跡参照）[26]．この相違は対麻痺者において立位バランスが喪失

するという決定的な制限因子に由来する．一見あたりまえであるが，健常者が無意識に行っている立位姿勢の維持を，現在のテクノロジーを用いて完璧に補完することは不可能である．それゆえ，装具を用いた歩行では，杖あるいは歩行器など

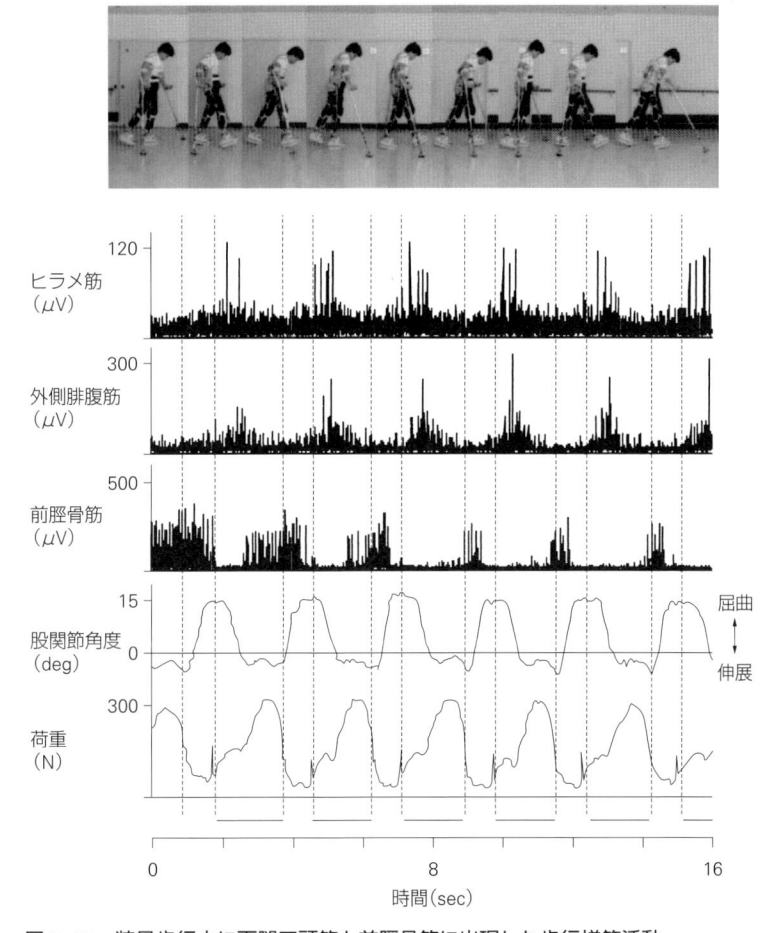

図7-23 装具歩行中に下腿三頭筋と前脛骨筋に出現した歩行様筋活動

移動以前に立位を維持させる機構が必要となるのである．このように，対麻痺者の歩行再建の立場から健常者の歩行をあらためてみると，その制御がいかに精緻に行われているのかに驚嘆させられる．

上記バランスの維持という必要条件を杖と長下肢装具の剛性で実現した結果，この装具歩行の歩容は図7-21のようになる．その特徴は，下肢の振り出しを得るための体幹の屈伸および胸部回旋域の増大，ロックされた膝関節の不動化などに現れている．床反力は，健常歩行と同様に二峰性のパターンを示し，杖には最大で体重の50％程度が加わることがわかる．

以上のように，歩行用装具を用いた歩行と健常歩行のバイオメカニクス的特徴には大きな隔たりがある．しかし先述したように，装具歩行中には完全麻痺であっても下肢の麻痺領域に歩行様筋活動が出現する[8]．図7-23に，胸髄7番以下の完全対麻痺者が装具歩行を行った際に下腿の麻痺領域に出現した歩行様筋活動を示した．図7-21に示したように，装具歩行においても股関節の角度変位や足部の床反力はダイナミックに変化しており，これらにかかわる求心性情報も同様に脊髄に入力される．それら求心性入力と脊髄CPGのinteractionが歩行様筋活動を誘発し，しかもトレーニングによってその活動は改善する[27]と考えられている．この考えをもととし，歩行用装具を改良してモーターを用いトレッドミル上で動かすdriven gait orthosis (DGO) が，新たな歩行トレーニング機として開発された（図7-24）[28]．これを用いることで，従来2人の理学療法士によって行われていた受動的ステッピング運動がDGO

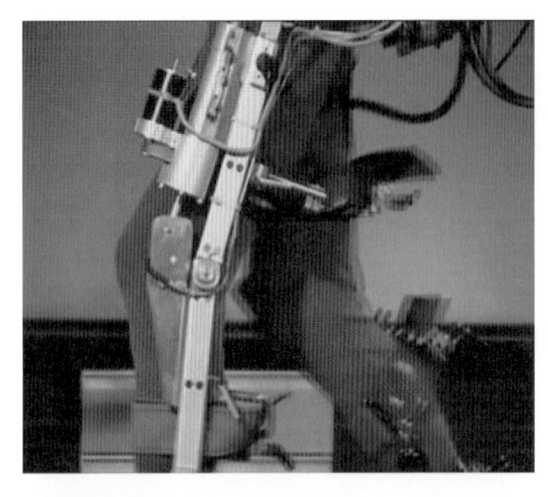

図7-24 driven gait orthosis (DGO)を用いたトレッドミル上でのステッピングの様子

のみで実現可能となった．今後ロボット技術を応用した同様なトレーニング機が開発されることが予想される．

文　献

1) 中村隆一, 斎藤　宏：基礎運動学　第3版. 医歯薬出版, 1987.
2) 平山恵造：神経症候学. 文光堂, 1971.
3) Calancie B et al.: Involuntary stepping after chronic spinal cord injury; Evidence for a central rhythm generator for locomotion in man. Brain, 117: 1143-1159, 1994.
4) Dietz V et al.: Locomotor activity in spinal man. Lancet, 344: 1260-1263, 1994.
5) Dobkin BH et al.: Modulation of locomotor-like EMG activity in subjects with complete and incomplete spinal cord injury. J Neurol Rehabil, 9: 183-190, 1995.
6) Gurfinkel VS et al.: Locomotor-like movements evoked by leg muscle vibration in humans. Eur J Neurosci, 10: 1608-1612, 1998.
7) Harkema SJ et al.: Pattern generators in locomotion: implications for recovery of walking after spinal cord injury. Top Spinal Cord Rehabil, 6: 82-96, 2000.
8) Kojima N et al.: Phase-dependent electromyographic activity of the lower-limb muscles of a patient with clinically complete spinal cord injury during orthotic gait. Exp Brain Res, 120: 139-142, 1998.
9) Dimitrijevic MR et al.: Evidence for a spinal central pattern generator in humans. Ann N Y Acad Sci, 860: 360-376, 1998.
10) Dietz V et al.: Level of spinal cord lesion determines locomotor activity in spinal man. Exp Brain Res, 128: 405-409, 1999.
11) 中澤公孝：ヒト脊髄の歩行発生能力とその可塑性．バイオメカニクス研究, 3：195-200, 1999．
12) Hodgson JA et al.: Can the mamalian lumbar spinal cord learn a motor task? Med Sci Sports Exerc, 26: 1491-1497, 1994.
13) Pearson KG: Could enhanced reflex function contribute to improving locomotion after spinal cord repair? J Physiol (Lond), 533: 75-81, 2001.
14) Wernig A et al.: Laufband therapy based on "rules of spinal locomotion" is effective in spinal cord injured persons. Eur J Neurosci, 7: 823-829, 1995.
15) 中澤公孝, 赤居正美：脊髄損傷と歩行の可能性．臨床リハ, 11：193-203, 2002．
16) Nene AV and Patrick JH: Energy cost of paraplegic locomotion with the ORLAU ParaWaker. Paraplegia, 27: 5-18, 1989
17) Hirokawa S et al.: Energy consumption in paraplegic ambulation using the reciprocating gait orthosis and electric stimulation on the thigh muscles. Arch Phys Med Rehabil, 71: 687-694, 1990.
18) Winchester PK et al.: A comparison of paraplegic gait performance using two types of reciprocating gait orthoses. Prosthet Orthot Int, 17: 101-106, 1993.
19) Bernardi M et al.: The effciency of walking of paraplegic patientss using a reciprocating gait orthosis. Paraplegia, 33: 409-415, 1995
20) Felici F et al.: Rehabilitation of walking for paraplegic patients by means of a treadmill. Spinal Cord, 35: 383-385, 1997.
21) Massucci M et al.: Walking with the advanced reciprocating gait orthosis (ARGO) in thoracic paraplegic patients: energy expenditure and

cardiorespiratory performance. Spinal Cord, 36: 223-227, 1998.
22) Merati G et al.: Paraplegic adaptation to assisted-walking: energy expenditure during wheelchair versus orthosis use. Spinal Cord, 38: 37-44, 2000.
23) Kawashima N et al.: Energy expenditure during walking with weight-bearing control (WBC) orthosis in thoracic level of paraplegic patients. Spinal Cord 41:506-510, 2003.
24) Fisher SV and Gullickson JG: Energy cost of ambulation in health and disability. A literaturereview. Arch Phys Med Rehabil, 59: 124-133, 1978.
25) Blessey RL et al.: Metabolic energy cost of unrestrained walking. Phys Ther, 56: 1019-1024, 1976.
26) 三田友記ほか：WBC装具を用いた脊髄損傷者の装具歩行―床反力からの左右動揺に関する考察―. 第17回日本義肢装具学会学術大会講演集, pp206-207, 2001.
27) Nakazawa K et al.: Induction of locomotor-like EMG activity in paraplegic persons by orthotic gait training. Exp Brain Res, 157: 117-123, 2004.
28) Colombo G et al.: Driven gait orthosis for improvement of locomotor training in paraplegic patients. Spinal Cord: 252-255, 2001.

〔中澤　公孝〕

第8章 走動作

1. 走動作のメカニズム

走のねらいは，目的地へなるべく短時間で移動することであり，走る距離が短いときには短距離走，距離が長いときには長距離走と呼ばれる．走は，人間の基礎的な移動運動のひとつであり，循環運動で，空中に身体が投げ出されるという特徴がある．しかし，100m走を例に考えると，スタートダッシュ，加速走，定速（最高速度）走，そして速度が低下してくる局面における走など，時々刻々と走動作は変化している．また，助走してきて跳ぶ，ボールを移動しながら走る，道具をもって走る，方向を変換しながら走るなどさまざまな形態の走がみられる．

走動作に関するバイオメカニクス的研究は，質・量ともに豊富で，本書でも短距離走における疾走速度の変化や筋活動，走運動の力学的エネルギーや関節トルクなどについて解説されている．ここでは，定速走を中心に走運動のメカニズムについて述べる．

1）疾走速度＝ピッチ×ストライド

疾走速度はピッチとストライドの積で決まる．ピッチとは1秒間の歩数のことであり，ステップ頻度（step frequency）あるいはストライド頻度（stride frequency）などとも呼ばれる．ストライド（stride length）は，2歩の長さを意味する場合もあり，このときには1歩の長さをステップ長（step length）という．しかし，最近では，ストライドが1歩の長さを意味することが多いので，ここでもその意味に用いることにする．疾走の1歩は，足が地面と接触している局面と身体が空中にある局面に大きく分けられ，前者を支持期（support phase），接地期（ground phase），コンタクト期（contact phase）などと呼び，後者は非支持期（non-support phase），空中期（air phase），空輸期（airborne phase）などと呼ばれる．さらに，支持期は接地から足先の上を重心が通過する時点までを支持期前半，それから離地までを支持期後半に分けることができる．

図8-1は，疾走速度，ストライド，ピッチの経年的変化を一般の男女について示したもので，一流短距離選手のものも参考のために示してある[1]．一般に疾走速度が同じ場合でも，ストライドとピッチの関係は加速疾走，定速疾走，減速疾走など場合によって異なるが，図8-1のデータは一定の速度で疾走している場合，あるいは全速疾走のものである．

疾走速度とストライドは，2歳から成人までほぼ経年的に増加しており，疾走速度の増加はストライドの増加と関係することがわかる．しかし，身長当たりのストライドの増加は，6～7歳で頭打ちとなることから，ストライドの増加は長育によるものであることがわかる．一方，ピッチの経年的変化は小さく，ピッチの増加による疾走速度の増加はあまり期待できないようである．しかし，これらのことは一流選手には当てはまらず，ピッチは4.49～5.51歩/s，身長当たりのストライドは1.12～1.37と一般成人よりも著しく大きく，その結果としての疾走速度も12m/s近い．したがって，一流短距離選手は一般人の延長線上では考えることができないことになり，合理的な疾走技術を知るためのモデルとして一流選手を研究する意義のあることが理解できるであろう．

図8-2は，大学短距離選手が疾走速度を約

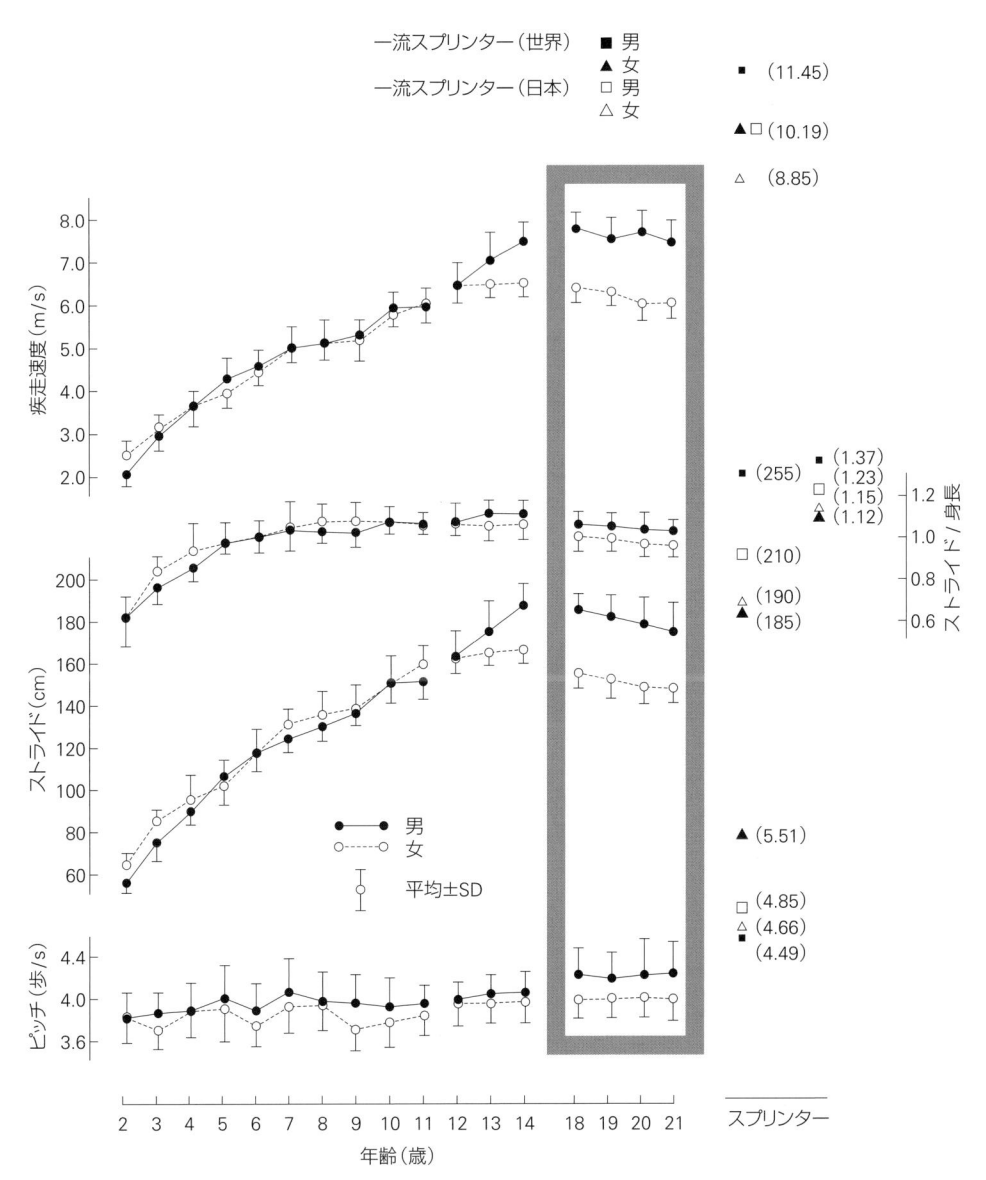

図8-1 一般人における走速度，歩幅，歩幅／身長，および歩数の経年的変化と一流スプリンターの値
(加藤謙一ほか：一般学生の疾走能力の発達に関する研究．大学体育研究，9：59-70, 1987）

3m/sから10m/sまで変化させたときのストライドとピッチの変化を，図8-3はストライド(a)と1歩に要する時間(b)を構成する要素の変化を示したものである．疾走速度が約8m/sまでは疾走速度の増加はおもにストライドの増加によりもたらされ，それ以上になるとストライドは減少するが，ピッチは急激に増加してくることがわかる．これらの変化がどのような要素によってもたらされているかを図8-3でみてみると，疾走速度の増加に伴うストライドの変化は，非支持期距離（図8-3aの4）の影響を大きく受けており，他の要素の影響は小さいことがわかる．また，1歩に要する時間については，疾走速度が8m/sまでは支持時間（図8-3bの3）が急激に減少している．そして，疾走速度が8m/sから全速に増加するときのピッチの急激な増加は，非支持時間（8-3bの4）の短縮によるところが大きい．

これらのことは，ピッチを高めて疾走速度を増

すためには，非支持時間を短縮する必要があることを示唆するものである．非支持時間は離地時における身体重心の鉛直速度によって決定されるので，支持期後半において脚，特に足の伸展のタイミングが早すぎたり，膝の伸展を強調しすぎることは，鉛直速度を大きくし，ピッチの低下を引き起こすことにもなりかねない．なお，疾走速度が最大に近くなると，身体重心の鉛直速度が小さくなるのは，後述するように全速疾走における鉛直方向の地面反力が支持期後半では高速疾走の場合よりも小さくなるためと考えられるが[2,3]，その原因はまだ明らかになっていない．

2）疾走速度とフォームの変化
(1)定速疾走動作

図8-4は，各種の速度で定速疾走した場合のフォームをスティックピクチャーで示したものである．また，図8-5はこのときの脚の動きを大転子を中心に描いたものである[4]．これらの図から，疾走速度が大きくなると，下肢各部の変位が大きくなること，大腿の動きが大きくなること，離地時の下肢関節の伸展が大きくなることなどがわかる．また，図8-6は大転子に対する足先の変位，速度，加速度と疾走速度との相関関係を1サイクルの8時点について示したものである[4]．図中の太い矢印は疾走速度と相関が高いことを示している．

足先の変位は，いずれの時点においても疾走速度と有意な相関を示している．したがって，疾走速度の増加とともに，水平方向では前後に大きな動きになり，鉛直方向では回復期（時点3から6，そして1まで）において足先が高く上がり，振り

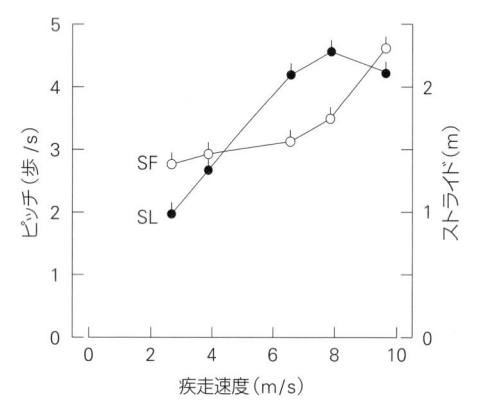

図8-2　疾走速度の増加に伴うストライドおよびピッチの変化
（阿江通良：陸上競技のバイオメカニクス．In：日本陸上競技連盟編，陸上競技指導教本＜基礎理論篇＞．p40，大修館書店）

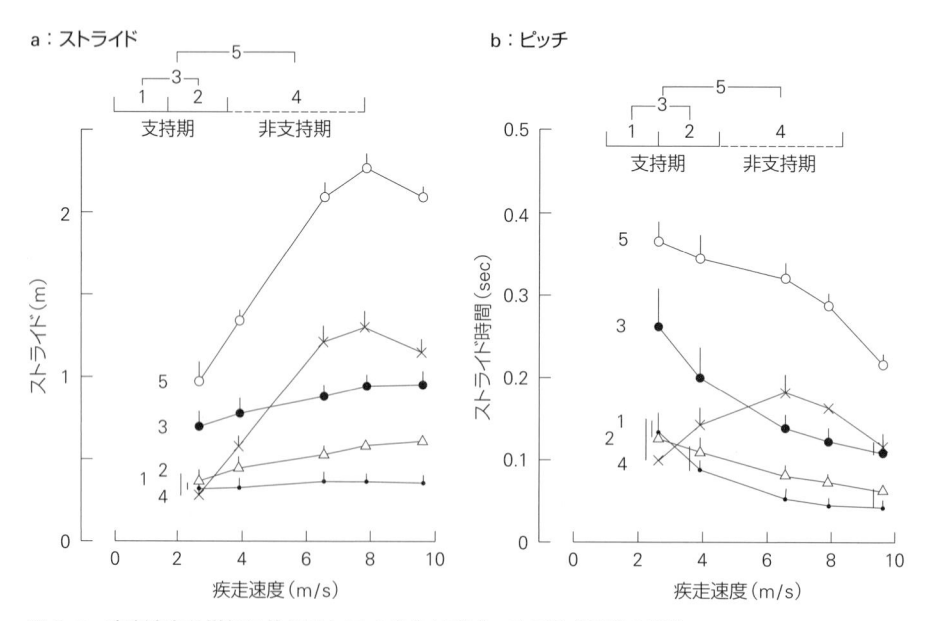

図8-3　疾走速度の増加に伴うストライドおよびピッチの構成要素の変化
（阿江通良：陸上競技のバイオメカニクス．In：日本陸上競技連盟編，陸上競技指導教本＜基礎理論篇＞．p40，大修館書店）

低　速（3.27m/s）

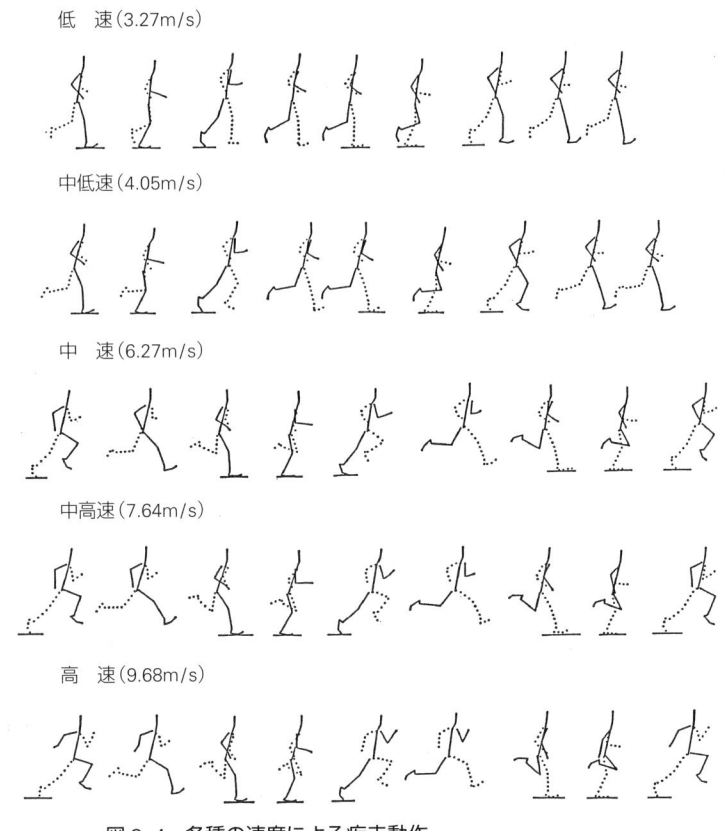

中低速（4.05m/s）

中　速（6.27m/s）

中高速（7.64m/s）

高　速（9.68m/s）

図8-4　各種の速度による疾走動作

a：中低速（3.50m/s）　　b：中　速（5.78m/s）　　c：高　速（9.53m/s）

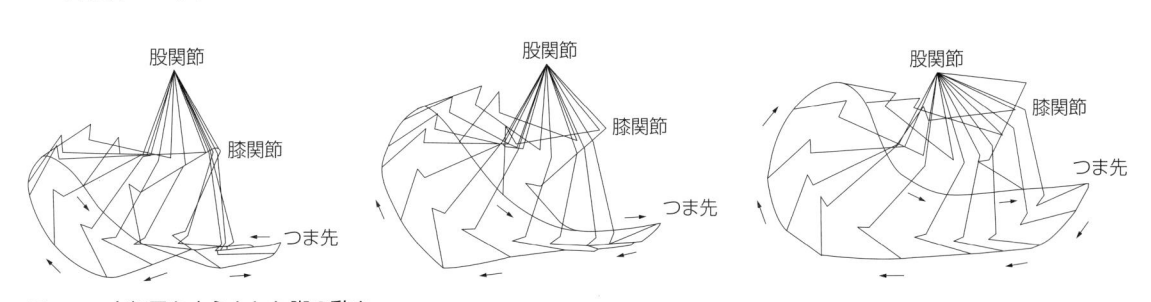

図8-5　大転子を中心とした脚の動き
（阿江通良ほか：走速度の増大による下肢の動きの変化—走速度と足先および膝の速度，加速度との関係に着目して—．日本体育学会第34回大会，1983）

戻しの距離が長くなることを意味している．足の速度については，水平方向では時点1～3,5,7に，鉛直方向では時点1，4にそれぞれ高い相関がみられる．また時点4では足のキックアップの，時点5では足先の引き込みの速さが疾走速度と相関が高い．足の加速度をみると，時点3ではすでに引きつけの，時点5では振り下げの，時点8では振り出しの加速度と高い相関がみられる．これらのことは，支持期後半において脚を引きつける力を発揮すること，接地時に後下方への速度を与えるために非支持期において脚を振り戻す力を発揮することが有効なことを示すものである．

上述したことは，大きな疾走速度を得るための動きや意識のポイントを考えるための基礎的知

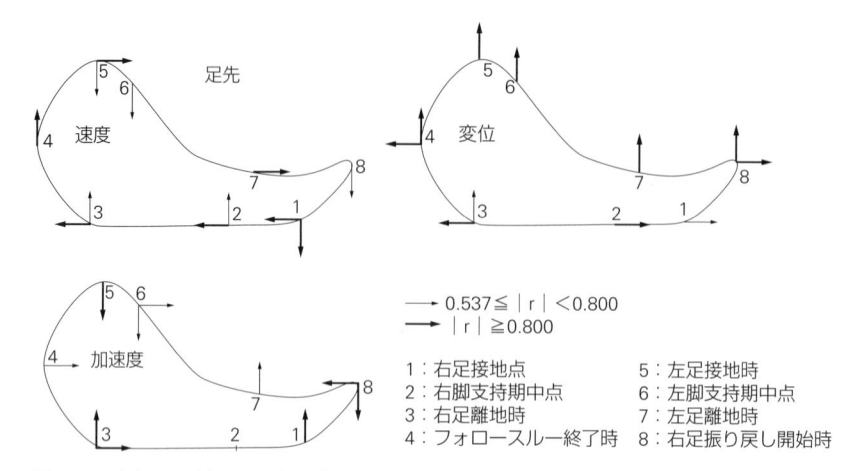

図 8-6 大転子に対する足先の変位，速度，加速度と疾走速度との相関
（阿江通良ほか：走速度の増大による下肢の動きの変化―走速度と足先および膝の速度，加速度との関係に着目して―．日本体育学会第34回大会，1983）

見であり，陸上競技の教科書や指導書には，これらをもとにして学習者や選手に強調させるべき箇所，あるいは指導者が着目すべき箇所が示されている．しかし，これらは定常速度での疾走に関する知見であり，時々刻々と速度が変化する場合の疾走動作から得られた知見ではないことに注意しておく必要がある．

(2) 100m走における疾走動作

前述したように，疾走動作はさまざまな局面で異なる．図8-7は，ジャイロセンサーとゴニオメータを用いた下肢動作検出システムを用いて計測した100m疾走中の下肢の動きを，スタートからゴールまで2歩ごとに示したものである[5]．この選手の場合には，スタート後，大腿の動きが徐々に大きくなり，30m地点からは大腿が水平近くまで挙上されていること，50m地点以降は脚の前方への振り出しがより大きくなっていることなどがわかる．

これらの変化を詳細に分析して示したものが図8-8～10であり[5]，図8-8は大腿角の，図8-9は下腿角の，図8-10は支持期後半における膝関節伸展角度の変化を示している．大腿角をみると，スタートから20mまでは急激に増加し，その後維持される傾向にあるが，80mから減少しており，ももが上がらなくなっていることがわかる．また，接地時や離地時の大腿角はスタートからゴールまで徐々に増加している．下腿角についてみると，接地時では40mあたりまで急激に増加しており，疾走速度が増加するにつれて下腿の振り出しが大きくなり，この傾向はゴールまで続く．また離地時の角度も増加しており，下腿の前傾が小さくなっていることがわかる．支持期後半の膝関節伸展角度は，支持期において膝がどの程度伸展されているかを示すものであるが，スタートから加速局面において急激に減少し，60mで最小になり，その後ゴールまで増加している．

これらのことから，速度ゼロの状態から加速する場合の推進力は，脚の屈伸に依存した動きによって生み出され，速度が増加するに従って回復脚が身体の前方で大きく動くようになり，膝伸展が小さいキック動作が行われるようになるといえる．そして，全速になってくると，膝伸展の小さいキック動作，下腿を垂直に接地することによってブレーキを抑制するような動作がみられるようになるが，100m走後半になると，脚の振り戻し速度が低下してくるため，接地時の大腿や下腿が後傾してブレーキが大きくなり，さらに屈伸型のキック動作に移行してくるようである．膝の伸展が大きくなると，身体はより上方へ加速されるので，水平方向の推進力を生み出すという観点からは望ましいことではないといえる．

図 8-7　100m 走における下肢の動きの変化
(森丘保典ほか：100m 疾走における下肢動作の変化の分析―下肢動作検出装置の開発と応用―．Jpn J Sports Sci，16：111-118，1997)

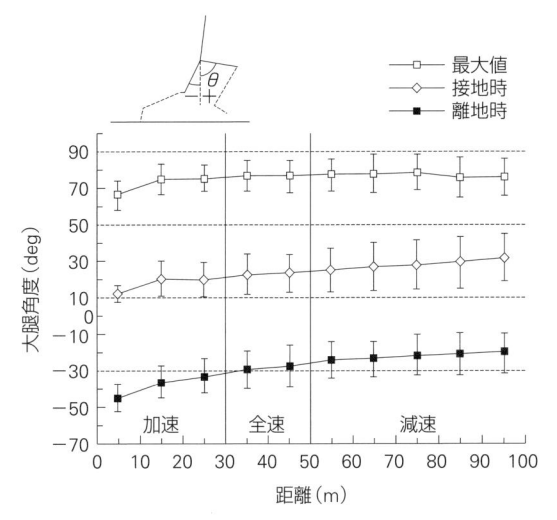

図 8-8　100m 走における大腿角の変化(接地時，離地時，最大)
(森丘保典ほか：100m 疾走における下肢動作の変化の分析―下肢動作検出装置の開発と応用―．Jpn J Sports Sci，16：111-118，1997)

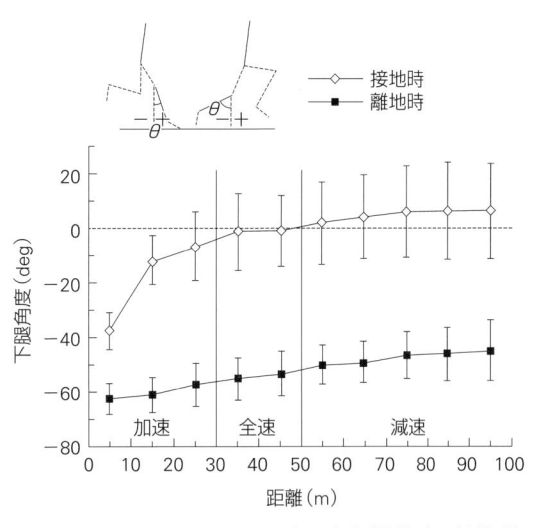

図 8-9　100m 走における下腿角の変化(接地時，離地時)
(森丘保典ほか：100m 疾走における下肢動作の変化の分析―下肢動作検出装置の開発と応用―．Jpn J Sports Sci，16：111-118，1997)

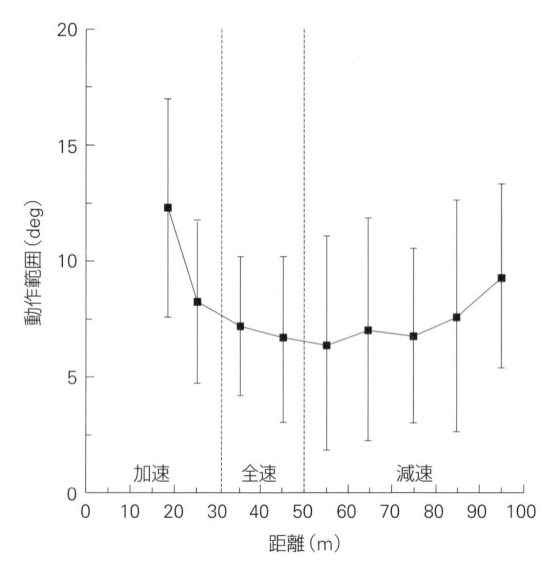

図8-10 100m走における支持期後半の膝関節伸展角度の変化
（森丘保典ほか：100m疾走における下肢動作の変化の分析―下肢動作検出装置の開発と応用―. Jpn J Sports Sci, 16：111-118, 1997）

3）走運動の地面反力

図8-11[2]は，約3m/sから約10m/sまでの各種の速度で疾走したときの地面反力の変化をフォースプラットフォームを用いて測定し，5名の男子短距離選手の平均値で示したもので，水平前後方向における負の地面反力はブレーキを，正は加速を示し，鉛直方向では足が受ける上向きの地面反力を示す．低速疾走では，いずれの速度でも支持期前半では身体に前方から後向きに，後半では前向きの地面反力が作用し，正負の力積がほぼ等しくなる．疾走速度が増加すると，接地直後の衝撃による地面反力は水平方向および鉛直方向とも増加し，全速疾走時には体重の約4倍以上（走者によっては5倍以上）にもなる．また興味深いことは，全速疾走における支持期後半の鉛直地面反力が高速疾走の場合よりも小さいことであろう．この原因はまだ明らかになっていないが，筋の収縮速度の増加が要因のひとつと考えられている[3]．このほか，筋・骨格モデルによって筋の発揮した力を推定した研究[6]では，ジョギングでも足関節に作用する関節間力は体重の約9〜13.3倍，アキレス腱張力は体重の約5.3〜10倍になる

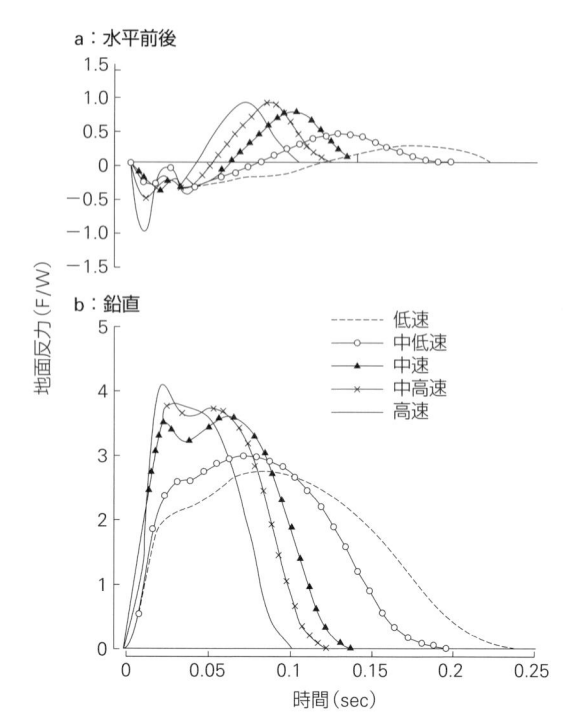

図8-11 速度の異なる疾走における地面反力の変化（a：水平前後方向，b：鉛直方向）
（阿江通良ほか：疾走中の地面反力の変化―疾走速度の増大による影響. 日本体育学会第35回大会, 1984）

と報告されている．

図8-12は，スタート後1歩目，9歩目，19歩目の地面反力と力積から算出した水平速度の変化を示したものである[7]．スタート直後は正（前向きで加速）の水平方向の地面反力が大きく，ブレーキを生じる後向きの地面反力は小さいため加速は大きい．疾走速度が増加すると，徐々に後向きの地面反力が増加し，加速も小さくなることがわかる．

次に地面反力や運動量がどのような身体部分の運動によって生み出されているかを疾走における身体各部の貢献度という観点からみてみることにする．

4）疾走における身体各部の貢献度

これまで紹介してきたように，疾走に関して多くのバイオメカニクス的研究が行われてきたが，身体重心の速度の増減にどの身体部分が貢献しているかを検討した研究は少ない．

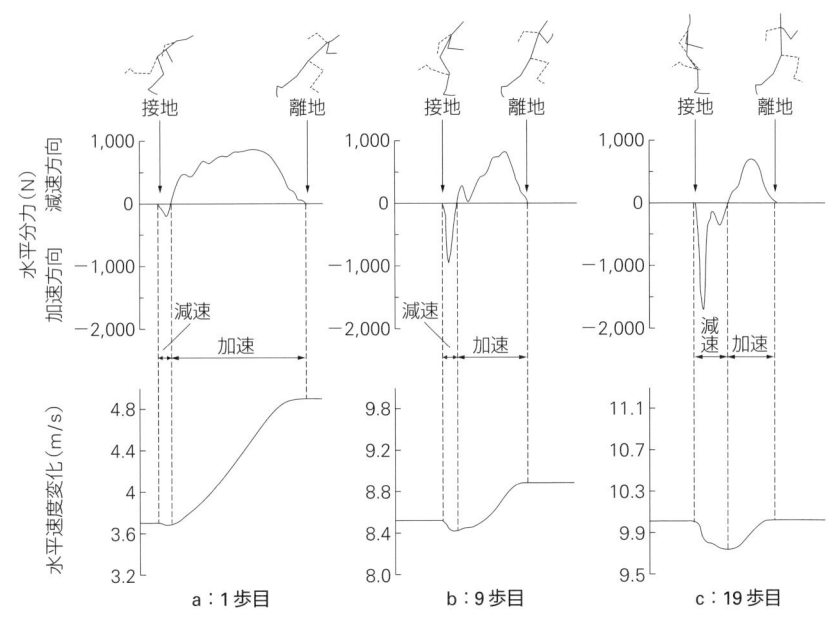

図 8-12 スタート後 1，9，19 歩目における水平前後方向の地面反力と身体重心速度の変化
（伊藤 章：走．In：深代千之ほか編著，スポーツバイオメカニクス．pp13-18，朝倉書店，2000）

(1) 疾走速度と身体各部の力積

図 8-13 は，身体各部が関節に対して相対運動していることに着目して算出した支持期における身体各部の水平（a）および鉛直（b）方向の力積を，速度の異なる疾走動作について示したものである[8]．疾走速度の小さい場合には，支持脚の力積の水平成分は小さい．しかし，疾走速度が増加するに従って，支持脚および左腕（支持脚と反対側の腕）の力積は徐々に増加し，最高速度における支持脚の力積は，他の部分に比べて著しく大きい．これとは逆に，右腕，体幹，回復脚の力積は，速度とともに徐々に減少し，最高速度では負になる場合もみられる．

これらのことは，支持脚（右脚）が全身の水平運動量（速度）にもっとも大きく貢献し，速度の増加に関与するが，右腕や回復脚は支持期では前方に動くものの，全体としては水平速度を減少させる傾向にあることを示している．しかし，力積は支持期における総合的な結果を示したものに過ぎないので，負の力積を示した右腕や回復脚が支持期においてどのような役割を果たしているかを検討するには十分ではない．

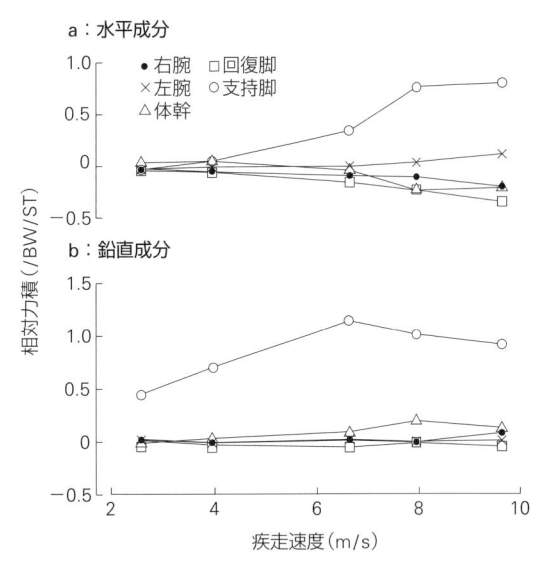

図 8-13 速度の異なる疾走の支持期における身体各部の力積
（阿江通良ほか：短距離走における支持脚各部の機能と合理的な動き．陸上競技紀要，1：4-10，1988）

(2) 身体各部の相対運動量の変化

図 8-14 は，支持期における身体各部の水平相対運動量の変化パターンを，5 名の被験者の平均で示したものである[8]．図 8-14 では，正の相対運動量は，その部分が下位の関節（支持脚では，

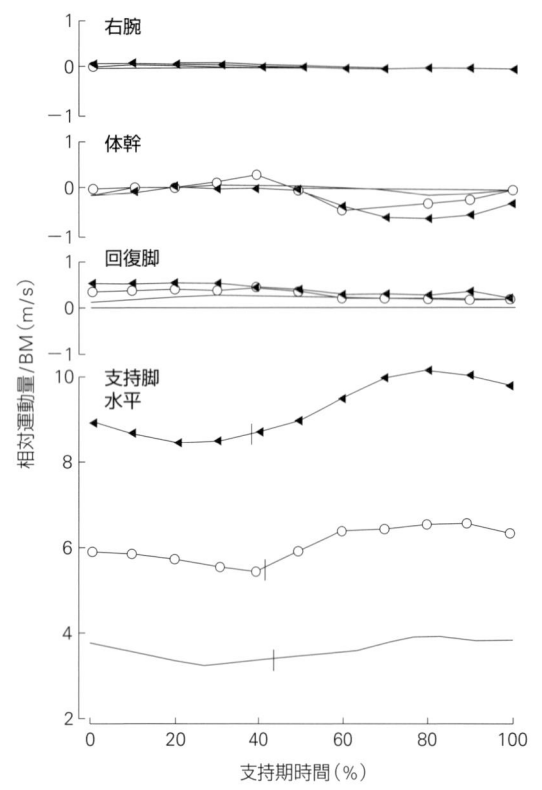

図8-14 支持期において身体各部により生み出された水平方向の相対運動量
(阿江通良ほか：短距離走における支持脚各部の機能と合理的な動き．陸上競技紀要，1：4-10，1988)

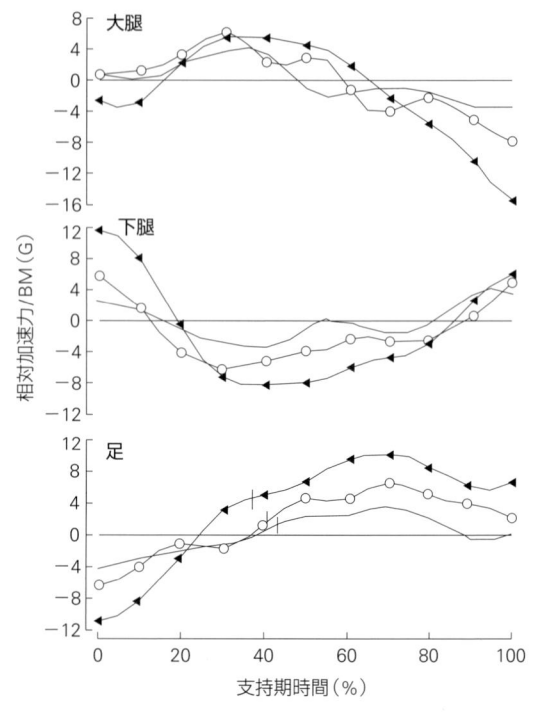

図8-15 支持脚各部により生み出された水平相対加速力
(阿江通良ほか：短距離走における支持脚各部の機能と合理的な動き．陸上競技紀要，1：4-10，1988)

地面）に対して前方に動いて運動量を生じていることを示している．

　支持脚はもっとも大きな水平相対運動量を生み出している．いずれの速度でも，支持脚の水平相対運動量は，前半で減少し，後半で増加している．右腕と同様に，回復脚は支持期にわたって常に正（前方）の相対運動量を示している．また，右腕や回復脚の相対運動量は小さいが，接地によって支持脚の水平相対運動量が減少する局面ではわずかに増加している．このことは，右腕や回復脚の支持期における力積は負を示したが，接地から支持期前半において全身の水平運動量の減少を小さくする役割を果たしていることを意味するものである．

　一方，体幹は右腕，回復脚，支持脚とは異なる変化を示している．支持期前半では，わずかに増加し，後半では70～80％あたりでピークを示す負の相対運動量を生じている．このような体幹の相対運動量の変化は，体幹が前半では前方へ，後半では後方へ回転することから生じたと考えられる．体幹は身体の運動量を増加するためには，あまり貢献していないようにみえる．しかし，体幹の相対運動量が減少したとき，支持脚の相対運動量が増加することから推測すると，体幹はその相対運動量を支持脚に伝達したり，支持脚に対する負荷を軽減して支持脚が短時間に伸展できるようにする役割を果たしていると考えられる．

　次に，もっとも大きな貢献度を示した支持脚の大腿，下腿，足の動きを検討する．

(3) 支持脚各部の相対加速力の変化パターン

　図8-15は，支持脚の大腿，下腿，足により生み出された相対加速力の水平成分を，図8-16は鉛直成分の変化パターンを示したものである[8]．これらの図において，正の相対加速力とは，その部分が下位の関節に対して前方または上方の相対

加速力を発揮していることを示している．

水平成分（図8-15）：接地直後，下腿は正の相対加速力を生じ，15～20％まで持続している．下腿の相対加速力が負になるころから，大腿，ついで足の相対加速力が正になる．そして大腿では，30％あたりでピークに達したのち，減少して負になる．一方，足の相対加速力は，接地後から徐々に増大し，70％でピークに達する．

これらのことから，主として，下腿は支持期初期で，大腿は中間の局面で，そして足は後半において身体を加速するのにはたらいていると考えられる．このうち，下腿は支持期の主において身体を前方へ加速するのには貢献していない．しかし，接地直後のブレーキの大きな局面で正の相対加速力を発揮し，水平速度の減少を小さくする役割を果たしていることは興味深い．

鉛直成分（図8-16）：接地から中間までは，足が正の相対加速力を生じる．下腿の相対加速力がそれにつづいて正になるが，足の相対加速力が増大してくると再び負になる．大腿の相対加速力は，離地直前を除けば，ほとんど負であり，身体を上方に加速する役割をほとんど果たしていない．したがって，疾走では，足そして下腿が身体を上方に投射しているといえる．

このように支持脚各部の相対加速力については，疾走速度が増加してもそのパターンにはあまり変化がみられなかったが，その大きさは変化し，水平方向の下腿と足では顕著であった．このことは，疾走速度が大きな場合には，足関節が支持期後半で重要な役割を果たすことを示唆していると考えられる．しかしMann[9]は，足関節の足底屈モーメントは支持期後半では急速に減少すると述べている．また，足の水平相対加速力は，下腿の水平相対加速力が負になるころから正になり，大腿の相対加速力が減少しはじめると増加した．これらのことをもとにすると，ここで示された足の相対加速力がすべて足底屈筋群によって発揮されたものではなく，大腿や下腿の運動量が足に伝達された結果によるものも含まれていると考えるべきであろう．

以上のことをまとめると，次のようになる．

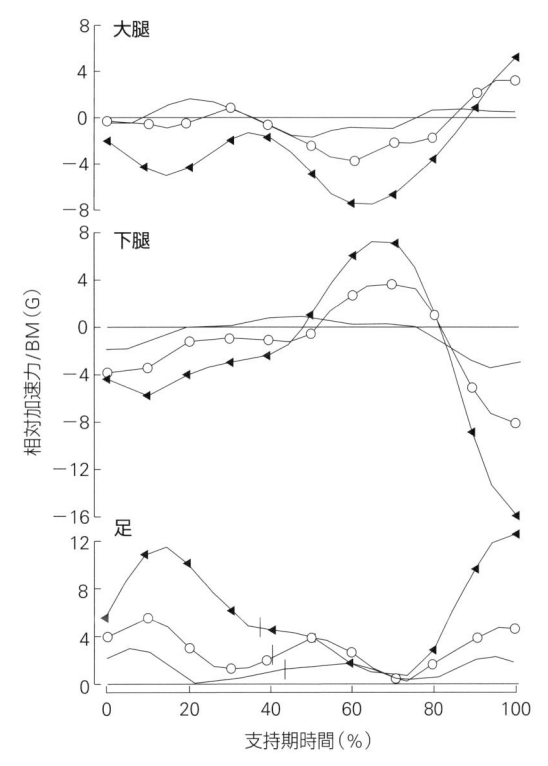

図8-16　支持脚各部により生み出された鉛直相対加速力
（阿江通良ほか：短距離走における支持脚各部の機能と合理的な動き．陸上競技紀要，1：4-10，1988）

①支持脚は，疾走速度に最大の貢献をする．回復脚は全体として負の貢献を示すが，支持期前半において水平運動量の減少を小さくするのに役立つ．

②水平方向では，足は後半において，下腿は接地直後および離地直前に，大腿は中間において身体を加速する．

③鉛直方向では，足は前半と離地前に，下腿は後半において身体を上方に加速するが，大腿による身体の相対加速力はほとんどみられない．

金子と佐藤[10]は，短距離走中の地面反力に及ぼす関節トルクの影響を明らかにするため，運動方程式を変形して下肢関節トルクの地面反力への変換係数を算出した．優れた短距離選手1名についての分析であるが，鉛直地面反力への貢献は足関節トルクが他の関節に比べて大きいこと，水平方向に関しては支持期全体としてみると足関節トルクの貢献が大きいが，接地直後では股関節が相対

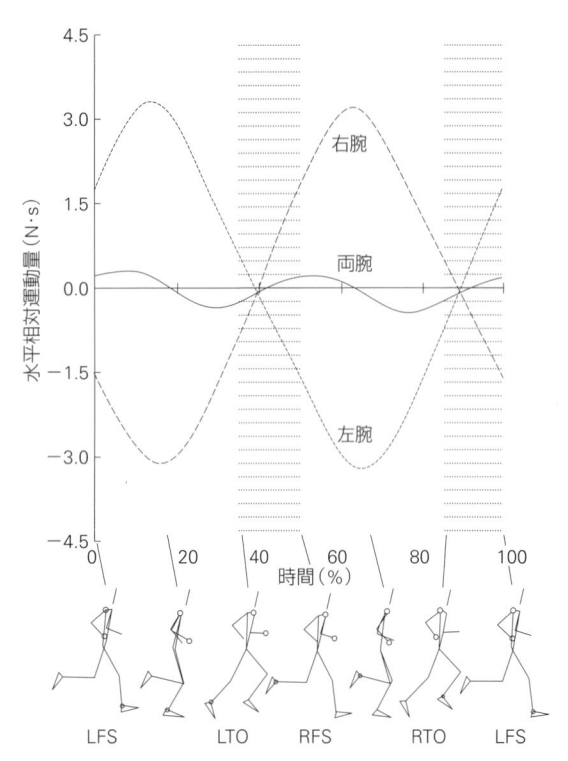

図8-17 ジョギングにおける肩に対する腕の水平相対運動量
(Hinrichs RN et al.: Upper extremity function in running I: Center of mass and propulsion consideration. Int J Sport Biomech, 3: 222-241, 1987)

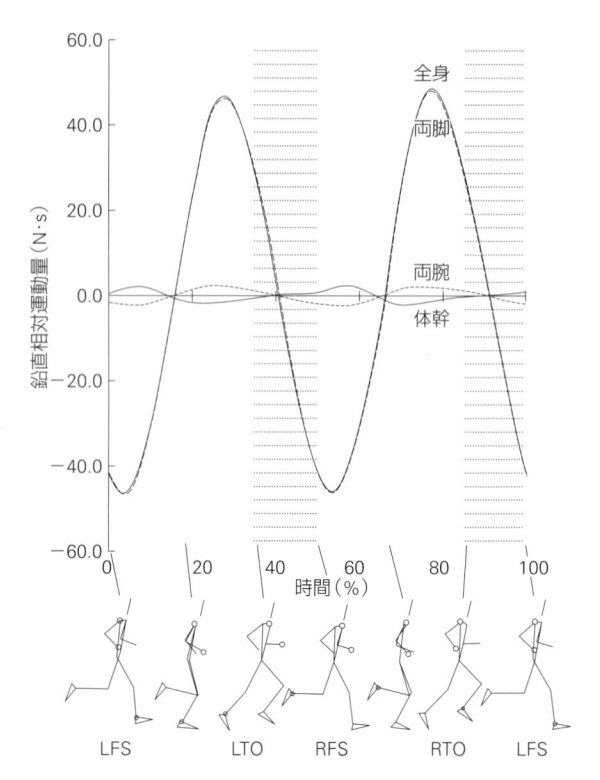

図8-18 ジョギングにおける肩に対する腕の鉛直相対運動量
(Hinrichs RN et al.: Upper extremity function in running I: Center of mass and propulsion consideration. Int J Sport Biomech, 3: 222-241, 1987)

加速力を発揮していること,さらに支持期前半では膝関節がブレーキの抑制に,後半では足関節および足先回りのトルクが加速に貢献していることなどを明らかにしている.これらの結果は,解析手法は異なるが,ここで述べたこと[8]と同様の結果であり,疾走動作における地面反力への支持脚の貢献度,さらに走運動のメカニズムを究明するのに役立つ知見といえるであろう.

(4) 上半身の貢献度

これまでみてきたように,走運動において水平速度の発生にもっとも大きく貢献するのは脚であるが,上半身はどのような役割を果たすのであろうか.

Hinrichsら[11,12]は,ジョギングにおける上半身の役割を相対運動量および角運動量に着目して論じている.図8-17は水平方向の,図8-18は鉛直方向の両腕の肩に対する相対運動量の変化を示したものである.なお,これらの図において時間軸は1サイクルの時間で規格化されている.

左腕の水平方向の相対運動量は,左足接地時から離地後までは前方に振られるため正(前向き)であり,その後,負となる.一方,右腕はほぼこれと逆の位相になっている.これは,走では左右の腕が前後に逆の動きをするためであるが,左右の腕の相対運動量が相殺され,両腕の総運動量はほぼゼロになっている.このことは,運動量という点から考えると,両腕は前進にほとんど貢献していないことを示している.

しかし,両腕の鉛直方向の相対運動量をみると,その位相はほぼ一致するので,支持期前半では負(下方)に,支持期後半では正(上方)になっている.このことは,両腕は前半では衝撃を緩衝する役割を果たし,後半では身体の上方の速度を増すのに貢献することを意味し,脚で地面を積極的にキッ

することにも役立つと考えられる．このほか，腕を振ること（作用）に対して生じる反作用が腰部や脚の動作にも影響を及ぼし，動きのリズムをとるのにも有効であると考えられる．

走動作における体幹の役割はまだ詳細に検討されていないようであるが，①適度な前傾によって身体重心位置をコントロールする（たとえばスタート時），②質量や慣性モーメントが大きいため，運動量や力学的エネルギーを保持し，腕や脚に伝達する，③腕や脚の動作の基盤となる，などの役割を果たすと考えられる．

本項では，走運動に関するバイオメカニクス的研究を中心にして走運動のメカニズムに関して述べたが，走運動のメカニズムに関しては，力学的観点のみでなく，筋や神経の活動，さらに発達バイオメカニクス的観点などにおいて多くの課題が残されている．さらに，走運動を含む移動運動では，骨盤の動きも，力，力学的エネルギー，運動量の伝達において重要であるものの研究は少ない．走運動のメカニズム解明のためには，本項の最後で述べた身体各部の貢献度や役割という観点から，走るために身体がどのように使われているか，さらにどのように使うべきかを検討することが役立つ．

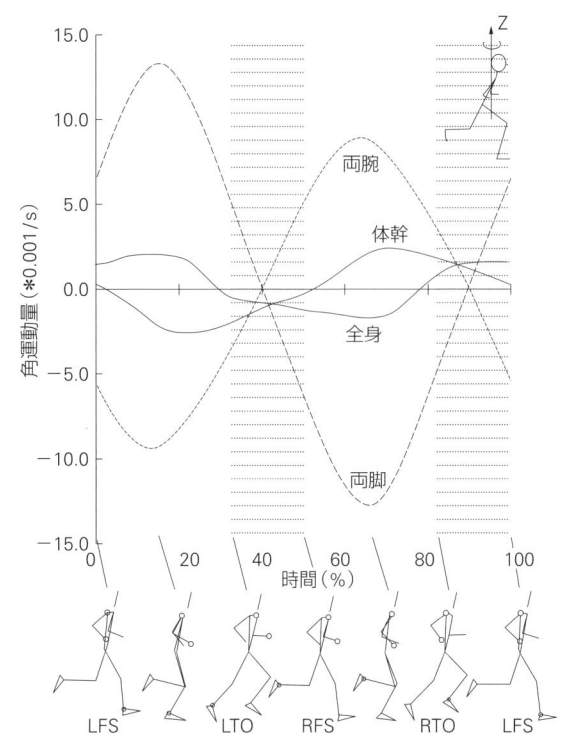

図8-19　ジョギングにおける鉛直軸まわりの身体各部の角運動量
(Hinrichs RN: Upper extremity function in running II: Angular momentum consideration. Int J Sport Biomech, 3: 242-263, 1987)

クしなくても，腕を振ることによって地面反力を大きくできることを示唆している．長距離走のラストスパートでは腕を振れといわれることがあるが，これはひとつには，腕を強く振ることによって，鉛直地面反力を大きくし，ストライドやピッチを増すことにつながるためと考えられる．

図8-19は，ジョギングにおける身体の鉛直軸回りの角運動量の変化を示したもので，正の符号は反時計回りの角運動量を示している．両脚の角運動量はかなり大きいが，両腕の角運動量と位相がほぼ逆になっており，そのため頭部と体幹，そして全身の角運動量の変化がかなり小さくなっている．これは，走運動では両腕は脚の角運動量と逆方向の角運動量を生み出して身体の縦軸回転のバランスをとる役割を果たしていることを示している．また，このことは，不必要な体幹の回転を最小限にとどめ，過剰なエネルギーの消費を抑制

文　献

1) 加藤謙一ほか：一般学生の疾走能力の発達に関する研究．大学体育研究，9：59-70, 1987.
2) 阿江通良ほか：疾走中の地面反力の変化―疾走速度の増大による影響．日本体育学会第35回大会，1984.
3) 阿江通良ほか：スプリント走の地面反力．陸上競技研究，7：2-10, 1991.
4) 阿江通良ほか：走速度の増大による下肢の動きの変化―走速度と足先および膝の速度，加速度との関係に着目して―．日本体育学会第34回大会，1983.
5) 森丘保典ほか：100m疾走における下肢動作の変化の分析―下肢動作検出装置の開発と応用―．Jpn J Sports Sci, 16：111-118, 1997.
6) Burdet RG: Force predicted at the ankle during running. Med Sci Sports Exerc, 14: 308-316, 1982.
7) 伊藤　章：走．In：深代千之ほか編著，スポーツバイオメカニクス．pp13-18, 朝倉書店，2000.

8) 阿江通良ほか：短距離走における支持脚各部の機能と合理的な動き．陸上競技紀要，1：4-10，1988．
9) Mann RV: A kinetic analysis of sprinting. Med Sci Sports Exerc, 13: 325-328, 1981.
10) 金子靖仙，佐藤文宣：走動作中の関節トルクの地面反力への変換．In：植屋清見ほか編，バイオメカニクス研究概論．pp208-212，第14回日本バイオメカニクス学会編集委員会，1999．
11) Hinrichs RN et al.: Upper extremity function in running I: Center of mass and propulsion consideration. Int J Sport Biomech, 3: 222-241, 1987.
12) Hinrichs RN: Upper extremity function in running II: Angular momentum consideration. Int J Sport Biomech, 3: 242-263, 1987.

［阿江　通良］

2．走能力の発育発達

走運動の発達研究は，走動作が可能となる2歳以降，幼少期，児童期，中学校期，高校期および成人までを対象として広範囲にわたって，多数行われている．最近では，走りはじめて間もない子どもの歩行から走運動への移行過程の特徴をとらえた報告もみられる．こうした発達研究は，横断的方法，縦断的方法あるいは混合的方法のいずれかの方法がとられる．本項では，これまでの研究報告から，おもに疾走能力の発達に関して概説する．

1）走運動の出現

宮丸ら[1]は，月齢17カ月男児1名について歩行から走運動への移行過程を6週間にわたって実験的に観察し，極めて初期の走動作の特徴を次のようにまとめている．①最初の走運動の速度は1.51m/sであり，歩行の1.38m/sより大きかったこと，②走運動と歩行のストライドやその身長比は同じであったが，走運動の方がピッチが大きかったこと，③最初の走運動では，支持時間は歩行時より短縮され，わずかな非支持時間が出現したこと，④歩行および最初の走運動において，両脚の動作の時間的位相や四肢の動作パターンに違いがみられなかったこと．また，著者ら[2]は，月齢が12〜18カ月の女児6名を対象にして歩行から走運動への移行過程を9カ月間にわたって継続的に記録（撮影頻度；1〜3週間の間隔）し，その運動形態学的な発達特徴をとらえている．その結果をまとめると以下のようであった．①歩行から走運動出現までの発達過程は歩行，リープ（左

図8-20　歩行から走運動出現までの発達過程にみられた歩行，リープおよび走運動の3つのlocomotion
（Katoh K et al.: A follow-up study on the development from the walking to running motion in infancy. 18th Congress of the International Society of Biomechanics, book of abstract, pp86-87, Proceedings（CD-ROM），2001）

右いずれか1歩のキックによる非支持局面の出現）および走運動（連続した2歩以上の左右脚のキックによる非支持局面の出現）の3つの移動運動の形態に分けられた（図8-20）．②移動運動の発達は，歩行からリープを経て走運動が出現する順序であった．③リープ動作には優位脚（非支持局面の出現頻度が多いキック脚）があり，側性がみられた．④走運動が出現する時期とほぼ同時期に反対脚によるリープや両足支持を挟んだリープがみられた．⑤歩行から最初の走運動への移行過程には左右のピッチやストライドの大きさの偏

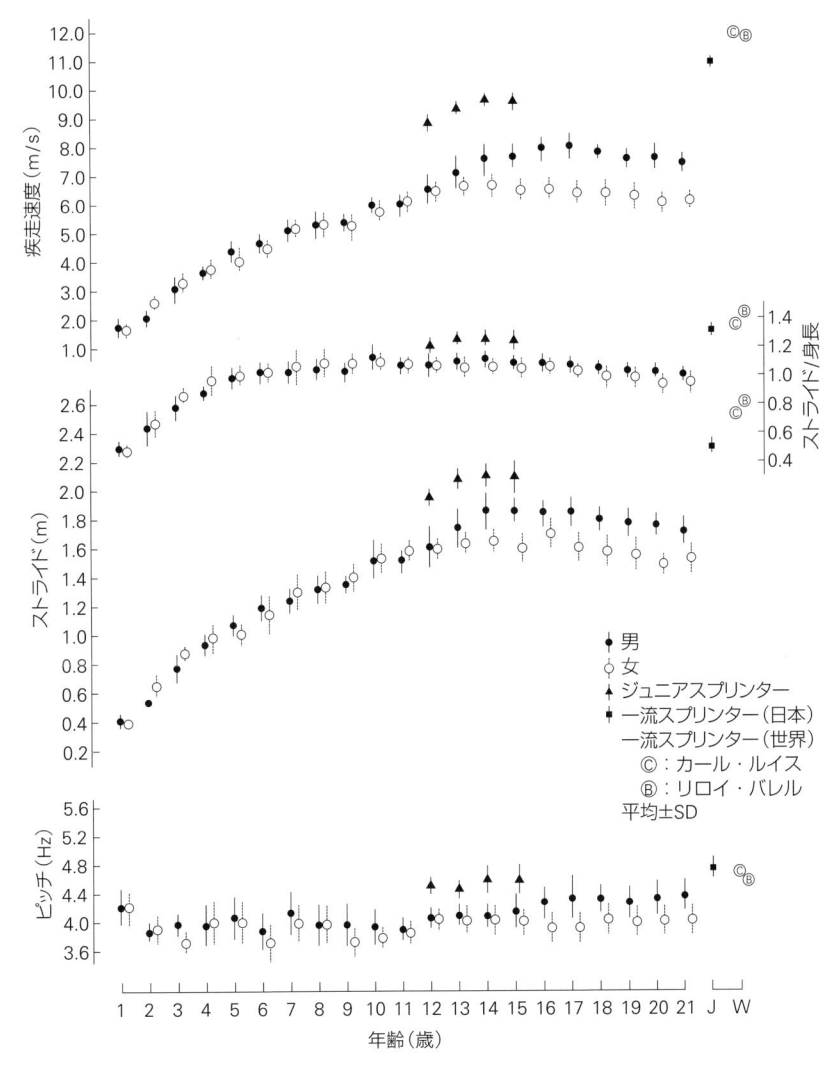

図8-21 加齢に伴う疾走速度，ピッチ，ストライドおよびその身長比の変化とスプリンターの値
（宮丸凱史編著：疾走能力の発達．p5，杏林書院，2001）

りを修正しながら，次第に走運動を獲得する発達的特徴がみられた．

こうした極めて初期の未熟な走運動を獲得した後，その能力や動作は加齢とともに発達していく．

2）疾走能力の横断的発達

図8-21は，疾走能力の発達をとらえるために，先行研究の結果にもとづいて疾走速度，ピッチ，ストライドおよびその身長比をそれぞれ示したものである．図8-21の各年齢の値は以下の報告によるものである．1歳男子は宮丸ら[1]，1歳女子は著者ら[2]，2～11歳は斉藤ら[3]，12～14歳は著者ら[4]，15～17歳男子は著者ら[5]，15～17歳女子は著者ら[6]，18～21歳は著者ら[7]であった．また，比較のために12～15歳のジュニアスプリンター[8]と世界および日本一流スプリンターの値[9,10]をそれぞれ加えた．

走運動は，男女とも生後およそ18カ月以降にみられ[11,12]，その速度は男女とも12歳頃まで加齢に伴って増大する．思春期を迎え，男子は17歳までさらに疾走速度が増大し，その後停滞傾向を示すのに対して，女子は13歳以降の疾走速度の増大はみられなくなり，その後停滞する．ストライドは男女とも疾走速度とほぼ同様の加齢に

伴う変化を示し，男子では14，15歳，女子では13，14歳頃をピークとしてその後，男女ともに停滞傾向を示す．ストライドの身長比は男女とも6，7歳に1を越え，その後は顕著な変化はみられない．また，ピッチは男子では2〜14歳まで加齢に伴う明確な変化はみられないが，15〜17歳にかけて増大した．一方，女子のピッチは2歳から成人まで明確な経年的変化はみられない．

以上の先行研究から，約1歳半から12歳までの疾走速度の発達は，男女ともにピッチよりも，おもにストライドの加齢に伴う増大によるものであると推察される．しかし，男子の15〜17歳における疾走速度の増大は，ストライドよりもピッチによるものと考えられた．幼児期から児童期は，男女ともに疾走能力の発達は顕著であるが，とくに思春期を迎えるとその発達に明確な男女差が生じる．

斉藤ら[13]は，疾走速度やストライド，ピッチに形態的な発達と機能的な発達がどのような影響を与えるのかを区別するために，それぞれについて指数化し比較している．その結果，疾走速度の加齢に伴う発達は，①形態的な発達（下肢長の増加に伴ってストライドが増加する），②機能的な発達（下肢長が増加しても同じピッチを維持し，下肢長の増加による体質量と重量負荷の増大に対してさらにストライドが増加する），の2点をあげて疾走能力の発達を特徴づけている．

ところで，スプリンターの疾走速度，ストライド，その身長比およびピッチの各値は極めて大きいものであることがわかる．12歳のジュニアスプリンター（小学6年生）の各値は，男子17歳以上の値であった．陸上競技のスプリント種目において最高成績が発揮される年齢は，およそ22〜24歳頃[14]と考えられていたが，近年の国際競技会で活躍する選手の年齢は高くなっている．たとえば，カール・ルイスが1991年の世界陸上100mで世界新記録（9.86）を出して優勝したときは30歳であったし，1992年のバルセロナオリンピック100mで優勝（9.96）したリンフォード・クリスティは32歳，1996年のアトランタオリンピック100mで世界新記録（9.84）を出して優勝

したドノバン・ベーリーは29歳であった．

3）走動作の発達

国外ではWickstrom[15]が中心となって，ウィスコンシン大学の幼児期から児童期の走動作の縦断的または横断的発達に関するmaster's thesis[16,17]やdoctoral dissertation[18,19]をもとに，発育期における走動作のおもな発達傾向を以下のようにまとめている．加齢につれて，①ストライドが増大する，②身体の上下動の相対量が減少する，③離地時の下肢関節伸展が増大する，④非支持時間が増大する，⑤回復期における踵の殿部への引きつけが顕著になる，⑥大腿の引き上げ（もも上げ）が増大する，⑦接地足の位置が身体重心の真下に近づく，⑧回復期の脚の足先や外輪や膝の外転が減少する，などであった．

国内では幼児・児童期を対象に走動作の発達に着目した初期の研究として宮丸[20]や辻野ら[21]があげられる．とくに，宮丸は，幼児期における走動作の発達的特徴を図8-22のように脚の各関節の屈曲および伸展の少ない動作パターン（a）から脚の屈伸と振幅を大きくする大きな回転振動動作パターン（b）への変容として示している．このような動作の発達を客観的に診断する指標として，斉藤ら[3]は跳躍比（非支持時間／支持時間）やストライド比（ストライド／身長）の比率をあげている．加えて，宮丸[22]はこれらの指標から跳躍比，ストライド比がともに100%を越える6〜7歳頃を，走動作の成熟段階としている．また，Miyamaruら[23]は，幼少期の身体部分慣性係数[24]を用いて4〜7歳までの幼児の疾走動作における

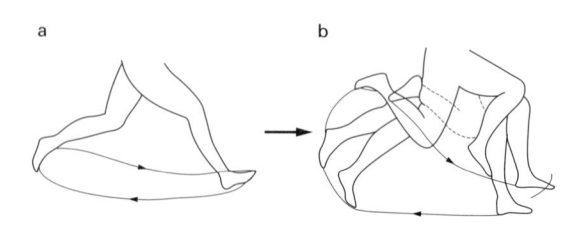

図8-22 ヒトのlocomotionでの下肢の動作パターン
（宮丸凱史：幼児の基本的運動技能におけるMotor Patternの発達-1-幼児のRunning Patternの発達過程．東京女子体育大学紀要，10：14—25，1975）

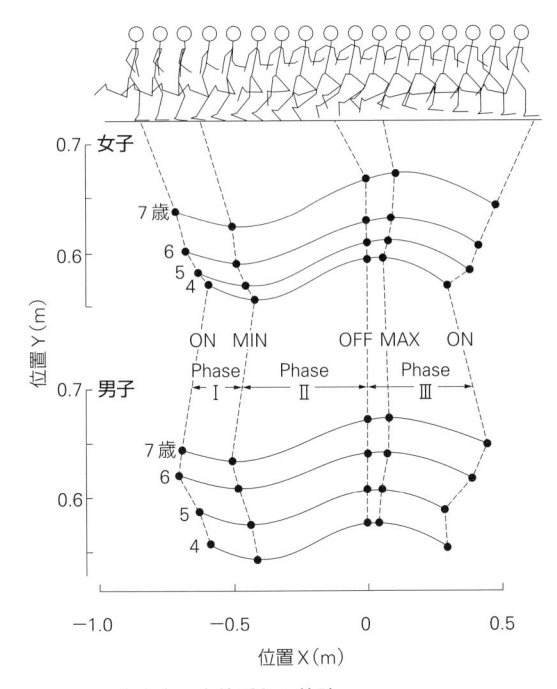

図8-23 疾走中の身体重心の軌跡
(Miyamaru M et al.: Path of the whole body center of gravity for young children in running. In: Jonsson B ed, Biomechanics X. pp887-893, Human Kinetics, 1987)

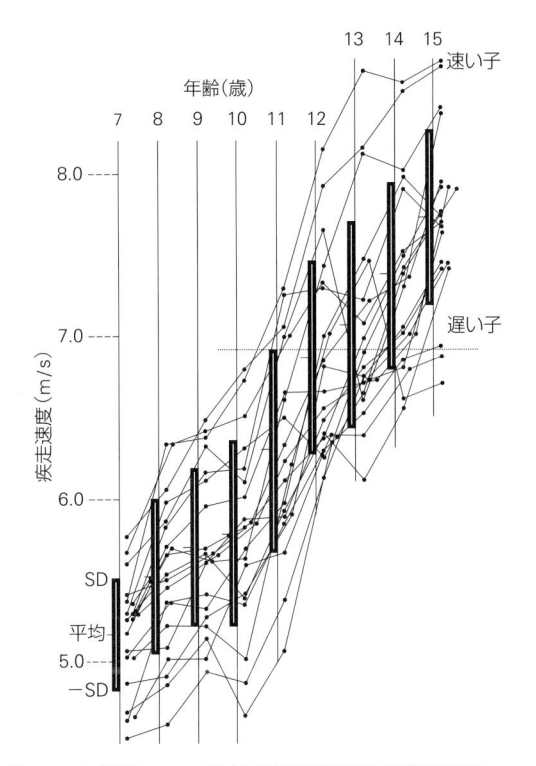

図8-24 男子7～15歳までの疾走速度の縦断的発達
(Katoh K et al.: A longitudinal study on the development of running motion of boys aged seven to fifteen. 16th Congress of the International Society of Biomechanics, p200, 1997)

身体重心の軌跡を求め，その発達的特徴をとらえている．図8-23は，加齢に伴う身体重心の軌跡の変容を示している．加齢に伴って身体重心の上下動が少なくなることや女子の方が男子よりもその上下動が大きい動作であることを示唆している．これらの知見は，Wickstromら[15]の指摘をより客観的にしたものといえよう．地面反力を用いたキネティックな研究からも，走動作の発達はとらえられている．Fortney[25]は，2，4，6歳の子どもの地面反力を比較し，鉛直方向の最大値は2歳で体重の約2倍であり，4，6歳では約4倍であったことを報告している．Clarkら[26]は，走運動が可能となる条件として，鉛直方向の地面反力がおよそ体重の2倍になることをあげている．地面反力からみた幼少期における疾走能力の発達に関するデータは数少なく，Fortney[25]のデータは貴重なものといえよう．福永ら[27]は，走動作の性差に触れ，女子は男子に比べて上に跳び上がるような走り方をしていることを示唆している．また，後藤ら[28]は，加齢に伴う疾走中の筋放電パターンから走運動の発達をとらえ，7歳以上になると成人のパターンと類似していることを報告している．

以上の先行研究から推察すれば，走動作は6～7歳頃までにかなり完成されるとみなされ，また性差がみられることも示唆される．いずれにしても，加齢に伴う身体資源の発育発達を背景としながら，就学する頃までに固有の走動作が急速に修得されると考えられる．

4) 疾走能力および疾走動作の縦断的発達

佐藤[29]は男女各3名の小学生を対象に疾走能力の発達を追跡している．このうち男女各1名は1～6年生にわたって縦断的に測定しており，疾走運動の発達における最初の混合的研究といえよう．Amanoら[30]は，4～11歳にかけて男女53名の30m疾走タイムを縦断的に追跡している．Amanoら[30]の研究は，多数の子どもの疾走能力

速い子　　　　　　　　　　　　　　　　　遅い子

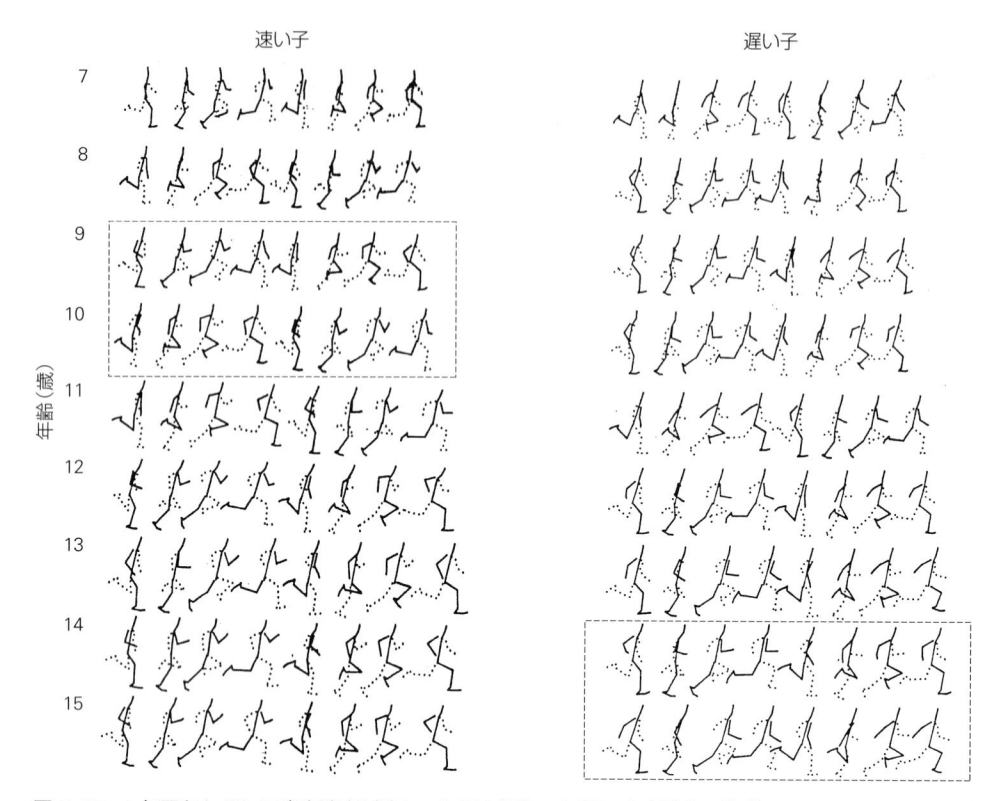

図8-25　9年間をとおして疾走速度が速かった子と遅かった子の疾走動作の比較
(Katoh K et al.: A longitudinal study on the development of running motion of boys aged seven to fifteen. 16th Congress of the International Society of Biomechanics, p200, 1997)

の発達を縦断的にとらえた国内最初のものであり，貴重な資料であるといえる．著者ら[31,32]も男女小学1年生（7歳）から中学3年生（15歳）まで9年間にわたり，疾走能力の発達を縦断的に追跡している．これらの研究を総括すれば，低年齢時に疾走能力の優れた子どもはその後も優れており，低年齢時で疾走能力の劣った子どもはその後も劣っていることが共通している．

図8-24は，男子7～15歳までの疾走速度の発達を9年間にわたり縦断的にとらえたものである．図8-24の速い子と遅い子は，それぞれ9年間を通して疾走速度が速かったものと遅かったものを示している．両者の疾走速度を比較すると，速い子の9，10歳あたりの速度は遅い子の14，15歳の水準とほぼ同じであることがわかる．図8-25は，男子の速い子と遅い子の9年間の疾走動作をそれぞれスティックピクチャーで示したものである．速い子の9，10歳と遅い子の14，15歳の疾走動作を比べてみると，速い子と遅い子の間には疾走能力の違いだけでなく，動作にも違いがあることが観察される．同様のことは，女子小学1年生から中学3年生までの疾走能力の発達を9年間にわたり縦断的にとらえた研究報告からも示された．このことは，走動作が加齢に伴って改善されるものではなく，指導を通して習得しなければ動作が改善されないことを示唆していると考えられる．このような見方は，横断的な観察ではできないものであろう．

5）疾走能力の優れた子どもの発達的特徴

疾走能力は，多くのスポーツパフォーマンスに関係する基礎的な運動能力のひとつとして考えられ，その優劣は，低年齢の段階ですでに興味・関心の的になっている．小学6年生（12歳）で全国陸上競技大会100mで入賞した男子児童（以下Jスプリンター）の形態，疾走能力，疾走動作お

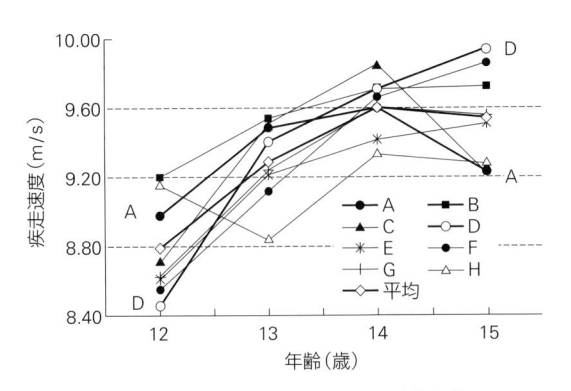

図8-26 12〜15歳までの疾走速度の縦断的発達
(加藤謙一ほか：ジュニアスプリンターの疾走能力の発達に関する縦断的研究．体育学研究，44：360-371，1999)

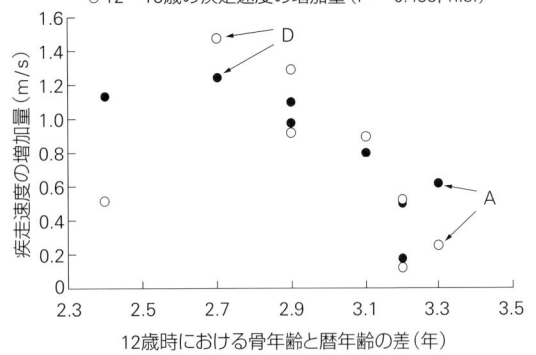

図8-27 疾走速度の増加量と骨年齢との関係
(加藤謙一ほか：ジュニアスプリンターの疾走能力の発達に関する縦断的研究．体育学研究，44：360-371，1999)

よび等速性筋力などの特徴をとらえた研究[33]や，その後15歳までのそれらの発達を縦断的にとらえた研究[8]から次のことが明らかにされている．①Jスプリンターは，骨成熟が進み，暦年齢よりも約3歳早熟であり，一般児童よりも発育スパートの早い成熟の進んだ小学生であること，②身長や体重は，Jスプリンターの方が一般児童よりも大きく，立幅跳や等速性脚筋力のような脚力もJスプリンターの方が一般児童よりも顕著に優れていること，③疾走速度，ピッチおよびストライドは，Jスプリンターの方が一般児童よりも著しく大きいこと，④Jスプリンターの疾走動作の特徴は，成人スプリンターの疾走動作の特徴に類似しているものではなかったこと，⑤Jスプリンターは一般の子どもの疾走能力の発達とは異なり，12歳では疾走速度が低かったものが15歳では反対に高い傾向であったこと（図8-26），⑥12〜15歳におけるJスプリンターの疾走速度の向上は疾走動作の改善ではなく，おもに大腿部後面の筋の発達が影響していたこと，などであった．また，12〜15歳にかけて，疾走速度が伸び悩んだAと疾走速度が向上したDとの比較（図8-26）から，さらに以下のことも明らかにされている．すなわち，12〜15歳までの疾走速度の増加量と関係の深い等速性膝屈曲力（角速度180，300deg/s）の増加量がDの方がAよりも顕著に大きかったこと，身長や体重の増加量もDの方がAよりも大

きかったことであった．また，12歳時の骨年齢と暦年齢の差と疾走速度の増加量の関係（図8-27）からJスプリンターのような早熟な集団では，比較的成熟が進んでいないものの方がその後の疾走速度の増大が大きくなることが示された．実際にAとDでは12歳時においてAは成熟がかなりすすんでおり，反対にDは成熟が遅れていたことがわかる．すなわち，12歳時におけるAの優れた疾走能力は早熟によるところが大きく，その後Dの成熟が進むにつれ，形態や機能の増大がAよりも大きくなり疾走能力の逆転が生じたものと考えられる．

走運動の発達研究は，さまざまな年齢段階の一般の子どもから成人，ジュニアアスリートなどを対象に多くのデータが蓄積されている．疾走能力は，身体の発育発達と密接にかかわっていることや男女各年齢段階における発達的特徴が本項から理解できる．今後もこうした研究は重要であると思われるが，一方ではこうしたデータを，体育の学習・指導やスポーツのトレーニング・コーチングへ有効に活用していくことも期待される．さらには，中高齢者や障害者などを対象として，幅広く走能力の発達を明らかにしていくことも求められよう．

文　献

1) 宮丸凱史，加藤謙一：走運動の始まりに関す

る運動形態学的考察. 体育科学, 24：89-96, 1996.
2) Katoh K et al.: A follow-up study on the development from the walking to running motion in infancy. 18th Congress of the International Society of Biomechanics, pp86-87, Proceedings (CD-ROM), 2001.
3) 斉藤昌久ほか：2-11歳児の走運動における脚の動作様式. 体育の科学, 31：357-361, 1981.
4) 加藤謙一ほか：中学生の疾走能力の発達に関する縦断的研究. 体育の科学, 35：858-862, 1985.
5) 加藤謙一ほか：男子高校生の疾走能力および最大無酸素パワーの発達. 体育学研究, 37：291-304, 1992.
6) 加藤謙一ほか：女子高校生の疾走能力および最大無酸素パワーの発達. 体育学研究, 39：13-27, 1994.
7) 加藤謙一ほか：一般学生の疾走能力の発達に関する研究. 大学体育研究, 9：59-70, 1987.
8) 加藤謙一ほか：ジュニアスプリンターの疾走能力の発達に関する縦断的研究. 体育学研究, 44：360-371, 1999.
9) 伊藤 章ほか：世界一流スプリンターの技術分析. In：佐々木秀幸ほか監修, 世界一流陸上競技者の技術. pp31-49, ベースボールマガジン社, 1994.
10) 佐川和則ほか：アジア男子トップスプリンターの中間疾走フォーム. In：佐々木秀幸ほか監修, アジア一流陸上競技者の技術. pp33-48, 創文企画, 1997.
11) Branta C et al.: Age changes in motor skills during childhood and adlescence. Exerc Sport Sci Rev, 12: 467-520, 1984.
12) Wickstrom RL: Fundamental Motor Pattern. pp37-57, Lea & Febiger, 1977.
13) 斉藤昌久, 伊藤 章：2歳児から世界一流短距離選手までの疾走能力の変化. 体育学研究, 40：104-111, 1995.
14) マトヴェイエフLP, 江上修代訳：ソビエトスポーツ・トレーニングの原理. pp354-359, 白帝社, 1985.
15) Wickstrom RL: Developmental kinesiology: Maturation of basic motor patterns. Exerc Sport Sci Rev, 3: 163-192, 1975.
16) Dittmer J: A kinematic analysis of the development of the running pattern of grade school girls and certain factors which distinguish good from poor performance at the observed ages. Unpublished mater's thesis, University of Wisconsin, 1962.
17) Fortney VL: The swinging limb in running of boys ages seven through eleven. Unpublished mater's thesis, University of Wisconsin, 1964.
18) Clouse F: A kinematic analysis of the development of the running pattern of preschool boys. Unpublished doctoral dissertation, University of Wisconsin, 1959.
19) Beck M: The path of the center of gravity during running in boys grade one to six. Unpublished doctoral dissertation, University of Wisconsin, 1966.
20) 宮丸凱史：幼児の基本的運動技能における Motor Pattern の発達 -1- 幼児の Running Pattern の発達過程. 東京女子体育大学紀要, 10：14-25, 1975.
21) 辻野 昭, 後藤幸弘：幼児・児童期における走運動 pattern の加齢的変遷. 大阪教育大学紀要, 24：253-262, 1975.
22) 宮丸凱史：幼児の走技能. 体育の科学, 33：90-97, 1983.
23) Miyamaru M et al.: Path of the whole body center of gravity for young children in running. In: Jonsson B ed, Biomechanics X. pp887-893, Human Kinetics, 1987.
24) 横井孝志ほか：日本人幼少年の身体部分係数. 体育学研究, 31：53-66, 1986.
25) Fortney VL: The kinematics and kinetics of the running pattern of two-, four-, and six-year-old children. Res Q Exerc Sport, 54: 126-135, 1983.
26) Clark J and Whitall J: Changing patterns of locomotion, From walking to skipping. In: Woollacott MH and Shumway-Cook A eds, Development of Posture and Gait Across the Life Span. pp136-143, University of South Carolina Press, 1989.
27) 福永哲夫ほか：地面反力からみた発育期男女の走能力特性. In：星川 保, 豊島進太郎編：走・跳・歩・打・泳運動における"よい動きとは". pp46-49, 第7回日本バイオメカニクス学会大会組織委員会, 1984.
28) 後藤幸弘ほか：幼小児における走運動の習熟過程の筋電図的研究. In：日本バイオメカニクス学会編, 身体運動の科学Ⅲ. pp237-248, 杏林書院, 1979.
29) 佐藤信一：小学生における短距離疾走の進歩の追求. 体育学研究, 18：41-50, 1973.
30) Amano Y et al.: Logitudinal study of running in children over an 8-year period. In: Jonsson B, ed, Biomechanics X-B. pp819-824, Human Kinetics, 1987.
31) Katoh K et al.: A longitudinal study on the development of running motion of boys aged seven to fifteen. 16th Congress of the International Society of Biomechanics, p200, 1997.
32) Katoh K et al.: A longitudinal study on the

development of running motion of girls aged seven to fifteen. 17th Congress of the International Society of Biomechanics, p658, 1999.
33) 加藤謙一ほか：優れた小学生スプリンターにおける疾走動作の特徴．体育学研究，46：179-194，2001．

［加藤　謙一］

3．走動作における下肢の関節トルクと関節トルクパワー

1）関節トルクおよび関節トルクパワーの意義

われわれが走るときには，筋はどのような活動をしているのであろうか．疾走時の筋のはたらきがわかれば，技術のみではなく，トレーニング法についてのさまざまな示唆が得られる．疾走中の下肢筋群の活動状態は，筋電図を記録することによって知ることができる．一方，多数の下肢筋群の個々の筋力を測定あるいは推定することは，下肢に関する剛体の運動方程式の数よりも筋の数（未知数）が多いため，不定性問題となる．しかし，下肢筋群を股，膝，足関節の伸筋群と屈筋群にモデル化して筋群の数を運動方程式の数と同じにすることによって，これらの筋群が発揮した関節トルクを推定することができる．これらの関節トルクは，関節回りの筋群によって発揮されたトルクの合成（正味の）されたものであるので，どのような筋によって発揮されたかを知ることができないという限界があることに注意してデータを解釈する必要がある．

走動作は全身運動であるので，上肢や体幹の動作も重要であるが，ここではもっとも重要な下肢関節トルクや関節トルクによるパワー（関節トルクパワー）について述べることにする．なお，上肢における関節トルク，関節パワー，力学的エネルギーの流れを研究したものには，Mann[1]，小木曽ら[2]の研究がある．

2）短距離疾走における下肢の関節トルク

図8-28は，全速疾走における右脚（スティックピクチャーでは実線）の下肢関節の角速度および関節トルクを5名の男子短距離選手の平均（実線）および標準偏差（点線）で示したものである[3]．時間軸のゼロは右足の接地時を示し，時間が負の局面は右脚の回復期，正の局面は支持期を示す．また，関節の角速度と関節トルクを考え合わせることにより，関節トルクによって発揮されたパワー（関節トルクパワー＝関節トルク×関節角速度）を知ることができる．たとえば，図8-28に示した股関節をみると，接地前（たとえば，-50msあたり）では関節角速度は伸展（負），そのときの関節トルクは伸展（負）であるので，その積である関節トルクパワーは正となり，股関節伸筋群がコンセントリックな筋活動によりパワーを発揮していると解釈できる．なお，負のパワーはエクセントリックな筋活動によるパワーを意味する．

足関節についてみると，筋群は回復期ではトルクをほとんど発揮していないが，支持期では大きな足底屈トルクを，また関節角速度から支持期前半では負の，後半では正のパワーを発揮していることがわかる．したがって，足関節トルクの役割は，前半では接地直後の大きな衝撃力に抗して身体を支持し，後半では身体を前上方に加速するはたらきをすることにあるといえるであろう．

膝関節についてみると，回復期前半では小さな伸展トルクが発揮され，接地が近づくと屈曲トルクが優位になり，その大きさも増加している．これは，前半では離地後の過度な膝関節屈曲を抑制し，後半では下腿が過度に振り出されるのを抑制して，脚を振り戻すのにはたらいていると考えられる．そして，接地前では膝関節は伸展しているが，屈曲トルクが優位なので，大腿二頭筋などの大腿後面の筋群がエクセントリックな筋活動によりトルクを発揮していることがわかる．さらに，この局面における股関節では，先にも述べたように，股関節伸筋群がコンセントリックな筋活動により正のパワーを発揮している．このことは，接

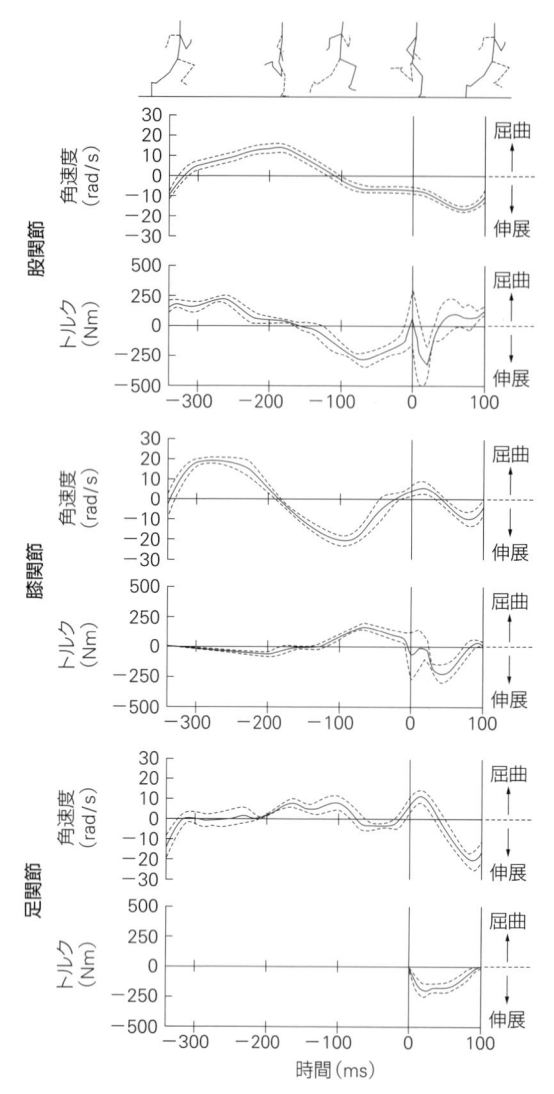

図 8-28 短距離疾走における下肢関節の角速度および関節トルク（5名の平均値）
（馬場崇豪ほか：短距離走の筋活動様式．体育学研究，45：186-200，2000）

地前では膝関節屈曲および股関節伸展に関与するハムストリングスに大きな力学的負荷がかかり，肉離れが発生する可能性のあることを示唆するものであろう．支持期では，膝伸展トルクが発揮され，足関節と同様な役割を果たしている．なお，接地直後の関節トルクの標準偏差が大きいが，このことは選手によっては屈曲トルクが発揮された場合があったことを示している．

股関節についてみると，回復期前半では脚が過度に後方に回転する（脚が流れる）のを防ぎ，脚を引き付けるために大きな股関節屈曲トルクが持続して発揮されている．回復期後半では大きな伸展トルクが発揮され，前方に振り出された大腿を振り戻すのにはたらく．支持期前半では接地の衝撃により，関節トルクの立ち上がりは急激で，また標準偏差も大きいが，基本的には前半では伸展トルクが，後半では屈曲トルクが優位である．接地直後では伸展角速度がやや停滞していることを考えると，この局面では股関節伸展トルクは股関節を固定し体幹を安定させるためにはたらき，その後股関節を伸展し，身体を前方に進めるのにはたらいていると考えられる．支持期後半では屈曲トルクが優位になり，後方に振られる大腿を引き戻すはたらきをしていると考えられる．

すでに述べたように，これらの関節トルクは関節回りの筋群によって発揮されたトルクの合成（正味の）されたものであるので，どのような筋によって発揮されたかを知るには，筋電図などのデータから関節トルクと筋群の活動様式の関係を検討する必要がある[3]．

3）加速および減速局面における下肢関節トルク

100m走の疾走速度は，スタート後から急激に増加したのち，50〜60mあたりで最高に達し，ゴールまで徐々に低下する．このとき，疾走速度の変化に伴って下肢関節トルクがどのように変化するかを知ることは，短距離走の記録向上やトレーニングを考えるうえで不可欠なことであるが，研究例はまだ少ない．

図 8-29 は，馬場ら[3]が男子短距離選手について測定したスタート後1，3，9，19歩目の下肢関節トルクを典型例について示したものである（実際には，1，3，5，9，13，19歩目の関節トルクを測定した）．5名の疾走速度は，19歩目で8.97〜9.79m/sであり，1歩目はその35±2%（約3.3m/s），3歩目は55±4%（約5.2m/s），5歩目は71±5%（約6.7m/s），9歩目は89±3%（約8.3m/s），13歩目は95±3%（約8.9m/s）であった．各ステップにおける関節トルクの変化傾向（伸展トルク，屈曲トルクの極性）は，股関節のよう

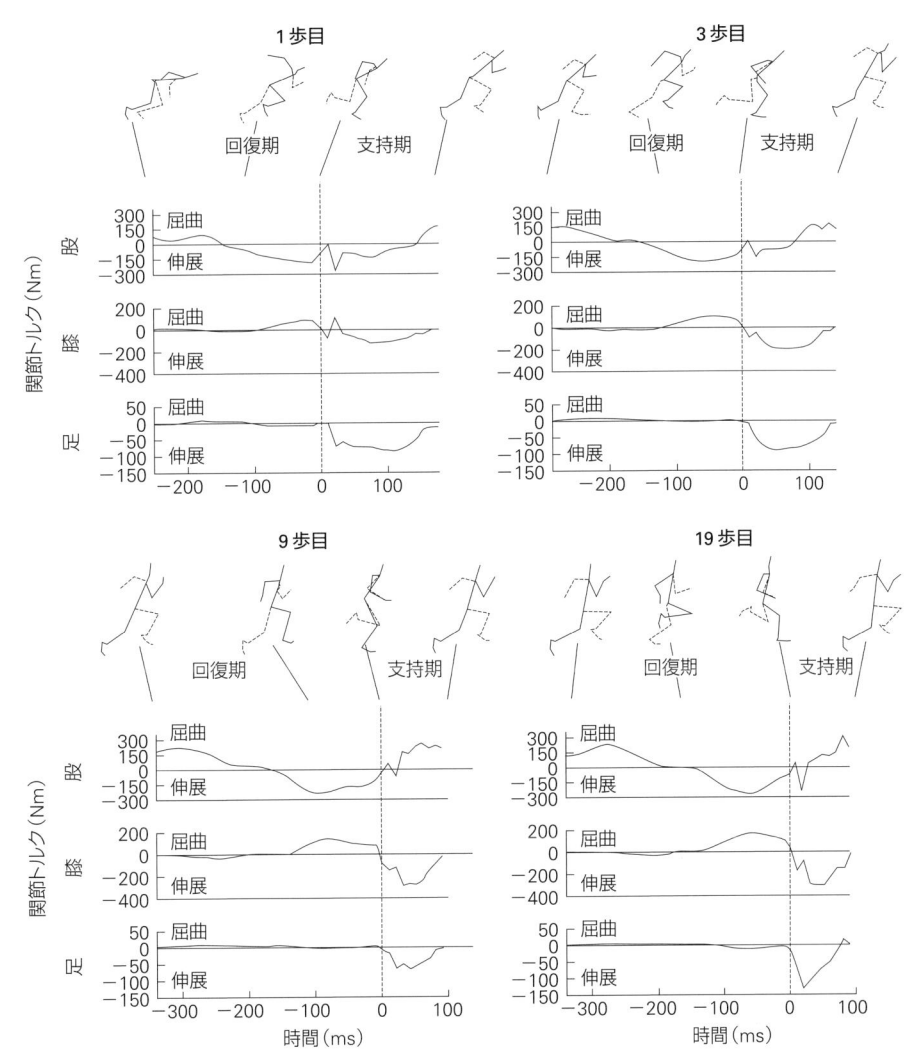

図8-29 スタートダッシュおよび加速疾走における下肢関節の角速度および関節トルク：スタート後1，3，9，19歩目の典型例
(馬場崇豪ほか：短距離走の筋活動様式．体育学研究，45：186-200，2000)

に疾走速度が大きくなると，支持期における屈曲トルクの発揮が徐々に早くなる場合もあるが，おおむね図8-28に示したものと同様である．しかし，関節トルクの大きさには変化がみられる．

図8-30は，図8-29と同様の実験から得られた，短距離疾走中の関節トルクの最大値と19歩目の疾走速度に対する相対速度との関係を示したものである[4]．疾走速度の増加に伴って，回復期前半における股関節屈曲トルク（図8-30，HT-1）および膝関節伸展トルク（KT-1），回復期後半における股関節伸展トルク（HT-2）および膝関節屈曲トルク（KT-2）が増加した．このうち，股関節トルクの増加は，スタート後に大腿の引き上げや振り戻しが徐々に大きくなることへの対応であると考えられている．膝関節の伸展トルクの増加は，すでに述べたように回復期前半における膝関節屈曲を抑制して回復脚を素早く引き出すことに，また回復期後半の膝関節屈曲トルクは下腿の過度な振り出しを防ぎ，下腿および脚を振り戻すのに役立つと考えられる．支持期では，足関節伸展トルク（AT-1，足底屈トルク）のみが増加したが，これは増加する支持期の衝撃力に対応し

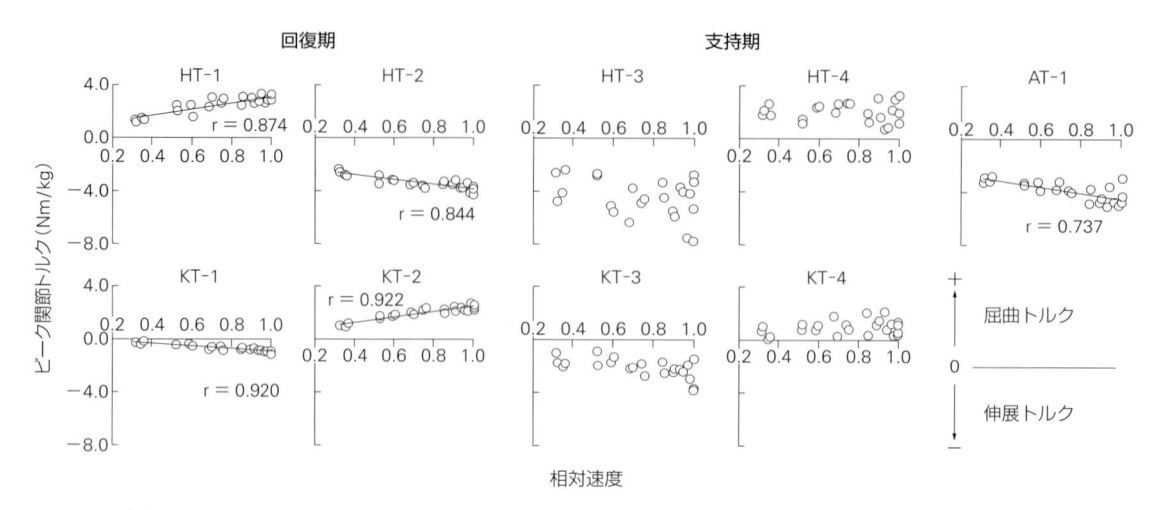

図8-30 相対疾走速度と下肢関節のピークトルクとの関係
(伊藤 章ほか:スタートダッシュにおける下肢関節のピークトルクとピークパワー, および筋放電パターンの変化. 体育学研究, 42:71-83, 1997)

て身体を支持し, また支持期時間が減少してくることへの対応と考えられる.

一方, 支持期の股関節のトルクは, 疾走速度の大きさにかかわらず大きな値を示しており, 膝関節トルクもわずかに増加する傾向はあるものの, あまり変化しなかった. これは短距離疾走では, 支持期における股関節伸筋群が疾走速度の大きさに関係なく重要なことを示すものと考えられる.

100m疾走では, 一般に60mを過ぎると疾走速度が低下してくるが, 下肢関節のトルクはどのように変化するのであろうか. 図8-31は, 男子短距離選手(最高記録100m:10秒44)に100m走を行わせた場合の30, 50, 70mの各地点における下肢関節トルクを比較して示したものである[5]. 図8-31では, いずれの関節も伸展トルクが正で示されている. この実験では, VTRカメラを10台設置して10mごとの疾走フォームを分析したが, フォースプラットフォームにより地面反力を測定できなかったので, 支持期における関節トルクは身体重心の加速度から地面反力を推定した.

この試技では, 疲労によって70m地点の疾走速度は50m地点より低下した. 70m地点の関節トルクを50m地点と比べると, 離地直前から回復期前半の股関節屈曲トルクおよび膝関節伸展トルク, 後半の股関節伸展トルク, 膝関節屈曲

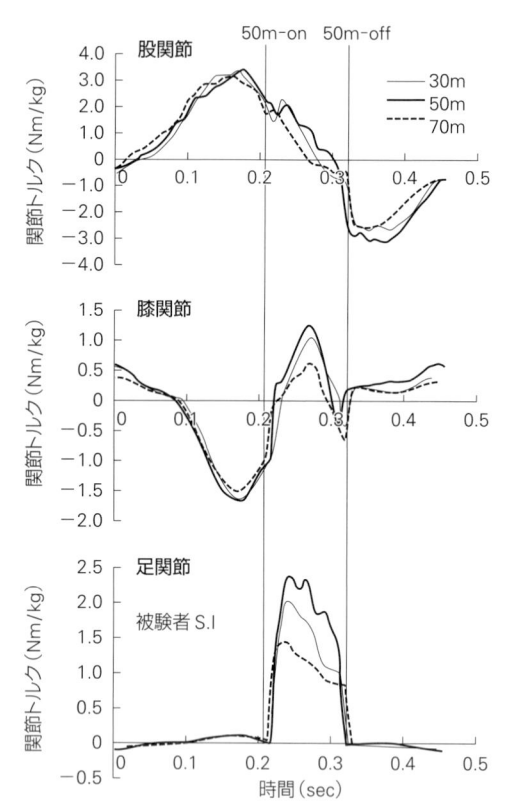

図8-31 100mの加速, 全速, 減速の各局面における下肢関節トルクの変化(羽田雄一:私信, 2003)

トルクが低下することがわかる. 100m後半では大腿が引き出せなくなり, ももが上がらなくなるが(この動作局面は図8-31では0〜0.1秒あたり

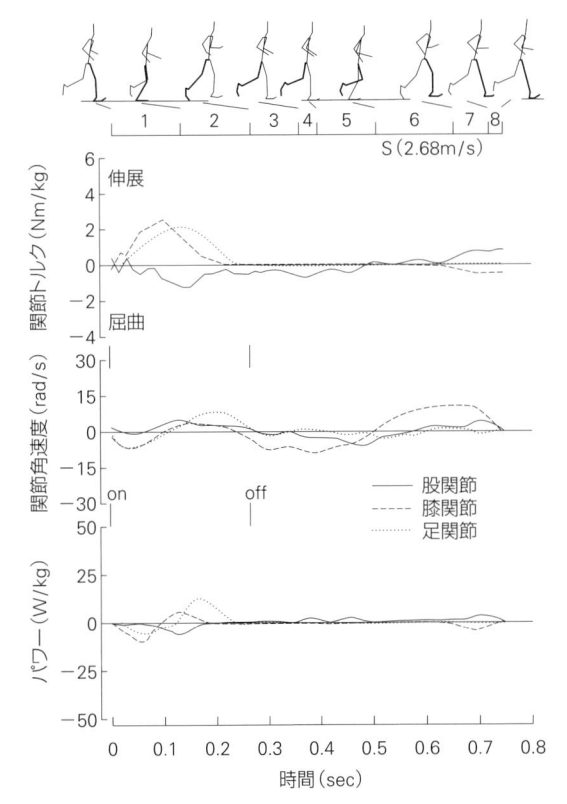

図8-32 低速疾走における下肢関節のトルク，関節角速度，関節トルクパワーの変化（5名の平均値）
(阿江通良ほか：機械的パワーからみた疾走における下肢筋群の機能および貢献度．筑波大学体育科学系紀要，9：229-239, 1988)

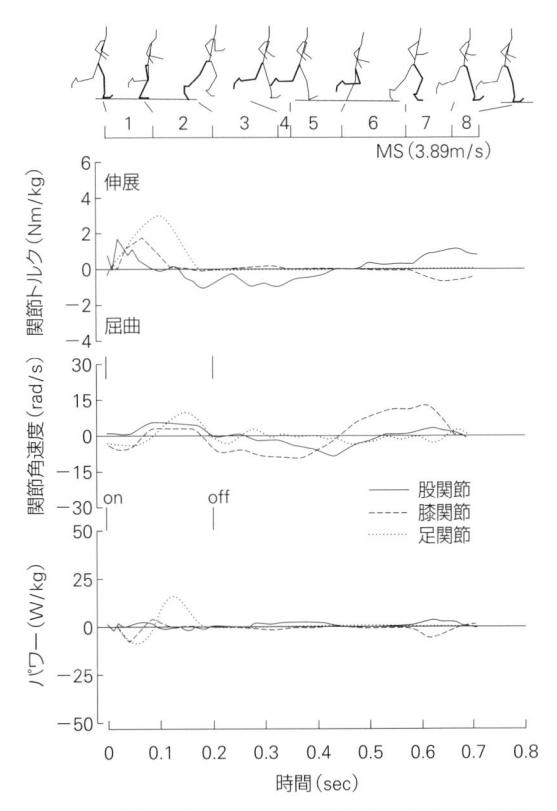

図8-33 中低速疾走における下肢関節のトルク，関節角速度，関節トルクパワーの変化（5名の平均値）
(阿江通良ほか：機械的パワーからみた疾走における下肢筋群の機能および貢献度．筑波大学体育科学系紀要，9：229-239, 1988)

の回復期後半に相当する），ここでは股関節トルクは伸展優位である．図8-31から考えると，ももが上がらなくなるのは，回復期前半の股関節屈曲トルクの低下によるところが大きいと考えられる．また，支持期ではすべての関節トルクが大きな低下を示し，大きな力が作用する支持期が重要なことを示唆する．しかし，先述したように図8-31に示した支持期のトルクは推定値であるので，100m走における時間的経過に伴う支持期の関節トルクの変化および詳細な検討は今後に残された課題である．

4）速度の異なる走動作における下肢の関節トルクおよび関節トルクパワー

図8-32～36は，異なる定常速度で疾走した場合の下肢関節のトルク，角速度，関節トルク

パワーの変化を5名の被験者の平均で示したものである[6]．図8-32が低速（2.68m/s，ゆっくりしたジョギング程度），図8-33が中低速（3.89m/s），図8-34が中速（6.52m/s），図8-35が中高速（7.86m/s），図8-36が全速（9.59m/s）の場合を示す．これらの図において，正のトルクは伸筋群（ただし，足関節では足底屈筋群）が優位であることを，正の関節角速度は関節の伸展（足関節では足底屈曲）を，正のパワーはコンセントリックな筋活動によるパワーを示している．区間1および2は支持期，区間3～8は回復期である．

（1）支持期

支持期の関節トルクとパワーをみると，足関節ではいずれのスピードでも足底屈曲トルクが優位で，低速から中低速になると最大トルクは大きく

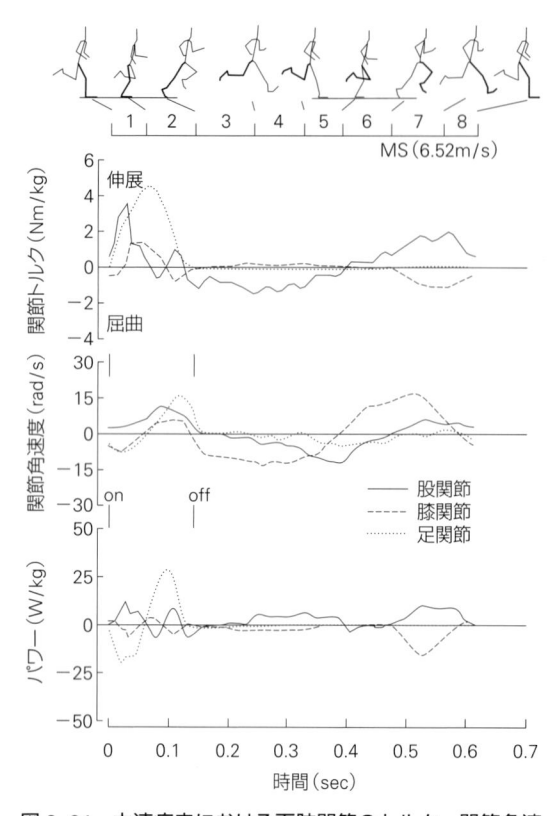

図 8-34　中速疾走における下肢関節のトルク，関節角速度，関節トルクパワーの変化（5名の平均値）
（阿江通良ほか：機械的パワーからみた疾走における下肢筋群の機能および貢献度．筑波大学体育科学系紀要，9：229-239，1988）

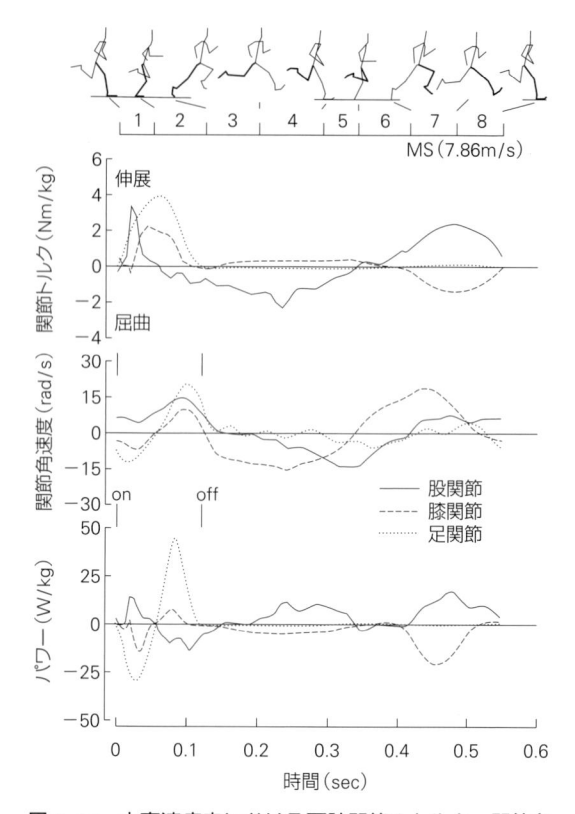

図 8-35　中高速疾走における下肢関節のトルク，関節角速度，関節トルクパワーの変化（5名の平均値）
（阿江通良ほか：機械的パワーからみた疾走における下肢筋群の機能および貢献度．筑波大学体育科学系紀要，9：229-239，1988）

なるが，図 8-29 に示した加速疾走の場合とは異なり，それ以上の速度ではあまり増加しない．しかし，パワーは前半の負から後半では正に変化し，速度が大きくなると最大パワーも増加している．膝関節では，伸展トルクが優位であり，中高速までは最大トルクはあまり増加しないが，全速になると増加している．これは疾走速度が大きい場合には支持期が短くなるので，力を大きくして身体を受け止めるためと考えられる．膝関節トルクパワーは，いずれの速度でも多少の変動はみられるが，足と同様に負から正へ変化した．そして，疾走速度が大きくなると，最大パワーも大きくなっている．股関節では，図 8-29 の加速疾走とは異なり，疾走速度とともに股関節伸展トルクは大きくなった．また，股関節トルクパワーの変化のしかたは低速の場合，中低速，中速および中高速の

場合，全速の場合の3つに分けられた．すなわち，股関節のパワーは，低速では支持期全体にわたって負であり，中低速，中速および中高速の場合は前半では正，後半では負となったが，全速の場合はトルクの変動と呼応して，接地直後では負，その後は正となり，後半では再び負となった．このことは，図 8-29 に示した加速疾走では，低速の場合でもかなり大きな股関節伸展トルクが発揮されていたことと大きく異なる．したがって，疾走速度が大きい場合には加速疾走も定常疾走も大差はないが，速度が小さい場合でも加速疾走ではかなり大きな筋力およびエネルギー出力が要求されると考えられる．そして，これらのことは，加速には股関節伸展トルクが重要であり，さらに長距離走でも加速するにはかなりのエネルギー発揮が必要なことを示唆するものであろう．

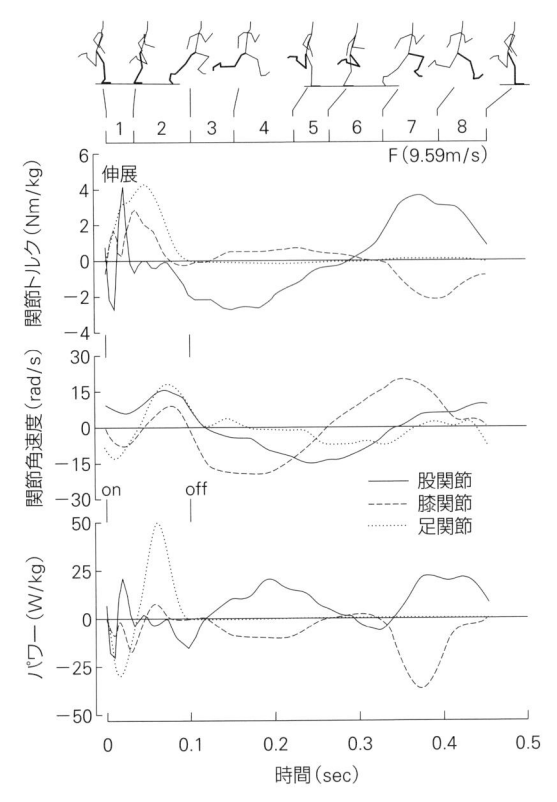

図 8-36 全速疾走における下肢関節のトルク，関節角速度，関節トルクパワーの変化(5名の平均値)
(阿江通良ほか：機械的パワーからみた疾走における下肢筋群の機能および貢献度．筑波大学体育科学系紀要，9：229-239，1988)

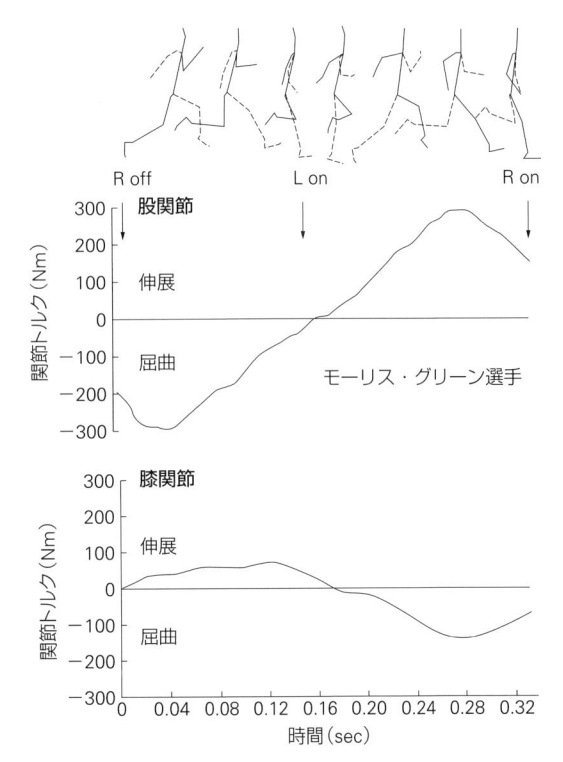

図 8-37 一流スプリンターの回復脚の関節トルク

(2) 回復期

回復期における関節トルクとパワーの変化パターンには，疾走速度が異なっても本質的な相違はなかった．すなわち，回復期における足関節のトルクやパワーにはみるべき変化はない．膝関節トルクは回復期前半が伸展，後半は屈曲と股関節トルクは前半が屈曲，後半が伸展であり，この傾向は加速疾走と同様である．関節トルクパワーは，膝関節では回復期のほぼ全体にわたって二峰性の負パワーを，股関節では逆に二峰性の正パワーを示した．そして，回復期における関節トルクやパワーの大きさには疾走速度間に著しい相違がみられ，足を除けば疾走速度が大きい場合には，膝関節では回復期後半の屈曲トルクおよび負パワーが，股関節では回復期前半の屈曲トルクおよび正パワー，後半の伸展トルクおよび正パワーが著しく大きかった．そして，この傾向は加速疾走の場合とほぼ同様であった．

このようにみてくると，疾走速度が異なると，下肢関節のトルクやパワーの大きさにはかなりの相違があるが，変化パターンには速度の相違ほど差はないことがわかる．疾走では足関節は支持期において足底屈曲トルク（足底屈筋群）が正負のパワーを，膝関節は回復期前半において膝関節伸展トルク（伸筋群）が，後半では屈曲トルク（屈筋群）が負のパワーを，そして股関節は回復期前半において屈曲トルク（屈筋群）が，後半では伸展トルク（伸筋群）が正パワーを発揮しているといえる．

5) 一流スプリンターの下肢関節トルク

図 8-37 は，100m 元世界記録保持者のモーリス・グリーン選手のレース中の回復脚の関節トルクであるが，この競技会では強い向かい風の影響で疾走速度は 11.1m/s と小さかった．関節トルクの変化パターンはこれまで示してきたものと同

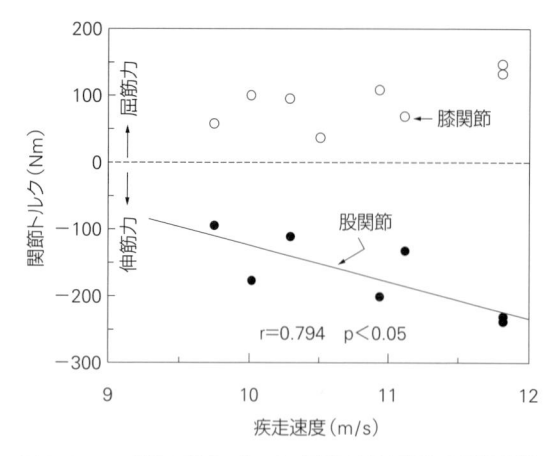

図8-38　一流スプリンターにおける接地直前の下肢関節トルクと疾走速度との関係
（伊藤　章ほか：世界一流スプリンターの技術分析．In：佐々木秀幸ほか監修，世界一流陸上競技者の技術．pp31-49，ベースボール・マガジン社，1994）

様であるが，離地後の股関節屈曲トルクが大きく，それに比して膝関節伸展トルクが小さいという特徴がみられる．

図8-38は，接地直前の股関節および膝関節トルクと疾走速度の関係を一流選手について示したもので[7]，カール・ルイス選手が1991年に世界記録を樹立した時のものも含まれている．図8-38にモーリス・グリーン選手のもの（股関節：150Nm，膝関節：100Nm）を当てはめてみると，ほぼ回帰直線に乗るようである．このことは，関節トルクの最大値も重要であるが，どの局面や瞬間において大きな関節トルクが発揮されているかがより重要なことを示唆しており，興味深い．

文　献

1) Mann RV: A kinetic analysis of sprinting. Med Sci Sports Exerc, 13: 325-328, 1981.
2) 小木曽一之ほか：全力疾走中の上肢における機械的エネルギーの流れ．陸上競技研究，7：12-20，1991．
3) 馬場崇豪ほか：短距離走の筋活動様式．体育学研究，45：186-200，2000．
4) 伊藤　章ほか：スタートダッシュにおける下肢関節のピークトルクとピークパワー，および筋放電パターンの変化．体育学研究，42：71-83，1997．
5) 羽田雄一：私信，2003．
6) 阿江通良ほか：機械的パワーからみた疾走における下肢筋群の機能および貢献度．筑波大学体育科学系紀要，9：229-239，1988．
7) 伊藤　章ほか：世界一流スプリンターの技術分析．In：佐々木秀幸ほか監修，世界一流陸上競技者の技術．pp31-49，ベースボール・マガジン社，1994．

［阿江　通良］

4．慣性モーメントからみた走運動

1）慣性モーメントと走運動

走動作は，身体の上肢と下肢の各部分の交替運動によって構成され，この交替運動は，並進運動と回転運動に分けられる．回復期における下肢の運動は，大腿，下腿および足のそれぞれの並進運動と，それぞれ各部分の回転運動に構成されている（図8-39）．これら回転運動は，各部分の重心回りの回転運動と各部分の重心が股関節まわりの回転運動に分けることができる．たとえば，足部の運動は，足部重心の並進運動Tと，重心回りの回転運動ϕで構成されている（図8-39）．

回転運動の場合，運動の変化に対する抵抗（回転のさせにくさ），回転軸回りの質量分布によっ

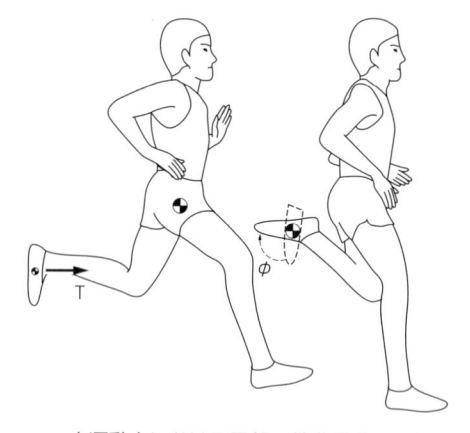

図8-39　走運動中における足部の並進運動と回転運動

て決まる慣性モーメントとして表される．この慣性モーメントは，回転運動に大きく影響するので，走技術を考察するための極めて有用な概念である．

Newtonの第二法則を走運動における脚の回転

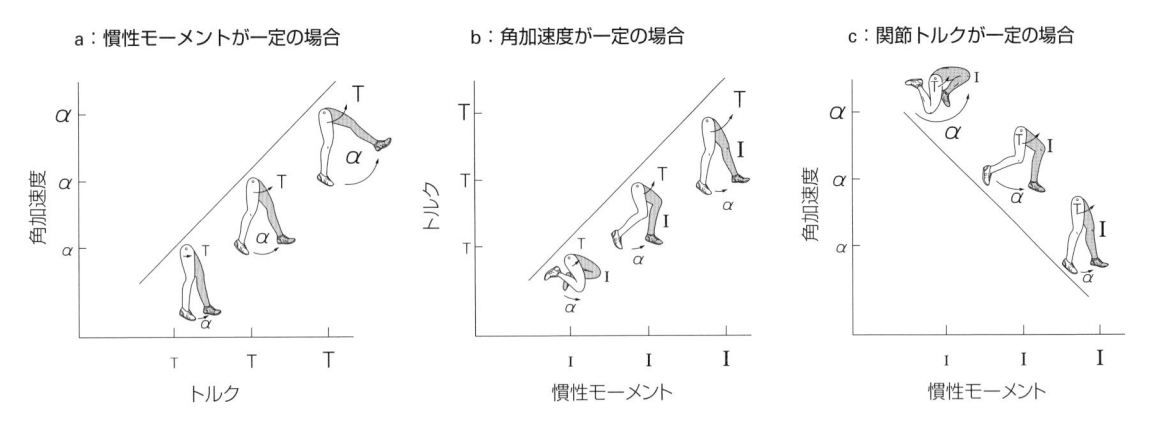

図 8-40 角加速度，慣性モーメントおよび関節トルクの相互関係
(Kreighbaum E and Barthels KM: Biomechanics. pp596–636, Macmillan Publishing Company, 1996 より引用改変)

動作に応用すると，

$\alpha = T/I$

である．ただし，α，T および I は，それぞれ脚全体の回転の角加速度，股関節のトルクおよび股関節回りの慣性モーメントである．α，T および I の相対関係は，図 8-40 のように表すことができる．図 8-40a は，脚を伸ばしたままで，慣性モーメント I が一定の場合，横軸のトルク T が大きければ，脚の回転角加速度 α も大きくなる．図 8-40b は，脚の回転角加速度 α が一定の場合に，慣性モーメント I が大きくなると，トルク T の値が大きくなり，股関節にかかる負担も大きくなる．図 8-40c は，股関節にかかる筋トルク T が一定の場合，膝の伸ばしによって慣性モーメントが大きくなり，脚の角加速度 α が低下することになる．すなわち，キック後の回復期において，下腿と足部を尻へ引き付ければ，足，下腿の股関節回りの慣性モーメントが小さくなり，一定の関節トルクに対し，より大きな下肢の角加速度が得られる．このような理由で，走運動学習において走者に足の尻への高い引きつけ動作，すなわち踵の高い蹴り上げと膝の高い振り上げ動作がよく勧められている．

2）慣性モーメントの調整

走行中における下腿と足部の慣性モーメント（図 8-41）については，各部位の重心回りの部分は一定であるが，股関節回りの部分は，各部分

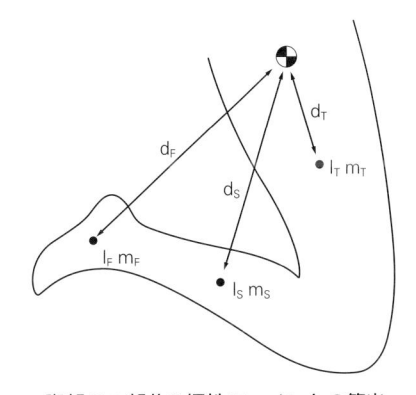

図 8-41 脚部の 3 部分の慣性モーメントの算出

から股関節までの距離によって変化する．その距離が短ければ慣性モーメントが小さくなり，脚運びが容易になる．平行軸の定理（第 6 章）によると，この距離が半分になると，慣性モーメントは 1/4 になる．

脚と同じように，走行中における肩を軸としている腕の振りは，肘を伸ばした状態より，肘を曲げたほうが腕が振りやすい（図 8-42a）．中・長距離走の多くの選手は，疲労を軽減するために，肘角度を小さくして，慣性モーメントの小さい腕振りをしている．逆に，短距離走者の多くは，大きな歩幅で生じる胴体部のねじれと均衡をとるために，慣性モーメントの大きいダイナミックな腕振りをしている（図 8-42b）．

技術の複雑なハードル走の技術からは，慣性モーメントによる影響がより多くみられる．先導脚と抜き脚の動作には，回転動作を行いやすいた

a：中・長距離走者

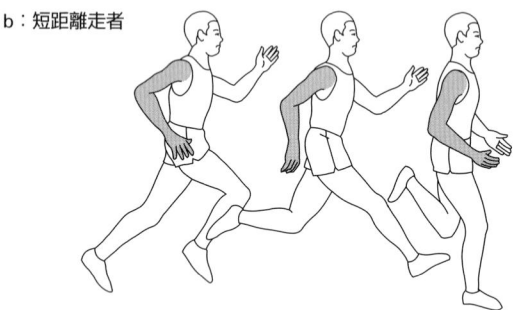

b：短距離走者

図8-42 中・長距離走者と短距離走者における腕振りの違い

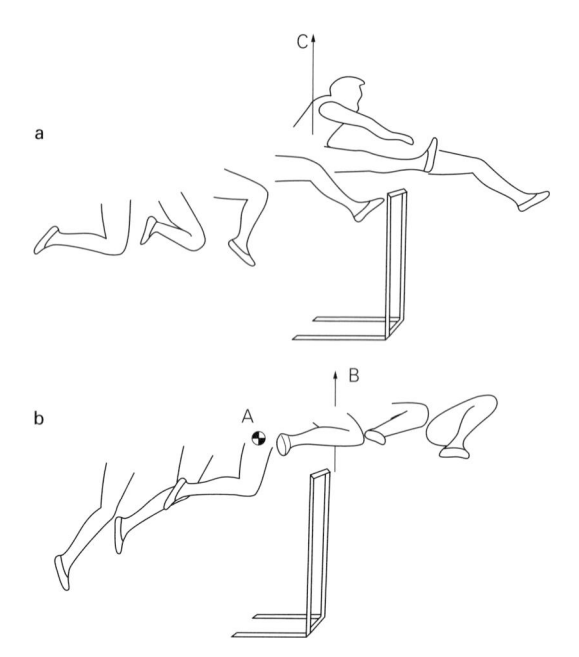

図8-43 ハードル走における慣性モーメントの調整

めに，積極的に回転部の慣性モーメントを小さくする膝曲げ動作がみられる（図8-43a）．先導脚の動作は，まず膝を曲げ踵を殿部に近づけ，股関節回りの慣性モーメントの小さい状態で，大腿部の回転を行う（図8-43a）．一方，抜け脚はキックした後，前・上方へ引きあげると同時に，大腿を外転し，膝を曲げる（図8-43b）．この膝の曲げ動作によって，股関節を通す左右軸Aと鉛直軸B回りの慣性モーメントがともに小さくなる．その後，横まわりがはじまり，大腿・下腿・足部を地面にほぼ平行になるように引き上げハードルを超える．

上半身については，ハードルを超えるとき，走者の大きな前傾姿勢がみられる（図8-43a）．この前傾姿勢は，空中にある体のバランス維持に大きく寄与する．前傾姿勢になると，上半身の質量が身体の鉛直軸Cから離れて水平面へ分布され，鉛直軸Cまわりの慣性モーメントが大きくなる．このことによって，鉛直軸回りの抜け脚や腕の動きによる影響は大きく軽減される．

3）走行中における慣性モーメントの算出

走行中における下肢の慣性モーメントは，平行軸の定理によって次のように算出することができる（図8-41）．

$$I = I_T + m_T d_T^2 + I_S + m_S d_S^2 + I_F + m_F d_F^2 \quad \cdots\cdots (1)$$

ただし，大腿，下腿および足部の慣性モーメントは I_T, I_S, I_F，質量は m_T, m_S, m_F，重心から回転軸の股関節中心までの距離は d_T, d_S, d_F である．

著者ら[2]は，ランニング中における慣性モーメントの変化を算出した．この定量解析と同時に，走動作の違う走者ノルディン・モルセリと曲雲霞の比較を行った．モルセリと曲は，ともに中距離走の世界記録を樹立した走者であるが，ランニングの回復期におけるフォームが異なっていた．モルセリは，典型的な高い足運び走法，踵の蹴上げと膝の振り上げが大きかった．曲は典型的な低い足運びの走法をもつ走者で，踵の蹴上げと膝の振り上げが小さかった（図8-44）．モルセリの下肢3部分の上下移動範囲が曲より大きく，特に足の上下方向では約23％大きかった．モルセリの足の大きく移動した範囲は，キック後における下腿の尻への引きつけ（図8-45 スティックピク

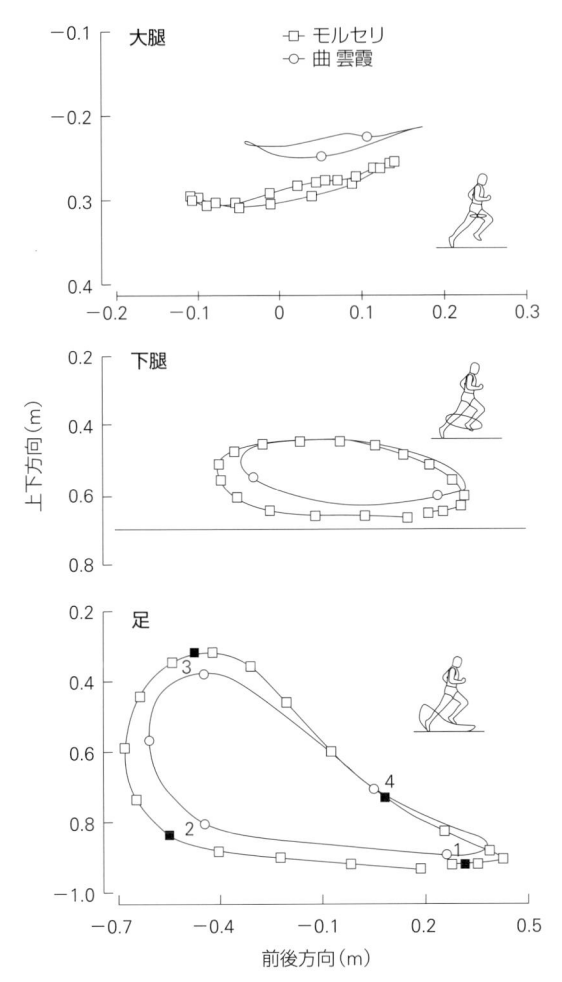

図8-44 下肢各部分(右側)の重心の身体重心に対する相対運動の軌跡(1:接地時,2:離地時,3:反対足接地時,4:反対足離地時)
(湯 海鵬,豊島進太郎:慣性モーメントから見たランニングのフォーム.バイオメカニクス研究,2:92-98,1998)

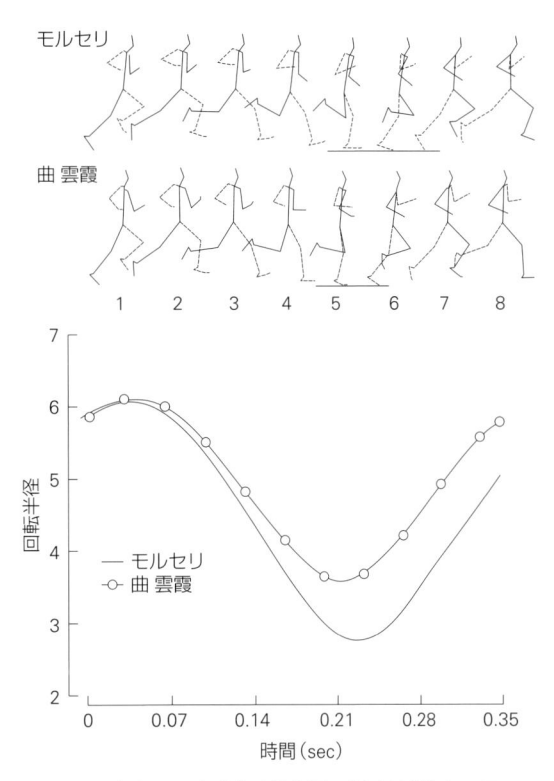

図8-45 右脚の回転半径(部分長に対する比)とスティックピクチャー
(湯 海鵬,豊島進太郎:慣性モーメントから見たランニングのフォーム.バイオメカニクス研究,2:92-98,1998)

チャー5)と大きなもも上げ(図8-45スティックピクチャー7)によるものと考えられる.

図8-45は,モルセリと曲の同じ走速度における右脚の回転半径の変化を示したものである.身長,体重などの個人的身体特性による影響を小さくするために,回転半径は,よく慣性モーメントの指標として使われる(第6章).回転半径は,足の引き付けによる減少と振り出しによる増大がみられた.曲に比べて,高い足運びのモルセリの値が小さく,特に回復期の後半にこの差異が顕著となり,最小値は約23%小さかった.下肢の大腿,下腿および足のそれぞれの回転半径は,図8-46

で示されている.大腿の値はもっとも小さく,式(1)にある d_T がほぼ一定なので,慣性モーメントの値もほとんど変化しなかった.足の回転半径はもっとも大きく,その変化幅も最大であった.このことは,おもに足部の回転軸までの大きな距離 d_F によるものと考えられる.下腿と足の回転半径は,ほぼ同じタイミングで,足の離地から減少しはじめ,踵が殿部にもっとも近付いたところで最小値となった.高い足運びのモルセリの下腿と足の値は,曲のものより小さかった.また,両走者の足の回転半径にみられる差は,その下腿の差より大きかった.脚部のわずかな動きの違いがあっても,腰関節から遠く離れる足部の全慣性モーメントへの影響は大きくなる.

4) 慣性モーメント,パワーおよびエネルギー

走動作をバイオメカニクス的に評価する場合に,慣性モーメントだけでなく,他の力学量を

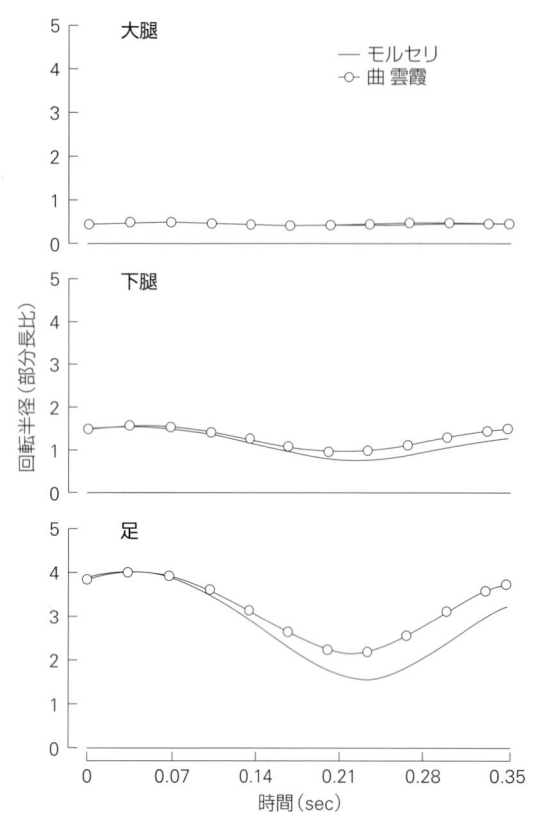

図 8-46 同じランニング速度における右下肢の足，下腿および大腿各部分の回転半径（部分長に対する比）
（湯 海鵬，豊島進太郎：慣性モーメントから見たランニングのフォーム．バイオメカニクス研究，2：92-98，1998）

表 8-1 同じランニング速度における各力学量の平均値

	モルセリ	曲
回転半径（部分長比）		
足	2.82	3.17
下腿	1.16	1.30
大腿	0.45	0.46
股関節**		
角加速度（m/s²）	86.20	82.68
モーメント（N・m/kg）	1.87	2.47
パワー（W/kg）	8.62	10.29
回転エネルギー（J/kg）		
足	3.0×10^{-3}	3.3×10^{-3}
下腿	0.029	0.027
大腿	0.034	0.032
並進エネルギー（J/kg）		
足	0.615	0.572
下腿	1.531	1.397
大腿	2.833	2.538

＊これらの値は，いずれも2歩の平均値である．
＊＊股関節の角加速度，モーメントおよびパワーの平均値は，いずれも絶対値から求めたものである．
（湯 海鵬，豊島進太郎：慣性モーメントから見たランニングのフォーム．バイオメカニクス研究，2：92-98，1998）

用いた総合的な評価が必要であろう．表8-1は，同じランニング速度での高い脚運びと低い脚運びの走者の各力学量の平均値を示している．高い足運びのモルセリの足，下腿および大腿の回転半径の平均値は，それぞれ曲雲霞より約12%，12%および2%小さかった．またモルセリの股関節の関節モーメントとパワーは，曲よりそれぞれ約32%，19%小さかった．しかし，下肢のエネルギーでは，低い足運びの曲のほうが小さく，とくに足，下腿および大腿の並進エネルギーでは，モルセリよりそれぞれ約8%，10%および12%小さかった．すなわち，同じランニング速度に対して，高い足運びの走者の関節モーメントとパワーは小さいが，エネルギーは大きかった．

短距離だけでなく中・長距離走についても，大腿や踵を高く上げるフォームがよく強調されている．しかし，著者ら[2]の結果から，高い足運びの走りは股関節に力の余裕をもたせる可能性があるが，下肢の移動に多くのエネルギーが消費される可能性もある．一方，低い足運びの走りは，股関節にかかる負担が大きい可能性があるが，エネルギーの消費が少なくなる可能性もある．すなわち，速い足のスイングが要求される短距離走は，足の高い引きつけによって，足を運びやすい可能性がある．一方，身体資源の最大利用が要求される中・長距離走にとっては，足の低い引きつけによって，エネルギーの節約につながる可能性がある．

関節モーメント，パワーおよびエネルギー等の算出には，下肢の質量や慣性モーメントという身体部分係数が適用されている．この身体部分係数は，体型，人種および性別などによる差違がみられる．したがって，異なる体型が関節モーメント，パワーおよびエネルギー等の力学量に影響するものと考えられる．たとえば，下肢の末梢側の質量が小さければ，下肢全体のエネルギーの上下変化が小さく，また消費されるパワーも小さくなる可能性がある．したがって体型は，ランニングフォームの選択に配慮するひとつの要素になると考えられる．

文　献

1) Kreighbaum E and Barthels KM: Biomechanics. pp596-636, Macmillan Publishing Company, 1996.
2) 湯　海鵬, 豊島進太郎: 慣性モーメントから見たランニングのフォーム. バイオメカニクス研究, 2: 92-98, 1998.
3) 湯　海鵬, 田　佳: エリート中距離選手のランニング・フォームの比較. In: 第13回バイオメカニクス学会大会編集委員会編, 身体運動のバイオメカニクス. pp189-194, 筑波大学, 1997.

［湯　海鵬］

5. スプリンターの走動作と筋活動

1) スプリンターの走動作

(1) スイング動作

コーチング現場では, キック終了後の脚を前に運ぶスイング動作についての指導が多い. つまり, まずキック終了後に膝関節を深く屈曲させ（引き付け動作）, 脚の慣性モーメントを減少させることにより大腿を高く引き上げる（もも上げ動作）. そして, 接地前の脚の振り戻し速度を高めることによって疾走速度を高くすることができる, という論理にしたがって指導を行っていた. しかし, 疾走速度が約12.0m/sから7.5m/sまでパフォーマンスに大きな違いのある選手の動作分析の結果では, 疾走速度と引き付け角度, およびもも上げの高さには有意な相関関係が認められず（図8-47）, わずかに脚の最大振り戻し速度（股関節とくるぶしを結んだ線の角速度）が疾走速度の高い選手ほど高くなる傾向（$p<0.05$）を示した[1]. このことは, スイング動作に関しては特殊な場合以外は特に指導する必要が少なく, 自然なもも上げ動作をすることが大切であるということを示している.

(2) キック動作

股関節はキック期に伸展動作だけが観察されるが, 膝関節と足関節はキック期前半に屈曲し後半伸展する. キック期全体を通して股関節の伸展変位は, 疾走速度と有意な相関関係が認められなかった. キック期前半は膝関節の屈曲変位は疾走速度と無関係であったが, 足関節の屈曲変位は疾走速度の高い選手ほど小さかった（$p<0.01$）. それに続くキック期後半の膝関節と足関節の伸展変位は, 疾走速度の高い選手ほど小さい傾向（どちらも $p<0.01$）を示した[1].

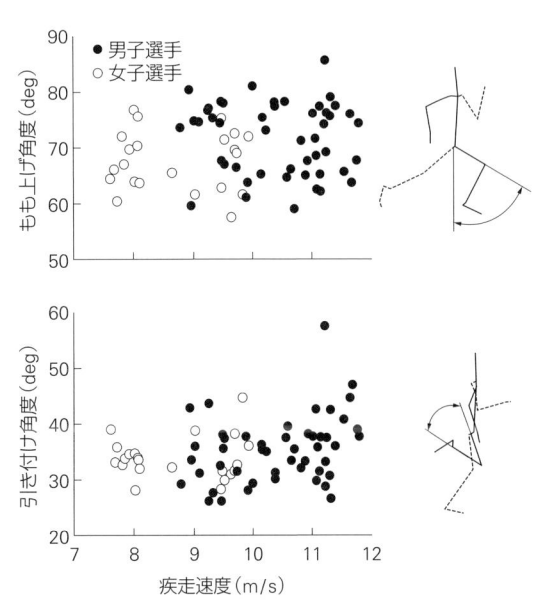

図8-47　疾走速度とももも上げ角度, 引きつけ角度の関係
（伊藤　章ほか：100m中間疾走局面における疾走動作と速度の関係. 体育学研究, 43: 260-273, 1998より引用改変）

股関節の最大伸展速度は疾走速度に関係なくほぼ一定で, 膝関節と足関節の最大伸展速度は疾走速度の高い選手ほど有意に低い傾向（図8-48）にあった.

これらの結果は, 疾走速度の高い選手ほどキック期の膝関節と足関節の屈曲・伸展動作が少ないまま股関節を伸展することを示している. この動作のうち, キック期後半において膝関節の伸展動作が少ない理由は, 股関節伸展速度を脚全体を後方へスイングする速度へ効果的に転換するためである. このことは図8-49のモデルによって説明できる. つまり, 遅い選手と速い選手の股関節の伸展が同じであっても, 速い選手のように膝関節角度を変えないと股関節の伸展動作がそのまま前進速度に転換されるが, 遅い選手のように膝関節を伸展すると前進しにくくなる. 一方, 足関節の

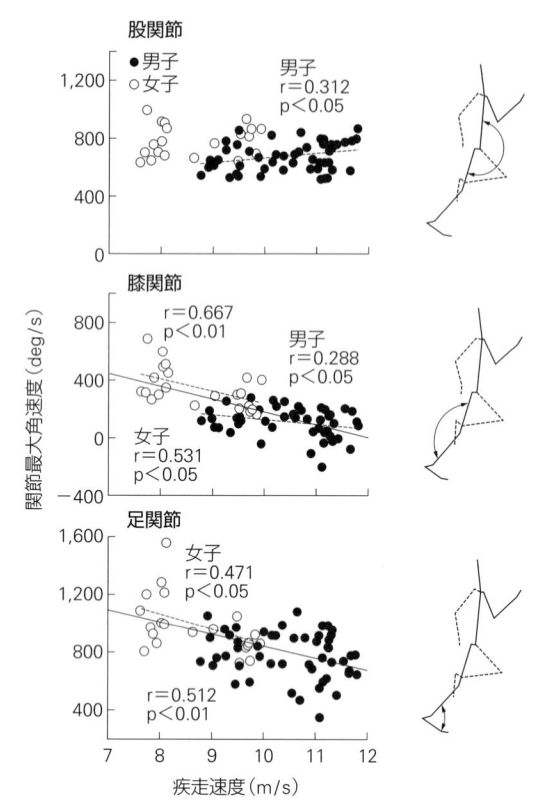

図 8-48 キック脚の関節の最大伸展速度と疾走速度の関係
(伊藤 章ほか：100m 中間疾走局面における疾走動作と速度の関係．体育学研究，43：260-273，1998 より引用改変)

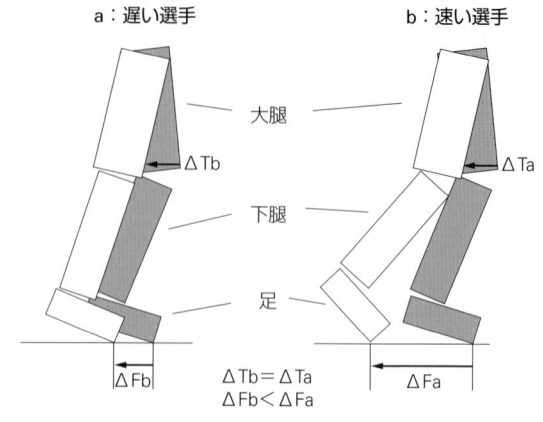

図 8-49 キック動作のモデル
(伊藤 章ほか：100m 中間疾走局面における疾走動作と速度の関係．体育学研究，43：260-273，1998 より引用改変)

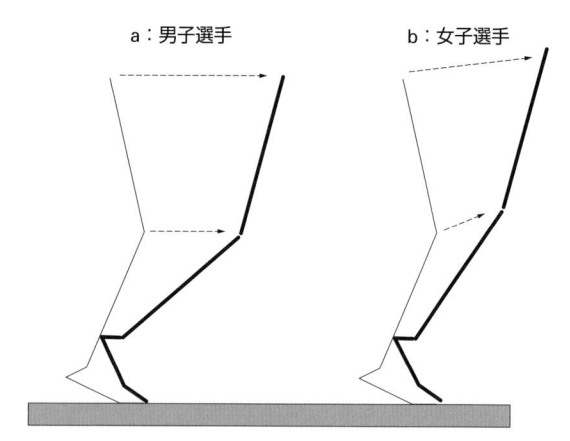

図 8-50 身体重心の上下動を発生するキック脚動作モデル
(伊藤 章，石川昌紀：短距離走におけるスナップの意味．バイオメカニクス研究，2：156-163，1998 より引用改変)

屈曲・伸展動作が少ない理由は，股関節から得た推進力を短時間（疾走速度の高い選手の全接地時間は約 0.07 秒）のうちに地面に伝えるため，緩衝を少なくしたためだと考えられる．

身体重心の上下動（鉛直変位）は疾走に大きな影響を与えるが，その上下動はおもに足関節と膝関節の運動によって生じる．これは図 8-50 に示したモデル図によって理解できる．つまり，実際に身体重心の上下動が小さかった男子選手（上下動 2.8cm）と大きかった女子選手（上下動 5.3cm）のキック動作の特徴を比較したところ，身体重心の上下動を生じさせるキック動作は，キック期後半の膝関節と足関節の伸展動作であることがわかる．

これまで，コーチング現場ではキック脚は後ろへまっすぐ伸ばしなさいと指導することが多かったが，そのような動作は前に進みにくい動作であり，上下動を増す（結果的にピッチが落ちる）こととなる．これらの事実をもとにすると，将来はキックの後半に膝関節をむしろ屈曲させるような動作を求める指導がなされるようになるかもしれない．

2）スプリンターの筋活動

(1) 中間疾走における筋活動様式と動作に及ぼすはたらき

図 8-51 に中間疾走中の関節トルクと関節角速度，図 8-52 に筋長変化（筋腱複合体の長さ変化）と EMG を示した（それぞれ，男子短距離選手 5 名の平均変化曲線）．EMG の活動が顕著な局面についてのみ，筋の長さ変化をもとに短縮性，伸

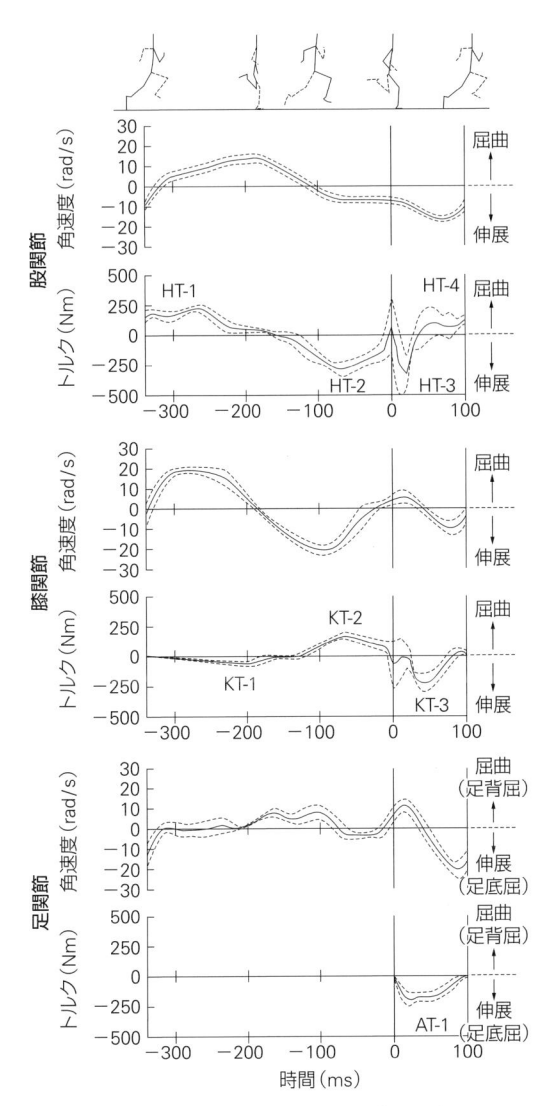

図8-51 中間疾走中の関節角速度と関節トルク
(馬場崇豪ほか：短距離走の筋活動様式．体育学研究，45：186-200，2000より引用改変)

し，キック力発揮に何らかのはたらきをしているとも考えられる．大殿筋（短縮性）と大腿二頭筋（SSC）は接地前から接地期中間まで伸展トルク＜HT-2, HT-3＞を発揮した．このうち＜HT-2＞は，短時間に行われるキックに備えて筋活動レベルを十分高め，脚を後ろへ振り戻すためのものである．＜HT-3＞は，股関節を伸展するキックの直接の原動力である．

②膝関節

スイング期前半は膝関節が屈曲するが，その局面では大腿直筋（伸張性）によって伸展トルク＜KT-1＞が発揮されている．このことは，この局面において膝関節を屈曲させる力は屈曲筋力ではなく，他の分節から伝達された関節力やその時点で分節自身がもっていた運動量などによるものであることを示している．

スイング期後半は膝関節が伸展するが，この局面では大腿二頭筋（SSC）が屈曲トルク＜KT-2＞を発揮している．二関節筋である大腿二頭筋のおもな役目は，同じ局面の股関節伸展トルクの発揮であり，膝関節の屈曲トルクは副次的に発揮されたものであると考えたほうがよい．同局面では拮抗筋である外側広筋も活動（短縮性）している．これらの筋活動は，相互に関連したものである．すなわち，大腿二頭筋はキック準備のために強い収縮をしており，副次的に生じた膝関節屈曲力を弱めないと接地前に膝関節が屈曲しすぎてしまう．しかし，その局面では，他の分節から伝達された関節間力やその時点で分節自身がもっていた運動量などによって膝関節の伸展力が作用している．それでも，大腿二頭筋による膝関節屈曲力に対抗できないため外側広筋が補助的に作用し，接地の瞬間の膝関節角度を適正なものに保ったと考えられる．

キック期は，外側広筋（ほぼ等尺性）が伸展トルク＜KT-3＞を発揮したが，二関節筋である大腿直筋は，股関節伸展の妨げになるため活動が抑制されていた．

③足関節

スイング期前半に前脛骨筋（等尺性）が活動しているが，関節トルクにはほとんど現れなかった．

張性あるいはSSC（stretch-shortening cycle，伸張性から短縮性へ切り替わる筋活動）の筋活動があったとした．以下の文中では，筋活動を（ ）内に示し，関節トルクの局面は＜＞内に示した．

①股関節

腸腰筋（SSC）と大腿直筋（SSC）が，もも上げ動作のためにキック期後半からスイング期中間まで屈曲トルク＜HT-4, HT-1＞を発揮した．このうち＜HT-4＞は，キック終了後に"足が後ろへ流れる"ことを防ぐためのものであろう．しか

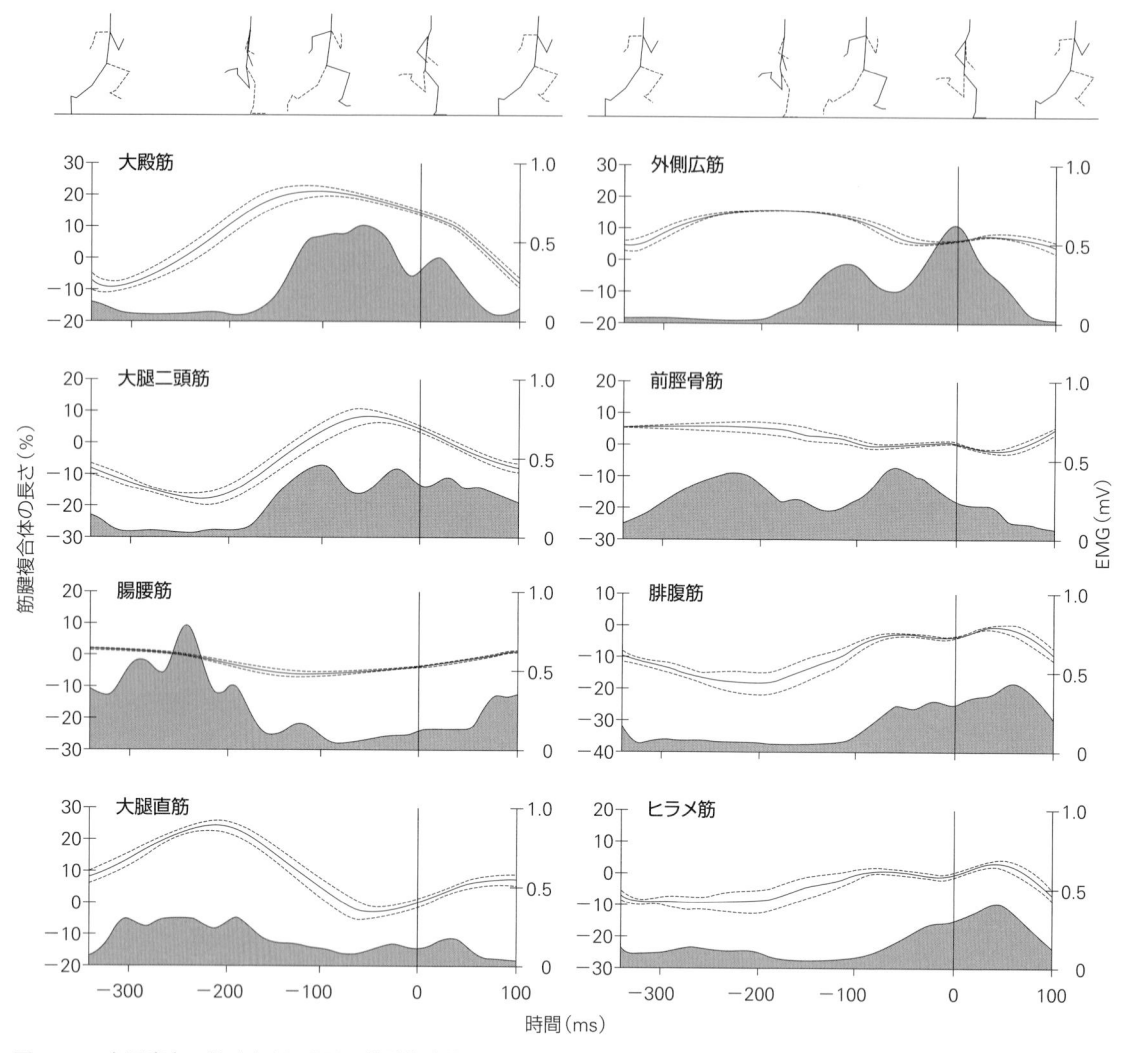

図 8-52 中間疾走1サイクルにおける筋腱複合体の長さ変化とEMG（網かけ部分）
(馬場崇豪ほか：短距離走の筋活動様式．体育学研究，45：186-200，2000 より引用改変)

おそらく，この局面では，内がえしなどの屈曲・伸展以外のトルクを発揮していたのであろう．スイング期後半は，腓腹筋とヒラメ筋（どちらも等尺性）が接地準備のための活動を開始したが，そのままだと足関節が伸展して適正な接地姿勢がとれないので，前脛骨筋（等尺性）が拮抗的に活動し調整した．その結果，外的には関節トルクが発揮されなかったのであろう．接地期は腓腹筋とヒラメ筋（SSC）が共同的に伸展トルク＜AT-1＞を発揮した．

(2) スタートダッシュの筋活動様式と収縮速度

スタートダッシュにおける筋活動パターンは，中間疾走におけるものと著しい違いはみられない．しかし，筋収縮速度（筋腱複合体の収縮速度）は，スタート後の疾走速度の増加に伴い変化する．図 8-53 にスタート後の疾走速度と筋収縮速度の関係を示した．図 8-53 は左からEMGの放電パターンと筋長変化，最大伸張速度，最大短縮速度，および伸張性筋活動から短縮性筋活動への切り替え速度（収縮速度を微分して求めた切り替え時の加速度）で，この切り替え速度が高いほどSSCが効果的にはたらき，短縮時に大きなパワーが発揮されると考えられている．

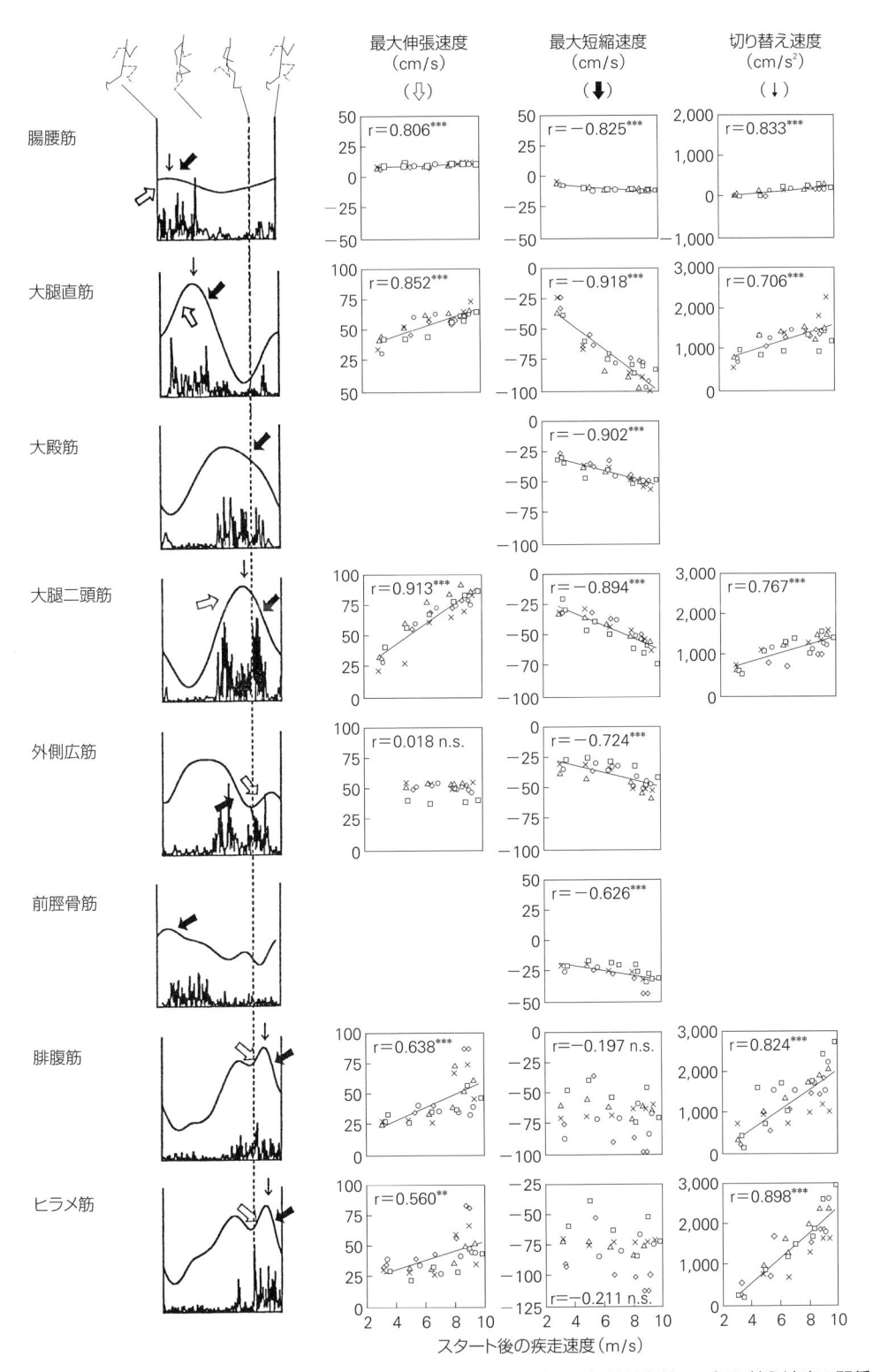

図 8-53 スタート後の疾走速度と最大収縮速度,および伸張性収縮から短縮性収縮への切り替え速度の関係
右端の EMG とともに示した筋—腱複合体の長さ変化曲線にある矢印は最大伸張速度,最大短縮速度,切り替え速度の各測定時点を表している.（馬場崇豪ほか：短距離走の筋活動様式.体育学研究,45：186-200,2000 より引用改変）

① SSCの筋活動

大腿直筋は，スイング期前半にSSCの効果を利用してもも上げ動作のための筋力を発揮した．伸張速度，短縮速度，切り替え速度ともにスタート後の速度の増加に伴い高まった．

腸腰筋は，スイング期前半に大腿直筋と共同的にもも上げ動作のための筋力を発揮したが，伸張速度，短縮速度，切り替え速度のすべてが著しく低く，SSCの効果を有効に利用した可能性は少ないと思われる．

大腿二頭筋は，推進力の発揮に中心的にはたらく筋で，スイング期後半から接地期前半にかけてSSCの筋活動で股関節の伸展筋力を発揮した．伸張速度，短縮速度，切り替え速度ともにスタート後の速度の増加に伴い著しく高まった．このことは，大腿二頭筋が推進力のパワーをSSCを大いに利用しながら発揮した可能性を示している．

腓腹筋とヒラメ筋は接地期にSSCの筋活動による足底屈筋力を発揮した．伸張速度，切り替え速度は，スタート後の速度の増加とともに増加したが，短縮速度はほぼ一定のままであった．このことは，接地期の腓腹筋とヒラメ筋の筋活動は通常考えられているSSCとは違った意味をもったものであると思われる．つまり，反動動作を利用して短縮性収縮において大きなパワーを発揮するためのものではないということである．

② SSCではない筋活動

全体的にSSCではない筋活動は少なかった．大殿筋は大腿二頭筋と共同し，推進力の発揮に貢献する筋で，スイング期後半から接地期前半にかけて短縮性筋活動によって股関節伸展筋力を発揮した．短縮速度はスタート後の速度とともに高まり，大殿筋が短縮性筋収縮だけでパワーを発揮していた．

外側広筋は，接地期前半に伸張性筋収縮によって膝関節伸展筋力を発揮し，接地に伴う衝撃力や体重を支えるためにはたらいた．

以上のような筋活動様式とその局面における関節角度や運動範囲をもとに，スプリンターのための筋力トレーニングがなされることが，専門的な筋力トレーニングの処方においてもっとも重要であろう．

文　献

1) 伊藤　章ほか：100m中間疾走局面における疾走動作と速度の関係．体育学研究，43：260-273，1998．
2) 伊藤　章，石川昌紀：短距離走におけるスナップの意味．バイオメカニクス研究，2：156-163，1998．
3) 馬場崇豪ほか：短距離走の筋活動様式．体育学研究，45：186-200，2000．

［伊藤　章］

6. 走運動の力学的エネルギー

1) 力学的エネルギーの変化

走運動を力学的エネルギーの観点から分析した研究は多くある．なかでも短距離走ではChapmanとCaldwell[1]，Aeら[2]が，長距離走ではWilliamsとCavanagh[3]，湯ら[4]，著者ら[5]が部分の力学的エネルギーの変化について論じている．

部分の力学的エネルギーは，式（1）により算出できる．

$$E_{i,j} = m_i g h_{i,j} + 1/2 m_i v^2_{i,j} + 1/2 I_i \omega^2_{i,j} \cdots\cdots (1)$$

ここで，$E_{i,j}$は時刻jにおける部分iの力学的エネルギー，mは部分質量，gは重力加速度，hは部分重心高，vは部分重心の速度，Iは部分重心回りの慣性モーメント，ωは部分角速度である．

図8-54は，一流長距離走者の全身および身体部分の力学的エネルギーの変化を示したものである．これは5,000mレースの4,000m地点における1サイクルを分析したもので，走速度は6.33m/s，レース記録は13分9秒40であった．

全身の力学的エネルギーは，接地後減少し，支持期中間付近でもっとも小さくなる．そして，その後増大するが，離地時に接地時とほぼ同じ大きさに回復し，非支持期ではその値を保つ．

頭＋体幹の力学的エネルギーは，脚や腕と比較

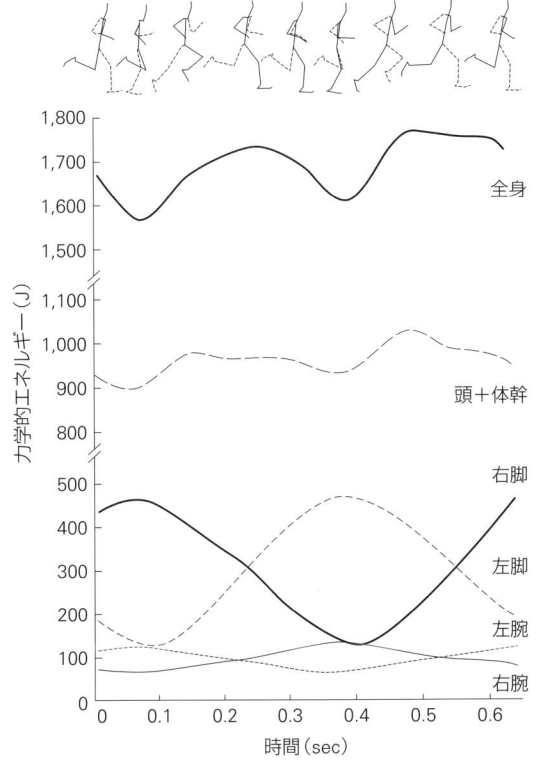

図8-54 一流長距離走者の全身および身体部分の力学的
　エネルギーの変化
スティックピクチャの破線は，左側を示す．
（榎本靖士ほか：力学的エネルギー利用の有効性からみた長距離走者の疾走技術．バイオメカニクス研究，3：12-19，1999より作図）

して顕著に大きい．これは，体幹の質量や慣性モーメントが大きいことによる．しかし，力学的エネルギーの増減は小さく，また増減は全身と同様に支持期において生じている．

　右脚の力学的エネルギーは，左足支持期にもっとも大きく，右足支持期にもっとも小さい．脚の力学的エネルギーの大きさは，最大値でも頭＋体幹のほぼ50％程度であるが，増減の大きさは全身のそれよりも著しく大きい．また，左脚の力学的エネルギーは，右脚と位相が1/2サイクルずれており，右脚が最大のとき左脚は最小を，右脚が最小のとき左脚は最大を示している．そして，右脚の力学的エネルギーが減少する局面では左脚は増大しており，右脚の力学的エネルギーが増大する局面では左脚は減少している．WilliamsとCavanagh[3]は，左右の脚の力学的エネルギーの増減の多くが両脚の間で力学的エネルギーが伝達することで生じる可能性を示唆している．このとき，左右の脚の力学的エネルギーの増加と減少が同じ割合であれば，体幹の力学的エネルギー変化は小さいが，増減にずれがあると体幹の力学的エネルギー変化が大きくなり，走速度の獲得に有効に利用されない力学的仕事が増えることになる[5]．

　腕の力学的エネルギーは非常に小さい．左右の腕の力学的エネルギーは，脚と同様に位相が1/2サイクルずれており，右腕は左脚支持期に最小を，右脚支持期に最大を示している．これは，左右の腕の間で力学的エネルギーの伝達が生じるとともに，体幹や脚との間にも力学的エネルギーの伝達が生じる可能性を示していると考えられる．

　このように力学的エネルギーの観点からみると，走動作とは体幹の大きな力学的エネルギーを四肢の力学的エネルギーの増減によって維持している運動ということができる．

2）力学的エネルギーからみた走動作の評価

　長距離走における記録は，発揮されたエネルギーとそれがいかに有効に走速度に利用されたかによって決まる[6]．すなわち，長距離走では大きな生理学的エネルギーを発揮する能力があるものでも，レース中1歩ごとに生じる身体の上下動やブレーキなどのために力学的エネルギーが使われれば有効に走速度を高めることはできない．

　湯ら[4]は，世界と日本の一流女子長距離走者についてレース中の走動作を事例的に研究している．図8-55は，世界一流走者の王と日本一流走者の五十嵐の位置エネルギー，運動エネルギーおよび力学的エネルギーの変化を示したものである．力学的エネルギーは，運動エネルギーと位置エネルギーの和であるので，運動エネルギーと位置エネルギーには大きな差はないが，運動エネルギーは位置エネルギーより大きく変化し，力学的エネルギーの変化により大きな影響を及ぼしていることがわかる．王の力学的エネルギーの変化は，運動エネルギーの変化よりやや小さいが，五十嵐は運動エネルギーより力学的エネルギーの変化が

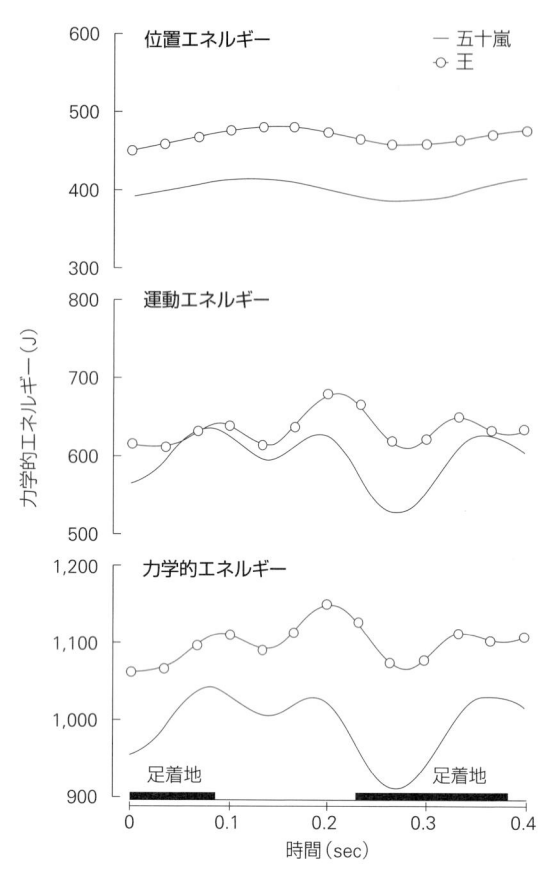

図 8-55　女子一流長距離走者にみられる身体の位置エネルギー，運動エネルギーおよび力学的エネルギーの変化
（湯　海鵬ほか：世界一流女子長距離ランナーのランニングフォームに関する事例的研究―王軍霞と五十嵐選手の比較―．トレーニング科学，9：11-18，1997）

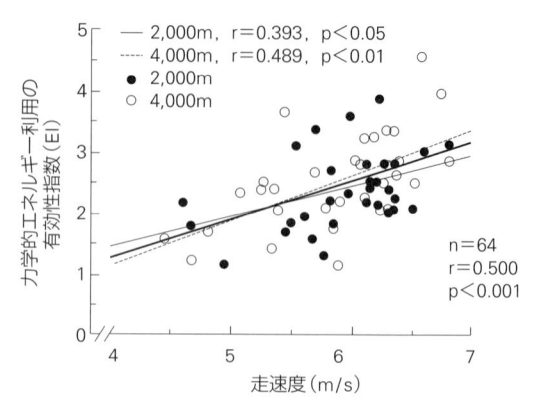

図 8-56　5,000m レースの 2,000m および 4,000m 地点における走速度と力学的エネルギー利用の有効性指数（EI）との関係
（榎本靖士ほか：力学的エネルギー利用の有効性からみた長距離走者の疾走技術．バイオメカニクス研究，3：12-19，1999）

大きくなっていた．湯ら[7]は，これは五十嵐では運動エネルギーと位置エネルギーの変化がほぼ同時に生じているためである述べている．そして，王では位置エネルギーと運動エネルギーの変換が大きく，王が非常に効率的な走技術を身に付けていることを示唆している．同様に Shorten[8] は，エネルギー消費量は，力学的仕事が小さいほど，また，身体部分内での力学的エネルギーの変換が大きいほど小さい傾向を示し，これらが走技術を示すものであると示唆している．また，Williamsと Cavanagh[9] は，走の経済性が高い走者ほど体幹と脚の力学的エネルギーの伝達が大きい傾向にあると述べている．これらは，部分内での力学的エネルギーの変換や部分間の力学的エネルギーの伝達が走運動の技術的要因になり得ることを示すものであろう．

著者ら[5]は，5,000m レースにおける走動作を分析し，力学的エネルギー利用の有効性指数（以下 EI）[10]を式（2）のように身体の並進運動エネルギーの水平成分を力学的仕事で除すことにより算出し，長距離走動作を評価しようと試みている．

$$EI = \frac{\text{effective energy}}{\text{mechanical work}} = \frac{1/2 MV_x^2}{W_{wb}} \quad \cdots (2)$$

ここで，M は身体質量，V_x は走速度，W_{wb} は力学的仕事である．

図 8-56 は，5,000m レースの 2,000m および 4,000m 地点における走速度と EI との関係を示したものである．両者の間には正の相関関係が認められ，5,000m レースにおいて記録がよいものほど EI も大きい傾向にあることを示している．また，著者ら[5]は，身体部分間の力学的エネルギーの伝達が大きいほど，支持期前半における身体重心の下降や水平速度の減速が小さいほど，EI が大きいことを見い出し，EI が走技術を評価する指標のひとつになると報告している．

このように，走動作における力学的エネルギーや力学的仕事は，走技術を評価するための指標になるといえる．

3) 疾走中の脚における力学的エネルギーの流れ

(1) 脚の力学的エネルギー

図8-57[11]は，一流短距離走者の右脚における力学的エネルギーの変化を示したものである．スティックピクチャーの実線が右脚である．このときの疾走速度は11.49m/sであった．

図8-54に示した長距離走と同様に，脚の力学的エネルギーは支持期に最小を，反対足支持期に最大を示しているが，その大きさは長距離走の約3倍にもなる．大腿の力学的エネルギーは，下腿，足より大きく，脚の力学的エネルギーの最大付近ではその50%程度を占める．下腿の力学的エネルギーは，支持期には非常に小さく，離地後急激に増大し，反対脚接地直前に最大を示し，反対脚離地後に急激な減少がみられる．足の力学的エネルギーは支持期ではほぼ0で，離地後増大し，反対足離地時付近で最大を示す．

(2) 回復脚における力学的エネルギーの流れ

部分の力学的エネルギーの増減は，部分の近位端と遠位端に作用するセグメントトルクパワーと関節力パワーによって決定される（式3〜5）．

$$\dot{E} = JFP_p + JFP_d + STP_p + STP_d \cdots (3)$$
$$STP = JT \cdot \omega \cdots (4)$$
$$JFP = JF \cdot V \cdots (5)$$

ここで，$\dot{E}$は部分の力学的エネルギー変化率（パワー），JFPは関節力パワー，STPはセグメントトルクパワー，添え字のpは部分の近位端，dは遠位端，JTは関節トルク，ωは部分角速度，JFは関節力，Vは関節の並進速度を示す．これらのパワーが正のときは部分への力学的エネルギーの流入を，負のときは部分からの力学的エネルギーの流出を意味する．

図8-58[11]は，図8-57と同じ一流短距離走者の回復脚における力学的エネルギーの流れの様子を関節力パワーおよびセグメントトルクパワーで示したものである．直線の矢印は関節力パワーの大きさと力学的エネルギーの流れの方向を，曲線の矢印はセグメントトルクパワーを示す．

回復期前半（①〜③）の股関節では，非常に大きい直線の矢印が大腿に向いており，これは体幹

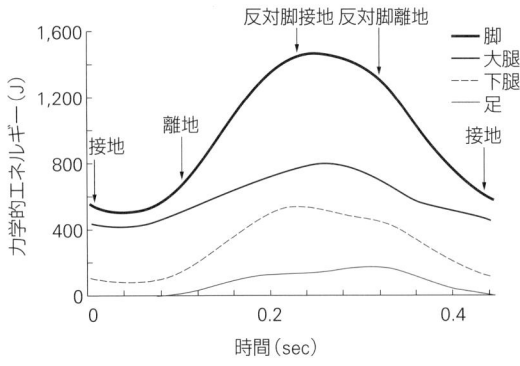

図8-57 一流短距離走者の脚の力学的エネルギーの変化
（阿江通良ほか：一流スプリンターにおける力学的エネルギーの変化．平成11年度日本体育協会スポーツ医・科学研究報告No.Ⅱ，競技種目別競技力向上に関する研究—第23報—，pp123-125，2000）

から大腿へ関節を介した力学的エネルギーの流れが大きいことを示している．さらに，そのエネルギーが膝および足関節を介して下腿，足に流れている．離地直後（①）では股関節トルクによって大腿から力学的エネルギーが流出しているが，②と③では大腿に流入している．これらは，離地直後脚の力学的エネルギーの増大には股関節トルクと股関節力が大きく貢献していることを示している．

回復期後半（⑥〜⑧）では足，膝，股関節を介した足から体幹への力学的エネルギーの流れがみられ，特に体幹へは多くの力学的エネルギーが流入している．また，⑦〜⑨では股関節トルクによる大腿への力学的エネルギーの流入が比較的大きく，膝関節トルクによる大腿および下腿からの力学的エネルギーの流出や下腿への流入もみられる．

疾走動作では，一方の脚の回復期後半は他方の脚の回復期前半にあたる．図8-54に示したように，体幹の力学的エネルギーはあまり大きく変化しないので，回復期後半に股関節を介して体幹へ流入した力学的エネルギーの多くは，反対脚の股関節を介して大腿へ流入していることになる．また，阿江ら[12]は，回復期に作用する股関節トル

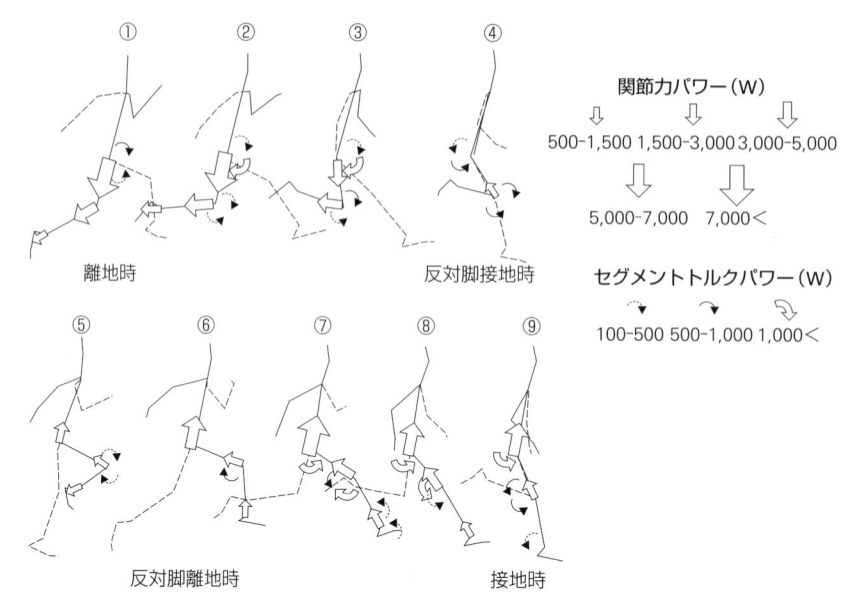

図 8-58 一流短距離走者の回復脚における力学的エネルギーの流れ
(阿江通良ほか：一流スプリンターにおける力学的エネルギーの変化．平成 11 年度日本体育協会スポーツ医・科学研究報告 No.Ⅱ，競技種目別競技力向上に関する研究—第 23 報—，pp123-125，2000)

クは関節力を回復期前半では後方へ，後半では前方へ作用するはたらきをもち，前方へ移動している股関節はそれぞれ負と正のパワーとなることから，関節を介した大きな力学的エネルギーの流れは関節トルクによってコントロールされていることを示唆している．このように，疾走の回復期後半では関節を介した体幹への力学的エネルギーの流れが大きいが，関節力のみでなく股関節伸展および膝関節屈曲トルクも重要な役割を果たしている．

(3) 支持脚における力学的エネルギーの流れ

図 8-59 は，長距離走における支持脚の力学的エネルギーの流れを示したものである．図 8-58 と同様，直線の矢印は関節力による，曲線の矢印は関節トルクによる力学的エネルギーの流れの大きさと方向を示している．

支持期前半では，関節力によって体幹から大腿，下腿，足への力学的エネルギーの流れが，支持期後半では足から体幹への力学的エネルギーの流れがみられる．膝関節および足関節トルクは，支持期前半ではともに下腿から力学的エネルギーを流出させ，それぞれ大腿および足に力学的エネル

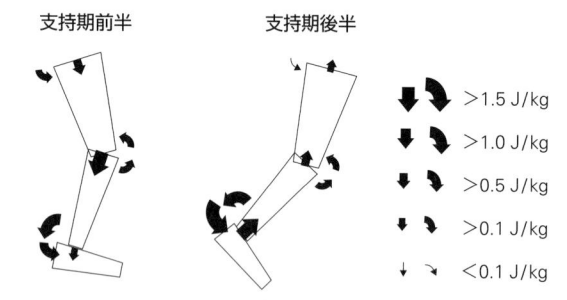

図 8-59 長距離走者における支持脚の力学的エネルギーの流れ
(著者未発表資料)

ギーを流入させている．そして，支持期後半においても同様に下腿から大腿および足に力学的エネルギーを流している．このように，支持期前半では膝関節および足関節トルクは，体幹から流入した大腿の力学的エネルギーを下腿と足へ，支持期後半では下腿，大腿，体幹へと力学的エネルギーを流している．

支持期後半の足関節に着目してみると，関節トルクによって下腿から足へ力学的エネルギーが流入し，関節を介して足から下腿へ力学的エネルギーが流出している．江原[13]は，関節トルクにより下腿から足へ，関節を介して足から下腿へ力

学的エネルギーが流れる様子を力学的エネルギーの還流と表現している．また，Aeら[2]は，支持期における力学的エネルギーの流れの多くは，足関節トルクによって生み出されていることを示唆している．このように，支持脚における力学的エネルギーの流れには足関節トルクが重要な役割を果たしていると考えられる．

文　献

1) Chapman A and Caldwell GE: Factors determining changes lower limb energy during swing in treadmill running. J Biomech, 16: 69–77, 1983.
2) Ae M et al.: Mechanical energy flows in lower limb segments during sprinting. In: G de Groot et al eds, Biomechanics XI-B. pp614–618, Free University Press, 1989.
3) Williams KR and Cavanagh PR: A model for the calculation of mechanical power during distance running. J Biomech, 16: 115–128, 1983.
4) 湯　海鵬ほか：世界一流女子長距離ランナーのランニングフォームに関する事例的研究—王軍霞と五十嵐選手の比較—．トレーニング科学, 9：11–18, 1997.
5) 榎本靖士ほか：力学的エネルギー利用の有効性からみた長距離走者の疾走技術．バイオメカニクス研究, 3：12–19, 1999.
6) 三浦望慶ほか：走運動における身体資源（physical resource）と運動成果（physical performance）の関係について．体育の科学, 21：114–119, 1971.
7) 湯　海鵬：機械的エネルギーからみた一流女子長距離ランナーの疾走フォームに関する研究—王軍霞選手と五十嵐選手の比較—．Jpn J Sports Sci, 16：127–132, 1997.
8) Shorten MR et al.: Mechanical energy change and the oxygen cost of running. Eng Med, 10: 213–217, 1981.
9) Williams KR and Cavanagh PR: Relationship between distance running mechanics, running economy, and performance. J Appl Physiol, 63: 1236–1245, 1987.
10) 阿江通良，藤井範久：身体運動における力学的エネルギー利用の有効性とその評価指数．筑波大学体育科学系紀要, 19：127–137, 1996.
11) 阿江通良ほか：一流スプリンターにおける力学的エネルギーの変化．平成11年度日本体育協会スポーツ医・科学研究報告 No. II，競技種目別競技力向上に関する研究—第23報—, pp123–125, 2000.
12) 阿江通良ほか：疾走中の下肢における機械的エネルギーの流れ．バイオメカニズム, 9：105–113, 1988.
13) 江原義弘：身体運動における足部の役割．Jpn J Sports Sci, 15：149–153, 1996.

［榎本　靖士］

7．走運動の効率

1）身体運動におけるエネルギー変換

われわれが運動をするには，まず神経系を通して電気的な信号（神経衝撃）が筋組織に伝達されなければならない．この電気的エネルギーが筋線維に到達するとそこに化学的エネルギー反応が起こり，機械的エネルギーが生み出される．生命現象そのものがエネルギー反応の集積ともいえる．すなわち，食物の摂取・消化・輸送，神経・筋や内分泌系の活動，さらにはそうした機能を支える細胞レベルでの生命現象まで，それらのすべてがエネルギーの変換を通して営まれている．広辞苑に「エネルギー代謝」を尋ねると，「生態系，また生体における物質代謝と関連して行われるエネルギーの出入・変換．一般に植物は太陽光線のエネルギーを転じて化学的エネルギーとなし，動物はこの化学的エネルギーを熱および機械的エネルギーなどに変化して体温維持・運動などを行う．」とある．このように，何事もエネルギーの変化で説明しようとする考え方が，いわゆる「エネルギー論（energetics）」である．身体運動におけるエネルギー変換の表舞台は筋組織（特に骨格筋：skeletal muscle）であり，骨格筋の活動によって化学的エネルギー（入力）が機械的エネルギー（出力）に変換されて身体運動が生まれる．自動車の動力がエンジンから駆出されるのと同様で，人体では筋組織がそのエンジン役を担っている．筋組織がしばしばエンジンにたとえられる[1]のはこのためである．自動車のエンジン（熱機関：heat engine）では，発生する熱の温度が空気を圧縮するだけで数百℃，燃焼するときには2,000℃以上

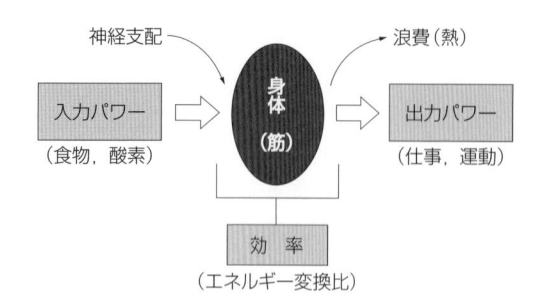

図 8-60 身体運動におけるエネルギーの出入力と効率
(金子公宥：パワーアップの科学，朝倉書店，1988)

表 8-2 種々の効率計算法

Gross E $= \dfrac{W}{E_t}$ ……………………………(1)

Net E $= \dfrac{W}{E_t - E_r}$ ……………………………(2)

Work E $= \dfrac{W}{E_t - W_l}$ ……………………………(3)

Apparent E $= \dfrac{1}{b} = \dfrac{\Delta \dot{W}}{\Delta \dot{E}_t}$ ……………………(4)

(ただし b は $\dot{E}_t = a + b\dot{W}$ の勾配)

Delta E $= \dfrac{\Delta \dot{W}}{\Delta \dot{E}_t}$ ……………………………(5)

(ただし $\dot{W}$ と $\dot{E}_t$ は隣接する負荷条件のもの)

Instantaneous E $= \dfrac{1}{abe^{bw}}$ ……………………(6)

(ただし abe^{bw} は $\dot{E}_t = ae^{bw}$ の勾配)

(金子公宥：筋運動の効率―効率評価法の問題点を中心に―. Jpn J Sports Sci, 4：3-8, 1985)

にも達するといわれる[2]．これに対し"筋エンジン"は化学機関（chemical engine）であって，食物を酸素によって燃焼するときのエネルギーをアデノシン3リン酸（ATP）やクレアチンリン酸（CP）として貯わえ，この化学的エネルギーを必要に応じて動員するために高熱を発しない．

2) 効率の定義

エネルギーの変換にはロス（浪費）がつきもので，安静代謝や等尺性収縮，筋自体が内部抵抗に抗して仕事をする空振りの短縮などは，エネルギーが筋の外部に対して機械的仕事をしないという意味で，エネルギーロスとみなされる（図8-60）．効率がその指標となる．効率（efficiency）とは一般に「機械によってなされた有用な仕事の量と機械に供給された全エネルギー量の比」（広辞苑）と定義される工学的概念であって，Hill[3]はこれを機械的効率（mechanical efficiency）と称して次式により定義した．

$$\text{機械的効率} = \dfrac{\text{なされた仕事}}{\text{仕事に使われたエネルギー消費量}}$$

定義は一見明瞭であるが，実際に効率値を求めようとすると多くの困難に直面する．その原因のひとつがいわゆる"ベースライン（安静レベル）の決め方"の難しさにあり，そのため表8-2のようなさまざまな評価法が提案されている[4]．式(1)のGross E（Eはefficiencyの略）は，安静値を含むすべてのエネルギー消費量（E_t）を分母に置く計算法で，どれほどの食量（またはそれを体内で燃焼する酸素量）が必要かを知るのに好都合である．しかし，安静レベルのエネルギー消費量（E_r）は作業に直接関与しないので，これを差し引いて計算する式(2)のNet Eの方がむしろ一般的である．作業に直接関与しないエネルギー消費量には，心筋や呼吸筋の消費量，姿勢保持の消費量などがある．

式(3)のWork Eについては，WhippとWasserman[5]が図8-61を用いて説明した．すなわち無負荷ペダリングでは仕事がゼロと評価されるため，この時のエネルギー消費量（E_l）をE_tから差し引く方法である．彼らによればこの方法による効率値（29.8%）が，化学反応過程を考慮した効率の推算値（29%）とよく一致するという．以上の式(1)〜(3)の方法はいずれもベースラインの設定にかかわるものであるが，ベースラインには作業中の体温上昇も影響し，どんなベースラインを設けても問題の完全な解消にはつながらない．

そこで登場した方式が式(4)〜(6)である．すなわち，作業強度（仕事率；W）を増加させて，この変化分（$\Delta \dot{W}$）に対するエネルギー消費量の増加分（$\Delta \dot{E}_t$）を対応させる計算法で，floating baseline 法ともいわれる[6]．式(4)はWとE_tの関係が直線回帰で代表されるときの勾配（回帰係数＝b）の逆数であり，式(5)(6)はWとE_t関係が直線でない場合の計算法である．効率の値はこうした計算法や運動の種類，運動条件などよって広範に変化する[7]．とはいえ，筋運動の効率が

エンジンの効率に勝るとも劣らないことは確かで、エンジンのような高熱を発することがなく、公害の心配もない。こうした"筋エンジン"の性能は、エンジンの開発にとり組む工学者にとっても重大な関心事であるらしい[2]。

3）走運動の効率
(1) 走運動の効率研究—その開始と再燃—

筋運動の効率に関する研究は少なくないが[4,7]，走運動の機械的効率（以下，効率）に関しては，伊藤[8]や著者[1,9]が示すように，研究数が比較的少ない．Furusawaら[10,11]は，運動方程式を用いて100m疾走の機械的仕事（＝推進力係数×体重×100m）を求めるとともに，酸素負債を実測することによって疾走の効率が35～41％であるとした．しかし，この方法ではスタートからトップスピードまでの加速度が前提となるので，等速度走の研究には適用できない．そこでFenn[12,13]は，フォースプレートを用いて身体重心の移動にかかわる外的仕事を測定するとともに，高速度写真により身体重心回りで肢運動によってなされる内的仕事を求め，両者を加えて総仕事を求めた．その結果，トップスピードに近い等速度走での効率は22.7％であった（表8-3）．

Elftman[14]は，Fennから上記研究の走動作フィルムを借用して同氏の考案した関節パワー法（joint power method）を適用し，総パワー値が2.89馬力となってFennの報告した2.95馬力とほぼ一致することを確かめた．走運動の効率に関する研究はこうした先駆的研究の後しばらく途絶えていたが，Cavagnaらの研究[15]で再び火がついた．彼らはフォースプレートを使って等速度走における重心移動の外的仕事を測定し，この外的仕事に対する機械的効率を求めた．その結果，階段登行や自転車作業について報告されている効率（20～25％）より明らかに高い40～50％の値を得た．それから10年後にCavagnaら[16]は再び外的パワーの測定を種々速度のランニングについて行い，外的仕事が走速度の増加とともに直線的に増加することを明らかにし，その翌年の報告[9]で種々レベルにおける等速度の歩・走運動の内的仕事を高速度写真法により測定するとともに，Fenn[12,13]の方法を若干修飾した計算法によって効率を算出し，効率値が走速度の増加とともに45～70％にまで増加することを報告した（図8-62）[17]．かつて例をみなかったこの高い効率値の

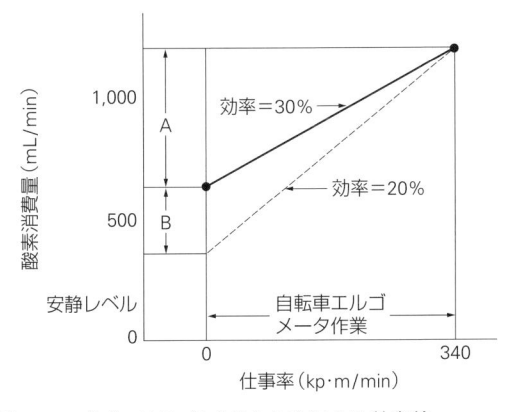

図8-61 "ベースライン"のとり方による効率差
(Whipp BJ and Wasserman K: Efficiency of muscular work. J Appl Physiol, 26: 644-648, 1969)

表8-3 疾走中のトップスピードにおけるエネルギーの出入力

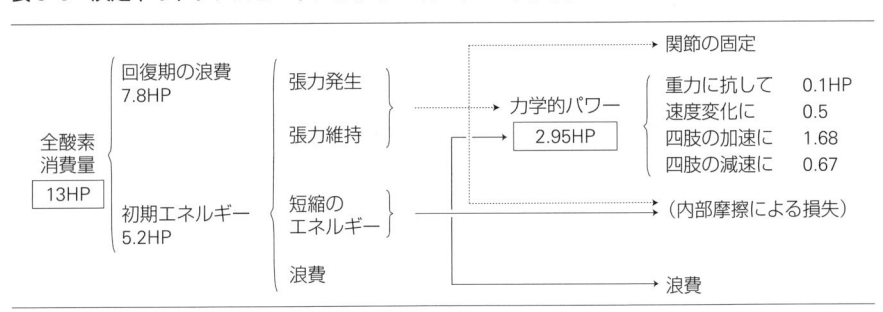

全酸素消費量 13HP
- 回復期の浪費 7.8HP
  - 張力発生
  - 張力維持 → 力学的パワー 2.95HP
    - 関節の固定
    - 重力に抗して 0.1HP
    - 速度変化に 0.5
    - 四肢の加速に 1.68
    - 四肢の減速に 0.67
- 初期エネルギー 5.2HP
  - 短縮のエネルギー → （内部摩擦による損失）
  - 浪費 → 浪費

(Fenn WO: Work against gravity and work due to velocity changes in running. Am J Physiol, 93: 433-462, 1930)

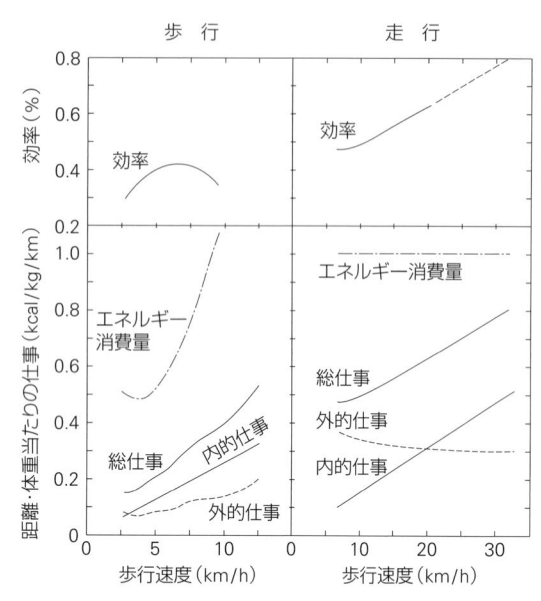

図 8-62　種々速度の等速度歩行と走行における機械的仕事と効率
(Cavagna GA and Kaneko M: Mechanical work and efficiency in level walking and running. J Physiol, 268: 467-481, 1977)

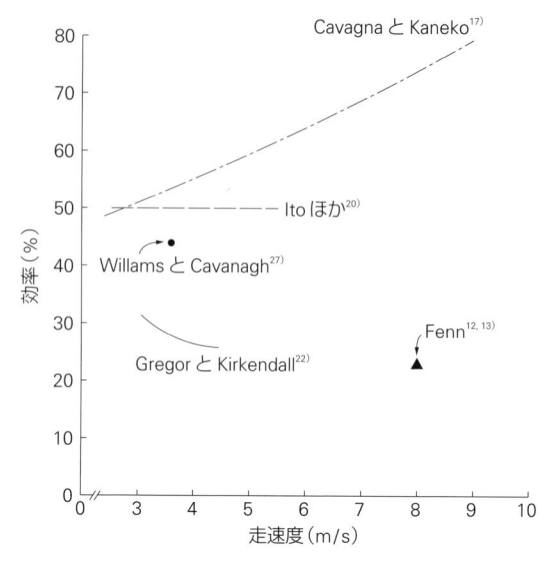

図 8-63　文献的にみた種々速度の走運動のおける機械的効率
(Kaneko M: Mechanics and energetics in running with special reference to efficiency. J Biomech, 23 (Suppl 1): 57-63, 1990)

原因を彼らは，いわゆる「弾性エネルギー再利用説」に求めた．すなわち，着地の瞬間に脚伸筋に貯えられる弾性エネルギーがバネ作用を発揮し，消費エネルギーの経済性に貢献する（効率を高める）のではないか，と論じた．

(2) 走速度と効率

図 8-63 に，文献的にみた走運動の効率値を走速度との関係でプロットした[9]．研究によって効率値が相違する原因は，力学的エネルギーと生理的消費エネルギーの両面にあるが，力学的エネルギーについてはすでに前項で詳しく述べられたので，ここでは走運動の効率とエネルギー消費量との関係およびエネルギー消費を軽減して効率を高める要因に焦点を当てることとする．

エネルギー消費量にかかわる難問のひとつは，無酸素的運動の消費エネルギーの定量が甚だ困難なことにある．有酸素の運動のエネルギー消費量はほとんど問題ないが，無酸素的運動では先述のいわゆるベースラインの問題がある．すなわち，運動後の酸素摂取量が体温上昇やカテコールアミンの増加などの影響を受けてなかなか運動前のレベルに戻らないからである．先に示した図 8-61 の効率計算では，Margaria ら[18]による「1 km の移動距離当たり体重 1 kg 当たり 1 kcal（1 kcal/kg/km）」のエネルギー消費量値を用いた．この値は有酸素運動のものであるが，無酸素運動にも適用できると仮定したわけである．近年，酸素借（oxygen deficit）の概念を導入した無酸素的エネルギーの定量法が提案され，優れた研究がなされいているが[19]，この方法は有酸素運動の効率が無酸素運動の効率に等しいという仮説にもとづいているので，効率そのものの研究には不向きである．走運動に含まれる負の仕事（negative work）のエネルギー消費量をどのように見積もればよいか，という問題も難問である．Ito ら[20]は，Margaria ら[18]による「負の仕事の効率＝120%」を用いて走運動の効率を算出し，有酸素的な走運動の効率が約 50% となることを報告した．

(3) 長距離と短距離ランナーの効率

長時間にわたって走運動を持続する長距離ランナーにとっては，エネルギーの経済性が無視できない．図 8-64 は，種々走速度において長距離ランナーと短距離ランナーの効率を比較した結果である[21]．長距離ランナー群の効率は，比較的低い速度のときは明らかに短距離ランナー群より

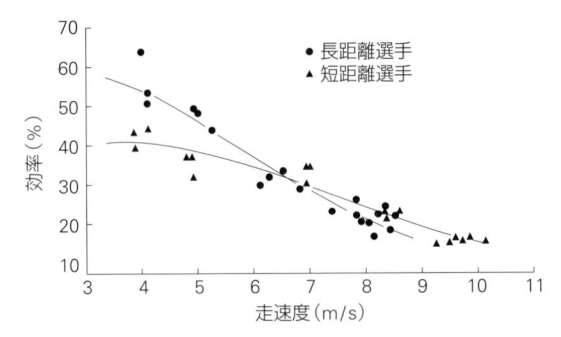

図8-64 種々走速度における長距離選手(●)と短距離選手(▲)の効率
(Kaneko M et al.: Influence of running speed of the mechanical efficiency of sprinters and distance runners. In: Winter DA et al. eds, Biomechanics IX-B, pp307-312, Human Kinetics, 1985)

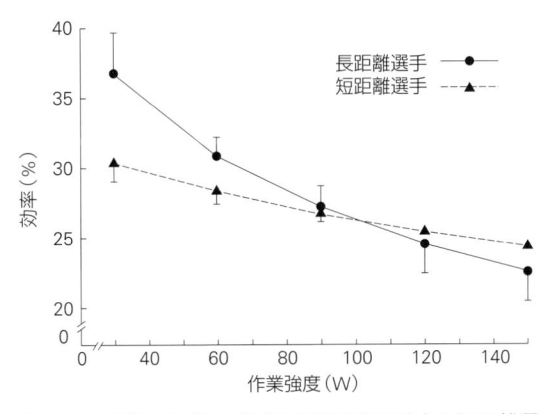

図8-65 自転車作業における長距離選手(●)と短距離選手(▲)の効率(Instantaneous E)
(Stuart MK et al.: Efficiency of trained subjects differing in maximal oxygen uptake and type of training. J Appl Physiol, 50: 444-449, 1981)

高い.GregorとKirkendall[22]も同様に優れた女性長距離ランナーの効率が高いことを報告している.図8-65はStuartら[23]が示した自転車作業における長距離と短距離ランナーの効率を比較した結果で,この場合にも低強度では長距離選手の効率が短距離選手に勝っていることが示されている.こうしたランナーの種目差は,自転車作業でも同様に観察されるところからみて,走運動のスキルに起因するというよりむしろ,彼らの筋の特質によるものと思われる.すなわち,長距離ランナーの脚筋には効率の高い遅筋線維が多く,短距離ランナーには効率の低い速筋線維が多いこと[24]や,遅筋線維は速筋線維に比して遅い収縮速度の

ときに高い効率を示すこと[25,26]が指摘されているからである.いずれにしろ機械的効率は,筋運動のエネルギー入出力特性を知る上で有力な指標になることは確かである.

文　献

1) 金子公宥:パワーアップの科学.朝倉書店,1988.
2) 森　康夫ほか:エネルギー変換工学.コロナ社,1980.
3) Hill AV: Muscular Movement in Man: The factors governing speed and recovery from fatigue. McGraw-Hill, 1927.
4) 金子公宥:筋運動の効率—効率評価法の問題点を中心に—.Jpn J Sports Sci,4:3-8,1985.
5) Whipp BJ and Wasserman K: Efficiency of muscular work. J Appl Physiol, 26: 644-648, 1969.
6) Gaesser GA and Brooks GA: Muscular effici-ency during steady-rate exercise: Effects of speed and work rate. J Appl Physiol, 38: 1132-1139, 1975.
7) 金子公宥:筋作業の機械的効率.体育の科学,28:751-758,1978.
8) 伊藤　章:走運動の効率.Jpn J Sports Sci,1:285-290,1982.
9) Kaneko M: Mechanics and energetics in running with special reference to efficiency. J Biomech, 23 (Suppl 1): 57-63, 1990.
10) Furusawa K et al.: The dynamics of "Sprint" running. Proc Roy Soc B, 102: 29-42, 1927.
11) Furusawa K et al.: The energy used in "sprint" running. Proc Roy Soc B, 102: 43-50. 1927.
12) Fenn WO: Frictional and kinetic factors in the work of sprint running. Am J Physiol, 92: 583-611, 1930.
13) Fenn WO: Work against gravity and work due to velocity changes in running. Am J Physiol, 93: 433-462, 1930.
14) Elftman H: The work done by muscles in running. Am J Physiol, 129: 672-684, 1940.
15) Cavagna GA et al.: Mechanical work in running. J Appl Physiol, 18: 1-9, 1964.
16) Cavagna GA et al.: The sources of external work in level walking and running. J Physiol, 262: 639-657, 1976.
17) Cavagna GA and Kaneko M: Mechanical work and efficiency in level walking and running. J Physiol, 268: 467-481, 1977.
18) Margaria R et al.: Energy cost of running. J Appl Physiol, 18: 367-370, 1963.
19) 田畑　泉:無酸素性エネルギーの定量法.Jpn J Sport Sci,13:559-566,1994.
20) Ito A et al.: Mechanical efficiency and positive

work in running at different speeds. Med Sci Sports Exerc, 15: 299-308, 1983.
21) Kaneko M et al.: Influence of running speed of the mechanical efficiency of sprinters and distance runners. In: Winter DA et al. eds, Biomechanics IX-B. pp307-312, Human Kinetics, 1985.
22) Gregor RJ and Kirkendall: Performance efficiency of world class female marathon runners. In: Asmussen E and Jorgensen K eds, Biomechanics VI-B. pp40-45, University Park Press, 1978.
23) Stuart MK et al.: Efficiency of trained subjects differing in maximal oxygen uptake and type of training. J Appl Physiol, 50: 444-449, 1981.
24) Gollnick PD, et al.: Enzyme activity and fiber composition in skeletal muscle of untrained and trained men. J Appl Physiol, 33: 312-319, 1972.
25) Goldspink G: Muscle energetics and animal locomotion. In: Alexander R McN and Goldspink G eds, Mechanics and Energetics of Animal Locomoion. pp57-81, Chapman and Hall, 1977.
26) Suzuki Y: Mechanical efficiency of fast- and slow-twitch fibers in man during cycling. J Appl Physiol, 47: 263-267, 1979.
27) Williams K and Cavanagh PR: A model for the calculation of mechanical power during distance running. J Biomech, 166: 115-128, 1983.

［金子　公宥］

8．走運動学習の実際

　ヒトは，生後17〜24カ月でもっとも初歩的な走運動を行うようになり，6〜7歳で成人とほぼ同じ動作を示すようになる[1]．このように走運動が早くに習熟の域に達するのは，その運動構造が比較的単純であること，日常生活での使用頻度が高いためだと考えられる．しかも走運動は知らないうちに日常生活の中で獲得されてしまうことが多く，動作の習熟における男女差も投運動ほどには大きくない．

　このように走運動の学習は，早期に，しかも無意識に進んでいることが多いのだが，習熟に達したと考えられる年齢層にも走運動学習の効果はみられる．加藤ら[2]，橋本ら[3]は，小学生の児童にも短距離走指導による疾走能力の向上や疾走動作の改善がみられることを明らかにしている．また，栗原ら[4]は，一般大学生男子を対象に週3回10週間のスプリントトレーニングにより，50・100mのタイムの他に，ストライド，ピッチおよび疾走動作が改善されたことを明らかにしている．著者ら[5]は，スキッピング（もも上げ）という短距離走のためのドリルの効果を一般大学生で検証し，疾走能力，疾走動作ともに改善されたことを報告している．

　これらのことから小学生から大学生までの走運動にはトレーナビリティが残されており，疾走能力の向上，疾走動作の習熟には，走運動学習が大きな意味をもつことがわかる．そこで，ここでは学校体育に限定し，走運動学習の効果的な進め方に関して述べていくことにする．

1）疾走スピード曲線を知る

　世界トップクラスのスプリンターの100mレース中のスピード曲線が明らかにされ，トップスプリンターは，ピークが2度訪れる二峰性の曲線を示すことがわかった[6]．子どもたちにも，独特のスピード曲線がみられる．その特徴のおもなものは，短い距離でトップスピードに到達すること，スピードの蛇行が著しいことである．後者のスピード曲線の変化には，生理的要因以外にも，意識という心理的要因が関与していると考えられる．それだけに各自の疾走スピード曲線を把握させ，より速く走るための意識をもたせることは，走運動学習を進めるうえでのひとつのポイントになろう．

　そこで，疾走中のスピード曲線の求め方を示しておこう．図8-66は，ビデオを用いた測定法であり，トルソ（胴体）がポール間を通過するのに要したコマ数を数えることで所要時間（通常のビデオであれば，30コマ／秒）を求めることができる．このデータから，図8-67のような疾走スピードの変化のグラフを描き学習仲間と比較することにより，自分の長所や短所を明確にすることができ，学習の課題をみつけるのである．個々に課題をみつけ，その課題を解決するように学習を進めることができれば，短距離走の授業も課題解

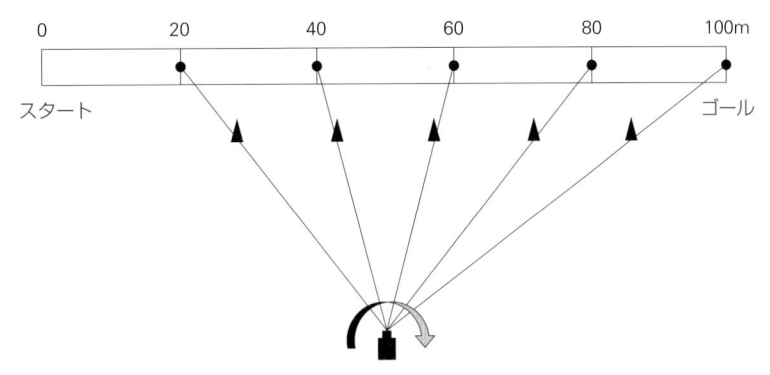

図 8-66 区間スピードを算出するためのビデオ撮影の仕方

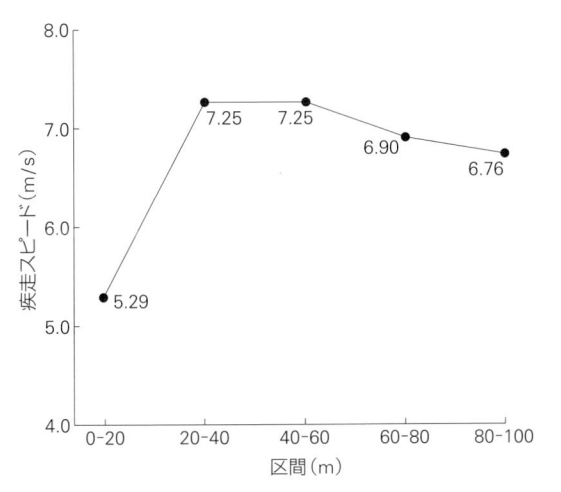

図 8-67 100m 走中の 20m 区間ごとの疾走スピード

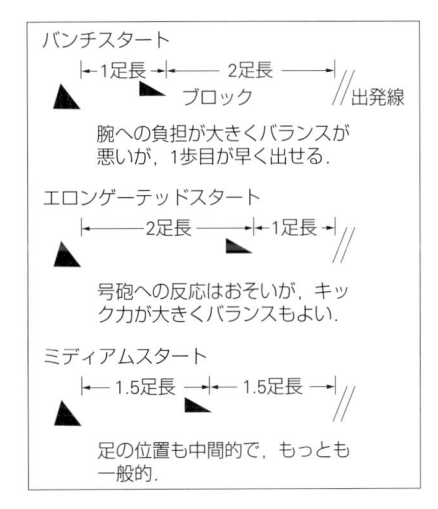

図 8-68 クラウチングスタートの種類

決型の学習と位置付けることができる．

2）スタートダッシュの学習指導

短距離走は，大きくは2つの局面に分けられる．スタートからトップスピードに乗るまでの間，そしてトップスピードに乗りゴールするまでの間（減速区間も含む）の2局面である．上記のスピード曲線から判断して，たとえば，加速の区間が劣っている場合には，スタートそのものを改善することが課題のひとつになるであろう．

スタートは静止した状態から行われる．すなわち，「位置について」の姿勢は，短距離走の動きのなかでもっとも意識がもちやすく，修正しやすい箇所だといえる．クラウチングスタートは，両足の位置から，図 8-68 の3種類に分けられる．これに加え，最近では水泳のスタートのように両足を揃えるスタート（ジャンプスタートとする）も一部のスプリンターの間でみられるようになった．それぞれに特徴があるが，それはブロックから離れるまでの時間（反応時間），ブロックを押す力の2つから説明することができる．図 8-69 は，ジャンプスタートと従来のスタートの実験データの比較を示したものである[7]．この比較によると，両足を揃えるとブロックから飛び出すまでの時間が短くなることがわかる．しかし，逆にブロックを押す力の合計（力積）が小さくなるために，ブロックを離れる時の重心スピードは低くなる．このようにブロックの位置を変えることによって，それぞれのスタート法の特徴が生じてくるのである．

実際に，女子のスプリンター6名を対象にジャンプスタートと個々のオリジナルのスタートを

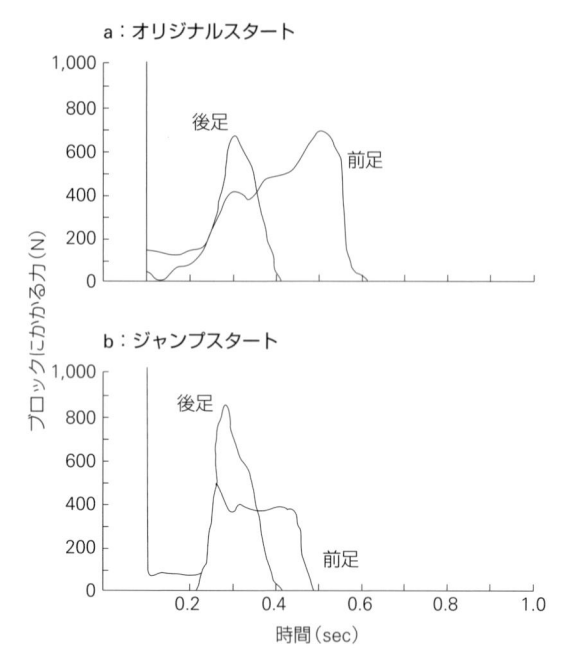

図8-69 ジャンプスタートとオリジナルスタートの比較
(陸上競技研究編集部訳:女子スプリンターにおけるスタート動作の評価.陸上競技研究,2:54-55,1990)

比較した研究がある[8].これによると,ジャンプスタートでは,スタート合図からブロックを離れるまでの時間が短く,1歩目接地中の膝関節と股関節の動作範囲が大きくなっている.これは,脚のスイング動作と膝の伸展動作を十分に利用していることを意味し,その結果,1歩目接地中の加速も大きくなっている.このような長所により,10mの通過タイムは,ジャンプスタートが有意に短くなった(0.03秒)ということである.体育学習の場でも試してみる価値はあると思われる.

両足の位置以外にも,「用意」で腰をどの高さまで,どの方向に上げるかでも,スタートには変化が現れる.これは,足の位置,腰の位置により,用意の姿勢での股関節と膝関節の角度が変化するためである.関節は,その角度により,発揮するトルクに変化が生じることは周知の事実であり,意図的に関節角度を変えることにより,ブロックを蹴る力の大きさや蹴る時間を変化させることができる.

ここまでクラウチングスタートについて取り上げてきたが,このスタート法は中・長距離走で用いるスタンディングスタートに比べて技術的に難しいと考えられている.すなわち,クラウチングスタートを授業で取り上げる場合には,それなりの準備や適切な移行が必要となってくる.先にあげた4つのスタート法の中では,意外であるが,競技者にはもっとも疎遠であるエロンゲーティッドスタートが初心者には適していると考えられる.それには,3つの理由があげられる.第一には,腕にかかる体重が小さく用意の姿勢がとりやすいこと.第二には,2つのブロックを離すほど脚の左右交互の運動が行いやすく,自然にランニングに移行できること.第三には,ブロックをしっかり押すことができることである.このような理由で,初心者にはエロンゲーティッドスタートの導入が有効であると考える.

これまで,小学生はスタンディング,中学生になるとクラウチングとほぼ強制的に決められ,クラス全員が同じ型のスタート法を教示されることが多かった.バイオメカニクス的な研究データを活用することにより,クラウチングスタートの指導をより的確なものにすることができよう.

3) 全力疾走の学習指導

ランニングのスピードは,ストライドとピッチの積で表される.単純には,ピッチを高め,ストライドを伸ばせば速く走れる,という発想がうまれる.しかし,両要因は相反するものであり,ストライドを長くすればピッチは低下し,ピッチを高めようとすれば,ストライドは短くなるものである.そして,そこにはもっとも効率のよいピッチとストライドの関係が存在するのである.**表8-4**は,世界一流スプリンターのピッチとストライドの測定結果である[6].これによると,おおよそピッチは毎秒4~5歩,ストライドは身長の1.2~1.4倍の範囲にあることがわかる.これらのトップスプリンターの値は,あくまで参考にすぎないが,これを人間の上限ととらえることができる.

斎藤と伊藤[9]は,加齢に伴う走速度の向上は,形態的な発達に加え,歩数指数(歩数・〔下肢長/g〕$^{1/2}$)と歩幅指数(歩幅/下肢長)の改善によ

表8-4 国内外の一流スプリンターの疾走スピード, ピッチ, ストライド

競技者名	疾走スピード(m/s)	ピッチ(歩/s)	ストライド(m)	ストライド身長比
男子				
C.ルイス	11.82	4.670	2.531	1.346
L.バレル	11.77	4.562	2.587	1.437
M.ジョンソン	10.22	4.640	2.203	1.204
井上 悟	11.10	4.803	2.311	1.376
山下徹也	10.90	4.919	2.216	1.274
女子				
K.クラッペ	9.15	4.107	2.228	1.224
M.オッティ	9.22	4.109	2.244	1.297
北田敏恵	8.54	4.304	1.984	1.188

（阿江通良ほか：世界一流スプリンターの100mレースパターンの分析―男子を中心に―．In：佐々木秀幸ほか監修，世界一流陸上競技者の技術．pp14-28，ベースボールマガジン社，1994）

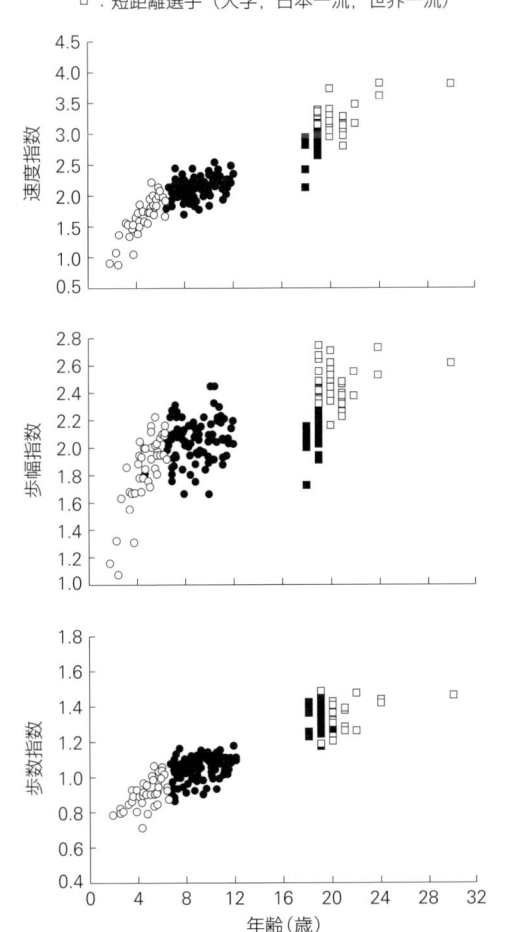

図8-70 歩数指数, 歩幅指数および速度指数の発達
歩数指数：歩数・(下肢長/g)$^{1/2}$, 歩幅指数：歩幅/下肢長,
速度指数：歩数指数・歩幅指数
（斎藤昌久，伊藤 章：2歳児から世界一流短距離選手までの疾走能力の変化．体育学研究，40：104-111，1995）

りもたらされるものだと述べている（図8-70）．そして，歩幅指数は，ももあげ角度との間にr＝0.579（p<0.001），引きつけ角度（回復脚の最小膝角度）との間にr＝−0.749（p<0.001）の有意な相関関係が存在することを明らかにしている．これは，膝を前方に引き上げること，キックした脚の膝を巻き込んで前方に運ぶことがストライドを伸ばすことにつながることを意味する．すなわち，身体の成長だけでなく，しかるべき動作が習熟してこそ，歩幅は伸びていくものであることを示している．ここに，走動作の習熟の重要性を認識することができる．

しかしながら，授業における短距離走では，体力重視，技術軽視という考えが強く，十分な技術指導がなされていないのが現実である．たとえば，ストライドを伸ばすための指導としては，「大きな歩幅で走りましょう」といった言語による一斉指導で終わることが多い．しかし，単に大きな歩幅で走ろうとすると，高く跳び上がり，ストライドを欲張るために接地で自分の体の遠くに足を着くようなランニングフォームを示すことになる．そうすると，接地時のブレーキ要素が大きくなり，スピードが高まらないばかりか，後半のスピード低下も著しくなるのである．

小学生に短距離走の技術指導を言語教示と示範により行った場合，疾走速度，ピッチ，ストライドはどのように変化したかを示したデータがある（図8-71）[10]．これによると，「ストライドを伸ばして走ろう」という指導をした場合には，ほとん

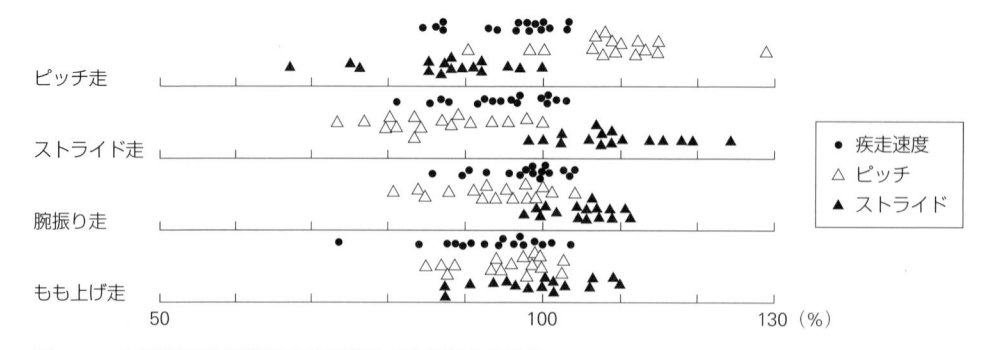

図8-71 言語教示と示範による指導後の疾走能力の変化
（尾縣 貢ほか：走運動学習における言語教示と示範の有効性に関する研究．陸上競技研究, 10：2-12, 1992）

どの児童のストライドは伸びたが，全員のピッチが著しく低下し，結果的に速度も低下した，ということである．同じような傾向が腕振りを指導した場合にもみられる．腕振り走では，「いつもより大きく腕を振って走ろう」という指導を行っている．その結果，腕振りの角度（肩関節動作範囲角度）は，オリジナル走の$93.0±10.5°$から$131.0±15.1°$に増加している．そして腕を大きく振ることで，ストライドにはほとんどの児童で伸びがみられ，ピッチは低下している．しかし，ストライドを伸ばすことを直接指導した場合よりも，ストライドの伸びは小さいが，ピッチの低下も比較的小さく，その結果，約1/3の児童の疾走速度が即時的に向上している．このことからは，ストライドを伸ばすことを学習の課題とするのであれば，ストライドを伸ばすことを直接指導するのではなく，腕を大きく振ることでストライドの伸長を導く方が学習指導としては的確であると考えられる．

　ランニングは，上肢と下肢を同時に用いる循環運動である．そのために，それぞれの動作要因は互いに影響を及ぼしあい，複雑に運動のサイクルを作り上げている．単純な運動であるがゆえに，動作要因間の因果関係をしっかりと把握したうえで，技術的な課題を設定することが走運動学習には重要だと考えられる．

文 献

1) 宮丸凱史：人間の運動発達と疾走能力．In：宮丸凱史編，疾走能力の発達．pp1-7, 杏林書院, 2001.
2) 加藤謙一ほか：小学6年生の体育授業における疾走能力の練習効果．体育学研究, 45：530-542, 2000.
3) 橋本 毅ほか：小学校の体育授業におけるスタートダッシュの練習効果．スプリント研究, 3：1-10, 1993.
4) 栗原崇志ほか：スプリント・トレーニングが疾走フォームに与える効果．体育学研究, 29：285-284, 1985.
5) 尾縣 貢ほか：スキッピング・トレーニングが体力，疾走能力，疾走動作に与える効果．体育学研究, 33：69-78, 1988.
6) 阿江通良ほか：世界一流スプリンターの100mレースパターンの分析―男子を中心に―．In：佐々木秀幸ほか監修，世界一流陸上競技者の技術．pp14-28, ベースボールマガジン社, 1994.
7) 陸上競技研究編集部訳：女子スプリンターにおけるスタート動作の評価．陸上競技研究, 2：54-55, 1990.
8) 中野正英ほか：ジャンプスタートの特徴に関する実験的研究．陸上競技研究, 14：22-29, 1993.
9) 斎藤昌久，伊藤 章：2歳児から世界一流短距離選手までの疾走能力の変化．体育学研究, 40：104-111, 1995.
10) 尾縣 貢ほか：走運動学習における言語教示と示範の有効性に関する研究．陸上競技研究, 10：2-12, 1992.

〔尾縣　貢〕

第9章

跳動作

1. 跳躍のバイオメカニクス

1) 跳躍のメカニクス

跳躍は，"運動の主体である身体が，逆に身体を客体として重力に抗して空中に投射する"とバイオメカニカルにいうことができる．重力場にあるものを地面から離すには，重力による下向きの牽引よりも大きな上向きの推力を発揮しなければならず，これによって，身体が空中に投射されるということになる．地球上における物体はすべて，位置関係を変えようとする力がはたらかない限りその状態が保たれる（慣性の法則）．身体は，身体と外界という系で考えると，地面に垂直な重力と空気の流れによる抵抗とを外力として受けるが，この2つは受動的な力であり，身体運動の発現は地面からの抗力（地面反力）を足底から受けとめることによってはじめて可能となる．

まず，跳躍の力学的側面を簡単に説明しよう．ヒトが静止して立っている場合，空気抵抗は無視できるほど小さく，重力だけが身体重心にはたらく．地面にはそのヒトの体重分の力が足部を通してかかっており，静止しているためには，逆に身体はそれと同等の力を地面からの抗力Fとして足底から受けていることになる．そして，脚の屈伸や腕の振りなどで身体を動かした場合，重心を上下させる力は，抗力Fと体重wとの差であり，以下の運動方程式で現せる．

$$F - w = ma \quad \cdots\cdots\cdots\cdots\cdots\cdots (1)$$

ただし，m＝身体質量，a＝重心の加速度（w＝mg，g＝重力加速度）とすると，上記の跳躍の定義により，下肢を伸展させて身体を空中に投射する（たとえば垂直跳）ためには，抗力が体重より大きくなければならない．たとえば，抗力Fが体重wよりも小さい場合，加速度aはマイナスとなり，逆に身体重心は下降してしまうし，F＝wのとき，身体は静止している．すなわち，加速度が1gよりも大きいときのみ身体は投射されるのである．そして，離地後は地面に対する抗力Fはゼロとなり（ma＝－w），外力は重力だけとなることから，身体は弾道運動となり重心の経路は放物線となる．

すなわち，跳躍における重心の方向や飛距離は，離地するときの状態（初速度ベクトル）によって決定され，空中では手足をどのように動かしても，その重心の軌跡を変えることはできない．空中の重心の移動を決定する踏切中の地面からの抗力（地面反力）は，フォースプレートがあれば容易に測定できる．地面反力を時間積分することにより重心の速度が，再度積分することにより重心の変位が算出できる．逆にいえば，映画分析によって得た重心の変位を順次時間微分していけば速度，加速度（質量を考慮すれば地面反力と同等）を求めることができる．すなわち，地面反力と重心の変位とは，同一の現象を異なった角度からみているにすぎず，したがって陸上での運動のできばえは，力学的観点からいえば，地面反力をいかに巧みに使うかにかかっているといえるのである．図9-1に，さまざまな跳躍の踏切の初速度（加速度）ベクトルをまとめて示した．動作の違い，用具を用いた場合，動物との違いなどを定量的に比較することができる．

2) 体力テストとしての垂直跳

足，膝，腰の下肢3関節の屈伸による「垂直跳

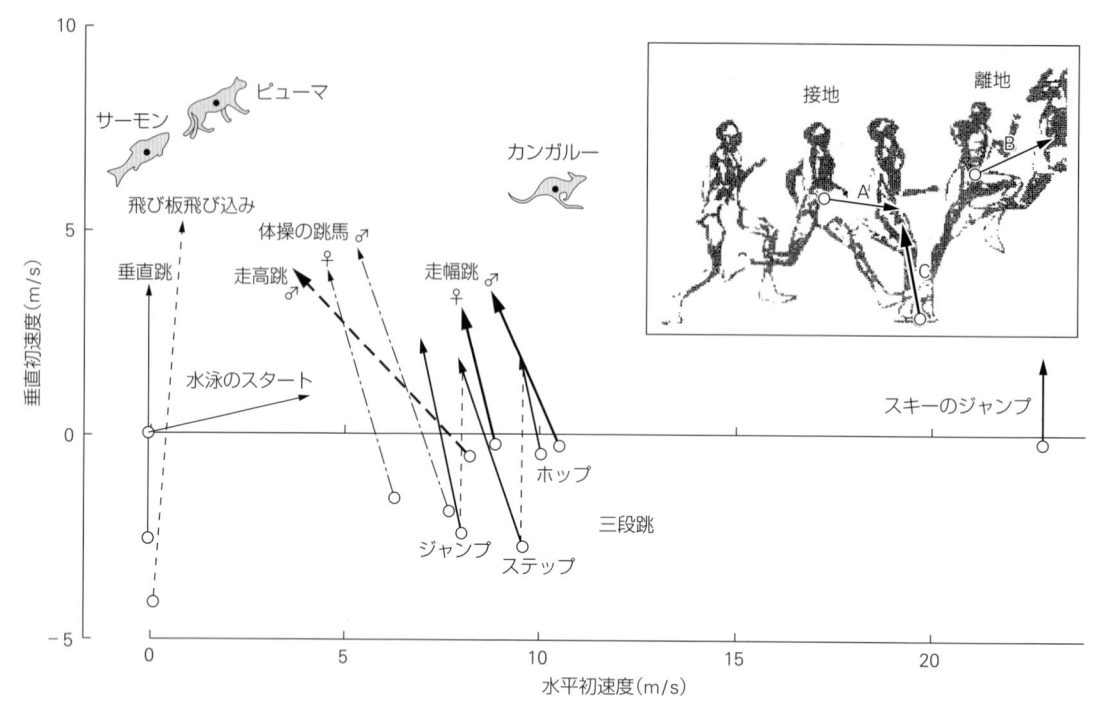

図 9-1　各種跳躍の踏切初速度および加速度ベクトル
図中のベクトルは，踏切中の平均加速度ベクトル C を示している（踏切接地時の速度ベクトル A の終点を○，離地時の速度ベクトル B の終点を矢印として表した）．人間の跳躍は機具を用いない場合，垂直初速度が 4m/s 程度，水平初速度が 9m/s 程度である．スキーのジャンプの水平速度は非常に大きく，また飛び板飛び込みでは 5m/s を越える．また，人間の跳躍に比べ，動物の跳躍能力はかなり高いことが定量的にわかる．（深代千之：跳ぶ科学．大修館書店，1990 をもとに作図）

は，歩・走などの自然な運動と異なり，測定や実験のために「創り出された動作」ということができる．測定としては，20世紀初頭にサージャントによって提案された体力テスト（壁を用いて静止時と跳躍時の高さの差を求める方法）が親しい．

体力テストの垂直跳は「パワーの評価」として知られているが，実際はパワーではなく身体をどのくらい持ち上げられたかという仕事量を測定しているにすぎない．垂直跳における発揮パワーを求めるには，運動中の床反力をフォースプレートで測定しなければならない[1]．たとえば，直立姿勢から反動をつけた垂直跳の，踏切中の最大瞬時パワーは 4,300W になるが，作用時間全体で発揮された平均パワーは 2,500W である．同一動作の力学的パワーでも，このように瞬時と平均では 2 倍もの差が生じることになる．したがって，力学的パワーというときに，このどちらを意味しているかということを確認しなければならない[2]．

フォースプレートを利用したこの方法で，腕振りの有無，反動の有無などのさまざまな動作制限を課して，その跳躍高を比較すれば，腕振りや反動など各動作の効果をマクロに知ることができる．また，同じ動作様式の発揮パワーの測定を定期的に行えば，トレーニング効果を評価することもでき，競技選手の体力チェックによく用いられている．

3）身体運動のメカニズム解明の対象動作として

垂直跳は，身体運動におけるメカニズム解明のため，つまり運動中の筋腱複合体のふるまいの観察や，筋・骨格系シミュレーションの対象動作として頻繁に用いられてきている．これは，さまざまな身体運動の中で地面反力や発揮パワーがもっとも大きい，つまり筋活動の出力形式として跳躍がもっともダイナミックな運動であるということと，重力に抗する垂直方向だけの運動で扱いやす

いということがおもな理由であろう．

まず，地面反力を生み出す踏切脚の関節トルクについて考えてみよう．身体運動は，力学的には筋収縮による内力を骨と関節のリンク機構を通して，関節トルク（力のモーメントともいう）に変換することにより生じる．トルク（T）とは物体を回転させようとする力であり，一般には，物体にはたらく力の大きさFと，力の作用線と回転軸との距離dとの積（$T = F \cdot d$）によって表すことができる．正確には，トルクはベクトル量であることから，回転軸から作用点に向かうベクトルを r，力を F とすれば，式（2）のようになり，r の成分を（x, y），F の成分を（Fx, Fy）とすれば式（3）のように表すことができ，その方向は r および F に垂直である．

$$T = r \cdot F \quad \cdots\cdots\cdots\cdots\cdots\cdots\cdots (2)$$
$$T = x \cdot Fy - y \cdot Fx \quad \cdots\cdots\cdots\cdots (3)$$

物体に異なる多くのトルクがはたらく場合には，それらを合計してひとつのトルクがはたらいているとみなす．そして，関節トルクの情報から，関節がなした機械的な仕事やパワーを知ることができる．垂直跳における各関節トルクの変化パターンは，運動中ほとんど正（伸展トルク）となり，3関節のトルクはほぼ同期して現れる[1]．

さて，垂直跳でより高く跳ぶためには，各関節の角速度が大きくなってもなお力を発揮し，身体を上昇させる加速度を生み出す必要がある．しかし，収縮要素である筋線維の力発揮に関しては動的特性による制限がある．そのような制限のもと，筋腱複合体の中の弾性要素のはたらきや，二関節筋のはたらきについて研究した Bobbert ら[3,4]の論文をここでは紹介する．被験者が反動を伴った片足垂直跳を行った際の，床反力とキネマティカルな変数を測定し，リンクセグメントモデルを通して，まず足関節回りのトルクを求める．それとは別に，下腿三頭筋が筋と腱からなるという筋腱複合体モデルを考える（図9-2）．この複合体モデルでは，筋線維の特性，つまり力－長さ関係とHillの力－速度関係を考慮し，さらに腱の特性を考え合わせて運動の解析を行う．腱の特性は，腱の長さ（L）－張力（F）関係を $F = kL^2$ として，

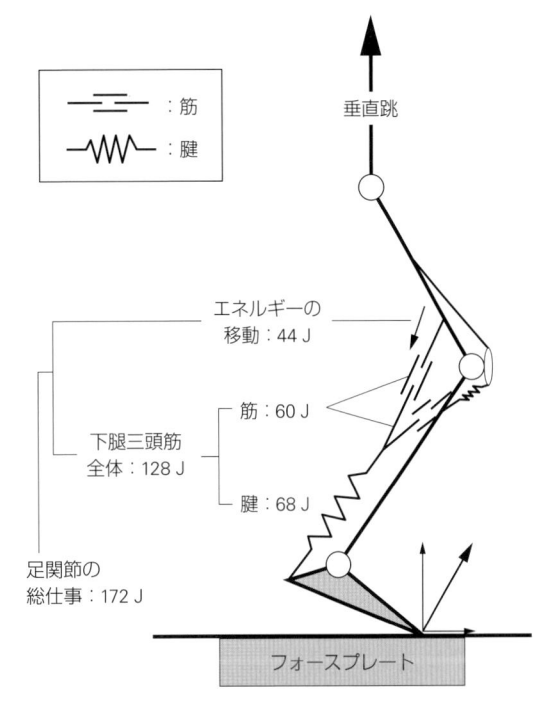

図9-2 垂直跳における足関節の仕事の内訳
筋と腱のはたらき，2関節筋によるエネルギーの流れが定量的に推定された．
(Bobbert MF et al.: A model of the human triceps surae muscle-tendon complex applied to jumping. J Biomech, 19: 887–898, 1986. および Bobbert MF et al.: An estimation power output and work done by the human triceps surae muscle-tendon complex in jumping. J Biomech, 19: 899–906, 1986. の結果を基に作図)

腱の弾性定数（k）は断面積に比例し，$40 N/mm^2$ の応力がかかったとき，伸張量が全長の8％になるように決める．この筋腱複合体モデルの長さ変化および張力変化から得られる足関節回りのトルクは，先にリンクモデルによって計算したトルクとかなりの一致が認められ，複合体モデルの妥当性が確認された．

そこで次に，この複合体モデルを用いて，跳躍時の足関節底屈動作における腓腹筋とヒラメ筋のパワー（$P = Fv$：張力 × 短縮速度）発現の様子，および全仕事量（$W = \int P dt$）を計算した．また，膝関節から足関節に伝達されたパワーを，腓腹筋によって生じる膝関節回りのトルクと膝関節伸展の角速度との積から求めた．複合体モデルによって求められた足関節回りのパワー曲線とリンクセグメントモデルから求めた足関節回りの正味のパワー曲線とはよく一致した．また，腱が運動中に

まったく伸張しないと仮定して計算したパワー曲線は，これらの値（現実の値）に比べてかなり低い値を示した．このことは，腱の弾性的変形なしには，現実の運動を説明することは不可能であることを示している．

身体重心上昇期における足関節のなした仕事を複合体モデルにより計算すると172Jであり，その内訳は下腿三頭筋全体が実際に短縮してなした仕事が128J（筋：60Jと腱：68J），そして膝関節から移動した仕事44Jであった（図9-2）．この移動は，膝関節伸展筋が生み出したエネルギーのうち，膝関節伸展には使われず（腓腹筋を通して）足関節伸展に使われたエネルギーを表すと考えられる．以上の議論は身体重心上昇期における足関節回りのパワーと仕事の大きさを説明するものであった．しかし，内力の伝わり方がどうであれ，外界に対してなす仕事の大きさは変わらないのではないかという疑問が残る．つまり「筋→外界，筋→腱→外界」あるいは，「膝関節→外界，膝関節→足関節→外界」というようにエネルギーの流れを考えたとき，エネルギー伝達の経路が変わっても，また，運動のタイミングが変わっても，筋線維の生み出す総エネルギー量は変化せず，結局身体重心の到達高に違いがでないのではないかという疑問である．この疑問に対してBobbertら[3,4]は以下のような考察を行った．すなわち，弾性要素が（伸張された状態から）短縮することにより，収縮要素は見かけの短縮速度（筋腱複合体全体の短縮速度）よりも小さな速度で短縮する．そのためHillの力-速度関係により，収縮要素は小さい短縮速度なのでより大きな力を出すことができる，というものである．

このような力学モデルによる研究は，近年「超音波を用いた筋束長の実測」という手法によって検証されてきている[5〜7]．図9-3はスクワットジャンプ中の腓腹筋の動態である．時間経過にそって各要素の長さ変化をみてみると，床反力がピークになるところ（a）まで筋腱複合体全体の長さは一定であるが，筋自体は短縮し（b），それに伴い腱が伸張される（c）．その後離地までの間，筋腱複合体全体の長さは急激に短縮する

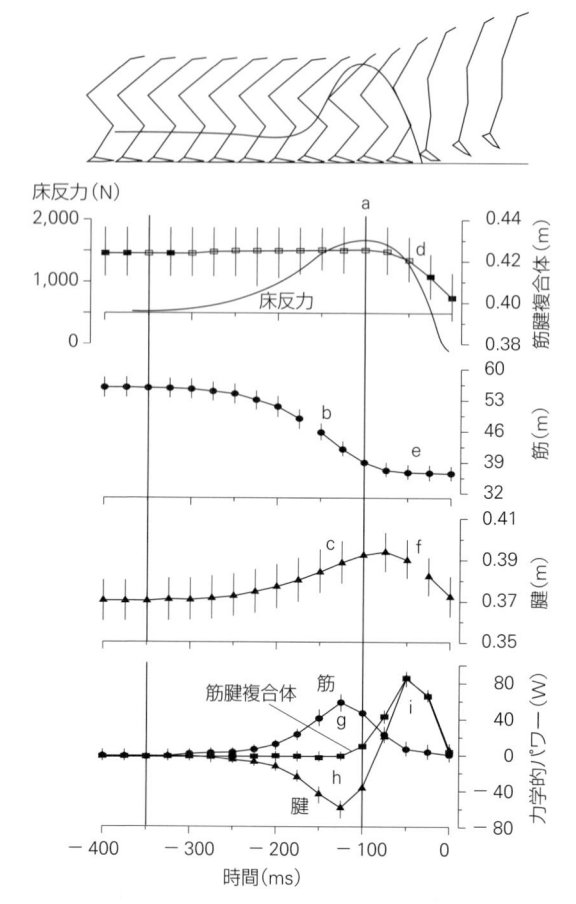

図9-3 スクワットジャンプ中の腓腹筋の動態．筋と腱，筋腱複合体それぞれの長さ変化，そして各要素の力学的パワーの変化

踏切最後の足関節伸展局面では，筋が等尺性収縮をしていて，腱に蓄えられた弾性エネルギーが大きな役割をしているのがわかる．

(Kurokawa S et al.: Behavior of fascicles and tendinous structures of human gastrocnemius during vertical jumping. J Appl Physiol, 90: 1349-1358, 2001より引用改変)

（d）が，その間筋自体の長さは一定であり（等尺性筋活動，e），腱が短縮する（f）．3つの要素の力学的パワーは，aの局面までに筋が正の仕事（g）をして腱に弾性エネルギー（h）を蓄積する．そしてa以降の局面では，腱の弾性エネルギーの解放（再利用）によって筋腱複合体全体のパワー発揮がなされる（i）のである．図9-3は，反動をつけないスクワット姿勢からの垂直跳であるが，ドロップジャンプではこの腱の弾性エネルギー再利用はより顕著となる．

図9-4, 5は，垂直跳の実験で頻繁に用いられ

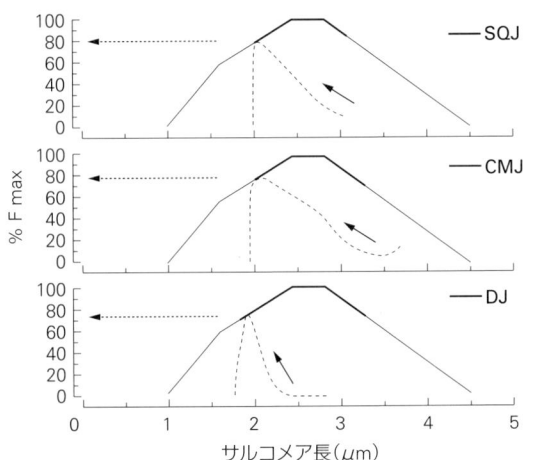

図9-4 スクワット(SQJ)・反動(CMJ)・ドロップ(DJ)ジャンプ中の腓腹筋(サルコメアレベル)の力―長さ関係
3つの跳躍とも，筋はほぼ最適な長さで活動していることがわかる．
(Kurokawa S: Functional significance of muscle-tendon complex during human jumping. 東京大学大学院総合文化研究科博士論文，2000)

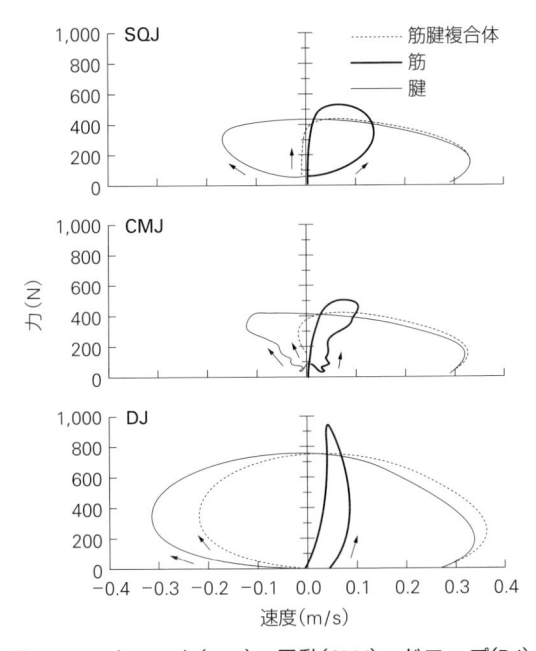

図9-5 スクワット(SQJ)・反動(CMJ)・ドロップ(DJ)ジャンプ中の腓腹筋(筋と腱，筋腱複合体)の力―速度関係
3つの跳躍とも，筋は遅い速度の狭い範囲で大きな力を発揮し，筋腱複合体全体の変化は腱が支えていることがわかる．これは腱のバネ作用を実証した研究として高く評価できる．
(Kurokawa S: Functional significance of muscle-tendon complex during human jumping. 東京大学大学院総合文化研究科博士論文，2000)

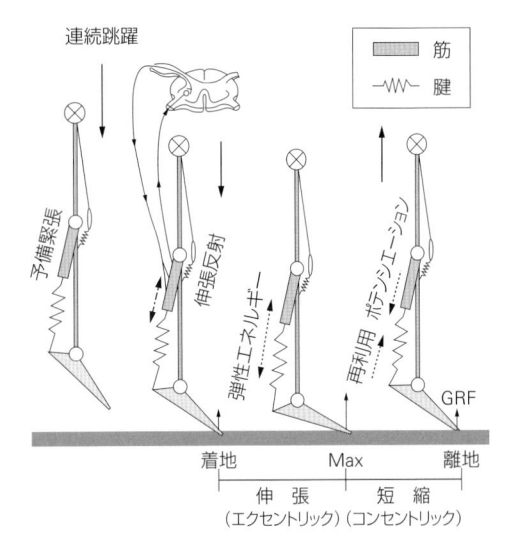

図9-6 反動動作における研究視点のまとめ
足関節のみの連続跳躍(ホッピング)で下腿三頭筋を対象にしたモデル．着地前に予備緊張があり，着地後のエクセントリック局面で伸張反射と弾性要素の伸張が起こる．その結果，その後のコンセントリック局面で筋の増強効果・反射と弾性エネルギーの再利用が生じる．しかし，Kurokawa[6]により，強度の高いドロップジャンプでも筋の伸張が生じないことがわかり，伸張反射は大きな役割を果たさないことが判明した．
(深代千之：反動動作のバイオメカニクス．体育学研究，45：457-471，2000)

るスクワット・反動・ドロップジャンプの各踏切中の腓腹筋の「力―長さ関係」と「力―速度関係」を示したものである[6]．サルコメアレベルの長さ変数は，筋束長をサルコメア数で除して計算したものであり，力は相対値で示してある．まず，力―長さ関係をみると(図9-4)，3種類すべてのジャンプにおいて，腓腹筋のサルコメアは力―長さ関係の最適部分を用いて運動を行っていることがわかる．また，筋と腱，そして筋腱複合体の3種類の力―速度関係をみると(図9-5)，筋は速度の低い短縮性局面の狭い部分で大きな力を発揮しており，筋腱複合体全体の動きは腱のそれとほぼ同様で，腓腹筋全体の動きは腱の伸縮によって主に支えられていることがわかる．すなわち，一連の超音波を用いた実験研究によって，Bobbertら[3,4]が推定した「筋は力―速度関係の最適部分で運動しており，腱がその力を流す役目を果たしている」ということが(モデルではなく)実証されたのである．また，これまで反動動作の特徴を支える要素として考えられていた伸張反射(図9-6)は，

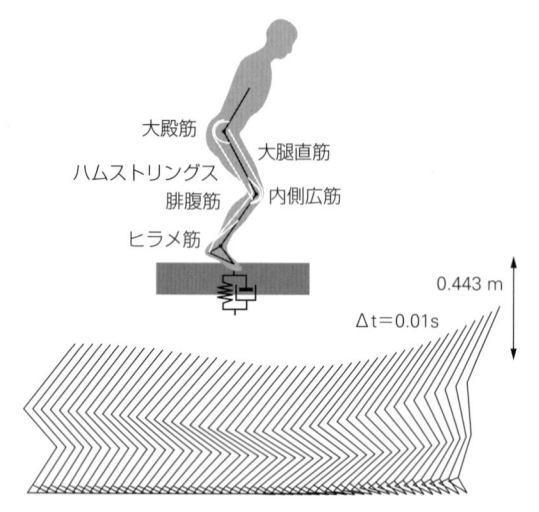

図9-7 筋—骨格モデルによる垂直跳のシミュレーション
リンクモデルに下肢筋群をとりつけ，反動をつけて垂直に跳躍させるという条件でシミュレートすると，スティックピクチャーのような垂直跳を行わせることができる．その時の各筋のはたらき方などを観察することができ，また意図的に各筋のはたらきを変化させて動作の変化をみることもできる．
(Nagano A et al.: A reliability analysis of the calculation of mechanical output through inverse dynamics: A Computer-simulation study. J Biomech, 33: 1313-1318, 2000)

筋が伸張されないのであまり効かないということも判明した．

以上のように，人間の運動の中でもっともダイナミックな跳躍は，腱のバネ機構が大きな役割を果たして筋を支えているというメカニズムが明らかになった．最近10年のバイオメカニクスの研究のもっとも進んだ成果のひとつが，「ダイナミックな運動中の筋腱複合体のはたらき」がモデルにより予測され，実験によって実証されたことであるといえよう．

4）シミュレーション動作としての垂直跳

上記の実験手法と平行して，架空の動作をコンピュータでシミュレートし，そのシミュレーション結果から運動のメカニズムに接近しようという分野（ダイナミクス，あるいはフォワードソリューションと呼ばれる）も進んでいる．最初に行われたシミュレーションは，体幹・大腿・下腿・足部の剛体リンクモデルのピンジョイントに力発生源をおき，そこにトルクを生じさせて運動を具現す

るというものである．次のステップは，リンクモデルに主働筋をとり付け，その出力を調整することによって運動を構築する，という形である．つまり，筋の力学的特性（力—長さ関係，力—速度関係）を考慮して筋を活動させ，垂直に跳躍するといった条件でシミュレートするのである（歩行などの場合は動作を遂行するための筋のエネルギー消費を最小にするといった条件になる）．

図9-7の動作は，筋・骨格モデルを用いて垂直跳をシミュレーションしたものである．この種の研究によって，たとえば，二関節筋を単関節筋にした場合，回転と並進運動によって生成される力を算出する際の誤差を定量するなど[8]，実在の身体運動の解析では不可能な状態をシミュレートすることができ，身体運動のメカニズムのさらに深い解明が期待されている．

文　献

1) 深代千之：跳ぶ科学．大修館書店，1990．
2) 深代千之：瞬発性運動における発揮パワーの評価．Jpn J Sports Sci, 11: 176-187, 1992.
3) Bobbert MF et al.: A model of the human triceps surae muscle-tendon complex applied to jumping. J Biomech, 19: 887-898, 1986.
4) Bobbert MF et al.: An estimation power output and work done by the human triceps surae muscle-tendon complex in jumping. J Biomech, 19: 899-906, 1986.
5) Fukashiro S et al.: Ultrasonography gives directly but noninvasively elastic characteristic of human tendon *in vivo*. Eur J Appl Physiol Occup Physiol, 71: 555-557, 1995.
6) Kurokawa S: Functional significance of muscle-tendon complex during human jumping. 東京大学大学院総合文化研究科博士論文，2000．
7) Kurokawa S et al.: Behavior of fascicles and tendinous structures of human gastrocnemius during vertical jumping. J Appl Physiol, 90: 1349-1358, 2001.
8) Nagano A et al.: A reliability analysis of the calculation of mechanical output through inverse dynamics: A Computer-simulation study. J Biomech, 33: 1313-1318, 2000.
9) 深代千之：反動動作のバイオメカニクス．体育学研究，45：457-471，2000．

［深代　千之］

2. 走高跳のバイオメカニクス

背面跳の助走では，効果的な踏切準備や踏切を行うために，助走の後半で曲線を描くという特徴がみられる．また，助走速度は，水平速度を鉛直速度に変換しなければならないため，走幅跳などに比べると遅い（男子：7.58～8.58m/s，女子：6.93～7.62m/s）[1]．

2次元DLT法を用いた助走足跡の分析により，世界一流の男女は，助走後半の曲線部分を5歩で助走していたが，日本一流の男子は4歩で助走し，曲線部分に相違がみられたと報告されている（図9-8）[2,3]．このような相違が生じた原因として，日本男子選手は，外国選手に比べて曲線に入る前の助走速度が大きいこと，踏切準備で外国選手のように膝を大きく屈曲させない傾向にあることなどがあげられている．なお，図9-8からわかるように，女子が男子よりも浅い曲線を描いていたのは，筋力の劣る女子が男子のように急な曲線を描いた場合，遠心力が大きくなりバランスが崩れる恐れがあるためとみられている．

日本一流選手の足跡をみると，曲線部分のなかでも踏切1～2歩前で，足の接地位置が大きくばらつく選手が多く，助走の安定性を欠く原因のひとつとみられている[4]．国際大会で入賞するためには，自己最高記録か，それに近い記録を確実にクリアできることが求められるため，助走の安定性がより重要になってくるであろう．なお，助走足跡のデータをもとに曲線部の曲率半径を算出し，個々の選手に適した助走経路を描く試みもある[5]．

走高跳の記録（H）は，図9-9に示したように，身長や姿勢が影響する離地時の重心高 H_1（男子で記録の56～61％，女子で66～69％），空中で重心が上昇する鉛直距離 H_2（男子で記録の42～46％，女子で35～38％），重心の最高到達高とクリアしたバーの高さとの差 H_3（－3％程度）の総和による．なかでも，実質的な跳躍高となるのは，離地時の鉛直初速度で決まる H_2 である[6]．

H_2 を決める離地時の鉛直初速度を大きくするためには，水平方向の助走速度を垂直方向へ効果

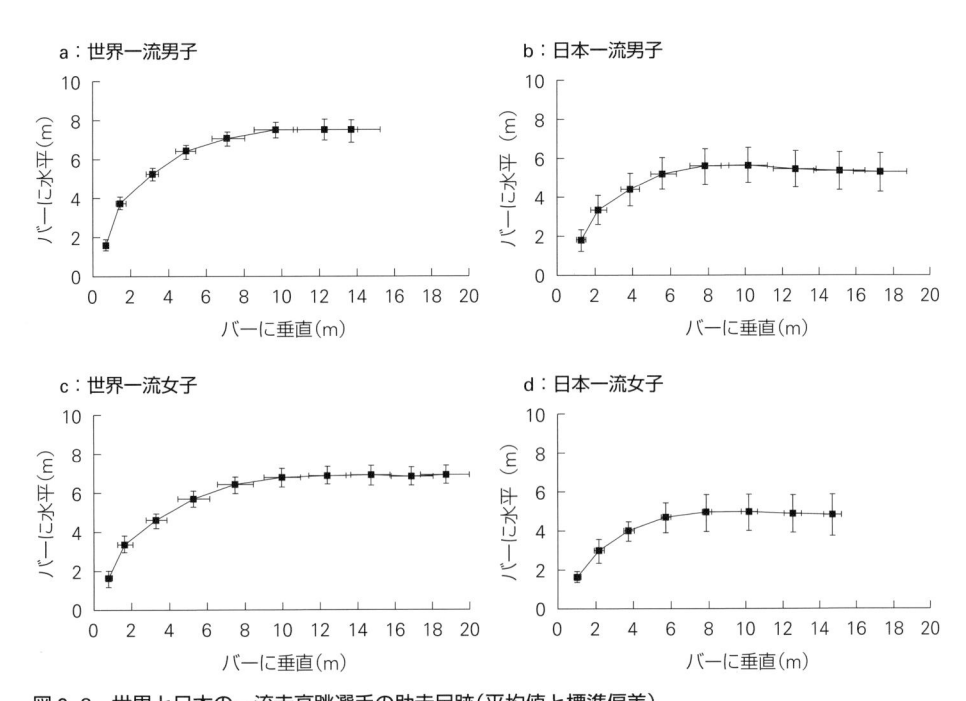

図9-8 世界と日本の一流走高跳選手の助走足跡（平均値と標準偏差）
（阿江通良：走高跳のコーチングとバイオメカニクス．第1回陸上競技の医科学・コーチング国際会議講演・発表論文集，pp123-127，1999）

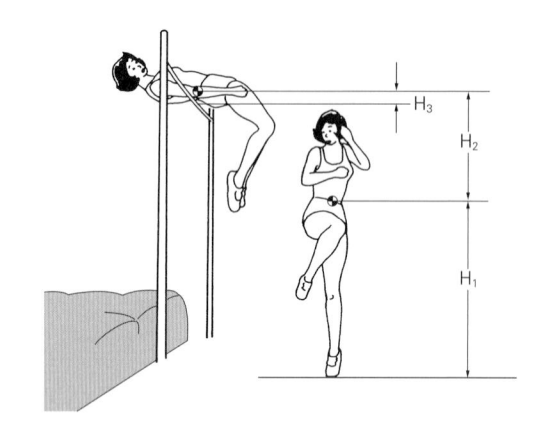

図9-9 走高跳の記録の構成要素
(阿江通良:陸上競技のバイオメカニクス. In:日本陸上競技連盟編, 陸上競技指導教本＜基礎理論編＞. p45, 大修館書店, 1992)

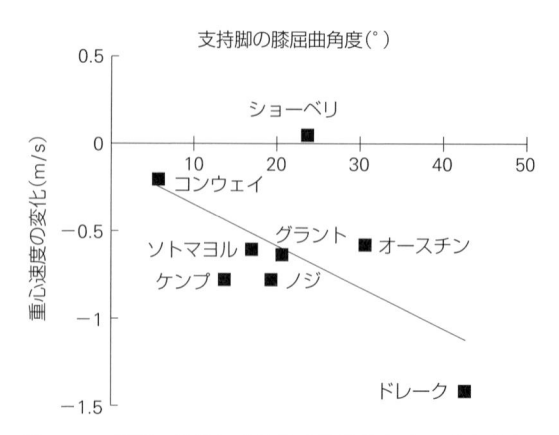

図9-10 踏切1歩前における支持脚膝角度と助走速度の変化(世界一流男子)
(阿江通良:陸上競技のサイエンス 走高跳. 月刊陸上競技, 34(7):182-185, 2000)

的に変換する必要があることから，他の跳躍種目に比べて踏切準備が重要となる．背面跳の踏切準備のタイプは，①曲線の内側に身体を傾ける内傾動作によるものと，②内傾動作と支持脚の屈曲動作の両方を併用するものとに大別される[6,7]．前者は，踏切準備局面における助走速度の低下を小さくできるものの，十分な踏切準備動作を行うことは難しい．一方，後者は，大きな後傾姿勢をとることができ，両腕の振込動作も行いやすいが，助走速度の低下が大きい．踏切準備局面の助走速度をみると，踏切1歩前における支持脚の膝関節の屈曲が大きいほど速度の低下も大きいことから（図9-10）[8]，踏切1歩前で膝関節をあまり大きく屈曲させすぎるのは望ましくないとみられる[1]．

踏切準備での助走速度の低下を小さくする動作（技術）の手がかりは，速度の低下が小さかったコンウェイ選手から得られている[2,8]．コンウェイ選手の場合，世界一流選手のデータより作成された標準的モデルに比べ，1歩前接地時で膝関節を大きく屈曲させていた．その後，膝関節をあまり屈曲させず，支持脚の下腿を大きく前傾させていた（図9-11）．このことから，踏切1歩前の接地時で身体を内傾させ膝を大きく屈曲させておき，その後，膝の屈曲を意識せずに下腿を前傾させて踏切に移ることが，1歩前における助走速度の低下を最小限にとどめるのに効果的な動作（技

術）とみられている．

踏切での課題は，H_1を大きくするとともに，できるだけ大きな鉛直初速度を得ることにある．踏切で鉛直初速度を生み出す動作には，①身体を起こす回転動作，②両腕や振上脚の振込動作，③支持脚や体幹の屈伸動作の3つがある（図9-12）[6,7]．2m45cmの世界記録をもつソトマヨル選手の場合，踏切脚の膝関節がもっとも屈曲した時の身体重心の鉛直速度は3.65m/s[1]であり，踏切脚の膝が伸展する前に離地時の鉛直速度の約80%を得ていた（図9-13）[1,9]．このことから，走高跳における鉛直初速度の大部分は，身体を起こす回転動作によって得られるといえる．アジア一流選手の多くは，踏切脚の膝関節がもっとも屈曲した時の鉛直速度が3m/s以下と小さかったことから，世界一流とアジア一流との差は，踏切前半の動きにあるとみられている[10]．なお，踏切で支持脚の膝関節をあまり屈曲させていなかったノジ選手（身長1m72cm）は，かけ上がるように踏切に移り，身体の起こし回転とともに踏切脚をすばやく伸展させており，踏切でブレーキが少なかった．その結果，助走速度（7.25m/s）は，あまり速くないが，速度の変換効率（接地時の水平速度に対する離地時の鉛直速度の割合）は63.7%でもっとも大きく，身長を56cmも上回る2m28cmをクリアーしていた[1,8]．ノジ選手の体格から判断すると筋力・パワー型ではないような

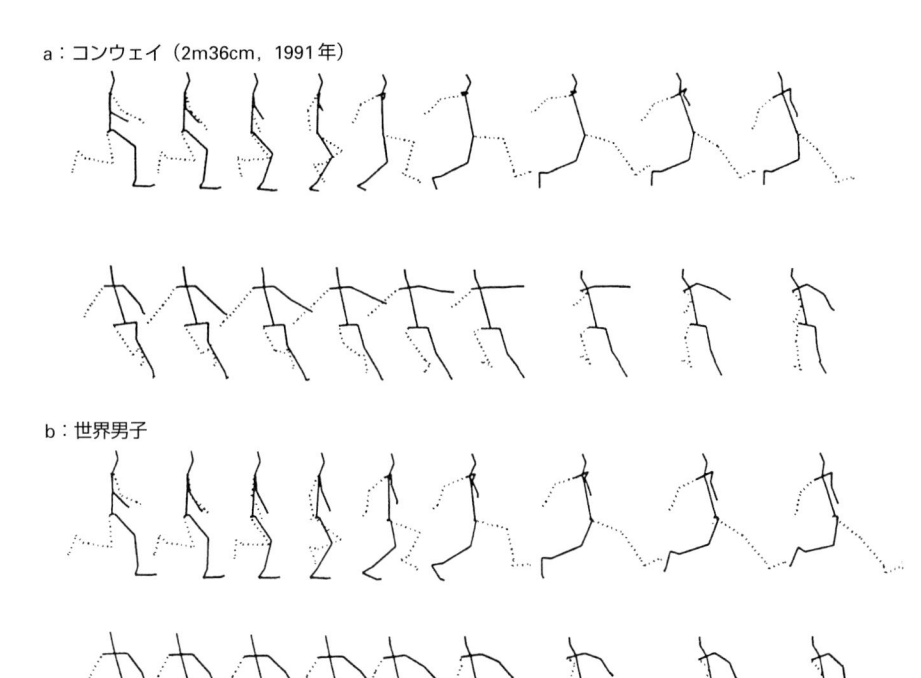

図9-11 踏切準備動作のモデル(a)とコンウェイ選手の踏切準備動作(b)
a，bいずれも上段が側方からみたもので，下段が後方からみたもの．
(阿江通良：走高跳のコーチングとバイオメカニクス．第1回陸上競技の医科学・コーチング国際会議講演・発表論文集，pp123-127，1999)

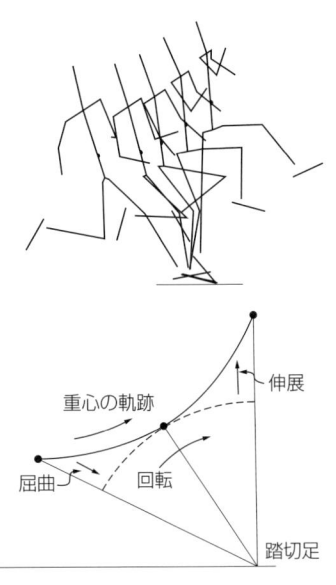

図9-12 走高跳の踏切モデル
(阿江通良：陸上競技のバイオメカニクス．In：日本陸上競技連盟編，陸上競技指導教本＜基礎理論編＞．p46，大修館書店，1992)

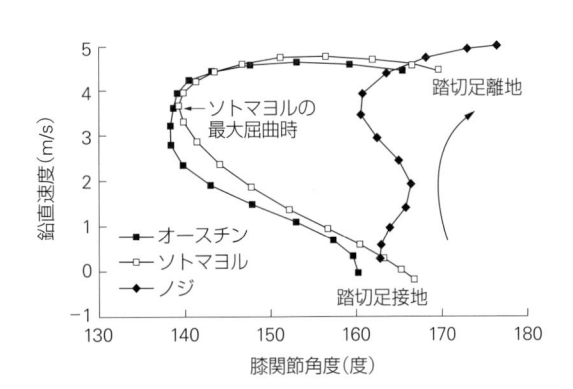

図9-13 踏切局面における踏切脚の膝関節角度と鉛直速度との関係
(飯干 明ほか：走高跳のバイオメカニクス的分析．In：佐々木秀幸ほか監修，世界一流陸上競技者の技術．pp169-184，ベースボールマガジン社，1994 より引用改変)

a：後方

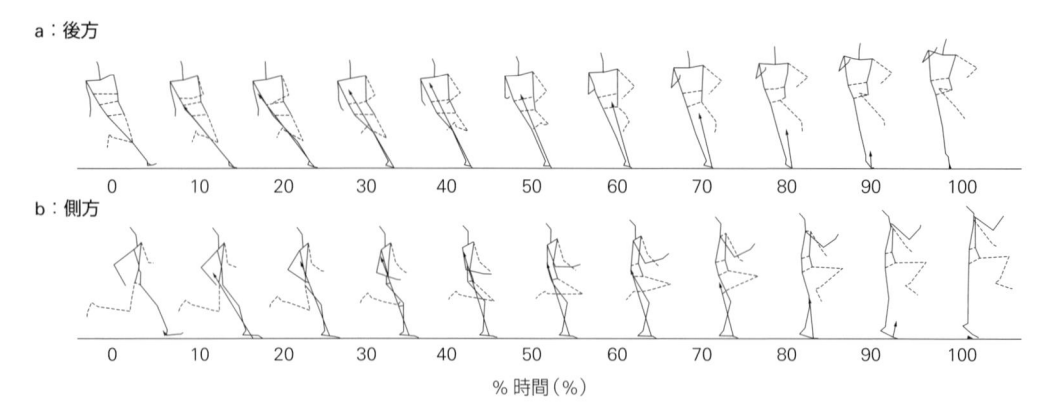

b：側方

%時間(%)

図9-14　踏切動作のスティックピクチャーと地面反力のベクトル
（Okamura K et al.: Three dimensional joint torque of the takeoff leg in the fosbury flop style. International Society of Biomechanics 19th Congress Abstract and Proceeding（in CD-ROM），2003）

ので，その跳躍技術はわが国の選手にとってモデルとなる要件を多く備えているとみられている．

離地時の H_1 の大きさは，身長や四肢の長さに影響されるが，離地時に踏切脚以外の部位をどれだけ高く引き上げていたかにもよる．男子の身長当たりの H_1 をみると，アジア一流選手の平均が69％であり[10]，世界一流選手（72％）[1]に比べて小さかったことから，アジア一流選手は踏切後半での両腕や振上脚の使い方にも課題がありそうである．

走高跳の踏切局面における身体各部の貢献度について，腕や脚による振込動作の貢献度が大きいとみられていた．しかし，鉛直方向の力積に対する比率で身体各部の貢献度を検討すると，踏切脚の貢献度が大きいのに対し，振上脚の貢献度は助走歩数の増加とともに小さくなっていた[12]．踏切における両腕や振上脚の役割として，踏切前半で力積を大きくするのに貢献したり，踏切後半で踏切脚の負担を軽減して踏切脚の伸展を助長したりするはたらきがあるとみられる．しかし，振込を過度に強調することで，全体のバランスを崩すのは望ましくないであろう．なお，最近の研究[13]によると，身体を内傾させて踏切を行う背面跳では，踏切中に地面反力のベクトルが踏切脚側の股関節の外側から内側にかけて通過し，外力による内転モーメントに抗するため（図9-14），支持脚の関節トルクの中では，股関節の外転トルクが

a：股関節
　　外転（＋）/内転（−）
　　伸展（＋）/屈曲（−）
　　外旋（＋）/内旋（−）

b：膝関節

c：足関節

関節トルク（Nm/kg）

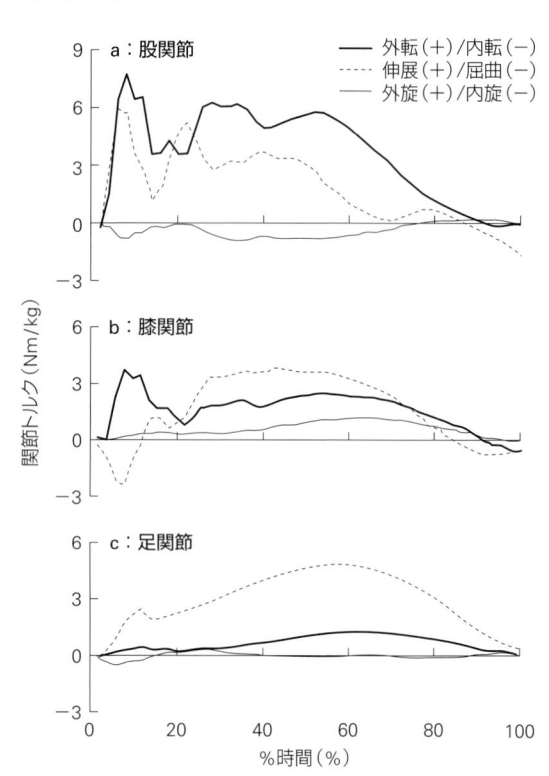

%時間(%)

図9-15　背面跳の踏切における股関節，膝関節，足関節の3次元関節トルク
（Okamura K et al.: Three dimensional joint torque of the takeoff leg in the fosbury flop style. International Society of Biomechanics 19th Congress Abstract and Proceeding（in CD-ROM），2003）

もっとも大きくなっていた（図9-15）．これまで走高跳では，股関節の外転筋群について注目されていなかったが，股関節で発揮される大きな外転トルクは，踏切における地面反力を大きくする

a：曲線助走　　b：曲線助走　　c：直線助走
　　ランニング型　　両腕型　　　　両腕型

図9-16　背面跳の踏切動作への曲線助走の影響
➡が身体重心を示し，網かけ部分が振上脚を示す．
(阿江通良：陸上競技のバイオメカニクス．In：日本陸上競技連盟編，陸上競技指導教本＜基礎理論編＞．p48，大修館書店，1992より引用改変)

ことに加えて，障害を予防するので，股関節の外転筋群を強化することが重要になると指摘されている．

　跳躍初速度を踏切脚の強さの指標にし，最適な助走速度，踏切準備（最後の1歩）の重心高，腕の振込の積極度（activeness of arms：踏切局面での体幹の重心を基準とした腕の重心の最大鉛直速度）を推定する回帰式が算出されている[11]．それをもとに，推定値と実測値に差がある場合には，推定値に近づけるようアドバイスできるというが，推定精度などのため限界があるようである[14]．

　背中からバーを越える背面跳では，背中をバーに向けるために必要な縦軸回りの角運動量の多くを，踏切で振上脚を斜め上方へ振り上げる動作によって得ている[6,12,13]．曲線助走から踏切に移った場合，直線助走に比べて身体の内傾が大きくなり，振上脚の位置が身体重心から遠くなるので，その状態から振上脚を振り上げれば縦軸回りの角運動量を生み出しやすくなる（図9-16）[6,15]．なお，両腕型振込では左右の腕が生み出した縦軸回りの角運動量が相殺されるが，ランニング型振込では振上脚とは逆方向の角運動量が生み出される．

　クリアランスの評価は，一般には，H_3で行われるが，最大重心高と重心がバー上を通過するときの重心高との差や，重心のピークとバーとの水平方向のずれによる評価も必要である[1]．

文　献

1) 飯干　明ほか：走高跳のバイオメカニクス的分析．In：佐々木秀幸ほか監修，世界一流陸上競技者の技術．pp169-184，ベースボールマガジン社，1994．
2) 阿江通良：走高跳のコーチングとバイオメカニクス．第1回陸上競技の医科学・コーチング国際会議講演・発表論文集，pp123-127，1999．
3) 阿江通良：陸上競技のサイエンス　インターハイにおけるバイオメカニクス分析・跳躍．月刊陸上競技，35（10）：211-215，2001．
4) 阿江通良ほか：一流走高跳選手の助走および踏切の動作分析．1993年度日本体育協会スポーツ科学研究報告集，Vol.1，pp153-157，1994．
5) Dapena J et al.: A closer look at the shape of the high jump run-up. Track Coach, 138: 4406-4411, 1997.
6) 阿江通良：陸上競技のバイオメカニクス．In：日本陸上競技連盟編，陸上競技指導教本＜基礎理論編＞．pp33-53，大修館書店，1992．
7) 村木征人：陸上競技（フィールド）．In：大石三四郎，浅田隆夫編，現代スポーツコーチ実践講座2．pp219-378，ぎょうせい，1982．
8) 阿江通良：陸上競技のサイエンス　走高跳．月刊陸上競技，34（7）：182-185，2000．
9) 阿江通良：走高跳解説，陸上競技ビデオ 世界トップアスリートに見る最新・陸上競技の科学　第6巻　走高跳・棒高跳．ベースボールマガジン社，1992．
10) 阿江通良ほか：アジア大会における走高跳のバイオメカニクス的分析．In：佐々木秀幸ほか監修，アジア一流競技者の技術．pp113-135，創文企画，1997．
11) Dapena J et al.: A regression analysis of high jumping technique. Int J Sports Biomech, 6: 246-261, 1990.
12) 阿江通良：走高跳および走幅跳の踏切における身体各部の使い方・貢献度．Jpn J Sports Sci, 9：130-136, 1990．
13) Okamura K et al.: Three dimensional joint torque of the takeoff leg in the fosbury flop style. International Society of Biomechanics 19th Congress Abstract and Proceeding (in CD-ROM), 2003.
14) 阿江通良：競技力をバイオメカニクス的に測る．Jpn J Sports Sci, 11：725-729, 1992．
15) Dapena J: Mechanics of rotation in the Fosbury-flop. Med Sci Sports Exerc, 12: 45-53, 1980.

［飯干　明］

3. 走幅跳・三段跳のバイオメカニクス

1）走幅跳

走幅跳の跳躍距離（L）は，踏切距離 L_1（踏切板前縁から離地時の重心までの水平距離），空中距離 L_2（重心が空中で移動する水平距離），着地距離 L_3（着地瞬間における踵と重心の水平距離）に分けられている（図9-17）[1]．このなかで，跳躍距離に大きな影響を与えるのは L_2 であり，選手の身長や踏切離地時および着地瞬間の姿勢によって決まる L_1 と L_3 の貢献度は小さい．

L_2 は踏切離地時の身体重心高や跳躍角，跳躍初速度によって決まるが，なかでも跳躍初速度と記録の間に高い相関（r＝0.83）が認められている．また，助走速度（踏切足接地時の重心の水平速度）と記録との間にも有意な相関がある[2]．パウエルが8m95cmの世界記録を達成した時の助走速度は11.0m/sであった[3]．

走幅跳の助走では，大きな水平速度を得ることのほかに，正確性も求められる．助走の正確性について，各試技における1歩ごとの接地位置の標準偏差で検討すると，パウエルやルイスの場合は，助走中の誤差の蓄積や踏切前の修正が少なかったが，日本選手では，助走中の誤差の蓄積が大きい傾向にあった（図9-18）[4]．また，助走におけるピッチをみると，世界一流女子選手の場合には，左右のピッチが安定していたが[5]，日本一流女子選手の中には，助走の中盤から後半にかけてピッチの左右差が大きい選手もみられた（図9-19）[6,7]．このように，助走の中盤から後半にかけて，ピッチの左右差が大きくなると，助走速度や踏切の準備動作にも影響を及ぼすとみられている[5~7]．

踏切準備では，助走で得られた水平速度をなるべく維持しながら重心を下げ，身体を起こして大きな水平速度で踏切に移る必要がある．日本一流選手の場合，踏切1歩前で助走速度を大きく低下させる傾向にある選手が多い（図9-20）[8,9]．そ

図9-17　走幅跳の記録の構成要素
（阿江通良：陸上競技のバイオメカニクス．In：日本陸上競技連盟編，陸上競技指導教本＜基礎理論編＞．p45，大修館書店，1992）

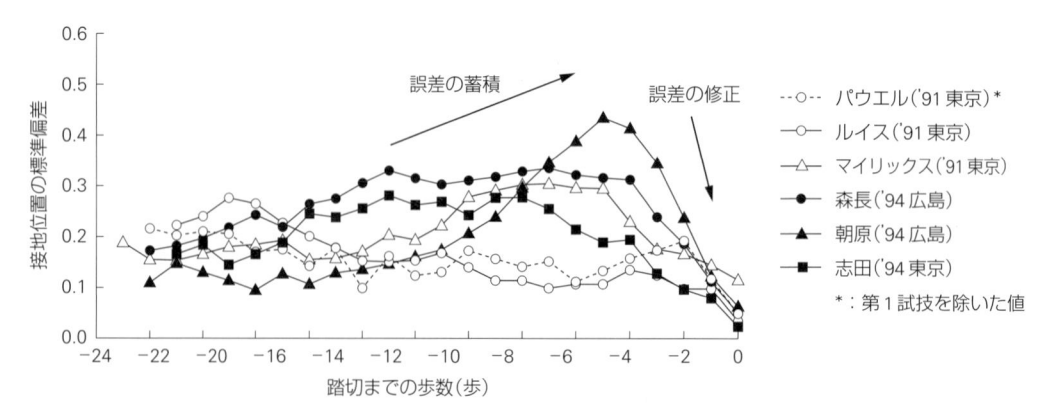

図9-18　走幅跳における助走1歩ごとの接地位置の標準偏差
（伊藤信之：助走．In：深代千之ほか編，スポーツバイオメカニクス．pp31-33，朝倉書店，2000より引用改変）

の原因として，支持脚の膝関節を屈曲させて重心を下げるタイミングや，上体を起こすタイミング（図9-21）が外国選手に比べて早いことがあげられている．これらの課題は，上体を起こすタイミングを改善することで当時の日本記録に近い好記録を達成した女子選手の事例をもとにすると[10]，解決できるとみられる．日本一流選手の助走速度は，世界一流選手のものとかなり近くなっており，男子では8mジャンパーが増え，女子も7mに近い記録を達成している．今後，踏切準備にみられる課題を解決するとともに，助走の正確性を高めていくことで，日本選手の記録が向上し，国際大会での上位入賞も期待される．なお，最近の研究によると，日本のジュニア一流選手の場合，踏切準備局面において世界一流選手と同じようなタイミングで上体を起こしており，踏切1歩前での助走速度の低下がほとんどみられなかった[11]．

一流走幅跳選手の跳躍角は15〜25°の範囲にあり[12]，跳躍角の高い選手にはパウエル（23.1°）やペドロソ（23.9°）が，跳躍角の低い選手にはルイス（18.3°）がいる[3,13]．パウエルとルイスを比較すると，図9-22に示したように，踏切準備から踏切にかけての動きにかなりの相違がみられた[3]．跳躍角が高いパウエルの場合，踏切準備で身体重心を低くし，踏切では踏切脚を屈曲させないように突っ張る固定式接地（a 'locking' placement of the foot）を行っていた．さらに，肩の動きを抑えて腰を回転させ，体幹の前後の動き（あおり）を利用していた．一方，跳躍角が低いルイスの場合は，踏切準備での重心はパウエルよりも高く，踏切では踏切脚の引き戻し速度を高めて接地する積極的接地（active landing）を行っていた．そして，肩の回転で上体の捻りを生みだし，上体を垂直に保ちながら，踏切脚の膝を屈曲させてクッションのように使い，水平速度の維持に重点を置いていた．その結果，踏切接地時に，ほぼ同じであった水平速度は，踏切離地時にはルイスの方が大きかった（9.72m/s vs 9.1m/s）．

踏切における脚筋群の機能を関節トルクやパ

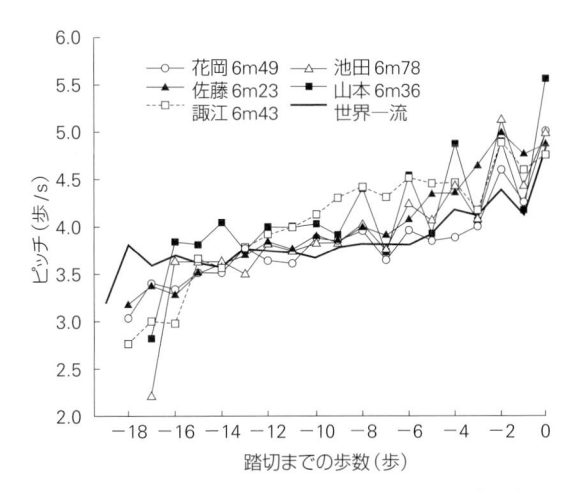

図9-19 日本一流女子選手と世界一流女子選手（12名の平均）の助走におけるピッチの変化
（飯干 明ほか：陸上競技のサイエンス 跳躍距離を伸ばす助走の方法．月刊陸上競技，37：148-151，2003より引用改変）

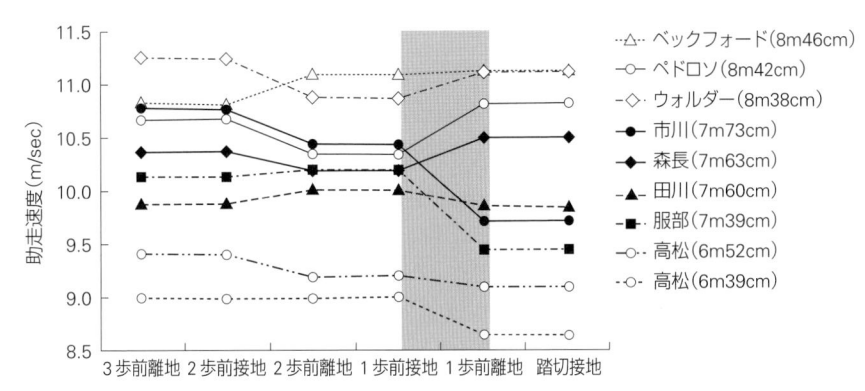

図9-20 世界および日本一流走幅跳選手の踏切準備局面における助走速度の変化
第6回世界陸上，第62回日本選手権，日本陸連跳躍ブロック測定研修合宿のデータ
（阿江通良ほか：一流走幅跳選手の踏切準備のバイオメカニクス的分析．1998年度日本体育協会スポーツ科学研究報告集，Vol.1，pp183-186，1999より引用改変）

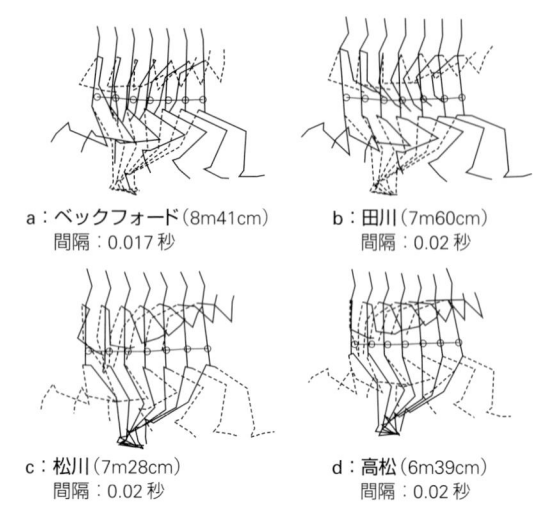

図9-21 ベックフォード選手と日本選手の踏切1歩前の動作
(阿江通良ほか:一流走幅跳選手の踏切準備のバイオメカニクス的分析. 1998度日本体育協会スポーツ科学研究報告集, Vol.1, pp183-186, 1999より引用改変)

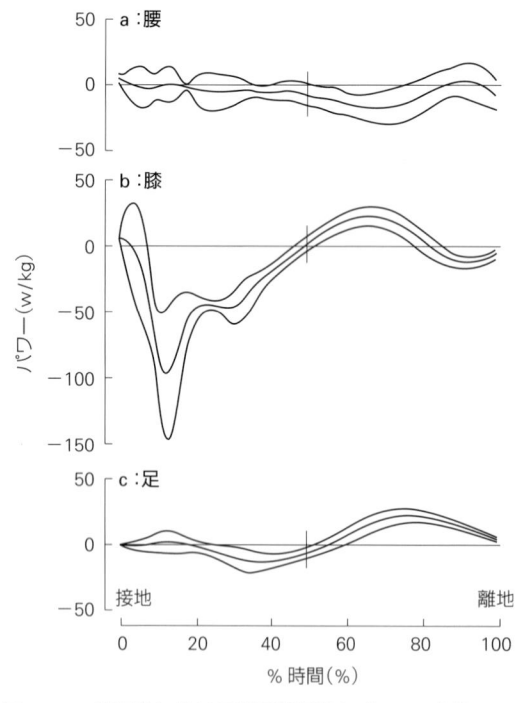

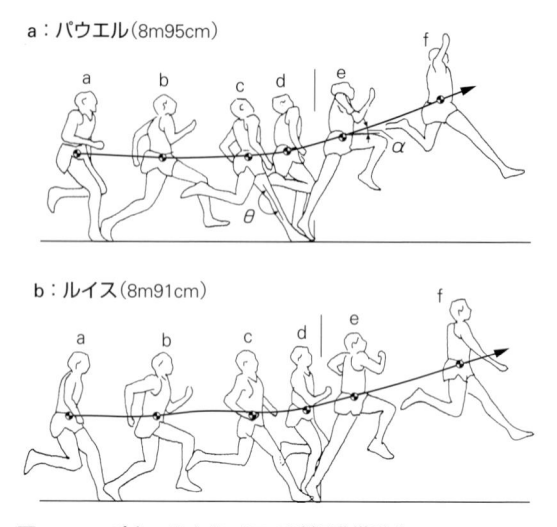

a:ベックフォード(8m41cm) 間隔:0.017秒
b:田川(7m60cm) 間隔:0.02秒
c:松川(7m28cm) 間隔:0.02秒
d:高松(6m39cm) 間隔:0.02秒

図9-22 パウエルとルイスの踏切準備動作
身体の中の⊕は重心を示し,それを結んだ線は重心の軌跡を示す.
a:パウエル,助走速度(RV:11.0m/s),跳躍角α(23.1°),θ1接地時(171°),θ2最大屈曲(148°),θ3離地時(171°)
b:ルイス,助走速度(RV:11.1m/s),跳躍角α(18.3°),θ1接地時(165°),θ2最大屈曲(140°),θ3離地時(171°)
(深代千之ほか:走幅跳のバイオメカニクス. In:佐々木秀幸ほか監修, 世界一流陸上競技者の技術. pp169-184, ベースボールマガジン社, 1994より引用改変)

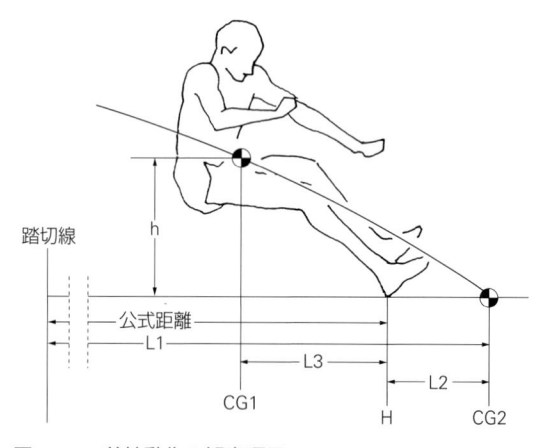

図9-23 走幅跳における踏切脚関節のパワーの変化
(阿江通良:走高跳および走幅跳の踏切における身体各部の使い方・貢献度. Jpn J Sports Sci, 9:130-136, 1990より)

図9-24 着地動作の観察項目
(深代千之ほか:走幅跳のバイオメカニクス. In:佐々木秀幸ほか監修, 世界一流陸上競技者の技術. pp169-184, ベースボールマガジン社, 1994)

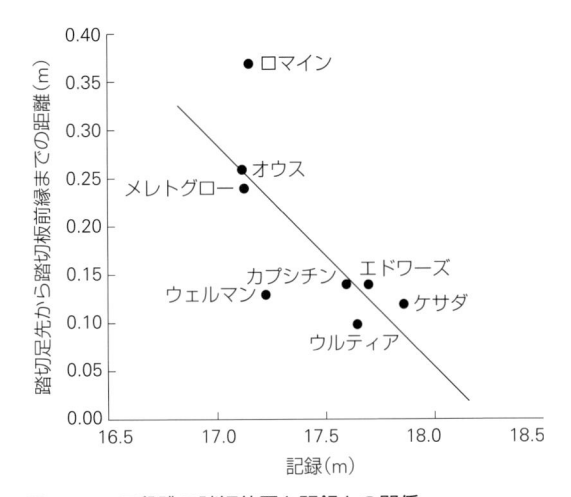

図9-25 三段跳の踏切位置と記録との関係
(Bruggemann GP and Arampatzis A: Triple jump. New Studies in Athletics, 2-3: 59-66, 1997より作図)

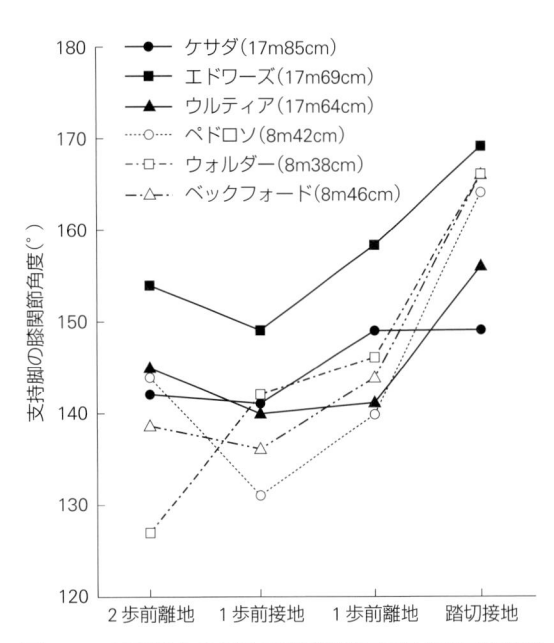

図9-26 三段跳と走幅跳の踏切準備局面における支持脚の膝関節角度変化
(文献8, 13より作図)

ワーでみると，膝の伸筋群は，踏切前半でエクセントリックな収縮により大きな負のパワーを，踏切後半では正のパワーを，それぞれ発揮していた（図9-23）[14]．しかし，踏切後半の正のパワーは前半の負のパワーに比較して小さかったことから，走幅跳で大きな跳躍速度を得るためには，踏切において，膝の伸筋群がエクセントリックな筋収縮で大きなトルクやパワーを発揮することが重要であるとみられる．

着地動作は，上体をやや後ろに倒して腕を腰の位置に置く「伸展着地」が，上体を前に倒して脚を前に出す「屈曲着地」よりも有利であるといわれている[12]．着地動作の指標となる重心と踵の着地点の差（L2，図9-24）は，世界一流選手で28～63cmであり，35cmの差が生じていた[3]．跳躍角とL2の間には，負の相関関係がみられるが，L2の値が63cmともっとも大きかったルイスが，ほぼ同じ跳躍角のカルバートと同程度の値（48cm）が得られるような着地を行っていれば，夢の9mを越えていたようである．

2）三段跳

三段跳も走幅跳と同様に助走速度が跳躍距離に大きく影響し，世界一流女子では助走速度と跳躍距離との間に有意な正の相関が認められている．しかし，世界一流男子では助走速度が10m/sを越えているものの，記録との間に有意な相関は認められず，踏切技術の影響が大きいと考えられている[15]．

これまで，三段跳の至適助走速度は走幅跳よりも低いとみられていた[12]．しかし，コンリー選手（三段跳17m87cm，走幅跳8m46cm）の10年間にわたるデータを検討したところ，三段跳と走幅跳の助走速度に差がなくなり，ホップの平均値が6m07cmから5m71cmへと減少していた（ホップの平均比率も35％から32％へ減少）．この事例から，ホップの距離を短くすることで，より大きな助走速度の利用が可能であろうといわれている[16]．なお，踏切位置（踏切足先から踏切板前縁までの距離）と記録との間に負の相関（r＝－0.742）がみられることから，走高跳や走幅跳と同様に，助走の正確性も必要である（図9-25）[15]．

踏切準備では，走幅跳と同様に重心を低下させるが，走幅跳に比べると跳躍角がホップの場合で12～15°と小さいためか，踏切準備における支持脚の膝の屈曲や重心の低下は走幅跳より少ない（図9-26）[15]．特に，18m29cmの世界記録をもつエドワーズの場合には，支持脚の膝関節をあまり

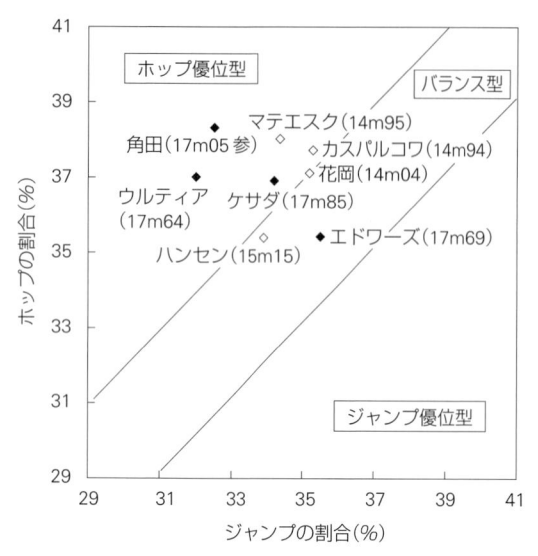

図9-27 世界および日本一流三段跳選手の跳躍比率
(飯干 明ほか：陸上競技のサイエンス ①走幅跳 ②三段跳．
月刊陸上競技, 34(6): 140-146, 2000)

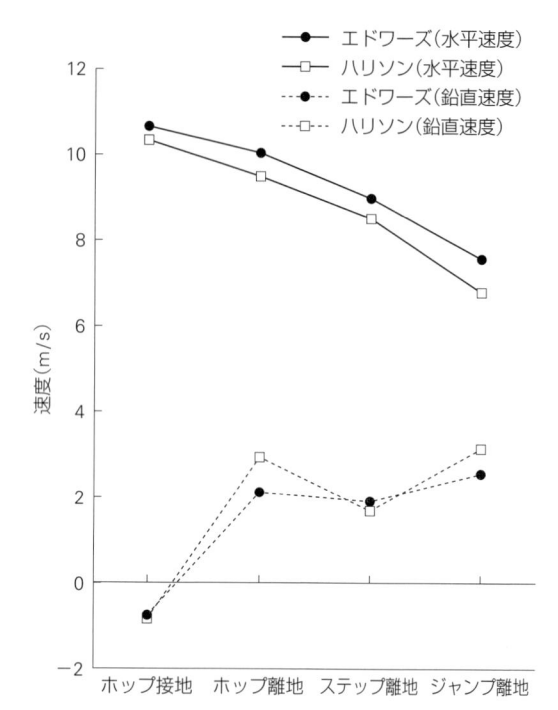

図9-28 三段跳の各踏切における水平速度(実線)と鉛直速度(点線)の変化
ハリソンは17m78cm，エドワーズは17m69cmのデータ．
(文献13，18より作図)

屈曲させていない．

　三段跳では，記録に対するホップ，ステップ，ジャンプの割合を「跳躍比」といい，その比率をもとに，3つの跳躍タイプに分類されている[17]．「ホップ優位型跳躍（hop-dominated technique）」は，ホップの割合がジャンプの割合よりも2％以上大きいものであり，「ジャンプ優位型跳躍（Jump-dominated technique）」は，逆に，ジャンプの割合が2％以上大きい．そして，ジャンプとホップで2％の差がない場合を「バランス型跳躍（balanced technique）」という．世界一流の跳躍比をみると，第3回世界陸上（1991年，東京）では，男子の平均値は37.5％，29.5％，33.5％の「ホップ優位型跳躍」であったが[18]，第6回世界陸上（1997年，アテネ）の場合には，平均値が36.1％，29.4％，34.5％の「バランス型跳躍」となっていた[13,15]．第6回大会の方が，助走速度がやや大きく，ホップの跳躍角度がやや小さくなる傾向にあり，水平速度を活かした跳躍への移行がうかがわれる．また，世界歴代2位の記録（18m09cm）をもつハリソンも，ホップ優位型ではあるが，バランス型にかなり近い跳躍へと移行させて好記録を出している[19]．バランス型の選手として，男子ではエドワーズ，女子ではハンセンや日本記録保持者の花岡などがあげられる（図9-27）[10]．

　各踏切における垂直地面反力のピーク値は，他の跳躍種目よりも大きい傾向にあり，約5.0〜5.3mのホップの着地時に，体重の約14〜22倍の値が報告されている[16]．そして，ホップの跳躍比が38％を越える場合には，踏切ごとにブレーキがかかり脚への負担も増大するとみられている[20]．初心者の場合，望ましくない脚の動き（上下への屈伸系）や着地時の大きな衝撃で生じる腰や足の障害を避けるため，助走スピードを3つの踏切にわたって有効に利用できる比率（ホップ34〜35％，ステップ30％，ジャンプ35〜36％）を目安にするのが望ましいとされている[20]．このような初心者に望ましいとされる比率は，コンリーやハリソンの事例をもとにすると，障害予防はもとより大きな助走速度を利用するために，一流選手にとっても望ましいものと考えられる[10]．

　三段跳の各踏切での課題のひとつは，水平速度をなるべく維持しながら，鉛直速度を獲得することにあるが，踏切ごとに水平速度は減少して，鉛

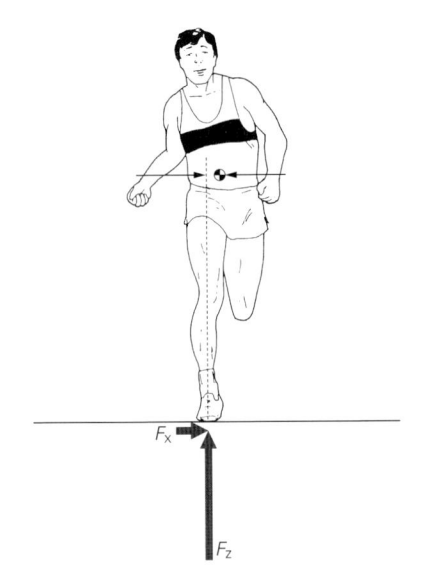

図9-29 三段跳の接地時における地面反力と身体重心(●)
(Hay JG: The Case For A jump-dominated technique in the triple jump. Track Coach, 132: 4212-4219, 1995)

直速度が増加する[8]．そのパターンには個人差がみられ，エドワーズのように跳躍角を低くおさえて鉛直速度の獲得よりも水平速度の維持に重点を置くタイプや[13,15]，ハリソンのように水平速度をかなり減少させて鉛直速度を得るタイプがある（図9-28）[18]．なお，各踏切における水平速度の減少と鉛直速度の増加にみられる有意な相関関係をもとに，重回帰分析から，各選手の至適な跳躍比を算出する試みもある[21]．

各踏切でのもうひとつの課題は，バランスの維持である．接地時には，鉛直方向に大きな地面反力 F_z がはたらくが，図9-29のように，力の作用線が重心を通る前後軸よりも左側に位置すると，身体には時計回りの回転が生じ，バランスを維持することが困難になる[16]．一流選手の跳躍を3次元画像解析法で分析した結果，ステップの踏切における前後軸回りの角運動量と記録との間に相関が認められた[22]．そして，二次回帰式から，前後軸回りの至適な角運動量が算出されており，ステップの支持局面における前後軸回りの角運動量の変化は，最小限に抑える必要があると指摘されている．

踏切脚の膝関節角度の変化をみると，いずれの踏切でも接地時・最大屈曲時・離地時の屈曲が，走幅跳よりも大きかった[18]．このように，膝を大きく屈曲すると発揮し得る力は低下するが，落下によるエネルギーを受け止める距離が長くなるため，大きな衝撃を緩衝しながら，身体重心の方向を変換するのに役立つと考えられる．なお，水平速度の低下が少ないエドワーズの膝関節は，他の選手に比べて，各踏切の接地時で伸展しており，最大屈曲時にも屈曲が少ない傾向にあった[13]．

振上脚の動作をみると，離地時に脚を前方に大きく振り出すタイプと，あまり振り出さないタイプとが報告されており，前者は水平速度を維持するのに，後者は高い跳躍を得るのに，それぞれ役立つとみられている[18]．

文献

1) 阿江通良：陸上競技のバイオメカニクス．In：日本陸上競技連盟編，陸上競技指導教本＜基礎理論編＞．pp33-53，大修館書店，1992．
2) Hay JG et al.: The techniques of elite male long jumpers. J Biomech, 19: 855-866, 1986.
3) 深代千之ほか：走幅跳のバイオメカニクス．In：佐々木秀幸ほか監修，世界一流陸上競技者の技術．pp169-184，ベースボールマガジン社，1994．
4) 伊藤信之：助走．In：深代千之ほか編，スポーツバイオメカニクス．pp31-33，朝倉書店，2000．
5) 飯干 明ほか：シドニーオリンピックにおける女子走幅跳の助走分析．陸上競技の医科学サポート研究REPORT，1：19-33，2002．
6) 伊藤信之ほか：一流走幅跳選手における助走分析．1999年度日本体育協会スポーツ科学研究報告集，Vol.1，pp126-128，2000．
7) 飯干 明ほか：陸上競技のサイエンス 跳躍距離を伸ばす助走の方法．月刊陸上競技，37（7）：148-151，2003．
8) 阿江通良ほか：一流走幅跳選手の踏切準備のバイオメカニクス的分析．1998度日本体育協会スポーツ科学研究報告集，Vol.1，pp183-186，1999．
9) 大村一光ほか：女子走り幅跳び選手の踏切準備に関するバイオメカニクス的研究．合同学会大会大阪2000論集「スポーツ科学の総合化に向けて」，p451，2001．
10) 飯干 明ほか：陸上競技のサイエンス ①走幅跳 ②三段跳．月刊陸上競技，34（6）：140-146，2000．
11) 飯干 明ほか：長崎インターハイにおける男子走幅跳のバイオメカニクス的分析．陸上競技マ

12) 深代千之：跳ぶ科学．大修館書店，1990．
13) 野口純正：第6回世界選手権アテネ大会バイオメカニクス・データ．陸上競技マガジン，47(11)：99-103，1997．
14) 阿江通良：走高跳および走幅跳の踏切における身体各部の使い方・貢献度．Jpn J Sports Sci，9：130-136，1990．
15) Bruggemann GP and Arampatzis A: Triple jump. New Studies in Athletics, 2-3: 59-66, 1997.
16) Hay JG: The Case For A jump-dominated technique in the triple jump. Track Coach, 132: 4212-4219, 1995.
17) Hay JG: The biomechanics of the triple jump; A review. J Sports Sci, 10: 343-378, 1992.
18) 阿江通良ほか：男子三段跳の踏切に関するバイオメカニクス的分析．In：佐々木秀幸ほか監修，世界一流陸上競技者の技術．pp152-166，ベースボールマガジン社，1994．
19) Hay JG: Effort Distribution and Performance of Olympic Triple Jumpers. J Appl Biomech, 15: 36-51, 1999.
20) 村木征人：陸上競技（フィールド）．In：大石三四郎，浅田隆夫編，現代スポーツコーチ実践講座2．pp219-378，ぎょうせい，1982．
21) Yu B and Hay JG: Optimum phase ratio in the triple jump. J Biomech, 29: 1283-1289, 1996.
22) Yu B and Hay JG: Angular momentum and performance in the triple jump: A cross-sectional analysis. J Appl Biomech, 11: 81-102, 1995.

［飯干　明］

4．棒高跳の力学

棒高跳は，助走で獲得した運動エネルギーを棒（ポール）という用具を利用して，高さである位置エネルギーにどれだけ変換できるかが競われる種目であるとみることができる．言い換えれば，助走速度をいかに高め，水平方向の運動エネルギーをいかに効果的に位置エネルギーへと変換する技術をもっているかが競技力を左右する重要な要素であるということである．ここでは，棒高跳において水平方向の運動がどのように高さ方向に変換されているか力学的観点から明らかにするとともに，棒高跳の跳躍技術や力学的メカニズムについて述べる．

1）キネマティクス的研究

キネマティクス的に棒高跳を研究することは，パフォーマンスの決定要因を探る上での手がかりを得ることに役立つ．

Hay[1]は，①踏切時の水平速度，②踏切時の鉛直速度，③踏切角度，④踏切時におけるボルターの上の握り手と踏切足との水平距離，⑤踏切時の握り幅の5つのパラメータと，ポール湾曲の大きさとの相関係数を算出することによって，ポールを湾曲させる要因について検討した．そして，踏切角度が小さいことや踏切時の水平速度が大きいことなどがポールの湾曲の大きさに関係しており，握り幅との関係はあまりなかったことを明らかにしている．

Steben[2]は，2次元画像分析法を用いて，大学の棒高跳選手8名による151試技を分析し，跳躍高を従属変数として，①ポールと身体の距離，②踏切速度，③助走速度，④踏切足の接地時間，⑤下側の腕の肘角度を独立変数として重回帰分析を行った．その結果，踏切速度が跳躍高ともっとも関係が強かったことを報告している．

淵本ら[3]は，競技会における日本および世界の一流選手の試技を画像分析法により分析した．その結果，助走速度や握り高を大きくすることがパフォーマンスを高めるためには重要であることを示唆している．

これらの研究から，助走速度および踏切時の速度が棒高跳において重要なパラメータであることが明らかになっている．しかし，これらキネマティクス的パラメータの原因を明らかにするためには，棒高跳の力学的メカニズムや技術を明らかにする必要がある．

2）ポールの力学的特性に関する研究

竹や金属など，ほとんど湾曲しない素材のポールから，1960年代にグラスファイバー製の弾性ポールが使用されるようになり，棒高跳の世界記録は飛躍的な向上をみせた．その後，弾性ポール

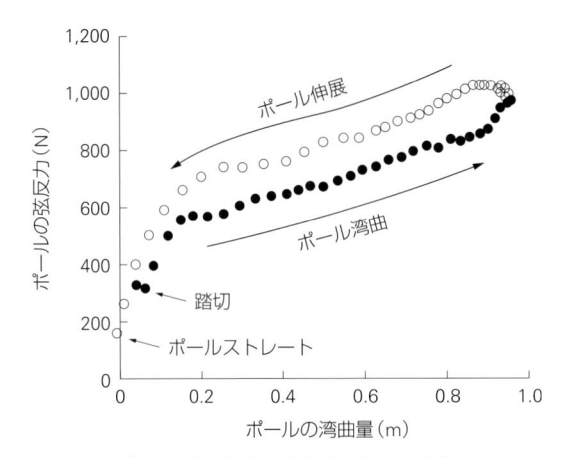

図9-30 ポールの湾曲量に対する弦反力の変化
(高松潤二ほか：棒高跳に関するバイオメカニクス的研究：ポール弦反力から見た最大重心高増大のための技術的要因．体育学研究，42：446-460，1998)

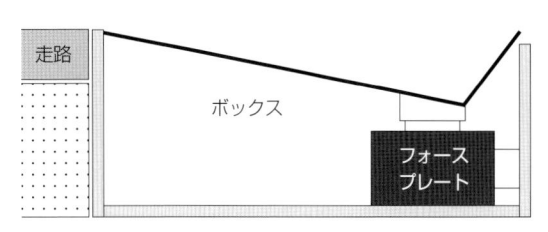

図9-31 ボックス反力測定装置の例
(Morlier J and Cid M: Three-dimensional analysis of the angular momentum of a pole-vaulter. J Biomech, 29: 1085-1090, 1996)

の有効性を明らかにするための基礎としてグラスファイバーポールの特性に関する研究が行われている．

Hubbard[4]は，楕円積分関数などを用いてポールの湾曲に対する反発力の変化を数学的に定式化し，ポールの一方の端にモーメントを作用させたときの反発力の変化を計算した．その結果，1,995N・m^2のstiffness（硬さ）をもつ5mの棒を4.75mまで曲げたとき，250N・mの湾曲モーメントを加えると反発力が28％減少し，-250N・mの伸展モーメントを加えると32％増大することを示した．

WalkerとKirmser[5]は，ポールの各部位について曲げ剛性試験を行い，ポールの反発力は湾曲量の増大に伴い指数関数的に増大することを明らかにした．

淵本[6]は，競技会に参加した一流選手が実際に試合技で使用したポールの反発力を実測した．さらにそれらのポールを用いた各選手の跳躍試技を2次元画像分析法を用いて分析し，体重に対してより大きな反発力をもつポールを使っていた選手ほどポールを握っている位置からの重心の上昇距離が大きかったことを報告している．

著者ら[7]は，跳躍中におけるポールの弦方向の反発力（弦反力）をとらえ，①湾曲していく局面と伸展していく局面での弦反力が選手によって異なる場合があること，②それは両手を介してポールに加えられる湾曲・伸展モーメントによるものであることを明らかにしている．図9-30は弦反力の経時的変化を示したもので，ポールの湾曲局面よりも伸展局面のほうが弦反力の大きい選手の例である．

3）ボックス反力

セフティマットの前にあり，ポールの先端を突っ込む箱を，一般にボックスと呼んでいる．このボックスからポールが受ける反力（ボックス反力）が，跳躍中にどのような変化を示すかを知ることは，歩行やランニングにおける床反力を知ることと同様に棒高跳のバイオメカニクス的な研究を進める上で重要である．しかし，ボックスの形状が単純でないため，測定装置の開発が必要になる．

図9-31は，ボックス反力の測定装置の一例を示したものである[8]．このような装置による測定結果とパフォーマンスとの関係について検討したこれまでの研究成果をまとめてみると，跳躍高が大きい選手ほど鉛直方向の力積が大きく[8,9]，跳躍前半の前後方向の力が小さいことが明らかになっている[7]．図9-32は，ボックス反力の一例を示したものである．跳躍前半は前後方向（Y），後半は鉛直方向（Z）の反力が大きいことがわかる．

4）力学的エネルギーの変化

棒高跳における選手を質点と仮定すると，跳躍中の選手の運動エネルギーKEと位置エネルギーPEは次のように考えることができる．

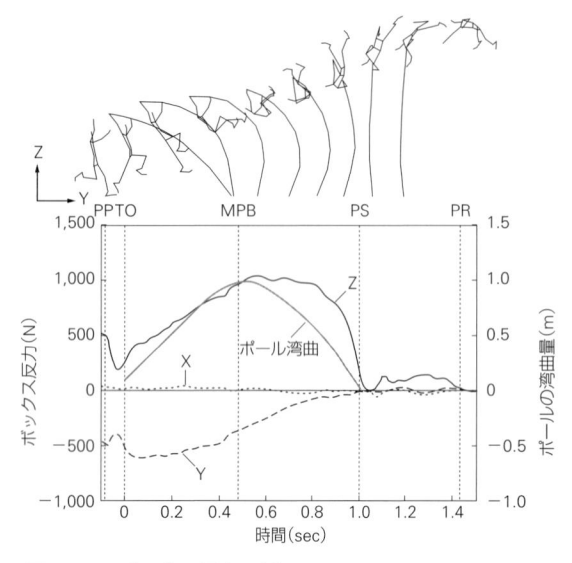

図9-32 ボックス反力の例
PP：ポールの突っ込み，TO：踏切，MPB：最大ポール湾曲，PS：ポールストレート，PR：ポールリリース
(高松潤二ほか：棒高跳に関するバイオメカニクス的研究：ポール弦反力から見た最大重心高増大のための技術的要因．体育学研究，42：446-460，1998)

$$KE = 1/2 m (V_{hol}^2 + V_{ver}^2) \quad \cdots \cdots (1)$$

$$PE = mgh \quad \cdots \cdots (2)$$

ここで，m は選手の質量，V_{hol} および V_{ver} はそれぞれ選手の水平速度と鉛直速度，g は重力加速度，h は地面からの高さである．つまり，踏切時の（KE＋PE）が仮にすべて PE（高さ）に変換されたとすれば，理論的な跳躍高を推定できる．この考え方を用いて，一流棒高跳選手の2次元画像分析結果から理論値と実際の分析結果とを比較してみると，金属ポールの場合には理論値よりも高い選手と低い選手に分かれるが[10]，グラスファイバーポールの場合には，ほとんどの選手が理論値を上回ることが明らかになっている[11]．また，競技レベルとエネルギー変化の関係を明らかにするため，回転エネルギーを考慮したり KE や PE の経時的な変化を詳細に分析したりするなどが行われているが[12]，理論値よりも大きくなる要因は空中で選手がなした仕事であることが示唆されている．

また，グラスファイバーポールの場合，踏切時の KE＋PE はその一部が一時的にポールの湾曲

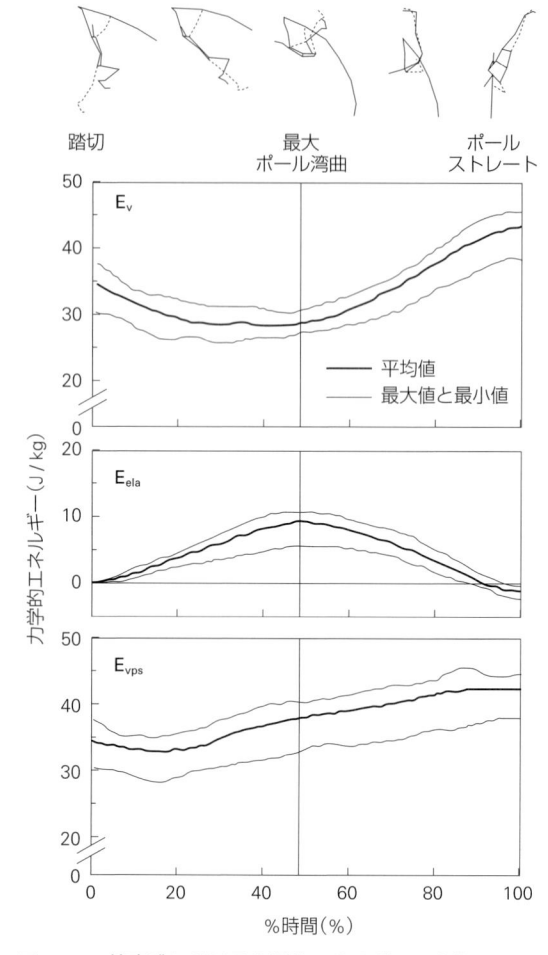

図9-33 棒高跳における力学的エネルギーの変化
横軸は踏切からポールストレートまでの時間を100%として規格化している．
E_v：選手の力学的エネルギー，E_{ela}：ポールの弾性エネルギー，E_{vps}：選手・ポール系の力学的エネルギー
(高松潤二ほか：棒高跳におけるボルターとポール間の力学的エネルギーの伝達．バイオメカニクス研究，4：108-115，2000)

による弾性エネルギーとして蓄えられ，空中で再び選手に変換されるというエネルギーの伝達が生じている．図9-33は，選手の力学的エネルギー E_v とポールの弾性エネルギー E_{ela}，そして E_v と E_{ela} の合計，すなわち，選手・ポール系のエネルギー E_{vps} の変化を示したものである[13]．E_{ela} はポールをリンクセグメントにモデル化し，3次元画像分析の結果から算出している．横軸は踏切から最高到達点までの局面を時間で規格化し，全被験者の平均値（太線）と最大値・最小値（細線）を示

している．E_{vps} は，踏切後に一時的に低下するが，その後は増大しつづけている様子がわかる．

5）棒高跳の跳躍技術

上述した力学的エネルギーの変換に関する研究成果から，跳躍中に選手がなす仕事をいかに大きくするかがパフォーマンスを向上する上で重要な要因のひとつであることがわかる．そこで，どのような跳躍技術がパフォーマンス向上に重要であるかを明らかにしようとした研究成果を以下に示す．

McGinnis と Bergman[14] は，競技会における一流選手の動きをビデオ撮影し，2次元画像分析法を用いて選手の跳躍技術について検討した．この研究では，選手の身体各部分を9つの剛体からなるリンクセグメントにモデル化し，逆動力学的分析法を用いて踏切後の関節に作用するトルクを算出している．その結果，①踏切時の状態（姿勢や速度）がその後のスイング動作や倒立動作に与える影響が大きいこと，②下肢関節トルクの変化の相違によって技術に差が生じることなどを示唆している．

岩本ら[15] は，習熟度の異なる4名の被験者を用いて，双極皮膚表面誘導法により棒高跳中の身体各部の筋電図を記録した．その結果，踏切から最大ポール湾曲までの局面では，右腕（上側の腕）の上腕二頭筋，上腕三頭筋，左三角筋に顕著な筋放電がみられたが，左側の上腕三頭筋については，非熟練者では筋放電がみられるが，熟練者にはみられなかったと述べている．

著者ら[7] は，棒高跳における選手およびポールの動きを3次元的にとらえ，ポールに対して選手が加えている両手の力を推定した．図9-34は3名の被験者（P2，P4，D1）の例を示したもので，選手によってパターンが異なることを明らかにし，P4のような変化パターンが跳躍高を大きくするのに有効であることを示唆している．

6）棒高跳のシミュレーション

ポールの硬さ（stiffness）を変えてみたり，選手の動きのタイミングを変えてみたりすることを

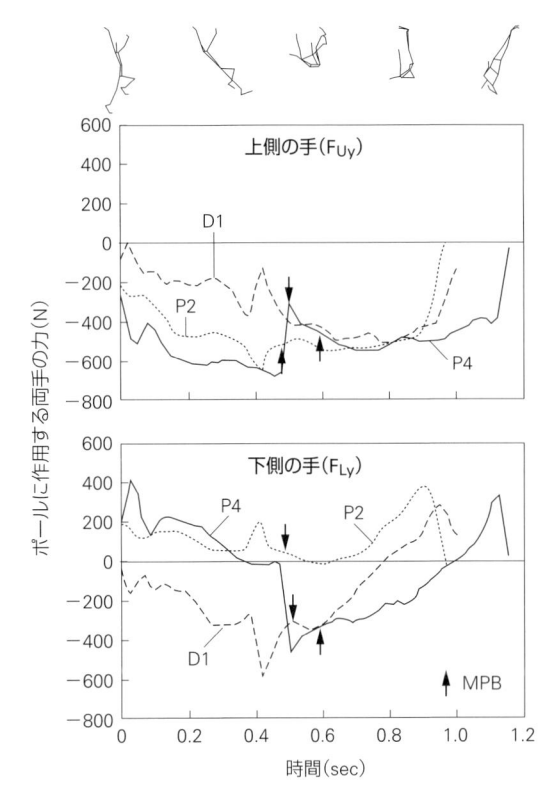

図 9-34 ポールに作用する両手の力
MPB：最大ポール湾曲
（高松潤二ほか：棒高跳に関するバイオメカニクス的研究：ポール弦反力から見た最大重心高増大のための技術的要因．体育学研究，42：446-460，1998）

棒高跳で行うことは，場合によっては危険を伴うため実際には難しい．そこで，数学的に跳躍をシミュレーションし，棒高跳における力学的なパラメータをさまざまに変化させ，仮想的に選手を跳躍させたとき，どのような跳躍になるかを確認できれば，跳躍技術の改善や新たな技術の開発に役立つと考えられる．

シミュレーションを行うには対象のモデル化が必要であるが，棒高跳のモデルは，ポールの上に質点がぶら下がった比較的単純なモデルから[5,16]，腕，胴体，脚からなる3つのリンクセグメントモデルへ[17]，さらには6つの身体部分からなるモデルへと発展してきている[18]．なかでも，Ekevad と Lundberg[18] のモデルは極端な単純化をせず，実際のポールおよび選手に近いモデル化をしている．そして，棒高跳の動作分析結果をもとに，その動きに近づくように関節トルクを調整させると

いう方法でシミュレーションし，位置エネルギーの増大に対して筋の仕事による貢献が顕著であることを示した．また，このモデルは動きのタイミングも任意に変更でき，跳躍スタイルの最適化や選手の筋力の重要性を判断するなどの目的に利用できることを示唆している．

このようなシミュレーション手法は，計算機の発達とともに棒高跳の研究においても多く用いられるようになり，ますます重要なものになるであろう．今後，実際の跳躍中におけるボックス反力やポールの動的な反発力に関する知見がさらに蓄積されれば，より信頼性の高いシミュレーションが行えると考えられる．

文献

1) Hay JG: Pole vaulting: a mechanical analysis of factors influencing pole-bend. Res Q, 38: 34–40, 1967.
2) Steben RE: A cinematographic study of selective factors in the Pole Vault. Res Q, 41: 95–104, 1970.
3) 淵本隆文ほか：棒高跳の動作学的力学的分析．In：佐々木秀幸ほか監修，世界一流陸上競技者の技術．pp193–204，ベースボール・マガジン社，1994．
4) Hubbard M: An iterative numerical solution for the elastica with causally mixed inputs. ASME J Appl Mechanics, 47: 200–202, 1980.
5) Walker HS and Kirmser PG: Biomechanical parametric analysis of pole vaulting and optimization of performance. In: Ghista DN eds, Human Body Dynamics. pp444–481, Oxford University Press, 1982.
6) 淵本隆文：スポーツ用具に注入されるエネルギーを測る―棒高跳ポールの場合―．Jpn J Sports Sci，11：188–193，1992．
7) 高松潤二ほか：棒高跳に関するバイオメカニクス的研究：ポール弦反力から見た最大重心高増大のための技術的要因．体育学研究，42：446–460，1998．
8) Morlier J and Cid M: Three-dimensional analysis of the angular momentum of a pole-vaulter. J Biomech, 29: 1085–1090, 1996.
9) Barlow DA: Kinematic and kinetic factors involved in pole vaulting. Track and Field Quart Rev, 79: 19–21, 1979.
10) Fletcher JG and Lewis HE: Human power output: the mechanics of pole vaulting. Ergonomics, 3: 30–34, 1960.
11) Dillman CJ and Nelson RC: The mechanical energy transformations of pole vaulting with a fiberglass pole. J Biomech, 1: 175–183, 1968.
12) Hay JG: Mechanical energy relationships in vaulting with a fiberglass pole. Ergonomics, 14: 437–448, 1971.
13) 高松潤二ほか：棒高跳におけるボルターとポール間の力学的エネルギーの伝達．バイオメカニクス研究，4：108–115，2000．
14) McGinnis PM and Bergman LA: An inverse dynamic analysis of pole vault. Int J Sport Biomech, 2: 186–201, 1986.
15) 岩本 茂ほか：棒高跳の筋電図的分析―競技能力(3m～5mジャンパー)による相違について―．In：北川 薫編，動きとスポーツの科学．pp269–275，日本バイオメカニクス学会第11回大会実行委員会，1992．
16) Walker HS and Kirmser PG: Computer modeling of pole vaulting. ASME Symposium on Mechanics and Sport, 94th Winter Annual Meeting, Volume on Applied Mechanics, pp131–141, 1973.
17) Hubbard M: Dynamics of the pole vault. J Biomech, 13: 965–976, 1980.
18) Ekevad M and Lundberg B: Simulation of `smart' pole vaulting. J Biomech, 28: 1079–1090, 1995.

［高松　潤二］

第10章 投動作

1. 投動作のメカニズム

下肢をもったものならどんな動物でも歩いたり，走ったり，跳んだりすることができる．しかし，人間以外に上手にものを投げられる動物は他にない．「直立二足歩行」という人間のもっとも基本的な特徴が，「体重を支える」という役目から前肢を開放し，ものを投げることを可能にさせたのである．人間の上肢（腕）は，他の動物の前肢に比べ，きゃしゃであるかわりに関節可動域が大きく，捻りを伴う投球動作を行うための準備が整ったといえよう．

「投げる」という動作は，「手にもつ物体にその手で速度を与えて空中に放すこと」と定義される[1]．現代ではスポーツ以外の場でこの投球動作が大きな役割を果たすことはほとんどない．しかし，野球やハンドボール，水球をはじめ多くのスポーツで重要な動作となっている．

手に保持されたボールなどの投射物体は，しだいに加速され，手先が減速しはじめたときに投げ出される．スポーツにみられる投げ動作でもっとも重要な要素は，多くの場合最大スピードである．投射物のスピードが大きいほど優れた投動作と考えられる．この加速において，どのような原理が作用して手やボールが大きな速度を獲得するのか．本項では，種目ごとの個別の動作にあまりこだわらず，なるべく投げ動作全般にかかわる事項について説明する．

1）力学的にみた合理的な投げ動作
(1) 加速における力学的な原理
まず大きな初速を得る方法について考えるために，物体が投げ出されるまでの加速について力学的な原理を整理する．物体の運動量の変化は，加えられた力積に等しい．大きくて，しかも長時間続く力を加えれば，投げ出されるボールの速度を大きくすることができる．また，物体を大きな速度で投げ出す，言い換えれば，物体に大きな運動エネルギーを与えるためには，物体に対してなす仕事（仕事量）を大きくすればよい．すなわち，大きな力を長い距離にわたって加えれば，大きなボールスピードが得られる．また，質量が小さな物体ほど大きな初速が与えられる．

吉福[2]は，実際にボールを投げるときの力の感覚と力学の橋渡しをするために，以下のような2通りの模式的な力の出し方を比較した（図10-1）．投げの動作の最初に大きな力をボールに加える投げ方Ⅰと，最後に大きな力を出す投げ方Ⅱである．投げ方ⅠとⅡの力の形は左右対称とする（図10-1a）．この最上段のグラフは，力と変位の関係で表されているが，時間と力との関係で描き直し（図10-1b），さらにその積分によってボールの速度変化を求めると（図10-1c），以下のことが明らかになる．Ⅰでは，物体は最初あまり加速されていないので，同じ距離を動くにしても長い時間がかかり，Ⅱに比べて大きな力を出している時間が長い．また，動作の大きさは同じでもⅡの投げ方はⅠに比べてより長い時間を要する．Ⅰの投げ方では，動作の最初に急に加速され動作は短時間で終わるのに対して，Ⅱの投げ方ではボールは長時間をかけて徐々に加速され，動作の最後でようやく急激に加速される．ただし，ⅠとⅡの投げ方における仕事量は同じ大きさなので，結局は初速も飛距離も同じとなる．

単位時間当たりの仕事量を仕事率，あるいはパ

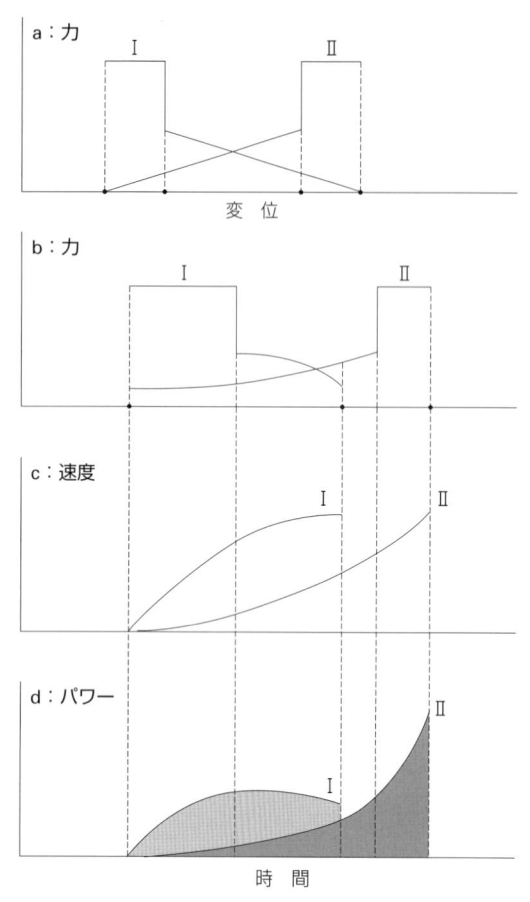

図10-1 投げ方の違いによる力学量の変化の模式図
（吉福康郎：投げる—物体にパワーを注入する．Jpn J Sports Sci, 1: 85-90, 1982 より引用改変）

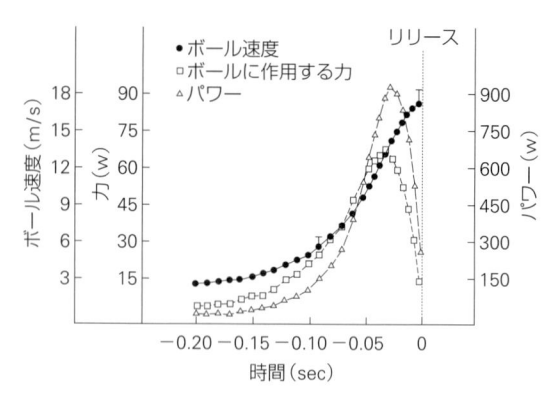

図10-2 ハンドボールの投動作における力学量の変化
（Joris HJJ et al.: Force, velocity and energy flow during the overarm throw in female handball players. J Biomech, 18: 409-414, 1985）

ワーと呼び，ボールに作用する力と作用点（ボール）の速度の内積で表せる．パワーは，運動エネルギーの変化率に等しく，その変化を図10-1dに示した．Iの投げ方は，動作全体の平均パワーが大きい投げ方，IIの投げ方は，動作の最後で特に大きなパワーが発揮される投げ方ということができる．

(2) 実際の力の加え方

実際の投動作において，ボールに作用する力やパワーの変化はどのようなものであろうか．Jorisら[3]は，女性一流ハンドボール選手の投球フォームを側方より撮影して，ボールの位置の変化から速度，加速度を求め，さらに力，パワーを算出した．図10-2には，ボール速度，ボールに加えられる力，ボールに与えられるパワーの変化が示されている．パワーと力は，ともに動作の最後に急激に大きくなっている．リリース時のボールスピードが17.2m/sで，リリース0.05秒前のボールスピードが9.0m/sであるから，投球時にボールがもつエネルギーの73％は，リリース直前のわずか0.05秒間にボールに与えられたことになる．現実の投げ方は，リリース直前に大きな力がボールに作用し，ボールに与えられるパワーもリリース直前に大きくなるという，先の例ではIIの投げ方に近いことがわかる．

(3) ボールに与える仕事量を大きくするために

物体に大きな仕事をするほどリリース時の速度が大きくなり，結局飛距離も伸びる．筋力トレーニングにより動作の各段階で出せる力が10％ずつ増加したとすれば，仕事量が10％増え，飛距離も10％伸びる．初速は$\sqrt{1.1}$より約5％増加することになる．トレーニングによって筋を太くしたり，単位重量当たりの筋が発揮できるパワーの値を伸ばしたりすることは，このように投球のパフォーマンスに直接的に影響を及ぼす．

それでは，力学的な観点からみて，動作の技術的な改善によりパフォーマンスを伸ばす，つまりボールに与える仕事量を増加させる方法としては，どのようなものがあるだろう．仕事量を増加させるためには，投動作において，

①力を作用させる距離を長くするか，
②力発揮に参加する筋の量を増加させる，

必要がある．

捕手や内野手は，捕球から送球までの時間に制約があるため，熟練した者では加速のためにボールを保持している距離が短い傾向にある．それに比べ投手の投動作では，動作にかけられる時間に余裕があり，投球腕を大きく後方または下方に引いて力が作用する距離を長くするのが普通である．また，砲丸投の新しい投球フォームである回転式投法も，これまでのグライド投法に比べて，力の作用する距離を伸ばすことを狙ったものであろう．ハンドボールを完全に握れる選手は，握れない選手に比べて，シュート時に大きく腕を後方へ引くことができるのでシュートのスピードを高めることができる．このように，投射物を加速する力の作用距離を伸ばすことは，その初速や遠投距離を増大することに役立つ．

また，ボールを保持しているのは確かに手（あるいは上肢）なのであるが，上肢に付着している筋の量はそれほど多くない．全身の筋群，特に体幹部や脚部の大筋群を動作に参加させることにより，初速を増加させることができる．豊島ら[4]は，身体各部のボール速度に対する貢献度を検討するために，各関節の動きを制限してボール速度への影響を調べた．どこの体節の動きも制限しない通常のオーバーハンド投げ（パターン1）に加えて，脚の踏み出しを行わない投げ（パターン2），下半身を固定してステップと腰の回転を制限した投げ（パターン3），さらに胴体をも固定して上肢のみによる投げ（パターン4）および，上腕部を台上に固定した肘関節の伸展のみによる投げ（パターン5）を実施させた．100gのボールの場合，パターン1の条件では初速が27.7m/s（100％）であったのに対して，パターン2，3，4，5の条件下ではそれぞれ23.4m/s（84.0％），17.6m/s（63.5％），14.7m/s（53.1％），11.8m/s（42.6％）であった．すなわち，脚の踏み出しや胴体の回転を用いなければ，ボール初速は通常の投げ方の約半分になってしまう．

(4) ボールの重量と初速

次に，さまざまな重量のボールを投げたときの投距離や初速が調べられた．豊島と宮下[5]は，

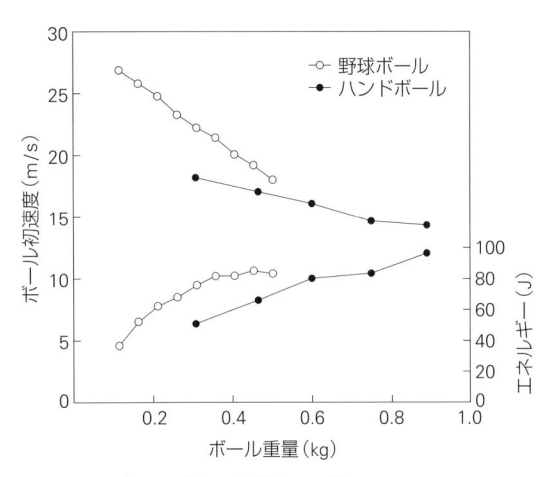

図10-3 ボール重量と力学量の関係
（文献5，6より作図）

直径が7cmで重量が100gから500gの9種の野球ボールを作製して一般成人男子に全力で投げさせ，そのときのボール初速度とボール重量との関係を検討した．同様に，石井ら[6]は，直径18.5cmで重量が300gから900gの5種のハンドボール（通常は450g）を作製して各種球技選手を含む大学生30名に投げさせボール初速度を測定した．

これらの結果をまとめて図10-3に示した．いずれのボールにおいても，ボール重量が大きくなるのにしたがって，速度は小さくなっている．ただし，同じ仕事量がボールに対してなされるとすれば，運動エネルギーの増加分と仕事の関係から，ボールの重量が4倍になったとき初速は半分になるはずである．ところが，いずれの結果によっても，速度はそれほどには低減せず，ボール重量が大きいほど仕事量が若干大きい傾向が認められる．

さらにボールに対して常に同じ仕事量がなされるとすれば，極端に軽いボールでは初速がとてつもなく大きくなるはずである．しかし，ピンポン球を投げる場合を考えてもこうしたことは現実的ではない．それは，

① 軽いボールでは物体の速度が増加し，筋の出せる力が減少する，

② 物体を投げるためには身体自身をも加速しなければならないので，その加速のために力が

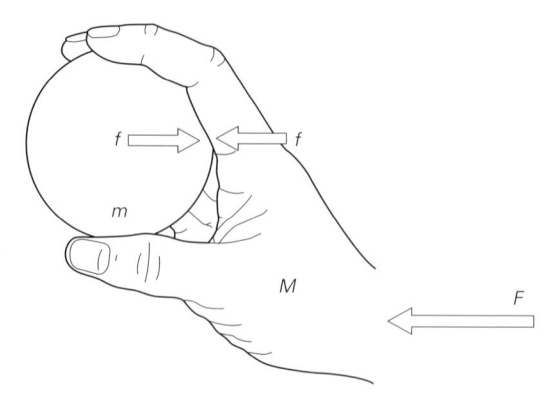

図10-4 ボールおよび手首に作用する力
(吉福康郎:スポーツ上達の科学.講談社,1990)

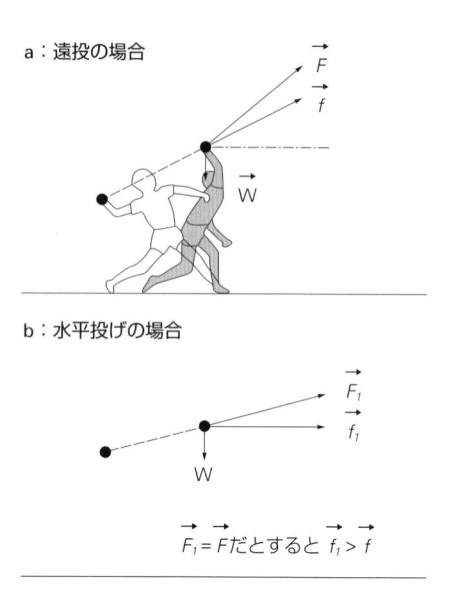

図10-5 投球方向による投動作中の力発揮の方向
(三浦望慶ほか:投げの方向とボールの重さが諸速度に及ぼす影響について.In:日本バイオメカニクス学会編,スポーツ・バイオメカニクスへの挑戦.pp189-195,杏林書院,1983)

取られ,物体を加速する力が相対的に小さくなる,
という2つの理由によって,手からボールに作用する力が軽いボールを投げる場合にはより小さくなるからである.

①の理由は,Hillの方程式としてよく知られている関係である.軽いボールでは物体の速度が増加し,それにつれて筋の収縮速度も増す.そのため,筋の出せる力が減り,物体を加速する力も小さくなる.発揮パワーが最大になる速度は,無負荷時の最大速度の約1/3で,このときに出る力も最大筋力の約1/3であることが知られている.Hillの方程式は,摘出された筋の収縮について求められたものだが,人体の関節運動についても近似的にはよく当てはまる.

②の理由は,手の有効質量をM,ボールの質量をm,手首にかかる力をFとしたとき,ボールを加速する正味の力fは,

$$f = m/(M+m) \cdot F$$

で必ずFより小さくなり,特にボール質量が小さいときにはFはほとんど手の加速に用いられ,fはとても小さくなってしまうことによる(図10-4)[7].いずれにしろ,どんなに軽いボールであろうと,その初速は何ももたずに手を振る場合の空振り速度を超えることはできない.

(5)投げ出しの方向

投げ出されるボールの初速,あるいはボールに与えられる仕事量とボールの重量との間の関係は上述したようなものであったが,物体が投げ出される角度も初速に影響を及ぼす.たとえば,槍投で投射角度が1°増すごとに,槍の初速は0.127m/sの割合で低下するという.さらにスピードガンで測定したところ,プロ野球投手のピッチングにおいて,高めのボールより低めのボールのほうが平均で約5km/hも速いという,通説や感覚とは逆の傾向が認められたという.

このことの理由として,
①投動作におけるパワーの発揮が投げの方向によって異なること,
②投動作中におけるボールの重量(ボールに作用する重力)の影響,
の2点が考えられる.

斜め上方への投げ(遠投)と水平方向への投げ(水平投げ)について比較検討する.投げの動作中にボールの移動方向へ加えられた力ベクトルfは,ヒトがボールに加えた力(F)とボールにはたらく重力(W)との合力である(図10-5)[8].この重力の作用のため,Fが同じ大きさであれば,ボールを上向きに投げ出すほどボールに加えられる力fの絶対値は小さいことになる.一方,水平投げと遠投において投げの動作中に発揮された力の平均値を比較したところ,ほとんど差は認めら

れなかった．これらの結果から，投げの方向が投球されたボールの初速に与える影響は，主としてボールに作用する重力の作用によるものと考えられる．

　初速度が同じであるとして，投射された後のボールの運動軌跡を力学的な観点だけから考えると，最大の投距離が得られる投射角度は上向きに45°，あるいは投げ出される高さや空気抵抗を考慮してそれよりわずかに低めとされる．しかしながら，投動作中の重力の作用と人間のパワー発揮特性をも考慮すると，投射角度を少々犠牲にしても初速を大きくしたほうが有利なので，陸上競技の投擲種目，たとえば，砲丸投などで最大の投距離が得られる投射角度は，それよりもさらに低めになると思われる．

　また，一般に力を加える方向と投射の方向は異なっている．たとえば，砲丸投で最高の記録が得られる投射角度が40°だとした場合，40°の方向に投げ出すためには60°前後の角度に，すなわち，かなり上向きに力を加えることが必要になる．初心者の砲丸投げでは，投射角度が30°以下と極端に低い傾向にあることも，このことに関係している．

(6) エネルギーを効率よくボールに伝える

　単位重量当たりに筋が発揮できる仕事率（パワー）は限られている．石井と中出[9]は，大学生男子ハンドボール選手にさまざまな重量のボールを投げさせた場合の，ボールに与えられるリリース時の最大発揮パワーを測定し，ボール重量900gの場合で，最大4,200W（約5.6馬力）であったと報告した．人間の筋が瞬間的に発揮できる最大パワーは，筋重量1kg当たり0.3馬力（約225W）とされている．そのため，手や腕だけではなく，全身を使ってボールを加速することが重要である．

　4,200Wという値は，全身の筋量や拮抗筋の存在を考えるとやや大き過ぎる[10]．また，長時間かけて全身の筋からパワーを発揮しているはずなのに，ボールに与えられるパワーだけに注目すると，リリース直前にのみ集中している．身体で発揮されたパワーの全部が，そのままの形で直接ボール

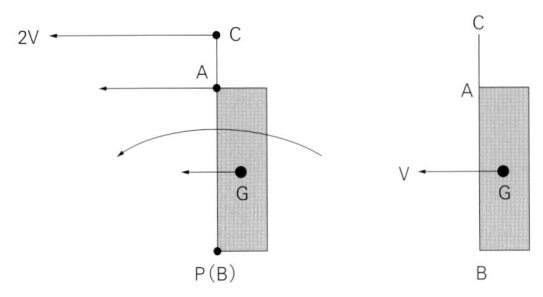

図10-6　リリース直前のボール速度増大のメカニズム
（吉福康郎：投げる―物体にパワーを注入する．Jpn J Sports Sci, 1 : 85-90, 1982）

に伝達されているとは考えにくい．投動作の初期の段階で，全身に蓄えられた運動エネルギーが，リリース時に一気に放出されるというメカニズムが用いられていると考えられる．

　このメカニズムは次のような簡単なモデルで説明される（図10-6）[2]．

　簡単にするために，身体を長さLの細長い棒で置き換えて考える．Aが肩，Bが足の先，Cが手である．腕ACの質量は無視する．右側から速度Vで進んできた棒の下端Bが点Pにぶつかり，点Pを中心に回転をはじめたとする．棒は点Pから右向きの力を受け，重心Gの速度は減速する．点P回りの角運動量が，衝突の前後で変化しないことを利用して計算すると，重心Gの速度は，Vから$3/4・V$に減速することになる．ところが，肩Aの速度はGの2倍の$3/2・V$に増えることになる．さらに，手Cの速度はもっと大きくなる（AC＝$1/3・L$なら2V）．

　棒の下の部分は衝突により減速し，上の部分は増速しているので，エネルギーの面からみると，棒全体のエネルギーは$3/4$に減少するが，下の部分のエネルギーが上の部分に移ったと考えることができる．特に手Cの部分は，急に速度が2倍になるので，手にもったボールの運動エネルギーは一挙に4倍になる．ボールだけに注目すると，非常に短い時間で大きな仕事をされたことになり，リリースの直前に物体に与えられたパワーはとても大きかったことになる．

　槍投やオーバーハンドスタイルの投手の場合には，この説明のように足先Bを中心とした縦方

向の回転による加速の効果が大きいと思われる．また，サイドハンド投手の場合には，図10-6を上からみた図として，Gが頭，Aが右肩，Bが左肩と考えなおすと，横方向の回転でもこの効果が作用していると考えることができる．Bはステップした左足の先でもあると考えるわけである．

　身体全体で発揮される仕事量が同じであったとしても，肝心のボールの加速にはそれがあまり役立たず，リリース後の身体に大きなエネルギーが残っている投げ方は非効率的な投げ方である．いかにも全身の「力み」が感じられるのに遅いボールしか投げられない投げ方とはそうした投げ方なのだろう．また，ソフトボールのウインドミル投法では，踏み出した前脚の膝が突っ張っているようにみえる．身体の前進の運動エネルギーを腕から先に転移させるという上記の原理に適合した動きだと考えられる．

2) 合理的な「投げ」動作の実際
(1) 身体各部の速度変動

　ここまで述べてきた力学的な原則にもとづく「速い球を投げるために必要な身体の動作」を，エネルギーという観点からまとめると，

①身体全体を使って大きなエネルギーを発揮すること，
②それを効率よくボールに伝えること，

となる．速いボールを投げるための力学的な原理はこのようなものであることがわかったが，それではボールを加速する動作の特徴は実際にはどのようなものであろうか．

　多くの研究者によって，投球時のボールと身体各部の速度変化が求められている．その多くは，側方に置かれた高速度カメラで撮影されたフィルムによる，1次元的（水平方向のみ）あるいは2次元的な（投球方向を含む鉛直面内での）分析結果である．

　こうした速度変動図からボールの速度変動のみに注目してみると，握れるボールと握れないボールの間には顕著な差が認められることが明らかになった．握れないボール，たとえばバスケットボールの場合には，ボールの水平速度は途中で減速す

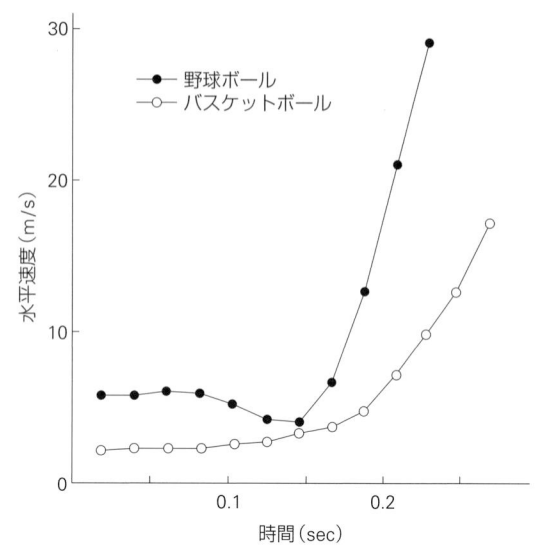

図10-7　ボールのサイズによる加速期のボール速度変動の比較
（豊島進太郎ほか：種々の投てき物を投げたときの投動作の分析．昭和51年度日本体育協会スポーツ科学研究報告 No.1, 投能力の向上に関する研究，pp34-47, 1976 より引用改変）

ることなく徐々に増加していくのに対して，握れるボール，たとえば野球ボールでは投球動作中に一度減速が認められる（図10-7）[4]．握れないボールの場合には，手の速度がいったんでも減速すると途中でボールを落としてしまうことになるので，動作中加速を続けなければならないということになる．

　投球腕の運動についても，その各部の速度変動には同様の傾向が当てはまる．野球ボールを投げる場合，肘関節の水平速度はリリースの約0.2秒前からいったんその速度が減少し，約0.1秒前から肘関節の急速な伸展とともに，その水平速度も再び急激な増加を示す（図10-8）[11]．バスケットボールの場合には，このような傾向は認められない．

　肘関節の伸展―屈曲―伸展という一連の動作のようにリリースに向かう動作に先立ち，これと逆方向への運動が各関節で起きることにより，関節の運動範囲は大きくなる．ボールの移動距離が大きいこと，あるいは関節の運動範囲が大きいことは，筋がパワーを発揮する時間とボールに力が加わる距離が伸び，大きなエネルギーがボールに与

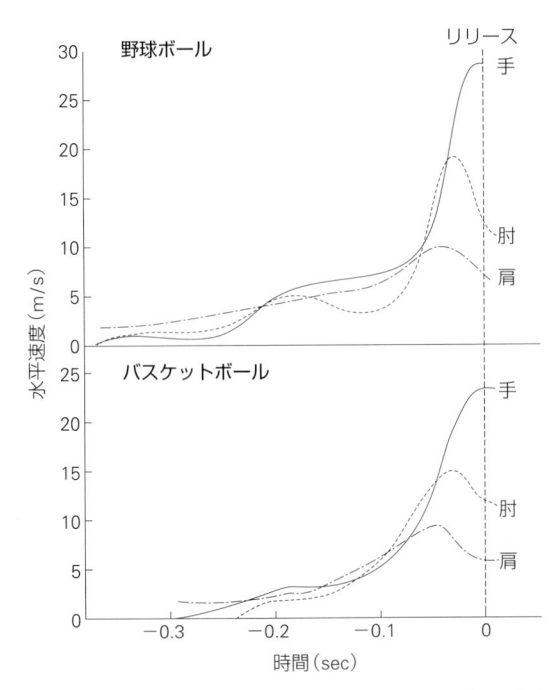

図 10-8　ボールのサイズによる加速期の上肢各部の速度変動の比較
（星川　保：大きさと重さの異なるボールの投げ．Jpn J Sports Sci, 1：104-109, 1982より引用改変）

えられることに寄与するものと考えられる．
　またこれとは別に，このような一連の動作によってエネルギーが筋の弾性要素に蓄えられ，その放出によって筋の発揮張力が大きくなるという弾性エネルギーの再利用が行われ，初速が大きくなることに貢献していると考えられる．宮下ら[12]は，リトルリーグやプロ野球の投手の投動作を撮影したフィルムの分析結果から，身体重心点とボールをもつ右手の加速の様子を比較した（図10-9）．身体重心点の速度が，右手の速度を上回っている時点が存在することに注目して，体幹部と右手の間にあるいずれかの筋が一時的に伸張されている可能性があり，弾性エネルギーの再利用が投動作におけるパフォーマンス増大の重要な一部分を占めている可能性を示唆している．
　また，リリース時に身体各部，特に質量の大きい部分の速度が大きいままだと，ボールに伝わる運動エネルギーが少なくなってしまう．リリース時に体幹部とそれに近い部位の速度が小さくなっていることは，ほとんどの報告で共通して認めら

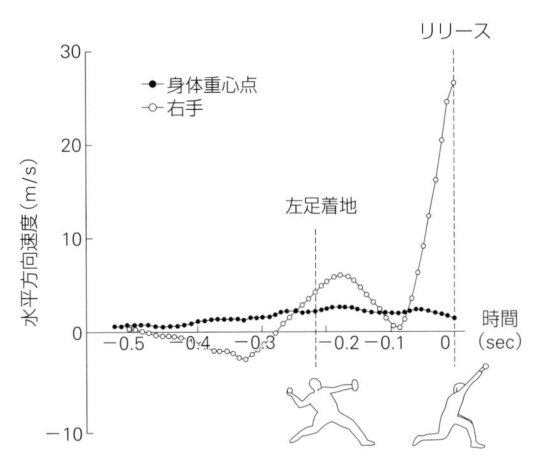

図 10-9　プロ野球投手の投動作における身体重心と右手の水平速度変動
（宮下充正ほか：発育期の野球選手の投能力に関する研究．デサントスポーツ科学，1：84-90, 1981）

れるが，ボールの初速を大きくするために重要なことだと考えられる．

(2) むち動作

　「むち動作（whip-like action）」という言葉は，「肘関節の伸展―屈曲―伸展という一連の動作」として用いられたり，単に「弾みをつけた動作」という意味で用いられたり，あまり共通の理解がされていないようにも思われる．金子ら[13]は，槍投の動作についての報告の中で，「むち動作」を「身体の基幹部から末端部に向かって力学的エネルギーが順次伝達されるように見える現象」と定義している．このような「むち動作」の指標として，肘の最高速度が得られた時点における肘と手首の速度差が考えられている．「むち動作」という言葉の先駆的な用法としては，Hill[14]がクリケットボールの遠投距離の当時の世界記録（約140m）から手先の速度を推定して述べた「運動量が伝達されもっとも軽い部分に集約されるという『むちの原理』が用いられない限りは，このような速度は普通では達成できない」という言葉があげられよう．また，「むち動作」によく似た名前の動作として「から竿動作（flail-like arm action）」という言葉も用いられる．

(3) よい投動作

　身体各部の速度など実験的に検討された結果と，力学的なあるいはエネルギーの観点からの考

察をあわせて，野球の投手の投動作を例に，吉福[7]はよい投動作について次のように述べている．

　最初に，ワインドアップによって重心位置を高め，身体に位置エネルギーをためこむ．それに続いて前方へのステップが行われる．位置エネルギーが運動エネルギーに変換されるばかりではなく，主として脚筋の収縮によってパワーが追加され，ますます身体に運動エネルギーがためこまれる．こうした動作のはじめの段階では，脚，腰といった体幹部に近い大きな部位を動かすことが必要である．大きな筋を収縮させて，大きな部位に運動エネルギーをためこむわけである．いきなり肘や手首といった末梢の小さい部位を動かすと，リリースの前にその部位の動作が終了してしまう．こうして下半身の速度は，いったん大きくなった後，減速しはじめる．このころに肩，そして肘といった部位の速度が急に大きくなりはじめる．下半身の運動エネルギーが，上半身に転移したと考えられる．各部位の速度のピーク値が出現する時間的な関係をみても，つま先，膝，腰，肩，肘，手とボールに近い部位ほど遅くなっている．つまり，中心に近い部分が減速しはじめると末端に近い部分が急速に加速されて速度のピーク値を迎えるわけで，末端部に向けて，次から次へと運動エネルギーが転移していくと考えられる．たとえば，動作の後半で肘関節が急激に伸展され，前腕が加速されるが，このとき上腕部は，その反作用で後ろ向きの力を肘を通して受けるため減速する．上腕部の運動エネルギーが，前腕部に転移したと言い換えることができる．先述した踏み出し脚の着地によるエネルギーの転移効果は，この動作の後半において，特にボールを大きく加速することに役立っていると考えられる．

（4）打動作との比較

　このようにまとめてみると，「投げる」も「打つ」も類似した動作であるようにみえる．実際に投げ動作と各種の打動作は，いろいろな観点から比較されている．Broer[15,16]は，オーバーハンド，サイドハンド，アンダーハンドの各種の動作について，それぞれの筋電図を比較し，また手から先を隠した写真によって動作の類似を示した．筋電図法を用いて投・打の両動作を比較した研究は他にも多く行われてきている．

　打動作で速い球を打とうと思ったならば，打具を十分に加速しなければならない．結局，大きなエネルギーを身体からボールや打具といった対象物に伝えるという観点からみれば，速い球を投げるのと強い球を打つのとは同種の動作と考えられる．

文　献

1) 桜井伸二：投げる科学．大修館書店，1992．
2) 吉福康郎：投げる―物体にパワーを注入する．Jpn J Sports Sci，1：85-90，1982．
3) Joris HJJ et al.: Force, velocity and energy flow during the overarm throw in female handball players. J Biomech, 18: 409-414, 1985.
4) 豊島進太郎ほか：種々の投てき物を投げたときの投動作の分析．昭和51年度日本体育協会スポーツ科学研究報告 No.1，投能力の向上に関する研究，pp34-47，1976．
5) Toyoshima S and Miyashita M: Force-velocity relation in throwing. Res Q, 44: 86-95, 1973.
6) 石井喜八ほか：球技の選手の投能力．昭和51年度日本体育協会スポーツ科学研究報告 No.1，投能力の向上に関する研究，pp29-33，1976．
7) 吉福康郎：スポーツ上達の科学．講談社，1990．
8) 三浦望慶ほか：投げの方向とボールの重さが諸速度に及ぼす影響について．In：日本バイオメカニクス学会編，身体運動の科学Ⅴ．pp189-195，杏林書院，1983．
9) 石井喜八，中出盛雄：投球動作にみられるpower．In：キネシオロジー研究会編，身体運動の科学Ⅰ．pp111-128，杏林書院，1974．
10) Daish CB: The Physics of Ball Games. Hodder and Stoughton, 1972.
11) 星川　保：大きさと重さの異なるボールの投げ．Jpn J Sports Sci，1：104-109，1982．
12) 宮下充正ほか：発育期の野球選手の投能力に関する研究．デサントスポーツ科学，1：84-90，1981．
13) 金子公宥ほか：槍投げにおける"鞭効果"．In：日本バイオメカニクス学会編，身体運動の科学Ⅳ．pp69-79，杏林書院，1983．
14) Hill AV: The mechanics of voluntary muscle. Lancet, 24: 947-951, 1951.
15) Broer MR and Houtz SJ: Patterns of Muscular Activity in Selected Sport Skills. pp35-52, Charles C Thomas Publisher, 1967.
16) Broer MR and Zernicke RF: Efficiency of Human Movement 4th ed. WB Saunders, 1979.

［桜井　伸二］

2. 砲丸投のバイオメカニクス

砲丸投は2.135mのサークルの中から，定められた重量の砲丸（男子では，一般16ポンド（7.25kg），高校生は14ポンド（6.35kg），中学生は4.00kg，女子では一般・高校ともに4.00kgで，中学生は2.70kg）を，定められた動作方法（砲丸を肩の線の後方，下方にならない位置等）で突き出し，その飛行距離を競う競技である．

1）砲丸投の歴史と特性

砲丸投の起源は，スコットランド地方の農耕民族の収穫祭で，村の力自慢の男たちが近くにあった石を投げたことにその発祥の歴史をみることができる．今日そのサークルは2.135mの円状であるが，歴史的には四角い囲いの中から投げたり，高い位置から投げ下ろした時代もあった．砲丸重量の16ポンド（7.25kg）はケンブリッジ大学対オックスフォード大学の対抗試合で用いられた重量がたまたま16ポンドであったことに由来しているもので，特別に科学的な根拠があってのものではないが，16ポンドという重量設定の状況に砲丸投という競技は，筋力を背景とした競技であることをみることができる．

2）記録の変遷からみた砲丸投

（1）世界記録と日本記録の変遷

図10-10は，男女の世界記録と日本記録の変遷を示したもので，現在の公認世界記録は男子，R.バーンズ選手（米国）の23.12m（1990），日本記録は野口安忠選手の18.53m（1998）で，女子はN.リソフスカヤ選手（旧ソ連）の22.63m（1987），日本記録は森千夏選手の17.80m（2003）である．世界記録と日本記録の変遷の傾向は基本的に類似しているが，残念ながら日本の砲丸投はスタート時点も含めてあらゆる時代で世界に40〜50年の遅れをとっている．

（2）投擲技術の変遷

a．投擲フォームにみる変遷とその動作学的特性

図10-11は，記録的な変遷がどのような技術によってもたらされたのかの動作の変遷を，サークル内の足の接地や移動から示したものである．その技術的変遷を簡単にたどれば，①横向きホッ

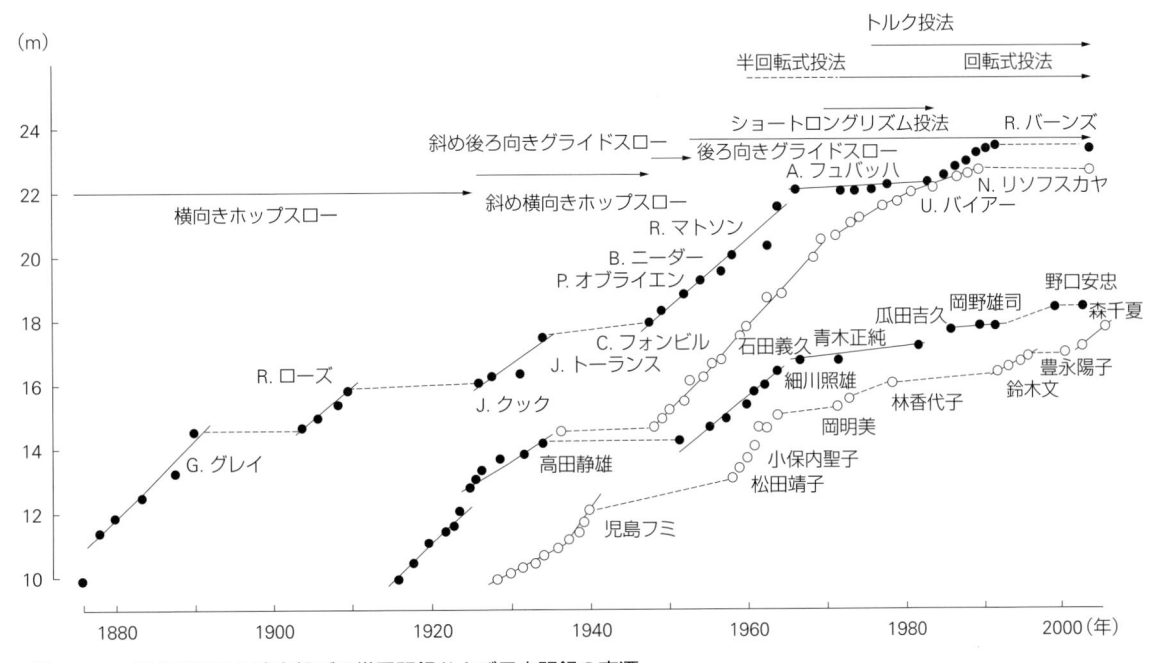

図10-10 男女別にみた砲丸投げの世界記録および日本記録の変遷
（植屋清見：砲丸投の研究．体育の科学，30：487-492，1980より引用改変）

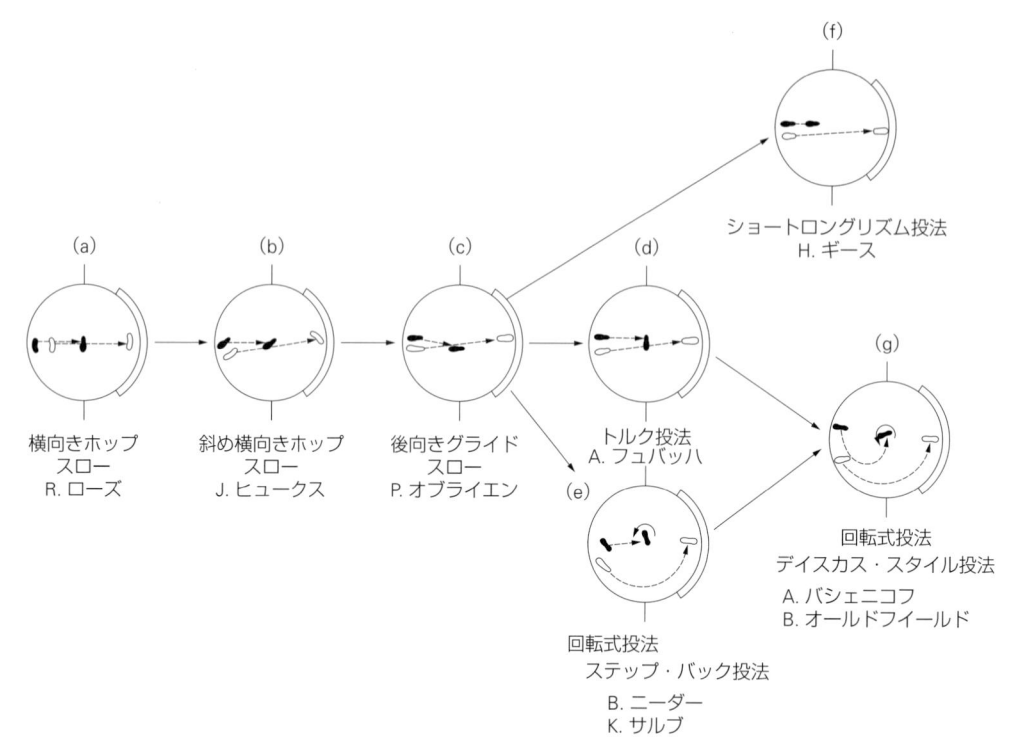

図10-11 サークル内の足跡からみた投擲動作の歴史的変遷とその代表選手
(植屋清見:砲丸投の研究. 体育の科学, 30:487-492, 1980)

プスロー→②斜め横向きホップスロー→③斜め後ろ向きグライドスロー→④後ろ向きグライドスロー(オブライエン投法)→⑤半回転式投法→⑥ショートロングリズム(short long rhythum)投法→⑦トルク(torque)投法→⑧回転式(rotatinal discus style throw)投法の順である.以下に簡単にその動作学的特性を述べる.

①横向きホップスロー:身体を投擲方向に対して真横に構え,先導脚(左足:以下すべて右投げを想定して説明する)を2〜3回,円を描くようにグルグル回して勢いとタイミングを取り,大きく右足で蹴ってホップして投げの構えを作り右腕による押し出しを行う.

②斜め横向きホップスロー:横向きホップスローの最初の構えを幾分真横から斜め後方に向ける.突き出しに至る一連の動作は横向きホップスローとほぼ同様である.

③斜め後ろ向きグライドスロー:斜め横向きホップスローの初期の構えとほぼ同一であるが,先導脚をグルグル回すかわりに,前後にスイングしてタイミングを取り,先導脚の勢いを利用してサークルの移動に入る.移動に際して大きく跳びはねてホップするのではなくサークルを滑るように移動(グライド)する.動作移動がホップスローより速くなり,投擲方向に対して上体の捻りを利用できる突き出しが可能となる.

④後ろ向きグライドスロー:いわゆる「オブライエン投法」と呼ばれる投法で,投擲方向に対して完全に真後ろに構え,先導脚の前後のスイングの振り出しによって身体全体を移動させ,投げの構えをつくり,投擲方向に対して180°の位置から身体の捻りと起こしを伴った突き出しを行う.

⑤半回転式(ステップバック)投法:サークル後方で肩幅大に置かれた左右足を交互に踏みしめながらタイミングを計り,左足を大きく蹴って右足に乗り込み,上体を回転させて投げの構えに入り,突き出す投法でアメリカのB.ニーダー選手(メルボルンオリンピック大会優勝者)によって考案されたものである.

⑥ショートロングリズム投法:基本的には④の

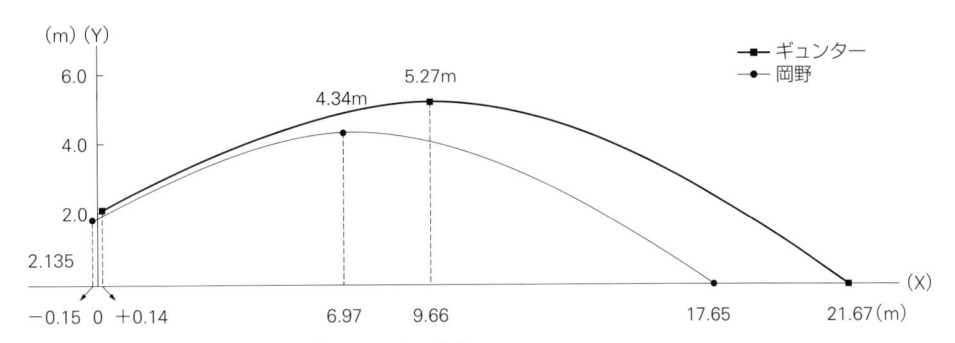

図10-12 砲丸の飛行に関する世界と日本の比較
(植屋清見：砲丸投の投フォームとパフォーマンス．In：北川　薫編，動きとスポーツの科学．pp437-443, 日本バイオメカニクス学会第11回大会実行委員会, 1992)

オブライエン投法に準ずるがグライドの距離を極端に短くし，右足と左足の着地をほぼ同時に行い，投げの構え時の両足のスタンスを一般的なオブライエン投法より広くとって投げる投法である．実質的な突き出し距離をより長くするためのオブライエン投法の改良的な投フォームで，旧東ドイツの科学チームが，メキシコオリンピック大会のアメリカ選手の分析から考案した投法である（U.バイアー選手等）．

⑦トルク投法：基本的にはオブライエン投法であるが，グライドでの着地において着地足を投擲方向に対して90°の位置に置き，下半身に対する上半身の捻りを生み出し，利用する投法でアメリカのA.フュバッハ選手によって考案された投法である．

⑧円盤投スタイルの回転式投法：砲丸を肘を折って首筋に押しつけるように固定し，その後の動作は，円盤投の回転とほぼ同じようにサークルをターンし，最後の突き出しで曲げられた肘を伸ばすことによって砲丸を突き放す投法で，旧ソ連のバシェニコフ選手やアメリカのオールドフィールド選手らによって行われた．

b．変遷に横たわる動作学的原理

前述の投擲フォームの変遷は，①投擲腕のみによる動作から脚を利用した動作へ，②腕中心の部分的な動作から脚を含めた全身的な動作へ，③緩慢な動作からスピーディーな動作へ，④力依存の動作からパワー依存の動作へ，⑤2次元（直線）的動作から3次元（回転）的動作へ，⑥上体の起こしと捻りを利用した動作等への発展と考えられる．結果として，投擲動作の①拡大化，②弾道距離の増大化，③スピード化，④パワー化，⑤動的バランスやリズム性の活用，などがその変遷に指摘されるが，原理的には上体の「起こし」と「捻り」の筋力やエネルギーを利用する方向の変遷と考えられる．

3) 砲丸投の力学とバイオメカニクス
(1) 飛行距離決定の放物線の力学

砲丸投の飛行は突き出しの瞬間の投射初速度（V_0），投射角度（θ），投射高（h），重力加速度（g：$9.81 m/s^2$）によって決定される．その飛行距離（R）は，

$$R = V_0^2 \sin\theta \cos\theta + V_0 \cos\theta \sqrt{V_0^2 \sin^2\theta + 2gh}/g$$

で求められる．図10-12はその飛行に関する放物線の方程式から第3回世界陸上（1991）優勝者のギュンター選手（スイス）の21.67m（V_0：14.31m/s，θ：36.5°，h：2.20m）と当時の日本記録保持者の岡野雄司選手の17.65m（V_0：12.24m/s，θ：38.0°，h：1.93m）の投擲の放物線の比較を行ったものである．両者の飛行距離の違いは，投射瞬間の3つの物理量の違いとしてもたらされるが，この飛行距離の算出はバイオメカニクス（biomechanics）の対象ではなく力学（mechanics）的範疇のものである．

(2) 身長が10cm高くなったら
大幅な記録更新が可能か

ここで，もし日本人選手の身長（投射高）が10cm高く（前述の岡野選手のVo：12.24m/s，θ：37.9°は一定とし，投擲高を1.85m→1.95mとす

る）なり，世界の一流選手並みの投射高（1.95m）になったとしたならば，記録はどのくらい伸びるかを算出するとその値はわずか10cm程度の記録増でしかない．つまり，日本人選手の身長の低さが世界に遅れをとっている大きな理由には決してならない．

(3) 投射角度45°は最大距離を与える角度か

放物線運動において，物体がもっとも大きな飛行（水平）距離を得る投射角度は45°であるが，砲丸投の場合は同一水平面上から砲丸が投射され，その高さに落下する運動ではなく，一定の投射高（h）を有していることから，理論的にもかつバイオメカニクス的にも45°は最大水平距離を与える投射角度ではない．現実は37～40°程度である．

(4) いかに投射初速度を高めるかの動作学

前述の飛行に関する放物線の式およびそこから算出される飛行距離は，砲丸投の力学であってバイオメカニクスではない．砲丸投のバイオメカニクスとは，サークル内の投擲動作によっていかに大きな力やパワーを生み出し，結果として砲丸に力やパワーを与え，最終的に投射初速度を大きくできるかにかかわる動作学である．

(5) 投擲動作に伴う2次元的な砲丸の速度および砲丸に与える力・パワー

図10-13は，現日本記録保持者の野口安忠選手の実験的投擲（17.55m）時の砲丸の速度，砲丸に与えた力およびパワーをサークルの位置，投擲フォームに対応させて算出し，示したものである．力およびパワーの最大発揮は，グライドの着地直後の右腰の捻りや左肩の回転，あるいは膝の伸展などを用いた全身運動として，砲丸を斜め上方に押し出そうとした瞬間であり，決してグライド中でも最後のスナップの瞬間でもない．グライドの着地直後に砲丸の速度低下がみられるが，これはグライド動作から突き出し動作への繋ぎの技術的なマイナス点として指摘される点であり，記録更新のためには改善すべき点として指摘される．パワー曲線と力曲線の発現のパターンが酷似しているが，このことは，砲丸投のパワーがスピード依存型ではなく筋力依存型であり，砲丸投

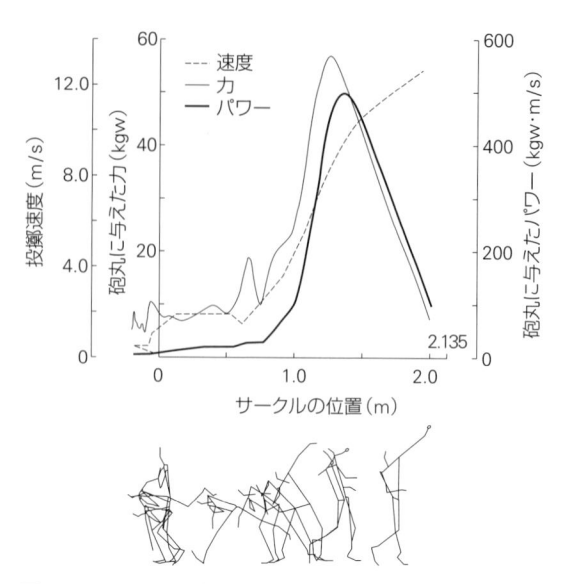

図10-13　野口選手の投擲（17.55m）における，2次元的にみた砲丸の速度，砲丸に与えた力・パワーと投擲動作
（植屋清見：砲丸投のバイオメカニクス．In：植屋清見ほか編，バイオメカニクス研究概論．pp247-252，第14回日本バイオメカニクス学会編集委員会，1999）

はこのことからも筋力がそのベースにあることを物語っている．

4) グライド投法と回転式投法の比較

(1) 野口選手にみる投擲フォームの比較

図10-14は，野口選手のグライド投法と回転式投法に取り組んだ初期の投擲フォームの比較であるが，彼のグライド投法のパワーポジションでの構え，とりわけ右腰の使い方には回転式投法の特徴（図10-14b(8)）が見出されており，彼の回転式投法の移行の可能性を見出すことができる．

(2) エネルギー示性式からみた比較

図10-15は，グライド投法と回転式投法のいずれにも精通した砲丸投選手に，1.50～8.50kgまでの7個の重量の異なる砲丸を投擲させ，その時の砲丸の質量（M）と投射初速度（V）の関係（Mass-Velocity関係）から投擲動作に伴うエネルギー示性式，

$$1/2(M+A)V^2 = Ed$$

を算出し，比較したものである＜Ed：発生エネルギー（kgw・m），A：消費エネルギーの係数

a：グライド投法

(1) (2) (3) (4) (5) (6)
(7) (8) (9) (10) (11) (12)

b：回転式投法

(1) (2) (3) (4) (5) (6)
(7) (8) (9) (10) (11) (12)

図10-14 野口選手のグライド投法と回転式投法の動作フォーム
（植屋清見：砲丸投の投フォームとパフォーマンス．In：北川 薫編，動きとスポーツの科学．pp437-443，日本バイオメカニクス学会第11回大会実行委員会，1992）

(kg)＞．回転式投法は砲丸重量がある重量以下（W*）になれば，グライド投法よりその投擲距離は大きくなる特性をもっている．回転式投法における投擲動作そのものでのEdは，グライド投法（799.14kgw・m）に比べて小さい（732.02kgw・m）投法であるが，動作に伴って消費するエネルギーもグライド投法（3.56kg）より小さい（2.83kg）投法といえる．つまり，回転式投法はグライド投法の筋力依存型よりスピード依存型の投法と考えられ，軽い砲丸から練習によって徐々に重量を上げ，男子であれば7.25kg，女子であれば4.00kg以上にW*を移行できれば記録増が期待できる投法である．

(3)「上体の起こし」動作と「上体の捻り」動作

図10-16は，グライド投法と回転式投法の突き出し瞬間とリバースの動作を重ねて比較したものである．両者の基本的な違いは，グライド投法が水平軸回りの「シーソー運動」を示し，回転式投法は身体の長軸回りの「回転運動」を示すことである．グライド投法にみられる上体の起こし動作は，軸回りの慣性モーメント（I）が大きく，したがって大きな角速度（ω）の発生にはより大きな角運動量（H）の発生が必要であり，そのためにはより大きな筋力や筋パワーが必要とされる．つまり，筋力や筋パワーに劣る選手には負担の大きい投法であり，回転式投法は長軸回りの慣

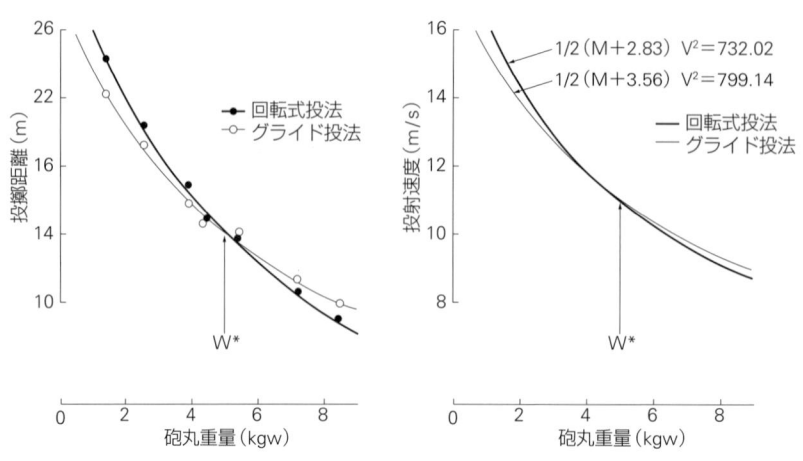

図 10-15 エネルギー示性式からみたグライド投法と回転式投法の比較
（植屋清見：回転式砲丸投の技術について．Jpn J Sports Sci，4：91-97，1985）

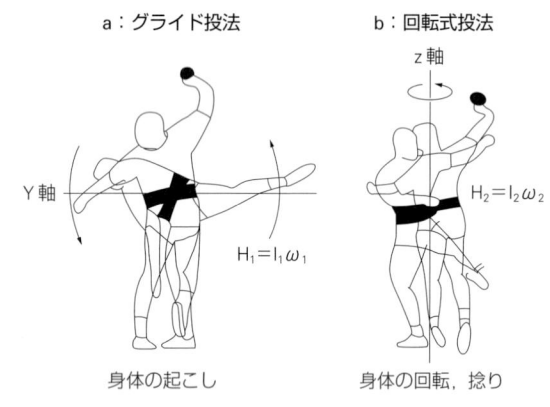

図 10-16 グライド投法と回転式投法の動作に関する原理的な違い
（植屋清見：砲丸投の投フォームとパフォーマンス．In：北川 薫編，動きとスポーツの科学．pp437-443，日本バイオメカニクス学会第11回大会実行委員会，1992）

性モーメントが小さい分，大きな角速度の獲得が比較的容易で，筋力や筋パワーに劣る選手には有利な投法といえる．

（4）回転式投法への移行

以上のような両者の特性を総合すると，筋力や筋パワーには劣る（世界における日本選手や男子に対する女子）が器用さに富んだ選手では，回転式投法は記録向上に有利な投法と考えられるが，ここでも世界と比較して日本人選手の取り組みは大きく遅れをとっている．グライド投法と回転式投法の比較および移行は，走高跳における「ベリーロール」と「背面跳」の比較，およびその移行に相通じる動作学的原理がある．なお，野口選手の現在の日本記録はグライド投法で樹立された（1998）ものであるが，現在は回転式投法へ移行し，さらなる日本記録を目指している．

文　献

1) 植屋清見：砲丸投の研究．体育の科学，30：487-492，1980．
2) 植屋清見：回転式砲丸投の技術について．Jpn J Sports Sci，4：91-97，1985．
3) 植屋清見：砲丸投の投フォームとパフォーマンス．In：北川　薫編，動きとスポーツの科学．pp437-443，日本バイオメカニクス学会第11回大会実行委員会，1992．
4) 日本陸上競技連盟編：世界トップアスリートに見る最新陸上競技の科学　7巻―砲丸投，やり投（ビデオ解説書）．p4，ベースボールマガジン社，1992．
5) 植屋清見：砲丸投のバイオメカニクス．In：植屋清見ほか編，バイオメカニクス研究概論．pp247-252，第14回日本バイオメカニクス学会編集委員会，1999．

［植屋　清見］

3. 円盤投のバイオメカニクス

1) 円盤投と角運動量

　角運動量保存の法則によれば，ある値の角運動量を身体系がもっている場合，系の外から外力の作用を受けないか，受けても身体重心点に関するそのモーメントがゼロであるならば，その角運動量は一定に保たれるとされる．逆にいえば，身体系の角運動量が変動するのは，系の外から受ける外力の方向（作用線）が身体重心点を逸れるようにその外力の作用を受けたためである[1]．円盤投において，この外力は，投擲者が自らの足で地面に力を及ぼすことによって発生する地面反力に相当する[1]．ここでは，角運動量の観点から，円盤の速度の増大をもたらすメカニズム（仕組み）について解説することにする．

2) 円盤投の動作局面の定義

　円盤投の多くの選手は，直径2.5mのサークルの最後方地点に投擲方向に対して背を向けて立ち，そこから1と3/4のターンを用いて円盤を加速し投げ出す（図10-17）[1]．このような円盤投の投擲動作（以下，右投げ例）は，一般に「両脚支持期」「左脚支持期」「非支持期」「右脚支持期」「投げ出し期」の計5つの局面に分けられる[2~6]．

3) 一流選手の身体の角運動量

　一連の動作において，両足または片足で地面に対して力を加えることによって生じる地面反力は，運動量だけでなく同時に身体の角運動量を増大させる[1]．ここで角運動量はベクトル量なので，それは着目する座標系の各軸回りの3つの成分に分解することができる（図10-18）．このうち，図10-19に示すように円盤の水平（前方）速度の増大には身体（円盤含む）の鉛直（Z）軸回りの正の角運動量（a）が，鉛直（上方）速度の増大には前後（Y）軸回りの負の角運動量（b）が大きく貢献する[2,3]．

　図10-20は，1998年全米陸上競技選手権上位4名の角運動量成分の変動例を示したものである[6]．それによれば，身体・円盤系（実線）において，Z軸回りの正の角運動量（図10-20c）は両脚支持期から左脚支持期前半にかけて急増し，その後の局面ではほとんど変動せず一定を保つ．一方，Y軸回りの負の角運動量（図10-20b）は右脚支持期後半から投げ出し期前半にかけて大きく増大することがわかる[2,6]．したがって，円盤の水平速度の増大の由来は局面後半ではなく，局面前半の両脚支持期から左脚支持期前半にあること，また鉛直速度の増大の主因は，投擲局面後半における右脚支持期後半から投げ出し期前半にあることになる[1~3,6,7]．なお，投げ出し期には身体の角運動量の一部が円盤へ伝達されて，円盤の角運動量が増大することが図10-20に示されている．

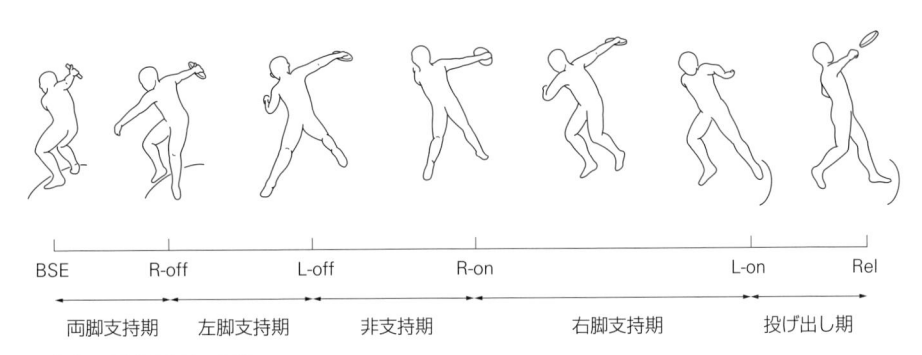

図10-17　円盤投の動作局面の定義
BSE：バックスウィング終了時　R-off：右足離地時　L-off：左足離地時　R-on：右足接地時　L-on：左足接地時　Rel：リリース時
（宮西智久：円盤の速度増大メカニズム―角運動量からみた2つの仮説：Dapena説と宮西・桜井説（"ジャイロモデル"）―．陸上競技研究，43：29-36，2000）

4）身体の角運動量の発生メカニズム

(1) Dapena 説

ところで，これらの身体（円盤含む）の角運動量は，はじめに述べたように地面に力を及ぼすことによって発生するものであるが，具体的に，Dapena[3]は次のようなメカニズムで生み出されると述べている．すなわち，投擲局面前半において身体のZ軸回りの正の角運動量が増大する原因は，両脚支持期と左脚支持期前半において両足と左足で水平前後方向への力を地面に加えることによって，その反力が上方からみて身体重心回りに反時計回りの回転を発生させるからである（図10-21）．一方，投擲局面後半において，身体のY軸回りの負の角運動量が増大するのは，右脚支持期後半から投げ出し期前半において右足で鉛直下方への力を地面に作用させることによって，その反力が後方からみて身体重心回りに反時計回りの回転を生み出すためであるとしている（図10-22）[3]．

(2) ジャイロモデル説

一方，Miyanishi と Sakurai[6,8]は，円盤の速度増大を図るその方法は以下のようにもっとダイナミックなふるまいをしていると指摘した．

図10-20をみると，そこではもうひとつの重大な点が注目される．つまり，身体・円盤系のX軸回りの負の角運動量（図10-20a）が，投擲局面後半における右脚支持期後半から投げ出し期前半にかけて著しく増大し，しかもこの角運動量のピーク値と増大の開始はY軸回りの負の角運動量（図10-20b）よりも大きく，やや先行することが示されている[2,6]．このことから，円盤投の動作には「ジャイロスコープ（以下，ジャイロ）」の原理が用いられている可能性が高いという[6]．

図10-23は，その「ジャイロ」の原理を"車輪"を用いて模式的に示したものである[6]．図10-23aに示すように，まずZ軸回りに黒矢印（太さは回転速度の大小を意味する）の方向へ高速度

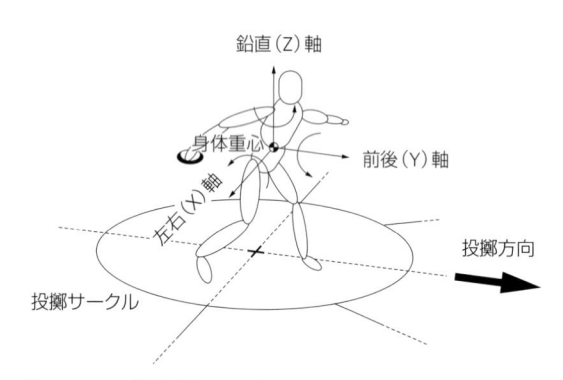

図10-18　身体重心に設定された直交座標系
X軸はY軸に対して左右方向，Y軸は投てき前後方向，Z軸は鉛直上下方向を示す．各軸の矢印の方向の回転が正，逆が負である．

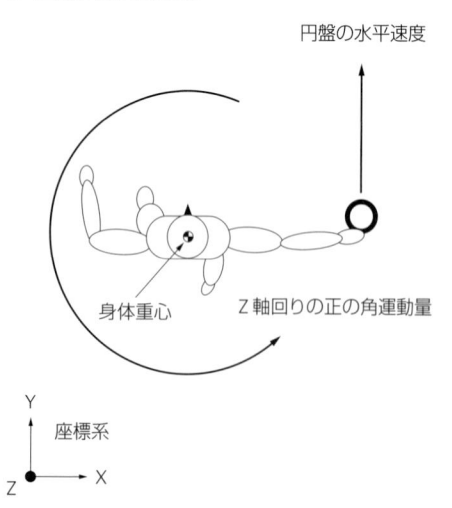

a：上方からみたところ　　b：後方からみたところ

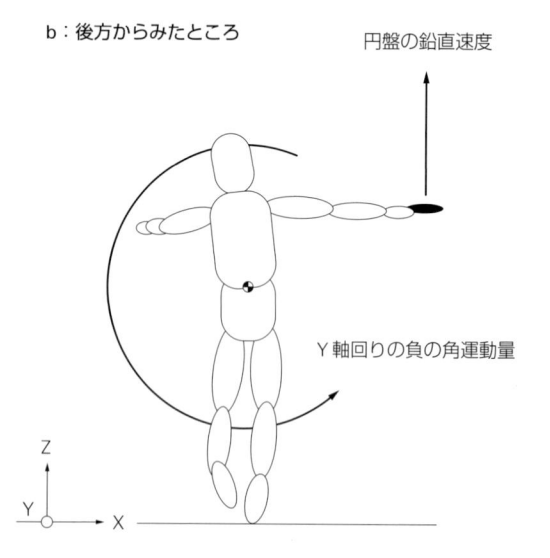

図10-19　身体の鉛直(Z)軸(a)および前後(Y)軸(b)回りの角運動量と円盤の速度との関係
（Dapena J: New insights on discus throwing. Track Technique, 125: 3977-3983, 1993 より引用改変）

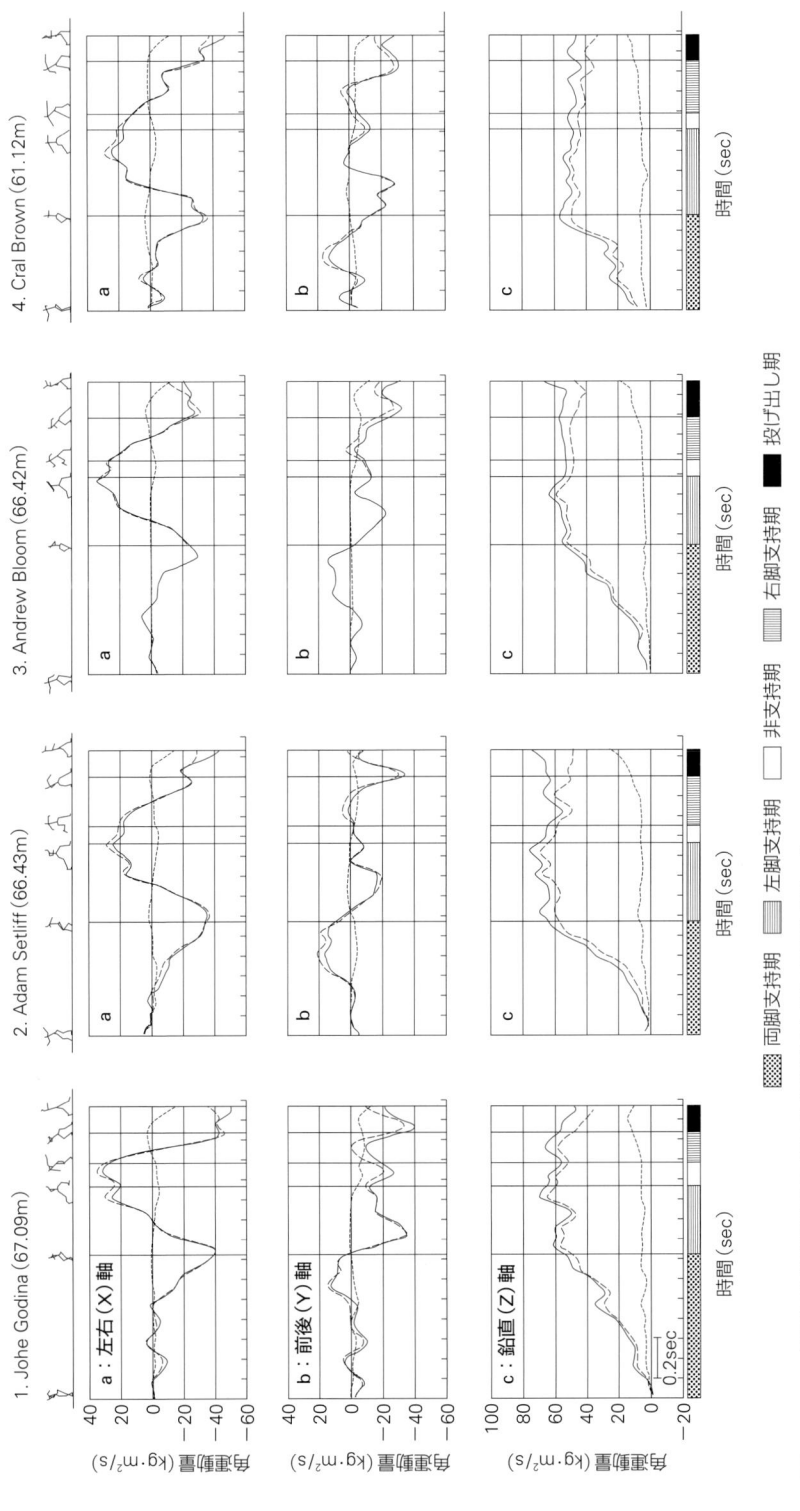

図10-20 一流男子円盤投選手における角運動量成分の変動パターン
実線は身体・円盤系、破線は身体（質点）の角運動量である。
(Miyanishi T and Sakurai S: Angular momentum analysis of men's discus throwers in 1998 USA Track & Field Championships. In: Hong Y and Johns DP (eds), Proceedings 18th International Symposium on Biomechanics in Sports (Vol. II), pp806-809, 2000)

で回転する車輪があるとする．この状態で図10-23bの白矢印に示すように車輪の左端にX軸回りのみだけに回転を生じさせる外力（回転力）を加えると，結果として図10-23cに示すようにY軸回りに黒矢印に示す方向への回転運動が自動的に引き起こされるのである．この原理を「ジャイロ」の原理と呼ぶ[1,6]．

この「ジャイロ」の原理を円盤投に適用すると，最初にZ軸回りに高速度で回転する車輪は，いうまでもなく両脚支持期と左脚支持期前半においてZ軸回りに正の角運動量を急激に発生させている身体に相当する（図10-23a）．そして，X軸回りに負の回転を生じさせる外力は右脚支持期および投げ出し期前半において右足で鉛直下方への力を地面に加えることによって生じる反力に当たる（図10-23b，c：白矢印）．したがって，これらのことから，右脚支持期後半から投げ出し期前半における身体・円盤系のY軸回りの負の角運動量の増大（図10-20b：円盤の鉛直速度の増大）は，両脚支持期から左脚支持期前半に増大するZ軸回りの正の角運動量（図10-20c）と右脚支持期後半から投げ出し期前半に増大するX軸回りの負の角運動量（図10-20a）の相互作用によってもたらされるものと考えることができる[1,6,7]．

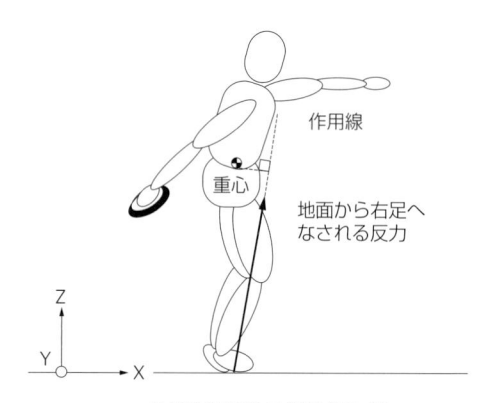

図10-21 身体の鉛直（Z）軸回りの正の角運動量の発生メカニズム
（Dapena J: New insights on discus throwing. Track Technique, 125: 3977-3983, 1993 より引用改変）

図10-22 身体の前後（Y）軸回りの負の角運動量の発生メカニズム
（Dapena J: New insights on discus throwing. Track Technique, 125: 3977-3983, 1993 より引用改変）

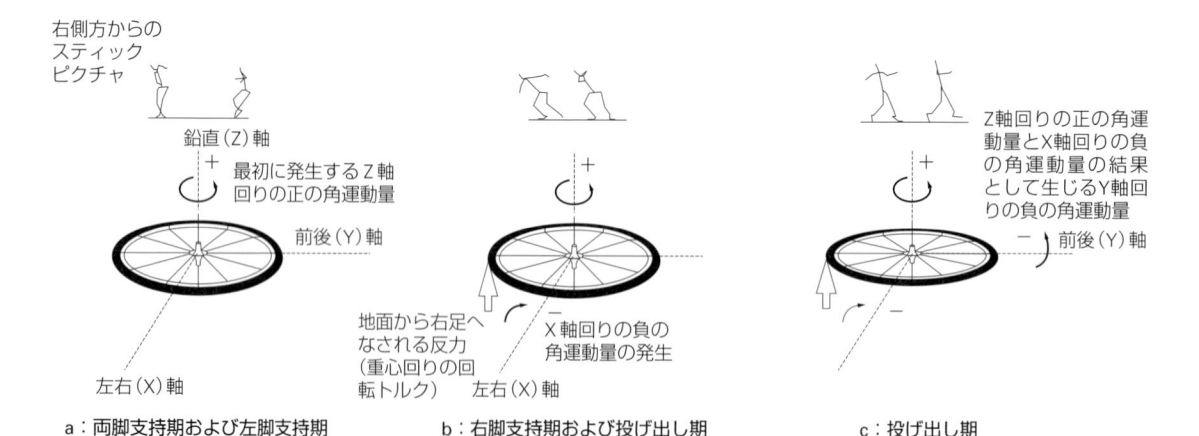

図10-23 ジャイロモデルによる円盤投のメカニズム
（Miyanishi T and Sakurai S: Angular momentum analysis of men's discus throwers in 1998 USA Track & Field Championships. In: Hong Y and Johns DP（eds）, Proceedings 18th International Symposium on Biomechanics in Sports（Vol. II）. pp806-809, 2000）

なお，このような「ジャイロ」の原理を適用した円盤投のメカニズムは"ジャイロモデル"と呼ばれている[6]．

なお，キネマティクスの観点から，日本人の円盤投選手は外国人選手に比べ円盤の初速度が小さく，それは水平（前方）速度に起因していたことが報告されている[4,7]．上述のことからすれば，円盤の水平速度を高めるためには，投擲局面前半において，身体・円盤系のZ軸回りの正の角運動量を大きくすることが極めて重大な鍵を握っていることになる[1~3,6,7]．したがって，日本人選手はこの局面の動作を改善することが極めて重大な技術的ポイントであると指摘されている[1,7]．

ここでは，主として欧米系の一流男子円盤投選手の投擲動作のメカニズムについて紹介した．アジア系の一流男子選手（特に中国選手）は，投げ出し期に後方へ倒した状態での身体の長軸回りの回転を用いて円盤を投げ出すことが報告されている[4,5]．ジャイロなどの効果がきいているとしたら，後方へ倒れた身体は右脚による反力によって起き上がるはずなので，このような身体の動きを使って円盤を投げ出す選手は，右脚の蹴りがただ単に弱いだけのことなのか，それともここで示したこととはまったく異なる別のメカニズムが潜んでいることを意味するものなのかは今後の研究をみる必要がある．

4．槍投のバイオメカニクス

1）飛距離を決定する主要因—初速度，投射角度および投射高—

槍投に関するバイオメカニクス的研究としては，映像からの動作分析，筋電図分析，地面反力の分析など，近年では槍に加速度計や力センサーを内蔵することで槍に加わる力を直接定量する試みも行われている[1]．また，槍が棒状で比重も軽く，空気の影響を受けやすいことから，槍の初速度，投射角や迎え角などの初期条件に加え，空中での槍の挙動が研究対象となっている[2~4]．

文 献

1) 宮西智久：円盤の速度増大メカニズム—角運動量からみた2つの仮説：Dapena説と宮西・桜井説（"ジャイロモデル"）—．陸上競技研究，43：29-36，2000．
2) Dapena J: An analysis of angular momentum in the discus throw. Int Soc Biomechanics 15th congress abstracts, pp306-307, 1993.
3) Dapena J: New insights on discus throwing. Track Technique, 125: 3977-3983, 1993.
4) 宮西智久ほか：アジア大会における円盤投のバイオメカニクス的分析．In：佐々木秀幸ほか監修，アジア一流陸上競技者の技術．pp169-181，創文企画，1997．
5) 宮西智久ほか：アジア一流選手における円盤投げの角運動量の3次元解析．バイオメカニクス研究，2：10-18，1998．
6) Miyanishi T and Sakurai S: Angular momentum analysis of men's discus throwers in 1998 USA Track & Field Championships. In: Hong Y and Johns DP (eds), Proceedings 18th International Symposium on Biomechanics in Sports (Vol. II). pp806-809, 2000.
7) 宮西智久：円盤投．月刊陸上競技，34：134-138，2000．
8) 宮西智久，桜井伸二：トップアスリートにおける円盤投のバイオメカニクス—全米陸上競技選手権大会男子円盤投決勝—．第50回日本体育学会記念大会/体育・スポーツ関連学会連合大会大会号，p713，1999．

［宮西　智久］

槍投に限らず，投擲物の飛距離を決定する主要因は，初速度，投射角度および投射高である．空気の影響がなければ，投擲物はこの3つの初期条件と重力加速度で決定される放物線の軌跡を描いて地面に落下する．図10-24aは，一流選手の試技について槍の初期条件から空気の影響を無視した理論記録を算出し，実測記録との関係をみたものである（男子：35試技；66.46m～90.82m，平均記録78.58m・初速度27.0m/s・投射角度37.3°・投射高1.84m，女子：37試技；50.70m～68.78m，同62.29m・24.2m/s・36.5°・1.77m）．これには，男子でr=0.778，女子でr=0.633という非常に高い相関（ともにp<0.01）が認められており，空気の影響が極めて少ない砲

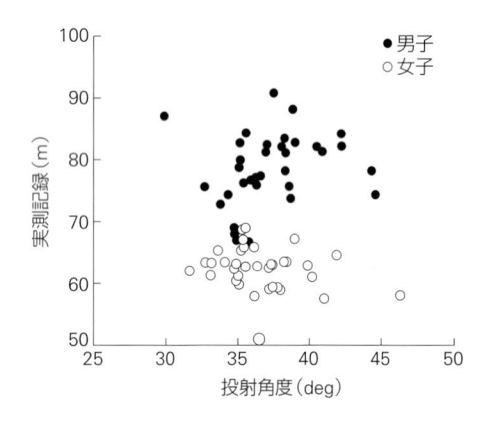

a：理論記録と実測記録の関係

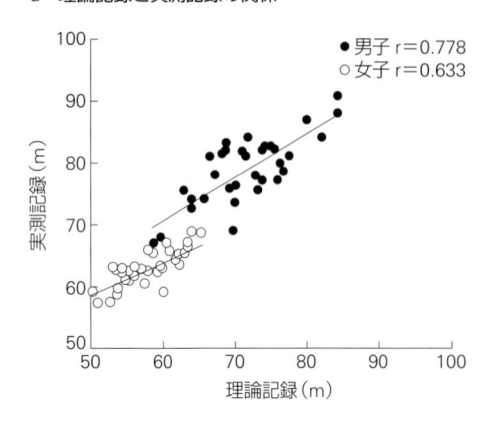

b：初速度と実測記録の関係

c：投射角度と実測記録の関係

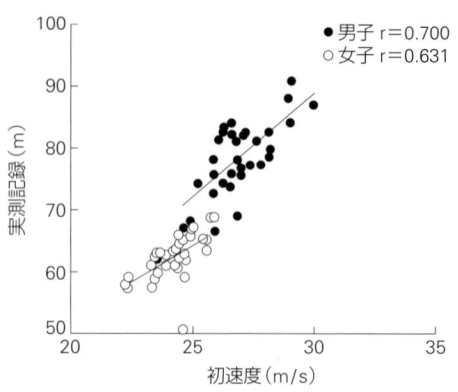

図10-24　理論記録と実測記録の関係(a)，初速度と実測記録の関係(b)，投射角度と実測記録との関係(c)
（若山章信ほか：世界一流競技者の技術―槍投げのバイオメカニクス的分析―．In：佐々木秀幸ほか監修，世界一流陸上競技者の技術．pp220-238，ベースボールマガジン社，1994 より引用改変）

　丸投やハンマー投と同様に，槍投においても，リリース時の初期条件によって記録がほぼ決定される[4]．そして，3つの初期条件のうち，初速度と実測記録との関係（図10-24b）は，男子でr=0.700，女子でr=0.631と非常に高い相関を示し（$p<0.001$），初速度が飛距離に対し非常に高い決定要因となることがわかる．

　弾道方程式から，投射角度は初速度がどの角度に投射しても一定（かつ投射高が0m）の場合，45°が最適となる（投射高を1.80mとすると80mレベルでは，44.5°）．しかし，実際の投運動では投射角度が水平に近いほど高い初速度を得ることができる．これは図10-5（p242）にあるように，投擲物に加えられる力のベクトル（$\vec{f}$）が，選手の発揮した力（$\vec{F}$）と投擲物にかかる重力（$\vec{W}$）との合力（合成ベクトル）となるため，選手の発揮できる力がその方向に関係なく一定であれば，$\vec{f}$ はより水平に近い程大きくなるからである．したがって，遠投の最適角度は45°よりも低くなる．RedとZogaib[5]は3名の槍投選手の実験から，投射角を10°下げた場合，初速度は1.27m/s上昇したと報告している．この実験値にもとづいて投射角度と初速度・飛距離の関係をシミュレートすると，90mクラスでは投射角37°の場合に飛距離は最大となる．これは，空気の影響も考慮したコンピュータ・シミュレーションによる最適投射角度（男子：36.5°，女子：37.2°）[2,3]ともかなり近い値である．なお，飛距離が小さくなるにしたがって最適投射角度は低くなり，60mで35°程度，40mでは33°程度が最適投射角度となる．しかし，30～45°の範囲では，投射角度によって，80mレベルで最大3m程度，40mレベルで1m程度の理論記録の差しか生じない．また，投射高は20cm高い条件で理論飛距離を試算しても，90m

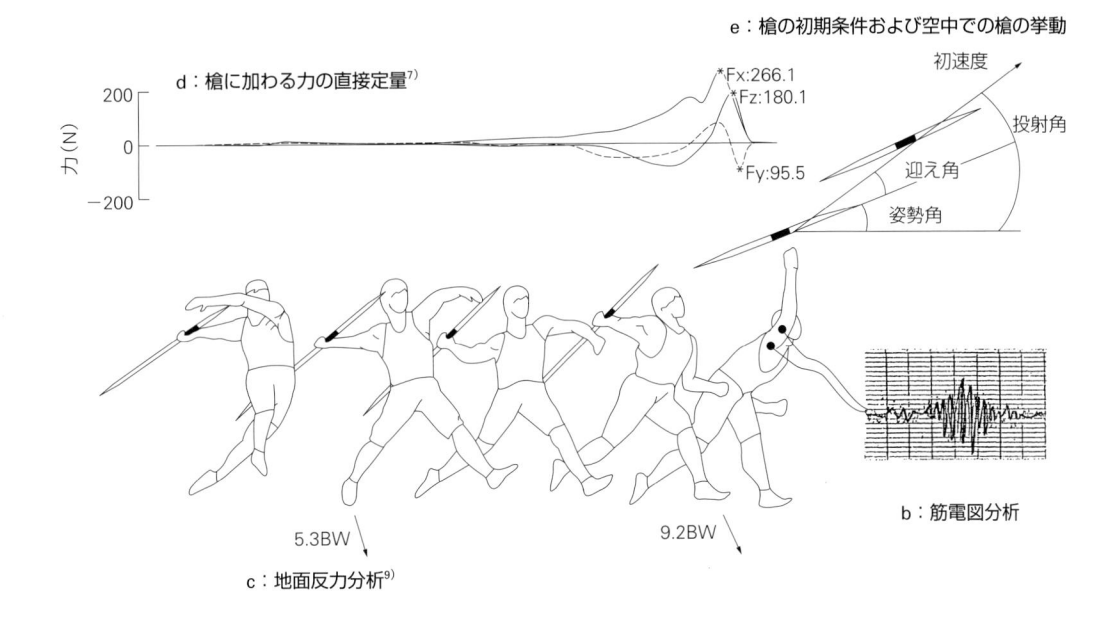

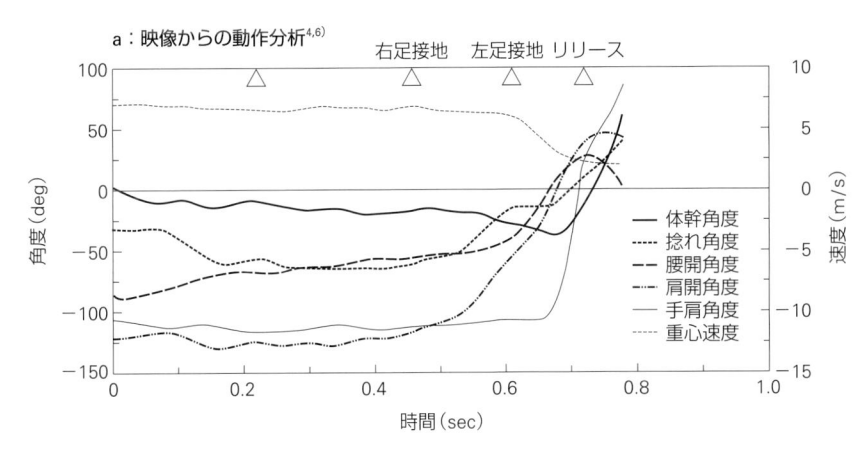

図10-25 槍投の研究対象・分析項目
(若山章信:槍投げ. In:深代千之ほか編,スポーツバイオメカニクス. pp38-39, 朝倉書店, 2000より引用改変)

クラスで35cm飛距離が伸びる程度でしかない.すなわち,飛距離における投射角度および投射高の影響は極めて小さい[4].

2) 迎え角と空気抵抗の影響

上述のようにリリース時の初期条件により,記録はほぼ決定されるが,実際には空気の影響により,実測記録と理論記録には多少の差が生じる.槍は棒状でまた比重が小さいため,図10-25に示した垂直面の迎え角の大きさによって空気の抵抗(空気力の水平成分)や揚力(同垂直成分)の影響を強く受けるからである.抵抗は初速度を減少させマイナスに作用するが,揚力は特に飛行の後半に迎え角が正(飛行軌跡よりも槍が上向き)の場合,槍の落下を抑えプラスに作用する.したがって,抵抗が小さく揚力が大きい槍は伸び,逆の場合は失速して伸びない(図10-26).また,槍は右投げの場合,後方(投擲者)からみて長軸に対し時計回りに回転している.この長軸回りの回転は,飛行中の槍の姿勢角を安定させる効果と,水平面の迎え角が正(投射方向よりも槍が右向き)の場合には,揚力(マグヌス効果)を生じさせる(図10-27).つまり,投射角と姿勢角の調整によって,この迎え角を最適にすることが槍の飛距離を

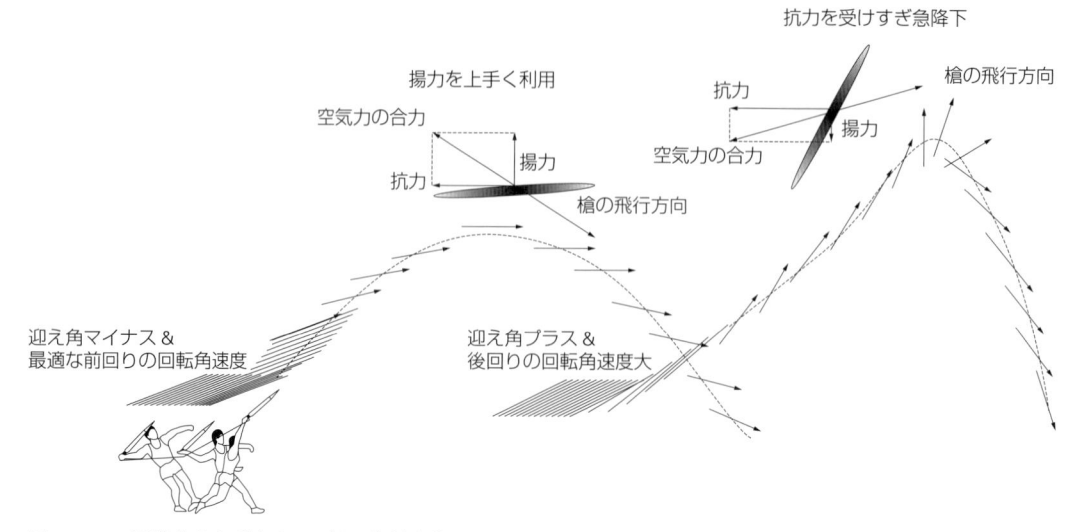

図 10-26　投擲中および空中での槍の姿勢変化

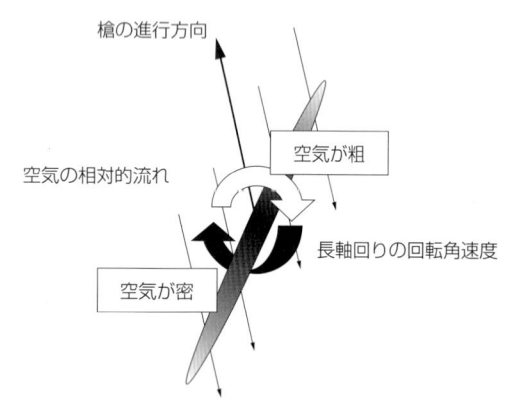

図 10-27　槍におけるマグヌス効果

伸ばす技術として重要となる．

　図 10-28 は，図 10-24 に示した試技について，垂直面および水平面の迎え角と理論記録に対する実測記録の伸び率との関係を示している[4]．男子では，実測記録は理論記録に対し平均 10.1%（7.25m）の増加を示した．そして，垂直面の迎え角が −10°前後で，水平面の迎え角が 0〜10°の範囲内の場合に，記録の伸びが大きい傾向であった．なお，垂直面の迎え角は平均 −3.9°，水平面の迎え角は平均 6.2°であった．すなわち，男子の槍は投射方向よりもやや右下に向けて投げ出すことが望ましいと考えられる[4]．コンピュータシミュレーションの結果では，最適な垂直面の迎え角は −2.8°と報告されており[2]，やや差がみられ

たものの負の角度であったことは一致している．なお，これまでのコンピュータシミュレーションは 2 次元（垂直面）のみで，水平面については検討されていない．次に女子では，実測記録は理論記録に対し 8.9%（4.96m）の増加を示した．そして，垂直面の迎え角は平均 4.1°，水平面の迎え角は平均 16.0°であった[2]．なお，垂直面の迎え角が正の角度（上向き）であったことは，コンピュータシミュレーションの結果と一致しているが[3]，女子の槍の規格（重心位置）は，この報告の後に変更されている．

3）短軸回りの回転角速度

　槍の伸び率は，迎え角や長軸回りの回転角速度だけでは決定されない．リリース時の迎え角に問題がなくとも，槍がどんどん上を向いていく，あるいは下を向いていくような失速した槍となることがある．これは，飛行中の槍の姿勢角および迎え角が，短軸回りの前回りや後回りの回転角速度によって時々刻々変化するからである．この短軸回りの回転角速度を生じさせる力には，槍を握る位置（グリップ末端）と槍の重心（ほぼグリップ先端）とが離れているためにリリース時に生じる内力と，飛行中の槍に加わる空気力の圧力中心と重心とのずれから生じる外力とがある．迎え角と槍の相対速度（風速も考慮）および空気密度がこ

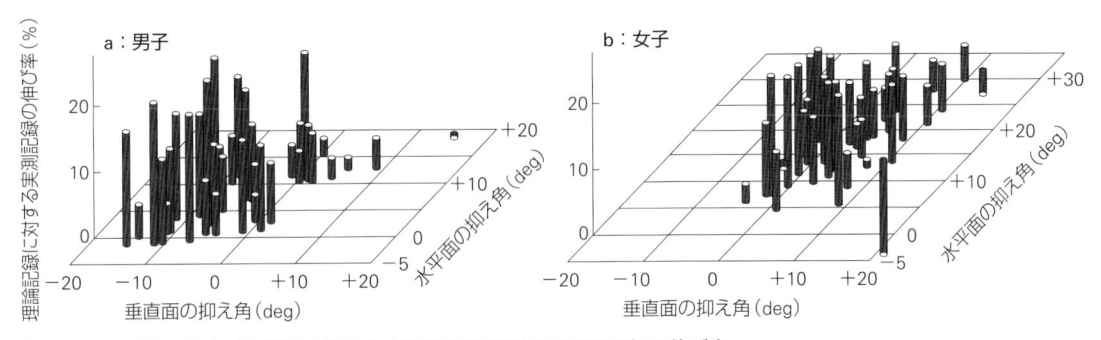

図10-28 垂直面および水平面の迎え角と理論記録に対する実測記録の伸び率

の外力の大きさを決定する主要因となるが，投擲者は槍の姿勢角と迎え角が大きく変化しない（外力により生じる回転角速度を抑制する）ように，リリース時に内力の回転角速度を加える．コンピュータシミュレーションの結果では[3]，前述の投射角と迎え角に加え，内力として選手が加える回転角速度が男子で$8.3°/s$，女子（旧規格）で$17.2°/s$の前回り（槍の穂先が下を向いていく）の場合に最大飛距離が得られるとしている．

4）槍に大きな初速度を与える

前述のように，槍をより遠くへ投げるには初速度を高めなければならない．この初速度（槍の運動量の変化）は力（F）と時間（t）の積，すなわち力積（Ft）で決定されるため，初速度を高めるには，投擲局面（軸脚接地以降）にできるだけ長い時間にわたって大きな力を発揮し続けることが必要となる．そのためには，槍に力を加えていられる距離を長くしなければならない．軸脚接地からリリースまでの槍の移動距離は，男子の一流選手では最高3.25mにも達する[6]．そして，槍に内蔵された加速度計から定量した槍の長軸方向に加わる力（図10-25dのFx，なおFyは左，Fzは上方向）の最大値は，70m台の記録をもつ男子で266N（27.1kgW）であったことが報告されている[7]．ただし，槍に力（力積）を加えるのは腕や手だけではない．槍投では，30m程度の助走が許されている．Tazukeら[8]は，踏込脚接地後の助走速度の減速が大きいほど体幹の屈曲速度が高いことを，一流選手の動作分析から明らかにしている（図10-29）．このように，投擲時に踏

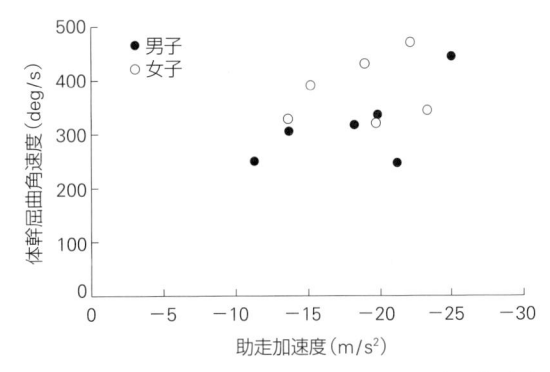

図10-29 踏込脚接地からリリースまでの助走の加速度（減速）と体幹屈曲速度との関係
(Tazuke S et al.: Run-up speed and trunk-forward Action at release phase in the world class javelin thrower. Int Soc Biomechanics 16th congress abstracts, pp1330-1331, 1993より引用改変)

込脚（左足）が，身体の質量と助走速度の積である運動量を急激に減少（短時間で減速）することで，運動エネルギーを体幹，上腕，前腕，槍へと伝え，初速度を高めることができるのである．このため，踏込脚に加わる力は非常に大きな値となる．地面反力の分析（図10-25c）からは，体重76kgW程度の男子選手の場合，軸脚に最大で約4,000N（体重の5.3倍），踏込脚に約7,000N（同9.2倍）もの力が加わることが報告されている[9]．

映像分析（図10-25a）では，投擲動作中の身体重心および肩，肘，手首などの関節中心の速度変化などが，側方映像（2次元分析）によって検討されてきたが，複数台のカメラによる3次元分析によって肩や肘などの角度変化，体幹の捻れなどの知見も得られるようになってきた．一般的に，身体各セグメントの動きが下肢から順に体幹，上

腕，前腕へと連動していくことを「むち運動」と呼ぶが，下肢から順に身体各セグメントを止めていくことがエネルギー伝達における「むち運動」といえる．また，世界の一流選手の分析では，踏込脚接地からリリースに至る過程で，腰開角度と肩開角度との差分である体幹の捻れ角度が，0.1秒にも満たない一瞬に投擲方向とは逆方向に捻れ，次いで戻される，すなわち「伸張―短縮サイクル」を上手く利用している様子がうかがえる[6]．

筋電図分析（図10-25b）からは，国内一流選手の槍投動作中の上肢帯筋群の収縮機序は，大胸筋鎖骨部―大円筋―上腕二頭筋―上腕三頭筋・棘上筋―三角筋後部の順であったことが報告されている[6]．これは，軸脚（右足）の接地以降，上腕（肩関節）の水平内転―内旋―肘関節伸展―肩関節の後方挙上の順に運動が行われたことを示している．

文献

1) 若山章信：槍投げ．In：深代千之ほか編，スポーツバイオメカニクス．pp38-39，朝倉書店，2000．
2) Best RJ and Bartlet RM: Ladies javelin Aerodynamics flight simulation and biomechanical consideration. In: Tsarouchas L et al. eds, Biomechanics in Sports V. pp88-103, Hellenic Sports Research Institute, 1987.
3) Best RJ and Bartlet RM: Computer flight simulation of the men's new rules javelin. In: de Groot G et al. eds, BiomechanicsXI-B. pp588-594, Free University Press, 1988.
4) 若山章信ほか：世界一流競技者の技術―槍投げのバイオメカニクス的分析―．In：佐々木秀幸ほか監修，世界一流陸上競技者の技術．pp220-238，ベースボールマガジン社，1994．
5) Red WE and Zogaib AJ: Javelin dynamics including body interaction. J Appl Biomechanics, 44: 496-498, 1977.
6) 若山章信：槍投げ動作における身体各セグメントの運動連鎖と上肢帯筋群の収縮機序．In：永田　晟編，生体・運動のシステム．pp289-293，第12回日本バイオメカニクス学会大会実行委員会，1995．
7) 前田正登ほか：槍の弾性を考慮に入れた槍投げの力学的解析．体育学研究，42：270-282，1997．
8) Tazuke S et al.: Run-up speed and trunk-forward Action at release phase in the world class javelin thrower. Int Soc Biomechanics 16th congress abstracts, pp1330-1331, 1993.
9) Deporte E and Gheluwe BV: Ground reaction forces and moments in javelin throwing. In: de Groot G et al. eds, BiomechanicsXI-B. pp575-581, Free University Press, 1988.

［若山　章信］

5. 野球のピッチング―キネマティクス―

1）野球のピッチング動作

野球のピッチングの動作は，その投球フォームの特徴から，一般に「オーバーハンドスロー」「スリークォータースロー」などの上手投げ，「サイドハンドスロー」の横手投げ，「アンダーハンドスロー」の下手投げに分けられる[1,2]．ここでは，「オーバーハンドスロー」などの上手投げに関するバイオメカニクス研究のうち，主として3次元映像解析法を用いたキネマティクス／キネティクス研究に焦点を当てて解説することにする．

2）ピッチング動作局面の定義

図10-30は，実際の投手のピッチング動作（スリークォータースロー：ただし，水平地面からの投動作）を3次元解析して，そのフォームをワイヤーフレームモデルで描画し，側方（三塁方向：上段），後方（中段）および上方（下段）から示したものである[3]．

ピッチング動作は，以下に示すように，グローブからボールを離す時（図10-30：⑧），投球上肢（以下，投球腕と呼ぶ）の肩関節の最大外旋位時（⑱），ボールの投げ出し（リリース）時（⑳）の3時点を基準として大きく4つの局面に分類され，このうち「コッキング（cocking）期」は踏み出し脚の着地時（⑫）を基準にしてさらに「前期」と「後期」に分けられることが多い[4]．

1）ワインドアップ（準備）期（投球開始―⑧）

踏出脚の着地時　　　　　　　　　肩内外旋0°時　　　　　　　　肩最大外旋位時　　　　　　ボールリリース時
　（SFC）　　　　　　　　　　　　　（OIE）　　　　　　　　　　　（MER）　　　　　　　　　（REL）

グローブからの離球時（GOF）

図10-30　野球のピッチング動作フォーム（スリークォータースロー）
（宮西智久：投球動作の評価〜より速いボールを投げる野球の投球動作〜．体育の科学，53：38-44，2003）

　2）コッキング期（⑧—⑱）
　　a．コッキング前期（⑧—⑫）
　　b．コッキング後期（⑫—⑱）
　3）加速期（⑱—⑳）
　4）フォロースルー期（⑳—投球動作の終了）
　ピッチング動作を検討する際には，一般にこの分類が使われることが多いが，その他，「フォロースルー期」を投球腕の肩関節最大内旋トルク出現時を基準に「減速期」と「フォロースルー期」の2つに細かく分けたり[5,6]，反対に「コッキング後期」と「加速期」を合わせて「加速期」と呼んだりすることなどもあり[7]，研究の目的に応じてさまざまな局面が定義され使用されている．なお，以下，特に断らなければ，「コッキング後期」と「加速期」を合わせて「加速期（⑫—⑳）」と呼ぶ．

　ところで，従来，映像解析法を用いた野球の投球動作に関する研究は，これら4局面のすべての身体部分（body segment）の動きを検討してきたわけではなく，限られた局面の特定の部分の動きに着目して研究が進められてきた．図10-30で示すと，加速期（⑫—⑳）における投球腕各部位（上腕，前腕および手部）の動きである．この理由は，ボールのスピード増大の大半がこの局面（リリース前0.1秒時6m/s以下からリリース時

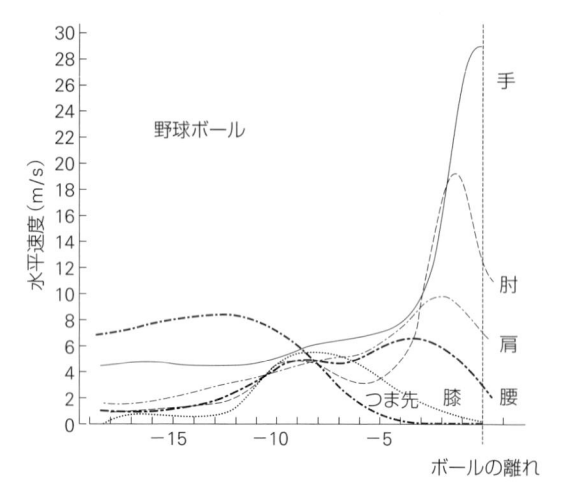

図 10-31 野球のオーバーハンドスロー時の身体各部の水平速度変化
(豊島進太郎ほか：種々の投てき物を投げたときの投動作の分析．昭和 51 年日本体育協会スポーツ科学研究報告，pp34-47, 1976)

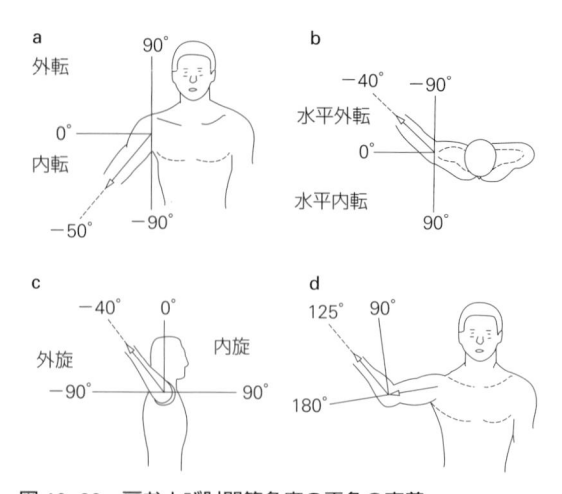

図 10-32 肩および肘関節角度の正負の定義
(Feltner M and Dapena J: Dynamics of the shoulder and elbow joints of the throwing arm during a baseball pitch. Int J Sport Biomech, 2: 235-259, 1986)

34m/s）において図られ，その 82％を説明するからであり[8]，またそれが投球腕の動きによって主としてもたらされていると考えられるからである．

3）キネマティクス
(1) 投球腕各部の速度変化

豊島らをはじめとする多くの研究者[9,10]は，全力でボールを投げる動作を側方から高速度映画撮影し，手，肘，肩，腰などの身体各部の水平速度変化を求めた（図 10-31）．それによれば，末端（手先）に近い部位ほどその速度の極大値は大きく，しかもリリースに近い時期に出現していた．しかしながら，こうした研究成果の多くは，動作をある一平面に投影した形で研究する 2 次元的な分析手法を用いたものであった．歩行や走動作ならともかく，野球の投球動作は，身体各部分の並進よりもむしろ回転や回旋（ひねり：長軸回りの回転）の運動が顕著となる 3 次元的な動作である．このようなことから，1980 年代なかば以降，DLT（direct linear transformation）法による 3 次元映像解析法を用いた分析が行われ，投球時の身体各部位の動きが 3 次元的に詳しく調べられるようになった[11]．

なお，図 10-31 に示すように，投球腕末端部の速度の増大を図るためには，近位部から遠位部へと身体各部をタイミングよく順番に動かして速度（スピード）を加算（スピード加算の原則）させている様子がわかる．このような原理を一般に「運動連鎖の原則（kinetic chain principle）」と呼ぶ[12,13]．運動連鎖の原則は，身体各部の速度変化については比較的よく当てはまるようである．

(2) 投球腕の動き
a．肩と肘関節の動き

ピッチング動作中の投球腕の肩と肘関節の動きを 3 次元映像解析法を用いて定量的に報告した最初の研究者は Feltner と Dapena であろう[14]．大学生投手のピッチング動作（直球）が，DLT 法を用いて 3 次元分析された．肩の運動を定量化するために，肩関節点と股関節点を利用して体幹に直交運動座標系が設定された．そして，肩関節の内転／外転，水平内転／外転および内旋／外旋角は，その座標系の各軸方向を示すベクトルと上腕や前腕ベクトルとのなす角度として求められた．図 10-32 は肩と肘関節角度の正負の定義を，図 10-33 はその角度変化を示したものである．この結果，肩関節最大外旋位時はリリースの 0.032 秒前に生じ，その大きさは 80°である，肘関節最大屈曲位時からリリースにおいてまず肘の伸展が，

a：肩関節

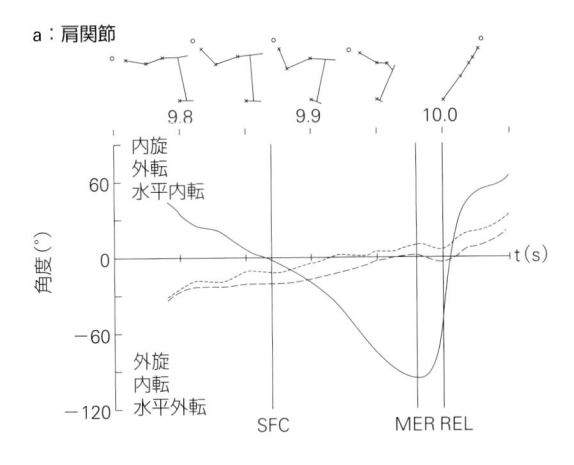

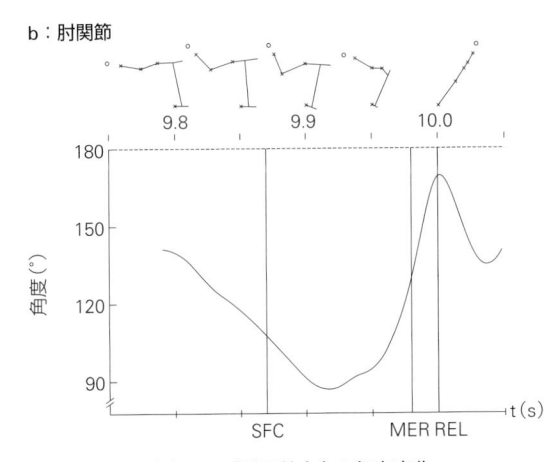

図10-33 肩(a)および肘関節(b)の角度変化
肩の実線は内外旋,破線は内外転,点線は水平内外転角を,肘は屈伸角を示す.SFC時は踏み出し脚の着地時,MER時は肩関節最大外旋位時,REL時はボールリリース時を示す(以降同様).
(Feltner M and Dapena J: Dynamics of the shoulder and elbow joints of the throwing arm during a baseball pitch. Int J Sport Biomech, 2: 235-259, 1986)

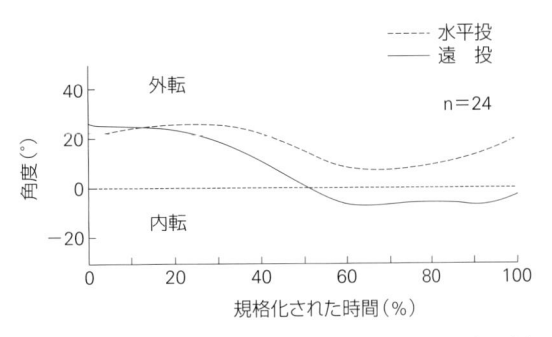

b：肘関節

図10-34 水平投と遠投における肩内外転の平均(24名)角度変化
角度データはSFC時(0%)からREL時(100%)までの時間で規格・平均化されている.内外転角0°(中間位)は外転90°に相当する.
(宮西智久ほか:大学野球選手における速投および遠投動作の3次元的比較研究.体育学研究,40：89-103,1995より引用改変)

次に肩の内旋が優位となってボールが投げ出される.リリース時の肩外旋角は23°,外転および水平内転角はともに2°,肘伸展角は160°であることなどが示された[14].また,関節の最大角(回転)速度は,肘の伸展がリリース直前(-0.015秒時)に2,200°/sに達し,肩の内旋が6,100°/sでほぼリリース時(0.004秒時)に生じた[14].このように,野球の投球動作における肩・肘関節の主要な動きは,肩の内外旋と肘の屈伸運動であることが示された.

著者ら[15]は,FeltnerとDapena[14]と同様な方法を用いて,大学生野球選手を対象に水平投(水平方向への投げ)と遠投を課し,その動作を3次元分析した.その結果,遠投では水平投よりもリリース高が大きかったにもかかわらず,肩がより内転する,すなわち,内外転中間位(0°:図10-32a)前後の運動が観察された(図10-34)[15].肩が内外転中間位にあれば,体幹のひねり(長)軸回りの投球腕の慣性モーメントがもっとも大きくなり,体幹や肩を回しにくくするが,逆に体幹や肩周辺部に付着する筋が大きな力を発揮するには都合がよくなる(力―速度関係)[7].遠投は,投射角を付けてボールを投げ出す必要があるために,その分ボールや投球腕を斜め上方へ大きく加速しなければならない.したがって,遠投において,肩が内外転中間位前後の動きとなるのは,重力に抗して大きな仕事をボールや投球腕へなさなければならないので,それだけ体幹や肩周辺部の筋群がより大きな力を発揮する必要があるためと考えられる[7].より速い(球速の大きい)ボールを投げるためには,投球加速期において肩内外転中間位(解剖学的定義では肩外転90°位)を保持して投げることが大切であろう[7].

b．前腕と手関節の動き
桜井ら[16,17]は,投球腕の肩と肘関節角度に加え,木製の棒と塩化ビニル製でできた小ポールを手背および前腕部に装着し,前腕の回内/回外,手関節の掌屈/背屈および撓屈/尺屈の角度を求め

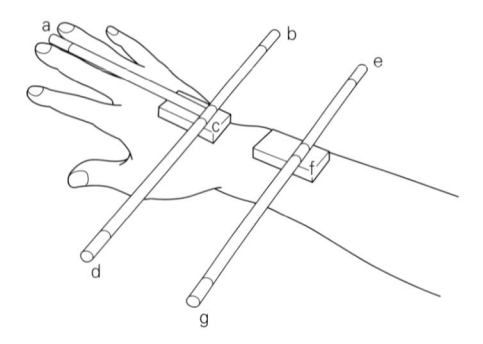

図10-35 前腕と手関節の分析のために装着された小ポール

(Sakurai S et al.: A three-dimensional cinematographic analysis of upper limb movement during fastball and curveball baseball pitches. J Appl Biomech, 9: 47-65, 1993)

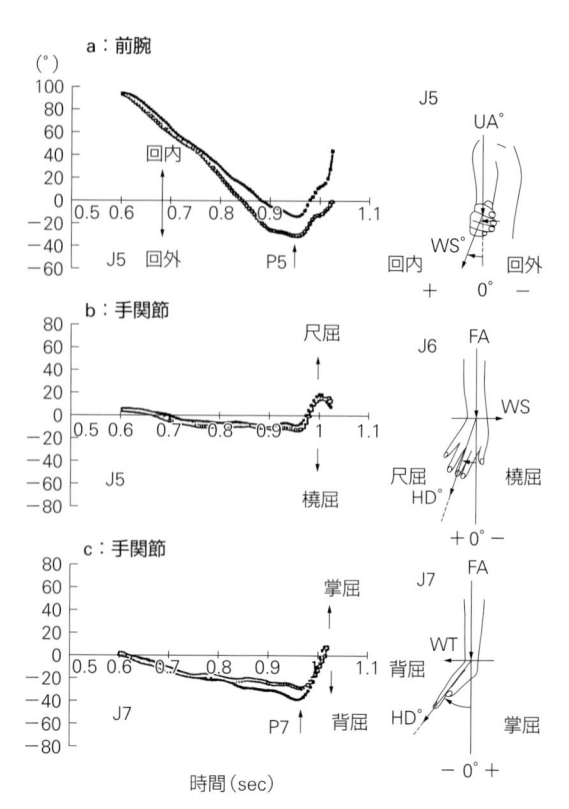

図10-36 投球時(直球■,カーブボール□)の前腕(a)および手関節(b, c)の平均(6名)角度変化

時刻1秒がREL時を示す.P5,P7はそれぞれ最大前腕回外角および手背屈角の出現時点である.図の右側へ角度の正負の定義を示す.

(Sakurai S et al.: A three-dimensional cinematographic analysis of upper limb movement during fastball and curveball baseball pitches. J Appl Biomech, 9: 47-65, 1993)

る方法を考案した(図10-35).この方法を用いて大学の投手の直球とカーブボールのピッチング動作が分析された[16,17].直球投球時には,前腕は回内位―回外―回内を経て回内位(14°)でボールを投げ出す,手首はリリースの0.035秒前で最大背屈位(42°)となった後,掌屈,尺屈して背屈・尺屈位(いずれも約19°)でリリースすることが示された(図10-36)[17].そして,腕の主要な関節運動に先立って,逆方向への動きが観察されたことから,これらの運動に関連する諸筋において弾性エネルギーの再利用が行われている可能性が示唆された[16].また,著者[18],Barrentineら[19]もSakuraiら[17]の方法と同様に,特殊な小ポールを前腕部に取り付けて直球投球時などの前腕と手首の動きを分析している.それによれば,Sakuraiら[17]とほぼ類似する結果であったが,異なる点はリリース直後の前腕の回内の低下に引き続く,最大回内位の出現であったという[18].いずれにせよ,野球の"スナップ動作"というと,リリース直前の手首の伸展(背屈)からの屈曲(掌屈)の動きだけを考えがちであるが,実際はそれに加え,前腕の回外―回内および手首の撓屈―尺屈の動きも生じていて,これら3つの動きが複合的に組み合わさった複雑な運動を呈するのである[18].

一方,図10-36には直球とカーブボール投球時の動きの違いも比較されている.そこでは,両球種間の肘や肩の動きに違いはないが,直球では手掌が前腕の回内により投球方向向き,カーブでは回外により投手の頭側向きになる,手首の背屈が直球ではカーブよりも5〜10°大きいことが示された[17].ピッチングの極意は,打者を打ち取ることにあるので,投手は打者に球種が悟られないように,打者の見極めやすい肘や肩の動きは球種間で変えないで,高速で動く見極めにくい前腕から先の部分の動きを変えてボールを投げていることになる.

また,カーブボール投球時には,直球に比べて前腕の回外は大きく,手首の背屈は小さくなるが,驚くべきことにその運動パターンは直球に類似することが読み取れる(図10-36)[18].プロの投手が練習中に捕手にカーブボールを投げる合図として,前腕をひねって(回外して)みせるにもかか

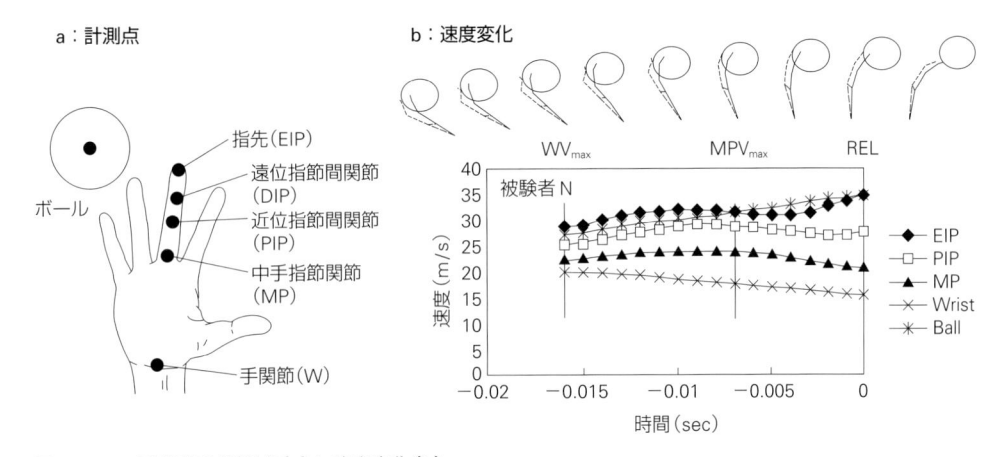

図10-37　手指部の計測点(a)と速度変化(b)
WV_maxは手関節速度最大時，MPV_maxは中手指節関節（MP）速度最大時を示す．
（高橋佳三ほか：野球のピッチングにおける手および指の動きとボール速度増加の関係．バイオメカニクス研究，4：116-124，2000）

わらず，実際の投球時には直球だけでなくカーブボールでさえも前腕の回内がリリース直前において生じるのは特筆すべきことである[18]．この仕組みはキネティクス（p272）で述べるが，これは球種で必要な回転を最終的にボールに与えるためであると考えられる[18]．

c．手指部の動き

野球の投球動作の3次元解析は，一般に高速度カメラを用いて毎秒200〜250コマ程度の撮影スピードで分析されることが多い．しかしながら，これらの撮影スピードにおいても，リリース直前の手指部の動きを詳細に捉えるのは困難である．そこで，高橋ら[20]は，超高速度カメラを用いて，大学・社会人投手（直球）のリリース直前の手指部の動きを毎秒1,000コマで撮影し分析した．ボール，中指（指先EIP，遠位指節間関節DIP，近位指節間関節PIP，中手指節関節MP），手関節の3次元座標値が求められた（図10-37a）．それによれば，リリース時のボール速度が大きいグループは小さいグループに比べ，手関節速度最大（WV_max）時以降のボール速度の増加が大きく（図10-37b），中指（PIP）が曲げられたところから大きく伸展，その後屈曲してボールが投げ出されていることが示された[20]．中手指節関節（MP）の速度最大時（MPV_max）以降リリースまで指からボールへ発揮される力は激減するにもかかわらず[20]，このように指部の微妙な動きまでも使ってボールを加速しようというのである．

（3）身体部分の動きに起因する
　　ボール速度貢献度

前節でみてきたように，投球腕各部の動きは極めて複雑な挙動を示すことがわかったが，これらの部分の動きそのものがボールの速度に対してどの程度関与するのかは多くの研究者の関心事でもあり，また実際にそのことが調べられてきた[21]．なお，ボールの速度（100%）に対する身体各部の動きに起因する速度の比率を「ボール速度貢献度」と呼ぶ[11, 21]．

Toyoshimaら[22]は，種々の動作でボール（質量：100g）を投げさせた場合において，ステップを用いる投げ方ではボール速度の46.9%がステップと身体の回転に，残りの53.1%が投球腕によるものであることを示した．さらにその投球腕の貢献度を関節点速度で示した調査では，リリース時のボール速度に対する指先の貢献度が26.0%でもっとも大きく，以下，前腕19.2%，手根19.0%，体幹18.2%，上腕17.6%であった[23]．

しかし，これらの研究に代表されるボール速度貢献度はいずれも2次元的な分析手法を用いたものであり，投球腕の解剖学的な関節運動による貢献度[7, 21]を示したものではない．そこで，大学野球選手の直球動作が3次元解析され，体幹および

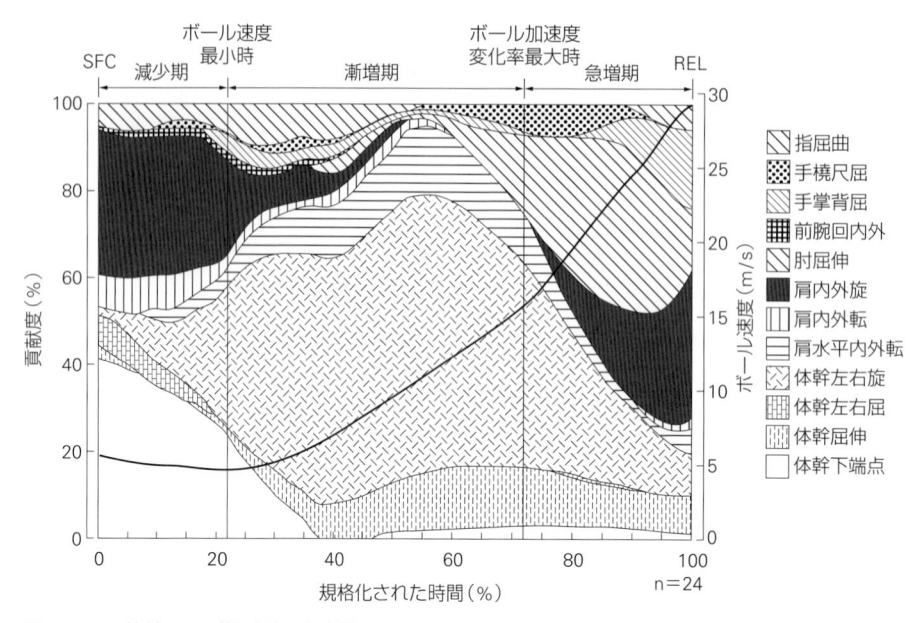

図 10-38 体幹および投球腕の解剖学的な関節運動に起因するボール速度貢献度
データは SFC 時（0%）から REL 時（100%）までの時間で規格・平均化されている（24名）．図中の太曲線はボール速度を示す．
（宮西智久：野球の投球動作のバイオメカニクス的研究—加速局面の上胴と投球腕の運動に着目して—．平成12年度博士論文，筑波大学，2000 より引用改変）

投球腕の解剖学的な関節運動に起因するボール速度貢献度が求められた（図10-38）[7,21]．ボール速度の増大様相から，加速期は「減少期」「漸増期」「急増期」に分割された．その結果，「減少期」では肩の外旋や体幹の下端点が，「漸増期」では体幹のひねりや屈曲，肩の水平内転などがボール速度に大きく貢献し，「急増期」では肘の伸展，肩の内旋，手首の掌屈，そして指の屈曲の運動が順に貢献していくことが示された[7,21]．また，リリース時の貢献度は，肩の内旋が34.1%でもっとも大きく，次いで手首の掌屈17.7%，肘の伸展15.2%，体幹のひねり9.6%，指の屈曲5.9%などであり，投球腕の貢献度は全体の80.8%（前出のボール速度増加率82%にほぼ一致，p264）にも及ぶことが明らかにされた[7,21]．

以上，要約すれば，投球加速期において，野球の投球における投球腕および体幹部の動作的特徴は，肩関節内外転中間位（肩外転90°位）および肘関節屈曲位90°の肢位からの体幹の投方向へのひねり，肩関節の外旋→内旋，肘関節の屈曲→伸展，前腕の回外→回内，手関節の背屈→掌屈および撓屈→尺屈，指節間関節の伸展→屈曲を用いた動きということになる．

次に，キネティクスの観点から，これらの動きの発生メカニズム（仕組み）について示すが，ここでは主として肩関節の外旋／内旋，肘関節の屈曲／伸展，前腕の回外／回内，そして手関節の背屈／掌屈運動に着目して述べることにする．

6. 野球のピッチング—キネティクス—

1）キネティクス

図10-39は，投球加速期前後の投球腕各関節の回転速度を示したものである[24]．これまでの報告[5-8,14,18,19,21,24-30]によれば，肩の内旋，肘の伸展および手首の掌屈速度がリリースにかけて顕著に増大し，その最大値は肩の内旋が5,000～8,000°/sでリリース前後に出現し[5,7,14,18,21,24,25,28-30]，肘の伸展がリリース直前に2,000～2,500°/s[6-8,14,18,21,24,25,28,29]，手首の掌屈がほぼリリース時に2,000～3,000°/sであ

a：手関節

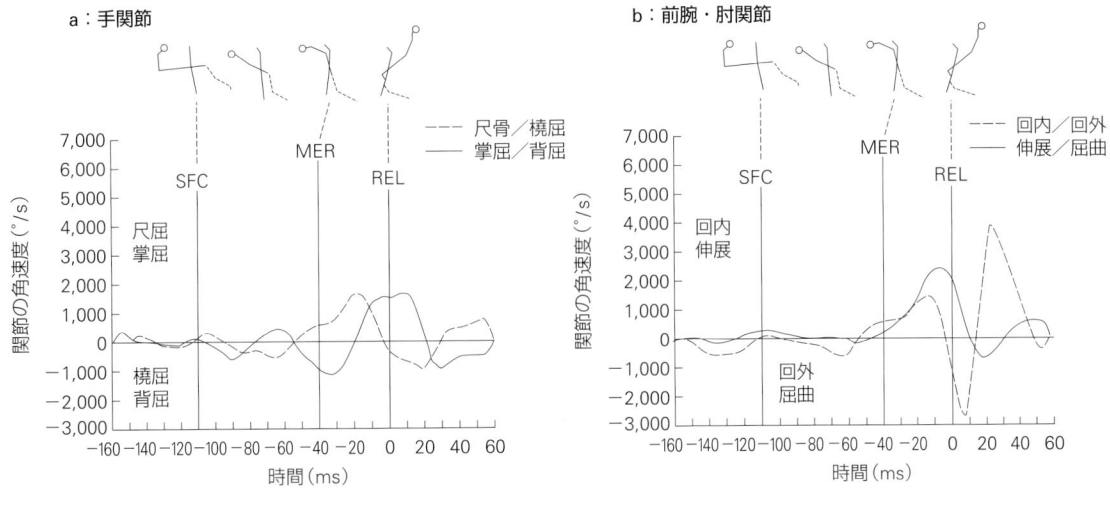

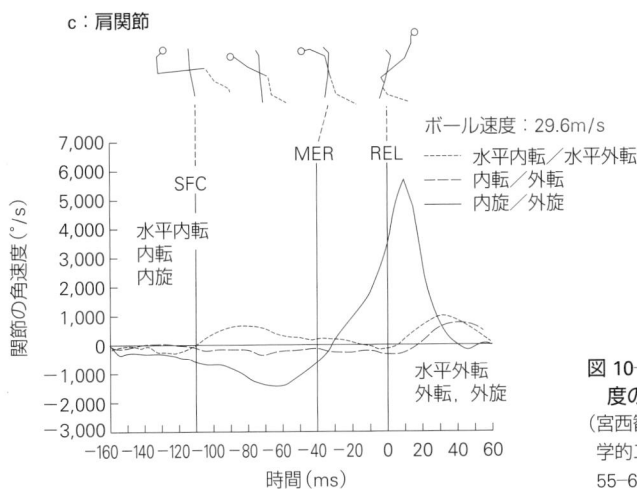

b：前腕・肘関節

c：肩関節

図10-39 手(a)，前腕・肘(b)および肩関節(c)の回転速度の変化
(宮西智久ほか：野球の投球動作における体幹および投球腕の力学的エネルギー・フローに関する3次元解析．体力科学，46：55-68，1997より引用改変)

り[7,18,19,21]，いずれもリリース時の値は極めて高値である．つまり，投球腕の関節運動のなかでも，ボールを加速するうえで重要な役割を果すのはこれらの動きである．そして，これらの動き自体は，主として関節をまたぐ筋群の発揮張力によって引き起こされるものであるので，合成関節トルクなどのキネティクス変量の分析が行われた．

(1)関節トルク・関節力分析
a．肩外旋―内旋メカニズム

FeltnerとDapena[14]は，剛体リンクモデルを用いてさらに肩と肘関節の合成関節トルクおよび合成関節力（以下，それぞれ関節トルクおよび関節力）を求めている．関節の解剖学的回転運動に相当するように，肩と肘関節に直交運動座標系が設定され，その座標系にトルクおよび力データが変換された．図10-40，41にそれぞれ肩と肘の関節トルク（a）および関節力（b）の変動を示す．

図10-40によれば，肩では踏み出し脚着地後においてまず水平内転トルクが増大する．遅れて外転，内旋のトルクが順に増大し，そのピーク（外転トルク70Nm，内旋トルク90Nm）が肩関節最大外旋位時直前に出現(それぞれリリース前0.048秒，0.046秒)して急激に減少することが示されている[14]．また，特に注目されるのは，肩の外旋（図10-33a，39c）が踏み出し脚着地後大きくなるにもかかわらず，外旋トルクはまったく生じず，逆に内旋トルクが生じていることである[14]．

近位部に対して遠位部の動きが遅れる現象を

a：関節トルク b：関節力

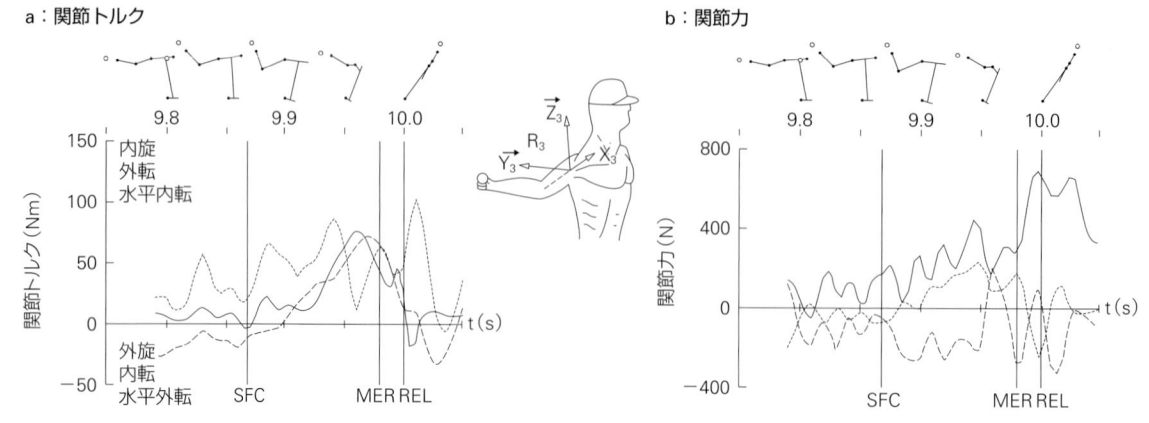

図10-40　肩関節の関節トルク(a)および関節力(b)の変動
関節トルクの実線は内外旋，破線は内外転，点線は水平内外転トルクを，関節力の実線はX₃，破線はY₃，点線はZ₃方向の力を示す．中心に肩関節に設定された直交運動座標系（R₃）を示す．
（Feltner M and Dapena J: Dynamics of the shoulder and elbow joints of the throwing arm during a baseball pitch. Int J Sport Biomech, 2: 235-259, 1986）

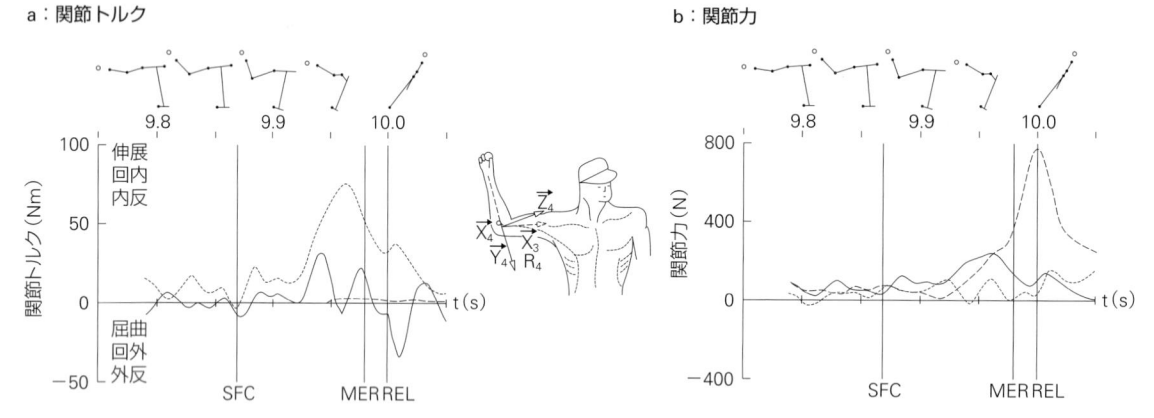

a：関節トルク　b：関節力

図10-41　肘関節の関節トルク(a)および関節力(b)の変動
関節トルクの実線は屈伸，破線は前腕回内外，点線は内外反トルクを，関節力の実線はX₄，破線はY₄，点線はZ₄方向の力を示す．中心に肘関節に設定された直交運動座標系（R₄）を示す．
（Feltner M and Dapena J: Dynamics of the shoulder and elbow joints of the throwing arm during a baseball pitch. Int J Sport Biomech, 2: 235-259, 1986）

"後方遅延（lagging back/behind）現象"と呼び[12]，投球動作では，投球上腕および体幹部がそれぞれ肩水平内転およびひねりなどによって前方（投球方向）へ動かされるコッキング後期（図10-30：⑫—⑱）において，前腕部が上腕・体幹部に対していったん後方へ移動する現象，つまり肩の外旋運動を指す．そして，この肩外旋運動そのものは，これまで前腕部（手指部・ボール含む）のそれ自体の慣性によるものと説明されてきた[12,14]．しかし具体的には，肩の外旋は図10-42に模式的に示すメカニズムで生み出されるとい

う[14]．
すなわち，踏み出し脚の着地後において，まず肩の水平内転筋群が水平内転トルク（図10-42a：T_{HA}，図10-40a）を生み出す．このトルクは投球上腕を前方へ加速させて肩に前方への力（図10-42a：F_{Y3}，図10-40b）を発生させる．この肩前方力（図10-42b）は，肩内外転中間位・内旋位および肘屈曲90°の肢位では，肩を外旋させるモーメントとなるので，この力が肩を外旋させる．次に，肩の外転筋群が外転トルク（図10-42c：T_A，図10-40a）を生み出して肩に上方へ

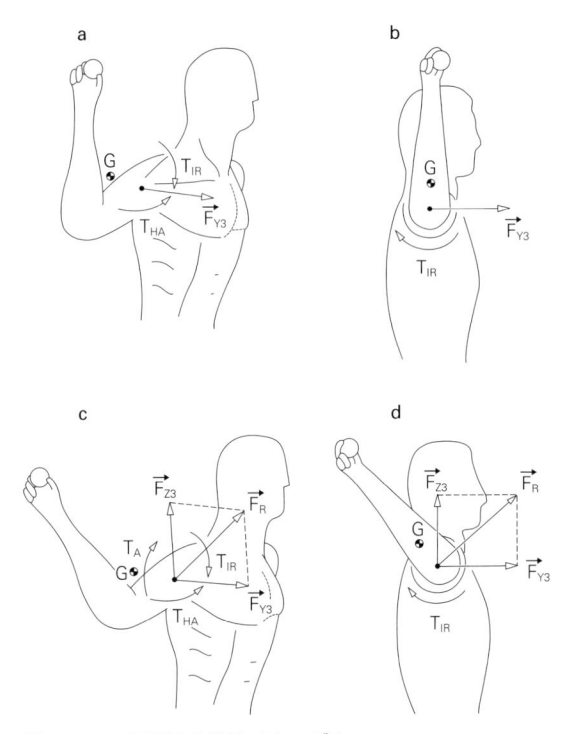

図10-42 肩関節の外旋メカニズム
(Feltner M and Dapena J: Dynamics of the shoulder and elbow joints of the throwing arm during a baseball pitch. Int J Sport Biomech, 2: 235-259, 1986)

の力（F_{Z3}）を発生させる．この上方力（図10-42d）は，肩外旋位では外旋モーメントとなるだけでなく，同時に先の前方力（F_{Y3}）とともに合力（F_R）を形成して，この合力が肩の外旋をさらに促進させる，というメカニズムである[14]．なお，肩の外旋が最終的に停止（最大外旋位）するのは内旋トルク（内旋筋群の発揮張力）の増大によること，また肘の伸展に伴い，前腕部（手部・ボール含む）重心の上腕長軸に対するモーメントアームが減少するので，F_Rによる外旋モーメント寄与率の低下によるためであるという[14]．

このように，肩ではほぼ最大外旋位時（コッキング後期）まで水平内転・外転筋群が外旋を引き起こすと同時に，内旋筋群が受動的に内旋トルク（図10-42：T_{IR}，図10-40a）を発揮し続け，最大外旋位前後には内旋トルクがピーク値（60～90Nm）に達するのである[7,14,18,24,27,29]．この結果，それ以降（加速期後半）において肩の内旋運動が必然的に急激に生じて，リリース時・直後に

は5,000～8,000°/sもの最大内旋速度が出現するわけである（図10-39c）[5,7,14,18,21,24,25,28～30]．

b．肘伸展メカニズム

一方，図10-41aにみられるように，肘では内反トルクが踏み出し脚着地直後急増し，肩関節最大外旋位時前後に60～120Nmに達するものの[6,7,14,24,27,29]，伸展トルクの発生は，加速期中20Nm以下でかなり小さいことが示された[7,14,18,24]．先に示したように，肘の伸展速度は2,000～2,500°/sにも達するが[6～8,14,18,21,24,25,28,29]，このように伸展トルクの値そのものは著しく小さかったのである．つまり，投球時の肘の伸展はその動きを直接生み出す上腕三頭筋に起因しないことが強く示唆された[7,14,24]．このことは，投球者の投球側上腕三頭筋を麻痺させてボールを投げさせても肘が伸展し，最終的にボール速度は麻痺前の81％まで回復した[8,31]．ステップを用いた投げ方は，前腕のみのそれよりも上腕三頭筋の活動レベルは同じだが，肘の伸展速度（範囲）は2倍大きかったという報告[22]とも一致する．ただし，筋電図（EMG）研究において，上腕三頭筋活動はコッキング後期および加速期に大きいとする報告もみられる[4,6,8]．これらのことから，上腕三頭筋の主たる役割は，肘を伸展させるというよりも，むしろ肩の外旋を促進させる姿勢（上腕長軸回りの慣性モーメント大）をつくりだすために肘の過度な屈曲を防ぐことにあるとされる[8,31]．

では，投球加速期の肘の伸展はいかにしてもたらされるのであろうか．詳しくは後述（p273）するが，概説すると，次のようである[14]．図10-40bの肩の関節力をみると，肘から肩関節方向へ向かう力（X_3：求心的力）がもっとも大きく，とりわけ肩関節最大外旋位時からリリースまで急増することが示されている．したがって，この求心的力による前腕の重心回りのモーメントは，肘関節屈曲位では肘を伸展させるように作用するので，この力によってリリース直前までの肘の急激な伸展運動が引き起こされるのである．なお，肘の伸展がリリース直前で停止するのは，肘関節屈筋群による屈曲トルク（図10-41a）の発生によるものであり，これはフォロースルー期の肘関節

後方部障害（肘頭と肘頭窩の衝突）の発生を未然に防ぐためである[7,14,18,24]．

ところで，先に示したように，肘の内反トルク（図10-41a）は加速期において極めて大きな値を示し，そのパターンそのものは肩の内旋トルクパターン（図10-40a）と類似する[7,14,18,24,27]．肘関節は，屈伸のみが可能な一軸性の蝶番関節であるため，特に肘関節90°屈曲位では肘の内外反は肩の内外旋運動を強く反映する[18]．つまり，肩の内旋トルクが上腕を介して前腕へ伝わり肘での内反トルクとなって現れたのである[7,14]．肘関節の内（外）反運動は構造上制限を受けており，したがってその運動を司る筋群は存在しないので，肘関節内側部の前腕屈曲回内筋群の腱や尺側側副靱帯などが極めて大きな張力を発揮して内反トルクを生み出していることになる[7,14]．肘の内反トルクは，投球障害の観点から取り上げられることが多いが，肩の内旋トルクとの関係で論議される必要がある．

c．手関節掌屈および前腕回内メカニズム

著者[7,18]は，投球加速期の手関節の関節トルクおよび関節力などを算出し（図10-43），手首の掌屈などのメカニズムについて検討した．図10-43aによれば，手関節掌背屈および撓尺屈トルクの発生は小さく，その平均ピーク値は5Nm以下であり，肘や肩関節トルク値の1/10にも満たない[18]．手指部は，その質量が約500g（推定値）ほどであるので動かしやすいことを考慮しても，4.3Nm（平均ピーク値）の掌屈トルク[7,18]の発生によってリリース時に2,000～3,000°/sもの掌屈速度[7,18,19,21]をもたらしているとは考えにくい[7,18]．そこで，リリース直前における手首の急激な掌屈運動は，以下に示すように肘の伸展と同様な方法が使われていると考えられる[7,18]．

図10-43bをみると，手関節から肘関節方向へ向かう力（Z軸：求心的力）がもっとも大きく，踏み出し脚着地後からリリース直後まで急増してピーク（平均値293N）に達することが示されている（図10-41b；Y_4参照）[7,18]．したがって，この力による手部の重心回りのモーメントは手関節背屈位（図10-36c）では掌屈を引き起こすよう

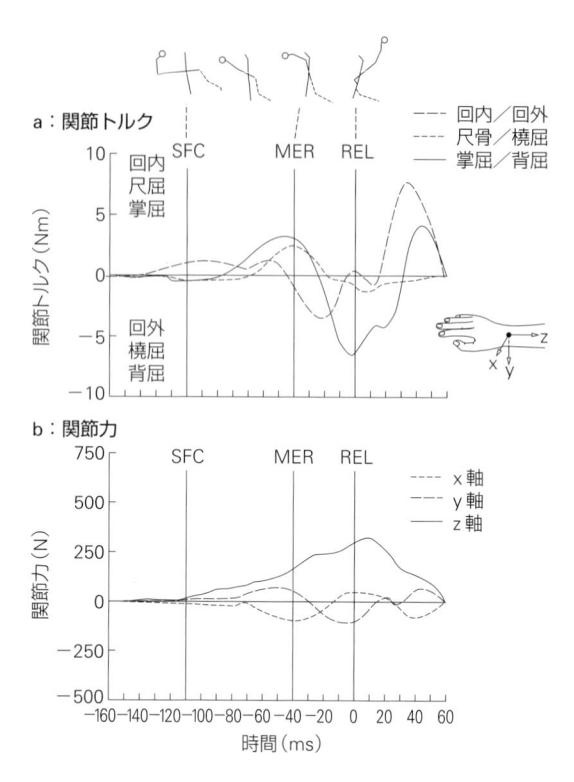

図10-43 手関節の関節トルク(a)および関節力(b)の変動
各曲線およびその正負の意味を図中に示す．右側へ手関節に設定された直交運動座標系を示す．
（宮西智久：野球の投球スナップのバイオメカニクス．バイオメカニクス研究，4：136-144，2000）

に作用するので，この力によって大きな掌屈速度がもたらされていると考えられる[7,18]．野球の"スナップ動作"というと，手首周りの筋力のみを使って投げる動作を彷彿させるが実はそうではない．肩の内旋と肘の伸展により腕を強く振り，手首に求心的力を与えて手首が屈曲（掌屈・尺屈）し，さらなるボールの加速と回転が生み出されるのである[18]．

一方，前腕はリリース前後に総じて回外位から急激に回内するが（図10-36a），その速度変化は極めて特異で大きい（図10-39b）．すなわち，肩関節最大外旋位時からリリース直前まで回内，その後減少し，リリース直後に回外速度となって，再び回内速度に転じてその最大値（3,400～5,500°/s）が生じる[7,18,19,21]．ところが，これを引き起こす回内外トルク（図10-41a）をみる

と，その発生値はこれら局面中において10Nm以下で極めて小さい[7,14,18,24]．前腕はその長軸回りの慣性モーメントが他の2軸よりも小さく（約1/4：推定値）回旋しやすいものの，そのトルク値だけでリリース前後の回内外速度の発生を説明できないという[18]．そこで，肘の伸展や手首の掌屈の発生メカニズムと同じように肘での関節力も検討されたが，特にリリース前後の前腕の回内運動は以下のように生じると指摘されている[7,18]．

肘関節は蝶番関節であるため，たとえば肘関節180°伸展位では，上腕の長軸と前腕の長軸方向が完全に一致するので，肩（上腕）の内旋（外旋）が慣性の小さい前腕の回内（回外）運動に大きく影響を与えるとされる[18]．そして，肩の内旋トルク（図10-40a）をみると，ほぼ肩関節最大外旋位前後において極めて大きなピーク値を示し，そのピーク速度はリリース時・直後に現れ最大値に達する[7,14,18,24,27,29]．この内旋速度（図10-39c）の出現は，リリース後の前腕最大回内速度（図10-39b）にやや先行（0.016秒）する[7,18]．また，肘はリリース直前では肩の内旋とともに急速に伸展する（図10-33）[6,7,14〜17,21,25,26]．したがって，これらのことから，リリース前後の前腕の急速な回内運動は，肩関節で発生した内旋トルクと肘関節の伸展運動の結果として必然的に引き起こされたものであると指摘されている[7,18]．リリース前後の前腕の回内運動は球種にかかわらず観察されるため[8,17]，これまで肘関節後方部障害の発生を未然に防ぐための自然な反射現象であるとされてきたが[8]，むしろ手先速度やボールへ回転などを与えるために肩関節で生じた内旋トルクを末端部（手先・ボール）へ伝える重要な役割を担っているのである[18]．

なお，図10-39bに示されているように，リリース直後には前腕の回内（速度）がいったん弱まり，回外方向へ運動を行う[7,18,19,24]．これはリリース前後において発生する肘関節の屈曲トルク（図10-41a）によるためである[7,18]．なぜなら，上腕二頭筋は肘関節の屈筋であると同時に前腕の強力な回外筋でもあるからである．このことから，上腕二頭筋はリリース直前において肘の伸展を制動して肘関節の破壊を防ぐだけでなく，さらに前腕の急速な回内運動もコントロールして，投方向への手首の屈曲（掌屈・尺屈）効果を高める機能もあると指摘されている[18]．

以上のように，リリース前後の手首・前腕部の動き（"スナップ動作"）の発生そのものはこれらの部分にあるのではなく，肘や肩関節などのより近位の部分の動きに起因しているのである[18]．

（2）セグメント間分析

骨格は能動的には力を発現しえない．したがって，身体運動の発生源は，関節をまたいで骨に付着する筋であり，その活動によって張力（関節トルク）が生み出され関節の動きが生じる．ところが，身体は多くの部分（剛体）が関節で連結された，複数の自由度をもつ剛体リンク系でもあり，力学的な連鎖構造から作られているので，ある部位の筋活動（張力）が部分（骨）を介して関節に伝わり，別の部分（関節）の動きを引き起こす一因ともなる．したがって，身体部分間の動きを生み出す因果関係のメカニズムをより詳しく理解するためには，関節トルクに加え，隣接する部分（近位部・遠位部）の動きに起因する関節力（運動依存力）とそのモーメント，部分間の力学的エネルギーの授受（エネルギーフロー）なども検討しなければならない．なお，このような身体部分間の運動連鎖パターン（相互作用）を分析する方法を一般に「セグメント（身体部分）間分析（intersegmental analysis）」と呼ぶ[11]．

a．運動依存力とモーメント

図10-44は，隣接する2つの部分（近位部と遠位部）が関節で連結されたモデルで，遠位部に関する自由物体図（free-body diagram）を示したものである[32]．図10-44aは，近位部から遠位部へ作用する関節力および関節トルクと重力を示し，図10-44bは，その関節力を6つの成分に分けたものである．ここで，F_1は近位部の近位端の加速度，F_2とF_3はそれぞれ近位部の角速度と角加速度，F_4とF_5はそれぞれ遠位部の角速度と角加速度，F_6は遠位部に作用する重力加速度に起因する各関節力である．これらの関節力は，2つの部分の動き（姿勢）に相互に依存して遠位

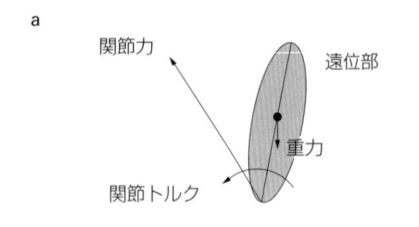

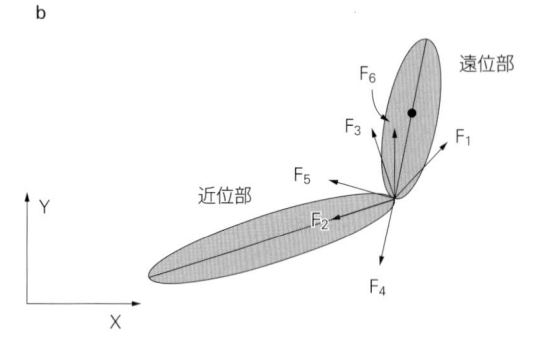

図10-44 遠位部の自由物体図
aは近位部から遠位部へ作用する関節力および関節トルクと重力を示し，bはその関節力を6つの成分（運動依存力）に分けたものである．
(Putnam CA: Sequential motions of body segments in striking and throwing skills: Descriptions and explanations. J Biomech, 26 (Suppl 1): 125-135, 1993)

部を近位端の関節回りに回転させる効果をもつので，「運動依存力（motion-dependent force）」と呼ばれ，遠位部の重心回りのそのモーメントを，「運動依存モーメント（motion-dependent moment）」と呼ぶ[32]．

Feltner[26]は，運動依存力（角加速度）を求める方法を3次元的に考案し[33]，投球（直球）加速期の投球上腕と前腕部（手部・ボール含む）における運動連鎖パターンを検討した．そこでは，先行研究の多くの見解が検証されている[14]．そして体幹の投方向へのひねりが，投球腕の動きにとって特に重要であるという[26]．踏み出し脚着地後の体幹のひねりによってまず肩に前方加速度（図10-45：5番）が生じる．この加速度に起因する力は，肩を水平外転させるので，それに抗して水平内転筋群が水平内転トルクを発揮する．この水平内転トルクは，上腕を肩回りに回転させて上腕の角速度に起因する力（図10-46：矢印3）を生み出すので，この力が肘を伸展させる．さらに肩関節内外旋中間位（0°：図10-32c）直後に生じ

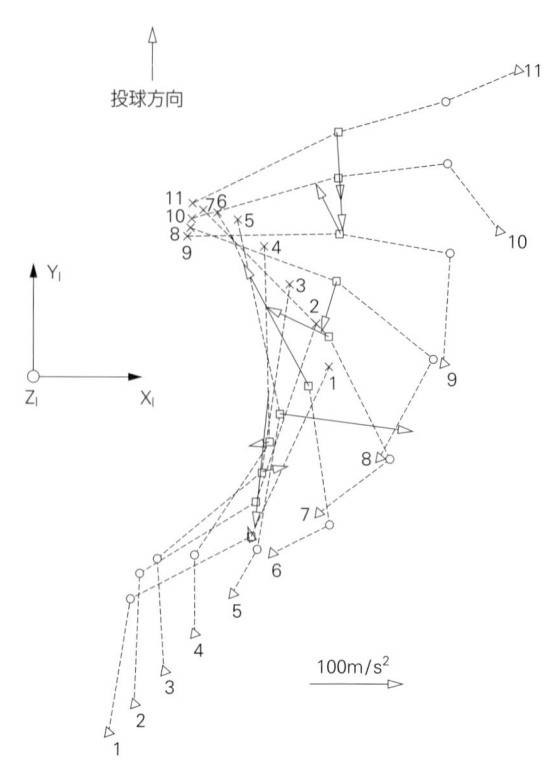

図10-45 上方からみたピッチング動作のスティックピクチャー
△，○，□，×はそれぞれ右手首，肘，肩および左肩を，矢印は右肩の加速度ベクトルを示す．11番がREL時である．
(Feltner ME: Three-dimensional interactions in a two-segment kinetic chain Part II: Application to the throwing arm in baseball pitching. Int J Sport Biomech, 5: 420-450, 1989)

る肩の求心加速度に起因する力（図10-45：6番，図10-46：矢印1）も肘の伸展を助長するが，この力の出現は，肘関節最大屈曲位時点にほぼ一致するので，むしろ肘の屈曲を止める役割の方が大きい．この肘の屈曲の停止は下肢や体幹の筋群に由来する．また，リリース直前の肩の水平外転（図10-33a）は，水平内転トルクの発生（図10-40a）にもかかわらず，前腕の角速度および角加速度などに起因する力によって引き起こされる．上腕の減速は水平外転筋群によるものと考えがちだが，肩の内旋と肘の伸展により前腕が前方へ強く加速される結果生じるというのである[26]．

b．力学的エネルギーフロー

身体各部分の力学的エネルギーは，瞬時的にみれば，隣接部分からその部分へ関節を介して伝達（流入）される関節力パワー（関節力×関節点速

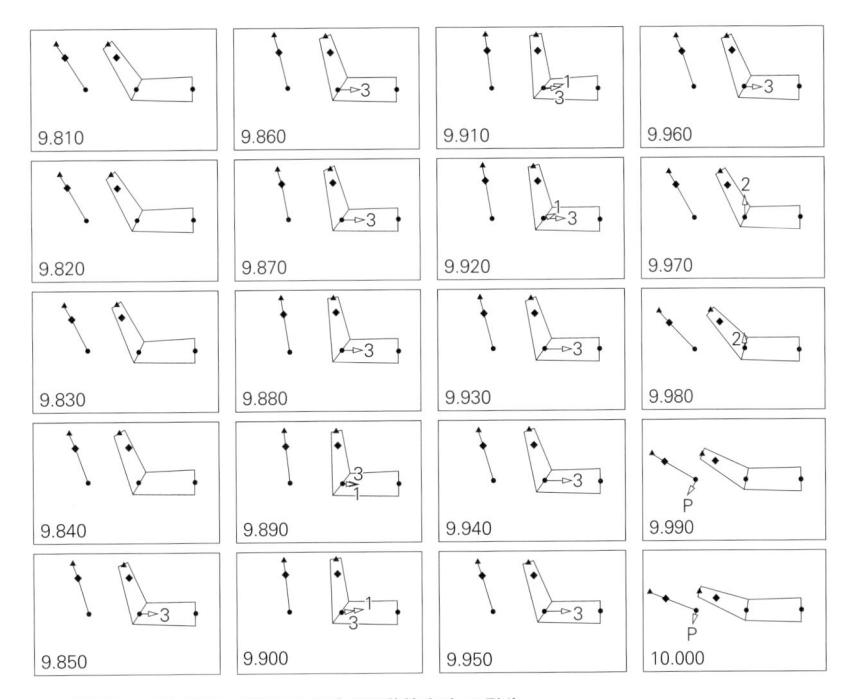

図 10-46 肘関節の屈伸運動に影響を及ぼす運動依存力の発生
矢印の1,2,3はそれぞれ右肩の加速度,上腕の角加速度,上腕の角速度に起因する関節力である.線図に示すPはその方向で前腕部へ作用を及ぼす肘関節トルクである.なお,最上段左図がSFC時,最下段右図がREL時である.
(Feltner ME: Three-dimensional interactions in a two-segment kinetic chain Part Ⅱ: Application to the throwing arm in baseball pitching. Int J Sport Biomech, 5: 420-450, 1989)

度:伝達力パワー)と,部分の両端(近位・遠位端)に付着する筋・腱などを介して伝達される関節トルクパワー(関節トルク×近位部/遠位部角速度:伝達トルクパワー)の総和である.また筋は,パワーの伝達に加えて自ら発生・吸収する機能ももち,関節の関節トルクパワー(関節トルク×関節角速度:発生吸収パワー)として表される.このような身体部分間の力学的エネルギーの授受を,「力学的エネルギーフロー/トランスファー(energy flow/transfer,流れ/伝達)」と呼ぶ[7,24].

著者ら[7,24]は,投球(直球)時の体幹および投球腕各部分間の力学的エネルギーフローを3次元的に算出し報告した.それによれば,力学的エネルギーは,体幹から上腕,前腕,手,そしてボールへと位相がずれながら順次増大することが観察され,近位部から遠位部へとエネルギーが伝達されていた(図10-47).そして,各部分へ伝達されるエネルギーの大部分は,近位端の関節力パワー(伝達力パワー)に起因し,とりわけ末

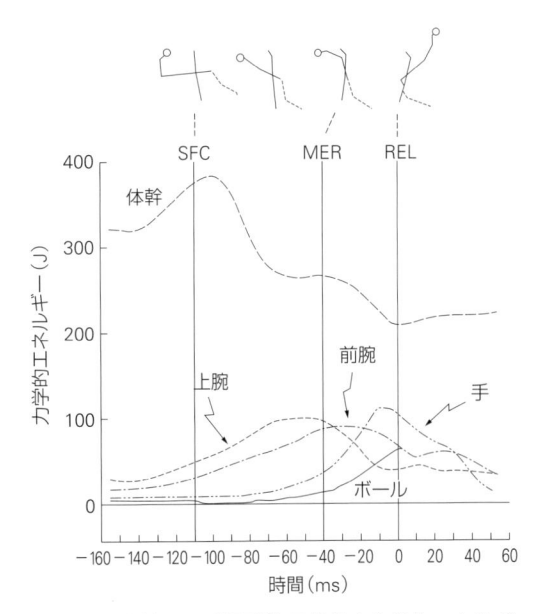

図 10-47 体幹および投球腕各部分の力学的エネルギーの変動
(宮西智久ほか:野球の投球動作における体幹および投球腕の力学的エネルギー・フローに関する3次元解析.体力科学,46: 55-68, 1997)

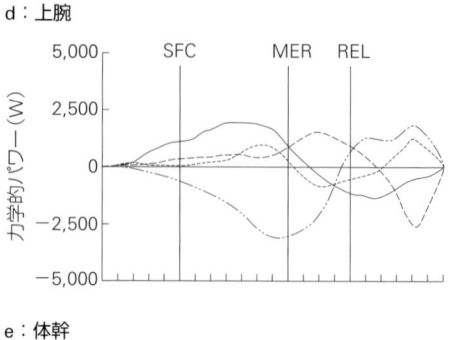

図10-48 ボールへ発揮されたパワー，体幹および投球腕各部分の力学的エネルギーフロー（パワー）の変動
（宮西智久ほか：野球の投球動作における体幹および投球腕の力学的エネルギー・フローに関する3次元解析．体力科学，46；55-68，1997）

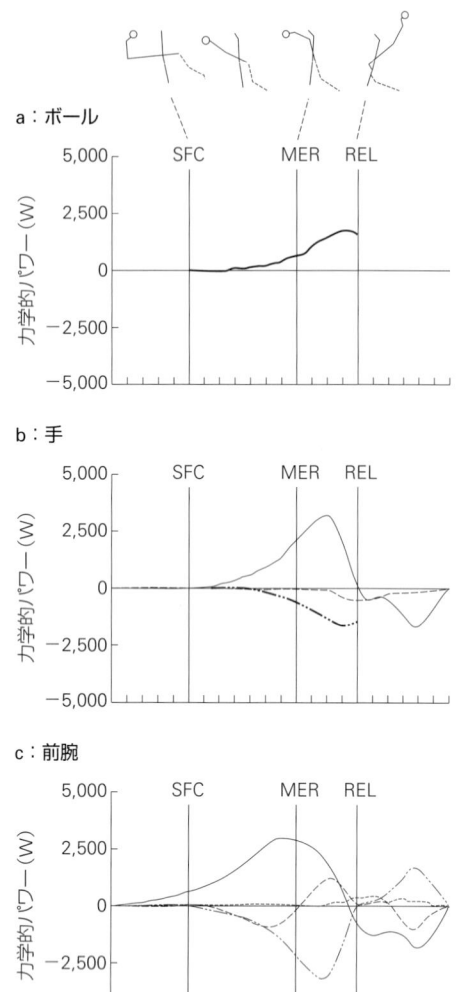

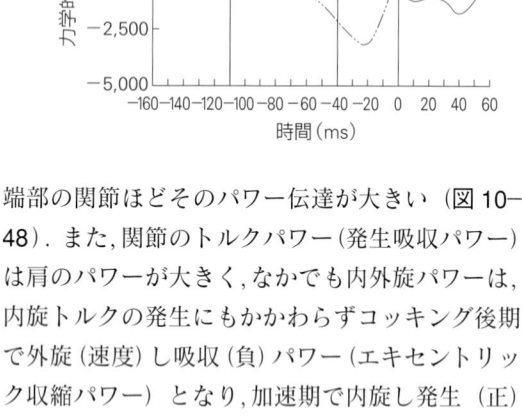

端部の関節ほどそのパワー伝達が大きい（図10-48）．また，関節のトルクパワー（発生吸収パワー）は肩のパワーが大きく，なかでも内外旋パワーは，内旋トルクの発生にもかかわらずコッキング後期で外旋（速度）し吸収（負）パワー（エキセントリック収縮パワー）となり，加速期で内旋し発生（正）パワー（コンセントリック収縮パワー）となることが示された．

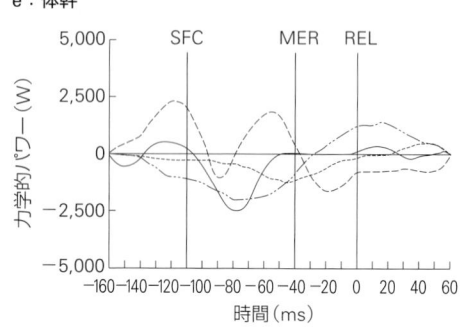

投球加速期において，身体重心速度が投球腕の手のそれを凌駕する時期がある，主たる関節運動に先立ち逆方向への動きが行われることなどから，体幹と投球腕の手の間にあるいずれかの筋が伸張されて弾性エネルギーが再利用されている可能性があると示唆されている[16,34]．体幹部はともかく，このように投球腕における肩関節の外旋―内旋運動は典型的な伸張―短縮サイクル（stretch-shortening cycle: SSC）[35]運動であり，筋（肩内旋筋群）の弾性エネルギーの利用に深くかかわっているものと考えられる[7,24]．このように力学的エネルギーフロー分析から，ボールへ伝えられるエネルギーの大部分は，手首の関節力パワーに起因しており，そのパワーのほとんどは体幹や肩の筋群によって生み出されたエネルギーが，肩や肘関節およびその周りに付着する筋・腱などを介して伝達されることが示されたのである[7,24]．

なお，身体各部の力学的エネルギーのピーク

値（図10-47）は，末端部に近いリ部位ほどリリースに近い時期に出現していたが，それは各部の速度変化のように加算されていくものではなかった（図10-31）．これは力学的パワー，関節力およびトルクについても同様のことであった．投動作などをモデル的に記述する際に，これまで身体各部の速度・力・トルク加算などの原則で示された「運動連鎖の原則」の概念がしばしば用いられてきたが[12,13]，実際にはこの概念は，図10-40，41，47などに示されるように，力や力学的エネルギーなどの伝達はあっても加算はないなど，多くの点で実状にそぐわなくなってきているようである．

本項のはじめに述べたように，これまで野球の投球動作におけるバイオメカニクス研究は，主として加速局面における投球側上肢（投球腕）の運動に着目して精力的に研究が進められ，その結果，前項と本項で示したように多くの貴重な知見が明らかにされてきた．しかしながら，通常のステップを用いた投動作ではボール速度の約半分がステップと身体の回転によってもたらされ[22]，また体幹は，投球腕各部の力学的エネルギーの増大のための重要な"エネルギー発生・伝達器"となっていることが示されている[7,24]．これらの知見は，投球動作中の下肢や体幹などの動作が，リリース時のボール速度の増大を図るために密接に関与していることを示唆するものであろう．

MacWilliamsら[36]は，米国人投手のピッチング動作中の両脚に作用する地面反力について調査した．それによれば，地面反力は投球前後方向および鉛直成分が大きく，軸脚の前方成分は体重の0.35倍，踏み出し脚の後方成分は体重の0.72倍であったという．一方，著者ら[37]は，日本人投手の軸脚の前方成分は体重の0.67倍であり，MacWilliamsらの結果（上記）よりも2倍大きかったこと，また，軸脚の鉛直地面反力パターンは二峰性を示したことを報告した．これらの研究結果は，米国人投手が下肢（特に軸脚）をあまり使わないのに対して，日本人投手は下肢を使って投げていることを示唆している．このような下肢の使い方の相違は，日米間の投手の身体能力や投球技術指導の違いなどを反映しているものと考えられる．なお，著者らは，さらに動作画像を併用して下肢の関節トルクを求めた結果，軸脚では膝関節伸展および足関節底屈トルク，踏み出し脚では股関節伸展，外転および内旋トルク，膝関節伸展および外反トルク，足関節底屈トルクが大きいことを示した[37]．また，島田ら[38]は，体幹や下肢の関節トルクパワーについて検討した．その結果，体幹の回旋トルクパワーは体幹のひねり局面に著しく大きく，このトルクパワーが体幹のひねり速度を増加させること，踏み出し脚の股関節伸展トルクパワーは負であり，伸展筋群はエキセントリック収縮となることを報告した．

2）最近の3次元投動作研究

最近，野球の3次元投動作研究において，球速と動作との関係[39〜41]，投法の違い[42]，球種間の違い[25]，投球数増加に伴う動作の変化[43]，各国の投手の動作[44,45]，他種目の投動作との違い[28]，熟練度[46]，子どもの投動作[29,47,48]，投球傷害の解明[27,49]，コンピュータシミュレーション[50,51]などに着目した研究が行われるようになってきた．こうした研究は投動作研究の広がりを示していて興味深いものがある．最後に，これらの研究の概要を簡単に紹介する．

Wangら[39]は，球速と肩最大外旋との関係について調査した．その結果，球速の増大のためには，肩最大外旋量の増大や手首の減速が鍵となることを示した．Stoddenら[40]は，骨盤・体幹の動きと球速との関係について検討した結果，球速の増大には肩最大外旋時の骨盤と体幹の向き，コッキング期の骨盤と加速期の体幹の回転速度が関与していると報告した．Matsuoら[41]は，球速の大小を基準に投手を2群に分類した結果，球速の高い群は低い群に比べボールリリース時の肩外旋と体幹前傾が有意に大きいこと，また球速の高い群の70％は踏み出し脚の膝の伸展を使用したことを報告した．

Matsuoら[42]は，ピッチング動作をオーバーハンド・スリークォータースロー群，サイドハンド

スロー群およびアンダーハンドスロー群の3つに分けて比較した．その結果，アンダーハンド群は加速期の肩外転角が75°以下であり，サイドハンド群は肩外転を体幹に対して垂直に保っていたことを報告し，各投法間にはいくつかの相違があることを示した．

　Escamillaら[25]は，直球とカーブボールに加え，さらにチェンジアップとスライダーのピッチング動作を比較した．その結果，直球とチェンジアップ間に最大の違いが認められ，チェンジアップは踏み出し脚の着地時に肘・膝の屈曲が最小で，リリース時に体幹が直立していることを報告した．

　Murrayら[43]は，実際の試合中に多投した投手のピッチング動作を解析した．初回と降板回の動作が比較された結果，降板回のピッチング動作は初回のそれよりも球速，肩最大外旋角，リリース時の膝角，肩・肘の関節力，リリース時の水平外転トルクがいずれも小さくなったことを報告した．

　Escamillaら[44]は，1996年アトランタオリンピック大会における実際の試合中の出場8カ国（オーストラリア，日本，オランダ，キューバ，イタリア，韓国，ニカラグア，米国）の投手のピッチング動作を比較した．その結果，動作パラメータは各国の投手間で類似しているものの，キューバの投手は特に踏み出し脚の着地時の肩水平外転（45°）が際立って大きいことを見出した．また，Escamillaら[45]は，米国と韓国のプロ投手のピッチング動作を比較した結果，米国投手は韓国投手よりも肩水平外転・外旋，骨盤の回転速度，体幹前傾，肩・肘のトルクなどが有意に大きいことを示した．

　Fleisigら[28]は，野球のピッチング動作とアメリカンフットボールのパス動作を比較した．その結果，肩最大外旋位がパス動作において早期に出現するものの，骨盤・体幹の回転速度，肘伸展および肩内旋はいずれもピッチング動作の方が早期に出現し，かつ大きいことを報告した．

　Murata[46]は，より大きな球速を獲得するためには，投球中の非投球腕の肩関節は一定の位置にあるべきこと（仮説）を検証するために熟練投手と未熟練投手を比較した．非投球腕の肩の変位量を表す「肩運動指標（SJM index）」が提案され，両群投手の肩運動と球速との関係が調べられた．その結果，肩運動指標と球速の間には有意な負の相関があり，肩変位量の小さい者は球速が大きいことを示し，その仮説の妥当性を示した．

　関根ら[47]は，小学生の遠投動作を比較した．それによれば，投距離と球速は学年が進むにつれて有意に大きくなり，高学年ほど下肢の動作を用いた投球を行うようになること，また，特に高学年生は，上肢の動作範囲も拡大することを報告した．石田[48]は，少年野球選手の投動作を調査した結果，投球腕のパターンはリリース時の肘の位置が身体の前面に大きく移動する「低学年」，熟練者の動作と同様なパターンを示す「高学年」，そして「低学年」と「高学年」の「中間」のパターンを示す3つに分けられることを報告した．Fleisigら[29]は，ユース，高校生，大学生およびプロ投手のピッチング動作を比較した．その結果，成人投手と若年投手の動作にはほとんど相違が認められないこと，また，技術の高い投手は，より大きな肩・肘の回転速度に到達することを報告した．

　Fleisigら[27]は，技術レベルの高い成人男性投手のピッチング動作を解析した．その結果，肩最大外旋直前に発生する肘内反トルクの欠如が種々の肘関節傷害を引き起こし，また，投球腕の減速期中に生じる肩水平内転，内旋および外転が肩峰下インピンジメント症候群を発生させることを示唆した．著者ら[49]は，投動作の発達・性差・熟練度に着目して投球腕の運動を3タイプ（「肘屈伸型」「肩内外旋型」「中間型」）に類別した動作を比較した．その結果，「肘屈伸型」は肘後方部傷害を引き起こしやすく，またいずれの投げ型もリリース直後に生じる肩の関節力が肩峰下インピンジメント症候群の発生に関与しているが，その発生部が異なる可能性があることを報告した．

　Matsuoら[50]は，コンピュータシミュレーションを用いて投球中の最適な肩外転角について調べた．実際のピッチング動作中の肩外転角や肩・肘関節トルクが求められ，肩の動きがシミュレー

トされた結果，肩外転90°は手首速度を最大にせず，肘内反トルクも最小にするものではなかったこと，実際の肩外転角はトルク自乗和およびトルク変化自乗和を最小にする角度であったことを報告した．FujiiとHubbard[51]は，最適なピッチング動作と筋力の関係を調べるためにコンピュータシミュレーションを試みた．体幹・投球腕各部と肩・肘・手関節の関節トルクジェネレータ（発生器）がモデル化され，球速，コントロール，関節負荷を目的関数とした動作がシミュレートされた結果，合理的で効果的なピッチング動作を生み出すためには異なるトルクジェネレータを制御する筋の活動状態が重要であるという．

映像を用いた動作解析では，通常，計測上の光学的・人為的ノイズを取り除くためにフィルタリング（またはスムージング：平滑化）などの処理を施してデータが求められる．これらのルーチンは，ある一定の方法論にもとづき処理される．しかしながら，身体動作の解析（特に3次元解析）では，さらに身体計測点の取り付け法や計測法，関節座標系の定義や角度算出法などの重大な問題も指摘されている[18]．下肢の動作解析では，関節座標系の定義法などの標準化が行われているが[52]，上肢や体幹の動作解析（特にスポーツ）では皆無のようである．すなわち，現状ではこれらの計測方法の決定は，研究者の判断に委ねられているのである．身体動作計測それ自体の困難性はある[11]とはいえ，妥当性のある共通ルールにもとづき，これらの計測方法の標準化が図られる必要がある．そうしなければ，研究データ間の比較は理論上成り立たず，科学の発展を停滞ないしは阻害させることにもなりかねない．実際，肩関節や体幹動作の比較には注意を要することが明らかにされている[15,53]．今後，上肢や体幹に着目した3次元投動作研究は継続的に行われていくだろう．しかしその一方で，これらの標準化づくりを求める声を期待したい．

文　献

1) 桜井伸二：投げる科学．大修館書店，1991．
2) 宮西智久：スリークォーター投法を科学の眼で見る．子供の科学，62：19-23，1999．
3) 宮西智久：投球動作の評価～より速いボールを投げる野球の投球動作．体育の科学，53：38-44，2003．
4) Jobe FW et al.: An EMG analysis of the shoulder in pitching: A second report. Am J Sports Med, 12: 218-220, 1984.
5) Dillman CJ et al.: Biomechanics of pitching with emphasis upon shoulder kinematics. J Orthop Sports Phys Ther, 18: 402-408, 1993.
6) Werner SL et al: Biomechanics of the elbow during baseball pitching. J Orthop Sports Phys Ther, 17: 274-278, 1993.
7) 宮西智久：野球の投球動作のバイオメカニクス的研究―加速局面の上胴と投球腕の運動に着目して―．平成12年度博士論文，筑波大学，2000．
8) Atwater AE: Biomechanics of overarm throwing movements and of throwing injuries. Exerc Sport Sci Rev, 7: 43-85, 1979.
9) 星川　保：大きさと重さの異なるボールの投げ．Jpn J Sports Sci, 1：104-109，1982．
10) 豊島進太郎ほか：種々の投てき物を投げたときの投動作の分析．昭和51年日本体育協会スポーツ科学研究報告，pp34-47，1976．
11) 宮西智久，桜井伸二：スポーツにおける上肢のバイオメカニズム―投・打動作の3次元分析．バイオメカニズム会誌，23：82-90，1999．
12) Kreighbaum E and Barthels KM: Biomechanics: A Qualitative Approach for Studying Human Movement 4th ed. pp335-354, Allyn & Bacon, 1996.
13) Morehouse LE and Cooper JM: Kinesiology. pp117-129, Henry Kimpton, 1950.
14) Feltner M and Dapena J: Dynamics of the shoulder and elbow joints of the throwing arm during a baseball pitch. Int J Sport Biomech, 2: 235-259, 1986.
15) 宮西智久ほか：大学野球選手における速投および遠投動作の3次元的比較研究．体育学研究，40：89-103，1995．
16) 桜井伸二ほか：野球の投手の投動作の3次元動作解析．体育学研究，35：143-156，1990．
17) Sakurai S et al.: A three-dimensional cinematographic analysis of upper limb movement during fastball and curveball baseball pitches. J Appl Biomech, 9: 47-65, 1993.
18) 宮西智久：野球の投球スナップのバイオメカニクス．バイオメカニクス研究，4：136-144，2000．
19) Barrentine SW et al.: Kinematic analysis of the wrist and forearm during baseball pitching. J Appl Biomech, 14: 24-39, 1998.
20) 高橋佳三ほか：野球のピッチングにおける手お

よび指の動きとボール速度増加の関係．バイオメカニクス研究，4：116-124，2000．
21) 宮西智久ほか：野球の投球動作におけるボール速度に対する体幹および投球腕の貢献度に関する3次元的研究．体育学研究，41：23-37，1996．
22) Toyoshima S et al.: Contribution of the body parts to throwing performance. In: Nelson RC and Morehouse CA eds, Biomechanics Ⅳ. pp169-174, University Park Press, 1974.
23) 石井喜八，斉藤好史：強靱でしなやかな投げ．Jpn J Sports Sci，1：79-84，1982．
24) 宮西智久ほか：野球の投球動作における体幹および投球腕の力学的エネルギー・フローに関する3次元解析．体力科学，46：55-68，1997．
25) Escamilla RF et al.: Kinematic comparisons of throwing different types of baseball pitches. J Appl Biomech, 14: 1-23, 1998.
26) Feltner ME: Three-dimensional interactions in a two-segment kinetic chain Part Ⅱ: Application to the throwing arm in baseball pitching. Int J Sport Biomech, 5: 420-450, 1989.
27) Fleisig GS et al.: Kinetics of baseball pitching with implications about injury mechanisms. Am J Sports Med, 23: 233-239, 1995.
28) Fleisig GS et al.: Kinematic and kinetic comparison between baseball pitching and football passing. J Appl Biomech, 12: 207-224, 1996.
29) Fleisig GS et al.: Kinematic and kinetic comparison of baseball pitching among various levels of development. J Biomech, 32: 1371-1375, 1999.
30) Vaughn RE: An algorithm for determining arm action during overarm baseball pitches. In: Winter DA et al. eds, Biomechanics Ⅸ-B. pp510-515, Human Kinetics, 1985.
31) Roberts EM: Cinematography in biomechanical investigation. In: Cooper JM ed, Proc C I C Symp on Biomech. pp41-50, The Athletic Institute, 1971.
32) Putnam CA: Sequential motions of body segments in striking and throwing skills: Descriptions and explanations. J Biomech, 26 (Suppl 1): 125-135, 1993.
33) Feltner ME and Dapena J: Three-dimensional interactions in a two-segment kinetic chain Part Ⅰ: General model. Int J Sport Biomech, 5: 403-419, 1989.
34) 平野裕一：投球動作のバイオメカニクス．臨床スポーツ医学，5：853-858，1988．
35) Komi PV: The stretch-shortening cycle and human power output. In: Norman LJ et al. eds, Human Muscle Power. pp27-39, Human Kinetics, 1986.
36) MacWilliams BA et al.: Characteristic ground-reaction forces in baseball pitching. Am J Sports Med, 26: 66-71, 1998.
37) Miyanishi T et al.: A three-dimensional dynamics analysis for lower extremity during fastball baseball pitch. In: Blackwell JR ed, Proc the XIX Int Symp on Biomech in Sports. pp108-111, 2001.
38) 島田一志ほか：野球のピッチング動作における体幹および下肢の役割に関するバイオメカニクス的研究．バイオメカニクス研究，4：47-60，2000．
39) Wang YT et al.: Three-dimensional kinematic analysis of baseball pitching in acceleration phase. Percept Mot Skills, 80: 43-48, 1995.
40) Stodden DF et al.: Relationship of pelvis and upper torso kinematics to pitched baseball velocity. J Appl Biomech, 17: 164-172, 2001.
41) Matsuo T et al.: Comparison of kinematic and temporal parameters between different pitch velocity groups. J Appl Biomech, 17: 1-13, 2001.
42) Matsuo T et al.: Biomechanical characteristics of sidearm and underhand baseball pitching: Comparison with those of overhand and three-quarter-hand pitching. J J Biomech in Sports & Exerc, 4: 243-252, 2000.
43) Murray TA et al.: The effects of extended play on professional baseball pitchers. Am J Sports Med, 29: 137-142, 2001.
44) Escamilla RF et al.: Kinematic comparison of 1996 Olympic baseball pitchers. J Sports Sci, 19: 665-676, 2001.
45) Escamilla RF et al.: Kinematic and kinetic comparison between American and Korean professional baseball pitchers. Sports Biomech, 1: 213-228, 2002.
46) Murata A: Shoulder joint movement of the non-throwing arm during baseball pitch-comparison between skilled and unskilled pitchers. J Biomech, 34: 1643-1647, 2001.
47) 関根克浩ほか：小学生男子における投動作の発達に関するキネマティクス的研究．バイオメカニクス研究，3：2-11，1999．
48) 石田和之：投動作の発達段階．バイオメカニクス研究，5：155-161，2001．
49) 宮西智久ほか：投動作における肘・肩関節の3次元動力学的研究―投球上肢の運動パターンと障害発生の可能性との関連―．体力科学，48：583-596，1999．
50) Matsuo T et al.: Optimal shoulder abduction angles during baseball pitching from maximal wrist velocity and minimal kinetics viewpoints. J Appl Biomech, 18: 306-320, 2002.
51) Fujii N and Hubbard M: Validation of a three-dimensional baseball pitching model. J Appl

Biomech, 18: 135-154, 2002.
52) Wu G and Cavanagh PR: ISB recommendations for standardization in the reporting of kinematic data. J Biomech, 28: 1257-1261, 1995.
53) 宮西智久：野球の投球動作のバイオメカニクス．日本体育学会第54回大会号，p65，2003．

[宮西　智久]

7．投運動の発達

投動作の成立には，上肢（前肢）が移動運動から解放され，母指対向性の把握動作の獲得が前提となる．すなわち，投運動は，二足歩行を獲得し，上肢が移動運動の推進力を生み出す役割から解放されたヒト固有の運動である．小枝や木の実をアンダハンドースロー的に投げ落とす動作はサルにもみられるが，オーバーハンドスローは，前腕の回内・回外動作や肩関節の大きな自由度を獲得したヒトのみが可能な動作である．

ヒトの原始的な投動作は，座ることができる生後6カ月頃の乳児が手に掴んだ物を偶然に離す（放れる）こと（偶然の手放し）によって出現する．把握した物を任意に放出（下手から転がす，放り投げる，上手から投げる等）ができるようになるのは，生得的な把握反射を制御できるようになる1歳半以降である．

このような投球動作は，個体が成育する過程において獲得される個体発生的な運動という．これに対し，「歩く」・「走る」等の移動運動は，進化の過程で獲得されてきた運動形態で，系統発生的な運動と呼ばれる．

投の動作様式は対象物や目的によって異なり，図10-49のように分類することができる．

ここでは，ヒトのみが可能でもっとも遠くに投げることができる，オーバーハンドスロー（片手で握れるボールを上手で投げる）の動作の発達を中心に述べる．

まず，熟練者の投動作については，野球ではオーバースロー，サイドスロー，アンダースローの3投法が使われる．これらは，外見上それぞれ異なっているように考えられるが，上肢・上肢帯筋の筋の作用機序には顕著な差違はみられない（図10-50)[1]．すなわち，フォワードスイングの前半期の上肢・上肢帯筋は，肘屈曲を伴いながら上腕を回外・挙上し，後半期の上肢は，水平位での内転動作を行っている筋放電様相を共通して示した．また，離球前では，上肢をほぼ前額面内で外方向に力を入れながら積極的に内転し，前腕を回内しながら肘伸展，手首を屈曲し，投球をしている．

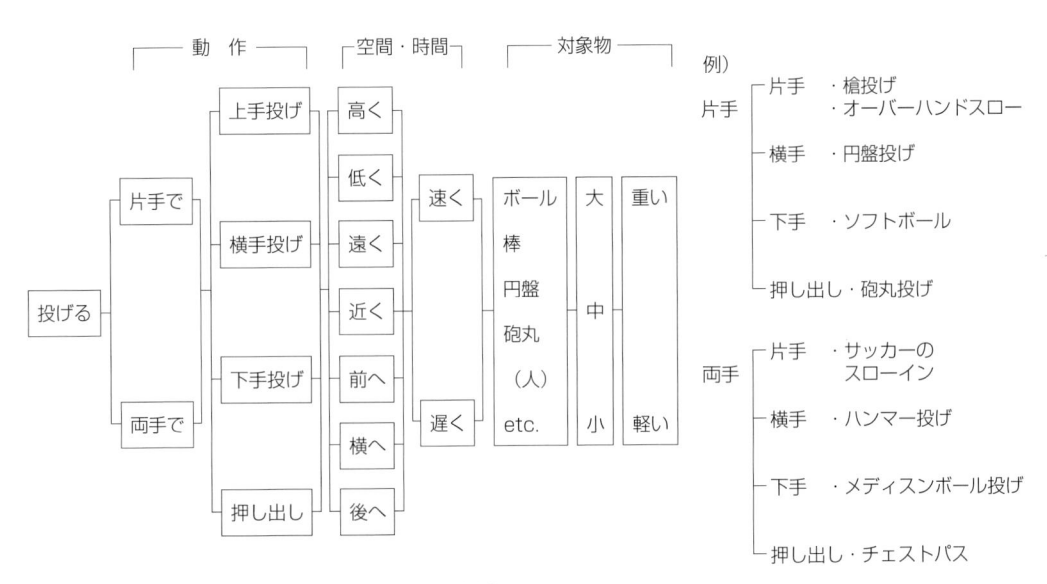

図10-49　投げの運動形態の分類概念とその代表例

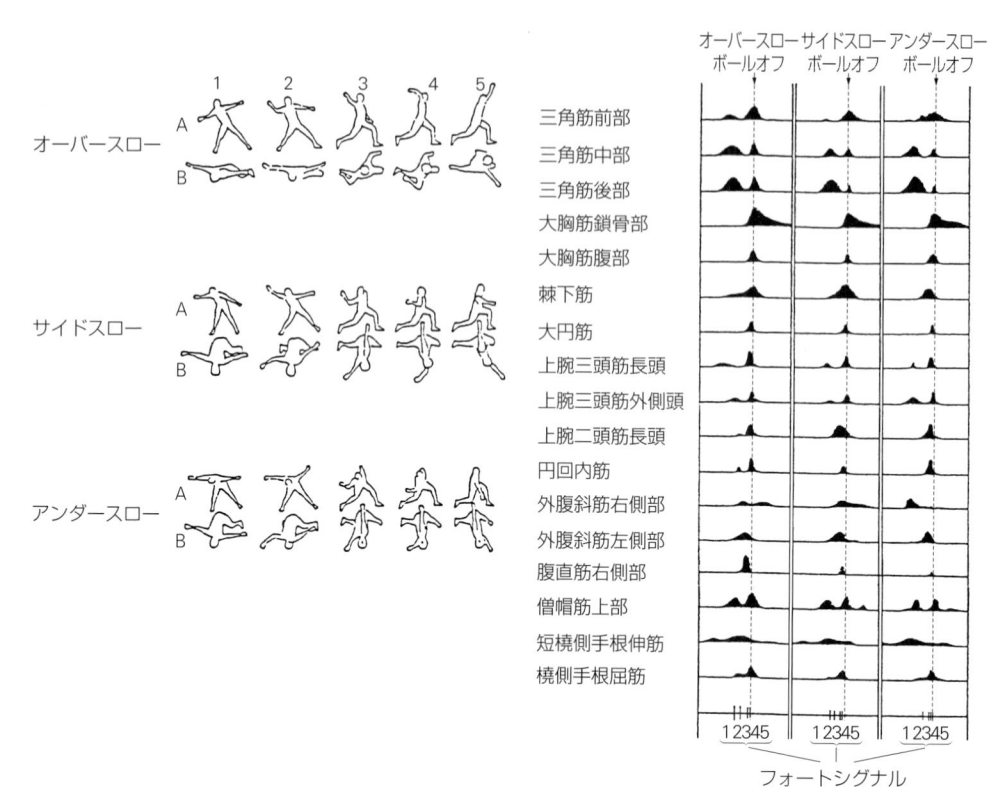

図10-50 野球投手の3投法による投球の筋電図（模式図）
（後藤幸弘ほか：ピッチャーの投げの筋電図的分析．体育の科学, 29：533-538, 1979より作成）

しかし，腹直筋，外腹斜筋等の体幹筋は，投法によって顕著な差異がみられる．アンダースロー（右利き）では，バックスイング期において右側外腹斜筋によって体幹を右側に捻転し，フォワードスイング期において左側外腹斜筋を使い投方向に捻転する合理的なボディピボット動作が認められる．しかし，腹直筋の放電は，アンダースローではほとんどみられず，逆にオーバースローでもっとも顕著にみられ，オーバースローでは体幹の積極的な前屈動作が用いられている．これらのことは，サイドスロー，アンダースローは，オーバースローを体幹を傾けることによって行っていることを示唆している．事実，前方から撮影しているカメラに上体が正対した時の胸骨と上腕のなす角度には，3投法間で大きな違いはみられない．

1）遠投能力の加齢的変化[2]

図10-51は，硬式テニスボール（57g, 以下，TB），軟式野球ボール（100g, 以下，BB），ソ

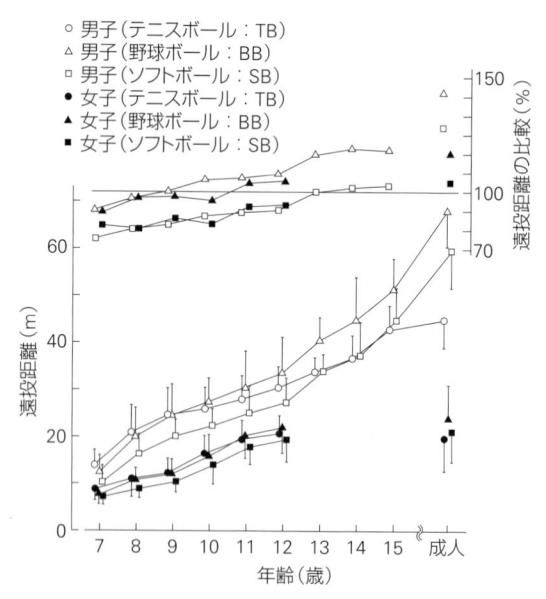

図10-51 3種のボールの遠投能力の加齢的変化（助走無し）とテニスボールに対する野球ボールとソフトボールの遠投距離の比率の年齢別平均
（奥野暢通ほか：投運動学習の適時期に関する研究—小・中学生のオーバーハンドスローの練習効果から—．スポーツ教育学研究, 9：23-35, 1989）

フトボール2号球（163g，以下，SB）の3種のボールを，助走を用いない条件で遠投させた際の投距離の年齢による変化を示している．

TBの投距離は，男子7歳の13mから12歳の30m，15歳の42mへ，また，女子では7歳の8.5mから12歳の19mまで加齢的に向上する．

男子では，いずれのボールにおいても，投距離は7〜9歳にかけ顕著に発達し，年間増加率も50％以上を示した．また，BB，SBでは，9歳以降においてもTBに比して顕著な発達がみられ，9歳以降の年齢ではBBで，13歳以降の年齢ではSBで，TBよりも遠くに投げることができるようになる．一方，女子ではいずれのボールにおいても9〜11歳で著しい伸びを示し，11歳以降の年齢でTBよりもBBの方が遠くに投げることができるようになる．

これらの投距離の加齢的変化は，手とボールに対するボールの質量の割合が小さすぎても大きすぎても，力の伝達効率を下げることが関係している[3]．BBがTBの投距離を上回るようになる男子の9歳，女子の11歳における，手とBBの合計に対するBBの質量比率は，それぞれ28.7％，32.6％を，TBのそれは男子が18.7％，女子が21.7％と推察された．また，男子の13歳におけるSBの比率は30.0％であった．すなわち，BBやSBの質量が，手とボールの質量の約30％以下になる年齢で，これらのボールの投距離はTBを上回るようになる．一方，この比率が15％以下では，遠投能力を評価するためのボールとしては軽すぎる．したがって，小学生男子ではTBあるいはBBを，女子ではTBを用いて遠投能力を評価するのが適当であると考えられる．

投距離は，いずれの年齢，いずれのボールにおいても，男子で有意に高い．この性差は，オーバーハンドスローとアンダースローによる投距離に差異がみられはじめる4歳後半ですでに認められる（4歳未満の幼児のTBの遠投距離は5m以下で，性差，投法による差異は認められない）．一般女子学生の平均的な遠投能力は，男子の約30％（BB，SB）で，高学年児童にみられる男女比（60％）よりも小さい．このことは，児童期に出現した投

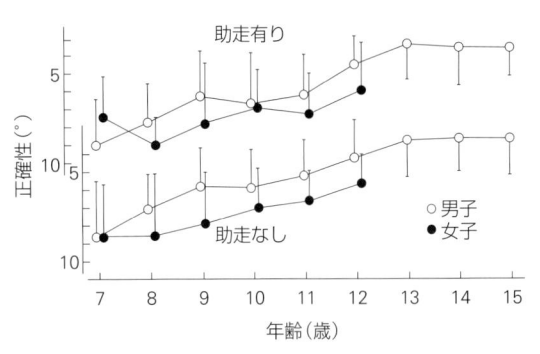

図10-52 最大努力による遠投時の正確性の加齢的変化
投球方向に対する角度のズレで示す．
（奥野暢通ほか：投運動学習の適時期に関する研究—小・中学生のオーバーハンドスローの練習効果から—．スポーツ教育学研究．9：23-35，1989）

球技能の男女差が成人期まで持ち越されることを示している．

また，助走を用いた場合の遠投距離は，いずれの年齢においても助走を用いない場合よりも増大するが，いずれのボールの場合にも7歳男女では1m以下である．その後，男子のBB，SBでは，15歳の3mまで加齢的に増大する．一方，女子では，8歳以降いずれの年齢においても1m前後で加齢による発達傾向は認められない．

上記の成績は，日本人の体力標準値（東京都立大学，1980年）よりも若干低値を示した．これには，ソフトボールが学習指導要領に取り上げられなくなり，手で握れるボールを用いての投運動学習があまり行われなくなった時期の測定であったことが関係しているように考えられる．このことや男女差，さらにはボールを投げる遊びの少ないタイにおける青年の投能力は低いという調査結果[4]等を考えあわせると，投運動は適切な時期にある程度の学習を積まなければならないことが示唆される．すなわち，ヒトは生まれつき投げることができる動物ではなく，投げることができるようになる能力を与えられた動物であるのである．

2）正確性の発達[2]

遠投の際の正確性を投方向に対する左右のズレ角度で評価すると（図10-52，助走を用いない条件），男子では7歳の9°から13歳の4°へと，女子では7歳の9°から12歳の6°へと加齢的に

向上する傾向がみられる．また，助走を用いない方が用いた場合よりも，わずかではあるが正確性は高い．

成人を対象にした一定距離における正確性は，遠投能力に優れる者の方が高い．しかし，最大遠投距離に対する一定の割合（20，40，60，80％）の距離で測定した正確性は，遠投能力による差はみられない[5]．著者らの測定結果は，最大距離での正確性をみたものであり，被験者個々に対する負荷は100％で一定と考えられるが，正確性は加齢的に発達することを示した．したがって，投能力が完成レベルに達していると考えられる成人男子とは異なり，児童期においては相対的負荷距離に対する正確性も加齢的に向上するものと考えられる．

3）投動作パターンの発達[2]

動作が十分に発達していない児童では，投能力を結果としてのパフォーマンス（投距離）だけでなく，動作パターンそのものも評価する必要がある．

そこで，Roberton[6]の報告を参考に，①ステップの有無と方法，②バックスイングが上からか下からか，③体幹の上部と下部の動きにずれがあるかどうか，④フォワードスイングの上腕と前腕の動きの時間差に着目して，全身の協応動作として投動作を捉え，10のパターンに類型化し，その発達過程を定性的に観察した（図10-53）．

また，これらの動作パターンを，ボールに力を伝えるための合理的な力の発生順序と加齢的な動作パターンの出現頻度等を考慮して順位付け，動作得点として点数化して評価した．なお，図10-53では，4週間練習させた結果（後述）も併せて示している．

動作パターンは，ステップ・体幹の動きがなく，上肢全体を同時に前方に動かし投射する非常に原始的な投げ方（Ⅰ型，1点）から，投げ手と同側のステップによる投げ（Ⅲ型，3点），さらに投げ手の逆足を大きく踏み出し，バックスイングを円形で下から行い，腰の回転の先行，体幹の捻転，肩の回転，肘の遅れ，最後にボールを保持している手を動かす，いわゆる身体全体を"むち"のように使う合理的な投げ方（Ⅹ型，10点）の10段階に分類した．動作得点と投距離の間には，男子でr＝0.597（7〜15歳対象），女子でr＝0.431（7〜12歳対象）の有意な相関関係が認められている．

Ⅰ，Ⅱ型の動作パターンは1，2歳の男女に多くみられる．男子では，3，4歳児でⅢ，Ⅳ型が，5，6歳児でⅤ型，7歳児でⅥ型，9歳児でⅦ型，10歳児以降でⅧ型が比較的多く認められる．

女子では，5歳児は投げる方向に正対し，腕を振りあげ前方にボールを押し出すような投げ方（Ⅳ型以下）で，ほとんどが腕だけで投げている．8歳頃までに足の構えが前後に開き，体幹の反りもやや認められるⅤ型までに変化するが，腰をためて回転するような投げ方（Ⅷ型）は12歳になってもみられず，大学生においてもⅥ型の段階にとどまっているものが多く存在する．

ちなみに，動作範囲の代表として，主動作中のボールの水平移動距離の身長比を取り上げ投距離との相関をみると，男子では有意ではないが負の相関を，女子では有意な正の相関を示した．このことに関し，関根ら[7]は，小学1，3，5年生男子を対象に，投動作を3次元DLT法により分析し，1〜3年生間には下肢と体幹の動作に，3〜5年生間にはおもに体幹と上体の動作に有意な相違を認めている．

以上のことから，女子では，主として投方向に対する動作範囲の拡大によって投距離を向上させているが，男子では，動作範囲の拡大に加え，体幹等の捻り，さらには身体の末端の動きを遅らせ力の伝達を合理的にできるようになることが，男子児童が女子よりも投距離を向上させている要因と考えられる．

4）投運動学習の適時期—練習効果の年齢差—

テニスボールを用い，助走を用いる場合と用いない場合のそれぞれについて，15球のオーバースローでの遠投を行わせた際（4日／週，4週間）の練習効果の年齢差について観察した（図10-54）．なお，練習の際には，子どもの技能状態に

第10章 投動作　285

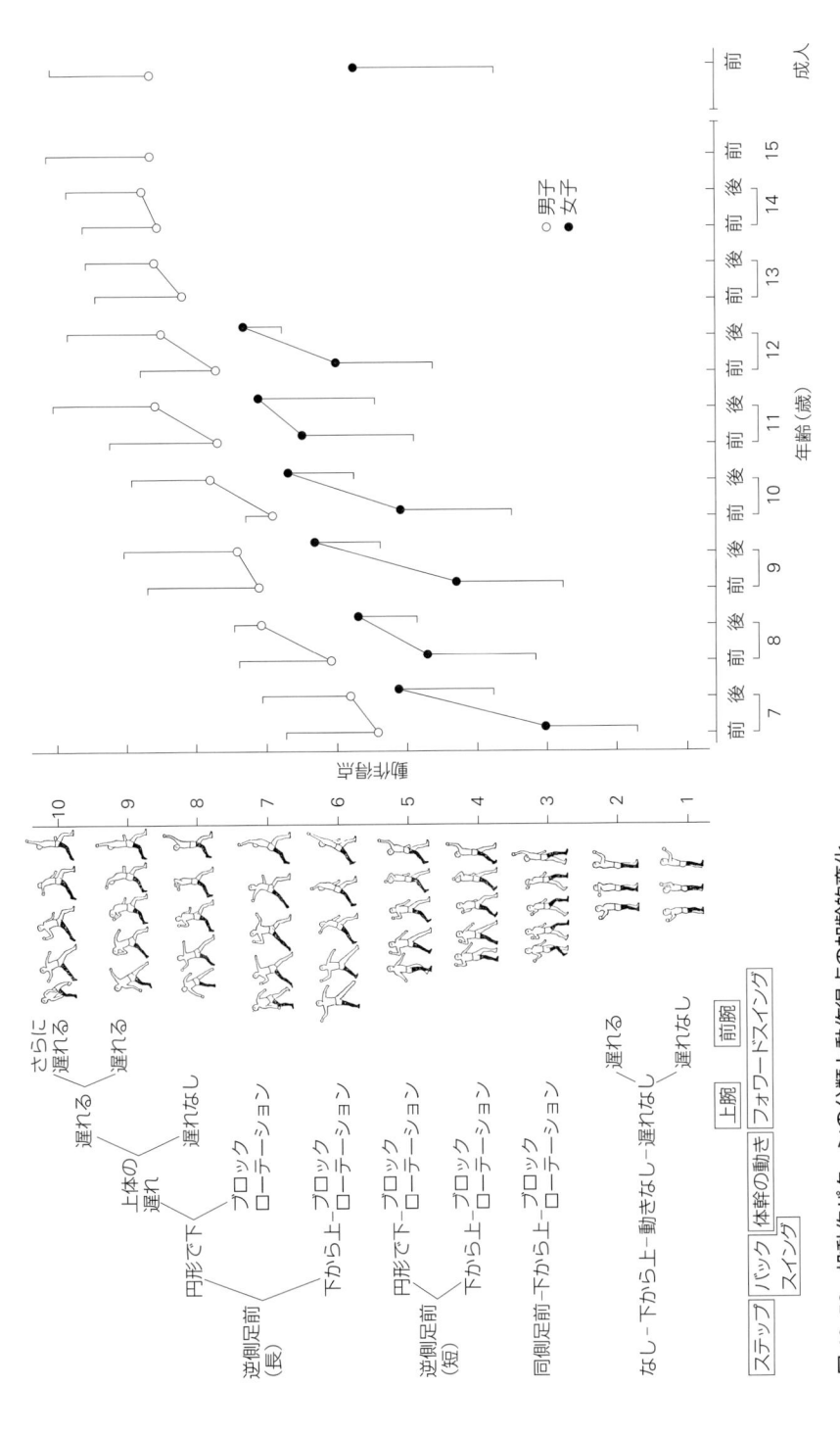

図 10-53　投動作パターンの分類と動作得点の加齢的変化
前は練習前，後は練習後の成績を示す．
（奥野暢通ほか：投動作学習の適時期に関する研究―小・中学生のオーバーハンドスローの練習効果から―．スポーツ教育学研究，9：23-35, 1989 より作成）

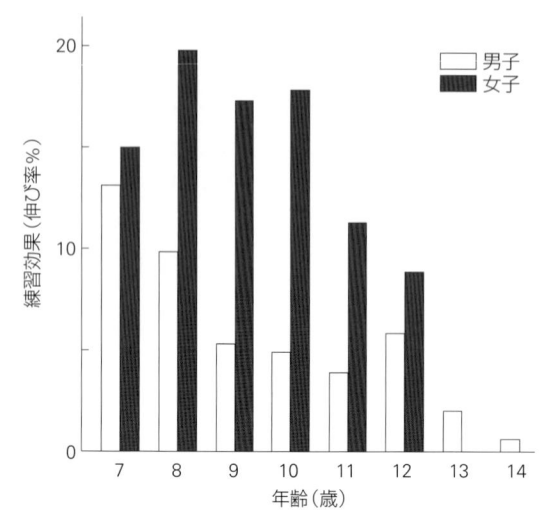

図10-54 投距離の練習効果（伸び率）の年齢別平均値
練習効果は，男女ともに7，8歳の低年齢層では2週後で有意にみられたが，高年齢層では認められなかった．練習効果の立場から適時性を論じる場合，練習期間をどう区切るかは問題になる．しかし，練習効果の年齢差は2週後と4週後でほぼ同様の傾向が認められたので，4週の効果を助走を用いた場合と用いない場合の6投の平均の伸び率で示した．また，4週後の指導群の投距離の伸び率から統制群の伸び率が差し引かれている．（奥野暢通ほか：投運動学習の適時期に関する研究—小・中学生のオーバーハンドスローの練習効果から—．スポーツ教育学研究，9：23-35, 1989）

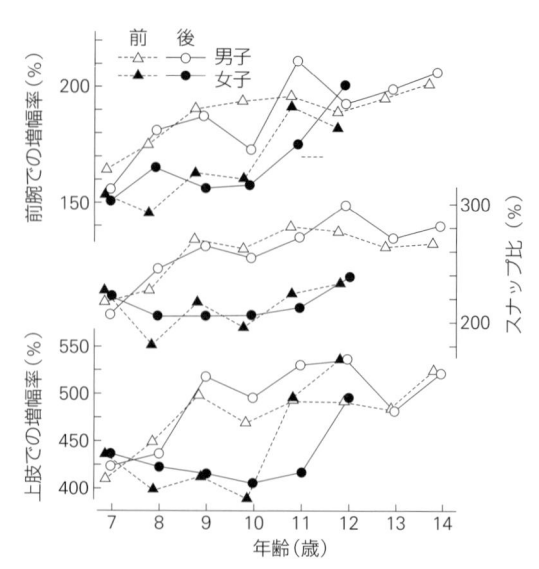

図10-55 スナップ比，前腕ならびに上肢での速度の増幅率の練習前・後の年齢別平均値
スナップ比：ボールリリース10ms前からリリース時の手首の速度とボールの初速度の比
前腕での増幅率：前腕上顆水平最大速度とボールの初速度の比
上肢での増幅率：肩峰点と水平最大速度とボールの初速度の比
（Nac社製，HSV200，200コマ／秒による）
（奥野暢通ほか：投運動学習の適時期に関する研究—小・中学生のオーバーハンドスローの練習効果から—．スポーツ教育学研究，9：23-35, 1989）

応じて，適宜遠くへ投げるための力学的根拠にもとづいた教示を与えた．

練習効果は，男子では7，8歳で10％以上の伸びを示すが，12歳を除き加齢とともに減少する傾向がみられた．一方，女子では7〜11歳では10％以上を示し，10歳以降加齢的に減少する傾向が認められた．すなわち，練習効果は，男子では7，8歳で大きく，13，14歳ではほとんど認められず，女子では7〜10歳で大きいことが認められた．また，男女いずれの年齢においても，6試技の最高投距離で評価した練習効果は，6試技の平均値でみた場合よりも小さかった．この傾向は特に低年齢で顕著にみられ，児童期では最大遠投能力の向上よりも，遠投能力を安定して発揮できるようになる面での効果が著しかった．

次に，練習により，動作パターンがどのように改善されたかをみる（図10-53）．

男子の7，8歳では，バックスイングやステップ幅といった動作範囲拡大の側面で改善がみら

れ，8歳児では平均で7点を示した．9歳以降の年齢では，体幹や上肢の使い方の質的側面での改善がみられ，動作得点も7点以上を示すようになる．しかし，13，14歳では動作の改善はわずかであり，投動作パターンは13歳で一応8〜9点のレベルで完成するものと考えられる．一方，女子では，7〜12歳のいずれの年齢層においても，動作範囲拡大の側面での動作の改善が主で，12歳の動作得点は，練習後においても7点以下であった．

図10-55は，スナップ比，前腕ならびに上肢での速度増幅率の練習前後の年齢別平均値を示している．これらの指標は，2次元の分析で若干の問題はあるが，投動作の質的側面について定量化しようとしたものである．

練習前では，いずれの項目も男子では7歳以降，女子では10歳以降，加齢的に増大する傾向を示した．

練習後では，男子では9〜12歳で上肢全体で

の速度の増幅率に練習効果が認められた．また，13，14歳においては，上肢での速度の増幅率に練習効果がみられないにもかかわらず，前腕での増幅率，スナップ比にわずかではあるが増大がみられた．このことは，前腕から先を積極的に使用する投法に変化したことを示し，13，14歳児にとって軽すぎるテニスボールで練習させたことが影響していると考えられる．

一方，女子では8歳児で，いずれの項目にも練習効果が認められたが，他の年齢層ではほとんど効果はみられなかった．

宮西ら[8]は，手関節の掌屈および指節間関節の屈伸運動によるボールの水平速度への貢献は約23%で，手指部の運動がボール速度に大きく貢献するとしている．しかし，投げる瞬間に手首を返すことも意識して練習させたが，4週間の練習では，手指部の動き（スナップ動作）を改善するまでには至らなかった．

また，宮丸ら[9]は，5，6歳の幼児を対象に6週間のボール投げの指導を行い，7段階の投動作評価によって動作の改善を検討している．練習群では男女ともに動作は有意に改善され，女子は男子の統制群のレベルになるが，練習後も有意な性差が認められ，女子では腕や上体がプッシング型にとどまる者が40%もみられたとしている．練習による投距離の増加率は，男子で18.5%，女子で30.4%を示したが，統制群の成熟による伸びを差し引くと伸び率は男子で2.5%，女子で1.8%となり僅少であったとしている．

以上のことから，投距離の練習効果は，男女ともに，投動作の量的ならびに質的側面で改善のみられる年齢層で大きく出現するとまとめられる．すなわち，オーバーハンドスロー学習の適時期は，男子では小学校低学年に，女子では低・中学年に存在するものと考えられた．また，投動作の加齢的変遷は，2～4歳が「成人パターンへの移行期」，10歳以降が「完成期」とみることができる．これらの時期に投運動の学習を積極的に取り入れる必要のあることは，前述した横断的な発達傾向や性差からも示唆される．すなわち，小学校期に多様な投げ方を身につけさせることが，その後のスポーツ活動を豊かにする上で重要である．

文　献

1) 後藤幸弘ほか：ピッチャーの投げの筋電図的分析．体育の科学，29：533-538，1979．
2) 奥野暢通ほか：投運動学習の適時期に関する研究—小・中学生のオーバーハンドスローの練習効果から—．スポーツ教育学研究，9：23-35，1989．
3) 吉福康郎：投げる—物体にパワーを注入する—．Jpn J Sports Sci，1：85-90，1982．
4) 桜井伸二：投げる科学．大修館書店，1996．
5) 豊島進太郎：ボールの的当て．Jpn J Sports Sci，1：91-98，1982．
6) Roberton MA: Changing Motor Patterns During Childhood—motor development during childhood and adolescence. pp70-75, Burgess Publishing Company, 1984.
7) 関根克浩ほか：小学生男子における投動作の発達に関するキネマティクス的研究．JJBSE，3：2-11，1999．
8) 宮西智久ほか：野球の投球動作におけるボール速度に対する体幹および投球腕の貢献度に関する3次元的研究．体育学研究，41：23-37，1996．
9) 宮丸凱史，平木場浩二：幼児のボールハンドリング技能における協応性の発達(3)—投動作様式の発達とトレーニング効果—．体育科学，10：111-124，1982．

［後藤　幸弘・辻野　昭］

第11章

打動作

1. 打つ動作のメカニズム

1) eye-hand coordination

打つ時には「ボールの動き」の情報が必要であり，その収集には視機能を用いる．まず，見る場所を定めるために急速眼球運動（saccade）が用いられる．その場所はボールであったり，ボールの出所であったり，あるいはボールが通過する空間であったりする．網膜の中心窩に像が結ばれるように眼は向けられ，収斂され，水晶体の厚さが調節されて像が鮮明になる．そして，動いているボールを追視するためには滑動性眼球運動（smooth pursuit）が用いられる．物を滑らかに追視できるとタイミング動作の結果がよくなるからである[1]．しかし，はじめから終わりまで追視し続ける必要はなく，中心窩に鮮明に像を結ぶのは，打つ道具（打具）の運動を最終的に決定する期間でよいとする考え方もある[2]．視機能のもつ限界から，そうすることのほうがよりよい情報収集になる可能性はある．それでも，その期間までまったくボールからの情報がないというわけにはいかない．鮮明でなくても早期から情報があったほうが，その後の情報の精度は高くなるし，動作の準備もできるので，ボールを視野には入れておくべきである．

光信号は網膜で求心性の電気信号になり，大脳皮質の視覚野を経て，連合野で周囲空間との対比から「動き」として認識される．いつまで情報を収集すべきかはボールの動きの不確定さに依存する．すなわち，ボールの動きが確定できたら，その後は別の物に眼を向けたほうが得策なので情報収集はそこまででよい，確定できなければ可能な限り長く情報を収集すべきということである．可能な限り長くとは，頭の動きも加えて眼球運動で追視できる限りであり，ボールからの情報が打つ動作に反映できる限りである．水平面内を移動するランドルト環を追視させると，300°/s付近までは眼球速度をその速度まで調節することが可能であり，ランドルト環の切れ目位置を正答する率も100％に近いが，それ以上の速度になると眼球運動が追いつかなくなる（図11-1）[3]．視野を横切るボールを眼球運動だけで追視できる限界を示している．一方，吊したボールをバットで全力で打つ課題では，スイングの途中にボールを落としてもそれに応じてスイングの高さを調節できる．その限界はインパクト前約0.1秒であった[4]．すなわち，この時点まではボールからの情報を打つ動作に反映できるということになる．

ボールの動きの認識にもとづいて，打つ位置と時刻を予想し，打つ動作に必要な指令を大脳皮質の運動野に送る．その際，いつまでボールの動きに応じた動作にするかが問題となる．予めプログラムしておいた動作を一息に遂行してしまう事前プログラム制御と，途中で動作を修正する連続制御があるといわれるが，両者は，いつまでボールの動きに応じるか，言い換えれば，いつまでボールからの情報によるフィードバック制御をし，いつからフィードフォワード制御にするかという差である．その時点を遅くすればボールに当てる確率は高くなるが，打具のスピードはある程度犠牲になる．打つ運動では，当てることと強く打つことの両者が求められるが，どちらにウェイトを置くかによって，その「いつまで」が決まる．

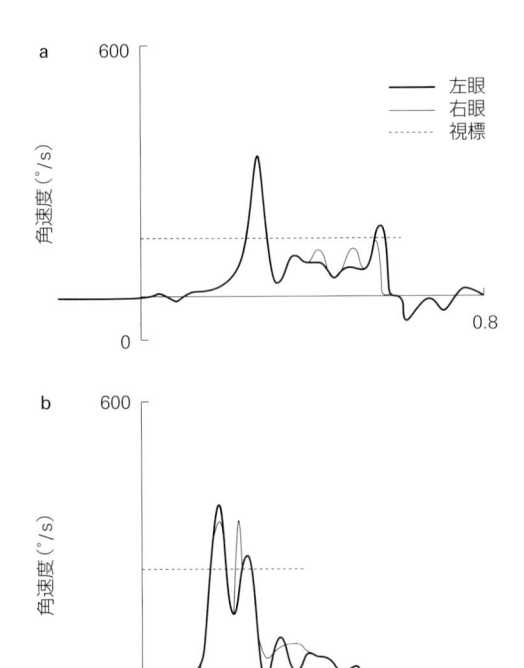

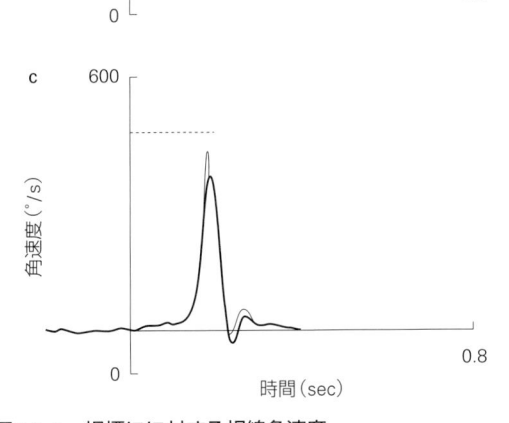

図 11-1 視標にに対する視線角速度
視標角速度は，a：144°/s，b：252°/s，c：468°/s．
視標は角速度が記録されている区間のみスクリーン上に提示されている．
(石田和之，平野裕一：水平面内を移動する視標を追従する際の眼球運動．第49回日本体育学会大会抄録集，p221，1998)

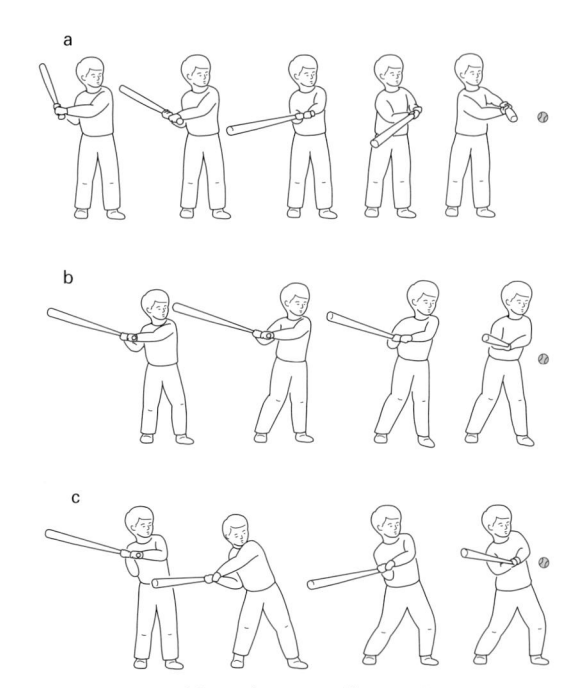

図 11-2 4，5歳児のバッティングフォーム
arm domination（a），unitary action（b），opening pattern（c）の典型的なフォーム
(Wickstrom RL: Developmental kinesiology: maturation of basic motor patterns. Exerc Sport Sci Rev, 3: 163-192, 1975)

2）当てることと強く打つこと

打つ動作は習得的な動作なので，練習しなければ上達しない．同じ4，5歳児でも図11-2にみられるようにバッティングフォームには違いがある．それをWickstrom[5]は，上肢のみによるあるいは上肢から運動が開始される未熟な動作（arm domination），全身の運動がほぼ同時に起こる未熟な動作（unitary action），からだの各部が異なる位相で運動する成熟した動作（opening pattern）と分類した．発達は，まず手に近い部分が使われ，その後にからだ全体が使われるようになり，さらに各部分が別々に使われるようになるという順序である．また，大道[6]は，大学生であっても打運動の初心者は体幹から遠い距離にある部分しか使えず，いわゆる「手打ち」になっている，それに対して熟練者は体幹に近い部分も使って打っていることを定性的に示している．これらの報告から，打運動では，まず当てることが優先され，その後に強く打てるようにすることが示唆される．

eye-hand coordi-nation なので，ボールに当てるためには，まずはボールを見やすい眼の位置にする．動いているボールであればそれが少しでも遅く見える眼の位置にして，打具も見える位置にすればよい．そして打具はできるだけ動かさない，すなわち活動させる筋をできるだけ少なくするというのがひとつの方策である．筋を活動させるタイミング，スペーシングといった神経支配の自由

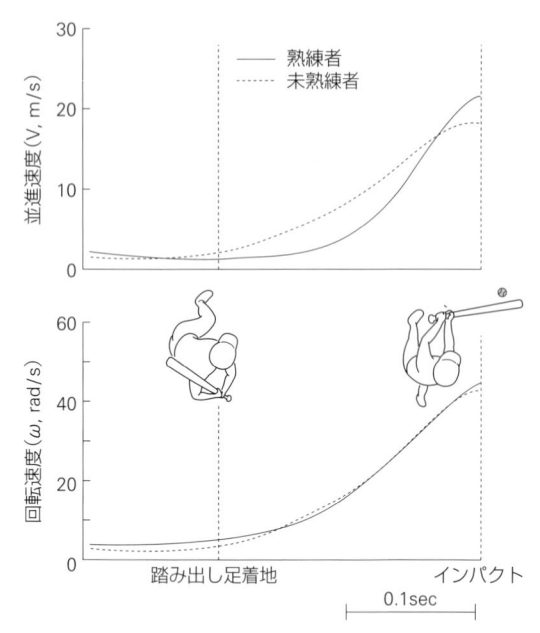

図11-3 スウィング中の重心並進速度(V)と回転速度(ω)
(Hirano Y: Biomechanical analysis of baseball hitting. In: Terauds J et al. eds, Biomechanics in Sports Ⅲ & Ⅳ. pp21-28, Academic Publishers, 1987)

度が少なくて済むからである．しかし，打具の速度は大きくならないので，強く打つことが重視される状況では適した方策ではない．打具を動かすのであれば，神経支配や筋出力のバラつき，ボールの空間知覚の誤差などを補うために，当てる時に打具をボールの方向へ並進的に動かすようにする．野球のバッティングにおけるバットの動きを水平面に投影し，並進速度と回転速度に分けると，熟練者と未熟練者の間で回転速度は類似していたが，並進速度の様相は異なった（図11-3）[7]．踏み出し足着地後，熟練者のバット並進速度成分は少ないが，インパクト直前になってそれが急増している．積分値が移動距離なので，全体としてみると熟練者の並進移動距離は短いが，ボールに当てる時には長く並進させていることになる．図11-3では，バットの移動方向の情報はないが，ボールを同じ方向へ打った試行を分析しているので，熟練者と未熟練者の間でバットの移動方向の違いは少ない．

動いているボールに当てるためには，打具をインパクト・ポイントへ運ぶタイミングも要求される．その際にも打具はできるだけ動かさないほう

がタイミングはよくなるが，強くは打てないことになる．一般に，大筋群を用いた動作では，タイミング遅延になりがちで，ボール速度が増すにつれてそれが顕著になるといわれている．特に，野球のバッティングのようなバリスティックな動作では，大きな動作にするとその動作時間を過小評価してしまい，タイミング遅延が顕在化する[8]．しかし，その後のバッティングを模した追試によって，動作時間そのものはタイミングの尚早ー遅延に直接結びつかなかったこと，動作を小さくしたりバットを軽くすればタイミングの正確性は高められたこと，一般的に信じられているスピードと正確性の相反関係とは矛盾して，速く振るほうがタイミングの正確性は高かったことが示された[9]．

動作の再現性を高くすることは，ボールが静止しているのであれば当てることに貢献する．ゴルフでスイングフォームを固めようとするのはそのためである．一方，ボールが動いているとオープンスキルの動作になる．大道[10]は，テニスストローク中の右肘と左膝の関節角度変化をゴニオメータで記録した．16回連打した記録をインパクト時を基準にして重ね，その平均と分散を求めると，熟練度によってゴニオグラムに違いがみられた（図11-4）．動作の再現性を示す分散についてみると，熟練者では，インパクト前に左膝角度の分散が大きく，それが小さくなってから右肘角度の分散がやや大きくなり，インパクト時および後には両者の分散は小さくなった．一方，未熟練者では，インパクト前の右肘，左膝角度の分散は小さく，インパクト時に左膝角度の，その後に右肘角度の分散が大きくなった．このことは，熟練者はボールへの対応動作を早期に行い，インパクト近くになると一定の動作にしている，一方，未熟練者は十分な対応をせずにインパクトで動作を変動させているということである．動いているボールに当てるためには，ボールの動きに応じてある局面では動作の再現性を低くすることが求められるのである．また，右膝も加えると，右膝，左膝，右肘の順に関節角度の再現性が高くなる局面が現れた[11]．この結果は，当てることと強く打つことの両価性を満たす調節が行われていることを示唆

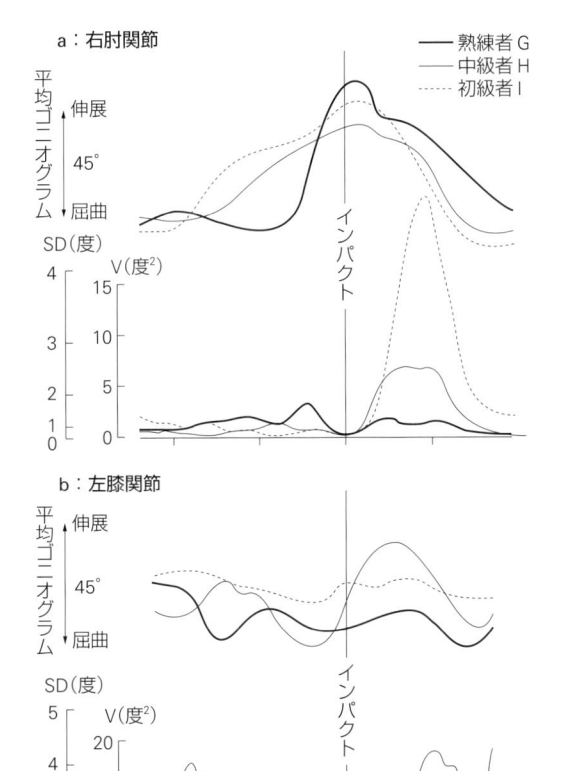

図 11-4 平均ゴニオグラムと分散：グランドストローク時の右肘と左膝
(大道　等：テニスラケットの機械的反応とストローク動作. Jpn J Sports Sci, 3：209-220, 1984)

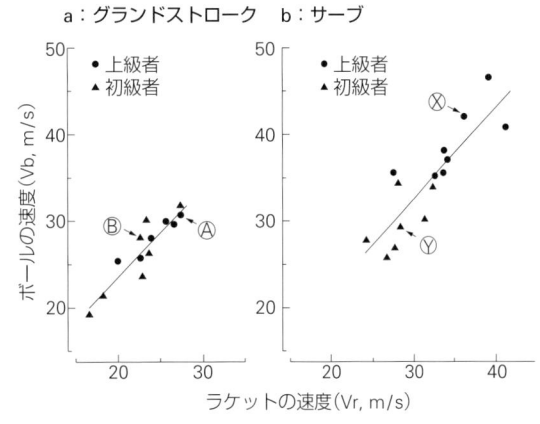

図 11-5 グランドストロークとサーブにおけるラケット速度とボール速度の関係
(友末亮三ほか：テニスにおけるラケットの動きとボールの速度. Jpn J Sports Sci, 1：73-75, 1982)

している．すなわち，当てるための対応が済んだ関節から，強く打ちやすい一定の角度にしていると考えられるのである．

一方，強く打つのは，打球速度を大きくするためなので，友末ら[12]がテニスストロークやサーブで示しているように，打具の速度を大きくすればよい（図 11-5）．そのためには打具に多くの仕事をすればよい．さらに，動いているボールを打つのであれば，ボールの動きの情報を長く得たいのでそれを短い時間で行いたい．すなわち，大きなパワーを打具に注入することが求められる．

そのパワー源は筋であり，その特性は横断面積に比例した筋力が発揮でき，長さに比例した短縮速度が生み出せることである．横断面積と長さの積，すなわち筋の体積に比例したパワー発揮が可能となる．もうひとつの特性として筋力—収縮速度関係があるので，大きなパワー発揮を可能にするためには，至適な収縮速度にする必要もある．強く打つために脚から動作をはじめるのは，パワー源として大きな筋を参画させるためである．

また，各筋で生み出されたパワーを打具まで効率よく伝えることも必要である．その効率を高める神経支配が強く打つためのスキルである．脚から体幹，腕，打具へと順に加速していくことが求められるが，特に，肩関節は自由度が高い分，ここでのパワー伝達効率が重要になると考えられる．Yoshifukuら[13]は，肩の関節力（f：斜体はベクトル）は上肢の総運動量（p）の時間微分に等しく（式1），その関節力と肩の速度（v）のスカラー積である関節力パワー（P）の時間積分がエネルギーフロー（EF）に相当する（式2）ことから，少林寺拳法トップクラス選手の逆突き動作について，矢状面内における上肢の運動エネルギー（KE）と肩を通したエネルギーフローの関係を調べた（図 11-6）．動作の初期には体幹がともに回転するので KE≒EF であるが，上肢を突き出すと KE＞EF になり，KE の約 2/3 は上肢以外からのエネルギーフローである．トップクラス選手がこれだけ高い割合のエネルギーフローを利用しているのだから，肩での伝達効率は重要になる

と考えられる．

$$f = \frac{dp}{dt} = \frac{d}{dt}(m_h v_h + m v_f + m_u v_u) \cdots \cdots (1)$$

$$EF = \int P\,dt = \int f \cdot v\,dt \cdots \cdots \cdots \cdots (2)$$

ここで，m：質量，添え字 h：手，f：前腕，u：上腕である．

3）打球の向きと打撃位置の特性

インパクト後のボールの向きは，

・ボールと打具の材質，および両者の相対速度による，打撃面から受ける力の直角成分，

・ボールと打具のインパクト角度，およびボールスピンによる摩擦力，

の影響を受ける．一般に，打撃面から受ける力の直角成分が小さいとボールのはね返り角度（打撃面となす角度）は小さくなり，インパクト角度による摩擦力が大きいとはね返り角度は大きくなる．また，トップスピンによる摩擦力は小さいのではね返り角度は小さく，バックスピンによる摩擦力は大きいのではね返り角度は大きくなる．図11-7は，テニスボレーをした際の，トップスピンの有無によるボールの動きの変化を示している．トップスピンによる摩擦力減少のおかげで，はね返り角度は小さくなり（OCに比べてOEの向き），ラケットスイングの向き（OBの向き）による摩擦力の影響を受けて打球方向はラケット面と直角に近くなる．それでもトップスピンがかかっているボールの打球方向は図11-7でみるところの上向きである（ODに比べてOFの向き）．こうした打撃の面をどのようにつくるか，すなわち打具や手足の打撃の面を，どの部分で，どのような角度でボールや身体にぶつけるかということに関しては，手首や足首などの末端部分の関節の動きがもっとも重要な役割を果たす[14]．

図11-8のようなバットとボールの衝突を用いて，打具の打撃位置の特性を考察する（衝突前の速度には0を，衝突後の速度には1を添え字してある）．

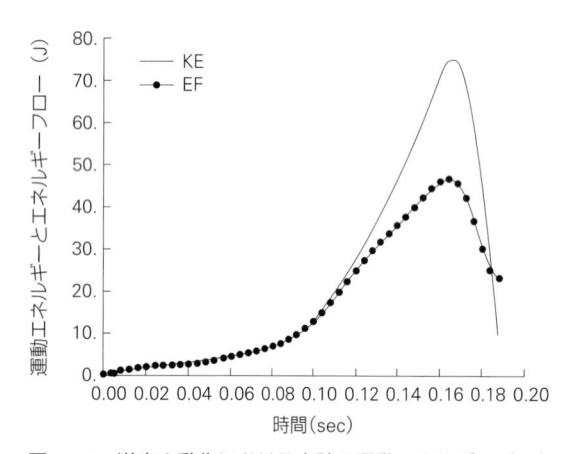

図11-6 逆突き動作における上肢の運動エネルギー（KE）と体幹から上肢へのエネルギーフロー（EF）の時系列変化
(Yoshifuku Y et al.: Energy flow from the trunk to the upper limb in tsuki motion of top-class players of the martial arts, Shorinji Kempo. In: Jonsson B ed, Biomechanics X-B. pp733-737, Human Kinetics, 1987)

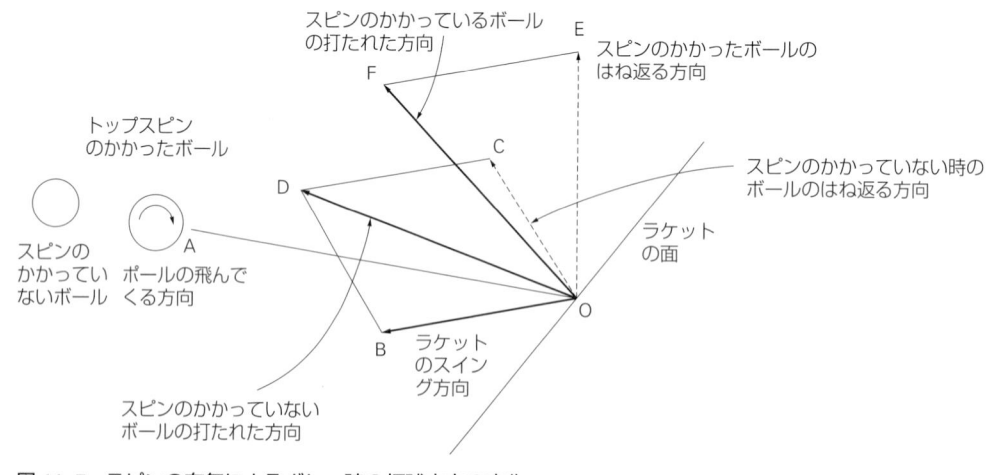

図11-7 スピンの有無によるボレー時の打球方向の変化
(浅見俊雄：スポーツ運動の打について．Jpn J Sports Sci, 3：178-187, 1984)

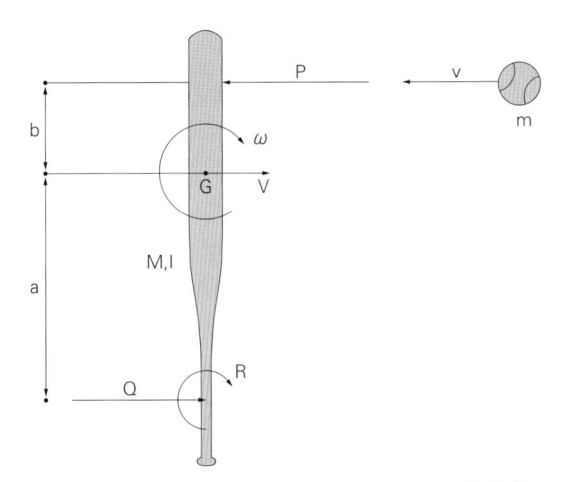

図11-8 一平面内においてボールがバットの長軸方向と直角に衝突した場合
(吉福康郎：バットの力学的性質から見たバッティングの科学.Jpn J Sports Sci, 4：723-728, 1985 より引用改変)

ボールとの衝突によって衝撃力（P：力積）が作用すると，

$$P=M(V_1-V_0) \quad \cdots\cdots\cdots\cdots\cdots (3)$$
$$Pb=I(\omega_1-\omega_0) \quad \cdots\cdots\cdots\cdots\cdots (4)$$

を満たす打具の速度変化が生じる．この時，

$$(V_1-V_0)=a(\omega_1-\omega_0) \quad \cdots\cdots\cdots\cdots (5)$$

を満たすグリップ位置が存在するはずである．そのグリップ位置であれば，手の速度は衝撃力の影響を受けない．式(3)〜(5)から，

$$ab=I/M$$

が導かれる．グリップ位置（a）が決まると，バットの慣性モーメント（I）と質量（M）からその打撃位置（b）が定まる．その位置が打撃中心（center of purcussion）であり，「手の速度が衝撃力の影響を受けない位置」である．しかし，ボール速度（v_1）が最大になるという位置ではない．

反発係数（e）は，

$$v_1-(V_1+b\omega_1)=e\{v_0+(V_0+b\omega_0)\} \quad \cdots (6)$$

と表される．この「反発係数がもっとも大きくなる位置」を反発中心（power point）と呼ぶ．衝突中，変形あるいは熱や音として失うエネルギーが少なく，ボールの得たエネルギーと打具の失ったエネルギーとの差が最大になる位置ともいえる．打撃位置からみた衝突前後のボール速度の変化率なので，eが最大の位置でボール速度（v_1）も最大になるとは限らない．因みに，ボールと打具の衝突速度が大きくなると反発係数（e）が小さくなるのは，変形あるいは熱や音として失うエネルギーが大きくなるからである．

衝突時間が短いとグリップからの力（Q）やトルク（R）は無視できるので，バットとボールという系での運動量と角運動量は衝突前後で保存される．したがって，

$$MV_0-mv_0=MV_1+mv_1 \quad \cdots\cdots\cdots\cdots (7)$$
$$I\omega_0=I\omega_1+m(v_0+v_1)b \quad \cdots\cdots\cdots\cdots (8)$$

と表される．式(7)，(8)と反発係数の式(6)からボール速度（v_1）を求め，bの関数とみなしてそれが最大になるような打撃位置（b）を求める．この「ボール速度が最大になるような位置」を最適打撃位置と呼ぶ[14]．

$$b=\frac{v_0+V_0}{\omega_0}\{\sqrt{(1+\frac{I\omega_0^2}{\mu(v_0+V_0)^2})}-1\}$$

$$\mu=Mm/(M+m)$$

この位置は，反発係数（e）にはよらないが，バットの質量（M）と慣性モーメント（I），また投球速度（v_0）とバットの振り方（V_0, ω_0）によって決まる位置である．

文献

1) 山田久恒：動く視対象に対する動作のタイミングからみた眼の良し悪し．Jpn J Sports Sci, 4：353-361, 1985.
2) 平野裕一：個体発生的動作の学習．In：宮下充正，平野裕一編著，才能教育論—スポーツ科学からみて—．pp125-135，放送大学教育振興会，2002.
3) 石田和之，平野裕一：水平面内を移動する視標を追従する際の眼球運動．第49回日本体育学会大会抄録集，p221, 1998.
4) 石田和之ほか：野球打者のボールの位置判断とバットの運動調節に関する実験的研究．バイオメカニクス研究，4：172-178, 2000.
5) Wickstrom RL: Developmental kinesiology: maturation of basic motor patterns. Exerc Sport Sci Rev, 3:163-192, 1975.
6) 大道 等：テニスストロークの身体近位・遠位動作．Jpn J Sports Sci, 12：364-371, 1993.
7) Hirano Y: Biomechanical analysis of baseball hitting. In: Terauds J et al. eds, Biomechanics in Sports III & IV. pp21-28, Academic Publishers, 1987.

8) 工藤孝幾：タイミングの遅延反応に関する研究．体育学研究，29：195-205，1984．
9) 工藤孝幾：バッティングにおけるタイミングの分析．体育学研究，31：285-292，1987．
10) 大道　等：テニスラケットの機械的反応とストローク動作．Jpn J Sports Sci，3：209-220，1984．
11) 大道　等，宮下充正：テニスストロークにおける四肢関節運動の再現性と技術水準．In：日本バイオメカニクス学会編，身体運動の科学V．pp268-274，杏林書院，1983．
12) 友末亮三ほか：テニスにおけるラケットの動きとボールの速度．Jpn J Sports Sci，1：73-75，1982．
13) Yoshifuku Y et al.: Energy flow from the trunk to the upper limb in tsuki motion of top-class players of the martial arts, Shorinji Kempo. In: Jonsson B ed, Biomechanics X-B. pp733-737, Human Kinetics, 1987.
14) 浅見俊雄：スポーツ運動の打について．Jpn J Sports Sci，3：178-187，1984．
15) 吉福康郎：バットの力学的性質から見たバッティングの科学．Jpn J Sports Sci，4：723-728，1985．

［平野　裕一］

2．バットで打つ―野球―

1）下肢の動きとそのはたらき

　野球のバッティングにおいて，動作中に身体に作用する外力は，重力，床反力，バットからの力，空気抵抗である．投手方向への並進運動と鉛直軸回りの回転運動を主体とし，走るなどの移動を伴わない動作なので，身体とバットを合わせた系に作用する外力ということにはなるが，動作を理解するために床反力を計測する意義は大きい．

　直球がくるとわかっている状況で，それを打った時に打者の各足が受ける床反力の3方向成分を図11-9に示した[1]．図11-9では床反力を打者が加える力の向きに変換してある．上下方向の成分にみられるように，右打者の場合，動作中に左―右―左と荷重変換する．その途中の右足荷重の時に，右足で右（捕手）向きに力を加えて（投手向きの床反力を受けて）バットを含めた身体重心を投手方向へ加速させる．

　左足を着地（ステップ）してフォワードスイングになると，右足で後向き，左足で前向きの力を加える．鉛直軸回りに身体の回転運動を生みだしてバットを加速させるためだが，同時にボールを見やすい姿勢を維持するためでもある．フォワードスイング中盤以降，左足で左（投手）向きおよび下向きに大きな力を加えるのは，バットを投手向きに振り降ろすと同時にボールを見る姿勢を維持するためである．

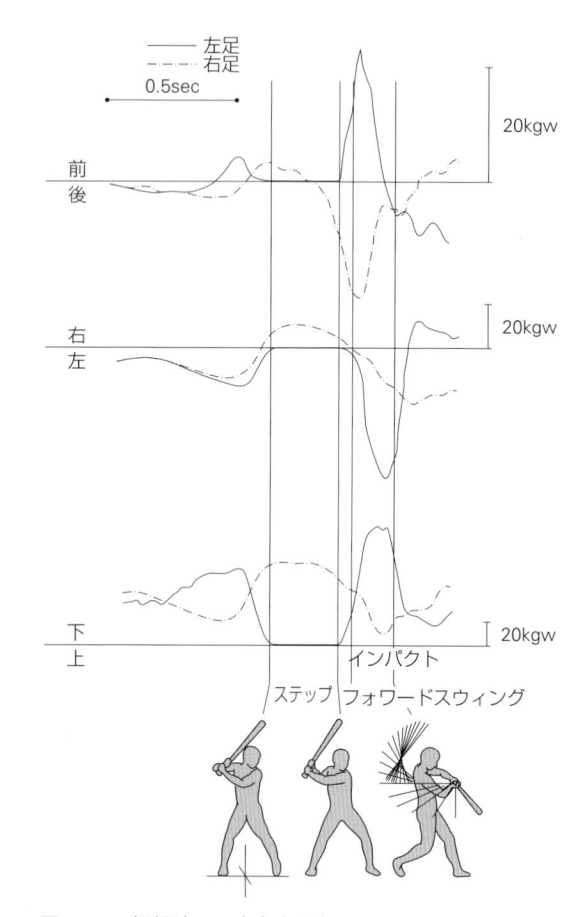

図11-9　打撃時の3方向床反力
（平野裕一，宮下充正：野球の打撃の基本的動作に関する研究．In：日本バイオメカニクス学会編，身体運動の科学V．pp260-267，杏林書院，1983）

　上から吊したボールを打つ状況で，それを打った時に打者の各足裏部分に受ける圧力を図11-10に示した[2]．圧力は床反力とは力の向きが必ずしも一致しないので，その解釈には注意を要する

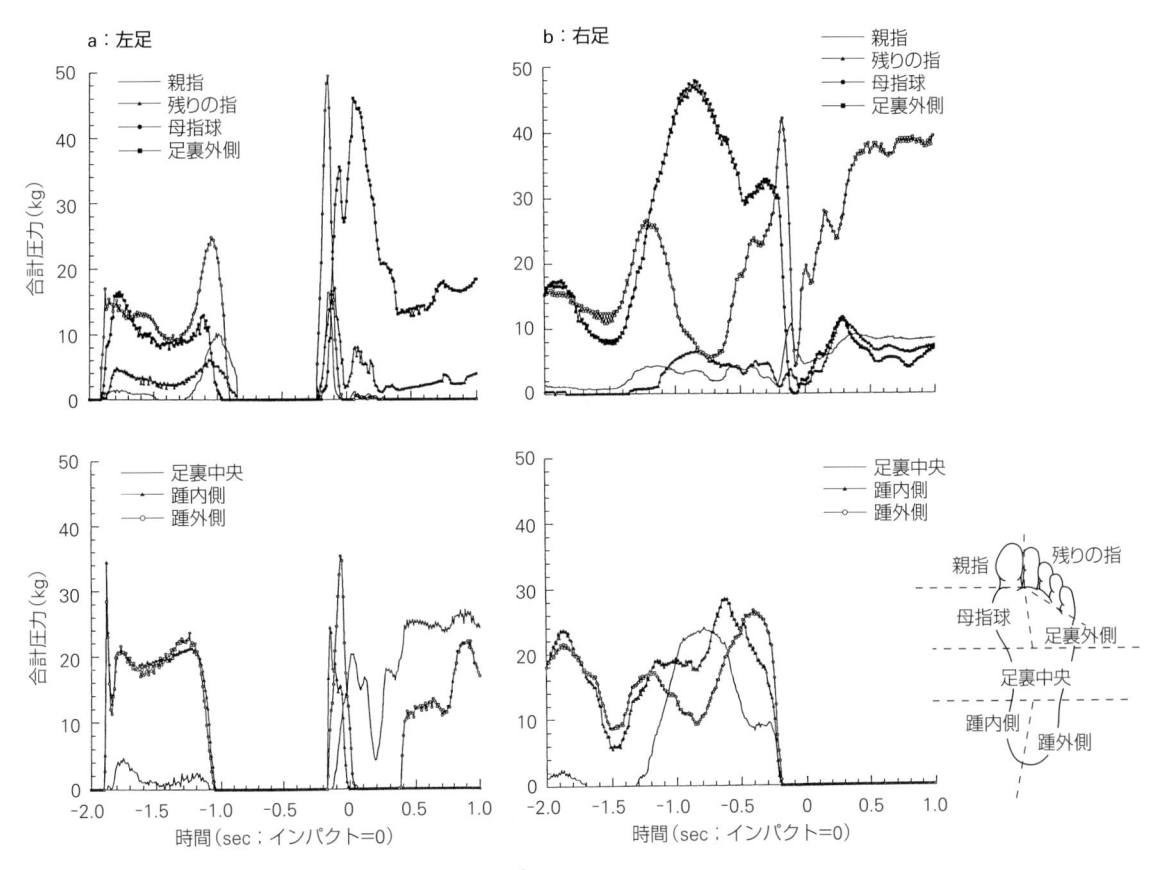

図 11-10 足裏の分画と打撃中に足裏各部に受ける圧力
(Hirano Y and Muramatsu T: Measurement of foot pressure distribution during baseball hitting. 40th ICHPER Proceedings, pp108-109, 1997)

が,床反力を受ける部位をある程度は特定できる.投手方向への並進運動の局面(-1~-0.2秒付近)では,右足裏前部に受ける圧力が大きく,それが外側部から内側部へと移行する.そして鉛直まわりの回転運動の局面(-0.2~0秒付近)では,右母指球部に受ける圧力がはじめ大きくインパクトに向けて減衰する一方,左足裏に受ける圧力は大きい部分が母指球部から外側部全体へと移行する.それぞれの足の母指球部の果たす役割が大きいことと,荷重変換に伴う足裏の内外側部の使い分けが読み取れる.

こうした床反力,圧力を生み出す下肢の動きの中で注目されるのは,股関節の内外旋運動である.テイクバックでは左股関節を内旋させているが,その足をステップして着地する直前には外旋させ,外旋位で着地する(図11-9).Welchら[3]によると,着地時に足先は投手方向と61°の角度に

なるという.この外旋は鉛直軸回りの腰部の回転を誘導するためと考えられている[4].その後,腰部が回ってくるのでインパクト後には左股関節は内旋位になる.一方,右股関節は,左脚の外旋に引かれるように内旋されて,また意識して内旋させて腰部を投手方向へ押しやすくする.

Shafferら[5]は,直球がくるとわかっている状況で,それを打った時の右脚の筋電図を記録した.それによると,半膜様筋,大腿二頭筋および大殿筋はスイング前からスイング初期にかけて著しく活動し,その後急速に活動を消失する一方,内側広筋はスイングを開始してから著しく活動したという.半膜様筋,大腿二頭筋および大殿筋の著しい活動は,打者の投手方向への並進運動を担い,その後,内側広筋の活動による膝伸展と併せて鉛直軸回りの回転運動を担うと考えられる.

村田と平野[6]は,天井から吊したボールを振り

図 11-11 振り子状に進んできたボールを打った時の下肢筋電図
-1,000 からボールは進みはじめる．（村田正洋，平野裕一：打動作の左右差に関する研究—野球の打撃動作における下肢筋活動から—．日本体育学会第 50 回記念大会大会号，p723，1999）

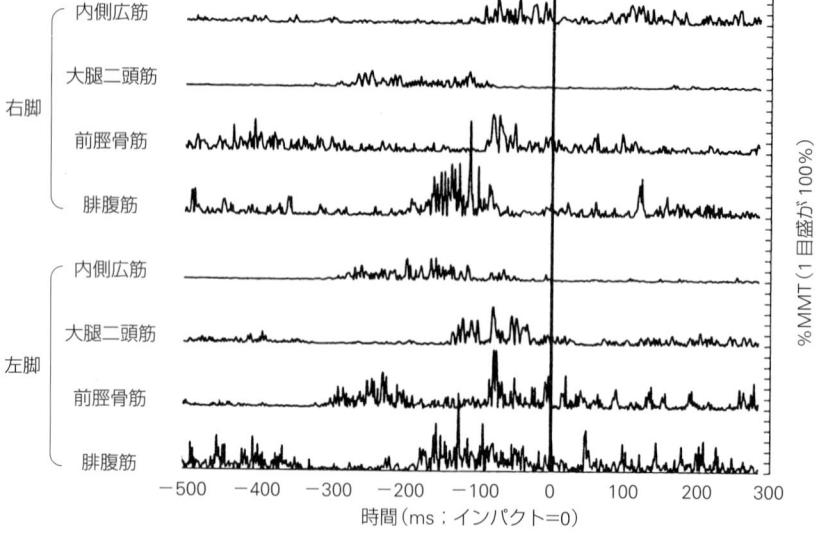

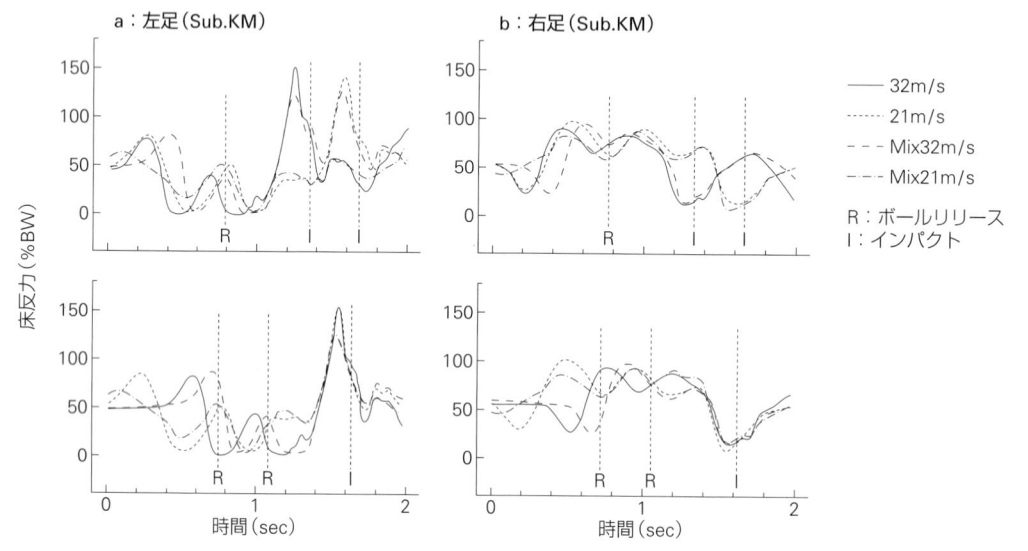

図 11-12 各投球条件毎に 5 試行の地面反力曲線を加算平均した曲線
上段はボールリリースを基準に，下段はインパクトを基準に重ね合わせた（Mix は緩急の投球を混ぜた条件）．
（勝又　宏，川合武司：地面反力からみた異なる投球速度に対する野球の打撃動作の特性．体育学研究，40：381-398，1996 より引用改変）

子状に打者に進ませる状況で，それを打った時の膝と足首の屈伸を主働とする筋の活動を記録した（図 11-11）．スイング開始（-200ms）からインパクト（0ms）まで，右脚では，後面の筋（大腿二頭筋，腓腹筋）から前面の筋（内側広筋，前脛骨筋）へ，左脚では前面の筋から後面の筋へ，それぞれ相反的に活動した．これは，スイングのはじめには右足荷重の状態で，伸ばしながら腰を押すために右脚後面の筋が，その支えとして左脚

前面の筋が活動し，その後，左足荷重になって役割が交代するためと考えられる．そして前述した股関節の内外旋によってこれらの筋による屈伸の向きが調節される．

勝又と川合[7]は，緩急 2 種類の直球を打つ状況で，打者の床反力鉛直成分を計測し，球速の違いへの打者の対応を検討した（図 11-12）．ボールリリースを基準に重ね合わせた床反力から，リリース直後までは緩急の速度に対してほぼ同じ荷

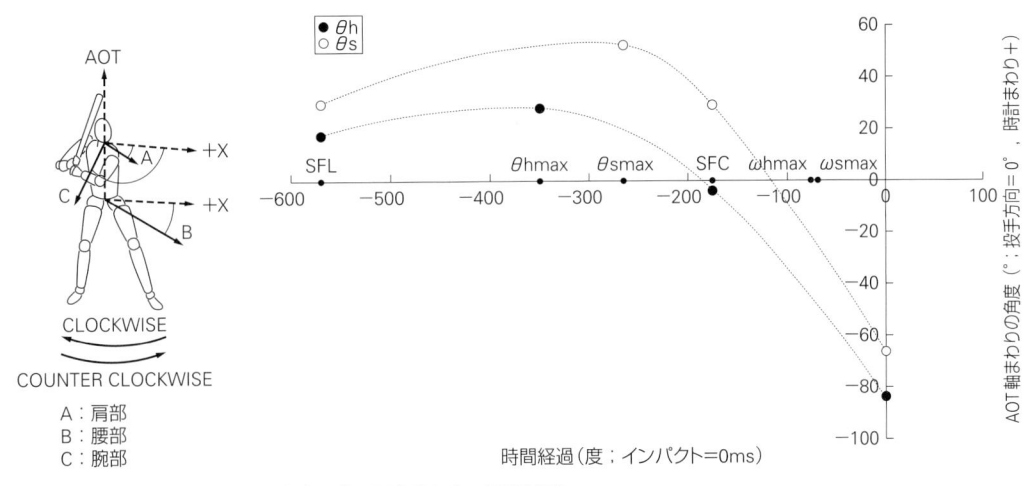

図11-13 野球の打撃中の腰部（θh）と肩部（θs）の回転速度
横軸の印は以下の各出現時点を示す（SFL：左足離地，θhmax：腰部最大角度，ωhmax：腰部最大角速度，SFC：左足着地，θsmax：肩部最大角度，ωsmax：肩部最大角速度）．
（Welch CM et al.: Hitting a baseball: a biomechanical description. JOSPT, 22: 193–201, 1995 より作図）

重のパターンを示していることがわかる．一方，インパクトを基準に重ね合わせた床反力から，スイング時の荷重はいずれの速度でもほぼ同じパターンであることがわかる．したがって，予め速い速度に合わせてスイングの準備を行い，遅い速度であったらステップした左足の踏みしめを踏み留まることでスイング開始を調節していると推測された．

このように，下肢にはバットを加速させるために腰部および体幹を加速させるはたらきだけでなく，タイミングよく打つためにそれらの加速を調節するはたらきもある．

2）体幹の動きとそのはたらき

バットを鉛直軸回りに回転させるために，投球と平行な向きから正対する向きまでおよそ90°分，体幹を鉛直軸回りに回転させる（図11-9）．その役割は下肢が担うが，その過程の腰部と肩部それぞれの回転パターンは注目されるところである．

Welchら[3]は，台上に固定されたボールを打つ状況で，打った時の打者の腰部と肩部それぞれの角度を画像解析から求めた（図11-13）．両肩峰の中心と両大転子の中心を結ぶ軸（AOT）を想定し，この軸回りの角度とした．左足を離地（SFL）した時から着地（SFC）まで，すなわちステップ局面では，腰部よりも肩部を大きく時計回転させ，その後腰部を反時計回転させはじめても肩部はまだ時計回転させている．ある時点における腰部と肩部の角度差を「体幹の捻り」と称するのであれば，肩部を大きく回すことで約20°，腰部を先行させて反時計回転させることで約30°の捻りになるということである．そしてこの報告の場合には，インパクトでもまだ20°弱の捻りがあるので，インパクトまでの体幹の捻り戻しは約10°ということになる．

著者[8]は，直球がくるとわかっている状況で，日本を代表する左打者2名がそれを引っ張って好打した時の腰部，肩部，バットの回転角度を求めた（図11-14）．ここでは水平面に投影した角度であり，180°が投手方向と定められているので90°で投手と正対することになる．バットが回転しはじめる前をみると，両者とも投手方向から腰部を約20°，肩部を約40°回転させているので約20°捻っていることになる．この大きさはWelchら[3]の報告した値に近い．肩部より腰部を先行させて戻し回転にするのは両者で共通しているが，その後の腰部，肩部の戻し回転のパターンは異なっている．打者H.M.は，角速度を大きくしてインパクト前には腰部の戻し回転を終えてい

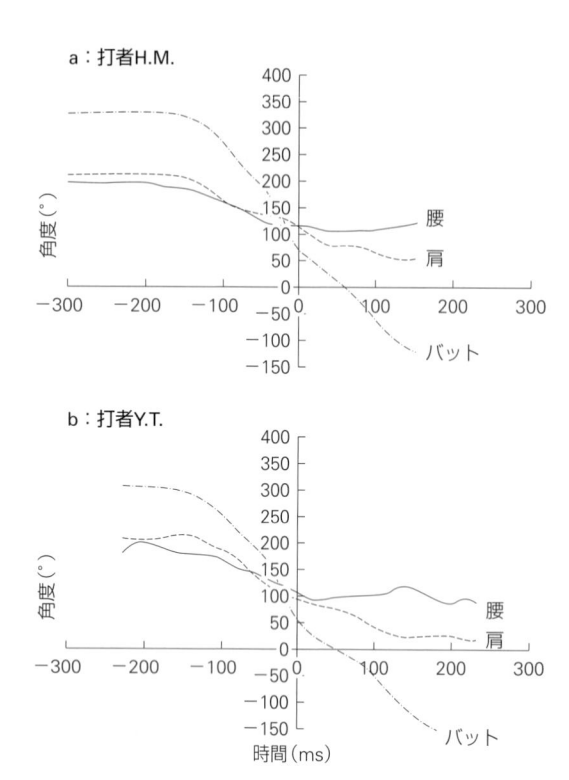

図11-14 野球のバッティング中の腰，肩，バットの角度変化
水平面に投影した角度で，投手方向が180°とし，インパクト時刻を0とした．
（平野裕一：打球スポーツと体幹の働き．体育の科学，51：444-448，2001）

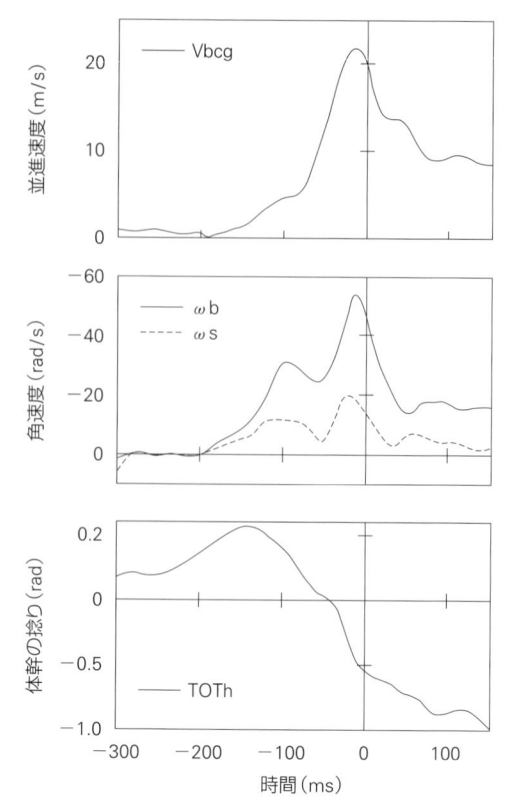

図11-15 打撃中のバットの並進速度（Vbcg），バット（ωb）と肩部（ωs）の角速度，および体幹の捻り（TOTh）
（Hirano Y and Kuwayama J: How does torsion of the trunk contribute to the velocity of a baseballl bat? Proc 17th ISB Congress, p683, 1999）

る．肩部も早く加速させて腰部とともに回転させていくパターンである．したがって，捻りは早期になくなっている．一方，打者 Y.T. は，インパクトまで定速で腰部を回転させている．その過程で肩部の角度を維持して捻りを一旦大きくし，その後に加速させるパターンである．こうしたパターンの違いはあるが，両者とも体幹の捻りはインパクト前に戻っている．したがって，バッティング動作中の体幹の捻り戻しは約20°ということになる．Welch ら[3]の報告（図11-13）とは，インパクトで捻りが戻っていることと捻り戻し角度が大きいという違いがある．これは，固定されたボールを投手方向へ打った状況と動いてくるボールを引っ張って打った状況の違いとともに，日米でのバッティング動作の違いも関与していると考えられる．

3）上肢の動きとそのはたらき

直球がくるとわかっている状況で，それを打った時の肩部とバットの動きを記録した[9]．水平面に投影したバットの並進速度（Vbcg），肩部（ωs）とバット（ωb）の角速度，および体幹の捻り（TOTh）である（図11-15）．Watts と Bahill[10]によると，鉛直軸まわりのバットの角速度（ωb）は，身体の角速度と手首を中心とする角速度の組み合わせという．身体の回転速度を下肢や体幹の動きが集積された肩部の角速度（ωs）と考えると，図11-15のωsとωbの差が手首を中心とする角速度分ということになる．体幹の捻り戻しの局面でωsとωbは増加するが，一旦両速度は低下することがわかる．これはVbcgの増加，すなわちバットを投手方向に引き出すためであり，これも上肢のはたらきが主体である．その後，再び

ωs と ωb は増加し二峰を描く．

大島ら[11]は，直球がくるとわかっている状況で，それを引っ張ってホームランした時の王選手の肩，肘，手首の角速度変化を示した（図11-16）．肩は上腕と上体側部のなす角度である．王選手は左利きなので右足をステップし，その着地前後からインパクトにかけてをみると，左側（捕手側）については肩，肘，手首で負から正への角速度の変換，すなわち，肩では腕を捕手方向へ引いてから投手方向へ押す，肘では曲げてから伸ばす，手首では橈屈してから尺屈する動きが読み取れる．そしてその速度が右側（投手側）上肢のそれよりも大きい．バットを加速させるためには捕手側，すなわちバットを押す側の上肢伸展動作が重要と推測される結果である．

内角球と外角球のどちらがくるか打者にはわからない状況で，内角は引っ張り，外角は流して好打した時のバット重心の動きを3方向に分けて図11-17に示した[12]．両大転子の中点に対するバットの重心という相対値である．鉛直方向（Z）と投手方向（Y）の成分は，引っ張った時と流した時でバットの動きにはほぼ時間ずれがあるに過ぎなかった．すなわち，流した時にはインパクト位置が捕手よりになるので引っ張った時よりも時間的には早期にインパクトを迎える．その分，インパクト時を0として図を描くと流した時の変位は右ずれになるということである．ところが，打席で構えた時の打者の背腹方向（X）成分は，図での上下ずれも含まれている．流した時にはバットの重心が両大転子の中心からみてもより外角へ

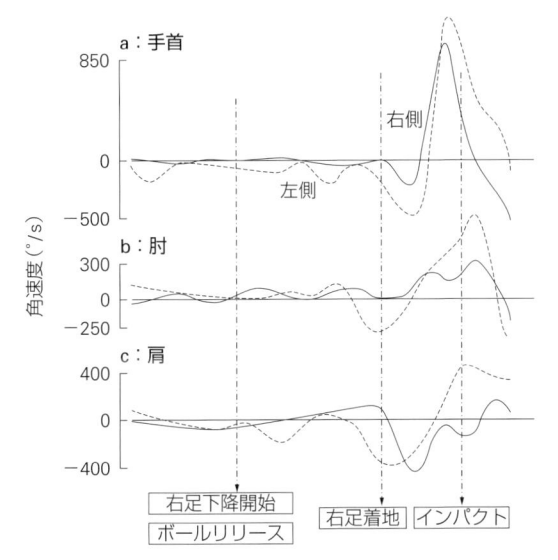

図11-16 打撃動作時の身体各部（手関節，肘関節，肩関節）の角速度変化
被験者：王貞治選手（本塁打の場合）
（大島義晴ほか：打撃動作の分析-1．In：日本バイオメカニクス学会編，身体運動の科学Ⅳ．pp191-203，杏林書院，1983）

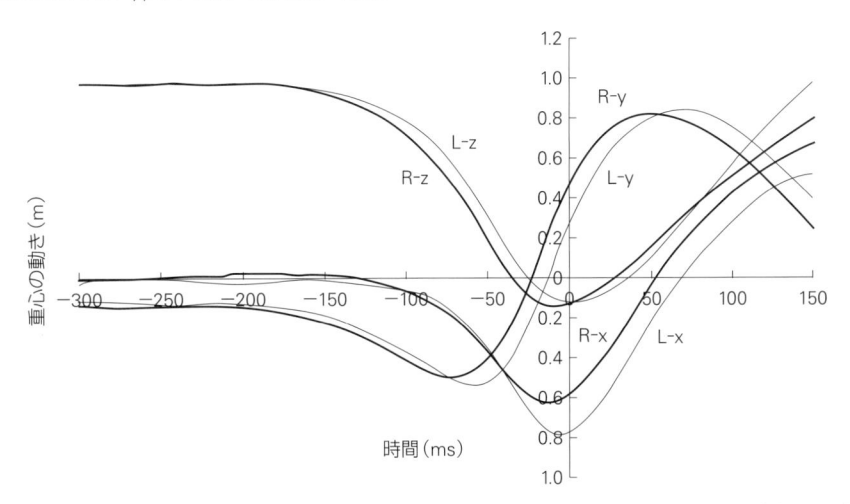

図11-17 某プロ野球選手（左利き）が，打撃練習でライト方向（R：太線）へ打った時と，レフト方向（L：細線）へ打った時のバットの重心の動き（両大転子の中点に対する）
インパクト時を時間軸0とし，打席の背中向きをX軸，投手向きをY軸，鉛直向きをZ軸のそれぞれ正とした．
（平野裕一：競技スポーツのバイオメカニクス～野球の打撃動作解析を例に～．In：植屋清見ほか編，バイオメカニクス研究概論．pp41-43，第14回日本バイオメカニクス学会編集委員会，1999）

動くということである．このことは上肢でバットの空間的な動きを調節していることを示唆している．バットの加速とともに，こうしたバットの動きの調節は上肢の重要なはたらきである．

文献

1) 平野裕一，宮下充正：野球の打撃の基本的動作に関する研究．In：日本バイオメカニクス学会編，身体運動の科学V．pp260-267，杏林書院，1983．
2) Hirano Y and Muramatsu T: Measurement of foot pressure distribution during baseball hitting. 40th ICHPER Proceedings, pp108-109, 1997.
3) Welch CM et al.: Hitting a baseball: a biomechanical description. JOSPT, 22: 193-201, 1995.
4) 石田和之：「投げる」，「打つ」の動作を考える～それぞれの技術を理解して指導に生かすために～．Baseball Clinic，4：26-29，1999．
5) Shaffer B et al.: Baseball Batting. An electromyographic study. Clin Orthop, 292: 285-293, 1993.
6) 村田正洋，平野裕一：打動作の左右差に関する研究―野球の打撃動作における下肢筋活動から―．日本体育学会第50回記念大会大会号，p723，1999．
7) 勝又宏，川合武司：地面反力からみた異なる投球速度に対する野球の打撃動作の特性．体育学研究，40：381-398，1996．
8) 平野裕一：打球スポーツと体幹の働き．体育の科学，51：444-448，2001．
9) Hirano Y and Kuwayama J: How does torsion of the trunk contribute to the velocity of a baseballl bat? Proc 17th ISB Congress, p683, 1999.
10) Watts RG and Bahill AT: Keep Your Eye on the Ball: the science and folklore of baseball. W H Freeman & Co, 1990.
11) 大島義晴ほか：打撃動作の分析―1．In：日本バイオメカニクス学会編，身体運動の科学IV．pp191-203，杏林書院，1983．
12) 平野裕一：競技スポーツのバイオメカニクス～野球の打撃動作解析を例に～．In：植屋清見ほか編，バイオメカニクス研究概論．pp41-43，第14回日本バイオメカニクス学会編集委員会，1999．

［平野　裕一］

3．ラケットで打つ―テニス―

1）テニス・ストロークの動作分析

テニスの場合，動作分析は高速度カメラ，筋電図，ゴニオメータ，加速度計などを用いて行われる．古くは1948年にSlatter-Hammel[1]がフォアハンド・ストロークの際の上肢の筋電図を記録し，1968年にはBleivernicht[2]が同じくフォアハンド・ストロークの際の動きを上方より撮影している．これらはいずれも，上級者のみを対象にして分析を行っている．

1970年代の後半に，新しい測定装置が開発されたことによって，この種の研究は急増する．Anderson[3]は，筋電図による分析と画像解析の両面から，女子の上級者と初級者がサーブを行う際の筋活動について論じ，Miyashitaら[4]は同様な研究を行って，サーブにおいて上級者と初級者を簡単に区別できる点は肘関節の動きであると報告している．また，吉澤ら[5]はフォアハンド・ストロークについて，上級者と初級者の動作を同様な手法で比較し，上級者は上腕からラケットにかけての"むちうち状動作"を行っていること，インパクト前後に右上肢内転筋に放電の休止が認められることなどを明らかにしている．

このほかにも，技術水準の異なるグループ間の動作を比較するという形で，"巧みな動作"を追及しようとした研究は増加しつつある．今後もラケットの動きや上肢の筋放電時相など，一見単純にみえるデータであっても，これを積み重ねていくことで，現場に役立つ情報を導き出していく必要があろう．

しかし，こうした形の研究を進めていく際にはいくつか注意すべき点があることも忘れてはならない．ひとつは実践の後追い，つまり，経験論の確認作業に終わりはしないかという点である．分析者は，"巧みな動作"がどういうものかあらかじめ理念的にとらえていることが多く，分析をする際にはその理念に合いそうな要素に目を向けがちである．そうすると，得られた結果は事前に予想したものばかりということになってしまう．このようなデータは基礎資料としては貴重であるが，現場で取り上げられることは少ない．

もうひとつは，どのようなレベルであれストローク動作の個人差が非常に大きいという点である．そのため，グループ間にある動作の差異を分析するという形では，細かい部分の異同までは客観化しにくく，"巧みな動作"がどのような動きなのか不明なままで終わってしまうことがある．また，グループの人数が少ない場合は，グループ間の差異が"個性"によるものなのか，あるいは本当に技術水準の違いよるものなのか，判断がつきにくいこともある[6]．

　このような難点を克服するためのひとつの方法として最近注目されているのが，「ウェブレット多重解像度解析」「ベクトル画像処理技術」「色彩の固有値抽出」という計算科学的分析手法[7]である．以下にその内容を簡単に説明する．

　①まず，フーリエ変換法によって抽出された動作の相違部分にフーリエ・ウェブレット変換法を用いて，動作の特徴抽出画像処理を行なう．

　②ストローク動作の形態的特徴である非対称性・線の揺れを，発散ベクトルと回転ベクトルの方向の強さの分布で抽出する．

　③さらに，色彩の固有値は，赤・青・緑画素成分から構成されるデータを，3次元空間へ画素分布表示を行うことにより明らかにする．

　これらの手法は工業製品の非破壊検査や，複雑な背景をもつ人物画像中の相違部分の抽出，あるいは赤ん坊の表情変化抽出など，さまざまな分野に幅広く応用されているが，スポーツ動作の解析に用いられるようになったのは，2000年に入ってからのことである．ここでは，テニス・サーブにおける"巧みな動作"をフーリエ・ウェブレット変換法を用いて客観的に判断しようと試みた研究[8]を紹介する．

2) フーリエ・ウェブレット変換法

　フーリエ・ウェブレット変換法による相違点抽出には，基準画像を必要とする．すなわち，5フレームからなる動画像では，第1フレームを基準として第2フレームの相違点が抽出される．次に，第2フレームを基準にして第3フレームの相違点が抽出される．これを繰り返し，全体としては4個の相違点画像が得られる．図11-18，19はサーブ動作におけるインパクト直前の5フレームからなる動画像（毎秒30コマで撮影）へ，フーリエ・ウェブレット変換法を適用した結果で，図11-18が上級者，図11-19が初級者の場合である．この相違点画像は次のようにして求める．

　基準とする画像 D_R をフーリエ変換する．ReとImは，それぞれ，フーリエ・スペクトルの実数部と虚数部を示す．

$$Fourier(D_R) = \mathrm{Re}(F_R) + j\mathrm{Im}(F_R) \quad \cdots\cdots (1)$$

　同様に，特徴抽出する画像 D_S をフーリエ変換する．

$$Fourier(D_S) = \mathrm{Re}(F_S) + j\mathrm{Im}(F_S) \quad \cdots\cdots (2)$$

　式(1)，(2)から式(3)の相違抽出フィルター関数 Filter を作成する．

$$Filter = [F(D_R)_{normalized} - F(D_S)_{normalized}]_{normalized} \cdots (3)$$

　式(2)，(3)から相違抽出画像 D_F を式(4)で得る．

$$D_F = \mathrm{Re}[InverseFourier(Filter * Fourier(D_S))] \cdots (4)$$

　ここで，*はたたみ込み演算を示す．

　得られた D_F を，式(5)でウェブレット変換する．

$$S = W \cdot D_F \cdot W^T \quad \cdots\cdots\cdots\cdots (5)$$

　式(5)のウェブレット・スペクトル S からマザーウェブレット近傍のみを残し，他をゼロとし，ウェブレット・スペクトル s を得る．s を逆ウェブレット変換することによって，相違抽出画像 D を式(6)で得る．

$$D = W^T \cdot s \cdot W \quad \cdots\cdots\cdots\cdots (6)$$

　テニスに限らず打具でボールを打つスポーツでは，中枢側の segment の動きが先行し，末梢側の segment の動きがあとに続くというパターンが望ましい動作であるとされている．テニスの場合，身体各部位の最高速度の出現順序として，図11-20のような模式図が示されることがある[9]．

　図11-18，19に示した左・中心・右画像は，それぞれ，基準・対象・特徴抽出画像である．上級者は身体全体を弓なりにそらし，インパクトに向けて，下半身→体幹の順に大きく動かしていることがわかる．他方，初級者は上級者のような時間差を伴う動作が無く，上肢を中心に前方に動か

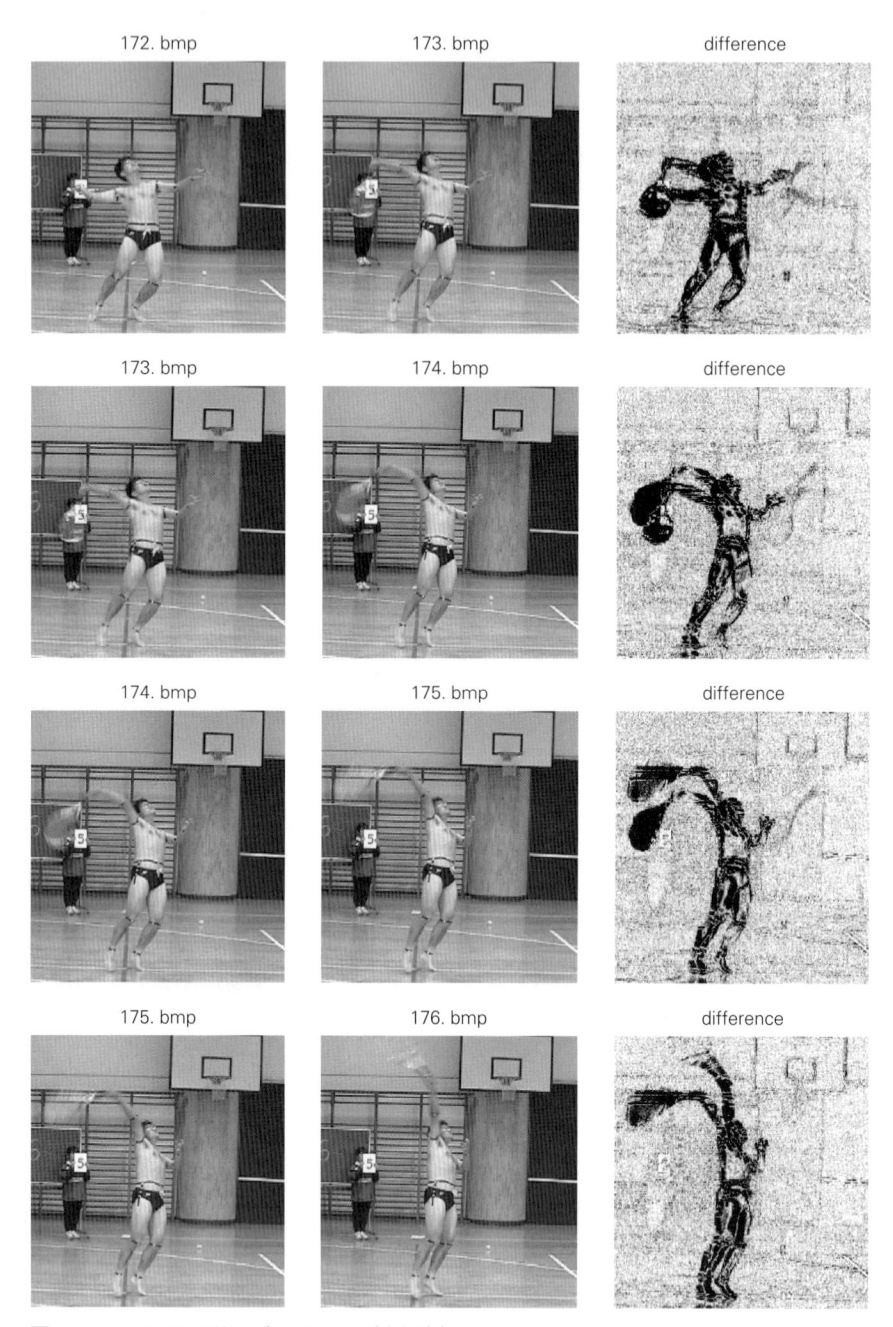

図11–18 テニスのサービスフォーム（上級者）
左：基準画像，中央：対象画像，右：特徴抽出画像
（吉成啓子ほか：ウェーブレット多重解像度解析を用いたテニスサーブフォーム解析に関する研究．可視化情報，21：213–214，2001）

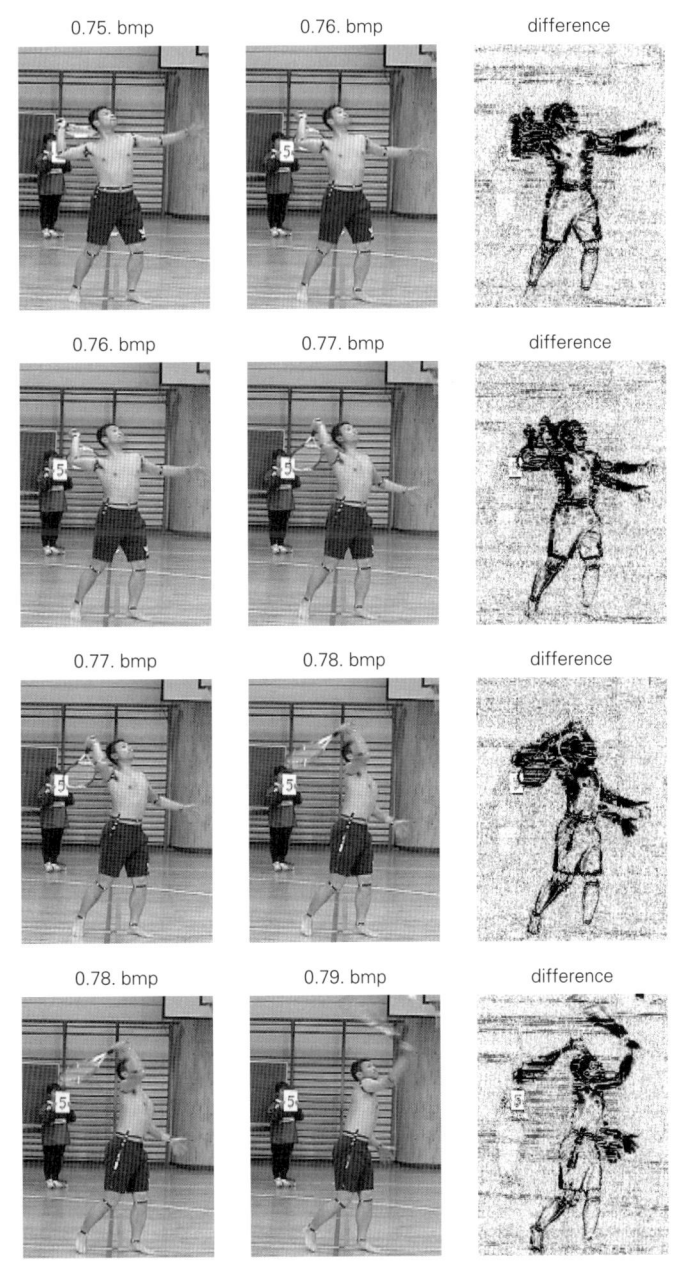

図 11-19 テニスのサービスフォーム(初級者)
左:基準画像,中央:対象画像,右:特徴抽出画像
(吉成啓子ほか:ウェーブレット多重解像度解析を用いたテニスサーブフォーム解析に関する研究.可視化情報,21:213-214,2001)

しているだけであるということが確認できる．

このように，フーリエ・ウェブレット変換法をはじめとする計算科学的手法は，ストローク動作を先入観にとらわれずに分析していこうというときに，大きな威力を発揮する．現在この種の研究は，可視化情報学という分野で行われているが，今後はバイオメカニクスの分野でも，スポーツ動作の"巧みさ"の尺度化研究の客観的手法として発展していくことが期待されている．

3）テニス・ラケットの機械的特性

テニスラケットはこれまで3回革命的な変化を遂げてきた．すなわち，1970年代の新素材の出現，1980年代のデカラケの流行，そして1990年代のフレームの厚いアツラケの登場である（図11-21）．

こうした用具開発の分野は，長い歴史をもつ工学的理論が背景に存在しているので，理論が先行するような研究もいくつかみることができる．

たとえば，デカラケの発明は，テニスとはまったく無縁であったひとりの工業デザイナーの手によってなされた，というのは有名な話である．

現在でもよりよいラケットをつくるため，そして，ラケットを選択しやすくすることを目指して，ラケットそのものの分析が盛んに行われている．ここでは，スポーツ工学の分野で行われている"モード解析"にもとづくラケット評価法を紹介しておく．

モード解析（modal analysis）とは，ひとことでいうと，総合的な振動解析法のことである．モードとよばれる構造体の振動の形は，質量分布と剛性分布により決まり，複数の固有モードのそれぞれが異なる特有の固有振動数で振動することに基づいて，動特性を表現し解析する．実験モード解析の一般的手順は，次のとおりである．

①まず，対象構造物を加振し，加振力と応答の測定結果から振動伝達特性（周波数スペクトル）を求める．

②その構造体にみられる特有な振動を，伝達関数を使ってモードと呼ばれる振動様式の重ね合わせの形で同定する．

③コンピュータ上で，振動モードのアニメーションや外力に対する応答および構造変更の振動シミュレーションなどを行う．

テニス・ラケットを分析する場合の手順を図示すると図11-22のようになる．

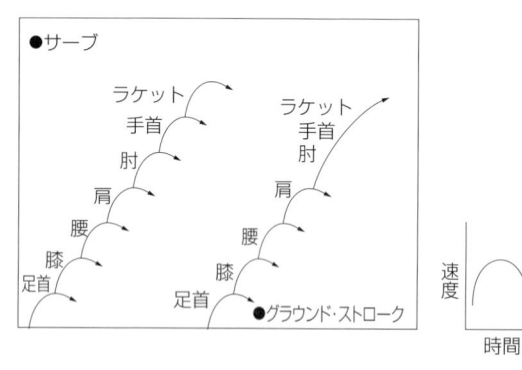

図11-20　テニスにおける速度加重の模式図
（友末亮三，岡崎宏美：バイオメカニクスからみたテニス肘の予防．臨床スポーツ医学，18：43-47，2001）

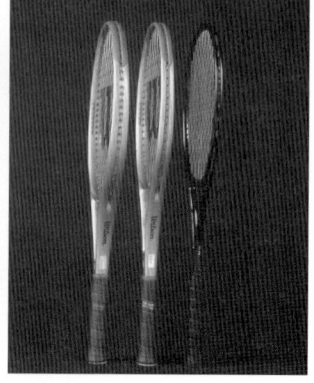

図11-21　ラケットの変遷（写真提供テニスジャーナル）

具体的に説明すると，ラケットには振動を検出するための振動ピックアップというものが取りつけてあり，この設置点は簡単に移動することができる．ラケットを打撃するのは，インパルスハンマと呼ばれる力センサーを備えたハンマで，打撃する地点も任意に選ぶことができる．打撃力と応答の波形データは，2チャンネルFFT（高速フーリエ変換）解析装置に取り込まれ，伝達特性が求められる．これに接続されたパソコンにより固有モード，固有振動数，モード減衰比などのモードパラメータの同定が行われる．

さまざまな実験条件において解析された振動モード形状・振動数・減衰比を，図11-22下部に示した[10]．アツラケは従来のラケットと比較すると，モード形状はあまり変わらないものの，振動数は1.4～1.8倍と大きくなっていることがわかる．減衰比はアツラケの方が小さいが，振動数が高いので時間的減衰率はほぼ等しい．

ある振動モードの節にボールが衝突すれば，そのモードは励振されず，腹に近い位置に衝突するほど励振されやすい．したがって，節の位置を衝突点に近づければ振動は減少するはずであるが，現実には複数のモードが存在し，しかも打撃力が作用するのは点ではなくボールとストリングが接触する領域であるから，振動を消滅させるのは簡単ではない．中央打撃の場合は，3節曲げのモー

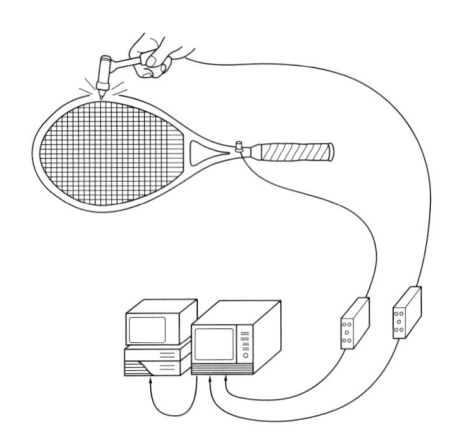

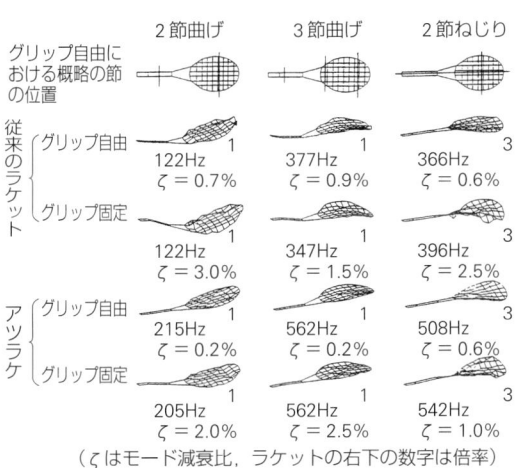

図11-22 モード解析の実験と同定されたラケットの振動モード
（川副嘉彦：テニスラケットの動力学とコンピュータ援用設計．日本機械学会論文集，56：1511-1517，1990）

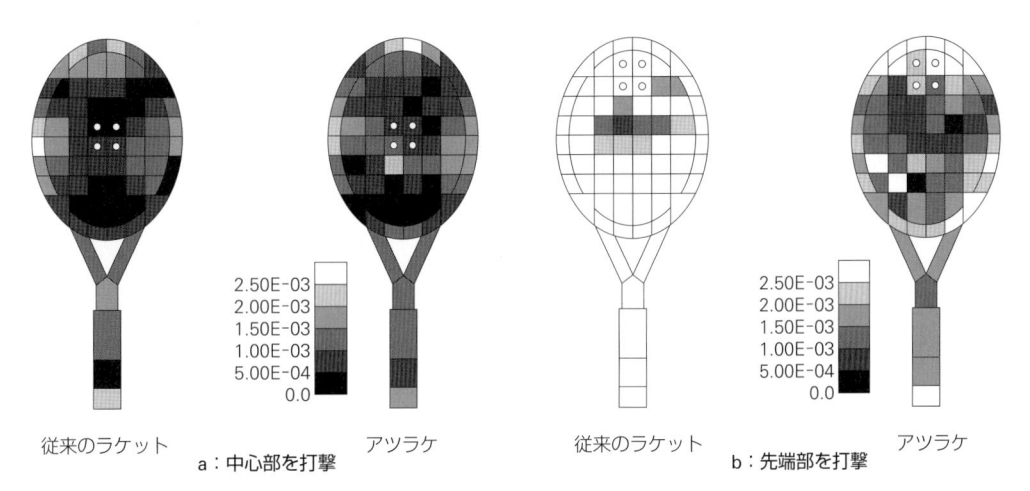

図11-23 グリップ自由におけるラケットのインパルス応答変位振幅
ラケット面上の4つの小さい○印の点は，打撃領域を示し，濃度が濃いほど振幅は小さい．
（友末亮三，川副嘉彦：テニスのバイオメカニクス—動作分析と用具開発の将来—．Jpn J Sports Sci, 9：494-498，1990）

ドが励振されやすく，先端打撃の場合は，2節曲げのモードが励振されやすい．

図11-23は，グリップ自由の状態で，面の中央部と先端部を打撃した場合の，両ラケットのインパルス応答変位振幅を比較したものである[11]．ボールの大きさを考慮してラケット面上の4つの小さい〇印の点を打撃領域と仮定し，ラケット各点の振動振幅の大きさを6段階の濃度で表示している（濃い方が振幅が小さい）．採用したモードは，2節曲げ・3節曲げ・2節ねじりの3つである．

中央を打撃した場合は振幅が小さく，しかも両ラケットの差異も小さい．先端打撃の場合は振幅は大きくなるが，従来のラケットと比べるとアツラケの振幅がはるかに小さい．また，標準的グリップ位置の振動は，中央を打撃した場合は非常に小さいこともわかる．

このようなモード解析にもとづく研究は，ラケットそのものを評価するための基礎資料を得るだけでなく，インパクトの瞬間に腕が感じる衝撃，打球のパワーや安定感など，人間が微妙にしかも明確に識別する感覚を評価していこうというときに，貴重なデータを提供してくれるであろう．

文　献

1) Slatter-Hammel AT: An action current study of contraction-movement relationships in the tennis stroke. Res Q, 20: 424–431, 1948.
2) Blievernict JG: Accuracy in the tennis forehand drive: cinematographic analysis. Res Q, 39: 776–779, 1968.
3) Anderson MB: Comparison of muscle patterning in the overarm throw and tennis serve. Res Q, 50: 541–553, 1979.
4) Miyashita M et al: Muscular activities in the tennis serve and overarm throwing. Scand J Sports Sci, 2: 52–58, 1980.
5) 吉澤正伊，熊本水頼：テニス・グラウンド・ストロークの動作学的ならびに筋電図学的研究．Jpn J Sports Sci，2：394–400，1983．
6) 友末亮三，川副嘉彦：テニスのバイオメカニクス—動作分析と用具開発の将来—．Jpn J Sports Sci，9：494–498，1990．
7) 斉藤兆古：Mathematicaによる画像処理入門．朝倉書店，1998．
8) 吉成啓子ほか：ウェーブレット多重解像度解析を用いたテニスサーブフォーム解析に関する研究．可視化情報，21：213–214，2001．
9) 友末亮三，岡崎宏美：バイオメカニクスからみたテニス肘の予防．臨床スポーツ医学，18：43–47，2001．
10) 川副嘉彦：テニスラケットの動力学とコンピュータ援用設計．日本機会学会論文集，56：1511–1517，1990．
11) 川副嘉彦，友末亮三：テニスラケットのボールの飛びに関するスイート・エリアの定量的予測．日本機会学会シンポジウム講演論文集，96：55–59，1996．

［友末　亮三］

4. ゴルフクラブで打つ

ゴルフは，プレイヤーがクラブでボールを打撃する運動である．クラブでボールを打つときには，瞬間的な接触が発生し，その瞬間的な時間（1/1,000s）がボールの飛ぶ距離を決めたり，方向に影響を与える．一流ゴルファーが打ったボールの初速度は60〜70m/sであり，この時の力の大きさは，瞬間的には約1トンもの値を示す．さらに，シャフトは最大で2〜3cm湾曲するといわれている．したがって，ボールは短時間の内に大きなエネルギーが加わり，速度を増す[1]．ゴルフにおいて飛距離を延ばすためには，クラブヘッドのスピードをより速くすることが重要である．また，ゴルフでは人体とクラブの一体化が必要であり，その結果，ボールの飛球方向を正確にしたり，飛球距離を得るようになる．人体のエネルギーは，クラブをとおしてクラブヘッドに伝達し，ボールをコントロールする．クラブの打つ方法については，国内外の一流プロゴルファーの技術論があるが，感覚的な言葉で解説されているいることが多い．たとえば，「インパクト時の壁」「ダウンスイング時の溜め」「手の返し」「ヘッドを走らせろ」等があげられる．しかし，クラブでうまく打つためには，人体の動きを効率よく使うことにより，高いパフォーマンスを得ることになると考えられている．そこで，本項では打つための人体の動

きをバイオメカニクスの面から紹介することにする．

1）体重移動からみたスイング

ゴルフスイングは，二足で脊柱を前傾させた状態で身体を回転させクラブを振る運動である．つまり身体の重心の使い方により，運動力学的効果（whip-like action，鞭作用）[2]を発生させることになり，スイング中の体重移動によっては高いパフォーマンスに結びつくといっても過言ではない．

Linning[3]は，17世紀のゴルファーであったTormas Kincaidのスイングについて，スイング中に右足から左足に体重を移動させていると分析し，パワーを引き出すためには，両足の動きによって身体をターンさせていると述べている．また，米国のゴルフ教育の先覚者であるCottrell[4]は，体重移動を行うスイングは体の滑らかな回転運動を助け，スイングのスピードを生み出すと報告している．

熟練ゴルファーはよく「体重を掛けて打て」「身体をスウェーさせるな」「足の裏で地面を掴みながら打て」等といっているが，客観的にどのように体重移動をしたらよいかわからないことが多い．そこで，図11-24[5]に熟練ゴルファーの足圧中心移動軌跡を示した．①はアドレス，②はトップ，③はインパクト，④はフィニッシュを示した．図11-24から明らかのように，軌跡はアドレスでスタンスの中央部，その後バックスイングをするにしたがって右足の土踏まずまで動き，体重を移動させている．この時の床に掛かる力は体重の約1.6倍であった．また，その時の前後の軌道の動揺幅は4〜5cmであった．体重移動を利用したスイングは，人体のエネルギーを利用でき，その結果クラブをより速く振ることに結びついているものと考えられる．

2）スイング中の眼の動き

スイングでの注意点のひとつとして，「ヘッドアップするな」「眼をボールから離さないで打った方がよい」といわれることがある．その理由と

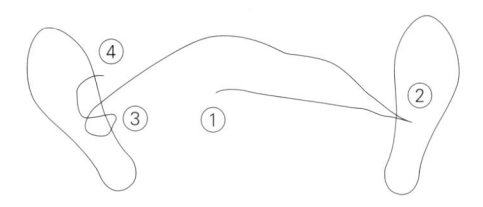

図11-24 熟練ゴルファーのドライバー使用時の足圧中心移動軌跡
図中の番号はそれぞれ，①アドレス，②トップ，③インパクト，④フィニッシュ，の足圧中心の位置を示す．
（川島一明：足圧中心移動軌跡から見たゴルフスイングの検討．ゴルフの科学，1：34-40，1987）

して，スイングの中心軸である頭を移動することは，クラブフェースのスイートスポットを外すことになるということであろう．そこで，ここではスイング中に眼はどのように動いているかついて述べる．

宍戸ら[6]は，スイングと眼球運動の関係をスイング中の左右の眼球電位から調べ，熟練ゴルファーはスイング中に静止しているボール付近を凝視していると報告している．また，Whiting[7]はボールゲームにおける眼球の動きには，知覚機構でボールに対する判断をし，変換機構で動作の形をつくり，その後効果機構で動作の筋を動かすと述べている．スイングに置き換えると，まずボールの位置を知り，両眼輻輳の感覚的手掛かりを大脳が解釈することにより判断される．つまり，ボールをうまく打つためには，スイング中にボールの位置をしっかり見ることであろう．すなわち，固視点にすることが，空間的知覚を安定させ，正確な運動指令を発生することができるということである．

図11-25[8]は，熟練ゴルファーと初心ゴルファーがドライバーで打ったときの効き眼（右眼）の眼球電位を示した．熟練ゴルファーはまずアドレス時では，ボールの左側を見て，トップになるとボールを見て，インパクトからフォロースルーでは眼を離していた．熟練ゴルファーは，ボールを見ながら打っていたが，初心ゴルファーはボールから眼が離れていた．

ボールを打つためには，0.8〜1.7m先のボール

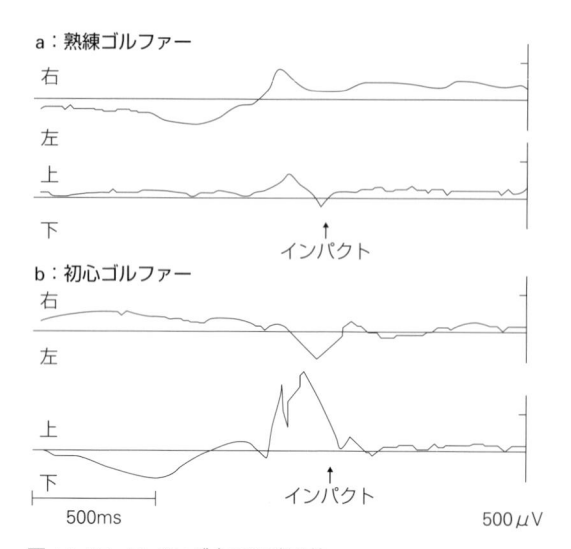

図11-25 スイング中の眼球電位
(川島一明：ゴルフスイングにおける眼球運動の検討．ゴルフの科学，7：19-24，1994)

を確認し，ボールとクラブヘッドの距離を記憶し，ボールをよく見ながら打つことがよいのではなかろうか．

3）スイング中の足の役割

スイング中の両足がどのような動きをしているかについては，ほとんどわかっていない．一般ゴルファーに足の役割について聞いてみると，「スイング中に足の指は地面を包むように打て」「土踏まずに体重をのせながら打て」「インパクトでは左足の母指球に力を入れるのがよい」等，足底裏についていわれていることが多い．スイング中に足は身体を支え，身体のエネルギーを溜める点といっても過言ではない．足底裏の中で縦横に動くが，その力のベクトルは複雑でほとんどわかっていないようである．足はさまざまな大きさの骨（中根骨，中足骨，指骨等）からできていて，身体のスイングバランスをとったり，上体の捻れに対して加圧していたり，蹴り上げたり等，多くの動きを行っている．

打つためには，スタンスをつくり，身体を前傾にし回転させてスイングをする．そこには身体を支えている足がどのような役割を知ることにより，より高いスイング形成に役立ち，パフォーマンスの向上になろう．

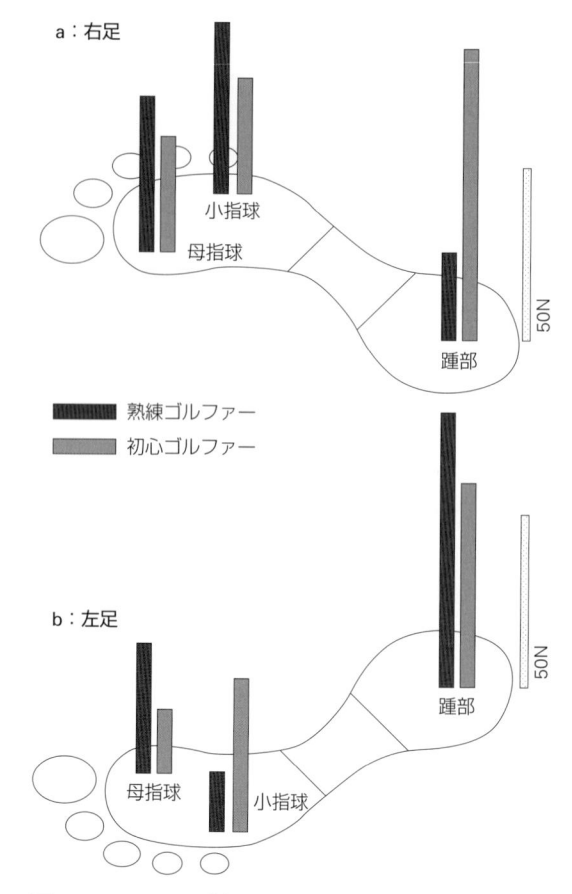

図11-26 スイング中の最大足底圧
(Kamashima K: A kinematical analysis of foot force exerted on the soles during golf swing skilled and unskilled golfers. In: Farrally MR and Cochran AJ eds, Science and Golf Ⅲ. pp40-45, Human Kinetics, 1999)

図11-26[9]は，スイング中における熟練ゴルファーと初心ゴルファーの6部位の最大足底圧を示した．図11-26では，5番アイアンで打った時の足底圧応力を左右の母指球，小指球，踵部の部位応力を小型ロードセルによって観察した．熟練者ゴルファーは，ダウンスイングからインパクトに向かうときに右母指球にしっかり力を掛けて打ち，インパクト時には左踵部に加重させていた．一方，初心ゴルファーは足裏に力強さがみられず，身体のエネルギーがクラブに伝わらない．ゴルフで飛距離を延ばすためには，足底に掛かる力の配分を少し意識させながら打つことが，良策と推定される．

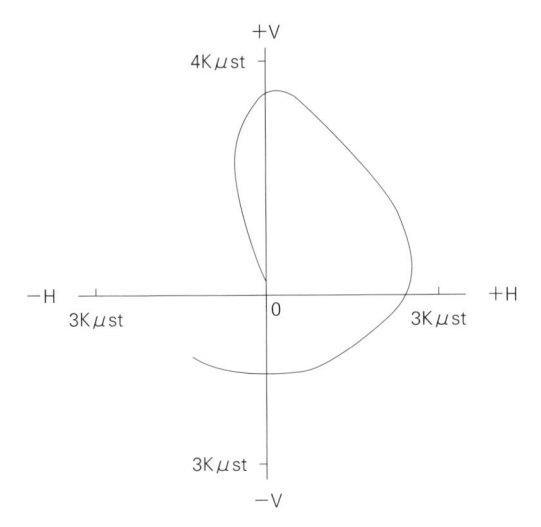

図11-27 ドライバーで打った時のシャフトのリサージュ図形（熟練ゴルファー）
（川島一明：ゴルフ用具のダイナミックス．精密工学会誌，9：19-24，1993）

4）スイング中のシャフトの挙動

ゴルフのスイングは，細いシャフトに重いヘッドを付けてあるクラブを思い切って振り，ボールを打つ動きであり，そのクラブをうまく操り，ボールを飛ばすスポーツがゴルフである．そのため，クラブの物理特性を活かしながら振ることが要求される．また，ゴルファーはクラブの長さ，重量，重心位置，スイートスポット，スイートバランス，インパクト感等を気にしながらクラブを選んでいる．しかし，各個人に的確にあったクラブは少ないように思われる．そこで，ここではクラブの動的な物理作用について観察してみた．

増田ら[10]は，スイング中のクラブシャフトにかかる応力パターンについて，ゴルフ熟練度の違いから力学的に調べた結果，熟達するにしたがいシャフトの応力パターンが重畳されており，再現性のあるスイングであると報告している．しかし，スイング中のシャフトはどのように撓みをつくっているかの動作特性についてはほとんどわかっていない．そこで，ここではスイング中のクラブシャフトの撓み変化をみるために，シャフトのグリップエンドから30cmの所に歪みゲージ（±V方向，±H方向）を貼付し，スイング中のシャフトの動作を観察した．図11-27[11]は，ドライバーで打った時のリサージュ図形（スイング中のアドレス時からトップ時を経てインパクトに至るまでを示したもの）である．すなわち，アドレスからトップでは＋方向に撓み，次いでトップからインパクトに向かっては＋H方向に湾曲し，インパクトでは大きく－V方向に曲がっていた．これらのことは，インパクト前にシャフトを大きく湾曲させ，インパクトでその湾曲されたものを戻す方法を取っていた．以上の結果をまとめると，シャフトの弾性を引き出させるようなクラブの動きをつくることが，ヘッドスピードを増すために役立つものと思われる．

文　献

1) デッシュ CB（岡村　浩訳）：ボールゲームの物理学．p166，みすず書房．1978．
2) 金子公宥：ゴルフスイングにおける「コイリング」―その効果を占うバイオメカニクス的一考察―．ゴルフの科学，3：1-4，1990．
3) Linning D: Tomas Kincaid: the first golf analyst. Proceedings of the first world scientific congress of golf. pp123-125, 1990.
4) Cottrell EB：ゴルフスイング理論．p9，NGF 日本 II，1990．
5) 川島一明：足圧中心移動軌跡から見たゴルフスイングの検討．ゴルフの科学，1：34-40，1987．
6) 宍戸俊雄，渡辺直隆：眼球電位図によるゴルフスイング動作の挙動分析について．体力科学，39：602，1990．
7) Whiting HA: Acquiring Ball Skill. G Bell & Sons, 1969.＜加藤橘夫ほか訳：ボールスキル．p161，ベースボールマガジン社，1973＞
8) 川島一明：ゴルフスイングにおける眼球運動の検討．ゴルフの科学，7：19-24，1994．
9) Kawashima K: A kinematical analysis of foot force exerted on the soles during golf swing skilled and unskilled golfers. In: Farrally MR and Cochran AJ eds, Science and Golf III. pp40-45, Human Kinetics, 1999.
10) 増田　充，芝山秀太郎：ゴルフスイングの動作分析（I）．体力研究，21：1-27，1971．
11) 川島一明：ゴルフ用具のダイナミックス．精密工学会誌，9：19-24，1993．

［川島　一明］

5. ゴルフスイングの力と運動

ゴルフというスポーツは，ボールをより遠くに，そしてより正確にターゲットに向かって打つことが要求されるが，ボールをより遠くに飛ばすためにはインパクト時のクラブヘッドの速度を大きくする必要がある．しかし，手から打撃面が離れており，しかも打撃面が狭いことからクラブを速く振ればうまくボールに当たらなく，正確性が欠けることになる．したがって，正確性と速さの両立が要求されるゴルフのスイング動作は，他の打動作に比べ難しいといえる．また，ゴルフ競技は，18ホールのコースでボールをカップインするまでのスコアで競われるが，ボールを打つ技術はもちろん，地形や風などにも影響されることから，変化にとんだスポーツでもある．このように多くの要素を含んでいるゴルフは，難しいけれど面白いスポーツとして，多くの人に親しまれている．

ゴルフのスイング動作は，ゴルフクラブを介してボールを飛ばすことであるが，ボールの到達点は，身体の動き，ゴルフクラブの動き，ボールの飛行，空気抵抗，地形等が関係している．スイングメカニズムを解明するためには，身体やゴルフクラブの動きを詳細かつ厳密に把握することが必要である．身体やクラブ，ボールの動きを位置や角度，あるいは時間当たりの変化である速度や角速度，さらには身体が受ける力や身体が発揮する力，身体がもつエネルギーといった力学量として示すことでスイングメカニズムをより詳細に捉えることが可能となる．

1）ゴルフスイングに必要な力

身体は，大小さまざまな骨が関節でつながれており，骨には関節をまたぐようにして筋が付着している．それらの筋が原動力となり，骨を動かすことによって身体の運動が起こる．ティーショットからパットまで，ゴルフスイングに必要なエネルギーは，筋が収縮することによって生み出されている．

スイングの目的は，クラブヘッドを十分加速して，正しい位置にボールを当てることである．クラブの運動には並進運動とグリップを中心とした回転運動とがあるが，特にダウンスイングからインパクトにかけてはグリップ回りの回転速度が増加する．クラブを握っている手の役割は，腕とクラブの支点の役割をすることから，手首の自由度を妨げるような大きな力でクラブを握ることは，必ずしもヘッド速度を増加することにつながらない．グリップを握る力の指標としての屈指力の測定結果[1]から，屈指力はダウンスイングでもっとも大きくなり，インパクト時にはそれよりも小さくなっているといわれており，スイング中に最大でも，0.4～7.4kgの範囲であり，静的屈指力に比較すれば大きい値ではない．このことは，腕や体幹，足腰で発揮された筋力によってクラブヘッドを有効に加速するためには，最大の力でグリップを握る必要がないことになる．

スイング中の荷重は，バックスイングで右足に移動したものがダウンスイングで急激に左足に乗り移ってインパクトを迎える．荷重変化が速く，荷重移動が大きい方が，大きなパワーは得られるが，大きなパワーをいかにしてボールに伝達するかが重要な技術である．

2）ゴルフスイングにおけるクラブと身体の運動

前述のように，クラブの運動には，並進運動と回転運動があるが，スイングはこれら2つの運動の組み合わせでなされている．並進運動は，肘，肩，体幹，腰，脚などの筋活動による力発揮によってグリップを移動させることで起こる．一方，回転運動は，クラブをグリップの回りに回転させようとする際に，手首の関節の屈曲，伸展や前腕の捻りによって発生する．手首の関節は，手の甲側と手のひら側への背屈および掌屈，手の親指側と小指側への橈屈および尺屈の2つの動きがある．また，肘と手首の間には2本の骨が平行に並んでおり，この骨が捻れることによって前腕に捻り（回内，回外）が生じる．

図11-28は，クラブの動きについてダウンスイングからフォロースルーまでを一定間隔で描い

a：女子プロゴルファー　　　　　　　　　b：アマチュアゴルファー

図11-28　ダウンスイングからフォロースルーまでのクラブのスティックピクチャー（1/200秒おき）

たスティックピクチャーである．このようなデータは3次元的分析法を用いて得られる．aは女子プロゴルファー，bは女子アマチュアゴルファーである．クラブを1本の線で表したスティックピクチャーの間隔が広いところは，動きが速いことを示し，狭くなれば，動きが遅いことを示している．両者ともインパクト後に間隔が狭くなりクラブの動きが遅くなったことがわかるが，これはボールとの衝突によってクラブヘッドが急激に減速したためである．クラブの動きをみると，女子プロゴルファーはグリップの軌跡が比較的円に近い形であるが，アマチュアゴルファーは縦長の円になっている．また，女子プロゴルファーは，ダウンスイングとフォロースルーが対称的であるのに対し，アマチュアゴルファーはフォロースルーで手を高く取っていることがみられる．

図11-29は，スイング中のおもな局面をスティックピクチャーで示したものである．クラブは1本の線で表し，身体は，手首と肘を結ぶ前腕のセグメント，肘と肩を結ぶ上腕のセグメントというようにおもな関節を境としたセグメントを線分で表してある．同一スイングについて，ダウンスイングからインパクトまでの身体とクラブの動きを一定間隔でスティックピクチャーとして重ねて描いたものが図11-30である．このように身体やクラブの動きを線画として表すと，動きの特長が表現される．

①　②　③　④　⑤
a：女子プロゴルファー

b：女子アマチュアゴルファー

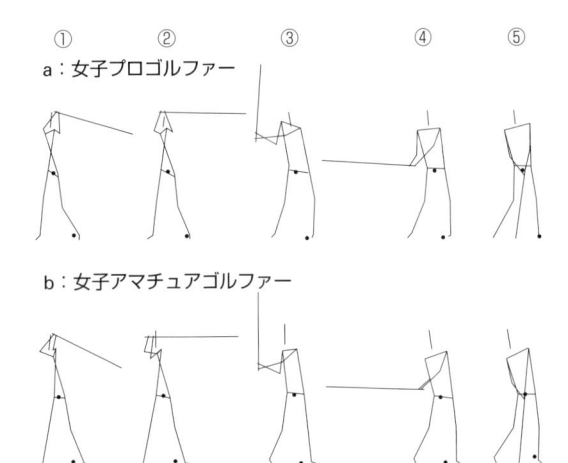

図11-29　ダウンスイングからインパクトまでのスイング中の異なる局面でのクラブと身体のスティックピクチャー
①バックスイングの最後（トップ），②ダウンスイングの始まりでクラブが水平，③ダウンスイングでクラブが垂直，④ダウンスイングでクラブが水平（ハーフウェイダウン），⑤インパクト
（池上久子ほか：ゴルフスイングにおける肩と腰の回転．ゴルフの科学，10：36-43，1997）

3）ゴルフスイングにおける肩と腰の回転運動

図11-31は，バックスイングからフォロースルーまでの肩と腰の角度変化を示したものである．肩と腰の角度について体幹の軸，すなわち，両肩の中心と両腰の中心を結んだ線を軸とし，その回りの回転として示してある．ゴルフでは前傾姿勢をとり，また，人によって背骨の前傾角も異なっているため，このように体幹を通る軸に対する回転として表した方がよいと考えられる．

a：女子プロゴルファー   b：アマチュアゴルファー

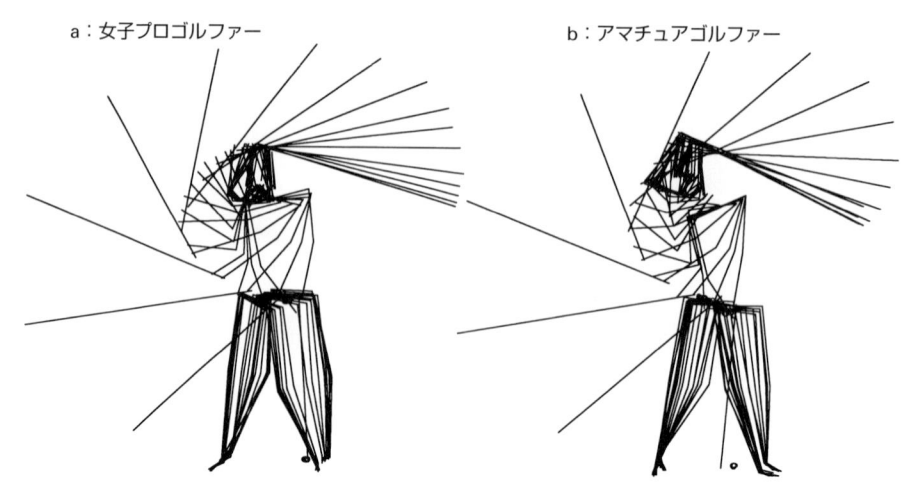

図11-30 ダウンスイングからインパクトまでの身体とクラブの動きを一定の時間間隔で示したスティックピクチャー（1/50秒おき）
（池上久子ほか：ゴルフスイングにおける肩と腰の回転．ゴルフの科学，10：36-43，1997）

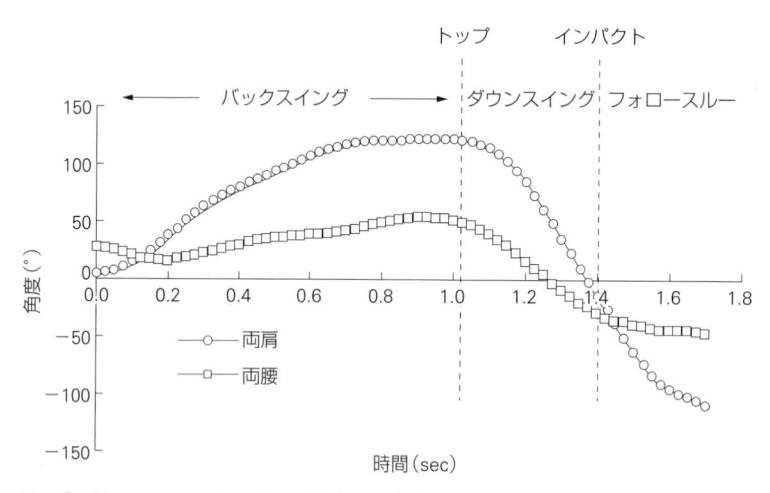

図11-31 バックスイングからフォロースルーまでの肩と腰の角度変化
角度0は，両肩あるいは両腰を結ぶ線が打球方向に等しいとき，また，正の角度はバックスイング側への捻り，負の角度はダウンスイング側への捻りを表している．（池上久子ほか：ゴルフスイングにおける肩と腰の回転．ゴルフの科学，10：36-43，1997）

　図11-31は女子プロゴルファーのものであるが，バックスイングで肩，腰とも徐々に回転し，トップあたりで最高角となり，そして急激に減少しインパクトを迎えている．インパクトでは，肩や腰はアドレス時よりもフォロースルー側に回った状態になっている．バックスイングでは肩が先行して回転し，トップで肩と腰の角度の差が大きく体幹が捻れていることを表している．ダウンスイングでは腰が先行して回転がはじまっており，腰の回転のピークから減速する辺りで肩の急速な回転が起き，バックスイングで生まれた胴体の捻れをダウンスイングで回復している．

　図11-32には，Cavagnaの実験結果から筋のバネ作用をカエルの摘出筋による実験で証明したデータが示してある[2]．力を発揮していない筋をゆっくり引き伸ばしていくと，しばらく張力ゼロ（a—d）の状態が続き，やがてわずかな張力が発生する（d—b）．この伸びた位置で電気刺激を与え（b—c），張力が高まったところで短縮させるとc—dの力で仕事がなされる．仕事量としてはd，c，bで囲まれた面積に相当する．これに対しeの力で活動している筋を強制的に伸張する

と，張力はe—fの経過をたどって高まり，短縮させるとf—hの力で大きな仕事をする．仕事量としてはa, e, f, hで囲まれた面積に相当する．つまり，仕事の増加分は筋の弾性要素（筋のバネ）を反映したものになるといわれている．筋の弾性要素を利用する動きは，目的とする動きの直前に逆向きの動きをすることによって行うことができる．垂直跳をする時に一度沈み込み，膝関節の伸展筋を伸張させた後に短縮させる方が高く飛び上がれるのは，筋の弾性要素を利用した効果である．

それでは，スイングについていえば，女子プロゴルファーは，トップで肩と腰の角度差がみられ，肩の回転角度が腰に対して大きく，上体の捻りが認められる．この捻りは，弾性エネルギーの利用を可能にしていると考えられる．トップの瞬間には体幹の筋が伸張（ストレッチ）され，短縮の切り替えが素早く行われることによって筋の弾性要素が利用できると考えられる．クラブヘッドを有効に加速するためのこのような体幹の筋の弾性要素を利用する方法は，肩と腕，腕とクラブの間にも成り立っている．

4）ゴルフスイングにおけるコック

スイングにおける腕とクラブとの関係は，手首を支点として身体のパワーを伝達する役目として重要である．腕とクラブとのなす角度をコックというが，図11-33はコックの役割を原理的に示したものである．コックがないスイングでは，腕とクラブシャフトのなす角度が変化しないので，グリップの速度に対し，クラブの長さ分だけクラブヘッド速度は大きくなる．一方，コックのあるスイングでは，グリップの速度に対し，クラブの長さ分にさらにコックの分が追加されて，クラブヘッド速度はより大きくなる．コック，アンコッ

図11-32 カエルの摘出筋による筋のバネ作用実験
(金子公宥：改訂スポーツ・バイオメカニクス入門．杏林書院，1994，およびMargaria R，金子公宥訳：身体運動のエネルギー．ベースボールマガジン社，1978より作成)

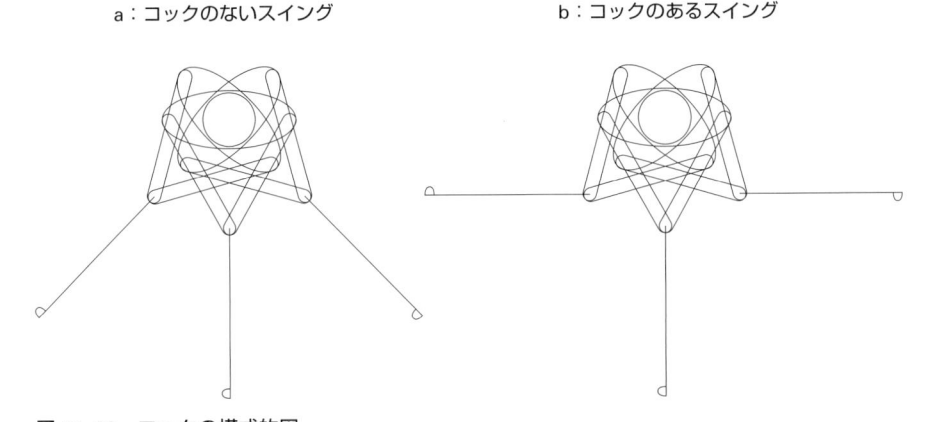

図11-33 コックの模式的図
ヘッドの速度はコックがなくてもクラブヘッドに比べクラブシャフトの長さ分だけ大きくなる．コック—アンコックが加われば，さらに大きくなる．

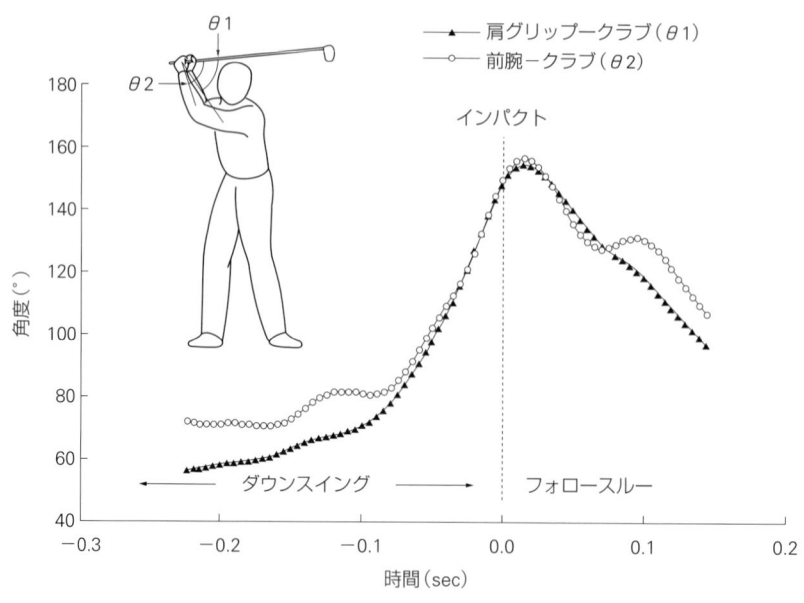

図11-34 ダウンスイングからフォロースルーまでの2種類のコックの角度変化
θ1：左肩とグリップを結んだ線とクラブとのなす角度，θ2：左前腕とクラブとのなす角度
（池上久子ほか：ゴルフスイングにおける腕とクラブの関係．ゴルフの科学，12：52-62，1999）

クの動作は先に述べた左右両手首関節の動きと左右の腕の捻れによってなされている．

実際のスイングでは，バックスイングでクラブシャフトは腕よりも先行し，しかもより多く回転する．ダウンスイングでは，腕が先行し遅れてクラブの回転が起きる．コックは，トップ辺りで最小角となり，ダウンスイングの後半で急激にコックが開放される．コックの原理を考える際には肘の自由度をなしで考えたが，実際のスイングのコックには2つの考え方があることから，2つの角度を考えてみる．ひとつは，肩を中心とする回転という考えから，左肩とグリップを結んだ線とクラブとのなす角度（θ1）とし，もうひとつは，手首の角度変化とする考え方から，左前腕とクラブとのなす角度（θ2）とする．図11-34は，男子シングルプレイヤーのダウンスイングからフォロースルーまでの2つの角度変化を示したものである．インパクト手前で両角度が一致していることは，左手が伸びていることになる．またインパクト後に前腕とクラブのなす角度（θ2）が一旦増加しているが，これは，左手の回外と左手がたまれていく結果である．

図11-35は，4名のゴルファーのダウンスイングからフォロースルーまでのθ1の角度について示したものである．いずれのゴルファーともにトップあたりがもっとも角度が小さく，ダウンスイングの途中から急激なアンコックが起きて，インパクト近辺で角度が大きくなっている．インパクトあたりでは，男子アマチュアがやや大きな角度を示してはいるが，150～160°でゴルファーに大きな角度差がみられない．しかし，ダウンスイング時では，男子シングルプレイヤーが他のゴルファーに比べ小さくなっており，コックが強くなっていることが認められる．クラブシャフトが水平となっているハーフウェイダウンでは，男子シングルプレイヤーが94.5°ともっとも小さく，次に女子プロが107.4°と小さくなっている．男子シングルプレイヤーや女子プロではハーフウェイでの角度は最大時と最小時の約半分くらいであるが，アマチュアは半分より大きくなっている．男子シングルプレイヤーや女子プロは，コックが保たれていることになる．

図11-36は，図11-35と同様のゴルファーのコック角速度について示したものである．角速度の最大値はいずれのゴルファーともにインパクトの前で認められ，角速度の最小値はインパクト後に

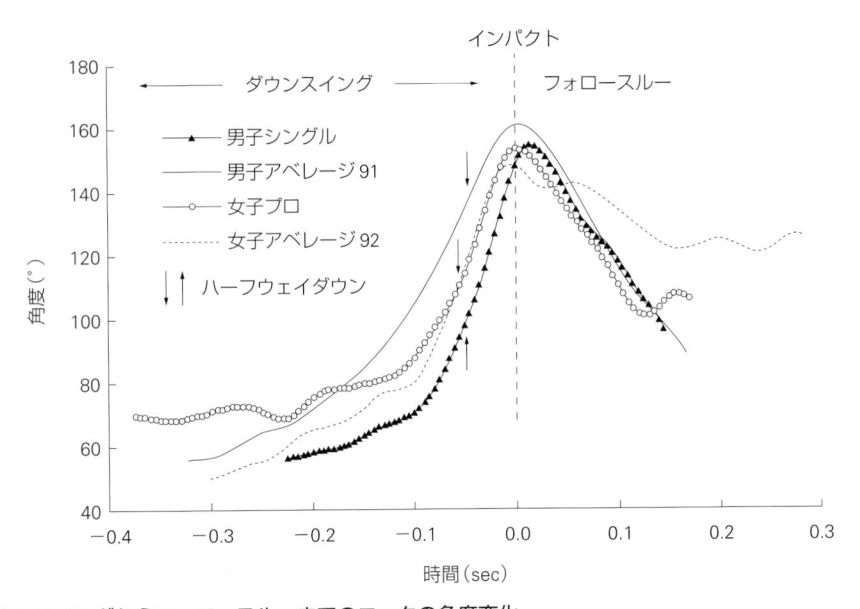

図 11-35　ダウンスイングからフォロースルーまでのコックの角度変化
4名のゴルファーともにダウンスイングの後半に急激なコックの増加がみられる．男子シングルプレイヤーはコック，アンコックの角度範囲が大きい．（池上久子ほか：ゴルフスイングにおける腕とクラブの関係．ゴルフの科学，12：52-62，1999）

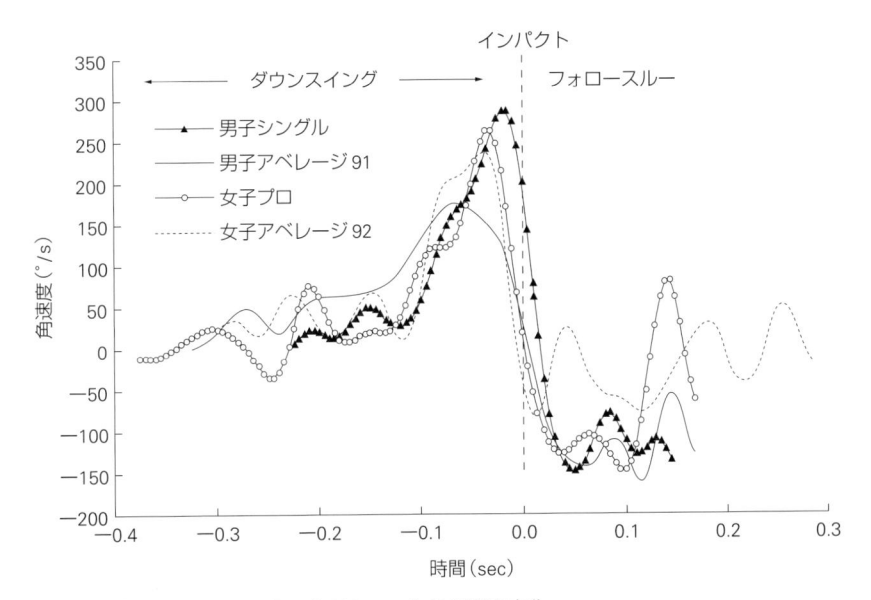

図 11-36　ダウンスイングからフォロースルーまでのコックの角速度変化
4名のゴルファーともにダウンスイングの後半のインパクト直前でもっとも大きくなっている．男子シングルプレイヤーはもっとも大きな角速度である．（池上久子ほか：ゴルフスイングにおける腕とクラブの関係．ゴルフの科学，12：52-62，1999）

現れている．いずれのゴルファーともインパクトは角速度が減少する過程で行われている．男子シングルプレイヤーは角速度の最大値から最小値への変化の範囲が大きく，減少する早い過程でインパクトしている．

5）クラブヘッド速度と身体各部の速度

図 11-37 は，ダウンスイングからフォロースルーにかけてのスイング中のクラブヘッド速度とグリップ移動運動の速度変化を示したものである．aは男子アマチュア上級者（ハンディキャップ0），bは中級者である．クラブヘッドはダウ

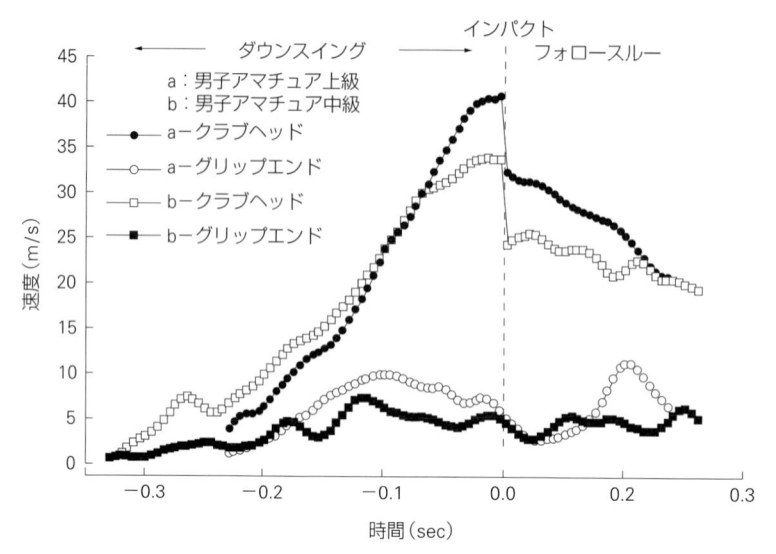

図11-37　ダウンスイングからインパクトまでのクラブヘッドとグリップエンドの速度変化
クラブヘッドの速度はインパクトによって急激に減少する．グリップの速度はインパクト手前で減速している．
(池上久子ほか：ゴルフスイングにおける腕とクラブの関係．ゴルフの科学，12：52-62，1999)

ンスイングで加速され，インパクトを向かえた後は，ボールとの衝突によるヘッドスピードの急激な減速がみられる．上級者は，ダウンスイングでの加速後インパクトで最高スピードに達しており，中級者とのインパクト時の速度差がみられる．グリップの速度は両者ともインパクトより前のヘッドの加速がもっとも大きいあたりで最高となり，インパクト手前で減速している．

このことは，クラブを有効に加速するために二重振子の原理が活かされていると考えられる．図11-38は二重振子の原理を示したものである．アームAとアームBの2本のなす角度を小さく保ち，アームAの回転を加速するようなトルクを加える．そして，2本のアーム全体が十分な加速を得た時点で，今度は逆向きのトルクを支点1に加えるとアームAが減速し，アームBの回転が急激に加速される．最初のaからbの回転よりも速い角速度でcからdへ回転しはじめる．この原理を利用すると，支点2にアームBを回転させるためのトルクを加える必要がない．アームAを腕，アームBをクラブ，支点1を肩，支点2をグリップと考えると，クラブの有効な加速の原理が理解できる．

図11-39は，ダウンスイングからインパクト

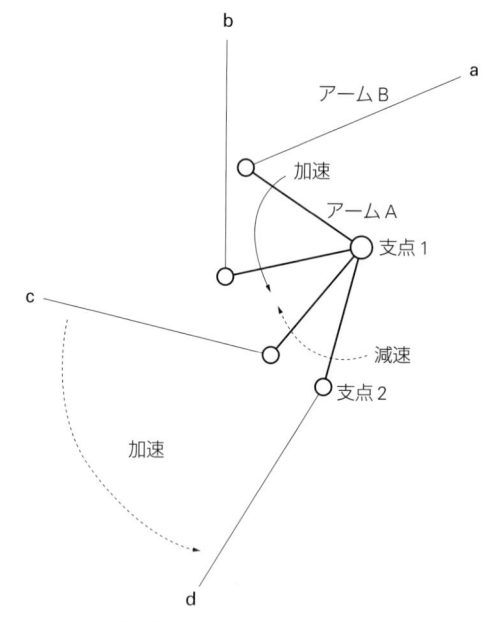

図11-38　二重振子の原理
2本のアームが支点2でつながれていて，支点1は固定されている．

までの男子シングルプレイヤーについて身体各部，身体重心，クラブヘッド速度について示したものである．クラブヘッドの速度はスケールを変えて示してある．身体重心の速度はあまり変化が認められない．ダウンスイングからインパクトに

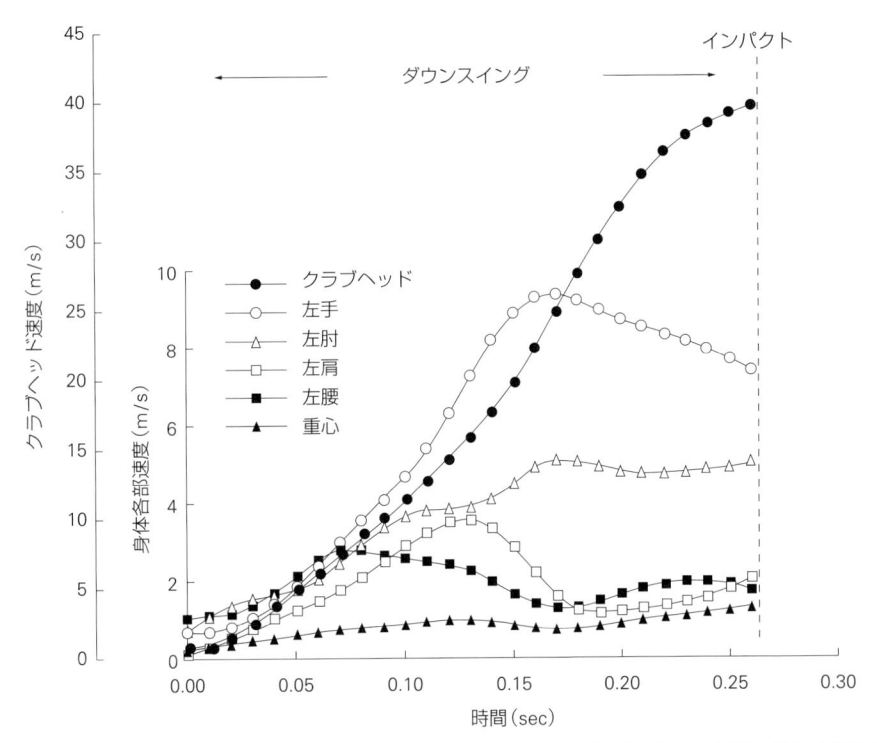

図 11-39 ダウンスイングからインパクトまでのクラブヘッド,左手,左肘,左肩,左腰,重心の速度変化
クラブヘッドの速度は縦軸のスケールを縮小して示してある.腰,肩,手首,クラブヘッドの順に速度のピークが現れる.
(池上久子:ゴルフスイングの三次元的分析.体力科学,49:90-94,2000)

かけて最初に左腰の速度がピークを迎え,次に左肩がピークを迎え,左肘そして左手がピークを迎え,その後にクラブヘッドが加速していることが認められる.これは,エネルギーを腰から肩,手,クラブへと効率よく伝達していると考えられる.左手はピークを迎えた後にやや減速をしていることが認められる.左手が減速すると同時にクラブヘッドの速度が上がっている.このような一連の動きは,ゴルフばかりではなく,野球のバッティングやテニスのサーブやストロークにも共通しており,多くの筋がついている脚や腰の動きが先行し,重い体幹を加速させ,その加速が終了するころに肩の加速がはじまり,その後に腕が加速される.

ボールを飛ばすために必要なクラブヘッド速度を実現するために以下の点が重要であると考えられる.

①腰→肩→手→クラブとエネルギーを効率よく伝達する.
②バックスイングで肩と腰の捻れをつくる.
③コック,アンコックを有効に利用する.
④インパクトの直前で手が減速する.
⑤ハーフウェイダウンのコック角はインパクト時の半分程度.

文　献

1) 川島一明:ゴルフのバイオメカニクス―生体からみたスイングのコツを探る―.Jpn J Sports Sci, 10:777-783, 1991.
2) 金子公宥:改訂スポーツ・バイオメカニクス入門.杏林書院, 1994.
3) 池上久子ほか:ゴルフスイングにおける肩と腰の回転.ゴルフの科学, 10:36-43, 1997.
4) 池上久子ほか:ゴルフスイングにおける腕とクラブの関係.ゴルフの科学, 12:52-62, 1999.
5) 池上久子:ゴルフスイングの三次元的分析.体力科学, 49:90-94, 2000.
6) Margaria R, 金子公宥訳:身体運動のエネルギー.ベースボールマガジン社, 1978.

[池上　久子]

第12章

蹴動作

1. 蹴動作のメカニズム

蹴動作にはサッカーやラグビーなどの球技におけるボールをキックする動作と空手などの格闘技における相手を蹴るという動作がある．いずれも蹴り脚をボールや相手に対してより早く，より強く，そしてより正確に蹴ることが重要である．本項では，サッカーのキックに注目してキック動作のメカニズムについて話を進めていくことにする．

1) 映像からのフォーム分析

サッカーのキック動作は，簡単にいうと腰を中心とした蹴り脚の回転運動であるといってもよい．すなわち，キック動作では腰を中心として大腿，下腿，足を関節でつないだ身体各部位の回転運動によって足の角速度を増し，ボールを蹴る足の速度を大きくしている．また，キック動作は，おもに腰と膝の関節による2重振り子運動と考えることができるが，これは各部位の長さや回転運動の半径が足の速度に影響を与えていることになる．

キック動作において，バックスイング中は支持脚がボールの横に置かれたとき，蹴り脚は腰が大きく伸展されるため，後方に引かれている．フォワードスイングに入ると，前半は腰が屈曲しながら膝も屈曲し，蹴り脚は腰を中心とした回転運動の半径を小さくして角速度を増している．フォワードスイングの後半では，腰の屈曲速度が減少すると同時に膝が急激に伸展されるため，足の速度が大きくなってインパクトを迎えている．このとき，上半身は支持脚が着地するときに後傾しているが，これは蹴り脚の腰の屈筋と膝の伸筋をより強く伸展させるはたらきをしているためである．この強く伸展された筋が，その後の腰の屈曲と膝の伸展をより強くしている（図12-1）[1]．

サッカーのキックは，蹴り脚の足部とボールとの衝突現象であるから，蹴り脚の足の運動量をインパクトでいかに効率よくボールへ移動させるかが重要なポイントである．蹴り脚の足の運動量は，インパクト時の脚の質量と足の速度によって決定される．したがって，インパクトにおいてより大きな脚の質量とより大きな足の速度がより大きなボール速度を生むことになる．また，インパクトにおける蹴り脚の加速と足の速度は筋力および助走速度によって決定される[2]．すなわち，脚の伸展筋力とボール速度には高い相関関係がみられる．さらに，インパクト時に足関節周辺の筋を強く収縮することによって脚の相対的な質量を大きくしている．さらに，直線的な助走よりも斜めからの助走の方が大きなボール速度が得られるが，これは斜めからの助走の方が水平面内での腰の回転範囲を大きくすることができるために，足部の速度をより大きくすることができることと，斜めからの助走の方が足関節の固定がより強固になるという理由からである[3]．

2) 蹴り脚各部位の関節力および仕事率の変化

各部位の直線運動において，腰の速度は支持脚が着地したときにピークに達し，膝の速度は腰の速度がピークに達した後40～70ms遅れてピークに達し，足の速度は膝の速度がピークに達した後さらに40～50ms遅れてインパクト直前にピークに達している[4]．この変化はボール投げなどと同

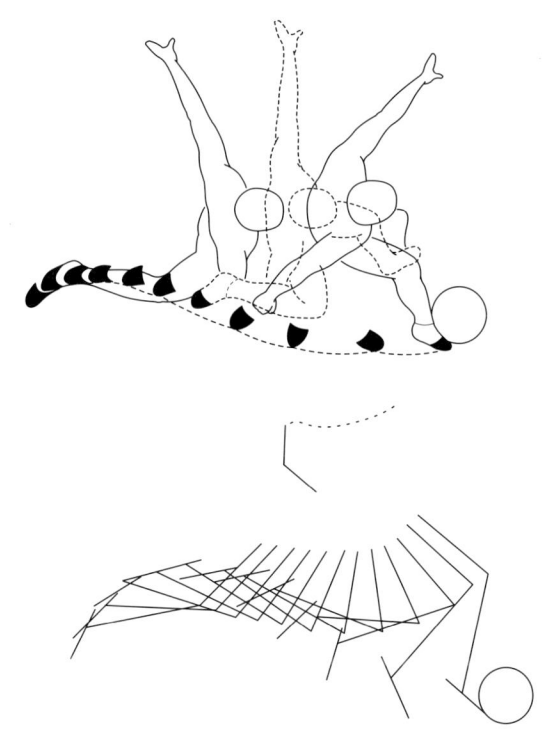

図12-1 インステップキックにおける蹴り脚の軌跡とスティックピクチャー
（Roberts EM and Metcalfe A: Mechanical analysis of kicking. In: Waltenweiler J et al. eds, Biomechanics Ⅰ. pp315-319, Karger, 1968）

様に，体幹の中心から末端にかけてそれぞれの部位の速度が順を追ってピークに達するという，むち動作を示している．

　身体各部位の直線運動にかかわる関節力において，股関節の関節力は，インパクトの約40ms前まで漸増してピークに達し，その後減少してインパクトを迎えているが，膝関節の関節力は，支持脚の着地時には股関節の関節力の約半分であるが，フォワードスイング中に増加してインパクトの約50ms前にピークを迎え，その後減少してインパクトを迎えている．足関節の関節力は，支持脚の着地時からインパクトの約40ms前までほぼ一定であるが，その後急激に増加してインパクトを迎えている．

　各関節における関節力による仕事率は，股関節と膝関節に関してはフォワードスイング開始からインパクトの約60ms前までほぼ一定であるが，その後，股関節における仕事率はインパクトの約

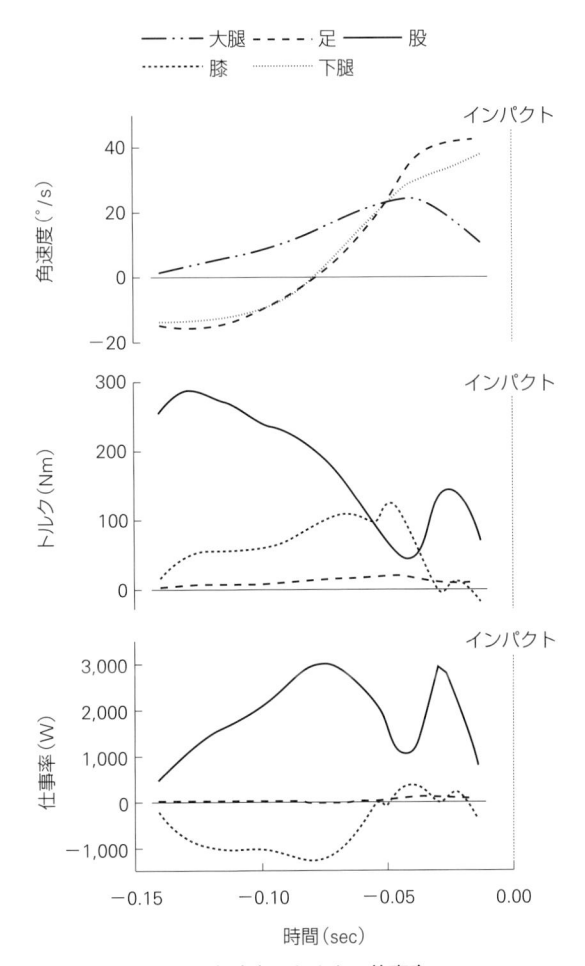

図12-2 蹴り脚の角速度，トルク，仕事率
（小嶋武次：蹴・打・投動作のバイオメカニクス．In：東京大学身体運動科学研究室編，教養としてのスポーツ・身体運動．pp86-87，東京大学出版会，2000）

60ms前から急激に減少する．それに対して，膝関節における仕事率は約45msまで減少するが，その後，急激に増加する．一方，足関節における仕事率はフォワードスイング開始からインパクトの約50ms前まで非常に小さいが，50ms前からインパクトに向けて急激に増加する[5]．

3）蹴り脚の各関節回りのトルクおよび仕事率の変化

　蹴り脚各部位の角速度に関しては，フォワードスイングにおいて股関節の屈曲によって，大腿の角速度は増加し，インパクトの約40ms前にピークに達するが，その後，インパクトに向けて減少

……… 足の並進エネルギー　――― 大腿の並進エネルギー
――― 下腿の並進エネルギー　―・・― 下腿回転エネルギー
―・― 大腿回転エネルギー　--- 足の回転エネルギー

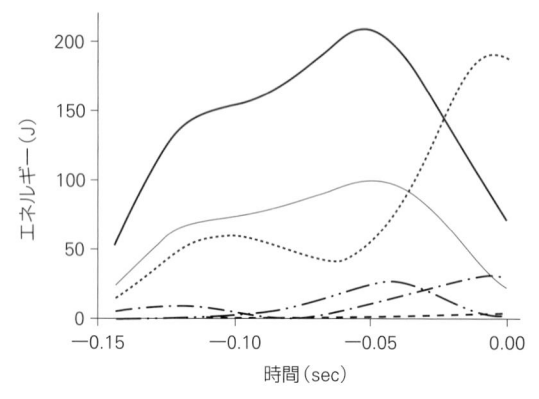

図12–3　インステップキックにおける蹴り脚のエネルギー
（磯川正教，小嶋武次：インステップキックにおけるエネルギーの流れ．日本機械学会スポーツ工学シンポジウム1993講演論文集，pp119–120，1993）

する．そのとき，下腿と足の角速度は膝の伸展に伴って増加するが，その増加傾向はインパクトまで続く．

身体各部位の回転運動にかかわる関節トルクについては，フォワードスイング中の股関節回りのトルクが初期に大きく，角速度がピークに達するインパクトの約45ms前に最小となるが，その後，再び増加する．一方，膝関節伸展トルクは，股関節回りのトルクが減少するのに対して徐々に増加し，インパクト前約50msでピークに達する．足関節回りのトルクはキック動作中，非常に小さい値である．

腰の屈曲による股関節回りの仕事率はフォワードスイングがはじまると増加し，インパクトの約80ms前から65msにかけて急激に増加してピークを迎えるが，その後，減少して再び30msから15msにかけて増加する．一方，大腿の回転の影響を除いた膝関節回りの仕事率はインパクトの約50ms前まではマイナスであるが，その後，わずかにプラスに転じている．すなわち，膝の伸展筋による仕事は非常に小さいことがわかる．足関節回りの仕事率はキック動作中，非常に小さい（図12–2）[5,6]．

4）蹴り脚のエネルギー移動

キック動作における蹴り脚のエネルギーの移動は，助走による股関節の関節力によるエネルギーと筋による股関節回りのトルクによるエネルギーによって，蹴り脚にエネルギーが移動し，続いて膝関節の関節力によるエネルギーと大腿の回転に合わせた膝関節回りのトルクによるエネルギーによって大腿から下腿へエネルギーが移動し，最後に足関節の関節力によるエネルギーが足に移動していく．このようにして得られたエネルギーによってインパクト時に足が大きな力を発揮してボールを力強く蹴ることができるのである．特に，足の速度を大きくするのにもっとも貢献しているエネルギーは，助走によって得られる体幹の運動エネルギーと腰の屈曲によって得られる筋の発揮するエネルギーである（図12–3）[5]．

文　献

1) Ekblom B ed: Handbook of Sports Medicine and Science Football (Soccer). Blacwell Scientific Publication, 1994.
2) Hoshizaki TB: Strength and coordination in the Soccer kick. In: Terauds J ed, Sports Biomechanics: Proceedings of International Conference of Sport Biomechanics. pp271–275, Academic Publishers, 1984.
3) 磯川正教，桜井伸二：蹴．In：深代千之ほか編，スポーツバイオメカニクス．pp47–49，朝倉書店，2000．
4) Isokawa M and Lees A: A biomechanical analysis of the instep kick motion in soccer. In: Reilly T et al. eds, Science and Football. pp449–455, E & FN Spon, 1988.
5) 磯川正教，小嶋武次：インステップキックにおけるエネルギーの流れ．日本機械学会スポーツ工学シンポジウム1993講演論文集，pp119–120，1993．
6) 小嶋武次：蹴・打・投動作のバイオメカニクス．In：東京大学身体運動科学研究室編，教養としてのスポーツ・身体運動．pp86–87，東京大学出版会，2000．
7) Luhanen P: Kinematics and kinetics of maximal instep kicking in soccer. In: Reilly T et al. eds, Science and Football. pp441–448, E & FN Spon, 1988.

［磯川　正教］

2. サッカーのキック

1) キックの研究とその流れ

サッカーのキックに関する本格的な研究は，国内では東京オリンピックの選手強化に関する一連の研究に付随してスタートしたといえる．そのきっかけは西ドイツ（当時）から招聘したD.クラマーコーチの技術指導に由来している．彼は特に日本の基礎技術改善に着手し，キックに関しても多用するインステップキック，インサイドキックなどを中心に，これまでの指導コンセプトを一新するようなものであった．キックに関する研究は，このような技術指導の完成度を実証し，選手の特徴を検討する目的で取り掛かったものであった．

特にバイオメカニカルな研究対象は，サッカーの技術の中心となるインステップキックに集中し，運動の捉えやすさから16mm高速度撮影による動作解析を中心としたキネマティックなものが主流であった．初期の研究は，主として蹴り足中心であったが，その後，フォースプレートの導入により立ち足（支持足）に関する分析も併せて行われるようになった．

バイオメカニクスの研究は，測定方法と測定機器の開発とともに進歩するのは当然であるが，キックに関しても同様なことがいえる．これまで複雑な関節運動をすることで手をこまねいていたサイドキックやカーブキックなどは，DLT法の導入により3次元分析が可能になり，しかも高速ビデオカメラの開発によりデータ収集と処理も容易になり新たな知見が報告されている．これらの研究は，1960年代半ばのクラマー理論を発展させ，新しい技術分析により，現代サッカーに合ったものを指導現場に提案できるところまできている．

このように，キックに関するバイオメカニカルな研究は，競技力向上とのかかわりで進められてきたが，キネティックな分野についてもやや遅れてではあるが手がつけられて現在に至っている．

本項では，特にパフォーマンスとのかかわりを中心に，サッカーのキックのバイオメカニクスについてまとめてみる．

2) ボールスピード測定の関心

初期の研究としては，キック力の評価としてボールスピードの測定に関するものが目立った．1960年代にはストロボ連続発光装置，遊動円木状の振り子にボールを当てるというような工夫，1970年代には発電機の発電量の変化により測定するという機器に工夫が凝らされた．その後はマイクロスイッチ，光電管，16mm映画フィルム，高速ビデオカメラなどと測定法の開発がなされ，キネマティック，キネティックな研究では常に平行して導入されている．

3) キックの筋活動—筋電図学的研究—

最近のフォーム分析は，コンピュータ処理による精度の高いスティックピクチャーが得られるが，これはあくまでも表面的な実証であって，実際に活動する筋群の作用機序を知るためには筋電図の助けを借りねばならない．

キックの筋電図に関する研究は，インステップキックを中心に1960年代から着手されてきている[1〜3]．被験筋は蹴り足が中心だが，立ち足や上体の筋放電を捉えているものもある．

大腿部の筋活動は，バックスイング時には踏み込みと同時にスイング幅を大きく取ろうとするためか，上級者ほど大腿二頭筋の放電が時間的に長く，活動量も大きい．フォワードスイング開始からインパクトまでは，股関節の屈曲と脚の伸展動作のために大腿四頭筋が主働筋として強くはたらいている．また，大腿直筋の放電と同期して大腿二頭筋の放電も認められているが，これは股関節の固定にはたらいていると考えられる（図12-4）．

下腿部は，上級者の場合はキックの瞬間に足底屈にはたらく腓腹筋の収縮は極めて有利にはたらいているが，技術レベルの低い者には足背屈にはたらく前脛骨筋の放電が認められる．特に前者の場合は，インパクトの瞬間およびその後において足関節の固定が強く行われていることを意味しており，D.クラマーコーチが指導したキックの足

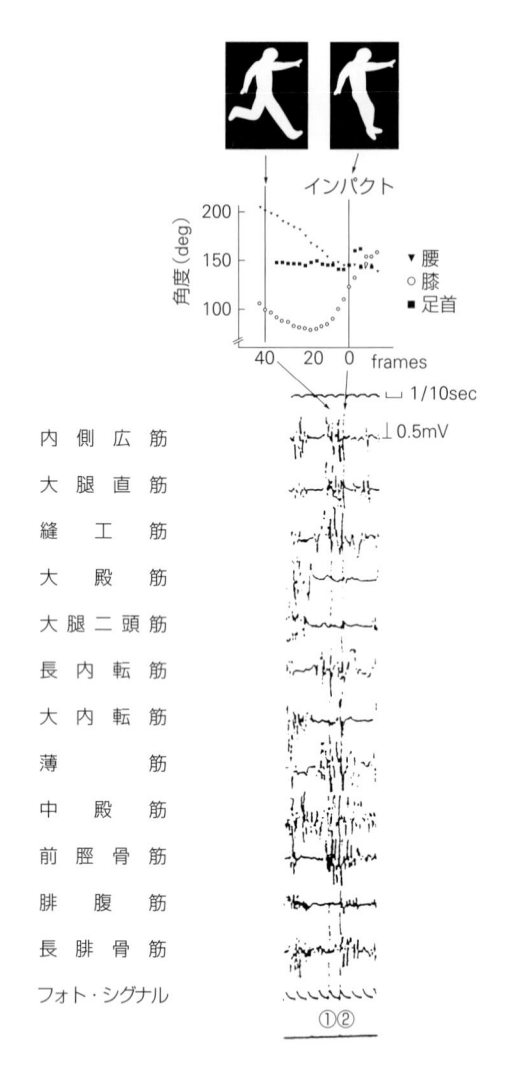

図12-4　インステップキックの筋放電
(風井誂恭ほか：サッカーのインステップキックにおける下肢筋群の作用機序について．日本体育学会第25回大会号，p535，1974)

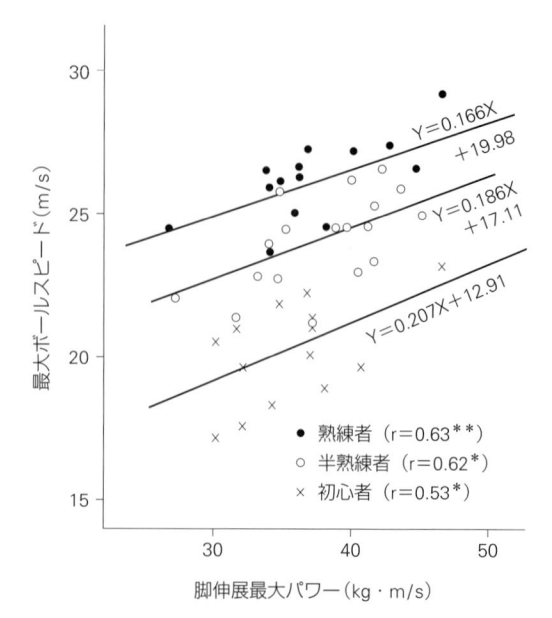

図12-5　脚伸展最大パワーと最大ボールスピードの関係
**：p<0.01，*：p<0.05
(浅見俊雄ほか：サッカーのキックにみられるパワーとパフォーマンスの関係について．In：キネシオロジー研究会編，身体運動の科学Ⅰ．pp147-157，杏林書院，1976)

関節固定を忠実に取り入れている結果が現れているといえる．

4) ボールスピードを規制する因子

キックの能力は，指導上キック力ともいわれるが，この指標となるものは，①スピード，②飛距離，③正確性，④変化球などが含まれる．これらの要素は，ゲーム中の状況に応じ，いつ，どこで，どんなキックをするかということが問題であり，単に最大能力を発揮すれば競技に役立つというものではない．この点が技術をより複雑化し，研究を困難にしているところである．これまで国内で行われたキックのバイオメカニカルな研究は，問題を単純化しつつアプローチし，特にキックのパフォーマンスとしてのボールスピードをとらえ，これを高めるための諸因子を模索しながら分析が進められてきたといえる．

(1) physical resources と performance の関係

キックの主働筋である大腿四頭筋の脚伸展動作に着目し，筋力，パワーとボールスピードとの関係を検討すると有意な関係があるとした研究は少なくない(図12-5)．筋力は，等尺性筋力，等速性筋力[4,5]を，パワーは慣性車輪[6]や荷重負荷法[7]により測定しているが，いずれの場合もボールスピードとの間には正の相関関係があるとされている．この結果は運動形態からいってもうなずけるものであるが，興味を引くのは被験者を経験年数や熟練度で分けたところ，それぞれのカテゴリー別に高い相関係数と固有の回帰直線が得られたことである．

このことは，ボールスピードには脚伸展力や脚

伸展パワーというような physical resources の影響が極めて大きいだけではなく，同等の physical resources のレベルにあってもボールスピードに差をもたらすことを示し，これは技術の差であると考えられる．

つまり，パワーをボールスピードに変換する率には技術の程度によって違いがあるということである．したがって，この両者の関係を調べることにより，技術を客観的に評価できるし，そればかりでなく個人のキック力を向上させるためには体力か，技術か，あるいは両者を改善すべきかがはっきりしてくるのである．このことはキックのバイオメカニクス的研究によりトレーニングの方向性まではっきりさせることができたということである．

(2) 関節の固定

インステップキックの技術要素で重要なのは足関節の固定であり，指導上の意見の食い違いがみられるところである．キックの現象として起こる足関節とボールの衝突については指導上，足首の固定に大勢は傾いているものの，インパクト前後の足首のスナップによるキックの方がよいとする伝統的な考え方も根強く残っている．しかし，研究結果は，衝突の大きさ，正確性などを考慮すると足関節固定の方が有利だとするものが圧倒的に多い．

著者ら[8]は，種々のボールスピードで同一被験者にキックさせたところ，足のインパクト直前のスイングスピードとボールスピードの間には高い相関が認められたとしている．そして熟練者と未熟練者には異なる回帰直線が引けることを示したが，このことは同一スイングスピードでは前者の方が大きなボールスピードを示すということである．

この資料に渋川[9]は力学的モデルから人体を股，膝，足の3つの関節で直列に連結された剛体系と考え，股関節は回転自由として，膝および足関節が完全に回転自由か，完全に固定かの次の4つの組み合わせについて，ボールと足の衝突という力学的現象を計算した．必要な数値は Plagenhoef の数値を引用して計算したところ，足のスピードに対するボールスピードの割合は，

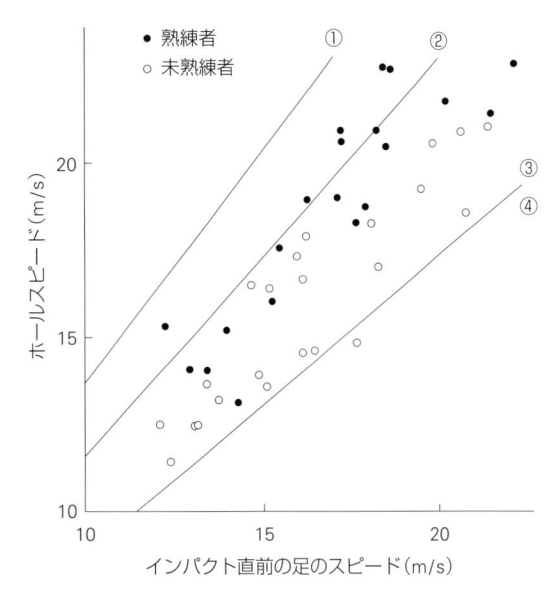

図12-6 インステップキック時のインパクト直前の足のスピードと，キックされたボールスピードの関係
渋川(実線)[9]が著者(点：●，○)[8]の実測値に理論値を用いて作図．

①膝：足関節とも完全固定 1.37，②膝関節自由：足関節固定 1.16，③膝関節固定：足関節自由 0.871 強，④膝：足関節とも回転自由 0.871 弱となり，著者らの図に直線で示すと図12-6のようになった．これはインパクトの瞬間の膝，足関節の固定がボールスピードにとって重要な因子であることを示すとともに，熟練者は比較的固定ができているのに対し，初心者は関節固定の不十分さが技術的な難点になっていることを示している．

このように理論的に実証されたことに加え，実態に関する研究も進められ，足関節にゴニオメータを装着してインパクト近辺の角度変化を捉えたものや，高速度撮影から分析したものがあり，いずれも上級者の足関節固定を角度の大きさから立証している．特に後者の場合は，足根中足関節から遠位部分の受動的足底屈の大きさがボールスピードに大きく影響していることを実証しており，この部分の足底屈の小さいことが速いボールを蹴るのに重要な要因となっている．

(3) インパクト

サッカーのインステップキックは，足の甲とボールの衝突によって加速度を得ようとするものであり，インパクトの力学的現象を捉える研究も

いくつかある．

インパクト時間[8]は，平均で5〜15msほどにばらつくが，これはキックのやり方と測定方法によるものと思われる．浅見とNolte[10]の報告によると，接触時間とボールスピードの間には高い負の相関関係（r=−0.886）があり，performanceを高めるためには時間的要素を考慮して指導する必要がある．

一方，接触部位については，16mm高速度撮影，接触面の着色，カーボン紙の添付などの工夫を凝らした研究結果から，経験者，熟練者はボールの捉え方が一定しており，しかもボールの中心およびやや下部を，足の足根骨を中心にインパクトしていることがわかる．これだけの実証だけでも指導上に大きな手がかりを与えているといえる．

(4) 立ち足

キックは，一般にボールを捉える蹴り足に注目が集るのは止むを得ないところであるが，キック時に身体を支える立ち足の重要さも見逃すことはできない．この研究については蹴り足の後手後手と進められ，しかもその数は少ない．特にフォーム分析については前項で触れたので，ここではフォースプレートを用いた床反力から一連の動作の中で経時的にいかに加圧が行われ，ボールスピードにどのような影響をもたらすかについて触れる．

床反力を左右，前後，垂直の3分力で捉えると，一般的には立ち足がフォースプレートに着地したときに大きな衝撃力が現れ，その後，蹴り足のスイングが開始されると床反力はピークに達し，スイングの後半には減少しながらインパクト時点になる．このパターンは個人差はあるものの，どの研究でも同じような結果が得られている．

しかし，助走の角度を変えてみると，垂直方向の床反力はほとんど一定だが，前後方向や左右方向は変化し，ボールスピードと関係する[11]．特に床反力のピーク時からインパクト時にかけての減衰率（D）は，助走角度が0〜45°までの間にボールスピードとの間にr=0.685という相関が得られている．このことは指導上に用いられる言葉であるが，踏み込んだ支持足にしっかり体重がのっ

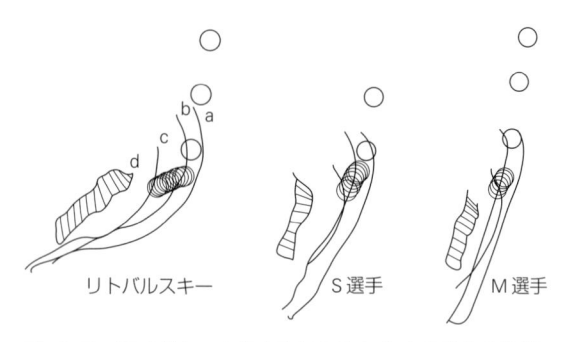

図12-7 サイドキックを上方からみたときの動きの特徴
a：足先，b：足首，c：膝，d：腰
日本選手が直線的な動きなのに対し，リトバルスキー選手は回転を加えてキックしている．
（谷真一郎：パススピードに関する研究．サッカー医・科学研究，19：80-86，1999）

て，バックスイングのピークで「ため」ができているものほど，大きいボールスピードを出せることを示したものと考えられる．

5）インサイドキック―最近の考え方―

従来型のインサイドキックは，近距離では正確であるが，中，長距離のパスにはスピードも不足して不向きである．そもそもインサイドキックは運動が複雑で，動作分析がしにくい技術であったが，最近はDLT法の導入により少しずつ検討がはじめられている．谷[12]は，特に国内で活躍するワールドクラス選手のインサイドキックがやや違ったキックをしていることに気づき，日本選手と比較している（図12-7）．

その結果，従来型のインサイドキックは腰を前方に押し出しながらキックしているのに対し，外国一流選手は腰を回転しながらキックしていることを明らかにしている．しかも，同じ目的でキックさせても蹴り出されたボールスピードは，20m，30m先では外国一流選手の方が優れていたという．

このような知見は，キックに関するバイオメカニカルな研究が測定法の改善とともに現場の指導に新しい指摘ができるところにまできていることを示している．

6）キックの効率

スポーツのスキルは合目的性と経済性とで評価

されることが多いが，経済性をエネルギーの効率で捉えることによりキックのスキルを客観的に評価しようとした試みがある．すなわち，Asamiら[13]は，ボールをキックする時に要する酸素消費量とキックされたボールの運動エネルギーとの関係からキックの機械的効率を求めている．

その結果，エネルギー消費量はボールスピードが速くなるとともに指数関数的に増加し，効率は上に凸の2次曲線的なカーブを示している（図12-8）．また，効率の最大値は各人のボールスピードの70〜85％MAXで得られる．熟練者と未熟練者を比較すると，いずれのボールスピードにおいてもエネルギー消費量は熟練者の方が低く，したがって効率も高い．最大効率も熟練者の方が高い．また，最大ボールスピードに対する最大効率の出現したボールスピードの割合は，熟練者と未熟練者では異なる傾向がみられる．

このような結果は，スキルの高いものほど効率よく，同じプレーでも余裕をもってプレーできることを示している．サッカーのような長時間にわたって激しいゲームが行われるスポーツでは，技術差が体力差にまで及んでくることを如実に示している．

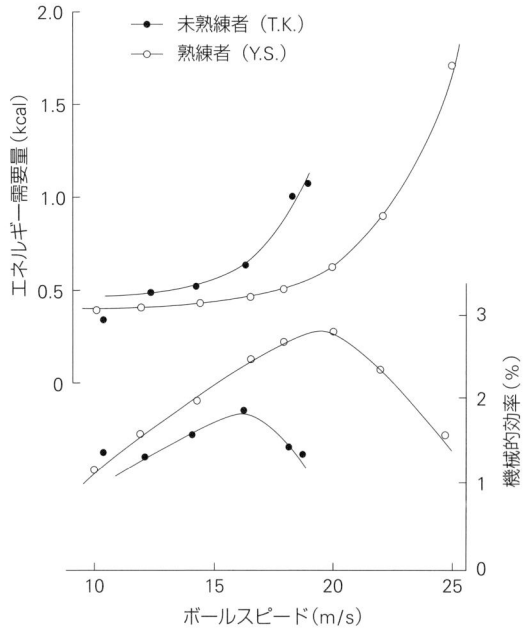

図12-8 ボールスピードとエネルギー需要量・効率の関係
（浅見俊雄ほか：サッカーのキックにみられるパワーとパフォーマンスの関係について．In：キネシオロジー研究会編，身体運動の科学Ⅰ．pp147-157，杏林書院，1976）

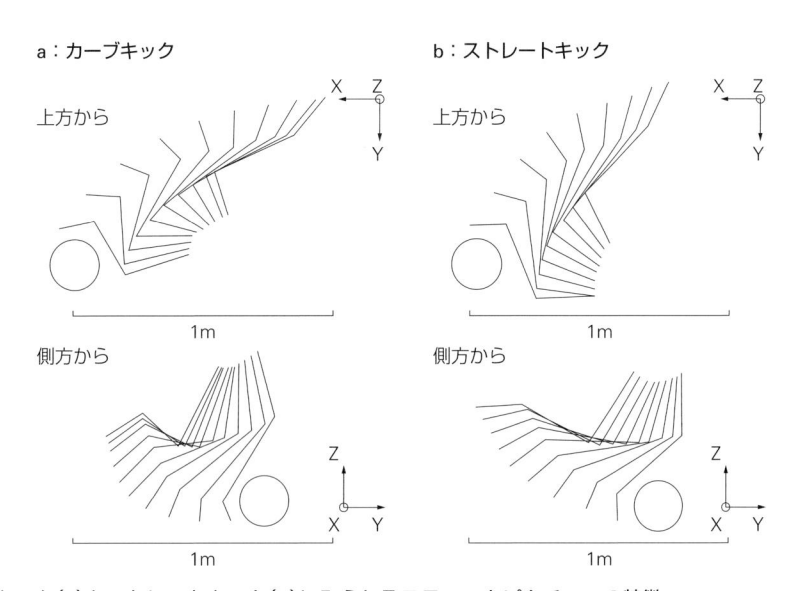

図12-9 カーブキック(a)とストレートキック(b)にみられるスティックピクチャーの特徴
（布目寛幸：球種別に見たフリーキック動作の三次元動作分析―日本人一流競技者の事例的研究―．Jpn J Sports Sci, 16：105-110, 1999）

7）変化球―カーブキックの解明―

最近のサッカーの特徴は，ゴールに近い位置からのフリーキックはカーブキックを用いてゴールを狙うケースが多いことである．このキックの技術的解明には3次元解析を導入したバイオメカニカルな手法しかない．布目[14]は一例報告ではあるが，日本ではもっとも優れたカーブキッカーといわれた元日本代表の木村和司選手を被験者にして動作分析を行い，その特徴を報告している（図12-9）．このキックの特徴は，インステップキックと比較してインパクト時の足関節角度が小さく，膝関節をやや大きくして，上方にこすりあげるようなスイングをしている．スティックピクチャーから判断すると，カーブボールは足関節でボールの外側を捉え，膝を上方に引き上げながらキックしている様子がうかがえる．この種のキックの指導法は，まだ確立したものにはなっていないが，このような分析結果が指導上に大きな影響をもつことは間違いない．

文　献

1) 堀野博幸，山崎勝男：インステップキック時に生ずる筋活動の定量的分析．スポーツ方法学研究，11：113-121，1998．
2) 高木公三郎：Kickの筋電図学的研究（第4報）．体育学研究，5：79-83，1961．
3) 戸苅晴彦ほか：インステップ・キックの習熟過程の分析．体育学研究，34：151-158，1989．
4) Narici MV et al.: Maximal ball velocity and peak torques of hip flexor and knee extensor muscles. In: Reilly T et al. eds, Science and Football. pp429-438, E & FN SPON, 1988.
5) 戸苅晴彦ほか：サッカーのキックに関するバイオメカニクス的研究．デサントスポーツ科学，4：241-250，1983．
6) 戸苅晴彦，浅見俊雄：サッカーのキックに関する研究．体育学研究，12：267-272，1968．
7) 浅見俊雄ほか：サッカーのキックにみられるパワーとパフォーマンスの関係について．In：キネシオロジー研究会編，身体運動の科学Ｉ．pp147-157，杏林書院，1976．
8) 戸苅晴彦ほか：サッカーのキネシオロジー的研究（I）．体育学研究，16：259-264，1972．
9) 渋川侃二：ボールキックの際の関節固定の効果．東京教育大学体育学部スポーツ研究所報，11：81-83，1983．
10) 浅見俊雄，Nolte V：パワフルなインステップキックの力学的分析．Jpn J Sports Sci，1：62-67，1982．
11) 磯川正教：サッカーのインステップキックにおける運動学的な分析．東京都立大学体育学研究，2：75-81，1983．
12) 谷真一郎：パススピードに関する研究．サッカー医・科学研究，19：80-86，1999．
13) Asami T et al.: Energy efficiency of ball kicking. In: Komi PV ed, Biomechnics V-B. pp135-139, University Park Press, 1976.
14) 布目寛幸：球種別に見たフリーキック動作の三次元動作分析―日本人一流競技者の事例的研究―．Jpn J Sports Sci，16：105-110，1999．

［戸苅　晴彦］

3．格闘技の蹴りの衝撃力と合理的なフォーム

1）衝撃力発生の原理

格闘技の蹴りは，事前に加速しておいた下肢を主体とする身体の運動量を，的に短時間に伝えることによって発生する[1]．逆に，運動量を伝えたのち身体は大幅に減速または停止する．つまり，

的に伝わった運動量＝衝撃力の力積

の関係がある．的が人体やサンドバッグのように固定されていない場合，的はこの力積に等しい運動量をもって動かされる．この関係は運動量を伝えるのに要する時間によらない．

同じ動作で蹴っても，的が柔らかい（変形しやすい）と運動量を伝えるのに要する時間が長くなる．力積は変わらないが，衝撃力の最大値は小さくなる（図12-10）．

鉛直下方に蹴る場合は，衝撃力としてさらに蹴り手の体重が加わるが，体重が衝撃力に寄与する比率は小さい．しかし，下方への蹴りは身体を加速しやすく，普通は固いかかとを当てるので，大きな運動量を短時間に伝えることができ，結果として大きな衝撃力が発生する．

2）「突き型」の蹴りと「打ち型」の蹴り

すべての打撃技は，「突き型」と「打ち型」（お

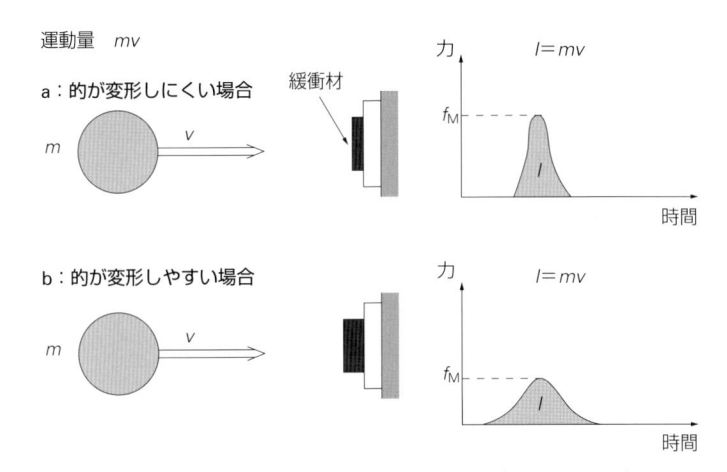

図 12-10 的が変形しにくい場合(a)としにくい場合(b)の衝撃力曲線
力積（I）は変わらないが，最大値（f_M）は異なる．
（吉福康郎：格闘技の衝撃力について．Jpn J Sports Sci, 6：252-258, 1987 より引用改変）

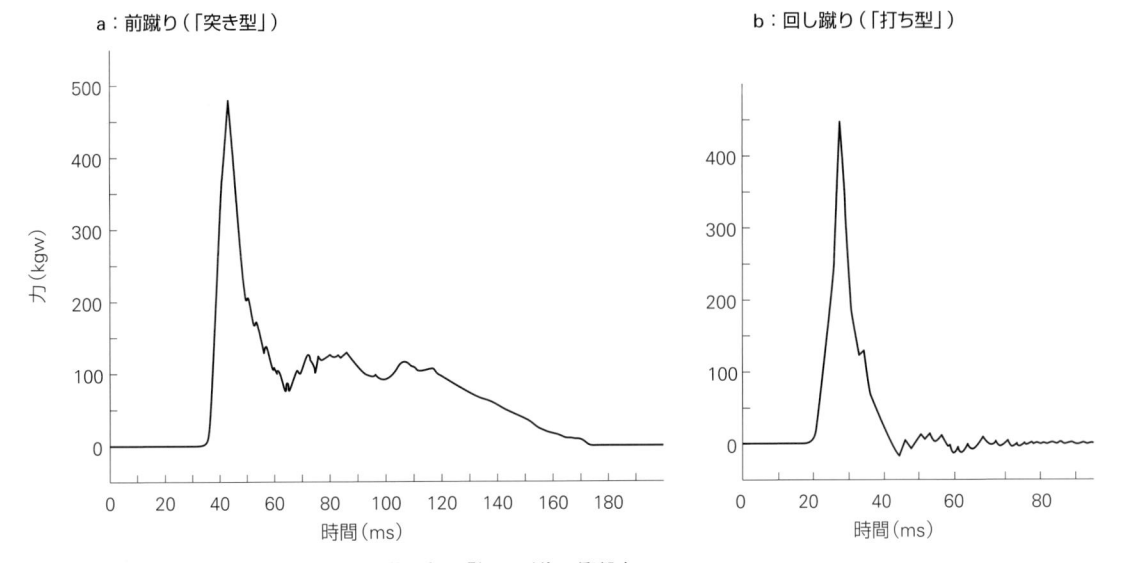

図 12-11 前蹴り(a：「突き型」)と回し蹴り(b：「打ち型」)の衝撃力
（吉福康郎，池上康男：格闘技における打の動作．Jpn J Sports Sci, 3：188-198, 1984）

よびこれらの中間型）に分類することができる[2]．

「突き型」の名称は，空手の突きに由来する．ほぼすべての身体部位が的に向かうフォームの蹴りである．膝を高く挙げてから前方へ突き出すように蹴る前蹴り，ほぼ同様の構えから側方へ脚を突き出し足の小指側で蹴る横蹴り，前方への膝蹴りが突き型である．

「突き型」の蹴りでは，身体部位の運動量がほぼすべて的に伝わり衝撃力に寄与する．しかし，足の運動量は直接的に伝わるのに対し，胴体の運動量は下肢を伝わって間接的に伝わるので時間がかかる．また，股関節・膝関節・足関節の固定が不十分であると，これらの関節の緩衝効果により運動量伝達になお時間がかかる．一般にこの型の蹴りは衝撃力の力積が大きく，最大値は力積の割りには大きくない（図12-11）．

「打ち型」の名称は，空手の手刀打ちに由来する．下肢全体が振り回され，特に先端の足はかなりの高速になる．鉛直軸を回転軸として下肢を振り回し，下腿の先端部や足の各部位を当てる回

蹴り，回し蹴りと逆向きに回転してかかとを当てる後ろ回し蹴りが打ち型である．前蹴りも，膝を比較的高い位置にほぼ固定し，膝関節の急速な伸展によって，前のめりになった相手の腹部を蹴り上げるのは打ち型の蹴りである．

「打ち型」の蹴りは，足以外の部位は直接的に向かわない向きに動くためその運動量が伝わりにくく，力積は大きくない．しかし，的に当たる足が高速のため，瞬間的に大きな衝撃力が発生する．なお，回し蹴りで足の甲を的に当てると，足関節の緩衝作用によって下腿・大腿の運動量が瞬間的に伝わらず，衝撃力の点で不利になる．また，母指球と下腿の先端付近のどちらを的に当てると衝撃力の点で有利かは，フォームとの関連で決まる[3]．

3）蹴りの衝撃力

はじめに述べたように，打撃技の衝撃力は，同じ人が同じように打撃を加えても測定器によって異なる結果が生じる．測定器が固定されているという条件下なら，測定器の固さによって衝撃力の最大値が変わるが，力積は同じになる．

松下ら[4]が完全に固定した固い測定器を用いた実験によると，空手の有段者5名の前蹴り（突き型）で，衝撃力の最大値は平均811kgwであった．著者[3,5,6]によると，比較的変形の大きい測定器を用いた場合，少林寺拳法高段位者4名の平均でいずれも打ち型の蹴り上げと回し蹴りの衝撃力最大値（力積）はそれぞれ351kgw（2.78kgw・s）と310kgw（2.72kgw・s），突き型の横蹴りでは413kgw（5.20kgw・s）であり，日本拳法の学生一流選手1名の突き蹴り（突き型の前蹴り）では409kgw（16.6kgw・s）であった．また，これより固い測定器を用いたキックボクサーの日本チャンピオン3名のミドルキック（中段回し蹴り；打ち型）と前方への膝蹴り（突き型）ではそれぞれ760kgw（3.6kgw・s）と692kgw（7.4kgw・s）であった．

これらの結果は，突き型の蹴りは衝撃力の最大値の割りに力積が大きいことをはっきりと示している．

4）エネルギーからみた蹴りのフォーム

蹴りのフォームを蹴り脚の加速に必要なエネルギーの観点から考えよう．

蹴り動作中の爪先（または母指球）の最大速度については，突き型の前蹴りで10.8m/s（空手），11.4m/s（キックボクサー），打ち型の回し蹴りでこれより大きく17.8m/s（テコンドー），19.1m/s（キックボクサー），打ち型の前蹴り（蹴り上げ）で17.5m/s（空手）などの値が報告されている[4,6,7]．

逆突きにおいて，拳の最高速度は10m/s程度であるが，上肢の運動エネルギーは100数Jに達する．下肢は上肢の約3倍の質量をもち，しかも上記のように高速になるので，蹴り脚の運動エネルギーはこれを遙かに上回ると推察される．

逆突きにおいては，肩が4～5m/sという瞬間最高速度で前方へ移動し，上肢全体を加速する．肩関節を通して上肢に流れるエネルギーは，上肢の瞬間最大運動エネルギーの約2/3にも達する[2,8]．肩の動きは，両下肢の動きによる腰の回転によって体幹を捻ることによって生じる．突き方によっては，腰に対する体幹自体の捻りの寄与もある．腰幅より肩幅の方が大きいことから，腰（股関節）の動きが増幅されて肩に伝わる．

エネルギーの観点からみると，下肢（および体幹）の大筋群から発したエネルギーが上肢の運動エネルギーになっている．

突き動作における肩と同じく，蹴り動作においては股関節の動きがエネルギー的に重要である（図12-12）．松下[4]によると，空手の前蹴り（突き型）動作中の大転子の速度は上位群で2.3m/s，下位群で1.4m/sで，有意に上位群が大きかった．また，裵ら[7]によると，テコンドーの回し蹴り動作中に腰は3～4m/sの速度に達した．

前蹴りのような直線的な運動においてもいえるが，特に回し蹴りのような回転運動の場合，回転の中心に近い部位ほど大きな力やパワーを負担することが知られている[9]．蹴り足が床を離れたのち，腰の動きは主として支持脚によって生じることを考えると，蹴り脚の運動エネルギーのかなりの部分が支持脚で発生し，蹴り脚側の股関節を通

a：空手の前蹴り

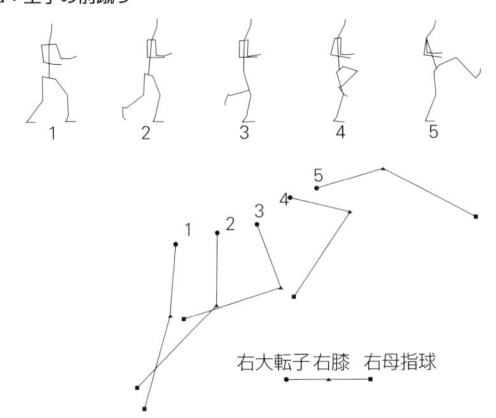

b：テコンドーの回し蹴り

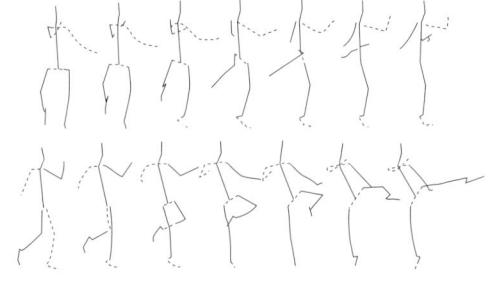

図12-12 空手の前蹴り(a)とテコンドーの回し蹴り(b)のスティックピクチャー
股関節の動きの大きいことに注目（文献4,7より引用）.

して流れ込んでいると考えられる．

　腰の動きに合わせた蹴り脚伸展のタイミングは，伸展による反作用の力やモーメントが股関節にもっとも大きくかかる局面で腰の動きが速いほど，大きなエネルギーが蹴り脚に流れ込む．

5）エネルギーと角運動量からみた合理的なフォーム

　左足を前においた構えから動作をはじめると仮定して説明する．

(1)左の前蹴り

　間合い（的までの距離）が近くてその場で蹴る場合を考える．左膝を高く挙げるとともに腰を引く．はじめに体重が右の支持脚にかかっていれば，この動作は素早くできる．体重が左足にかかっている場合は，左足で床を前方へ蹴った反動を利用する．次に腰を押し出しながら左脚を伸展する．腰の後退から前進への切り替えを素早く行えば，支持脚の筋弾性効果を利用できる可能性もある．

　中段（腹部）に蹴り込む場合，足関節をやや背屈させた状態で蹴り脚の母指球を当て，その後足関節を底屈させながら爪先をねじ込むとよい，という解説書がある[10]．これは蹴り手の主観的な感覚であり，母指球が当たったのを感じてから底屈をはじめようとしても間に合わないが，実際にこの感覚で動作を行うと，腰の前方への動きが鋭くなり，蹴り脚の伸展も滑らかになる．

　蹴り技全般について，安定性を保つため支持脚の足裏全体が床から離れてはいけない，と主張する解説書もある．しかし，支持脚の足関節が底屈する際，跳躍と同様に瞬間的に大きなパワーが発揮されると期待されるので[11]，エネルギーの観点からは支持脚で爪先立ちになる方が有利である．さらに，底屈と同時に支持脚をかかとが爪先を中心に半回転するほど回外すると，結果的に床を後方へ蹴ったことになり，前方への腰の動きが大きくなり，蹴り脚に大きなエネルギーを供給できる．また，全身の前方への運動量が大きくなり，最大値だけでなく力積の大きい衝撃力を生むことができる．

(2)右の前蹴り

　蹴り脚である右脚から2回パワーが出ていることに注意しよう．1回目は最初の動作として右足で床を後方へ蹴り，その反作用で身体重心を前方へ加速する局面である．2回目は左の前蹴りと同様に蹴り脚を的に向けて伸展する局面である．

　右腰は左腰に対し動作の前半では後方，後半では前方にある．左の前蹴りに比べ蹴り脚側の腰の移動距離が大きいので，腰の動きにより蹴り脚にエネルギーが流れ込みやすい．このエネルギーの一部は上の第1局面で発生し身体重心の運動エネルギーとなったものが，再び蹴り脚に移ったと考えられる．このようなエネルギーの流れは次の回し蹴りでも基本的に同じである．

(3)右の回し蹴り

　左足を前に置いた構えからの左の回し蹴りは使用頻度が少ない．一度前進して右足を前方（時には左足のすぐ後方）に着地するか，その場で素早く左右の足の位置を踏み換えてから動作をはじめ

るのが普通である．したがって，左の回し蹴りは右の回し蹴りと左右対称である．

蹴り脚はほぼ水平面内で回転運動をするので，支持脚を近似的な回転軸とする角運動量をもつ．一方，支持脚の接地面積は小さいので身体に大きな角運動量を与えるほど大きな力のモーメント（トルク）を発生することができない．いかに大きな角運動量を発生するかが回し蹴りの重要な技術である．

構えは前蹴りの場合より両足が左右に開いていることが望ましい．右足で床を後方へ蹴ると前方への床反力は支持脚を軸として身体を左に回すモーメントをもつ．このとき両腕を水平に大きく伸ばして左に振り回すと，両腕に大きな角運動量が蓄えられる．なお，両腕を振り回す動作により自然に床反力に従ってモーメントが増すことになる．攻防のことを考えるなら，やや効果は劣るが，右のロングフック（またはストレート）を出しても力学的意味は同じである．

蹴り足が床を離れた後は，両腕を逆の右回りに変える．角運動量保存の法則（支持脚への床反力によるモーメントがないとして）によって，両腕の角運動量が左回りから右回りに変わった分だけ蹴り脚の左回りの角運動量が増え，蹴り脚の速度が大きくなる．この角運動量保存の法則は，回転いすに乗って伸ばした両腕を左右に振り回すと体験することができる．

左足を前方へ踏み出してから蹴る場合，身体重心は前方への運動量をもつ．左足を重心の運動方向の左に着地すると，身体は左足を通る垂直軸の回りに左に回転をはじめる．並進運動が回転運動に変わるのである[12]．ただし，着地の瞬間，左足に大きな後方への床反力が加わって重心速度は落ちる．この回転の角運動量を蹴り脚に移して利用することができる．右の後ろ回し蹴りならば，左足を右側に着地すればよい．

左足の着地によって，厳密には矢状面内で前のめりになる回転も生じる．特に前蹴りのように左足を重心の正面前方に着地すると，矢状面内の回転だけが生じる．この原理は槍投にも利用されている．左足を基準点にすると，身体は前のめりの回転をする．回し蹴りの時と同様，（重力の影響を無視した近似的な）矢状面内の角運動量保存の法則により，着地の前に前方へ伸ばしておいた両腕を着地の直後から後方へ大きく振ると，蹴り脚の速度が増す．防御のため特に蹴り脚側の手を下げてはいけない，と厳しく指導されても強い蹴りを出そうとすると自然に手が下がるのは，力学の原理にかなっているからである．

文献

1) 吉福康郎：格闘技の衝撃力について．Jpn J Sports Sci，6：252-258，1987．
2) 吉福康郎，池上康男：格闘技における打の動作．Jpn J Sports Sci，3：188-198，1984．
3) 吉福康郎：格闘技「奥義」の科学．pp46-49，講談社ブルーバックス，1995．
4) 松下雅雄ほか：空手の前蹴りにおける衝撃力と蹴り脚の動作．Jpn J Sports Sci，3：188-198，1984．
5) 吉福康郎：少林寺拳法一流拳士の衝撃力．Jpn J Sports Sci，6：468-476，1987．
6) 吉福康郎：最強格闘技の科学．p58，135，福昌堂，1985．
7) 裵永相ほか：跆拳道（テコンドー）の回し蹴り（トルリョチャギー）のバイオメカニクス的研究．Jpn J Sports Sci，8：238-242，1989．
8) Yoshihuku Y et al.: Energy flow from the trunk to the upper limb in TSUKI motion of top-class players of the martial arts SHORINJ KENPO. In: Johnson B ed, Biomechanics X-B. pp733-737, Human Kinetics, 1987.
9) 吉福康郎：ヒトの運動の特徴．In：星川 保，豊島進太郎編，走・跳・投・打・泳運動における"よい動き"とは．pp5-17，第7回日本バイオメカニクス学会組織委員会，1984．
10) 石井和義：勝つ！ための空手．p97，ベースボールマガジン社，1991．
11) 深代千代編著：跳ぶ科学．pp101-105，大修館書店，1990．
12) 吉福康郎：投げる―物体にパワーを注入する．Jpn J Sports Sci，1：85-90，1982．

〔吉福　康郎〕

第13章

滑動作

1. 滑動作のメカニズム

1）姿勢の安定

　滑る条件での動作は，通常の条件に比べて特殊な物理環境であるといえよう．すなわち，地面に対する力の作用が十分に行われないことが特殊である．また，身体の安定性が失われるために，力の作用が不十分になる．しかしながら，このような条件下においても，スポーツの能力を発現させなければならない．そのためには，特殊な物理条件に適応した動作の発現手段を獲得すべくトレーニングが行われる．トレーニングの目標は，まず滑る条件における姿勢の安定性をいかに保つかということである．

　姿勢の安定性は，身体重心位置と支持面との関係に集約される．スキー種目では，スキー板を装着することによって支持面を大きくし姿勢の安定性を用具によって増すことができる．しかしながら，このような用具の補助を得ても，しばしばバランスを崩して転倒してしまうことがある．転倒を招く原因は，身体の重心位置が支持面から逸脱するからである．姿勢が不安定であることは身体重心位置の動揺が大きいことに関係する．

　姿勢の安定がどのようにして得られるかについて，実験室における研究と，スキー種目を例に滑る動作のメカニズムについてその特徴を考えてみよう．

（1）滑る条件における姿勢の保持機構

　図13-1は，水平移動する装置を用いて安静立位姿勢を保持する被験者に対してその台を急に移動することにより加速度を生じさせ，人為的に

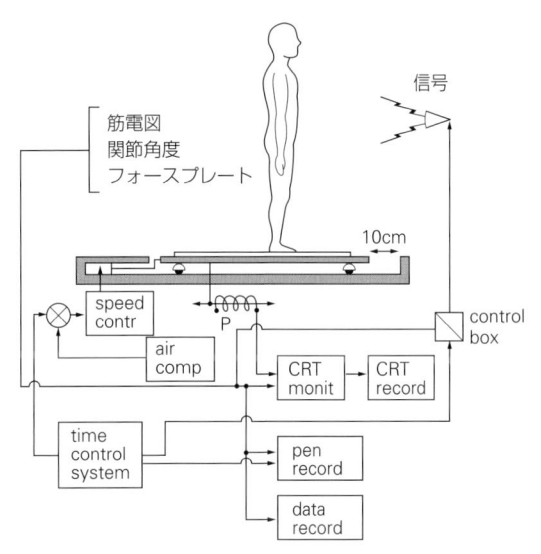

図 13-1　生体移動装置
（渡部和彦，朝比奈一男：姿勢制御から見た調整力の研究 1．方法論．体育科学，2：273-277，1974）

滑る条件を設定して姿勢を乱そうとしたものである．これは，安定している系に対して「外乱条件」を与える装置である．

　台の水平移動により，外乱を与えられたヒトの姿勢は乱される．身体重心位置が強制的に移動されたことにより姿勢が不安定となる．外乱の大きさと外乱の質，すなわち与えられ方によってその反応は異なる．転倒に至る場合や，ある程度の乱れだけで回復する場合などがある．

　バランスを回復するためにどのような生理学的機構が関与するかについて，筋電図を用いて調べると，外乱の直後に下腿部の筋活動が顕著に表れることが認められる．すなわち，被験者の立っている台が前方に移動した際には，身体は後方に牽引された状態となり，身体重心位置は後方に移動することとなる．そのため，地面にもっとも近

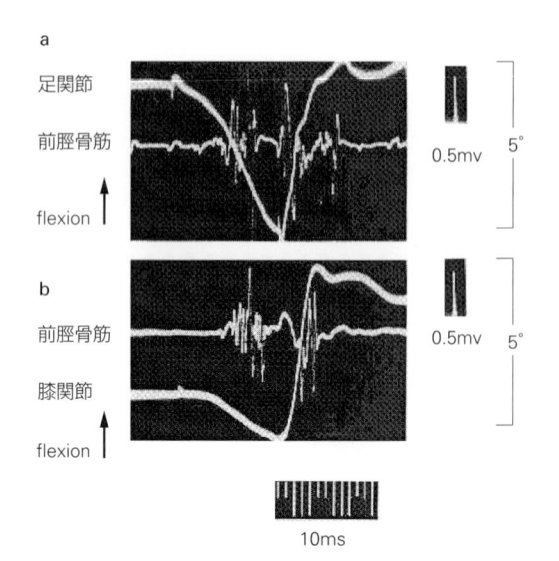

図13-2 水平移動の外乱条件に対する前脛骨筋および足関節, 膝関節の応答
(渡部和彦:直立姿勢の研究—姿勢制御時間に関して—. 体力科学, 24:118-123, 1975)

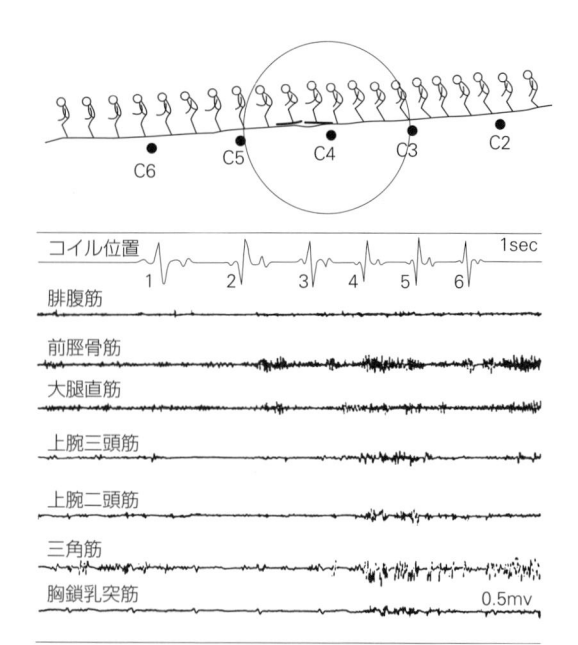

図13-3 外乱条件での直滑降と筋電図解析
(渡部和彦ほか:スキー姿勢の乱れの解析. In:日本バイオメカニクス学会編, 身体運動の科学Ⅳ. pp248-259, 1983)

い位置にある足関節の伸展が生じ, 足関節の位置 (姿勢) を固定する筋である前脛骨筋の活動が現れる. 筋電図の発現潜時を調べると, 速いものでは約50msであることが認められた. この潜時は, 不随意的なものと考えられた. すなわち, 反射によるものであると判断できるのである.

前脛骨筋の活動は, 足関節の伸展に伴って生じる伸張反射と考えられる. この反射の発現は, その他の部位にも波及し, 脊髄全体の興奮を招くことにより, 一時的に身体全体を硬直させて姿勢の保持を行うものと考えられた. 図13-2は, 水平移動の装置によって起こされた姿勢の乱れを筋電図で調べた際の前脛骨筋の活動の様子を示したものである. 図13-2aは足関節とともに記録し, 図13-2bは膝関節とともに記録したものである. 時間の経過は左から右方向とし, 時間のスケールは一番下にmsで示した. 関節の移動変化を示す記録上に台の移動開始のシグナルが示されている. これによって, 姿勢保持がわれわれの意志とは無関係に, それだけにもっとも基本的な姿勢保持機構である姿勢反射によって保証されていることが理解できるであろう.

2) 滑る条件における姿勢の乱れと対策

姿勢の乱れは, どのようにして防ぐことができるのであろうか. これまでの研究では, 次の2つの条件によってそれが可能であることが示された. そのひとつは, 繰り返しの外乱条件に対する適応(学習)であり, もうひとつは, 予測的な制御の方法である.

(1) 外乱に対する適応(学習)による対策

図13-3は, 実際にスキーを滑る際にどのようにして姿勢を保持するかについて示したものである. 被験者は, スキーにかなり親しんでいる小学生 (9歳) で, 特別に設定したコースを直滑降で滑っていただいた. その途中にギャップを設定して, 外乱条件を設定した (速度および位置の変化). その際にテレメーターで筋電図を記録した. 筋電図の導出部位については図13-3で説明する. 最上部の記録の線は, 通過地点を示したコイルの位置である. 次の線から順に, 腓腹筋, 前脛骨筋, 大腿直筋, 上腕三頭筋, 上腕二頭筋, 三角筋, 胸鎖乳突筋である. 図13-4は, 繰り返し滑走を行った際の筋電図積分値の結果を示したものである. 横軸は, 繰り返して行ったスキーの滑走条件 (10

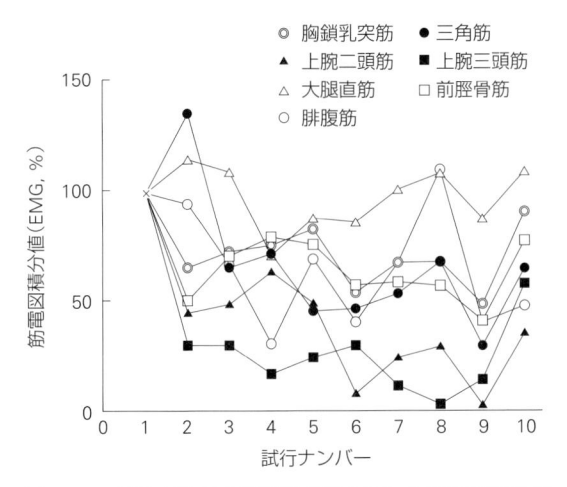

図13-4 外乱条件での直滑降の繰り返しと筋電図積分値の変化
横軸は，スキー滑走の各回ごとの試行ナンバーを，縦軸は，各筋の筋電図積分値を示す．第1回目の滑走時の値を100%とし，10回の試行における各筋の積分値を%で示している．
（渡部和彦ほか：スキー姿勢の乱れの解析．In：日本バイオメカニクス学会編，身体運動の科学Ⅳ．pp248-259, 1983）

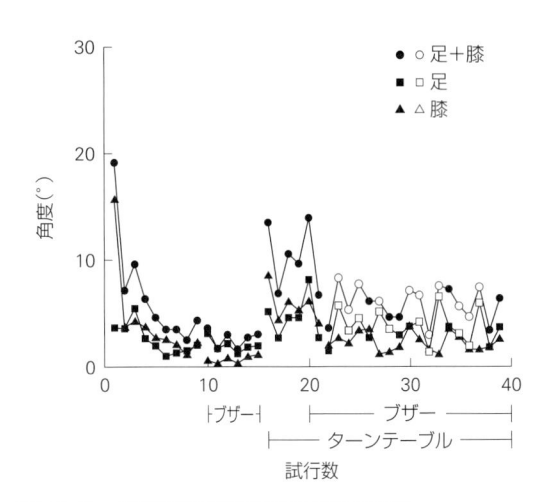

図13-5 水平外乱条件に対する姿勢の応答
（渡部和彦：姿勢の乱れとその制御―スポーツの「場」における姿勢の意味―．バイオメカニズム会誌，6：15-24, 1982）

回の滑走）である．縦軸は，最初の滑走時の値を100%として比較した筋電図の積分値である．図13-4から明らかなように，繰り返しの滑走によって筋放電の量が少なくなること，すなわち，外乱条件に対する適応（学習）が認められたのである．また，大腿直筋の増大が後半部で認められたことは，スキー姿勢の構えが形成されたためと理解できる．

（2）外乱に対する予測的な制御の対策
―予告シグナルの効果―

図13-5は，再び実験室の記録である．縦軸は姿勢の乱れの大きさを足関節，膝関節の角度変化量およびその合計で示した．横軸は，台の水平移動刺激の回数である．水平移動刺激が繰り返し行われることにより，関節角度の変化量は減少する．しかし，ターンテーブルを用いて前方向と後方向への移動が予測できない場合には，姿勢の乱れは大きくなることが示されている．このような場合でも，台の水平移動が行われる直前に「ブザー」で合図があると著しく姿勢の乱れが減少することが示されている．この場合は，空間的ではなく時間的な予告を与えた場合の結果である．このように，予測的な制御は，適切な手掛かりをあらかじめ与えられることにより，著しく姿勢の制御能力が保証されるのである．

文　献

1) 渡部和彦，朝比奈一男：姿勢制御から見た調整力の研究1, 方法論．体育科学，2：273-277, 1974.
2) 渡部和彦：直立姿勢の研究―姿勢制御時間に関して―．体力科学，24：118-123, 1975.
3) 渡部和彦ほか：スキー姿勢の乱れの解析．In：日本バイオメカニクス学会編，身体運動の科学Ⅳ．pp248-259, 1983.
4) 渡部和彦：姿勢の乱れとその制御―スポーツの「場」における姿勢の意味―．バイオメカニズム会誌，6：15-24, 1982.

［渡部　和彦］

2. スケート競技のバイオメカニクス

スピードスケート競技は，通常の陸上の運動とは異なるいくつかの力学的要因と密接に関係している．たとえば，スケートと氷との摩擦力が非常に小さいこと，滑走中の選手には大きな空気抵抗力が作用すること，カーブの曲率半径が小さい（25～26m）ので作用する遠心力が大きいことなどがあげられる．そのため，優れた滑走動作の解明に

は身体運動の合理性を力学的に究明しようとするバイオメカニクスによる解析手法が有効である．

1）スピードスケートの推進力

スピードスケートは幅1mm，長さ約40cmのブレードを左右交互に滑らせ大きな滑走スピードを得るが，時速60kmにも達する高速滑走においては氷の固定点を蹴ることによって加速することができない．

図13-6はキック動作中のスケーターを上から見た模式図で，重心速度ベクトルとスケートブレードの滑走方向を示したものである．スケートブレードの滑走方向には氷との間に極めて小さい摩擦力しか作用しないため，この方向へのキックはブレード後方へのスリップを生じるだけで推進力を生じ得ない．したがって，スケーターを加速させる力はブレードに対して垂直な方向への水平反力 Fh のみである．

図13-7は，ブレードに作用する力が測定できるセンサースケート[1]を12名の国内トップスケーターに履かせて全力で滑走させたときの，上から順に，ストローク中の重心速度，水平ブレード反力，ブレードに対する重心の相対速度および有効パワーの測定結果である[2]．実線は平均値を，点線は標準偏差を表している．なお，重心速度はスケーターを8台のVTRカメラにより3次元的に解析することにより算出したものである．ブレードに対する重心の相対速度とは，水平面内でブレードに対して垂直な方向の相対速度成分，すなわち水平ブレード反力と同じ方向の成分を算出したものであり，有効パワーとは，これと水平ブレード反力を乗じて求めたものである．

重心速度は，ストローク前半でわずかに減速したのちストローク後半で加速している．水平ブレード反力は，ストロークの前半（30％ストローク時まで）は負の値を示すが，ストローク後半では正の値を示し80％ストローク時以降でピークに達している．重心相対速度は，ストローク中徐々に増加しおよそ2m/sまで達している．有効パワーは50％ストローク時あたりから増加し，ピーク値平均は体重当たり13.8W/kgを示した．

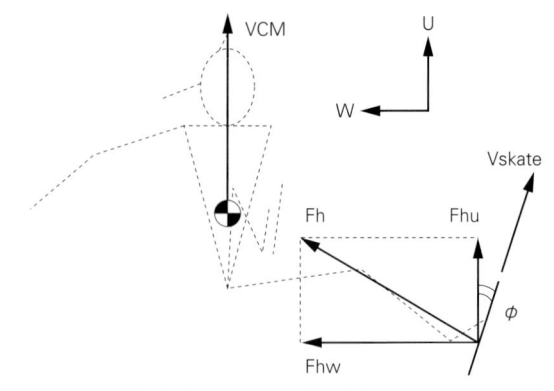

図13-6 水平面内における重心速度ベクトルと水平ブレード反力の関係を示す模式図
VCM：重心速度ベクトル，Fh：水平ブレード反力，Vskate：スケートブレード滑走方向
（結城匡啓ほか：スピードスケートの直線ストロークにおける加速の力学的メカニズム．In：第13回日本バイオメカニクス学会編集委員会編，身体運動のバイオメカニクス．pp211-217, 1997）

一般に，推進力の作用方向と運動の方向（速度の方向）が一致するとき，身体の運動量の増減は作用する推進力の力積との関係で表すことができる．しかし，図13-6に示したように，スケート滑走はブレードの滑走方向に推進力が作用しないことに加え，重心速度の方向と水平ブレード反力の方向とが一致しない運動である．そこで，図13-6のように水平ブレード反力（Fh）を重心速度方向の成分（Fhu）とそれに垂直な成分（Fhw）に分解し，それぞれの成分が重心速度の増加に及ぼす影響について考える必要がある．

図13-8は，上から順に，Fhu，Fhwおよび重心速度ベクトルとブレード滑走方向のなす角Φ（以下，重心―スケート角）の変化を示したものである．Fhuはストローク後半で徐々に増加しピークに達している．Fhwは30％ストローク時までは負の値を示したが，その後はFhuよりも約6倍大きな値を示す．重心―スケート角Φは30％ストローク時あたりから増加し80％ストローク時過ぎにピーク（平均で10.4deg）に達している．

そこでFhuとFhwの力積を求め，画像から得られた重心速度の変化（加速分）と比較したところよく一致すると報告されている[2]．また，重心速度方向のブレード反力Fhuの力積は，Fhw

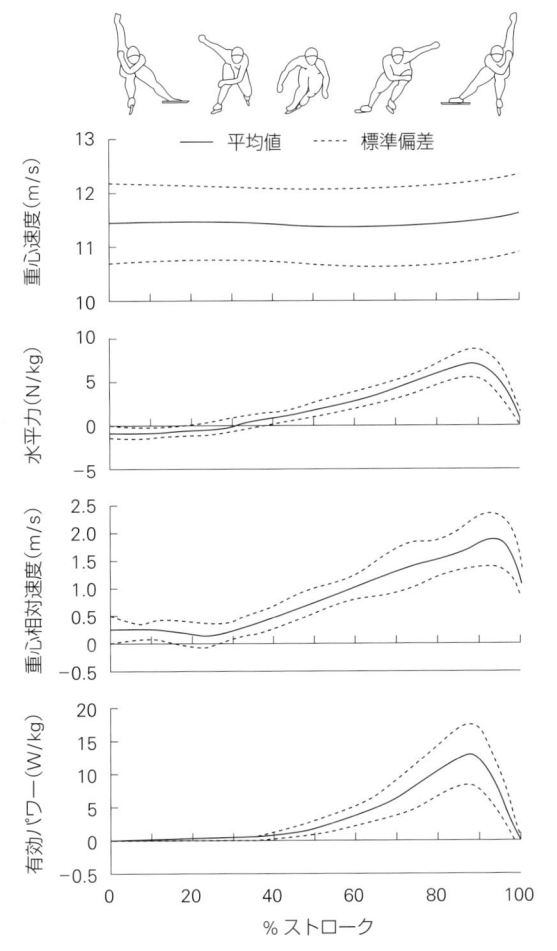

図13-7 ストローク中の重心速度，水平ブレード反力，相対重心速度および有効パワーの変化
(結城匡啓ほか：スピードスケートの直線ストロークにおける加速の力学的メカニズム．In：第13回日本バイオメカニクス学会編集委員会編，身体運動のバイオメカニクス．pp211-217，1997)

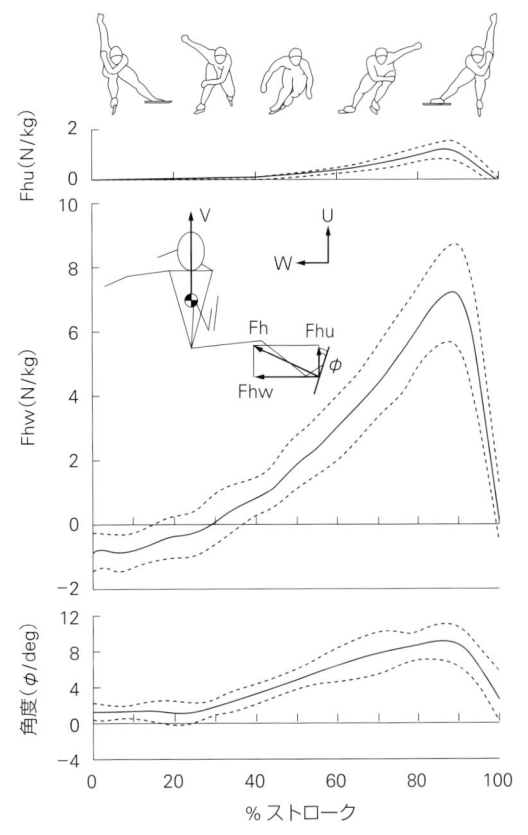

図13-8 水平ブレード反力の重心速度方向成分(F_{hu})とそれに垂直な方向成分(F_{hw})および重心速度とブレード滑走方向のなす角(Φ)
(結城匡啓ほか：スピードスケートの直線ストロークにおける加速の力学的メカニズム．In：第13回日本バイオメカニクス学会編集委員会編，身体運動のバイオメカニクス．pp211-217，1997)

のそれに比べておよそ10％と小さいが，重心速度ベクトルとの方向が一致しているためおよそ60％もの加速を生み出すと報告されている[3]．

以上に述べたように，スケート選手の推進力はブレードに垂直な水平力によって生じており，スケート選手にとっては真横よりやや斜め後ろの方向に最適な加速を生み出す最適方向が存在する．したがって，高速で滑走するスケート選手には，キック動作によってより大きな水平ブレード反力を生み出すことに加え，ストローク中の重心ーブレード角を微妙に制御して有効に重心を加速する技術が求められている．

2) 優れた選手のスタート動作

日本スピードスケート選手は，男子500mにおいてオリンピック6大会連続でメダルを獲得している．日本選手の特徴はスタートからの100mに優れていることがあげられる．ここでは，短距離種目で世界記録を樹立した日本選手3名のスタート動作の3次元解析[4]を紹介する．

図13-9は，H.S選手，M.H選手，Y.M選手のスタート号砲から1秒間における重心速度（実線）の変化と，重心速度をスケート速度（破線）およびスケートに対する重心の相対速度（点線）に分けてそれぞれ示したものである．

H.S選手（a）とM.H選手（b）のスケート速度（破線）を比較すると，H.S選手が1歩目

(0.5m/s), 2歩目 (1.0m/s) と徐々に大きくなっているのに対し, M.H選手は1歩目 (0.1m/s), 2歩目 (0.0m/s) ともに小さいことがわかる. このことから, まるで「走って」いるかのようにみえるH.S選手のスタートは, 詳細に分析してみると1歩目から「滑って」いたことがわかる.

図13-10は, 水平面内におけるスケートブレードと重心の位置を示したもので, 2歩目までのスケートブレード着氷位置が太い実線で, 0.06秒ごとの重心位置が○ (構えから1歩目) と● (2歩目まで) で表されている. また, ピストル発光時の構えをスティックピクチャーで, 構えから1歩目については左足首 (前足) を△で, 右膝 (後ろ足) を□で示した.

踏み出された左スケートをみると, 進行方向に対してスケートブレードのなす角度は, H.S選手が他の2選手に比べて小さく37.2°であった. また, 黒丸で示した踏み出し後の重心の軌跡は, H.S選手が直線的に前方変位しているのに対し, 他の2選手はやや左右方向の変位幅が大きかった. これらのことから, H.S選手のスタート踏み出し動作は, 他の2選手に比べて直線的に行われ, 踏み出しの左スケートがより進行方向に向けられている特徴のあることがわかる. そして, このことが, 引き続く1歩目 (左支持) における重心の側方変位を小さくすることや, 進行方向のスケート速度を大きくすることに役立っていると考えられる.

3) 世界一流選手のカーブ滑走動作

長野オリンピックは, つま先を支点にして踵とブレードが離れる構造をもつスラップスケートによるはじめてのオリンピックであったが, 500m競技ではレース後半の高速カーブ滑走での減速がスラップに優れた選手では小さいことがわかっていた[5]. ここでは, 長野オリンピック男子500mの上位9選手 (平均タイム35.96秒) と引き続く下位9選手 (36.39秒) 間にみられたカーブ滑走技術の3次元解析結果を紹介する[6]. なお, 両群のタイム差は平均で0.43秒と極めて接近していた.

図13-11は, 水平面における体幹の部分角を両群の平均で示したもので, 上から順に, 肩の回転角 (右肩前が正), 骨盤の回転角 (右腰前が正) および骨盤に対する肩の相対角である. 肩の回転角は, 右ストローク中, 負から正方向 (右肩が前) に, 左ストロークで負方向 (右肩が後) に変化しており, 左ストローク終了時 (右開始時) には上位群が有意に小さかった ($p<0.001$). 骨盤の回転角は, 右ストローク開始時は両群ともにスト

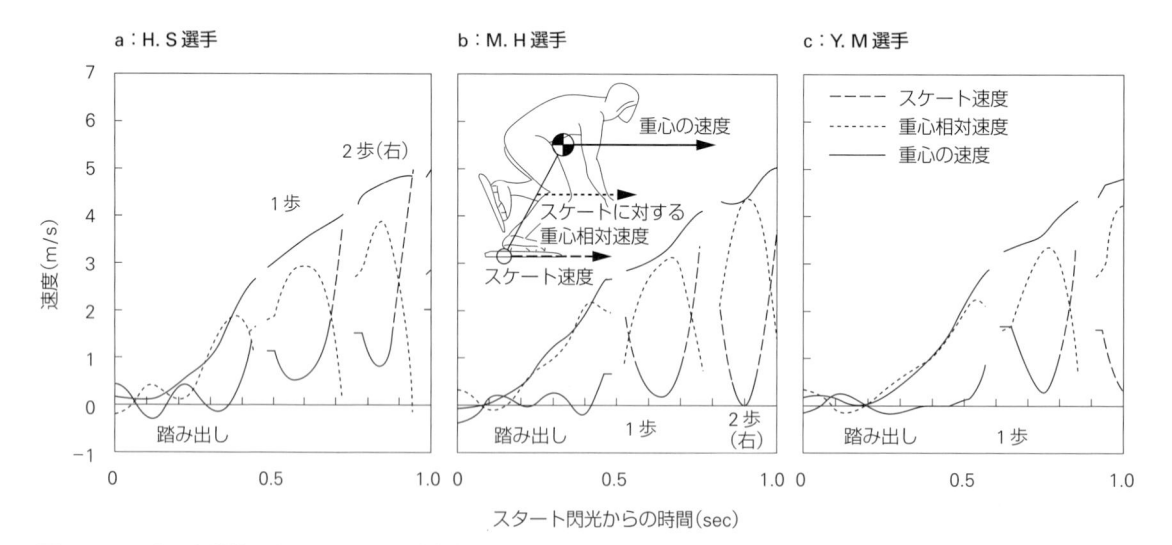

図13-9 スタート動作におけるスケート速度成分とスケートに対する重心相対速度成分
(結城匡啓ほか:世界一流スピードスケート選手におけるスタート動作の三次元的分析. 平成8年度日本体育協会スポーツ医・科学研究報告, No.II 競技種目別競技力向上に関する研究—第20報—, pp337-341, 1997)

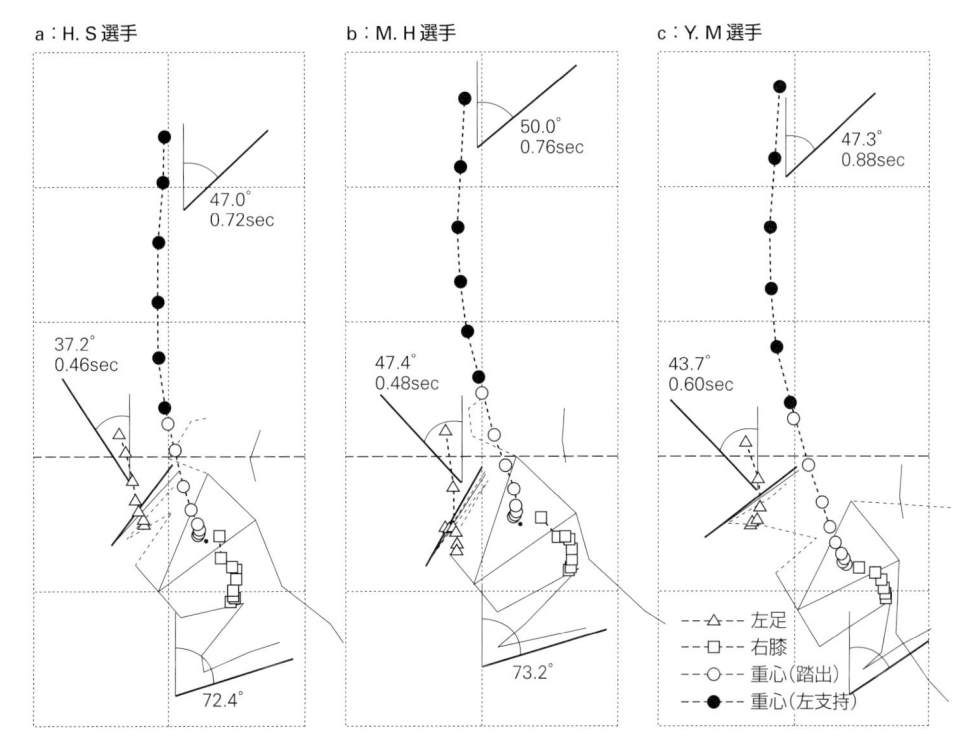

図13-10　一流選手のスタート構えから2歩目着氷までのスケート位置および重心の軌跡
(結城匡啓ほか：世界一流スピードスケート選手におけるスタート動作の三次元的分析．平成8年度日本体育協会スポーツ医・科学研究報告，No.Ⅱ 競技種目別競技力向上に関する研究—第20報—，pp337-341，1997)

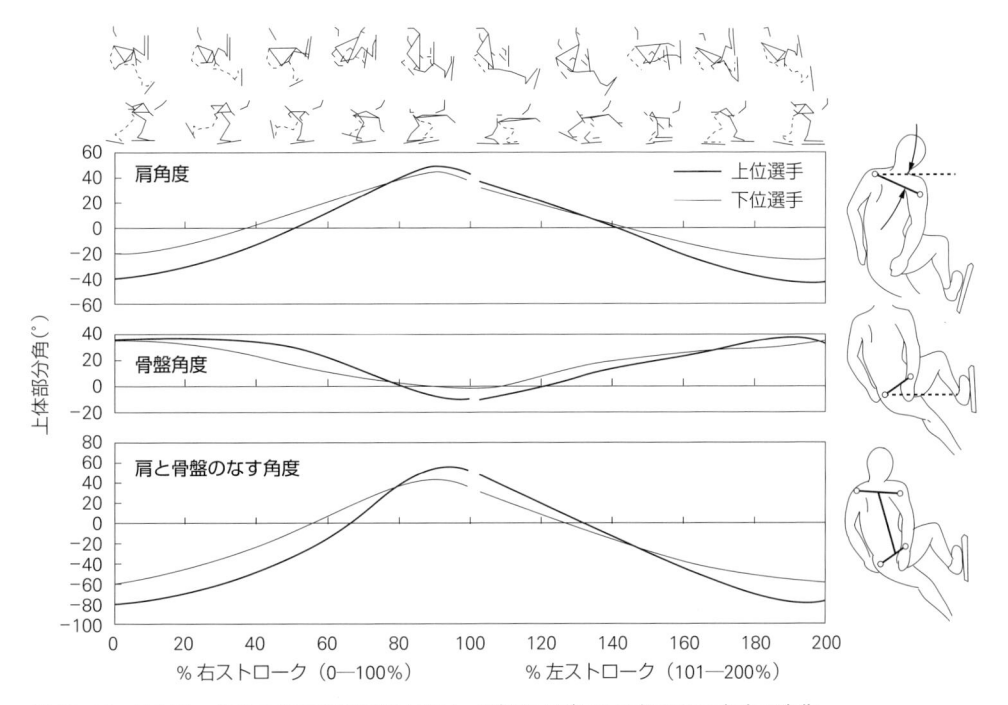

図13-11　ストローク中の水平面内における肩，骨盤および肩と骨盤のなす角度の変化
(結城匡啓ほか：長野オリンピックスピードスケート男子500mにおけるカーブ滑走動作の特徴．In：植屋清見ほか編，バイオメカニクス研究概論．pp421-426，第14回日本バイオメカニクス学会編集委員会，1999)

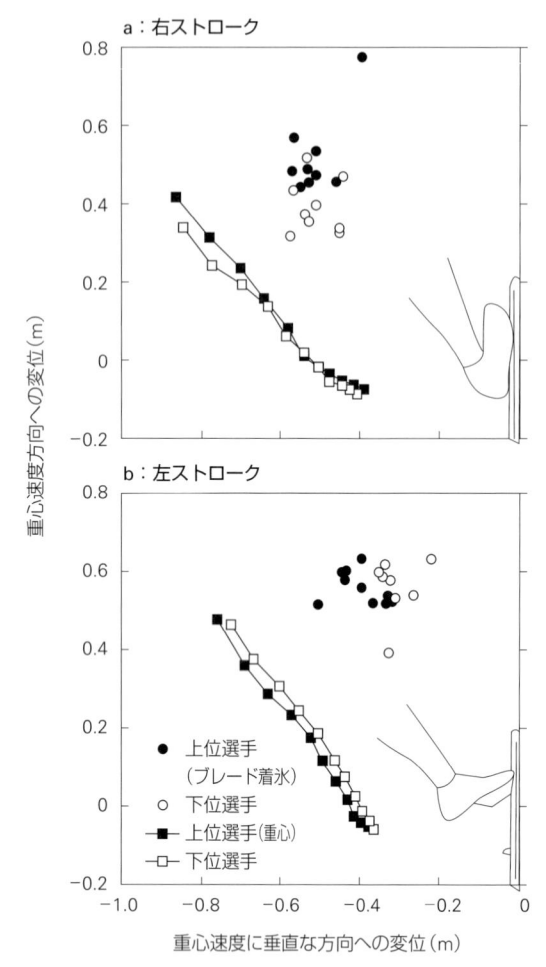

図 13-12 水平面内における左右ストローク中の支持側スケートに対する重心の相対変位(a)および引き続くストロークの着氷位置(b)
(結城匡啓ほか：長野オリンピックスピードスケート男子500mにおけるカーブ滑走動作の特徴．In：植屋清見ほか編，バイオメカニクス研究概論．pp421-426，第14回日本バイオメカニクス学会編集委員会，1999)

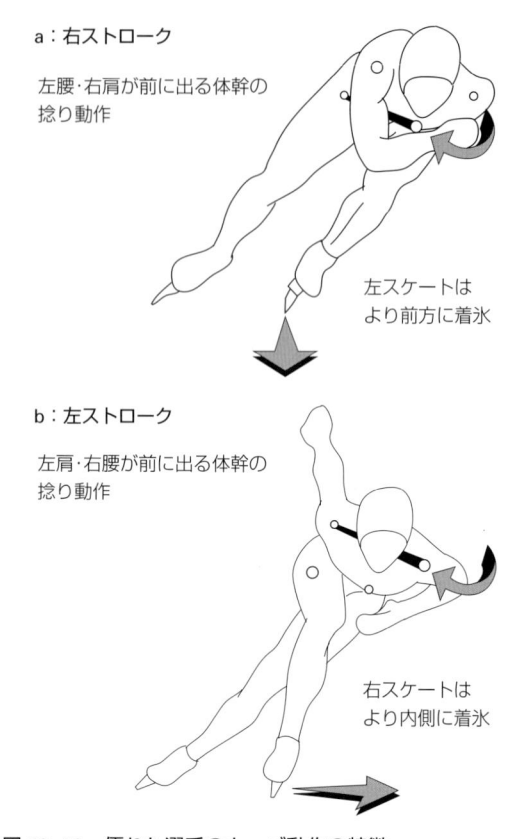

図 13-13 優れた選手のカーブ動作の特徴
(結城匡啓ほか：長野オリンピックスピードスケート男子500mにおけるカーブ滑走動作の特徴．In：植屋清見ほか編，バイオメカニクス研究概論．pp421-426，第14回日本バイオメカニクス学会編集委員会，1999)

ローク中徐々に小さくなり，右ストローク終了時には上位群で有意に小さかった（$p<0.05$）．骨盤に対する肩の相対角についてみると，上位群の変化は下位群に比べ有意に大きく，右ストローク開始時では負（$p<0.01$），左ストローク開始時では正（$p<0.05$）であった．これらのことから，優れた選手は，右ストロークでは左股関節を前方に回転し，左ストロークでは左肩を前に回転するような体幹の捻り動作が大きいことがわかる．

図 13-12 は，水平面内における滑走スケートに対する身体重心（■と□）の相対変位と引き続くストロークのブレード着氷位置（●と○）を示している．なお，原点を滑走側ブレードの中点とし，身体重心は10％ストロークごとに両群の平均をプロットした．

右ストローク中（図13-12a）の身体重心は上位群でより前方に変位しており，左スケートの着氷位置も上位群が有意に前方であった（$p<0.001$）．また，左ストローク中（図13-12b）の身体重心は上位群でより左方向（リンク内側）に変位し，右スケートの着氷位置も上位群が有意に左方向であった（$p<0.001$）．

これらのことから，優れた選手のカーブ動作は，右ストロークでは重心をより前方に運び，引き続く左スケートの着氷をより前に，左ストロークでは重心をより内側に保ち，続く右スケートをより内側に着氷する特徴のあることがわかった．また，

先述のように両群間のピッチには差がないことから、上位入賞選手は、いわゆるストライドを大きくすることによって滑走スピードを大きくしていたと考えられる。

図13-13は、これまでの分析結果をもとに、優れた選手のカーブ動作の特徴について模式的に示したものである。優れた選手は、左ストローク中に右肩と右股関節を近づけるような体幹の捻り動作（右側屈）が大きく、これにより重心のリンク内側への変位が大きくなり、引き続く右スケートの着氷がより内側にできたと考えられる。さらに、右ストロークでは、左股関節と左肩を近づけるような体幹の捻り動作（左側屈）により、相対的に左腰が前に出るため引き続く左スケートの着氷をより前方にすることができたと考えられる。

このように、スピードスケートにおけるバイオメカニクス的研究は、一流選手の滑走動作の特徴を明らかにし優れた選手の技術的な要因を抽出することに役立っている。また、そこに内在する力学的・解剖学的・生理学的な合理性を明らかにし、選手の技術的な課題を整理したり、次の課題を設定したりする意味でコーチングに用いることもできる。ここに紹介したほかにも、レース中の滑走スピードの変化を計測し、その変化パターンや通過順位などの比較から各選手の課題を見つけ出すヒントを提供したり[7]、中長距離種目を対象にレース終了後の血中乳酸値とレースペース・ゴールタイムとの関係を検討し、最適なレースペースやトレーニングの課題に関する示唆も提示している[8]。

3．フィギュアスケート

1）強化部の立場から

スポーツ動作を解析するスポーツ・バイオメカニクスが、基礎科学ではなく応用科学として存在しているのであるとすれば、競技力の向上に直接的に役に立つ研究成果が期待される。そして、研究課題そのものは、スポーツ科学者からではなく、

文　献

1) 結城匡啓ほか：スピードスケート滑走中のブレード反力．バイオメカニズム，13：41-51，1996．
2) 結城匡啓ほか：スピードスケートの直線ストロークにおける加速の力学的メカニズム．In：第13回日本バイオメカニクス学会編集委員会編，身体運動のバイオメカニクス．pp211-217，1997．
3) 結城匡啓ほか：スピードスケートにおける加速理論の再検討．バイオメカニズム，11：111-121，1992．
4) 結城匡啓ほか：世界一流スピードスケート選手におけるスタート動作の三次元的分析．平成8年度日本体育協会スポーツ医・科学研究報告，No. II 競技種目別競技力向上に関する研究—第20報—，pp337-341，1997．
5) 結城匡啓ほか：97/98ワールドカップ前半戦500mのレース分析およびスラップスケート対策—長野オリンピックに向けた科学的知見のフィードバック—．平成9年度日本体育協会スポーツ医・科学研究報告，No. II 競技種目別競技力向上に関する研究—第21報—，pp335-361，1998．
6) 結城匡啓ほか：長野オリンピックスピードスケート男子500mにおけるカーブ滑走動作の特徴．In：植屋清見ほか編，バイオメカニクス研究概論．pp421-426，第14回日本バイオメカニクス学会編集委員会，1999．
7) 結城匡啓：スピードスケート．バイオメカニクス研究，2：257-262，1998．
8) 結城匡啓：長野オリンピックのメダル獲得に向けたバイオメカニクス的サポート活動—日本スピードスケートチームのスラップスケート対策—．体育学研究，44：33-41，1999．

［結城　匡啓］

コーチングの現場に携わるコーチや強化関係者から提示されることになる。そこで、ここでは、強化の現場で何が期待されているのかを、まず最初に考えておく。

ルール的には、フィギュアスケートの採点は、技術に関する部分と表現に関する部分に分かれており、その比重は1対1である。また技術の中には、評価対象として、ジャンプ、スピン、ステップの3つがあり、ジャンプの占める割合は1/3ということになる。すなわち、ジャンプは採点全体

の中で，1/6の重みしかないことになる．

しかし実際には，表現に関する採点は，技術に関する採点から完全に独立しているわけではなく，まずフィギュアスケートの技術があって，それをいかに表現したかという観点で採点されている．また，技術点は，スピンやステップでは大きな差が付きにくく，難易度の高いジャンプを成功させるか否かによって大きく左右される．つまり，実際に採点をするジャッジの立場からいえば，採点の際にもっとも重要な要因はジャンプであり，その上でのスピンやステップ，表現力なのである．

これは，選手・コーチの立場からみれば，難易度の高いジャンプを成功させなければ勝つことはできないが，ジャンプを跳んだからといって勝てるわけではなく，ジャンプを跳んだ上で，スピンやステップ，表現力といったものが勝負を分けるということである．実際，2001年3月にバンクーバーで行われた世界選手権大会では，男子のほとんどの選手が3回転半のトリプルアクセルを成功させ，さらに，10人以上が4回転ジャンプを成功させている．4回転ジャンプを成功させることができないと，勝負にならないのである．

そこで，国際競技力の向上を目的として，フィギュアスケートの選手強化にあたっている強化部の立場から，スポーツ科学に求めるもっとも重要な研究課題は，3回転半あるいは4回転のジャンプを確実に成功させるための要因についてのバイオメカニカルな研究であるということになる．

2）研究の流れ

フィギュアスケートに関する研究は数少ない．これにはさまざまな理由が考えられるが，もともと雪の少ない寒冷地でなければ競技ができなかったので，競技人口が比較的少なかったこと，その結果としてフィギュアスケートに興味をもつ研究者が少なかったこと，さらには，スケートリンク以外の場所で実験室的に研究することが難しかったことが主たる原因であろう．過去に行われた研究をみてみると，冬季オリンピック大会に向けて，開催国の研究者が行った研究結果が散発的に発表されてはいるが，継続的・系統的な研究はほとんど行われていない．これは，オリンピックのような大きなイベントがないと，研究予算もつかないということを意味しているとも考えることができる．

そして実際に，研究対象としてフィギュアスケートに興味をもち，特にその技術的な側面をバイオメカニカルに解析しようとした研究者がいて，研究予算もつき研究に協力するスケーターがいたとしよう．そこで研究者が直面するのは，フィギュアスケートは，スケート靴で滑走しながら，スピン，ジャンプ，ステップ等の技術を競う競技のため，移動速度の速い，3次元的で複雑な動作を解析することが必要であるということである．このことは，高速度VTRシステムやコンピュータを利用したDLT法等を利用できてはじめて可能になったことであり，10数年程前にはこれらの研究は不可能に近かったのである．研究対象となる動作そのものの複雑さが，近年まで研究が進まなかった原因となっているのである．

日本では，1972年に札幌で開催された冬季オリンピックの強化対策の一環として，1968年から，形態および体力の測定のみならず，滑走中の心拍数や酸素摂取量の測定，ストレインゲージを利用した足圧の測定，高速度映画撮影法によるジャンプの滞空時間の検討，心理テストによる性格診断等が実施された．これらの結果は「札幌オリンピック・スポーツ科学研究報告」として，日本体育協会から出版されている．

また，海外でもフィギュアスケーターの形態と体力，ソマトタイプ等に関する研究や，滑走中の心拍数，酸素摂取量等の研究，傷害に関する調査報告等が1980年前後からみられるようになった．しかし，いずれにしても，フィギュアスケートの技術に関するバイオメカニカルな研究は多くはみられないので，ここでは，著者自身の研究結果を中心として解説する．

3）ストローキング

スケートの技術のもっとも基本となるストローキングや，ターン動作等については，フィギュアスケートを対象としたバイオメカニカルな研究成

果は公表されていない．ストローキング等に関する研究で公表されているのは，スピードスケートやアイスホッケーの靴による滑走動作である．スピード用，フィギュア用，ホッケー用の3種類のブレードは，競技特性の違いから異なる形状をしているが，進行方向に摩擦が小さく，横方向には摩擦が大きいということは共通しており，基本的な加速理論は共通であると考えられる．

4) スピン

スピンについても，具体的な研究報告はほとんど無い．バイオメカニクスの教科書には，角運動量保存の法則によって，慣性モーメントが小さくなると，回転速度が速くなるということが，フィギュアスケートのアップライトスピンを例にとって解説されていることが多い．しかし，実際にはブレードと氷の間の摩擦等によって，角運動量は完全に保存されるわけではなく，腕と脚を回転軸に近づけても，最終的には回転速度は低下してしまう．

著者[1]は，軸脚の異なる2種類のスピンのアプローチカーブを高速度映画解析によって比較した．その結果，通常のアップライトスピンと姿勢は同様で，逆の脚が軸脚となるバックスクラッチスピンでは，ともに身体重心がアプローチカーブの約30cm内側を移動しながら，一旦下降してから上昇してスピンに入るという点では共通していた．しかし，この時のフリーレッグをみてみると，アップライトスピンでは大きく振り出されているのに対して，バックスクラッチスピンではそのような動作がみられなかった．また，上半身の捻りについてみると，アップライトスピンでは，一旦，肩が腰よりも先行してから，急激に戻されてスピンに入っているのに対して，バックスクラッチスピンでは，アプローチカーブ上では肩は常に腰よりも遅れてついてくる状態であった．さらに，アプローチカーブの速度の差が，そのままスピンの回転速度に反映されていた．

5) ジャンプ

(1) 成功率

1998年の長野オリンピックに参加した男子の24名のフリースケーティングについてみると[2]，4分30秒のプログラムの中で実施されたジャンプの回数は，平均7.4±0.7回である．特に上位8名は全員7回であった．一方，転倒等の明らかな失敗ジャンプは，平均2.4±1.7回であるが，上位の8名については1.5±1.2回で，下位8名の4.0±1.8回よりも明らかに少ない．特に，1位と2位の選手の失敗ジャンプは0回であった．ジャンプの踏切の種類が6種類であり，3回転以上のジャンプの繰り返しを制限するルールがあることを考えると，上位の選手は無駄なくプログラムを構成し，確実にジャンプを成功させているということになる．

(2) 滞空時間と回転速度

図13-14に，日本の一流女子選手が実施したダブルアクセルを100コマ／秒で映画撮影したものを分析して得た肩の動きの鉛直投影図を示す（プロットは0.02秒毎）[3]．回転の様子を観察して

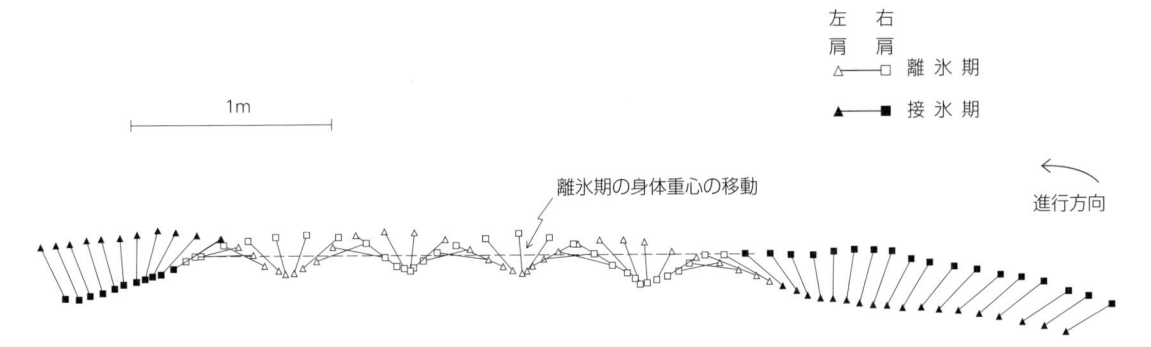

図13-14 ダブルアクセルの肩の動きの鉛直投影図
（吉岡伸彦：フィギュア・スケートのジャンプ．Jpn J Sports Sci，9：210-214，1990）

表13-1 シングル，ダブル，トリプルアクセルの踏切と空中の諸量

	鉛直速度 (m/s)	水平速度 (m/s)	踏切角度 (°)	ジャンプ高 (m)	回転速度 (rev/s)
シングル	3.3±0.31	5.3±1.20	32±4.8	0.68±0.12	2.9±0.50
ダブル	3.4±0.25	4.7±0.31	36±1.3	0.65±0.08	4.3±0.22
トリプル	3.3±0.15	3.6±0.69	43±5.8	0.66±0.09	4.9±0.31

(King DL et al.: A kinematic comparison of single, double, and triple axels. J Appl Biomech, 10: 51–60, 1994)

表13-2 ジャンプの種類毎の滞空時間回転速度

ジャンプの種類	回数 (回)	滞空時間 (s)	回転速度 (rev/s)	空中回転率
4回転トゥループ	3	0.72±0.02	5.00±0.00	0.90±0.02
3回転半アクセル	17	0.72±0.03	4.84±0.23	1.00±0.06
3回転ルッツ	22	0.65±0.04	4.37±0.21	0.95±0.07
3回転フリップ	18	0.63±0.04	4.35±0.19	0.92±0.06
3回転ループ	12	0.58±0.02	4.46±0.24	0.86±0.07
3回転サルコウ	19	0.57±0.03	4.44±0.32	0.85±0.06
3回転トゥループ	13	0.62±0.04	4.24±0.11	0.88±0.05
2回転半アクセル	14	0.64±0.03	4.13±0.18	1.06±0.07

(吉岡伸彦：フィギュアスケート．In：深代千之ほか編，スポーツ・バイオメカニクス．pp62–64，朝倉書店，2000)

みると，ダブルアクセルは，空中で2.5回（900°）回転するジャンプであるが，このうち約45°を離氷前に，約90°を着氷後に回転していることがわかる．また，離氷後に空中で腕と脚を回転軸に引き付け，着氷前にそれを開きはじめることを反映して，回転速度は，離氷直後まで加速し，着氷直前から減速しはじめていることがわかる．そして，このときの，高速回転期の回転速度は3.9回転／秒，滞空時間は0.66秒であった．

上記と同じ被験者が，同じ踏切のアクセルジャンプの回転数を1回転増やしてトリプルアクセルを跳ぶと，回転速度は5.0回転／秒，滞空時間は0.73秒となった．また逆に1回転減らしてシングルアクセルを跳ぶと，回転速度は2.4回転／秒，滞空時間は0.60秒となった．すなわち，空中での回転数が増えるほど，回転速度が速くなり，滞空時間が延長するのである．

一方，Kingら[4]は，カナダの男子選手5名について解析した結果として，シングル，ダブル，トリプルのアクセルジャンプの諸量として表13-1の値を得ている．これによれば，踏切りの水平速度は回転数が増えるにつれて減少するが，鉛直速度はほぼ一定である．そのため，踏切角度は回転数が増えるにつれて上昇するが，ジャンプ高（すなわち滞空時間）には変化が無い．空中での回転数の増加は，回転速度を上げることによって実現されている．

長野オリンピックの国際映像を民生用VTRに録画したものを分析した結果[2]，フリースケーティングを滑った男子24名が実施して成功した118個のジャンプの滞空時間は0.64±0.06秒，回転速度は4.43±0.31回転／秒であった．また，個々のジャンプの回転速度と滞空時間の積を，そのジャンプの回転数で除した値を空中回転率とすると，この値は0.93±0.09である．さらに，これらの値をジャンプの種類毎にみてみると，難易度の高い4回転のトゥループと3回転半のアクセルは，滞空時間が長く，回転速度も速い．一方，実施回数の少ないループは，同じくトゥを突かずにエッジで踏切るサルコウとともに，滞空時間が短く，また回転速度は速い傾向にあるが，空中回転率は小さい（表13-2）．すなわち，着氷時に回転が完全に終了していない余裕の無いジャンプとなっている．なお，個々のジャンプでもっとも滞

表13-3 4回転ジャンプにおける運動学的パラメータ

	Kulik	Guo	Honda
跳躍距離(m)	2.46	2.67	3.11
滞空時間(s)	0.70	0.73	0.68
水平初速度(m/s)	3.53	3.67	4.58
垂直初速度(m/s)	3.88	3.65	2.97
初速度(m/s)	5.25	5.18	5.46
跳躍角(deg)	47.7	44.9	33.0
到達高(m)	1.68	1.72	1.73
跳躍高(m)	0.56	0.69	0.43

(池上康男:長野オリンピックとパラリンピックにおけるバイオメカニクス研究「フィギュアスケート」．バイオメカニクス研究，2：287-291，1998)

空時間が長いのは3回転半のアクセルの0.77秒であり，もっとも回転速度が速いのは4回転のトゥループ等の5.0回転／秒であった．なお，池上[5]は，高速度映画撮影によるDLT法で，3名の選手の4回転のトゥループについて，表13-3のような運動学的パラメータを得ている．

(3) 助走速度

ジャンプの踏切は，水平方向の助走速度を斜め上方向に変換する技術であると考えることができる．また，ジャンプの滞空時間とジャンプ高は，ともに踏切時の鉛直方向の初速度によって決定される．そこで，全日本参加者のジャンプの助走速度と高さの関係をみてみると[3]，男子ではのべ124回のジャンプでr＝0.409（p<0.001），女子ではのべ181回のジャンプでr＝0.407（p<0.001）と，ともに有意な相関があった．このことは，助走速度が速いほど，ジャンプ高が高い，すなわち，滞空時間が延長するということを意味している．逆に考えると，回転数の多いジャンプを成功させるために滞空時間を延ばそうとするときには，助走速度を速くすることが有効にはたらくということになろう．ただし，助走速度が速くなるということは，ジャンプの踏切動作のタイミングを難しくするということにつながる可能性があることも考慮しておく必要がある．

(4) 踏切動作と回転を生み出す力

AlbertとMiller[6]は，シングルおよびダブルアクセルの踏切を，DLT法によって解析している．彼らは，踏切を空中に出る前の片脚支持期として，それをグライド，トランジション，ピボットの3期に分けている（図13-15）．

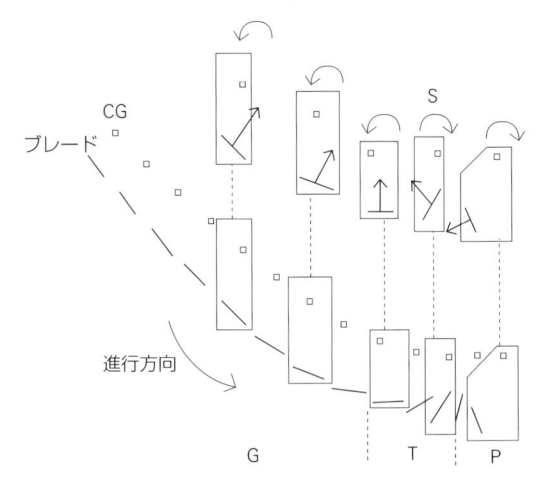

図13-15 グライド期(G)，トランジション期(T，ずれを伴う)，およびピボット期(P)のブレードと身体重心の位置
ボックスは，水平反力の大きさ，方向（ブレードと直角），作用点，身体重心に対するモーメントを示す．
(Albert WJ and Miller DI: Takeoff characteristics of single and double axel figure skating jumps. J Appl Biomech, 12: 72-87, 1996)

グライド期には，身体重心は緩やかに下降し，水平速度はほぼ一定に保たれる．この期間中，スケートは身体重心の前にあるので，ブレードからの氷の反力は，回転を加速する方向に向く．この回転速度の増大には，フリーレッグの振り出しがもっとも大きく貢献している．ここで，回転モーメントの58～100％が獲得されている．また，慣性モーメントは，グライド期に最大値をとり，その後減少する．ブレードが横ずれしながら回転し，トゥがかかるまでのトランジション期には，身体重心が上昇を開始し水平速度は減少する．

ピボット期は，ブレードの先端にあるトゥピックが氷にかかって固定されることによって開始する踏切の最終局面である．脚の回転モーメントは減少し，腕では増加するが，全体としてはやや減少する．最終段階での回転モーメントは，シングルとダブルで差はなかったが，慣性モーメントはダブルのほうが有意に小さい．すなわち，多回転ジャンプでは，腕や脚を回転軸に引き寄せることによって慣性モーメントを小さくしなければならず，そのための筋力が必要になる．

表13-4 シングルアクセルの踏切と空中の諸量

被験者	水平速度 (m/s)	鉛直速度 (m/s)	踏切角度 (°)	Fmax (N/kg)	Pmax (W/kg)	滞空時間 (s)
A	4.46	2.51	29.4	17.8	45.3	0.52
B	4.88	2.38	26.0	16.0	44.7	0.54
C	4.11	2.34	29.7	15.4	36.1	0.50

(池上康男ほか:フィギュアスケートにおけるジャンプ動作の三次元的分析.総合保健体育科学,15:71-75,1992)

(5)ジャンプのパワー

池上ら[7]は,日本人ジュニア女子選手3名のジャンプ踏切時の力とパワーを,高速度映像解析によって算出し,踏切時には,反動動作を利用していることを示す抜重が認められていること,また,最大パワーは,体重当たり36.1~45.3Wであり(表13-4),陸上で行われる他のジャンプに比べて小さいことを報告し,その原因として,滑走しながらの踏切動作でパワー発揮が制限されているとしている.

文献

1) 吉岡伸彦:スピンのアプローチの高速度映画解析.千葉体育学研究,14:29-32,1991.
2) 吉岡伸彦:フィギュアスケート.In:深代千之ほか編,スポーツ・バイオメカニクス.pp62-64,朝倉書店,2000.
3) 吉岡伸彦:フィギュア・スケートのジャンプ.Jpn J Sports Sci,9:210-214,1990.
4) King DL et al.: A kinematic comparison of single, double, and triple axels. J Appl Biomech, 10: 51-60, 1994.
5) 池上康男:長野オリンピックとパラリンピックにおけるバイオメカニクス研究「フィギュアスケート」.バイオメカニクス研究,2:287-291,1998.
6) Albert WJ and Miller DI: Takeoff charac-teristics of single and double axel figure skating jumps. J Appl Biomech, 12: 72-87, 1996.
7) 池上康男ほか:フィギュアスケートにおけるジャンプ動作の三次元的分析.総合保健体育科学,15:71-75,1992.

[吉岡 伸彦]

4.スキー滑走の力学

1)スキー選手に作用する力

(1)推進力

スキーヤーには,位置エネルギーが運動エネルギーに変化することによる力が作用するが,単なる自由落下ではなく斜面に対して滑り降りる物理条件を考えなければならない.図13-16には,スキーヤーに作用するいくつかの力の作用について示した.推進力(F)は,垂直抗力(N)と,体重+スキー重量(W)の分力として示される.すなわち,

$$F = W\sin\theta$$

である.これに対して,推進力に対抗して作用する力がある.それは,雪面抵抗(摩擦抵抗)と空気抵抗である.以下にそれぞれについて簡単に解説しよう.

(2)雪面抵抗

雪面にはたらく力は,摩擦抵抗と除雪抵抗がある.除雪抵抗は,概念としては摩擦抵抗と区別されるものである.しかし,実験室における均一な条件とは異なるいわゆる屋外の現場での測定では,それぞれを厳密に区別することは困難であろう.ここでは,均一な物体間の条件において作用する場合の摩擦について取り上げることにしたい.

摩擦の大きさを表す概念として摩擦係数がある.摩擦係数には,動摩擦係数(μk)と静止摩擦係数(μs)がある.一般に,動摩擦係数は静止摩擦係数より小さい.摩擦係数はその値が小さいほど滑りやすいことを表す.よく滑る条件の例として,0℃付近のしまった雪の条件を仮定する

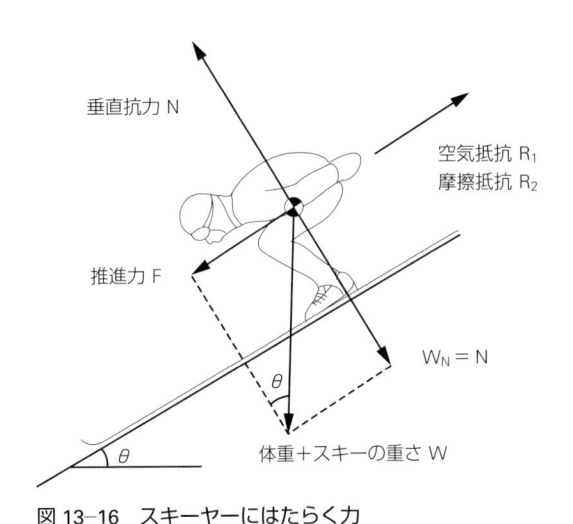

図 13-16　スキーヤーにはたらく力

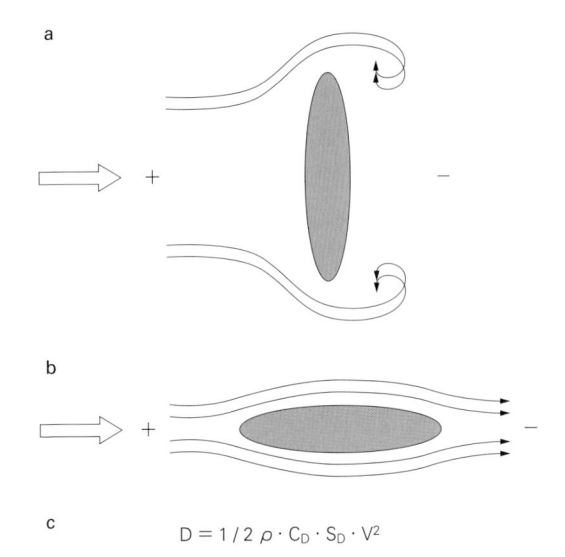

と，動摩擦係数は，0.02〜0.05 程度であるという．この条件における静止摩擦係数は，0.3〜0.5 程度であるといわれる．

摩擦係数の測定方法は，比較的簡単である．摩擦力（F）は，物体がその接触面に対して垂直に作用する力であるのでその力は垂直抗力（N）に比例する．摩擦係数（μ）は，その物体を水平方向に牽引する力が垂直抗力に等しければ，$\mu=1$ となる．すなわち，

$$F = \mu \cdot N$$

となる．摩擦力は，ある物体が直接接する他の物体との間に作用する場合の概念であることを理解しておく必要がある．一般に摩擦係数は，接地する物体の大きさ（面積）や，運動の速度には無関係であるとされる．

(3) 空気抵抗

空気抵抗は，抗力と呼ばれる．空気抵抗はどのようにして生じるであろうか．図 13-17 に楕円形の物体に気流があたる様子を模式的に示した．図 13-17a の場合は，図 13-17b と比べると，物体の形状（抵抗係数）と気流に当たる面積（投射面積）が異なる．とくに大きな違いは，投射面積の違いである．物体の背後には，気流の渦が生じる．この渦は，陰圧を生み出し物体の抵抗の大きさを増加させる．

空気抵抗は，物体に直接あたる気流の圧の他に物体の背後に発生する渦によっても生じる．すな

図 13-17　空気抵抗
(Hay JG: The Biomechanics of Sports Techniques 2nd ed. p173, Prentice-Hall, 1978)

$$D = 1/2 \, \rho \cdot C_D \cdot S_D \cdot V^2$$

わち，渦の発生をできるだけ小さくすることは，空気抵抗を少なくするために必要な条件となる．また，空気抵抗は，図 13-17c に示した式で表される．

2) 流体における力の発生とその仕組み

(1) 抵抗係数

空気抵抗に大きな影響を与えるものとして，抵抗係数がある．抵抗係数は，物体の形状に関係する．図 13-18 には，抵抗係数が物体の形状によってどのように異なるかの例を示している．

たとえば，球状の物体は 0.50 の値であるが，四角柱では 1.54 または 2.03 となる．このような値の違いは，物体の大きさとは関係なく物体の背後に発生する気流の渦の大きさに関係するものである．人体の場合，このような形状による違いを考慮して，スキー滑降競技ではできるだけ凹凸の少ないいわゆる「卵型姿勢」が推奨される．

(2) 揚力の発生

スポーツパフォーマンスと気流との関係において，揚力は重要な役割を演じる．たとえば，スキージャンプ競技では，空中での飛行局面でジャンパーがいかに揚力を得て空気抵抗を少なくするかがジャンプ技術開発の中心的課題となる．図 13-

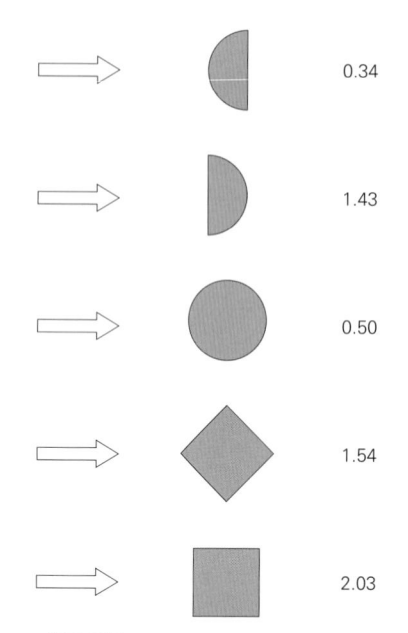

図 13-18 抵抗係数
（宮下充正：泳ぐ．In：浅見俊雄ほか編，身体運動学概論．大修館書店，1976）

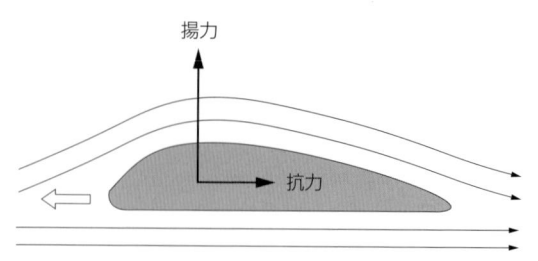

図 13-19 揚力の発生

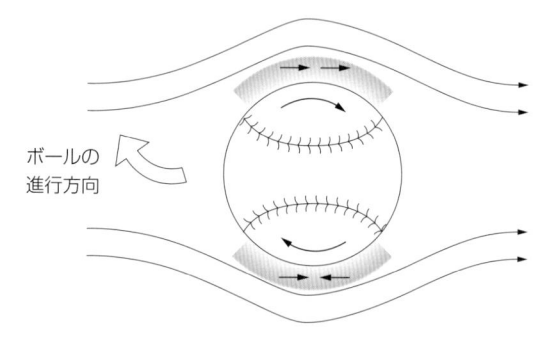

図 13-20 マグヌス効果

19 に，揚力がどのようにして発生するかの原理を簡単に示した．この物体の形状は，翼の断面に似ているので，「翼型（よくがた）」といわれる．このような形状は，揚力が発生しやすいといわれる．この物体にあたる気流の速度を測定すると，物体の上と下とでは異なることがわかっている．すなわち，丸く膨らんでいる上部を流れる方が速いのである．その結果，物体の後方で気流が合流する部分では，ほぼ同時に到達するのである．

気流が相対的に速い部分は，陰圧になることが知られている．したがって，物体の上の部分を流れる気流は，陰圧となり，この物体を上方向に引き上げようとする力が発生する．この力を「揚力」と呼ぶ．図 13-19 で上向きのベクトルで揚力の作用を示しているのはそのためである．

(3) マグヌス効果

図 13-20 は，ボールが回転しながら移動する条件における気流との関係を示す．前述のように，気流に対して直進する物体には空気抵抗がはたらくが，その物体が回転しながら直進する場合には，その物体の進路に変化を与える力が作用する．このような力はどのようにして発生するのであろうか．図 13-20 には，ボールと気流との関係が描かれている．ボール表面と気流との間には，「境界層」がある．ボールを取り巻く境界層部分の気流速度は，ボールとの位置関係によって異なる．たとえば，ボール自身の回転により，ボール上方の気流は境界層の気流を加速して速く流れ，ボール下方の気流は反対に遅く流れる．このような気流の条件では，気流の速く流れる部分が陰圧となり，図 13-20 ではボールを上に引き上げる力として作用し，直進する力との合力の結果として，ボールの進行方向は上方向ということになる．ボールに回転運動を与える際の様式の違いによって，トップスピン，バックスピン，シュートなどの変化球が生まれるのである．

(4) 境界層と気流の剥離—ディンプルの効果—

物体に気流が当たる際にその背面部に渦が発生し，その渦の大きさは空気抵抗の大きさに影響することはすでに述べた．この渦の発生は，境界層の部分で気流が物体から剥がれることと密接に関係する．気流がその物体から剥がれずに流れれば，渦の発生は起こらず抵抗を極めて少なくする

a：ディンプルが無い場合

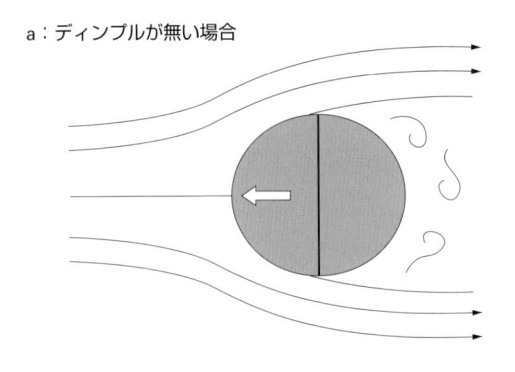

b：ディンプル効果による剥離位置の後退

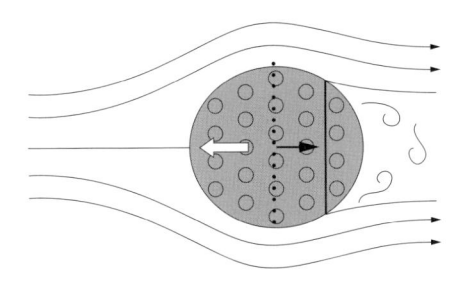

図13-21　ディンプル(ラフネス)の効果

ことができる．ゴルフボールの表面は，凹凸がある．これは，ボールの表面をわざと粗くする（ラフネスを強める）ことにより，気流の剥離位置を物体の後方に移動させ渦の発生を少なくし，結果として空気抵抗を少なくする効果を狙ったものである．

ボールを例に平滑な表面の場合を図13-21a，凹凸の場合を図13-21bで示す．表面に凹凸のある条件の場合，剥離位置が後方に移動しその結果渦の発生が少なくなることを示している．

物体の表面が，平滑であるよりもある程度は粗い方がむしろ空気抵抗が少ないということは逆説的ではあるが事実であり，さまざまな応用を考える際に参考になる事柄である．空気抵抗と関係の深いものとして水中における水の抵抗がある．水泳競技では，水中での抵抗が少なくする水着の開発研究が行われているが，原理的には空気の場合と同じである．すなわち，境界層における剥離位置を後方に移動させ，水の抵抗を少なくするためのさまざまな条件を工夫して見出そうとするものである．

文　献

1) Hay JG: The Biomechanics of Sports Techniques 2nd ed. p173, Prentice-Hall, 1978.
2) 宮下充正：泳ぐ．In：浅見俊雄ほか編，身体運動学概論．pp204-215，大修館書店，1976．

[渡部　和彦]

5．スキーにおけるターンのメカニズム

1）スキーターン

スキー滑走において斜面に沿ってまっすぐ滑り降りるものが直滑降である．それに対して，さまざまな目的で方向を変えながら斜面上に曲線を描いて滑ることも必要である．そのためには，滑走中に滑走方向を左右に変える必要がある．この方向転換がターンである．

(1)運動学的にみたターン

ターン中のスキーの動きを観察すると，スキーの中心が曲線に沿って滑る動きと，スキーの向きが曲線の方向にほぼ向くように回転する2つの動きが存在することがわかる．運動学的には，スキー

a：実際のターン　　b：スキーの曲線運動　　c：スキーの回転運動

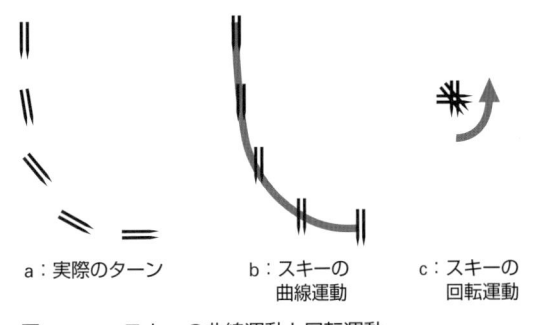

図13-22　スキーの曲線運動と回転運動
ターン中のスキーの動きはスキーの曲線運動（並進運動，移動運動）と回転運動が合成されたものと考えることができる．

の中心の動きはスキーの並進運動あるいは曲線運動と呼ばれ，それにスキーの回転運動が重ね合わされた（合成された）ものと考えられる（図13-22）．

(2)ターンのための力学的条件

前述のように，ターン中のスキーの動きはス

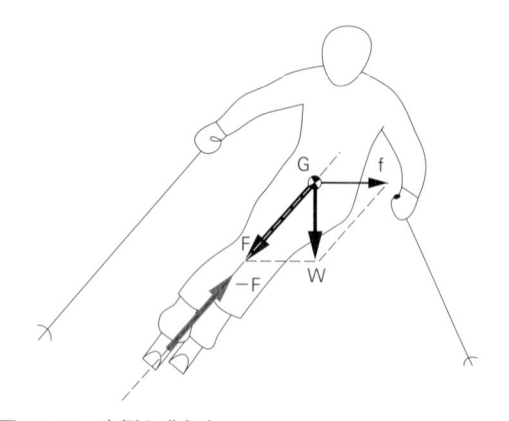

図 13-23　内倒と求心力
身体重心（G）をターン内側へずらせると重心に加わる重力（W）の水平成分として曲線運動に必要な求心力が生まれる．重心とスキーを結ぶ方向の成分は雪面からの反力と釣り合う．

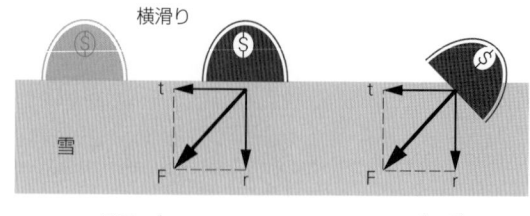

図 13-24　エッジング
エッジングなし（フラット）な状態でスキーに斜めに力が加わるとスキーは横滑りする．力の水平成分（t）はスキー（スキーヤーを含む）を横方向に加速させる．エッジングがなされていると横滑りが起きず力の水平成分（t）は求心力となる．

キーの曲線運動と回転運動が合成されたものであるが，曲線運動と回転運動は互いに独立した運動である．このことは，曲線運動を起こすための力学的条件と，回転運動を起こすための力学的条件が独立していることを意味する．6章に述べられているように，曲線運動のためには運動の方向と直角方向に力が加わらなければならない．すなわち，ターンの内側に向く力（求心力）が必要になる．同様に回転運動のためにはスキーを回転させようとする力（力のモーメント，トルク）が加わる必要がある．

スキーヤーは，滑走中にさまざまにスキーを操作したり，身体とスキーの位置関係を変化させたりすることにより，スキーが雪面から受ける力の大きさやその方向を変化させ，巧みにターンに必要な求心力やトルクを発生させ，目的のコースを滑るためにそれらを調節している．

2）スキーターンのメカニズム

このように，ターンに必要な求心力やスキーを回転させるためのトルクはいかなるメカニズムで発生するのであろうか．これまでに数多くの研究がなされてきたが，現時点でもすべてが明らかにされているわけではない．

（1）曲線運動のための求心力

求心力発生のメカニズムはかなり古くからよく知られていた．それは自転車などの二輪車における曲線運動と同じで，身体（身体重心）をターン内側にずらせる，すなわち身体をターン内側に傾けることによって雪面から受ける抗力の方向を斜めにし，その水平成分を求心力として利用する（図13-23）．この場合二輪車と同じでスキーが横方向に滑ってしまうと求心力が生じないので，スキーの横滑りを押さえるためにスキーを斜めにして雪面に押しつけるエッジングと呼ばれるスキーの操作が行われる（図13-24）．

ターン内側に身体を傾ける内傾動作では，それに伴って下腿も内倒するので自然にスキーがフラットの状態からエッジングされた状態になる（図13-23）．そのため，身体の左右方向への移動により曲線運動に必要な求心力を生み出す動作は初心者にも比較的容易な動作となっている．

（2）回転運動のためのトルク

スキーの曲線運動のために必要な求心力発生のメカニズムは比較的単純であるが，スキーを回転させようとする力であるトルクの発生のメカニズムは今日でもそれほど明確にはなっていない．今日までさまざまな説が提唱され，それを立証しようと多くの研究が行われてきている．原理的にはスキーを回転させるトルクがはたらくためにはスキーの前部に力が加わる，もっと厳密にいえば，雪面から受ける抗力の中心（雪面から受ける力の合力の作用点）がスキーの中心より前方にあればスキーを回転させようとする力となる．しかし，いかなる原理によって雪面抗力の中心が前に移動するかについてはさまざまな理由が考え出され，

今日でも決着がつかずにいるといってよいだろう．

このような理由から，スキーターンのメカニズムに関するバイオメカニクス的研究の主眼は，回転運動に必要なトルク発生のメカニズムに向けられている．

3) スキーターンのメカニズムに関する研究

スキーターンのメカニズムに関して行われてきたこれまでの研究は大きく2つに分けられる．ひとつは現実のターンを直接の対象とするものであり，もうひとつは，シミュレーション（模擬実験）によるものである．

(1) スキーロボットによる研究

スキーターンのシミュレーションは，今日では一般的に行われているコンピュータによるシミュレーションではなく，スキー板やそれを模した形状の板を付けた装置を雪面上や雪面を想定したじゅうたんの上などで滑走させる模擬実験によるものである．用いられる装置はスキーロボットと呼ばれる．ロボットによるターンはスキーヤーによる現実のターンと異なり，スキー板と雪面との関係を単純化できるため，ターンの原理をより鮮明にできると考えられてきた．このような目的のため，スキー板に模したプラスチックなどの薄板に重りを載せただけの装置で行われたものもある．ロボットによる実験で，スキーを回転させるためのトルク発生のメカニズムとして有力なのは，スキーの形状（サイドカーブ，図13-25）[1]とスキーのたわみ[2]である．サイドカーブの付いたたわみのほとんど起きないスキーと，サイドカーブのないたわむスキーのいずれでもターンを引き起こすことが可能であることが示されている．これら以外にもいくつかのトルク発生のメカニズムが提唱されている[3]．

改良が進んだ今日では，下肢のいくつかの関節に自由度をもたせ，それらをモーターと遠隔制御で動かすことによって，人間にかなり近い滑りをするロボットも出現するようになっている．しかし，スキーロボットによる研究では，ある原理によってターンが引き起こされることは証明できる

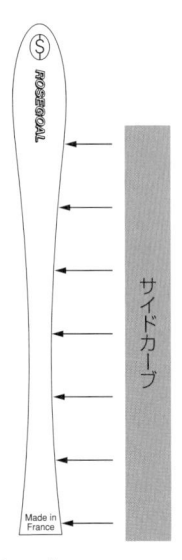

図13-25　サイドカーブ
スキーの両側の曲線でスキーの中央部でくびれている．

が，現実の（スキーヤーが滑った場合の）ターンがその原理によっていることを証明できないのが難点である．

(2) ターン中のスキーと身体の動き

ロボットによるターンの研究に対し，スキーヤーの実際の滑走を対象としたターンの力学的研究はそれほど多く行われてはいない．滑走中にスキーに加わる力やトルクを実測することが困難なためである．これまでに，スキーと締め具の間に力検出器（フォーストランスデューサ）を装着した測定などがみられるが，スキーに加わるトルクを実測した例は見当たらない．そのかわり，スキーやスキーヤーの動きをより詳細に記録することによりターン中の運動学的分析が行われている．スキーヤーによる現実のターンでは，スキーとスキーヤーの動きは上下左右前後の動きを含んでいるので3次元的な動作の記録，分析が必要である．これらの研究では3次元の映像記録法[4]を用いて，ターン中のスキーやスキーヤーの身体の動きの詳細な分析が行われている[5,6]．

図13-26は，スキーの前後に小ポールをたて，それぞれのポールに小さなリファレンスマークをつけた滑走実験の模様である．これらのリファレンスマークの3次元座標から，スキーのエッジング角や迎え角（後述），さらに身体重心位置を求

図 13-26 リファレンス付きスキー
スキーの前後に小ポールを立てそこに蛍光のボールがリファレンスマークとして取りつけられている．これらのポールの3次元座標からスキーに平行な3次元ベクトルと，スキーのソールに垂直な3次元ベクトルがえられ，それらを使って，エッジング角，迎え角，スキーに対する重心位置等が求められる．

めればスキーに対する身体重心の動きが求められる．

図 13-27 は，直滑降から山回りのパラレルターンを行った際の，3次元記録によるスキーとスキーヤーの身体重心の動きを示したものである．雪面上方からみた図 13-27 は，ターンに伴うスキーや重心の曲線運動，スキーの回転運動を示しているが，ターンに伴って重心がターン内側に移動していること，スキーの向きはスキーの移動方向から少しずれていることがわかる．この現象はスキーが迎え角をもっているといわれる．迎え角とは，一般にスキーのような細長い，あるいは扁平な物体がその長軸方向と異なる向きに移動する場合，その長軸と移動方向とのなす角である．図 13-28 は，直滑降から山回りのターンを行った際のターン外側のスキーについて，雪面とスキーの底面（ソール）とのなす角であるエッジング角，前述の迎え角，それにスキーヤーの重心の左右への水平移動距離のターンの進行による変化を示したものである．エッジング角は，最初平踏みの状態から緩やかに増加し，0.25 秒あたりから顕著な増加を示している．それに反し，迎え角はきっかけ動作時から大きな増加をみせ，0.3 秒あたりで増加の割合が逆に小さくなっている．一方，重心のターン内側への移動距離はエッジング角が顕著な増加をみせるあたりまでは増加することなく一

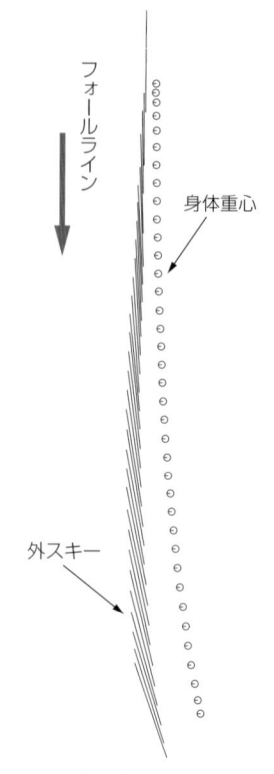

図 13-27 スキーと重心の軌跡
直滑降から山回りターンに入った際のスキーの動き（線分）と身体重心（○印）の動き．スキーはターン外側（外スキー）について示した．

定にとどまっている．移動距離は，ターンの外スキーから測っているため，重心がまだ両スキーの中間にとどまっていることを示している．その後，エッジング角の増加するあたりから急激に増加し，身体のターン内側への傾きが増加することを示している．このように，直滑降から山回りターンを行うと，最初にスキーを捻ることによって迎え角が生じ，それに遅れてスキーの角付けが強められ，最後に身体の内傾が起きていることがわかる．

エッジング角や身体重心のターン内側への移動距離は，ターンの弧が小さくなればなるほど，また，同じ弧であれば高速のターンほど大きくなる．すなわち，高速で急なターンほどエッジングや身体の内傾が強められる．一方，迎え角については，高速で曲率の大きなターンでは非常に小さくなるが，中回りのターンや小回りターン（ウェーデル

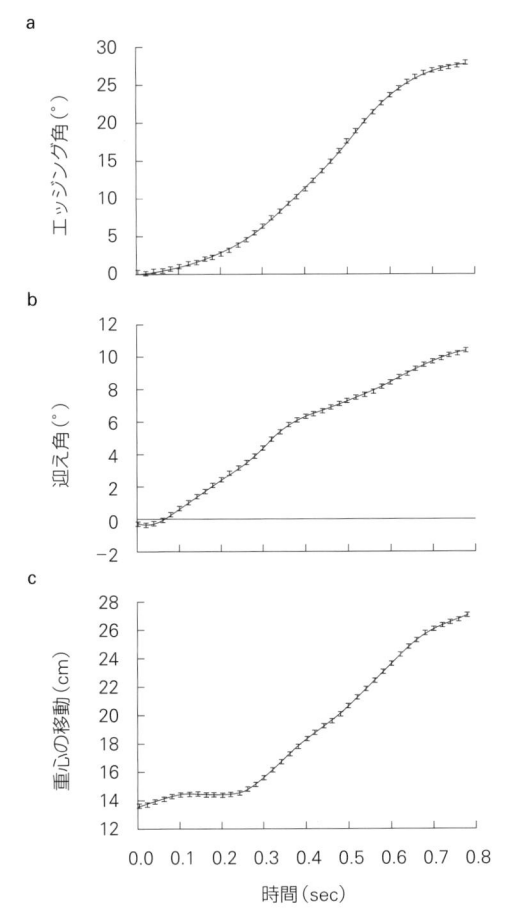

図13-28 山回り
直滑降から山回りターン（図13-27）を行った際のエッジング角（a），迎え角（b），重心の移動（c）．重心の移動距離はスキーに対する左右への水平移動距離として求めた．

ン）では必ず迎え角が必要になる．しかし，迎え角の大きさはターンの弧や滑走速度と直接の関係は少ない．異なる滑走技術レベルでの比較では，上級者のいわゆる「切れる」ターンでは比較的迎え角が小さく，技術レベルの低い初，中級者のずれの多いターンでは迎え角が大きくなる．

このように，高速で非常に曲率半径の大きなターンを除けば，エッジング，迎え角，重心の内側への移動（内傾）はターンが起きるための必須の条件となるので，これらをターンの3要素と呼ぶことができるだろう．

4）スノーボードによるターン

スノーボードターンにおいても，ボードの曲線運動とボードの回転運動は合成されたものとなっているので，ターンが起きるためには2）で述べた力学的条件が必要になる．すなわち，曲線運動のための求心力と，ボードの回転を引き起こすトルクである．スノーボードはスキーと比べ幅が広いが，スキーと同様にボードがたわむこととサイドカーブをもっていることは共通している．

（1）スノーボードとスキーによるターンの比較

スキーに用いたのと同様の方法で，スノーボード滑走中の身体やボードの動きを3次元的に記録，分析することもできる[7]．図13-29は，スノーボードの動きを3次元的に捉えるために，ボードにポールを立てたものである．スキーと同様に，ポールに付けられたリファレンスマークの3次元座標からエッジング角や迎え角などが求められる．

図13-30は，同一の被験者がピステマークによって制限された同じコースをスキーとスノーボードで滑走した時の左右両スキーと，ボード，身体重心の動きを示したものである．スキーでは左右のターンがほぼ対象になっているのがわかる．しかし，スノーボードによるターンでは，最初のターン（左回りのターン）ではボードの進行方向とボードの向きがよく一致しているが，2回目の右回りのターンではボードの向きは進行方向と大きくずれ，スキーとほぼ同じ動きになっている．図13-31は，両滑走中のエッジング角，迎え角，重心の左右への移動について示したもので

図13-29 リファレンス付きボード
スキーと同様にボードの前後に小ポールを立てポール上のリファレンスマークからボードの3次元的な動きが捉えられる．

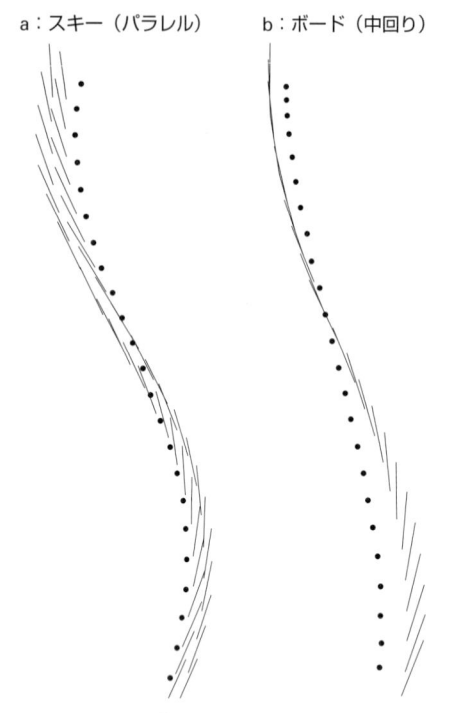

図 13-30　スキーとボードの軌跡
ピステマークで制限された同一のコースを同一の被験者がスキーとボードで中回りのターンを行った際の，左右両スキー，ボード，身体重心の動きを示した．ボードの最初のターンでは迎え角が極めて小さくなっている．

ある．エッジング角は，左右のターンともボードの方が大きく，重心の移動についてはほぼ同程度である．これは，ピステマークで制限された同一のコースを滑走しているのでターンの曲率も両者で近いものとなり，したがって，必要な求心力も求心力を生み出す重心の内傾も同程度となったものと思われる．エッジングは，身体を内傾させたときスキーやボードの横方向の動き（横滑り）を防いで，求心力を発生させるために必要であることは前に述べたが，ボードはスキーに比べ長さが短いため，横滑りを起こさないためにはより大きなエッジング角が必要であったと思われる．両滑走でもっとも特徴的な差異は，ボードの迎え角が左右のターンで大きく異なっている点である．ボードでは最初のターンで迎え角が極めて小さく押さえられている．図 13-30 のボードの動きと合わせて考えると，最初のターンではずれがほとんどなく，いわゆるサイドカーブに乗ったターンであったと考えられる．

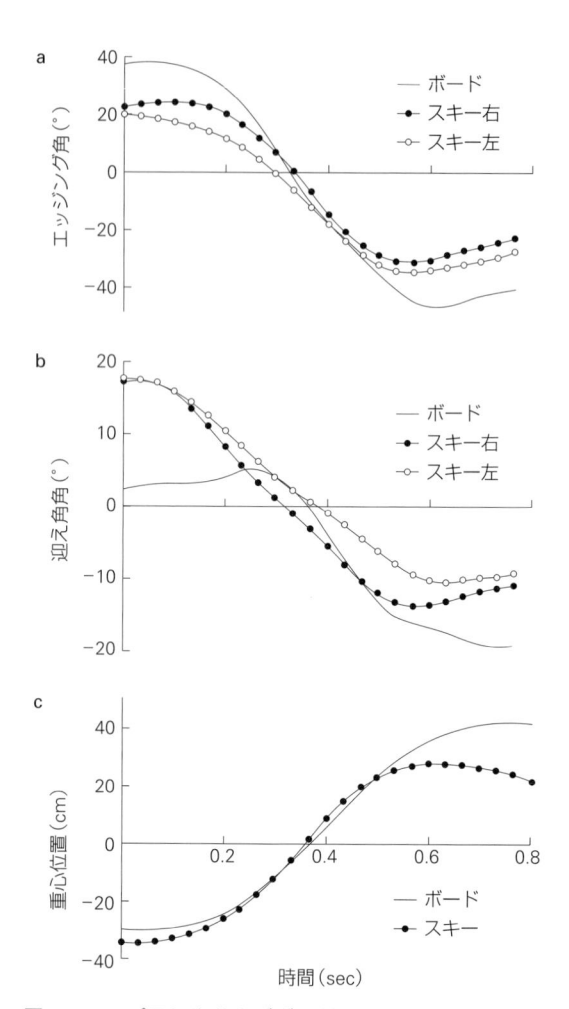

図 13-31　パラレルおよびボードによるターン中のエッジング角，迎え角，重心移動
図 13-30 に示した 2 つの滑走における，エッジング角（a），迎え角（b），重心の移動（c）．

このように，スノーボードによるターンではターンの弧や滑走速度といった条件によって，迎え角のほとんどないターンが可能になることがわかる．しかし，ターンの弧がさらに小さくなればスキーと同様の迎え角をもったターンになる．

今日では主流を占めるようになったカービングスキーについてもスノーボードと同様のターン，すなわち，条件によっては迎え角の極めて小さい，ずれのほとんどないターンが可能になると思われる．

文　献

1) 長谷川健二, 清水史郎：スキー・ロボットによるターンの力学. Jpn J Sorts Sci, 4：971-979, 1985.
2) 佐橋稔雄, 市野聖治：スキー研究の軌跡. 日本スキー学会誌, 9：67-77, 1999.
3) 尾原和夫：スキーロボットによるターンの運動のメカニズム. 日本スキー学会誌, 2：137-154, 1992.
4) 池上康男ほか：DLT法. Jpn J Sorts Sci, 10：191-195, 1991.
5) 池上久子ほか：スキーターンの三次元的分析―ウェーデルンの分析―. Jpn J Sorts Sci, 10：213-220, 1991.
6) 池上康男ほか：スキーターンの三次元的分析の試み. In：石井喜八編, 動きのコツを探る. pp41-45, 日本バイオメカニクス学会第8回大会事務局, 1987.
7) 矢部京之助ほか：スノーボードターンの動作分析―スキーターンとの比較―. スポーツ医・科学, 10：63-67, 1997.

［池上　康男］

6. スキージャンプ

1) スキージャンプ種目の概要とバイオメカニクス

スキージャンプ種目は、飛距離と飛型点の合計で争われるスポーツである. 図13-32にスキージャンプ台の概要を示した. これは、札幌市にある大倉山（ラージヒル）の例である. この台は、K=120mという大きさのものであるが、公式大会で使用されるこれよりもやや小さい台は、ノーマルヒルとよばれ、K=90mの大きさのものである（札幌市内では, 宮の森ジャンプ台が有名）. 大きさは異なるが,形状はほぼ同じと考えてよい.

スキージャンプ競技は、スタートから斜面を滑り降り、ジャンプ台（カンテ）で跳躍し空中に飛び出す. 空中ではできるだけ姿勢の乱れを防ぎ、風洞実験など科学的根拠によって示された空中姿勢を保持するように努力する. そして、着地場面では, テレマークという両足を前後に開き柔軟に衝撃力を吸収するための独特の姿勢で着地しなければならない. 飛距離が伸び過ぎて着地部分の傾斜が少ない場合には、衝撃に耐えられず転倒するかテレマーク姿勢がとれず両足を揃えて着地することがある. これは減点の対象となる.

1980年代の後半までは、それまでと同様に両方のスキー板を揃えて飛ぶ技術が伝統的に行われていた. その後両方のスキー板の先端をV字型に開いて飛ぶ、いわゆる「V字ジャンプ」の登場で飛距離が大幅に伸びた. このV字技術が登場した当時は、この空中姿勢は乱れているものと判定された. その結果、飛型点においては減点の対象となり、それを飛距離に換算すると約4m以上となった. したがって、たとえこのV字姿勢が有利であったとしても、約4mを越すだけのメリットと安全性が保証されなければ、選手はこの技術を取り入れることができなかったのである. バイオメカニクスの研究は、この方面において選手、コーチに対して有益な情報を与えることがで

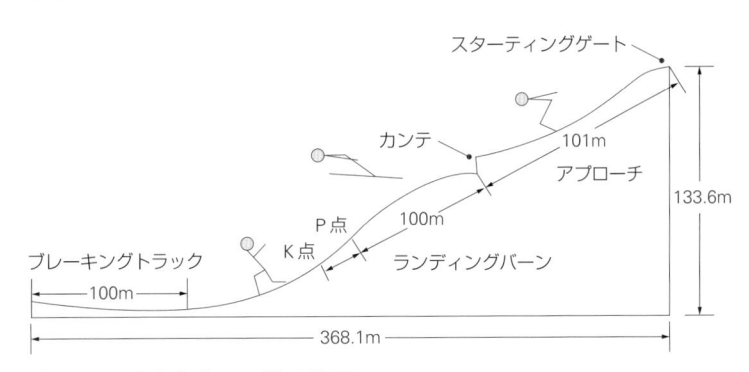

図13-32　大倉山ジャンプ台の概要

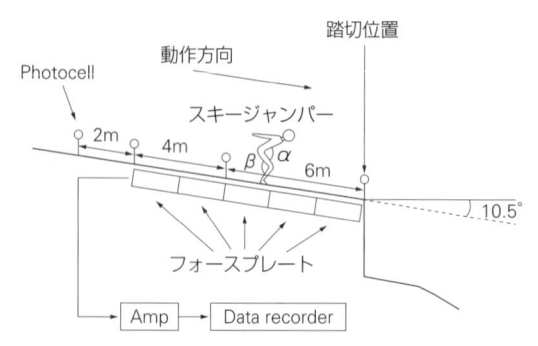

図13-33 踏切局面の踏力分析の概要

きたと考える．すなわち，安全な空中飛行のあり方とより遠くに飛ぶための空中姿勢について具体的な数値を示すことができたからである．

2) スキージャンプの踏切力の分析

スキージャンプでは，踏切局面が重要である．それは，単に強く蹴ればよいというわけではなく，蹴り出す方向や空中での理想的なフォームにいかに移行するかを考えることも考慮しなければならない．図13-33は，スキージャンプ踏切時の力を測定するための装置である．この装置は，科学的なトレーニングのためにわが国でははじめて，白馬のジャンプ台（ノーマルヒル）に設置されたものである．このフォースプレート（圧力板）は全長10mあり，跳躍時の動作の特徴を地面反力の資料から解析しようと開発したものである．

元波形は，さまざまなノイズを含んでおり解析が困難な場合もあるが，データを平滑化することにより図13-34に示すような資料を得ることができる．

図13-34は，全日本スキージャンプ強化合宿時に行われた実際のジャンプ跳躍時の測定結果を示したものである．図13-34aは，N.K.選手の結果である．試技7回それぞれのジャンプを行った結果を重ね合わせて示した．図の左からフォースプレートの力曲線が立ち上がるのは，スキーとともに積載された選手の重量を反映するもので，その後の変化は，動作の変化に対応している．フォースプレートに乗ってから3mほどの経過時に，若干圧力が低下することが認められる．これは，沈み込み動作を反映していると考えられる．その後

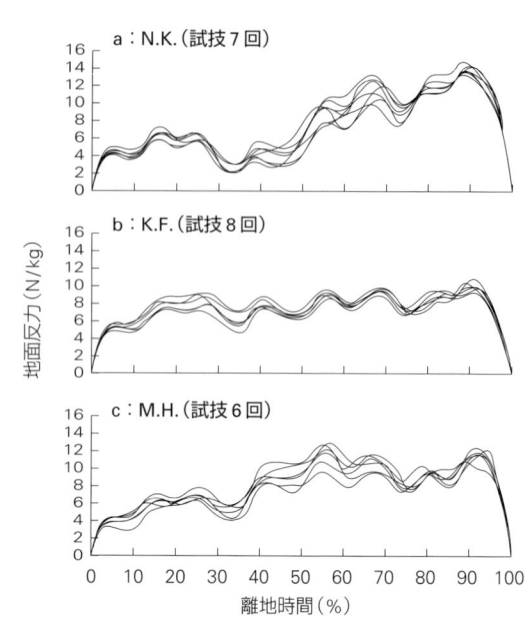

図13-34 スキージャンプ踏切時の地面反力の記録
（山辺 芳，渡部和彦：一流スキージャンプ選手を対象としたスキージャンプ踏み切り局面における床反力発揮の特徴．バイオメカニクス研究，6：2-14，2002）

は次第に増大する力の発現が認められ，最終的にはピークに達して離床する様子が理解できるのである．ここで注目したいことは，7回の試技中の力の発現過程において若干の変動が認められるものの，その発現パターンは，その選手にかなり固有のものであることが理解できるであろう．

図13-34bは，K.F.選手のものである．8回の試技のこのグラフは，N.K.選手とは，かなり異なったものである．全体的に力の発現傾向が，ある一定の高さで持続されているのが特徴である．フォースプレートの上に乗った直後から力の発現が認められる．したがって，N.K.選手のような大きな地面反力は認められないものの全体的に大きな力積が示されている．

M.H.選手の場合は，6回の試技の結果である（図13-34c）．前半は，N.K.選手と同様の傾向を示すが，後半では，K.F.選手に近い地面反力を示す傾向が認められる．このように，実際の場面で跳躍の特徴を分析することによって，各選手それぞれが有するジャンプ技術の特徴を知ることができ，選手の指導に応用できるのである．

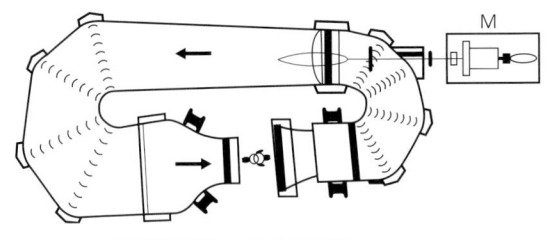

図 13-35　円形噴流型 3m 風洞の略図
500 馬力モータ（M）によって気流速度を 50m/s にまですることができる．矢印は気流の流れを示す．コーナーには，気流の整流装置がある．
（渡部和彦：風洞実験による空気抵抗の測定．Jpn J Sports Sci，1：413-421，1982）

3）スキージャンプ空中姿勢の力学

（1）風洞実験

　風洞実験装置は，シミュレーションの装置である．航空機や自動車，家屋，電線などさまざまな用途に使用される．何か新しい工夫の開発には大いに役立っている．スポーツの方面で利用されだしたのは，最近のことである．自転車競技，ヨットの帆の開発，ボールの形状に関する開発などはその代表的なものである．スキージャンプでは，理想的な空中姿勢や空気抵抗の少ないアプローチ姿勢の研究，ジャンプスーツの材質や形状などの研究にこの装置が使われた．また，スキージャンプ選手に対して風洞実験装置の中で実際の条件に近い空気圧を感じさせながら理想的なアプローチ姿勢や空中姿勢のトレーニング実験としても行われており，重要な装置として貢献している．

　図 13-35 には，風洞実験装置の概要を示している．これは，スキー実験のためにしばしば用いられ，円形噴流の噴出し口の直径が 3m の風洞実験装置（東大先端科学技術センター）である．風洞実験装置はその用途に応じて形状や大きさが異なる．著者らは，実物大の模型を使ったスキージャンプの実験研究やスキー選手を風洞実験装置に入れて測定などを行うため，この大きさの風洞実験装置を用いたのである．測定の原理は，大型のプロペラで気流を回転させ気流速度を上昇させる．この装置では，気流速度の最大は 50m/s である．一流選手が参加するスキー競技で経験する速度は，30m/s 前後であるから，この風洞装置で十分可能である．プロペラの回転により気流速

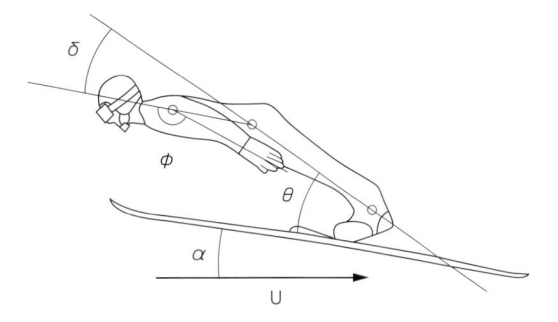

図 13-36　スキージャンプ風洞実験の姿勢条件
スキージャンプでは実物大模型を用い，ピアノ線を用いて空中に吊って測定を行った．
（渡部和彦：風洞実験による空気抵抗の測定．Jpn J Sports Sci，1：413-421，1982）

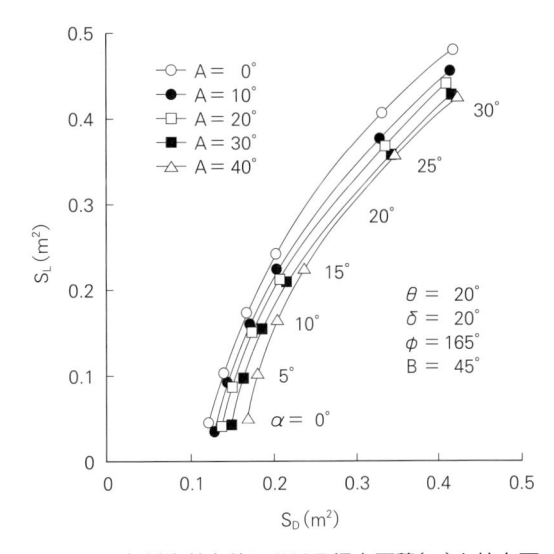

図 13-37　各種姿勢条件における揚力面積（S_L）と抗力面積（S_D）
A は体幹部に対する上肢外転角を示す（0～40°）．上肢外転角の増大は，抗力面積が大きくなるため飛距離延長には不利に作用する．
（渡部和彦：風洞実験による空気抵抗の測定．Jpn J Sports Sci，1：413-421，1982）

度が加速されるとともに，乱流（渦）が生じる．それを風洞の曲線部分にある整流装置によって乱れのない「層流」に調整される．噴出し口と吸い込み口の空間部分に，実物大のスキー選手の図が描かれている．これと比較すると相対的なこの装置の大きさが理解できるであろう．

　スキージャンプに例をとり，風洞実験でどのような実験資料が得られるかについて説明しよう．図 13-36 は，実物大のスキージャンプ姿勢の規

図13-38 煙風洞装置で得られたスキージャンプ「流れの可視化」の例
((財)全日本スキー連盟：スキージャンプ煙風洞実験試料．スキー科学研究資料集，5：1-35，1987)

定条件を示している．いくつかの角度のパラメータによって姿勢が規定される．たとえば，αは，スキー板と気流の方向との角度（迎え角）を示す．それぞれの姿勢の角度を変化させ，一般的に抗力（空気抵抗）が少なく揚力が大きい理想的な空中姿勢を見出すのである．

図13-37は，実験結果の一例である．グラフは，縦軸が揚力の値を示し横軸は，抗力（空気抵抗）の値を示す．Aは，上肢の外転角すなわち上肢を体幹部から外側に開く角度である．0°は，上肢が体幹部に密着した状態である．角度が大きいほど上肢を外側に開くことを意味する．グラフ内の右側に，図13-36に対応した姿勢の角度を示すパラメータが示されている．Bの値45°は，手掌部が気流方向に対する角度（回外位）である．グラフのαの角度は，前述のように迎え角を

表す．すなわち，0～30°までスキーの先端が5°刻みで上に向かって変化しそれぞれの姿勢の値を測定したものである．気流速度は，25m/sであった．一般に，抗力に対して揚力が大きければグラフは，左上に移行する．図13-37の結果をみると，Aの角度の増大に伴い，グラフは右下に移行することがわかるのである．すなわち，腕を体幹部から離せばそれだけ不利になるという結果である．この事実は，スキージャンプ選手により厳しい努力目標を示したものである．

(2) 煙風洞

風洞実験の装置で特殊なものとして，煙風洞装置がある．この装置は，気流の流れを目で見えるように工夫されている．図13-38には，煙風洞装置によって実際に気流の流れを見えるようにしたものの記録である．このような工夫の技術を「流れの可視化」という．物体に気流があたることにより，渦が発生する．その渦は，抗力を生み出す原因となりまた，揚力の作用もみられる．各部分の気流の変化は空気力の発生の理解に重要な資料となる．気流の剥離点は，渦の発生の大きさに関係する．そのため，この煙風洞によって得られる情報は，より理想的な物体の形状の開発には重要な装置でもある．

一方，流れの可視化は，流体とスポーツパフォーマンスとの関係を理解してもらう教材としても有効であると考える．今後，バイオメカニクスを軸のひとつとした，「スポーツ科学教育」の領域に応用できるであろう．

文　献

1) 山辺　芳，渡部和彦：一流スキージャンプ選手を対象としたスキージャンプ踏み切り局面における床反力発揮の特徴．バイオメカニクス研究，6：2-14，2002．
2) 渡部和彦：風洞実験による空気抵抗の測定．Jpn J Sports Sci，1：413-421，1982．
3) (財)全日本スキー連盟：スキージャンプ煙風洞実験試料．スキー科学研究資料集，5：1-35，1987．

［渡部　和彦］

第14章 泳動作

1. 泳ぐ動作のメカニズム
　　―浮力，抵抗，推進力

1）水中で身体にはたらく力

　水泳中に身体にはたらく力は大きく2つに分けることができる．ひとつは水中で静止している場合にもはたらく力で，もうひとつは水中で身体が動くときに発生する力である．

(1) 水中で静止している身体にはたらく力

a．重　力

　水中であろうとなかろうと，地球上のすべての物体にはその重量に等しい重力がはたらく．水中にある身体にも重力がはたらき，重力の合力の作用点が重心である（6章2～3参照）．

b．水圧と浮力

　水中では重力以外に水の圧力（水圧）を受ける．水圧は水の深さ（水深）に比例して大きくなり，水中にある物体の表面に垂直にはたらく（図14-1）．水圧を水に浸っているすべての面について足し合わせると，同じ深さのところでは力が互いに打ち消し合うが，物体の上下の面では水深が異なるため，最終的に上向きの力が残る．この水圧の合力が浮力で，浮力の作用点が浮心と呼ばれる．

c．重力と浮力

　物体が水に浮くか沈むかは，水中でその物体にはたらく浮力と重力の大小関係による．浮力は常に鉛直上向きにはたらき，重力は逆に下向きにはたらくので，浮力の大きさから重力の大きさ（物体の重量，身体ならば体重）を引いた値が正であれば物体は浮き，負なら沈んでいく．

　浮力は，物体の表面にはたらく水圧を足し合わ

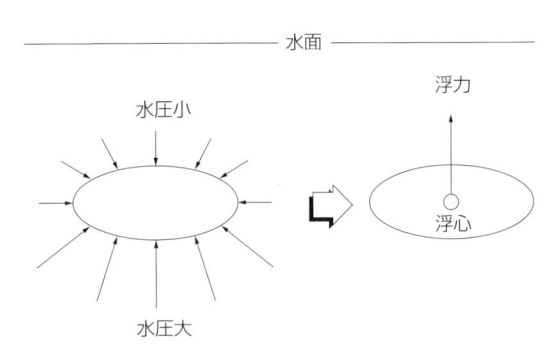

図14-1　水圧と浮力
水圧は，物体の表面に垂直にはたらきその大きさは水深に比例する．水圧をすべて足し合わせると上向きの力となる．これが浮力で，浮力の作用点が浮心である．

せたものであるから物体の材質等には関係なく，さらに形にも関係なく物体の容積のみによって決まることが知られている．浮力の大きさは，物体の水中にある部分（浸水部分）と同じ容積の水の重さに等しい．これはよく知られたアルキメデスの原理である．たとえば，体重58kg，容積が60Lの身体が水中に完全に潜っている場合，はたらく浮力は60Lの水の重さである60kgwの上向きの力となる．浮力の大きさから重力の大きさを引くと2kgwの上向きの力が残り，他に力が加わらなければ身体は水面の方に上昇する．身体が水面まで移動し，水面に身体の一部が露出すると浸水部分の体積が減少し，浮力が減少して浸水部分の体積が58Lになったところで重力と浮力が釣り合い，身体は水面に静止する（図14-2）．

　重力の作用点である重心と浮力の作用点である浮心は，同じ位置にあるわけではない．重力と浮力が異なる作用点にはたらくことにより，水中にある物体を回転させようとする力（力のモーメント，トルク，6章3参照）がはたらく（図14-3）．

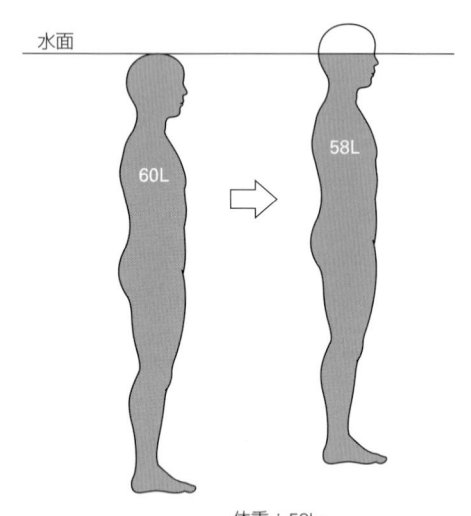

d. 比重と身体組成

このように水に浮くか沈むかは，物体と同じ容積の水の重量と物体の重量との大小関係によって決まる．物体の重量の同体積の水の重量に対する比を比重と呼び，比重が1より小さければ物体は浮き，1より大きければ沈む．

$$比重 = \frac{物体の重量}{物体と同体積の水の重量}$$

身体を構成するさまざまな組織で，同体積で水より軽い（比重が1より小さい）ものは脂肪だけで，骨や筋，内臓などはどれも水に浮かない．肺の中には比重がほとんど0の空気が入っており，身体全体の比重は一般に1よりわずかに小さい．平均的な体格であれば肺に息を吸い込んだ状態で身体全体の比重は1を下回り浮くことができ，息を吐き切った状態でも肺の中にはわずかに空気が残っている（その容積を残気量と呼ぶ）が，多くの場合1を上回り沈む．しかし，非常に脂肪の多い体格では息を吐き切った状態でも比重が1を下回り，逆に体脂肪が極端に少なく，息を一杯に吸っても浮かない場合も稀にあるといわれている．このように，身体が浮きやすいか否かは脂肪や骨，筋などの割合である身体組成に依存する．

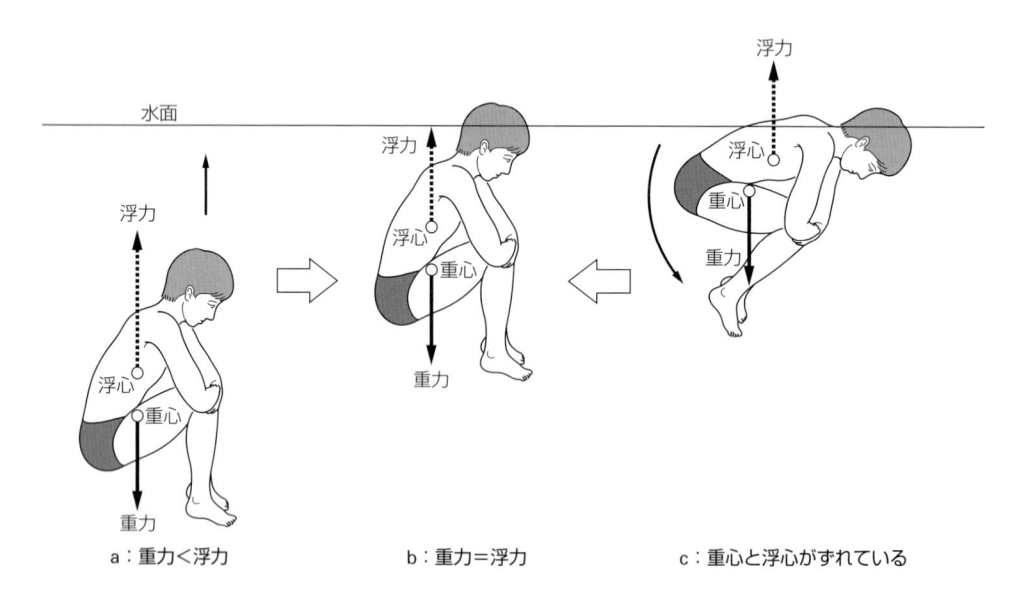

図14-2 アルキメデスの原理
浮力の大きさは，水に浸っている部分と同じ容積の水の重さに等しい．容積 60L の身体が水中にある場合，60kgw の浮力を受ける．体重が 58kg であれば，重力と浮力の差は 2kgw となり身体は浮上していく．身体の一部が水面上に出ると，浸水部分が減少して浮力が低下し，浮力と重力が釣り合ったところで水面に静止する．これが浮かんだ状態である．

体重：58kg
身体の体積：60L

a：重力＜浮力　　b：重力＝浮力　　c：重心と浮心がずれている

図14-3 重力と浮力の関係
重力と浮力の大小関係によって浮くか沈むかが決まる（a）が，重力と浮力の作用線が一致しないと身体の回転が起きる（c）．

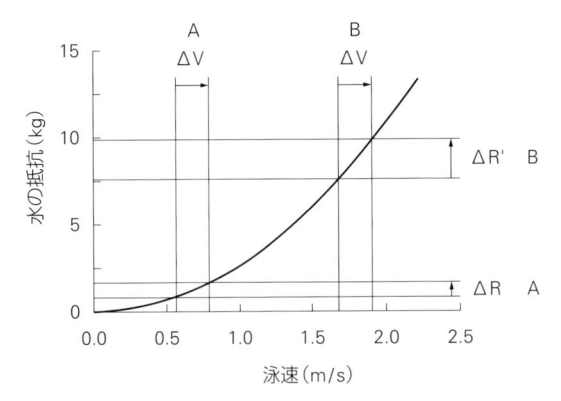

図 14-4　抵　抗
水の抵抗は，泳速の2乗に比例して急激に大きくなる．泳速が小さいときは，泳速が増加（ΔV）しても抵抗の増加は少ない（ΔR）が，泳速が大きいと同じだけ速度を増加させても抵抗の増加量はより大きくなる（ΔR'）．

(2) 水中を動くときにはたらく力

a．水の抵抗

身体が水中を移動すると重力や浮力に加え，水の流体力学的な力が加わる．水中を移動するとき，その移動を妨げる方向に力（抵抗力）がはたらく．この水の抵抗は移動する物体の水に対する速度に依存し，その大きさ（R）は，

$$R = 1/2 \rho C_D S V^2 \quad \cdots\cdots\cdots\cdots (1)$$

で表される．ρ は水の密度，C_D は形に依存する係数で，いわゆる流線型では小さくなる．S はその物体を移動方向からみた面積（投射断面積），V は移動速度である．式 (1) は，水の抵抗は移動速度の2乗に比例し，形と大きさによって決まる変数に比例することを示している．水の抵抗は物体の形と大きさ，それに移動速度によって決まる．

水の抵抗が移動速度（泳ぐ速度，泳速）の2乗に比例して大きくなるということは，低速では水の抵抗は非常に小さいが，速度の増加によって急激に大きくなることを意味している．図 14-4 は，水の抵抗と泳速の関係を示したものであるが，泳速が小さいときは泳速を増加させても抵抗の増加分はそれほど大きくないが，泳速が高い場合には同じだけ泳速を増加させても抵抗の増加は低速の場合に比べはるかに大きくなる．

b．抵抗の実測

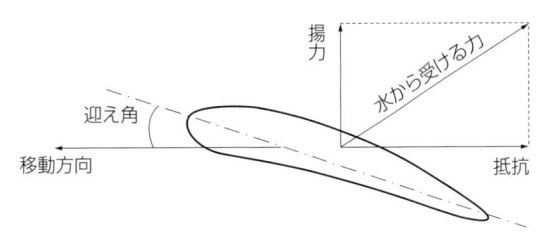

図 14-5　揚　力
身体や手のひらのように細長いかあるいは平らな物体が，その長軸の向きと異なる方向に水中を進むとき，水から受ける力は移動方向と平行にはならない．水から受ける力を移動方向に平行な成分と垂直な成分に分解し，平行な成分を抵抗，垂直な成分を揚力と呼ぶ．

水泳中に身体に加わる水の抵抗を実測するのは困難である．これまでに行われてきた研究では，ヒトの身体を水中で牽引しそれに必要な力を測定することによって水泳中の水の抵抗を推定したものが多い．それらの結果から，牽引速度が 2m/s になると水の抵抗は 10kg 程度になることが報告されている．牽引による抵抗測定の問題点は牽引の場合は実際に泳ぐ（自己推進する）場合と異なり，水に一方的に運動量を与え続けている点にある．実際の泳ぎでは，スタートとターンを除けば水に与える運動量の総和は 0 である．

c．揚　力

ヒトのからだのように，細長いあるいは扁平な物体が水や空気といった流体中で，その長軸方向と異なる向きに移動する場合，水や空気から受ける力の向きは移動方向とちょうど逆向きにはならない（図 14-5）．このような場合は，力を進行方向に平行な成分と，進行方向に垂直な成分とに分けて考える．進行方向に平行な成分が抵抗と呼ばれ，進行方向に垂直な成分は物体を持ち上げるようにはたらくことがあるので揚力と呼ばれる．揚力の大きさについても抵抗と同様の関係が成り立ち，速度の2乗と形と大きさに関係する係数の積に比例する．

長軸の向きと進行方向とのなす角を迎え角と呼ぶ．迎え角が大きいと揚力も大きくなるが，水の抵抗も急激に大きくなる．バタフライなどで後半疲労してからだが立った状態では，迎え角が大きくなるため水の抵抗も大きくなり，泳速を維持するのが余計に困難になる．

d．推進力

身体が水中を移動すると水の抵抗が加わるので，移動し続けるためには水の抵抗に等しい前向きの力（推進力）が必要になる．推進力は，水中で手足を動かすことによって水から受ける抵抗や揚力を利用することにより生じる．

手のひらや足の甲が後方に動くと水の抵抗を受ける．力の向きは前向きなのでこの力が推進力になる．このようにして発生する推進力は，後方への動きの速度が大きいほど，また，手のひらや足の甲が大きいほど大きくなる．

推進力は手足の後方への動きだけで発生するものではない．図14-6は，シンクロナイズドスイミングで多用されるスカリング動作について示したものである．スカリングでは手のひらをわずかに傾けて左右に動かす．このとき手のひらに加わる揚力が上向きの力となり身体を持ち上げるようにはたらく．

水泳のプルやキックでの動作ではこれら抵抗と揚力による推進力の両方が含まれている．

2）水泳中の力学的仕事とパワー
（1）仕事とパワー

水中を水の抵抗に逆らって進むためにはエネルギーの消費が必要である．それは，水の抵抗に抗して水中を進むことは力学的仕事をしたことになり，仕事をするためにはエネルギーが必要なためである．水中の移動による力学的仕事は，移動の距離に移動に必要な力をかけたものであるため，推進力あるいは水の抵抗と移動距離を掛け合せたものが仕事となる．泳ぐ距離をL，抵抗をRとすれば仕事Wは，

$$W=RL$$

となる．水の抵抗Rは泳速の2乗に比例するので，比例定数をkとすれば，

$$R=kV^2$$

となり，

$$W=kLV^2$$

と表すことができる．また，速度Vは泳ぐ距離（L）をタイム（T）で割ったもので，

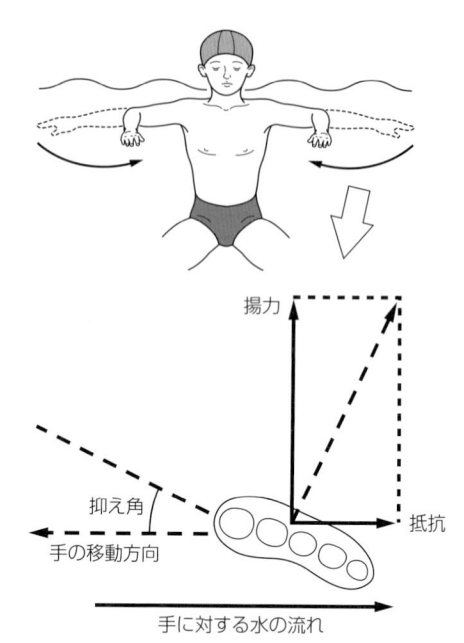

図14-6 スカリング
スカリング動作では，手のひらを水平方向に（左右に）往復運動させるだけで上向きの力が得られる．これは手のひらに加わる揚力を利用している（図14-5も参照）．

$$V=L/T$$

となるので，仕事Wは泳ぐ距離とタイムで，

$$W=kL^3/T^2$$

と表すことができる．単位時間当たりの仕事率であるパワー（P）は，

$$P=W/T=kV^3=k(L/T)^3$$

で表される．

同じ距離を泳ぐ場合，必要とされる仕事とパワーはそれぞれ，泳速の2乗および3乗に比例する．このことは，タイムを1％縮めようとすれば必要なパワーの増加はほぼ3％になることを意味している．このことから，よく鍛錬され記録のよい選手ほど記録の短縮が困難になることがわかる．

（2）泳速の変動と仕事，パワー

泳ぐ距離とタイムで表した仕事やパワーから次のことがいえる．前半と後半でタイムに差がある場合，たとえば前半は1秒早く後半1秒遅い泳ぎ方と，まったくのイーブンペースで前後半同じタイムで泳いだ場合とでは必要とする仕事もパワーも異なる．いかなる場合でも同じペース（一定

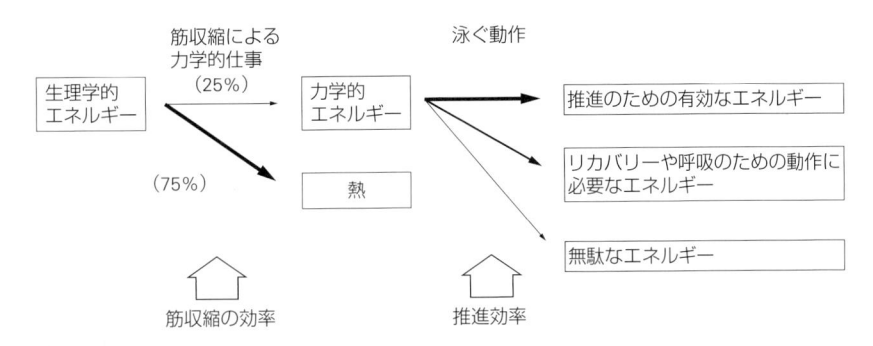

図 14-7 水泳の効率
水泳運動におけるエネルギーの流れを示した．水泳動作で筋収縮がなす仕事の効率は 25％程度である．しかし，なされた仕事のうち推進に有効に利用される割合は技術によって異なる．仕事のある部分は，リカバリーや呼吸といった推進力にはならないが泳ぐために必要な動作になり，残りの部分は無駄なエネルギーとなって水中に散逸する．この間の効率は水泳の技術に強く依存する．

の速度）で泳ぐ場合が，仕事，パワーともに最小となる．現実のレースでは相手との駆け引きなどで必ずしも一定速度で泳ぐとは限らないが，必要なエネルギーの面からは一定速度で泳ぐことが望ましい．これはペース配分に限らず，1 ストローク毎の速度変動についてもあてはまる．クロールはバタフライと比べ記録がよいひとつの理由として，クロールでは左右の手足を交互に使うため，両手両足を同時に使うバタフライより速度変動が小さく同じ速度を維持するのに必要な平均パワーが少なくて済むことがあげられる．

(3) 水泳の効率
　水中を進む場合の力学的仕事は，筋の収縮によってなされる．筋収縮では，筋のエネルギー消費が伴う．消費された化学的（生理学的）エネルギーと，なされた仕事の比を効率と呼ぶ．筋収縮の効率は運動の種類や筋の質によってわずかに異なるだけである．したがって，水泳運動中の筋収縮の効率も他の運動と基本的に変わりはない．しかし，前述のように推進に必要な仕事は，筋収縮による仕事のすべてがあてがわれるわけではない．水中での手足の動作によって生み出されるのは有効な推進のための仕事だけではなく，単に水をかき回すだけに使われる部分もある．すなわち，筋収縮によってなされた仕事のある部分だけが推進に使われる．その割合は水泳の技術に大きく依存する．泳げない者は，筋収縮による仕事は可能であるが，その仕事のほとんどは有効な推進力を生み出すことなく不規則な水の流れとなって水中に散逸していく．したがって，水中を移動する推進に関する効率は水泳の技術レベルに強く依存する（図 14-7）．

［池上　康男］

2．水泳競技のバイオメカニクス

1）上肢ストローク動作と推進力
(1) 水中ストローク動作
　図 14-8[1] に日本女子自由形トップスイマーを対象とした 1 ストローク中の右手指先の移動軌跡を示す．トップスイマーは，水を直線的に後方に押して進むのではなく，非常に複雑な軌跡を描いて水を捉えようとしているのがわかる．さらに，各ストローク局面で手部の動作方向に対する迎え角を最適に変化させ，推進力の最大化を図っている．その結果として，トップスイマーほど，いわゆる水をよくつかむことが可能となり，側方から見て指先の後方へのスリップが少なく，軌跡が縦長の楕円に近くなる．

(2) 手部の流体力学的特性
　水泳競技（平泳ぎを除く）における推進力の大半は，下肢ではなく上肢によって生み出されている．特にストローク動作中にもっとも速く動き，平面積も大きい手部の貢献は大きく，手漕ぎボー

トのオールと同様の効果があると考えられる．よって，手部で発揮される推進力を正確に測定でき，それを増大させるための具体的な指示を選手に与えることができれば，推進力を増大するのに大変有効な手段となりえる．

手部で発揮される流体力は手部の移動方向に対して，鉛直方向に作用する揚力（L）と反対方向に作用する抗力（D）に分けることができ，次式の（1），（2）で表される．

$$L = 1/2 \rho S C_L U^2 \quad \cdots\cdots\cdots\cdots\cdots\cdots\cdots (1)$$
$$D = 1/2 \rho S C_D U^2 \quad \cdots\cdots\cdots\cdots\cdots\cdots\cdots (2)$$

ここで，ρ は密度，S は平面積，C_L は揚力係数，C_D は抗力係数，U は流速を表す．

揚力係数や抗力係数は，迎え角や流入角の変化に伴って変化し，各スイマーの手の形状によっても異なる値を示す．もし手部の揚力係数や抗力係数がわかっていれば，式（1）および（2）に他の変数を代入することによって，手部で発揮する流体力を推定することは原理的には可能である．そのため，Schleihauf[2]，Berger[3]，あるいは清水ら[4] が人体手部模型を作成し，揚・抗力係数を求めている．

図14-9に清水ら[4] が揚・抗力係数計測の実験用に作成した3種類の成年男子の右手部モデルを示す．モデルaは親指のみを開いた状態，モデルbは全指を開いた状態，モデルcは全指を閉じた状態で石膏を用いて型をとり，ポリエステル樹脂

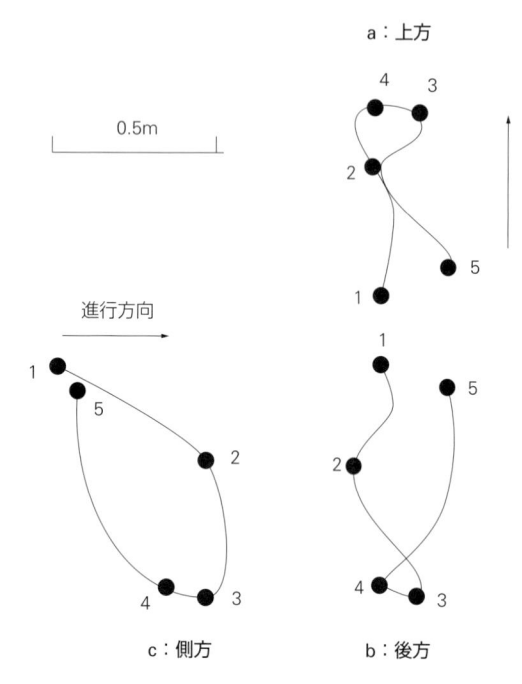

図 14-8　3方向からみた女子自由形トップスイマーの右手指先の水中ストローク軌跡
（高木英樹ほか：一流競泳選手のストロークテクニックに関する研究．平成10年度日本体育協会スポーツ医・科学研究報告 No. II，競技種目別競技力向上に関する研究，22：32-36，1998）

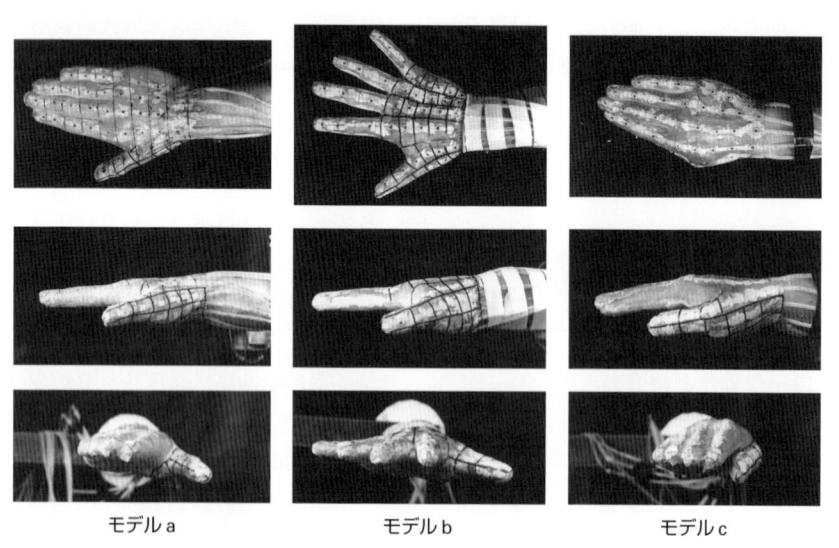

図 14-9　3種類の人体手部モデル
（清水幸丸ほか：人体手部の流体力学的特性に関する考察（手部回りの圧力分布測定および流れの可視化）．日本機会学会論文集（B編），66：1112-1119, 2000）

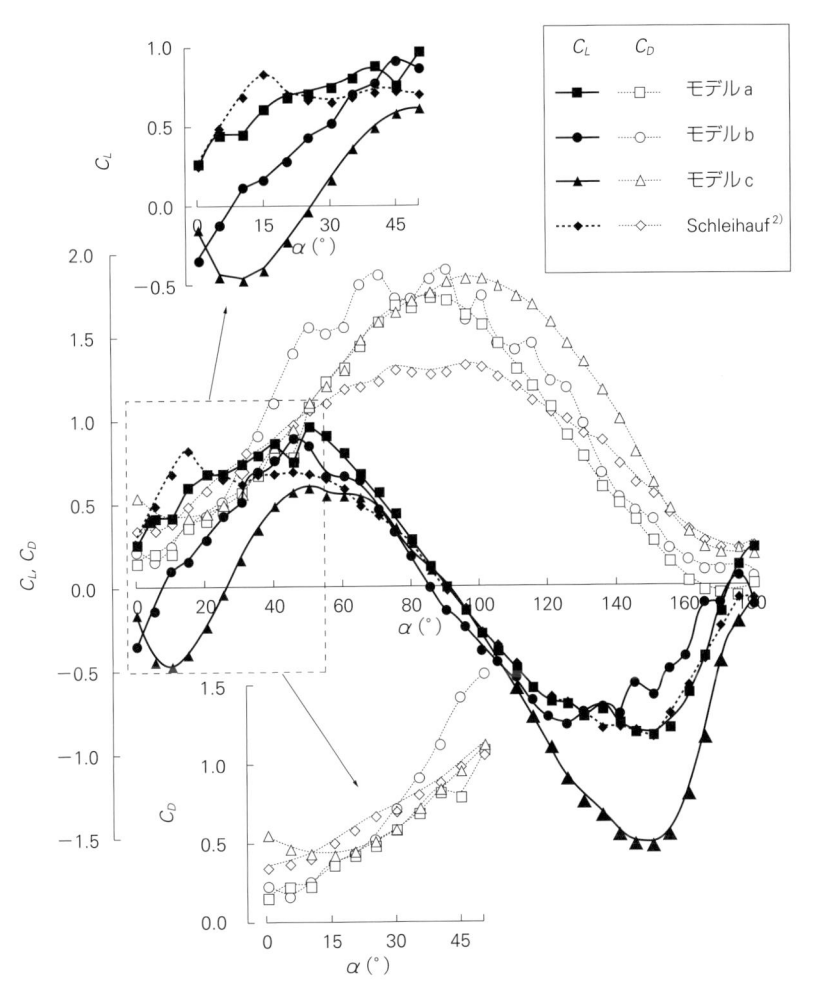

図 14–10　人体手部モデルの揚・抗力係数
モデル a：親指のみを開いたモデル，モデル b：全指を開いたモデル，モデル c：全指を閉じたモデル．迎え角 α とは，主流方法に対する手掌面の角度を示し，0～90°までは親指が前縁，90～180°までは小指が前縁となる．また，揚力係数は主流方向に対して鉛直上向きを正としている．
(清水幸丸ほか：人体手部の流体力学的特性に関する考察（手部回りの圧力分布測定および流れの可視化），日本機会学会論文集（B 編），66：1112–1119, 2000)

素材を流し込んで複製を作成した．これらのモデルを用いて迎え角 α を 0～180°まで変化させた場合の揚力係数 C_L および抗力係数 C_D を図 14–10 に示す．なお比較のため，Schleihauf[2] の結果も示してある．

揚力係数 C_L に関しては，全体的な傾向として，モデル c を除いてモデル a，b および Schleihauf の値はよく似た傾向を示す．流れが親指側から流入する $\alpha=0$～90°の範囲では，モデル a～c および Schleihauf の結果の中で，C_L の最大値はモデル a の 0.98（$\alpha=50°$）であった．一方，流れが小指側から流入する $\alpha=90$～180°の範囲において C_L の最小値は，モデル c の -1.52（$\alpha=150°$）であった．このことから，揚力に関しては，親指が前縁となる場合には，親指のみを開き，小指が前縁となる場合には全指を閉じた方が有利であることが示唆される．

次に，抗力係数 C_D に関しては，モデル a～c まで少しずつ傾向が異なるが，最大抗力係数は，$\alpha=75$～95°の間で得られ，それらの値は 1.8 程度であり，大きな差は認められない．

人体手部の場合，人によって手の形が異なるた

め，揚・抗力係数の絶対値は各個人ごとで違うことが予想される．よって，清水らの実験における揚・抗力係数の値そのものは，人体手部のひとつの目安値として評価される．しかし指の開き方によって，手部の発揮する流体力，特に揚力に違いが出ることは明らかであり，各泳者が指をどのように開くかによってパフォーマンスに違いが出ることが示唆される．

(3) 手部で発揮される流体力

手部で発揮される流体力を推定する場合，先に示した定常状態で測定された揚・抗力係数を用いて求めることは可能であるが，泳者手部は非定常な動きをしているので，その精度に関しては問題がある．つまり，実際の泳運動中，手部周りの流れは，乱流状態にあって実験を行った層流状態とは流体力学的環境が異なる．さらに手部は加減速しながら運動するので，手部に随伴して移動する水の付加質量分の影響も受けることになる．

そこでこれらの問題を解決するために，著者[5]は，泳者の手部に圧力センサーを装着することで手部の表面の圧力分布を推定し，その圧力値から流体力を算出している．なお，圧力センサーの取り付け位置に関しては，手部モデルを用いた圧力分布測定結果をもとに[5]，手掌および手背における中手指節関節（指の付け根の関節）上の8点が選定されている．

図14-11に，熟練度の違う被験者がクロール中に手部で発揮した流体力を，手掌面に対して垂直に作用する成分および水平に作用する成分に分けてその変化を示す．なお，図14-11に示された流体力は，入水からフィニッシュに至る5回分のストロークにおける平均値と標準偏差であり，横軸にはストローク中の相対的時間が表示されている．

図14-11より，同じクロール泳を行っても，熟練度によって流体力の発揮パターンに大きな違いのあることがわかる．熟練者の場合には，ストローク前半にはあまり力は発揮されず，ストローク後半に一気に大きな力が発揮されている．一方未熟練者の場合には，ストローク前半から力が発揮され，50％付近で最大を示している．これを

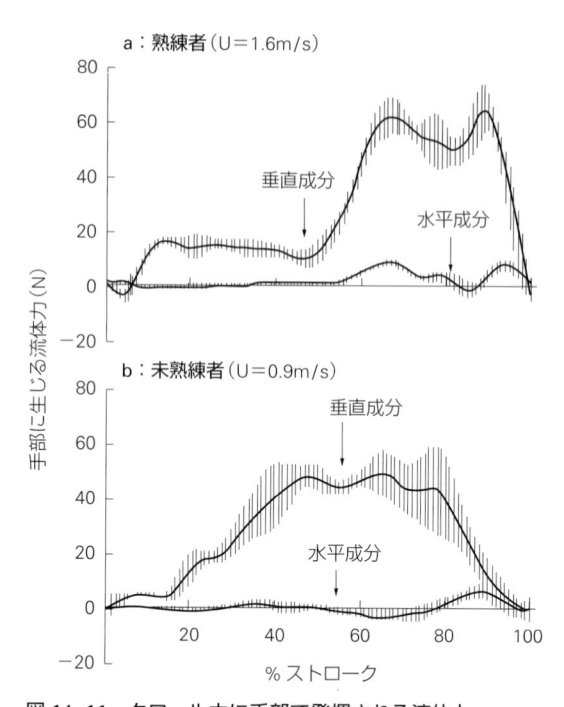

図14-11 クロール中に手部で発揮される流体力
X軸は，1ストロークに要する時間を100％として経過時間を百分率で表している．流体力は，手掌面に対して作用する方向別に分けて5回分のストロークの平均値を示している．
（高木英樹：泳者手部の表面圧力分布計測による推進力の定量．体育の科学，51：603-608，2001）

ストローク動作と関連させて考察すると，未熟練者の場合には，入水直後（まだ手掌が水面を向いている段階）ですでに力が発揮されている．この場合には，水を押して身体が水面上に押し上げる方向に力が作用し，進行方向に対しては有効に作用しない．一方，熟練者の場合には，ピークがストローク後半，身体の中心へのかき込みと水面までのかき上げ局面において出現しており，身体を前進させるため有効に作用しているといえる．よって推進効率を高めるためには，大きな力を発揮するだけでなく，発揮する方向が重要であり，常に最適な手部の形状や迎え角を意識しながらストローク動作を行うことが必要となる．

2) 泳動作に伴う抵抗とその節減方法

(1) 自己推進時抵抗

トップスイマーの泳ぐ環境をフルード数（Fr，式（3））で表すと，0.45程度となり，一般的な船型では首飾り渦が生じ，造波抵抗係数がもっ

とも大きくなる局面に当たる．またレイノルズ数（Re，式（4））で表すと，$3.5×10^6$ 程度であるので，境界層では層流から乱流への遷移が起こって，摩擦抵抗係数が大きく増加する局面に当たる．

$$Fr = U/\sqrt{gl} \quad \cdots\cdots\cdots\cdots\cdots (3)$$
$$Re = Ul/\upsilon \quad \cdots\cdots\cdots\cdots\cdots (4)$$

ここで，U は流速，g は重力加速度，l は基準長さ，υ は動粘性係数を表す．

このように人間は泳ぐのに適しているとは言い難い．よって少しでも速く楽に泳ぎたいとの思いから，水泳中の抵抗に関する研究は，1900年の初頭から行われている．これらの実験では，泳者は通常の泳動作とは異なり，けのび姿勢（伏臥位で両上肢を挙上）を取った状態で牽引され，抵抗が測定されている．このような静的な状態で測定された抵抗を受動抵抗と呼ぶ．しかし，この受動抵抗は，泳者が自己推進している場合の動的な抵抗（自己推進時抵抗：Da）とは異なる．もし，泳記録に対する抵抗の影響を議論するならば，四肢を駆動させて推進しているときの自己推進時抵抗を測定する必要がある．しかし，自己推進時抵抗を正確に測定することは大変困難である．なぜなら，正確に測定しようとするには，泳者の泳ぎを妨げることなく，泳者回りの全摩擦抵抗分布と圧力分布を計測しなければならない．それはほぼ不可能といえる．

そこで間接的に自己推進時抵抗を推定しようとする試みが何人かの研究者によって行われてきた．しかしそれぞれの研究は，異なる被験者や実験条件（速度，水温など）を用いて実施されており，自己推進時抵抗を直接比較検討することができない．そこで，泳者の体格や水温の違いによる動粘度の影響を除いた無次元値である抵抗係数（C_D，式（5））を用いて自己推進時抵抗の比較検討をする必要が生じる．ただし抵抗係数算出に当たっては，代表面積（S）として断面積ではなく，身長と体重から体表面積（S_B，式（6））を推定し，その面積を用いて無次元化を行った[6]．さらに流速も身長を基準長さとしてフルード数に変換した．

$$C_D = D/0.5\rho SU^2 \quad \cdots\cdots\cdots\cdots\cdots (5)$$
$$S_B = 0.007246(100H)^{0.725}W^{0.425} \quad \cdots\cdots\cdots (6)$$

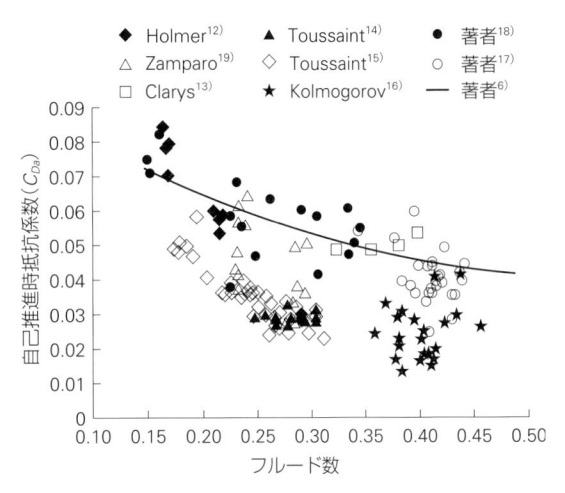

図14-12　泳者の自己推進時抵抗係数とフルード数との関係
（高木英樹ほか：水泳における自己推進時抵抗に関する流体力学的研究．日本機会学会論文集（B編），64：405-411，1998）

ここで，D は抵抗値，ρ は密度，S は代表面積，U は流速，H は身長，W は体重を表す．

以上のような手順で無次元化した自己推進時抵抗係数（C_{Da}）とフルード数との関係を図14-12[6]に示す．C_{Da} の値は，かなりばらつきをみせたが，全体的にみればフルード数（泳速度）の増加に伴って，C_{Da} は減少する傾向にあった．一般的に，抵抗は速度の2乗に比例すると考えられており，その場合には，速度に関係なく抵抗係数は一定の値を示すはずである．実際に受動抵抗を自己推進時抵抗と同様の手順で係数化した場合，受動抵抗係数は，0.03程度でほぼ一定の値を示した．しかし，C_{Da} の場合には泳速度の増加に伴って減少していた．その原因としては，泳速度の上昇に伴って泳者の身体が浮き上がり，濡れ面積が減少したためではないかと考えられる．身体が水中翼船のように浮き上がることで抵抗が減る現象は，Toussaint ら[7]が泳者にウェットスーツを着せて泳がせたときの実験においても確認され，ウェットスーツを着用することで浮力が増し，15％の抵抗減少がみられたとしている．現行のルールでは，水着自体の浮力に制限があるため，ウェットスーツを着用して競技に出場することは禁じられているが，それにかわる方法としては，次のような方策が考えられる．

(2) 姿勢制御による圧力抵抗の削減

人体各組織の比重は，脂肪を除いて1.0を上回り，成人の場合には平均身体比重は1.0を越える．よって本来であれば，重力が浮力を上回り身体は沈むはずであるが，人体には浮き袋の役目をする肺があるため，最大吸入期には浮力が若干重力を上回り，余剰浮力が生じる．青年男子水泳選手を対象とした研究によれば，余剰浮力は，1.7～3.0kg程度とされている．しかし，浮心と重心にはずれが生じるため，通常の浮き身姿勢をとった場合には，下肢が沈む方向へモーメントがはたらくことになる．下肢が沈むと，前方からのみかけの断面積が増加し，圧力抵抗の増大につながる．よって泳者は下肢が沈まないように適切なキック動作を行うことで，できる限り水平姿勢を保つよう心がける必要がある．さらに，身体回りの流れを自らの動きでコントロールすることができれば，抵抗を削減できる可能性がある．圧力抵抗は，身体表面における流れの剥離領域が増大するほど，低圧部分が増大し，抵抗増加につながる．そこで，イルカのように全身で波動動作を行うことで，流れの剥離を少しでも防ぐことができれば，抵抗削減に有効と考えられる．

(3) 潜行による造波抵抗の削減

造波抵抗は，泳者が水と空気の境界面を移動することによって生じる．そのため，造波抵抗を削減するもっとも簡単な方法は，水面下へ潜ることである．しかし現在は国際水泳連盟の競技規則によって15m以上潜ることは禁止されている．しかしながら，現行の競技規則下にあっても造波抵抗を削減するための取り組みは大変重要と考えられる．そこで清水ら[8]が行った人体模型を使って，水槽中を曳航した場合の深度と抵抗との関係を調べた結果を図14-13に示す．0.5～1.6m/sの比較的遅い速度においては，身体全体が浸水している0.45mより水面近傍の0.01mの値の方が抵抗係数が小さい．しかし，1.6～2.0m/sまでの高速域では両者の値は逆転し，水面近くの抵抗係数が0.45mの抵抗係数よりも大きくなった．

同様の結果は，Lyttleら[9]によっても報告されている．彼らは，実際の泳者を使って水深を変えながら牽引したときの受動抵抗を計測しており，1.9m/s以上の高速で水面近傍を牽引した場合の抵抗は，水中を牽引したときの抵抗より15～18％大きかったと報告している．一方，Jiskootら[10]によれば，1.9m/s以下の速度で泳者を牽引した場合には，Lyttleら[9]とは反対に，水面近傍での抵抗値が水中での抵抗値を20％下回っていたとしている．これらの結果を総合すると，比較的低速域では，潜ることによって造波抵抗を削減する効果はあまり望めず，1.9m/s（男子100m自由型世界記録の平均泳速度に相当）を越えるような高速域でないと削減効果が見込めないといえる．つまり，通常の泳局面より速い速度に達する飛び込みやターン局面で潜った方が効果的と考えられる．

Lyttleら[11]によれば，トップスイマーは，ターン局面において壁をけった直後の初速は2.5m/sに達するので，水中を潜行する方が有利としている．しかしここで考慮すべき点は，潜行する際，最適な水深が存在することである．つまり，浅すぎれば波が立ってしまうし，かといって深く潜りすぎると再び水面上に浮上してくるまでに時間がかかり，結果として泳速度が低下してしまうのである．よって，0.35～0.45mの水深が最適としている．

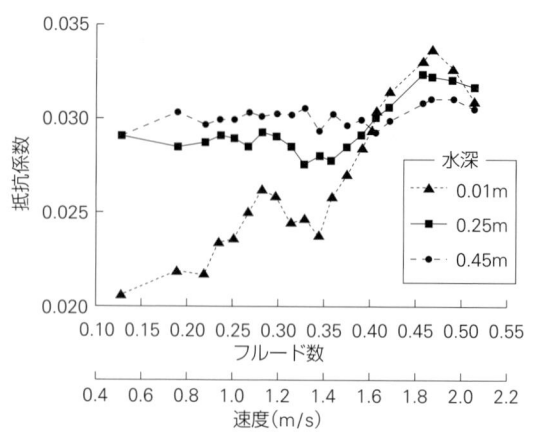

図14-13 水深が受動抵抗係数に及ぼす影響
水深は，水面から人体模型の肩峰までを表している．
（清水幸丸ほか：競泳用水着の抵抗測定に関する研究（人体模型および水着の流体抵抗）．日本機械学会論文集（B編），63: 3921-3927, 1997）

文献

1) 高木英樹ほか：一流競泳選手のストロークテクニックに関する研究．平成10年度日本体育協会スポーツ医・科学研究報告 No. II，競技種目別競技力向上に関する研究，22：32-36，1998．
2) Schleihauf RE: A Hydrodynamic Analysis of Swimming Propulsion. In: Terauds J and Bedingfield EW eds, Swimming III. pp173-184, University Park Press, 1979.
3) Berger MAM et al.: Hydrodynamic drag and lift forces on human hand/arm models. J Biomech, 28: 125-133, 1995.
4) 清水幸丸ほか：人体手部の流体力学的特性に関する考察（手部回りの圧力分布測定および流れの可視化）．日本機会学会論文集（B編），66：1112-1119，2000．
5) 高木英樹：泳者手部の表面圧力分布計測による推進力の定量．体育の科学，51：603-608，2001．
6) 高木英樹ほか：水泳における自己推進時抵抗に関する流体力学的研究．日本機会学会論文集（B編），64：405-411，1998．
7) Toussaint HM et al.: Effect of a triathlon wet suit on drag during swimming. Med Sci Sports Exerc, 21: 325-328, 1989.
8) 清水幸丸ほか：競泳用水着の抵抗測定に関する研究（人体模型および水着の流体抵抗）．日本機械学会論文集（B編），63：3921-3927，1997．
9) Lyttle AD et al.: Optimal depth for streamlined gliding. In: Kiskinen KL et al. eds, Biomechanics and Medicine in Swimming VIII. pp165-170, Gummerrus Printing, 1999.
10) Jiskoot J et al.: Body resistance on and under the water surface. In: Lewillie L and Clarys JP eds, Swimming II. pp105-109, University Park Press, 1975.
11) Lyttle AD et al.: The effect of depth and velocity on drag during the streamlined guide. Swimming in Australia, 16: 72-77, 2000.
12) Holmer I: Energy cost of arm stroke, leg kick, and the whole stroke in competitive swimming styles. Eur J Appl Physiol Occup Physiol, 33: 105-118, 1974.
13) Clarys JP: Relationship of human form to passive and active hydrodynamic drag. In: Asmussen E and Jørgensen K eds, Biomechanics VI-B. pp120-125, University Park Press, 1978.
14) Toussaint HM et al.: Propelling efficiency of front-crawl swimming. J Appl Physiol, 65: 2506-2512, 1988.
15) Toussaint HM: Differences in propelling efficiency between competitive and triathlon swimmers. Med Sci Sports Exerc, 22: 409-415, 1990.
16) Kolmogorov SV and Duplishcheva OA: Active drag, useful mechanical power output and hydrodynamic force coefficient in different swimming strokes at maximal velocity. J Biomech, 25: 311-318, 1992.
17) 高木英樹ほか：Active Drag（自己推進時抵抗）を指標としたトレーニング効果評価法の開発．デサントスポーツ科学，16：149-159，1995．
18) 高木英樹ほか：水泳における自己推進時抵抗定量法の開発．日本機械学会第74期全国大会講演論文集（III），96：201-202，1996．
19) Zamparo P et al.: Effect of the underwater torque on the energy cost, drag and efficiency of front crawl swimming. Eur J Appl Physiol Occup Physiol, 73: 195-201, 1996.

［高木　英樹］

3．水泳のストロークと速度

1）速度とストロークインディックス

泳速度は，ストロークインディックスであるストローク長（stroke length または distance per stroke：1ストローク当たりの進む距離）とストローク頻度（stroke rate：単位時間内ストローク数）を乗じたものとなる．速度，ストローク長およびストローク頻度のそれぞれの単位を m/s，m/stroke および stroke/s とすると，

速度＝ストローク長×ストローク頻度

と表すことができる．

ここで，泳速度の増加に伴うストローク長とストローク頻度の変化について考える．速度を高めるためには，ストローク長とストローク頻度のどちらか，または双方を向上させなければならない．これらの関係を図14-14に示す．ある選手の速度を V_0，その V_0 を構成するストローク頻度とストローク長を X_0 と Y_0 とし，点 $P(X_0, Y_0)$ とする．そして，その選手の速度が V_0 上の点Pから V_1 に増加すると仮定するならば，以下の3つのパターンによって達成される．

①点Eの範囲：ストローク頻度は低下するものの，ストローク長の延長によって達成される場合

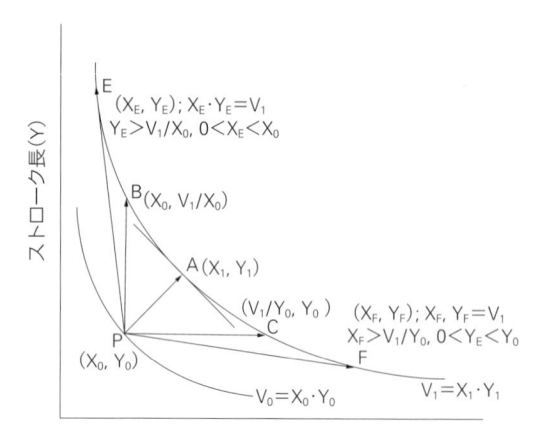

図14-14 速度増加に伴うストロークインディックス(ストローク頻度とストローク長)の変化
(若吉浩二:競泳のレース分析―レース分析とその現場への応用.バイオメカニズム会誌,16:93-100,1992)

② 点Fの範囲:ストローク長は短縮するものの,ストローク頻度の増加によって達成される場合
③ 点B〜Cの範囲:ストローク長および頻度の双方の向上によって達成される場合

それぞれの点は以下のように表すことができる.
点B:$(X_0, V_1/X_0)$
点C:$(V_1/Y_0, Y_0)$
点E(X_E, Y_E):$X_E \cdot Y_E = V_1$,$Y_E > V_1/X_0$,
　　　　　　　　$0 < X_E < X_0$
点F(X_F, Y_F):$X_F \cdot Y_F = V_1$,$X_F > V_1/Y_0$,
　　　　　　　　$0 < Y_F < Y_0$

また,点Pから,V_1の速度双曲線上の最短距離に位置する点A(X_1, Y_1)は,V_1の速度双曲線上の接線と垂直に交差する点となり,下記の多次元多項式により,点Aを求めることができる.

$$X_1^4 - X_0 \cdot X_1^3 + Y_0 \cdot V_1 \cdot X_1 - V_1^2 = 0$$

2) 速度の変化に伴うストロークインディックスの変化

競泳のレース分析に関する研究では,レースをスタート局面,ターン局面,ストローク局面,そしてフィニッシュ局面に分類し,それぞれに客観的な評価が行われる.レース中の泳速度は,定義されたストローク局面の通過時間をビデオ映像より計時し,その局面の距離と移動時間から求められる.また,ストローク頻度は,ストローク局面のほぼ中央付近での5〜6ストロークに要するストローク時間を計時することで求められる.そして,ストローク長は,速度をストローク頻度で除することにより算出することができる.

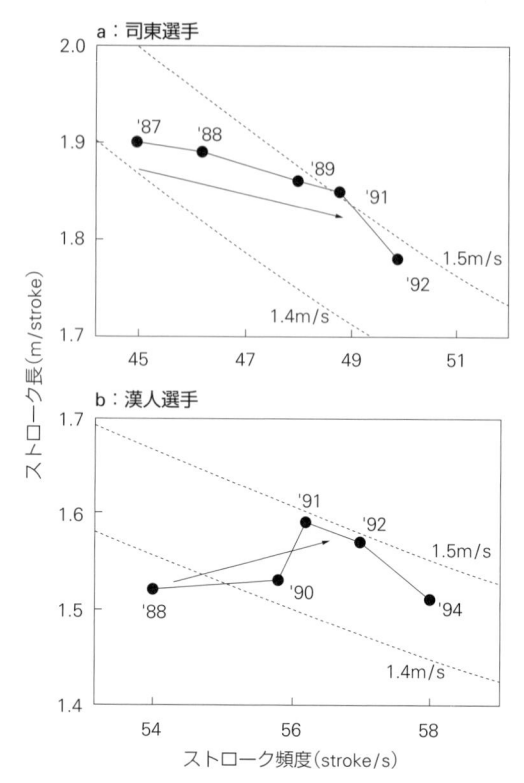

これらの方法により,日本水泳連盟医・科学委員会では,1987年より日本選手権等のレース分析の研究が継続して実施されており,オリンピックスイマーの速度増加に伴うストロークインディックスの変化を追跡調査することができる.図14-15は,バルセロナオリンピックに出場した司東利恵選手と漢人陽子選手の過去6〜7年間に渡る200mバタフライでの速度増加または低下に伴うストロークインディックスの変化を示す.両選手のストロークインディックスを比較すると,司東選手は漢人選手に比ベストローク長の長い大きな泳ぎであり,逆に漢人選手はストローク

図14-15 オリンピックスイマー(司東選手と漢人選手)の6〜7年間の速度増加または低下に伴うストロークインディックスの変化
(若吉浩二:競泳のレース分析―レース分析とその現場への応用.バイオメカニズム会誌,16:93-100,1992)

頻度の高いピッチ泳法といえる．

両者の速度の増加または低下に伴うストロークインディックスの変化に注目すると，違いがあることがわかる．司東選手は，ストローク長はやや短縮傾向にあるものの，ストローク頻度の増加により速度の増加がみられた．これは，図14-14の点Fのパターンとなる．一方，漢人選手の場合，ストローク長の延長とストローク頻度の増加による速度の増加であり，図14-14の点A～Cのパターンとなった．しかしながら，その後，両選手ともストローク頻度は増加するものの，ストローク長の顕著な短縮により速度曲線の最高点（司東選手は1991年，漢人選手は1992年）から離れ，速度が低下した．このように，速度の変化とストロークインディックスの変化の関係を，長期に渡り調査・検討することで，コーチング上の貴重な資料を得ることができる[1]．

3）200mレース中における速度と
ストロークインディックスの変化

図14-16は，2001年世界水泳選手権男子200m自由形レースの結果であり，予選敗退者群と決勝進出者群の平均，および優勝者したイアン・ソープ選手の各ラップ（50m）の速度，ストロークインディックスの変化を示す．イアン・ソープ選手の泳ぎの特徴は，ストローク長の長さにある．予選敗退者群や決勝進出者群と比べて，格段に長いことがわかる．特に第1～3ラップまでは極めて長い．また，第4ラップでは第3ラップよりも速度増加がみられ，これは顕著なストローク頻度の増加によるものであった．決勝進出者群は，予選敗退者群と比べて，レース全般的にストローク頻度は低いものの，長いストローク長により高い速度が維持されていた．

それぞれに共通してみられる現象として，ストロークインディックスの変化は，横軸にストローク頻度，縦軸にストローク長とした場合，ラップの進行に伴って"C"カーブを描くことである．第1から第2ラップへはストローク長は維持されるものの，ストローク頻度の低下による速度の低下，第2から第3ラップへはストローク頻度は

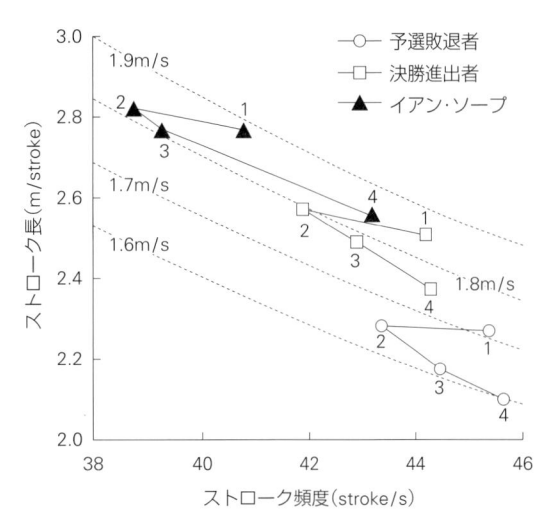

図14-16 200mレース中における速度とストロークインディックスの変化（2001年世界選手権）

やや増加するものの，ストローク長の短縮によるわずかな速度の低下，そして第3から第4ラップも同様，ストローク頻度は増加するものの，ストローク長の短縮による速度の低下がみられた．これらの変化は，レース展開上，もっとも高い速度を維持するためのストラテジーではないかと思われる．

4）短距離レース中における速度と
ストロークインディックスの変化

図14-17は，日本選手権男女50m自由形決勝レースのストローク局面（10～50m区間）における5m毎の速度とストロークインディックスの変化を示したものである．レース進行に伴い，全選手の速度とストローク頻度は低下傾向を示した．しかしながら，ストローク長においては全体的に何ら特別な変化や傾向を捉えることはできなかった．さらに速度とストローク頻度の低下傾向を個人毎に調査した．図14-18は，女子決勝進出者の速度の低下を示す回帰直線および式（a）とストローク頻度の低下を示す回帰直線および式（b）を表したものである．男女決勝および準決勝進出者計32名中30名に，顕著な相関関係がみられた．それらの結果をもとに，図14-19に男女の決勝および準決勝進出者の速度低下を示す

図14-17 日本選手権男女50m自由形決勝レースのストローク局面(10〜50m区間)における5m毎の速度とストロークインディックスの変化
(若吉浩二ほか：競泳短距離自由形レースにおける泳速度とストローク変数の変化について．スポーツ方法学研究, 13：31-41, 2000)

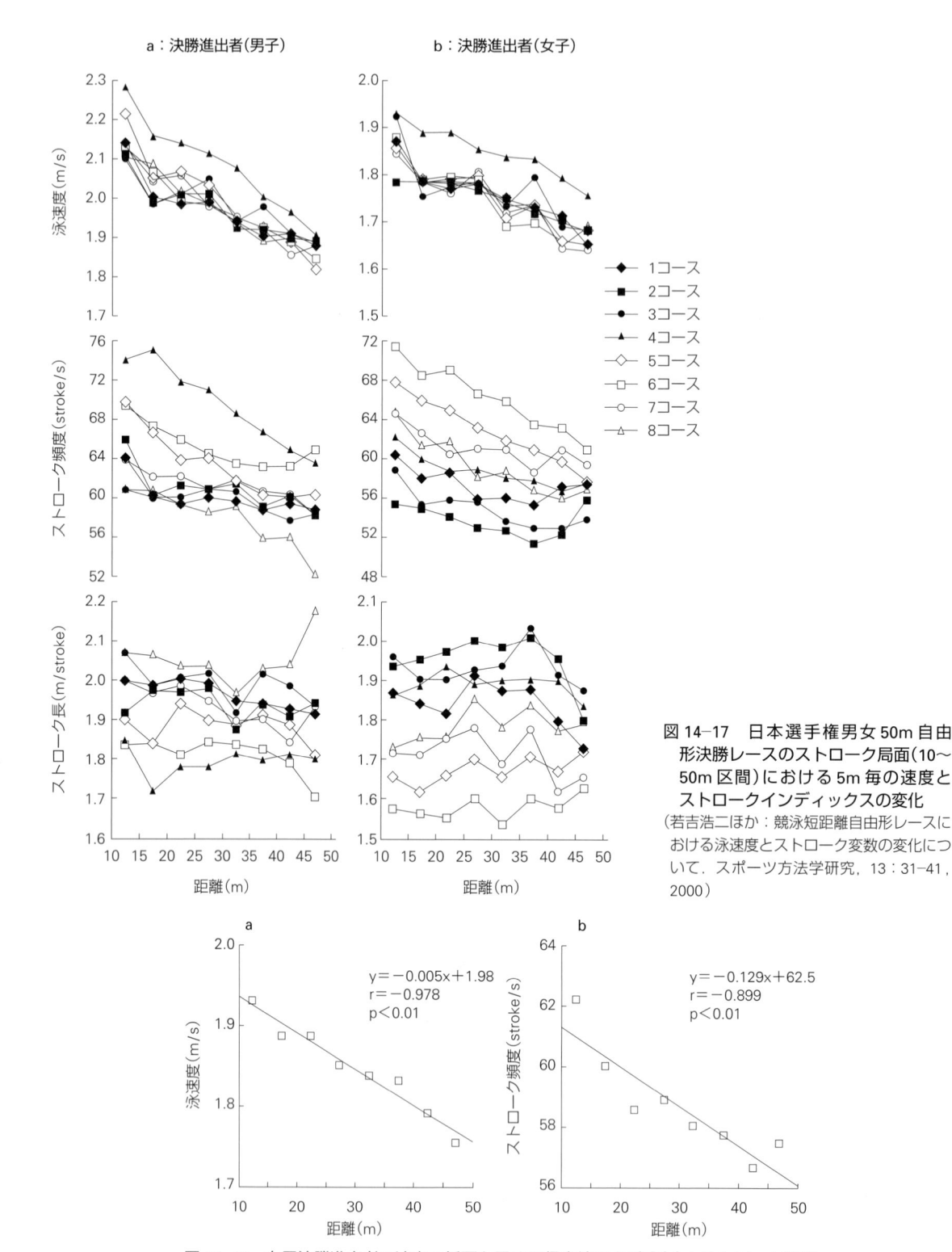

図14-18 女子決勝進出者の速度の低下を示す回帰直線および式(a)とストローク頻度の低下を示す回帰直線および式(b)
(若吉浩二ほか：競泳短距離自由形レースにおける泳速度とストローク変数の変化について．スポーツ方法学研究, 13：31-41, 2000)

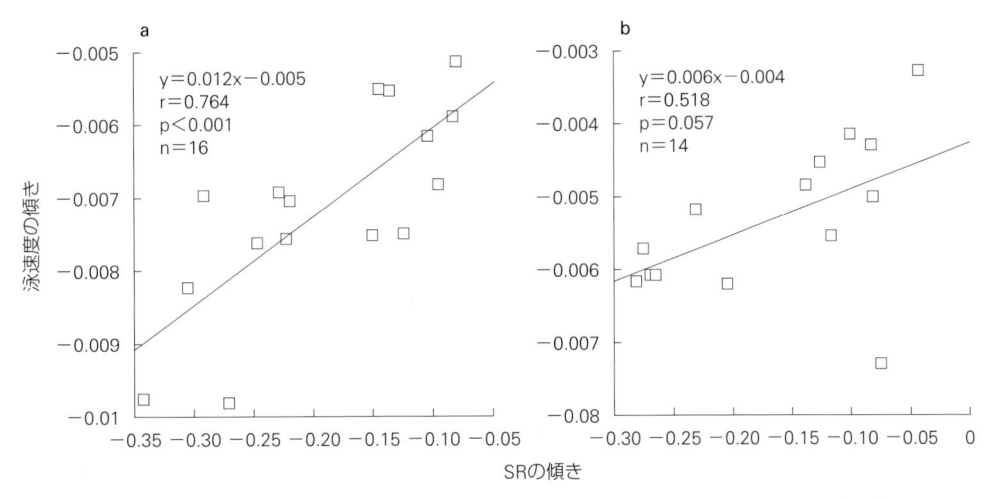

図 14-19 男女決勝および準決勝進出者の速度低下を示す回帰直線の傾きとストローク頻度の低下を示す回帰直線の傾きとの相関関係
(若吉浩二ほか:競泳短距離自由形レースにおける泳速度とストローク変数の変化について. スポーツ方法学研究, 13:31-41, 2000)

回帰直線の傾きとストローク頻度の低下を示す回帰直線の傾きとの相関関係を示した. 男子では有意な相関関係（$r=0.764$, $p<0.01$）がみられ, 女子では $r=0.518$, $p=0.057$ となった. したがって, 速度の低下は, ストローク頻度の低下に起因していることがわかる. 50m レースのエネルギー供給は, 有酸素性 10%, 無酸素性 90% とされており, ATP-PCr 系と解糖系が重要となる[2]. そのため, 50m レース中のストローク頻度の低下の原因は, エネルギー供給量の低下によるものと, 解糖反応のエネルギー動員に伴う筋代謝産物の蓄積による速筋線維の疲労によるものと推察される[3].

5) エネルギー代謝とストロークインディックス

図 14-20 は, 速度の増加に伴うストロークインディックス, 酸素摂取量および血中乳酸濃度の変化を示したものである. 酸素摂取量および血中乳酸濃度の変化をみると, 無酸素性作業閾値または乳酸性閾値に相当する速度は, 1.3m/s 付近に位置するものと思われる. つまり, 1.3m/s 以下では有酸素的なエネルギー供給による運動であり, それ以上では無酸素的なエネルギー供給が必要になるといえる. ストロークインディックスは, 1.3m/s 以下の速度では, 速度増加に伴いストロー

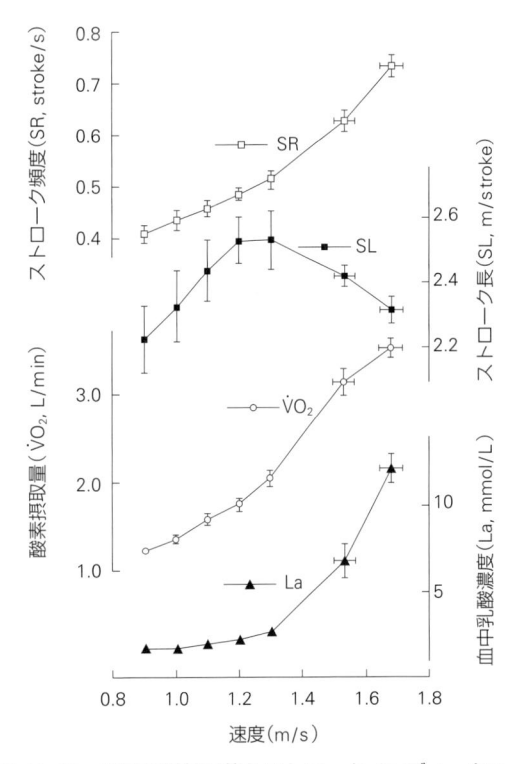

図 14-20 速度の増加に伴うストロークインディックス, 酸素摂取量および血中乳酸濃度の変化
(Wakayoshi K et al.: Relationship between metabolic parameters and stroking technique characteristics in front crawl. In: Troup JP et al. eds, Biomechanics and Medicine in Swimming Ⅶ. pp152-158, E&FN SPON, 1996)

ク頻度およびストローク長とも直線的な増加傾向を示したが，それ以上の速度になるとストローク頻度の顕著な増加がみられたのに対し，ストローク長では低下傾向を示した．これらの結果は，ストロークインディックスは，有酸素性から無酸素性エネルギー代謝の供給に伴い，大きな変換点が存在することを示唆するものである[4]．

文　献

1) 若吉浩二：競泳のレース分析—レース分析とその現場への応用．バイオメカニズム会誌，16：93-100，1992．
2) Holmer I: Energetics and mechanical work in swimming. In: Hollander AP et al. eds, Biomechanics and Medicine in Swimming. pp154-164, Human Kinetics, 1983.
3) 若吉浩二ほか：競泳短距離自由形レースにおける泳速度とストローク変数の変化について．スポーツ方法学研究，13：31-41，2000．
4) Wakayoshi K et al.: Relationship between metabolic parameters and stroking technique characteristics in front crawl. In: Troup JP et al. eds, Biomechanics and Medicine in Swimming Ⅶ. pp152-158, E&FN SPON, 1996.

［若吉　浩二］

第15章 漕動作（ボート）

1. ローイングの力とパワー

　ボート競技では，ローイング運動の連続によって運動が行われる．漕手がオールに対して発揮する機械的エネルギーがボートの競技力を決める最大の因子である．ここでは，ローイング運動の特徴について，力，パワー，効率，体力因子の観点からまとめてみる．

　ローイングにおいて漕手は大きく分けてフォワードおよびドライブの2つの運動を行う．フォワード相では漕手は膝・股関節を屈曲させ，腕を前方に伸ばし，オールを水中に入れる（キャッチ）．キャッチ後ドライブ相（引き動作）で下肢の伸展（股関節・膝関節伸展および足関節底屈）および腕の引きつけの力をオールを介して水に伝え，その反作用で艇に前進方向の力を与える．引きが終了するとオールを水から抜き（フィニッシュ），フォワード相に移るという動作の繰り返しである（図15-1）[1]．この動作のために，ボートのシートは前後にスライドするようになっている．フォワードからキャッチにかけてボートは減速方向の，キャッチからドライブ相では加速方向の力を受けることになる．加速方向の力をいかに有効に発揮し，その一方で減速方向の力のロスをいかに少なくするかが競技力の鍵を握る．スタートからゴールまでの間，ローイング動作のピッチや発揮パワーがさまざまに変化しながらレースが

a：フォワード相後半

b：キャッチ

c：ドライブ相中盤

d：フィニッシュ（ファイナル）

e：フォワード相前半

図15-1　ローイング運動の各相
b～cの間オールのブレード部分は水中に没している．
（川上泰雄ほか：ボート競技の競技力向上を目的とした艇の力学量測定システムの開発．トレーニング科学，13：21-30，2001）

表15-1　シングルスカルのレースにおけるローイング動作の変化の典型例

	スタートからの時間	ピッチ (/min)	力の最大値 (N)	速度の最大値 (m/s)	パワーの最大値 (W)	平均パワー (W)
スタート時	0—10秒	36—42	1,000—1,500	3.0—4.0	2,500—3,000	600—700
スタート直後	10—60秒	34—38	600—800	2.2—3.5	1,400—2,800	450—600
レース中盤	1—5分	30—36	500—700	2.2—3.5	1,000—1,600	350—450
ラストスパート	5—6分	34—38	600—700	2.2—2.8	1,300—1,800	400—500

(Steinacker JM: Physiological aspects of training in rowing. Int J Sports Med, 14: S3–S10, 1993)

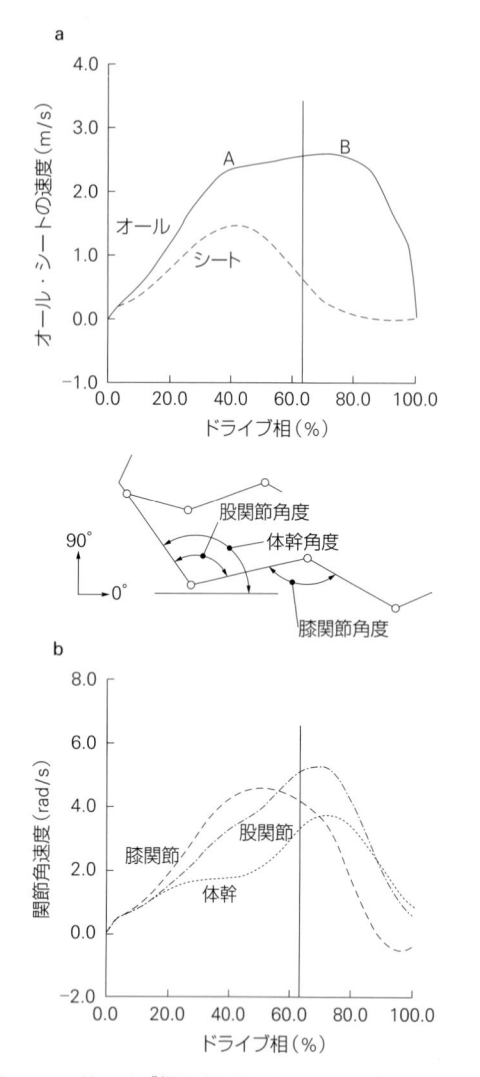

図15-2 ドライブ相におけるオールおよびシートの移動速度(a)および股関節・膝関節・体幹の角速度(b)
中央の模式図は関節角度の説明.オールの速度には2つのピークがある(A,B).
(Nelson WN and Widule CJ: Kinematic analysis and efficiency estimate of intercollegiate female rowers. Med Sci Sports Exerc, 15: 535–541, 1983)

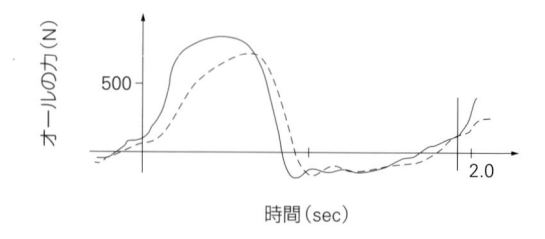

図15-3 ローイング運動中にオールに及ぼされる力
横軸はキャッチから次のストロークのキャッチまでの時間.実線,破線は異なる漕手のデータ.
(Roth W et al.: Force-time characteristics of the rowing stroke and corresponding physiological muscle adaptations. Int J Sports Med, 14: S32–S34, 1993)

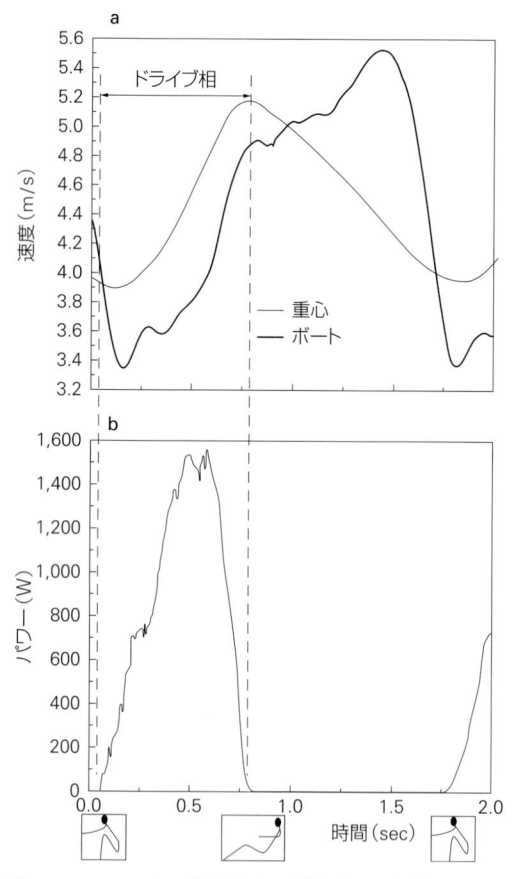

図15-4 ローイング運動中の重心およびボートの速度(a)とローイングパワー(b)
破線に挟まれた区間がドライブ相を示す.
(Affeld K et al.: Assessment of rowing efficiency. Int J Sports Med, 14: S39–S41, 1993)

展開される(表15-1)[2].2,000mのレースの場合,200回以上のローイング運動が繰り返されるので,動作のわずかな違いが競技記録の差となって表れる.

図15-2はドライブ相におけるオールおよびシートの移動速度(a)および股関節,膝関節,体幹の角速度(b)を示したものである[3].オールの速度曲線には2つのピーク(A,B)があり,

第一のピークは膝関節角速度のピーク値と,そして第二のピークは体幹角速度のピーク値と相関する[3].AからBまでのオールの速度増加よりも

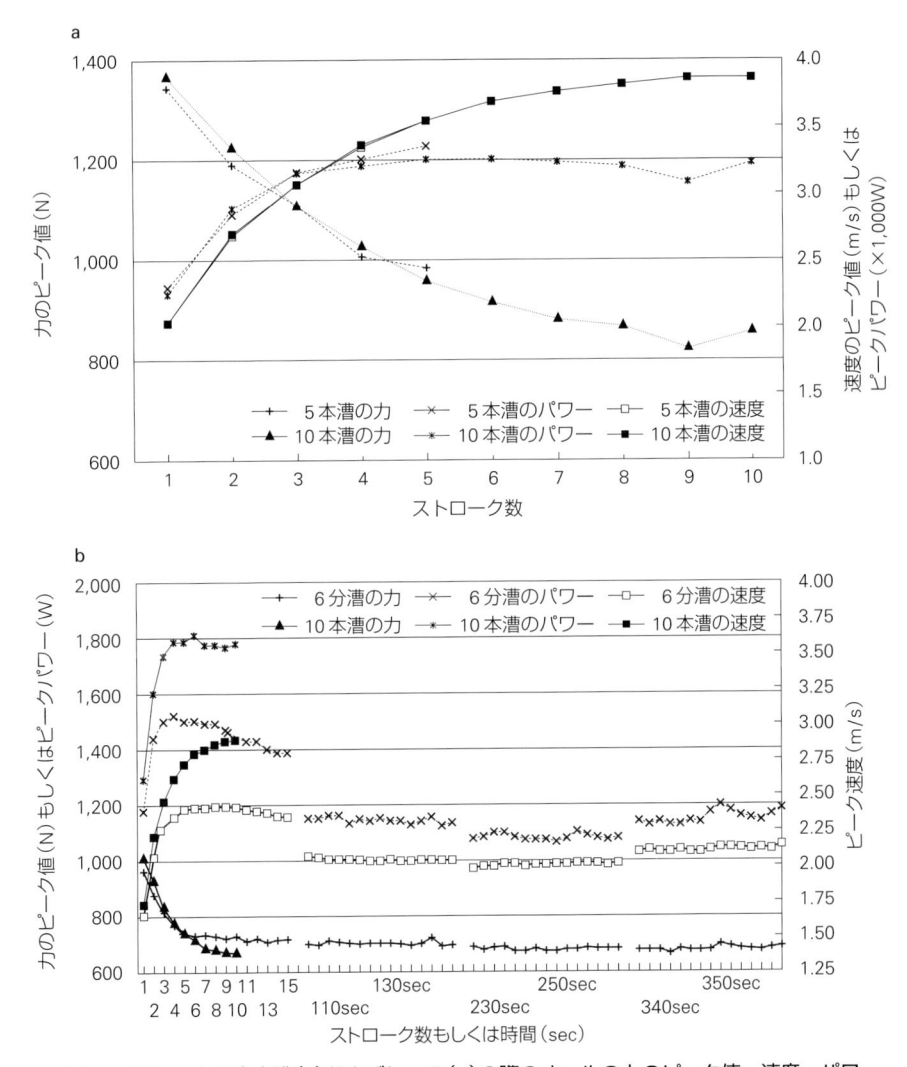

図 15-5 5本もしくは 10本の全力漕(a)およびレース(b)の際のオールの力のピーク値，速度・パワー
bには 10本全力漕のデータも示されている．aは男子選手，bは女子選手．
（Hartmann U et al.: Peak force, velocity, and power during five and ten maximal rowing ergometer strokes by world class female and male rowers. Int J Sports Med, 14: S42–S45, 1993）

キャッチから A までの速度増加のほうが大きいことから，脚伸展動作がオールの最大速度に大きく影響することがわかる．ローイング動作中にハンドル（オールのグリップ）部分に生じる力の変化を図 15-3[4]に，パワーの変化を図 15-4[5]に示す．ドライブ相中盤に力・パワーとも最大となり，一流選手の場合では，ローイングのピークパワーは 3,000W に達する[2,6]．これは人間が発揮できる動作パワーの中でも最大レベルのものである．

レースのスタート時，ボートは静止状態にあり，オールのスピードはスタート後に徐々に増加していく．スタート後のオールの力，パワーおよび速度の変化を図 15-5a に示す[6]．スタート時に力は最大となり，その後徐々に減少して一定のレベルになり，速度およびパワーは次第に増加していく．2,000m レースの場合，レース時間は 6 分前後になるので，この間維持可能な力・パワーレベルでレースが行われることになる（図 15-5b）．このパワーは主として有酸素性能力によって支えられる．ボート選手の最大酸素摂取量は運動選手の中でも極めて高い水準にあり，艇速と密接に関係する[7]．しかし，スタートやラストスパートにおい

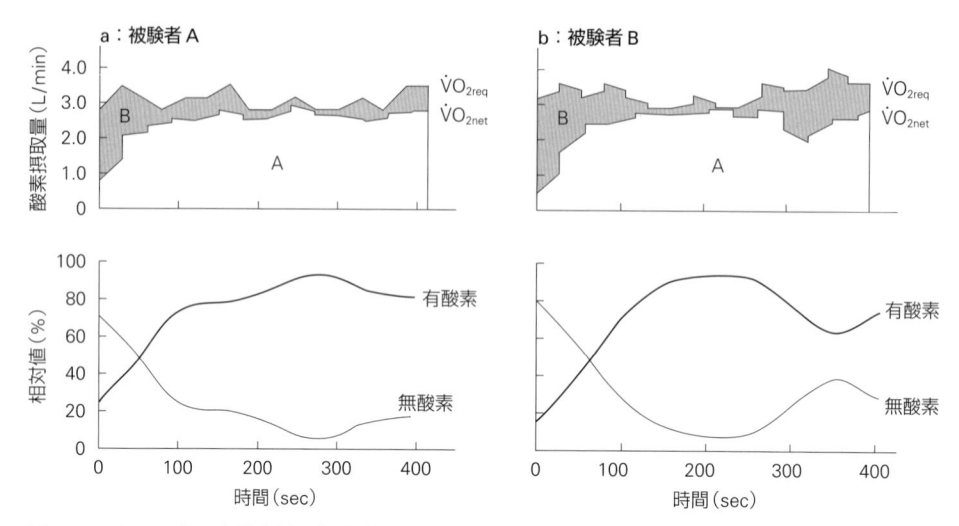

図15-6 レース中の有酸素性・無酸素性エネルギー供給機構の関与
2名の被験者のデータによる,オールのパワーおよび酸素摂取量の計測値からの推定値.
(Nozaki D et al.: Mechanical efficiency of rowing a single scull. Scand J Med Sci Sports, 3: 251-255, 1993)

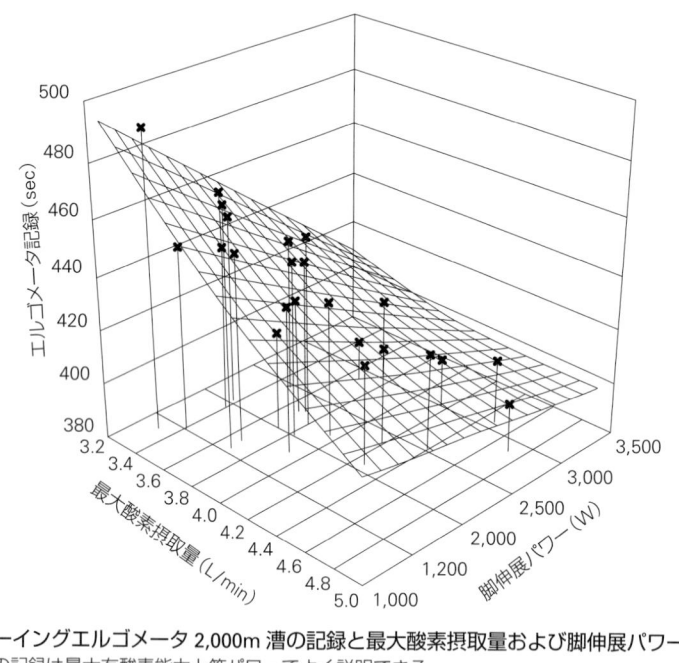

図15-7 ローイングエルゴメータ2,000m漕の記録と最大酸素摂取量および脚伸展パワーの間の関係
エルゴメータの記録は最大有酸素能力と筋パワーでよく説明できる.
(吉賀千恵ほか:ローイングエルゴメータの記録に影響を及ぼす因子.平成10年度日本オリンピック委員会スポーツ医・科学研究報告 No.II 競技種目別競技力向上に関する研究—第22報—, pp113-116, 1999)

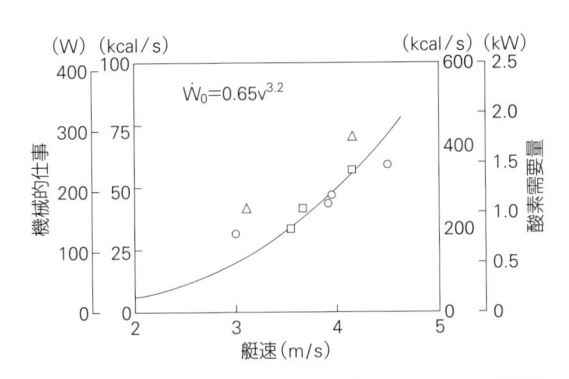

図 15-8　ボートの艇速とオールで発揮されるパワーの関係
パワーは艇速の 3 乗に比例する.
(di Prampero PE et al.: Physiological aspects of rowing. J Appl Physiol, 31: 853-857, 1971)

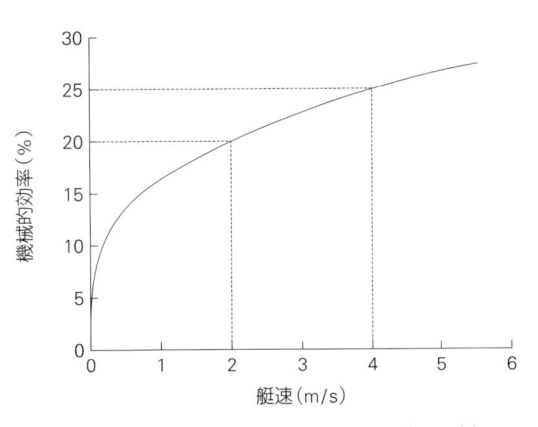

図 15-9　ローイング運動の機械的効率と艇速の関係
(Nozaki D et al.: Mechanical efficiency of rowing a single scull. Scand J Med Sci Sports, 3: 251-255, 1993)

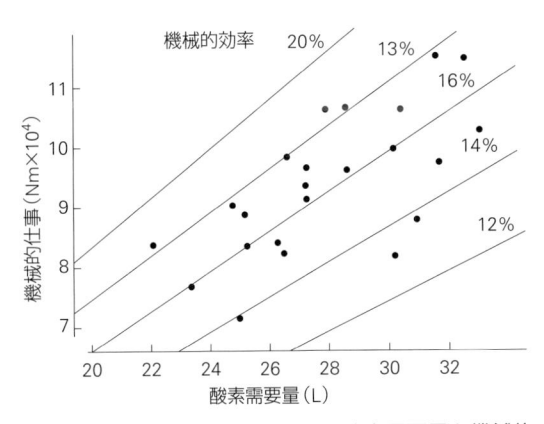

図 15-10　ローイング運動における酸素需要量と機械的仕事量の関係
両者の傾きで示される機械的効率には個人差が存在する.
(Asami T et al.: Biomechanical analysis of rowing performance. In: Morechi A et al. eds, Biomechanics Ⅶ-B. pp442-446, University Park Press, 1981)

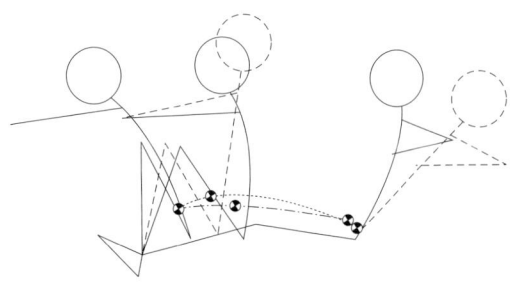

図 15-11　ドライブ相の漕手の動きと身体重心の上下動
いわゆる「あおる」動きやフィニッシュでの「沈み込み」は重心の上下動の原因となる.
(Nolte V：日本漕艇競技のスポーツ科学からの考察. Jpn J Sports Sci，3：772-782，1984)

ては無酸素性能力の貢献も無視できない（図 15-6）．これは，ピッチや発揮パワーの増加が無酸素性代謝の貢献度を高めるためである．ローイングのパフォーマンス（レースをシミュレートしたローイングエルゴメータの記録）は，最大酸素摂取量および脚伸展パワーの両者と極めて高い相関関係を示すことがわかっている（図 15-7）[8]．

ローイング運動中に漕手が発揮した機械的仕事量と消費したエネルギーの比で表される機械的効率は約 20％と報告されている[9]．つまり，最大酸素摂取量が 6L/min というレベルにある漕手（毎秒平均約 2,000W のパワーが発揮可能）であっても，有酸素性能力によって 400W の平均パワーを維持するのがやっとである．ローイングのエネルギーコストは艇速の増加に伴って増大する[10]．オールで発揮されるパワーは艇速の 3 乗に比例し（図 15-8），機械的効率は艇速（ピッチ）の増加に伴って高くなる（図 15-9）[10,11]．ただし，機械的効率には個人差が大きく（図 15-10）[12]，これには安定したローイング運動を支える技術の巧拙が影響する．技術レベルによっては，高いピッチになったときに正しい技術を維持できず，効率が低下する場合がある．

ローイングの技術は何によって決まるのであろうか．図 15-11 は，ドライブ相の漕手の身体重心の上下動に及ぼすローイングフォームの影響を示したものである[13]．重心の上下動は無駄な位置

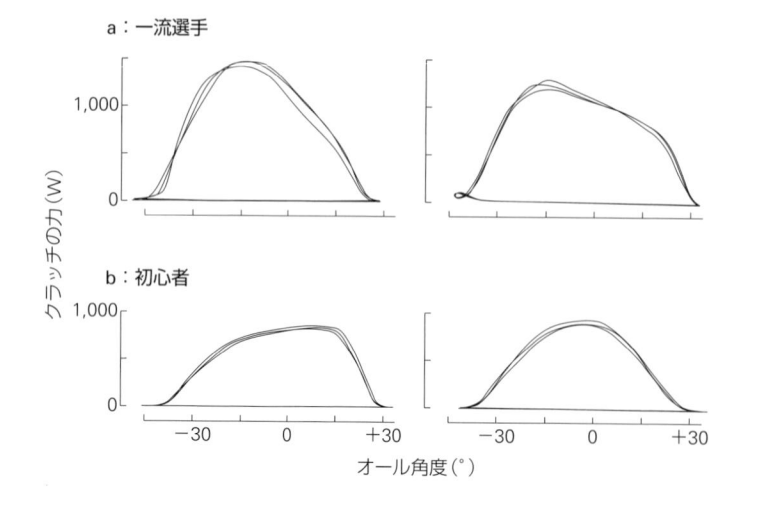

図15-12 オール角度とクラッチに及ぼされる力の関係
一流選手（a）は初心者（b）に比べてカーブに囲まれる面積（仕事量）が大きい．複数のストロークの重ね描き．
（福永哲夫ほか：ローイング運動のバイオメカニクス的研究．昭和59年度日本体育協会スポーツ医・科学研究報告 No.II 競技種目別競技力向上に関する研究—第8報—, pp83-89, 1985）

エネルギー変化を生み出し，エネルギーコストを増大させる．また，ボートにピッチング（上下方向の振動）が生じ，造波抵抗を増加させる結果にもなる（15章2参照）．一流漕手はオールに与える力が大きく，安定性も高い（図15-12）[14]．オールの角度とトルクがつくるカーブのパターンを指標化し，ローイング技術との関係を調べた報告[15]によると，①平均推進パワー，②ストローク間の安定性，③オールカーブのスムーズさ，④推進パワーの安定性，の順で技術レベルの差に影響する．技術は体力と表裏一体であることがわかる．なお，ローイング動作の巧拙は1ストローク中の艇速の変動にも影響を及ぼす（15章2参照）．

ボート競技の場合，複数漕手がどれだけオールの動きや力を合わせることができるか，というクルーのユニフォーミティも大きな技術要因である（図5-13）[16]．オールに及ぼされる力のずれは，艇速にもマイナスの影響を及ぼす[17]．ユニフォーミティの高さによってパワーの絶対値の低さをカバーできる点に，スポーツとしてのボート競技の奥深さがあるといえよう．

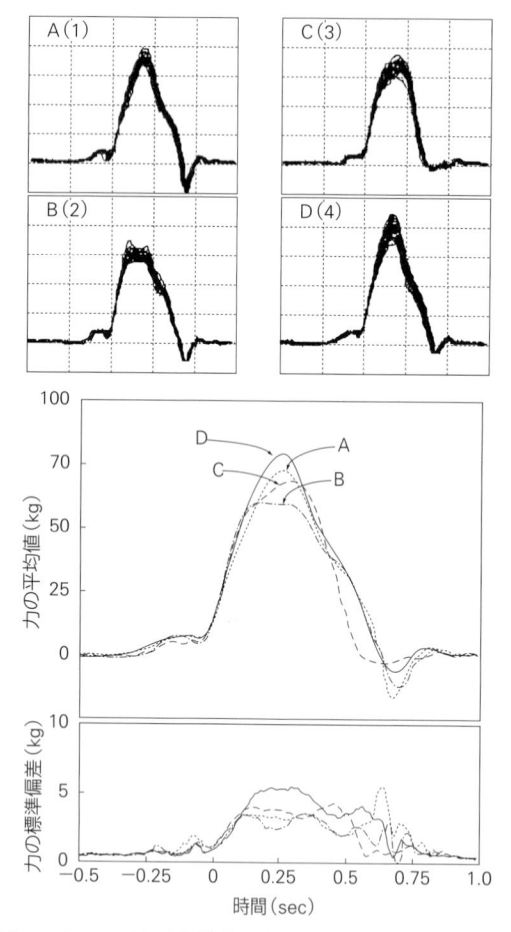

図15-13 エイトの実漕中のオールの力
バウフォア（1～4番）について示す．上図は30本分の重ね描き，下図は各漕手の平均値および標準偏差．
（Wing AM and Woodburn C: The coordination and consistency of rowers in a racing eight. J Sports Sci, 13: 187-197, 1995）

文献

1) 川上泰雄ほか：ボート競技の競技力向上を目的とした艇の力学量測定システムの開発．トレーニング科学, 13：21-30, 2001．
2) Steinacker JM: Physiological aspects of training in rowing. Int J Sports Med, 14: S3-S10, 1993.
3) Nelson WN and Widule CJ: Kinematic analysis and efficiency estimate of intercollegiate female

rowers. Med Sci Sports Exerc, 15: 535–541, 1983.
4) Roth W et al.: Force-time characteristics of the rowing stroke and corresponding physiological muscle adaptations. Int J Sports Med, 14: S32–S34, 1993.
5) Affeld K et al.: Assessment of rowing efficiency. Int J Sports Med, 14: S39–S41, 1993.
6) Hartmann U et al.: Peak force, velocity, and power during five and ten maximal rowing ergometer strokes by world class female and male rowers. Int J Sports Med, 14: S42–S45, 1993.
7) 福永哲夫：ローイング運動のバイオメカニクス．Jpn J Sports Sci，3：765–771，1984．
8) 吉賀千恵ほか：ローイングエルゴメータの記録に影響を及ぼす因子．平成10年度日本オリンピック委員会スポーツ医・科学研究報告 No.Ⅱ競技種目別競技力向上に関する研究―第22報―，pp113–116，1999．
9) 山本恵三ほか：漕運動の機械的仕事と効率．Jpn J Sports Sci，5：818–822，1986．
10) di Prampero PE et al.: Physiological aspects of rowing. J Appl Physiol, 31: 853–857, 1971.
11) Nozaki D et al.: Mechanical efficiency of rowing a single scull. Scand J Med Sci Sports, 3: 251–255, 1993.
12) Asami T et al.: Biomechanical analysis of rowing performance. In: Morechi A et al. eds, Biomechanics Ⅶ-B. pp442–446, University Park Press, 1981.
13) Nolte V：日本漕艇競技のスポーツ科学からの考察．Jpn J Sports Sci，3：772–782，1984．
14) 福永哲夫ほか：ローイング運動のバイオメカニクス的研究．昭和59年度日本体育協会スポーツ医・科学研究報告 No.Ⅱ競技種目別競技力向上に関する研究―第8報―，pp83–89，1985．
15) Smith RM and Spinks WL: Discriminant analysis of biomechanical differences between novice, good and elite rowers. J Sports Sci, 13: 377–385, 1995.
16) Wing AM and Woodburn C: The coordination and consistency of rowers in a racing eight. J Sports Sci, 13: 187–197, 1995.
17) 川上泰雄ほか：実漕中のオールに作用する力がボートの加速度におよぼす効果について．昭和61年度日本体育協会スポーツ医・科学研究報告 No.Ⅱ競技種目別競技力向上に関する研究―第10報―，pp311–317，1987．
18) Fukunaga T et al.: Mechanical efficiency in rowing. Eur J Appl Physiol Occup Physiol, 55: 471–475, 1986.

［川上　泰雄］

2．ボート競技のバイオメカニクス

ボート競技では，ローイング運動（15章1参照）の連続によって運動が行われる．競技は多くの場合2,000mの距離で争われ，タイム，つまり艇速の優劣が競技力を決定する．

ボートの艇速を左右する要因は図15-14のようにまとめることができる[1,2]．15章1では漕手の発揮する力・パワー，運動効率などについてまとめたので，本項では，ボート，オールといった道具の条件，および道具と漕手の相互作用の観点から艇速の規定因子について考えてみる．

1）オールによるパワーの伝達

ボート競技の最大の特徴は，漕手がオールによってボートを推進するという点にあり，競技力を決定する要因は漕手のエネルギーをいかにオールを介して水に伝えるか，ということに集約される．図15-15にオールの概形を示す[3,4]．漕手は後方（ボートの進行方向）への動きのなかでオールを回転させ，ブレードを介して水を押すことの反作用としてボートは推進力を得る（図15-16）[5]．オールにはスイープ（各漕手が1本のオールを操作）およびスカル（各漕手につき2本）の2種類があり，前者（全長約4m）は後者（約3m）よりも大きい．

ボートおよびオールに作用する力学的要因は図15-17に示したとおりである[6]．漕手がクラッチ部分でボートの進行方向に発揮した力をF_0，ブレードに直角に作用する力をF，ボートの進行方向とFのなす角度をαとすると，クラッチの部分にかかるボート進行方向の力F_cは，

$$F_c = F_0 + F\cos\alpha$$

となる．ボートはテコの原理で推進力を得るわけである．一方，クラッチをボートの進行方向に対して横向きに押す（ラテラルプレス）力F_lは，

$$F_l = F\sin\alpha$$

となるから，両者の比は，

$$F_l/F_c = \sin\alpha/(\cos\alpha + F_0/F)$$

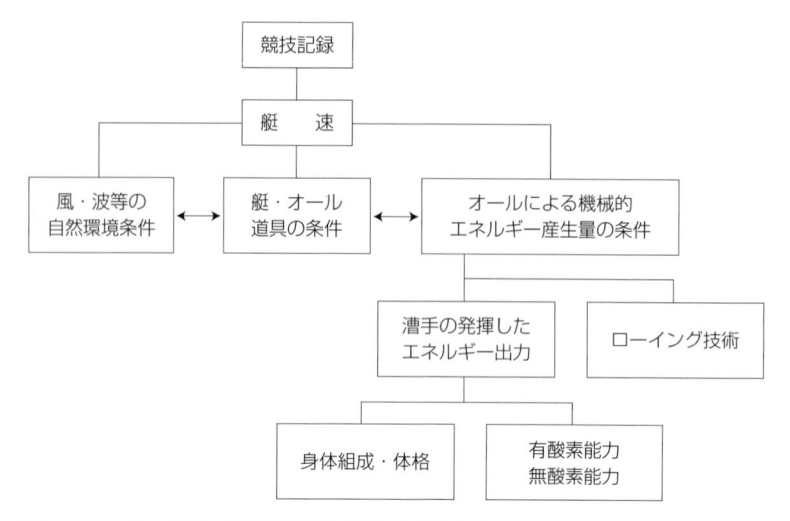

図 15-14 ボート競技の競技記録に影響を及ぼす因子
自然条件，道具の条件，漕手の条件はお互いが密接に関連する（文献1, 2より引用改変）．

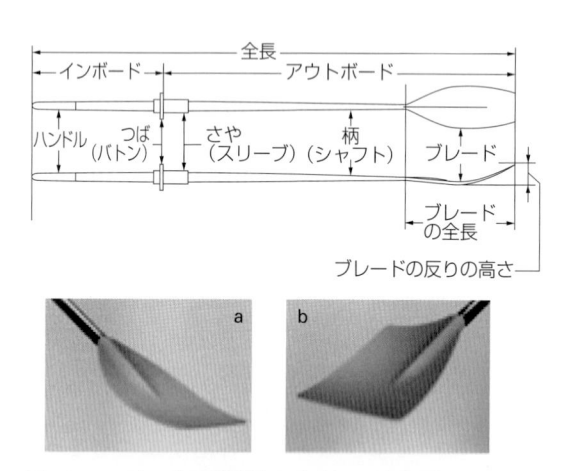

図 15-15 オールの概形およびブレードの形状の例
オールにはスイープ（1本オール）とスカル（2本オール）があるがデザインは類似している．現行のブレードはマコン型（a）とビッグブレード（b）に分けられる（文献3, 4より引用改変）．

図 15-16 ドライブ相のオールの動き
水中に没したブレードが押す水の反作用として矢印方向の推進力を得る．
(Zatsiorsky VM and Yakunin N: Mechanics and biomechanics of rowing: a review. J Appl Biomech, 7: 229–281, 1991)

である．ブレードからクラッチまでの距離（アウトボード）を a，クラッチからハンドルまでの距離（インボード）を b とすると，

$$F = b/a \cos\alpha F_0$$

であるから，

$$F_l/F_c = \sin\alpha / (\cos\alpha + a/b \cdot \cos^{-1}\alpha)$$

となる[6,7]．つまり，クラッチにかかる力のうち，ボートの進行方向の成分はオールの角度によって大きく変化する．また，アウトボード／インボード比が高いほど効率的である．図 15-18 に示したように，F_l/F_c 比は理論上約 0.1 となるが，技術レベルの影響があり，オリンピック選手でおよそ 0.2，技術レベルの低い漕手は 0.5，すなわちラテラルプレスが推力の半分にも及ぶ無駄なものとなる[7]．図 15-19 に，コーチングにおいて望ましいとされているオールの角度範囲を示す[8]．

ところで，ボート競技のコーチングにおいては「ブレードで水をつかんで引く」と表現されるが，実際にはブレードはドライブ相（水中に入れたオールを引いている相，15 章 1 参照）で水中をすべる（スリップする）．このときブレードに作用する力は，

$$F = k v_b^2$$

で表される．ここで v_b はブレードの対水速度で

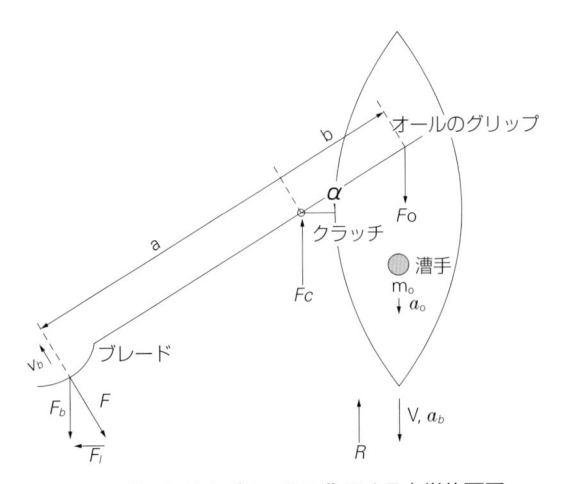

図 15-17 ボートおよびオールに作用する力学的要因
漕手1名,オール1本について模式的に示す.
(福永哲夫:ローイング運動のバイオメカニクス.Jpn J Sports Sci, 3:765-771, 1984)

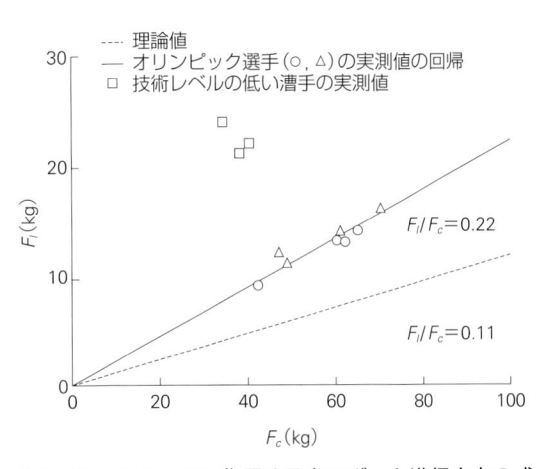

図 15-18 クラッチに作用する力のボート進行方向の成分(F_c)と進行方向に直交する成分(F_l)との関係
(文献6,7より引用改変)

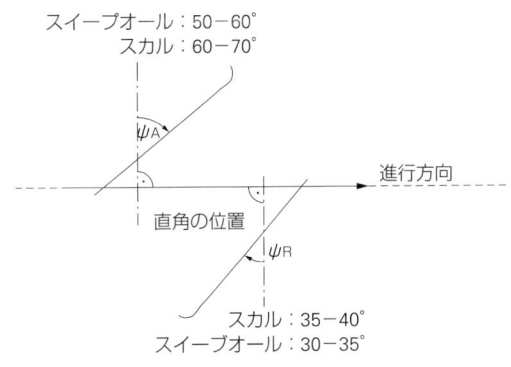

図 15-19 コーチングにおいて望ましいとされるキャッチ・フィニッシュ時のオール角度
(Nolte V:日本漕艇競技のスポーツ科学からの考察.Jpn J Sports Sci, 3:772-782, 1984)

ある.kは水とブレードの間の抵抗,水の密度,ブレードの面積に依存する[6].図 15-20 は,ドライブ相のブレードの対水速度と,ブレードに垂直な方向に作用する力の関係を実測した結果であるが[6],1ストロークの間に上式の定数kが変化する場合があることがわかる.これは,漕ぎ方の違いによるものであり,図 15-20b の被験者の競技レベルが低いことを示している[6].ブレードが水中を動いている間は,ボートが反作用によって前方へ進行するので,ブレードの軌跡は図 15-21 に示した曲線となる.ブレードの近傍に発生する乱流(泡の原因となる)によって,ブレードの

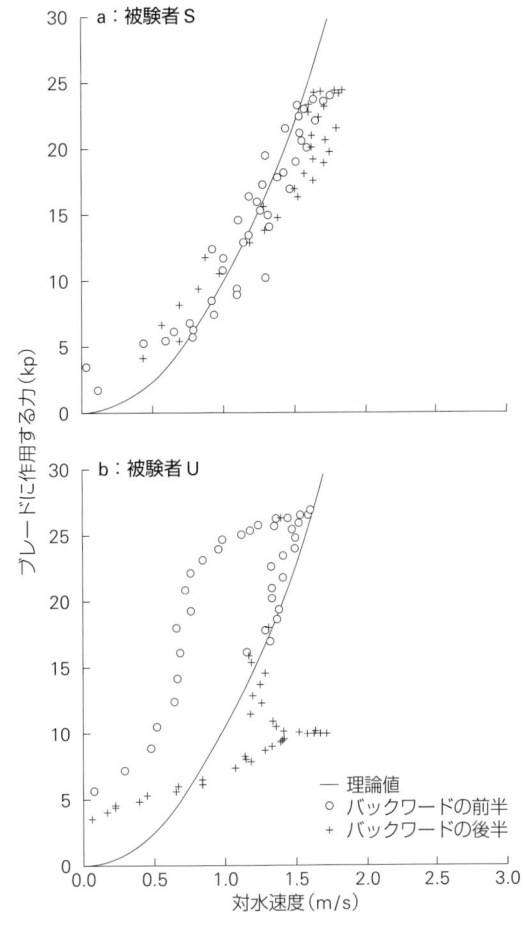

図 15-20 ドライブ相のブレードの対水速度とブレードに作用する力の関係
(福永哲夫:ローイング運動のバイオメカニクス.Jpn J Sports Sci, 3:765-771, 1984)

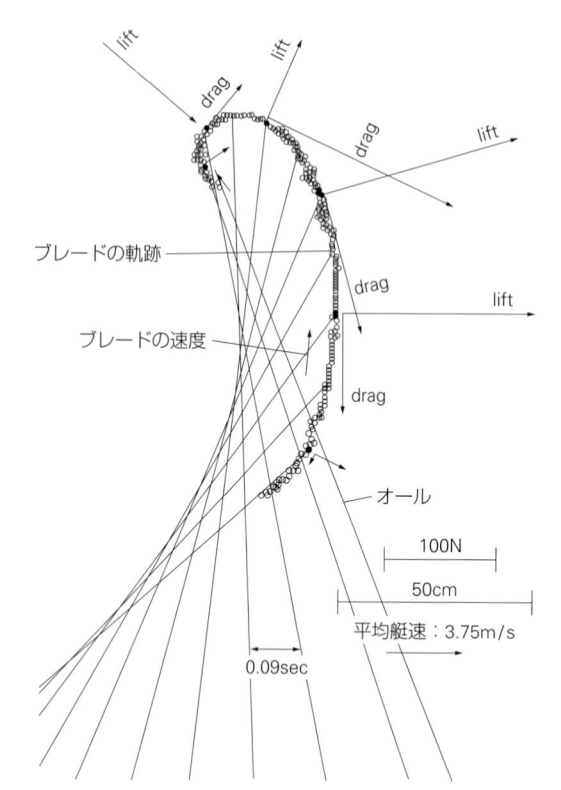

図15-21 ドライブ相のブレード中央部分の軌跡およびブレードに及ぼされる力

ブレードには，抵抗力（drag）および揚力（lift）が発生し，両者の大きさはブレードの位置によって変化する．抵抗力はオールのパワーロスを招くが，揚力はパワーのロスにはつながらない．両者ともブレードの位置によってはボートの推進力に貢献する．
（Affeld K et al.: Assessment of rowing efficiency. Int J Sports Med, 14: S39–S41, 1993）

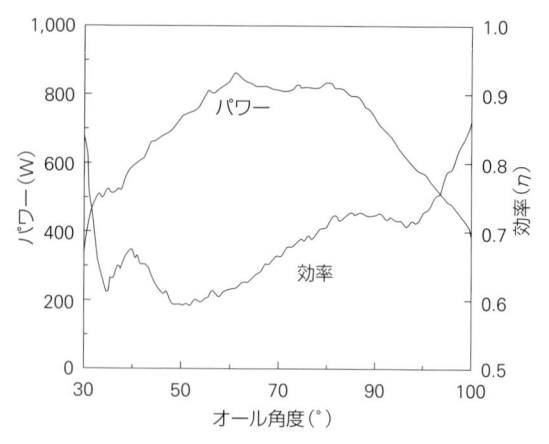

図15-22 シングルスカルのドライブ相の漕手のパワーおよびオールの効率

パワーはオールのトルクに角速度を乗じて求めた．オールの効率ηは以下の式によって計算

η＝（オールのパワー－乱流発生によって失われるパワー）／オールのパワー

（Affeld K et al.: Assessment of rowing efficiency. Int J Sports Med, 14: S39–S41, 1993）

軌跡に水平な方向には抵抗力（drag）がはたらき，軌跡に直交する方向には揚力（lift）が生じる[9]．図15-21の矢印はそれぞれの力の方向と大きさを示している．ドライブ相の中間地点，すなわちオールがボート進行方向と直交しているときにパワーは最大になる（図15-22）．このときには抵抗力が支配的であり，この力が推進力に貢献することがわかる．図15-22には1ストローク中に漕手がオールに伝えるパワーおよびオールの効率の変化も示してある．オール入水直後と離水直前にオールのパワーは低くなるが，このときにオールの効率そのものは高い．これは，このときに乱流の形成が少ないためである[9]．ストローク，ドライブ相の前半，オールの角度が50～70°（中

間位置が90°）の間に比べて，ドライブ相の後半，オール角度が80～100°の間の方がオールのパワーがボートの推進により有効に使われることがわかるが，効率のカーブは漕ぎ方に依存して変化する[9]．

水に生じる乱流は，以下に述べるように推進力に貢献する場合もある．ドライブ相のブレードによって押された水は押された方向に動こうとするが，前方（ボートの進行方向から見ると後方）に静止している水に押し返され，大部分は横にそれて後方に回り込む（図15-23a）[5,10]．フィニッシュでオールを抜くと，この流れが慣性のために保存されて，水中には図15-23bのような乱流の集合体（乱流塊）が残る．ブレードが受ける力の大きさは，この乱流塊の運動量に比例する．したがって，推進力を高めるにはこの乱流塊を破壊せず，成長させることが必要であり，これは，急激な速度変動の少ない，徐々に速度を高めるようなブレードワークによって達成できる[10]．

オールが入水する部分，すなわちブレードにはさまざまな形状がある（図15-15）[4]．同じ運動量であれば，ブレードの面積が大きくなるほど，水中をすべる速度は少なくなり，「重い水を遅く

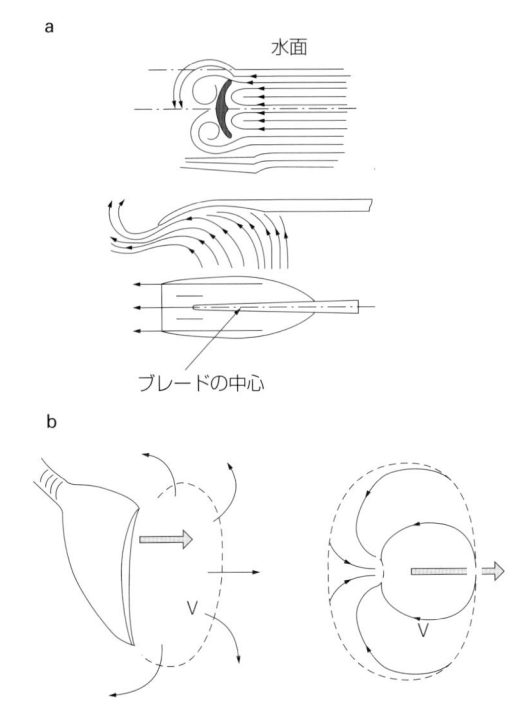

図15-23 水中にあるブレードのまわりの水の流れ(a)と
ブレードが作り出す乱流塊(b)
(文献5, 10より引用改変)

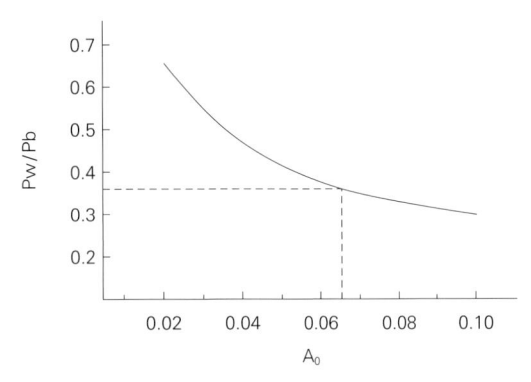

図15-24 ブレード面積(A_0)に対する，水に及ぼされる
パワー（P_w）とボートに加えられるパワー（P_b）の比
ブレード面積が大きくなるほど効率が高い.
(Sanderson B and Martindale W: Towards optimizing rowing
technique. Med Sci Sports Exerc, 18: 454-468, 1986)

動かす」ことになる．オールの力学的エネルギーは，オールの速度の2乗に比例し，漕手がオールに加えるパワーはオールの速度の3乗にも比例（後述）することから，ブレードが大きい方が漕手の機械的仕事量が少ないといえる．図15-24に示すとおり，水に伝えられるパワーとボートに及ぼされるパワーの比はブレード面積が大きいほど低くなる[11]．これらの理由から，ブレードが大きいほど効率が高い．近年ビッグブレードが主流になってきた背景にはこうした事実がある．しかし，後述するように，ボートの平均艇速はピッチ（ストローク頻度）が高いほど大きくなるので，面積の大きなブレードを用いてもピッチを上げることのできる体力が必要である．なお，アウトボード／インボード比を低くする，すなわち，オールのクラッチから先の部分を短くすることによってハンドルに対する負荷を減らし，ピッチをかせぐことは可能であるが，推進効率，ブレード効率ともに低下する[6,11]．

2）ボートの力学的特徴

シングル・ダブルスカル，クオドルプル，ペア，フォア，エイトと，ボートにはさまざまな種類がある．図15-25にシングルスカルおよびエイトの概形を示す[3]．他のタイプのボートもクルーの人数，もしくは1人当たりのオール本数（スカルもしくはスイープ）が異なるものの，基本的にデザインは同様である．ここでは，ボートそのものの力学的な特徴についてまとめてみる．

水上を動くボートは，外界からさまざまな抵抗を受けるが，大きく水抵抗と空気抵抗に分けられる（表15-2）[12,13]．その大部分はボートと水との間に生じる摩擦抵抗であり，これはボートの接水面積に比例する．造波抵抗は競技用ボートの場合はわずかであるが，現在のボートはスライディングシート式なので，激しい前後移動をするとボートのピッチング（上下動）が顕著になり，造波抵抗が増加する．フィン・舵抵抗の存在は方向の安定化とのトレードオフであるが，舵抵抗については舵角調整の技術によっても左右される．空気抵抗は10～15％と全抵抗の1割以上を占め，漕手およびオールの影響が大きく，逆風条件で増加する．オールの空気抵抗は6％前後であるが，フォワード時（15章1参照）のフェザー（オールを回転し，水面と水平にする）技術の巧拙によって大きく変化する．アトランタオリンピックの日本代表選手に対して，漕手，リガー，オール部分に

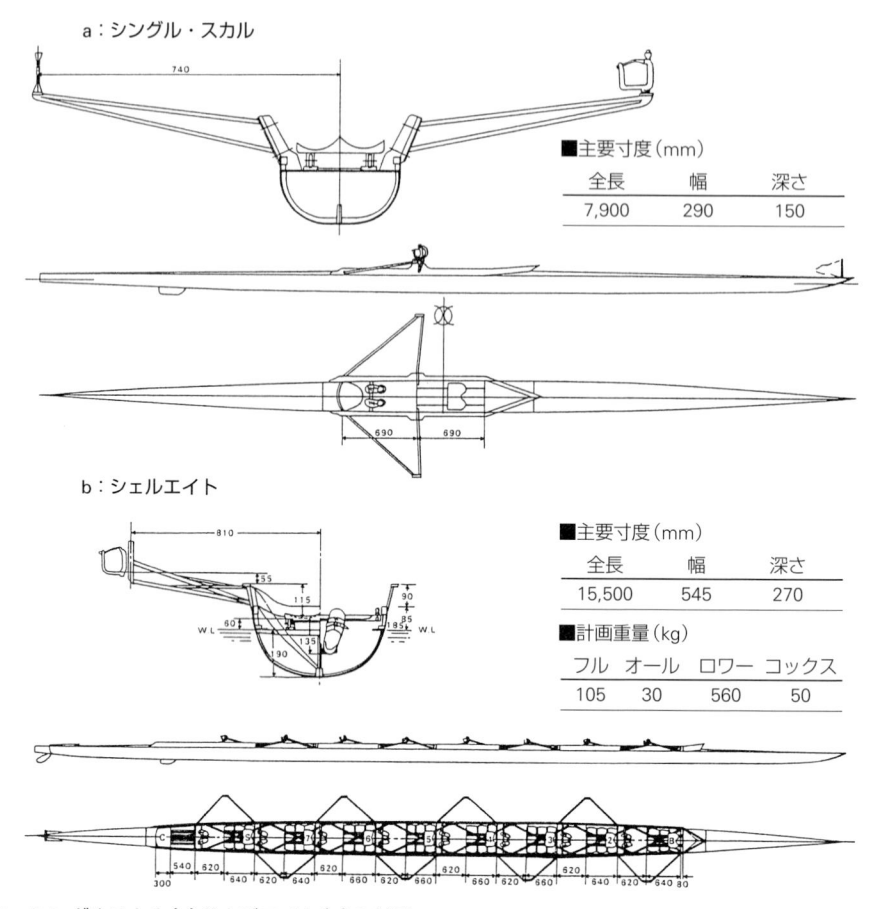

図15-25 シングルスカル(a)およびエイト(b)の外形
シングルスカルの全長は8m前後で，エイトの約半分の長さである．ボートの両脇に張り出したリガーにオールを固定する．
(網中一元：ボート競技の用具．In：浅見俊雄ほか編，現代体育・スポーツ体系15巻．pp97-103，講談社，1984)

表15-2 男子軽量級ダブルスカル・無しペアおよび男子重量級エイトの抵抗

抵抗の内訳		ダブルスカル	無しペア	エイト
水抵抗	摩擦抵抗	9.65 (69.7)	16.23 (71.2)	42.50 (77.3)
	造波抵抗	0.78 (5.6)	1.41 (6.2)	2.60 (4.7)
	フィン・舵抵抗	0.13 (1.0)	0.32 (1.4)	0.50 (0.9)
	その他*	1.56 (11.3)	1.95 (8.6)	1.37 (2.5)
	水抵抗計	12.12 (87.5)	19.91 (87.4)	46.97 (85.4)
空気抵抗	ボート	0.09 (0.7)	0.14 (0.6)	0.25 (0.5)
	リガー	0.26 (1.9)	0.39 (1.7)	1.24 (2.3)
	オール	0.87 (6.3)	1.45 (6.4)	3.20 (5.8)
	漕手	0.50 (3.6)	0.90 (3.9)	3.34 (6.1)
	空気抵抗計	1.72 (12.5)	2.88 (12.6)	8.03 (14.6)
合計		13.85	22.79	55.00

単位はkg，( )内は合計に占める各要素の比率
*その他の項目
　ダブルスカル・無しペア：形状抵抗＋動揺中抵抗増加
　エイト：浅水効果
(文献12，13より作表)

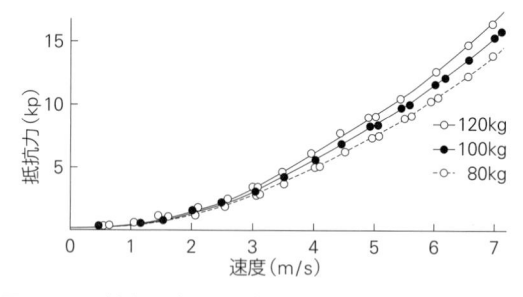

図15-26 艇速とボートの全抵抗の間の関係
シングルスカルに80，100，120kgの漕手が乗った場合の計測値．抵抗は艇速の2乗に比例する．
(Secher NH: Physiological and biomechanical aspects of rowing, Implications for training. Sports Med, 15: 24-42, 1993)

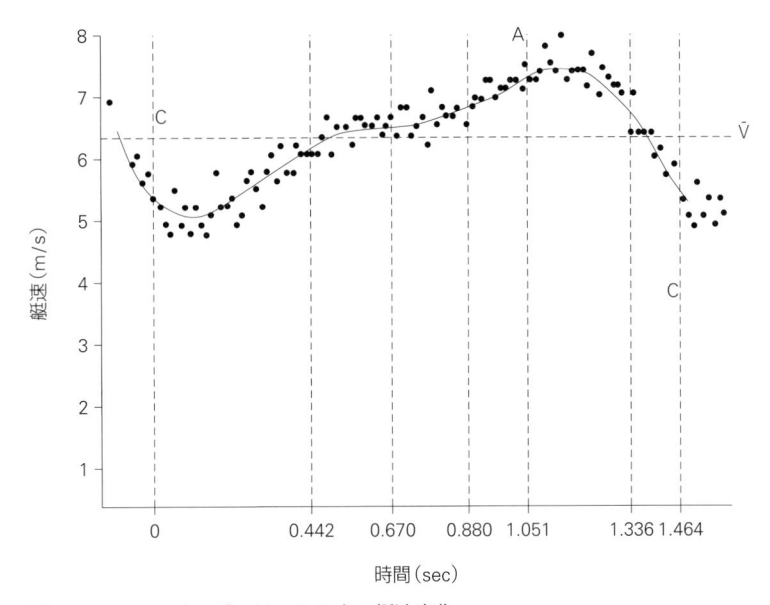

図 15–27　ローイング 1 サイクル中の艇速変化
C：キャッチ，A：フィニッシュ．フォワード相（A〜C）で艇速が最大になる．
（Martin TP and Bernfield JS: Effect of stroke rate on velocity of a rowing shell. Med Sci Sports Exerc, 12: 250–256, 1980）

フェアリングを施すことによって空気抵抗を低減させ，記録の向上が試みられたことがある[12,14]．ルールに抵触するという理由で禁止となってしまったが，3％の抵抗削減は競技記録にして1％，つまり2,000mの競技で20mもの艇差となるため[12]，競技力向上において決して無視することのできない部分である．

全抵抗は艇速の2乗に比例する（図15–26）[15]．等速条件では漕手はこの抵抗力に等しい力を発揮することになるので，このときに漕手に必要とされるパワーは速度の3乗に比例する．すなわち，艇速を2倍にするためには8倍ものパワー増加が必要である．抵抗を減らす工夫がボートの艇速にとっていかに有効であるかがわかる．

3）ボートと漕手の相互作用

図15–17に戻って，ボートに速度変化を生じる要因について考えてみよう．ボートの加速度（a_b）はドライブ相では，

$$a_b = 1/M\,(F \cdot \cos\alpha - R - m_0 a_0) \quad (a_0 > 0)$$

またフォワード相では，

$$a_b = 1/M\,(-R - m_0 a_0) \quad (a_0 < 0)$$

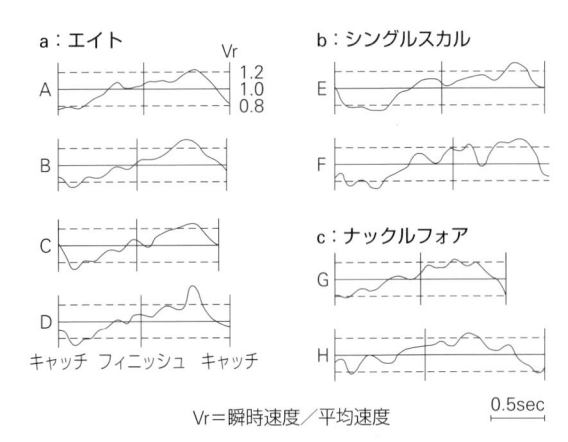

図 15–28　競技中のボートの速度変化
エイトについては4クルー（a），シングルスカル（b），ナックルフォア（c）については2クルーの結果を示す．
（桜井伸二，角田俊幸：ローイング1サイクル内の艇の速度変動．昭和54年度日本体育協会スポーツ・医科学調査研究事業報告 No.II 競技種目別競技力向上に関する研究—第3報—，pp126–129，1979）

で表される[6]．ここで，Mはボートと漕手の全質量，m_0は漕手の質量，a_0は漕手の身体重心の加速度，Rは上述の抵抗である．ドライブ時はオールを引き続ける限りボートの加速成分となるが，身体重心の後方（ボートの進行方向に対しては前方）への移動が減速成分となる．逆に，フォワー

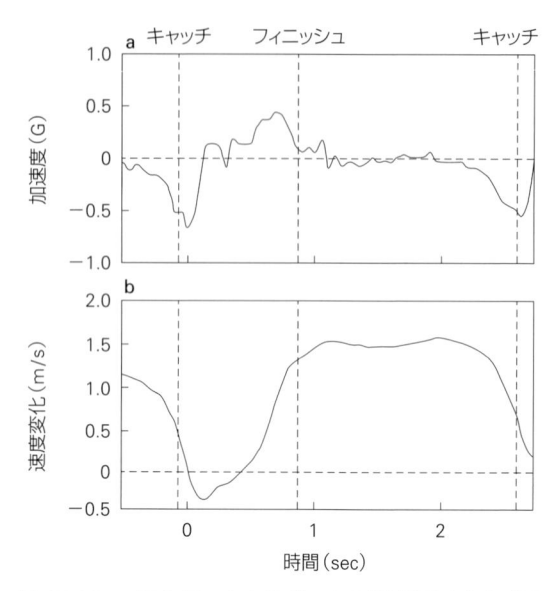

図15-29　1ストローク中のボートの加速度(a)および速度変化(b)
キャッチ前のシートの動きが負の加速度を生み出し，減速成分となる．オールを介して水を押す反作用で正の加速度が生じ，艇速が増加する．
(川上泰雄ほか：ボート競技の競技力向上を目的とした艇の力学量測定システムの開発．トレーニング科学，13：21-30，2001)

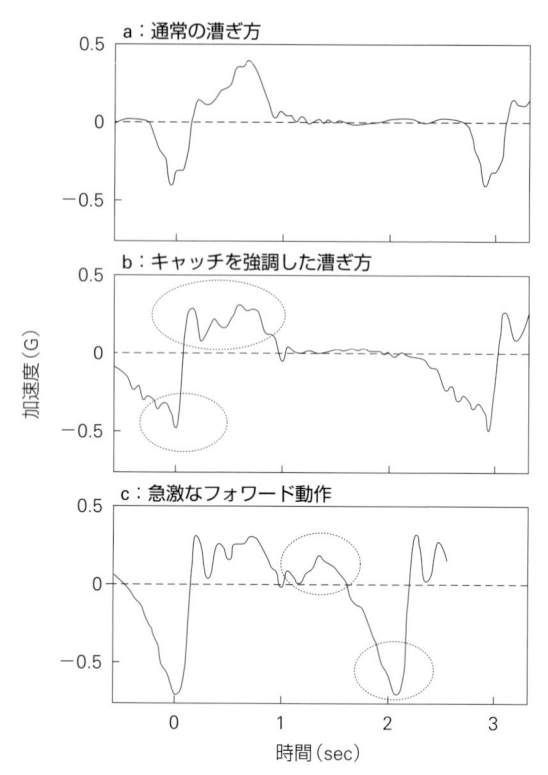

図15-30　漕ぎ方を変えたときのボートの加速度
キャッチを強調しすぎるとキャッチ前後の加速度変動が大きくなり，ラッシュフォワードはキャッチ前の減速が大きくなる（○印で強調）．
(川上泰雄ほか：ボート競技の競技力向上を目的とした艇の力学量測定システムの開発．トレーニング科学，13：21-30，2001)

ド時には身体重心の前方への移動がボートの加速成分となる．図15-27は1ストローク中の艇速変化である[16]．フォワード後半からキャッチにかけて艇が急激に減速し，オールが入水した時点で最小値をとった艇速はその後のドライブ相で増加，フォワード相でさらに増加し，フォワード中に最大値をとる．つまり，ボートの速度はドライブ相よりもフォワード相の方が高くなる．フォワード速度をv_0とすると，$m_b V = m_0 v_0$である（ボートの速度をV，質量をm_bとする）から，たとえばシングルスカルで漕手の質量が全質量の80％であったとすると，ボートの速度はフォワード速度の4倍となり，フォワード動作の影響の大きさがわかる[17]．もっとも，フォワードを急ぎすぎると（ラッシュフォワード）キャッチ前の減速が大きくなり，結局艇速は減少する．

図15-28は競技中のボートの速度変化を実測した結果である[18]．いずれのクルーにおいても，キャッチ，フィニッシュ，フォワードにかけての艇速増加傾向が認められるが，クルーによる変動が大きい．これはボートに及ぼされる力（漕手の動きやオールの力による）の変動によるものであり，クルーの技術を反映する．ボートの加速度を実測した結果を図15-29，30[2]に示すが，漕手の動きの違いが明確に加速度に反映される．部分的な動きを強調しすぎると加速度変動を生み出し，艇速にとってマイナスとなる．また，艇の加速度変動はレース中に変化する（図15-31）．スタート直後，漕手は高いピッチでローイング動作を行うため，加速度の変動幅が大きい．ゴール付近でラストスパートをかけているときにもピッチは高くなるが，ドライブ相でスタート直後ほどの力をオールに加えることができないことがわかる．

艇速を高めるためには，オールに加える仕事量を増やすことが重要であり，そのためのストラ

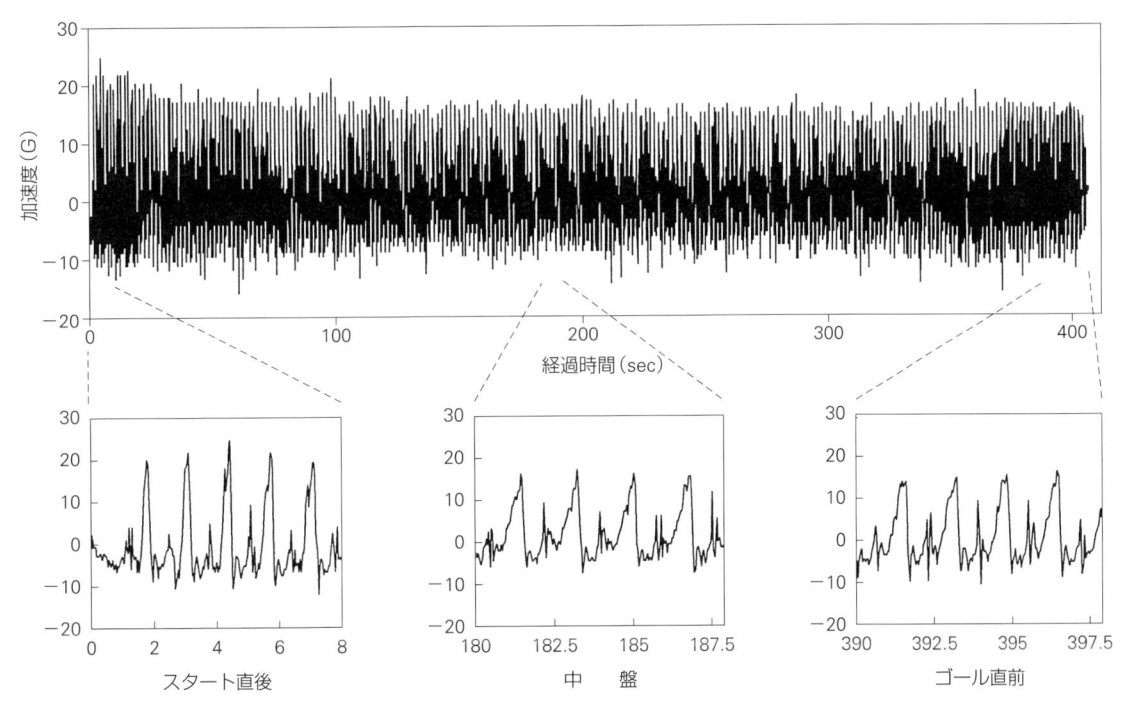

図15-31 レース中の加速度（エイト）
スタート時のハイピッチ漕では正・負の加速度ともに大きく，中盤に安定する．ゴール直前にピッチを上げることにより負の加速度が大きくなるが，正の加速度の増加はスタート時ほどではないことがわかる．
（川上泰雄ほか：ボート競技の競技力向上を目的とした艇の力学量測定システムの開発．トレーニング科学，13：21-30，2001）

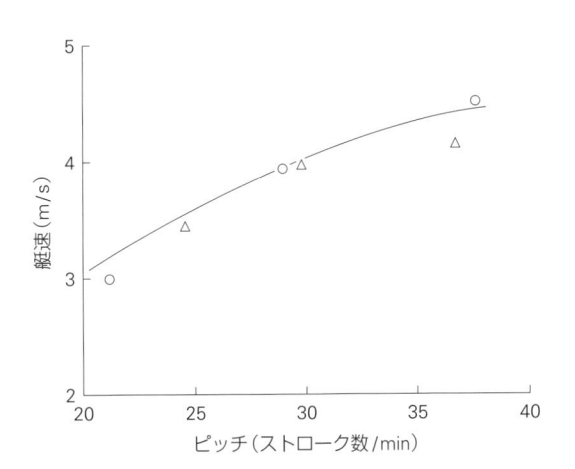

図15-32 ピッチと艇速の関係
付ペアの実測値（オリンピック選手）．艇速はピッチの0.6乗に比例する．
（Celentano F et al.: Mechanical aspects of rowing. J Appl Physiol, 36: 642-647, 1974）

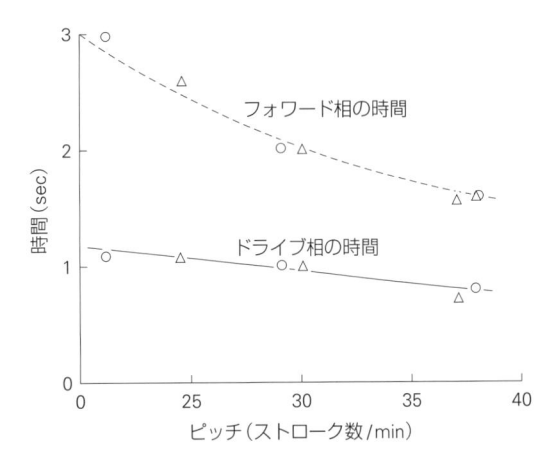

図15-33 ピッチの増加に対するドライブ相の時間（実線）とフォワード相の時間（点線）の関係
ピッチが高くなるときにはフォワード時間が短縮する．
（Celentano F et al.: Mechanical aspects of rowing. J Appl Physiol, 36: 642-647, 1974）

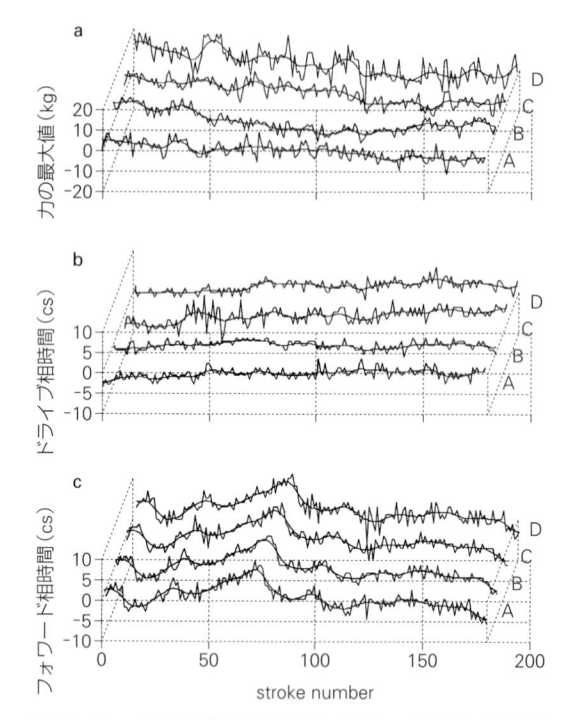

図15-34 ドライブ相の力の最大値(a),ドライブ相の時間(b),フォワード相の時間(c)
エイトの実漕中の4名の漕手(バウフォア)の計測値.ストローク1本1本の細かい変動だけではなく,大きい変動も観察される.
(Wing AM and Woodburn C: The coordination and consistency of rowers in a racing eight. J Sports Sci, 13: 187-197, 1995)

テジーとして,ピッチ(レート)の増加がある.図15-32はオリンピッククラスのスカラーについて,ピッチと艇速の関係およびピッチと1ストローク当たりの仕事量の関係を示したものである[7].ピッチと平均艇速との間には曲線関係が認められ,艇速はピッチの約0.6乗に比例して増加する.ピッチの増加と比例した艇速の向上を望むことができないのは,1ストローク当たりの仕事量が頭打ち傾向になることからも明らかである.上述のように,漕手が発揮しなければならないエネルギーは艇速の上昇分以上に増加するので,生理学的要因によりピッチの最大値が決定される(15章1参照).ピッチを上げると,ドライブ相とフォワード相の時間比率が変化する.これはドライブ時間がそれほど変わらないのに対してフォワード時間が減少するためである(図15-33)[7].このことも,漕手のもつ有酸素性・無酸素性エネルギー発揮パターンに影響を及ぼす.複数で行うボートの場合は,各漕手の発揮パワーがどれだけ一致しているか,というクルーのユニフォーミティが艇速変化に影響する[19].力やストローク中のドライブ・フォワードの時間配分は漕手によって異なり(図15-34)[20],これが艇全体の推進力にとってマイナスとなる.ボート競技はこのような漕手の体力・技術特性に依存して艇速が変化する点にスポーツとしての醍醐味があると考えることもできる.

文 献

1) 福永哲夫:漕艇科学研究班の本年度研究のねらい.昭和58年度日本体育協会スポーツ医・科学研究報告 No.II 競技種目別競技力向上に関する研究—第6報—, p217, 1983.
2) 川上泰雄ほか:ボート競技の競技力向上を目的とした艇の力学量測定システムの開発.トレーニング科学, 13: 21-30, 2001.
3) 網中一元:ボート競技の用具.In:浅見俊雄ほか編,現代体育・スポーツ体系15巻.pp97-103,講談社, 1984.
4) Concept 2 Inc.: http://rowing.concept2.com/products/oars/oarmain.asp
5) Zatsiorsky VM and Yakunin N: Mechanics and biomechanics of rowing: a review. J Appl Biomech, 7: 229-281, 1991.
6) 福永哲夫:ローイング運動のバイオメカニクス.Jpn J Sports Sci, 3: 765-771, 1984.
7) Celentano F et al.: Mechanical aspects of rowing. J Appl Physiol, 36: 642-647, 1974.
8) Nolte V:日本漕艇競技のスポーツ科学からの考察.Jpn J Sports Sci, 3: 772-782, 1984.
9) Affeld K et al.: Assessment of rowing efficiency. Int J Sports Med, 14: S39-S41, 1993.
10) 高木隆司:スポーツの力学.講談社, 1983.
11) Sanderson B and Martindale W: Towards optimizing rowing technique. Med Sci Sports Exerc, 18: 454-468, 1986.
12) 堀内浩太郎:アトランタ造艇研究会の活動について[その1]〜[その5].月刊漕艇, 345〜349号, 1995.
13) 植屋清見:エネルギー示性式からみたローイングの運動学的研究.体育学研究, 22: 363-373, 1978.
14) 小林寛:アトランタ造艇研究会のホームページ.http://ketch.iis.u-tokyo.ac.jp/~hiroshi/report/
15) Secher NH: Physiological and biomechanical aspects of rowing, Implications for training. Sports Med, 15: 24-42, 1993.
16) Martin TP and Bernfield JS: Effect of stroke rate

on velocity of a rowing shell. Med Sci Sports Exerc, 12: 250-256, 1980.
17) Dudhia A: Physics of rowing. http://www-atm.physics.ox.ac.uk/rowing/physics.html
18) 桜井伸二, 角田俊幸:ローイング1サイクル内の艇の速度変動. 昭和54年度日本体育協会スポーツ・医科学調査研究事業報告 No.II 競技種目別競技力向上に関する研究—第3報—, pp126-129, 1979.
19) 川上泰雄ほか:実漕中のオールに作用する力がボートの加速度におよぼす効果について. 昭和61年度日本体育協会スポーツ医・科学研究報告 No.II 競技種目別競技力向上に関する研究—第10報—, pp311-317, 1987.
20) Wing AM and Woodburn C: The coordination and consistency of rowers in a racing eight. J Sports Sci, 13: 187-197, 1995.

［川上　泰雄］

第16章

漕動作（自転車）

1. ペダリングの力, トルク, パワー

1）ペダリングの力・速度・パワー関係

筋の力—速度関係は，Hill[1]がカエルの摘出筋を用いた実験を行い，直角双曲線を示すことが知られている．ヒトの筋においても，肘[2]や膝[3]の単関節運動における力・速度関係は直角双曲線になることが確かめられている．しかし，ペダリング運動における踏力と回転速度（走行速度）の関係は図16-1 に示すように上に凸の曲線となる．ここでいう踏力とはペダル1 回転中の平均力である．ペダリング運動における力—速度関係が，単一筋や単関節運動における場合と異なる理由は，踏力のすべてがペダル回転に対し有効にはたらいているわけではないこと，および回転に有効な力の大きさがクランク角度によって異なることが考えられる．

2）固定自転車における踏力とパワー

図16-2 は，台上走行試験装置（日本競輪学校・自転車産業振興協会技術研究所開発，今仙技術研究所製作）[4] を用いて30 秒間の全力ペダリングを

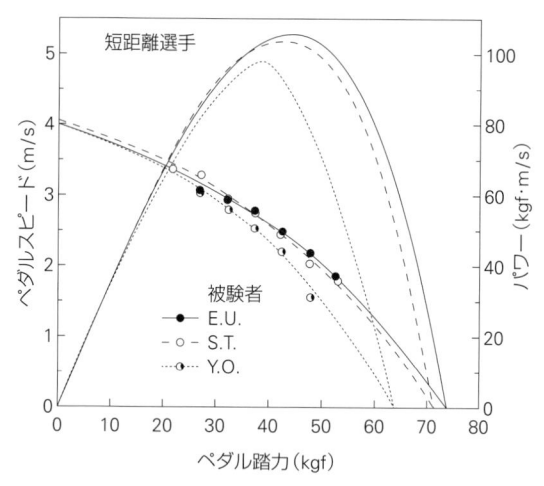

図16-1 ペダリング運動における踏力と回転速度（走行速度）の関係
（生田香明：モナーク製自転車エルゴメータによるanaerobic power の測定法. In：キネシオロジー研究会編，身体運動の科学Ⅰ. pp45-62, 杏林書院, 1974）

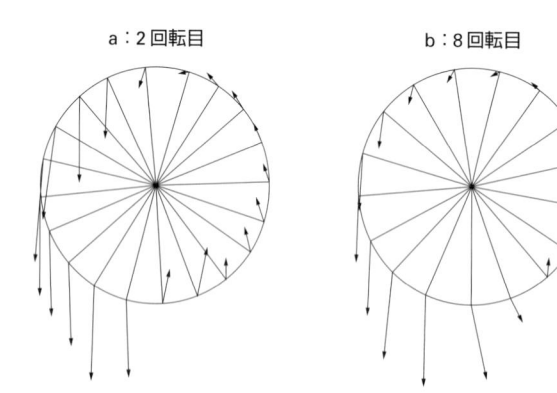

a：2回転目　　　b：8回転目　　　c：22回転目

図16-2 ペダルにかかる力ベクトル（踏力）
クランク角度が0°を越えてからの1 回転について示している．

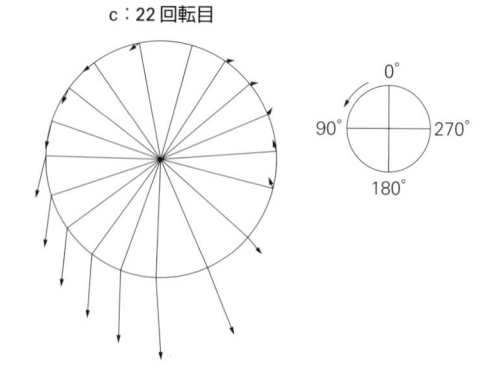

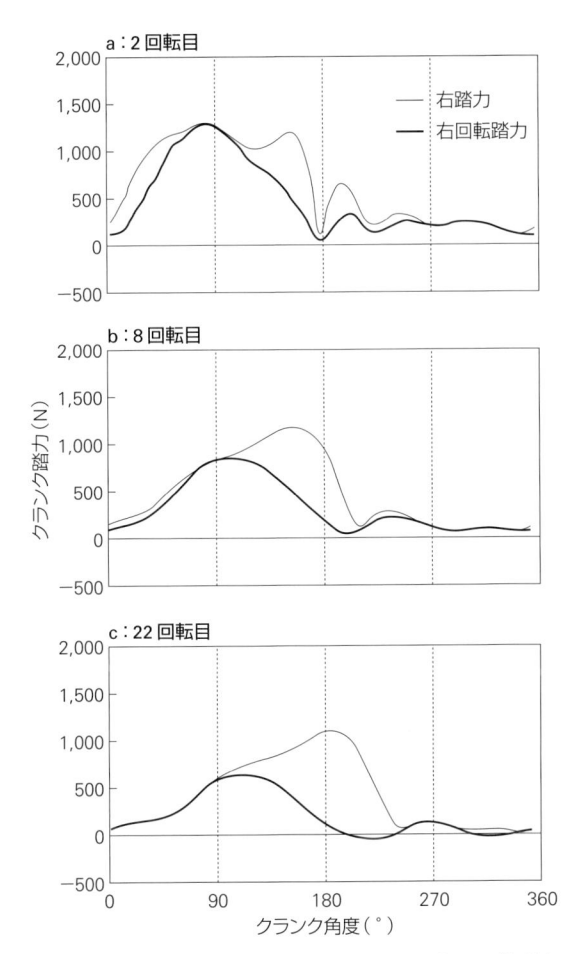

図 16–3 クランクにかかる踏力ベクトルの大きさ（細線）とクランクの回転に作用する回転踏力（太線）
静止状態から漕ぎはじめた場合の2回転目（a），8回転目（b），22回転目（c）をそれぞれ示している．

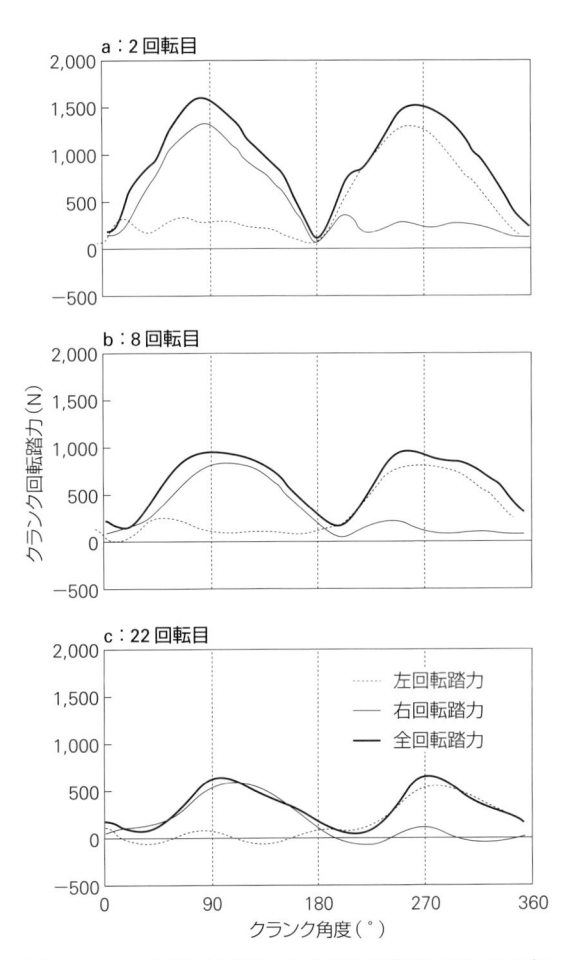

図 16–4 左ペダル（点線），右ペダル（細線）における回転踏力と左右ペダルの合計である全回転踏力（太線）
静止状態から漕ぎはじめた場合の2回転目（a），8回転目（b），22回転目（c）をそれぞれ示している．

行ったときの右のペダル踏力をベクトルで示したものである．この装置は固定自転車で慣性負荷，風抵抗，電磁抵抗を組み合わせて実走行に近い負荷をかけることができ，ペダル踏力，クランク角度，ペダル角度，ハンドル牽引力を測定することができる．被験者は身体質量が82kgの競輪選手，クランク長は165mm，ギア数は前が49，後が14（ギア比3.5）で行った．静止からの実走行を模擬するために立ち漕ぎスタートとした．クランク回転速度は，2回転目が1.02rps（1秒当たりの回転数），8回転目が2.05rps，22回転目が2.51rpsであった．22回転目はクランク回転速度が最大に達した時点（スタートから12秒後）で，この時にはじめて殿部がサドルに触れている．クラン

ク角度は反時計回りの回転における上死点を0°，下死点を180°と定義した（図16–2）．

ペダル踏力のうちクランクの回転に影響するのは，クランクに垂直な成分（以下，回転踏力）である．回転踏力は，クランクと踏力ベクトルのなす回転方向側の角度が180°以下の場合にクランクの回転に有効な力としてはたらき，180°より大きい場合にはブレーキとなる．図16–3は，踏力ベクトルの大きさと回転力をクランク角度との関係で示したものである．回転踏力は90°付近で最大となり，0°および180°付近で最小となる．加速期の回転踏力はすべてプラス（回転に有効に作用する）であるのに対し，最大回転速度に達した22回転目ではペダルの引き上げ期にマイナス

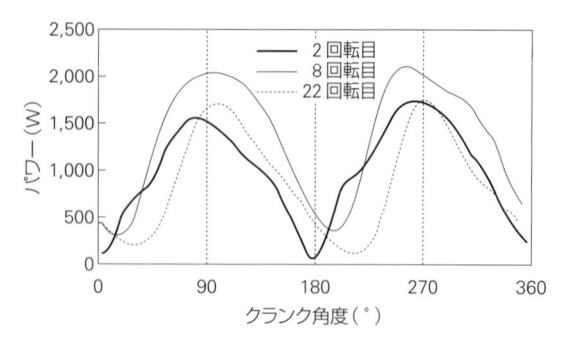

図 16-5 クランク軸回りで発揮されるパワーの変化
静止状態から漕ぎはじめた場合の 2 回転目（太線），8 回転目（細線），22 回転目（点線）をそれぞれ示している．

（ブレーキとなる）がみられる．
　クランク角 90°付近の回転踏力は，回転速度の増加とともに小さくなり，180°前後でみられるペダル踏力と回転踏力の差の面積は回転速度の増加とともに大きくなる．また，180〜360°における引き上げ期では，加速期である 2 回転目と 8 回転目で回転踏力がすべてプラス（積極的にペダルを引き上げている）であるのに対し，最高回転速度に達した 22 回転目では回転踏力にマイナス（ブレーキ）がみられる．
　クランク軸に作用するトルクは左右のペダルにかかる回転踏力の和で決定される．図 16-4 は，左右のペダルにかかる回転踏力とそれらの合計である全回転踏力を示している．全回転踏力は 22 回転目においてもすべてプラスであった．
　図 16-5 は回転踏力とペダル速度をかけて求めたパワーである．パワーのピーク値は 8 回転目が 2,100W でもっとも大きく，2 回転目と 22 回点目は 1,750W でほぼ同じ値であった．

3）実走行中のトルクとパワー

　自転車で実際に走っている時にクランク軸回りのパワーを簡単に測定する装置のひとつに SRM パワーメータ（Schoberer Rad Messtechnik 社製）がある．この装置は，厚さ 10mm，直径 155mm の円盤で，クランクと一体となっており，前ギアをネジでこの装置に取り付け，クランク軸に直接はめ込むことができる．測定の原理は，ストレインゲージでトルクを測定し，その信号を周波数に変換して，テレメータによって約 5mm 離れたセンサに送信し，小さなメモリに書き込むというものである．サンプリング周波数は 10Hz である．
　図 16-6 は，SRM パワーメータを用いて 250m トラックを全力で一周したときの車輪速度，クランク回転速度，クランク軸回りのトルク，クランク軸回りのパワーを測定し，それらを距離との関係で示したものである．トルクとパワーは 1 回転当たりの平均値である．横軸の 0 がスタートラインを示し，助走で 16.2m/s まで速度を上げてスタートラインを横切っている．選手は身体質量 64kg の競輪選手である．車輪速度は車輪の回転から求めた速度であり，クランク回転速度と比例する．車輪速度はカーブのセンターでもっとも大きくなり，直線でもっとも遅くなる．この理由は，直走路では選手と自転車の合成重心（以下，重心）が車輪の鉛直上方に位置するので重心速度と車輪速度は一致するが，走路のカーブでは重心が

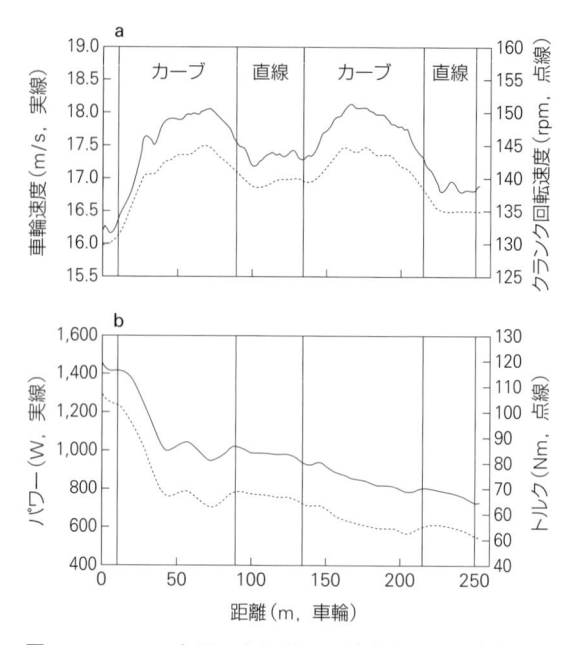

図 16-6　250m トラックにおいて助走をつけて全力で 1 周した場合の車輪速度（a 実線），クランク回転速度（a 点線），パワー（b 実線），クランク軸回りのトルク（b 点線）の距離に対する変化
（淵本隆文ほか：250m トラックにおける自転車走行中のパワーと速度変化．平成 11 年度日本体育協会スポーツ医・科学研究報告，No. Ⅱ競技種目別競技力向上に関する研究，No.12 自転車，pp143-151，2000）

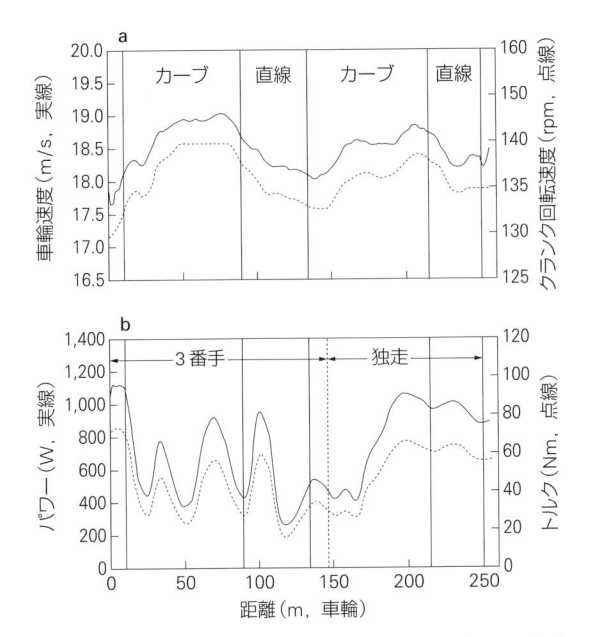

図16-7 250mトラックを3名で1周した場合の3番手選手の車輪速度（a実線），クランク回転速度（a点線），パワー（b実線），クランク軸回りのトルク（b点線）の距離に対する変化
（淵本隆文ほか：250mトラックにおける自転車走行中のパワーと速度変化．平成11年度日本体育協会スポーツ医・科学研究報告，No.Ⅱ競技種目別競技力向上に関する研究，No.12自転車，pp143-151，2000）

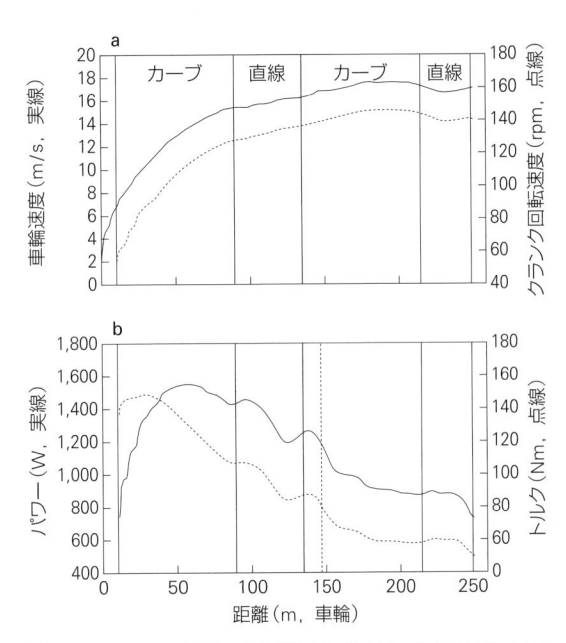

図16-8 250mトラックを静止状態から全力で1周した場合の車輪速度（a実線），クランク回転速度（a点線），パワー（b実線），クランク軸回りのトルク（b点線）の距離に対する変化
（淵本隆文ほか：250mトラックにおける自転車走行中のパワーと速度変化．平成11年度日本体育協会スポーツ医・科学研究報告，No.Ⅱ競技種目別競技力向上に関する研究，No.12自転車，pp143-151，2000）

車輪の接地点より内側を通るため，車輪速度は重心速度より速くなる．重心速度が本来の速度であり，車輪速度は自然に大きくなったものと考えられる[5]．パワーはスタート直後の加速期に1,400Wを示し，最高速度に達した40mで1,000Wまで低下し，120mまでそのパワーが維持されるが，その後徐々に低下して250m地点では720Wまで低下している．パワーはトルクとほぼ同様の変化を示し，パワーがトルク変化の影響を強く受けていることがわかる．トルクは走路の直線よりカーブで少し減少している様子がうかがえる．これはカーブでクランク回転数が増加するので必然的にトルクが減少すると考えられる．

図16-7は，3名の選手が縦一列に並んで速度を増した状態でスタートラインを横切り，先頭の選手は125mまで全力で走った後に退避し，その後2番手と3番手の選手が250mのゴールまで競争した時の3番手選手のデータである．20〜140mまでの平均パワーは約630Wであったが，200〜220mで独走した時のパワーは約1,000Wであった．すなわち，3番手で走っている時のパワーは空気抵抗の減少によって，独走している時の約63％になることを示している．また，前の選手について走る場合は，距離を一定に保つためにトルクを大きく変化させていることがわかる．

図16-8は，静止状態からスタートして250mを全力で走った時のデータである．パワーは60m付近で1,563Wに達し，その後徐々に減少して約900Wで安定し，ゴール時には750Wまで低下した．トルクはスタート直後に150Nmのピークを示し，速度増加とともに減少し最高速度時点で60Nmとなった．

文　献

1) Hill AV: The heat of shortening and the dynamic constants of muscle. Proc R Soc Lond B Biol Sci, 126: 136-195, 1938.
2) Wilkie DR: The relation between force and velocity in human muscle. J Physiol, 110: 249-280,

3) 川初清典, 猪飼道夫：陸上競技選手の脚パワーおよび速度—力関係. 体育の科学, 22：535-540, 1972.
4) 服部四士主ほか：自転車競技者の指導訓練用機器の開発研究（第3報）＜自転車の安全性, 操縦性の研究＞. 自転車技術情報, 28：33-65, 1985.
5) 淵本隆文ほか：250mトラックにおける自転車走行中のパワーと速度変化. 平成11年度日本体育協会スポーツ医・科学研究報告, No.12 競技種目別競技力向上に関する研究, No.12 自転車, pp143-151, 2000.
6) 生田香明：モナーク製自転車エルゴメータによるanaerobic powerの測定法. In：キネシオロジー研究会編, 身体運動の科学Ⅰ. pp45-62, 杏林書院, 1974.

[淵本　隆文]

2．走行速度と空気抵抗

1）自転車にかかる抵抗

自転車で走行している時には空気抵抗, 路面抵抗, 傾斜抵抗, 慣性抵抗などが負荷としてかかる. 静止状態からスタートする時は慣性抵抗の割合が, 等速度で高速走行している時は空気抵抗の割合が, 上り坂では傾斜抵抗の割合がそれぞれ大きくなる. 選手はこれらの抵抗に対抗するための仕事を行うことになる. 下り坂では重力によって速度が増すので選手はほとんど仕事をせず, 自由落下と似た運動となる.

自転車で走行している時に選手と自転車にかかる抵抗力は次式で表すことができる.

$$R = Rm + Ra + Rg + Ri \quad \cdots\cdots\cdots (1)$$

ここで, R は全抵抗, Rm は転がり抵抗や機械部分の摩擦による機械抵抗, Ra は空気抵抗, Rg は上り傾斜における重力抵抗, Ri は加速時の慣性抵抗である. これらの抵抗（N）は選手がペダルに対して行った距離1m当たりの仕事量（J/m）に等しい. 式（1）の右辺にある Rm, Ra については di Prampero[1] が実測値をもとに以下の式を求めている.

$$Rm = 4.3 \cdot 10^3 \cdot M \cdot g \quad \cdots\cdots\cdots (2)$$

ただし, $4.3 \cdot 10^3$ は摩擦係数, M は全質量（自転車＋人；kg）, g は重力加速度（9.81m/s²）である.

$$Ra = 4.1 \cdot 10^{-2} \cdot (PB/T) \cdot SC \cdot v^2 \quad \cdots\cdots (3)$$

ただし, $4.1 \cdot 10^{-2}$ は競技用自転車を用いて前傾姿勢で走行している時の空気抵抗係数, PB は気圧（mmHg）, T は絶対温度（K）, SC は選手の体表面積（m²）, v は空気に対する自転車の速度（m/s）である. また, Rg, Ri は以下の式で求めることができる.

$$Rg = M \cdot g \cdot \sin\theta \quad \cdots\cdots\cdots (4)$$

ただし, θ は路面の傾斜角である.

$$Ri = a \cdot M \quad \cdots\cdots\cdots (5)$$

ただし, a は加速度（m/s²）である.

2）空気抵抗

競技用自転車を用いて前傾姿勢で走行している時の機械抵抗と空気抵抗を式（2）と（3）から求め, 速度に対する変化で示したものが図16-9である. ただし, 平地を等速度で走行していると仮定したので傾斜と加速による抵抗をゼロ, 選手の身体質量を70kg, 自転車の質量を9kg, 選手の身長を175cm, 気温20℃（K）, 気圧760mmHg, 体表面積1.85m², 風速ゼロとして計算した. 速度4m/sでは機械抵抗と空気抵抗がほぼ等しいが, 速度が13m/s以上になると空気抵抗の割合が90％を超え, 速度20m/sでは96％に達する.

抵抗力に自転車の走行速度を掛けて求めた外的パワーが図16-10である. 無風の場合, 外的パワーはほぼ速度の3乗に比例し, 速度12m/sで379W, 17m/sで1,021W, 20m/sで1,638Wに達する.

前を走る選手の後ろについて走ると, 空気抵抗が減少し必要な外的パワーが減少する. その外的パワーの減少率は, 前を走る選手が1人の場合26％, 前を走る選手が縦一列に並んで2人以上いる場合27％, 集団の中に入っている場合39％, トラックのすぐ後ろを走る場合62％である[2].

空気抵抗は乗車姿勢によっても変化する. 上体

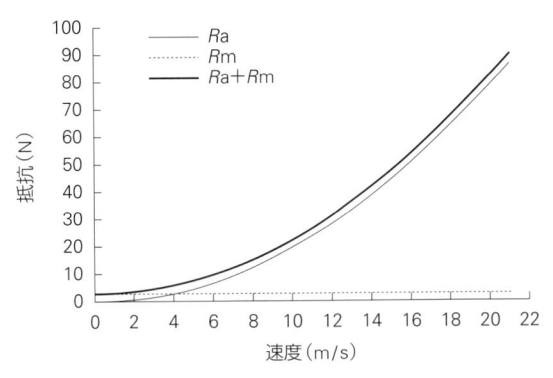

図16-9 自転車走行時の風抵抗(Ra)，機械抵抗(Rm)，および全抵抗($Ra+Rm$)の走行速度に対する変化

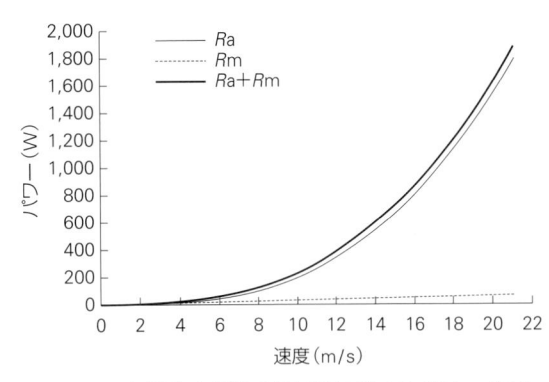

図16-10 自転車走行時の風抵抗に対するパワー（Pa），機械抵抗に対するパワー（Pm），および全抵抗に対するパワー（$Pa+Pm$）の走行速度に対する変化

を前傾させたレース姿勢の投射断面積は次式で求めることができる[3]．

$$FSA = 0.00215 \cdot M + 0.18964 \cdot H - 0.07961 \quad \cdots (6)$$

ただし，FSA は投射断面積（m^2），M は身体質量（kg），H は身長（m）である．di Prampero[1]によると，上体をほぼ水平にしたレース姿勢（$0.36m^2$）では上体を起こした姿勢（$0.51m^2$）より前からみた投射断面積が29％減少すると報告している．また，Burke[2]はレース姿勢の外的パワーは上体を起こした姿勢より，速度2.8m/sで4％，8.3m/sで15％，13.9m/sで18％少なくなると報告している．

ロードレースでみられるような長い下り坂では，選手自身がパワーを発揮しなくても重力によって加速される．この場合，空気抵抗は投射断面積に比例するが，推進力は質量に比例するので，推進力に対する抵抗の割合は質量に対する面積の割合となる．面積は長さの2乗に，質量は長さの3乗に比例すると考えると，［面積／質量］比は長さの逆数となり，体格の大きな選手のほうが推進力に対する空気抵抗の割合が小さくなり，速く進むことができる．短距離走における無酸素的エネルギーが筋量に比例すると考えると，平地における短距離走においても，［面積／質量］比から考えると体格の大きな選手のほうが有利であるといえる．

文　献

1) di Prampero PE，宮村実晴，池上康男訳：スポーツとエネルギー．pp76-82，真興交易医書出版部，1991．
2) Burke ED: High-tech Cycling. pp174-178, Human Kinetics, 1996.
3) McLean BD: The relationship between frontal surface area and anthropometric parameters in racing cyclists. Abstracts of International Society of Biomechanics XIV Congress, pp856-857, 1993.

［淵本　隆文］

第17章

体操のバイオメカニクス

1. 体操のエナジェティクス

体操競技には鉄棒，段違い平行棒，つり輪，平行棒など，身体を前後に振動させる演技が数多く存在する．これら振動運動は力学的には「振り子」の運動と同じメカニズムであり，力学的エネルギー保存の法則で説明されることが多い．本項では，鉄棒の懸垂振動を例として順手車輪を取り上げ，その力学的エネルギーの変動を明らかにし，メカニズムについて解説する．また，順手車輪の発展技として，鉄棒の後方かかえ込み2回宙返り下りとその助走の役割を果たす加速車輪についても解説する．

1）鉄棒の順手車輪のエナジェティクス

鉄棒の順手車輪は，鉄棒を順手で握り，倒立姿勢から腹部の方向へ鉄棒を中心に回転する運動である．鉄棒の運動の中ではもっとも基本的な技術である．この鉄棒の順手車輪の運動中の力学的エネルギーの変動を明らかにするために次の実験を行った[1]．

被験者は，体操競技部に所属する男子体育学部生であり，鉄棒で後方かかえ込み3回宙返り下りを演技することも可能な熟練者であった．被験者には，振り上げ倒立から3回転の順手車輪を実施させた．この時，できるだけ同じスピードで回転するように指示し，回転の安定した3回転目を分析した．

撮影は，鉄棒のバーの高さと同じ高さに設置した16mmシネカメラによって，矢状面内の身体動作を側方から毎秒100コマで撮影した（図17-1）．運動中にバーにかかる力は，バーの固定端から40cmの位置に貼付したストレインゲージ（新興社製SR-4）によって測定した．撮影した16mmフィルムの映像から，指尖点，手首，肘，肩，大転子，膝，足首，足尖点，頭頂点の座標値を1コマごとにデジタイズした．分析に使用した

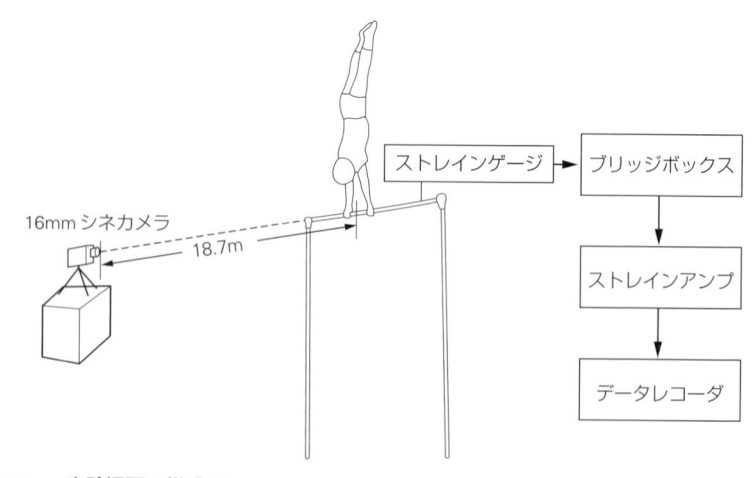

図17-1　実験場面の模式図
（矢部京之助ほか：鉄棒における順手車輪の運動力学的分析．スポーツ医・科学，1：49-57，1987）

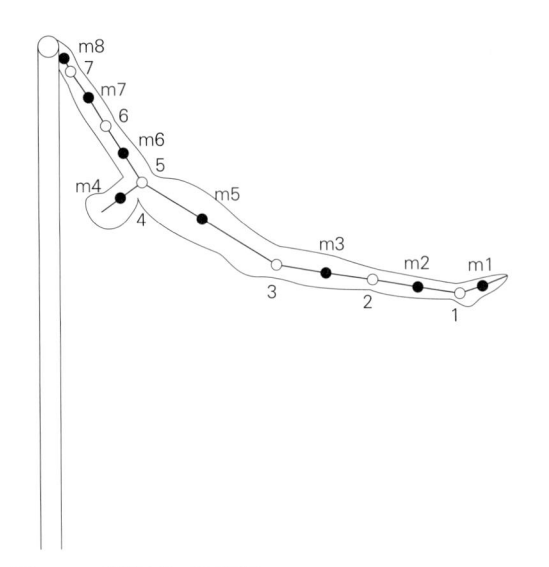

図 17-2　剛体リンクモデル
m1：足，m2：下腿，m3：大腿，m4：頭部，m5：胴体，m6：上腕，m7：前腕，m8：手
(矢部京之助ほか：鉄棒における順手車輪の運動力学的分析．スポーツ医・科学，1：49-57，1987)

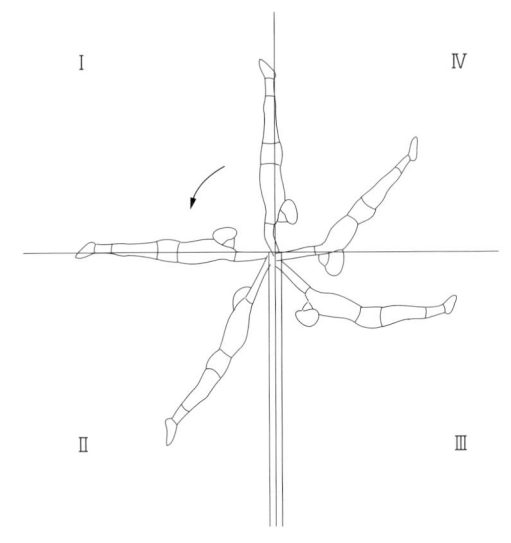

図 17-3　順手車輪の局面図
(矢部京之助ほか：鉄棒における順手車輪の運動力学的分析．スポーツ医・科学，1：49-57，1987)

8つのセグメントからなる剛体リンクモデルを図17-2に示した．身体各体節の質量と慣性モーメントは，それぞれDempster[2]とWidule[3]の報告をもとに算出した．座標解析に含まれる高周波のノイズ成分をカットするためにバターワース型デジタルフィルター[4]を用いた．得られた座標値の時系列データから，以下の式によって力学的エネルギーを算出した．

① 身体重心の位置エネルギー　　　$P = Mgh$
② 身体重心の運動エネルギー　　　$K = 1/2 MV^2$
③ 内部運動エネルギー
　　　　　　　$R = \Sigma (1/2 m_i v_i^2 + 1/2 I_i \omega_i^2)$
④ バーの弾性エネルギー　　　　　$E = 1/2 kx^2$
⑤ 力学的エネルギーの総和
　　　　　　　$E_{tot} = P + K + R + E$

ここで，E_{tot}（力学的エネルギーの総和），P（身体重心の位置エネルギー），K（身体重心の運動エネルギー），R（内部運動エネルギー），E（バーの弾性エネルギー），M（身体質量），g（重力加速度），h（身体重心の基準面からの高さ），V（身体重心の速度），m_i（身体セグメントiの質量），v_i（身体セグメントiの身体重心に対する相対速度），I_i（身体セグメントiの慣性モーメント），ω_i（身体セグメントiの角速度），k（鉄棒のバーのばね定数），x（バーの変位）である．

バーの弾性係数は，FIG（国際体操連盟）機械器具規格寸度より22,000とした．ここでの計算では，身体と鉄棒をひとつの系として考え，鉄棒に蓄積されるバーの弾性エネルギーも，身体のもつ力学的エネルギーが保存されているものと仮定した．また，順手車輪中の身体重心の最下点を通る水平面を基準面とした．

鉄棒の順手車輪を運動中の身体重心の変位によって，倒立姿勢から身体重心が90°回転する毎にⅠ局面からⅣ局面までの4つの局面に分けた（図17-3）．

順手車輪中の肩関節と股関節の関節角度の経時的変化を図17-4に示した．また，順手車輪中の身体重心の位置エネルギー，身体重心の運動エネルギー，内部運動エネルギーとバーの弾性エネルギーの経時的変化を図17-5に，力学的エネルギーの総和の経時的変化を図17-6に示した．

順手車輪を振り子の運動と考え，その運動中にエネルギーの損失が無ければ，力学的エネルギーの総和は一定の値を示すはずである．しかし，実際の順手車輪中の力学的エネルギーの総和は，

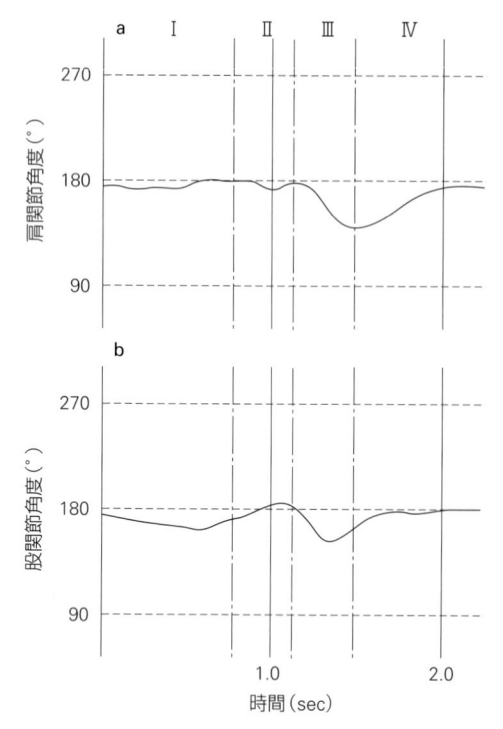

図17-4　肩関節と股関節の関節角度の経時的変化
(矢部京之助ほか：鉄棒における順手車輪の運動力学的分析. スポーツ医・科学, 1：49-57, 1987)

Ⅰ・Ⅱ局面で1,350Jから112J減少して1,238Jになった．これは倒立時（Ⅰ局面初期）の力学的エネルギーの総和の8.3％に相当する力学的エネルギーの減少であった．この局面の身体動作を図17-4の関節角度からみると，Ⅰ・Ⅱ局面では股関節が若干屈曲した後に伸展しているものの，肩関節角度はほぼ180°の一定の値を示しており，身体をほぼ一直線の棒のようにしていたことがわかる．したがって，この局面での力学的エネルギーの減少は，おもに支持点での摩擦抵抗や空気抵抗による力学的エネルギーの損失であると考えられる．また，身体重心の上昇局面であるⅢ・Ⅳ局面の力学的エネルギーの総和は，Ⅲ局面で増加してほぼもとの値に戻った．力学的エネルギーの総和はエネルギー保存の法則から，選手がなんらかの力学的仕事をしなければ増加せず一定の値を示すはずである．したがって，Ⅲ局面での力学的エネルギーの総和の増加は，選手の成した力学的仕事によるエネルギーの増加である．このときの身体動作をみると，股関節は急速に屈曲して最小

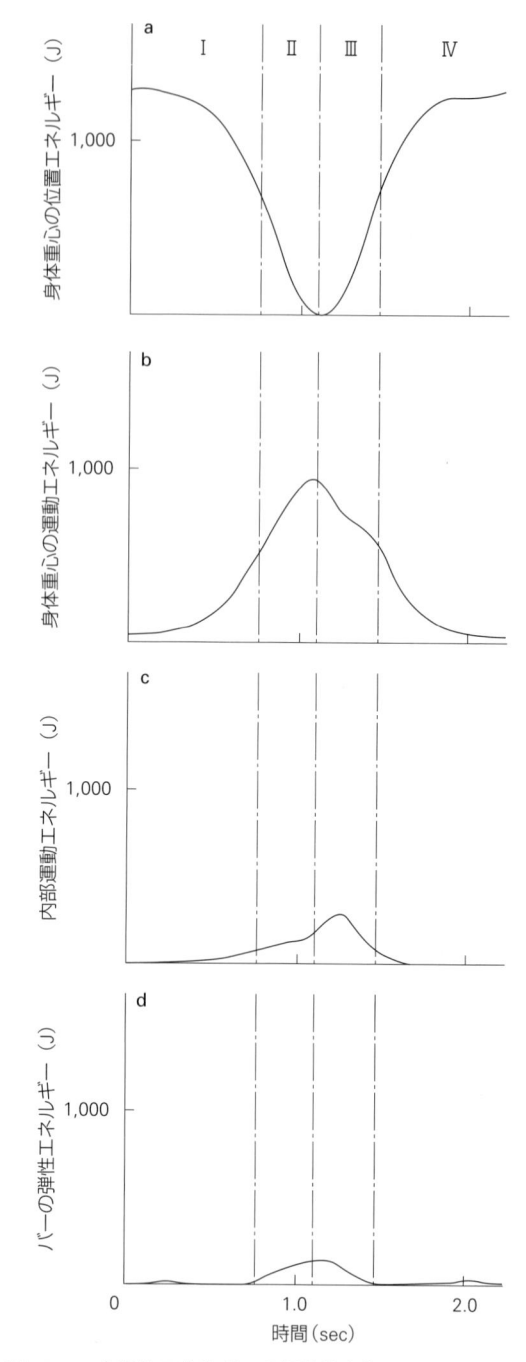

図17-5　力学的エネルギーの経時的変化
(矢部京之助ほか：鉄棒における順手車輪の運動力学的分析. スポーツ医・科学, 1：49-57, 1987)

値154°を示し，肩関節は伸展し最小値140°を示した．ここでの股関節の屈曲動作は，体操競技の指導では「あふり」と呼ばれる身体動作である．したがって，この「あふり」動作によって成され

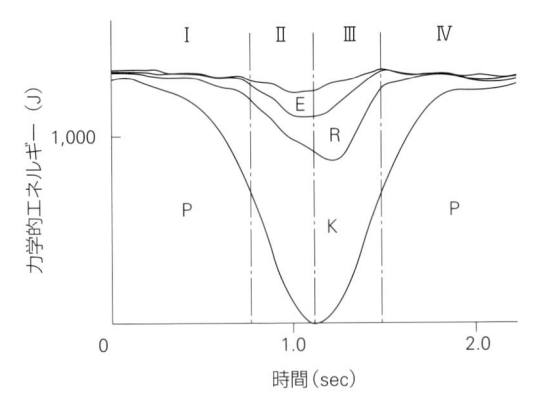

図17-6 力学的エネルギーの総和の経時的変化
P:身体重心の位置エネルギー，K:身体重心の運動エネルギー，
R:内部運動のエネルギー，E:バーの弾性エネルギー
(矢部京之助ほか:鉄棒における順手車輪の運動力学的分析．スポーツ医・科学，1:49-57,1987)

た力学的仕事によって，選手は力学的エネルギーを獲得していることになる．そこで，もう少し力学的エネルギーの変化を細かく観察すると，図17-5bの身体重心の運動エネルギーの経時的変化では，Ⅲ局面の後半にエネルギーの減少率の低下が観察された．これは「あふり」動作によって身体重心の速度が加速されていることを示している（実際には速度の減少局面なので，減少率の低下として観察される）．また，内部運動エネルギー（図17-5c）が，Ⅲ局面で最大値（296.6J）を示したのも「あふり」動作による加速の効果であり，ここではおもに身体重心回りの回転運動による力学的エネルギーの増加によるものである．鉄棒のバーの弾性エネルギー（図17-5d）も，Ⅲ局面で最大値（141.0J）を示した．これは，選手に作用する遠心力と重力の合力によってバーが撓むことにより力学的エネルギーが貯えられているからである．

以上の結果より，鉄棒の順手車輪では，身体重心の下降局面での空気抵抗や支持点の摩擦抵抗による力学的エネルギーの損失を，身体重心上昇局面前半の「あふり」と呼ばれる股関節の屈曲動作と肩関節の伸展動作によって成された力学的仕事によって補っていることが明らかとなった．

2）鉄棒の後方かかえ込み2回宙返り下りのエナジェティクス

鉄棒の終末技で，より高難度の技を演技するためには，鉄棒から離手する時に，より大きな力学的エネルギーを獲得していることが必要である．そのため選手は，その終末技の前に加速車輪と呼ばれる独特な順手車輪を行うことによって力学的エネルギーを増加させている．そこで，次にこの加速車輪による力学的エネルギー獲得の様相を分析した[5]．

図17-7に3回転の加速車輪の演技を，図17-8に加速車輪に続く後方かかえ込み2回宙返り下りの演技を示した．加速車輪では「あふり」と呼ばれる股関節の屈曲動作と肩関節の伸展動作が順手車輪に比べるとより強調して行われた．順手車輪のⅣ局面に相当する局面は，重力の影響で身体重心の速度を減少する局面になるので，この局面を素早く通過して重力による減速の影響が少なくなるように演技されていた．

この時の力学的エネルギーの変動を示したのが図17-9である（ここでは鉄棒の弾性エネルギーは計算されていない）．振り上げ倒立時（分析開始時）に力学的エネルギーの総和は1,145.2Jであったものが，1回転目の順手車輪終了時には1,265.5J，2回転目の順手車輪終了時に1,365.3J，3回転目の順手車輪終了時には1,405.5Jと順手車輪を行う毎に力学的エネルギーの総和は増加した．図17-9の結果から，後方かかえ込み2回宙返り下りでは，終末技以前の加速車輪で力学的エネルギーが徐々に蓄積されていることが明らかである．特に各車輪の最後の局面で，身体重心の運動エネルギーが回転を重ねる毎に増加しており，ここで獲得された身体重心の運動エネルギーが離手後の宙返りの高さ（身体重心の位置エネルギー）となっている．力学的エネルギーの増加分がすべて身体重心の位置エネルギーに変換されると仮定すると47cm分の高さに相当する力学的エネルギーであった．

図17-10は，加速車輪から後方かかえ込み2回宙返り下りの際に関節で発揮されるパワーの経時的変化を示したものである．体操競技の指導で

a：1回転目

b：2回転目

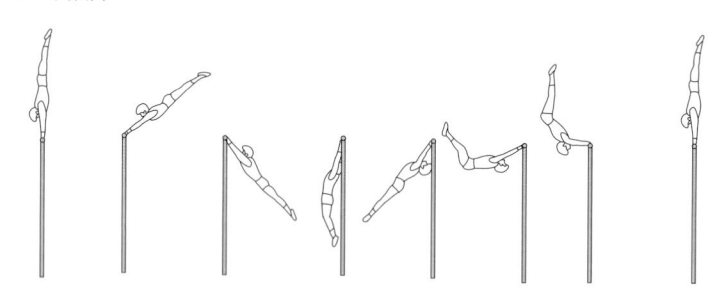

c：3回転目

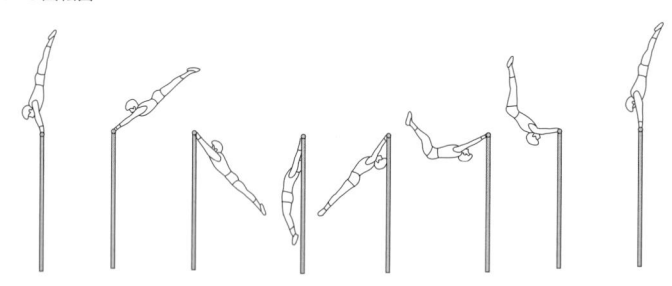

d：終末技

図 17-7　加速車輪の演技
（岡本　敦ほか：鉄棒の後方かかえ込み 2 回宙返り下りの離手時の力学量について．総合保健体育科学，11：67-73，1988）

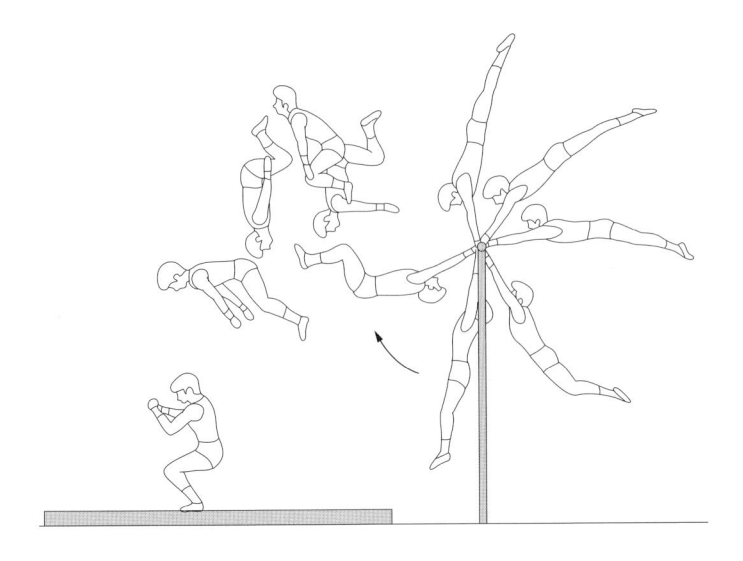

図 17-8 後方かかえ込み 2 回宙返り下りの演技
(岡本　敦ほか：鉄棒の後方かかえ込み 2 回宙返り下りの離手時の力学量について．総合保健体育科学，11：67-73，1988)

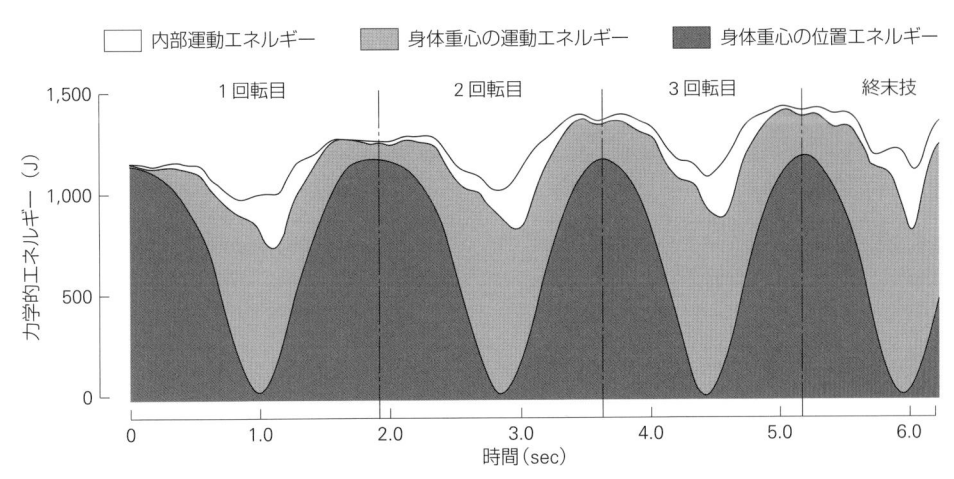

図 17-9 加速車輪から後方かかえ込み 2 回宙返り下りの力学的エネルギーの経時的変化
(岡本　敦ほか：鉄棒の後方かかえ込み 2 回宙返り下りの離手時の力学量について．総合保健体育科学，11：67-73，1988)

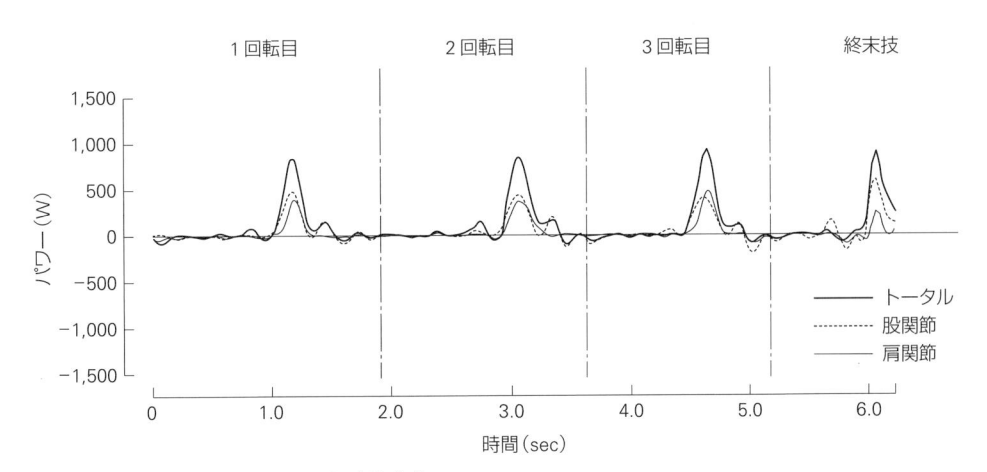

図 17-10 関節で発揮されるパワーの経時的変化
(岡本　敦ほか：鉄棒の後方かかえ込み 2 回宙返り下りの離手時の力学量について．総合保健体育科学，11：67-73，1988)

は,「あふり」を指導する際には,股関節の屈曲動作や足先の加速が強調され,肩関節の伸展動作はほとんど強調されない.しかし,図17-9の結果からみると,肩関節で発揮されるパワーの貢献も見逃せないことは明らかである.この結果より,鉄棒の終末技やその前に行われる加速車輪の「あふり」動作では,股関節の屈曲動作だけではなく,肩関節の伸展によって発揮されるパワーも力学的エネルギーの獲得に大きく貢献していることが明らかとなった.したがって,鉄棒の終末技やそれ以前の加速車輪で大きな力学的エネルギーを獲得するためには,股関節の屈曲パワーと肩関節の伸展パワーの強化というトレーニングの課題が示唆された.

まとめ

鉄棒の順手車輪の運動中の力学的エネルギーの変動を明らかにした.その結果,身体重心の下降局面で,身体のもつ力学的エネルギーは約8%減少したが,身体重心の上昇局面前半に行われる「あふり」と呼ばれる股関節の屈曲動作と肩関節の伸展動作によって,力学的エネルギーの損失は補われていた.また,終末技の直前に行われる加速車輪では,加速車輪によって身体重心の運動エネルギーを増加させることによってエネルギーを貯えており,この力学的エネルギーによって終末技を成功させるために必要なエネルギーを獲得していることが明らかとなった.さらに,鉄棒の終末技やそれ以前の加速車輪で大きな力学的エネルギーを獲得するためには,「あふり」と呼ばれる股関節の屈曲動作と肩関節の伸展動作による発揮パワーの強化というトレーニングの課題が示唆された.

文　献

1) 矢部京之助ほか:鉄棒における順手車輪の運動力学的分析.スポーツ医・科学,1:49-57,1987.
2) Dempster WT: Space requirements of seated operator (WADCTech.Rep.) 1955.
3) Widule CJ: Segmental moment of inertia scaling procedures. Res Q Exerc Sport, 47: 143-147, 1966.
4) Winter DA: Biomechanics of Human Movement. pp65-107, John Wiley & Sons, 1979.
5) 岡本　敦ほか:鉄棒の後方かかえ込み2回宙返り下りの離手時の力学量について.総合保健体育科学,11:67-73,1988.

[岡本　敦]

2. 体操のバイオメカニクス

体操競技は,男子6器械種目(ゆか,あん馬,つり輪,跳馬,平行棒,鉄棒),女子4器械種目(跳馬,段違い平行棒,平均台,ゆか)で構成される.それぞれの器械種目において,技と呼ばれるひとまとまりの運動が数十~数百個存在し,競技はそうした技を十数個連続して行う演技を審判員が規則に則って採点することによって行われる.すべての種目で行われている「技」の数を合わせると,数百に及ぶことになる.

体操競技に関するバイオメカニクス的研究は,こうした個々の技に関して行われてきているが,上述のように非常に数多く存在する技ひとつひとつに関して研究を行うというのは現実的ではない.そのため,たとえば鉄棒の後方車輪や前方車輪のように,数多くの技を実施する際の基本となっている技や,数多くの選手が共通して演技にとり入れている技が研究の対象となる場合が多い.そうした技も,動作の分析が行われる場合には,主として運動が矢状面上で行われる2次元的動作であることが多かった.しかし,近年では3次元的な運動分析の研究手法の発展に伴い,さまざまな技についての分析がみられるようになってきている.

本項では,各器械種目ごとに,ごく最近発表された体操競技のバイオメカニクス的研究を概括する.

1) ゆか

男女に共通した種目である「ゆか」の演技は,前方や後方への宙返りをその代表とするアクロバット系の運動と,ターンや開脚ジャンプのよ

うなダンス系の運動などによって構成される．バイオメカニクス的研究の対象は，このうちアクロバット系の運動に集中している．

Hwangら[1]は，1988年に行われたオリンピックソウル大会の個人総合選手権時の演技から，後方かかえ込み2回宙返り，後方かかえ込み2回宙返り1回ひねり，後方伸身2回宙返りの3つの宙返りについて，その踏切時の身体重心の速度と身体重心回りの角運動量を算出し，比較している．それによれば，踏切前の身体重心の水平，垂直方向の速度は3つの宙返りで差がなかったのに対して，踏切直後では，水平方向の速度が後方かかえ込み2回宙返り1回ひねり，後方伸身2回宙返りとも後方かかえ込み2回宙返りより有意に大きく，垂直方向の速度は後方伸身2回宙返りが後方かかえ込み2回宙返り，後方かかえ込み2回宙返り1回ひねりに比べて有意に小さかった．また，身体重心回りの角運動量は，3つの宙返りすべてにおいて踏切中に減少しているものの，後方伸身2回宙返りではその減少の幅が小さく，踏切直後の値を他の2つの宙返りと比較すると有意に大きな値であった（図17-11）．後方伸身2回宙返りへの踏切時の角運動量の維持には，体幹の動きが大きな役割を担っていることも明らかにされている．

こうした後方系の宙返りは，後転とびに続いて行われることが一般的である．それは，後転とびが，宙返りへの踏切時に必要な大きさの身体重心の水平方向の速度と，身体重心回りの角運動量の獲得に有益な役割を果たすと考えられてきたからである．この後転とびに，ここ十数年間で着手局面において肘の屈曲がみられない新しいタイプの後転とびが出現し一般化した．著者ら[2]は，新旧2つのタイプの後転とびを比較し，新しいタイプの後転とびが身体重心の水平速度の維持に合理的であること，身体重心回りの角運動量の増加が着手時ではなく着足時に行われていることを明らかにし，その技術的な優位性を示した．

2）あん馬

あん馬では，旋回技と片脚振動技が行われる．

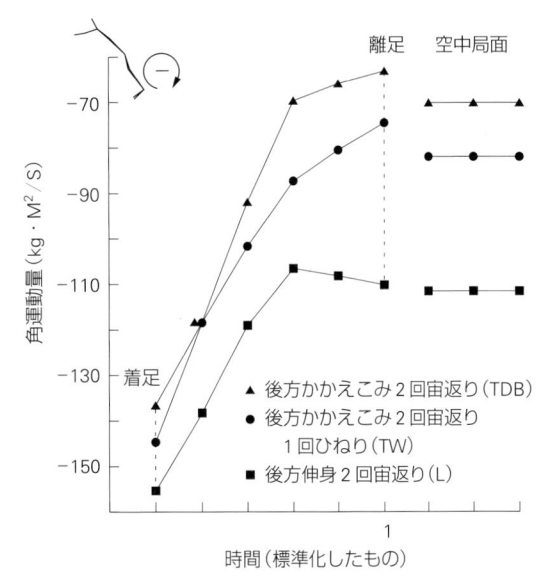

図17-11 ゆかにおける「後方かかえ込み2回宙返り」「後方かかえ込み2回宙返りひねり」「後方伸身2回宙返り」の踏切時の角運動量の変化
（Hwang I et al.: Takeoff mechanics of the double backward somersault. Int J Sport Biomech, 6: 177-186, 1990）

旋回技については，もっとも基本的な技である2つのポメル（把手）上で行われる旋回を2次元的に動作分析した例が過去にみられるものの，詳細な3次元動作分析を試みた研究はみられない．その理由としては，単なる旋回の連続はもはや現在の体操競技では行われることがほとんどなく，すべての旋回技がひねりを伴ったり身体の向きを常に変化させるように3次元的に行われることがあげられよう．あん馬に関するバイオメカニクス的研究では，動作の分析よりもむしろ，ポメルにかかる力の力学的測定が行われている．

Markolfら[3]は，あん馬のポメル上に加わる力を旋回技と交差技で測定している．それによれば，通常の両脚旋回実施時にポメルに加わる力の最大値は，体重の1.00～1.50倍，交差実施時には体重の1.05～2.00倍であった．こうした力が瞬時に手関節に加わることから，体操選手の手関節痛が引き起こされていると考察している．

3）つり輪

つり輪に関するバイオメカニクス的研究の数も非常に少ない．あん馬と同様，すべての運動が3

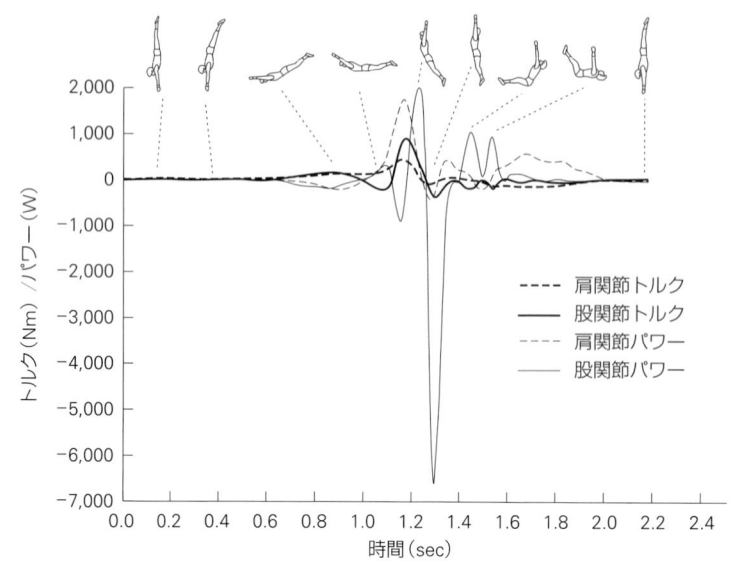

図17-12 つり輪における後方車輪実施時に肩関節・股関節で発揮されるトルクとパワー
パワーが正の値はconcentric，負の値はeccentricな筋収縮がなされていることを示している
（Sprigings EJ et al.: The role of shoulder and hip torques generated during a backward giant swing on rings.
J Appl Biomech, 16: 289-300, 2000）

次元的に行われることがその大きな原因であると思われる．そうしたなか，Sprigingsら[4]は，つり輪における後方車輪実施時に肩関節と股関節で発揮されるトルクとパワーを算出している．それによれば，後方車輪の実施時にはつり輪のケーブルにかかる張力は最大で体重のおよそ6.5倍であり，倒立からの振り下ろし時前半に股関節の屈曲トルクと肩関節の伸展トルクが発揮されて身体が過度に反るのを防ぎ，続いて股関節の伸展トルクが発揮されて望ましい身体の反り姿勢がとられ，その直後に股関節の屈曲トルクと肩関節の伸展トルクが発揮される．さらに股関節の伸展トルクが発揮され，その後股関節の屈曲トルクの発揮はみられなくなり，身体が倒立位に再び上昇するまでに再び股関節の伸展トルクが発揮される．こうした変化を示す各関節のトルクからパワーを算出し，肩関節でのパワー発揮がこの技の実施に重要な役割を担っていることを明らかにしている（図17-12）．

4）跳 馬

跳馬は，比較的バイオメカニクス的研究の対象となりやすい種目である．なぜならば，ひとつの演技でひとつだけの技が実施されること，助走から踏切，第1空中局面，着手，第2空中局面，着地といった運動の局面が明確ですべての技に共通していること，力学的にみて踏切と着手局面がさまざまな技の成否にとって重要な局面であることが理解されやすいこと，特に前転とび系の運動では，着手局面中までにひねり動作がみられず2次元的な分析が可能であること，などがあげられる．

近年世界のトップクラスの選手間で実施されている「前転とび前方かかえ込み2回宙返り（ローチェ）」のバイオメカニクス的特徴を，同じ前転とび技群である「前転とびひねり後方伸身宙返り（伸身クエルボ）」と比較した研究がなされている[5]．そこでは，「ローチェ」は「伸身クエルボ」に比べて，跳馬着手局面中の身体重心回りの角運動量の減少が大きいこと，その反面，同局面中の身体重心の鉛直方向の速度が増加していることを明らかにし（図17-13），多少角運動量を犠牲にしても身体が運動する空間の高さをつくりだす着手技術が必要であることが示されている．

跳馬については，国際的には2001年よりvaulting tableと称される新しい規格の器具が採用されるようになっており，従来の跳馬との技術

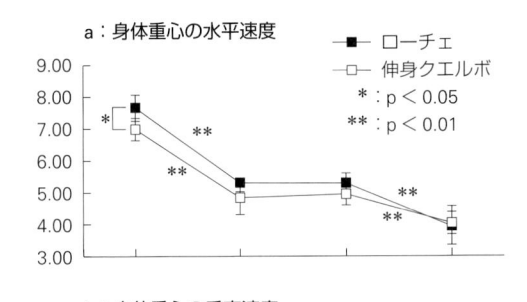

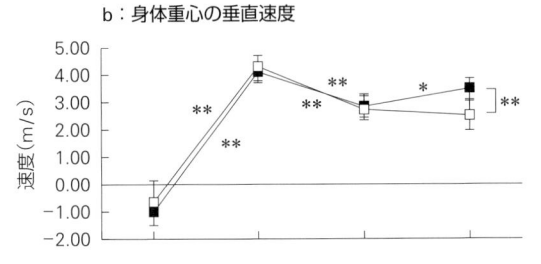

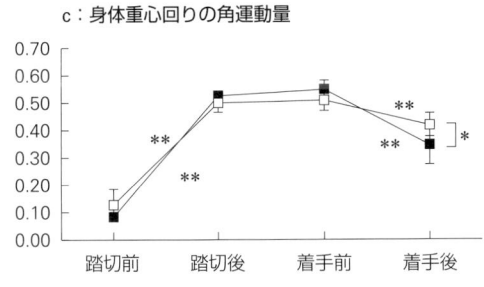

a：身体重心の水平速度
b：身体重心の垂直速度
c：身体重心回りの角運動量

図17-13 ローチェと伸身クエルボ実施時のバイオメカニクス的変数の変化
(日本体操協会研究部：男子跳馬における前転とび前方かかえ込み2回宙返り（ローチェ）の技術について．平成10年度日本オリンピック委員会スポーツ医科学研究報告 No. II，競技種目別競技力向上に関する研究-第22報-, pp64-67, 1999)

的差異の分析が望まれる．

5）平行棒

PrassasとPapadopoulos[6]は，平行棒の代表的な技術である「後方棒上宙返り」と「後方宙返り下り」について，身体重心の速度と質量を乗じた運動量の変化から力を算出し，それぞれの技の力学的な特徴を明らかにしている．そこでは，後方棒上宙返りは後方宙返り下りに比べ，離手後の身体重心位置がより高く，支持前振り時に身体重心にかかる力の水平成分がより大きいことが報告されている．彼らはまた審判員による技のできばえの評価と力学量との関係を検討し，審判からの評価が低い実施では，支持振動の後半で身体重心にかかる力の水平成分が大きく，またその鉛直成分が大きく減少し，離手後の身体重心の高さが低いことを明らかにしている．

6）鉄棒

鉄棒も跳馬と並んで実施された研究数が多い種目である．ひねりを含まない矢状面上の技が多く存在することが大きな原因であろうと思われる．過去には後方車輪や前方車輪といった基本的な技が研究対象として取り上げられ，その運動学，運動力学的特徴が明らかにされてきた．近年ではより複雑なひねりを伴う宙返り技についての研究や，手離し技や下り技を実施する際のエネルギーの変化に関する研究も行われている．

鉄棒の下り技では，宙返りにひねりを加えた技の実施が一般的になっている．宙返りにひねりを加える方法については，身体がゆかや鉄棒などの器具から離れる前に，そうした器具に力を加えることによってその反作用でひねりのトルクを得る方法と，身体が空間に飛び出してから身体を左右非対称に動かして宙返りの角運動量のベクトルを分割し，ひねりを生み出す方法などがあることが古くから紹介されている．ここではコンピュータシミュレーションを用いて宙返りにひねりを加える方法について検討している研究を紹介する．

Yeadon[7]は，2回宙返りにひねりを加えた鉄棒の下り技でのひねりの発生方法を実際の競技会のデータとコンピュータシミュレーションを用いて分析している．そこでは，2回宙返りの最初の宙返りでひねりを多く行う場合には，選手は鉄棒から手が離れる前にひねりを発生させていること，2回目の宙返りでひねりを行う場合には，空間において腕や腰を左右非対称に動かして，身体を宙返りの角運動量に対して直交する矢状面に対して傾斜させることによってひねりの角運動量を得ていることが実証されている．彼はつり輪の下り技についても同様の結果を得ている[8]．

さらに彼は，前方2回宙返り（1回目の宙返りは屈身，2回目は伸身）において，2回目の宙返りにひねりを加えるシミュレーションを行い，効果的なひねりの指導について考察している（図

図 17-14　宙返りひねりを加えるシミュレーション
a：前方宙返りに 1/2 ひねりを加える，b：前方宙返りに 1 と 1/2 ひねりを加える，c：前方 2 回宙返りの 2 回目に 1/2 ひねりを加える，d：前方 2 回宙返りの 2 回目に 1 と 1/2 ひねりを加える．
(Yeadon MR: The biomechanics of the human in flight. Am J Sports Med, 25: 575-580, 1997)

17-14)[9]．まず，屈身から伸身姿勢に変化した 2 回目の宙返りのみを考える．ひねりを生み出すための身体の傾斜を股関節の動作のみで行い，1/2 ひねりを加えたのが図 17-14a である．左右の腕はまったく対称に位置している．このとき 1/2 ひねりを加えるために必要な傾斜角度は 10°であった．これに左右の腕を内転させて体幹にそえる動きを加えたのが図 17-14b である．腕が体幹にそえられることによって，ひねりの軸回りの慣性モーメントが小さくなるため，宙返り自体の角運動量は最初のシミュレーションよりも 2％小さい値で 1 回半のひねりが行われている．こうした方法によって，2 回宙返りの 2 回目にひねりを加えたのが図 17-14c，d である．これらはともに宙返り 1 回目の屈身姿勢から 2 回目の伸身姿勢に変化する際，上記の 1 回宙返りと同じ股関節の左右非対称の動きを加えたものである．

　今後こうしたコンピュータシミュレーションを用いた研究によって，より効率のよい動きやその指導方法が発見される可能性がある．

文　献

1) Hwang I et al: Takeoff mechanics of the double backward somersault. Int J Sport Biomech, 6: 177-186, 1990.
2) 土屋　純ほか：異なる運動形態をもつ後転とびの比較分析．体操競技研究，1：21-29，1993．

3) Markolf KL et al.: Wrist loading patterns during pommel horse exercises. J Biomech, 23: 1001-1011, 1990.
4) Sprigings EJ et al.: The role of shoulder and hip toruqes generated during a backward giant swing on rings. J Appl Biomech, 16: 289-300, 2000.
5) 日本体操協会研究部：男子跳馬における前転とび前方かかえ込み2回宙返り（ローチェ）の技術について．平成10年度日本オリンピック委員会スポーツ医科学研究報告 No. II，競技種目別競技力向上に関する研究-第22報-，pp64-67，1999.
6) Prassas S and Papadopoulos C: Mechanics of forward support swing skills on the parallel bars. J Human Mov St, 40: 335-350, 2001.
7) Yeadon MR: Twisting double somersault high bar dismounts. J Appl Biomech, 13: 76-87, 1997.
8) Yeadon MR: Twisting techniques used in dismounts from rings. J Appl Biomech, 10: 178-188, 1994.
9) Yeadon MR: The biomechanics of the human in flight. Am J Sports Med, 25: 575-580, 1997.
10) Yeadon MR et al.: Twisting techniques used in high bar dismounts. Int J Sports Biomech, 10: 178-188, 1994.

［土屋　純］

第18章 ダンスのバイオメカニクス

1. ダンスの動作学

1）舞踊とスポーツの動作の違い

地上にあるかぎり，踊る身体もスポーツする身体も，ともに重力と生理解剖的制約をうけている．しかし，何のために，どのように動くかになると，両者には次のようにいくつかの違いがある．

①スポーツの動作は日常性の延長にあり，そこでは，いかに速く・強く・効率よく動くかという作業成果が競われる．一方，舞踊はもともと祭儀から発生したもので，日常とは異次元のミクロコスモスを構築するために演じられ，舞踊動作はそのためのツールとなる．

②スポーツの動作は同じ様式に収斂しようとするが，舞踊の場合は基本動作から各表現技法にわたりそれぞれ差異がある．

③非日常性の演出には，一定の文脈が必要で，その構成（作品）には，序から終にわたる展開様式がある．また多くは音楽（衣装・装置他）を伴うため，速度やテンポが規定される．スポーツは〈一打・一投〉で決着したり，タイミングを任意に選択したりできる．

④舞踊動作の原点は，人の日常的な動きや感情表出である．しかし，演じる際には実動作の増幅や抑制がなされ，それが各舞踊の特性となっている．どのように様式化するかは，舞踊が生まれた風土や文化とかかわりがある．

以下に日本の伝統的舞踊とダンス（バレエ）を中心に，身体つき，姿勢，演じる動きの特徴，立位（ポーズ，）歩行，回転，跳躍について述べる．

2）からだつき

舞踊では，まず表現主体を日常的身体から舞踊的身体に変える過程がある．儀式に先立つ斎戒沐浴とか，感覚刺激を用いたトランスへの没入などは一過性の過程といえる．一方，相撲とバスケット選手のからだつきが異なるように，選別と訓練による長期的な身体加工の過程があり，結果としてそれぞれの舞踊に適したからだつきになる．たとえば，サイズが三間四方ときまっている能舞台では，背が高いのはむしろマイナスとされるし，邦舞では，胴長で腹が太めの方が"おさまりがいい"．一方，バレエの場合は，上・下肢が長く（下肢は身長の半分が理想とされている），しかも痩身が望まれている（体重との過酷な闘いについては文献1を参照）．このような差は，量感を表す舞踊とラインを表す舞踊，装束の内にある身体と外にある身体の違いによる[2]．

3）姿　勢

姿勢は生理解剖的要因，生活習慣，長期的訓練，さらに身体意識（body awareness）などによって変わる．図18-1は，伝統的舞踊の体幹部を示したもので普通姿勢に比べ，腹を押出して丹田に力を充実させ，上体を真っ直ぐ保ち，さらに下肢を軽くまげて構える．この姿勢は東洋的身体訓練法や武術にも共通している．一方，図18-2のバレエでは，体軸をまっすぐ保ち，上半身を引き上げて腹部を絞り，股関節を外旋（turn out）させることで下肢のラインと可動域を矯正する[3]．姿勢を含むバレエの身体加工システムは完成度が高く，ダンスだけでなく体操をはじめ表現系のスポーツの基礎訓練に用いられている．

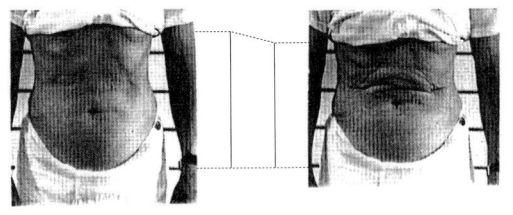

図 18-1 能(琉球)の普通姿勢(a)と構え姿勢(b)
構えで体幹が短くなり,腹は出る (M. Shimabukuro).

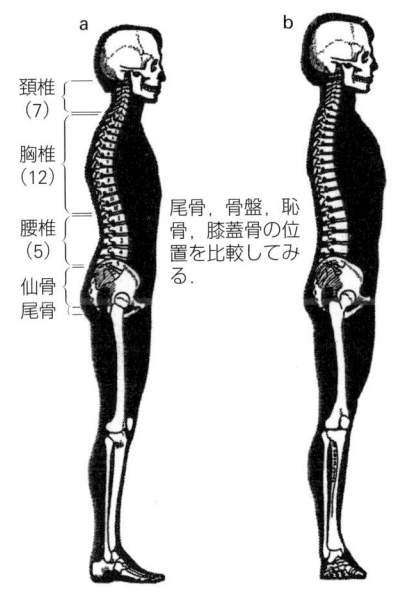

図 18-2 一般人(a)とダンサー(b)の脊柱の違い
(ローソンJ,森下はるみ訳:バレエのサイエンス.大修館書店,1995)

4) 演じる動きの特徴

舞踊の分類のひとつに,舞い(神懸かりの旋回運動で,囃子に合わせた一人舞いが多い),踊り(活発な群舞と,音のリズムにあわせた跳躍が多い),振り(マイム,模倣ゼスチャー)の区分がある.このうち歌舞伎舞踊(邦舞)は,特に振りが多く,感情表現から森羅万象まで200種以上が様式化されている.

図18-3は,＜木槌で打つ＞の模倣動作を実動作と比べたもので,上肢全体の動作域が増す.演技上の振りになると,さらに誇張と抑制が強くなる.図18-4は,カップを手にとる落語の振り4種について各相の所用時間をみたもので,実動作に比べると緩急にかかわらず把握相は少なく,逆

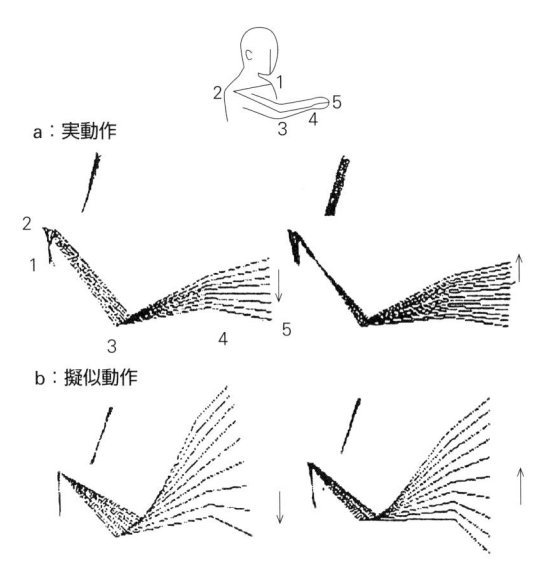

図 18-3 ＜木槌で打つ＞実動作(a)と疑似動作(b)
右側面より0.03secおきに描画.腕全体の振幅が増す.
(中川聖子,森下はるみ:舞踊や演劇における模倣ジェスチャーの特性.バイオメカニズム,11:89-96,1992)

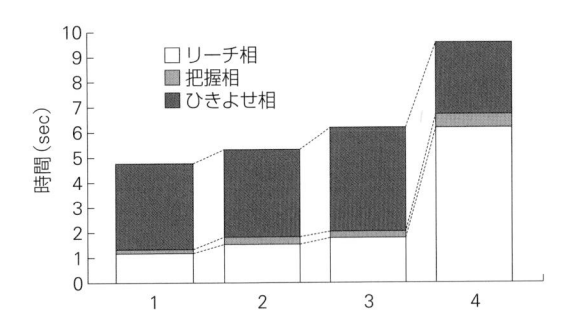

図 18-4 落語にみられる「もつ」演技の所要時間
すべての回の把握相は非常に短く,ひきよせ相が長い.4回はリーチするまでを強調した表現である.
(中川聖子,森下はるみ:舞踊や演劇における模倣ジェスチャーの特性.バイオメカニズム,11:89-96,1992)

にリーチ相とひきよせ相の時間は長くなっている[4].

日常動作や感情表出の振りがユニバーサルな伝達性をもっているのに対し,特定文化圏でのみ通じる象徴ゼスチャーや専門ゼスチャーもある(たとえば,バレエで左薬指をさして婚約を表すなど).舞踊による動作域の大小は,場によっても変わり,一般に大きな舞台では全身,特に下肢による動作技法が,小さな空間では目や手指など,細かい表現技法が発達する.

図18-5 バレエのポーズ(アラベスク)
重心はせまい接地面上にある.

5) ポーズ

"動かずに舞う"といわれる能や宮廷舞踊などは，緩速度，動作域の抑制，立位や座位の保持が長く，静的な安定性を表現している．また邦舞では，動作フレーズの終止時に，〈きまり〉とか〈見得〉といわれる様式化されたポーズがあり，これがアクセントになっている．

一方，ダンス系の場合，静止は次の舞踊動作のつなぎにすぎなくなる．バレエは，モダンダンスのような座位・臥位への自由な姿勢変換はなく，常に垂直性のラインを保ちつつ，アラベスクやアティチュードを演じる（図18-5）．これらポーズは，バランス機能の精緻な調整を必要とし，"足裏に10以上の重心センサーがある"とか，"不均衡の中の均衡美"といわれる所以になっている．

6) 歩 行

聖なる空間の回りをめぐる儀式は舞いの原形であり，ここから"運びがすべて"といわれる日本の〈すり足〉技法が発達した．地面をすって進む歩行は他文化の舞踊にもみられるが，〈すり足〉では，上体の上下動や左右動を抑制し，そのため床半力は下半身で吸収される（図18-6）．そのため下肢関節の屈曲，歩幅の減少，両足支持率の増加がみられる．また大腿部の拮抗筋は持続的に，下腿部は相反的に活動する[5,6]．女歩きにみられる〈内股〉は邦舞独自のもので，江戸期に様式化された．

踊り系のものは，舞いに比べ身体の上下動や弾みを伴う．しかし，動きが高揚すればするほど，深く"腰を入れる"ことで上体の安定と自由さを図っている．この下肢屈曲は，ステップの多彩な各地の舞踊にも共通する．

日本の舞踊歩行にみられる上半身と下半身の二極性は，すべての舞踊技法の原点となっている．一方ダンス系，特にバレエでは，体軸の一軸性を保ちながら移動する技法が発達している．

各種の舞踊歩行は，歩幅・カデンツ，床反力，歩角など，一般の歩行分析の指標からも特徴づけうる．しかし，歩行技法の多様さは，むしろ動脚（遊脚または揚げ脚）の形や動き，時間，接地時の方向やその位置に大きく依存している．

7) 回 転

回転技法は，祭儀におけるトランスへの手段として，また踊り手の技巧誇示のツールとして演じられる．垂直軸・水平軸・矢状軸それぞれの回転のうち，もっとも普遍的なのは垂直軸回転で，さらに移動の有無，両足／片足の違い，動脚の形，回転の方向・速度・反復数などに応じた技法がある．

このうち，左右足を交互に踏み変えるその場回転（ピボットターン）は，回転軸側（内）の足で方向転換を，外側足で回転力を得るもので，よく知られた例に，トルコの僧侶によるスカートの円運動がある．踏みかえ時に半回転しながら位置移動をするのがシェネターンで，これらは歩行の変形ともいえる．

その場片足回転の典型にはピルエットがあり，それを反復連続させたフェテターンは，〈白鳥の湖〉の黒鳥による見せ場となっている（図18-7）．はじめの回転力は，両足による床反力から得られるが，その際，水平分力をすばやくゼロにすることで軸足にのる．また，一回転ごとに前から横に動脚を振り出して速度を下げ，ついで，脚と腕を体軸にひきつけて，慣性モーメントの減少と回転速度の増加を図る[7]．

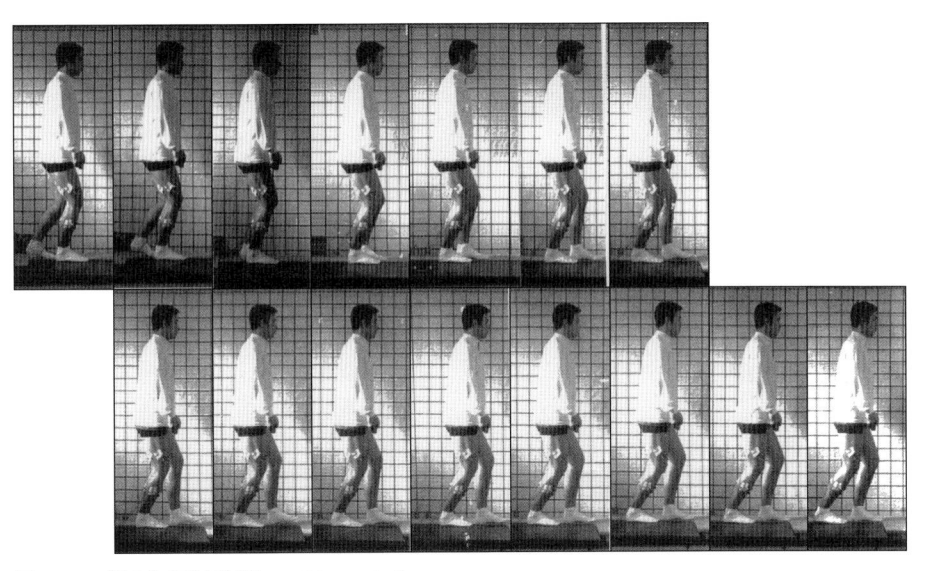

図 18-6　能の歩行（宝生流，T. Watanabe）

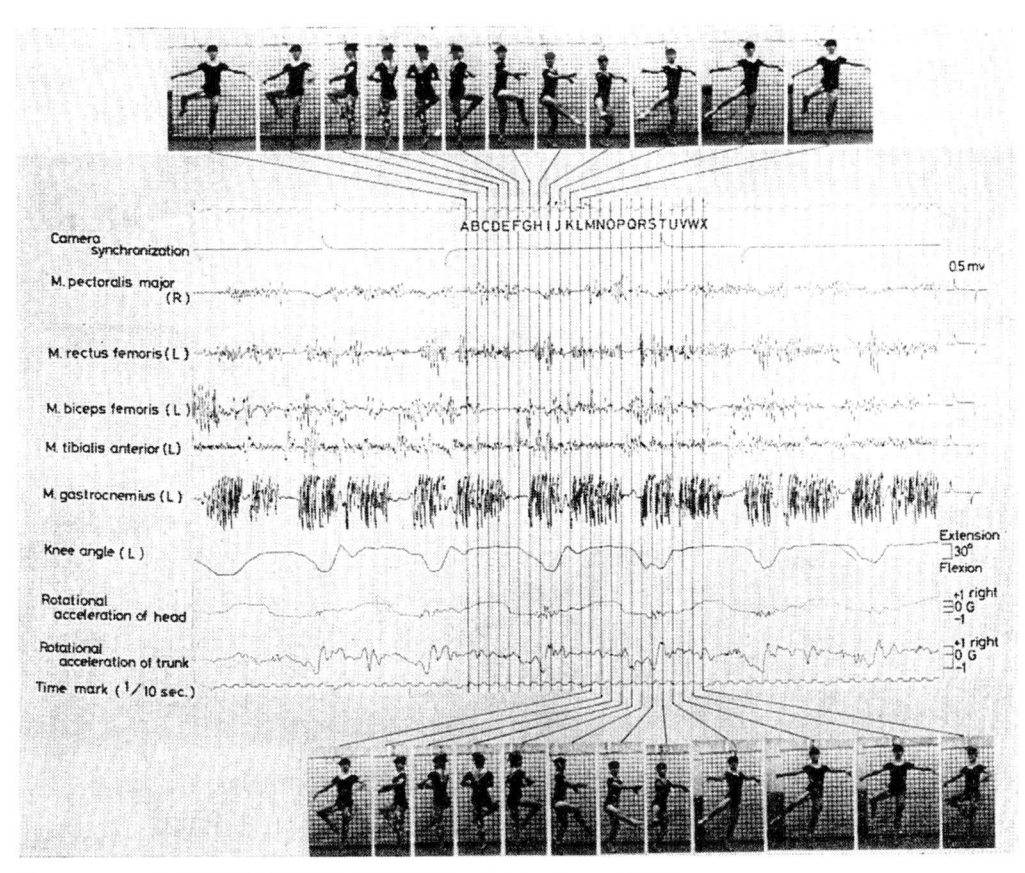

図 18-7　フェテの筋電図および動作曲線（K.Shimada）トゥシューズ着用
（森下はるみ，山本高司：舞踊における回転動作の研究〔Ⅱ〕．体育の科学，23：320-329，1973）

図18-8 上級者におけるグランジュッテ(a)とグランパドシャ(b)
空中で浮遊しているようにみえる．
(亀山愛子，森下はるみ：舞踊における前後開脚系跳躍の動作特性，バイオメカニズム，13：13-22，1996)

特に連続回転技では，めまい（眼振）の抑制が必要になる．そこで，視点をなるべく一点に固定し，頭部と体幹の回転位相をずらす訓練がなされる[8,9]．

8）跳　躍

跳躍のうち，スキップやホップなどは幼児期から行われる．跳躍には，移動の有無，方向，踏切と，着地の両足／片足性，同側／対側性などに応じた技法がある．しかし，舞踊の跳躍は高さや幅ではなく，空中で身体が描き出す一瞬の表現性に心髄がある．次に前方跳躍とその場跳躍の2種類について，バレエと伝統舞踊の代表的な技法をみてみる．

図18-8は，バレエの前後開脚跳び（グランジュッテとグランパドシャ）を示したものである．重心軌跡は，踏切から着地まで放物線を描くが，最高点で腕と脚をさらに引き上げることで，空中に浮遊しているようなイリュージョンを観客に与える．バレエの跳躍技法の多くが，この無重力性の演出で天上志向性を支えている．スポーツの幅跳でも空中姿勢の変換がなされるが，この場合は着地点を延ばすためのものである．熟練差をみると，上級者では踏切時の減速度がより大きく，前脚の振り上げ時点が早く，上体の前傾が少ない[10]．

次に垂直方向の跳躍についてみる．日本の伝統舞踊では，突然，脚が"消えたように"演じるのがよしとされ，離地と同時に下肢を折りたたむ．この形は，最高地点で"出きるだけ真っ直ぐ脚を伸ばす"ダンス系のものと対照をなしている．図18-9は，その中でも難度の高い座位姿勢での技法を示したもので，着地時の衝撃緩和はつま先のわずかな動きと座位面の拡大でなされる．

バレエの跳躍は，徐々に高まる躍動感や生命力の頂点で演じられる．一方，日本の跳躍技法には，

図 18–9　能における垂直跳び（演者：観世流 F. Asami）　下肢を消えたように折りたたみ，そのまま着地する．

前述した例のように，それまで舞台に醸し出された時間や空間を突然断ち切るように，閃光のように演じられるものが含まれる．

文　献

1) ヴィンセント LM，森下はるみ監訳：妖精との競いあい．大修館書店，1997．
2) 下坂佐知，森下はるみ：日本舞踊における外傷・障害および身体適性に関する調査．比較舞踊学研究，5：42-51，1999．
3) ローソン J，森下はるみ訳：バレエのサイエンス．大修館書店，1995．
4) 中川聖子，森下はるみ：舞踊や演劇における模倣ジェスチャーの特性．バイオメカニズム，11：89-96，1992．
5) 森下はるみ，花城洋子：舞踊における歩行動作の研究〔I〕．体育の科学，29：46-51，1979．
6) 森下はるみ，花城洋子：舞踊における歩行動作の研究〔II〕．体育の科学，29：121-126，1979．
7) 金子公宥：改訂スポーツバイオメカニクス入門．杏林書院，1994．
8) 森下はるみ，山本高司：舞踊における回転動作の研究〔I〕．体育の科学，23：246-253，1973．
9) 森下はるみ，山本高司：舞踊における回転動作の研究〔II〕．体育の科学，23：320-329，1973．
10) 亀山愛子，森下はるみ：舞踊における前後開脚系跳躍の動作特性，バイオメカニズム，13：13-22，1996．

［森下　はるみ］

2．ダンス運動の筋活動とエネルギー

　ダンスは，強さ，速さ，高さ，長さといった量的尺度を用いてパフォーマンスの出来映えを評価するような他のスポーツ種目とは異なり，美や感情を表現する媒体として身体を使うという，芸術・文化的性格を強く備えた特異な運動種目である．したがって，その出来映えに対する評価はもっぱら，感覚的・情緒的・主観的であって，数値化・定量化・客観化を得意とする自然科学の分野，特にバイオメカニクスにおける研究報告はあまり多くない．Clarkson と Skrinar による「ダンストレーニングの科学」[1]の序文において「約10年前には，ダンス医学やダンス科学という分野は存在しなかった．それ以前のダンストレーニングの原理は，

迷信や勘を基礎とする過去の訓練を受け継いできたものだった.」と述べられている．ダンス運動の医科学的な研究はまだまだ新しい分野といえるようである．しかも，ダンス運動と一口にいってもジャンルは幅広い．クラシックバレエ，モダンダンス，日本舞踊などの古典・芸術舞踊やフォークダンス，盆踊りなどの伝統・民族舞踊，ジャズダンスやタップダンスなどのショーダンス，社交ダンス，さらにダンスを芸術や伝統文化としてではなく体力トレーニングの手段として実践しているエアロビックダンスなど，目的・形式・構成・動きの特徴はそれぞれ大きく異なっている．たとえ同じジャンルであっても，ひとつひとつのダンス作品ごとに運動内容にはかなりの差がある．したがって，ダンス運動の筋活動とエネルギーについて系統だった解説を行うには，十分な資料が蓄積されているとは言い難い現状ではあるが，本項ではいくつかの先行研究を参照しながら考察することとする．

1）ダンス運動の筋活動
(1)ダンス特有の動きとそれを引き起こす筋活動

ダンス運動は，全身の多様な関節運動の組み合わせから成り立っており，その遂行においては非常に多くの技術と体力要素を必要とする．柔軟性，神経筋協応能，筋力は特に重要とされ，動きの種類によってはパワーや筋持久力，心肺持久力も要求される．ダンスにおける動きは，しばしば日常動作を誇張したような動きや，日常にはない創作された動き，時には最大努力を必要とするような激しい動きを含んでいるので，当然それらを実現するために十分な筋機能を有していることはきわめて重要である．たとえば，バレエ特有の動きとしてターンアウト（turn out），すなわち，股関節を外旋させた肢位を常に保つということがあるが，そのためには股関節内転筋の十分な筋力と適切なタイミングでの活動が重要になる．ダンサーは，ただ立っている時でもターンアウトを行っており，膝をリラックスすることはなく，ある程度過伸展した状態（反張膝）にあるので，大腿四頭筋とハムストリングスの筋活動のバランスを常にとっていなくてはならない．脚を伸ばして側方に高く挙上するデベロペや，脚を後方へ挙げて保持するアラベスクなどは，脚の重量を引き上げるための股関節屈曲・伸展筋群と外転筋群の筋力がなければ達成できない．プリエは膝関節を屈曲させていく動き，ルルベはつま先立ちをする動きだが，それぞれの関節運動を引き起こす主働筋の活動だけでなく，胴体や骨盤の位置を適切に保つための殿筋や背筋，足固有の筋の力も不可欠である．また，バレエではターンアウトに加えて足関節の底屈位（つま先を伸ばした状態，タンジュと呼ばれる）を保つことが要求されるので，下腿後面と前面の筋の相互作用が大切であるし，アーチや足指の位置を保つ足部の筋群の役割も大きい．ダンス運動ではこのように，姿勢制御，ポーズ，バランスといった静的筋力発揮を強いられる場合が非常に多い（図18-10a～f）．ダンサーの内側広筋はTypeⅠ線維が多い（63%）という事実も[2]，このことと関連があるのかもしれない．

また一方で，ダンスは非常にダイナミックな運動要素，すなわち移動・跳躍・回転やリフト（他のダンサーを持ち上げること），極端な脊柱の回旋など，瞬発的に強い筋力を発揮しなくてはならない場面も併せもっている．したがって，各部の筋の静的・持久的力発揮能力に加え，最大筋力の大小もダンス運動のパフォーマンスに影響を及ぼすと考えられる．ただし，フォークダンスや社交ダンス，エアロビックダンスのように一連のまとまりのある動き（ルーティーン）を，音楽のリズムに合わせて繰り返すようなダンスの場合には，ある程度決まった部分（特に下肢）の筋群が一定水準で周期的に活動する．したがって，特定の筋に過大な静的・瞬発的筋力発揮を強いることは少ないであろうが，同一動作の反復によるサイクリックな低～中強度の動的筋活動が求められる運動といえよう．

(2)ダンス運動中のEMG

ところで，ダンス運動中の筋活動を実際に測定している研究は，学会発表としては散見するものの，原著論文として専門誌に掲載されている例は

図 18-10 バレエ特有の動き

a：ターンアウト　　b：デベロペ　　c：アラベスク
d：プリエ　　e：ルルベ　　f：タンジュ

非常に少ない．しかもその多くは，特定の動作に限って動作局面毎に活動筋群の放電の量やパターン，タイミングなどを定性的に分析しているに留まっている．

Clippinger ら[3] は，ダンサーが第2ポジション（バレエの基本肢位のひとつで，股関節を外旋して脚を左右に大きく開いて立った姿勢）のグランプリエ（徐々に膝を曲げ，最大屈曲位に達したらまた立ち上がっていく，一連のゆっくりした立位屈伸動作）を行うときの内側広筋の活動量は，最大随意収縮の25〜125％の範囲で変動することを確認した．Trepman ら[4] は，バレリーナとモダンダンサーがグランプリエを行ったときの下肢の筋電図を比較し，膝関節最大屈曲位での内側および外側広筋の活動様相に差が認められたことから，異なるダンスに従事している者では同じ動作でも筋の使われ方が違っていることを報告している．佐々木と柳川[5] は，モダンダンスのボディトレーニング方法としてよく用いられている，グラームテクニックの中の体幹部を使う動きである"コントラクション・リリース"（息を吐き出しながら腹部の筋を緊張させて腰部を後方へ引くように脊柱を丸く湾曲させ＜コントラクション＞，息を吸いながら腹筋を弛緩させて元の姿勢に戻る＜リリース＞）を行ったときの腹部，背部，下肢の筋群のEMGから，熟練者と未熟練者のボディコントロールの違いを指摘している．

一方，伝統的なパターンをもつダンスではなく，体力トレーニングとしてのエアロビックダンスの運動における筋活動については，著者ら[6] が報告している．そこでは，運動プログラムを構成しているおもな下肢運動（ステップ）22種類をそれぞ

a：ローインパクト系（跳躍を伴わないステップ）

マーチ　　　　　　　　　　　　　　　　ヒールタッチ

腸腰筋
大殿筋
外側広筋
大腿二頭筋
前脛骨筋
腓腹筋

b：ハイインパクト系（跳躍を伴うステップ）

両足ジャンプ　　　　　　　　　　　　　ハイレッグキック

腸腰筋
大殿筋
外側広筋
大腿二頭筋
前脛骨筋
腓腹筋

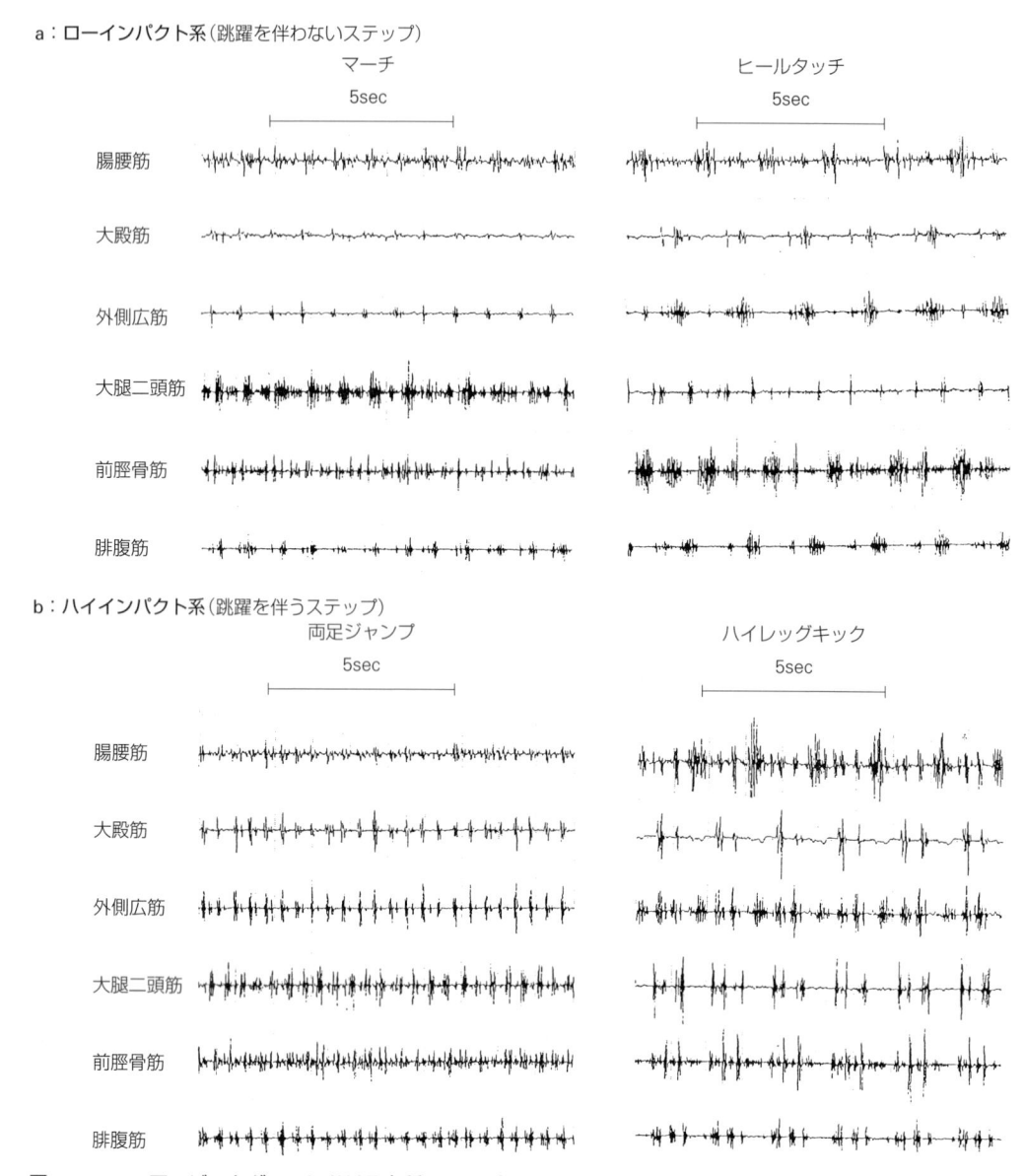

図18-11　エアロビックダンスにおける各種ステップのEMG記録例
（沢井史穂ほか：エアロビックダンスの各種ステップにおける下肢の筋活動状態の評価．体力科学，46：123-134，1997）

れ一定時間（20秒間）繰り返したときの腸腰筋，大殿筋，外側広筋，大腿二頭筋，前脛骨筋，腓腹筋のEMGの積分値（iEMG）を算出し，ステップごとの各筋の活動水準をランキングすることを試みた．EMGの原波形の例（図18-11）と，20秒間当たりのiEMGの平均値とSDにもとづいた筋活動量の5段階評価の結果を示す（表18-1）．この分析により，どのステップを行うと各筋が一定時間当たりどの程度活動するかを，相対的ではあるが明らかにすることができた．

また，別の実験[7]で，エアロビックダンスの典型的動作といえる，その場かけ足運動をピッチを変えて実施したときの酸素摂取量と，大腿筋（大腿直筋，大腿二頭筋）および下腿筋（前脛骨筋，腓腹筋）の筋放電量を，それぞれ1分当たりの量に換算して比較したところ，ピッチと酸素摂取量とは下に凸の2次関数的曲線関係にあり（ピッチが遅すぎても速すぎても酸素摂取量は増大し，効

表18-1 エアロビックダンスの各種ステップにおける下肢筋活動状態の評価(20秒間のiEMGに基づく)

ステップの種類		腸腰筋	大殿筋	外側広筋	大腿二頭筋	前脛骨筋	腓腹筋
ローインパクト系	マーチ	ー	△	×	◎	ー	ー
	サイドステップ	ー	△	△	△	ー	ー
	ランジ	ー	○	◎	△	ー	△
	ヒールタッチ	△	△	△	ー	○	ー
	レッグカール	ー	ー	ー	ー	○	△
	ニーベンド	×	ー	○	×	△	×
	フロントランジ	ー	ー	ー	ー	ー	ー
	ニーリフト	○	△	×	ー	△	△
	バックランジ	ー	ー	ー	ー	◎	○
	サイドジャック	ー	ー	ー	ー	◎	ー
	オープンクローズ	△	△	ー	ー	ー	ー
	ウォーキング	ー	△	ー	ー	ー	ー
	グレープバイン	ー	△	△	△	ー	ー
ハイインパクト系	その場かけ足	ー	ー	ー	◎	△	ー
	キック	△	ー	ー	○	△	○
	スウィング	◎	◎	○	△	△	○
	ツイスト	◎	△	ー	ー	△	ー
	ジャンピングジャック	ー	ー	ー	○	ー	◎
	ホッピング	○	○	ー	ー	ー	ー
	両足ジャンプ	△	ー	○	○	ー	◎
	ランニング	ー	ー	ー	○	ー	ー
	ハイレッグキック	◎	○	○	○	△	○

◎:iEMGの平均値＋1.5SD～(非常によく使う)　　○:iEMGの平均値＋0.5～1.5SD(よく使う)
ー:iEMGの平均値±0.5SD(ふつう)　　△:iEMGの平均値－0.5～1.5SD(あまり使わない)
×:iEMGの平均値－1.5SD～(ほとんど使わない)
(沢井史穂ほか:エアロビックダンスの各種ステップにおける下肢の筋活動状態の評価. 体力科学, 46: 123-134, 1997)

率のよい運動のピッチが存在する)，同様の曲線関係がピッチと大腿直筋ならびに腓腹筋のiEMGとの間にも観察されたことから，その場かけ足運動においては大腿直筋と腓腹筋が主働的役割を果たす筋なのではないかと推察された.

2) ダンス運動のエネルギー

(1) ダンスのエネルギー消費量

ダンス運動の筋活動に関する研究が，まだ発展途上にあるのに比べて，運動強度やエネルギー消費量に関する研究はかなり以前から行われている．日本では1950年代から，学校ダンス，ダンスの基本ステップ，フォークダンス，日本舞踊，社交ダンスなどのエネルギー代謝率(RMR)が報告されている．横関[8]は，それらの結果をまとめて，RMRの低いものに属するのは社交ダンスのスクエアルンバ(2.0)，佐渡おけさ(2.5)，基本動作としてのウォーキング(3.9)，高いものとしてはフォークダンスのバルソビアーレス(15.1)，阿波踊り(14.4)，基本動作の足側打跳(16.9)があり，前者の運動強度は野球，後者はクロールやマラソンに相当すると述べている．また，社交ダンス，スクエアダンス，ディスコダンスのエネルギー消費量を調べた海外の研究の結果によると，同じジャンルでも振り付けや実施者の性別により違いがみられ，4～8kcal/minの範囲に分布していたが，この範囲だと強度の低いものはサイクリング，高いものはテニスのレベルだという．総じて，エネルギー代謝率に影響を及ぼす要因には，踊る時間，テンポ，動きの種類や移動範囲があげられ，跳躍動作を含んだテンポの速い踊りや，振り付けが決まっている場合は全体の所要時間の短い踊りにおいて運動強度は高い傾向を示している(図18-12)．

ダンスの酸素摂取量や乳酸濃度を測定している研究では，SchantzとÅstrand[9]が，6種類の

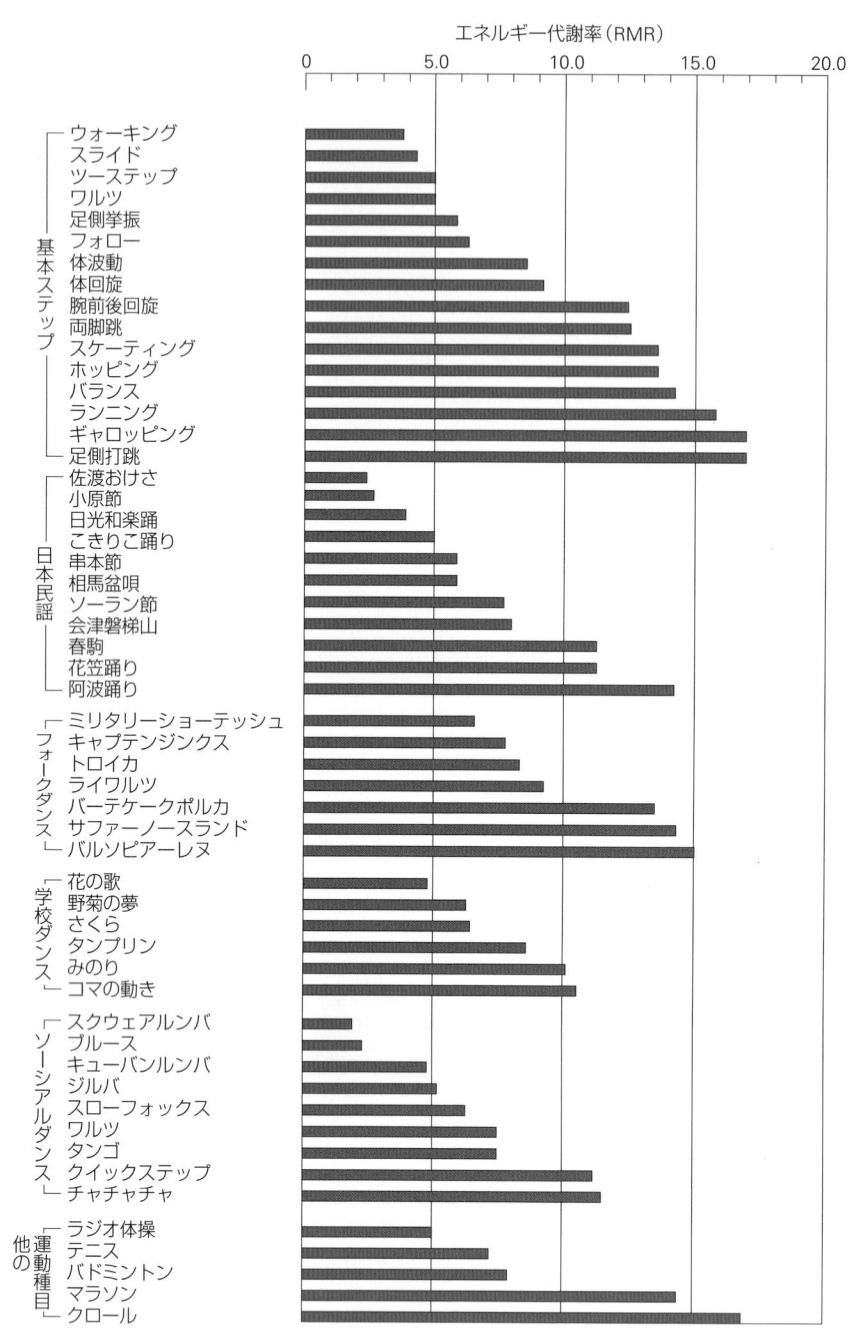

図18-12 各種ダンス運動のエネルギー代謝率(RMR)
(横関利子:舞踊の運動強度について. 体育の科学, 32:825-831, 1982)

バレエクラスにおける酸素摂取量は35〜45% $\dot{V}O_2max$, 乳酸濃度3mmol, 10種類の振り付けられたソロパートダンス(1.8分程度)では80% $\dot{V}O_2max$, 乳酸濃度10mmolであることを報告しているほか, Cohenら[10]は, バーレッスンとセンターフロアでのレッスン中の酸素摂取量とエネルギー消費量を測定し, バーレッスンでは男性の場合18.5mL/kg/min(38% $\dot{V}O_2max$), 0.09kcal/kg/min, 女性の場合16.5mL/kg/min(38% $\dot{V}O_2max$), 0.08kcal/kg/min, センターレッ

スンでは男性が26.3mL/kg/min（55%$\dot{V}O_2$max），0.13kcal/kg/min，女性が20.1mL/kg/min（46%$\dot{V}O_2$max），0.10kcal/kg/min，そしてレッスン全体の平均のエネルギー消費量は，男性で300kcal/h，女性で200kcal/hであったとしている．その他のダンスに関しては，ジャズ体操[11]が60～80%$\dot{V}O_2$max，スウェーデンのフォークダンスhambo[12]が37.5mL/kg/min（70%$\dot{V}O_2$max）（女性），38.5mL/kg/min（90%$\dot{V}O_2$max）（男性），タップダンス[13]が16.6mL/kg/min（初級者女子），16.8mL/kg/min（中級者女子）を示したことが報告されている．

エアロビックダンスについては，もともとトレーニング種目として考案されたものであるから，数多くのエネルギー消費量に関する検討がなされている．ただし，この運動には予め決められた動きや振り付けというものはなく，それらはすべてクラス毎に指導者によって決められるので，運動プログラム毎にエネルギー消費量に大きな開き（10～20mL/kg/min）がある[14]．また，同じ内容のプログラムでも参加者の熟練度によって消費されるエネルギー量が異なることも報告されている[15]．プログラムを構成している動作様式と実施者の能力の違いによってエネルギー消費量が大きく異なるという点は他のダンスのエネルギー消費量に関する報告の中でも指摘されていることであり，ダンス運動の特徴といえよう．

ただし，エアロビックダンスでは，プログラムのメインパートを構成する動作の特徴によって大きく2つのスタイル（跳躍動作を伴う着地衝撃の大きいハイインパクトスタイルと，跳躍せず片足が必ず接地している着地衝撃の小さいローインパクトスタイル）に分けて捉えることができ，ハイインパクトは総じてローインパクトよりエネルギー消費量が多い傾向が認められる．運動中の酸素摂取量の平均はハイインパクト30mL/kg/min程度，ローインパクト20mL/kg/min程度である．エネルギー消費量に換算すると，ローインパクトで低強度のプログラムはおよそ4～5kcal/min，下肢の大筋群をよく使う高強度のプログラムはおよそ10～11kcal/minとなる．プログラム全体を通じた総エネルギー消費量にすると，ハイインパクト中心の30分プログラムでは240kcal程度，ウォームアップとクールダウンを含む40分のプログラムで約290kcal，50分のプログラムで約320kcalという数値が報告されている[14]．平均すると1回のプログラムで消費されるエネルギーは200～300kcal程度と考えられる．この値はバレエレッスン中のものと同等である．

エアロビックダンスの基本的下肢運動のエネルギー消費量については，長野ら[16]や著者[17]の報告がある．

著者は，ハイインパクトとローインパクトの下肢運動をそれぞれ2種類のピッチで行ったときの酸素摂取量を測定し，表18-2に示すように，ハイインパクトステップの酸素摂取量は全体に高く（平均26.2～34.0mL/kg/min），ローインパクトステップは低い傾向（17.5～32.9mL/kg/min）にあったとした．そして，ローインパクトステップでは，ピッチが速くなると酸素摂取量が増加する傾向を示したが，ハイインパクトステップの場合はピッチが速くなっても酸素摂取量は増えず，むしろやや減少する傾向さえみられた．これは，跳躍動作ではピッチの増加により1回の跳躍高が低くなってしまうためであった．

(2) ダンス運動におけるエネルギー供給系とダンサーの能力

一般に，ダンスレッスンと呼ばれるクラス中の運動は，中～高強度の間欠的で瞬発的な活動から成り立っている．バレエクササイズの運動継続時間は30秒～2分，フロアーエクササイズは15秒～3分程度であり，しかもひとつひとつのエクササイズ間には小刻みに休憩が入る．クラス全体の継続時間が60～90分に及ぶことはあっても，運動が長時間連続することはない．つまり，ダンス運動は持久的運動ではなく，無酸素的な運動のカテゴリーに入るとされている．

振り付けられた作品（コレオグラフィー）には，中等度強度で比較的継続的な（3～5分）ものもあり，有酸素系のエネルギー供給能の寄与率が高くなる場合もあるが，そのような場面はトレーニング効果となって現れるほど多くはない[1]．実際，

表18-2 エアロビックダンスのおもな下肢運動の酸素摂取量
インストラクター10名を対象として測定を行った時の平均値.

動きの種類		ピッチ (bpm)	酸素摂取量 (mL/kg/min)	ピッチ (bpm)	酸素摂取量 (mL/kg/min)
ロー インパクト 系	マーチ	130	17.5	150	18.7
	ニーリフト	130	17.7	150	20.2
	ニーベンド	130	20.0	150	19.8
	ステップタッチ	130	24.9	150	27.5
	ウォーキング	130	25.1	150	28.0
	ランジアップ	130	26.0	150	27.0
	ステッピングアウト	130	26.9	150	29.8
	バックランジ	130	29.1	150	32.9
ハイ インパクト 系	スウィング	140	27.9	160	26.2
	キック	140	28.0	160	27.9
	ツイスト	140	28.0	160	25.8
	ジャンピングジャック	140	28.7	160	28.4
	その場かけ足	140	29.0	160	30.4
	ランニング	140	30.0	160	29.8
	ポニーステップ	140	33.9	160	33.1
	ジャンプホップ	140	34.0	160	33.5

(沢井史穂：エアロビックダンスの生理学的・力学的運動強度の評価. Jpn J Sports Sci, 13：537-544, 1994)

ダンサーの最大酸素摂取量は，女性が42mL/kg/min（若年ダンサー）[18]，44mL/kg/min（アメリカプロバレリーナ）[10]，51mL/kg/min（スウェーデンプロバレリーナ）[9]，男性が48mL/kg/min（アメリカプロバレリーナ）[10]，56mL/kg/min（スウェーデンプロバレリーナ）[9]と報告されており，一般人よりは高いものの持久的スポーツ選手には及ばず，非持久系スポーツ選手並の値を示している．

このように，バレエやモダンダンスなどに代表される一般的なダンス運動は，無酸素系の運動がその構成要素の大半を占めていることから，それを遂行する側にもその運動特性に適応できる能力が求められる．それを保有していない場合，パフォーマンスの出来映えが悪くなるだけでなく，傷害を引き起こすことにもつながる．

ダンス傷害の大半はオーバーユースによる慢性的な傷害であり，部位では下肢が圧倒的に多く（65～80％），次いで脊柱（10～17％），上肢（5～15％）である[19]．もちろん，技術的な問題も関係しているが，筋力不足および筋力のアンバランスがダンサーの傷害の大きな原因のひとつと考えられている．ダンサーには，多種多様な姿勢や動作を制御するための身体各部の筋力が必須であるが，もっぱら技術練習に終始するレッスンだけでは十分な筋力強化は行えないため，補足的な筋力トレーニングの必要性が指摘されている[1]．

体力づくりが目的のエアロビックダンスの場合でも，傷害の原因や，下肢が傷害発生部位のトップである点は同じである[20,21]．参加者の多くが運動不足や体力不足だったり，必ずしも十分なトレーニングを積んできていない指導者がいたりするからである．そこで，傷害を予防するために適切な運動の強度と量，プログラム，靴，床を選択することに加え，有酸素運動のほかに筋力不足やアンバランスを補うエクササイズを取り入れるという対策がとられている．

3）ダンス運動中の筋活動量やエネルギー量を決める要因

ダンスのように四肢を複雑に動かす運動において，筋活動やエネルギーを厳密に定量化・標準化することは難しい．しかし，人の身体もひとつの物体であり，物理の法則に従って動くのであるから，物体の運動特性を考えれば，ダンス運動における筋活動量やエネルギー消費量を決める要因に

ついてもある程度の原則論を導くことができる.

人という物体の運動（仕事）は，筋活動によって引き起こされるので，筋張力を発揮させる負荷抵抗は何によって決まるのかを考えてみる．地上での身体運動の場合，筋の抵抗となるのはもっぱら重量負荷であり，これには外的重量と本人の自重とがある．ダンス運動は基本的に用具を使わないので，前者はバレエなどでパートナーをリフトするといった場合のみ当てはまり，ほとんどは自分の身体の一部を持ち上げたり保持したりする運動である．したがって，負荷となる部位の重さ（①負荷重量），動かす距離（②移動距離），動かす回数（③動作反復回数），動きのテンポ（④動作率・パワー）が運動量を決めることになる．

たとえば，腕より脚（高重量）を，高く（長距離），速く（ハイピッチ），何度も（多回数）動かせば，運動量は増えるだろう．すると，もっとも大きい重量に当たるのは身体全体の重さ（体重）であるから，身体全体を一定時間内に大きく位置移動させる（外的仕事量を増やす）ことが，もっとも運動量を増やすことにつながる．

そして，身体全体を移動させる手っ取り早い方法は跳躍である．テンポの速い走・跳躍系のダンスや，ハイインパクトスタイルを用いたエアロビックダンスプログラムのエネルギー消費量が概して高い傾向を示すのはこのためである．身体全体の位置移動がほとんどない場合は，前述したように身体の一部が負荷となり，上記①～④の要因によって内的仕事量が決まる．

ただし，身体運動の場合は変形のない剛体の運動とまったく同じではないし，動作のテンポを速くすると大きく動けなくなったり，たとえば上肢の重量を持ち上げる場合に，肘を曲げて挙げるか伸ばして挙げるかによって肩回りのトルクが変わったりする．

また，筋の活動水準は随意的に制御されるので，関節の動きとしては同じでも，力発揮の仕方次第でエネルギー消費量は異なってくる．このような点を考慮しなくてはならないが，原則的には上述の要因を適用することで，ダンスのような複雑な運動においても，ある程度身体各部の筋活動やエネルギー代謝の程度を推測することができるであろう．

さらに今後，ダンス運動に関するバイオメカニクス的研究データが蓄積されていけば，身体運動の理にかなった動きづくりや，傷害を招くことのない練習方法の確立といったことにもつながっていくのではないだろうか．

文　献

1) Priscilla MC and Skrinar M，頭川昭子監訳：ダンストレーニングの科学．不昧堂出版，1999．
2) Dahlstrom M et al.: Muscle fiber characteristics in female dancers during an active and an interactive period. Int J Sports Med, 8: 84-87, 1987.
3) Clippinger-Robertson KS et al.: Mechanical and anatomical factors relating to the incidence and etiology of patellofemoral pain in dancers. In: Sell C ed, Proceedings of the international symposium on the scientific aspects of dance. pp53-72, Human Kinetic, 1986.
4) Trepman E et al.: Electromyographic analisis of ground-plie in ballet and modern dancers. Med Sci Sports Exerc, 30: 1708-1720, 1998.
5) 佐々木玲子，柳川尚子：モダン・ダンス・テクニックの身体科学的研究．体育の科学，39：223-229，1989．
6) 沢井史穂ほか：エアロビックダンスの各種ステップにおける下肢の筋活動状態の評価．体力科学，46：123-134，1997．
7) Sawai S et al.: EMG activities related to metabolic cost during stationary running of aerobic dancing. 13th international congress on Biomechanics, book of abstract, p123, 1991.
8) 横関利子：舞踊の運動強度について．体育の科学，32：825-831，1982．
9) Schantz PG and Åstrand PO: Physiological characteristics of classical ballet. Med Sci Sports Exerc, 16: 472-476, 1984.
10) Cohen JL et al.: Cardiorespiratory responses to ballet exercise and $\dot{V}O_2$max of elite ballet dancers. Med Sci Sports Exerc, 14: 212-217, 1982.
11) 山岡誠一ほか：ジャズ体操の運動強度．体育科学，6：1-8，1978．
12) Wigaeus E and Kilbom A: Physical demands during folk dancing. Eur J Appl Physiol Occup Physiol, 45: 177-183, 1980.
13) Noble RM and Howley ET: The energy requirement of selected tap dance routines. Res Q, 50: 438-442, 1979.
14) Williford HN et al.: The physiological effects of aerobic dance a review. Sports Med, 8: 335-345,

1989.
15) Thomsen D and Ballor DL:Physiological responses during aerobic dance of individuals grouped by aerobic capacity and dance experience. Res Q Exerc Sports, 62: 68–72, 1991.
16) 長野真弓ほか：エアロビックダンスの運動強度に関する基礎的研究．体育の科学，43：69–73，1993．
17) 沢井史穂：エアロビックダンスの生理学的・力学的運動強度の評価．Jpn J Sports Sci，13：537–544，1994．
18) Novak LP et al.: Maximal oxygen intake and body composition of female dancers. Eur J Appl Physiol Occup Physiol, 39: 277–282, 1978.
19) Milan KR: Injury in ballet:A review of relevant topics for the physical therapist. J Orthop Sports, 19: 121–129, 1994.
20) 武藤芳照ほか：エアロビックダンス障害のケア予防には筋力トレーニングを．別冊日経スポーツメディシン 1989 夏号：124–131，1989．
21) Rothenberger LA et al.: Prevalence and types of injuries in aerobic dancers. Am J Sports Med, 16: 403–407, 1988.

［沢井　史穂］

第19章 スポーツ障害とバイオメカニクス

1. 部位別スポーツ障害

1）腰部のスポーツ障害

スポーツによって引き起こされる腰痛には，過度の運動のため生じた脊柱起立筋の筋硬化による筋疲労性のもの，腰部の脊柱起立筋の炎症によって生じるもの，腰部の脊柱起立筋の挫傷によるもの，腰椎の支持組織の損傷によるもの，などがあげられる．これらの腰痛は胸腰部の筋・腱・靱帯の機能低下が，損傷の起因になることが多い．

その他に，腰椎の軟骨（椎間板）の変化によって生じるもの，腰椎の椎弓部のひびによって誘発されるもの，さらに椎弓部のひびが進行し，ひび割れが起因となるもの，などがあげられる．

腰部における障害（通常の腰痛）の種類は実に多く，その代表的な障害は，筋疲労性腰痛，腰部筋筋膜症，腰部筋挫傷，坐骨神経痛，腰部椎間板ヘルニア，などである．

以下に，腰部椎間板を中心とした障害の中でも多く引き起こされる脊椎分離症およびすべり症のメカニズムと予防ストレッチングについて概説する．

（1）脊椎分離症のメカニズム

椎骨は，椎体（腹部側）と椎弓（背部側）からなっており（図19-1），4種7個の突起がある．腰椎部には強大な荷重がかかるために腰椎骨は極めて大きい．そのため，骨の腰椎の椎体自体と椎弓の突起の形も大きく腰椎の支持能力は高いものとしている．

4種7個の突起のうち上関接突起と下関節突起といわれる突起部のところで関節を形成し，上と下の椎骨を互いに間接的に連結している．

腰椎体は，椎弓根によって繋がれている．椎弓根は連結部位のため，構造上脆弱な部分となる部分がある．また，脊柱起立筋が付着しているので運動では大きな外力が荷重されるところでもある．そのために，腰部に大きな外力が荷重されると脆弱な部位の椎弓根にひびが入ることがあったり，ひび割れが生じることがある（図19-2）．

椎弓根の部分にひびが入った場合が脊椎分離症であり，ひび割れで骨性連結が断たれて，腰椎体

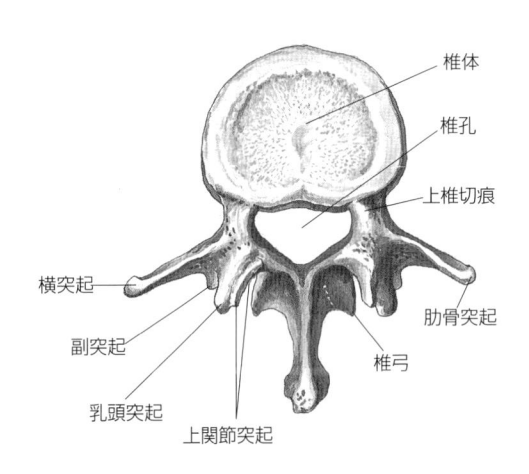

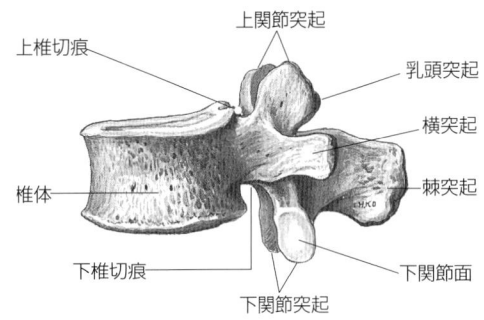

図19-1　椎体と椎弓
（三井但夫他：岡嶋解剖学. p30，杏林書院，1986）

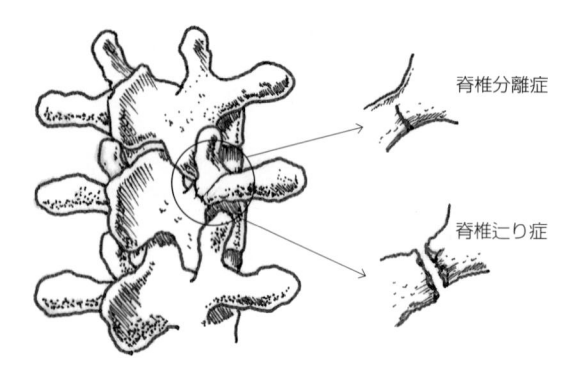

図 19-2 脊椎分離症とすべり症
(堀居 昭：パーフェクトマニュアルスポーツ障害の克服.
p153, ベースボールマガジン社, 1997より引用改変)

図 19-3 脊柱分離症とすべり症用のストレッチング
仰臥位による腰椎部を真っ直ぐにする方法.
(堀居 昭：スポーツ障害別ストレッチング. p51, 杏林書院, 1998)

が前方にすべった場合が脊椎すべり症である.

この椎弓根が先天的に弱かったり，運動による過剰ストレスが繰り返されると，脆くなりひびが入ったり，疲労骨折が原因でひび割れが生じたりする.

運動・スポーツで，脊椎分離症を起こしやすい動作は，腰を大きく反らす動作である．特に，水泳のバタフライは腰を大きく反らす動作を繰り返すため，脊椎分離症になる可能性が極めて高い．10歳前後の子どもたちにはバタフライは好ましいものではない．また，「サバ折り」といって，相手の腰を大きくのけ反らして腰にダメージを与える遊びがある．これも脊椎分離症の原因になることがある．

(2) 脊椎すべり症のメカニズム

椎弓根のひび割れで椎体との骨性連結が断たれている場合，腰部に大きな荷重がかかると連結の断たれている椎体が下にある椎骨の上をすべるようにして前方にずれることがある．このように，骨性連結が断たれた椎体が前方にずれたものが脊椎すべり症ということになる．

脊椎すべり症の発生には，力学的に2つのケースがみられる．ひとつは，椎弓根部位にひびがある脊椎分離の状態からさらに断裂が進み，断裂された椎体を前方にすべらすような外力が荷重されるケースである．もうひとつは，椎骨が正常な状態から一挙に椎弓根部位が断裂され，椎体が前方にすべり出すほどの大きな外力が荷重されるケースである．

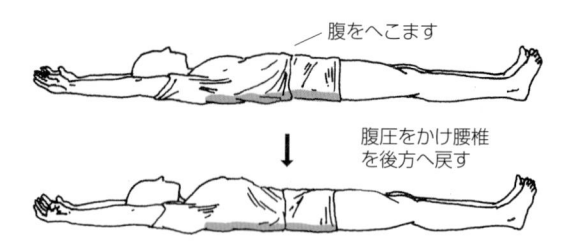

(3) ストレッチング

脊椎分離症とすべり症にとって重要なことは，過剰に反り曲がった腰部を真っ直ぐにして前方に移動した腰椎を後方に戻すことである（図19-3）．

2) 膝のスポーツ障害

膝の代表的なスポーツ障害には，大腿四頭筋のアンバランスによって誘発されるもの，膝関節の内，外側側副靭帯の損傷に起因するもの，膝関節内の靭帯の損傷に起因するもの，膝関節内の軟骨の損傷に起因するもの，膝蓋骨の裏面の損傷に起因するもの，膝蓋骨の靭帯の使い過ぎに誘発されるもの，大腿四頭筋の腱の損傷および大腿屈筋群の腱の損傷に起因するもの，などがあげられる．

以下に，膝を中心にしたスポーツ障害の中でもっとも多いランナー膝とジャンパー膝のメカニズムと予防ストレッチングについて概説する．

(1) ランナー膝のメカニズム

ランナー膝は，ジョギング，ランニングで誘発された膝の障害全体ととらえる広義の解釈もあるが，ここでは膝蓋軟骨の軟化症について述べる．

走行のスピードを上げていくにしたがって，足の回内（内側に傾く）と膝の内旋（内側に回旋）が加わり，それらは徐々に角度が大きくなって，それぞれ一定の傾きをもって走運動が行われる（図19-4）．走運動における足の回内・膝の内旋の現象は，2つの意味をもっている．ひとつは，脚にかかる力を分散させる緩衝作用であり，もうひとつは，母指球を有効に使い強いキック力を生む加速期としての意味がある．

最近，肥りすぎと運動不足解消のために，ジョ

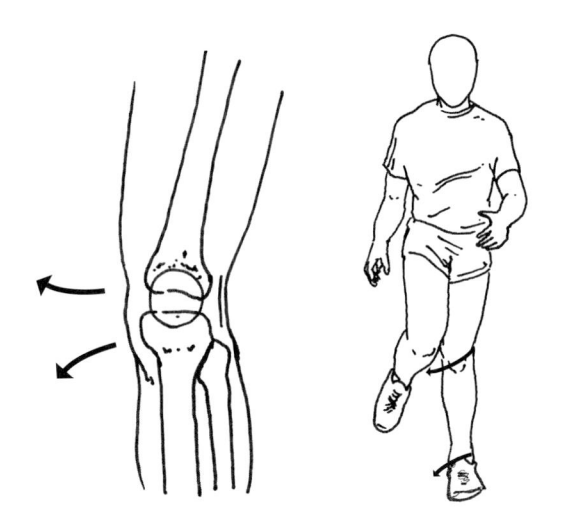

図 19-4 走行時の膝の過内旋と足の過回内
(堀居 昭:スポーツ障害別ストレッチング. p58, 杏林書院, 1998)

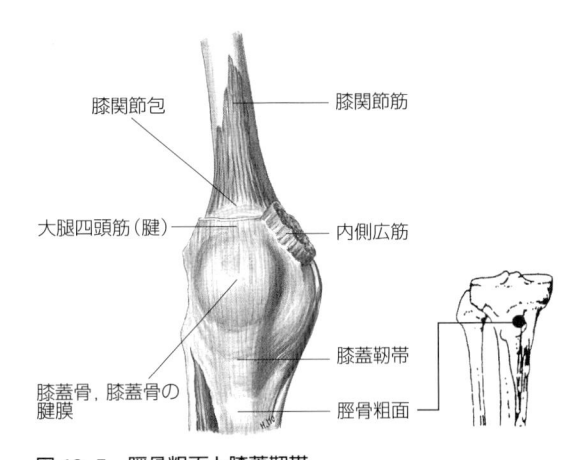

図 19-5 脛骨粗面と膝蓋靱帯
(三井但夫他:岡嶋解剖学. p276, 杏林書院, 1986)

ギングに取り組む中高年者が多くなっているが,これらに2つの点で問題がある.ひとつは,体重が重すぎて膝全体への負担が大きすぎること,もうひとつは,運動不足のために大腿の内側広筋が萎縮しすぎて,膝を痛めやすい状態になっていることである.

内側広筋が萎縮した状態では,膝が過内旋にならない走り方をしていても,内側広筋の力が弱いために,膝蓋骨は外側に強引に引っ張られ,膝蓋骨の裏面が大腿骨の外側顆の辺縁と擦れ合い,膝蓋骨軟化症が招かれやすくなる.

小1時間ほど走っている最中に,膝蓋骨の周辺部と膝の裏面に違和感があり,少々痛みが感じられるようであれば,それは,ランナー膝の前兆である.その時は,スピードを落とすか,歩くかして膝の負担を軽くすることが,ランナー膝を防ぐ秘訣である.

(2) ジャンパー膝のメカニズム

膝蓋靱帯に炎症が生じた膝蓋靱帯炎は,通常ジャンパー膝といわれている.走・跳躍系を主体とするジャンパー,ランナー,バスケットボール,バレーボールに多くみられるが,とりわけジャンパーによくみられるためこの名がついている.

歩く,走る,ジャンプの動作は,膝蓋骨をテコとする膝蓋伸展機構によってスムーズに行われている.特にジャンプ,ランニングにおける着地のショックは,この膝蓋伸展機構によって吸収される.

膝蓋伸展機構は大腿四頭筋からはじまって,その腱は膝蓋骨上端(膝蓋骨上端:大腿四頭筋付着)に付着し,膝蓋骨を経てその下端(膝蓋骨下端:膝蓋靱帯接合部)で膝蓋靱帯となり,最終は膝蓋靱帯の付着面である脛骨粗面で終わっている(図19-5).

膝蓋靱帯の太さは親指程で,長さは約5cmほどであり,動く長さは約0.6cmほどとごくわずかである.

膝蓋靱帯には,ランニング時で約670kgの力がかかり,ジャンプ時ともなると約1,200kgという莫大な力がかかるといわれている.このような大きな力が繰り返し荷重されると,膝蓋靱帯に炎症が生じることがある.

膝蓋靱帯の接合部に微細断裂が現れ,炎症が生じ,痛みを伴うものがジャンパー膝である.

痛みの現れやすい部位は,膝蓋靱帯の付着面の脛骨付近であるが,その他の接合部の膝蓋骨上端の大腿四頭筋および膝蓋骨下端の膝蓋接合部にも痛みが生じることがある.また,まれではあるが,膝蓋靱帯にかかる衝撃力が大きすぎると,靱帯の接合部が剥離することさえある.

ジャンパー膝に陥ると膝蓋靱帯に痛みと圧痛が感じられ,さらに,膝蓋靱帯だけでなく膝蓋骨周

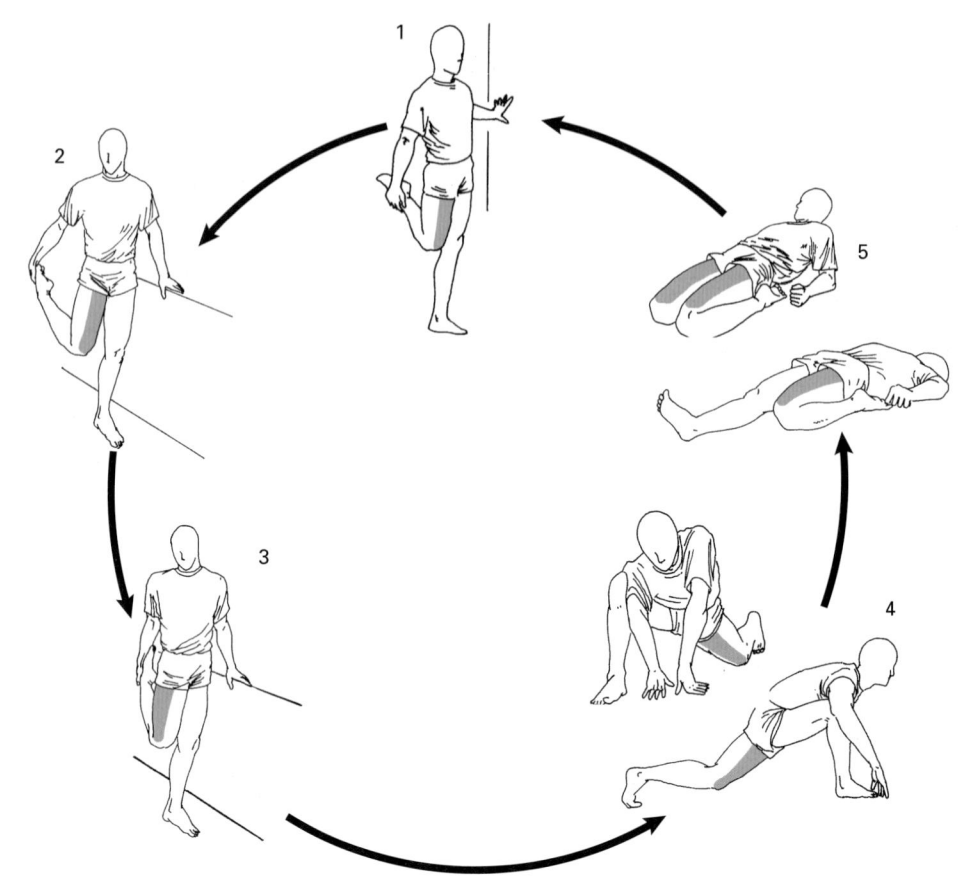

図19-6 ランナー膝とジャンパー膝予防サーキットストレッチング
（堀居　昭：スポーツ障害別ストレッチング．p66，杏林書院，1998）

辺に痛みが感じられるようになる．その痛みが酷くなると，軽いジャンプでも運動痛を伴い，運動ができなくなってしまう．

成長期には，特に激しい運動をしなくとも膝蓋骨の下端に痛み（成長痛）が発生する場合がある．この痛みは，シンディングラーセン・ヨハンセン病の場合があるので，成長痛が長く続くようならば医師の診断を受け，的確に区別する必要がある．

(3) ランナー膝とジャンパー膝予防の
サーキットストレッチング

ランナー膝を防ぐには，大腿直筋・中間広筋による膝蓋骨の真上の挙上，外側広筋による膝蓋骨の外側移行での挙上，広側広筋による膝蓋骨の内側移行での挙上とがうまくバランスを取り，その合成力が逆V字溝の膝蓋面に膝蓋骨が触れることなく挙上および降下していることが必要条件と

なる．また，跳躍系（ジャンプ）を多用する選手は，次のジャンパー膝予防のサーキットストレッチングを行う．特に，仰臥位による大腿四頭筋ストレッチングを完全に行うことができるようにする必要がある（図19-6）．

3) 下腿のスポーツ障害

下腿の代表的なスポーツ障害には，腓腹筋の肉離れ，アキレス腱の断裂，アキレス腱炎，シンスプリント，コンパートメントシンドロームなどがあげられる．足底まで広げると，足関節の内反捻挫，外反捻挫，足底筋膜炎などがあげられる．

以下に，下腿を中心にしたスポーツ障害の中でもっとも多いシンスプリントのメカニズムと予防ストレッチングについて概説する．

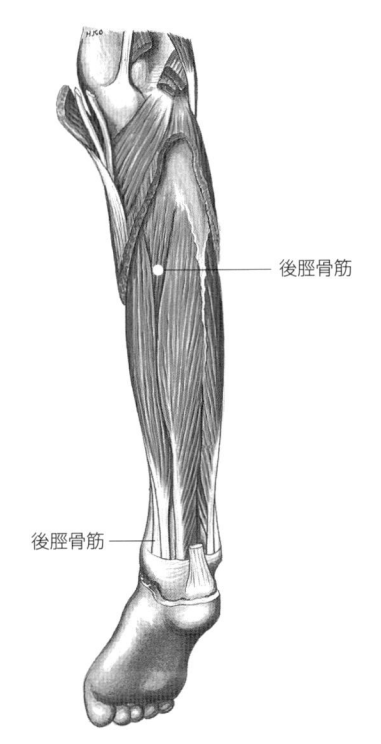

第19章 スポーツ障害とバイオメカニクス 427

図 19-7 後脛骨筋
(三井但夫ほか:岡嶋解剖学. p293, 杏林書院, 1986)

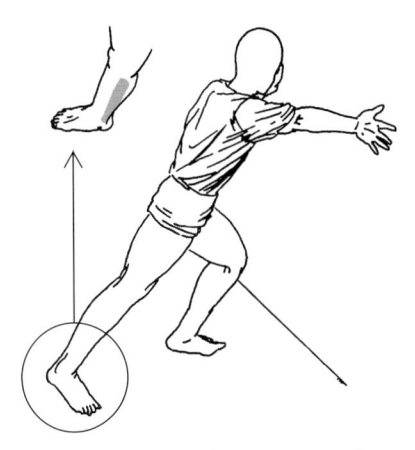

図 19-8 シンスプリント予防ストレッチング
(堀居 昭:スポーツ障害別ストレッチング. p92, 杏林書院, 1998)

(1) シンスプリント

脛骨の前面に鈍痛があるのを総称してシンスプリント (shin splint) とする広義のとらえ方と,脛骨の中・下1/3の前後内側部に疼痛がみられるものをシンスプリントとする狭義のとらえ方がある.

一般的には,狭義にとらえることが多く,これは脛骨過労性骨膜炎と呼ばれている.シンスプリントは,ダッシュ系やジャンプ系のスポーツ選手に多くみられる.

シンスプリントは後脛骨筋 (tibialis posterior muscle) の使い過ぎと関係が深い.

前脛骨筋はよく知られている筋であるが,後脛骨筋は未だよく知られていない筋である.後脛骨筋は下腿の上部後面から端を発し,強い腱を形成して停止部に至っている (図19-7).

後脛骨筋は,キックするごとに短縮と伸展が繰り返されるために,ジョギング・ランニングを長時間行うと,後脛骨筋の短縮と伸展が繰り返され,起始部である脛骨・腓骨・下腿骨間膜と後脛骨筋の筋腱移行部は使い過ぎ症候群に陥り,炎症が生じ脛骨の下位の骨膜にも炎症が及ぶこともある.

ジャンプ系の運動ではなお一層後脛骨筋の強短縮と過伸展が強制されるために,短距離走,バスケットボール,テニス,バレーボール,エアロビック・ダンス等でも後脛骨筋の使い過ぎによるシンスプリントが多くみられる.

シンスプリントに陥る誘因としては,後脛骨筋の短縮と伸展の繰り返しによる骨膜の炎症があげられる.さらに他の誘因として,距骨下関節の可動域が大きいこともあげられる.これは,走行時,ジャンプ時に足関節が過度に回内するために後脛骨筋が強く引き伸ばされることになり,後脛骨筋に過度の負担がかかるためである.これと同じ理由で偏平足の場合もシンスプリントになりやすくなる.偏平足の場合に後脛骨筋は,そうでない場合に比べ,偏平足の部分だけ余分に引っ張られる格好となる.そのために,走ったり,ジャンプする時は,偏平足の場合はそうでない場合よりも後脛骨筋の負担が増大し運動量が多くなり,下腿の疲れが強くなる.

(2) シンスプリント予防のストレッチングおよびマッサージ

図19-8は,後脛骨筋のストレッチの方法である.図19-8のようにポーズを取り,床に踵と母指部のところを付け,後脛骨筋が伸展されるようにする.足関節の柔軟性によって後脛骨筋に感じ

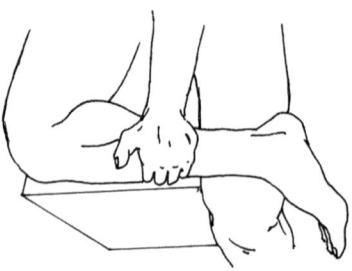

図 19-9　シンスプリント予防マッサージ
（堀居　昭：スポーツ障害別ストレッチング．p92，杏林書院，1998）

a：パートナーによるマッサージ　　b：セルフマッサージ

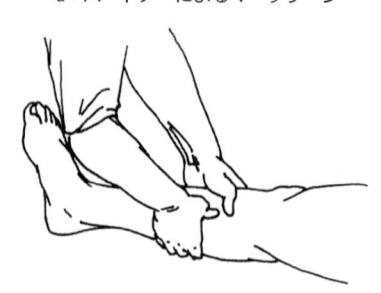

られるストレッチの具合が違うので，足関節の角度をいろいろ変えて工夫してみる．後脛骨筋に具合よくストレッチが感じられる角度がみつかったら踵の内側に少し体重をかけるようにすると後脛骨筋を少し伸展させることができる．

図 19-9 は，後脛骨筋のパートナーによるマッサージ（a）とセルフマッサージ（b）の方法を示したものである．

4）肘のスポーツ障害

肘の代表的なスポーツ障害は，前腕の屈・伸筋群の過度の伸展が誘因となるもの，または過度の伸展状態から急遽反転して強い短縮性収縮に移り変わるときの過大ストレスが誘因となるもの，上腕骨小頭の強い衝撃性の刺激が誘因となるもの，さらに強い外力による脱臼に起因するもの，などがある．

肘の脱臼は傷害に入るので，ここでは割愛し，その他のスポーツ障害「野球肘」のメカニズムとストレッチについて概説する．

（1）野球肘のメカニズム

もっとも野球肘が生じやすい時期は，投球動作のアクセレレーション期である．最大スピードでボールを投げるには，肘を支点として上肢はしなやかな鞭状にする必要がある．上肢がしなやかな鞭状になるには肘関節は咄嗟に強い外反位が要求される．

肘は強い外反位の他に手関節の強い背屈も加わるため，前腕屈筋群の起始部の筋腱移行部と腱には大きな負担がかかる．投球動作において

は，前腕屈筋群の過剰なストレスは前述に止まらず，ボールをリリースする前に伸展状態から急遽反転して強い短縮性の収縮に変わることが要求される．そのために，前腕屈筋群には 1 回の投球動作において，2 度の過剰な伸展によるストレスと，2 度の強い短縮性の収縮によるストレスが荷重される．したがって，1 度の投球動作において前腕屈筋群は，4 度の過剰なストレスの洗礼を受けることになる（図 19-10）．

野球肘でダメージが大きい筋は，橈側手根屈筋（第 2，3 指を掌屈させる筋）と浅指屈筋（第 2〜5 指を掌屈させる筋）である．

投球動作では第 2 指と第 3 指が主体に使われ，前期の筋の起始部の腱に限定されそうなものであるが，実は前腕屈筋群の起始部の腱全体に及んでしまう．

その理由は，前腕の屈筋・伸筋群ともにそれぞれの起始部の腱が癒着している筋が多いからである．特に，前腕屈筋群の癒着が著しいのである．ボールを投げる時に第 2 指と第 3 指に限定して力を入れたとしても，その負担は前腕屈筋群の起始部全体に及んでしまうのである．

（2）上腕骨内側上顆炎（野球肘・テニス肘など）予防のストレッチング

前述したように，上腕骨内側上顆炎は，前腕伸筋群の過度の伸展が誘因となるもの，また，過度の伸展状態から急遽反転して強い短縮性収縮に移り変わるときの過剰ストレスが誘因となる（図 19-11）．

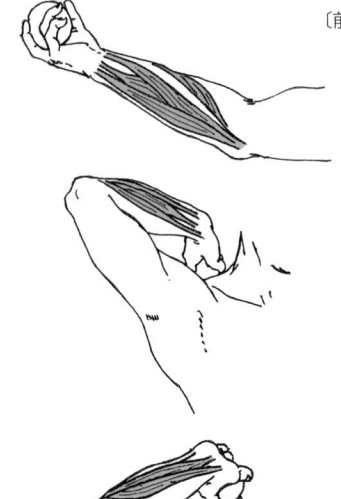

〔前腕屈筋群は投球動作中に4回の過激なストレスを受ける〕

ストレス1：コッキング期における前腕屈筋群の伸展がはじまるphase

ストレス2：アクセレレーション期に伴う肘外反位による前腕屈筋群の最大伸展のphase（起始部の負担がもっとも大きく損傷の起因となりやすいphase）

ストレス3：アクセレレーション期における前腕屈筋群の最大伸展位に継ぎ急遽短縮性伸縮に変わるphase（伸ばされた状態から急に縮むために前腕屈筋群自体と起始部を痛める原因ともなる）

ストレス4：前腕屈筋群の最大短縮性収縮でボールがリリースされるphase

図19-10 野球肘のメカニズム（上腕骨内側上顆炎：前腕屈筋群の起始部の損傷）
（堀居　昭：スポーツ障害別ストレッチング．p109，杏林書院，1998）

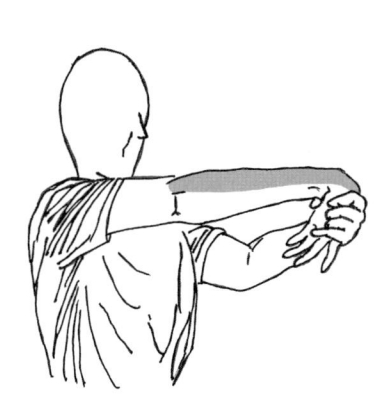

a：上腕骨内側の肘の上下動作によるストレッチングを10回行う．

b：もっともよく伸展が感じられるところでストレッチを行う．

図19-11 上腕骨内側上顆炎予防ストレッチング
野球肘・テニス肘・槍投げ肘・ゴルフ肘：前腕屈筋群の起始部側の筋・腱のストレッチング．
（堀居　昭：スポーツ障害別ストレッチング．p121，杏林書院，1998）

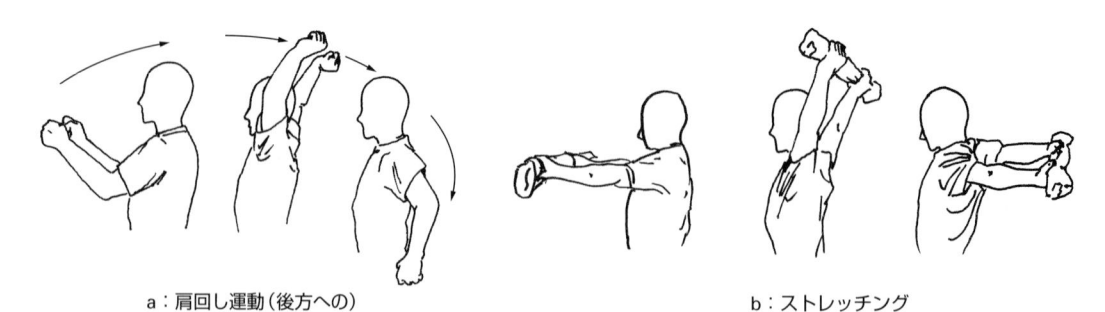

a：肩回し運動（後方への）　　　　　　　　　　b：ストレッチング

図 19-12　五十肩予防の後方へ肩回し運動とストレッチング
（堀居　昭：スポーツ障害別ストレッチング．p133，杏林書院，1998）

5）肩のスポーツ障害

肩のスポーツ障害には，肩甲骨に付着している肩腱板の筋の損傷もしくは腱の伸び過ぎが誘因となるもの，上腕二頭筋長頭の伸び過ぎに伴う関節包と滑液包に対する強いストレスが誘因となるもの，引き伸ばされた大胸筋が急激に短縮することが誘因となるもの，上腕二頭筋長頭が結節間溝部で脱臼気味になることが誘因となるもの，さらには上腕三頭筋長頭の起始部の使いすぎによる骨棘形成が誘因となるもの，などがあげられる．

以下に，肩を中心にしたスポーツ障害の中でもっとも多い五十肩のメカニズムと予防ストレッチングについて概説する．

(1) 五十肩のメカニズムと予防ストレッチング

五十肩は，肩腱板の伸び過ぎか損傷によるものであるが，起因する動作は必ずしもスポーツのような無理な動作によって生じるものではない．

五十肩は，肩腱板の微細断裂，または引き伸ばされ過ぎに起因することが多い．ただし，腱峰下滑液包炎や癒着性関節包炎というように診断され，病名がつくものは五十肩とは異なるものである．

五十肩は肩の老化といえる．これは，肩を使わなくなることからはじまる．加齢に伴い腕を上にあげたり，回したりすることが極端に少なくなるためである．肩が使われなくなると，肩腱板の筋萎縮，肩関節の滑液包の機能低下，肩甲骨と胸郭間との隙間の狭窄とが年齢とともに亢進する．つまり，まず肩腱板の筋萎縮が生じ，それに伴って肩甲胸郭部の隙間が加齢とともに減少していくのである．

さらに，肩甲骨の上に付着している僧帽筋も加齢とともに硬くなるので，肩甲骨はますます動きにくくなってしまう．また，肩を動かさなくなったために，肩の滑液包が十分にはたらかなくなり，滑液の分泌が少なくなり，上腕骨の骨頭の動きが悪くなる．肩甲骨と上腕骨の骨頭が動きにくくなっている状態のときに，急に腕をあげたりすると，肩腱板のどれかの筋に無理がかかり，微細断裂か引き伸ばされて痛みが生じることがある．肩腱板の構成筋である棘上筋，棘下筋，小円筋は筋ではあるが，名の通り腱の部分が多い筋である．さらに，肩甲骨の表面は凸凹した肩甲骨の表面と擦れ合うことが多くなり微細断裂が生じ，さらに炎症が生じる．そうなると腱板は腫れ，ますます炎症はひどくなり，最悪の場合は，腕は肩より上にあげることができなくなる．

これは引っ張った岩にロープが引っかかり，何度も引っ張っているうちにロープが擦り切れてしまうことに相似している．五十肩は，腕を肩より上にあげたときに起こることが多いので，棘上筋の損傷に起因することが多いことになる．

五十肩を防ぐには，ストレッチングを行うとともに，普段から意識して腕をあげる，肩を回すなど肩の柔軟性を失わないように努める必要がある（図19-12）．

文　献

1) 堀居　昭：スポーツ障害別ストレッチング．杏林書院，1998．
2) 堀居　昭：パーフェクトマニュアルスポーツ障害の克服．ベースボールマガジン社，1997．

[堀居　昭・黄　仁官]

第Ⅲ部　バイオメカニクスの研究法

- 20章　キネマティクスとキネティクス
- 21章　筋電図
- 22章　超音波法
- 23章　MRI
- 24章　シミュレーション
- 25章　競技力向上のバイオメカニクス

第20章 キネマティクスとキネティクス

1. キネマティクスとキネティクスの関係

　力学（mechanics）は大きく，運動学（kinematics）と運動力学（kinetics）に分けられる．体育・スポーツの分野では，「運動学」という用語は力学でいう運動学とスポーツ運動学（bewegungslehre, human movement studies）の両方の意味に用いられており，混乱や誤解をさけるため，最近では力学の運動学をキネマティクスとカタカナで表すことが多くなった．したがって，ここでもキネマティクスとキネティクスと呼ぶことにする．

　図20-1は，キネマティクスとキネティクスの関係を示したものである．キネマティクスは運動現象を速度や加速度などの変量を用いて記述する力学の1分野であり，キネティクスは運動の力学的原因である力や力のモーメントを扱う分野であるが，力やモーメントによる仕事，力学的エネルギーなどについても論じる．したがって，キネマティクスに物体や身体の慣性特性である質量および慣性モーメントが関与すると，キネティクスになると広く考えておくほうがよいであろう．

2. 並進運動と回転運動の関係

　バイオメカニクスでは，身体や用具を質点（重心点），質点系，剛体，剛体系，粘弾性体などにモデル化して研究する．このうち，身体を剛体にモデル化して身体運動を扱う場合には，①並進運動，②固定軸回りの運動，③一般平面運動，④固定点回りの運動，⑤一般運動を考えるが，多くの

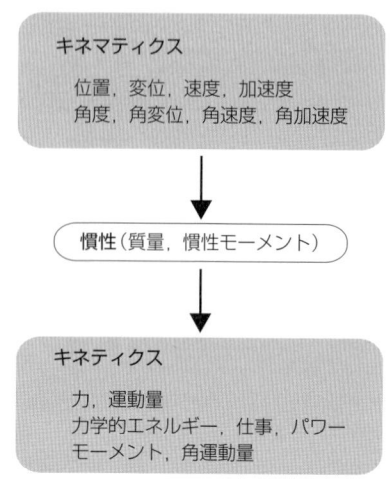

```
キネマティクス
  位置，変位，速度，加速度
  角度，角変位，角速度，角加速度
         ↓
  慣性（質量，慣性モーメント）
         ↓
キネティクス
  力，運動量
  力学的エネルギー，仕事，パワー
  モーメント，角運動量
```

図20-1　力学におけるキネマティクスとキネティクスの関係

表20-1　並進運動と回転運動の力学量の対比

並進運動	角（回転）運動
位　置	角度
変　位	角変位
速　度	角速度
加速度	角加速度
質　量	慣性モーメント
力	力のモーメント
運動量	角運動量
力　積	角力積
並進運動エネルギー	回転運動エネルギー
関節力（関節力パワー）	関節トルクパワー，セグメントトルクパワー

　身体運動は，一般運動と呼ばれる並進運動と回転（角）運動の組み合わせと考えることができる．したがって，剛体の運動方程式は並進運動の運動方程式と回転運動の運動方程式に分けて考える．

　表20-1は，並進運動と回転運動に関して用いられる力学量を対比させて示したものである．そして，身体運動は関節回りの部分の回転運動の

組み合せから成り立っていると考えられるので，たとえば，並進速度と角速度の関係（$v=\omega \times r$）から両者の橋渡しをすることができる．

3. キネマティクス

1）座標系の決定と座標変換

力学的に身体運動を考える基準として，直交座標系，極座標系，円柱座標系，球面座標系などさまざまな座標系が用いられるが，ここでは右手系の直交座標系（図20-2）を考えることにする．図20-2は，右手を握った状態からまず親指を開いてX軸，次に人差し指を開きY軸，そして中指を開いてZ軸と定義する座標系のことである．身体運動の分析では，まず地面や床などの動かないものに固定した座標系を基準とするが，これを静止座標系(固定座標系とも呼ばれる．ここでは，大文字のX，Y，Zで表す）といい，身体部分などに定義した座標系を移動座標系（運動座標系などともいう．ここでは，小文字のx, y, zで表す）という．移動座標系を導入することによって，運動を異なった座標系から観察できるので，考察の幅や深みを増すことができる．また，オイラー角を求めたり，座標変換を適切に行って3次元分析が行えるようになる．

(1) 移動座標系の決定

移動座標系を決定する方法はいくつかあり，分析の目的，運動の特性，計測条件などにより異なった定義が用いられるが，ここでは以下のような方法[1]を紹介する．

①上肢，下肢

身体部分（たとえば，上腕）の長軸をz軸とし，x軸は隣接する2つの部分（上腕と前腕）でつくられる平面に垂直な方向とする．そして，静止座標系におけるx軸とz軸の方向を示す単位ベクトルをそれぞれx (x_1, x_2, x_3), z (z_1, z_2, z_3)とすると，右手系の直交座標系を用いるとすれば，y軸の方向を示す単位ベクトルの成分はベクトルの外積（$y=z \times x$）から式（1, 2）で求められる．

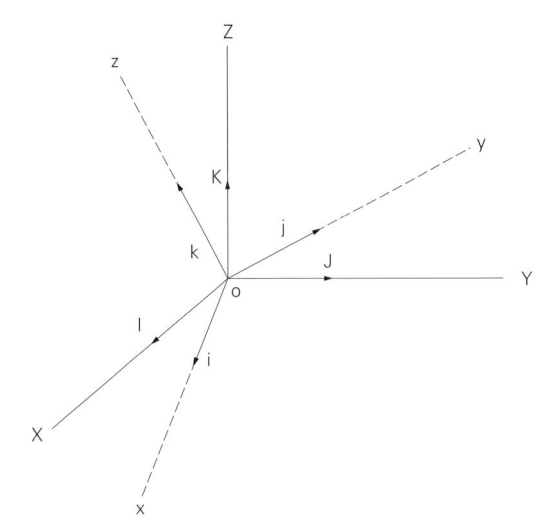

図20-2 直交座標系：静止座標系XYZと移動座標系xyz

$$y = z \times x$$
$$= \begin{vmatrix} i & j & k \\ z_1 & z_2 & z_3 \\ x_1 & x_2 & x_3 \end{vmatrix} \quad \cdots\cdots\cdots (1)$$
$$y_1 = z_2 x_3 - z_3 x_2$$
$$y_2 = z_3 x_1 - z_1 x_3$$
$$y_3 = z_1 x_2 - z_2 x_1 \quad \cdots\cdots\cdots (2)$$

しかし，この方法では，隣接する部分が一直線になった場合には，z軸以外の軸を決定することができないので，前後のコマから内挿するか，適切なマークをあらかじめ身体部分に取りつける必要がある．

②胴 体

胴体の長軸（たとえば，胴体の重心から両肩の中点へ向かう方向を示す単位ベクトル）をz軸，左肩と左大転子の中点から右肩と右大転子の中点へむかう方向を示す単位ベクトルを仮のx軸（x'軸）として，$y=z \times x'$によりy軸を決める．しかし，x'軸は必ずしもz軸と直交するとは限らないので，そのままx'軸を運動座標系のx軸とすることはできない．そこで，$x=y \times z$によって真のx軸を決定する．胴体を分けた場合も同様にして移動座標系を決定することができる．

③頭部，手など

これらの部分は，①の方法を用いても満足する結果が得られないことが多い．そこで，これらの

部分については，分析点を1〜2点増す（たとえば，頭部では頭頂，左右の耳の3点を用いて胴体と同様の方法で移動座標系を決める）か，マークを用いる．

このようにして移動座標系が決まると，オイラー角や方向余弦を求めることができる．

(2) 座標変換

空間における剛体の位置関係を表すには3つの角が必要で，これらの角としてオイラー角（後述）が用いられる．そして，静止座標系と移動座標系の各軸間の方向余弦をオイラー角を用いて表し，両座標系間の座標変換を行うことができる．しかし，先述したようにして移動座標系を決めると，各軸の方向余弦が得られるので，これを利用して座標変換を行うことができる．

図20-2に示したように，移動座標系 xyz を静止座標系 XYX の原点に平行移動したときの静止座標系および移動座標系での直交単位ベクトルをそれぞれ I, J, K および i, j, k とすると，両者の関係は行列を用いて表すと式（3）のようになる．

$$\begin{bmatrix} I \\ J \\ K \end{bmatrix} = \begin{bmatrix} a_{11} & a_{21} & a_{31} \\ a_{12} & a_{22} & a_{32} \\ a_{13} & a_{23} & a_{33} \end{bmatrix} \begin{bmatrix} i \\ j \\ k \end{bmatrix} = R \begin{bmatrix} i \\ j \\ k \end{bmatrix} \cdots (3)$$

ここで，9個の係数（a_{11}, a_{12}, a_{13} など）は両座標系の軸の間の方向余弦である（たとえば，a_{11} は静止座標系の X 軸と移動座標系の x 軸の，a_{21} は X 軸と y 軸の方向余弦である）．また，この行列を座標変換行列 R，その転置行列を R^T とすると，式（4）のようにして静止座標系を移動座標系に変換することができる．

$$\begin{bmatrix} i \\ j \\ k \end{bmatrix} = \begin{bmatrix} a_{11} & a_{12} & a_{13} \\ a_{21} & a_{22} & a_{23} \\ a_{31} & a_{32} & a_{33} \end{bmatrix} \begin{bmatrix} I \\ J \\ K \end{bmatrix} = R^T \begin{bmatrix} I \\ J \\ K \end{bmatrix} \cdots (4)$$

座標変換行列が得られると，静止座標系や任意の移動座標系へデータ（実際には，座標値）を変換できるので，運動者を中心とした系への力学量の変換などが行える．

2) 速度と加速度の算出

画像から得られる位置座標を数値微分して速度，加速度を算出するためには，式（5）が用いられることが多い．

$$\dot{x}_i = (x_{i+1} - x_{i-1})/2\varDelta t, \text{あるいは}$$
$$\dot{x}_i = (-2x_{i-2} - x_{i-1} + x_{i+1} + 2x_{i+2})/10\varDelta t \cdots (5)$$

ここに示した数値微分の式は，高周波成分を減衰させる（それぞれサンプリング周波数の0.221, 0.121の遮断周波数をもつ）ので，平滑化したデータを微分すると，必要以上に高周波成分を減衰させることに注意する必要がある．

3) 角速度と角加速度の算出

空間における2つのベクトルのなす角は，ベクトルの内積から求めることができる．角速度は，基本的には角度を数値微分して得られるが，身体部分の移動座標系の角速度を求める方法には次のようなものがある．

(1) オイラー角の微分による方法

3次元回転は，任意に選ばれた座標軸回りの回転を順に行うことによって表すことができる．オイラー角とは，3次元回転においてどの軸回りに，何度回転させるかを示す3つのパラメータのことをいうが，軸と回転の順序によって3次元空間における物体の姿勢が異なるので注意が必要である．なお，オイラー角の定義はいくつかあり，オイラー角を組み合わせた座標変換行列は12種類もあるといわれているが[1]，ここでは代表的なものについて説明する．

①2軸法

図20-3に示したように，静止座標系 O-XYZ を①Z軸回りに角ϕ，②X'軸回りに角θ，③Z''軸回りに角ψ回転させたときに，静止座標系が移動座標系 O-xyz に一致するような3次元回転を考える．この場合には Z 軸と X 軸（実際には X' 軸，Z'' 軸で回転したが）の2軸を使うので，2軸法という．この場合の各軸回りの座標回転行列は，以下の式（6）のようになり，これらを用いると回転後の座標系 O-xyz における座標値を静止座標系 O-XYZ で表すことができる（式（7））[2,3]．

また，静止座標系と移動座標系の関係を示す行列（式（4））から，オイラー角は式（8）で計算できる．そして，オイラー角の微分値を用いれば，

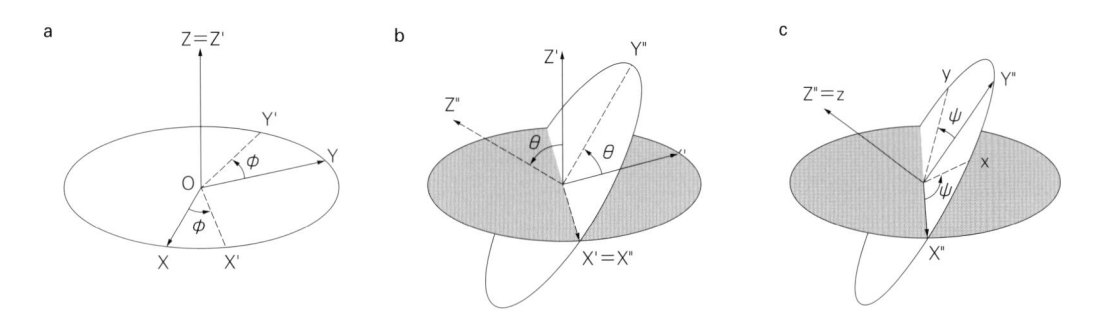

図 20-3　オイラー角の定義：2 軸法
（梁　成吉：理工系数学のキーポイント 8　行列と変換群．pp95-116，岩波書店，1996）

移動座標系の角速度，角加速度はそれぞれ式（9, 10）で算出できる[2]．

②3 軸法

静止座標系を O-XYZ を①X 軸回りに角 θ，②Y' 軸回りに角 ψ，③Z" 軸回りに角 ϕ 回転させたときに，静止座標系が移動座標系 O-xyz に一致するような 3 次元回転を考える．この場合には X, Y, Z の 3 軸を使うので，3 軸法という．後述するハードルにおける抜き脚股関節の 3 次元トルクは 3 軸法にもとづいて計算されたものである．

この場合の各軸回りの座標回転行列は，式（11）のようになり，これらの行列を用いて回転後の座標系 O-xyz における座標値を静止座標系 O-XYZ で表すと，式（12）のようになる[4]．

また，2 軸法の場合と同様にして，オイラー角は式（13）で計算できる．そして，オイラー角の微分値を用いれば，移動座標系の角速度，角速度はそれぞれ式（14, 15）で算出できる[4]．

(2) Dapena の方法

Dapena[5] や Hinrichs[6] は，以下のようにして

$$[\phi]=\begin{bmatrix}\cos\phi & \sin\phi & 0\\ -\sin\phi & \cos\phi & 0\\ 0 & 0 & 1\end{bmatrix}\quad [\theta]=\begin{bmatrix}1 & 0 & 0\\ 0 & \cos\theta & \sin\theta\\ 0 & -\sin\theta & \cos\theta\end{bmatrix}\quad [\psi]=\begin{bmatrix}\cos\psi & \sin\psi & 0\\ -\sin\psi & \cos\psi & 0\\ 0 & 0 & 1\end{bmatrix}\cdots\cdots(6)$$

$$\begin{bmatrix}x\\ y\\ z\end{bmatrix}=\begin{bmatrix}\cos\psi\cos\phi-\sin\psi\cos\theta\sin\phi & \cos\psi\sin\phi+\sin\psi\cos\theta\cos\phi & \sin\psi\sin\theta\\ -\sin\psi\cos\phi-\cos\psi\cos\theta\sin\phi & -\sin\psi\sin\phi+\cos\psi\cos\theta\cos\phi & \cos\psi\sin\theta\\ \sin\theta\sin\phi & -\sin\theta\cos\phi & \cos\theta\end{bmatrix}\begin{bmatrix}X\\ Y\\ Z\end{bmatrix}\cdots\cdots(7)$$

$$\theta=\cos^{-1}(a_{33})\quad \psi=\cos^{-1}(a_{23}/\sin\theta)\quad \phi=\cos^{-1}(a_{31}/\sin\theta)\cdots\cdots(8)$$

$$\begin{bmatrix}\omega_x\\ \omega_y\\ \omega_z\end{bmatrix}=\begin{bmatrix}\cos\psi & \sin\theta\sin\psi & 0\\ -\sin\psi & \sin\theta\cos\psi & 0\\ 0 & \cos\theta & 1\end{bmatrix}\begin{bmatrix}\dot\theta\\ \dot\phi\\ \dot\psi\end{bmatrix}\cdots\cdots(9)$$

$$\begin{bmatrix}\dot\omega_x\\ \dot\omega_y\\ \dot\omega_z\end{bmatrix}=\begin{bmatrix}\cos\psi & \sin\theta\sin\psi & 0\\ -\sin\psi & \sin\theta\cos\psi & 0\\ 0 & \cos\theta & 1\end{bmatrix}\begin{bmatrix}\ddot\theta\\ \ddot\phi\\ \ddot\psi\end{bmatrix}+\begin{bmatrix}-\sin\psi & \sin\theta\cos\psi & \cos\theta\sin\psi\\ -\cos\psi & -\sin\theta\sin\psi & \cos\theta\cos\psi\\ 0 & 0 & -\sin\theta\end{bmatrix}\begin{bmatrix}\dot\psi\dot\theta\\ \dot\psi\dot\phi\\ \dot\theta\dot\phi\end{bmatrix}\cdots\cdots(10)$$

$$[\theta]=\begin{bmatrix}1 & 0 & 0\\ 0 & \cos\theta & \sin\theta\\ 0 & -\sin\theta & \cos\theta\end{bmatrix}\quad [\psi]=\begin{bmatrix}\cos\psi & 0 & -\sin\psi\\ 0 & 1 & 0\\ \sin\psi & 0 & \cos\psi\end{bmatrix}\quad [\phi]=\begin{bmatrix}\cos\phi & \sin\phi & 0\\ -\sin\phi & \cos\phi & 0\\ 0 & 0 & 1\end{bmatrix}\cdots(11)$$

$$\begin{bmatrix}x\\ y\\ z\end{bmatrix}=\begin{bmatrix}\cos\psi\cos\phi & \cos\theta\sin\phi+\sin\theta\sin\psi\cos\phi & \sin\theta\sin\phi-\cos\theta\sin\psi\cos\phi\\ -\cos\psi\sin\phi & \cos\theta\cos\phi-\sin\theta\sin\psi\sin\phi & \sin\theta\cos\phi+\cos\theta\cos\psi\sin\phi\\ \sin\psi & -\sin\theta\cos\psi & \cos\theta\cos\psi\end{bmatrix}\begin{bmatrix}X\\ Y\\ Z\end{bmatrix}\cdots\cdots(12)$$

$$\psi=\sin^{-1}(a_{31})\quad \phi=\cos^{-1}(a_{11}/\cos\psi)\quad \theta=\cos^{-1}(a_{33}/\cos\psi)\cdots\cdots(13)$$

$$\begin{bmatrix} \omega_x \\ \omega_y \\ \omega_z \end{bmatrix} = \begin{bmatrix} \cos\phi\cos\psi & \sin\phi & 0 \\ -\sin\phi\cos\psi & \cos\phi & 0 \\ \sin\psi & 0 & 1 \end{bmatrix} \begin{bmatrix} \dot{\theta} \\ \dot{\psi} \\ \dot{\phi} \end{bmatrix} \quad \cdots\cdots (14)$$

$$\begin{bmatrix} \dot{\omega}_x \\ \dot{\omega}_y \\ \dot{\omega}_z \end{bmatrix} = \begin{bmatrix} \cos\phi\cos\psi & \sin\phi & 0 \\ -\sin\phi\cos\psi & \cos\phi & 0 \\ \sin\psi & 0 & 1 \end{bmatrix} \begin{bmatrix} \ddot{\theta} \\ \ddot{\psi} \\ \ddot{\phi} \end{bmatrix} + \begin{bmatrix} -\cos\phi & -\sin\phi\cos\psi & -\cos\phi\sin\psi \\ -\sin\phi & -\cos\phi\cos\psi & \sin\phi\sin\psi \\ 0 & 0 & \cos\psi \end{bmatrix} \begin{bmatrix} \dot{\psi}\dot{\phi} \\ \dot{\phi}\dot{\theta} \\ \dot{\theta}\dot{\psi} \end{bmatrix} \quad \cdots\cdots (15)$$

身体部分の角速度を求めている.

$\omega_i = \theta_i n_i / (2\varDelta t)$

ここで,n_iは時刻$i-1$および$i+1$での身体部分の長軸によって定義される2つのベクトルに直交する単位ベクトル,θ_iは時間$2\varDelta t$間の部分の角変位である.

(3) $V = \omega \times r$ による方法

湯ら[7]は,上の式にもとづいて,重心を通る軸回りの角速度を式(16)で算出している.

$\omega_X = \{(Y-Y_C)(V_Z-V_{ZC}) - (Z-Z_C)(V_Y-V_{YC})\}/r^2$
$\omega_Y = \{(Z-Z_C)(V_X-V_{XC}) - (X-X_C)(V_Z-V_{ZC})\}/r^2$
$\omega_Z = \{(X-X_C)(V_Y-V_{YC}) - (Y-Y_C)(V_X-V_{XC})\}/r^2$
$\quad\cdots\cdots\cdots\cdots\cdots\cdots\cdots\cdots\cdots\cdots\cdots (16)$

ここで,X,Y,Zは身体部分上の点の座標,X_C,Y_C,Z_Cは部分重心の座標,V_{XC},V_{YC},V_{ZC}は重心の速度,rは部分重心と点との距離である.この方法では,静止座標系についての角速度が算出されるので,部分の移動座標系についての角速度を求めるには,静止座標系との関係を表す変換行列を用いる.

(4) 直交単位ベクトルの微分による方法

次のようにして,身体部分の移動座標系の軸回りの角速度を得ることができる[8].

移動座標系の直交単位ベクトルを**i**,**j**,**k**とすれば,移動座標系の角速度ベクトルωは式(17)で計算できる.

$d\mathbf{i}/dt = \omega \times \mathbf{i} \quad d\mathbf{j}/dt = \omega \times \mathbf{j} \quad d\mathbf{k}/dt = \omega \times \mathbf{k}$
$\omega = \omega_x \mathbf{i} + \omega_y \mathbf{j} + \omega_z \mathbf{k}$ より
$\omega_x = \mathbf{k} \cdot d\mathbf{j}/dt \quad \omega_y = \mathbf{i} \cdot d\mathbf{k}/dt \quad \omega_z = \mathbf{j} \cdot d\mathbf{i}/dt \cdots (17)$

4. キネティクス

1) 並進運動のキネティクス

(1) 力

運動中の身体にはさまざまな力が加わる.その代表的なものは,筋の発揮する力(筋力)で,筋が骨に対して力を発揮し,関節回りに回転が起こり,これが多数組み合わさって全身の運動になる.この他にも,地面からの力(地面反力),空気の抵抗,水泳中の水の力など,多くの力が作用する.

力学では,運動の第2法則により力を定義する.これは,加えた力(F)と加速度(a)の関係を表すもので,一般には式(18)で表される.

$F = ma \cdots\cdots\cdots\cdots\cdots\cdots\cdots\cdots\cdots (18)$

(2) 運動量と力積

運動には力と力が作用した時間が関係してくる.力と時間の運動への効果を力積(impulse)といい,式(19)の右辺に示したように,力と時間の積で表される.そして,身体やボールなどの「動いている物体の勢い」のことを運動量(momentum)といい,式(20)の右辺で表される.そして,力積と運動量との間には式(21)に示す関係があり,運動量―力積の関係と呼ばれることがある.

$Ip = Ft \cdots\cdots\cdots\cdots\cdots\cdots\cdots\cdots\cdots (19)$
$L = mV \cdots\cdots\cdots\cdots\cdots\cdots\cdots\cdots\cdots (20)$
$mV_1 + Ft = mV_2 \cdots\cdots\cdots\cdots\cdots\cdots (21)$

(3) 力学的エネルギーと仕事

① 力学的エネルギー

力学的エネルギー(mevhanical energy)は,位置エネルギー(potential energy)と運動エネルギー(kinetic energy)に分けられる.

a．位置エネルギー

地球上で運動する場合には，重力の影響を必ず受けている．この重力によるエネルギーを重力の位置エネルギー，またはポテンシャルエネルギーと呼ぶ．位置エネルギー（Ep）は，式（22）で表される．また，ばねなどの弾性体は，力を加えて縮ませると伸びようとする力を発揮し，伸ばされると縮もうとする力を発揮するので，バネも力学的仕事をすることができる．ばねの位置エネルギー（Ee）は，ばね定数をk，伸縮量をxとすると，式（23）で表される．

$$Ep = mgh \quad \cdots\cdots\cdots\cdots\cdots\cdots\cdots\cdots (22)$$
$$Ee = 1/2kx^2 \quad \cdots\cdots\cdots\cdots\cdots\cdots (23)$$

ここで，mは質量，gは重力加速度（9.8m/s^2），hは重心の高さである．

b．運動エネルギー

動いている物体が保持しているエネルギーを運動エネルギーと呼び，並進運動エネルギー（translational energy）と回転運動エネルギー（rotational energy）に分けられる．並進運動エネルギー（Et）は，質量（m）と速度ベクトル（V）の大きさの関数で，式（24）で表される．また回転の運動エネルギー（Er）は，慣性モーメント（I）と角速度ベクトルωの大きさの関数で，式（25）で表される．

$$Et = 1/2mv^2 \quad \cdots\cdots\cdots\cdots\cdots\cdots (24)$$
$$Er = 1/2I\omega^2 \quad \cdots\cdots\cdots\cdots\cdots\cdots (25)$$

②力学的仕事

物体の力学的エネルギーは，ある瞬間における物体の仕事をする能力であるが，力学的エネルギーを変化させるためには，力をある距離にわたって加える必要があり，この場合に力は仕事（work）をしたという．並進運動における仕事（W）は，力ベクトルと力が作用する点の微小変位ベクトルの内積である．これは，変位方向に力ベクトルを投影した力の大きさと変位の積のことであり，力と変位の両ベクトルのなす角度をθとすると，式（26）のようになる．

$$W = F \cdot dr = F\cos\theta \cdot dr \quad \cdots\cdots\cdots\cdots (26)$$

③力学的パワー

力学的パワー（mechanical power）とは，単位時間当りの仕事を示すもので，仕事率とも呼ぶ．並進運動における力学的パワーは，力ベクトルと速度ベクトルとの内積で，式（27）で表される．

$$P = F \cdot V \quad \cdots\cdots\cdots\cdots\cdots\cdots\cdots (27)$$

ここで力のベクトルと速度ベクトルのなす角が90°以上の場合には，パワーは負（マイナス）になり，90°の場合にはゼロになる．

また，回転運動においては，力のモーメントベクトル（M）と角速度ベクトル（ω）の内積もパワーとなり，式（28）で表される．

$$P = M \cdot \omega \quad \cdots\cdots\cdots\cdots\cdots\cdots\cdots (28)$$

2）回転運動のキネティクス

（1）角運動量の算出

角運動量の算出法にはいくつかの方法がある．一般には，部分jの身体重心回りの角運動量（H）は，式（29）で表される．この式の第1項はtransfer termと呼ばれ，身体重心回りに部分jの重心がもつ角運動量で，第2項はlocal termと呼ばれ，部分jの部分重心回りの角運動量である．

$$H_j = r_{j/G} \times m_j V_{j/G} + I_j \omega_j \quad \cdots\cdots\cdots (29)$$

ここで，$r_{j/G}$は身体重心から部分重心への位置ベクトル，m_jは部分質量，$V_{j/G}$は身体重心に対する部分重心の速度ベクトル，I_jは部分の慣性モーメント，ω_jは角速度ベクトルである．

移動座標系の各軸が部分の慣性主軸に一致するように選ばれる，あるいは一致すると仮定すると，local termは式（30）のように簡単になる．

$$h_x = I_x \omega_x \quad h_y = I_y \omega_y \quad h_z = I_z \omega_z \quad \cdots\cdots (30)$$

ここで，Iは主慣性モーメント，ωは慣性主軸まわりの角速度となる．そしてこれを静止座標系に変換してtransfer termに加えることにより，身体重心回りの部分の角運動量が得られ，これらを成分ごとに合計すれば，全身の角運動量が得られる．

一方，移動座標系が十分に定義できないときは，Dapena[5]やHinrichs[6]の方法や湯ら[7]の方法を用いて角運動量を計算できる．湯ら[9]は，身体部分の静止座標系に関する角速度を先に述べた方法で算出し，次に方向余弦を利用して静止座標系についての部分の慣性テンソル（後述）を求め（式

$$H_X = \sum m_j\{(Y_{jc} - Y_c)(V_{Zjc} - V_{Zc}) - (Z_{jc} - Z_c)(V_{Yjc} - V_{Yc})\} + \sum (A_j\omega_{Xj} + F_j\omega_{Yj} + E_j\omega_{Zj})$$

$$H_Y = \sum m_j\{(Z_{jc} - Z_c)(V_{Xjc} - V_{Xc}) - (X_{jc} - X_c)(V_{Zjc} - V_{Zc})\} + \sum (F_j\omega_{Xj} + B_j\omega_{Yj} + D_j\omega_{Zj})$$

$$H_Z = \sum m_j\{(X_{jc} - X_c)(V_{Yjc} - V_{Yc}) - (Y_{jc} - Y_c)(V_{Xjc} - V_{Xc})\} + \sum (E_j\omega_{Xj} + D_j\omega_{Yj} + C_j\omega_{Zj})$$

ここで,

$$\begin{bmatrix} A_j & F_j & E_j \\ F_j & B_j & D_j \\ E_j & D_j & C_j \end{bmatrix} = \begin{bmatrix} I_{xx} & -I_{xy} & -I_{xz} \\ -I_{yx} & I_{yy} & -I_{yz} \\ -I_{zx} & -I_{zy} & I_{zz} \end{bmatrix} \quad \cdots\cdots (31)$$

(31)),全身の角運動量を算出している.

式(31)で,m_j は各部分の質量,AからFは各部分の慣性テンソルであり,添字の jc は部分重心,c は身体重心を表わす.湯らの方法は,四肢がほぼ直線的に伸展された状態がつづき,移動座標系の推定が困難な場合にも適用できる有効な方法である.

(2)慣性モーメント

バットを短くもったときは振りやすいし,グリップをもって回すよりも太い打球側をもって回す方が回しやすい.このように,物体や身体部分を回転軸回りに回転させるときの回しやすさ,回しにくさを表す量を慣性モーメント(moment of inertia)と呼び,簡単に示すためにIという記号で表すことが多い.

$$I_A = mk^2 \quad \cdots\cdots (32)$$

ここで,式(32)のkは回転半径(radius of gyration)であり,物体の全質量がある点に集中したと考えたときの仮想の半径(距離)を示している.

物体の慣性モーメントは棒,球,矩形,三角錐などのように形状が幾何学的に簡単で,材質が均一なものについては質量,長さ,半径などがわかれば,工学書などに掲載されている資料から求めることができる.また,複雑な形状をしたスポーツ用具,たとえば,バット,テニスラケット,スキーブーツなどの慣性モーメントは,物理振子法などによって実測しなければならない.また,身体部分の慣性モーメントは,屍体標本,数学モデルなどによる計測値(身体部分慣性係数)から推定しなければならない.この場合には,回転半径 k が身体部分長に対する比などで与えられていることが多い.

①平行軸の定理

式(32)からわかるように,物体の慣性モーメントの大きさは質量,回転半径で決まる.身体や物体の慣性モーメントの大きさを見積もるには,①質量の大きさ,②質量分布(たとえば,形態や姿勢),③回転軸の位置などを見出すことが役立つ.

通常,身体部分慣性係数などでは,重心を通る軸回りの主慣性モーメントに関する情報が与えられていることが多い.また,ある姿勢をとったときや特定の軸回りの慣性モーメントは式(33)に示した平行軸の定理により計算できる

$$I_O = I_G + md^2 \quad \cdots\cdots (33)$$

ここで,I_O は軸 O まわりの慣性モーメント,I_G は重心まわりの慣性モーメント,m は質量,d は軸と重心の距離である.

②慣性テンソル

2次元キネティクスの場合には,先に述べたように慣性モーメントは身体部分慣性係数から得られた質量および回転半径を式(32)に代入することよって簡単に得ることができる.しかし,3次元キネティクスでは,移動座標系の軸方向が時々刻々と変化するので,静止座標系の各軸回りの慣性モーメントも変化する.また,2次元キネティクスにおける慣性モーメントはひとつのパラメータで表されるが,3次元キネティクスではパラメータが9個あり,このパラメータのまとまりを慣性テンソル(式(34)),I_{XX} などの対角要素を慣性モーメント,その他の I_{XY} などを慣性乗積という[10,11].そして,慣性乗積がゼロになるような軸を決定できることが知られており,このような軸を慣性主軸,慣性主軸回りの慣性モーメントを主慣性モーメントといい,その場合の慣性テン

ソルは式（35）のように簡単になる．通常，身体部分慣性係数では，主慣性モーメントあるいはその回転半径が与えられているので，慣性主軸に一致しない軸まわりの慣性テンソルは式（36）で計算しなければならない．また，任意の軸回りの慣性テンソルは式（37）により算出できる[11]．なお，Rは式（3）に示した変換行列である．

$$I = \begin{bmatrix} I_{xx} & -I_{xy} & -I_{xz} \\ -I_{yx} & I_{yy} & -I_{yz} \\ -I_{zx} & -I_{zy} & I_{zz} \end{bmatrix} \cdots\cdots (34)$$

ここで，$I_{xx} = \int (y^2+z^2) dm$，$I_{xy} = \int xy dm$ などである．

$$I' = \begin{bmatrix} I_x & 0 & 0 \\ 0 & I_y & 0 \\ 0 & 0 & I_z \end{bmatrix} \cdots\cdots (35)$$

$$I = R I' R^T \cdots\cdots (36)$$

$$I_A = R I' R^T + mG \cdots\cdots (37)$$

$$G = \begin{bmatrix} y^2+z^2 & -xy & -xz \\ -yx & x^2+z^2 & -yz \\ -xz & -zy & x^2+y^2 \end{bmatrix}$$

したがって，3次元の角運動量は，①静止座標系の各軸回りに算出する方法と，②移動座標系の各軸（多くは慣性主軸）回りに算出する方法があるが，いずれも慣性モーメントと角速度の軸が一致している必要がある．湯ら[9]は，方法①により静止座標系の各軸回りの慣性テンソルおよび角速度を計算し，それを乗じて静止座標系回りの角運動量を算出している．式（31）は方法②によるものである．なお，算出した角運動量は，変換行列によりいずれの座標系にも変換できる．

（3）力とトルク

身体運動の分析に用いられる剛体の運動方程式を作成する代表的な方法には，ニュートン・オイラー法，ラグランジュ法，ケイン法などがあり，後者の2つは仮想仕事の原理にもとづくものである．ここでは，直観的でわかりやすいニュートン・オイラー法について述べる．図20-4に示した身体部分jに関するニュートン・オイラー法による運動方程式は，静止座標系に対しては式（38）のようになる．

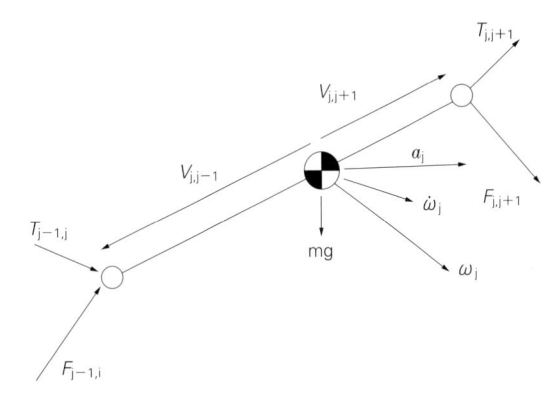

図20-4 部分jのfree body diagram
（藤井範久ほか：ハードル走における下肢3次元関節トルクおよび関節トルクパワー．バイオメカニクス研究，1：41-50, 1997）

$$F_{j-1,j} - F_{j,j+1} - W_j = m_j a_j$$
$$T_{j-1,j} - T_{j,j+1} + r_{j,j-1} \times F_{j-1,j} - r_{j,j+1} \times F_{j,j+1} = M_j$$
$$\cdots\cdots (38)$$

ここで，$F_{j,j+1}$，$T_{j,j+1}$ はそれぞれ部分jから部分j+1に作用する力およびトルク，m_j は部分の質量，$r_{j,j-1}$ は部分jの重心から関節j-1へ向うベクトル，g は重力加速度，a は部分重心の加速度である．また，M_j は部分jの重心回りのモーメントである．

モーメント M_j の算出方法には，①移動座標系を部分の慣性主軸の方向と一致させて，以下のようなオイラーの方程式（式（39））から求め，それを変換行列により左辺の静止座標系に変換する方法，②静止座標系で算出したlocal term（式（31）の第2項）を時間で微分する方法（式（40））がある．

$$M_x = I_x \dot{\omega}_x - (I_y - I_z) \omega_y \omega_z$$
$$M_y = I_y \dot{\omega}_y - (I_z - I_x) \omega_z \omega_x$$
$$M_z = I_z \dot{\omega}_z - (I_x - I_y) \omega_x \omega_y \cdots\cdots (39)$$

$$M_X = \dot{H}_{LX} \quad M_Y = \dot{H}_{LY} \quad M_Z = \dot{H}_{LZ}$$

ここで，
$$H_{LX} = A_j \omega_{Xj} + F_j \omega_{Yj} + E_j \omega_{Zj}$$
$$H_{LY} = F_j \omega_{Xj} + B_j \omega_{Yj} + D_j \omega_{Zj}$$
$$H_{LZ} = E_j \omega_{Xj} + D_j \omega_{Yj} + C_j \omega_{Zj} \cdots\cdots (40)$$

ここで，Xなどは移動座標系，M_X などは静止座標系における軸回りのモーメントの成分，H_{LX}

などは静止座標系における角運動量の local term である．

①の方法では，移動座標系の軸回りの角速度，角加速度を算出してモーメントを計算し，それを静止座標系に変換する手間がかかるが，主慣性モーメントの算出は比較的容易である．一方，②では静止座標系の慣性テンソルを算出しなければならないが，静止座標系の軸回りの角運動量が得られるとそのまま運動方程式へ代入すればよい．また，移動座標系の定義が困難な場合でも，静止座標系についてのモーメントを求めることができる．

① 3次元関節トルクの算出例

図20-5は，藤井ら[12]が上述した方法①によってハードルにおける抜き脚の股関節に作用する3次元関節トルク，関節角速度，関節トルクパワーを算出した例である．関節角速度は，まず静止座標系で近位のセグメントに対する遠位のセグメントの相対角速度を算出したのち，移動座標系に座標変換して求めた．そして，移動座標系の軸ごとの関節トルクパワーは，まず静止座標系で求めた関節トルクを関節角速度と同様にして移動座標系に座標変換し，移動座標系の軸成分ごとの関節トルクと関節角速度と乗じることにより算出した．

図20-6は，結城[13]が上述した方法②によって算出したスピードスケート滑走（旧型スケート靴によるストレート滑走）時の支持脚の股関節トルクの例である．

(4) 力学的エネルギー

力学的エネルギーはスカラー量であるので，方向を考える必要はない．すなわち，部分 j の力学的エネルギーは，式（41）で計算できる．

$$E_j = m_j g h_j + 1/2 m_j V_j^2 + 1/2 I_j \omega_j^2 \cdots \cdots (41)$$

ここで，h_j は基準からの部分 j の重心の高さである．このうち，第3項は，慣性主軸回りの角速度，主慣性モーメントが得られると，式（42）のように簡単になる．また，静止座標系の角速度を用いると式（43）のようになる．

$$RE_j = 1/2 (I_x \omega_x^2 + I_y \omega_y^2 + I_z \omega_z^2) \cdots \cdots (42)$$

$$RE_j = 1/2 (I_{XX} \omega_X^2 + I_{YY} \omega_Y^2 + I_{ZZ} \omega_Z^2 - 2I_{YZ} \omega_Y \omega_Z - 2I_{XZ} \omega_X \omega_Z - 2I_{XY} \omega_X \omega_{XY}) \cdots (43)$$

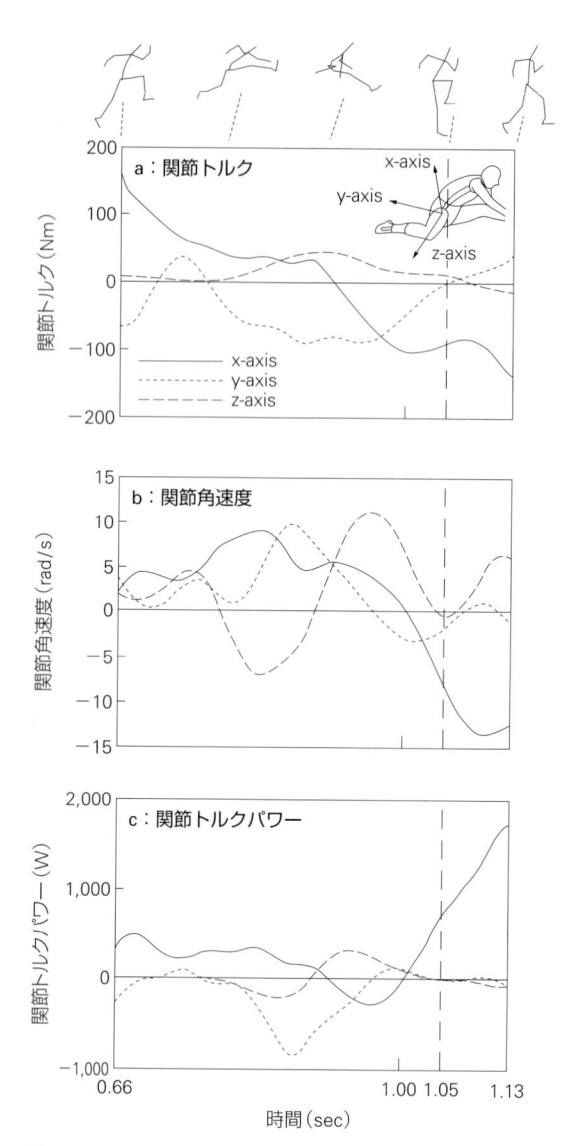

図20-5 ハードルクリアランスにおける抜き脚股関節の3次元関節トルク，関節角速度および関節トルクパワー
（藤井範久ほか：ハードル走における下肢3次元関節トルクおよび関節トルクパワー．バイオメカニクス研究，1：41-50，1997）

(5) 身体運動における閉ループ問題

歩行やスピードスケートにおける両脚，バッティングや棒高跳の両腕は身体部分（剛体リンク）が閉じており，いわゆる力学的閉ループを形成する．疾走における回復脚のような開ループでは，足先から順に運動方程式を解くことにより理論的には関節に作用する力やトルクを計算することができる．しかし，閉ループを形成する場合に

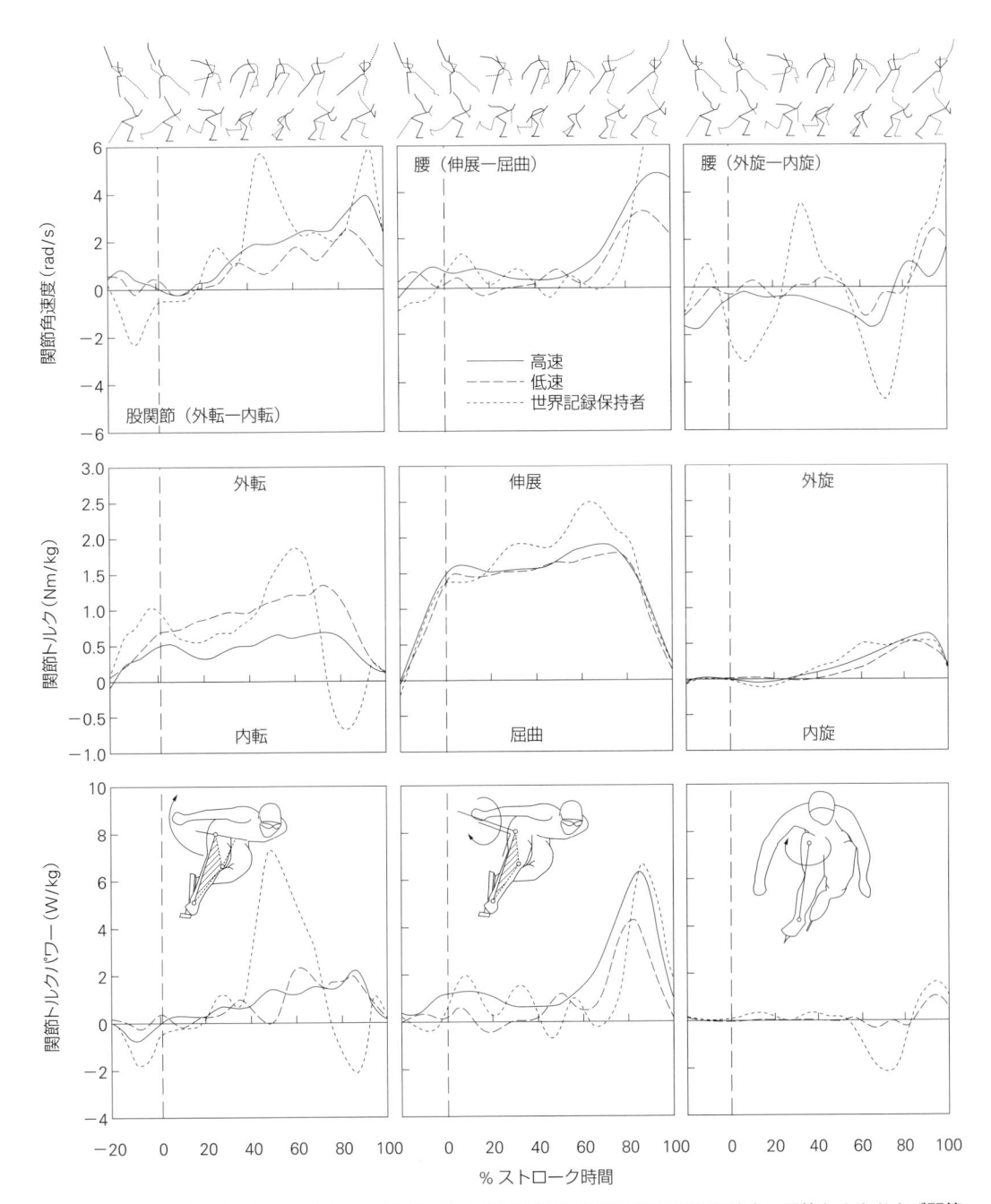

図20-6　スピードスケートのストレート滑走における支持脚股関節の3次元関節角速度，関節トルクおよび関節トルクパワー
(結城匡啓：スピードスケート滑走動作のバイオメカニクス的研究—加速動作の力学的メカニズム—．平成8年度筑波大学大学院体育科学研究科博士論文，1996)

は，閉じた部分に作用する力やモーメントを各種のセンサーにより実測し，運動方程式に入力しなければならない．たとえば，歩行の場合には左右の足に作用する地面反力を個々にフォースプラットフォームにより測定することができる．しかし，バッティングや棒高跳における両手に作用する力は，特殊なセンサーを製作する必要があり，これらの力や関節トルクに関する研究はまだ少ない．

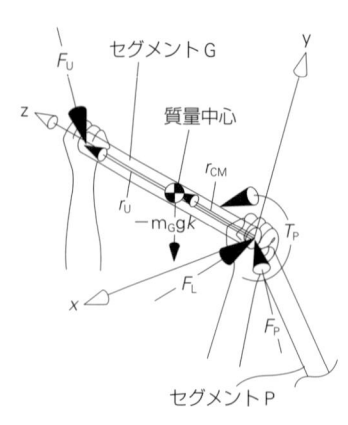

$$F_P + F_U + F_L - m_G g k = m_G a_G$$
$$T_P + r_U \times F_U + r_{CM} \times (-m_G g k) = I'_G \alpha_G$$

F_P, T_P ：セグメントPからGに作用する力とモーメント
F_U, F_L ：上手と下手からセグメントGに作用する力
r_U, r_{CM} ：上手と質量中心の位置ベクトル
m_G, a_G ：セグメントGの質量と加速度
I'_G ：下手に対するセグメントGの慣性モーメント
α_G ：セグメントGの角加速度
g, k ：重力加速度とZ方向の単位ベクトル

図20-7 棒高跳における両手に作用する力の推定
(高松潤二ほか：棒高跳に関するバイオメカニクス的研究：ポール弦反力からみた最大重心高増大のための技術的要因．体育学研究，42：446-460, 1998)

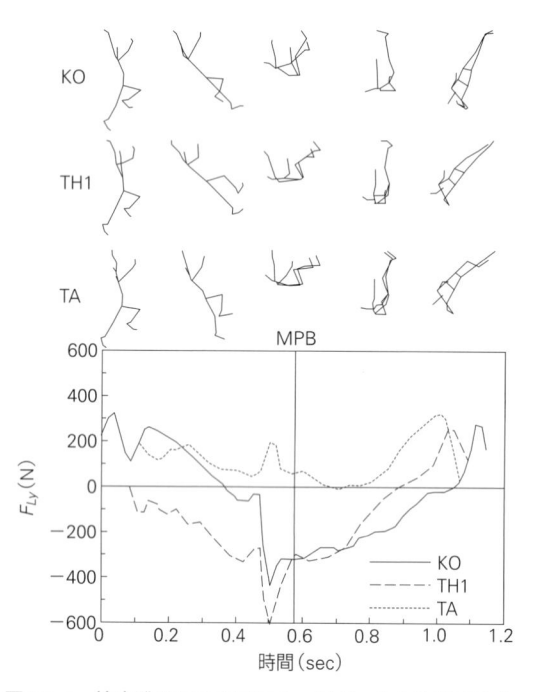

図20-8 棒高跳選手の左手によってポールに作用する力
(高松潤二ほか：棒高跳に関するバイオメカニクス的研究：ポール弦反力からみた最大重心高増大のための技術的要因．体育学研究，42：446-460, 1998)

図20-7および8は，棒高跳における両手に作用する力を推定した例を示したものである．高松ら[14]は，まず棒高跳のボックスにフォースプラットホームを埋設し，ボックス反力を測定した．そして，ポール先端からポールの各セグメントの運動方程式に代入して，両手でボール長軸方向に作用する力は等しいと仮定（閉ループ問題に対応するための仮定）して運動方程式を解いて，選手の左手によってポールに作用する力を推定した．図20-8は，推定した左手の力の変化を技能に差のある典型的な選手3名について示したものである．棒高跳選手KO（実線）では，離地（時間0秒）後，左手の力は正，すなわちポールを押すように作用し，ポールが最大に屈曲する前（約0.4秒）あたりから負，すなわち引く力に変化していることがわかる．また棒高跳選手ではあるが，記録が劣るTA（点線，最高記録4m20）では，全局面にわたってポールを押すのみで，KOのように伸展局面でポールを引いてその反発力を大きくするようなはたらきかけがみられない．一方，十種競技選手のTH1（破線，最高記録4m30）では，KOやTAのようなポールを押す力はみられず，ほとんどの局面にわたってポールを引いていることがわかる．棒高跳のポールは，その長軸方向に直角に左手で押すことによって湾曲しやすくなり，引くことによって反発力を増すという特性をもっている．したがって，被験者KOのようなパターンでポールに力を加えると，同じポールでも湾曲局面では曲がりやすく，伸展局面では反発力の強いポールに変化することになる．この他，高松らは，右手の力を推定し身体各部に剛体リンクモデルを適用することによって，関節トルクやパワーの推定も試みている．

このように閉ループ問題を解くには，端点など

の接触点に作用する力を実測するか，いくつかの仮定を設けて力やトルクを推定する必要がある．今後，身体運動の分析では閉ループ問題は避けられなくなると考えられるが，仮定の工夫と妥当性の検討，センサーの開発などによって問題は解決されていくと期待される．

文　献

1) Craig JJ，三浦宏文，下山　勲訳：ロボティクス―機構・力学・制御―．pp40-54，共立出版，1991．
2) Hughes WF and Gaylord EW: Basic Equations of Engineering Science, Schaum's outline series in engineering. pp129-139, McGraw-Hill, 1964.
3) 梁　成吉：理工系数学のキーポイント8　行列と変換群．pp95-116，岩波書店，1996．
4) 藤井範久：私信，2002．
5) Dapena J: Mechanics of rotation in the Fosbury-flop. Med Sci Sports Exerc, 20: 290-302, 1980.
6) Hinrichs RN: Upper extremity function in running :Angular momentum considerations. Int J Sport Biomech, 3: 242-263, 1987.
7) 湯海鵬ほか：空中における身体の角速度の算出法．日本体育学会第39回大会号，p365，1988．
8) 和達三樹：物理のための数学．p110，岩波書店，1985．
9) 湯海鵬ほか：固定座標系に対する3次元的人体角運動量の計算法．In：渡部和彦編，スポーツパフォーマンスの環境．pp170-173，第9回日本バイオメカニクス学会，1989．
10) Beer FP and Johnston ER: Vector Mechanics for Engineers: Dynamics 6th ed. McGraw-Hill, 1997.
11) 廣瀬茂男：ロボット工学―機械システムのベクトル解析―．pp55-72，裳華房，1990．
12) 藤井範久ほか：ハードル走における下肢3次元関節トルクおよび関節トルクパワー．バイオメカニクス研究，1：41-50，1997．
13) 結城匡啓：スピードスケート滑走動作のバイオメカニクス的研究―加速動作の力学的メカニズム―．平成8年度筑波大学大学院体育科学研究科博士論文，1996．
14) 高松潤二ほか：棒高跳に関するバイオメカニクス的研究：ポール弦反力からみた最大重心高増大のための技術的要因．体育学研究，42：446-460，1998．
15) 阿江通良：画像データによる動作解析法．Jpn J Sports Sci，10：196-203，1991．
16) Dapena J: A method to determine the angular momentum of a human body about three orthogonal axes passing through its center of gravity. J Biomech, 11: 251-256, 1978.

［阿江　通良］

第21章

筋電図

　振り返ってみれば，筋電図は20世紀初頭に生まれ，科学技術の発展とともに，筋活動の導出技術の進歩，増幅技術やコンピュータによるデータ処理技術の進歩によって，バイオメカニクス，スポーツ医科学，運動学，リハビリテーション，神経生理学など多くの領域で多くの知見が蓄積されてきた．

　筋が収縮を起こすためには，筋の活動電位が筋線維にそって流れることが必要である．これが引き金になって筋の収縮タンパクが活性化され力が発生し，関節を動かし動作・運動が起きる．筋電図は，この筋の活動電位を記録したものであり，電極でとらえている筋がいつ活動したか，どの程度の強さで活動したか，またアイソメトリック収縮等の記録条件をコントロールすることによって，神経・筋系の生理学的な振る舞いがわかる．遠くは運動の指令がなされる脳のある場所の上位神経系の情報から，脊髄での末梢受容器（共働筋や拮抗筋の筋・腱）の状態を推し量ることができる．

1. 筋電図波形の成因

　一般的に，筋の上の皮膚上に表面電極をはって導出・増幅され，記録された活動電位を表面筋電図という（図21-1a）．この筋電波形の成因を理解する上で，摘出された筋線維や神経の膜の電気的性質は参考になる．活動電位は生体膜のイ

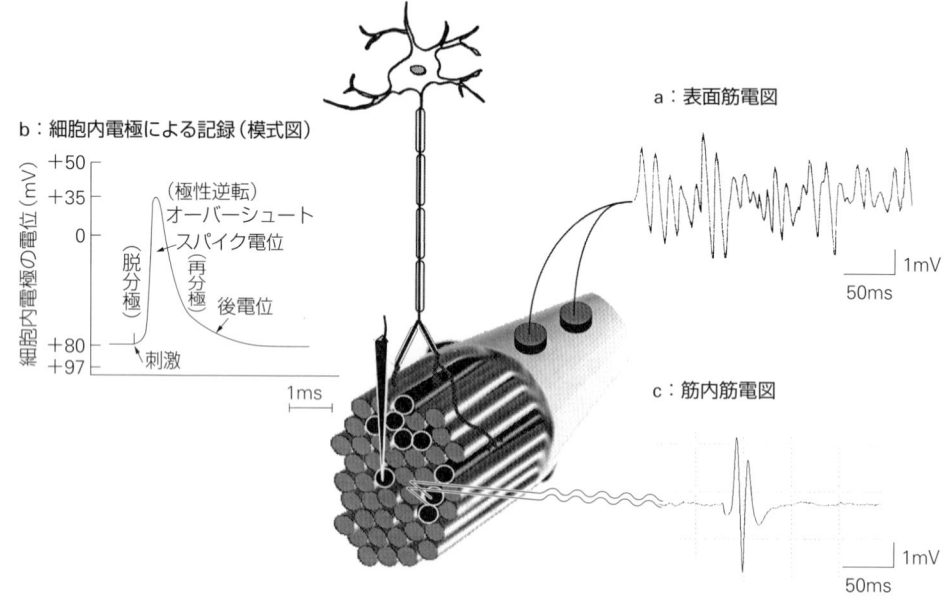

図21-1　活動電位と表面筋電図と筋内のワイヤー電極による筋内筋電図（模式図）
運動神経（脊髄中にある）が，特定の筋線維群をコントロールしている．これを motor unit と呼び，筋電図の活動の発生源となっている．表面電極やワイヤー状の電極によって活動状態を知ることができる．

オンに対する透過性の変化によって発生し，変化の振幅を減弱することなく線維の全長に沿って伝播される．細胞内から記録すれば，刺激によって脱分極によって生じる単相性のスパイク状の電位変化が記録できる（図21-1b）．この波形は，筋から2つの電極（双極誘導）で観察すると，電解質を含む生体の性質（volume conductor；体積伝導体）や電極間の距離によって多相性波形になる（図21-1c）．多くの運動単位が高い頻度で活動に参加するとスパイク波形は互いに重なり，干渉し複雑な波形（集合電位）となる．その背景には，運動神経で支配された筋線維群からなる運動単位（motor unit：モータユニット）の活動がある．これは，ワイヤー状の電極を筋内に埋め込んだ筋内電極から記録されるスパイク状の波形からわかる．刺入時の痛みは少ない．表面でも埋入電極のいずれも弱い収縮力では運動単位の活動がスパイク状の電位として現れる．

2．筋力の構成要素 ―運動単位の発揮能力―

弱い収縮力では表面筋電図にもスパイク状の波形が認められる．しだいに収縮力を増加させると個々の運動単位の活動が観察されにくくなり，干渉波状となる（図21-2）．発揮される力の調節は，はたらき出す運動単位の数とその活動の発射頻度で決まってくる．個々の運動単位は，大きい力を出せるものや小さい力しか出せないものなど，それぞれに個性がある．前者は速筋線維群であり，収縮をはじめてからピークに達するまでの速さは速いが，すぐに疲労してしまう．後者は遅筋線維群であり，収縮する速さは遅いが，利点として疲労しにくく，長い時間活動を維持する．特殊な方法でひとつの運動単位が発揮する力を知ることができる．力を発揮する際，張力の弱い運動単位が使われ，中程度から徐々に大きな張力の大きい運動単位が参加するといわれている．これらの運動単位群が筋を構成し，目的に合った活動ができるように神経・筋系が見事なほどうまく制御されている．

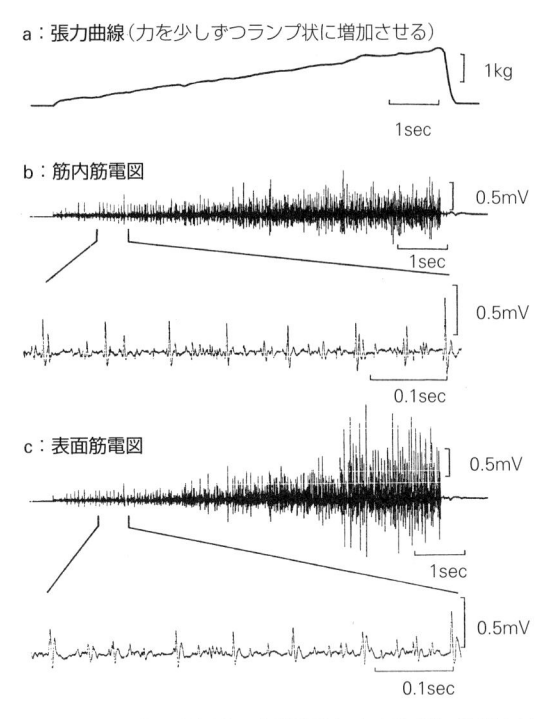

図21-2 アイソメトリック収縮時に力を次第に増加させた際の筋内筋電図と表面筋電図の同時，連続記録した例
弱い収縮時は表面筋電図でもスパイク状の波形が認められる．力が増えると表面筋電図の振幅は大きくなる．

3．筋電図の波形（運動単位の活動電位：MUAP）は多くの要因によって影響を受ける

筋電図は，電極がカバーする領域の運動単位の活動電位の集合であるが，導出するテクニックと運動単位の活動の生理学的条件によって変わる（図21-3）[1]．

1）導出時の技術的要因

電極の直径，形，電極間距離：数種類の電極が市販され，円盤状で直径の小さいものから10mm程度のもの，2ないし3本の平行な棒状の電極がある．皮膚との付着面積が大きくなると導出される範囲も大きくなる．2つの電極間の距離は筋の大きさにより，おおよそ10〜50mm以上にすることもあるが，近傍の筋からの電位の混入を避ける必要がある．動きを伴う筋活動の場合，両面粘

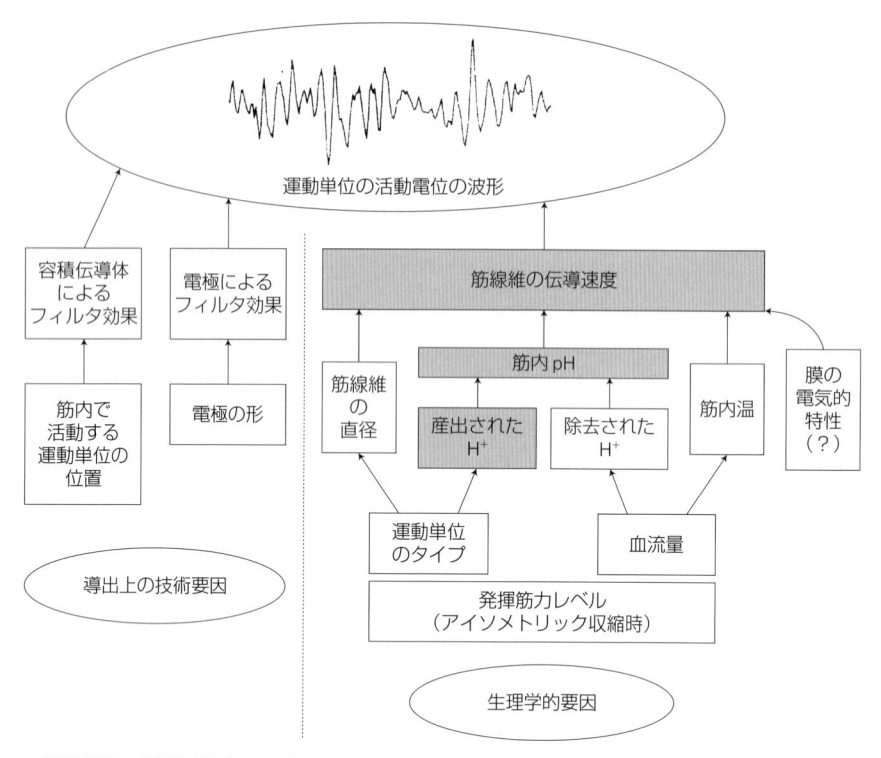

図 21-3 運動単位の活動電位(MUAP)の波形を決める要因
導出上の技術要因と生理学的要因に大きく分けられる．網掛けは最大収縮 30% のアイソメトリック収縮時を示す．
(De Luca CJ: The use of surface electromyography in biomechanics. J Appl Biomech, 13: 135-163, 1997 より引用改変)

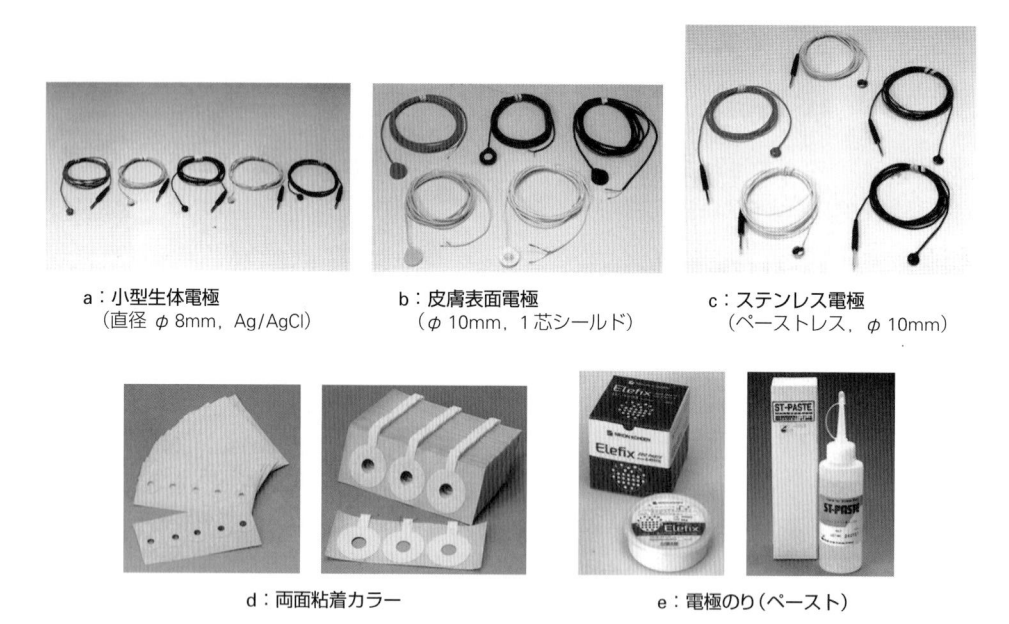

a：小型生体電極
(直径 φ8mm，Ag/AgCl)

b：皮膚表面電極
(φ10mm，1芯シールド)

c：ステンレス電極
(ペーストレス，φ10mm)

d：両面粘着カラー

e：電極のり(ペースト)

図 21-4 市販されている表面電極，両面粘着カラー，電極のり(ペースト)の例

着カラーを利用し，皮膚と電極を固定するとよい（図21-4a〜e）．

電極間抵抗：消毒用アルコールで皮膚上の油脂をふき取り，サンドペーパや針電極などで角質層を軽く除去した上で，電極のり（ペースト）をつけると，数十オームに低下し，ノイズの少ない信号が取れる．

電極の付着部位（神経支配帯と電極の相対的な位置関係）：両電極が神経支配帯上に位置するとき，筋収縮が増加するにもかかわらず，活動電位の振幅が増えないことが観察される．これは神経支配帯から両側に筋電位が伝播し，2つの電極によって相殺され，活動電位が見かけ上増えないためである[2]．よって神経支配帯をよけた筋幅上に貼るとよい．

2）生理学的要因

筋伝導速度とは，筋線維膜上にそって活動電位が伝導する速度のことで，筋電信号の振幅と周波数成分に影響をもつ．また，活動するMUAPの数，筋線維の筋内分布，運動単位の生理学的タイプによって活動電位は変化する．さらに血流，筋温，水素イオン濃度（pH）の影響を受ける（図21-3）[1]．

筋収縮のタイプ（随意収縮，短縮性・伸張性，電気刺激），また，疲労などによって多くの運動単位の活動が同期化すると，振幅が大きくなり，周波数帯域は低域にシフトする．以上のように，運動単位の活動電位という信号の発生源から電極で導出・記録するまでには多くの要因によって影響を受けるので，研究目的に応じて注意を払う必要がある．

4．筋電図記録・処理システム

近年の技術革新により筋電図の記録環境は著しく改善し，少し前の測定の様相を一変させた．少々条件の悪いフィールドや競技場でも十分にノイズのない信号が記録できる．従来の苦労を知っている者にとっては驚くばかりである．図21-5の筋電図システム（多用途テレメータ，サイナアクトMT11日本電気）は，無線方式のテレメータで，表面電極（a）からの筋の電気的信号をヘッドアンプ（b）で変換し，送信機（c）で無線電送する．受信機（d）からのアナログ信号をデジタル化（e）し，携帯パソコン（f）のソフト（MacLab/16s ADI社）によって波形の処理をする．持ち運びに便利でペーパレスの上，どの筋がどの程度活動しているか，筋活動の時間的変化はどうかなど，現場ですぐに選手にフィードバックできる利点があ

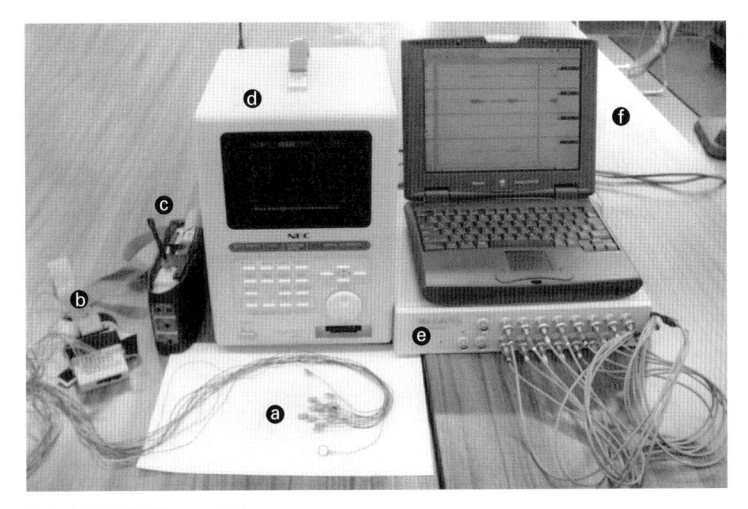

図21-5 最近の筋電図記録システム
テレメータで筋の電気信号をとばし，受信・増幅後，デジタル化しパソコンのソフトで波形がわかり，積分値や周波数分析などの処理ができる．a：表面電極（8チャンネル），b：ヘッドアンプ（前段階での増幅），c：送信機，d：受信機本体，e：アナログデジタル変換装置，f：携帯用パソコン，ソフト：MacLab/16s，ADI社

る．

　また，表面筋電図測定装置（マイオシステム1200，Noraxon社，酒井医療）をパソコンに接続すると運動中の4から16の筋電図の原波形や整流波形のモニタリングができる．また，積分値や平均値の変化がリアルタイムでパソコン画面上に棒グラフとして観察できるため，実際の筋電図をみながら筋の出力を調整するという，バイオフィードバックとして利用でき，筋力強化やリラクセーションのトレーニングに有用である．さらに関節角度，フットスイッチ，筋力計測装置，動作分析装置と同期した記録から運動中の多角的なバイオメカニクス分析が可能となる．

5．筋電図をどう利用するか

1）筋活動（休止）のタイミングに関する検出（時系列分析）

　習熟した運度中の各筋の筋電図を観察すると，適切な複数の筋群（spacing）が，ちょうどよい時期（timing）に適度の筋活動量（grading）でなされたことがわかる．表面筋電図によって，歩・走・跳の移動動作，投げや打つ動作といった身体運動にかかわる筋の活動・抑制のメカニズムを知ることができれば多くの領域で活用できる．

（1）投動作と打動作

　大学野球部の投手が，オーバーハンドで実際にボールを投げた時の筋電図を示す（図21-6a）．筋電図は，動作図の右側の肩から腕（上腕と前腕）の表面からとった．1～6の数字はポラロイドカメラで撮影した時点である．右（図21-6b）は，投球動作がうまくない未熟練者のものであり，いかにもぎこちない投げのフォームである．未熟練者では，1の時点で僧帽筋の活動がみられない，2，3の時点で上腕三頭筋のはたらきが持続的であり，投手は瞬間的な活動がみられることが違う点である．

　大学テニス部選手が，ラケットでスマッシュした時の筋電図を図21-6cに示す．動作2と3の間にインパクトがある．テニスラケットのひずみ曲線をそれぞれの上段に示したが，衝撃はすぐに減衰している．右（図21-6d）は，テニスの未熟練者である．動作5と6の間でインパクトを迎えているが，いわゆるフレームショットでボール速度も低くとてもスマッシュとはいえない．決定的に筋活動が違うのは，テニス選手では大円筋の大きな活動があり，また尺側手根屈筋での激しい活動が認められる．腕の効果的な内旋動作と手首の固定および屈曲動作が読みとれる．当然かも知れないが専門種目の動作間では筋活動に明確な違いがあるのがわかる（図21-6a，c）．

（2）獲得された筋の制御様式は簡単に消えない

　図21-6の上段のフォーム（a）は，投手の投動作であり，テニス選手のスマッシュ（c）であり5～6年かけてトレーニングした結果獲得されたものである．一方，下段のbはテニス選手の投球動作であり，dは野球の投手がテニスのスマッシュ動作を行ったものである．注目すべきはテニス選手のスマッシュ（c）とテニス選手の投球動作（b）はほとんど同じパターンで筋活動がみられる．これは転移（transfer）と呼ばれ，ある動作を先に練習し学習することで後から行う練習の効果が影響を受け，特に悪い影響を受けているといえよう．これは負の転移といわれる．

　スポーツ活動のみならず，多くの動作で無駄な力が入っていない美しい巧みなフォームがよく観察される．このようにスポーツのトップ選手の筋活動パターンは記録され，イメージトレーニング等にもっと活用されれば有効となろう．

2）筋力と筋電図の定量的分析

（1）筋力と筋電図積分値（iEMG）

　筋電図からその筋が出す力をおおよそ知ることができる．その背景は，筋内の多くのモータユニットが活動に参加してくること（リクルートメント）と，個々のモータユニットの活動の頻度（ファイヤリングレート）が増えることがあげられる．また，収縮を持続していると筋疲労によって，モータユニットの活動が円滑になっていたのが集中しはじめる（同期化）ことによって表面筋電図の振幅は大きくなる（iEMGも大きくなる）．筋が静

a：野球の投手の投動作

c：テニス選手のスマッシュ動作

b：不慣れなテニス選手の投動作

d：不慣れな野球選手のスマッシュ動作

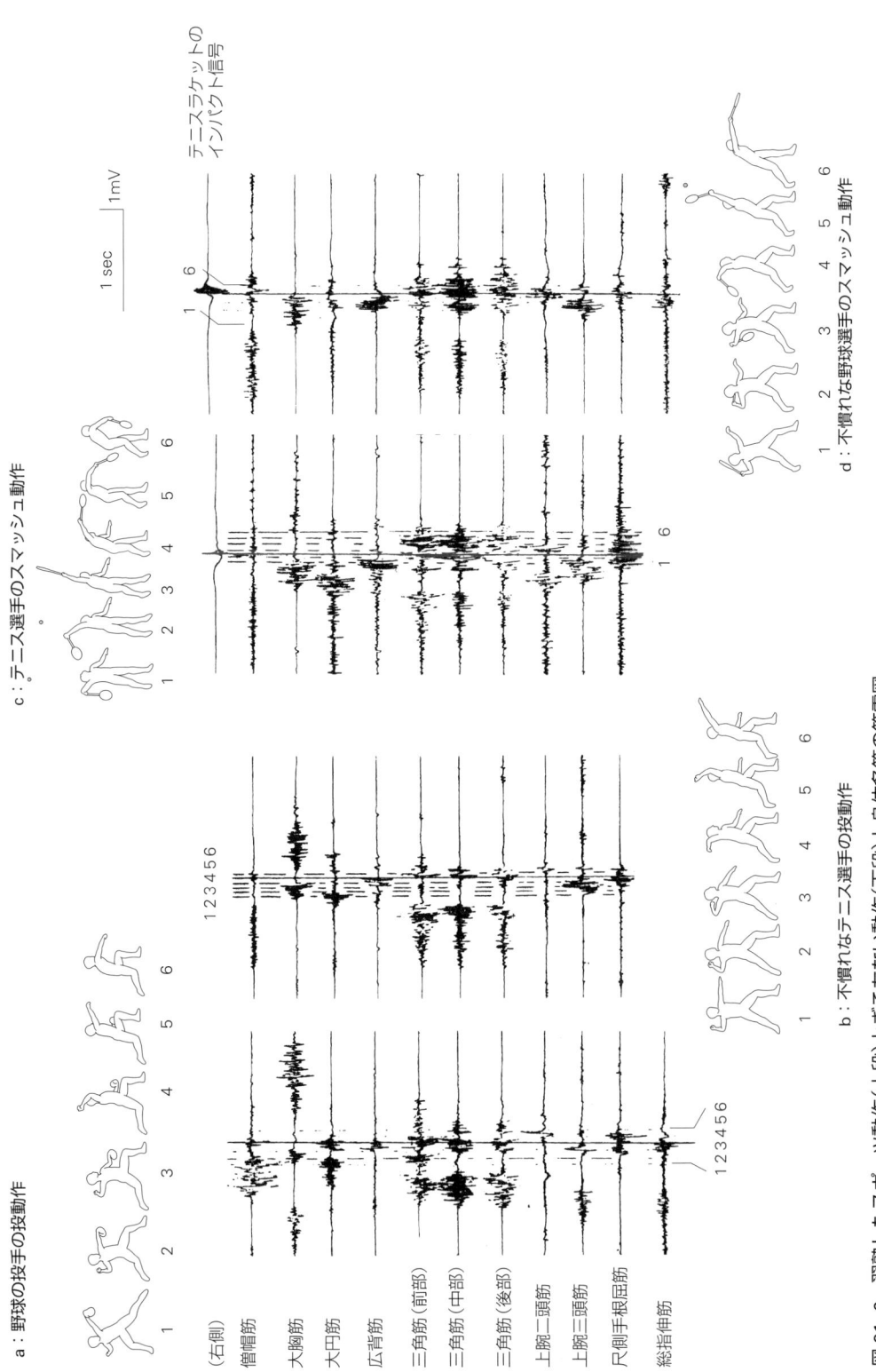

(右側)
僧帽筋
大胸筋
大円筋
広背筋
三角筋（前部）
三角筋（中部）
三角筋（後部）
上腕二頭筋
上腕三頭筋
尺側手根屈筋
総指伸筋

テニスラケットの
インパクト信号

1 sec　1mV

図 21-6 習熟したスポーツ動作（上段）とぎこちない動作（下段）と身体各筋の筋電図
野球の投手の投動作（a），テニス選手のスマッシュ動作（c），不慣れなテニス選手の投動作（b），不慣れな野球選手のスマッシュ動作（d）．a と d，b と c は同一の被験者であり，投と打の動作は似ている．

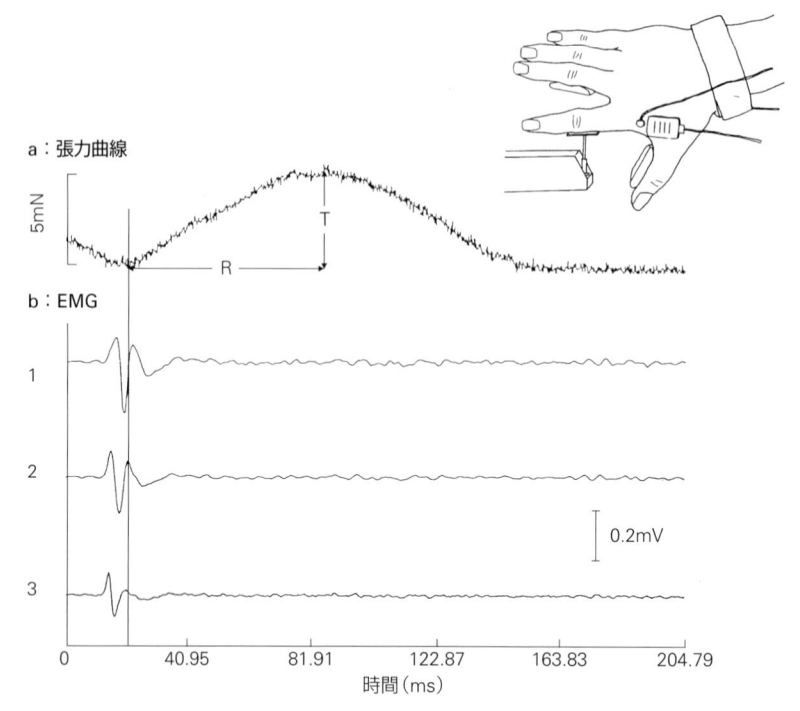

図 21-7 特定の信号(EMG1)をトリガーにして運動単位の張力曲線と他の2つの筋電図を加算平均処理した例(第1背側骨間筋)
a(張力曲線)には,R(収縮時間),T(収縮張力)が表れている.また,b(EMG)の1,2,3は加算された筋電図で,波形のピークは筋の活動電位の伝導に伴い時間のずれを生じる.

的にアイソメトリック活動しているとき,EMG信号と発生する筋力は比例する.しかし,最大収縮時に近づくと急速に増加することに注意しなければならない.その他の活動,アイソトニック,アイソキネティック,急激なバリスティックな活動については関節角度や筋長の変化などによって複雑になる.

(2) 筋トレーニングの神経系への適応
――筋の肥大なしに筋力が増加するか――

トレーニング前と比較して筋量が増えていない場合でも筋力が改善することがよくみられる.これは,トレーニングの初期段階によく認められる.これは,トレーニングによって神経・筋系への短期的適応が生じ,主働筋内の多くのモータユニットの興奮性が増したためである.つまり筋電図積分値が上がることである.その理由として,主働筋が効率的に作用できるように共働筋(同じようなはたらきをもつ筋)の同時活動を促進し興奮を高めること,逆のはたらきをする拮抗筋を抑制す

ることなどが考えられる.なお,これらのことは,トレーニングする人の経験度によって変わり,初心者とトレーニングされている選手では異なる.いずれにしても,筋トレーニングはパワーをアップさせるのか,筋力の増大か,筋肥大に焦点をあてるのか,目的をはっきりさせることが重要となろう.筋トレーニングに筋電図をうまく使い,ヒトの神経・筋系の生理的適応のメカニズムを利用していくことが重要となる.

3) 加算平均処理

特定の波形(刺激)をトリガーにして他の信号(筋電図や張力信号)をコンピュータ上で何回も加算する処理で,加算回数が多い程ノイズに埋もれた信号が現れてくる.刺激に対する脳電図の加算平均がよく知られているが,筋への刺激に対する伸張反射の時間遅れをもつ各成分の分析に利用できる.図21-7は,棒状の電極からとった表面筋電図のひとつ(EMG1)をトリガーにして他の

2つの筋電図と弱い張力信号を加算平均処理したもので，図21-7aにとらえた運動単位の張力曲線が表れている．また，EMG2と3に加算された筋電図があり，波形のピークは筋の活動電位の伝導に伴い時間のずれが認められる．この電極位置のずれから活動電位の伝導速度が求められる．このように加算平均処理を応用することによりさらなる情報が得られる．

4）疲労に関する分析―周波数分析―
（1）表面筋電図の周波数分析

表面筋電図は，一般的に不規則なランダム信号であり，これをパソコン等で計算させ，筋電信号を構成する基本周波数に分解する周波数分析（パワースペクトル）という手法がある．一般的には，FFT（高速フーリエ変換）によるパワースペクトルが手軽にできるようになった．しかし，筋収縮が安定しているようなアイソメトリック収縮など，振幅の分布が不規則なランダム信号であることが前提となり，収縮・リラックスを繰り返すような筋活動による筋電図の分析には利用できない．パワースペクトルに影響するのは，背景となる運動単位の活動電位の波形そのものであり，その伝導速度である．よってこの方法は，筋疲労を定量的に表すものとして従来用いられており，今後バイオメカニクスの分野での機能回復の指標として使用されることが期待されている．

5）今後の新しい研究法と筋電図法の標準化に向けて

表面筋電図は，正確な筋の活動電位の導出法，増幅・処理する知識によりバイオメカニクス研究の有効な手段となる．そのため，現在，その手法についての国際的な標準化の作業がなされている．特に電極の形状，電極位置，振幅と周波数分析の処理法，力の発生と電位発生のずれの検出，最大随意筋力の測定法である．このことによって，筋トレーニング，不使用，エイジングによる筋電位の変化，筋疲労の評価，筋線維タイプの実用的な推定法がすすむであろう．また，運動機能の基本である姿勢系のコントロール，さらにより複雑な機能をもつ歩行系などについての知識は進歩した．しかし，走・跳・投運動のコントロールやトレーニングに関する科学的・応用的研究，機能回復訓練の基礎的理解が十分に進歩したとはいいにくい．つまり，1関節，1平面の単純運動から3次元的広がりをもった空間での多関節運動，複合運動，バリスティック運動，また運動の中枢制御機序については，今後の研究に負うところが大きい．さらなる新しい発想による研究とその応用が待たれる．

技術的な問題としてはトレーニングの現場やフィールドで簡単に記録され，ノイズの少ない機器の開発，ビデオでの画像との同期が容易であり，コーチがアドバイスできやすいようなハード・ソフト面でのさらなる革新が望まれる．

文　献

1) De Luca CJ: The use of surface electro-myography in biomechanics. J Appl Biomech, 13: 135-163, 1997.
2) Merletti R et al.: Surface electromyography for noninvasive characterization of muscle. Exerc Sport Sci Rev, 29: 20-25, 2001.

［西薗　秀嗣］

第22章

超音波法

　X線, MRI, 超音波法などの組織断層撮影法は, 体肢を構成する組織の分析にとって欠かすことのできないツールである. 生体計測が可能なので, 個人差などの情報を得ることができ, 場合によっては屍体解剖以上に有用である. また, 身体機能との関連性を調べることもできるのが特徴である. 組織断層撮影法の中でも, 超音波法はその非侵襲性と簡便性から, 研究や臨床の分野に幅広く利用されている.

1. 超音波法の原理

　超音波法は, 可聴音（約20～20,000Hz）よりも高い音（超音波）を生体を媒質として伝播させ, 音響特性の変化する組織の境界からの反射エコーをとらえる方法である. 脂肪組織や筋組織の観察のためには, 通常3.5～10MHzの周波数を用いる. 反射エコーの時間差から1次元的な距離情報を取得でき（生体組織の音速［約1,500m/s］から距離に変換；Aモード）, エコー強度を輝度に変換し, 超音波の発信と受信を一定の幅にわたって行うことにより2次元画像を描出することができる（Bモード）.

2. 超音波法による筋横断面積の計測

　Bモード超音波を利用して体肢の横断画像を得ることに成功したのは20世紀の半ばのことであった. 身体組成やバイオメカニクスの研究分野において本格的に超音波を活用しはじめたのはIkaiとFukunaga[1]である. 彼らの用いた装置の模式図を図22-1に, 得られた組織横断面積を図22-2に示す[2]. 現在得られるMRIやCTの画

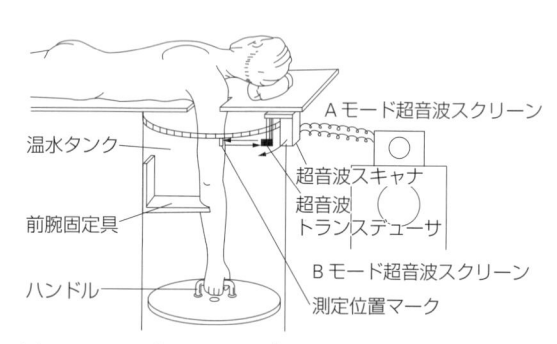

図22-1　IkaiとFukunaga[1]の用いた超音波装置の模式図
温水の満たされたタンク中で体肢を固定し, 超音波スキャナを体肢の周りで一回転させることによって横断像を得た.
（福永哲夫：ヒトの絶対筋力—超音波による体肢組成・筋力の分析—. 杏林書院, 1978）

像と比べると画質こそ劣るものの, 皮下脂肪や骨格筋の横断像を得, しかもそれぞれを定量化（横断面積）することに成功したのは画期的な業績であった. この方法により, 筋横断面積と筋力との間の相関関係（図22-3）がはじめて明らかにされた. さらに彼らは, この手法を筋張力推定値（身体外部で計測した筋力に関節運動に対する筋のテコ比［X線撮影から計測］を掛け合わせて推定）と組み合わせて, 単位筋横断面積当たりの筋力を求め, これを「絶対筋力」と名付けた（現在は「固有筋力：specific tension」と呼ばれる）. 一般人の肘関節屈筋の絶対筋力は約 $6kg/cm^2$ であり, 男女差はみられなかった. 一方, 絶対筋力にはトレーニング効果があり, 筋力トレーニング初期には増加することが示された（図22-4）. その後, 超音波法を利用した身体組成や筋力トレーニングに関する研究が数多く行われているが, 本質的な部分において, 福永らの知見の追認にとどまっているものが多い. 超音波機器はその後サイズの飛躍的な縮小を遂げ, 現在の超音波法の特徴である,

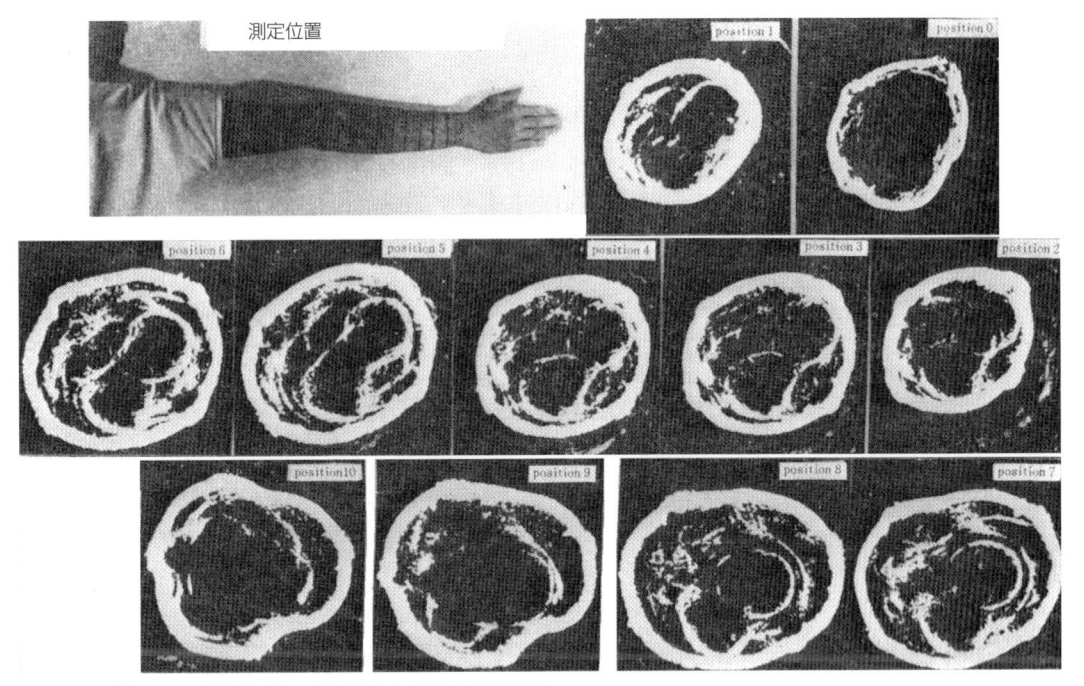

図 22-2 図 22-1 の装置によって得られた前腕の横断画像
左上：遠位端，右下：近位端を示す．
(福永哲夫：ヒトの絶対筋力―超音波による体肢組成・筋力の分析―．杏林書院，1978)

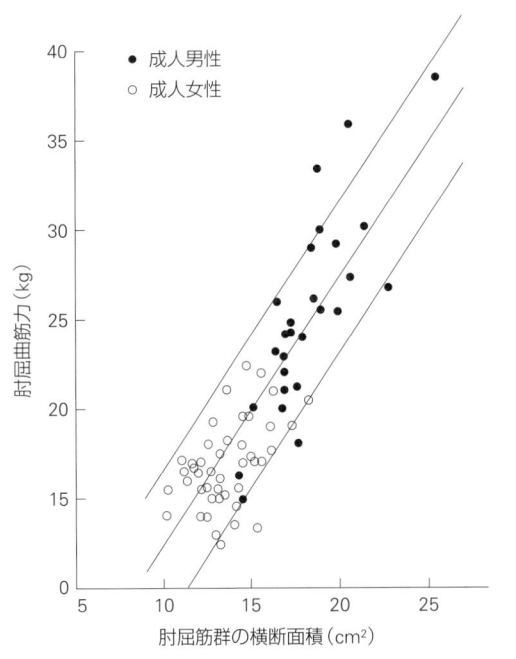

図 22-3 筋横断面積と筋力との間の関係
両者には高い正の相関関係が認められた．
(福永哲夫：ヒトの絶対筋力―超音波による体肢組成・筋力の分析―．杏林書院，1978)

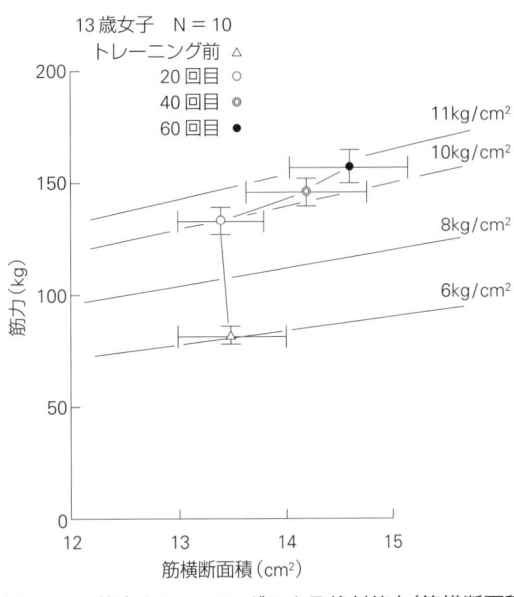

図 22-4 筋力トレーニングによる絶対筋力(筋横断面積当たりの筋力)の変化
トレーニング前に $6kg/cm^2$ であった絶対筋力が，トレーニング初期に筋横断面積の増加を伴わずに増加し，トレーニング 20 回目以降，その後変化が少なくなるときには筋横断面積が増加していくことがわかる．
(福永哲夫：ヒトの絶対筋力―超音波による体肢組成・筋力の分析―．杏林書院，1978)

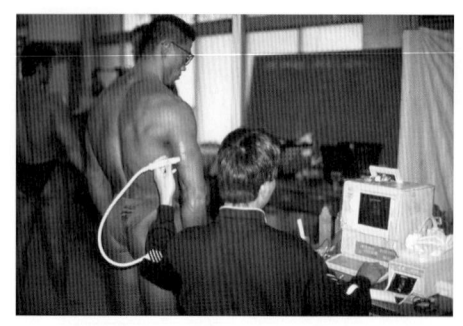

図 22-5 携帯型超音波装置の一例
飛躍的に小型化した携帯型装置によって，フィールドでの測定が可能になった．

携帯性と簡便性を兼ね備えるようになった（図22-5）．このことによって，フィールド研究が行われるようになり，一般人やスポーツ選手など，大規模な集団の測定が行われ，全身の皮下脂肪や筋の組織厚に関する横断的・縦断的データが蓄積されている[3,4]．

骨格筋は，その内部の筋線維配列状態が筋によってさまざまであり（第3章），骨格筋に多い羽状筋は，筋長に対して筋線維長が短く，筋線維は筋内を傾斜して配列している．したがって，超音波法で計測される単一スライス面の横断面積（解剖学的筋横断面積：anatomical cross-sectional area，ACSAと略されることが多い）は，すべての筋線維の横断面積を含んでおらず，特に羽状筋の場合，筋の力発揮ポテンシャルを知るためには筋線維の横断面積の総和，すなわち生理学的筋横断面積（physiological cross-sectional area: PCSA）を求める必要がある．筋線維1本1本の横断面積や筋線維の本数を生体について求めることは不可能なので，普通は全筋の体積を求めてこれを筋線維長で除するという間接法によってPCSAが求められる．生体について筋体積を計測するためには，筋の端から端までACSAを求め，これを足し合わせ，スライス間隔を乗じるという方法がとられる．このためには，広範囲を描出できる組織断層撮影法が必要であり，超音波法はこの点を満足できないため，近年急速に発達をみせたCTやMRIが用いられることが多い[5,6]．しかし近年，筋線維長や羽状角を生体で測定することのできる超音波法が再び脚光を浴びている．

3. 超音波法による筋形状の計測

筋形状（muscle architecture）とは，筋内の筋束配列状態や関節内の筋の配列状態を意味する[7]．サイズのみならず，精度の点でも発展を遂げつつある超音波法によって，筋横断面積や筋厚といった筋の量的側面に加えて，筋形状も計測することが可能になってきた．いくつかの筋形状パラメータの計測方法を紹介する．

1）羽状角と筋束長

超音波プローブ（探触子）を横断面を描出する方向（筋腹と垂直）から90°回転，すなわち筋の長軸方向と水平に置いた状態で撮像される筋の縦断面に，平行で直線的なエコーが何本も観察される（図22-6）．著者ら[8,9]は，これが筋束と平行するものであることを示し，腱膜のエコーからの傾斜角度を羽状筋における筋束の傾斜角（羽状角，広義のpennation angle）として計測したところ，筋厚と比例することが確かめられた（図22-7）．筋肥大によって羽状角が増加するという，これまで推測の域を出なかった仮説がこの知見によって立証された．このような筋形状の可塑性（プラス方向，マイナス方向への適応性）は，その後，トレーニング実験[10]や不活動（ベッドレスト）実験[11]によって確認された．筋線維が筋の力発揮方向から傾斜した羽状筋の場合，筋線維が発揮した力は腱方向にすべて伝えられず，羽状角の影響によって減少する（第3章）．この点を考慮して，筋線維の横断面積の総和に羽状角の余弦を乗ずることによって，羽状筋の力発揮ポテンシャルをより適切に評価しようという考えがあり，これを生理学的筋横断面積と定義している報告も多い[5,6]．超音波法で求められる羽状角は，生体でのPCSA計測に有用である．

超音波法で筋束をその全長にわたって描出できるので，筋束長（筋線維長）を求めることも可能である[12,13]．筋束長は，PCSAを求めるために利用できるばかりではなく，筋の力発揮特性を調べる上で極めて重要な解剖学的パラメータである．

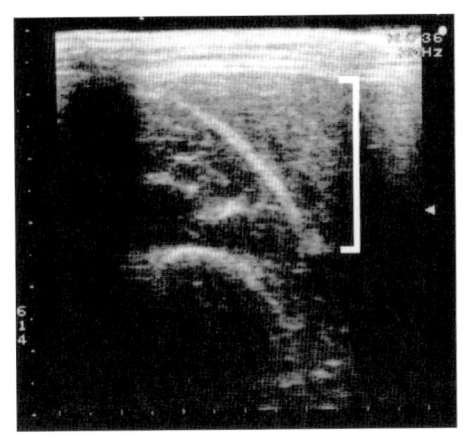

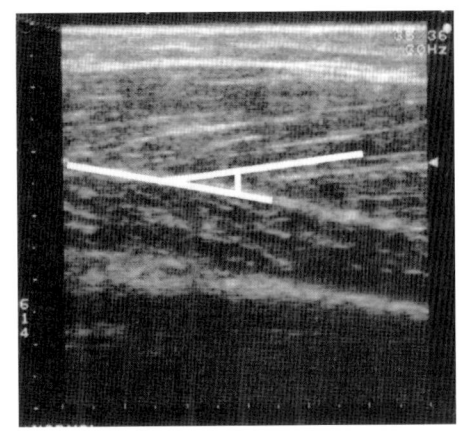

図 22-6　超音波法による上腕三頭筋の横断画像(a)および縦断画像(b)
図中の白いラインは上腕三頭筋部分（a）および上腕三頭筋筋束のエコーと腱膜のエコー（b）を示している．
縦断画像は右側が近位側．画像中の1目盛は5mmを示す．

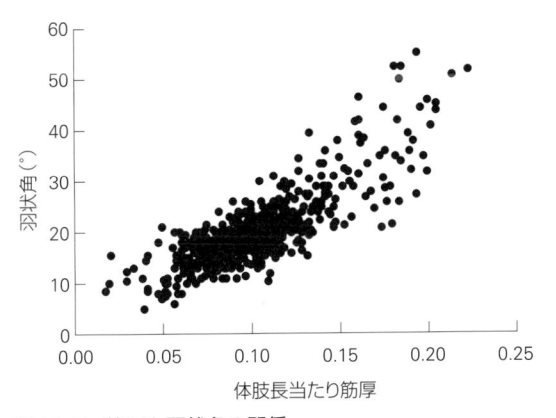

図 22-7　筋厚と羽状角の関係
両者には高い正の相関関係が観察され，筋肥大が羽状角の増加を伴うことが示された．
（Kawakami Y et al.: Muscle-fiber pennation angles are greater in hypertrophied than in normal muscles. J Appl Physiol, 74: 2740-2744, 1993 より引用改変）

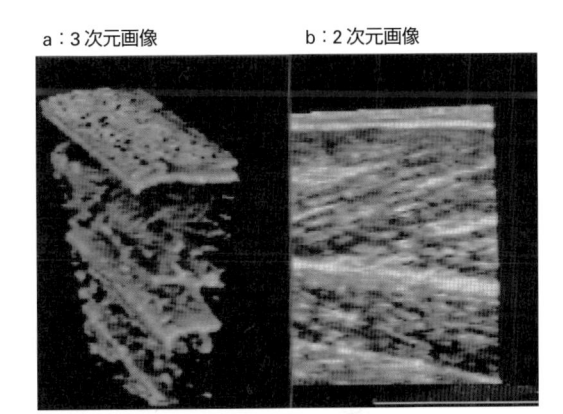

図 22-8　超音波法による筋内の筋束配置の3次元構築
腓腹筋内側頭の一部分（筋腹中央）を示す．bが2次元縦断画像（右側が近位），aが再構築した3次元画像（手前側が近位）．腱膜および筋束の3次元的な配列状態が観察できる．
（Kawakami Y et al.: Architecture of contracting human muscles and its functional significance. J Appl Biomech, 16: 88-97, 2000）

また，最近，超音波画像のコンピュータ処理によって，骨格筋の筋束配置の3次元再構築も試みられており（図22-8），羽状角や筋束長の筋内分布などに関する知見も得られはじめた[9]．

2）モーメントアーム

関節の回転中心から筋の力発揮方向までの距離は，モーメントアーム（moment arm）と呼ばれている．関節運動と筋出力の関係を考えるときに，モーメントアームは非常に重要な変数となる．筋張力とモーメントアームの積がその筋の発揮する関節トルクとなるので，関節トルクとモーメントアームがわかれば筋張力が推定できる．これまでに骨格筋のモーメントアームはいくつかの方法で測定されてきたが，近年は組織断層撮影技術が進歩し，生体におけるモーメントアームの実測が可能になってきた．たとえば，MRI法から得られた縦断画像から関節中心と腱との距離の測定である．ただしこの場合，筋によっては関節中心の決定や筋の力発揮方向の決定が困難な場合がある．

a：筋の縦断画像

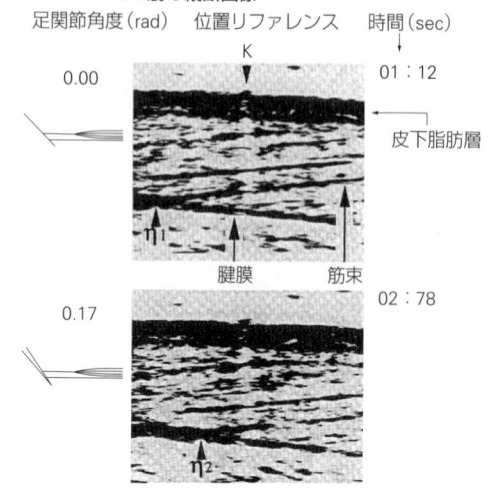

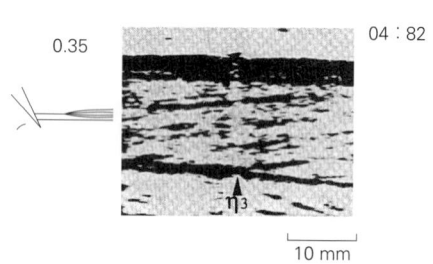

足関節角度（rad）　　位置リファレンス　　時間（sec）

b：関節角度と腱移動量の関係

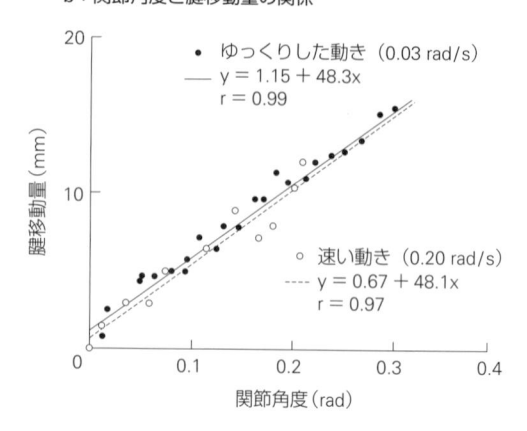

図22-9　超音波法によって腱の移動からモーメントアームを求める方法
超音波法による筋の縦断画像から腱膜上の特定部位の移動量を求める（a：η1→η3）．関節角度と腱移動量の間の関係（b）を直線回帰すると，その傾きがモーメントアームとなる．足関節背屈筋群の例を示す．超音波画像は右側が近位．
（Fukunaga T et al.: Tendinous movement of a human muscle during voluntary contractions determined by real-time ultrasonography. J Appl Physiol, 81: 1430-1433, 1996 より引用改変）

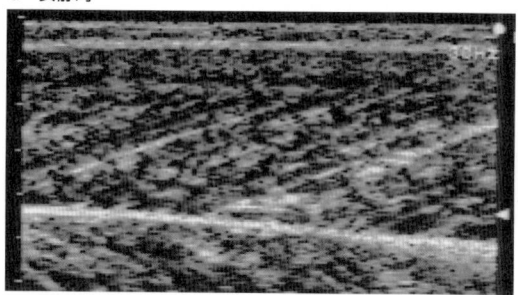

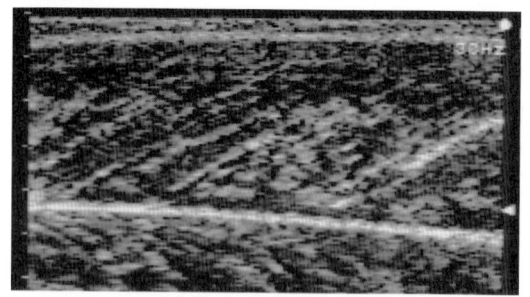

図22-10　安静時（a）および収縮中（b）の筋の超音波縦断画像
腓腹筋内側頭について示す．収縮時は50％MVCレベル．収縮によって筋束が短縮し，羽状角が増加することがわかる．画像中の1目盛は5mmを示す．

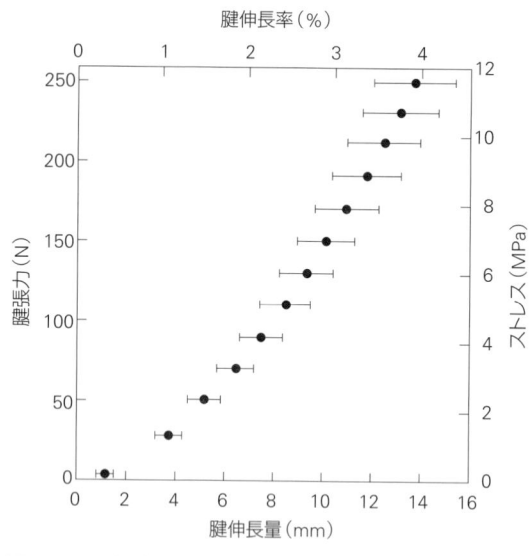

図22-11　超音波法によって得られた腱組織伸長量と腱張力との間の関係
両者は曲線的な関係をもち，これより腱組織の弾性を定量化することができる．
（Ito M et al.: Nonisometric behavior of fascicles during isometric contractions of a human muscle. J Appl Physiol, 85: 1230-1235, 1998）

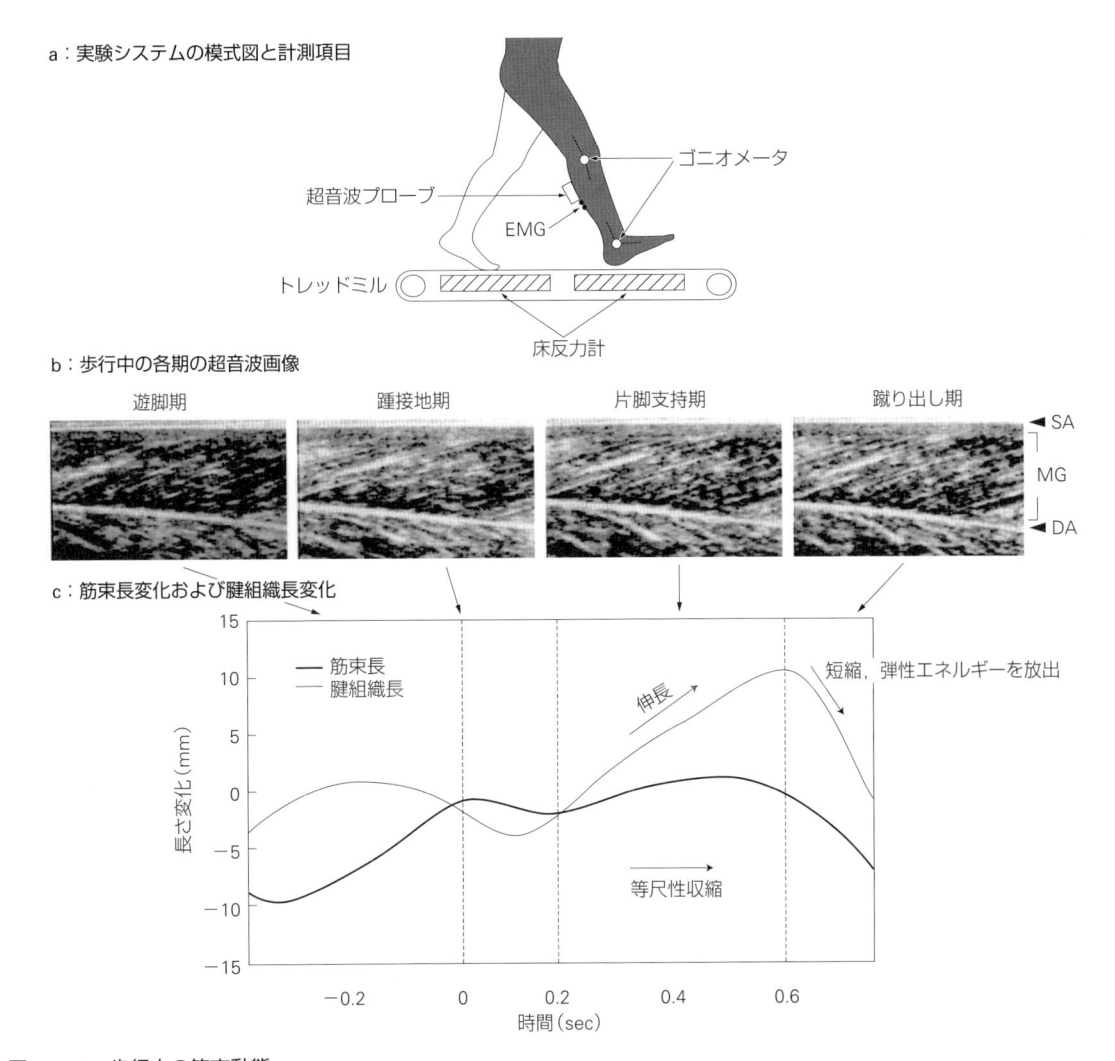

図 22-12　歩行中の筋束動態
実験システムの模式図と計測項目（a），歩行中の各期の超音波画像（b），筋束長変化（太線）および腱組織長変化（細線）（c）を示す．超音波画像は右側が近位．MG：腓腹筋内側頭；SA：表在腱膜；DA：深部腱膜．体重支持期に筋腱複合体が伸長されている状態では筋束は等尺性収縮を維持し（超音波画像に変化なし），腱組織は伸長され，このときに蓄えられた弾性エネルギーが支持期から遊脚期に移る前の蹴り出し動作に利用されていることがわかる．
（Fukunaga T et al.: In vivo behaviour of human muscle tendon during walking. Proc R Soc Lond B Biol Sci, 268: 229-233, 2001 より引用改変）

近年になって，超音波法などを用いて腱の移動距離を実測し，関節角度変化との関係からモーメントアームを求める方法も報告されている（図22-9）[14, 15]．

4．超音波法による収縮中の筋・腱の動態の計測

図22-10は，腓腹筋の超音波縦断像（筋の中央部分を近位-遠位方向に切り開いた状態）であり，上は安静時，下は収縮時（関節角度を固定し，被験者が最大努力の半分の力レベルで等尺性足底屈動作を行ったとき）の画像である．超音波法はこのように，生体の活動中のデータをリアルタイムで取得できるのが特徴である．図22-10から，収縮によって筋束が短縮し，羽状角が増加することがわかる．筋束の収縮はそれと直列に結合する腱組織の伸長によるものである．

収縮による腱組織の伸長という現象を利用し，腱組織の力学的特性を超音波法によって評価する試みも近年行われるようになった．腱組織伸長と腱張力（発揮筋力から推定）との関係（図22-11）から，腱組織の弾性定数（スティフネス）やヤング率などの力学的指標の推定が可能である[16〜18]．腱組織の力学的特性には個人差が存在し，身体運動のパフォーマンスとも関係していることが明らかになってきた[19,20]．超音波法を用いて，腱の力学的特性の部位差に関する詳細な検討も進められている[21]．

収縮による筋線維長の変化は，筋の力-長さ関係や力-速度関係といった生理的特性に影響を及ぼす．超音波法を用いてこれらが生体で検討されはじめた[22,23]．自転車駆動中[24]や歩行[25]といった身体運動中の筋束動態も超音波法によって観察されている．これらの報告では，収縮中に腱組織が伸長され，筋束が短縮するという現象が機能的な意味をもつことが示されている．図22-12は超音波法によって得られた歩行中の筋束動態である[25]．支持期に筋腱複合体が伸長されている状態では，筋束は等尺性収縮を維持し腱組織に弾性エネルギーが蓄えられ，それが遊脚期に移る前の蹴り出し動作に有効に利用されていることがわかる．これは，関節角度や床反力などの従来のバイオメカニカルな計測パラメータからは明らかにすることができなかった知見であり，超音波法の応用性の高さが示された例であるといえる．

21世紀においては，超音波法と従来の手法の融合とそれぞれの手法の技術的な発達が進み，新たな視点からの研究がますます発展することが期待される．

文献

1) Ikai M and Fukunaga T: Calculation of muscle strength per unit cross-sectional area of human muscle by means of ultrasonic measurement. Int Z Angew Physiol, 26: 26–32, 1968.
2) 福永哲夫：ヒトの絶対筋力—超音波による体肢組成・筋力の分析—．杏林書院，1978．
3) 福永哲夫，金久博昭：日本人の体肢組成．朝倉書店，1990．
4) Ichinose Y et al.: Morphological and functional differences in the elbow extensor muscle between highly trained male and female athletes. Eur J Appl Physiol, 78: 109–117, 1998.
5) Fukunaga T et al.: Physiological cross-sectional area of human leg muscles based on magnetic resonance imaging. J Orthopaed Res, 10: 926–934, 1992.
6) Kawakami Y et al.: Specific tension of elbow flexor and extensor muscles based on magnetic resonance imaging. Eur J Appl Physiol Occup Physiol, 68: 139–147, 1994.
7) 川上泰雄：骨格筋の形状と機能．In：山田 茂，福永哲夫編著，骨格筋—運動による機能と形態の変化．pp1-28，ナップ，1997．
8) Kawakami Y et al.: Muscle-fiber pennation angles are greater in hypertrophied than in normal muscles. J Appl Physiol, 74: 2740–2744, 1993.
9) Kawakami Y et al.: Architecture of contracting human muscles and its functional significance. J Appl Biomech, 16: 88–97, 2000.
10) Kawakami Y et al.: Training-induced changes in muscle architecture and specific tension. Eur J Appl Physiol Occup Physiol, 72: 37–43, 1995.
11) Kawakami Y et al.: Changes in muscle size and architecture following 20 days of bed rest. J Gravitat Physiol, 7: 53–60, 2000.
12) Fukunaga T et al.: Determination of fascicle length and pennation in a contracting human muscle *in vivo*. J Appl Physiol, 82: 354–358, 1997.
13) Kawakami Y et al.: Architectural and functional features of human triceps surae muscles during contraction. J Appl Physiol, 85: 398–404, 1998.
14) Fukunaga T et al.: Tendinous movement of a human muscle during voluntary contractions determined by real-time ultrasonography. J Appl Physiol, 81: 1430–1433, 1996.
15) Ito M et al.: *In vivo* moment arm determination using B-mode ultrasonography. J Biomech, 33: 215–218, 2000.
16) Fukashiro S et al.: Ultrasonography gives directly but noninvasively elastic characteristics of human tendon *in vivo*. Eur J Appl Physiol Occup Physiol, 71: 555–557, 1995.
17) Ito M et al.: Nonisometric behavior of fascicles during isometric contractions of a human muscle. J Appl Physiol, 85: 1230–1235, 1998.
18) Kubo K et al.: Influence of elastic properties of tendon structures on jump performance in humans. J Appl Physiol, 87: 2090–2096, 1999.
19) Kubo K et al.: Elastic properties of muscle-tendon complex in long distance runners. Eur J Appl Physiol, 81: 181–187, 2000.
20) Kubo K et al.: Elasticity of tendon structures of

21) Muramatsu T et al.: Mechanical properties of tendon and aponeurosis of human gastrocnemius muscle *in vivo*. J Appl Physiol, 90: 1671−1678, 2001.
22) Ichinose Y et al.: *In vivo* estimation of contraction velocity of human vastus lateralis muscle during "isokinetic" action. J Appl Physiol, 88: 851−856, 2000.
23) Kawakami Y et al.: The length-force characteristics of human gastrocnemius and soleus muscles *in vivo*. In: Herzog W ed, Skeletal Muscle Mechanics: From Mechanisms to Function. pp327−341, John Wiley & Sons, 2000.
24) Muraoka T et al.: Muscle fiber and tendon length changes in the human vastus lateralis during slow pedaling. J Appl Physiol, 91: 2035−2040, 2001.
25) Fukunaga T et al.: *In vivo* behaviour of human muscle tendon during walking. Proc R Soc Lond B Biol Sci, 268: 229−233, 2001.

〔川上　泰雄〕

(Reference 20 continued: the lower limbs in sprinters. Acta Physiol Scand, 168: 327−335, 2000.)

第23章

MRI

　MRIとは，magnetic resonance imagingの頭文字をとったもので，日本語では磁気共鳴映像法と呼ばれる．MRIは，身体の内部の様子を非侵襲的に画像化する研究手法である．MRIの測定は，強い磁場が立ち上がっているMR装置内で行われ，放射線を使うものではないため身体にとってはまったくの無害である．したがって，子どもから高齢者に至るまで幅広い年齢層の人を対象とした測定が可能で，同じ人を繰り返し測定してもまったく問題ない．MRIをバイオメカニクスの分野において応用する場合，おもに以下の2つの観点において有用と思われる．第1として，われわれの身体の体肢や体幹などの横断面，縦断面をはじめ，あらゆる角度における切断面を撮影することができる点である．得られた画像から皮下脂肪や筋の"断面積"という2次元的な観点からの検討および"体積"という3次元的な観点からの検討が可能である．第2として，骨格筋の機能的な情報が得られる点である．たとえば，神経科学の分野では，大脳の賦活の様子を調べるためには必要不可欠となった，機能的磁気共鳴法（functional MRI：fMRI）であるが，このfMRIとは特別なMRIではなく，ある一定のハード，ソフトの条件さえ備えていれば，どのMRIでも測定が可能である．詳細な測定条件は異なるものの，運動時の骨格筋のfMRIもバイオメカニクスの運動制御分野では，これまでの古典的な測定法では得ることが困難であった興味深い情報が得られ，これに関する研究発表も次第に増えてきている．後述するが，筋の機能的な情報を得ようとするMRIは，最近ではmuscle functional MRI（mfMRI）と呼ばれるようになってきた[1]．これは，ただ単に解剖学的な情報だけではなく，機能的な情報も同時に測定することができるという意味で，単に解剖学的な情報を測定するMRIと区別するための表現方法であると理解している．したがって，本項でもその流れに従って，"解剖学的な情報"を得ることだけを目的して測定されたMRIは，"MRI"と表記し，骨格筋の"機能的な情報"を得るために測定されたMRIは，"mfMRI"として表記することにする．

1. MRI

　MRIは，脳，骨格筋，骨，腱などの組織の解剖学的な情報を得るためには有用な測定法である．なぜ有用かというと，画像の鮮明さにあると思われる．バイオメカニクスの分野では，骨格筋を中心とした軟組織の組織量を求めたり，膝関節や足関節のモーメントアームを求めたりするために利用されている．図23-1には，大腿部中央部のMRIと，この画像でみられる筋の分類について示した．図23-1のMRIにおいて，大腿部の外側を覆っている白っぽい部分が皮下脂肪で，もっとも大きな面積を占めるグレーの部分が骨格筋である．骨格筋の真ん中にある黒と白の二層構造をなす部分が大腿骨で，黒い部分が骨皮質，白い部分が骨髄を示す．また，解剖学的な知識と十分な経験のある研究者では，図23-1に示したような筋毎の分類も可能となる．

　MRIを使って筋断面積や筋体積を測定することができるが，まず最初にその測定精度について考える必要がある．異なる大きさの容器に水を満たし，通常，筋断面積を算出するために行われるような撮影条件によりMRIの測定を行った．その結果，異なる容器を実測して得られた断面積

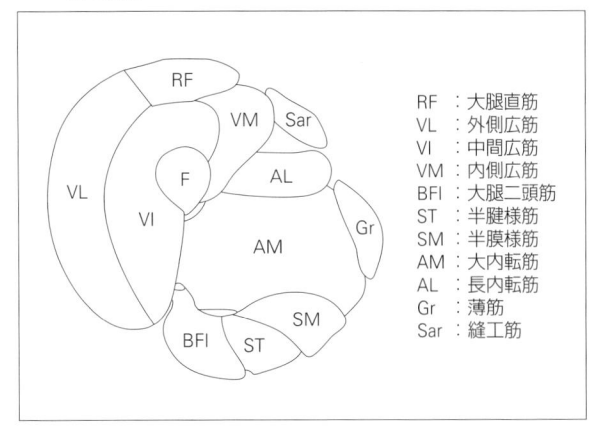

図23-1 磁気共鳴映像法による右大腿部の横断像(a)と筋の解説(b)

RF：大腿直筋
VL：外側広筋
VI：中間広筋
VM：内側広筋
BFl：大腿二頭筋
ST：半腱様筋
SM：半膜様筋
AM：大内転筋
AL：長内転筋
Gr：薄筋
Sar：縫工筋

の平均値（56±45cm²）とMRIから測定した断面積の平均値（57±46cm²）との誤差はたったの1cm²（1.8％）であった．また，両測定条件で算出された値を直線回帰した結果，r＝1.0の相関係数が得られたことから，MRIによる筋断面積の測定は，非常に精度が高いということがわかる．同様に，筋体積においても1人の被験者の大腿について，異なる日（>2週間）にまったく同様な条件で測定した結果，両測定間の測定誤差は1.6％であり，MRIによるヒトの筋体積の測定においても高い測定精度があることが理解できる．以上のことから，MRIによる筋断面積および筋体積の測定は，十分に注意して分析を行えば±2％以内の誤差範囲で測定を行うことができ，筋肥大や筋萎縮を調べるためには有用な装置であることが理解できる．

これまでMRIを使って，トレーニング（筋力トレーニング，スプリントトレーニング，持久性トレーニング）や不活動（宇宙飛行，ベッドレスト，ヒトの下肢懸垂）に伴う骨格筋の形態的変化やスポーツ選手の筋形態などの研究が行われてきた．筋に負荷がかかると筋の肥大が生じることはよく知られている．しかしながら，骨格筋を全筋レベルでみてどの部分（たとえば，筋腹，遠位部）において肥大が起こるのかについては十分にわかっていない．MRIを用いると一度に複数の横断像を得ることができ，このことによって筋の肥大

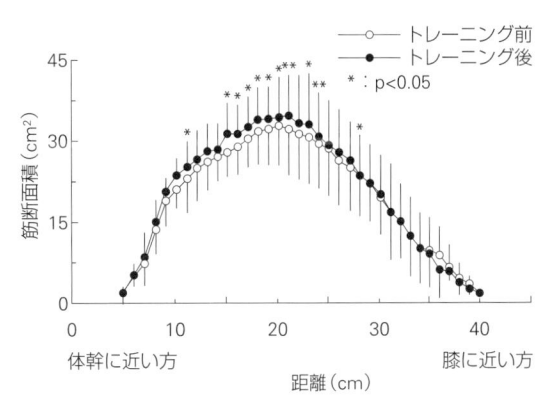

図23-2 6週間のスプリントトレーニング前後における外側広筋の起始部—停止部間の筋断面積の変化
(Akima H et al.: Effects of sprint cycle training on architectural characteristics, torque-velocity relationships, and power output in human skeletal muscles. Adv Exerc Sports Physiol, 3: 9–15, 1997)

部位を特定することができる．これまでの研究では，一般的にさまざまなタイプのトレーニング（筋力トレーニング，スプリントトレーニング，持久的トレーニング）を行うと，おもに筋腹のもっとも筋量のある部分の付近において，筋断面積の有意な増加がみられることが報告されている[2]．図23-2には6週間のスプリントトレーニング前後における外側広筋の起始部—停止部間の筋断面積の変化について示した．有意差が示された部位は，スプリントトレーニング後に有意な筋肥大がみられた部分である．一方，筋が萎縮する場合においても，筋腹部位の付近を中心に顕著な筋断面積の

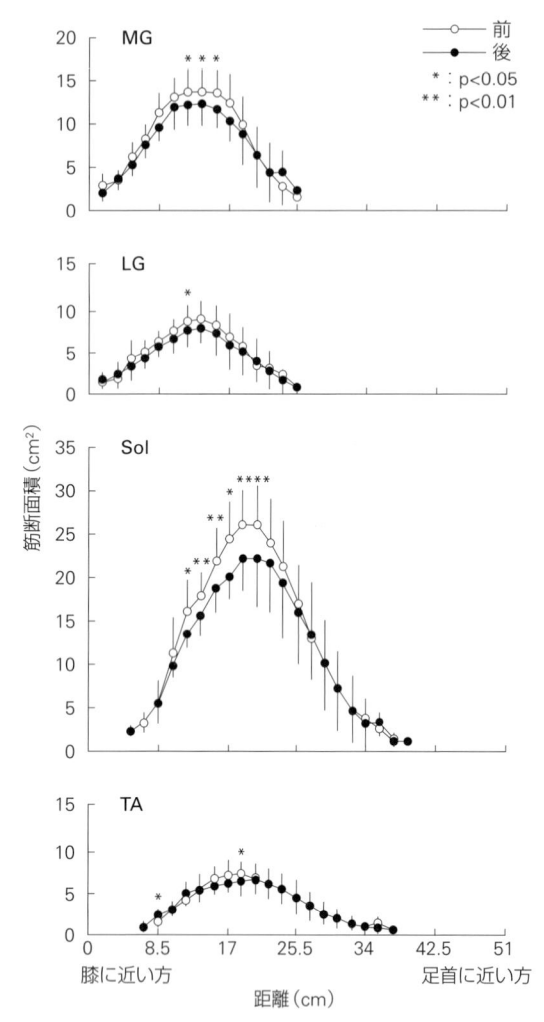

図23-3 3週間のベッド安静前後における腓腹筋内側頭（MG），腓腹筋外側頭（LG），ヒラメ筋（Sol）および前脛骨筋（TA）の筋断面積の変化
（Akima H et al.: Leg-press training during 20 days of 6° head-down-tilt bed rest prevents muscle deconditioning. Eur J Appl Physiol, 82: 30-38, 2000）

変化がみられる．図23-3には20日間の不活動（ベッドレスト）前後における腓腹筋内側頭（MG），腓腹筋外側頭（LG），ヒラメ筋（Sol）および前脛骨筋（TA）の起始部と停止部間の筋断面積の変化について示した．いずれの筋においても筋腹部位を中心に，有意な筋断面積の減少がみられる[3]．

2. mfMRI

骨格筋の機能的磁気共鳴画像（mfMRI）は，比較的新しい測定・分析方法であり，このようにいわれるようになったのも，ごく最近である．1988年，Fleckensteinら[4]により，運動を行った後にMRIを撮影すると，運動に使われた筋においてコントラストの変化が生じることが世界ではじめて発表された．この論文は1988年に開かれたアメリカレントゲン学会年次大会でPresident's Awardを受賞したものでもあった．この論文が発表されてから現在まで，mfMRIに関する多くの研究論文が発表されてきた．基本的にMRIは生体内のプロトン（H^+）の情報を画像化しており，生体内におけるプロトンの情報はそのほとんどが水（H_2O）から得られたものである．したがって，運動に伴うmfMRIの信号変化は，筋細胞内・外の水の情報の変化と考えることができる．しかし，その信号変化は筋細胞内・外の水のみですべてを説明できるわけでなく，他の因子も直接的・間接的に運動直後のmfMRIの信号変化に寄与していると考えられている．

運動に伴うmfMRIの信号変化は，通常，横緩和時間（T2）というパラメータを指標とする場合がほとんどである．骨格筋の安静時のT2値が約30ms前後であり，運動後はこのT2値が延長する．この延長の程度を筋群毎あるいは筋毎に評価し，どの程度その筋（群）が動員されたのかについて知ることができる．ではなぜ，T2値の変化から運動時の動員が評価できるのかについては，次のような先行研究によるものである．

T2値と主働筋の筋電図の積分値との間に有意な相関関係があり[5]，またT2と運動強度との間にも高い相関関係があることが報告されている[6]．これらの研究から，mfMRIで得られる情報は運動時の動員を表していると考えられている．なお，詳細は他のレビューを参照されたい．

バイオメカニクスの分野で比較的よく用いられる運動形態のひとつとして，自転車運動があげられる．mfMRIの利点である，一度に多くの筋の解剖学的な情報と機能的な情報が得られるという点で，自転車運動における大腿部の筋においても例外ではない．図23-4には短時間高強度（6秒全力ペダリング×10セット）の自転車運動前後

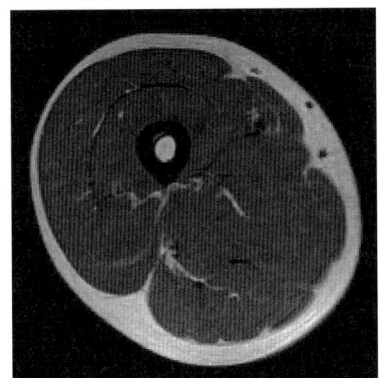

a：安静時　　　　　　　　　b：自転車こぎ運動直後

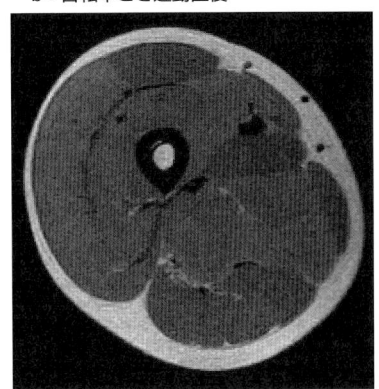

図 23-4　安静時および最大努力による自転車運動後（6秒×10セット）の大腿部中央部の機能的磁気共鳴画像（mfMRI）
（Akima H et al.: Recruitment of the thigh muscles during sprint cycling by muscle functional magnetic resonance imaging. Int J Sports Med, 26: 245-252, 2005）

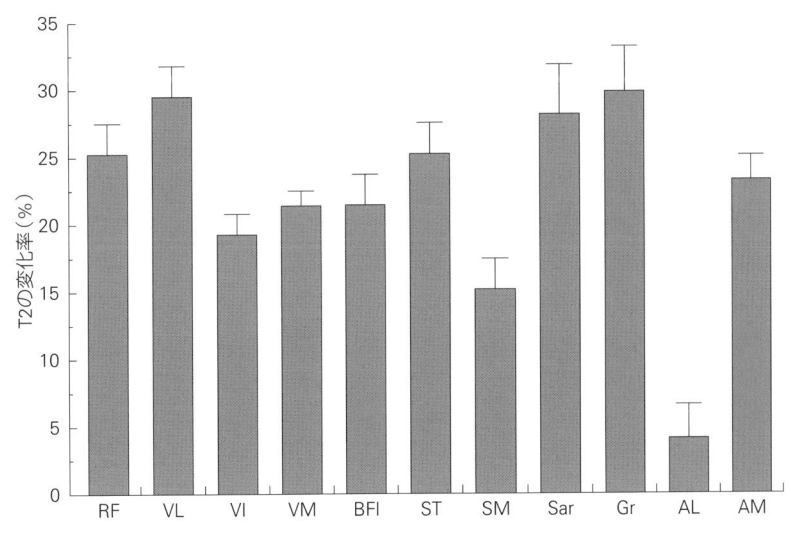

図 23-5　最大努力の自転車運動（6秒×10セット）による mfMRI の安静からの横緩和時間（T2）の変化率（筋の省略記号は図 23-1 を参照）
（Akima H et al.: Recruitment of the thigh muscles during sprint cycling by muscle functional magnetic resonance imaging. Int J Sports Med, 26: 245-252, 2005）

の mfMRI について示した．安静時と比較して，10 セットの運動後には，ほとんどすべての筋において有意な T2 値の増加がみられた（図 23-5）．特に，外側広筋（VL），縫工筋（Sar）および薄筋（Gr）の 3 つの筋において，動員の程度が大きいことが理解できる．一方，内転筋群を構成する筋である長内転筋（AL）においては T2 値の変化がほとんどみられなかった．このことは，AL は本研究で用いたような自転車運動には動員されないということを示している．この原因については明らかではないが，用いた運動形態が AL の至適長をはずれた部分で筋収縮が行われていたため，十分にこの筋が動員できなかったのではないかと考えられる．それにも増して興味深いのは，機能的に同一の役割を果たす筋群内において筋活動のバリエーションが存在することである．このことから運動時のヒトの神経-筋系の複雑さの断片を知ることができる．

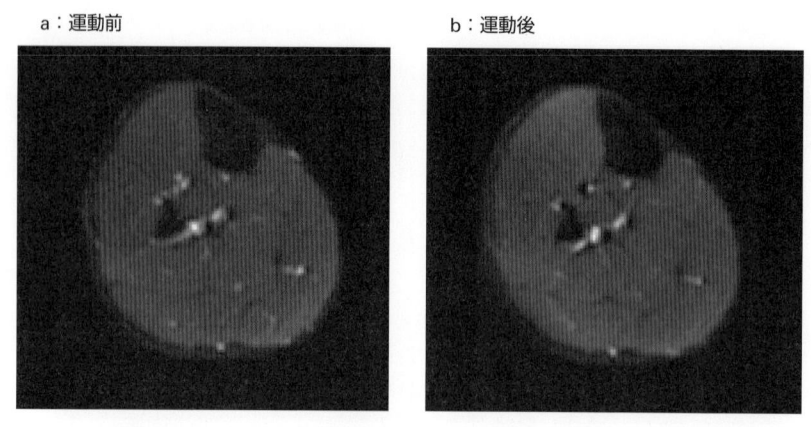

図23-6 超高速スキャンによる足背屈運動前および運動終了直前の下腿部の横断像
(Akima H et al.: Recruitment plasticity of neuromuscular compartmens in exercised tibialis anterior using echo-planar magnetic resonance imaging. Neurosci Lett, 296: 133-136, 2000)

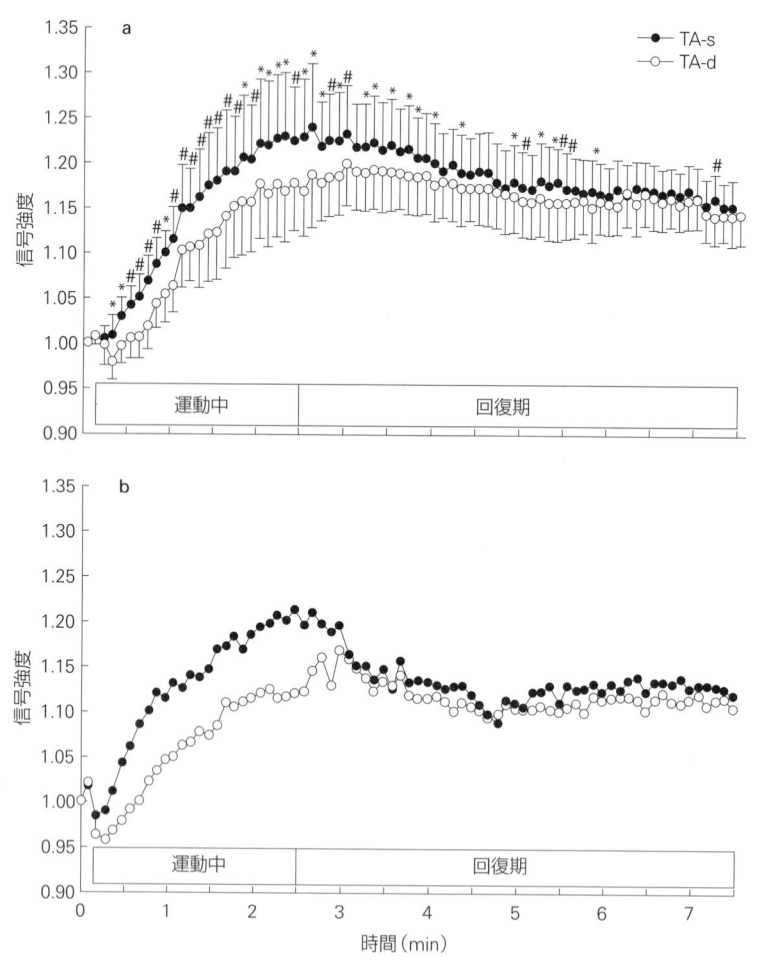

図23-7 足背屈運動に伴う前脛骨筋内の2つの神経筋コンパートメント(NMC)の信号変化
信号強度は,安静を1とする相対値で表す.TA-s：表層部のNMC,TA-d：深層部のNMC.
(Akima H et al.: Recruitment plasticity of neuromuscular compartmens in exercised tibialis anterior using echo-planar magnetic resonance imaging. Neurosci Lett, 296: 133-136, 2000)

次に，運動中の筋の動員を微妙に調節する神経系のはたらきをmfMRIによって調べることができる例について紹介したい．一般的にある単一の筋は，ひとつあるいはいくつかの神経枝によって神経支配を受けている．筋によっては，神経枝とその神経が支配する筋のコンパートメントという単位に分けることができる[7]．つまり，解剖学的に定義されている単一の筋においても，その筋の機能においてはさらに細かい単位に分けられる場合があるのである．このような神経と筋の形態を神経筋コンパートメント（neuromuscular compartment: NMC）という[7]．このNMCは，ひとつの機能的単位となっている．たとえば，動作によってはある特定のNMCのみが活動することも示されている．ヒトの前脛骨筋は，3つのNMCから構成されていることが屍体の筋を用いた研究からわかっている[8]．3つのコンパートメントのうち，2つは前脛骨筋の中を貫く腱膜によって分けることができる．しかしながら，ヒトの骨格筋では，それぞれのNMCがどのように使われているのか，あるいはどのような役割をしているのかなどについては，方法論的問題から十分に明らかになっていなかった．著者ら[9]は，1枚の画像を数十ミリ秒で撮影できる超高速スキャンのmfMRIを用いて，足背屈運動中のヒト前脛骨筋のNMCの活動状態を非侵襲的に検討した．図23-6には足背屈運動中の下腿部のmfMRIについて示した．図23-7a，bには，前脛骨筋における信号強度の経時的変化について示した．運動開始直後はいったん信号強度が減少する方向へ傾くが，その後，増加した．興味深いことに，運動を開始直後から前脛骨筋を構成する表層部（TA-s）と深層部（TA-d）のNMCにおける安静からの信号強度の変化率が異なり，表層部の方が深層部と比較して運動中および回復期の前半の信号強度変化が有意に大きい．また，図23-7bには，ある1人の被験者の前脛骨筋の表層部と深層部の信号変化について示した．この被験者の場合，運動中には表層部および深層部における信号強度の反応が明らかに異なっているのが確認できるが，運動終了後1.5分後には2つの部位における信号強度がオーバーラップしてくる．これらのことはひとつの筋であっても，NMCによって筋の使われ方が異なっていることを明確に示す事実であると思われる．

以上のように，バイオメカニクスの研究分野においてもMRIは有用な測定装置になってきている．MRIの機能自体も日々発展してきているので，研究者のアイデアと装置の機能の向上がさらなるバイオメカニクスの研究分野の発展を押し進めることであろう．

文献

1) Meyer RA and Prior BM: Functional magnetic resonance imaging of muscle. Exerc Sport Sci Rev, 28: 89–92, 2000.
2) Akima H et al.: Effects of sprint cycle training on architectural characteristics, torque-velocity relationships, and power output in human skeletal muscles. Adv Exerc Sports Physiol, 3: 9–15, 1997.
3) Akima H et al.: Leg-press training during 20 days of 6° head-down-tilt bed rest prevents muscle deconditioning. Eur J Appl Physiol, 82: 30–38, 2000.
4) Fleckenstein JL et al.: Acute effects of exercise on MR imaging of skeletal muscle in normal volunteers. Am J Roentgenol, 151: 231–237, 1988.
5) Adams GR et al.: MRI and EMG as indexes of muscle function. J Appl Physiol, 74: 532–537, 1992.
6) Adams GR et al.: Mapping of electrical muscle stimulation using MRI. J Appl Physiol, 74: 532–537, 1993.
7) English AW: Compartmentalization of muscle and their motor nuclei: partitioning hypothesis. Phys Ther, 73: 857–867, 1993.
8) Wolf SL and Kim JH: Morphological analysis of the human tibialis anterior and medial gastrocnemius muscles. Acta Anat, 158: 287–295, 1997.
9) Akima H et al.: Recruitment plasticity of neuromuscular compartmens in exercised tibialis anterior using echo-planar magnetic resonance imaging. Neurosci Lett, 296: 133–136, 2000.
10) Akima H et al.: Recruitment of the thigh muscles during sprint cycling by muscle functional magnetic resonance imaging. Int J Sports Med, 26: 245–252, 2005.

［秋間　広］

第24章

シミュレーション

1. スポーツバイオメカニクスにおけるシミュレーション

　シミュレーション（simulation）は，われわれのまわりにさまざまな形で存在している．フライトシミュレータやカーレースなどのテレビゲームもシミュレーションのひとつであり，スーパーコンピュータを使った天気予報もシミュレーションである．研究においては，自然科学分野だけでなく人文・社会科学分野においてもシミュレーションは欠かせない研究手法になり，現在ではシミュレーションが存在しない分野はないといえるほど多種多様なシミュレーションが行われている．
　スポーツバイオメカニクスも例外ではない．これまで，スポーツバイオメカニクスにおける身体運動の動力学的解析は，実際に行われた身体運動から関節トルク，モーメント，筋力などを推定する逆動力学的解析が主流であった．しかし，コンピュータの急速な発展とともに，関節トルクや筋力から運動を発生させる順動力学的解析，すなわち，シミュレーションもバイオメカニクスの研究手法の大きな柱になりつつある．さらには，シミュレーションと最適化手法とを組み合わせることで，最適動作の探求や新たなスポーツ技術の開発も行われている．

2. スポーツバイオメカニクスにおけるシミュレーションを用いた研究

　スポーツバイオメカニクスにおけるシミュレーションを用いた代表的な研究を通して，シミュレーションの目的や傾向について説明する．
　Hatze[1] は，図24-1a に示すような大腿，下腿の2セグメントと5組の筋群からなる2次元筋骨格モデルを構築し，シミュレーションと最適化手法を用いて，最短時間でターゲットをキックする動作（車の急ブレーキを踏むような動作）を推定している．図24-1b は，実際に被験者がキック

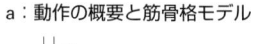

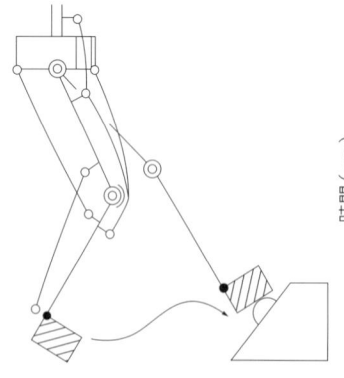

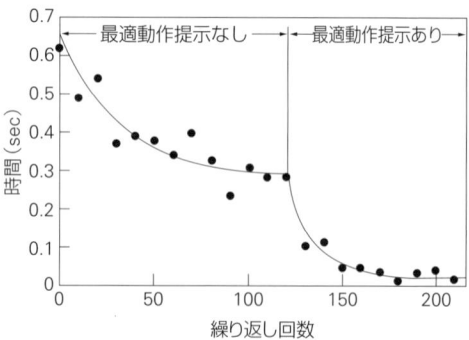

図24-1　キック動作のシミュレーション
(Hatze H: The complete optimization of a human motion. Math Biosci, 28: 99-135, 1976)

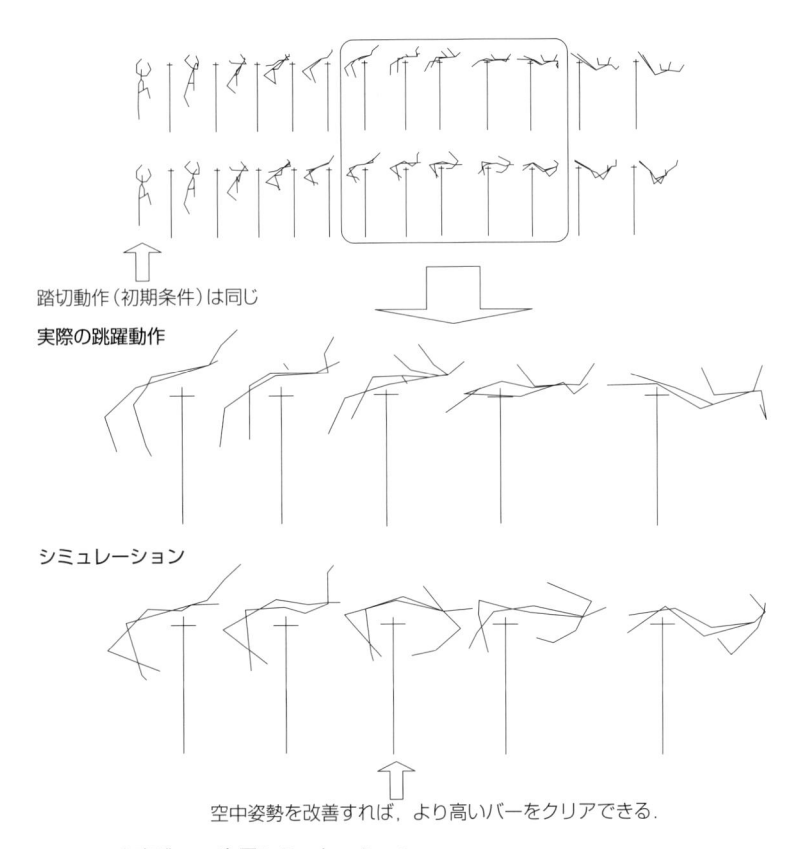

図24-2 走高跳の3次元シミュレーション
(Dapena J: Simulation of modified human airborne movements. J Biomech, 14: 81-89, 1981)

動作を練習した際の動作時間の変化を示したもので，横軸はキック回数（練習回数），縦軸はシミュレーションで推定した最短動作時間との差を示している．シミュレーションで推定した最適動作を提示せずに練習させると（最適動作提示なし区間），120回程度で動作時間が平衡状態に達している．その後，最適動作と実際の動作との違いをチェックしながら練習を繰り返すと（提示あり区間），動作時間はさらに短縮してシミュレーションで推定した動作時間とほぼ一致した．

Dapena[2]は，走高跳の3次元シミュレーションを報告している．図24-2に示すように，踏切時の身体各部の動きは同じであっても，空中での姿勢を変えることでクリアできるバーを高くできると報告している．言い換えると，対象となった選手は空中動作に改善の余地があり，助走技術や筋力トレーニングを行わなくても競技記録を伸ばすことができることを示している．

図24-3 大車輪から捻りを伴う宙返り運動の最適化
(Hiley MJ and Yeadon MR: Optimisation of a high bar dismount. Computer simulation in biomechanics. Proceedings of VIIIth International Symposium on Computer Simulation in Biomechanics, pp109-112, 2001)

Hatze[3]は，走幅跳の踏切動作にシミュレーションを利用することで，実際に競技成績が向上したことを報告している．具体的には，32回の跳躍

a：筋骨格モデルと神経ネットワーク

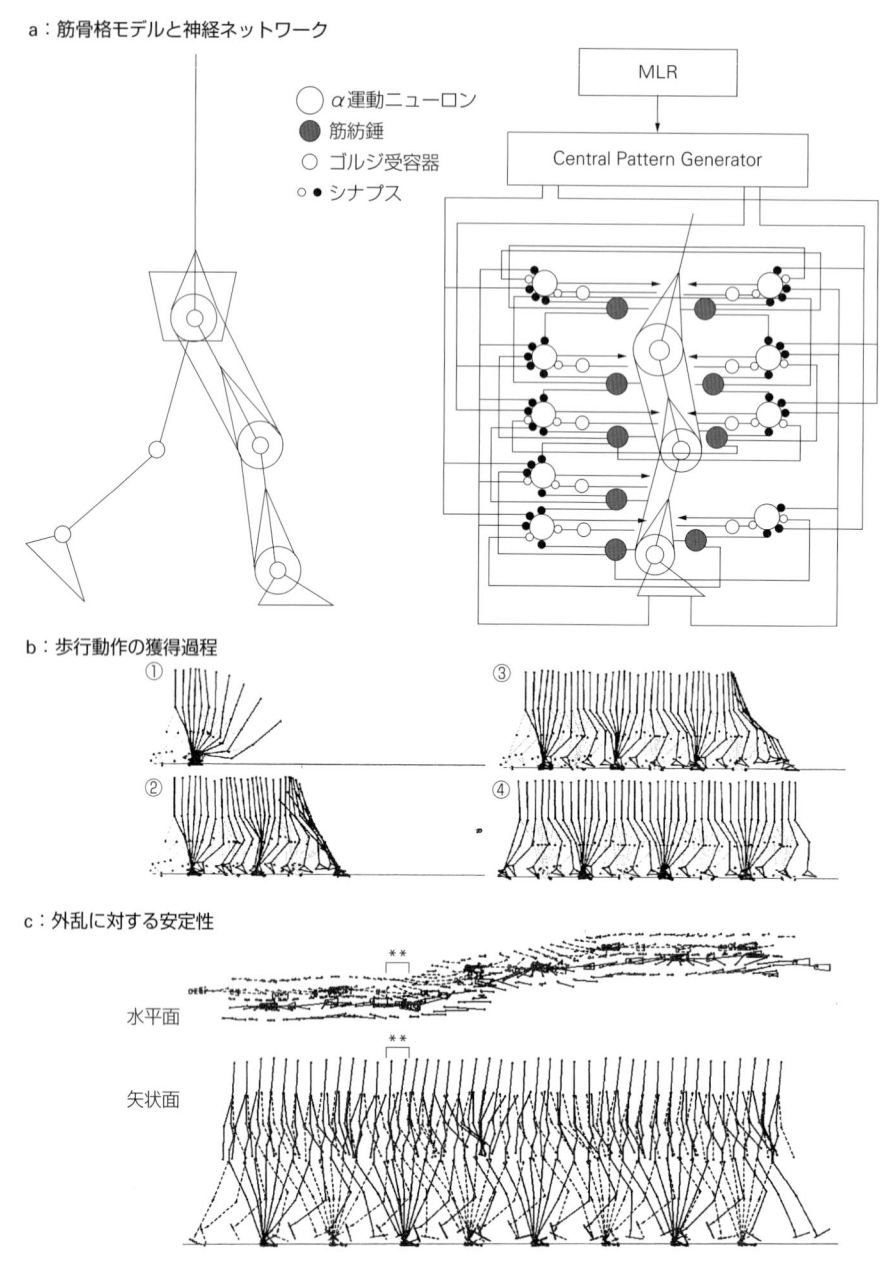

○ α運動ニューロン
● 筋紡錘
○ ゴルジ受容器
○ ● シナプス

MLR

Central Pattern Generator

b：歩行動作の獲得過程
① ② ③ ④

c：外乱に対する安定性
水平面
矢状面

図24-4 歩行動作のシミュレーション
(文献7，8より引用)

の平均記録6.58m，最高記録6.96mだった選手を，17個の剛体リンクと46個の筋群からなる3次元筋骨格モデルでモデリングし，踏切動作のシミュレーションを行った．その結果，この選手の踏切フォームの問題点として，股関節伸展のタイミングが遅れていること，さらに踏切時の股関節の伸展が不十分であることを見い出した．そこで

シミュレーションで得られた動作と実際の動作を比較しながら3週間のフォーム修正のトレーニングを行った結果，平均記録が7.12mに向上したと報告している．

また，HileyとYeadon[4]は，図24-3に示すように，体操の鉄棒競技の大車輪から離手までの動作について最適化シミュレーションを行い，大車

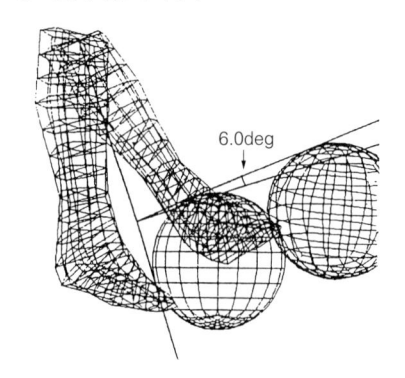

a：インフロントキック　　b：インステップキック

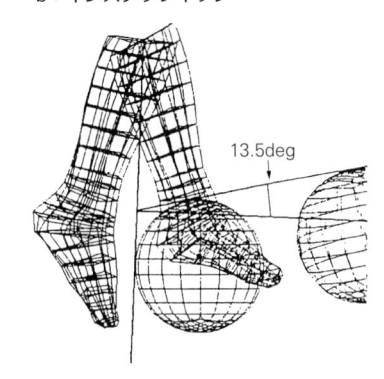

図 24-5　キック動作の有限要素解析
（Asai T et al.: Comparison of curve ball kick with instep kick in football. In: Subic AJ and Haak SJ eds, The Engineering of Sport—Research, development and innovation. pp487-494, Blackwell Science, 2000）

輪中の体幹や股関節の屈曲・伸展動作の重要性を示している．

このように，スポーツバイオメカニクスにおけるシミュレーションの目的として，競技スポーツの技術改善や新しい技術の開発があげられる．さらに最適化手法と組み合わせることで，選手の能力を最大限に引きだす動作の推定など，シミュレーションは競技スポーツの競技力向上に利用することができる．

Taga[5,6]は，下肢の剛体リンクモデルにリズム発生回路と神経振動子を組み込むことで，コンピュータ上で歩行動作を発生させることが可能であることを報告し，歩行動作の制御理論について言及している．同様にOgiharaとYamazaki[7]は，図24-4aに示す筋骨格モデルと神経ネットワークを用いた歩行動作のシミュレーションを報告している．モデルに含まれるそれぞれの筋群は，中枢からの信号と筋受容器からのフィードバックによって制御されるようにモデリングされている．そこで，シミュレーションの初期段階においてランダムなフィードバックゲインを用いてシミュレーションを行った場合にはすぐに転倒してしまうが，歩行距離が最大になるようにフィードバックゲインを最適化することで自然な歩行動作を再現できたことを報告している．さらに図24-4cのように，定常歩行中に外乱が加えられても安定した歩行を継続できるようなモデルの構築が行われている[8]．このように，コンピュータ上で身体運動を発生させることで，身体運動の制御，習熟・習得に関する知見を得ることができる．さらには，たとえば，身体の前方にある物体を手で取る場合，身体構造には冗長性があるため，矢状面内だけで上肢を動かすことも，肘を肩の高さまであげて水平面内だけで上肢を動かすことも可能である．しかし実際には，上肢は無理のない自然な運動をしており，そこには何らかの制御基準の存在が予想され，シミュレーションを用いてその制御基準を明らかにすることもできるであろう．

他方，スポーツ工学の分野では，有限要素モデルを用いたスポーツ用具のシミュレーション（有限要素法，finite element method: FEM）が頻繁に行われている．有限要素モデルによるシミュレーションは，強度解析，振動解析，反発係数の推定などスポーツ用具の設計や事前評価のために行うことが主であったが，近年ではスポーツシューズの設計[9]や図24-5[10]に示すような身体運動にも適用されるようになってきており，従来の剛体リンクモデルを用いたシミュレーションとともに，スポーツバイオメカニクスにおけるシミュレーションの代表的な手法となりつつある．

図24-6 CFDを用いた流体のシミュレーション
(Hanna RK: Going faster, higher and longer with CFD. In: Haak SJ ed, The Engineering of Sport. pp3-10, Balkema, 1996)

a：スキージャンプの姿勢による空気の流れの違い（左：V字型，右：従来型）

b：ゴルフクラブ周辺の空気の流れ

さらに，図24-6[11]に示すように，空気や水などの流れのシミュレーション（computational fluid dynamics: CFD）を行い，スポーツ用具や身体周辺の空気の流れるようすや抵抗を推定することも可能となってきている．

この他にも，シミュレーションは，生体内力の推定，運動の力学的原則の理解など，さまざまな場面で利用可能であり[12,13]，その利用範囲は拡大しつつある．

3. シミュレーションとモデリング

Pritsker[14]は，シミュレーションを"the presentation of the dynamic behavior of the system by moving it from state to state in accordance with well-defined operating rules"と定義している．この中の"well-defined operating rules"は，『モデル』と呼ばれ，一般には実体のある物理モデルと実体のない数学モデルとに大別される．そして，コンピュータシミュレーションでは数学モデルが用いられることになるが，身体部分の運動方程式，筋の収縮特性を表す方程式，さらには神経系を表す方程式などが含まれる．

モデルはシミュレーションの基礎となるものであるが，類似したモデルであってもシミュレーション結果に大きな違いが生じる可能性があることに注意しなければならない．一例をあげると，垂直跳における二関節筋（腓腹筋や大腿二頭筋など）の役割を検討した2つの研究がある．Bobbertとvan Ingen Schenau[15]は，二関節筋を単関節筋に置き換えた筋骨格モデルを用いて垂直跳のシミュレーションを行うと跳躍高が減少するので，二関節筋は高く跳ぶために貢献していると報告し，一方PandyとZajac[16]は，跳躍高が増大するので貢献していないと報告した．しかし，これらのシミュレーションでは，筋の最大収縮速度を表すパラメータに違いがあり，それが跳躍高の増減に影響を与えたものと考えられる[17]．このように，シミュレーション結果はモデルに大きく依存しており，適切なモデリングを行うためには，バイオメカニクス，運動生理学，解剖学，神経回路，制御工学など，さまざまな知識を統合しなけ

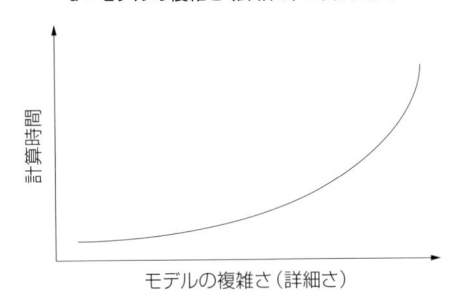

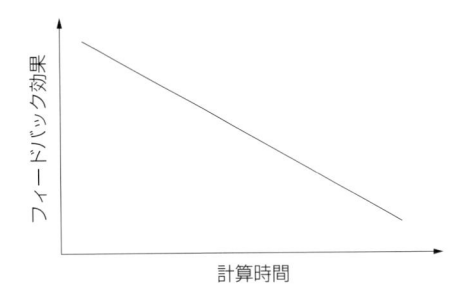

図24-7 モデル詳細さの検討
(藤井範久：バイオメカニクスにおけるコンピュータシミュレーション. 体育学研究, 42：394-400, 1998)

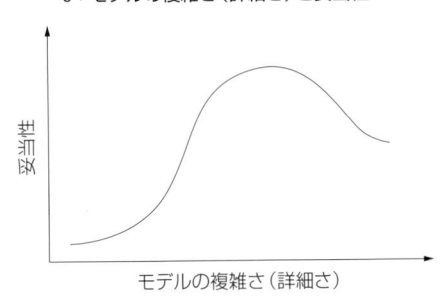

ればならない.

そこで，どのようにモデリングするかについて，モデルの詳細さ（複雑さ）の観点から説明する[13]．図24-7aは，モデルの詳細さとシミュレーションに要する計算時間の関係を示したもので，モデルが複雑になれば加速度的に計算時間が増大することを示している．また，競技スポーツやリハビリテーションにおいては，シミュレーション結果をもとに練習方法や運動処方（フィードバック）を考えるので，図24-7bに示すように計算時間が長くなるとフィードバック効果は低下する．最後にモデルの妥当性や信頼性を考えたとき，詳細なモデルが妥当性や信頼性が高いとはいえず，図24-7cに示すように最適値が存在する．すなわち，モデルを単純化しすぎると，本来モデルに必要な特性を無視してしまうことになり，モデルの妥当性が低下する．逆に，モデルを詳細にすれば妥当性が向上すると考えがちであるが，同時にモデルに必要なパラメータ（最大筋力など）が増え，その多くが推定値であるために詳細にし過ぎるとモデルの妥当性が逆に低下することを図24-7cは示している．この最適な詳細さを求めるためには，バイオメカニクスだけでなく，上で述べたさまざまな知識を必要とするが，現時点で理論的に最適モデルを導出することは困難である．そして，どのようなモデルを構築するかは研究者に委ねられているのが現実で，現時点では試行錯誤を繰り返しながら最適なモデルを見つけ出す必要がある．

4．剛体リンクモデルを用いたシミュレーション手法

1）運動方程式と制約式

身体の基本モデルのひとつである2次元剛体リンクモデルを用いた身体運動のミュレーションの手法について簡単に説明する．剛体リンクモデルの運動方程式を導出する場合，ニュートンの運動方程式とラグランジェの運動方程式が代表的であるが，ここではニュートンの運動方程式を採用する．

図24-8aに示すように，ひとつの剛体リンクに関節力，関節トルク，重力が作用している場合，並進の運動方程式（1）および（2），回転の運動方程式（3）が得られる（式中ベクトル変数の後

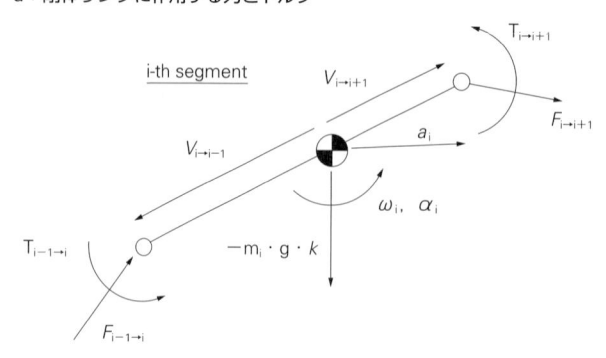

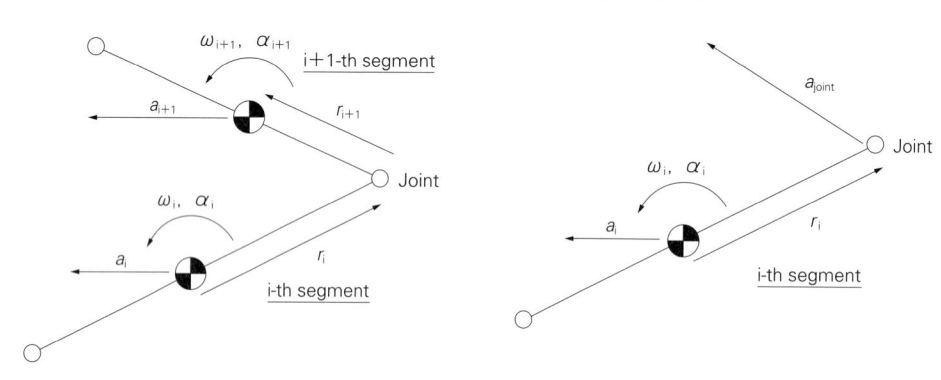

図 24-8 剛体リンクによるシミュレーション
a：剛体リンクの重心加速度ベクトル，ω：剛体リンクの角速度，α：剛体リンクの角加速度，F：関節力ベクトル，T：関節トルク，V：剛体の重心から関節に向かうベクトル，m：剛体リンクの質量，I：剛体リンクの重心回りの慣性モーメント，k：鉛直方向の単位ベクトル，g：重力加速度，r：重心と関節を結ぶベクトル，→：作用 / 始点終点の方向を表す．

のx，yは，それぞれの水平軸，鉛直軸成分を表す）．

$$Fx_{i-1 \to i} - Fx_{i \to i+1} = m_i \cdot ax_i \quad \cdots\cdots(1)$$

$$Fy_{i-1 \to i} - Fy_{i \to i+1} - m_i \cdot g = m_i \cdot ay_i \quad \cdots(2)$$

$$T_{i-1 \to i} - T_{i \to i+1} + Vx_{i \to i-1} \times Fy_{i-1 \to i}$$
$$-Vy_{i \to i-1} \times Fx_{i-1 \to i} - Vx_{i \to i+1} \times Fy_{i \to i+1}$$
$$+Vy_{i \to i+1} \times Fx_{i \to i+1} = I_i \cdot \alpha_i \quad \cdots\cdots(3)$$

地面反力などの外力は，関節トルクと同様に扱うことができる．また，図24-8bに示すように，剛体リンクが関節で接続されている場合には，隣接する剛体リンクの重心加速度と角加速度の間には，制約式（4）および（5）の関係が成立する．

$$ax_{i+1} = ax_i - ry_i \cdot \alpha_i - rx_i \cdot \omega_i^2$$
$$-ry_{i+1} \cdot \alpha_{i+1} - rx_{i+1} \cdot \omega_{i+1}^2 \quad \cdots\cdots(4)$$

$$ay_{i+1} = ay_i + rx_i \cdot \alpha_i - ry_i \cdot \omega_i^2$$
$$+rx_{i+1} \cdot \alpha_{i+1} - ry_{i+1} \cdot \omega_{i+1}^2 \quad \cdots\cdots(5)$$

最後に，上肢や下肢のみを対象とした場合や地面との接触を考える場合には，剛体リンクの端点（または関節点）の運動情報が必要で，式（6）および（7）で表される加速度情報を表す式が必要になる．

$$ax_{joint} = ax_i - ry_i \cdot \alpha_i - rx_i \cdot \omega_i^2 \quad \cdots\cdots(6)$$

$$ay_{joint} = ay_i + rx_i \cdot \alpha_i - ry_i \cdot \omega_i^2 \quad \cdots\cdots(7)$$

ここで，対象としている剛体リンクモデルに対して式（1）～（7）を導出すると，全体を連立一次方程式として扱うことができる．そこで，関節トルクを制御変数として入力とすると，剛体リンクの重心加速度や角加速度を算出でき，さらにRunge-Kutta法などの微分方程式の数値解法を適用することで，剛体リンクモデルの運動を順動力学的に求めることができる．

2) 目的関数と最適化

身体運動のシミュレーションは，関節トルクを入力して運動をシミュレートするだけでなく，最適化手法と組み合わせる場合が多い．しかし，最適化を行う場合には，どのような最適化基準（目的関数）を用いるかに注意しなければならない．たとえば，垂直跳では跳躍高が，スプリント走では走速度が目的関数として考えられるが，厳密に考えると靱帯や筋への負荷など，スポーツ障害の予防も考慮して目的関数を導出し，最適化を行うべきである．また，長距離走のシミュレーションの場合，消費エネルギーが最小になるような動作を算出するだけではなく，着地衝撃や疲労も考慮すべきであろう．そして，モデリングと同様に身体運動の最適化における目的関数を理論的に導出することは困難であり，十分な検討を踏まえた上で決定すべきである．

モデリングや目的関数の設定が終了すれば，次のステップとして最適解の探索段階に移行する．簡便な最適化手法として最急降下法があるが，局所解が多数存在する場合には最適解に到達しない可能性が高い．そこで最適化手法として遺伝的アルゴリズムが用いられることが多くなってきている．遺伝的アルゴリズムは，複数の個体が環境との適合度を基準にして増殖，交配，突然変異を繰り返しながら，環境にもっとも適した個体が生き残ることを模した手法，すなわち生物の進化過程を模した手法である[18]．遺伝的アルゴリズムを利用した最適化手法は，従来の最適化手法では解くことが困難であった最適化問題に対しても，実用上の最適解を速やかに求めることができる手法として注目されている．

5. 今後のシミュレーション

シミュレーションは，競技スポーツにおける最適動作を推定したり，新しい技術を開発することが可能であり，競技成績向上のために極めて有用な手法である．また，歩行をはじめとするさまざまな身体運動のバイオメカニクス的解析においても，シミュレーションの有用性は十分に認識されている．そして今後は，身体運動のシミュレーションとスポーツ用具のシミュレーションを統合することで，個人に適したスポーツ用具の選択や設計など，シミュレーションの利用価値はより高まるであろう．さらには，スポーツ動作だけでなく，高齢社会に対応して，椅子に座ったり椅子から立ち上がったり，階段の昇り下りなど生活に密着した身体運動もシミュレーションの対象になっていくであろう．

文献

1) Hatze H: The complete optimization of a human motion. Math Biosci, 28: 99–135, 1976.
2) Dapena J: Simulation of modified human airborne movements. J Biomech, 14: 81–89, 1981.
3) Hatze H: Computerized optimization of sports motions: An overview of possibilities, methods and recent developments. J Sports Sci, 1: 3–12, 1983.
4) Hiley MJ and Yeadon MR: Optimisation of a high bar dismount. Computer simulation in biomechanics. Proceedings of VIIIth International Symposium on Computer Simulation in Biomechanics, pp109–112, 2001.
5) Taga G: A model of the neuro-musculo-skeletul system for human locomotion. I-Emergence of basic gait. Biol Cybern, 73: 97–111, 1995.
6) Taga G: A model of the neuro-musculo-skeletal system for human locomotion. II-Realtime adaptability under various constraints. Biol Cybern, 73: 113–121, 1995.
7) Ogihara N and Yamazaki N: A bio-mimetic neuro-musculo-skeletal model for synthesis of autonomous human bipedal locomotion. Proceedings of VIth International Symposium on Computer Simulation in Biomechanics, pp17–20, 1997.
8) 長谷和徳ほか：3次元筋骨格系と階層的神経系を有する2足歩行モデル．バイオメカニズム，15: 187–197, 2000.
9) 磯部真志，西脇剛史：有限要素法を用いたスパイクシューズの突き上げ評価法．スポーツ産業学研究，6: 1–6, 1996.
10) Asai T et al.: Comparison of curve ball kick with instep kick in football. In: Subic AJ and Haak SJ eds, The Engineering of Sport–Research, development ad innovation. pp487–494, Blackwell Science, 2000.
11) Hanna RK: Going faster, higher and longer with CFD. In: Haak SJ ed, The Engineering of Sport.

pp3-10, Balkema, 1996.
12) 阿江通良：スポーツバイオメカニクスにおけるコンピュータシミュレーション．Jpn J Sports Sci，8：334-341，1989．
13) 藤井範久：バイオメカニクスにおけるコンピュータシミュレーション．体育学研究，42：394-400，1998．
14) Pritsker AAB: Compilation of definitions of simulation. Simulation, 33: 61-63, 1979.
15) Bobbert MF and van Ingen Schenau GJ: Coordination in vertical jumping. J Biomech, 21: 249-262, 1988.
16) Pandy MG and Zajac FE: Optimal muscular coordination strategies for jumping. J Biomech, 24: 1-10, 1991.
17) van Soest AJ et al.: The influence of the biarticularity of the gastrocnemius muscle on vertical-jumping achievement. J Biomech, 26: 1-8, 1993.
18) 安居院猛，長尾智晴：ジェネティックアルゴリズム．昭晃堂，1993．

［藤井　範久］

第25章
競技力向上のバイオメカニクス

1. 陸　上

　競技力向上とバイオメカニクスが直接的な結びつきをもつようになったのは，1991年東京で開催された第3回世界陸上選手権大会を契機にしている．日本陸上競技連盟科学委員会のメンバーを中心として，総勢79名のスタッフを容するバイオメカニクス研究特別班が編成され，実際の大会競技中の選手の動作を，全競技について動作分析やスピード分析を目的としたビデオおよび高速度映画撮影を行い，世界一流選手と日本人選手とを比較した．

　その結果，世界一流選手の優れた競技技術の特色をとらえるとともに，日本人選手にとって競技力向上に向けた課題を数多く見い出すことができた[1]．

　バイオメカニクス研究班は，やや規模を縮小させながらも，その後国内で行われた主要な国際大会（広島アジア大会，福岡ユニバーシアード大会，スーパー陸上大会，大阪国際グランプリ大会など）や国内主要大会（日本選手権大会，インターハイ，南部記念大会など）において，競技者のバイオメカニクス撮影分析を10数年にわたって継続実施し，多くの研究実績を積み重ねてきている．また，オリンピック大会や世界陸上選手権大会にバイオメカニクス研究班員を派遣して，スタンドからの撮影分析も実施してきている[1〜3]．

　近年では，選手のバイオメカニクスデータを得ることを目的とした測定合宿も実施されるようになり，跳躍や短距離種目では，フォースプラットフォームとバイコンによる既時動作分析装置およびビデオ映像を同時併用し，選手とコーチが技術的な課題を視覚的データとして有効に利用するプロジェクトが進行している．

　バイオメカニクスの手法は，コンピュータを用いることによって，身近でわかりやすいものとなってきており，競技力向上に果たす役割は，益々増大してきている．

　この間，バイオメカニクス研究が競技力向上に役立ってきた実例について紹介するとともに，将来への展望についても言及したい．

1) 100m走

　短距離走で大切な4要素は，①スタートの反応時間，②加速，③最高速度，④速度の持久性である．日本では，戦前「暁の超特急」といわれた吉岡隆徳選手（手動10秒3，世界タイ記録）が活躍し，スタートダッシュでは世界に匹類のない強さを示した．東京オリンピックでは飯島秀雄選手（手動10秒1）がやはり鋭いスタートダッシュをみせた．飯島秀雄選手の100m走の疾走速度曲線は，東京大学の猪飼研究室によって光電管を用いて測定され，後半の速度の逓減が少なければオリンピックで決勝に残ることができるだろうと予見された．飯島秀雄選手は，1968年のメキシコオリンピックでは100m走で準決勝まで進出した．その後も日本人選手にとって伝統的にスタートダッシュが重視されたが，後半の走りについては，スピードの持久性ということで多くの課題が残されたままであった．

　1991年からバイオメカニクス研究班の本格的な活動が開始されるようになり，日本人選手に必要とされる要素は，第1に最高速度の向上，第2に速度の持久性であることが明らかとなった．スタートの反応時間や加速の初期では，世界一流選

手と比較して差がなかった．オリンピックや世界選手権大会など，世界的大会の100mレース中の速度変化をとらえてみると，最高速度が出現する時点は一般に50～60m付近および70～80m付近である．

1991年の世界陸上東京大会の100m走では，男子上位6名までが9秒台で走るという高速レースであった．9秒86（当時世界記録）で走ったカール・ルイスの最高速度は70～80m区間で12.05m/sであり，2位のリロイ・バレルもやはり70～80m区間で11.90m/sで走っている．バルセロナオリンピックで優勝したクリスティは，この大会で11.76m/sの最高速度を出している．

9秒79の世界記録（1999年当時）を作ったモーリス・グリーンが1997年のアテネ世界陸上選手権大会で優勝したとき（9秒86）の最高速度は11.80m/sであった．図25-1に100m走記録と最高速度との関係を示した．100m走記録がいかに最高速度との関係が大きいかがわかる．世界屈指のスプリンターになろうとすれば，走行中の最高速度が12.0m/s以上を出せる能力を有することが条件となろう．この点，日本選手はあと0.4～0.5m/sの最高速度の向上をはからなければならない．統計的にもとめた回帰式から算出すると，9秒90を出すためには最高速度が11.92m/s，10秒00で11.77m/s，10秒10で11.63m/s，10秒20で11.48m/s，10秒30で11.34m/sの最高速度が必要である．

2）高速度で走るためのトレーニング対象筋

カール・ルイスやリロイ・バレルの走速度や動作を分析した結果から，脚全体をすばやく移動させるためには，股関節回りの筋群を有効にはたらかせることが大切であることが指摘された．特に，股関節伸展筋群であるハムストリングスや大殿筋のはたらきが重要であり，ハムストリングスを積極的にトレーニングすることによって，わが国の短距離走能力の底上げがなされたということができる．さらに，ハムストリングスばかりでなく，大腿の内側に位置する内転筋，腰椎，骨盤内部から大腿骨の運動を支配する大腰筋，腸骨筋の強化

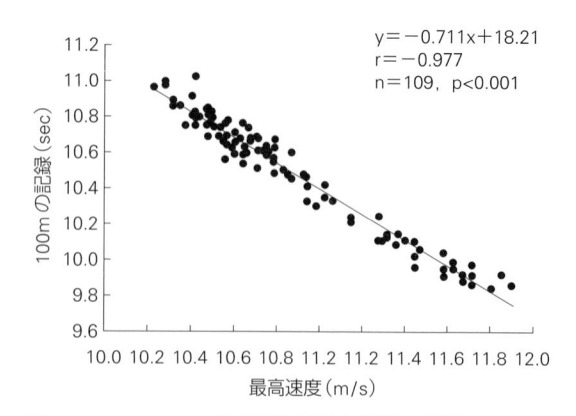

図25-1　100mレースの最高速度と記録の関係
（松尾彰文：陸上競技のサイエンス28，29．月刊陸上競技，35（8，9）：174-175，230-232，2001）

が直接には競技力向上に結びつくことがMR画像による計測から明らかになった．

これらの走能力の向上にかかわって，トレーニングすべき筋群への注目度は時代によって変化してきたといえる（図25-2）．おおまかに分類すると，1970～1990年代までは大腿直筋または大腿四頭筋（もも上げ動作の主働筋）および腓腹筋（キック動作の主働筋）のトレーニングに主眼がおかれた．1990～2000年にかけては，ハムストリングス（大腿二頭筋，半腱様筋，半膜様筋）の時代といえるほどにハムストリングスがトレーニングの主眼となった．ハムストリングスの横断面積と走速度との相関関係が深く，股関節伸展筋群としてのはたらきの大きなことが注目された．

大腿前面に位置する大腿四頭筋（股関節屈曲筋群）と大腿背面に位置するハムストリングス（股関節伸展筋群）の強さのバランスというものが非常に大切で，バランスがとれていることが走能力の改善を導くとともに，大腿四頭筋に対してハムストリングスの筋力が相対的に弱すぎると，大腿背面の肉離れなど障害が生じやすいことも指摘されるようになった．

久野ら[4]によって，大腰筋の横断面積が走能力とハムストリングス以上に密接な関係をもつことが発表され，モーリス・グリーンの強さが体幹深部筋（大腰筋，腸骨筋等）の有効なはたらきに大きく関係していることがわかると，腸腰筋への注目がにわかに高まってきた．すなわち，2000年

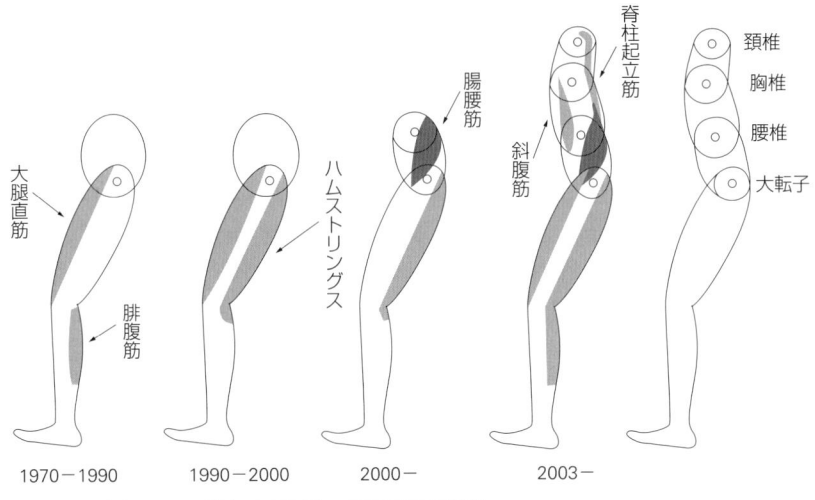

図25-2 トレーニングすべき筋群への注目度の推移

図25-3 カール・ルイス選手の100m疾走中のスティックピクチャー
（伊藤　章ほか：世界一流スプリンターの技術分析．In：佐々木秀幸ほか監修，世界一流陸上競技者の技術．pp31-49，ベースボールマガジン社，1994）

シドニーオリンピックの頃から，腸腰筋（大腰筋と腸骨筋）強化の時期に入ったといえる．腸腰筋のトレーニングとして，腰椎・骨盤の動きを連動させた各種のドリルが取り入れられるようになった．さらに，これから先の時代には，体幹筋群連繋の時代と呼ばれるような，体幹部の筋群や動きを有効に活かす動作技術が注目される時代となることが予想される．ランニングに関しては，骨盤の動きと肩甲骨の動きを連繋させた腕振り動作の重要性が再認識され，いかに有効に体幹部を動作させるかが大きな課題となろう．

3）走動作での腰の動きの重要性への開花

図25-3は，伊藤ら[5]によって分析されたカール・ルイスの疾走フォームであるが，この図25-3では，体幹部と大腿部とはそれぞれ直線で表現されており，骨盤の動きを含めた細かな動作を観察することができない．

骨盤の動きを3次元的にとらえるため，林は独自のプログラムを開発し，100m走に10秒00のアジア新記録をもつ伊東浩司選手が10秒08の記録で走った時の骨盤の動きを詳細にとらえた（図25-4）[6]．骨盤に関係する測定点は，第5腰椎（A点），腸骨前上棘（B点），大転子（C点）であり，これらの動きを観察すると，大腿部の動きと腰の動きが連動していることがよく理解できる．右脚が前方に振り出される時には右腰（右腸骨前上棘）が前方に移動し，着地するときには，膝と同側の腰が脚とともに前方位置で着地している．これらの動作は「膝・腰の同側動作」と呼ばれる．

ランニングに優れたパフォーマンスを示す選手では，腰の動きを有効に使っているが，そこでは

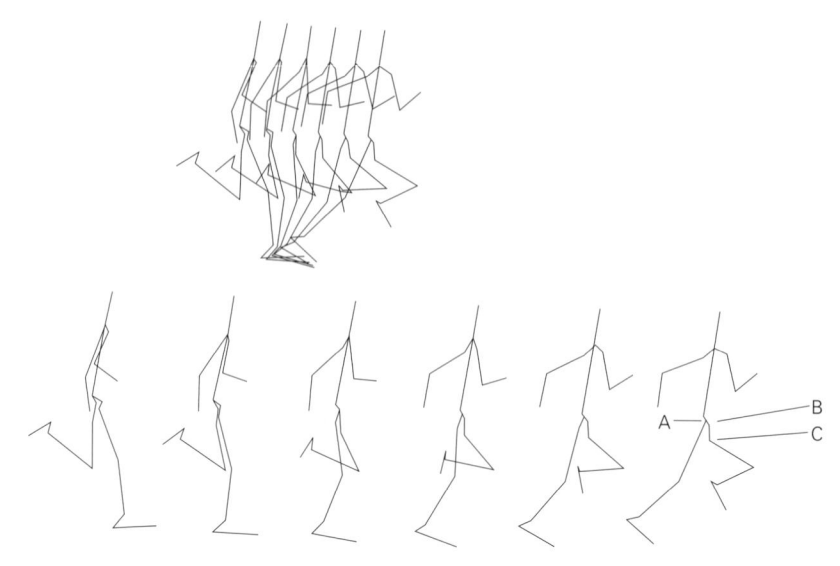

図25-4 伊東浩司選手の100m疾走中のスティックピクチャー
A：第5腰椎，B：腸骨前上棘，C：大転子
（林忠男，原図：小林寛道：ランニングにおける動作バランス．体育の科学，53：268-273，2003）

あまり意識されることなく「膝・腰の同側動作」が形成されている場合が多い．また，「膝・腰の同側動作」が形成されていない場合に，これらの同側型動作に関与する神経コントロールを学習することにより，走能力が著しく向上することが実験的に確かめられている．著者が開発した「スプリント・トレーニングマシン」[7]は，こうした走能力を改善するためのマシンとして注目をあびているが，その基本には，「膝・腰の同側動作」を学習する効果が大きいと考えられる．特に腸腰筋を有効に作動させて走行中の身体バランスを保ち，脚の効率的なスウィングを生み出す動作を身につける方法として有効である．

4）短距離を世界レベルに引き上げた バトンパス

短距離を世界的な水準に引き上げるきっかけをつくったバイオメカニクス研究は，バトンパスの研究である．日本陸連科学委員会の深代[8]の発案により，バトンパスにおけるロスタイムをできるだけ少なくすれば，オリンピックの決勝に進出可能であるということから，バトンパスのバイオメカニクスサポートが実施された．第1走者から第2走者にバトンパスする時に，第2走者が第1走者の走速度とほぼ等しい速度であれば，ロスタイムはゼロとなる．第2走者から第3走者，第3走者から第4走者へのバトンパスも，同様な理論が成り立つが，実際には，安全にバトンをパスするためにバトンを渡す側のランナーは減速し，受ける側のランナーは加速の途中でバトンを受けるといった状況が通例である．このバトンパスのロスをできるだけ少なくする練習を繰り返し行うことによって，400mで0.9秒の時間短縮を可能とし，バルセロナオリンピックでは，男子4×100mリレーで60年振りの快挙といわれる6位入賞（38秒77）をはたした．その後，アトランタオリンピックではバトンパスの失敗をしたが，シドニーオリンピックでは，6位入賞を獲得している．図25-5に南部陸上大会の4×100mリレーでのバトンパスにおける男子選手チームの事例（1992年：バルセロナオリンピック代表選手）と，女子選手チームの事例（1998年：バンコクアジア大会代表選手）を示した．図25-5の矢印（a～d）は，第2走者および第3走者のレース中の平均速度を表しているが，バトンゾーンのかなり手前から減速している例とバトンゾーンに入ってから減速している例がみられる．受け手のランナーは急速な加速を行いバトンゾーンに入る時には男女とも

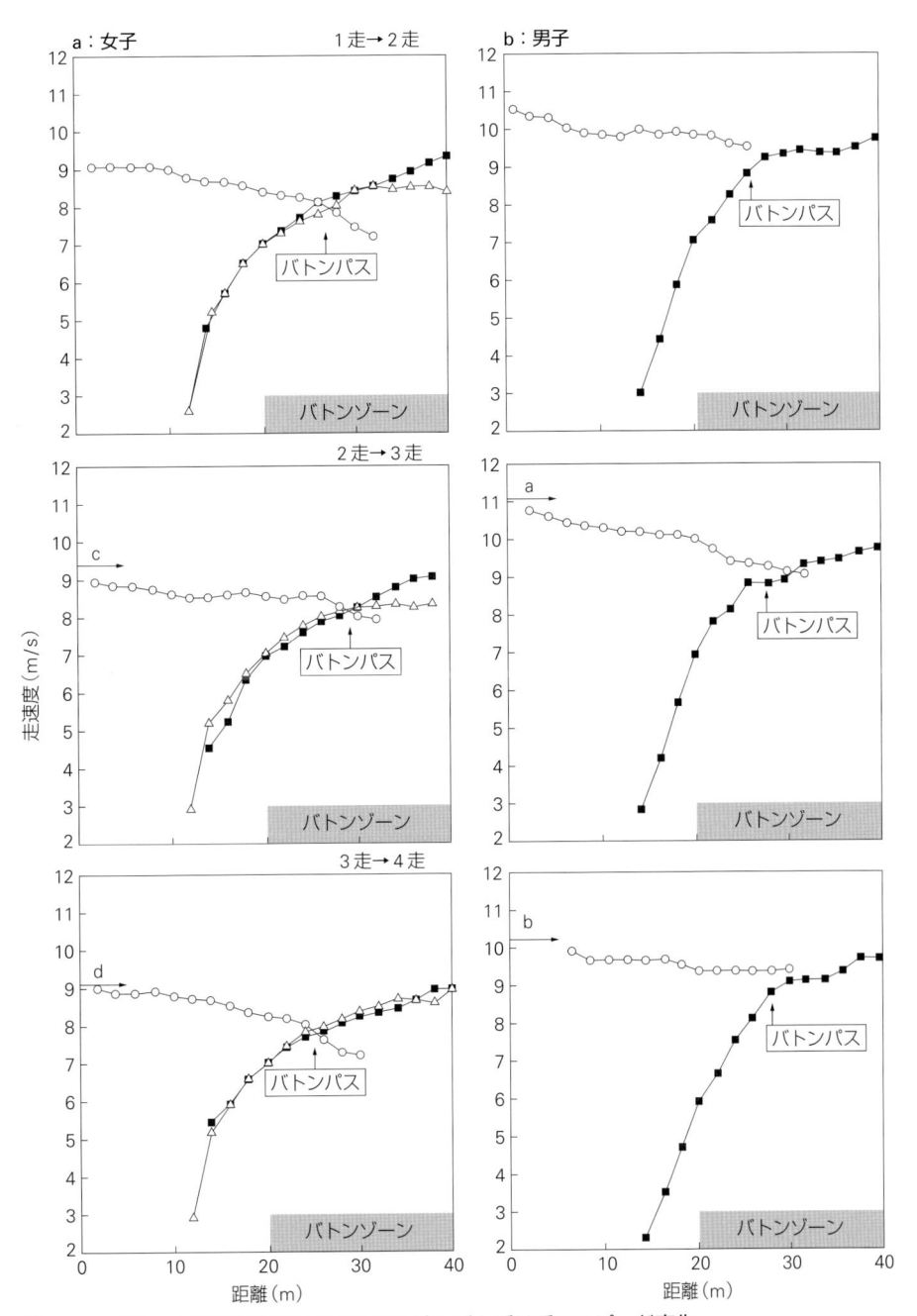

図 25-5 バトンパス局面におけるバトンの渡し手と受け手のスピード変化
(深代千之:陸上競技のサイエンス 32. 月刊陸上競技,35(12):174-178,2001)

7m/s にあげているが,受け渡し時には男子で 9〜9.5m/s,女子で 8m/s のスピードとなっている.バトンゾーンを通過するタイム(バトンタイム)は,男子で総計 6.07 秒,女子で 6.71 秒であった.バトンタイムを短縮するテクニックがリレーの記録を向上させた.

5) ピッチとストライドのバイオメカニクス

中長距離種目では,バイオメカニクスの研究は走フォームの分析とともに,速度変化,ピッチとストライドの変化に関する研究が積極的にすすめられた.中・長距離選手のレース中の速度変化は極めて大きく,一定ペースでレースが進行するこ

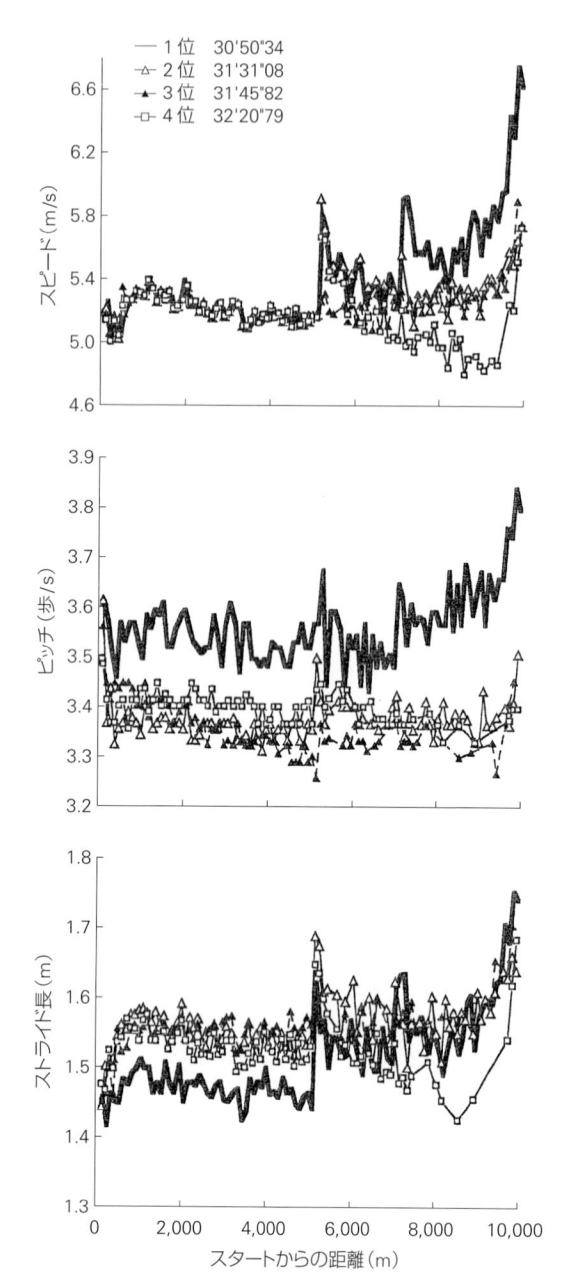

図25-6 女子10,000m決勝レースにおける分析結果
(杉田正明ほか：アジア大会における長距離走者のスピード，ピッチおよびストライドの変化．In：佐々木秀幸ほか監修，アジア一流陸上競技者の技術．pp99-110，創文企画，1997)

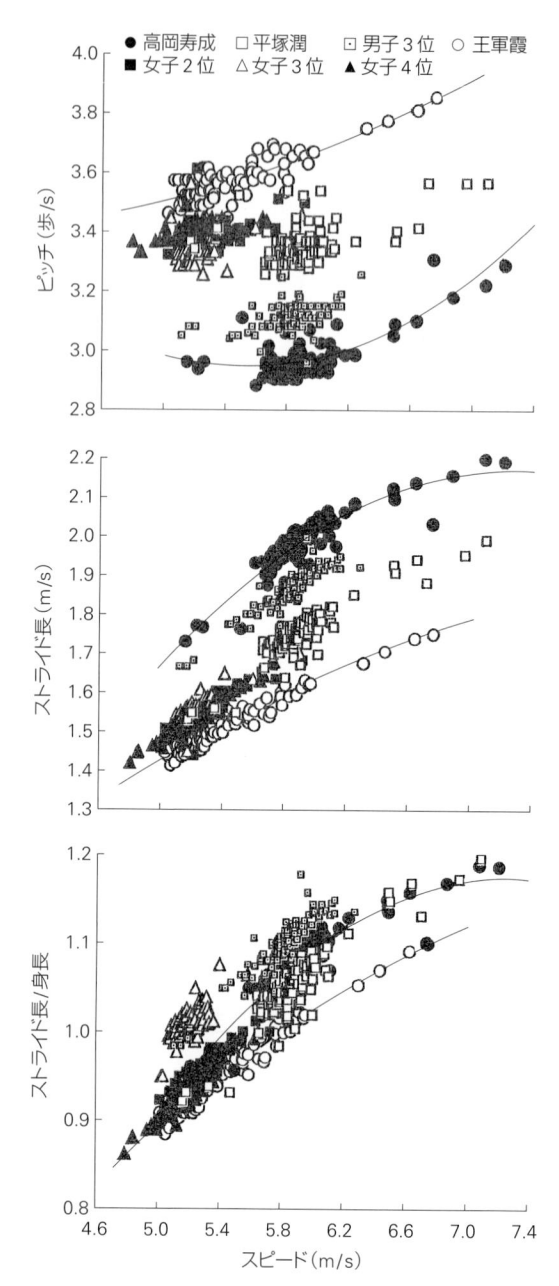

図25-7 男女10,000m上位者のスピードとピッチ，ストライド長および伸長に対するストライド長との関係
(杉田正明ほか：アジア大会における長距離走者のスピード，ピッチおよびストライドの変化．In：佐々木秀幸ほか監修，アジア一流陸上競技者の技術．pp99-110，創文企画，1997)

とはまずないといってよい．激しい速度変化に対して，選手たちはどのようなピッチとスライドの組み合わせで戦っているかが大きな興味のまとである．これらの変化は，まずビデオにそのレースを撮影し，1歩1歩に要した時間と，一定距離を通過した時間からストライド長をもとめる地道な作業を繰り返さなければならない．こうした作業ののちに得られたデータの例が図25-6[9]である．

広島アジア大会の女子10,000mで中国の王軍霞選手が優勝したときのピッチとストライドの

推移を示した．王のピッチは，スピードが上がる5,100mまでは3.5〜3.6歩/sを示し，同じスピードで走っている他の選手（3.3〜3.4歩/s）に比較して1分間に12歩程度ピッチが高いことが特徴的である．5,100m以後ピッチは徐々に上昇し，レースの終盤では3.85歩/sまで上昇している．ストライドにも徐々に増大がみられた．一般に，速度の変化はストライドとピッチの変化によるが，広島アジア大会の10,000m走の場合を高岡，平塚，をはじめ，7選手の場合を図25-7に示した．平塚選手は，主としてストライドを増大させることによってスピードアップをはかり，高岡選手はストライドとピッチを増大させている．最終的にはピッチの増大でスピードアップをはかっている．中距離レースになると，主としてストライドの変化で対応する方法が一般的な傾向である

が，強い選手ではラストスパートで急激なピッチの上昇がみられる場合が多い．これらのバイオメカニクスデータは，スピードの変化にどのように対応すべきかについてトレーニング上の重要なヒントを与えてくれている．

6）インターハイの継続的測定から

インターハイでバイオメカニクス活動をはじめた1993年から2000年までの男子100m決勝での1，3，6位のタイムの推移を図25-8に示した[10]．1994年には10秒24の高校記録が高橋和裕選手によって出されている．表25-1にこの期間に決勝に出場した男子選手64名を0.1秒ごとのグループに分け，それぞれのグループ別に30，50，80mのラップタイムと100m記録を示した．もっとも人数が多かったのは10秒60〜10秒69

表25-1 100m記録区分別にみた30，50，80，100mの平均値，最小値，最大値

記録	n	30m 平均値	最小値	最大値	50m 平均値	最小値	最大値	80m 平均値	最小値	最大値	100m 平均値	最小値	最大値
〜10.29	1	3.86	3.86	3.86	5.70	5.70	5.70	8.39	8.39	8.39	10.24	10.24	10.24
10.30〜10.39	0	—	—	—	—	—	—	—	—	—	—	—	—
10.40〜10.49	3	3.94	3.90	4.00	5.78	5.74	5.83	8.53	8.50	8.55	10.45	10.42	10.48
10.50〜10.59	9	3.95	3.90	3.99	5.83	5.78	5.89	8.62	8.55	8.65	10.55	10.50	10.59
10.60〜10.69	24	4.00	3.92	4.08	5.89	5.80	5.99	8.70	8.65	8.79	10.65	10.60	10.69
10.70〜10.79	10	4.01	3.94	4.09	5.92	5.87	5.98	8.77	8.71	8.82	10.75	10.71	10.79
10.80〜10.89	11	4.07	4.03	4.12	5.99	5.91	6.04	8.87	8.79	8.90	10.83	10.80	10.89
10.90〜10.99	4	4.11	4.07	4.15	6.04	6.03	6.07	8.96	8.94	8.99	10.96	10.91	10.99
11.00〜	2	4.07	4.01	4.14	6.05	5.98	6.13	9.06	8.86	9.27	11.35	11.02	11.68
	64	4.01	3.86	4.15	5.91	5.70	6.13	8.74	8.39	9.27	10.71	10.24	11.68

（松尾彰文：陸上競技のサイエンス28，29．月刊陸上競技，35（8，9）：174-175，230-232，2001）

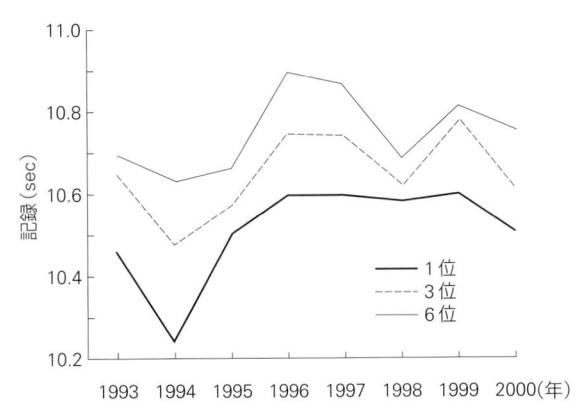

図25-8 1993〜2000年までのインターハイ100m走1，3，6位の記録推移
（松尾彰文：陸上競技のサイエンス28，29．月刊陸上競技，35（8，9）：174-175，230-232，2001）

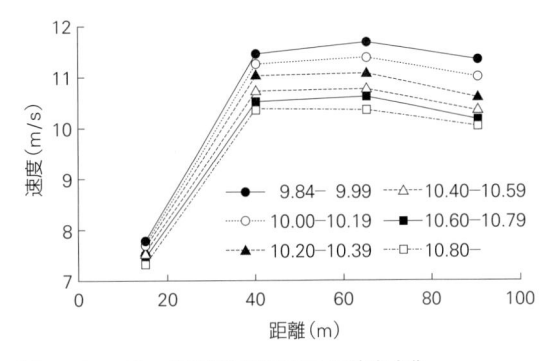

図25-9 100m走記録区分別にみた速度変化
（松尾彰文：陸上競技のサイエンス28，29．月刊陸上競技，35（8，9）：174-175，230-232，2001）

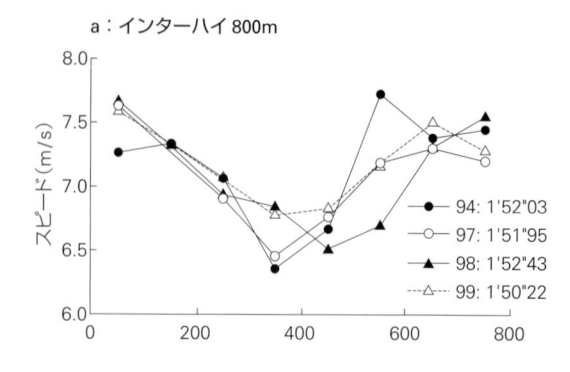

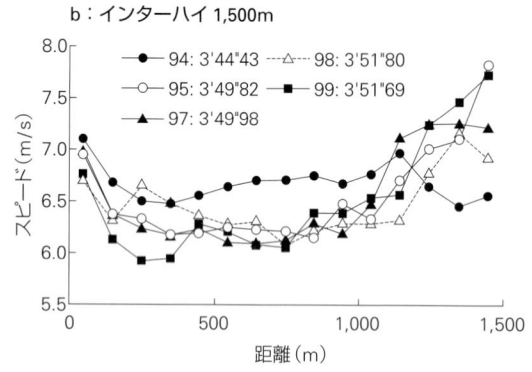

図 25-10 インターハイ 800m（a）と 1,500m（b）の各年度優勝者の速度変化
（松尾彰文：陸上競技のサイエンス 28, 29. 月刊陸上競技, 35 (8, 9)：174-175, 230-232, 2001）

の 24 名であった．図 25-9 に世界および日本のトップクラスを含む選手 109 名についての 100m 疾走中の速度変化を示した．記録の差は最高速度の差による要素が大きいことがわかる．高校選手においても最高速度を高めることを主眼にしたトレーニングを行うことがいかに重要であるかがわかる．中・長距離については，800m と 1,500m の各年の優勝者の速度変化について示した（図 25-10）．レース展開は各年度ともほぼ同様であるが後半の 100m では 7.5～7.8m/s のスピードに達している．これは 100m のラップに直すと 13.3～12.8m/s に相当する．中・長距離の選手においても最高速度を高めることと持久力の養成が極めて重要であるといえる．

文 献

1) 佐々木秀幸ほか監修：世界一流競技者の技術．ベースボールマガジン社，1994．
2) 日本陸上競技連盟科学委員会編：陸上競技の医科学サポート研究 REPORT．日本陸上競技連盟科学委員会研究報告，1 (1)：1-115, 2002．
3) 佐々木秀幸ほか監修：アジア一流陸上競技者の技術．創文企画，1997．
4) 久野譜也ほか：体幹深部筋である大腰筋と疾走能力との関係．体育の科学, 51：428-432, 2001．
5) 伊藤 章ほか：世界一流スプリンターの技術分析．In：佐々木秀幸ほか監修，世界一流陸上競技者の技術．pp31-49，ベースボールマガジン社，1994．
6) 小林寛道：ランニングにおける動作バランス．体育の科学, 53：268-273, 2003．
7) 小林寛道：ランニングパフォーマンスを高めるスポーツ動作の創造．杏林書院，2001．
8) 深代千之：陸上競技のサイエンス 32．月刊陸上競技, 35 (12)：174-178, 2001．
9) 杉田正明ほか：アジア大会における長距離走者のスピード, ピッチおよびストライドの変化．In：佐々木秀幸ほか監修，アジア一流陸上競技者の技術．pp99-110，創文企画，1997．
10) 松尾彰文：陸上競技のサイエンス 28, 29．月刊陸上競技, 35 (8, 9)：174-175, 230-232, 2001．

[小林　寛道]

2. 水　泳

スタート，ターンの時間情報や泳速度やストローク頻度に関するストローク情報などにおける競泳のレース分析は，科学サポートの1分野として日本選手権や国内で行われる国際大会で実施されている．レース分析データの提供は，方法こそ若干の相違はあるものの，日本，アメリカ，カナダ，ドイツ，フランスなどでも実施されている．

競技に対する科学サポートの概念は，図 25-11 に示すとおりである．分析データの迅速なフィードバック，つまり一次的な還元は，競技力向上に貢献する有用な情報の提供である．また，一歩進んで競技力向上に協力すべく，データの活用を鑑みた場合，これらのデータから評価基準を作成するなどのさらに科学的に詳細な分析を加えた二次的な還元も視野に入れなければならない．レース分析データから，何秒で泳ぐためには前半をどの程度で入ればいいとか，後半を何秒ぐらいで泳ぐ

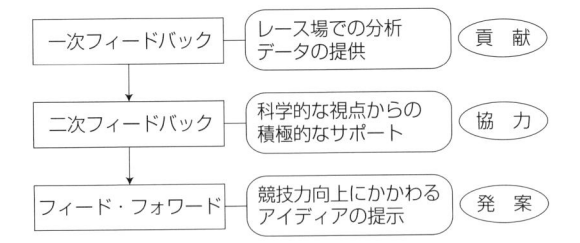

```
┌─────────────┐   ┌─────────────┐   ┌─────┐
│ 一次フィードバック │──→│ レース場での分析  │   │貢 献│
│             │   │ データの提供   │   │    │
└──────┬──────┘   └─────────────┘   └─────┘
       ↓
┌─────────────┐   ┌─────────────┐   ┌─────┐
│ 二次フィードバック │──→│ 科学的な視点からの │   │協 力│
│             │   │ 積極的なサポート  │   │    │
└──────┬──────┘   └─────────────┘   └─────┘
       ↓
┌─────────────┐   ┌─────────────┐   ┌─────┐
│ フィード・フォワード │──→│ 競技力向上にかかわる│   │発 案│
│             │   │ アイディアの提示  │   │    │
└─────────────┘   └─────────────┘   └─────┘
```

図 25-11 競技に対する科学的サポートの概念

力をつけなくてはならないのかという目標設定ができれば競技力向上に役立つ．また，100mが得意な選手，200mが得意な選手，両方同程度得意な選手についての100mの競技記録から200mの競技記録を推定できれば，疲労特性に応じた目標値の設定が可能である．

そこで，競技力向上のためのバイオメカニクスの利用例として，自由形に関する目標記録達成のための各局面所要時間を推定する式の作成と，選手の疲労特性を考慮した100m競技記録から200m競技記録を推定する式の作成に関する研究法を紹介する．

1）局面所要時間の目標設定

1994～1996年の日本選手権水泳競技大会のレース分析結果（record）より，レース各局面の所要時間（time）を直線回帰により推定する．また，推定値の95%信頼限界（95%CIE）をレース局面の所要時間の標準偏差（SDtime）およびレース局面所要時間と競技記録の相関係数（r）より求める．

Time[sec] =
　Slope×Record[sec]+Intercept ……（1）
95%CIE[sec] =
　$1.960 \times SDtime[sec] \times \sqrt{(1-r^2)}$ ………（2）

表25-2に性別・距離別のレースにおける競技記録から各局面時間を求める推定式の係数を示した．nは標本数，Mは平均値，SDは標準偏差を示す．また，95%⊿は，推定値の95%信頼限界を意味する．

ここで求めた推定式は，競技記録からレースの各局面の所要時間を推定し，目標記録を達成するための各局面の一般的な目標水準がどの程度なのかを知る評価基準である．また，推定値±95%⊿にほとんどのスイマーが入るので，局面の最高水準や最低水準も把握できる．実際の利用法は，次のようになる（50m自由形で25.0を目標とする場合）．

　スタート10mは，
　　　　　　0.1599×25－0.1113≒3.89sec
　10～25mまでは，
　　　　　　0.3135×25－0.1038≒7.73sec
　25～45mまでは，
　　　　　　0.4112×25+0.5317≒10.81sec
　45～50mまでは，
　　　　　　0.1154×25－0.3165≒2.57sec
　　　　　　　　　　合計　25.00sec

スタート10mと10～25mを足して，25mのラップは，11.62秒で入るという目標が立つ．スタートは，3.89秒に95%⊿（0.23）を加えた4.12秒が下限で，0.23秒を引いた3.66秒ぐらいが上限と推定される．この範囲外であれば何かしらの問題があるか，長所となっていると考えられる．各自のレース分析データと推定値を比較し，今後のトレーニングに役立てることができる．

利用上の注意点としては，日本選手権出場者の一般的傾向を基準にしているので，かけ離れたレベルでは違和感が生じる場合がある．たとえば，200mで最初の50mが速めに推定され，ラストの50mが遅めに推定されるようである．これは，日本選手権レベルでは，多くの選手が最初の50mを速く泳ぎ，ラストの50mの泳ぎ方いかんで競技記録が大きく左右されているためと考えられる．しかし，これらの利用により一流レベルを見通した目標ラップの設定をする使い方が示唆される．今後，エネルギー出納も考慮に入れたレースペース評価尺度も必要であろう．

これらの式を使って，一流選手のペース配分を検討した．各局面の所要時間について，女子200m自由形で1分59秒48の競技記録からの推定値と実測値の差を図25-12に示した．推定値のストローク局面の泳速度は，1.688m/s→1.613m/s→1.596m/s→1.600m/sのペースであった．実測値では，前半の2つのストローク局

表25-2 競技記録によるレース局面所要時間の推定式

	男子				女子			局面	
	傾き	切片	95%⊿		傾き	切片	95%⊿		
50mFr	0.1599	−0.1113	0.23	50mFr	0.1478	0.3716	0.23	スタート	10m
n=257	0.3135	−0.1038	0.19	n=217	0.2897	0.5459	0.20	ストローク	15m
M=24.52	0.4112	0.5317	0.23	M=27.63	0.4613	−0.9130	0.21	ストローク	20m
SD=0.54	0.1154	−0.3165	0.17	SD=0.60	0.1012	−0.0045	0.18	フィニッシュ	5m
100mFr	0.0780	−0.2783	0.28	100mFr	0.0659	0.5685	0.31	スタート	10m
n=246	0.1247	1.2212	0.30	n=198	0.1279	1.2071	0.28	ストローク	15m
M=53.39	0.1976	0.4100	0.33	M=59.42	0.1740	1.7961	0.29	ストローク	20m
SD=1.03	0.0461	0.5786	0.16	SD=1.26	0.0431	0.8134	0.16	ターン・イン	5m
	0.0742	−0.6327	0.18		0.0926	−1.7382	0.20	ターン・アウト	7.5m
	0.1897	−0.2175	0.24		0.1828	0.1832	0.25	ストローク	17.5m
	0.2266	−0.4075	0.39		0.2361	−1.1990	0.34	ストローク	20m
	0.0631	−0.6738	0.25		0.0777	−1.6311	0.22	フィニッシュ	5m
200mFr	0.0261	1.0592	0.36	200mFr	0.0459	−1.1871	0.34	スタート	10m
n=192	0.0767	11.0718	0.64	n=146	0.1271	5.5746	0.73	ストローク	35m
M=1'56"24	0.0190	1.0303	0.21	M=2'06"87	0.0173	1.3366	0.18	ターン・イン	5m
SD=2.44	0.0292	0.0837	0.23	SD=2.41	0.0331	−0.3511	0.27	ターン・アウト	7.5m
	0.1753	2.2238	0.55		0.1724	2.7784	0.62	ストローク	37.5m
	0.0288	−0.0716	0.20		0.0238	−0.5648	0.21	ターン・イン	5m
	0.0278	0.3077	0.20		0.0329	−0.2481	0.24	ターン・アウト	7.5m
	0.2330	−4.1428	0.58		0.1988	−0.2250	0.64	ストローク	37.5m
	0.0379	−0.9774	0.21		0.0296	−0.0420	0.20	ターン・イン	5m
	0.0300	0.0966	0.20		0.0358	−0.5807	0.28	ターン・アウト	7.5m
	0.2745	−8.6804	0.96		0.2470	−6.0980	0.79	ストローク	37.5m
	0.0417	−2.0008	0.24		0.0363	−1.5224	0.25	フィニッシュ	5m
400mFr	0.0617	13.3009	1.05	400mFr	0.0832	8.7907	0.88	0〜50m	
n=172	0.0964	6.8571	0.88	n=176	0.0926	8.5302	0.94	50〜100m	
M=4'05"86	0.1163	2.4077	0.68	M=4'26"38	0.1281	−0.5659	0.96	100〜150m	
SD=5.42	0.1291	−0.5221	0.53	SD=6.10	0.1288	−0.4604	0.51	150〜200m	
	0.1417	−3.6376	0.71		0.1375	−2.7907	0.54	200〜250m	
	0.1432	−3.7058	0.67		0.1437	−4.1999	0.57	250〜300m	
	0.1572	−7.2583	0.94		0.1439	−4.4348	0.68	300〜350m	
	0.1543	−7.4421	1.41		0.1422	−4.8693	1.10	350〜400m	
1,500mFr	0.0366	25.2591	1.68	800mFr	0.0747	24.4403	1.56	0〜100m	
n=138	0.0499	15.5205	1.61	n=136	0.1009	13.3273	1.11	100〜200m	
M=16'21"44	0.0531	12.8519	1.30	M=9'07"63	0.1130	7.0289	0.85	200〜300m	
SD=26.61	0.0565	9.7624	1.16	SD=12.51	0.1223	2.0784	0.71	300〜400m	
	0.0604	6.2313	1.04		0.1386	−6.7869	0.87	400〜500m	
	0.0651	1.7579	1.14		0.1470	−11.1113	0.89	500〜600m	
	0.0677	−0.6005	1.11		0.1504	−12.9421	1.10	600〜700m	
	0.0732	−5.7659	1.05		0.1531	−16.0346	1.63	700〜800m	
	0.0763	−8.7170	1.02					800〜900m	
	0.0762	−8.5238	1.13					900〜1,000m	
	0.0796	−11.7286	1.08					1,000〜1,100m	
	0.0780	−10.0311	1.12					1,100〜1,200m	
	0.0765	−8.4644	1.17					1,200〜1,300m	
	0.0759	−7.9831	1.53					1,300〜1,400m	
	0.0752	−9.5688	2.80					1,400〜1,500m	

n=標本数,M=平均値,SD=標準偏差,95%⊿=推定値の95%信頼限界の範囲

面を抑え,最後のストローク局面で取り返した後半追い込み型のペース配分であったことが伺える.しかし,スタート,ターン,フィニッシュといった周辺技能は,おおむね目標水準以上であっ

た.したがって,さらに競技記録を短縮する準備はできていると推察される.最後のストローク局面の傾きは,他の局面より大きいので競技記録への影響は大きい.したがって,1分58秒台を実

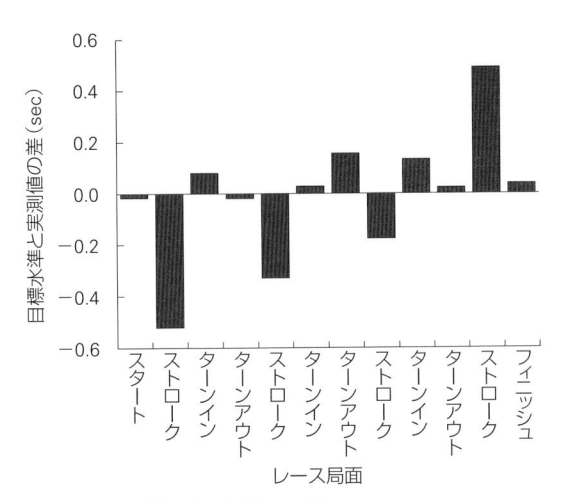

図 25-12 目標値と実測値の関係
女子 200m 自由形（1'59"48）

現するためには，後半追い込み型のペース配分は有効であると考えられる．実測値は，もっとも競技記録に影響の大きな局面に的をしぼったペース配分といえるが，そのアクセントをどの程度つけるかが課題といえよう．

他の泳法についての推定式は，文献を参照されたい[1]．

2）疲労特性を考慮した 100m 競技記録からの 200m 競技記録の推定

1994～1997 年の日本選手権 100m 自由形と 200m 自由形の両方に出場した選手を対象として，100m 記録と 200m 記録を z 得点に換算する．100m の得点と 200m の得点の差が±0.3 を境界として，疲労型（FTG），中間型（IMD），抗疲労型（FTR）に分類する．

男子 127 名，女子 105 名の対象を FTG 男子 41 名・女子 32 名，IMD 男子 40 名・女子 36 名，FTR 男子 46 名・女子 37 名の 3 タイプに分けられる．

レース分析データより競技記録，スタートタイム，ターンタイム，フィニッシュタイム，泳速度，ストローク頻度およびストローク長について検討し，データの処理は次のように行う．

各型の特性比較は，FTG，IMD，FTR の各変数の平均値と標準偏差にもとづき，分散検定（F-test）および平均値の差の検定（対応のない t-test）を行う．

さらに，100m の記録と疲労特性から 200m の記録を推定する重回帰式を求める．このとき，疲労特性に FTG＝1，IMD＝0，FTR＝－1 の数値を与え，100m の記録（x_1）と疲労特性（x_2）から 200m の記録（y）を推定する重回帰式，重相関係数（r），95% 信頼限界（95%CIE）を SDy と r から求める．

100m，200m のバランスのとれた競技力向上を目指したトレーニングの目標値として，IMD では，$y=Slope_1 x_1 + Intercept$ の値が 200m の目標記録となる．FTG 型のスイマーの場合にはこの値に x_2 の係数を加えた値が，FTR 型選手の場合には x_2 の係数を減じた値が目標記録となる．また，FTG 推定値より 95%CIE 遅れる値が極端な FTG の上限で，FTR 推定値より 95%CIE 速い値が，極端な FTR の下限になる．

$$y[\text{sec}] = Slope_1 \times x_1[\text{sec}] + Slope_2 \times x_2 + Intercept \quad \cdots (3)$$

$$95\%CIE[\text{sec}] = 1.960 \times SDy[\text{sec}] \times \sqrt{(1-r^2)} \quad \cdots (4)$$

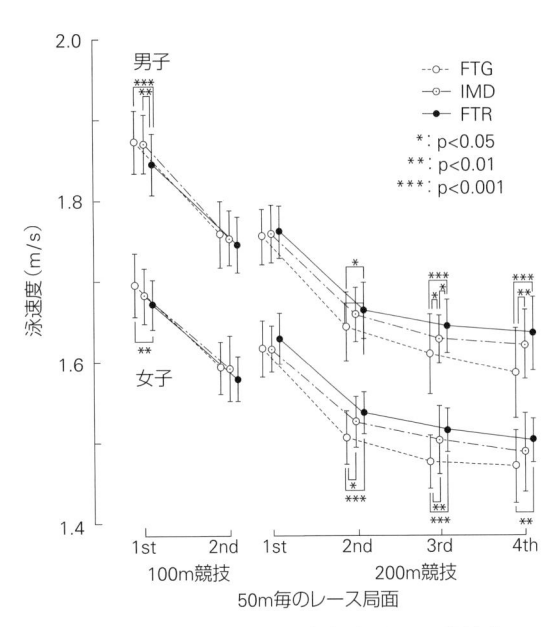

図 25-13 100m および 200m 自由形における泳速度
FTG：疲労群，IMD：中間群，FTR：抗疲労群

疲労特性別レース内容の比較は，泳速度につい

表25-3 男子100mおよび200m自由形における疲労特性別スタート，ターン，フィニッシュ特性

	単位	FTG (n=41)	IMD (n=40)	FTR (n=46)	有意差 FTG:IMD	IMD:FTR	FTR:FTG
100mの記録	秒	52.86±0.97	53.10±0.90	53.57±0.91		*	***
200mの記録	分'秒	1'57.26±2.42	1'56.08±2.14	1'55.37±1.91	*		***
100mのスタート	秒	3.88±0.13	3.95±0.16	4.02±0.17	*	*	***
200mのスタート	秒	3.97±0.16	4.07±0.16	4.05±0.18	**		*
100mのターン	秒	6.28±0.13	6.35±0.17	6.38±0.15			**
200mのターン	秒	6.87±0.15	6.81±0.18	6.76±0.14			**
100mのフィニッシュ	秒	2.66±0.15	2.67±0.13	2.68±0.20			
200mのフィニッシュ	秒	2.92±0.15	2.85±0.15	2.84±0.11	*		**

FTG：疲労群，IMD：中間群，FTR：抗疲労群
スタート：スタート〜10m，ターン：ターン手前5m〜ターン後7.5m，フィニッシュ：ゴール手前5m〜ゴール
200mのターンは，3回のターンの平均値とした．*：$p<0.05$，**：$p<0.01$，***：$p<0.001$

表25-4 男子200m自由形における疲労特性別ストローク特性

	単位	FTG (n=41)	IMD (n=40)	FTR (n=46)	有意差 FTG:IMD	IMD:FTR	FTR:FTG
ストローク頻度1	ストローク/分	44.74±3.58	45.62±3.39	46.07±2.48			
ストローク頻度2	ストローク/分	42.49±2.50	43.38±3.37	43.24±3.06			
ストローク頻度3	ストローク/分	42.88±2.42	44.24±2.91	43.92±2.87	*		
ストローク頻度4	ストローク/分	43.98±2.57	45.41±3.34	45.88±3.06	*		**
ストローク長1	m/ストローク	2.37±0.19	2.32±0.16	2.30±0.12			*
ストローク長2	m/ストローク	2.33±0.12	2.31±0.16	2.32±0.16			
ストローク長3	m/ストローク	2.26±0.12	2.22±0.15	2.25±0.14			
ストローク長4	m/ストローク	2.17±0.13	2.15±0.14	2.15±0.15			

ストローク頻度i，ストローク長i：
$i=1$ (10〜45m)，$i=2$ (57.5〜95m)，$i=3$ (107.5〜145m)，$i=4$ (157.5〜195m) *：$p<0.05$，**：$p<0.01$

ては図25-13に，その他は男子については，表25-3，4に，女子について表25-5，6に示した．また，100mの競技記録から疲労特性を考慮した200m競技記録を推定する式は，以下のように求められた．

男子：$y=2.166x_1+1.707x_2+1.044$
（$r=0.938$，95%CIE=1.57）

女子：$y=2.017x_1+1.719x_2+7.856$
（$r=0.956$，95%CIE=1.38）

推定式の利用法は，次の通りである．
100mを52秒で泳ぐ男子選手の場合，
100mが得意（FTG）：
$2.166\times52+1.707+1.044=1'55''38$
得意不得意なし（IMD）：
$2.166\times52+1.044=1'53''68$
200mが得意（FTR）：
$2.166\times52-1.707+1.044=1'51''97$
これらが標準的な目標タイムとなり，実際の200mの記録がFTG推定値+95%CIE（上記の例

では，1'56"95）より遅い場合は，持久的なトレーニングプログラムの改善やスプリント種目への特化を考慮する必要があると考えられる．また，200mの記録がFTR推定値-95%CIE（上記の例では，1'50"40）より速い場合は，スプリントトレーニングプログラムの改善や200m種目以上の種目への特化を考慮する必要があると考えられる．

疲労特性別のレース内容には，次のような特性がみられた．

男子のFTG群は，スタートが速く，200mレースの後半で泳速度が大きく低下する．これは，ストローク頻度の低下が原因と推察される．男子のFTG群は，短時間に大きなパワーを発揮する特性を有するものの，200mの後半には疲労のためにストローク頻度を維持できないと考えられる．逆にFTR群のスイマーは高いストローク頻度を維持できるといえる．女子のFTR群は高いストローク頻度で，ストローク長の短いストローク特性を有していると考えられる．200mの競技

表 25-5　女子 100m および 200m 自由形における疲労特性別スタート，ターン，フィニッシュ特性

	単位	FTG (n=32)	IMD (n=36)	FTR (n=37)	有意差 FTG:IMD	IMD:FTR	FTR:FTG
100mの記録	秒	58.64 ± 1.13	58.87 ± 1.19	59.26 ± 0.83			
200mの記録	分'秒	2'07.83 ± 2.35	2'06.67 ± 2.55	2'05.65 ± 1.81			
100mのスタート	秒	4.45 ± 0.21	4.50 ± 0.18	4.55 ± 0.16			
200mのスタート	秒	4.57 ± 0.25	4.63 ± 0.19	4.61 ± 0.18			
100mのターン	秒	7.05 ± 0.16	7.05 ± 0.17	7.09 ± 0.12			
200mのターン	秒	7.53 ± 0.16	7.50 ± 0.17	7.45 ± 0.16			*
100mのフィニッシュ	秒	2.94 ± 0.13	2.93 ± 0.12	2.94 ± 0.11			
200mのフィニッシュ	秒	3.17 ± 0.13	3.11 ± 0.16	3.06 ± 0.12			**

FTG：疲労群，IMD：中間群，FTR：抗疲労群
スタート：スタート〜10m，ターン：ターン手前5m〜ターン後7.5m，フィニッシュ：ゴール手前5m〜ゴール
200mのターンは，3回のターンの平均値とした．*：$p<0.05$，**：$p<0.01$，***：$p<0.001$

表 25-6　女子 200m 自由形における疲労特性別ストローク特性

	単位	FTG (n=32)	IMD (n=36)	FTR (n=37)	有意差 FTG:IMD	IMD:FTR	FTR:FTG
ストローク頻度1	ストローク/分	46.03 ± 3.01	46.96 ± 3.51	48.29 ± 2.67			**
ストローク頻度2	ストローク/分	42.04 ± 2.33	43.80 ± 2.49	44.55 ± 2.73	**		***
ストローク頻度3	ストローク/分	42.05 ± 2.37	43.82 ± 2.51	44.62 ± 2.77	**		***
ストローク頻度4	ストローク/分	42.85 ± 2.17	44.32 ± 2.68	45.89 ± 2.97	*	*	***
ストローク長1	m/ストローク	2.12 ± 0.13	2.08 ± 0.15	2.03 ± 0.11			**
ストローク長2	m/ストローク	2.16 ± 0.12	2.10 ± 0.12	2.08 ± 0.13	*		*
ストローク長3	m/ストローク	2.11 ± 0.13	2.06 ± 0.12	2.05 ± 0.13			*
ストローク長4	m/ストローク	2.06 ± 0.11	2.02 ± 0.12	1.97 ± 0.12			**

ストローク頻度i，ストローク長i：
i=1 (10〜45m)，i=2 (57.5〜95m)，i=3 (107.5〜145m)，i=4 (157.5〜195m)　*：$p<0.05$，**：$p<0.01$

記録が，100mの競技記録の2倍からどれだけ遅れるかの数値は，ドロップオフ指数と呼ばれる．x_1の係数は，女子が2に近いのに対し，男子が2より0.166大きかった．これは，男子の100m競技記録が200m競技記録の推定に大きな影響を及ぼすことを示す．これは男子の場合，競技力が高い程ドロップオフは少なくなる傾向を示す．したがって，男子自由形では疲労特性にかかわらず，高いパワーを維持することが競技力向上のために必須であることが推察される．将来的に女子のパフォーマンスがさらに向上すると男子と同じ課題が生じるものと思われる．

推定式よりナショナルレベルのスイマーでは，IMD群の場合トレーニングの目標値として，100m記録の2倍より男子は9.3〜10.5秒前後，女子は8.8〜8.9秒前後遅れることが示唆される．これは第8回世界選手権（1998）の100m，200m自由形の両種目に出場した男子10名（9.56±1.27秒遅れ），女子13名（7.98±1.47秒遅れ）のドロップオフとほぼ一致した．したがって，推定式は妥当であるといえる．

他の泳法についての推定式は，文献を参照されたい[2〜5]．

以上のように，競技を分析し，競技中に選手やコーチが採集困難なレースの詳細情報を提供することにとどまらず，バイオメカニクスの視点から積極的な科学サポートを行うことが，貢献から協力へのステップである．今後さらに，そこから新しい技術・戦術を発案することが望まれる．それによって，フィードフォワードへと発展し，競技力向上のためのバイオメカニクスは，より重要性を増すものと思われる．

文献

1) 野村照夫：競泳のレース分析．体育の科学，46：562-568，1996．
2) Nomura T et al.: Estimation of 200m record from 100m record with consideration of a swimmer's specialty in freestyle swimming race. In: Keskinen

K et al. eds, Biomechanics and Medicine in Swimming Ⅷ. pp443-448, Jyväskylä, 1999.
3) 野村照夫ほか：競泳における100mバタフライと200mバタフライの関係. In：植屋清見ほか編, バイオメカニクス研究概論. pp276-281, 第14回日本バイオメカニクス学会編集委員会, 1999.
4) Nomura T et al.: Estimation of 200m record from 100m record for backstroke with special reference to physiological characteristics. The XIIIth FINA World Sports Medicine Congress Abstracts book, p65, 1999.
5) 野村照夫ほか：疲労特性を考慮した200平泳ぎ記録の推定. 日本体育学会第50回記念大会抄録集, p503, 1999.

［野村　照夫］

3．サッカー

1）サッカープレイヤーの技術と動き

サッカーは敵，味方が入り乱れひとつのボールを奪い合う「フットボール型」のボールゲームであり，単純なゴール数によって勝敗が決するわかりやすい競技である．この単純さが，サッカーを世界的に普及させた理由のひとつともいえる．しかし，ゲーム中のプレイヤーたちの身体運動は単純なものではなく，立つ，走る，歩く，跳ぶという基本動作，キック，ヘディング，ドリブル，フェイント，といった身体のさまざまな部位を使った技術など多様な動きの組み合わせである．特にボールを蹴る，止めるといった技術は，「ハンドの反則」すなわちゴールキーパー以外のプレイヤーは「ボールを意図的に手で扱う」ことを禁じられたルールのために，手以外の身体部位を巧みに使いながら，コントロールできるように発展してきたのである．このような基本動作や技術は，サッカーのゲームを構成する主要な要素であるが，それと同時に90分間をフルに動ける体力や，戦術の理解力なども欠かせない要素である．

2）技術を発揮する時間

サッカーのゲームでは，ボールをキックする，止めるという技術がもっとも多く使われている．しかし，1人のプレイヤーにしてみると，ボールに触れる時間はわずかである．サッカーではボールがラインの外に出る，反則でプレイが止まるなどのアウトオブプレイがゲーム時間の約1/3，残りの約2/3が実働時間，すなわちインプレイタイムである．実際に2000年Jリーグの2節16ゲームについてVTRから両チームのインプレイタイムとアウトオブプレイタイムを測定した結果，先の8ゲーム（7月29日）ではアウトオブプレイが39.5%（32.7〜42.8%），総ゲーム時間に対するチーム支配率は，平均30.3%（25.3〜39.4%）であった．次節（8月5日）の8ゲームも，アウトオブプレイ39.2%（36.2〜45.4%），支配率30.7%（24.7〜37.3%）と，極めて近い結果であった．

チーム支配率30%というと，90分のゲームで約25〜30分に相当する．この時間に11名のプレイヤーによって保持されていることになり，ボールがプレイヤーから離れている時間を考慮すれば，1人のプレイヤーの保持時間は非常に少ないことが予想できる．そこで，横浜Fマリノス対鹿島アントラーズ戦（2000年8月5日）において，中村俊輔選手（当時横浜Fマリノス）がボールに触れた時間をVTRを再生し測ったところ，前後半で1分39秒であった．このゲームは，ロスタイムを含めたゲーム時間が98分3秒，その内Fマリノスの保持時間は31分17秒（31.9%）であった．ボールタッチの機会が多いポジションであり，ドリブルを得意とする中村選手の場合でも，ボールに触れている時間はゲーム時間のわずか1.7%であった．また，中田英寿選手も（1999年日本代表対カザフスタン戦）ゲーム中ボールに触れている時間は，90分のうち1分6秒であった．

Bangsboは，1992年ヨーロッパチャンピオンになったデンマークチームのプレイヤーを対象に，ボール保持時間を調べている[1]．その結果平均1.3分（0.3〜3.1分）であったとしていることから，海外のデータと比較しても中村，中田両選手の保持時間は平均的なものである．このように，1人

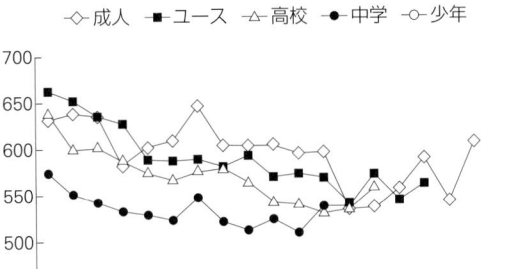

図 25-14 年齢グループごとの移動距離の変動
(大橋二郎,戸苅晴彦:サッカーの試合中における移動距離の変動.東京大学教養学部体育学紀要,15:27-37,1981)

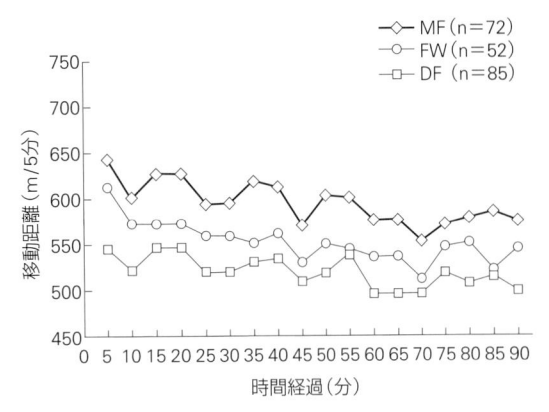

図 25-15 トヨタカップにおけるポジション別移動距離の経時的変化
1981—1994 年の 12 試合のデータより著者作図
(大橋二郎ほか:サッカーフィットネスの科学.pp38-51,東京電機大学出版局,1998)

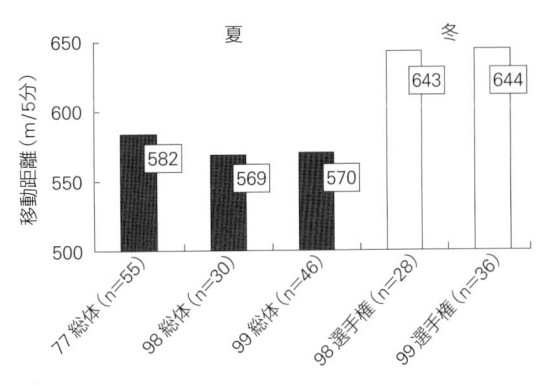

図 25-16 高校総体(夏)と高校選手権(冬)のゲーム中の移動距離
(大橋二郎:サッカーにおけるゲーム分析的研究と現場への応用.In:日本体育学会第 50 回記念大会特別委員会編,21 世紀の体育・スポーツ科学の発展 2巻.pp192-201,杏林書院,2000)

のプレイヤーにとってゲーム中ボールに触れるのはわずか1〜2%であり,ほとんどの時間はボールなしの動きである.

サッカーのような国際的なスポーツでは,技術,体力,戦術,心理的な要素の他に,暑熱,寒冷等の気候,高地における低酸素,海外遠征に伴う時差,連戦による疲労など,さまざまな条件の中でゲームをしなければならない.また,ベストコンディションでゲームに臨んだとしても,走りながらの方向転換や激しいコンタクトプレイにより,時間経過とともに走力,技術の正確性,判断力なども低下する.中でもプレイヤーの「動き」は,パフォーマンスレベルを表す指標のひとつとして用いられる.ここではゲーム中の「動き」に関して運動量や時間経過の影響,また,移動スピードに関する分析結果を示し,競技力向上にどのように関連させていくのかについて述べる.

3) 運動量としての移動距離

図 25-14 は,日本国内の全国レベルのゲームから得た年齢グループごとの移動距離の変化を示したものである.少年(小学生),中学は他のグループより少ないが,高校生では成人レベルと大きな差はみられなくなっている.また,どのグループにおいても,時間経過とともに距離が減少する傾向がみられる[2].図 25-15 は,トヨタカップの調査から,ディフェンダー(DF),ミッドフィルダー(MF),フォワード(FW)の3つのポジション別に,移動距離の変動を示したものである.トヨタカップは,ヨーロッパ,南米のチャンピオンクラブが戦う国際的にトップレベルのゲームである.ポジション別ではミッドフィルダーの移動距離がもっとも多く,次いでフォワード,ディフェンダーの順であった.また,時間経過とともに移動距離が減少する傾向もみられた[3].

図 25-16 は,高校総体と高校選手権におけるゲーム中の移動距離を比較したものである.8月上旬に行われる暑熱環境の高校総体は 70 分(35

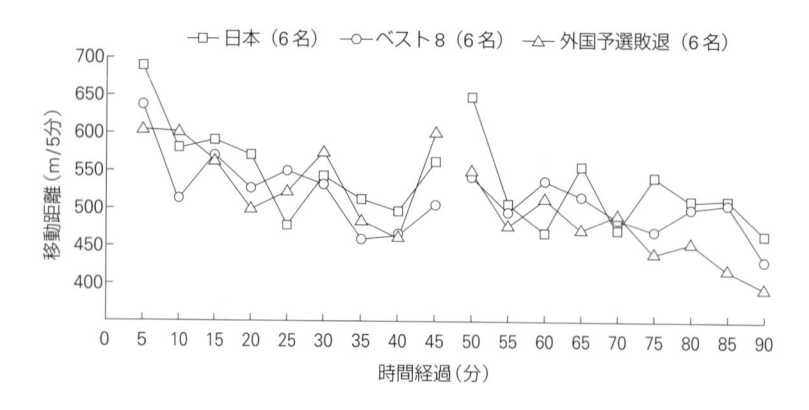

図 25-17 U17 サッカー世界大会における日本代表,外国チームベスト8,外国チーム予選敗退チームの移動距離変化(エクアドル 1995)
(大橋二郎ほか:サッカーフィットネスの科学.pp38-51,東京電機大学出版局,1998)

分ハーフ)ゲームで 5 分平均 569〜582m,冬の高校選手権は 80 分(40 分ハーフ)ゲームで 5 分平均 643〜644m であり,明らかに冬のゲームの方が高い値を示した[4].暑さに対する身体的ストレスがいかにゲームに影響しているかを示唆している.

1995 年エクアドルで開催された U17 世界選手権の予選リーグ 9 ゲーム,18 名の移動距離の測定をした.エクアドルは国土のほとんどが高地であり,日本チームが予選リーグで戦った首都のキトは 2,800m,その他にイバラ 2,500m,リオバンバ 2,750m の日本チーム以外のゲームも対象とした.図 25-17 はベスト 8 に進んだチーム,予選リーグ敗退チーム,日本チームの各 6 名平均の移動距離を示したものである[3].ゲーム開始直後の 5 分は 600〜700m のレベルであるが,その後 600m 以下に落ち,外国予選敗退チーム 6 名の最後の 20 分間は 450m を下回るという小学生レベルの移動距離にまで落ちた[3].高地の影響が動きの減少に大きく影響したことを示すものである.

当時の U17 日本チームは,大会 5 カ月前に現地にて合宿を経験し,医・科学的なデータによりコンディショニングのチェックを行うなどの準備をして大会を迎えた.決勝トーナメントには進めなかったが,最後の 20 分間の移動距離に注目すると,他のグループより高い値を示し,高地対策の成果を示す材料のひとつといえる.

このチームのプレイヤーたちは,U15 時代を含め長期的な強化の中で体力,技術面のほかに心理面,栄養面のサポートを受けてこの大会を迎えている.その後ユース代表,J リーグ,オリンピック代表などで多くのプレイヤーが活躍しているが,代表チームや海外プロチームでプレイをしている小野,稲本,高原らも含まれている.彼らの成功の陰には,育成期における豊富な国際経験と,医・科学および心理サポートがあったことは明らかである.

ゲーム中の移動距離は,ゲームのパフォーマンスやポジション特性などを示すことは他の多くの報告とも一致している.また,暑熱下や高地におけるストレスは,ゲームでのパフォーマンスの低下に拍車をかけていることも明らかである.

4) 動きの種類とスピード

移動距離の測定は,多くの場合グラウンドの縮図にプレイヤーの動きを観察記録し,計測,換算する筆記法が用いられる[5].この方法は簡便な方法である一方,動きの内容まで分析するには適してはいない.そこで,VTR 再生映像から動きの種類を分類し,その動きの平均速度から距離換算する分析方法も報告されている.Bangsbo はこの方法によって,デンマークの 1 部,2 部リーグのプレイヤーを対象に 8 種類に運動の種類を分けその時間と距離を示した(図 25-18).これによると,ゲームではウォーキングとジョギングが距離,時間ともにもっとも多く,高速走やスプリントは

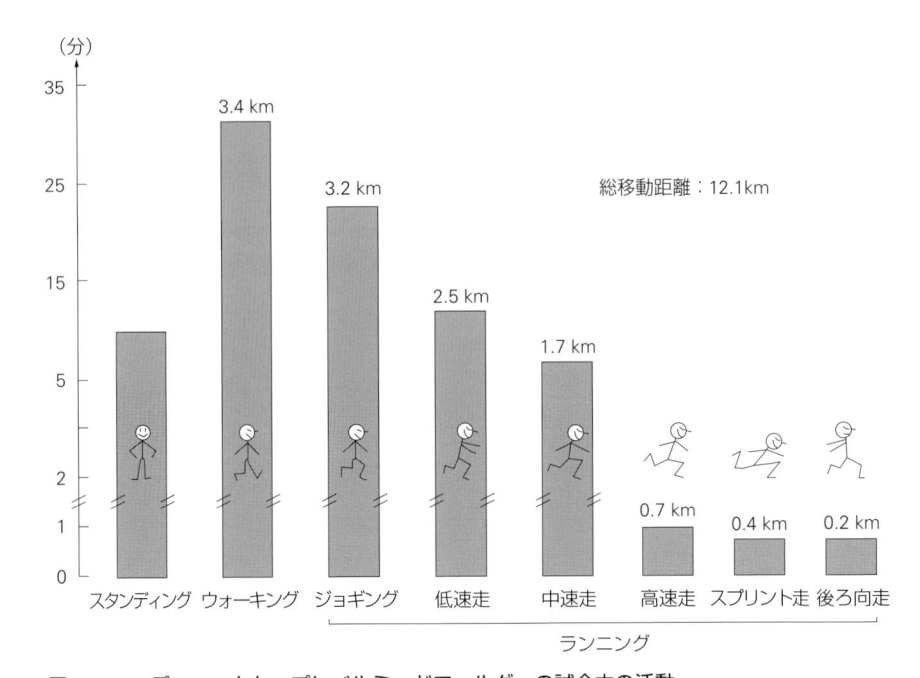

図 25-18　デンマークトップレベルミッドフィルダーの試合中の活動
異なる種類の動きを移動距離と時間で示した．
(Bangsbo J: Fitness Training in Football—A Scientific Approach—. pp57-77, HO+Storm, 1994)

表 25-7　オランダサッカーにおける異なったポジション，プレイレベルプレイヤーのゲーム中の走運動

		ウォーキング (km)	ジョギング (km)	ランニング (km)	スプリント (km)	合 計 (km)
DF	プロリーグ選手	3.2	2.0	1.4	1.4	8.4
	アマチュア (Top class)	3.2	1.8	0.8	0.7	7.2
	アマチュア (2nd class)	4.2	1.7	0.7	0.5	7.6
	アマチュア (5th class)	5.0	1.2	0.4	0.3	7.5
	少年 (Under 18)	3.0	2.5	1.2	0.9	8.0
MF	プロリーグ選手	2.6	5.2	1.8	1.1	10.9
	アマチュア (Top class)	2.5	4.0	1.3	0.7	9.1
	アマチュア (2nd class)	3.1	3.3	1.0	0.6	9.0
	アマチュア (5th class)	4.5	2.0	0.6	0.3	8.4
	少年 (Under 18)	1.9	5.9	1.2	0.8	10.7
FW	プロリーグ選手	3.4	2.0	1.6	1.8	9.8
	アマチュア (Top class)	3.2	1.9	0.8	1.2	7.8
	アマチュア (2nd class)	4.0	1.4	1.0	0.9	7.6
	アマチュア (5th class)	5.5	1.1	0.6	0.5	8.0
	少年 (Under 18)	4.6	2.2	1.0	1.3	9.3

DF (ディフェンダー)，MF (ミッドフィールダー)，FW (フォワード)
(Verheijen R: The Complete Handbook of Conditioning for Soccer. pp6-27, REEDSWAIN VIDEO and BOOKS, 1998)

距離，時間もわずかであることを示している[1]．またこの中で，トップクラスのプレイヤーでも後半の移動距離は低下するが，高速走は後半でも変わらないなどの特徴を示している．

　Verheijen は，VTR を用いた方法でゲーム中の動きを 4 つのカテゴリーに定義し，オランダのプロやアマチュアなどの競技レベルに分け，さらにポジション別に移動距離を示した（表 25-7）[6]．この中で，プロプレイヤーはそれ以下のレベルと比較するとスプリントの距離が多い点などを指摘している．

　著者らは，ゲーム中の動きを詳細に分析する

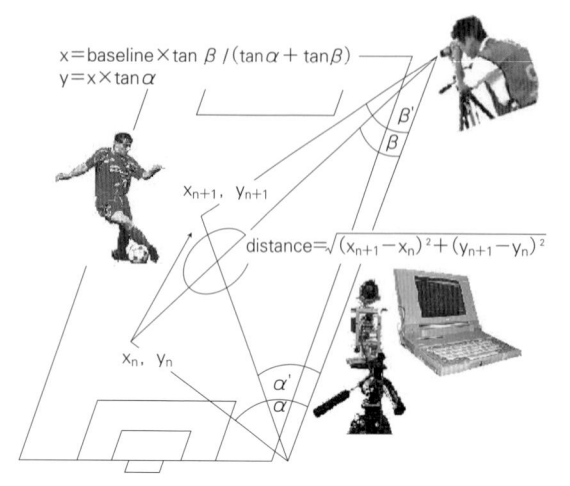

図 25-19 三角法によるサッカー選手の移動解析システム
(Ohashi J et al.: Application of an analysis system evaluating intermittent activity during a soccer match. In: Spinks W et al eds Science and Football IV. pp132-136, Routledge, 2001)

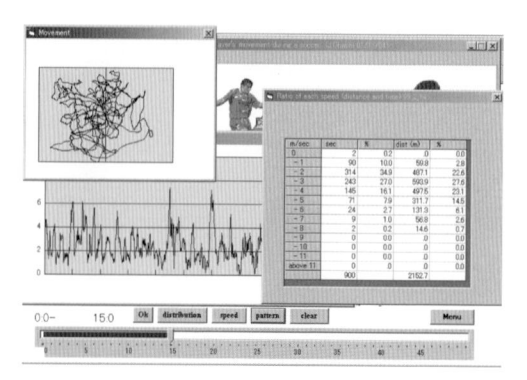

$x = \text{baseline} \times \tan\beta / (\tan\alpha + \tan\beta)$
$y = x \times \tan\alpha$
$\text{distance} = \sqrt{(x_{n+1} - x_n)^2 + (y_{n+1} - y_n)^2}$

図 25-20 サッカーゲーム中の移動距離および分布,移動軌跡,スピード変化の同時表示画面
中村俊輔選手,Jリーグ,横浜Fマリノス対鹿島アントラーズ戦(2000/8/5)0～15分.

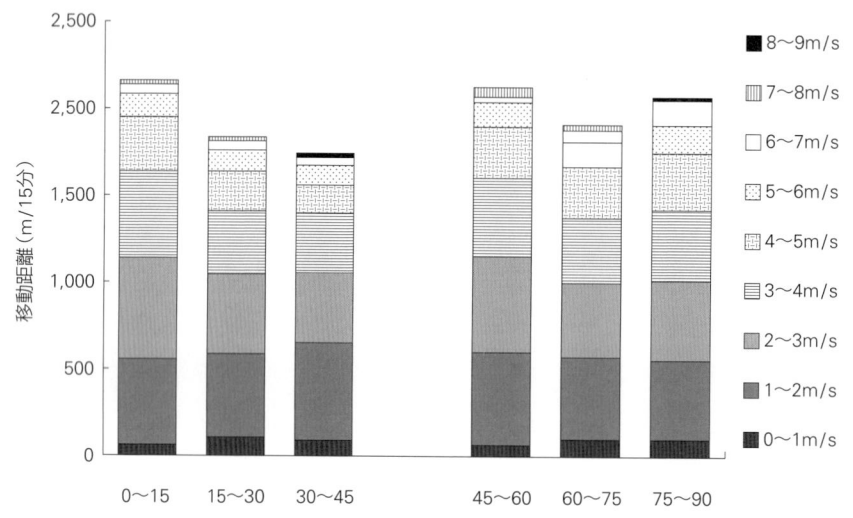

図 25-21 サッカーゲーム中の移動スピードごとの移動距離分布
中村俊輔選手,Jリーグ,横浜Fマリノス対鹿島アントラーズ戦(2000/8/5)

ため三角法を応用した測定システムを用いている[7].この方法は,プレイヤーのゲーム中の動きをピッチ上の座標データに置き換え,移動距離,移動スピードを算出する測定方法であり,最近は早期に解析結果を表示できるようになった(図25-19)[8].図25-20は,Jリーグ公式戦における中村俊輔選手(横浜Fマリノス)のゲーム開始から15分までの移動スピードの変化,移動軌跡,スピードごとの距離と時間分布を表示した例である.

中村選手の移動距離は,このゲーム前半5,719m,後半6,095mと後半の方が多かった.さらに,スピードごとの移動距離の分布をみてみると,最後の15分になっても移動距離は減少せず,4m/s以上の移動距離の占める割合はむしろ増加するという特徴がみられた(図25-21).Bangsboは,トップクラスのプレイヤーは後半でも高速走が減少しないと述べているし,Verheijenもプロプレイヤーはそれ以下のレベルと比較するとスプリントの距離が長いこと,また

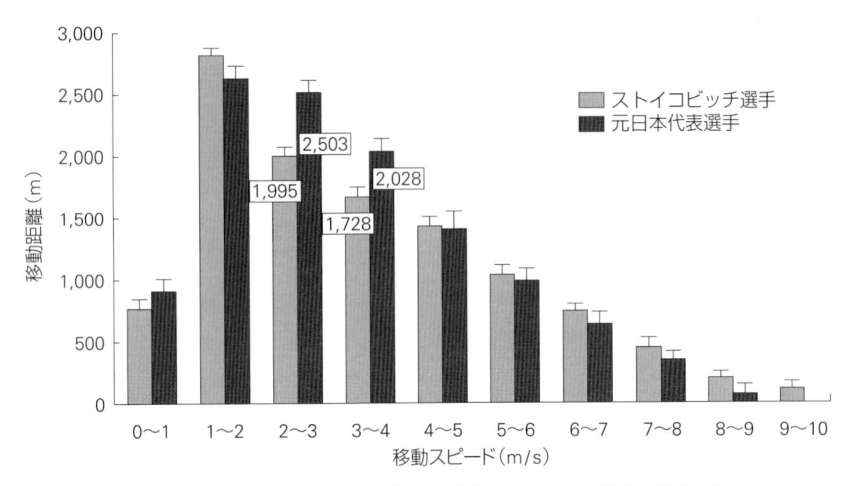

図25-22 ストイコビッチ選手と日本人選手の移動スピード別移動距離の分布
Jリーグ1996シーズン
（宮城　修ほか：Jリーグ選手の体力とゲーム中の動きについて―日本人選手と外国人選手の比較―．バイオメカニクス研究，3：125-131，1999）

後半の移動距離の低下率が少ないとしている．中村選手は，シドニーオリンピック予選国内6ゲームにおいても，移動距離の減少率が極めて少ないという特徴をコンスタントに示した．これらの分析結果から，中村選手のゲーム中の運動量，スピードの発揮という点でもトッププレイヤーの資質をもっていることが示唆された．

宮城らは，三角法の測定システムを用い名古屋グランパスエイトに所属していたユーゴ代表プレイヤー，ストイコビッチ選手を1996年シーズンの6ゲームを測定し，元日本代表フォワードプレイヤーと比較している．その結果，ストイコビッチ選手の移動距離は10,455.9mとこの日本選手の11,171.5mより少なかったが，移動スピードごとに移動距離の分布を求めてみると，元日本代表選手の場合2〜4m/sという比較的ゆっくりとしたスピードにおける移動距離は多いが，4m/s以上ではむしろストイコビッチ選手の方が多かったことを指摘している（図25-22）[9]．また，最高スピードが高く，後半に移動距離が低下しない点が優れており，この傾向はゲームごとにばらつきがみられなかった．

サッカーのゲームの中で，ゴールが生まれる時などの重要な場面ではハイスピードの動きが中心である．ストイコビッチ選手は，ハイスピードとゆっくりした動きをうまく使い分け，最後まで「いざ」という時にハイスピードのプレイが発揮できるという所に優れた能力の一端がうかがわれる．

5）ゲームから得られた情報の有用性

ゲームから得られたこのようなデータを，いかに競技力向上に役立てるのかということは重要である．サッカーでは，ゴールシーンなどゲームを決する場面に目を奪われがちである．優れた技術は，あくまでもゲームの中のさまざまな動きの中で適切な判断のもと正確に発揮されることによって評価されるのであり，それを支えるゲーム中の動きはパフォーマンス発揮のベースである．

著者らは，実際のゲームで得たスピードのデータと速度漸増法によって実験室で求めた血中乳酸値から，4mMランニングスピードレベルを超えるのは，ゲーム時間の約10％，全移動距離の約25〜30％にあたることを推定している[5]．このことは，方向変換を伴った間欠的運動の中でゲーム時間の約10％は無酸素性のエネルギー供給システムに依存していることを示唆している（図25-23）[10]．この時間は「いざ」という時，すなわちボールに直接かかわるゲームの主要な場面で，高いパフォーマンスを要求される時といえる．特に，相対的に運動量が落ちているゲーム終了近くの時間

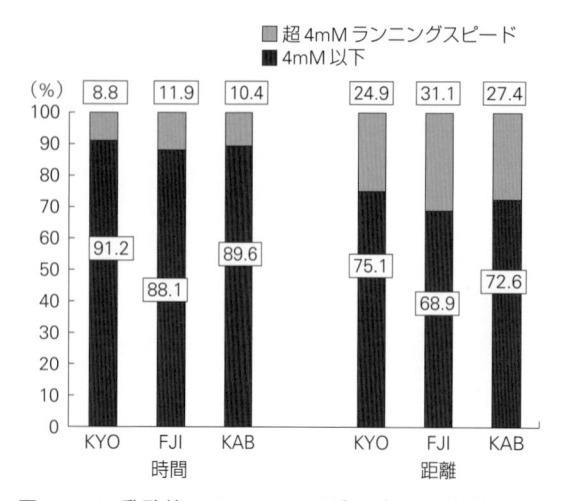

図25-23 乳酸値4mMランニングスピードを境とした
ゲーム中の時間と移動距離の割合
(Ohashi J et al.: The ratio of physiological intensity of movements during soccer match-play. In: Reilly T et al eds, Science and Football Ⅱ. pp124-128, E&FN Spon, 1993)

帯に高いパフォーマンスを発揮できればより効果的である．その点で，中村俊輔選手やストイコビッチ選手の場合，最後まで高速の動きが減少しないという特徴は，優れた能力の裏付けといえる．

以上のような実際のゲームにおける動きのデータにもとづき，一試合の運動量，スピード変化をゲームと同条件とした運動プロトコルを作成し，フィールド実験に利用している例もみられる（図25-24）．すなわち，歩行，ジョギングなどの基本運動の中で方向変換，サイドステップなどのボールのない状況での動き，さらにドリブル，ヘディング，パス，シュートなど技術を伴った運動を実際のグラウンドを用いて行うものである．これらの運動は，動きの量，スピードの変化ともゲームデータに近いものであり，運動中の心拍数，血中乳酸値も実際のゲームから得られた他の研究報告とほぼ一致している[11]．現在は一部のフィールド実験において利用している段階であるが，今後トレーニングやパフォーマンステストとしての発展性も期待できるものである．

サッカーの競技力を向上させる重要な要素として，技術，戦術を含めたトレーニングの内容は極めて重要である．トレーニングの具体的な方法に誤りがないことは当然であるが，ゲームにおけるプレイヤーのプレイを身体的，技術的，戦術的に正しく評価しなければトレーニング内容が本人に適しているとはいえない．22名のプレイヤーが，ひとつのボールをめぐって動きまわるサッカーでは，いかに優れたコーチであっても，ゲームで起こるさまざまな状況を正確に把握することは困難である．

プレイヤーの動きだけではなく，ボールをめぐり次々と起こる情報を分析する手法も含め，サッカーのゲームを客観的なデータとしてとらえることは，正しいトレーニングの方向を定めるために不可欠なことといえる．また，一流プレイヤーのゲームにおけるデータは，プレイヤーの育成にとって極めて貴重なものである．Jリーグのチームの中に育成に役立てることを目的としてゲームデータの分析を継続して行い，ジュニアユース，ユースレベルのコーチングに活かしている例もある．

本項で一部を引用したBangsbo著の"Fitness Training in Football—A Scientific Approach—"，Verheijen著の"The Complete Handbook of Conditioning for Soccer"，引用はないがWeineck著の"Optimales Fussballtraining Teil 1: Das Konditionstraining des Fussballspielers"[12]などはサッカーに関する多くの研究結果にもとづいて1990年代に書かれたコーチ向けの本である．内容はゲームから得た客観的なデータを提示し，スポーツ生理学の基礎から具体的なトレーニング方法までを示したものである．一方，ヨーロッパにおけるコンディショニングを担当するコーチは知識レベルも高く，科学的な理論にもとづいたトレーニングを実践していることをしばしば耳にする．

1987年イングランドのリバプールで1st World Congress of Science and Footballが開かれ，その時に掲げられた目的は"bridge the gap between the research and practice"「研究と現場の間に橋をかけよう」であった．Bangsboらの著書には以後4年に一度開催されているこの会議の論文集Science and FootballⅠ，Ⅱ，Ⅲ，Ⅳ（既刊4冊）から多数の引用をみることができる．ヨーロッパ

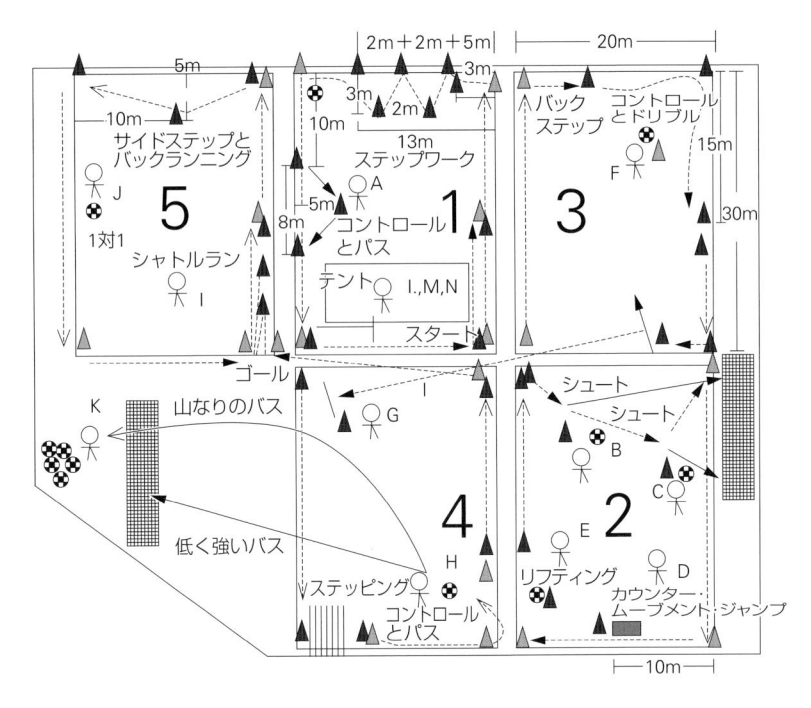

第25章　競技力向上のバイオメカニクス　495

図25-24　ゲームシミュレーションにおける運動内容，移動距離および時間
（大橋二郎ほか：サッカーゲームをシミュレートしたトレーニング法の検討．大東文化大学紀要（自然科学），40：27-33，2002）

ステージ 移動距離							
1	ジョギング	ステップワーク	ジョギング	パス&ゴー	ジョギング	歩行&静止	1分
106m	30	25	10	8	12	21	
2	シュート1	シュート2	ジョギング	ジャンプ	ジョギング	リフティング	歩行	2分
118m	左スミ　ダイレクト　右スミ　ダイレクト 25	40	2	25	5	21	
3	ジョギング	ジョギング	ドリブル&パス	静止	30m sprint	歩行	3分
106m	30	10	30	106m	30	6	
4	歩行	ステッピング	ジョギング	パス	パス	歩行&静止	4分
120m	40	7ステップ 3	25	グラウンダーロビング 6	6	40	
5	シャトルラン	ジョギング	サイドステップ	バックラン	1対1	ジョギング	歩行	5分
150m	5m,10m往復+5m 45	15	12	12	25	20	21	

のサッカーは世界のトップレベルであり，またその裏にはこのような研究と現場の溝を埋める地道な努力があることを見逃してはいけない．日本においても研究と現場に携わる多数の人が認識し，研究や調査で得たデータは早期に分析し現場へフィードバックするとともに，現場はデータの意味を読み取り，具体的なトレーニングへの応用力を備えることが競技力向上への鍵となるのではないだろうか．

文　献

1) Bangsbo J: Fitness Training in Football—A Scientific Approach—. pp57-77, HO+Storm, 1994.
2) 大橋二郎，戸苅晴彦：サッカーの試合中における移動距離の変動．東京大学教養学部体育学紀要，15：27-37，1981．
3) 大橋二郎ほか：サッカーフィットネスの科学．pp38-51，東京電機大学出版局，1998．
4) 大橋二郎：サッカーにおけるゲーム分析的研究と現場への応用．In：日本体育学会第50回記念大会特別委員会編，21世紀の体育・スポーツ科学の発展　2巻．pp192-201，杏林書院，2000．
5) 大橋二郎：サッカーのゲーム分析—その手法と現場への応用—．バイオメカニクス研究，3：119-124，1999．
6) Verheijen R: The Complete Handbook of

Conditioning for Soccer. pp6-27, REEDSWAIN VIDEO and BOOKS, 1998.
7) Ohashi J et al.: Measuring movement speeds and distances covered during soccer match-play. In: Reilly T et al. eds, Science and Football. pp329-333, E&FN Spon, 1988.
8) Ohashi J et al.: Application of an analysis system evaluating intermittent activity during a soccer match. In: Spinks W et al. eds Science and Football Ⅳ. pp132-136, Routledge, 2001.
9) 宮城　修ほか：Jリーグ選手の体力とゲーム中の動きについて―日本人選手と外国人選手の比較―．バイオメカニクス研究，3：125-131, 1999．
10) Ohashi J et al.: The ratio of physiological intensity of movements during soccer match-play. In: Reilly T et al. eds, Science and Football Ⅱ. pp124-128, E&FN Spon, 1993.
11) 大橋二郎ほか：サッカーゲームをシミュレートしたトレーニング法の検討．大東文化大学紀要（自然科学），40：27-33, 2002．
12) Weineck J: Optimales Fussballtraining Teil 1: Das Konditionstraining des Fussballspielers. Spitta Nuernberg, 1992.

［大橋　二郎］

SI 単位

1. 国際単位系 SI

　　さまざまな単位系が存在するが，国際的にはSI単位系を用いることが推奨されている．バイオメカニクス分野でも特別な場合を除き，この単位系を用いる．国際単位系SI（Le Systeme International d'Unites：SI）は1960年の第10回国際度量衡総会で採択された．SIは従来使用してきたメートル系を基本とする絶対単位で，日本の計量法もこれを基礎としている．SIは基本単位（表26-1），補助単位（表26-2），組立単位（表26-3-1, 2）によって一貫性のある単位系をつくり，これら3種の単位を一括してSI単位という．

2. SIによる記号の表記のルール

　　単位記号はすべて立体（ローマン）活字にする．単位記号は一般には小文字であるが，固有名詞から導かれた単位記号は大文字を用いる．量記号（表26-6-1, 2）は，斜体（イタリック）活字にする．接頭語（表26-8）は，すべて立体（ローマン）

表26-1　SI基本単位

量	記号	名称	定義
長さ	m	メートル（meter）	光が1/299792458sの時間に真空中を伝わる行程の長さ.
質量	kg	キログラム（kilogram）	国際キログラム原器の質量.
時間	s	秒（second）	セシウム133の原子の基底状態の2つの超微細準位の間の遷移に対応する放射の9192631770周期の継続時間.
電流	A	アンペア（ampere）	真空中に1mの間隔で平行に置いた，無限に小さい円形断面積をもつ無限に長い2本の直線状導体のそれぞれを流れ，これらの導体の長さ1m毎に$2×10^{-7}$Nの力を及ぼし合う一定の電流.
熱力学温度	K	ケルビン（kelvin）	水の三重点の熱力学温度の1/273.16. 温度間隔にも同じ単位を使う.
物質量	mol	モル（mole）	0.012kgの炭素12の中に存在する原子の数と等しい数の要素粒子の集合体で構成された系の物質量. 要素粒子または要素粒子の集合体を特定して使用する.
光度	cd	カンデラ（candela）	周波数$540×10^{12}$Hzの単色放射を放出し，所定の方向での放射強度が1/683W/srである光源の，その方向での光度.

表26-2　SI補助単位

量	記号	名称	定義
平面角	rad	ラジアン（radian）	円の周上でその半径の長さに等しい長さの弧を切り取る2本の半径の間に含まれる平面角.
立体角	sr	ステラジアン（steradian）	球の中心を頂点とし，その球の半径を一辺とする正方形の面積をその球の表面上で切り取る立体角.

活字にする．複数の接頭語を並べて使ってはならない．たとえば，質量の単位の場合，キログラムの前に接頭語を付けられないので 10 の整数乗倍はグラムに接頭語を付ける．

3．SI組立単位

基本単位および補助単位を用いて乗法，除法の数学記号を使って表される単位を組立単位という（表26-3-1, 2）．組立単位には固有の名称をもつものもある．固有の名称をもつ 19 個の単位のうちルーメンとルクスは古典語から採られたものだが，他の 17 はすべて関連する学者の名前から採用された．

表26-3-1　SI組立単位

量	名　称	記　号
面　積	平方メートル	m^2
体　積	立方メートル	m^3
速　さ	メートル毎秒	m/s
加速度	メートル毎秒毎秒	m/s^2
波　数	毎メートル	m^{-1}
密　度	キログラム毎立方メートル	kg/m^3
電流密度	アンペア毎平方メートル	A/m^2
磁界の強さ	アンペア毎メートル	A/m
物質量の濃度	モル毎立方メートル	mol/m^3
比体積	立方メートル毎キログラム	m^3/kg
輝　度	カンデラ毎平方メートル	cd/m^2

表26-3-2　固有の名称をもつSI組立単位

量	名　称	記　号	定　義
周波数・振動数	ヘルツ	Hz	$1Hz=1s^{-1}$
力	ニュートン	N	$1N=1kg\cdot m/s^2$
圧力・応力	パスカル	Pa	$1Pa=1N/m^2$
エネルギー・仕事・熱量	ジュール	J	$1J=1N\cdot m$
仕事率・工率・動力・電力	ワット	W	$1W=1J/s$
電荷・電気量	クーロン	C	$1C=1A\cdot s$
電位・電位差・電圧・起電力	ボルト	V	$1V=1J/C=1W/A$
静電容量・キャパシタンス	ファラド	F	$1F=1C/V$
（電気）抵抗	オーム	Ω	$1Ω=1V/A$
（電気の）コンダクタンス	ジーメンス	S	$1S=1A/V$
磁束	ウェーバ	Wb	$1Wb=1V\cdot s$
磁束密度・磁気誘導	テスラ	T	$1T=1Wb/m^2$
インダクタンス	ヘンリー	H	$1H=1Wb/A$
セルシウス温度	セルシウス温度または度	℃	$t℃=(t+273.15)K$
光束	ルーメン	lm	$1lm=1cd\cdot sr$
照度	ルクス	lx	$1lx=1lm/m^2$
放射能	ベクレル	Bq	$1Bq=1s^{-1}$
吸収線量・質量エネルギー分与	グレイ	Gy	$1Gy=1J/kg$
線量当量	シーベルト	Sv	$1Sv=1J/kg$

4. 非SI単位

SIではSI以外の単位の中からごく限られた個数の単位を選び出し「SI単位と併用する単位[*1]」,「暫定的に維持する単位[*2]」の2つに分類し,非SI単位の使用の許容限界としている.また,特定の分野で慣用されているが「一般には推奨しがたい単位[*3]」としてあげられているものもある.その一部を示す(表26-4-1~3).

表26-4-1 SI単位と併用する非SI単位[*1]

量	名 称	記 号	定 義
時 間[*4]	分	min	60s
	時	h	60min
	日	d	24h
平面角[*4]	度	°	$(\pi/180)$rad
	分	′	$(1/60)$°
	秒	″	$(1/60)$′
体 積	リットル	l, L	$1dm^3$
質 量	トン	t	10^3kg

表26-4-2 暫定的に用いられる非SI単位[*2]

量	名 称	記 号	定 義
長 さ	オングストローム[*5]	Å	10^{-10}m
圧 力	バール	bar	10^5Pa
加速度	ガル[*6]	Gal	10^{-2}m/s^2

表26-4-3 一般には推奨しがたい非SI単位[*3]

量	名 称	記 号	定 義
圧 力	トル[*7]	torr	$(101325/760)$Pa
圧 力	標準大気圧	atm	101325Pa
力	重量キログラム[*8]	kgf	9.80665N
熱 量	カロリー[*9]	cal	4.19J
長 さ	ミクロン[*10]	μ	$1\mu m=10^{-6}$m

*1) SIに含まれない単位であるが,事実上重要であるので併用する.
*2) 暫定的に維持されるが,ゆくゆくは併用が認められなくなると考えられている単位.
*3) 特定の団体や用途に限って用いられる単位.メートル法の圏内とみることもできる.
*4) 時間,平面角の単位は60進法であり,平面角には円周率πが介入している.これらはSIの原則に合わないが,慣用されてきた期間の長さや地域の広大さを考慮し併用扱いとしている.
*5) オングストローム:光の波長などの表現に用いられた.
*6) ガル:ガリレイにちなむ.測地学と地球物理学の方面から支持されてきた.
*7) トル:物理や真空技術で用いられる.水銀柱1mmの圧力.
*8) 重量キログラム:キログラム重ともいう.SIへの換算関係は表26-7-1に示す.
*9) カロリー:熱の物理や熱機関,栄養,食品などの分野で愛用されてきた.詳細は表26-7-3に示す.
*10) ミクロン:SIルールどおりにμm(マイクロメートル)と称するべきである.

5. SIでは取り扱われない単位

特定の文化圏で伝統的に用いらてきたいくつかの系統の単位群，たとえばアングロサクソン系のヤード・ポンド法，東洋系の尺貫法などは，SIでは無視されている．しかし，米国製の筋力計をはじめとして測定器具によってはいまだにヤード・ポンド法を用いている場合もある（表26-5）．

表26-5　SIでは取り扱われない単位

量	名　称	記　号	単位換算	SI換算
長さ	インチ (inch)	in		0.0254m
	フット，フィート (foot, feet)	ft	12in	0.3048m
	ヤード (yard)	yd	3ft	0.9144m
	マイル (mile)	mil, mi	5,280ft	1,609.344m
重さ	グラム (gram)	g		10^{-3}kg
	オンス (ounce)	oz	1/16 lb	≒0.02835kg
	ポンド (pound)	lb		≒0.4536kg

6. バイオメカニクスでよく扱われる量と単位

バイオメカニクスの分野で特によく扱われる力学，空間，時間の量記号とSI単位記号を改めてここにまとめて示した（表26-6-1, 2）．

表26-6-1　量記号・単位記号（力学）

量		量記号	SI単位記号
質　量	mass	m	kg
密　度	density	ρ	kg/m^3
運動量	momentum	p	kg·m/s
慣性モーメント	moment of inertia	I, J	kg·m^2
力	force	F	N
重　量	gravity	G, P, W	N
力のモーメント	moment of force	M	N·m
トルク	torque	T	N·m
圧　力	pressure	p	Pa, N/m^2
応　力	stress	σ	Pa, N/m^2
粘　度	viscosity	η, μ	Pa·s
表面張力	surface tension	σ, γ	N/m
仕　事	work	A, W	J
エネルギー	energy	E, W	J
仕事率・工率	power	P	W
流　量	flow	q_v, q, Q	m^3/s

表26-6-2　量記号・単位記号（空間・時間）

量		量記号	SI単位記号
角度（平面）	angle	$\alpha, \beta, \gamma, \theta, \phi$	rad
角度（立体）	angle	Ω	sr
長さ	length	l, L	m
面積	area	$A, (S)$	m^2
体積	volume	V	m^3 (l, L)
時間	time	t	s (min, h, d)
角速度	angular velocity	ω	rad/s
角加速度	angular acceleration	α	rad/s^2
速度・速さ	velocity, speed	u, v, w, c	m/s
加速度	acceleration	a	m/s^2
加速度（自由落下）	gravitational acceleration	g	≒−9.8m/s^2

7. スポーツ科学でよく扱われる量と単位

スポーツ科学でこれまでよく用いられてきたその他の量や単位についてその換算表を示す（表26-7-1〜3）.

表26-7-1 その他の単位

名　称	単　位	SI単位	備　考
キロポンド（kilopond）	kp	9.800665N	ドイツ語などでのkgfの呼び方.
仏馬力	PS	≒735.5W	1PS＝75kgf·m·s^{-1}
英馬力（horse power）	HP	≒745.7W	1HP＝550lbf·ft·s^{-1}（重量ポンドフィート毎秒）
水銀柱	mmHg	76cmHg＝101325Pa	1999年10月1日以降Paに統一された. 血圧測定のみで認められる.
光年（light year）	l.y.	9.499×10^{12}km	光が1年間に真空中を進む距離.
回転速度（revolution per second）	rps	s^{-1}	1秒間に何回転するか（回毎秒）. 1分間の回転速度はrpm（revolution per minute）.

表26-7-2 重量キログラムからの換算

量	換　算
力	1kgf＝9.80665N
圧力	1kgf/cm^2＝98.0665kPa
仕事・エネルギー	1kgf·m＝9.80665J
仕事率	1kgf·m/s＝9.80665W
力のモーメント	1kgf·m＝9.80665N·m

表26-7-3 栄養素, 体脂肪, グリコーゲン酸化の熱量換算値[注]

量		換　算
炭水化物1g	約4kcal	≒17.22kJ
脂質1g	約9kcal	≒39.06kJ
タンパク質1g	約4kcal	≒17.22kJ
体脂肪1kg	約7,700kcal	≒32.26MJ
酸素1Lでグリコーゲンを酸化（RQ＝1）	約5.047kcal	≒21.20kJ

注）カロリーは熱の物品などの分野で使われてきた. 1gの水の温度を1℃上昇させるのに必要な熱量であるが, 測定条件の違いにより算出される値が厳密には一定でない. おおよそ1cal≒4.19J.

表26-8 単位や変量の表記に用いる位取り接頭語とギリシャ文字

倍数	名称	記号	由来	語義	中国の位取り
10^{68}					無量大数
10^{64}					不可思議
10^{60}					那由他
10^{56}					阿僧祇
10^{52}					恒河沙
10^{48}					極
10^{44}					載
10^{40}					正
10^{36}					澗
10^{32}					溝
10^{28}					穣
10^{24}	ヨタ	yotta	Y	ギリシア・ラテン	8	秭
10^{21}	ゼタ	zeta	Z	ギリシア・ラテン	7	
10^{20}					垓
10^{18}	エクサ	exa	E	ギリシア	6	
10^{16}					京
10^{15}	ペタ	peta	P	ギリシア	5	
10^{12}	テラ	tera	T	ギリシア	怪物	兆
10^{9}	ギガ	giga	G	ギリシア・ラテン	巨人	
10^{8}					億
10^{6}	メガ	mega	M	ギリシア・ラテン	大きい, 大量	
10^{4}					万
10^{3}	キロ	kilo	k	ギリシア	1000	千
10^{2}	ヘクト	hecto	h	ギリシア	100	百
10^{1}	デカ	deca	da	ギリシア	10	十
10^{-1}	デシ	deci	da	ラテン	10	割
10^{-2}	センチ	centi	c	ラテン	100	分
10^{-3}	ミリ	milli	m	ラテン	1000	厘
10^{-4}					毛
10^{-5}					糸
10^{-6}	マイクロ	micro	μ	ギリシア・ラテン	小さい, 微小	忽
10^{-7}					微
10^{-8}					繊
10^{-9}	ナノ	nano	n	ギリシア・ラテン	小人	沙
10^{-10}					塵
10^{-11}					埃
10^{-12}	ピコ	pico	p	スペイン・ラテン	少量, とがった先	渺
10^{-13}					漠
10^{-14}					模糊
10^{-15}	フェムト	femto	f	デンマーク	15	逡巡
10^{-16}					須臾
10^{-17}					瞬息
10^{-18}	アト	atto	a	デンマーク	18	弾指
10^{-19}					刹那
10^{-20}					六徳
10^{-21}	ゼプト	zept	z	ギリシア・ラテン	7	虚空
10^{-22}					
10^{-23}					清
10^{-24}	ヨクト	yocto	y	ギリシア・ラテン	8	浄

SI接頭語は10^{24}のヨタから10^{-24}のヨクトまでの20個である.
SI単位における位取りは,数が0.1と1,000との間に入るように表中の整数乗倍を選ぶ.
　例：1,410Paは1.41kPa,3.1×10^{-8}sは31ns.
接頭語を二重に付けることをしない.
　例：10^{-9}sはnsと表しmμsとはしない.
接頭語と記号の組み合わせられたものは単一の記号とみなされる.
　例：cm^{2}は(cm)^{2}を意味し,μs^{-1}は(μs)$^{-1}$を意味する.
表中の由来,語義,中国の位取りについては異説もある.

表26-9 ギリシャ文字

A	α	アルファ
B	β	ベータ
Γ	γ	ガンマ
Δ	δ	デルタ
E	ε	イプシロン
Z	ζ	ジータ
H	η	イータ
Θ	θ	シータ
I	ι	イオタ
K	κ	カッパ
Λ	λ	ラムダ
M	μ	ミュー
N	ν	ニュー
Ξ	ξ	クサイ
O	o	オミクロン
Π	π	パイ
P	ρ	ロー
Σ	σ	シグマ
T	τ	タウ
Υ	v	ウプシロン
Φ	φ	ファイ
X	χ	カイ
Ψ	ψ	プサイ
Ω	ω	オメガ

文　献

1) 宮島龍興：物理小辞典．三省堂，1970．
2) 高田誠二：単位のしくみ．ナツメ社，1999．
3) 高田誠二：単位と単位系．共立出版，1980．
4) 高木仁三郎：単位の小辞典．岩波ジュニア新書，1995．

[寺島　徹・桜井　伸二]

和文索引

【あ行】

アウトオブプレイ 488
アウトボード 380
仰向け跳び 111
アキレス腱炎 426
アクチンフィラメント 35, 51
足裏の内外側部 295
足裏部分に受ける圧力 294
圧力抵抗 366
圧力分圧 364
あふり 398, 402
アプローチカーブ 341
アルキメデスの原理 357, 358
α 運動ニューロン 82
アルファ・ガンマ共同賦活化 83
$\alpha \cdot \gamma$ 連関 83
鞍関節 34
アンコック 314
あん馬 403

閾値 79
意識 93, 95
異常歩行 156
位相 203
位置 432
　——エネルギー 131, 146, 203, 235, 246, 397, 436
　——座標 114
　——ベクトル 115
一流スプリンター 179
遺伝的アルゴリズム 473
移動解析システム 492
移動軌跡 492
移動距離 489, 490, 492, 493
移動座標系 433
移動スピード 492, 493
インサイドキック 321, 324
インステップキック 321, 323
インパクト 312
　——角度 292
　——時間 324
インパルス 77
　——応答変位振幅 305
インプレイタイム 488
インボード 380

ウインドミル投法 244
ウェブレット多重解像度解析 301
羽状角 41, 44, 454
後ろ回し蹴り 328
後ろ向きグライドスロー 248
右側屈 339
打ち型 326
宇宙飛行 461
腕の振込の積極度 227
運動 2, 114
　——依存モーメント 274
　——依存力 273, 274
　——エネルギー 131, 146, 203, 235, 239, 246, 261, 320, 397, 436
　——学習 107
　——感覚統合 102
　——関連脳電位 90, 91, 94
　——強度 161
　——座標系 433
　——指令 79
　——神経 77, 102
　——神経細胞 36, 80
　——単位 36, 80, 445
　——単位の活動電位 445, 446
　——ニューロン 80
　——の較正装置 88
　——の第2法則 436
　——プログラム 108, 109
　——力学 5, 7, 8, 432
　——量 118, 173, 199, 239, 405, 432, 436, 489, 493
　——量保存の法則 120
　——連鎖パターン 273
　——連鎖の原則 264, 277

泳速の変動 360
エイドリアン 6
腋窩 16, 17
エキセントリック収縮パワー 276
エクセントリックな筋活動 185
X線CT 86
エッジング角 350, 352
エナジェティクス 14, 396
エネルギー 131, 196, 245, 414
　——供給 493
　——供給機構 71, 75
　——産生系 59
　——示性式 250, 252
　——需要量 325
　——消費量 149, 161, 208, 325, 420
　——代謝率 417, 418
　——の経済性 210
　——の流れ 329
　——発生・伝達器 277
　——フロー 291
　——ロス 208
遠位筋 93
遠心力 333
鉛直地面反力パターン 277
鉛直初速度 223, 224
鉛直成分 118
鉛直速度 342
鉛直変位 198
遠投能力 284

オイラー角 434
横緩和時間 462
横断的発達 179
横紋筋 17
オーバーハンドスロー 262
オーバーユース 420
オープンスキル 290
オープンステップ 104, 106
オール 373, 379
　——角度 381
オトガイ筋 18
女歩き 410

【か行】

カーブ滑走 336
カーブキック 325, 326
カーブボール 266, 278
回外 95
回帰直線 369, 371
介在ニューロン 83
回旋 264
　——筋 21
外旋モーメントの寄与率 271
外側広筋 40, 199
外的仕事 145, 147, 209
　——量 421
外的パワー 148, 394

回転運動　115, 125, 128, 192, 222, 307, 310, 318, 320, 330, 348, 432
　——エネルギー　432, 437
　——における力学的仕事　130
回転エネルギー　196, 236
回転角加速度　193
回転角速度　260, 261
回転技法　410
回転式投法　241, 250, 251
回転速度　342, 390
回転動作　193, 224
回転半径　195, 438
回転モーメント　343
解糖系　59, 62, 71, 72, 371
回復期　168, 191, 205
解剖学的筋横断面積　454
解剖学的な関節運動　267, 268
外乱　331
外力　120
カオス　102
化学的エネルギー　131, 207
科学的サポートの概念　483
角運動量　127, 177, 243, 253, 330, 403, 432, 437
　——保存の法則　129, 253, 330
角加速度　193, 432, 434
学習支援装置　113
角速度　115, 185, 189, 432, 434
　——ベクトル　116
角度計算法　279
角度—トルク関係　48
角変位　115, 432
角力積　128, 432
下降脚　38, 43
加算平均処理　450
下肢関節トルク　175, 186, 188, 191
下肢の動き　294
荷重情報　161
画像遅延表示装置　113
画像分析法　234
加速　186
　——期　263
　——車輪　399, 400
　——度　119, 432
　——度ベクトル　218
可塑性　160
下腿角　170

下腿三頭筋　46
固いバネ　47
肩外旋—内旋メカニズム　269
肩外転90°位　265, 268
肩の外旋　270
肩のスポーツ障害　430
滑液包　18
滑動性眼球運動　288
活動電位　79, 444
括約筋　21
可動結合　32
から竿動作　245
からだつき　408
空手の前蹴り　328
ガリレオ・ガリレイ　7
カルヴァニ　6
加齢　64
　——的変化　282
簡易速度曲線記録法　112
感覚器　82
感覚神経　78
換気性閾値　74
眼球運動　307
眼球電位　308
間欠的運動　71
慣性主軸　438
慣性乗積　438
慣性抵抗　127, 394
慣性テンソル　438
慣性能率　126, 128
慣性の法則　7, 217
慣性モーメント　127, 193, 265, 343, 397, 432, 438
関節角速度　50, 185
関節間力　134
関節座標系の定義法　279
関節トルク　42, 50, 185, 198, 206, 219, 269, 273, 269, 320, 441, 455
　——ジェネレータ　279
　——パワー　185, 189, 275, 432
関節の解剖学的回転運動　269
関節の緩衝効果　327
関節モーメント　196
関節力　154, 199, 205, 269, 273, 319, 432
　——パワー　154, 205, 274, 432
　——分析　269
γ運動ニューロン　82

ガンマ・バイアス　83
機械的エネルギー　207
機械的効率　10, 74, 149, 208, 209, 377
機械的仕事　145, 219
機械的パワー　57
キック動作　197, 198, 318
拮抗筋　160
　——活動　139
基底面　110
キネシオロジー　13
キネティクス　14, 262, 268, 432
キネマティクス　14, 234, 262, 264, 432
技能特性　111
脚伸展最大パワー　322
脚伸展パワー　376
逆突き　328
逆力学的分析法　237
球関節　33
求心性情報　163
求心性線維　82
急速眼球運動　288
境界層　346, 347, 365
競技記録の推定　485
競技力向上　469, 487
共働筋　21, 48
協働筋　48
競歩　150, 151, 152, 153, 154
曲線運動　348
局面所要時間　483
曲率半径　223
切り替え速度　200
近位筋　93
筋横断面積　452, 453
筋活動　138, 158, 321, 414
　——様式　198
　——量　420
筋形状　43, 454
筋原線維　20, 35, 36
筋—腱相互作用　45
筋腱複合体　6, 39, 41, 42, 45, 57, 198, 218, 220
筋細胞の三連構造　20
筋収縮　35
筋周膜　35
筋節　20, 36

筋線維　35, 39, 42, 43, 50
　　──組成　44
　　──タイプ　64, 69
　　──長　57, 58, 454
　　──長／筋長比　43
　　──張力　50
筋束　35, 43, 454
　　──長　220, 454
　　──の傾斜角　454
筋体積　454, 461
筋断面積　460
筋長変化　198
筋張力　452, 455
筋電図　6, 143, 154, 155, 237, 282, 295, 332, 444, 449, 462
　　──活動　90
　　──積分値　332, 450
筋伝導速度　447
筋の作用機序　281
筋の体積　454
筋の発揮張力　41
筋のバネ作用　312
筋パワー　251
筋紡錘　82
筋放電波形　159
筋膜　18
筋力　247, 251
　　──－収縮速度関係　291
筋力・バランス機能　140

空気抵抗　124, 344, 345, 383, 393, 394, 399
　　──係数　394
空中期　166
空中距離　228
空輪期　166
クオドルプル　383
屈曲着地　231
屈曲動作　224
屈曲トルク　185
屈伸動作　224
グライド期　343
グライド投法　241, 250, 251
クラウチングスタート　213, 214
クラッチ　379
クラブヘッド速度　315, 317
クランク回転速度　392
クランク角度　391

クランク軸回りのトルク　392
クランク軸回りのパワー　392
グランパドシャ　412
グランプリエ　415
グリア細胞　78
クリアランスの評価　227
グリコーゲン量　63
グリップ　310
　　──の速度　316
クレアチンリン酸　59
クロスステップ　105, 106
クロスブリッジ　36

傾斜抵抗　394
経頭蓋的磁気刺激　86
系統発生的な運動　281
頚部の前面　16
血中乳酸値　493
血中乳酸濃度　74, 371
煙風洞　356
蹴り脚の運動エネルギー　328
腱間膜　19
言語教示　215
原始歩行　139
腱鞘　18
減速局面　186
腱組織　40, 43, 45, 50
　　──の伸長　457
腱張力　458
腱の弾性特性　40, 54
肩峰下インピンジメント症候群　278
肩峰皮下包　19

後傾姿勢　224
膠原線維　18
交互歩行装具　158
交叉転移効果　90
高次脳機能　87
抗重力筋　139, 161
合成関節トルク　269
合成重心　120
高速走　491
高速フーリエ変換　305, 451
剛体の運動方程式　439
剛体リンク　468, 472
　　──モデル　222, 397, 471
後転とび　403

後方遅延現象　270
後方部障害　272
効率　131, 208
抗力　362, 345
　　──係数　124, 345, 362
高齢者　3, 145
　　──歩行　138, 142
コーチング　339
コーディネーション　95
股関節伸展筋群　476
股関節伸展トルク　190
股関節の外転筋群　226
股関節の内外旋運動　295
股関節を外旋　408
国際バイオメカニクス学会　11
五十肩　430
個体発生的な運動　281
骨芽細胞　29
骨棘形成　430
コッキング期　263
コッキング後期　263
コッキング前期　263
コック　313
　　──角速度　314
骨髄　29
骨成熟　183
骨盤筋　22
固定座標系　433
固定式接地　229
コハク酸脱水素酵素　69
コペルニクス　7
小股スロー歩行　143
固有筋力　452
固有背筋　23
ゴルジ腱器官　83
コレオグラフィー　419
混合的方法　178
コンセントリック収縮パワー　276
コンセントリックな筋活動　185, 189
コンタクト期　166
コンパートメントシンドローム　426
コンピュータシミュレーション　277, 278, 405

【さ行】

サーキットストレッチング　426

索　引　507

サーボ機構　83
最急降下法　473
最高速度出現地点　113
最大筋力　90, 94
最大酸素摂取量　73, 74, 75, 161, 376
最大持久性パフォーマンス　74
最大瞬時パワー　218
最大静止摩擦　123
最大足底圧　308
最大速度　328
最大トルク　56
最大発揮パワー　243
最大パワー　243
最大無酸素パワー　72, 74
最適化基準　473
最適化シミュレーション　468
最適打撃位置　293
最適動作　466, 467
最適投射角度　258
サイドカーブ　349
サイドステップ　494
サイドハンドスロー　262
左側屈　339
座標　114
　　──系　114, 433
　　──軸　114
　　──変換　433
　　──変換行列　434
左右　89, 90
　　──協調動作　93
　　──肢の協調　95
　　──・反作用　116
サルコメア　36, 221
酸化系　59, 71
酸化的リン酸化　65
残気量　358
3軸法　435
3次元映像解析法　262
3次元解析　335
3次元関節トルク　440
3次元筋骨格モデル　468
3次元シミュレーション　467
3次元動作研究　277
3次元動作分析　152, 403
3次元分析　321
酸素需要度　65
酸素摂取量　161, 371, 417

シェリントン　6
色彩の固有値抽出　301
磁気刺激　92
軸索　77
自己推進時抵抗　364, 365
　　──係数　365
仕事　130
　　──率　133, 239, 319, 320
　　──量　130, 240
自己防御反応　144
支持期　166
支持脚　206
　　──の筋弾性効果　329
支持歩行　140
姿勢　331, 408
　　──角　259, 261
　　──制御　99
　　──調節　99
　　──の安定　331
　　──の乱れ　332, 333
　　──反射　85
　　──変化　260
　　──保持機構　140
事前プログラム制御　288
膝蓋伸展機構　425
膝蓋前皮下包　19
膝窩筋陥凹　19
膝関節伸展角度　170
膝関節伸展トルク　191, 320
膝関節トルクパワー　190
疾走速度　10, 166, 179, 215
疾走動作　170, 205
疾走能力　178, 179, 182
質点　114
質量　432
至適助走速度　231
至適速度　109
至適長　38
自転車運動　462
自発運動　103
示範　215
脂肪組織　452
シミュレーション　218, 222, 237, 466, 472
地面反力　152, 172, 181, 217, 277, 354
　　──のベクトル　226
ジャイロモデル説　254

車軸関節　34
車輪速度　392
ジャンパー膝　425, 426
ジャンプ高　343
ジャンプ優位型跳躍　232
習熟　469
収縮張力　37
収縮要素　41, 220
重心　120, 146, 357
　　──位置　309
　　──移動　209
　　──軌跡　412
　　──係数　122
　　──速度　334, 393
　　──の運動　122
縦断的発達　181
習得　469
　　──的な動作　289
周波数スペクトル　304
周波数分析　451
自由物体図　273
重力　120, 357, 358
　　──加速度　132
主慣性モーメント　438
種子骨　18
樹状突起　77
受動抵抗　365
受動的足底屈　323
受動的力─長さ関係　38
ジュニアスプリンター　179
受容器　82
順手車輪　396, 402
順動力学的解析　466
障害者　3
衝撃力曲線　327
衝撃力の最大値　326
衝撃力の力積　326
上行脚　38, 43
上肢伸展動作　299
上肢の動き　298
上肢の運動エネルギー　328
上体の捻り　313
冗長性　469
上腕骨内側上顆炎　428
初期条件　123
ジョギング　494
植物性機能　77
除雪抵抗　344

助走　283
　　　──足跡　223
　　　──速度　261, 318, 343
　　　──の正確性　228
初速　242
　　　──度　257
　　　──度ベクトル　217
暑熱環境　489
自律神経　78
深胸筋　22
シングルスカル　383, 386
神経筋コンパートメント　464, 465
神経再生　160
神経細胞　77
神経支配　43
　　　──比　81
神経衝撃　77
神経発芽　160
シンスプリント　426, 427
新生児原始歩行　138
身体意識　408
身体運動の習熟　88
身体・円盤系　253
身体各部の貢献度　172, 226
身体がもつ運動量　120
身体資源　110
身体重心　98, 120, 181, 341
　　　──位置　331
　　　──の上下動　198
身体組成　358
身体部分慣性係数　180
身体部分係数　196
伸張性筋活動　200
伸張性収縮　51
伸張─短縮サイクル　46, 262, 276
伸張反射　82, 221
伸張量　41
伸展筋力　318
心電図R─R間隔　97
伸展着地　231
伸展トルク　185, 188
振動伝達特性　304
心拍ゆらぎ　97, 98
95％信頼限界　483

水圧　357
随意運動　78, 103
スイープ　379
水泳の効率　361
推進力　334, 344, 361
錐体外路　80
錐体路細胞　80
垂直抗力　123, 344
随伴動作　107
水平成分　118
水平投　265
スイング動作　197, 310
数学モデル　470
数値微分　434
スカラー量　130
スキーのたわみ　349
スキーロボット　349
スキッピング　212
スクワットジャンプ　220
スタート　335
　　　──局面　368
　　　──ダッシュ　200
スタンディングスタート　214
スティフネス　458
ステップ長　166
ストライド　151, 152, 154, 166, 179, 212, 214, 215, 479, 481
　　　──比　180
　　　──頻度　166
ストレートキック　325
ストローキング　340
ストロークインディックス　367, 369
ストローク局面　368
ストローク頻度　367, 370, 383
スナップ動作　266, 272, 273, 287
スノーボードターン　351
スピード曲線　212
スプリント　491
　　　──トレーニング　212
　　　──トレーニングマシン　478
滑り摩擦　124
スポーツ科学教育　356
すり足　143, 410
スリークォータースロー　262

制御　469
静止座標系　433
静止摩擦係数　123, 344
成人歩行　138, 142, 143
生体計測　452

静的立位姿勢　99
正のパワー　185
生理学的筋横断面積　44, 454
生理学的断面積　39, 52
整流装置　355
脊髄中枢パタン発生器　157
脊髄ネコ　160
脊柱起立筋　23
脊椎こり症　424
脊椎の生理学的弯曲　31
脊椎分離症　424
セグメント　119
　　　──トルクパワー　154, 205, 432
積極的接地　229
絶対筋力　452
接地期　166
前縁　363
全か無の法則　80
前脛骨筋　40, 52, 199, 332, 427, 465
前後軸回りの角運動量　233
前腕回内メカニズム　272

走運動学習　108, 212
装具歩行　157
走行速度　390
相対運動　122
　　　──量　173
相対加速力　174
相対変位　338
走動作　180
造波抵抗　364, 366, 378, 383
相反性神経支配　83
相反性抑制　83
相反性Ia抑制　83
層流　355
足底圧応力　308
足底屈曲トルク　191
足底屈筋群　175
足底屈トルク　185
足底屈モーメント　175
速度　115, 369, 403, 432
　　　──曲線　112
　　　──漸増法　493
　　　──増幅率　286
　　　──の変換効率　224
組織断層撮影法　452
咀嚼筋　22
速筋線維　52, 64

損傷高位 158

【た行】
ターンアウト 414
ターン局面 368
体幹の動き 297
体幹の捻り 297, 338
滞空時間 342
退行過程 142
体後傾姿勢保持 141
第5腰椎 477
体重移動 307
対水速度 381
体性神経 77
体前傾姿勢保持 141
体操 396, 402
大腿四頭筋 476
大腿直筋 199, 333, 476
大腿二頭筋 199
体直立姿勢 142
大殿筋 199, 476
大転子 477
大脳 78
　——半球 78
　——皮質運動野 80
対麻痺 157
タイミング 229
　——遅延 290
大腰筋 476
多関節筋 48
打具の速度 291
打撃位置 292
打撃中心 293
縦軸回りの角運動量 227
ダブルアクセル 341
ダブルスカル 383
単関節運動 390
単関節筋 48, 222
短距離走 166, 213
短骨 27, 28
タンジュ 414
短縮性筋活動 200
短縮速度 57
探触子 454
ダンス傷害 420
弾性エネルギー 46, 220, 236, 245, 276, 397
　——再利用説 210
　——の再利用 266
　——の利用 276
弾性定数 458
弾性要素 41, 219

チェンジアップ 278
力 116, 432, 436
　——－速度関係 44, 50, 52, 53, 57, 219, 221, 265, 390
　——と運動の関係 118
　——－長さ関係 221
　——の合成 117
　——の作用線 125
　——の作用点 125
　——の伝達効率 283
　——の分解 117
　——のモーメント 125, 219, 348, 432
　——発揮ポテンシャル 454
遅筋線維 52, 64
着地距離 228
着地動作の指標 231
宙返り 403, 405
中間疾走 198
肘関節 271
　——後方部障害 273
　——傷害 278
　——トルク 97
超音波 46, 57, 220, 452
　——プローブ 454
長距離走 166, 203
超高速度カメラ 267
超高速スキャン 465
腸骨前上棘 477
長骨 27
腸骨筋 476
跳馬 404
蝶番関節 33, 272, 273
跳躍 412
　——角 228
　——初速度 228
　——伝導 77
　——比 180, 232
　——技法 412
腸腰筋 199, 477
直線回帰 483
直列サルコメア数 44
直球 266, 278

直交運動座標系 264, 269
直交座標系 114, 433
直交単位ベクトル 436

椎弓 423
椎骨 31
通常歩行 151, 152, 154
突き型 326
つり輪 403

抵抗力 382
艇速 377, 386, 387
定速疾走動作 168
ディンプルの効果 346
適時期 287
テコンドーの回し蹴り 328
鉄棒 405
　——の終末技 402
テレメーター 332
転移 448
電極間抵抗 447
伝達トルクパワー 275
伝達力パワー 275
転置行列 434
転倒 143, 331
伝統的舞踊 408

動員 463
投球障害 272
動作域 409
動作解析 321
動作曲線 411
動作得点 284
動作の再現性 290
動作の内部構成パタン 108
動作の反射化 88
動作パターン 180, 284, 286
動作範囲 284
動作前サイレントピリオド 86
同時収縮 83
投射角度 242, 250, 257
等尺性筋力 42
等尺性収縮 40, 41, 57
投射高 257
投射初速度 249, 250
投射断面積 124, 395
投射面積 345
等速性筋力 183

等速性膝屈曲力 183
頭頂部 16
投擲動作 248, 250
動的バランス能力 110
投動作 281
動物性機能 77
動摩擦係数 123, 344
動摩擦抵抗 123
踏力 390
独立歩行 138, 140, 145
ドライブ相 373, 374, 385, 387
トランジション期 343
ドリブル 494
トルク 125, 127, 152, 153, 193, 214, 404
　――一角度関係 55
　――自乗和 279
　――投法 249
　――パワー 152, 153
　――変化自乗和 279
トレーニング 461
　――効果 218
　――プログラム 486
ドロップオフ指数 487
ドロップジャンプ 220

【な行】
内傾動作 224
内的仕事 145, 148, 209
　――量 421
内的パワー 148
内転筋 476
内部運動 132
　――エネルギー 397
内力 120
長さ―力関係 37, 42, 44
長さ―張力関係 42
流れ／伝達 275
流れの可視化 356
斜め横向きホップスロー 248
軟骨内骨化 28

二関節筋 219, 222, 470
2軸法 434
2次元DLT法 223
2次元画像分析 152
二重振子 316
荷重変換 294

二峰性 277
日本バイオメカニクス学会 11, 12
乳酸性閾値 74, 371
乳酸性エネルギー供給機構 72
乳酸値 494
乳酸濃度 417
乳児型歩行 140
ニュートン 7
　――・オイラー法 439
　――の運動方程式 471

猫背姿勢 143
熱エネルギー 131
熱機関 207
年齢差 284

能率 128
脳梁 93, 95
ノーマルヒル 353

【は行】
把握反射 281
ハースト指数 99
ハーフウェイダウン 314
ハイインパクト 419
バイオメカニクス 2
　――研究特別班 475
　――総合システム 4
バイコン 475
ハイジャンプ・スキル指数 110
背面跳 111, 223
剥離 366
破骨細胞 29
走高跳 110
パス 494
発育 54
　――スパート 183
発揮張力 35, 55
バックスイング 311, 318
発現潜時 332
抜重 344
発生吸収パワー 275
バットの角速度 298
バトンパス 478
はね返り角度 292
バネ機構 222
ハムストリングス 52, 476

パラシュート反応 110, 140, 144
バランス 410
　――型跳躍 232
パワー 196, 239, 402, 404
　――曲線 250
　――源 291
　――スペクトル 451
　――伝達効率 291
　――発揮 344
半球間抑制 92
　――機構 92
反射 81
　――弓 81
　――現象 273
　――性歩行 139
反対側優位性 91
反動動作 47, 221
ハンドル 375
反発係数 293
反発中心 293

Bモード超音波 452
引き付け動作 197
皮筋 17
飛行距離 249
膝蹴り 327
膝・腰の同側動作 477
膝のスポーツ障害 424
膝曲がり歩行 143
肘後方部傷害 278
肘伸展メカニズム 271
皮質運動野 92
皮質脊髄路 80
比重 358
非侵襲的 465
筆記法 490
ピッチ 151, 154, 166, 179, 212, 214, 215, 373, 387, 388, 479, 481
　――の左右差 228
非乳酸性機構 72
ひねり 405
腓腹筋 40, 200, 426, 476
ピボット期 343
表現技法 409
標準化 279
表面筋電図 444
ヒラメ筋 200
ヒル 10

疲労特性　486, 487

不安定な歩行　140
フィードバック　107
　　——系　86
　　——制御　288
フィードフォワード　107
　　——系　86
　　——制御　288
フィッシャー　10
フィニッシュ局面　368
フィラメント滑走説　36
フィルタリング　279
フィン・舵抵抗　383
風洞実験　355
　　——装置　355
フーリエ・ウェブレット変換法　301
フェン　11
フォースプラットフォーム　123, 172, 475
フォロースルー　311
　　——期　263
フォワード　373, 489
　　——スイング　294, 318, 319
　　——相　373, 385, 387
　　——ソリューション　222
副交感神経　78
複雑　102
浮心　357
不随意運動　85
フットワーク　103, 104
不動結合　33
負のパワー　185
部分角　336
踏切角度　342
踏切距離　228
踏切準備局面　229
踏切準備動作　225
踏切準備のタイプ　224
踏切モデル　225
舞踊歩行　410
ブラウネ　10
フリースケーティング　341
振り子　396
振子運動　146
振込動作　224
振り戻しの距離　168

浮力　357, 358
フルード数　364
ブレード　379
　　——反力　334
　　——面積　383
平滑化　279, 354
平滑筋　17
平均速度　490
平均パワー　218
平行軸　193
　　——の定理　438
平行棒　405
並進運動　114, 125, 128, 192, 222, 310, 330, 432
　　——エネルギー　432, 437
　　——と回転運動の対称性　128
並進エネルギー　196
閉ループ　442
ベクトル　115
　　——画像処理技術　301
　　——積　126
　　——の極表示　118
　　——の合成　117
　　——の成分　118
　　——の内積　130
　　——の分解　117
　　——量　253
ペダリング運動　390
ペダル踏力　391
ベッドレスト　461
ヘディング　494
変位　432
扁平骨　27, 28

方向変更動作　103
方向余弦　434
紡錘状筋　43
放物線　123, 217
　　——運動　122, 250
ポール　234
　　——の反発力　235
ボールスピード　324
ボールスピン　292
ボール速度貢献度　267
ボール速度変動　244
ボール初速度　241
ボール保持時間　488

歩型　150, 151
歩行　100, 138, 411, 494
　　——運動　145
　　——技法　410
　　——周期　100
　　——速度　151, 154
　　——の退行　142
　　——の発達　139
　　——の不安定さ　144
　　——発達　141
　　——バランス　143
　　——ゆらぎ　101
　　——様筋活動　159
　　——老化　144
母指球部　295
ポジトロンCT　87
歩数　112
　　——指数　214
補足運動野　93
歩調　149
ボックス反力　235
ホップ優位型跳躍　232
歩幅　112
　　——指数　214
ボレリ　5

【ま行】
間合い　329
舞い　409
マイブリッジ　8
前蹴り　327
膜内骨化　28
マグヌス効果　259, 346
摩擦　123
　　——係数　344, 394
　　——抵抗　123, 344, 383, 399
　　——力　123, 292, 333
マレー　8
回し蹴り　327

見得　410
ミオシンフィラメント　35, 36, 51
水抵抗　359, 383
ミッドフィルダー　489
ミトコンドリア　66
　　——容量　67, 68, 69

無意識　95

迎え角　260, 261, 350, 352, 356, 359, 361
無酸素性　371
　——エネルギー供給　71, 376
　——エネルギー代謝　372
　——作業閾値　371
無酸素的代謝経路　60, 63
むちうち状動作　300
鞭作用　307
むち動作　245
むちの原理　245

めまい　412
免荷式トレッドミル歩行トレーニング　157

モード解析　304, 306
モーメント　128
　——アーム　44, 455, 456, 460
目的関数　473
モダンダンス　410
モデルの妥当性　471
模倣動作　409
もも上げ動作　197

【や行】

野球肘　428, 429
矢状面内の回転　330
柔らかいバネ　47
ヤング率　458

優位脚　178
有限要素法　469
有酸素性　371, 372
　——エネルギー供給　71
誘発筋電図　86
遊離脂肪酸　66
床反力　294, 324
有限要素モデル　469
ユニフォーミティ　378, 388
ゆらぎ　97, 100

幼児型歩行　141
腰椎体　423
陽電子画像撮影法　87
揚力　125, 259, 345, 346, 359, 362, 382
　——係数　362

翼型　346
横蹴り　327
横向きホップスロー　248
予測的な制御　333

【ら行】

ラージヒル　353
ラセン関節　34
落下の法則　7
ラテラルプレス　379
卵型姿勢　345
ランナーの効率　211
ランナー膝　424, 426
ランニング型振込　227
ランビェーの絞輪　77
乱流　382
　——塊　382

リープ　178
力の三要素　125
力学系　119
力学的エネルギー　132, 202, 203, 210, 235, 245, 274, 396, 397, 401, 436
　——の伝達　203
　——の流れ　205
　——の変換　204
　——の流出　205
　——の流入　205
　——フロー／トランスファー　275
　——変化　203
　——保存の法則　133
　——利用の有効指数　204
力学的仕事　130, 204, 360, 437
力学的な連鎖構造　273
力学的パワー　218, 437
力積　118, 172, 173, 239, 334, 432, 436
立位姿勢　98
リフト　414
流線型　124
流速　362
流体　124
　——力　362
両腕型振込　227
両側肢鏡像運動　94
両側性筋力低下　90

理論飛距離　258
リンクセグメントモデル　119, 133, 134, 219

レイノルズ数　365
レース分析　368, 482
レオナルド・ダ・ヴィンチ　5
レディネス要因　110
練習効果　284, 286
連続制御　288

老人型歩行　142, 144
ローイング運動　373
ローイング動作　373
ローイングのエネルギーコスト　377
ローイングフォーム　377
ローインパクト　419
路面抵抗　394

【わ行】

ワイヤーフレームモデル　262
ワインドアップ期　262

欧文索引

ACSA　454
ADP　59
AK活性　60
AMP　60
angle specific torque　55
ascending limb　38, 43
ATP　37, 59
　——－ADPシャトル　66
　——－PCr系　71, 72, 74, 371
　——供給　59, 61
　——再合成　59, 62, 65
body awareness　408
bone marrow　29
center of mass　98
CFD　470
chemical engine　208
COM　98
compact tissue　29
computational fluid dynamics　470
COPゆらぎ　99, 100
CPG　157

索　引　513

cross bridge　36
cross-transfer effect　90
CS 活性　69
cutaneous muscle　17
Dapena 説　254
descending limb　38, 43
DGO　163
diarthrosis　32
direct linear transformation　264
distance per stroke　367
DLT　264, 321, 324, 340
driven gait orthosis　163
efficiency　208
EI　204
electromyogram　6
EMG　5, 198, 416
endchondral ossification　28
energetics　14, 207
energy flow/transfer　275
exercise　2
external work　147
eye-hand coordination　288, 289
faciculus　35
FEM　469
FFA　66
finite element method　469
free fatty acid　66
free-body diagram　273
general movement　101
grading　109
heat engine　207
Hill の方程式　242
HJS 指数　110
IMP　60
internal work　148
intersegmental analysis　273
intramembaranous ossification　28
kinematics　5, 14, 432
kinetic chain prinsiple　264
kinetic energy　436
kinetics　5, 14, 432
lagging back/behind　270
local term　437
mechanical efficiency　208
mechanical energy　436
mechanical power　437
mechanical work　145

mechanics　432
MEP　86
mfMRI　460, 462
modal analysis　304
moment arm　455
motion　2
motion-dependent force　274
motion-dependent moment　274
motor potential　91
motor unit　36, 81, 445
movement　2
MP　91, 94
MRI　87, 452, 460
MTC　41
MUAP　445, 446
muscle architecture　454
muscle functional MRI　460
muscle mechanics　6
muscle-tendon complex　39, 45
myofibril　20
NADH　65
neuromuscular compartment　465
NMC　464, 465
NMR　62, 63
optimum speed　109
paraplegia　157
Paris Nomina Anatomica　16
PCr 分解　62
PCSA　454
pennation angle　41, 44, 454
perimysium　35
PET　87
PFK 活性　60
physical resources　322, 323
plateau region　38
PMSP　86
potential energy　436
pre-motion silent period　86
%Recovery　147
reflex　81
RMR　417, 418
Runge-Kutta 法　472
saccade　288
sarcolemma　35
sarcomere　20, 36
sarcoplasmic reticulum　20
SDA 解析　99

SDH　69
simulation　466
sliding filament theory　36
smooth pursuit　288
spacing　109
specific tension　452
spinal central pattern generator　157
spongy tissue　29
SRM パワーメータ　392
SSC　199, 200, 276
step length　166
straide frequency　166
stretch reflex　82
stretch-shortening cycle　47, 199, 276
stroke length　367
stroke rate　367
synarthrosis　33
synergistic muscles　48
TCA 回路　60, 66, 67
timing　109
tissue biomechanics　3
transfer　448
　──term　437
turn out　408, 414
vertebra　31
whip-like action　307

編者紹介

金子　公宥（かねこ　まさひろ）
　　大阪体育大学名誉教授
　　大阪体育大学副学長（1997～2003年）
　　日本バイオメカニクス学会会長（1997～2003年）

　　1938年生まれ，静岡県出身
　　1961年　東京教育大学卒業
　　1971年　東京大学大学院教育学研究科博士課程修了
　　　　　　（教育学博士）
　　1975～2008年　大阪体育大学教授

　　主な著書：人体筋のダイナミクス（杏林書院）
　　　　　　　スポーツ・バイオメカニクス入門（杏林書院）
　　　　　　　パワーアップの科学（朝倉書店）

福永　哲夫（ふくなが　てつお）
　　鹿屋体育大学学長
　　東京大学名誉教授
　　日本バイオメカニクス学会会長（2004年～）

　　1941年生まれ，徳島県出身
　　1964年　徳島大学学芸学部卒業
　　1971年　東京大学大学院教育学研究科博士課程修了
　　　　　　（教育学博士）
　　1990～2002年　東京大学教授
　　2002～2008年　早稲田大学スポーツ科学部教授

　　主な著書：トレーニング科学ハンドブック（朝倉書店）
　　　　　　　筋の科学事典（朝倉書店）

2004年10月 1 日　第 1 版第 1 刷発行
2011年 3 月10日　　　　　　第 3 刷発行

バイオメカニクス ―身体運動の科学的基礎―
定価（本体7,500円＋税）　　　　　　　　　　　　　　　　　　　　　　検印省略

　　　　　　　　　　　　　　編　者　　金子　公宥
　　　　　　　　　　　　　　　　　　　福永　哲夫
　　　　　　　　　　　　　　発行者　　太田　　博
　　　　　　　　　　　　　　発行所　　株式会社　杏林書院
　　　　　　　　　　　　　　　　　　　〒113-0034　東京都文京区湯島4-2-1
　　　　　　　　　　　　　　　　　　　Tel　03-3811-4887（代）
　　　　　　　　　　　　　　　　　　　Fax　03-3811-9148
Ⓒ M. Kaneko and T. Fukunaga　　　　　http://www.kyorin-shoin.co.jp

ISBN 978-4-7644-1069-5　C3047　　　　　　　　　　　　　　　　三報社印刷／川島製本所
Printed in Japan
乱丁・落丁の場合はお取り替えいたします.

・本書の複製権・翻訳権・上映権・譲渡権・公衆送信権（送信可能化権を含む）は株式会社杏林書
　院が保有します．
・JCOPY ＜（社）出版者著作権管理機構　委託出版物＞
　本書の無断複写は著作権法上での例外を除き禁じられています．複写される場合は，そのつど事
　前に，（社）出版者著作権管理機構（電話03-3513-6969，FAX 03-3513-6979，e-mail：info@jcopy.or.jp）
　の許諾を得てください．